U0529614

魏晋南北朝禁卫武官制度研究

（修订本）

张金龙 著

中国社会科学出版社

图书在版编目（CIP）数据

魏晋南北朝禁卫武官制度研究／张金龙著 . —修订本 . —北京：中国社会科学出版社，2020.10（2024.5重印）

ISBN 978 – 7 – 5203 – 7099 – 8

Ⅰ.①魏… Ⅱ.①张… Ⅲ.①禁军—制度—研究—中国—魏晋南北朝时代 Ⅳ.①E291

中国版本图书馆 CIP 数据核字（2020）第 164089 号

出 版 人	赵剑英
责任编辑	宋燕鹏
责任校对	冯英爽
责任印制	李寡寡

出　　版	中国社会科学出版社
社　　址	北京鼓楼西大街甲 158 号
邮　　编	100720
网　　址	http://www.csspw.cn
发 行 部	010 – 84083685
门 市 部	010 – 84029450
经　　销	新华书店及其他书店
印刷装订	北京君升印刷有限公司
版　　次	2020 年 10 月第 1 版
印　　次	2024 年 5 月第 3 次印刷
开　　本	710×1000　1/16
印　　张	54.5
字　　数	915 千字
定　　价	398.00 元

凡购买中国社会科学出版社图书，如有质量问题请与本社营销中心联系调换
电话：010 – 84083683
版权所有　侵权必究

序

武官是与文官一起支撑中国古代君主专制政体的两根支柱之一，而武官中的禁卫武官则是这根支柱的核心，是封建皇权政治赖以生存的重中之重，因而禁卫武官在中国古代国家政权中的重要性是不言而喻的。但是迄今为止的中国古代政治制度史研究，主要着力于文官制度，武官制度的研究相对薄弱，而其中的禁卫武官制度则基本上还是一个空白。张金龙教授的新著《魏晋南北朝禁卫武官制度研究》是学术界第一部对于中国古代禁卫武官制度进行全面、系统研究的专著，填补了这一学术空白，具有重要的开创意义和学术价值，是中国古代政治制度史、魏晋南北朝史研究领域的重大创获。全书五编二十一章一百余节，对于魏晋南北朝禁卫武官制度的发展演变，进行了全方位、多角度的研究，着重从制度变迁与个案考察两个层面对魏晋南北朝的禁卫武官及其组织结构、政治职能等问题进行阐述。宏观上，将魏晋南北朝禁卫武官制度置于汉末至南北朝末四百年历史长河的宏大背景下进行探讨，紧密联系魏晋南北朝政治史、政治制度史，对魏晋南北朝禁卫武官制度及其发展演变加以动态的考察；微观上，对浩如烟海的、分散的史料进行爬罗剔抉，探赜索隐，最大限度地揭示出这一时期禁卫武官及其制度的本来面目。本书的学术贡献是多方面的，而创新与求真则是贯穿本书的两根鲜明突出的红线。

首先，本书是一部具有重要原创性的学术著作。其创新之处主要表现在如下三个方面：

一是理论创新。本书第一次在学术界明确提出了"禁卫武官制度"的概念，这是一个具有重大学术价值的理论创新。作者通过对魏晋南北朝历史记载的全面考察，从中抽绎出了"禁卫武官制度"这一概念，将负责皇帝警卫、皇宫及京师治安保卫（包括京师外围卫戍事宜）的所有武官统称为禁卫武官。禁卫武官制度是指中国古代各王朝有关君主安全保卫及全国政治中心——首都治安防卫的职官制度，其核心职责是对皇帝及皇宫的安全保卫。禁卫武官制度史即是对历史上禁卫武官组织系统、职掌、沿革及其与君主专制政治的关系等问题进行研究的政治制度史的分支领域。中国古代凡是与皇帝警卫、皇宫及京师治安保卫有关的官职都可以纳入禁卫武官制度史的范畴进行研究。"禁卫武官制度"这一概念的提出将为中国政治制度史的研究别开生面。军权特别是禁卫军权是古代专制帝国的支柱，禁卫武官制度概念的提出为更加系统深入地考察帝制时代中国的君主专制政治与军权关系找到了一个新的切入点，从而有利于进一步认识中国古代君主专制政治的实质。作者认为："在君主专制时代，君主具有至高无上的绝对权力，君主的安危也就关系着王朝的命运。因此，以保卫君主为核心的禁卫军权在国家政治结构中处于权力中枢的地位，对禁卫军权的控制无疑也就成为专制君权的关键环节。"（第二十章·二）"禁卫军权是中央集权体制下专制君权的核心环节，是专制君权的主要实现形式之一。禁卫武官制度所体现的是禁卫军权，对禁卫武官制度的研究不仅在于对制度本身的了解，而且还在于它有助于从更深层次上认识中国君主专制制度及其运作机制。"因此，"对魏晋南北朝禁卫武官制度的研究，不仅对认识魏晋南北朝政治军事史至关重要，具有重大价值，而且也对全面准确理解整个中国古代政治军事史具有很大的启发意义。"（结论）作者的这种宏观认识，是对禁卫武官制度研究规律性的准确把握，这不仅表明本书对魏晋南北朝禁卫武官制度的研究具有雄厚的基础和高层次的理论起点，而且对于认识中国古代君主专制体制下的中央集权国家的政治军事历史也具有普遍的适用性。创新是科学研究的生命力所在，而理论创新尤为重要。值得一提的是，作者并未套用现代西方社会科学概念，而是从中国历史的客观实际中提炼出规律性的认识，从而达到了理论上的创新。在中国历史的研究中，合理借用西方社会科学概念或新名词无疑是必要的，但如果能从中国古代历史记载中抽绎出新概念，将更符合中国历史的实际，更能经得起历史事实的进一步验证，因而也就具有更强的学术生命力。

二是架构起崭新的禁卫武官制度史研究体系。在本书作者之前，关于魏晋南北朝禁卫武官的专门性研究极为罕见，更遑论禁卫武官制度史的学术体系。迄今为止，除了日本学者越智重明曾对魏晋南朝的领军将军与护军将军有过比较系统的考察之外，还有就是何兹全对魏晋的中军将领、滨口重國对北朝的近卫军将领有所论及，与禁卫武官制度有一定的联系；中国政治制度史和军事制度史的著作虽然对有关官职有所提及，但多语焉不详。本书第一次将魏晋南北朝所有与皇帝及宫城、京城保卫乃至京师外围卫戍有关的官职纳入禁卫武官系统加以全面翔实的研究，考察了这一时期的领军将军（中领军）、护军将军（中护军）、左卫将军与右卫将军、武卫将军、军校骁游（左右前后四军将军、五校尉、骁骑将军、游击将军）、直阁将军与直卫诸职、幢将与郎卫（羽林、虎贲、三郎、内三郎等）、殿中尚书与司卫监、领左右将军与千牛备身、宫伯与武伯、卫尉、领石头戍事、四（东南西北）中郎将、京畿大都督，以及殿中将军、殿中司马（督）、三部司马、五部督、无难督、绕帐督、解烦督、帐下督、马闲右部督和四禁（前后左右）将军、侍御郎、亲御郎、御仗左右、直荡都督、直突都督等禁卫之职。作者通过对传世典籍和出土文献的仔细勾稽考索，将上述不同层次的、众多的禁卫武官的变迁历程与政治职能一一厘清，并联系不同时期的政治形势和制度变迁，以及禁卫军权与政局变化的关系，考察禁卫武官制度及其变迁历程，将魏晋南北朝时期各个朝代、各个政权的禁卫武官设置异同、职能变化一一呈现在人们面前，使我们第一次能够对于错综复杂的魏晋南北朝禁卫武官制度有了一个非常明晰的认识，从而架构起了一个崭新的禁卫武官制度史研究的恢弘的学术体系。这一学术体系的建立，不仅拓展了魏晋南北朝史的研究领域，极大地丰富了魏晋南北朝政治制度史的内容，而且对于推动整个中国古代禁卫武官制度史研究，加深我们对中国古代政治史、政治制度史以及军事制度史复杂多样性的认识都有启迪参照意义。

三是新见迭出。本书所提出和研究的，大多是学术界第一次进行专门的系统研究的新问题。例如南北朝时期的直阁将军、直卫和监局之职，北朝的幢将和郎卫制度等，学术界的认识几乎是空白，通过本书的研究，我们对有关官职的政治职能及制度变迁都有了极为清晰的了解。对于学术界所涉及的问题，本书亦多有突破和新解。兹仅举数例。汉代的禁卫武官在魏晋以后先后变成散官或虚衔，通过本书的研究，我们可以看到有些汉代禁卫武职如光禄勋、卫尉、执金吾的职能在魏晋南北朝的确有很大的衰退，有时甚至不设其职，不过有时仍然具有一定的禁卫职能，如光禄勋一度还拥有掌宫殿门户的职能，卫尉在南朝还负责守卫宫城门，颇为重要。而五校尉则存在于整个魏晋南北朝时期，并且长期领有营兵，拥有禁卫职能，只是到了南北朝后期才成为散官。魏晋南北朝一代，一般情况下，领军将军（中领军）掌内军负责宫城内禁卫，护军将军（中护军）掌外军负责宫城外京城地区的禁卫，但在特殊情况下也会有所变化，如曹魏后期司马氏利用护军武装消灭曹爽集团后即加强护军权力，使其一度侵蚀甚至取代了领军的职能；北魏负责京师外围防务的四中郎将隶属于护军将军，但在北魏末年至东魏时期三十余年间四中郎将转属领军将军，其时领军职能得到加强而护军职能衰微。正常情况下，左卫将军高于右卫将军，左军将军高于右军将军，但也有相反的情况，如西晋"八王之乱"后期，赵王伦以右军将军身份发动政变夺取政权，在其专政及篡位时期，右军将军高于左军将军，右卫将军高于左卫将军。此类事例，可谓俯拾皆是，读来令人耳目一新。

其次，本书的创新是建立在求真的基础之上的。所谓求真就是尊重历史，还历史以本来面目。贯穿于本书的求真精神至少体现在如下几个方面：

一曰网罗繁富，竭泽而渔。

本书的论述是建立在极其丰富、扎实的历史资料基础之上的，可以说每一结论都是以确凿可靠的资料为支撑的。本书对于正史和编年体史书这类基本史料的运用是极其全面而深入的。以正史而言，"八书二史"是本阶段历史的最基本史料，但是一般多重"八书"而轻"二史"，本书却不仅十分重视"八书"的资料，同样也对"二史"予以高度重视，如第十八章之六论及北魏后期直阁将军时引用了《北史·薛聪传》一段弥足珍贵的记载，表明直阁将军负责"管领""亲卫禁兵"，常"陪侍帷幄"，实为皇帝"心膂"之任。这对于认识北魏直阁将军的禁卫职能具有重要意义，而该条资料却为《魏书》所不载。这表明作者是在全面掌握"八书二史"基础上加以运用的。本书不仅重视正史的《职（百）官志》和本纪、列传资料，而且还对人们不大注意或不常利用的《礼仪志》《舆服志》等资料予以充分的关注，如特意用了一章（第八章）的篇幅来讨论《晋书·舆服志》所载《中朝大驾卤簿》所反映的西晋禁卫武官制度；通过考察《隋书·礼仪志》的记载，发现了南朝梁、陈时代及北朝北周禁卫武官的组织结构和纪、传所不详的诸多细微之处。在此基础上画出了西晋大驾卤簿禁卫仪仗结构示意图和北周禁卫武官宿卫示意图，不仅使我们对于当时禁卫武官制度的认识更加形象、生动、具体，而且把禁卫武官制度研究的许多细微之处大大深化。

除了全面、深入利用正史和编年体史料之外，本书对于其他文献资料和铭刻资料也加以充分的利用。举凡经、史、子、集四部及后人有关注疏均在其视野之内，例如，直阁将军所入直"阁"之含义，北魏史料并无明确记载，本书引用《唐律疏议》卷七《卫禁律》所载"上阁"、左右"上阁"的记载，结合魏晋南北朝相关史料而得以阐明"北魏孝文帝改革时出现的直阁将军所直之阁当即太极殿之上阁"（第十八章）。关于蜀汉禁卫武官制度的资料极为有限，本书引用东晋常璩《华阳国志》的资料，在论证蜀汉禁卫诸职时多有所获，如蜀汉光禄勋下辖郎中、中郎等职，即赖以补益（第五章）。有关十六国禁卫武官制度的资料也较缺乏，本书利用类书所引北魏崔鸿《十六国春秋》以补正史之不足，亦多有所获，如关于后燕中卫将军与左卫将军并置以及中卫将军地位可能高于左卫将军的结论就是借助《十六国春秋·后燕录》的资料而得出的（第十一章·五·2）。在考察汉代卫尉职掌时所引《汉官解诂》（《职官分纪》及《太平御览》引）的一段记载，不仅使我们对于卫尉的职掌有了生动具体的了解，而且对于其他史料所载卫尉职掌的理解亦大有助益，如后人有所争论的卫尉属官"大谁长"的职责即得以明辨（第二章·二）。此外，在考察有关职官沿革时引用《周礼》的相关条目以明其渊源所自，同时又注意吸收后世注疏解经的成果，亦多所创获，如从郑玄和杜预注以了解东汉和西晋有关制度即是如此。诸如此类，不胜枚举。

在铭刻资料方面，举凡可资利用者，本书几乎网罗殆尽。在利用这些资料时，如有拓片者则尽量使用拓片，而不用转录的文本，体现了作者严谨的治学态度。本书对墓志碑刻资料运用上的创获也是十分可观的。如北魏文成帝《南巡碑》是近年发现的重要碑刻，本书专列一章（第十七章）讨论此碑所反映的北魏前期的禁卫武官制度，对其所载有关禁卫武官一一加以考释，使我们对于北魏前期禁卫武官制度的认识进一步深化，弥补了传世史籍所载之阙漏，如史籍所载内三郎皆为鲜卑贵族子弟起家官，且未记兼职，通过本书对《南巡碑》的研究，发现内三郎多兼军号，其军号品级由二品上至六品之间均有，以五品上、下为多，显示了内三郎地位之差别。此外还有，引用《蜀汉黄龙甘露碑》对于认识蜀汉时期的郎官制度（第五章），《孝文帝吊比干文》对于认识孝文帝迁都前后北魏禁卫武官制度的变迁（第十八章），《蔡儁断碑》对于认识东魏左右卫府属官制度（第十九章）等，都是作者在运用碑刻资料方面颇有价值的创获。

二曰纠谬订讹，正本清源。

本书不仅史料极其丰富、扎实，而且对于所采用的史料一一加以辨析，认真审核、考订，订正了许多史料记载之失，从史源上正本清源，创获良多，表现了作者深厚的治史功力。如果说要做到全面、深入运用历史资料相对来说还比较容易的话，那么，要做到对于所运用的资料加以全面、深入的考订，则是更加困难，更为难能可贵的。而这方面又是史学求真所必不可少的，诚如本书作者所说：对于史料"必须先加澄清，然后才能谈得上对有关制度的准确认识"。（第八章）

本书对于史料采取不轻信、不盲从的态度，严加辨析之后方才加以利用。例如，正史《职（百）官志》是本书需要利用的最重要、最基本的史料，经过本书作者的考订，发现这些官志对于魏晋南北朝禁卫武官制度的记载有不少疏漏、讹误或语焉不详之处。第七章在考察西晋禁卫武官制度时，通过对《晋书·职官志》和《宋书·百官志》记载的考辨，发现两晋时期有关禁卫长官领军将军（中领军）、中军将军、北军中候等名称和变迁的记载是不准确的，认为两志关于"武帝初省"中领军（领军将军）而以"中军将军羊祜统二卫前后左右骁骑七军营兵，即领军之任也"的记载有误，事实上中领军直到泰始七年十二月才并入北军中候，晋初六七年间中领军与中军将军、北军中候是同时存在的；而所谓"宿卫七军"则有一个逐步发展演变的过程，直到泰始八年四月才正式完备，而且其长官并非中军将军，而是已将中军将军之职并入的北军中候了；《晋志》所记"怀帝永嘉中，改中军曰中领军"的记载亦属大谬。第十九章通过纪、传资料证明北齐一代不仅存在领军大将军，而且也存在左、右卫大将军及领左右大将军、武卫大将军，从而补充了《隋书·百官志》记载之不足。至于史籍中一些较小的讹误缺漏经其指出者就更多了。如《晋书·成都王颖传》有"左将军王舆杀孙秀"句，作者认为此"左将军"为"左军将军"之误；《隋书·礼仪志七》所记北齐宫卫之制中有"左右卫将军、将军则两裆甲，手执檀杖"句，作者认为"左右卫将军"之后的"将军"应为"武卫将军"，夺"武卫"二字（第十九章）；《通典·职官典十》所记"北齐千牛备身属左右将军"，应为"领左右将军"而非"左右将军"（第十九章）；《资治通鉴·梁纪九》武帝中大通元年闰六月所记"中军大都督兼领军大将军杨津入宿殿中"，其"领军大将军"应为"领军将军"（第十九章）。诸如此类，不烦赘举。

后世对于史籍的研究、点校，亦同样在其审视、检核的范围之内。这里特别要提出的是作者对于中华书局"二十四史"标点本的勘正。这套"二十四史"标点本代表了20世纪70年代以前对于二十四史研究的最高水平，是现在最流行、最通用的本子。本书十分注意吸收标点本的校勘成果，又对该版本的标点、校勘作了大量合理的修正，并对个别原文作了修订。如第八章对于《晋书·舆服志》所载《中朝大驾卤簿》的修订，除了对于多处标点提出异议之外，还指出了《校勘记》中有些未将错误之处改正却将本来正确的记载错改的地方，更重要的是，与此同时，指出了《晋书》原文中的一些错误：将左、右卫将军记作左、右将军，前、后、左、右军将军除后军外，其他三将军皆脱一"军"字。这虽一字之差，但问题却很大，属于根本性错误。由此出发，作者又发现今本《晋书》及不少唐宋以来著述中在这个问题方面不同程度的错误，如：《晋书·成都王颖传》所记"左将军王舆杀孙秀"；《通典》卷六六《礼二六·卤簿》所载晋《中朝大驾卤簿》；《太平御览》卷二三八《职官部三六》前、后、左、右将军条所引史料；《北堂书钞》卷六四《设官部一六·前后左右将军》"乐为边将不愿宿卫"条，明陈禹谟补注所引《晋书》；《资治通鉴》卷一四一《齐纪七》明帝永泰元年五月条胡注。此外，如第二十章对《隋书·礼仪志七》所载"后周警卫之制"标点的修正也是非常精彩和典型的，均体现了作者严谨扎实的治学态度和功力。

作者虽然对于史料不轻信、不盲从，但也不轻言史料之误，而以客观历史事实作为唯一的取舍标准。例如，《汉书·百官公卿表序》记载西汉中垒校尉"掌北军垒门内，外掌西域"，清代学者王念孙与王先谦等人认为"西域"为"四城"之误，且为当代学者所接受。本书通过对历代文献资料的考察，有力地证实"西域"不误（第二章）。又如《晋书·职官志》所载"二卫始制前驱、由基、强弩，为三部司马"一段，以往有学者认为该段记载有脱漏，而本书则详加考释，疏通疑滞，否定了脱漏之说，使其在认识西晋左、右二卫组织系统上发挥了不可替代的作用（第七章）。

三曰商榷古今，以理以据。

学术研究的发展和进步离不开对已有研究成果的利用和修正、突破。本书对于这一课题的已有研究成果进行了极其广泛、深入的搜罗和借鉴，可以说囊括了古今中外的相关著述。在充分肯定这些研究成果的同时，又对于它们详加辨析，提出商榷，决不盲从，一切以历史事实为依据，以学术标准为准绳。例如，本书在讨论汉代南北军时，特别重视宋代学者王应麟（《玉海》）、山斋易氏——易祓（马端临《文献通考》引）的有关论述（第二章）；在讨论汉魏之际禁卫武官制度的巨变以及三国禁卫武官制度时，十分注意对清人洪饴孙《三国职官表》的利用与考辨（第三章至第五章）；在有关章节中对清朝乾隆年间四库馆臣所修《历代职官表》的"案语"也常加引用和辨析。对前人的研究中有可资借鉴之处均予以彰显，不使其湮没，如多处提及胡三省《资治通鉴注》对有关职官的注解即属于这种情况。对于有些著述中的明显错误也予以指出，如南宋陈傅良《历代兵制》卷三《三国兵制》称："魏制略如东汉，南北军如故。有中、左、右、前军各一师，又有中护、中领军，领、护军将军各一人，其他杂号无常数。初，曹公自置武卫营于相府，以领军主之。及文帝增置中营，于是有武卫、中垒二营，以领军将军并五校统之。"作者认为陈氏之说有诸多讹误：魏制与东汉制度差别甚大；领、护军将军与中领、护军不并置，其"中护、中领军，领、护军将军各一人"之说含糊不清；曹操相府武卫营由武卫中郎将、武卫将军主之，而不由领军主之；文帝时武卫、中垒营由武卫、中垒将军所统，而非以领军将军并五校统之；领军将军主领军营，又间接统领五校、武卫、中垒诸营。（第三章）同书同卷《两晋兵制》谓："晋自文王建国，阴谋倾魏，置二卫（中卫、后卫）、三部司马（前驱、由基、强弩），以中领军领之。"作者认为，陈氏所谓司马昭置二卫并由中领军领之，其说无据；晋武帝代魏后分置左右卫将军的说法亦不符合史实。（第七章）又如明方以智《通雅》卷二五《官制·武职》谓："晋有左右前后四将军，已为二卫三部。已又置虎贲、羽林、上骑、异力四部，并命中为五督，此今日五军都督府之所自也。"作者认为方氏将明朝五军都督府的渊源追溯到西晋五督，为无根之谈；所言左右前后四将军应为左右前后四军将军，谓四将军（或四军将军）分为二卫三部，更是大谬。（第七章）诸如此类，不胜枚举。

　　本书对现当代中外学者的论著也给予了充分的关注，既重视他们的研究成果，又不盲目照搬，而是在考辨基础上加以引用，既注意吸收其合理的论点，同时又对其谬误之处进行质疑、驳正。如本书中多处参考了已故日本著名学者濱口重國《秦漢隋唐史の研究》一书、越智重明《領軍將軍と護軍將軍》一文以及当代著名学者何兹全《魏晋的中军》一文和阎步克《品位与职位》等书的有关论点，同时又对他们的某些观点提出了商榷。又如本书第十七章《北魏文成帝〈南巡碑〉所见禁卫武官制度》利用张庆捷等刊布的文成帝《南巡碑》碑阴文字对北魏前期禁卫武官制度作进一步的考察，同时又对其有关研究成果中的疏误加以订正。这些都显示了作者对先行者成就的尊重，又说明他能够秉持学术公器的原则，一切以学术标准评判是非，这正是一切具有求真精神的学者所应有的态度。

本书对于所引用的文献均予以详细地解析，在注释中采取平等对话的方式作了大量富有学术价值的讨论。在大力提倡学术规范的今天，本书也具有一定的示范意义。

以上的事实表明，本书作者不仅具有创新和求真的精神，而且具有创新和求真的学养与能力，如果作者没有深厚的治史功力，没有具备中国古代典籍、古代政治制度史、魏晋南北朝史专业的雄厚基础，以及在此基础之上对禁卫武官制度透彻的研究和对全局了然于胸的把握，是不可能对于相关史料进行如此广泛细致的考订、取舍，对于古今中外关于这一专题的研究进行如此深入的评判，从而在史学的创新与求真上臻于如此佳境的。当然，本书所论不能说都完美无瑕，已将这一问题的研究穷尽，学术发展的规律总是后人克服、超过前人，后之视今亦如今之视昔。但无论如何这是一部在魏晋南北朝史、中国古代政治军事制度史领域极为重要的学术著作，为此后有关这一问题的研究奠定了坚实的基础，确立了新的起点，对魏晋南北朝史和中国古代政治军事制度史的研究无疑将会产生积极的影响。

张金龙教授于1995年入北京师范大学历史系攻读博士学位，我年齿在先，忝为其师。本书的基础就是作者于1998年5月在北京师范大学提交的博士论文，参加论文答辩的各位专家对该论文给予了高度评价，又经过作者长达五年的修改补充，方始定稿，已由原来二十余万字充实为洋洋七八十万言，足见这一课题难度之大和作者从事学术研究的执着精神。现在这一成果终于问世，我在读了书稿之后心潮澎湃，百感交集。一方面，深深为张金龙教授在学术研究上取得的辉煌成就感到无比欣喜。对张金龙教授而言，本书将是他学术生涯中的里程碑之一，标志着他已经成长为一位成熟的学者，跻身于魏晋南北朝史领域举足轻重的优秀史学家之列。另一方面，又深感其成就之来之不易。他二十年如一日，克服了重重困难和阻力，在魏晋南北朝史领域孜孜不倦地进行探索，终于取得了今天这样骄人的成绩。其遭遇，虽不及陈蔡之厄、迁蜀之痛，然而也是充满坎坷的，故此书亦发愤之所为作也！在庆贺他取得的成绩的同时，希望他对自己提出更高的要求，迈上新的台阶。今天是一个有可能产生大师的伟大时代，张金龙教授适逢其会，加以其所独具的禀赋，我们有理由相信他能够攀登这一光辉顶点，能不勉之！

是为序。

2003年4月10日
黎虎于北京师范大学

目　　录

第一编　概念与前史

第一章　概念
　　——中古文官、武官与禁卫武官释义 …………………………（3）
　　第一节　西汉"文官"与东汉官分文、武 ……………………（3）
　　第二节　魏晋南北朝的文、武官与"文武"之义 ……………（9）
　　第三节　魏晋南北朝的"禁卫"与禁卫武官 …………………（15）
　　小结 ……………………………………………………………（23）

第二章　汉代禁卫武官制度概说 ………………………………（26）
　　第一节　郎中令→光禄勋 ………………………………………（27）
　　　一　西汉郎中令→光禄勋 ……………………………………（27）
　　　二　东汉光禄勋 ………………………………………………（31）
　　第二节　卫尉 ……………………………………………………（34）
　　　一　西汉卫尉 …………………………………………………（34）
　　　二　东汉卫尉 …………………………………………………（36）
　　第三节　中尉→执金吾与城门校尉 ……………………………（40）
　　　一　中尉→执金吾 ……………………………………………（40）
　　　二　城门校尉 …………………………………………………（41）
　　第四节　八校尉与五校尉 ………………………………………（43）
　　　一　西汉八校尉 ………………………………………………（43）
　　　二　中垒校尉"掌西域"职掌考辨 …………………………（46）
　　　三　东汉北军中候与五校尉 …………………………………（52）
　　小结 ……………………………………………………………（55）

第三章　汉魏之际禁卫武官制度的巨变 (58)
第一节　黄巾起义后东汉禁卫武官制度的变化 (59)
第二节　曹操霸府中的传统禁卫武官制度 (65)
第三节　领军将军(中领军)、护军将军(中护军)的设置及其渊源 (71)
小结 (81)

第二编　三国禁卫武官制度

第四章　曹魏禁卫武官制度 (87)
第一节　领军将军、中领军 (87)
第二节　护军将军、中护军 (97)
第三节　武卫、中垒、骁游诸将军 (104)
一　武卫将军 (104)
二　中垒将军 (106)
三　骁骑将军与游击将军 (107)
第四节　五校、三卿与城门校尉 (110)
一　五校尉 (110)
二　光禄勋、卫尉与执金吾 (115)
三　城门校尉 (120)
第五节　领、护军职掌与领军组织系统辨正 (123)
一　关于领、护军"主武官选"问题 (123)
二　领军组织系统的变迁 (128)
小结 (130)

第五章　蜀汉禁卫武官制度 (133)
第一节　领军 (133)
第二节　护军 (135)
第三节　虎贲、三署郎将与羽林、殿中督 (138)
一　虎贲中郎将 (138)
二　三署郎将 (140)
三　羽林督与殿中督 (142)
第四节　光禄勋、卫尉与五校尉 (143)

小结 …………………………………………………………… (146)

第六章　孙吴禁卫武官制度 …………………………………… (148)
第一节　领军、护军与武卫将军等职 ……………………… (148)
　　一　领军将军与护军将军 ……………………………… (148)
　　二　武卫将军 …………………………………………… (150)
第二节　禁卫诸"督" ……………………………………… (152)
第三节　三署郎将与五校尉 ……………………………… (158)
　　一　三署郎将 …………………………………………… (158)
　　二　五校尉 ……………………………………………… (160)
第四节　光禄勋等三卿与城门校尉 ……………………… (161)
小结 …………………………………………………………… (164)

第三编　两晋十六国禁卫武官制度

第七章　西晋禁卫武官制度 …………………………………… (169)
第一节　魏晋之际禁卫武官制度的变革 ………………… (169)
第二节　西晋禁卫长官名称的因革 ……………………… (175)
第三节　"宿卫七军"的变迁 ……………………………… (178)
第四节　左、右卫将军及其组织系统 …………………… (182)
第五节　西晋禁卫长官的职能 …………………………… (192)
　　一　领军将军、中领军与北军中候的职能 …………… (192)
　　二　护军将军、中护军的职能 ………………………… (196)
小结 …………………………………………………………… (199)

第八章　《中朝大驾卤簿》所见西晋禁卫武官制度 ………… (202)
第一节　《中朝大驾卤簿》中的禁卫武官史料 …………… (202)
　　一　《中朝大驾卤簿》所见禁卫武官史料 …………… (202)
　　二　《中朝大驾卤簿》警卫仪仗方阵示意图 ………… (207)
第二节　《中朝大驾卤簿》与西晋禁卫武官制度 ………… (210)
第三节　《中朝大驾卤簿》制定年代考 …………………… (223)
小结 …………………………………………………………… (229)

第九章 "八王之乱"与禁卫军权 …………………………（232）
  第一节　杨、贾之争与禁卫军权 ……………………（233）
  第二节　贾后专政与禁卫军权 ………………………（241）
  第三节　赵王伦政变、篡位与禁卫军权 ……………（247）
  第四节　齐、成都、东海诸王专政与禁卫军权 ……（255）
  小结 ……………………………………………………（258）

第十章 东晋禁卫武官制度与禁卫军权 …………………（260）
  第一节　东晋禁卫武官制度 …………………………（260）
  第二节　东晋禁卫长官的职能 ………………………（272）
  第三节　门阀士族与东晋禁卫军权 …………………（280）
  第四节　禁卫军权与东晋政争 ………………………（286）
  小结 ……………………………………………………（299）

第十一章 十六国禁卫武官制度 …………………………（302）
  第一节　汉赵禁卫武官制度 …………………………（302）
  第二节　后赵禁卫武官制度 …………………………（306）
    一　领军将军、中领军 ………………………（307）
    二　左·右卫、武卫将军等职 ………………（310）
    三　龙腾、女骑和东宫高力 …………………（315）
  第三节　前秦禁卫武官制度 …………………………（319）
  第四节　后秦、西秦禁卫武官制度 …………………（327）
    一　后秦禁卫武官制度 ………………………（327）
    二　西秦禁卫武官制度 ………………………（332）
  第五节　五燕禁卫武官制度 …………………………（334）
    一　前燕禁卫武官制度 ………………………（334）
    二　后燕禁卫武官制度 ………………………（336）
    三　西、南、北燕禁卫武官制度 ……………（341）
  第六节　五凉与成汉禁卫武官制度 …………………（342）
    一　前凉禁卫武官制度 ………………………（342）
    二　后凉禁卫武官制度 ………………………（344）
    三　西、南、北凉禁卫武官制度 ……………（345）

四　成汉禁卫武官制度 …………………………………………（349）
　　小结 ………………………………………………………………（351）

第四编　南朝禁卫武官制度

第十二章　刘宋禁卫武官制度 ……………………………………（357）
　　第一节　刘宋禁卫武官组织系统 ………………………………（359）
　　第二节　领军将军、中领军 ……………………………………（366）
　　第三节　护军将军、中护军 ……………………………………（377）
　　第四节　左、右卫将军 …………………………………………（382）
　　第五节　直阁将军 ………………………………………………（391）
　　第六节　卫尉卿与领石头戍事 …………………………………（405）
　　　　一　卫尉卿 …………………………………………………（405）
　　　　二　领石头戍事 ……………………………………………（407）
　　小结 ………………………………………………………………（416）

第十三章　南齐禁卫武官制度 ……………………………………（419）
　　第一节　南齐禁卫武官组织系统——附论"西省" ……………（419）
　　第二节　领军将军、中领军 ……………………………………（429）
　　第三节　护军将军、中护军 ……………………………………（435）
　　第四节　左、右卫将军 …………………………………………（439）
　　第五节　直阁将军 ………………………………………………（447）
　　第六节　卫尉卿与领石头戍事 …………………………………（461）
　　　　一　卫尉卿 …………………………………………………（461）
　　　　二　领石头戍事 ……………………………………………（464）
　　小结 ………………………………………………………………（466）

第十四章　梁代禁卫武官制度 ……………………………………（468）
　　第一节　梁代禁卫武官组织系统 ………………………………（468）
　　第二节　领军将军、中领军 ……………………………………（472）
　　第三节　护军将军、中护军 ……………………………………（480）
　　第四节　左、右卫将军 …………………………………………（485）
　　第五节　直阁将军 ………………………………………………（493）

6 / 目录

  第六节 卫尉卿与领石头戍军事 …………………………（499）
    一 卫尉卿 ……………………………………………（499）
    二 领石头戍军事 ……………………………………（502）
  小结 …………………………………………………………（507）

第十五章 陈代禁卫武官制度 ……………………………（510）
  第一节 陈代禁卫武官组织系统 …………………………（510）
  第二节 领军将军、中领军 ……………………………（514）
  第三节 护军将军、中护军 ……………………………（519）
  第四节 左、右卫将军 …………………………………（522）
  第五节 直阁将军、卫尉卿与石头城防务 ……………（530）
    一 直阁将军 …………………………………………（530）
    二 卫尉卿 ……………………………………………（531）
    三 石头城防务 ………………………………………（533）
  小结 …………………………………………………………（537）

附章 南朝监局及其禁卫权力问题 ……………………………（539）

第五编 北朝禁卫武官制度

第十六章 史籍所见北魏前期禁卫武官制度 ………………（561）
  第一节 都统长与幢将 …………………………………（561）
  第二节 郎卫 ………………………………………………（574）
  第三节 内侍、内行诸职 ………………………………（583）
  第四节 殿中尚书 …………………………………………（593）
  第五节 司卫监 ……………………………………………（601）
  小结 …………………………………………………………（604）

第十七章 文成帝《南巡碑》所见禁卫武官制度 …………（608）
  第一节 与禁卫官制有关之碑文内容 ………………（609）
  第二节 幢将 ………………………………………………（611）
  第三节 诸郎 ………………………………………………（615）
  第四节 将军号与"折纥真" ………………………（618）

第五节　幢将与诸郎身份考察 …………………………… (621)
　　小结 ……………………………………………………………… (631)

第十八章　北魏后期禁卫武官制度 ……………………… (633)
　　第一节　太和十七年《职员令》所载禁卫武官 ………… (633)
　　第二节　太和二十三年《职员令》所载禁卫武官 ……… (638)
　　第三节　领军将军、中领军 ……………………………… (645)
　　第四节　护军将军、中护军 ……………………………… (650)
　　　一　护军将军、中护军 ………………………………… (650)
　　　二　四中郎将 …………………………………………… (653)
　　　三　诸关津尉 …………………………………………… (656)
　　第五节　左、右卫将军 …………………………………… (658)
　　第六节　武卫将军 ………………………………………… (663)
　　第七节　直阁将军与直卫诸职 …………………………… (668)
　　第八节　领左右与千牛备身 ……………………………… (678)
　　第九节　五校、左·右中郎将及其他"冗职" ………… (683)
　　小结 ……………………………………………………………… (689)

第十九章　东魏北齐禁卫武官制度 ……………………… (692)
　　第一节　对北魏后期禁卫武官制度的继承和变革 ……… (692)
　　第二节　领军府 …………………………………………… (697)
　　　一　领军府 ……………………………………………… (697)
　　　二　领军将军与领军大将军 …………………………… (699)
　　　三　多位领军并存与其职能的分化 …………………… (705)
　　第三节　领军将军与北齐政治 …………………………… (711)
　　　一　领军将军与二王—杨愔之争 ……………………… (711)
　　　二　领军将军与琅邪王俨叛乱 ………………………… (718)
　　第四节　左、右卫府 ……………………………………… (724)
　　　一　左、右卫将军与左、右卫大将军 ………………… (724)
　　　二　武卫将军与武卫大将军 …………………………… (727)
　　　三　左、右卫府属官 …………………………………… (730)
　　第五节　领左右府 ………………………………………… (741)

第六节　护军将军的衰微 ···（745）
  第七节　京畿大都督的兴废 ···（750）
  第八节　禁卫都督的形成 ··（759）
    一　北魏都督制（征讨都督）的演变 ································（759）
    二　魏末滥赏与都督地位的进一步卑微化 ························（763）
    三　战争局势与禁卫都督的形成 ·····································（769）
  小结 ···（775）

第二十章　西魏北周禁卫武官制度 ·····································（778）
  第一节　西魏禁卫武官制度 ···（779）
    一　领军将军、中领军 ···（779）
    二　左、右卫将军与武卫将军 ···（783）
    三　阁内都督与直阁等职 ···（788）
  第二节　禁卫长官与西魏前期政治 ···································（791）
  第三节　《隋书·礼仪志七》所载北周禁卫武官制度 ············（794）
    一　《隋书·礼仪志七》中的"后周警卫之制" ····················（794）
    二　北周宫伯、武伯警卫之制示意图 ······························（801）
  第四节　北周禁卫武官制度溯源 ······································（803）
  第五节　北周末年禁卫武官制度改革 ·······························（815）
  小结 ···（829）

结　论 ··（832）

参考文献 ··（836）

后　记 ··（853）

第一编

概念与前史

第一章

概　　念

——中古文官、武官与禁卫武官释义

第一节　西汉"文官"与东汉官分文、武

西周时期，分封制和世卿世禄制维系着各级贵族的特权，王、诸侯、卿、大夫构成了统治阶级的各个等级，他们垄断着国家的政治军事权力。在这种贵族政治下，军队和军事指挥权掌握在各级贵族手中，政治制度中并无专门的文、武官制之分①。春秋以降，战事频仍，军事斗争在国家政治生活中占据重要地位，作为统治阶级的各级贵族既要掌握至关重要的军事权，统率军队四出征战，同时为了应付日益扩大的战争，又不得不起用下一级的士人担任将领或作为武士进行征战。②"学在官府"的局面被打破，也使得平民有了学习文化、接触并掌握统治经验的机会。及至战国，"士"阶层逐渐兴起壮大并开始在政治生活中发挥重要作用③。这些变化都为政治制度中的文、武之分奠定着基础。虽则如此，一直到秦统一帝国建立前，列国官制中似乎并无明确的文、武之分，其时"军队长官亦兼

---

① 西周铜器铭文中可见"虎臣"一职，许倬云认为"是捍卫王身的近卫队"将领。参见氏著《西周史》（增补本），生活·读书·新知三联书店2001年版，第221—222页。按"虎臣"之职可以看作是中国古代武官（禁卫武官）之滥觞。

② 杜正胜认为："军政一体本是封建城邦时代的传统，封建贵族皆文武全才，主政的卿大夫即是军队统帅，列国谋元帅也就是选执政，《左传》记载甚明。军将以下的中下级军官，史书鲜有记录，恐亦不例外。"（《编户齐民——传统政治社会结构之形成》，联经出版事业公司1990年版，第129页）

③ 关于先秦时期的"士"，学界有关论述甚多。参见阎步克《士大夫政治演生史稿》，北京大学出版社1996年版，第29—72、126—164页。

民政首长，具有文武双重身份和任务"①。秦始皇统一六国，实现了全国的大一统，为了巩固统一局面，总结传统政治制度的经验教训，确立了以丞相（相国）诸卿—郡县制为基本架构的官僚体制。

先秦时期的贵族政治与秦代确立的官僚政治虽然都是君主政体，但实质差别却很大，主要表现在：前者为相对君主制，君主——国王或诸侯的权力是有限的，受到各种因素的制约，"普天之下，莫非王土；率土之滨，莫非王臣"②，其象征意义超越了实质性的含义。后者为绝对君主制，君主——皇帝享有"至高无上"的权力，虽然也有客观条件如生产力落后等因素的制约，但从制度上来说这种专制权力具有很强的现实性。在绝对君权（专制君权）之下所确立的官僚政治，成为此后两千余年中国历史上各王朝的基本政治制度。进行统治离不开文治武功，所谓"一张一弛，文、武之道也"③。因此，在当时所确立的官僚体制中便明确规定了各机构官员的名称、俸秩及职掌等制度，其中既有以文治教化为基本职掌的官职，也有以武事为基本职掌的官职。但是，制度中并未明确区分何者为文官何者为武官，可以说严格意义上的文、武官之分尚未出现。④

---

① 杜正胜：《编户齐民——传统政治社会结构之形成》，第129页。

② （汉）郑玄笺，（唐）孔颖达疏：《毛诗注疏》卷一三《小雅·北山》，（清）阮元校刻《十三经注疏》，中华书局1980年版，第463页。

③ 《礼记·杂记下》载孔子曰："张而不弛，文、武弗能也；弛而不张，文、武弗为也；一张一弛，文、武之道也。"[（汉）郑玄注，（唐）孔颖达疏：《礼记注疏》卷四三，《十三经注疏》，第1567页]又见《孔子家语》卷七《观乡射》，（清）陈士珂疏证《孔子家语疏证》，《丛书集成初编》本，商务印书馆1937年版，第183页。按此处之"文、武"乃指周文王和周武王，"文、武之道"即周文王和周武王的统治之道，引申为文德与武功。

④ 《尉缭子》卷二《原官》："官者，事之所主，为治之本也。""官分文、武，惟王之二术也。"（《景印文渊阁四库全书》"子部三二·兵家类"，台湾商务印书馆1986年版，第七二六册，第80页）据此，似《尉缭子》成书的时代已经有了明确的文、武官之分。按《尉缭子》最早著录于《汉书》卷三〇《艺文志》，其"杂二十家"中有"《尉缭》二十九篇（六国时）"，"兵形势十一家"中有"《尉缭》三十一篇"[（东汉）班固撰，（唐）颜师古注：《汉书》，中华书局1962年版，第1740、1758页]。1972年山东临沂银雀山汉墓出土了《尉缭子》残简，表明其书在西汉时已经流传。关于《尉缭子》的成书时代，学界有不同观点，但一般认为它是战国晚期的作品（其作者为梁惠王时隐士尉缭或秦始皇时大梁人尉缭）。参见张烈《关于〈尉缭子〉的著录和成书》，《文史》第8辑，中华书局1980年版；《中国军事史》编写组《武经七书注译》，解放军出版社1986年版，第142—143页；郑良树《近代学者〈尉缭子〉争论述评》，《诸子著作年代考》，北京图书馆出版社2001年版，第195—218页。文、武之义，《尉缭子》中有数处提及。卷三《治本》："夫禁必以武而成，赏必以文而成。"（第81页）卷五《兵令上》："兵者，以武为植，以文为种。武为表，文为里。能审此二者，知胜败矣。文所以视利害，辨安危；武所

汉承秦制而略有变通。西汉初年已有了明确的"文官"概念。《史记·叔孙通列传》：

> 汉七年，长乐宫成，诸侯群臣皆朝十月。仪：先平明，谒者治礼，引以次入殿门，廷中陈车骑步卒卫官，设兵张旗志。传言"趋"。殿下郎中侠陛，陛数百人。功臣列侯诸将军军吏以次陈西方，东乡（向）；文官丞相以下陈东方，西乡（向）……①

由此可见，西汉初年已出现"文官"概念，即"丞相以下"众官为文官。有文官便应有武官。《汉书·百官公卿表上》"郎中令"条谓，"古者重武官，有主射以督课之"②。据此，似"武官"早就出现。汉初与文官相对的是"功臣列侯诸将军军吏"。按"功臣列侯"自是武将出身，"诸将军军吏"当然更是武职。"功臣列侯"为表示其贵族身份的爵位，一般不宜

（接上页）以犯强敌，力攻守也。"（第87页）其所谓文、武似皆与战争有关，武是战争的手段，文是战争的目的。文、武皆与统治和管理国家关系不大。同书卷二《将理》："凡将，理官也，万物之主也，不私于一人。"（第80页）未称将为武官。总之，《尉缭子》书中的官分文、武似乎仍是一种文、武官之分的萌芽，还不能说当时已有了明确的文、武官制之分。又，黎虎师提示应注意《尉缭子》中"官分文、武"的记载，谨表谢忱。《管子》卷三《幼官》："三千里之外，诸侯世一至，置大夫以为廷安，入，共受命焉。此居于图北方方外。必得文威武官习，胜之。"（清）戴望注曰："善胜敌者，必得文德之威，武艺之官，与之练习士卒，则可以胜之。"同卷《幼官图·中方副图》："必得文威武官习，胜之。"（《诸子集成》本，上海书店出版社1986年版，第40、43页）按此处之"武官"，与后世官制中的文官、武官不同。同书卷九《霸言》："远而不听者，以刑危之。一而伐之，武也；服而舍之，文也。文武具满，德也。"（第145页）按此文、武即文德、武功之谓。类似的看法还见于《商君书》卷三《修权》："凡赏者，文也；刑者，武也。文武者，法之约也。"（蒋礼鸿撰：《商君书锥指》，中华书局1986年版，第83页）《韩非子·解老》："故万物必有盛衰，万事必有弛张，国家必有文武，官治必有赏罚。"〔（战国）韩非著，陈奇猷校注：《韩非子新校注》卷六，上海古籍出版社2000年版，第421页〕《吕氏春秋》卷一五《慎大览·不广》："宁越可谓知用文武矣。用武则以力胜，用文则以德胜。文武尽胜，何敌之不服？"卷二〇《恃君览·召类》："三王以上，固皆用兵也。乱则用，治则止。""此治乱之化也，文武之所由起也。文者爱之征也，武者恶之表也。爱恶循义，文武有常，圣人之元也。"（《诸子集成》本，第173、262—263页）

① （西汉）司马迁撰，（南朝宋）裴骃集解，（唐）司马贞索隐，（唐）张守节正义：《史记》卷九九《叔孙通传》，中华书局1959年版，第2723页。按《汉书》卷四三《叔孙通传》所载略同，第2127页。

② 《汉书》卷一九上《百官公卿表上》，第728页。

称"官",恐怕这就是当时不以"武官"称之的原因。此后终西汉末年,二百余年间史籍中再未见到"文官"与"武官"之称。很显然,虽然西汉初年制度规定了文、武官制之分,但这种区分还只是初步的,并未成熟和定型,真正的文、武官制之分尚未形成。① 之所以如此,与西汉时期还处于官僚政治的初期阶段,贵族政治的遗留和影响较大颇有关系。

汉武帝彻底削弱了王国势力,其后诸侯王国力量日益衰微,对君主专制政体的影响越来越小。及至东汉建立,光武帝继承汉武帝以来的王国政策,同姓诸侯力量未能提高,功臣勋贵也因光武帝的压制而无法对政治发生重大影响。东汉时期,诸侯王国基本与地方郡县无别,贵族政治的影响已经完全消除。在这种情况下,与"文官"相对应的已不是"功臣列侯诸将军军吏",而是官制中具有军事职能的官职;加之战争减少,不但"功臣列侯"不能成为一个政治阶层,而且"诸将军军吏"也不占重要地位。国家统一与和平时代使得汉代将军制度不再有较大程度的发展,这就使得诸将军不能与"文官"相对而成为武官制度之主体。②

有关东汉历史的记载中,已有了明确的文、武官制之分。《续汉书·舆服志上》:"公卿以下至县三百石长导从……黄绶,武官伍伯,文

---

① 阎步克认为,"汉之仕途,有文有武"。其证有四。《汉书·何并传》:"使文吏治三人狱,武吏往捕之。"《尹赏传》:"闾里少年……得赤丸者斫武吏,得黑丸者斫文吏"(汉代文吏皂衣青帻,武吏赤帻,故然)。汉仪又有"文东武西"之制。《史记·叔孙通传》:"功臣、列侯、诸将军、军吏,以次陈西方,东乡;文官丞相以下,陈东方,西乡。"《汉书·尹翁归传》:"悉召故吏五六十人,(田)延年亲临见,令有文者东,有武者西。"因此他说:"在此意义上,'文吏'是'武吏'的对称,'文吏'即以文进身者,为文职官吏;'武吏'即以武进身者,为武职官吏。"(《士大夫政治演生史稿》,第26页,注[28])按以上诸例皆属特例,以之为据谓仕途分文、武为西汉一代具有普遍性的制度似嫌证据不足。何并、尹赏、尹翁归诸例中的"文吏""武吏"确为吏,但地位甚低,恐怕与正式官职无涉,顶多也就是俸秩极低的初级官吏,显然不能说明西汉官制普遍区分文、武。而文、武进身者并非一定为文、武官吏。《史记·叔孙通传》所载是汉初朝官在朝会时分为东、西两班,与"文官丞相以下"相对的"功臣、列侯、诸将军、军吏"并无明确的"武官"称谓,且功臣列侯与丞相之间也并非判然可分。这表明当时仅制草创,有关制度还比较粗疏,并不严密。另外,此例的"文官"内涵与上例的"文吏"(及对应的"武吏")有很大差异,不可等同而观。

② 关于汉代将军制度的研究,参见[日]大庭脩《秦汉法制史研究》,林剑鸣等译,上海人民出版社1991年版,第288—334页;廖伯源《试论汉初功臣列侯及昭宣以后诸将军之政治地位》,载《徐复观先生纪念论文集》,学生书局1986年版,第124—170页;《东汉将军制度之演变》,《"中央研究院"历史语言研究所集刊》第60本第1分(1989年)。

官辟车。"① 《礼仪志中》："立秋之日……于是乘舆还宫，遣使者赍束帛以赐武官。武官肄兵，习战阵之仪、斩牲之礼，名曰'貙刘'。兵、官皆肄孙、吴兵法六十四阵，名曰'乘之'。立春，遣使者赍束帛以赐文官。"前"武官"条注引《汉官名秩》曰："赐太尉、将军各六十匹，执金吾、诸校尉各三十匹；武官倍于文官。"后"文官"条注引《汉官名秩》曰："赐司徒、司空帛四十匹，九卿十五匹。"《古今注》曰："建武八年（32）立春，赐公十五匹，卿十匹。"② 由此可见，东汉制度已明确规定了"文官"与"武官"之分，"文官"即司徒、司空和九卿，"武官"即太尉、将军和执金吾、诸校尉。关于"文官"的记载还见于《续汉书·祭祀志中》："立春之日，迎春于东郊……因赐文官太傅、司徒以下缣各有差。"③ 关于"武官"的记载还有三条。《续汉书·礼仪志上》："立春之日，夜漏未尽五刻，京师百官皆衣青衣，郡国县道官下至斗食令史皆服青帻，立青幡，施土牛耕人于门外，以示兆民，至立夏。唯武官不。"《百官志一》："太尉公一人"条注引应劭曰："自上安下曰尉，武官悉以为称。"《百官志二》"廷尉"条注引应劭曰："兵、狱同制，故称廷尉。"《舆服志下》："武冠，一曰武弁大冠，诸武官冠之。"注引《晋公卿礼秩》曰："大司马、将军、尉（校尉）、骠骑、车骑、卫军诸大将军开府从公者，著武冠，平上帻。"④

上引史料对"文官"与"武官"的概括基本相同，但也有某些差别，如：《古今注》载光武帝"建武八年立春，赐公十五匹，卿十匹"，此"公"自应指三公，"卿"自应指九卿。而据《汉官名秩》载，立春，"赐司徒、司空帛四十匹，九卿十五匹"，其中不包括太尉。然据同书，太尉在立秋所赐诸武官之中，且属于诸卿之一的执金吾亦在立秋所赐诸武官中。又据应劭解释，汉代官名中，除廷尉外所有武官皆以"尉"字为称，则九卿之一的卫尉不属文官而为武官。另外，九卿之一的光禄勋虽不带"尉"字名称，但亦为武官无疑。因此，上引《古今注》及《汉官名秩》

---

① （南朝宋）范晔撰，（唐）李贤等注：《后汉书》/附（晋）司马彪撰，（南朝梁）刘昭注补：《续汉书·志》，中华书局1965年版，第3651页。又见《后汉书》卷五八《虞诩传》注引《续汉志》，第1872页。

② 《后汉书》，第3123、3124页。

③ 《后汉书》，第3181—3182页。

④ 《后汉书》，第3102、3557、3582、3668页。

有关记载略显笼统，从而影响其准确性。

尽管如此，上述史志所见文、武官制之分还是比较清晰的。东汉时期的"文官"是指太傅、司徒、司空及除光禄勋、卫尉、执金吾外之诸卿；"武官"则是指太尉及诸卿之光禄勋、卫尉、执金吾，将军及诸校尉（五校尉、司隶校尉、城门校尉等）。这是中央官（朝官、京官）之分类，而地方官（郡国县道官）亦当有文、武之分：郡守、国相、县令长等应为文官；郡都尉、国中尉、属国都尉等应为武官。文、武官不仅职掌有别，而且其礼仪也是不同的。《论衡·商虫》："变复之家，谓虫食谷者，部吏所致也。贪则侵渔，故虫食谷。身黑头赤，则谓武官；头黑身赤，则谓文官。使加罚于虫所象类之吏，则虫灭息，不复见矣。夫头赤则谓武吏、头黑则谓文吏所致也，时或头赤身白、头黑身黄，或头身皆黄，或头身皆青，或皆白若鱼肉之虫，应何官吏？……"[1]《潜夫论·爱日》："非独乡部辞讼也。武官断狱，亦皆始见枉于小吏，终重冤于大臣。"[2] 东汉当代著名学者的这些记载，便是东汉已有了明确的文官与武官之分的极好的佐证。

综上所述，可以得出如下认识。（1）秦汉确立君主专制政体，官僚制度中一开始便有了文、武官之分的萌芽，但并不明确具体。汉初出现了"文官"一词，是指"丞相以下"诸官职，与之相对应的是"功臣列侯诸将军军吏"，虽可认为是武官，但当时并未出现这一称谓。功臣列侯一旦担任了丞相及九卿（非"尉"系）等职时又变成了文官，如丞相在西汉前期均由列侯担任，但却属于文官系统，所以用"功臣列侯诸将军军吏"来概括汉初与丞相以下诸职相对的职官系统是可行的，但若用之于西汉一代却未必可行。（2）东汉时期文、武官制之分已趋明朗，不仅有了明确的"文官"与"武官"概念，"武官"一词正式出现，而且其内涵业已明确。在礼仪方面，文、武官职有别。具体来说，太尉、卫尉、执金吾（原中尉）及诸校尉等"尉"字称号官职与光禄勋、诸将军等属于武官系统，太傅、司徒、司空诸公及其他诸卿等属于文官系统。在武官制度中，将军制度所占比重较小，而以"尉"字系官职为主，即应劭所谓"武官

---

[1] （东汉）王充撰，黄晖校释：《论衡校释》卷一六《商虫》，中华书局1990年版，第713—714页。

[2] （东汉）王符撰，（清）汪继培笺，彭铎校正：《潜夫论笺》卷四《爱日》，中华书局1979年版，第219页。

悉以（'尉'字）为称"者。正因所有官职均可区分为文、武，因此"文武"一词便可泛指百官。《续汉书·百官志二》"廷尉"条注引蔡质《汉仪》曰："正月旦，百官朝贺，光禄勋刘嘉、廷尉赵世各辞不能朝，高赐举奏：'皆以被病笃困，空文武之位，阙上卿之赞……请廷尉治嘉罪，河南尹治世罪。'议以世掌廷尉，故转属他官。"① 按此处之"文武"泛指百官，具体而言便是廷尉指"文"、光禄勋指"武"。

第二节 魏晋南北朝的文、武官与"文武"之义

魏晋南北朝时期，继承东汉文、武官制之分，官僚制度中不仅仍有"文官"与"武官"之区分，而且其具体内容也与东汉有了很大变化。与东汉"尉"系武官制度发达不同，魏晋南北朝"将军"系武官制度发展迅速并且取代"尉"系武官而成为武官制度的主体，不论是君主及京师保卫还是出外征讨、地方镇抚，都少不了"将军"系武官的活动。此外，还出现了"都督"制度。在文官制度中，三公九卿制衰微，以尚书省为中心的议事咨询机构上升为政务机构，尚书省与中书、门下省等宫省机构及其官职成为文官制度的主体。

汉魏之际的社会大动荡引起了政治制度的剧变，以"将军"系武官为主的武官制度蓬勃发展，成为政治制度的主体之一。为了适应征战之需，当时无论中央官还是地方官多加将军号，促使将军制度发达起来。曹魏建立以后，便将这种变化固定于政治制度之中，不仅武官担任将军，而且文官也多加任将军号，于是文、武界限逐渐淡化模糊起来。尽管如此，三国时代仍可见到文官与武官之分，并有总称百官的"文武"之词见于史籍，这在孙吴政权显得比较突出。孙权时顾雍"为丞相，平尚书事。其所选用文武将吏，各随能所任，心无适莫"②。《江表传》载孙"权移都建业，大会将相文武"云云③。《吴志·三嗣主传》：孙亮建兴元年（252）闰四月，"诸文武在位，皆进爵班赏，冗官加等"④。《汉晋春秋》

---

① 《后汉书》，第3582—3583页。
② （晋）陈寿撰，（南朝宋）裴松之注：《三国志》卷五二《吴书·顾雍传》，中华书局1959年版，第1226页。
③ 《三国志》卷五六《吴书·吕范传》注引，第1311页。
④ 《三国志》卷四八《吴书·三嗣主传》，第1151页。

载孙皓末年事,有"文武职位至于卒伍"之语①。左丞相陆凯向孙皓的上疏中有云:"愿陛下简文武之臣,各勤其官,州牧督将,藩镇方外,公卿尚书,务修仁化。"②中书令、领太子太傅贺邵上谏孙皓,有云:"自顷年以来,朝列纷错,真伪相贸,上下空任,文武旷位。外无山岳之镇,内无拾遗之臣。"③按上引记载中的"文武",显然是指孙吴统治区域的文武百官或朝廷文武官员。④蜀汉末年,罗宪为巴东太守,"守永安城"。魏军攻占成都后,吴将步协率军侵逼,宪"遣参军杨宗突围北出,告急安东将军陈骞,又送文武印绶、任子诣晋王"⑤。按此"文武"是指当时罗宪及其所统文武将吏。

"八王之乱"时范阳王虓等上言,谓"今大驾还宫,文武空旷,制度荒破,靡有孑遗"云云⑥。按此"文武"亦指朝廷文武官员。三国时期未见到"文官"之称,而"武官"则有数例可考。《魏志·夏侯玄传》注引《世语》曰:"玄世名知人,为中护军,拔用武官,参戟牙门,无非俊杰,多牧州典郡,立法垂教,于今皆为后式。"同传注引《魏略》曰:"玄既迁,司马景王代为护军,护军总统诸将,任主武官选举,前后当此官者,不能止货赂。"⑦《吴志·孙破虏讨逆传》注引《吴录》曰:"(王)叡先与坚共击零、桂贼。以坚武官,言颇轻之。"⑧据《续汉书·舆服志下》注引《晋公卿礼秩》记载,晋代"武官"是指"大司马、将军、尉(校尉)、骠骑、车骑、卫军(卫将军)诸大将军开府从公者"⑨。与汉代

---

① 《三国志》卷四八《吴书·三嗣主传》孙皓天纪三年(279)夏裴注引,第1173页。
② 《三国志》卷六一《吴书·陆凯传》,第1402页。
③ 《三国志》卷六五《吴书·贺邵传》,第1456页。
④ 与此相关,"文武"亦指其人具有担任文官和武官的才能。如《三国志》卷五七《吴书·朱据传》:"(孙)权咨嗟将率,发愤叹息,追思吕蒙、张温,以为据才兼文武,可以继之,自是拜建义校尉,领兵屯湖孰。"(第1340页)卷六〇《吴书·周鲂传》:"子处,亦有文武材干,天纪中为东观令、无难督。"(第1392页)杨戏为蜀汉后主延熙四年(241)所著《季汉辅臣赞》,"赞费宾伯"条云:"扬威才干,欷歔文武,当官理任,衎衎辩举,图殖财施,有义有叙。"(《三国志》卷四五《蜀书·杨戏传》,第1079、1081页)
⑤ 《三国志》卷四一《蜀书·霍峻传附子弋传》注引《襄阳记》,第1008—1009页。
⑥ (唐)房玄龄等撰:《晋书》卷三七《宗室·范阳王虓传》,中华书局1974年版,第1100页。
⑦ 《三国志》卷九《魏书·夏侯玄传》注引《世语》,第295、299页。
⑧ 《三国志》卷四六《吴书·孙破虏讨逆传》,第1097页。
⑨ 《后汉书》,第3668页。

相比，其内涵有了很大变化。汉代武官以官称中带"尉"字者为主体，如三公之太尉，九卿之卫尉、中尉，诸校尉，郡国之中尉、都尉等。曹魏以来，由于战争不断，"将军"系武官制度迅速发展，"尉"系武官或升格为将军，或职能发生转变、地位下降，在整个武官制度中退居次要地位。《晋公卿礼秩》所见仅为公卿武官（或相当于公卿者），自然不能反映整个武官制度的全貌。负责地方镇守事务的将领亦属于武官。《太平御览》引《郭泰别传》曰："王叔优问才之所宜，泰曰：'当以武官显。'叔优后至北中郎将。"①《晋书·康帝纪》：咸康八年（342）六月"癸巳（初八，7.26），成帝崩。甲午（初九，7.27），即皇帝位，大赦。诸屯戍文武及二千石官长，不得辄离所局而来奔赴"②。按此处之"文武"是指镇守地方的文武官员。

晋南北朝时期，文、武官之分已颇为明确。《晋书·舆服志》："袴褶之制，未详所起，近世凡车驾亲戎、中外戒严服之。服无定色，冠黑帽，缀紫摽……中官紫摽，外官绛摽。又有纂严戎服而不缀摽，行留文武悉同。其畋猎巡幸，则惟从官戎服带鞶革，文官不下缨，武官脱冠。"③ 由此可见，晋制规定无论中官、外官皆有文、武之分，制度明确将官员区分为"文官"与"武官"，各自的服制有异。《宋书·良吏·徐豁传》："豁晋安帝隆安（397—401）末，为太学博士。桓玄辅政，为中外都督，豁议：'致敬唯内外武官，太宰、司徒并非军职，则琅邪王不应加敬。'玄讽中丞免豁官。"④ 由此可见，东晋时无论"内外"官职均分为文、武，太宰、司徒为文官，不属于"内外武官"之列。兹以《晋书·职官志》的记载为例略作说明。《晋志》将诸公明确分为"文官"与"武官"：

> 太宰、太傅、太保、司徒、司空、左·右光禄大夫、光禄大夫开府位从公者，为文官公，冠进贤三梁，黑介帻。大司马、大将军、太

---

① （宋）李昉等撰：《太平御览》卷二四一《职官部三九·北中郎将》，中华书局1960年版，第1142页。
② 《晋书》卷七《康帝纪》，第184页。
③ 《晋书》卷二五《舆服志》，第772页。
④ （南朝梁）沈约撰：《宋书》卷九二《良吏·徐豁传》，中华书局1974年版，第2265页。

尉、骠骑、车骑、卫将军，诸大将军开府位从公者，为武官公，皆著武冠，平上黑帻。文、武官公，皆假金章紫绶，著五时服。其相国、丞相，皆衮冕，绿盭绶，所以殊于常公也。①

其下之执事官，文官系统有尚书、门下（包括散骑）、中书等省官员，列卿以文官为主，光禄勋、卫尉及太后卫尉等职承袭汉制仍具有一定的武官性质，而御史台官员及司隶校尉、谒者仆射、都水使者等皆为文官；武官系统主要是指承担皇帝—宫殿—京师保卫任务的禁卫武官，即：领军将军（中领军）、护军将军（中护军）、左、右卫将军，左、右、前、后军将军，屯骑、步兵、越骑、长水、射声等五校尉。太子东宫官属亦有文、武之分，太子太傅·少傅、中庶子、中舍人、食官令、庶子、舍人、洗马、家令、仆等为文职，而率更令、左·右卫率等为武职。地方军政长官亦有文、武之分，如州刺史、郡太守为文官，都督、校尉等为武官。府僚佐亦分文、武，如长史为文，司马为武。另一方面，文、武官吏之界限也并非十分严格，文、武叠任在魏晋南北朝为一普遍现象，当然在叠任时仍可区分以文官为主或以武官为主。

以后南北各朝，制度均有不同程度的变革，但大体仍是承袭晋制而作的变通。北魏一朝，"文官"与"武官"判然可分。道武帝天赐元年（404）九月规定："文官五品已下，才能秀异者总比之造士，亦有五等。武官五品已下堪任将帅者，亦有五等。若百官有阙者，则于中擢以补之。"② 北凉国君沮渠"蒙逊遣子安周内侍，世祖（太武帝）遣兼太常李顺持节拜蒙逊为假节、加侍中、都督凉州西域羌戎诸军事、太傅、行征西大将军、凉州牧、凉王"。崔浩所撰册文有云："又命王建国，署将相群卿百官，承制假授，除文官刺史以还、武官抚军以下，建天子旌旗，出入警跸，如汉初诸侯王故事。"③ 又，北燕世子冯崇归附北魏，"世祖遣兼鸿胪李继持节拜崇假节、侍中、都督幽平二州东夷诸军事、车骑大将军、领护东夷校尉、幽平二州牧，封辽西王，录其国尚书事，食辽西十郡，承制假授文官尚书·刺史、武官征虏已下"④。孝文帝太和二十二年（498）

---

① 《晋书》卷二四《职官志》，第726页。
② （北齐）魏收撰：《魏书》卷一一三《官氏志》，中华书局1974年版，第2973页。
③ 《魏书》卷九九《卢水胡沮渠蒙逊传》，第2205、2206页。
④ 《魏书》卷九七《海夷冯跋传附文通传》，第2127页。

"夏四月甲寅（初三，5.9），从征武直之官进位三阶，文官二级，外官一阶"①。考绩法颁布后，孝文帝临朝堂亲考百官，期间谓尚书左丞公孙良曰："顷年用人，多乖观才之授。实是武人，而授以文官。黜同大例，于理未均。诸如此比，黜官如初。"② 迁都洛阳后韩显宗上言孝文帝，其中有云："诸宿卫内直者，宜令武官习弓矢，文官讽书传。"③ 宣武帝景明三年（502）七月，"诏加文官从征（陈）显达宿卫者二阶，闲散者一阶"④。孝明帝孝昌元年（525）六月癸未（初十，7.15），"诏文武之官，从军二百日，文官优一级，武官优二级"⑤。武泰元年（528）四月辛丑（十四，5.18），孝庄帝在尒朱荣扶持下"入宫，御太极殿"，下诏"改武泰为建义元年"，规定"从太原王督将军士，普加五阶；在京文官两阶，武官三级"。⑥

有关正史之本纪、列传屡见以"文武"一词指代百官，以之作为全部官吏的总称即"文武百官"之义，同时也指三公及将军府等开府之文武僚佐。《魏书·高祖纪下》：太和十九年（495）"九月庚午（初四，10.8），六宫及文武尽迁洛阳"⑦。按此"文武"指在朝文武之官。《北齐书·神武纪下》：天平元年（534）六月"辛未（二十，7.16），帝复录在京文武议意以答神武"。"魏帝乃敕文武官北来者任去留，下诏罪状神武，为北伐经营。"⑧ 按前条"在京文武"无疑亦指在京城之文武官员，而后条"文武官"则指文武百官。《晋书·温峤传》："陈：'豫章十郡之要，宜以刺史居之；寻阳滨江，都督应镇其地。今以州帖府，进退不便。且古镇将多不领州，皆以文武形势不同故也。宜选单车刺史别抚豫章，专理黎庶。'诏不许。"⑨ 按温峤所说"文武形势"是指地方面临的不同的统治状况以及相应采取的文治与武功措施，在他看来刺史即为文官，都督即为武官。《晋书·文六王·齐王攸传》："攸虽未之国，文武官属，下至士

---

① 《魏书》卷七下《高祖纪下》，第178页。
② 《魏书》卷二一上《献文六王上·广陵王羽传》，第550页。
③ 《魏书》卷六〇《韩显宗传》，第1342页。
④ 《魏书》卷八《世宗纪》，第194页。
⑤ 《魏书》卷九《肃宗纪》，第241页。
⑥ 《魏书》卷一〇《敬宗纪》，第256页。
⑦ 《魏书》卷七下《高祖纪下》，第178页。
⑧ （唐）李百药撰：《北齐书》卷二《神武纪下》，中华书局1972年版，第14、16页。
⑨ 《晋书》卷六七《温峤传》，第1790页。

卒，分租赋以给之，疾病死丧赐与之。"① 按此"文武官属"指司马攸齐王国府之文武僚佐。元嘉二十七年（450），宋文帝下诏大举北讨，其军事部署包括："使持节、侍中、都督扬南徐二州诸军事、太尉、领司徒、录尚书、太子太傅、国子祭酒江夏王义恭，德望兼崇，风略遐被，即可三府文武，并被以中仪精卒，出次徐方，为众军节度。"② 按此处之"三府"即扬南徐二州都督府、太尉府、司徒府，"文武"即指此三府之文武官属。《北史·序传·凉武昭王李暠传》：李暠建立西凉，"大开霸府，置左、右长史、司马、从事中郎，备置僚寀"。"图赞自古圣帝、明王、忠臣、孝子、烈士、贞女，亲为序颂，以明鉴诫之义。当时文武群公僚佐，亦皆图赞所志。"③ 按此"文武群公僚佐"即指左、右长史和司马、从事中郎等职，实为西凉政权之文武臣僚，因当时李暠仅尊称"凉公"，故有"僚佐"之谓。《周书·萧撝传》："撝遂请降，（尉迟）迥许之。撝于是率文武于益州城北，共迥升坛，歃血立盟，以城归国。"④ 按此处之"文武"即萧撝部下之文武僚佐，或曰"文武官属"⑤。

此外，"文武"也有指文德武功或文武才干者，但相对较少，且往往与其担任文、武官相联系而言。由于战争形势的影响，地方长官兼任武职以加强镇抚职能，所以出现了文武官兼任的现象，并且普遍化，成为一种制度。不仅地方官多任兼文武，而且中央官也往往文武兼职，以示尊宠。《晋书·谢玄传》："于时苻坚强盛，边境数被侵寇，朝廷求文武良将可以镇御北方者，（谢）安乃以玄应举。"⑥ 按"良将"自是武官，而"文武良将"之谓正是当时文武兼任制度的反映。类似的事例如北周尉迟运"职兼文武，甚见委任"⑦；宇文神举"任兼文武，声彰中外"⑧。由于将军成为武官制度的主体，将领称武将已很普遍。《晋书·孙楚传》："文帝遣符劭、孙郁使吴，将军石苞令楚作书遗孙皓曰：'……方今百僚济济，

---

① 《晋书》卷三八《文六王·齐王攸传》，第1131页。
② 《宋书》卷九五《索虏传》，第2349页。
③ （唐）李延寿撰：《北史》卷一〇〇《序传·凉武昭王李暠传》，中华书局1974年版，第3315页。
④ （唐）令狐德棻等撰：《周书》卷四二《萧撝传》，中华书局1971年版，第752页。
⑤ 《周书》卷二一《尉迟迥传》，第350页。
⑥ 《晋书》卷七九《谢玄传》，第2080页。
⑦ 《周书》卷四〇《尉迟运传》，第709页。
⑧ 《周书》卷四〇《宇文神举传》，第716页。

儁乂盈朝，武臣猛将，折冲万里……'"①《毛穆之传》："（庾）翼等专威陕西，以子方之为建武将军，守襄阳。方之年少，翼选武将可信杖者为辅弼，乃以穆之为建武司马。"②

到了唐代，文、武官制之分更加明确。杜佑著《通典》，在《职官典》中专门分出"武官"一目予以记述。杜佑所记主要是"将军"系武官，这是魏晋南北朝武官制度发展变化的结果，但用这种标准记述汉代制度却并不能完全反映汉制的本义，也不能将武官制度在汉唐千年间的发展演变完整地勾画出来。

第三节　魏晋南北朝的"禁卫"与禁卫武官

"禁卫武官"与学术界通常使用的"宿卫武官"的含义有相通之处。使用"禁卫武官"的概念作为研究对象，主要是考虑到它比"宿卫武官"（宿卫官）或"禁军职官"之类的称谓更能概括相关制度，而且更符合当时的称谓习惯。前引韩显宗上言北魏孝文帝，谓"诸宿卫内直者，宜令武官习弓矢，文官讽书传"云云。按韩显宗此处所言"武官""文官"属于在朝"文武"之一部分，其中"武官"即指禁卫武官。宿卫官中有文有武，若以宿卫官指代禁卫武官显然并不准确。杜佑云："汉京师有南北军，掌理（治）禁卫。"③ 南军长官为卫尉，北军长官为中尉－执金吾，则卫尉及其属官、中尉－执金吾及其属官均为禁卫武官。汉代郎中令－光禄勋及其所主诸郎官侍直禁中，保卫君主安全，当然更是禁卫武官。所不同的是，卫尉、执金吾所统卫士为兵，是服徭役的农民，而光禄勋所统诸郎官以官贵子弟为主，为特殊卫士，是官而不是兵。④

"禁卫"一词屡见于两晋南北朝史料之中。《魏志·高堂隆传附栈潜传》："尝督守邺城。时文帝为太子，耽乐田猎，晨出夜还。潜谏曰：'王

---

① 《晋书》卷五六《孙楚传》，第1540—1541页。
② 《晋书》卷八一《毛穆之传》，第2125页。
③ （唐）杜佑撰，王文锦等点校：《通典》卷二八《职官十·武官上》"左右卫"条，中华书局1988年版，第783页。
④ 相关研究，参见孙毓棠《西汉的兵制》，《孙毓棠学术论文集》，中华书局1995年版；[日]濱口重國《前漢の南北軍に就いて》，《秦漢隋唐史の研究》，東京大學出版會1971年版；劳榦《论汉代的卫尉与中尉兼论南北军制度》，《"中央研究院"历史语言研究所集刊》第29本下（1958年）。

公设险以固其国，都城禁卫，用戒不虞。'"①《晋书·元帝纪》："元康二年（292），拜员外散骑常侍。累迁左将军，从讨成都王颖。荡阴之败也，叔父东安王繇为颖所害。帝惧祸及，将出奔。其夜月正明，而禁卫严警，帝无由得去，甚窘迫。有顷，云雾晦冥，雷雨暴至，微者皆弛，因得潜出。"②按此处之"禁卫"是指当时控制西晋大权的成都王颖的警卫武装，虽然并非保卫君主和京师，但其实质却无二致。《宋书·礼志二》："宋文帝元嘉十三年（436）七月，有司奏'……又寻六门则为行马之内，且禁卫非违，并由二卫及领军……'。"③可知刘宋宫城禁卫由"二卫（左、右卫）及领军"所掌，领军将军与左、右卫将军为禁卫长官。《资治通鉴》宋苍梧王元徽三年（475）十二月，"防阁将军王季符得罪于景素"下，胡三省注："江左之制，禁卫有直阁将军，王国有防阁将军"。④胡三省所言"禁卫"显然是指对宫殿禁廷的防卫。《建康实录·宋下·后废帝》："领军将军萧道成与直阁将军王敬则谋之。（元徽五年）七月戊子（初七，8.1），帝微行出湖北，单马先走，羽骑禁卫，随后追之。"⑤按此"羽骑禁卫"为侍卫后废帝的警卫队伍。《陈书·到仲举传》载诏文，谓"韩子高蕞尔细微，擢自卑末，入参禁卫，委以腹心"云云⑥。《魏书·苟颓传》：孝文帝太和"三年（479），迁征北大将军、司空公，进爵河东王"。"大驾行幸三川，颓留守京师。沙门法秀谋反，颓率禁卫收掩毕获，内外晏然。"⑦按此处之"禁卫"是指在冯太后和孝文帝出巡时留守京师平城的北魏禁卫军官兵。《魏书·肃宗纪》载武泰元年（528）二月甲寅

---

① 《三国志》卷二五《魏书·高堂隆传附栈潜传》，第718页。按此乃"禁卫"一词最早见于传世文献。《后汉书》卷二七《吴良传》："永平（58—75）中，车驾近出，而信阳侯阴就干突禁卫，车府令徐匡钩就车，收御者送狱。"（第943页）此所述为东汉明帝时事，然以"禁卫"作为车驾保卫则应是宋文帝时人范晔采用当下的习惯用语。《汉书》卷二三《刑法志》追记"周之法"，"墨者使守门"，师古曰："黥面之人，不妨禁卫也。"（第1091、1092页）此所守之门当为宫殿门户，颜师古亦是按唐代习语予以表述。

② 《晋书》卷六《元帝纪》，第143页。

③ 《宋书》卷一五《礼志二》，第411页。

④ （宋）司马光编著，（元）胡三省音注，"标点资治通鉴小组"校点：《资治通鉴》卷一三三《宋纪一五》，中华书局1956年版，第4186页。

⑤ （唐）许嵩撰，张忱石点校：《建康实录》卷一四《宋下·后废帝》，中华书局1986年版，第519页。

⑥ （唐）姚思廉撰：《陈书》卷二〇《到仲举传》，中华书局1972年版，第268页。

⑦ 《魏书》卷四四《苟颓传》，第994页。

（廿六，4.1）皇太后诏，谓"其禁卫武官，直阁以下直从以上"云云①。按此处明言"禁卫武官"，是指自"直从"至"直阁"将军之"直卫"诸职，他们直接侍卫君主左右，应是禁卫武官的第一个层次。《魏书·敬宗纪》：永安二年（529）"二月癸未朔（2.24），诏诸禁卫之官从戎有功及伤夷者，赴选先叙"②。按"禁卫之官"与"禁卫武官"之义相同。《魏书·于忠传》："忠既居门下，又总禁卫，遂秉朝政，权倾一时。"③按：于忠时为侍中、领军将军。"既居门下"是指其为门下省长官，控制国政决策；"又总禁卫"是指其为领军将军，总统禁卫大权。领军将军自是禁卫长官。《献文六王上·高阳王雍传》载其于世宗时上表，其中所云"近侍禁职""禁卫武夫"④，均指禁卫武官。《景穆十二王下·城阳王徽传》："及尔朱兆之入，禁卫奔散，庄帝步出云龙门。"⑤按此"禁卫"显然是指侍卫于庄帝左右、保卫宫殿的官吏与卫士。同书《出帝纪》："羽林队主唐猛突入称庆，帝以猛犯禁卫，杖之。"⑥按此"禁卫"亦是指皇帝之左右侍卫。羽林队主为羽林军中下级武官，亦属禁卫武官之列，但却比《出帝纪》后文所言"禁卫"要疏远一层。

《隋书·百官志中》：北齐"领军府，将军一人，掌禁卫宫掖。朱华阁（閤）外，凡禁卫官，皆主之"⑦。这是关于"禁卫"一词的最准确权威的概括。"禁卫"之义有二：一用作动词，即"禁卫宫掖"，指对宫殿掖廷等禁地的保卫；一用作名词，即"禁卫官"，也就是禁卫武官。领军将军统辖朱华阁外全部禁卫官，负责对宫殿掖廷之禁卫。领军所辖诸职均为禁卫武官，领军将军自是禁卫长官。据《隋书·百官志中》载，领军将军（中领军）府有长史、司马、功曹、五官、主簿、录事，"釐其府事"⑧。其所领有左·右卫、领左右府。左、右卫府有左·右卫将军、武卫将军及诸属官，领左右府有领左右将军、领千牛备身等职。因当时领军府主侍卫及宫殿、宫城、京城之保卫，可以认为禁卫之职全归其掌管。禁

---

① 《魏书》卷九《肃宗纪》，第249页。
② 《魏书》卷一〇《敬宗纪》，第261页。
③ 《魏书》卷三一《于忠传》，第743页。
④ 《魏书》卷二一上《献文六王上·高阳王雍传》，第553页。
⑤ 《魏书》卷一九下《景穆十二王下·城阳王徽传》，第512页。
⑥ 《魏书》卷一一《出帝纪》，第283页。
⑦ （唐）魏徵等撰：《隋书》卷二七《百官志中》，中华书局1973年版，第758页。
⑧ 《隋书》卷二七《百官志中》，第758页。

卫武官包括负责上述诸项禁卫职责的各级武官。《王荣墓志》："弱龄十四，起家殿内将军，又转羽林监。随驾邺京，任骑都尉，加厉威将军，左卫府司马。又迁宁朔将军、左厢领禁卫直长。齐天保已来，军汉司别，乃令皇宗武职，汉配文官……"① 王荣入仕以来一直在殿中任禁卫武官，主要是在左卫府任职。按左厢为左卫将军所主，直长一职当为门下省领左右局之负责朱华阁内禁卫事务的官职。《北齐书·冯子琮传》："时太尉、录尚书事赵郡王叡先恒居内，预帷幄之谋，子琮素知士开忌叡及领军临淮王娄定远，恐其矫遗诏出叡外任，夺定远禁卫之权……"② 由此可见，"禁卫之权"即领军之任。

"禁卫"又可称为"警卫"，二者含义基本相同。《晋书·怀帝纪》：永嘉五年（311）五月，"大将军苟晞表迁都仓垣……帝召群臣会议，将行而警卫不备"③。《隋书·礼仪志七》："梁武受禅于齐，侍卫多循其制……又有八马游荡、马左右、夹毂左右、马百骑等各二队，及骑官、阅武马容、杂伎马容及左右马骑直队，行则侍卫左右，分为警卫。""齐文宣受禅之后，警卫多循后魏之仪。及河清中定令，宫卫之制……""后周警卫之制：置左、右宫伯，掌侍卫之禁，各更直于内……左、右武伯，掌内外卫之禁令……"④ 据此记载，可知"警卫"即"宫卫"，亦即"禁卫宫掖"，表明"禁卫"与"警卫"之义相同。《苏慈墓志》：历任右侍中士、中侍上士、右侍上士（均属宫伯）。"（北周武帝天和）五年（570），治大都督，领前侍（亦属宫伯）兵。六年，授正大都督，仍领前侍兵。公久劳禁卫，频掌亲兵。"⑤ 按苏慈所任诸职均隶属于宫伯，据上引《隋志》，宫伯为北周"警卫"之职，这表明"禁卫"与"警卫"的含义是基本相同的。不过两者又有一些差别。"禁卫""宫卫"主要是指对宫殿禁廷的保卫，而"警卫"除此义外，还指皇帝出行时之"侍卫"，上引史料所见晋怀帝"警卫不备"及梁代"警卫"均可证明。

在此根据《唐律疏议》的有关规定，对"禁卫"之义再作申述。《唐

---

① 赵万里集释：《汉魏南北朝墓志集释》图版四一八之二《王荣暨妻刘氏墓志》，科学出版社1956年版。
② 《北齐书》卷四〇《冯子琮传》，第528页。
③ 《晋书》卷五《怀帝纪》，第122—123页。
④ 《隋书》卷一二《礼仪志七》，第279—282页。
⑤ 《汉魏南北朝墓志集释》图版四〇九。

律疏议·卫禁律》卷首《疏议》曰:"《卫禁律》者,秦汉及魏未有此篇。晋太宰贾充等酌汉魏之律,随事增损,创制此篇,名为《卫宫律》。自宋泊于后周,此名并无所改。至于北齐,将《关禁》附之,更名《禁卫律》。隋开皇改为卫禁律。卫者,言警卫之法;禁者,以关禁为名。但敬上防非,于事尤重,故次《名例》之下,居诸篇之首。"① 据唐初疏律诸臣的解释,《卫禁律》的前身为《卫宫律》,创始于晋武帝时贾充等人所修《泰始律》,此后直至北周相沿未改。北齐时将有关"关禁"之法律条文附于《卫宫律》,并改称为《禁卫律》,则"禁卫"即指警卫皇宫及守卫关禁。隋改"禁卫"为"卫禁",唐代加以继承。由于《卫禁律》在于"敬上防非",其目的是为了维护君主专制权力,所以在《唐律》中仅次于《名例》而"居诸篇之首"。

唐代疏律诸臣的解释自有其权威性,但并非准确无疑。西晋以前虽无《卫宫律》,但有关的法律规定并非阙如,《晋律》(《泰始律》)是对前代法令的继承和变革。《汉书·张释之传》:"至宫,上(文帝)拜释之为公车令。顷之,太子与梁王共车入朝,不下司马门,于是释之追止太子、梁王毋入殿门。遂劾不下公门不敬,奏之。"注引如淳曰:"《宫卫令》:'诸出入殿门、(公)车司马门者,皆下。不如令,罚金四两。'"② 按张释之所任公车令即公车司马令,为卫尉属官,负责宫门之一公车司马门之守卫,其"追止"并"劾奏"太子及梁王,正是依据《宫卫令》之规定。很显然,西汉《宫卫令》是有关宫殿守卫的法律规定。西晋初年修律时当即参考汉代以来之《宫卫令》,并将其规定于《晋律》之中。

《卫宫律》《禁卫律》与汉代《宫卫令》一脉相承,继承关系明确,据《唐六典·尚书刑部》"郎中"条本注:《晋律》,十五卫宫,十八关

---

① (唐)长孙无忌等撰,刘俊文点校:《唐律疏议》卷七《卫禁律》,中华书局1983年版,第149页。

② 《汉书》卷五〇《张释之传》,第2309页。又,《新书》卷一《等齐》:"天子宫门曰司马,阑入者为城旦;诸侯宫门曰司马,阑入者为城旦。殿门俱为殿门,阑入之罪亦俱弃市。"[(汉)贾谊撰,阎振益、钟夏校注:《新书校注》,中华书局2000年版,第47页]《汉书》卷一〇《成帝纪》,"阑入尚方掖门"下注引应劭曰:"无符籍妄入宫曰阑。掖门者,正门之傍小门也。"(第306、307页)均当为《宫卫令》之规定。参见程树德《九朝律考》卷一《汉律考五·律令杂考下》,中华书局1963年版,第118页。按《唐律》有阑入宫门、殿门、御在所、非御在所等规定,均在卷七《卫禁律》(《唐律疏议》,第149—166页)。汉代亦有关于关禁之法令,参见《九朝律考》,第120—122页。

市；宋及南齐略同晋氏。《梁律》，十五卫宫，十九关市。《北齐律》，二禁卫。《后周律》，九卫宫，十六关市。①此外《晋令》及其后各朝"令"中均有《宫卫令》，当是对《卫宫律》之补充及具体化。《晋令》，十二关市，二十九宫卫；宋、齐略同；《梁令》，十二关市，二十一宫卫；隋《开皇令》，五诸卫职员，十六宫卫军防，二十六关市。北齐之《禁卫律》是将前代有关关市的法律并入《卫宫律》，还是采《关市令》入《卫宫律》，不太清楚。北齐将关禁与卫宫合而为一，可能与北魏后期以来禁卫长官护军将军（或领军将军）掌关津职能有关。而且北齐之禁卫仍以卫宫为主，卫宫也称禁卫，前引《隋书·百官志中》所载领军将军"掌禁卫宫掖；朱华阁外，凡禁卫官皆主之"即可证明。《唐六典·尚书吏部》"考功郎中"条："掌内外文武官吏之考课。"考课之法有"四善""二十七最"；在"二十七最"中，"七曰部统有方，警守无失，为宿卫之最"，"二十四曰讥察有方，行旅无壅，为关津之最"。②

《唐律》与魏晋南北朝诸律有直接的传承关系，是在参考前朝法律的基础上制定的，很多内容便是对前朝法律的直接采用。这已为著名法学家及史学家沈家本、程树德、陈寅恪等前辈先贤杰出的研究成果所证实。③程树德云："《唐六典注》：皇朝武德中，命裴寂、殷开山等定律令，其篇目一准开皇之旧，刑名之制，又亦略同。""是今所传《唐律》，即隋《开皇律》旧本，犹之南齐《永明律》全用《晋律》张、杜旧本也。""疑唐初修律诸人，仅择《开皇律》之苛峻者，从事修正，其他条项，一无更改。""开皇定律，源出北齐，而《齐律》之美备，又载在史册，人无异词，执笔者不敢率为更改。"④按程氏所言自有推测成分在内，因晋至隋诸律均已散佚，难以考见全貌，但以程氏对唐前九朝律的系统考察研究，其认识可信度颇高。仅以《卫禁律》而论，从上引《唐律·卫禁律》篇首《疏议》来看，唐初人可见到晋以来诸律；参照前代《宫卫律》及

---

① （唐）李林甫等撰，陈仲夫点校：《唐六典》卷六《尚书刑部》，中华书局1992年版，第181—183页。又可参见《晋书》卷三〇《刑法志》，第927页；《隋书》卷二五《刑法志》，第698、705、707页。

② 《唐六典》卷二《尚书吏部》，第41—43页。

③ 参见沈家本撰、邓经元·骈宇骞点校《历代刑法考》，中华书局1985年版；程树德《九朝律考》；陈寅恪《隋唐制度渊源略论稿》，中华书局1963年版，第100—115页。

④ 程树德：《九朝律考·隋律考序》，第425—426页。

《禁卫律》《卫禁律》而修订唐《卫禁律》是毫无疑问的。因此，从唐《卫禁律》推测魏晋南北朝的禁卫法规是可行的。《唐律疏议·卫禁律》共二卷（卷七、八）三十三条（第58—90条），其中有关"卫官"的法律规定共二十三条，"关禁"的法律规定共十条。《卫禁律》的主体仍是"卫宫律"，间接反映了自晋以来宫卫制度的基本内容。从中可以看到，"卫官"的核心是保卫君主的安全，维护其至高无上的绝对权力。虽然也涉及到太庙、山陵兆域及京师守卫，但主要仍是宫城特别是宫殿、阁内及御在所等君主出入之处的保卫守备，律文及疏议对各种情况都作了具体规定和限制。对于"宿卫人"及其"主司"的违法和渎职、放纵犯罪等行为的惩治都有明确规定，这就涉及禁卫武官的职责和权限问题。当然有关禁卫武官的更具体的规定应体现于"令"之中，其职能及行使职能的方式、奖惩办法等应体现于"格""式"等法规之中。就魏晋南北朝而言，职官制度主要是各朝颁布的《职令》或《职员令》等法令。

史学界与魏晋南北朝禁卫武官制度有关的研究始于20世纪30年代。日本学者濱口重國于1935年发表的《正光四五年の交に於ける後魏の兵制に就いて》、1936年发表的《東魏の兵制》二文，可谓这一领域的开拓之作[①]。其后不久濱口氏还就汉唐兵制发表了一系列论文，特别是1939年发表的《前漢の南北軍に就いて》《兩漢の中央諸軍に就いて》二文对两汉禁卫武官有关制度有系统研究，与中国学者孙毓棠于1937年发表的《西汉的兵制》一文成为两汉禁卫武官制度的开拓之作。[②]《正光四五年の交に於ける後魏の兵制に就いて》一文分三个专题，对北魏后期的近卫军、四中郎将军府、北边诸镇进行了系统研究，其中近卫军、四中郎将军府即与禁卫武官制度有关。在"近卫军"一节中，分别考察了羽林·虎贲、宗士·庶子·望士、千牛备身；在"四中郎将军府"一节中，分别考察了四中府的位置、四中府的置废时期、四中府的管辖与将兵。《東魏の兵制》一文分四个专题，对后魏末的北镇·北边州及近卫军、东魏的

[①] ［日］濱口重國：《正光四五年の交に於ける後魏の兵制に就いて》《東魏の兵制》，分载《東洋學報》第22卷第2号及第24卷第1号，收入氏著《秦漢隋唐史の研究》，第84—168页。

[②] ［日］濱口重國：《前漢の南北軍に就いて》《兩漢の中央諸軍に就いて》，分载《池内博士還曆紀念東洋史論叢》《東方學報》第十冊之二，收入氏著《秦漢隋唐史の研究》，第251—290页；孙毓棠：《西汉的兵制》，原载《中国社会经济史集刊》第5卷第1期《兵制史研究专号上》，收入《孙毓棠学术论文集》，第268—327页。

近卫军及四中府、东魏的京畿大都督、高氏的亲军进行了系统研究,其中绝大多数与禁卫武官制度有关,特别是第一节中北魏末的近卫军以及第二、三节。20 世纪 40 年代的有关研究,应推何兹全于 1948 年发表的《魏晋的中军》一文①。此文共分六节,依次为:两汉的南北军,曹魏的宿卫军,晋的宿卫兵,宿卫外的中军,魏晋中军的名称、职掌与人数,中军的统帅官。其中,最后一节所探讨的主要内容即属于禁卫武官制度范畴。何氏于 1980 年发表的《府兵制前的北朝兵制》《十六国时期的兵制》《孙吴的兵制》等文,均涉及有关禁卫武官制度的问题,但皆语焉不详。②严耕望于 1948 年发表的《北魏尚书制度考》一文③,第一次对变化极为复杂而史籍记载又颇为含糊的北魏尚书制度作了翔实的考订,首次将这一制度的全貌呈现出来,其中对北魏前期的殿中尚书所作的系统考察即是属于禁卫武官制度的范畴。唐长孺所著《唐书兵志笺正》及《魏周府兵制度辨疑》亦涉及北朝特别是西魏北周禁卫武官制度,有关论述颇为精辟。④ 在《魏周府兵制度辨疑》一文及《唐书兵志笺正》一书中,唐氏即称北周禁军为"禁卫军"。谷霁光所著《府兵制度考释》一书,对北朝隋唐的府兵制度作了系统研究,对北朝后期特别是西魏北周的禁卫制度论述较多,书中通常亦将禁军称为"禁卫军"。⑤ 看来这种称谓在当时学界已取得共识,后来的学者也认同了这种说法。⑥ 日本学者越智重明于 1961 年发表的《領軍將軍と護軍將軍》一文⑦,在魏晋南北朝禁卫武官制度的

---

① 何兹全:《魏晋的中军》,原载《中央研究院历史语言研究所集刊》第 17 本(1948 年),收入氏著《读史集》,上海人民出版社 1982 年版,第 242—268 页。

② 何兹全:《府兵制前的北朝兵制》,《读史集》,第 317—353 页;《十六国时期的兵制》《孙吴的兵制》,原载《燕园论学集》(北京大学出版社 1984 年版)及《中国史研究》1984 年第 3 期,收入氏著《历史学的突破、创新和普及》,北京师范大学出版社 1993 年版,第 112—163 页。

③ 严耕望:《北魏尚书制度考》,《中央研究院历史语言研究所集刊》第 18 本(1948 年)。

④ 唐长孺:《唐书兵志笺正》,中华书局 1962 年版;《魏周府兵制度辨疑》,《魏晋南北朝史论丛》,生活·读书·新知三联书店 1955 年版,第 250—288 页。

⑤ 谷霁光:《府兵制度考释》,上海人民出版社 1962 年版。

⑥ 唐初高昌官府文书中有"行中兵校郎事曲□"签署的记录,马雍认为:"中兵当指禁卫军而言,重光四年奏文上的判诺官员为辅国将军领宿卫事,正可证明该事状是与禁卫军有关的。禁卫军的事状牵涉机密,所以专设中兵校郎来负责通进。"(《略谈有关高昌史的几件新出土文书》,《西域史地文物丛考》,文物出版社 1990 年版,第 165 页)

⑦ [日] 越智重明:《領軍將軍と護軍將軍》,《東洋學報》第 44 卷第 1 号。

研究领域是一篇重要论文，该文系统研究了魏晋南朝的禁卫长官领军将军与护军将军，并对制局监进行了考察，在学界第一次将魏晋南北朝禁卫长官的个案研究引入了这一领域。笔者于1995年发表的《领军将军与北魏政治》一文，对北魏领军将军的政治职能进行了考察[①]，此乃著者对魏晋南北朝禁卫武官制度进行系统研究的开端。

不过严格地说，在20世纪末著者刊布有关魏晋南北朝禁卫武官制度研究的系列论文之前，关于魏晋南北朝禁卫武官制度的专门性研究，仅有已故日本学者越智重明《領軍將軍と護軍將軍》和笔者《领军将军与北魏政治》二文。其他如已故日本学者濱口重國发表于20世纪30年代的《正光四五年の交に於ける後魏の兵制に就いて》和《東魏の兵制》二文，以及何兹全发表于20世纪40年代末的《魏晋的中军》一文，则应属于与禁卫武官制度有一定联系但并非专门性的研究。即使在笔者发表《领军将军与北魏政治》一文之时，"禁卫武官制度"的概念仍然尚未提出。

学术界通常使用的"宿卫武官"概念，仅指对皇帝的宿卫，最多也就包括对皇宫的保卫。[②] 笔者以为，禁卫武官的范围要更为广泛，它是指包括皇帝警卫、皇宫及京师治安保卫在内的所有禁卫武职的总称。有时也会涉及负责京师外围卫戍事宜的将领。要之，禁卫武官制度是指中国古代各王朝有关君主安全保卫及全国政治中心——首都治安防卫的职官制度，其核心职责即是对皇帝及皇宫的安全保卫。

小　结

通过以上论述，对于中国中古时期的文、武官之分以及魏晋南北朝的禁卫、禁卫武官与禁卫武官制度概念，可以得到以下认识：

（1）先秦时期，政治制度中并无明确的文、武官之分。秦统一六国后确立了以丞相（相国）诸卿—郡县制为主体的官僚体制，明确规定了各机构官员的名称、俸秩及职掌等制度，其职掌既有以文治教化为主者，

---

① 《领军将军与北魏政治》，《中国史研究》1995年第1期。
② 史书中亦可见到"宿卫武官"的称谓，如《北齐书》卷二《神武纪下》：元象元年（538）"四月庚寅（初二，5.15），神武朝于邺。壬辰（初四），还晋阳，请开酒禁，并赈恤宿卫武官"（第20页）。

也有以武事为主者。制度并未明确区分文官与武官，尚未出现严格的文、武官之分。西汉初已有明确的"文官"概念，即"丞相以下"众官为文官，与文官相对应的是"功臣列侯诸将军军吏"。这种区分还比较含糊，真正的文、武官制之分尚未确立。东汉时期，与"文官"相对应的是官制中具有军事职能的官职，制度明确区分文官与武官，其职掌、礼仪均不同，"文武"一词可泛指百官。就朝官而言，"文官"是指太傅、司徒、司空及除光禄勋、卫尉、执金吾外之诸卿；"武官"则是指太尉及诸卿之光禄勋、卫尉、执金吾、将军及诸校尉（五校尉、司隶校尉、城门校尉等）。地方官中郡守、国相、县令长等应为"文官"，郡都尉、国中尉、属国都尉等应为"武官"。

（2）魏晋南北朝时期，政治制度中仍有"文官"与"武官"之分，其具体内容与东汉有很大不同，"将军"系武官取代"尉"系武官而成为武官制度的主体，还出现了"都督"制度。尚书省与中书、门下省等宫省机构及其官职成为文官制度的主体，以将军系武官为主的武官制度成为政治制度的主体之一。不仅武官担任将军，而且文官也多加任将军号，使得文、武界限逐渐淡化模糊起来。"将军"系武官制度迅速发展，"尉"系武官或升格为将军，或职能发生转变、地位下降，在整个武官制度中退居次要地位。太子东宫官属、王公幕府僚佐、地方军政长官及其官属均有文、武之分。文、武官吏之界限有时并不严格，文武叠任乃普遍现象，史书屡见以"文武"一词指代百官，以之作为全部官吏的总称即文武百官之义，同时也指三公及将军府等开府之文武僚佐。唐代以后，文、武官之分更加明确，如杜佑《通典·职官典》专门分出"武官"一目予以记述。

（3）"禁卫"一词屡见于两晋南北朝史料。"禁卫"有时指朝廷禁卫军或禁卫军权，有时指侍卫皇帝左右、保卫宫殿的官吏与卫士。《隋书·百官志中》载北齐领军将军"掌禁卫宫掖"，即指对宫殿掖廷等禁地的保卫，总领朱华阁（阁）外"禁卫官"。北魏末期诏令所见"禁卫武官""禁卫之官"，是指直接侍卫君主左右的"直卫"诸职。"禁卫""宫卫"主要是指对宫殿禁廷的保卫，而"警卫"还指皇帝出行时之侍卫。汉有《宫卫令》，《晋律》有《卫宫律》，北齐更名《禁卫律》，此"禁卫"指警卫皇宫及守卫关禁。唐《卫禁律》共二卷三十三条，其中有关卫宫的法律规定有二十三条，其主体仍是

"卫宫律"。"卫宫"是指对宫城特别是宫殿、阁内及御在所等君主出入之处的保卫，其核心是保卫君主的安全。本书所用"禁卫武官"是指包括皇帝警卫、皇宫及京师治安保卫在内的所有禁卫官职的总称，也涉及负责京师外围卫戍事宜的将领，禁卫武官制度史即是对历史上禁卫武官组织系统、职掌、沿革及其与君主专制政治的关系等问题进行研究的学术领域。

第 二 章

汉代禁卫武官制度概说

汉代太尉主武事，而诸卿中有三卿即为禁卫武官，分别是位居诸卿第二的郎中令→光禄勋、第三的卫尉和第十的中尉→执金吾，在诸卿中所占比例最大，在汉代官制中占有极其重要的地位。除此之外，汉武帝以后还出现了八校尉等职，亦职主禁卫；东汉时八校尉裁并为五校尉。兹据《汉书·百官公卿表》及《续汉书·百官志》有关记载，并结合其他史料及今人相关研究[1]，对两汉禁卫武官制度及其发展演变作一概述。对汉代禁卫武官制度的了解，是认识魏晋南北朝禁卫武官制度的前提。虽然魏晋南北朝禁卫武官制度与汉制有着本质区别，但两者又有联系，魏晋南北朝禁卫武官制度是对汉制的继承和变革。没有继承就没有变革，变革是继承中的变革，而非完全抛弃传统制度的全盘创造。

---

[1] 今人论著中涉及汉代禁卫武官制度的主要有，孙毓棠：《西汉的兵制》《东汉兵制的演变》，《孙毓棠学术论文集》，中华书局1995年版，第268—355页。[日]濱口重國：《前漢の南北軍に就いて》《兩漢の中央諸軍に就いて》，《秦漢隋唐史の研究》，東京大學出版會1971年版，第251—290页。劳榦：《论汉代的卫尉与中尉兼论南北军制度》，《"中央研究院"历史语言研究所集刊》第29本下（1958年）。严耕望：《秦汉郎吏制度考》，《严耕望史学论文选集》，联经出版事业公司1991年版，第329—383页。杨鸿年：《汉魏郎官》，《中国古代史论丛》第七辑《秦汉三国史专号》，福建人民出版社1983年版，第202—226页；《汉魏制度丛考》"宫卫制度""羽林虎贲""南军北军"诸篇，武汉大学出版社1985年版，第21—33、152—190页。安作璋、熊铁基：《秦汉官制史稿》，齐鲁书社1984年版，第106—135、217—223页。廖伯源：《西汉皇宫宿卫警备杂考》，《东吴大学文史学报》1986年第5期；《从汉代郎将职掌之发展论官制演变的一些特征》，《"中央研究院"历史语言研究所集刊》第65本第4分（1994年）。黄今言：《汉代期门羽林考释》，《历史研究》1996年第2期。[日]米田健志：《漢代の光禄勳——特に大夫を中心として》，《東洋史研究》第57卷第2号（1998年）。

第一节 郎中令→光禄勋

一 西汉郎中令→光禄勋

郎中令始置于秦,"掌宫殿掖门户,有丞。武帝太初元年(前104)更名光禄勋"。其属官有大夫、郎、谒者,"又期门、羽林皆属焉"。按"大夫掌论议","谒者掌宾赞受事",皆非禁卫武官,兹不具论。与禁卫武官制度最密切者为郎中令→光禄勋及其所主之郎官。《汉书·百官公卿表上》臣瓒曰:"主郎内诸官,故曰郎中令。"① 《齐职仪》云:"初,秦置郎中令,掌宫殿门户及主诸郎之在殿中侍卫,故曰郎中令。"② 可见主郎官守卫宫殿掖门户并侍卫殿中,是郎中令→光禄勋的主要职掌。汉人扬雄所撰《光禄勋箴》云:"经兆宫室,画为中外,廊殿门闼,限以禁界,国有周卫,人有藩篱,各有攸保,守以不歧。"③《汉书·百官公卿表上》:"郎掌守门户,出充车骑,有议郎、中郎、侍郎、郎中,皆无员,多至千人。"④ 在此四郎中,议郎、侍郎主要职掌是议论侍从,不具备守卫宫殿掖门户的禁卫职能。郎官中真正具有禁卫职能的是中郎和郎中。中郎有五官、左、右三将,皆秩比二千石。郎中有车、户、骑三将,皆秩比千石。⑤ 这表明,中郎地位高于郎中。《汉官》云:"郎中令属官有五官中郎将、左·右中郎将,曰三署。"⑥ 所谓五官郎即年逾五十之郎官。如淳曰:"主车曰车郎,主户卫曰户郎。"⑦ 同理,亦当有主左、右骑郎之左、右骑将。据《汉书·百官公卿表上》,应为车郎中将、户郎中将、骑郎中将,分别主车郎中、户郎中、骑郎中,一般可省称为车郎、户郎、骑郎。

---

① (汉)班固撰,(唐)颜师古注:《汉书》卷一九上《百官公卿表上》,中华书局1962年版,第727—728页。
② (唐)徐坚等撰:《初学记》卷一二《职官部下·光禄卿》引,中华书局1962年版,第304页。《隋书》卷三三《经籍志二》:"《齐职仪》五十卷。"本注:"齐长水校尉王珪之撰。梁有王珪之《齐仪》四十九卷,亡。""《齐职仪》五卷。"(第968页)可知王珪之所撰五十卷本《齐职仪》到唐初已亡,当时可见到五卷本《齐职仪》,当为王书之节本,《初学记》所引亦即此本,非王珪之《齐职仪》原文。
③ 《初学记》卷一二《职官部下·光禄卿》引,第305页。
④ 《汉书》卷一九上《百官公卿表上》,第727页。
⑤ 同上书,第727页。
⑥ 《初学记》卷一二《职官部下·光禄卿》本注引,第304页。
⑦ 《汉书》卷一九上《百官公卿表上》颜师古注引,第728页。

汉宣帝即位之初下诏"褒赏大臣",谓"车骑将军、光禄勋富平侯(张)安世,宿卫忠正,宣德明恩,勤劳国家,守职秉义,以安宗庙,其益封万六百户"。①这表明车骑将军可与光禄勋兼任,承担宿卫重任。《汉书·元后传》:"(王凤薨)御史大夫(王)音竟代凤为大司马、车骑将军……音既以从舅越亲用事,小心亲职,岁余,上(成帝)下诏曰:'车骑将军音宿卫忠正,勤劳国家,前为御史大夫,以外亲宜典兵马,入为将军……'"②按汉代郎中令→光禄勋所辖郎中三将中有车郎中将、骑郎中将,车骑将军之"典兵马""宿卫"当与此有关。《汉官》谓"(三)署中各有中郎、议郎、侍郎、郎中"③,证之上引《百官公卿表上》记载,可知其说不确。王克奇认为:五官中郎将主中郎,左中郎将主谒者,右中郎将主侍郎。④但《汉表》及其他史料明载中郎有五官、左、右三将,郎中有车、户、骑三将,而谒者有仆射主之。可证其说缺乏根据,不足凭信。

汉景帝时周仁为郎中令,"仁为人阴重不泄","以是得幸,入卧内。于后宫秘戏,仁常在旁,终无所言"⑤。郎中令守卫宫殿掖门户,在殿中侍卫君主,故得"入卧内"。周仁的事例正是郎中令禁卫职能之反映。西汉郎中令→光禄勋掌宿卫之例每见于汉史。《汉书·儒林·申公传》:"武帝初即位,(王)臧乃上书,宿卫。累迁,一岁至郎中令。"⑥汉宣帝时御史大夫魏相上封事,谓:"车骑将军(张)安世事孝武皇帝三十余年,忠信谨厚,勤劳政事,夙夜不怠,与大将军定策,天下受其福,国家重臣也,宜尊其位,以为大将军,毋令领光禄勋事,使专精神,忧念天下,思惟得失。安世子延寿重厚,可以为光禄勋,领宿卫臣。"⑦太后(元后)下诏曰:"太傅、博山侯光宿卫四世,世为傅相,忠孝仁笃,行义显著,建议定策,益封万户,以光为太师,与四辅之政。""左将军、光禄勋丰宿卫三世,忠信仁笃,使迎中山王,辅导共养,以安宗庙,封丰为广阳

---

① 《汉书》卷五九《张安世传》,第2647—2648页。
② 《汉书》卷九八《元后传》,第4024—4025页。
③ 《初学记》卷一二《职官部下·光禄卿》本注引,第304页。
④ 《论秦汉郎官制度》,《秦汉官制史稿》上册附录,第358页。
⑤ 《汉书》卷四六《周仁传》,第2203页。
⑥ 《汉书》卷八八《儒林·申公传》,第3608页。
⑦ 《汉书》卷五九《张安世传》,第2648页。

侯，食邑五千户，以丰为少傅。"① 与"掌宫殿掖门户"相应，光禄勋还有一个职能，就是在殿门外设狱②，显然是为了惩治违法出入宫殿掖门户者，以便及时收监关押。

《汉书·百官公卿表上》：

> 期门，掌执兵送从，武帝建元三年（前138）初置，比郎，无员，多至千人。有仆射，秩比千石。平帝元始元年（1），更名虎贲郎，置中郎将，秩比二千石。羽林，掌送从，次期门，武帝太初元年（前104）初置，名曰建章营骑，后更名羽林骑。又取从军死事之子孙养羽林，官教以五兵（师古曰："五兵，谓弓矢、殳、矛、戈、戟也。"），号曰羽林孤儿。羽林有令、丞。宣帝令中郎将、骑都尉监羽林，秩比二千石。③

按期门（虎贲）、羽林是汉武帝时期设置的隶于郎中令的郎官，其设置与汉武帝经常出巡，为保卫其自身安全而加强禁卫职能颇有关系。《宋书·百官志下》：

> 虎贲中郎将，《周官》有虎贲氏。汉武帝建元三年，始微行出游，选材力之士执兵从送，期之诸门，故名期门。无员，多至千人。平帝元始元年（1），更名曰虎贲郎，置中郎将领之。虎贲旧作虎奔，言如虎之奔走也。王莽辅政，以古有勇士孟贲，故以奔为贲。比二千石。④

按西汉末年王莽执政，行《周官》之制，虎贲之得名与《周礼》的影响有一定关系⑤。《周礼·夏官·司马》："虎贲氏，掌先后王而趋以卒伍。军旅会同，亦如之。舍则守王闲；王在国，则守王宫。国有大故，则守王

---

① 《汉书》卷九九上《王莽传上》，第4047页。
② （南朝梁）沈约撰《宋书》卷三九《百官志上》："光禄勋居禁中如御史，有狱在殿门外，谓之光禄外部。"（中华书局1974年版，第1229页）
③ 《汉书》卷一九上《百官公卿表上》，第727—728页。
④ 《宋书》卷四〇《百官志下》，第1249页。
⑤ 关于王莽行政与《周官》的关系，参见钱穆《刘向歆父子年谱》，《两汉经学今古文平议》，商务印书馆2001年版，第136—138、169—170页。

门；大丧，亦如之。"① 可知虎贲氏主要职能是守卫王宫，汉代虎贲（期门）正与此相似。羽林、虎贲成为以后禁卫军士的专称或泛称，对后世禁卫制度有着深远影响。期门（虎贲）、羽林出现后，郎中令→光禄勋的职能进一步扩大，原辖五官、左、右三署中郎将统三署郎及车、户、骑三郎中将领郎中宿卫，于是在原有基础上再统辖虎贲、羽林郎，其权力、地位进一步上升。原来五官、左、右三署中郎及车、户、骑郎中在禁卫中占有主导地位，此后其权力和地位则有所下降。

通过以上考述，西汉郎中令→光禄勋系统禁卫武官结构可表述如下②：

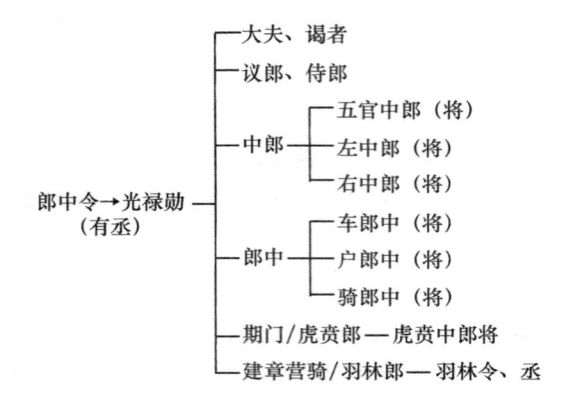

```
                            ┌─ 大夫、谒者
                            │
                            ├─ 议郎、侍郎
                            │
                            │         ┌─ 五官中郎（将）
                            ├─ 中郎 ──┼─ 左中郎（将）
                            │         └─ 右中郎（将）
郎中令→光禄勋 ──────────────┤
   （有丞）                  │         ┌─ 车郎中（将）
                            ├─ 郎中 ──┼─ 户郎中（将）
                            │         └─ 骑郎中（将）
                            │
                            ├─ 期门/虎贲郎 ── 虎贲中郎将
                            │
                            └─ 建章营骑/羽林郎 ── 羽林令、丞
```

综上可见，郎中令→光禄勋及其所主之郎官与汉武帝以后出现的期门→虎贲郎、羽林骑（郎）系统是西汉最重要的禁卫武官，他们是皇帝的贴身侍卫，守卫宫殿掖门户，内充宿卫，出充车骑，属于禁卫武官制度中的第一层次。郎中令→光禄勋为中二千石，丞千石，其下辖各官自比三百石之郎中至比二千石之中郎将皆有③。这一系统不仅是汉代官制中官员

---

① （汉）郑玄注，（唐）贾公彦疏：《周礼注疏》卷三一，（清）阮元校刻《十三经注疏》，中华书局1980年版，第850页。

② （元）马端临撰《文献通考》卷一五〇《兵考二·兵制》据《后汉书·安帝纪》注所列《南军图》，其中即包括光禄勋组织系统图，以光禄勋为南军。（中华书局1986年版，第1311页）按其说有误，说见下。

③ 《汉书》卷一九上《百官公卿表上》：中郎将秩比二千石，郎中将比千石，议郎、中郎比六百石，侍郎比四百石，郎中比三百石。（第727页）

最多的部分，同时也是汉代各级官吏的人才储备库，自郎官晋升是汉代入仕的重要途径，郎官系统源源不断地向汉代各级官僚机构输送官员。①

二　东汉光禄勋

东汉继承西汉之制，亦设光禄勋，在诸卿中位次太常而居第二。《续汉书·百官志二》："光禄勋，卿一人，中二千石。本注曰：掌宿卫宫殿门户，典谒署郎更直执戟，宿卫门户，考其德行而进退之。郊祀之事，掌三献。丞一人，比千石。"② 按"谒"当指谒者，或佚一字，以"典谒者、署郎更直，执戟宿卫门户"为宜。《后汉书·杜林传》：建武十一年（35），为光禄勋。"内奉宿卫，外总三署，周密敬慎，选举称平。郎有好学者，辄见诱进，朝夕满堂。"刘昭注："三署，左、右中郎将及五官中郎将，皆管郎官也。"③ 这表明东汉郎官仍有三署之分。《续汉书·百官志二》"光禄勋·五官中郎将"条，注引蔡质《汉仪》曰："三署郎见光禄勋，执板拜；见五官、左、右将，执板不拜；于三公、诸卿无敬。"④ 虽未明载三署之名，但可判断三署是指五官、左、右中郎将三署。《宋书·百官志下》："左中郎将、右中郎将，秦官，汉因之，与五官中郎将领三署郎。"⑤ 可见沈约亦以五官、左、右中郎为三署郎。《续汉书·百官志二》载，东汉时代"职属光禄者，自五官将至羽林右监，凡七署"⑥。与西汉制度相比，东汉省车、户、骑三将及羽林令，而多出羽林左、右监。

《续汉书·百官志二》记载，东汉光禄勋属官有秩比二千石之五官、左、右、羽林、虎贲中郎将各一人。五官中郎将"主五官郎"，下辖比六百石之五官中郎、比四百石之五官侍郎、比三百石之五官郎中⑦。"凡郎官皆主更直执戟，宿卫诸殿门，出充车骑。唯议郎不在直中。"左中郎将

---

① 参见严耕望《秦汉郎吏制度考》，《严耕望史学论文选集》，联经出版事业公司1991年版，第367—371页；王克奇《论秦汉郎官制度》，《秦汉官制史稿》，第356—358页。
② （南朝宋）范晔撰，（唐）李贤等注：《后汉书》，中华书局1965年版，第3574页。
③ 《后汉书》卷二七《杜林传》，第937页。
④ 《后汉书》，第3575页。
⑤ 《宋书》卷四〇《百官志下》，第1248页。
⑥ 《后汉书》，第3578页。
⑦ 《续汉书·百官志二》"五官中郎"下刘昭注曰："郎年五十以属五官，故曰六百石。"（《后汉书》，第3575页）

主左署郎，右中郎将主右署郎，虎贲中郎将"主虎贲宿卫"。虎贲中郎将下有比六百石之左·右仆射、左·右陛长各一人，"仆射，主虎贲郎习射；陛长，主直虎贲朝会在殿中"。虎贲中郎、侍郎、郎中下有比二百石之节从虎贲，"掌宿卫侍从"；"自节从虎贲久者转迁，才能差高至中郎。"羽林中郎将"主羽林郎"。羽林郎秩比三百石，"掌宿卫侍从。常选汉阳、陇西、安定、北地、上郡、西河凡六郡良家补。本武帝以便马从猎，还宿殿陛岩下室中，故号岩郎"。羽林左、右监各一人，六百石，分主羽林左、右骑。羽林左、右监各有丞一人。① 西汉有羽林令，东汉之羽林左、右监当由西汉羽林令发展而来。羽林郎秩三百石，与西汉及东汉之诸郎中地位相当。

五官至虎贲中郎将四署皆主中郎、侍郎、郎中，《续汉书·百官志二》"左中郎将"条刘昭注谓此为"三郎"②。果如此，则与西汉之三署中郎将仅主诸中郎，车、户、骑三将主郎中者有异。《通典·职官十一·三署郎官叙》："汉中郎将分掌三署郎，有议郎、中郎、侍郎、郎中，凡四等，皆秦官，无员，多至千人。皆掌门户，出充车骑。""中郎有五官、左、右三将。郎中有车、户、骑三将。"《中郎将》："五官、左、右中郎将，皆秦官，汉因之，并领三署郎从。""三署郎年五十以上属五官。其次分属左、右署，左、右郎将各领左、右署郎。二署皆有中郎、侍郎、郎中三郎，并属光禄勋。"③ 如据前条，则三署郎即中郎，由五官、左、右中郎将所主，郎中则由车、户、骑三将所主，此与《汉书·百官表》相符合。如据后者，则三署郎包括中郎、侍郎、郎中三郎，与《续汉书·百官志》合。从《通典》叙事及本注所举例证来看，显然是两汉制度并叙，而并不特指西汉或东汉。这种矛盾的出现，即是杜佑分别依据《汉百官表》和《续汉志》的结果，也是其对两汉郎官制度差异不太明了所致。

---

① 《后汉书》，第3574—3576页。又，刘昭注引《汉官》曰："孝廉郎作，主羽林九百人。二监官属史吏，皆自出羽林中，有材者作。"（第3576页）
② 《后汉书》，第3575页。
③ （唐）杜佑撰，王文锦等点校：《通典》卷二九《职官十一》，中华书局1988年版，第805、807页。按《续汉书·百官志四》记太子官属，谓："太子庶子""如三署中郎"；"太子舍人""更直宿卫，如三署郎中"。（《后汉书》，第3608页）由此可见，三署中有中郎、郎中，而无侍郎、议郎。

《汉书》的修撰者班彪、班固父子为东汉初前期人，班彪（3—54）生活于西汉末东汉光武之世，班固（30—90）生活于东汉前期。《汉书》撰成于永平（58—75）至建初（76—84）年间。班固本人曾经担任郎官。《汉书·叙传上》："永平中为郎，典校秘书，专笃志于博学，以著述为业。"① 《后汉书·班固传上》："自为郎后，遂见亲近。"② 《汉书》及班固的绝大部分著述即于是时完成。从班固的经历及"典校秘书"的职业来看，他对汉代制度是清楚的，尤其对郎官制度更有亲身的感受，因此他所述西汉郎官制度理应不会有误。基于这种认识，我们可以确信，西汉时期的三署郎实即中郎，五官、左、右中郎将所主均为中郎，而不包括侍郎与郎中，郎中则由车、户、骑三将所主，《通典》及后人的有关记述和理解并不准确。限于体例，班固不可能在《汉书》中记载东汉制度，今本《续汉书·百官志》又出于东晋初年人司马彪之手，虽然目前还不应怀疑其权威性和原始性，但在东汉禁卫武官制度进一步发展，尤其是在卫尉职能扩大以及北军中候监五营制度确立和权力进一步扩大的情况下，光禄勋所主郎官制度在西汉基础上不仅没有萎缩反而有所扩张，这种可能性似乎不大。不过，在尚无其他佐证的情况下，姑且以《续汉志》为准，但仍不排除东汉郎官制度与西汉相同的可能性，即三署郎实为中郎，同时因东汉无主郎中之车、户、骑三将，故郎中也被归入三署之中。

东汉侍郎、议郎与西汉一样，不在更直之列，只是随侍皇帝或职掌论议，而职无所专。③ 果如此，则侍郎与议郎一样均可认为是散郎，即外郎④。则所谓"三郎"，实即三署郎（中郎）或车、户、骑三郎（郎中），而非中郎、侍郎、郎中。也就是说，刘昭及杜佑对三郎的理解有误。汉惠帝即位之初，"赐……中郎、郎中满六岁爵三级、四岁二级，外郎满六岁二级；中郎不满一岁一级，外郎不满二岁赐钱万。宦官、尚食，比郎中；谒者、执楯、执戟、武士、驺，比外郎"⑤。据此可知，则西汉之"外郎"

---

① 《汉书》卷一〇〇《叙传上》，第4225页。
② 《后汉书》卷四〇上《班固传上》，第1335页。
③ 王克奇认为，"三署郎似乎并不存在中郎、侍郎、郎中三个级别，只有秩比三百石之郎中"（《论秦汉郎官制度》，《秦汉官制史稿》，第385—386页）。按在无其他更有力证据支持的情况下，还难以否定《续汉志》之记载。
④ 《通典》卷二九《职官十一·中郎将》本注："其散郎谓之外郎。"（第805页）
⑤ 《汉书》卷二《惠帝纪》，第85页。

不指中郎、郎中。在四种郎官中,中郎、郎中以外即为侍郎、议郎,则外郎实即侍郎、议郎①。

第二节 卫尉

一 西汉卫尉

《汉书·百官公卿表上》:卫尉始设于秦,中二千石,"掌宫门卫屯兵,有丞"。"景帝初更名中大夫令,后元年复为卫尉。属官有公车司马、卫士、旅贲三令丞;卫士三丞。又,诸屯卫候、司马二十二官皆属焉。长乐、建章、甘泉卫尉皆掌其宫,职略同,不常置。"颜师古注引《汉旧仪》云:"卫尉寺在宫内。"胡广云:"主宫阙之门内卫士,于周垣下为区庐。区庐者,若今之仗宿屋矣。"《汉官仪》云:"公车司马掌殿司马门,夜徼宫中,天下上事及阙下凡所征召皆总领之。令秩六百石。"② 由此可见,卫尉所掌为宫城门卫之屯兵,其属官有公车司马令、丞,卫士令、丞(丞三人),旅贲令、丞;又有诸屯卫候、司马二十二官。另外,在长乐宫、建章宫和甘泉宫有时也专设卫尉,名曰长乐卫尉、建章卫尉、甘泉卫尉,在特殊情形如太后当政等时期其重要性增强。

《职官分纪》引《汉官解诂》曰:

> 卫尉主官阙之内卫士,于垣下为庐,各有员部,凡居官中者皆施籍于门,按其姓名,若医巫僦人当入者,本官长吏为封启传,审其印

---

① 王克奇认为,"三郎"为中郎、郎中、外郎,外郎"应为郎中给事宫外者,因其给事宫外,故曰外郎,外郎为'外郎中'之省称"(《论秦汉郎官制度》,《秦汉官制史稿》,第348、350页)。然而,即便有外郎中,也属于郎中,而且其说与《汉书·惠帝纪》将外郎与中郎、郎中区分开来的记载相矛盾;郎中既为"中",便不得有"外"。至于王氏将骑郎之类也归入外郎亦不准确,骑郎虽"出充车骑",但其本为郎中,而非外郎。

② 《汉书》卷一九上《百官公卿表上》,第728—729页。又,(宋)李昉等撰《太平御览》卷二三○《职官部二八·卫尉卿》引《汉书旧仪》曰:"卫尉寺在京内。"(中华书局1960年版,第1091页)按"京"字疑误,此不取。(宋)孙逢吉撰《职官分纪》卷一九《卫尉》引《汉旧仪》,作"卫尉寺在宫内"。(《景印文渊阁四库全书》"子部二二九·类书类",台湾商务印书馆1986年版,第九二三册,第445页)又同条记胡广注之"仗宿屋"为"伏宿屋",误。按仗宿屋当为仗士(卫士)宿直时所住房屋。(宋)钱文子撰《补汉兵志》,陈元粹注引《汉旧仪》亦作"卫尉寺在宫内",引胡广注亦作"仗宿屋"。(《二十五史补编》,中华书局1998年版,第一册,第410页)

信，然后内之。人有籍者，皆复有符，用木长二寸，以所居官两字为铁印，分符当出入者，按籍毕，复齿符，乃引内之也。其有官位得出入者，令执御者名官，传呼前后以相通，从昏至晨，分部行夜。夜有行者，辄前曰：'谁？'若此不解，终岁更始，所以重慎宿卫也。①

这一记载非常生动地表现了卫尉的禁卫职能。此职能当由卫尉属官"大谁长"来行使。《汉书·五行志下之上》："成帝绥和二年（前7）八月庚申，郑通里男子王褒衣绛衣小冠，带剑入北司马门、殿东门，上前殿，入非常室中，解帷组结佩之，招前殿署长业等曰：'天帝令我居此。'业等收缚考问，褒故公车大谁卒，病狂易，不自知入宫状，下狱死。""大谁卒"下注引应劭曰："在司马殿门掌谨呵者也。"服虔曰："卫士之师也，著樊哙冠。"师古曰："'大谁'者，主问非常之人，云姓名是'谁'也。而应氏乃以'谨哗'为义，云'大谨呵'，不当厥理。后之学者辄改此书'谁'字为'谨'，违本文矣。'大谁'本以'谁何'称，因用名官，有'大谁长'。今此卒者，长所领士卒也。"②《初学记》引《汉官解诂》曰："卫尉掌宫阙周庐殿，屯陈夹道，当兵交戟。"胡广注："宫阙之内周庐殿，各陈屯交兵士，以示威武，交戟以遮妄出入者。"又引汉武帝《柏梁诗·卫尉》曰："周卫交戟禁不时。"引张衡《西京赋》："卫尉八屯，警夜巡昼。徼道外周，千庐内附。"③ 张衡《西京赋》："徼道外周，千庐内附。卫尉八屯，警夜巡昼。"注："卫尉帅吏士周宫外，于四方四角立八屯士，士则傅宫外向为庐舍，昼则巡行非常，夜则警备不虞也。"④

西汉卫尉为中二千石，其下之公车司马、卫士、旅贲三令仅为六百石，卫士则为兵，无俸秩，这与郎中令→光禄勋所辖全为郎官者大

---

① 《职官分纪》卷一九《卫尉》引《汉官解诂》，《景印文渊阁四库全书》"子部二二九·类书类"，第九二三册，第445页。《太平御览》卷二三〇《职官部二八·卫尉卿》引《汉官解诂》，与此略同，唯几字有异，如"施"为"置"，"居官"为"长官"，"按"为"案"，"名官"为"各"，"从昏至晨"为"昏至晨"，"谁？"为"谁？谁？"，"解"为"懈"。（第1091页）二书所引各有优劣，比较而言似以《职官分纪》更为准确。

② 《汉书》卷二七下之上《五行志下之上》，第1475、1476页。

③ （唐）徐坚等撰：《初学记》卷一二《职官部下·卫尉卿》"事对"条引，中华书局1962年版，第308页。

④ （南朝梁）萧统编，（唐）李善注：《文选》卷二《赋甲·京都上》，上海古籍出版社1986年版，第54页。

异。卫尉的职责主要是保卫宫城，而光禄勋则主郎官更直于殿内，并守卫宫、殿、掖之门户，皇帝出行时充当车骑仪仗，其为皇帝贴身侍卫之臣，地位十分机要。郎官是汉代统治集团之候补队，担任其职乃是进入其他阶层官吏队伍的便捷之途。卫尉所统卫士则是通过徭役征发而到京城进行守卫的农民，当他们完成一年的守卫任务后便返回家乡继续从事农耕生产，并在规定时期服徭役戍守边疆。一般情况下，他们是永无进入统治阶层机会的。汉武帝太初元年（前104）设置的建章营骑本是保卫建章宫的骑兵，在很长一段时期内应属卫尉统辖。基于此，笔者认为羽林令、丞在很长一段时期内亦应属于卫尉（建章卫尉）所辖。羽林骑不见有俸秩记载，便是因为他们本为兵，而非郎官。只是到了汉宣帝时期令中郎将、骑都尉监羽林之后，羽林令、丞及其所辖之羽林骑、羽林孤儿才转归光禄勋管辖。

二 东汉卫尉

《续汉书·百官志二》：东汉亦设中二千石之卫尉卿一人，"掌宫门卫士，宫中徼循事"。丞一人，比千石。刘昭注引《汉官》曰："（卫尉）员吏四十一人：其九人四科，二人二百石，文学三人百石，十二人斗食，二人佐，十二人学事，一人官医。卫士六十人。"其下有公车司马、南·北宫卫士令、左·右都候各一人，均为六百石，又有宫掖门司马之职。公车司马令"掌宫南阙门，凡吏民上章、四方贡献及征诣公车者"。下辖丞、尉各一人，"丞选晓讳，掌知非法；尉主阙门兵禁，戒非常"。刘昭注引胡广曰："诸门部各陈屯夹道，其旁当兵，以示威武，交戟以遮妄出入者。"可见公车司马中，主禁卫者实即公车司马尉。南宫卫士令"掌南宫卫士"，丞一人，"员吏九十五人，卫士五百三十七人"。北宫卫士令"掌北宫卫士"，丞一人，"员吏七十二人、卫士四百七十一人"。左、右都候"主剑戟士徼循宫，及天子有所收考"，丞各一人。"右都候员吏二十二人，卫士四百一十六人；左都候员吏二十八人、卫士三百八十三人。"蔡质《汉仪》曰："宫中诸有劾奏罪，左都候执戟戏车缚送付诏狱，在官大小各付所属，以马皮覆。"[①]

根据以上记载可知，卫尉及其所辖南·北宫卫士令、左·右都候所统

---

① 以上见《续汉书·百官志二》及刘昭注，《后汉书》，第3579、3580页。

第二章　汉代禁卫武官制度概说　／　37

员吏分别为四一、九五、七二、二二、二八人，卫士分别为六〇、五三七、四七一、四一六、三八三人，计员吏二五八人、卫士一八六七人。《续汉书·百官志二》："宫掖门，每门司马一人，比千石。本注曰：南宫南屯司马，主平城门；（北）宫门苍龙司马，主东门；玄武司马，主玄武门；北屯司马，主北门。北宫朱爵司马，主南掖门；东明司马，主东门；朔平司马，主北门。凡七门。凡居宫中者，皆有口籍于门之所属，宫名两字，为铁印文符，案省符乃内之。若外人以事当入，本宫长史为封棨传；其有官位，出入令御者言其官。"据注引《汉官》，各司马所属员吏分别为九、六、二、二、四、一三、五人，卫士分别为一〇二、四〇、三八、三八、一二四、一八〇、一一七人，"凡员吏皆队长、佐"。① 宫掖门七司马所主员吏共计四一人，卫士共计六三九人。据此可知，每员吏统卫士平均约十五六人。总计以上所列数字，可知东汉卫尉所辖员吏为二九九人、卫士为二五〇六人。此外，公车司马令亦当统辖员吏及卫士，具体情况难以确知。②

综上所述，东汉卫尉卿之组织系统可表述如下（见下页）③：

与西汉相比，东汉卫尉省旅贲令，卫士分为南宫卫士令和北宫卫士令；西汉卫尉又辖诸屯卫候、司马二十二官，而东汉则为左、右都候及七门司马，共九官。据《三辅黄图》记载，西汉长安城门十二④，则当有十二门司马，还应有十屯卫候⑤。另外，西汉有时还设有长乐、建章、甘泉卫尉。则西汉卫尉之职能比东汉更为广泛。清代四库馆臣云："汉以南军为宫卫屯兵，而卫尉主之。虽与光禄勋同掌宿直，而有郎卫、兵卫之分。

---

①　《续汉书·百官志二》及刘昭注，《后汉书》，第3580页。
②　濱口重國认为：后汉卫尉之职"主要守卫宫城诸门，夜晚巡逻城内，车驾出则为仪仗，与前汉卫尉差别不大。但卫士的数量与出身却有很大变化……后汉卫士总数约二千五六百人，前汉时代多则二万人，少则一万至一万五千人"。后汉卫士人数其所以减少，"与虎贲、羽林、羽林左右骑及五校尉之兵参与宫城警备有关"。（《兩漢の中央諸軍に就いて》，《秦漢隋唐史の研究》，第267页）据上引史料统计，东汉卫士总数为二五〇六人，员吏二九九人，合计为二八〇五人；若包括公车司马令所辖卫士，则东汉卫士总数当在三千人左右。至于西汉卫士是否有一至二万人之多，因史无明载，不敢遽信。
③　《文献通考》卷一五〇《兵考二·兵制》据《续汉书·百官志·卫尉·注》所列《南军图》中即包括《卫尉图》（第1311页），亦即卫尉组织系统图。
④　陈直校证：《三辅黄图校证》卷一，陕西人民出版社1980年版，第21—26页。
⑤　《三辅黄图》卷一："汉城门皆有候，门候主候时、谨启闭也。"（《三辅黄图校证》，第27页）

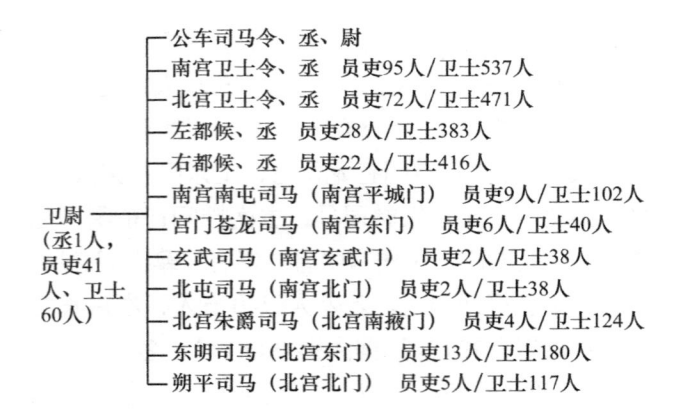

```
                ┌─ 公车司马令、丞、尉
                ├─ 南宫卫士令、丞    员吏95人/卫士537人
                ├─ 北宫卫士令、丞    员吏72人/卫士471人
                ├─ 左都候、丞    员吏28人/卫士383人
                ├─ 右都候、丞    员吏22人/卫士416人
   卫尉 ────────┼─ 南宫南屯司马（南宫平城门）    员吏9人/卫士102人
   （丞1人，    ├─ 宫门苍龙司马（南宫东门）    员吏6人/卫士40人
   员吏41       ├─ 玄武司马（南宫玄武门）    员吏2人/卫士38人
   人、卫士     ├─ 北屯司马（南宫北门）    员吏2人/卫士38人
   60人）       ├─ 北宫朱爵司马（北宫南掖门）    员吏4人/卫士124人
                ├─ 东明司马（北宫东门）    员吏13人/卫士180人
                └─ 朔平司马（北宫北门）    员吏5人/卫士117人
```

其八屯司马，专率卫士，守卫宫门，讥察门籍，晨昏巡警……""后汉以卫尉典掌卫兵，一如西京之旧。观鲍昱、丁鸿等皆以三公兼领，则其职较重。"① 其说大体得实。

  汉代宫城在京师南部，故守卫宫城的禁卫军称为南军，历史上对于卫尉所统兵卫为南军并无异议，而郎中令→光禄勋所统郎卫是否为南军则有不同看法。南宋学者程大昌认为：汉高祖时起即有南、北军之分，"卫尉所掌是为南军矣"，汉武帝设中垒校尉，"使为北军主帅焉耳"。② 另一南宋学者王应麟在《玉海》中将光禄勋所掌郎卫与卫尉所掌兵卫统称为南军，以中尉所统为北军。"南军有郎卫、有兵卫，掌出入宫禁，为宿卫；彼北军止于护城耳。""古者前朝后市，王宫在南，故汉卫宫之兵在城内者为南军，卫城之兵在城外者为北军。中兴置北军中候以监五营，始谓五校为北军。"③《文献通考》引章氏曰："南军有郎卫、兵卫，掌天子宿卫，北军止于护城，轻重不侔矣。"④ 按章氏当即《山堂考索》编撰者南宋人章如愚。又引易氏曰："汉制有卫郎、卫兵，卫兵既属卫尉，为南军，而郎中令均是宿卫，故《表》《志》皆列于卫尉之前，而论者皆编为南军。""然兵卫之属卫尉者，号为南军，固可考而知；若遂以光禄勋列

---

① （清）纪昀等撰：《历代职官表》卷四五《前锋护军统领》"汉"条案语，上海古籍出版社1989年版，第862、864页。
② （宋）程大昌撰，黄永年点校：《雍录》卷八《汉南北军及畿内军制》，中华书局2002年版，第172、173页。
③ （宋）王应麟撰：《玉海》卷一三七《兵制二·汉南北军屯》，《景印文渊阁四库全书》"子部二五二·类书类"，第九四六册，第605、606页。
④《文献通考》卷一五〇《兵考二·兵制》，第1310页。

于南军，则有所不可考者。""兵卫、郎卫分为二职，则知郎卫非南军明矣。"易氏亦即山斋易氏，指南宋人易祓。① 易氏之说显然长于章氏、王氏之说。明代学者方以智认为："汉宫城门内为南军，宫卫屯兵属焉，卫尉主之；京城门外为北军，京辅兵卒隶焉，中卫（尉）主之。"② 看来方氏未将郎中令→光禄勋所统郎卫归入南军，不过其对北军的认识却有可议之处，北军主要应是宫城门外守卫京城的军队，且京辅兵卒只是北军的一部分，又，中尉后改称执金吾。就南军而论，主要分歧在于：南军包括郎中令→光禄勋所统郎卫与卫尉所统兵卫；南军是卫尉所统兵卫，不是郎中令→光禄勋所统郎卫；南军是郎中令→光禄勋所统郎卫，不是卫尉所统兵卫。古今学者持卫尉所统兵卫为南军者居多，此说也最有理据。③

---

① 《文献通考》卷一五〇《兵考二·兵制》，第1309页。按《文献通考》常引"易氏"或"山斋易氏"之言，此处所引当为山斋易氏《汉南北军始末》之内容，本卷又引"山斋易氏《汉南北军始末序》"（第1311页）可证。山斋易氏即易祓（此系祝总斌先生告知，谨表谢忱），潭州宁乡人，著有《周官总义》三十卷、《周易总义》二十卷。[清]永瑢等撰：《四库全书总目》卷一九《经部·礼类一》，卷三《经部·易类三》，中华书局1965年版，第152、16页]

② （明）方以智撰：《通雅》卷二五《兵政》，《景印文渊阁四库全书》"子部一六三·杂家类"，第八五七册，第513—514页。

③ 关于汉代南北军制度，又可参见（清）俞正燮撰、涂小马等校点《癸巳类稿》卷一一《汉南北军义》，辽宁教育出版社2001年版，第360—361页；孙毓棠《西汉的兵制》《东汉兵制的演变》，《孙毓棠学术论文集》，中华书局1995年版，第274—280、289—290、336—337页；贺昌群《汉初之南北军》，《贺昌群史学论著选》，中国社会科学出版社1985年版，第19—27页；[日]濱口重國《前漢の南北軍に就いて》，《秦漢隋唐史の研究》，東京大學出版會1971年版，第251—266页；杨鸿年《汉魏制度丛考》"南军北军"篇，武汉大学出版社1985年版，第171—190页；劳榦《论汉代的卫尉与中尉兼论南北军制度》，《"中央研究院"历史语言研究所集刊》第29本下（1958年）；苏诚鉴《西汉南北军的由来及其演变》，《安徽师大学报》1980年第3期；陈连庆《汉代兵制述略》，《史学集刊》1983年第2期；邹本涛《西汉南北军考辨》，《中国史研究》1988年第1期。邹本涛认为："所谓南军，当驻于未央宫内，初由议郎、中郎、侍郎组成，武帝后增羽林、期门（虎贲）。其统领为郎中令。所谓北军，当驻于未央宫北的寿、桂宫与东、西市之间，初由千余人组成，武帝后扩为八校尉。其统领为北军使者。"按邹文最晚出，但其说却最难从信。将守卫宫城的卫尉和保卫京师的中尉→执金吾排除在南北军之外，殊为无据。郎中令所统议郎、中郎、侍郎为郎官，并非军士，以之为南军颇为牵强。又，北军使者仅为临时差遣之职，不是制度上规定的北军长官，更非八校尉之长。杨鸿年对南北军的认识最为独特，他说："汉初有南北军，文帝曾令卫将军兼统，既而罢之，自此以至景帝之世，即无所谓南北军了，武帝复置北军，从此遂无南军，东汉因之，亦只有北军而无南军。"（《汉魏制度丛考》，第147页）

第三节　中尉→执金吾与城门校尉

一　中尉→执金吾

《汉书·百官公卿表上》："中尉，秦官，掌徼循京师，有两丞、候、司马、千人。武帝太初元年，更名执金吾。属官有中垒、寺互、武库、都船四令、丞。都船、武库有三丞，中垒两尉。又式道左·右·中候、候丞，及左·右京辅都尉、尉丞兵卒皆属焉。初，寺互属少府，中属主爵，后属中尉。"师古注引如淳曰："所谓游徼，徼循禁备盗贼也。"应劭曰："式道凡三候，车驾出还，式道候持麾至宫门，门乃开。"① 汉代卫尉守卫宫城，中尉→执金吾负责京师治安。因宫城位于京师南部，故卫尉所领卫士称为南军；与宫城相对而言，中尉→执金吾负责的京城地区位于北部，故其所领军队称为北军。光禄勋负责把守宫殿掖门户及殿内禁卫，其所统为郎官（郎吏），与卫尉所统南军和中尉→执金吾所统北军构成了汉代（特别是西汉）禁卫军的主体。汉武帝以后五校尉以及东汉八校尉的出现，使禁卫军组织结构又发生了新的变化。

据《续汉书·百官志四》记载，东汉亦置执金吾一人，中二千石②，"掌宫外戒司非常水火之事；月三绕行宫外，及主兵器"。刘昭注引胡广曰："卫尉巡行宫中，则金吾徼于外，相为表里，以擒奸讨猾。"引《汉官》曰："员吏二十九人，其十人四科，一人二百石，文学三人百石，二人斗食，十三人佐学事，主缇骑。"有丞一人，比千石，缇骑二百人。缇骑"无秩，比吏食奉"。注引《汉官》曰："执金吾缇骑二百人，（持戟）五百二十人，舆服导从，光满道路，群僚之中，斯最壮矣。世祖叹曰：'仕宦当作执金吾。'"其下辖六百石之武库令一人，"主兵器"，有丞一人。西汉执金吾下辖式道左、右、中候三人，六百石。其职掌是，"车驾出，掌在前清道，还持麾至宫门，宫门乃开"。东汉省式道三候为一人，"又不常置，每出，以郎兼式道候，事已罢，不复属执金吾"。③ 东汉亦不设中垒、寺互、都船令、丞、尉及左、右京辅都尉。

---

① 《汉书》卷一九上《百官公卿表上》，第732、733页。
② 一说为比二千石，刘昭注："《汉官秩》云，比二千石。"（《后汉书》，第3605页）
③ 以上见《续汉书·百官志四》及刘昭注，《后汉书》，第3605—3606页。

《北堂书钞·设官部六》"执金吾"："徼循宫外，掌司非常，以御非常。司执奸邪，禽讨奸猾。禁执典兵（执典禁兵），从（以）领宿卫。"其"徼循宫外"下，本注引韦昭《辨释名》曰："执金吾掌徼循宫外，司执奸邪。"① 卫尉守卫宫内，而中尉→执金吾徼循宫外，维持京师社会治安，其重要性又次于卫尉。西汉时中尉→执金吾所辖四令、丞及式道左、右、中候及京辅都尉，"尉、丞、兵卒皆属焉"②。到了东汉，执金吾的职能大为萎缩，其所辖仅剩武库一令。东汉执金吾不仅机构大为裁并，而且其所统兵卒也减少了很多。西汉执金吾所统有缇骑二百人、持戟五百二十人，另有左、右京辅都尉之兵卒，而东汉执金吾所统兵卒只剩缇骑二百人。执金吾职能的萎缩，很可能从汉武帝时期就已开始。司隶校尉设立后，左、右京辅都尉之职能萎缩，其地位渐趋衰微，最后终于消失。东汉时代执金吾的实际职掌主要就是统武库令主兵器，统缇骑二百人每月三次绕行宫外，"掌宫外戒司非常水火之事"。维持京师社会治安的主要职能实际上已转归他职。

二 城门校尉

西汉设有城门校尉。《汉书·百官公卿表上》：城门校尉，二千石，"掌京师城门屯兵，有司马、十二城门候"。颜师古曰："八屯各有司马也。""门各有候。"③《玉海·兵制二》"汉城门屯兵"条："《表》：城门校尉掌京师城门屯兵，有司马、十二城门候。《武纪》：征和二年七月，初置城门屯兵。"本注引环济《要略》曰："城门校尉，高帝置，从缇骑百二十人，武帝始增屯兵。"④ 由此可见，城门校尉初置于汉高帝时，当时所领仅为缇骑士一百二十人，汉武帝时始增城门屯兵，其权力有所扩大。城门校尉下有门候。《汉书·蔡义传》："迁补覆盎城门候。"师古注："门候，主候时而开闭也。"⑤ 班固《西都赋》："披三条之广路，立十二

---

① （隋）虞世南撰：《北堂书钞》卷五四《设官部六·执金吾》，孙忠愍侯祠堂校影宋原本，光绪十四年（1888）南海孔氏三十有三万卷堂校注重刊。
② 《汉书》卷一九上《百官公卿表上》，第732页。
③ 同上书，第737、738页。
④ 《玉海》卷一三七《兵制二》"汉城门屯兵"条，《景印文渊阁四库全书》"子部二五二·类书类"，第九四六册，第615页。
⑤ 《汉书》卷六六《蔡义传》，第2898页。

之通门。"注引郑玄曰:"天子十二门,通十二子也。"① 张衡《西京赋》:"城尉不弛柝,而内外潜通。"李善注:"言城门校尉不废击柝之备,内外已自嘿通也。"引郑玄《周礼注》,谓:"檴,戒夜者所击也。柝与檴同音。"② 这表明,汉代城门校尉在夜晚也要守卫京师城门,击檴以备之。东汉亦设城门校尉。《续汉书·百官志四》:城门校尉一人,比二千石,"掌洛阳城门十二所"。有司马一人,千石,"主兵"。"城门每门候一人,六百石。本注曰:洛阳城十二门,其正南一门曰平城门,北宫门,属卫尉。其余上西门、雍门、广阳门、津门、小苑门、开阳门、耗门、中东门、上东门、谷门、夏门,凡十二门。"刘昭注引《汉官秩》曰:"平城门为宫门,不置候,置屯司马,秩千石。"《古今注》曰:"建武十四年九月开平城门。"蔡质《汉仪》曰:"洛阳二十四街,街一亭;十二城门,门一亭。"③ 十二城门中平城门又为北宫门,属卫尉所辖,则只有十一门候属城门校尉管辖。

汉代城门校尉主要负责京师城门之把守,领有屯兵职司其责。城门校尉执掌城门之启闭,可从郑玄对《周礼》司门职掌的解释得到认识。《周礼·地官·司徒》:"司门掌授管键,以启闭国门。"郑司农云:"键谓牡。"释曰:"云掌授管键以启闭国门者,谓用管钥以启门,用键牡以闭门,故双言以启闭。国门则王城十二门者也。""管谓钥也。"④ 很显然,郑玄是以其生活的时代——东汉京师洛阳十二门来类比《周礼》之国门⑤。清代著名史学家钱大昕认为:"汉时城门校尉、司隶校尉任寄最重。"⑥ 四库馆臣认为:"汉代城门校尉,其任至巨,如王谭、王商、王立等皆以特进、相代领城门兵;置幕府得举吏,如将军;而孔光为太师,亦兼领城门兵;谷永与王谭书,所谓'至戚贤舅,执管钥于外'。盖因门禁

---

① 《文选》卷一《赋甲·京都上》,第7页。
② 《文选》卷二《赋甲·京都上》,第59页。
③ 《后汉书》,第3610—3611页。
④ 《周礼注疏》卷一五,《十三经注疏》,第738页。
⑤ 《左传·庄公十九年》,贾公彦疏:"《周礼》地官之属有司门下大夫二人,掌授管键以启闭国门。郑玄云:若今城门校尉主王城十二门。"(《春秋左传正义》卷九,《十三经注疏》,第1773页)
⑥ (清)钱大昕撰:《廿二史考异》卷一七《三国志三》"孙破虏讨逆传"条,《丛书集成初编》本,商务印书馆1937年版,第347页。

之重，故必择大臣以兼领其事。"①

第四节　八校尉与五校尉

一　西汉八校尉

《汉书·百官公卿表上》："中垒校尉，掌北军垒门内，外掌西域；屯骑校尉，掌骑士；步兵校尉，掌上林苑门屯兵；越骑校尉，掌越骑；长水校尉，掌长水宣曲胡骑；又有胡骑校尉，掌池阳胡骑，不常置；射声校尉，掌待诏射声士；虎贲校尉，掌轻车。凡八校尉，皆武帝初置。有丞、司马。"八校尉皆秩二千石。② 汉武帝在对南方越人及北方胡人征战中，以其内附或降附者编为禁卫军，同时征召汉族材异之士，共同组成了具有专门性质的京师禁卫军，设置八校尉诸职来进行统率。《汉书·刑法志》："汉兴……天下既定，蹑秦而置材官于郡国，京师有南北军之屯。至武帝平百粤，内增七校。"颜师古注引晋灼曰："《百官表》：中垒、屯骑、步兵、越骑、长水、胡骑、射声、虎贲，凡八校尉。胡骑不常置，故此言七也。"③

日本学者濱口重國据《汉百官表》之记载，认为："屯骑、长水、胡骑是乘马部队，步兵是徒步部队，射声是弓术优异者，虎贲是战车部队。步兵校尉负责长安城外上林苑苑门的警备，长水校尉负责城外宣曲宫（长安城西南昆明池）的警备，胡骑校尉负责左冯翊池阳宫的警备。屯骑、越骑、射声、虎贲四校尉职掌不明，但亦可看作长安城或宫城内外天子的特种部队。"④ 汉武帝时为了加强京师治安，保卫皇帝行宫，在归降、俘虏越人、胡骑等基础上于京师及周边地区设立了八校尉，从而使京师的治安防卫力量大为增强。⑤ "中垒校尉掌北军垒门内，外掌西域"，在八校尉中地位最为独特。按汉初中尉所辖本有中垒令、丞，且有两尉，中尉本

---

① 《历代职官表》卷四六《步军统领》"汉"条案语，第883页。
② 《汉书》卷一九上《百官公卿表上》，第737—738页。
③ 《汉书》卷二三《刑法志》，第1090页。
④ [日]濱口重國：《兩漢の中央諸軍に就いて》，《秦漢隋唐史の研究》，第272页。
⑤ 按八校尉大部分屯驻在上林苑及其中的离宫。据考证，汉代上林苑的范围颇为广大，东到灞水，东南到蓝田县境内，南到终南山，西到户县周至，北到淳化县。参见徐卫民《西汉上林苑宫殿台观考》，《文博》1991年第4期；胡谦盈《汉昆明池及其有关遗存踏察记》，《考古与文物》1980年创刊号。

为北军之长。到武帝时改中尉为执金吾,同时可能将中垒两尉升格为中垒校尉,从执金吾中独立出来,而中垒令、丞当仍然归属执金吾,继续存在。八校尉所屯在京师各地,其所掌范围与执金吾互有交叉。南宋钱文子《补汉兵志》"武帝增置七校"条,明陈元粹注:"所谓七校者,盖中垒系北军,非武帝初置,自屯骑而下为七校也。"① 按此说误。中垒校尉始置于汉武帝时期,与其是否系北军无关;中垒系北军不错,但其他七校亦属北军。

《宋书·百官志下》:"汉有南北军,卫京师。武帝置中垒校尉,掌北军营。光武省中垒校尉,置北军中候,监五校营。"② 南朝沈约似乎将中垒校尉看作汉武帝以后北军之长官,其职能在东汉被北军中候所取代。此说在后代特别是南宋学者中引起了不同的看法,有继承发挥者,亦有表示异议者。

《玉海·兵制二》"汉七校、八校":"《百官表》:中垒校尉掌北军垒门内外掌西域。"本注:"中垒掌北军,则知八校皆北军也。后汉省中垒,但置北军中候掌监五营。中尉有中垒令、丞,则知北军之统于中尉。"③ 由此可见,王应麟认为八校皆属北军,中尉为北军长官,其说可从。《历代兵制·西汉兵制》:"京师之兵止南北军,及中尉缇骑,郎中令诸郎,城门校尉屯兵。北军属太尉,南军属卫尉。武帝更太尉为大司马、大将军以宠将帅,而北军分八校尉,以中垒领之(中垒、屯骑、步兵、越骑、长水、胡骑、射声、虎贲,凡八);中尉为执金吾,而置三辅都尉属焉;郎中令为光禄勋,而置建章营骑属焉,后更名羽林骑。"④《文献通考·兵考二·兵制》所列《北军图》,实即八校图,以中垒校尉作为北军长官,而以其他七校作为中垒校尉之下属。此与陈氏之说相合。⑤ 陈傅良对西汉

---

① (宋)钱文子撰,(明)陈元粹注:《补汉兵志》,《二十五史补编》,中华书局1998年版,第一册,第418页。
② 《宋书》卷四〇《百官志下》,第1247页。
③ 《玉海》卷一三七《兵制二》"汉七校、八校"条,《景印文渊阁四库全书》"子部二五二·类书类",第九四六册,第609页。
④ (宋)陈傅良撰:《历代兵制》卷二,《景印文渊阁四库全书》"史部四二一·政书类",第六六三册,第445页。
⑤ 雷海宗承袭了这种看法,认为:"所谓八校尉实际只领有七支军队,因为中垒校尉是总领一切的人,并不是一军的校尉。""七校统称北军,由中垒校尉总管。"(《中国的兵》,《伯伦史学集》,中华书局2002年版,第76—77页)

南北军组织制度的认识有很大问题。陈氏似未将中尉缇骑、郎中令诸郎、城门校尉屯兵等列入南北军，其理解有正有误，郎中令诸郎不属南北军，而中尉缇骑、城门校尉屯兵则应是汉武帝以前西汉北军的主体。

《文献通考》引山斋易氏曰：

> 或曰：北军属太尉，武帝更太尉为大司马，以宠大将，而北军分八校，以中垒领之。非也。武帝置八校，各有校尉，秩皆二千石，不相统属，而中垒自掌北军垒垣门事，非兼八校，此固不待辩而明矣。至谓北军属太尉，则尤不可以不辩。彼独见太尉周勃入北军之事，故举而言之，殊不知当时勃欲入北军，必令纪通持节矫内之。是以计诛吕氏，非谓以太尉勃领北军而后入也。盖北军自属中尉，而太尉掌武，虽本兵之任，然三公之职初不常置。……是其职（太尉）之或置或罢，盖以三公无所不统，官不必备，惟其人而已，岂专领北军者邪？①

按易氏所言极是。陈傅良认为汉武帝以前北军由太尉所掌，武帝以后北军分为八校尉，而由中垒校尉所掌，其说显然是令人难以接受的。诚如山斋易氏所言，西汉太尉虽掌武事，但并不常设，而南北军却存在于西汉一代。

汉武帝以前北军长官为中尉，其后中尉更名为执金吾。中尉所统北军在汉武帝以后仍然存在，同时又增设了八校尉，这是加强北军力量的举措，而非以八校尉取代原北军。中垒校尉掌北军垒门内，又外掌西域（说见下），其职与散处长安城内外之七校似无多大关系。滨口重國认为，"中垒校尉之职巡视北军即中尉之军的营垒内外而检察其非违"②。若去掉"外"字，则其说是可取的。南宋徐天麟认为："中垒校尉掌北军，则知八校皆北军也。东都五营，即八校之并省者。而《后汉书》每有'北军五校'之称，则八校属北军，又明矣。"③ 关于中尉（执金吾）与八校的关系，山斋易氏的认识亦是可取的，他说："八校分屯不专在一所，虽同

---

① 《文献通考》卷一五〇《兵考二·兵制》，第1310页。
② 《前漢の南北軍に就いて》，《秦漢隋唐史の研究》上卷，第259页。
③ （宋）徐天麟撰：《西汉会要》卷三二《职官二》"八校尉"条，上海古籍出版社1977年版，第322页。

名北军,而各以校尉领之,而不属中尉(按应为执金吾)之北军。此八校尉所以自列于城门校尉之后,而中垒校尉亦别掌北军垒门内外,不属金吾也。"①

二 中垒校尉"掌西域"职掌考辨

《汉书·百官公卿表上》载中垒校尉"掌北军垒门内外掌西域",颜师古注:"掌北军垒门之内,而又外掌西域。"②《通典·职官十六·武散官》"中垒校尉"条本注:"汉掌北军营垒门内,又外掌西域。"③北军之中垒校尉何以会"外掌西域"呢?这成为后代学者质疑之关键。清人王念孙《读书杂志》云:

> "中垒校尉掌北军垒门内外,掌西域。"师古曰:"掌北军垒门之内,而又外掌西域。"念孙案:师古说非也。此条自城门校尉以下,所掌皆京师及畿辅之事,不当兼掌西域。下条:西域都护,护西域三十六国,有副校尉。此自别为一官,与中垒校尉无涉。《续汉书·百官志》云:旧有中垒校尉,领北军营垒之事,武帝置。中兴,省中垒,但置中候以监五营。亦不言兼掌西域也。"西域"当为"四城",谓掌北军垒门内外及四城之事也。《汉纪·孝惠纪》云,"中垒校尉掌北军垒门内外及掌四城",是其证。四、西,城、域,字相似,又

---

① 《文献通考》卷一五〇《兵考二·兵制》,第1310—1311页。何兹全认为:"武帝以后,北军亦有变化。第一,更名中尉为执金吾,领缇骑五百二十人,掌京城门内的巡徼守卫。第二,增置八校尉:一、中垒校尉(乃取原领北军之中尉属官所谓中垒者,进为校尉),掌北军垒门外,又外掌西域……第三,增置城门校尉,掌京师城门屯兵……原来的北军,发展而为八校;原属中尉的北军,止为八校之一。"(《魏晋的中军》,《读史集》,上海人民出版社1982年版,第243页)按其说不确。(1)在中尉更名执金吾的前后,其所领缇骑及职掌并未发生变化;(2)中尉属官为中垒令、丞,中垒令属官有两尉,不能以"中垒"即为中尉属官名;(3)中垒校尉的职掌是"掌北军垒门内"而非"垒门外",此或为笔误,或因袭《文献通考》之文而误;(4)城门校尉设于汉初高帝时,而非武帝时才设立;(5)八校并非由原来的北军发展而来,而应是在中尉北军基础上扩张的结果;(6)在八校设立以后,原属中尉的北军(执金吾所辖北军)与八校并存,而非"止为八校之一"。其实,何文在作出以上论断后接着便引用了《文献通考》所引山斋易氏关于八校与中尉北军关系的一段文字(同上,第243—244页),但却未能就此作出正确的判断。

② 《汉书》卷一九上《百官公卿表上》,第737、738页。

③ 《通典》卷三四《职官十六·武散官》"诸校尉"条,第941页。

涉下文西域而误耳。据《汉纪》，则"外"字当属上读。旧本《北堂书钞·设官部十三》引此，云"掌北军垒门内外"。（小注：陈禹谟本于此下加"掌西域"三字，又引师古注为证。）亦以"外"字上属。《太平御览·职官部》三八、四〇，并同师古，以"外"字属下读，亦非。①

王先谦《汉书补注》引"王念孙曰"，所载与此略同②。这表明，王先谦也持《汉书·百官公卿表》所载"西域"为"四城"之误的看法。

二王之说影响甚大，当代汉史名家亦多接受这一说法③。陈直是所见唯一对王念孙中垒校尉"掌四城"之说提出异议的当代学者，他说：

> 中垒。直按：中垒校尉掌北军垒门内，外掌西域。颜师古注：掌北军垒门之内，而又外掌西域。王引之以中垒校尉，不应掌西域，因校改为"掌四城"，此说有可商榷之处。颜师古所见本，及北宋景祐本，皆作掌西域，不作掌四城。荀悦汉纪作掌北军垒门内外，无掌西域三字，太平御览所引，与汉纪同。或北宋时各本不同。而北堂书钞所引，与今本汉书同，清代校勘时删去掌西域三字（王引之亦校勘人之一）。考中垒校尉所掌仅为北军之垒门，京师之四城，有执金吾之徼巡，有城门校尉之屯卫，似无须垒床筑屋之职守。若指为北军垒门之四城，则表文反为赘词。赵充国传云："有诏将八校尉，与骁骑都尉、金城太守，合疏捕山间虏。"据此八校尉，皆有从军西域之职责。又刘向曾官中垒校尉，上书讼论陈汤矫制发兵事，亦可为外掌西域之一证。④

---

① （清）王念孙撰：《读书杂志·汉书杂志三》"百官公卿表·掌北军垒门内外掌西域"条，江苏古籍出版社1985年版，第206—207页。

② （清）王先谦撰：《汉书补注·百官公卿表序》"中垒校尉"条，中华书局1983年版，第305页。

③ 参见孙毓棠《西汉的兵制》，《孙毓棠学术论文集》，第318页注〔142〕；劳榦《论汉代的卫尉与中尉兼论南北军制度》，《"中央研究院"历史语言研究所集刊》第29本下，第451页（注一）。又，濱口重國亦同意王念孙、王先谦的看法，认为中垒校尉"原本无疑应为'掌北军垒门内外，掌四城'"（《前漢の南北軍に就いて》，《秦漢隋唐史の研究》，第259页及265—266页注〔三八〕）。

④ 陈直：《汉书新证》，天津人民出版社1979年版，第122—123页。

按陈氏精研汉史,他对清人校改《汉书》此条所持异议,从版本学及史传证据两方面加以辨正,认为原文"掌西域"不误,而"掌四城"之说难以信从。窃以为此说可取,今寻其思路,对此说略作补充。唯陈氏以为"掌四城"之说出自王引之,恐不确,应以王引之之父王念孙为是。

  王念孙中垒校尉"掌四城"说很难成立,最主要的是《汉纪·孝惠纪》关于中垒校尉职掌的记载疑问很大,并不能引以为据。《汉纪》于惠帝六年十月下记载西汉一代官制,上自丞相、御史大夫,下至郡县长吏皆载于此。① 其因袭《汉书·百官公卿表序》的痕迹十分明显,但与之相比,却有不少疏误。如《汉纪》载:"御史大夫置两丞:一曰中丞,外督部刺史;一曰内史,掌秘书,受公卿奏事,举掌劾章。"按御史中丞"外督部刺史"是汉武帝设立刺史以后的事,不是西汉一代制度;而所谓内史,从其职掌看显然是因袭《汉表》中丞职掌而来,汉初内史为京师行政长官,在御史大夫下辖内史一丞殊难凭信。又如谓司隶校尉"掌京师城门屯兵"更是大谬②。王念孙及王先谦引《汉纪》,谓"中垒校尉掌北军垒门内外及四城",而《汉纪》原文为"及掌四城门",表义清楚。但京师城门已有城门校尉、宫城门已有卫尉所掌,新设中垒校尉掌四城门绝无必要。况且西汉宫城门及京师城门均非四。因此,此处记载乃是《汉纪》有误,而非《汉书·百官公卿表》有误。

  另外,唐人颜师古及杜佑所见《汉书》此条为"西域"而非"四城",今人恐怕很难再见到早于唐代的《汉书》版本,因此,据推断是难以否定唐本《汉书》之记载的。宋元时人所见《汉书》此条亦同。北宋李昉等所撰《太平御览》两处引此条,一为"北军垒门外内",一为"垒门内外"③,而不及下文"掌西域",但可以确定编纂者的认识是将"外"字上读,与颜注不同。不过,《太平御览》一书节引史文,疏误之处不少,故以之亦难否定《汉书》原文。《西汉会要》引《汉书·百官公卿

---

  ① (汉)荀悦撰:《汉纪》卷五《孝惠皇帝纪》,《四部丛刊·史部》,上海涵芬楼影印本(1934年)。

  ② 张烈点校本据《汉书·百官公卿表》之记载,在"司隶校尉"与"掌京师城门屯兵"之间补"城门校尉"(《两汉纪》,中华书局2002年版,第71页)。按此虽消除了错误,然恐非《汉纪》原文。

  ③ 《太平御览》卷二四〇《职官部三八》"北军中候"条,第1138页;卷二四二《职官部四〇·中垒校尉》,第1146页。

表》及颜注①，可知南宋徐天麟所见《汉书》亦作"西域"而非"四城"。《职官分纪·北军中候》引《汉书》："武帝置中垒校尉，掌北军垒门内，外掌西域。"本注："师古曰：掌北军垒门之内，而又外掌西域。"②由此可见，南宋孙逢吉所见《汉书》此条和今本《汉书》完全相同。《文献通考》引山斋易氏曰："北军徼巡京师，属中尉。别有垒垣军门在京城。案《胡建传》云：'监军御史穿北军垒垣为贾区，军正丞胡建斩之。'而中垒校尉实掌北军垒门内，则是北军自有垒垣军门。"③ 表明宋末元初人马端临同意南宋人易祓的观点。不过山斋易氏之说亦有矛盾之处，如他又谓"中垒校尉亦别掌北军垒门内外，不属金吾也"④。这是其将"外"字上读，文义虽不同，但恰恰证明他所见到的《汉书》原文是"中垒校尉掌北军垒门内外掌西域"。清人洪饴孙认为："西汉有中垒校尉，营垒门内，又外掌西域。"⑤ 亦以颜师古说为据。关键的问题是，若以中垒校尉"掌四城"，矛盾仍然难以解决，因为当时禁卫之职较多，各有专属，中垒校尉不可能具有"掌四城"那么大的权力，更为重要的是，西汉京师也没有"四城"之设。

在涉及中垒校尉职掌时，《汉书·胡建传》的有关记载常为古代著述所引用，故对相关记载之准确理解，乃是正确判断中垒校尉职掌的一个重要因素。其文略云：

> 孝武天汉（前100—前97）中，守军正丞……时监军御史为奸，穿北军垒垣以为贾区，建欲诛之……斩御史。……上奏曰：……今监御史公穿军垣以求贾利，私买卖以与士市……

---

① 《西汉会要》卷三二《职官部二》"八校尉"条，第322页。又，同书卷五六《兵一》"南北军"条及卷五七《兵二》"壁垒"条，均引"中垒校尉掌北军垒门内"为证，第554、571页。

② （宋）孙逢吉撰：《职官分纪》卷三五《北军中候》，《景印文渊阁四库全书》"子部二二九·类书类"，第九二三册，第655页。

③ 《文献通考》卷一五〇《兵考二·兵制》，第1310页。按《历代职官表》卷四六《步军统领》"汉"条，引《汉书·百官公卿表》"中尉（垒）校尉掌北军垒门内"，又引《文献通考》此条（第881页），亦表明四库馆臣的认识同于颜师古注。

④ 《文献通考》卷一五〇《兵考二·兵制》，第1311页。

⑤ （清）洪饴孙撰：《三国职官表》卷中"魏中垒将军"条案语，刘祜仁点校《后汉书三国志补表三十种》，中华书局1984年版，第1471页。

颜师古注："坐卖曰贾，为卖物之区也。区者，小室之名，若今小庵屋之类耳。故卫士之屋谓之区庐，宿卫官外士称为区士也。"① 这条史料表明，西汉北军有垒垣与外界相隔，其出入口即垒门，垒垣外即垒门之外可以经商，显然不属北军管辖。监军御史打通垒垣而专辟贾区让商人进入垒垣即垒门内经商，触犯了北军辖区，故为守军正丞胡建所斩。这一事例充分证明，垒门外不归北军管辖，则《汉表》所记史事之正确理解，自以颜说为是。《汉书·刘向传》："章交公车，人满北军。"注引如淳曰："《汉仪注》：中垒校尉主北军垒门内，尉一人主上书者狱。上章于公车，有不如法者，以付北军尉，北军尉以法治之。"② 是如淳及《汉仪注》均以中垒校尉主北军垒门内。西汉初北军有中垒令，下有两尉，中垒校尉当由其发展而来。孙毓棠认为："武帝把中垒令改为中垒校尉"，"中垒校尉是固有的中垒令的变象"。③ 中垒校尉有可能是中垒两尉之升格，而非中垒令所改名。

中垒校尉之"中垒"，顾名思义，当为垒中或垒门之中（内），不大可能是垒门之内外，颜师古注之"掌北军垒门之内"得其本义，而王念孙解释为"掌北军垒门内外"则与本义不符。窃以为中垒校尉在"掌北军垒门内"这一主要职责之外，还有一个职责，就是对口管辖有关西域包括治安在内的事务。从《百官公卿表》的记事顺序来看，这一理解不无道理。《百官公卿表》在城门校尉及八校尉之后接着记："自司隶（校尉）至虎贲校尉，秩皆二千石。西域都护，加官，宣帝地节二年（前68）初置，以骑都尉、谏大夫使护西域三十六国。有副校尉，秩比二千石。丞一人，司马、候、千人各二人。戊己校尉，元帝初元元年（前48）置，有丞、司马各一人，候五人，秩比六百石。"④ 然后又记奉车都尉等侍从之职。据此，则自汉武帝时开始，西域的问题并非地方事务，而是始终为中央政府所主管。汉宣帝时置西域都护，为加官，由光禄勋所辖之骑都尉、谏大夫加西域都护"使护西域三十六国"，表明西域事务由朝廷禁卫长官光禄勋属官执掌。汉初派遣使者校尉处理西域事务，使者校尉即西域都护之前身，或者说西域都护的全称是"都护西域使者校尉"，"副校尉"

---

① 《汉书》卷六七《胡建传》，第2910、2911页。
② 《汉书》卷三六《刘向传》，第1941、1942页。
③ 《西汉的兵制》，《孙毓棠学术论文集》，第289、290页。
④ 《汉书》卷一九上《百官公卿表上》，第738页。

之得名当与此有关。① 从西域都护"以骑都尉、谏大夫使护西域三十六国"推测，西域都护实际上应是郎卫长官光禄勋派出的驻扎西域的代表。而与此相似，西域副校尉实际上则应是北军禁卫长官中垒校尉派出的处理西域事务的代表，中垒校尉通过副校尉及其丞、司马、候、千人等职来实现其"外掌西域"之职能。也正因如此，班固《汉书·百官公卿表上》才把西域都护、副校尉等职放于城门校尉、八校尉与奉车都尉、驸马都尉等职之间加以记述。否则，这种记述次序无论如何是难以理解的。

作为禁卫武官之郎官，在两汉时负责太仆所辖苑牧之监管，似可作为汉代中垒校尉具有"外掌西域"职能之旁证。《续汉书·百官志二》"太仆"条载，"汉阳有流马苑，但以羽林郎监领"②。《通典·职官七·太仆卿》"诸牧监"条："汉太仆有牧师诸苑三十六所，在北边、西边，以郎为苑监官。"③ 汉代以中郎将典边兵也有助于对中垒校尉"外掌西域"职掌的理解。《历代职官表·领侍卫内大臣》"汉"条案语："又考后汉郎将多典兵，《汉纪·灵帝纪》：中郎将卢植、左中郎将皇甫嵩、右中郎将朱儁各持节征黄巾；《献帝纪》：东中郎将董越屯渑池，中郎将牛辅屯安邑；其余中郎、校尉布在诸县，不可胜记。而当时又有使匈奴中郎将、鲜卑中郎将，则中郎将又多用以典边兵。盖禁卫近臣，奋武于外，可备腹心之寄也。"④ 按四库馆臣所举例证为东汉时特别是汉魏之际特殊朝政下的情况，与西汉中后期制度不尽相同，但从中郎将分化出以典边兵即负责边地对匈奴、鲜卑事务的"使"中郎将，却能间接证明西汉中垒校尉兼掌西域事务是完全有可能的。事实上，两汉时属于光禄勋的郎（中郎）

---

① 参见劳榦《汉代的西域都护与戊己校尉》，《"中央研究院"历史语言研究所集刊》第28本上（1956年）；张维华《西域都护通考》，《汉史论集》，齐鲁书社1980年版，第251—253页；余太山《两汉西域都护考》，《两汉魏晋南北朝与西域关系史研究》，中国社会科学出版社1995年版，第241页。

② 《后汉书》，第3582页。

③ 《通典》卷二五《职官七·太仆卿》，第708页。

④ 《历代职官表》卷四三《领侍卫内大臣》，第817—818页。按《北堂书钞》卷六三《设官部十五·中郎将》："□对兵事，画地成图"下引《汉书》所载张安世使西域事；"□陈西域，手画地形"下引谢《汉书》（按即谢承《后汉书》）载臧旻"迁匈奴中郎将，讨贼有功"，云云。皆证作为禁卫武官的中郎将可出使或征讨西域，亦侧证中垒校尉"外掌西域"是有可能的。

将以皇帝使者的身份承担临时差遣，特别是处理边地事务，使匈奴、鲜卑中郎将等职的出现即与此有关。从西汉到东汉，郎将领兵出征之例逐渐增多，东汉末年大量征讨中郎将之出现即是其制演变的结果。[①]此外，汉代亦常见郎官出使之例，且多与西域事务有关。[②] 凡此，均表明禁卫武官具有处理边地事务的职能。此外，汉末以来出现的领护西域、乌桓、鲜卑等校尉制度，或与汉武帝以后中垒校尉之掌西域职掌有某种渊源关系。

综上所述可知，《汉书·百官公卿表序》有关西汉中垒校尉职掌的记载是可靠的，唐代著名学者颜师古、杜佑等人的解释及记载是准确的；而《汉纪》有关记载当有讹误，清代著名学者王念孙、王先谦以"掌四城"纠正《汉表》"掌西域"之记载纯属臆断，并无充分证据可以支持其说，故很难令人信服。因此，西汉中垒校尉的职掌应该是"掌北军垒门内，而又外掌西域"，而非"掌北军垒门内外及掌四城"。

三 东汉北军中候与五校尉

汉武帝时创立的中垒等八校尉到东汉时发生了很大变化，裁并为屯骑等五校尉，且由北军中候监掌。《续汉书·百官志四》："北军中候一人，六百石。本注曰：掌监五营。"屯骑校尉、越骑校尉、步兵校尉、长水校尉、射声校尉各一人，"比二千石。本注曰：掌宿卫兵。司马一人，千石"。[③] 据注引《汉官》可知：北军中候及五校尉之员吏分别为七、二八、二七、七三、一五七、一二九人；五校领士除长水校尉为七三六人外，其他皆为七百人。总计员吏四二一人，领士三五三六人。《续汉志》接着记载："右属北军中候。本注曰：旧有中垒校尉领北军营垒之事；有胡骑、虎贲校尉，皆武帝置。中兴，省中垒，但置中候以监五营，胡骑并长水，虎贲主轻车，并射声。"[④] 按北军中候六百石，五校尉皆比二千石，北军

---

① 参见廖伯源《从汉代郎将职掌之发展论官制演变的一些特征》，《"中央研究院"历史语言研究所集刊》第65本第4分（1994年），第833—866页。

② 参见阎步克《品位与职位——秦汉魏晋南北朝官阶制度研究》，中华书局2002年版，第209—211页。

③ 《后汉书》，第3612页。又，《宋书》卷四〇《百官志下》：东汉"北军中候，监五校营"。（第1247页）

④ 《后汉书》，第3613页。

中候之于五校，显然只是监督关系，而并非统属关系。①

东汉与西汉相比，不仅由八校并省为五校，而且专设北军中候以监五营；五校之职能更为明确，即"掌宿卫兵"。西汉八校尉分布京师各地，守卫京师，而东汉五校尉则以宿卫宫城外周为其主要职责。《续汉书·礼仪志中》："持炬火送疫，出端门。门外驺骑传炬，出宫司马阙门，门外五营骑士传火弃洛水中。"注引《东京赋·注》："卫士千人，在端门外；五营千骑，在卫士外。为三部，更送至洛水。"② 《礼仪志下·大丧》："闭城门、宫门。近臣中黄门持兵，虎贲、羽林、郎中署皆严宿卫，宫府各警，北军五校绕宫屯兵。"③ 由此可见，五营校尉及其所主屯兵执掌宫城外之禁卫，与卫尉及其所统卫士以及光禄勋所统虎贲、羽林、郎中等相表里，从而对宫城实施着严密的保卫。东汉五校尉所主兵为禁兵，大驾卤簿中亦有五校尉。《后汉书·史弼传》：迁北军中候，上书谓"臣职典禁兵，备御非常"云云④。《宋书·百官志下》："汉东京五校，典宿卫士。"⑤《玉海·兵制二·北军五营》："《西京赋》：'五军六师，千列百里。'李善注：'《汉官仪》有五营，五军即五营也。'《东京赋》：'总轻武于后。'陈综曰：'谓北军五校兵在后陈列。'《汉官仪》：'大驾卤簿，五营校尉在前，名曰填卫。'"⑥

在汉和帝与外戚窦氏的斗争中，五校尉典掌禁兵的职能有充分体现。《后汉书·窦宪传》：

> 宪既负重劳，陵肆滋甚。（和帝永元）四年（92），封邓叠为穰侯。叠与其弟步兵校尉磊及母元，又宪女壻射声校尉郭举，举父长乐

---

① （清）王先谦撰《后汉书集解·续汉志集解二七》"北军中候一人六百石本注曰掌监五营"条校补："钱大昕曰：汉官制以委任为重，不依秩禄之多寡。五营校尉皆比二千石，而中候以六百石监之……"（中华书局1984年版，第1332页）孙毓棠云："按汉代的各种'监官'权虽不小，但都是地位低而俸禄少，因为他只管监察、弹劾，没有支配的实权。"（《东汉兵制的演变》，《孙毓棠学术论文集》，第337页）意即北军中候对五校无支配权，而只有监督权，其说可从。然从隶属关系上看，五校应直属于皇帝或中央最高武官太尉。
② 《后汉书》，第3128—3129页。
③ 《后汉书》，第3141页。
④ 《后汉书》卷六四《史弼传》，第2109页。
⑤ 《宋书》卷四〇《百官志下》，第1248页。
⑥ （宋）王应麟撰：《玉海》卷一三七《兵制二》"北军五营"条，《景印文渊阁四库全书》"子部二五二·类书类"，第九四六册，第611页。

少府璜，皆相交结。元、举并出入禁中，举得幸太后，遂共图为杀害。帝阴知其谋，乃与近幸中常侍郑众定议诛之。以宪在外，虑其惧祸为乱，忍而未发。会宪及邓叠班师还京师，诏使大鸿胪持节郊迎，赐军吏各有差。宪等既至，帝乃幸北宫，诏执金吾、五校尉勒兵屯卫南、北宫，闭城门，收捕叠、磊、璜、举，皆下狱诛，家属徙合浦。遣谒者仆射收宪大将军印绶，更封为冠军侯。宪及笃、景、瓌皆遣就国。帝以太后故，不欲名诛宪，为选严能相督察之。宪、笃、景到国，皆迫令自杀，宗族、宾客以宪为官者皆免归本郡。①

以上记载显示，窦宪专权时，其心腹邓叠之弟磊为步兵校尉，宪女婿郭举为射声校尉，五校尉职任之重可见一斑。而在汉和帝密谋政变消灭窦氏势力时，又"诏执金吾、五校尉勒兵屯卫南、北宫，闭城门，收捕叠、磊、璜、举"，更表明五校尉之职的重要性。被执金吾、五校尉兵所"收捕"四人中，邓磊、郭举即为五校尉担任者，则其被捕时所属校尉兵未在其控制之下，也可能是其他三校尉兵和执金吾所领兵共同执行政变使命，因双方兵力悬殊，故而也就只能束手就擒。据《续汉书·天文志中》：和帝永元"三年九月丁卯（廿五，10.26）……窦宪为大将军，宪弟笃、景等皆卿、校尉，宪女弟婿郭举为侍中、射声校尉，与卫尉邓叠母元俱出入宫中，谋为不轨。至四年六月丙寅（廿九，8.20）发觉，和帝幸北宫，诏执金吾、五校勒兵屯南、北宫，闭城门，捕举。举父长乐少府璜及叠，叠弟步兵校尉磊，母元，皆下狱诛。宪弟笃、景等皆自杀。金犯轩辕，女主失势。窦氏被诛，太后失势"②。按此处载郭举为"宪女弟婿"，与上引《窦宪传》所载有异。除了邓磊、郭举为五校尉，其弟笃、景所任"校尉"亦不排除为五校尉的可能，而邓叠担任卫尉控制宫城外围之禁卫，也是窦宪专权的重要一环。毫无疑问，窦宪专权时十分重视对禁卫军权的控制，而汉和帝之所以能够夺权成功，也在于抓住有利时机并充分利用了禁卫军的力量。③

---

① 《后汉书》卷二三《窦宪传》，第819—820页。
② 《后汉书》，第3234页。
③ 关于汉和帝诛灭窦氏的时间，《续汉书·百官志三》"侍中"条注引蔡质《汉仪》曰："章帝元和中，侍中郭举与后宫通，拔佩刀惊上，举伏诛，侍中由是复出外。"（第3593页）《宋书》卷三九《百官志上》所载亦同，唯"上"作"御"（第1239页）。

东汉五校尉约当魏晋以后掌外军之护军将军，二者在大驾卤簿中的位置相当即可证明（见本书第八章）。因此，虽然东汉五校比西汉七校更为重要，但仍属北军之列，所掌仍在宫外，而位于京城之最内一重。① 两汉之间诸校尉职能的这种变化，是与当时禁卫武官制度的整体变化分不开的。西汉殿内宿卫主要由郎中令→光禄勋及其所主郎官来完成。东汉五校尉由原西汉八校尉之领北军保卫京师各处而变为宿卫宫城外围，与东汉执金吾职能之衰微可能有关。

小　结

综上所述，对于两汉禁卫武官制度及其变迁，可以得出如下认识：

（1）西汉郎中令→光禄勋"掌宫殿掖门户"，其属官中与禁卫事务关系最密切的便是郎官。郎官"掌守门户，出充车骑"，而在四类郎官中实际只有中郎与郎中具有此种职能。中郎属五官、左、右三署，有三署中郎将统之；郎中属车、户、骑三将。汉武帝以后出现了期门郎，后改为虎贲郎，又从卫尉所辖羽林令中分化发展出虎贲、羽林郎和羽林孤儿，两者最初由中郎将和骑都尉监掌，后专设虎贲中郎将、羽林中郎将统领。虎贲、羽林出现后，光禄勋的职能进一步扩大，地位有所上升。同时，虎贲、羽林中郎在诸郎官中的地位也在不断发展之中，逐渐超越了三署中郎和左、右郎中之地位。这是因为三署中郎及郎中一般是经父兄任而选拔的官贵子弟，其体能及才干不断下降，而虎贲、羽林郎则是由普通士兵如战争死亡将士之子孙及六郡尚武之地的良家子构成，多尚武好战，适合禁卫之职，可以源源不断地补充新鲜成分。东汉时期，虽然在制度上仍然存在三署郎，而车·户·骑三将所辖之郎中转归三署，但实际上三署之禁卫职能比西汉大为萎缩。与此同时，虎贲中郎将和羽林中郎将的宿卫职能进一步扩大，羽林郎虽不及虎贲郎，但羽林又有左、右监主羽林骑。总之，郎中令→光禄勋及其所掌郎官是汉代禁卫武官系统中最亲近的一环，是皇帝的贴身侍卫，是禁卫武官制度的第一个层次。

---

① 《廿二史考异》卷二〇《晋书三》"职官志"条："按《宋志》（即《宋书·百官志》），汉有南北军，卫京师。武帝置中垒校尉，掌北军营。先（光）武省中垒校尉，置北军中候，监五校营。"（第408页）按钱大昕将西汉之中垒校尉、东汉之北军中候作为北军长官，虽有一定道理，但并不完全准确。

（2）西汉卫尉"掌宫门卫屯兵"，主要负责宫城门户的守卫，保卫宫城，这一职能主要由其属官公车司马令·丞、卫士令·丞、旅贲令·丞及诸屯卫候、司马来行使。卫尉寺在宫内，在宫阙之内设有区庐以供卫士驻扎，宫阙之门内卫士主要负责宫门把守。东汉卫尉之职与西汉相似，只是省旅贲令，而卫士令又分为南、北宫卫士令。宫掖门司马比西汉要少，这可能与两京宫掖门之多少有关。西汉有诸屯卫候，东汉则变为左、右都候，其职能应该相差不多。西汉卫尉不仅要守卫宫城门户，而且其下属公车司马令还要"夜徼宫中"，负责夜晚宫城之治安巡逻。《续汉书·百官志二》载东汉公车司马令之尉"主阙门兵禁，戒非常"，据注引胡广曰："诸门部各陈屯夹道，其旁当兵以示威武，交戟以遮妄出入者。"① 虽未明言夜徼宫中，但看来其职能应与西汉相似。卫尉负责宫城守卫、维持宫城治安，是汉代禁卫武官制度的第二个层次。由于宫城在汉代京师之城南，故卫尉所辖也称南军。据《续汉志》，东汉卫尉所辖员吏共二九九人，卫士共二五〇六人，合计近三千人。西汉卫尉所辖兵员数未见具体记载，据滨口重國研究，应在一至二万之间。光禄勋"掌宫殿掖门户"，卫尉"掌宫门卫屯兵"，一个主宫殿内，一个主宫殿外。卫宏《汉旧仪》谓，"殿外门署属卫尉，殿内郎署属光禄勋"②，正表明二者职能之分工及其在禁卫事务中相辅相成的关系。

（3）西汉中尉→执金吾"掌徼循京师"，主要负责京城之治安事务，"徼循禁备盗贼"为其主要职能。其所统有缇骑（士）二百人、持戟（士）五二〇人，共七百余人，有关属官、员吏相加也当不超过八百人，比之卫尉所统卫士却要少得多。京师之面积比宫城要大，表明京师之禁卫与宫城之禁卫不可同日而语，当然更不能与宫殿保卫与皇帝贴身侍卫相比。换言之，汉代禁卫武官制度的核心和关键环节乃是宫殿之保卫和皇帝之贴身侍卫。与西汉相比，东汉时期执金吾所辖机构减少，职能萎缩，主要为"掌宫外戒司非常水火之事"，"月三绕行宫外"是其维持治安的主要方式。此外，统武库令主兵器也是其重要职能。实际上执金吾地位的下降、职能的衰退是从汉武帝时期开始的，司隶校尉及八校尉的设置大大削弱了执金吾在维持京师治安及保卫京师安全方面的职能。两汉城门校尉变

---

① 《后汉书》，第3579页。
② （清）孙星衍等辑：《汉官六种》，中华书局1990年版，第61页。

化不大，领城门屯兵把守京师长安和洛阳的十二城门为其基本职责。从汉武帝时开始，在京师地区设置了八校尉。西汉时，中垒校尉主北军垒门内，权力似乎最重。西汉八校尉所领员吏及兵员不清，但以东汉之制相推，恐在五六千人左右。东汉八校尉裁并为五校尉，其所统员吏四二一人、兵士三五三六人，校尉数及人员数虽有所减少，但其职能则比西汉更重，主要负责宫城外围之禁卫。

总之，两汉时期禁卫武官制度包括三个层次：皇帝侍卫与禁中更直及宫殿掖门户之守卫，由郎中令→光禄勋负责；宫城保卫与宫城内治安巡逻——卫尉承担；京师治安与保卫，由中尉→执金吾与八校尉·五校尉任之，另有城门校尉守卫京师城门。这三个环节密切配合，不可分割，构成了两汉禁卫武官制度之有机整体。三者不可或缺，但其重要性则依次递减。两汉时代京师保卫人员（官、吏、士）总计大致不过两万人，但却有力地保卫了京师的安全，有效地维护着京师社会治安，为大一统中央集权帝国君主专制统治创造了良好的条件，在君主专制政体中至关重要。

第 三 章

汉魏之际禁卫武官制度的巨变

与社会巨变相适应，汉魏之际政治制度包括禁卫武官制度发生了深刻而又巨大的变化，其突出表现便是将军系禁卫武官的出现并且取得主导地位。这一变化成为此后三百余年间禁卫武官制度演变的基础。汉魏之际的民众暴动与军阀混战，促使东汉王朝土崩瓦解，包括武官制度在内的政治制度亦遭到彻底破坏。在割据兼并战争中，各实力派军阀如袁绍、曹操、刘备及孙策—孙权都相继建立了各自的幕府和幕僚机构，以进行军事政治决策。汉代的州刺史改为州牧，州府权力膨胀；汉代临时派出的"将军"也逐渐固定下来，成为各路军阀的头衔，将军制度确立起来。将军幕府相继建立，并成为指挥军事政治行动的决策机构。在这一过程中，各种名目的"将军"如雨后春笋般出现，有些是汉朝早已有之的将军名号，有些则是新出现的因事而设的将军名号。各大幕府中，府主为将军自无疑问，其幕僚及下属官吏也逐渐兼任将军。这一变化是汉魏之际政治制度特别是武官制度变化的重要特点。汉魏之际政治制度的变化对后世影响最大的即是曹操的霸府以及由之发展而来的曹魏王朝的政治制度。[1]

---

[1] 清代嘉庆末年，洪饴孙撰成《三国职官表》三卷（刘祜仁点校：《后汉书三国志补表三十种》，中华书局1984年版，第1265—1638页），分门别类，钩稽索隐，举凡史书碑志所见三国职官均仔细搜罗，体例谨严，完备详赅，三国一代官制大貌尽备。洪饴孙自序其著述之旨，谓："稍别体裁，搜采诸书"，"参校互稽"，"文献足徵"。"庶几集三国之异同，汇一时之体制。""志其居官之人，将以验此官之有无；记其迁转之阶，即以较诸职之高下。"（第1264页）洪氏虽然不可能用现代史学方法来分析研究三国官制，但他的工作却为后学认识和进一步研究三国官制提供了极大的便利。就一代官制而言，近古学者用力之勤者无逾于此。20世纪40年代末，何兹全发表《魏晋的中军》一文，是中国学者研究魏晋兵制史的开拓之作，其中有些内容涉及魏晋时期的"宿卫武官"制度。他认为："曹魏王国是由曹操集团发展起来的，故曹魏军制除承受两汉传统军制的影响外，尚承受曹操集团在建安时代的发展的结果。"（《读史集》，上海人民出版社1982年版，第244页）诚属灼见。该文考察了自曹操时代至西晋时代的中军制度，提出了许多有益的见解。本章将在前人研究的基础上，主要从官制角度探讨曹魏禁卫武官制度的形成背景和渊源问题。

第一节　黄巾起义后东汉禁卫武官制度的变化

汉灵帝中平元年（184）正月，黄巾起义爆发。东汉王朝地方兵力较弱，州郡兵本是为维持地方社会治安而设，王朝兵力的重心在京师及边地，战时临时派遣将军出征①。社会安定时，这种制度无疑有助于巩固统治，加强中央集权；在发生小规模暴动时，仅有地方州郡兵即可平叛，达到维持社会安定之目的。但当发生波及全国广大地区的大规模暴动时，这种制度便难以迅速奏效。汉廷为了迅速平叛，制定了临时紧急措施。《后汉书·灵帝纪》：

> 中平元年春二月，钜鹿人张角自称"黄天"，其部帅有三十六方，皆著黄巾，同日反叛。安平、甘陵人各执其王以应之。三月戊申，以河南尹何进为大将军，将兵屯都亭。置八关都尉官。壬子，大赦天下党人，还诸徙者，唯张角不赦。……遣北中郎将卢植讨张角，左中郎将皇甫嵩、右中郎将朱儁讨颍川黄巾。②

同书《皇甫嵩传》：

> ……京师震动。诏敕州郡修理攻守，简练器械，自函谷、大谷、广城、伊阙、轘辕、旋门、孟津、小平津诸关，并置都尉。……于是发天下精兵，博选将帅，以嵩为左中郎将、持节，与右中郎将朱儁，共发五校、三河骑士及募精勇，合四万余人。嵩、儁各统一军，共讨颍川黄巾。③

---

① 参见［日］濱口重國《光武帝の軍備縮小と其の影響》，《秦漢隋唐史の研究》，東京大學出版會1971年版，第291—295页。
② （南朝宋）范晔撰，（唐）李贤等注：《后汉书》卷八《灵帝纪》，中华书局1965年版，第348页。
③ 《后汉书》卷七一《皇甫嵩传》，第2300页。

按何进所将兵为"左右羽林、五营营士"①，可见以何进"将兵屯都亭"是以禁卫军镇守京师之重要举措。在这些措施中，自以军事处置为要，设置八关都尉的主要目的便是为了加强京师保卫。黄巾大军主要有两支，即河北黄巾和颍川黄巾，距京师洛阳都较近。

更为重要的是，京城有大量黄巾同道，这引起了汉廷的高度重视。在朝廷中有黄巾党人，如中常侍封谞、徐奉等为张角内应；事发后，"诏三公、司隶按验宫省直卫及百姓有事角道者，诛杀千余人"②。"宫省直卫"除了宦官外，恐怕还应包括禁卫武官及禁卫军的一些成员在内，当时政局危机之严重于此可见一斑。因此，保卫京师迫在眉睫。洛阳四战之地，水陆交通便捷，如不妥善处置，很容易被攻克，镇卫京师显得至关重要。八关都尉均设于洛阳外围地区，其保卫京师的政治意图十分明显。函谷关在洛阳正西，太谷（大谷）关在洛阳正南，伊阙关在洛阳西南，轘辕关在洛阳东嵩高山之西，旋门关在洛阳东北大坯山一带，孟津关在洛阳东北黄河南岸，小平津关在洛阳北黄河南岸。③ 其意图是：扼守函谷关，以防关西氐羌威胁；扼守大谷、伊阙、轘辕及旋门诸关，以防颍川黄巾北上西入；扼守孟津、小平津及旋门诸关，以防河北黄巾南下。洛阳地区的治安则由原河南尹、大将军外戚何进负责。在保证京师安全的基础上，调出京师禁卫军为主力的部队讨伐黄巾。颍川黄巾由新任命的左中郎将皇甫嵩与右中郎将朱儁共同率军征讨，而河北黄巾则任命北中郎将卢植率军出讨。

《后汉书·卢植传》："中平元年，黄巾贼起，四府举植④，拜北中郎将持节，以护乌桓中郎将宗员副，将北军五校士，发天下诸郡兵征之。"⑤《资治通鉴》汉灵帝中平元年三月条，胡三省注："北中郎将则创置于此

---

① （宋）司马光编著，（元）胡三省音注，"标点资治通鉴小组"校点：《资治通鉴》卷五八《汉纪五〇》灵帝中平元年条，中华书局1956年版，第1866页。

② 《资治通鉴》卷五八《汉纪五〇》灵帝光和六年（183）末、中平元年正月二条，第1865页。又，《后汉书》卷七八《宦者·张让传》："而让等实多与张角交通。后中常侍封谞、徐奉事独发觉坐诛，帝因怒诘让等曰：'……汝曹反与张角通，为可斩未？'"（第2535页）

③ 参见《资治通鉴》卷五八《汉纪五〇》灵帝中平元年三月条胡三省注，第1866页；谭其骧主编：《中国历史地图集》，地图出版社1982年版，第二册，图42—43 东汉《司隶校尉部》。

④ 《后汉书》卷二七《赵典传》"建和初，四府表荐"下李贤注："四府，太尉、司徒、司空、大将军府也。"（第947页）

⑤ 《后汉书》卷六四《卢植传》，第2118页。

第三章 汉魏之际禁卫武官制度的巨变 / 61

时,盖以讨河北黄巾也。"① 同年六月"遣东中郎将陇西董卓代之(卢植)"条,胡注:"卢植先为北中郎将,卓为东中郎将,四中郎将始于此。"② 其实,当时卢植为北中郎将、董卓为东中郎将讨河北黄巾,仍然如左中郎将皇甫嵩、右中郎将朱儁出讨颍川黄巾一样,是朝廷禁卫武官出征的事例,这从卢植、董卓所率主力军为五校之士即可看出。只是因为已有左、右中郎将,故以出征方位而任其为北、东中郎将,且二人并非同时任职,而是前、后接替。卢植为北中郎将时仅他一人为方郎将,董卓为东中郎将时亦无别人同任,并无同时存在四中郎将的情况。董卓卸任后,亦未再见到四方中郎将之号。此后,出现过以乞降的黑山黄巾张燕(飞燕)为"平难中郎将,使领河北诸山谷事"③,显然只是为了表示安抚。可见当时出现北、东中郎将是为了应付征讨黄巾战事而临时设置的,并非固定制度,似可看作是四中郎将制度之滥觞,而认为"四中郎将始于此"则言过其实。

一直到建安二十三、四年(218、219),才在曹操霸府中始置北中郎将及南中郎将。《续汉书·百官志二》"羽林中郎将"条,刘昭注:"案:汉末又有四中郎将,皆帅师征伐,不知何时置。董卓为东中郎将,卢植为北中郎将,献帝以曹操(植)为南中郎将。"④《宋书·百官志上》:"东中郎将,汉灵帝以董卓居之;南中郎将,汉献帝建安中,以临淄侯曹植居之;西中郎将;北中郎将,汉建安中,以鄢陵侯曹彰居之。凡四中郎将,何承天云,并后汉置。"⑤ 北中郎将,中平元年卢植任之已见前,《宋志》不确;西中郎将无考。东汉末任四中郎将可考者亦仅此三人,表明四中郎将之制的确立经过了一段较长的时间。《晋书·职官志》:"四中郎将,并后汉置,历魏及晋,并有其职,江左弥重。"⑥ 其说并不准确。四中郎将大体出现于汉魏之际,经过较长时间的发展,到西晋时方固定为正式制度。

中郎将制度的变化从汉灵帝中平元年征讨黄巾时就已开始,但其变化

---

① 《资治通鉴》卷五八《汉纪五〇》,第1866页。
② 同上书,第1872页。
③ 《后汉书》卷七一《朱儁传》,第2311页。
④ 《后汉书》,第3576页。
⑤ (南朝梁)沈约撰:《宋书》卷三九《百官志上》,中华书局1974年版,第1226页。
⑥ (唐)房玄龄等撰:《晋书》卷二四《职官志》,中华书局1974年版,第747页。

比较缓慢，直到汉献帝建安年间曹操控制汉帝以后，中郎将制度变化的步伐才明显加快，出现了诸如典农中郎将、度支中郎将（建安元年，196）、司金中郎将、司律中郎将等名称①。这些似乎仍是以中央禁卫武官的身份出现的，表明曹操对屯田、财政、税收及乐律（应与礼义教化有关）等方面的重视。

另一方面，由于平叛战争之需及政治斗争的影响，东汉传统的禁卫武官制度发生了深刻变化，其主要表现在东汉禁卫武官制度的重要方面——五校尉制度上。《后汉书·灵帝纪》：中平五年（188）"八月，初置西园八校尉"②。《资治通鉴》载汉灵帝中平五年"八月，初置西园八校尉。以小黄门蹇硕为上军校尉，虎贲中郎将袁绍为中军校尉，屯骑校尉鲍鸿为下军校尉，议郎曹操为典军校尉，赵融为助军左校尉，冯芳为助军右校尉，谏议大夫夏牟为左校尉，淳于琼为右校尉；皆统于蹇硕"③。西园八校尉是汉灵帝在复杂政治局势下为了控制朝廷军权，加强镇压反叛而进行的一次重大改组。宦官蹇硕掌握了当时的军事大权，这一点可以看作是东汉后期宦官专权的继续。西园八校尉成立之后，很快便投入了平叛战争。同年十一月，"遣下军校尉鲍鸿讨葛陂黄巾"；"巴郡板楯蛮叛，遣上军别部司马赵瑾讨平之"。④

虎贲中郎将出身的袁绍、屯骑校尉出身的鲍鸿以及曹操等人都曾职司禁卫，他们与朝廷禁卫军关系密切，本来就拥有很大军权，对受制于宦官蹇硕心存不满，于是谋划发动政变。《后汉书·何进传》："帝以蹇硕壮健而有武略，特亲任之，以为元帅，督司隶校尉以下，虽大将军亦领属焉。"⑤ 何进为外戚，是皇后之兄，时为大将军，本来控制着政权，灵帝此举则将何进置于蹇硕之下，从而加剧了宦官与外戚之间的矛盾。蹇硕先行一步，欲排挤何进出朝，以图全面控制朝政。何进则利用其外戚身份与蹇硕斗，久不出朝。与蹇硕谋者为宦官中常侍，与何进谋者则以位次于蹇硕的中军校尉袁绍为主。史载袁绍"少为郎"，"后辟大将军何进掾，为

---

① 参见《三国职官表》卷上，《后汉书三国志补表三十种》，第1341页。
② 《后汉书》卷八《灵帝纪》，第356页。
③ 《资治通鉴》卷五九《汉纪五一》，第1890—1891页。参见《后汉书》卷七四上《袁绍传上》注引乐资《山阳公载记》，第2374页。本传谓绍为"佐军校尉"。
④ 《后汉书》卷八《灵帝纪》，第357页。
⑤ 《后汉书》卷六九《何进传》，第2247页。

侍御史，虎贲中郎将"①，其为何进亲信无疑。同年三月，"下军校尉鲍鸿下狱死"②，此当是蹇硕欲完全控制禁卫军而采取的措施。

正巧汉灵帝于四月病故，宦官失去了靠山。何进、袁绍等乘机经过精心策划将蹇硕除掉，中平六年（189）四月"上军校尉蹇硕下狱死"③。于是何进、袁绍控制了汉朝军政大权。《后汉书·袁绍传上》："灵帝崩，绍劝何进征董卓等众军，胁太后诛诸宦官，转绍司隶校尉。"④《何进传》："绍等又为画策，多召四方猛将及诸豪杰，使并引兵向京城，以胁太后。进然之。""遂西召前将军董卓屯关中上林苑，又使府掾太山王匡东发其郡强弩，并召东郡太守桥瑁屯城皋，使武猛都尉丁原烧孟津，火照城中，皆以诛宦官为言。""八月，进入长乐白太后，请尽诛诸常侍以下，选三署郎入守宦官庐。"⑤ 何进一派与宦官蹇硕及宦官集团经过一番激烈较量，终于诛除蹇硕，控制了朝政。然而不久，何进又为宦官所杀。就这样，成立不久的西园八校尉便从历史上消失了。

西园八校尉虽仅昙花一现，但东汉原有的校尉之制却发生了巨大的变化，众多名号的"校尉"如雨后春笋般涌现出来。清代著名学者钱大昕大概已经认识到了这一变化，他说："汉时……屯骑、越骑、步兵、长水、射声诸校尉，亦典兵之官，号为五校。西京更有胡骑、虎贲二校尉，故云七校。若命将出征，则大将军营五部，部皆有校尉，不常置也。边塞则有护羌校尉、护乌桓校尉，西域有戊己校尉。灵帝置西园八校尉，有上军、中军、下军、典军、助军左、助军右、左校、右校之名。自后校尉渐多，曹操为骁骑校尉，周珌为督军校尉，盖勋为讨虏校尉，公孙瓒亦为讨虏校尉，应劭为袁绍军谋校尉，皆见于《后汉书》。其见于《魏志》者……"⑥

何进召董卓入京以胁迫太后消灭宦官的策略引致另一重大恶果，即董卓入京带来了强大兵力，遗患无穷。董卓的专权和暴戾引起了巨大恐慌，

---

① 《后汉书》卷七四上《袁绍传上》，第 2373—2374 页。
② 《后汉书》卷八《灵帝纪》，第 357 页。
③ 同上。
④ 《后汉书》卷七四上《袁绍传上》，第 2374 页。
⑤ 《后汉书》卷六九《何进传》，第 2249—2251 页。
⑥ （清）钱大昕撰：《廿二史考异》卷一七《三国志三》"孙破虏讨逆传"条，《丛书集成初编》本，商务印书馆 1937 年版，第 347 页。

京师草草，人怀异心。袁绍乘机举兵反卓，董卓不得不撤出洛阳，挟持汉帝迁往长安，临行时，放火焚烧洛阳，近二百年的东汉国都遂毁于一旦。董卓在关中继续实施暴政，终为其部下吕布所杀。袁绍逐渐成为河北地区的军事强人，并进而壮大为北方最有实力的军阀。原西园八校尉之一的曹操也在群雄逐鹿中逐渐壮大起来，控制了河南地区，与袁绍成为北方两大军事势力。

在汉灵帝以后的军阀混战中，制度变革最大的要数州牧制的确立和州牧领兵之成为现实。东汉刺史虽已由原来的地方监察官转变为郡以上一级行政长官，但毕竟仍是非制度因素的影响所致。刘焉建议汉灵帝改刺史为州牧，并提高其地位，以加强控制地方并镇压反叛。《后汉书·刘焉传》："时灵帝政化衰缺，四方兵寇，焉以为刺史威轻，既不能禁，且用非其人，辄增暴乱，乃建议改置牧伯，镇安方夏，清选重臣，以居其任。……故焉议得用。出焉为监军使者、领益州牧，太仆黄琬为豫州牧，宗正刘虞为幽州牧，皆以本秩居职。州任之重，自此而始。"① 按刘焉时为太常，太常、太仆、宗正皆为中二千石，"以本秩居职"表明，州牧之俸秩实际上亦为中二千石，比刺史之六百石大大提高。② 俸秩的提高使州牧的实际权力与地位相符，为州牧领兵制铺平了道路。也正是在这种情况下，各路军阀纷纷以州牧的身份统兵治民，征战四方，割据兼并，互相消长。

《续汉书·百官志五》州郡条，刘昭注：

> 臣昭曰：……至孝灵在位，横流既及，刘焉徼伪，自为身谋，非有忧国之心，专怀狼据之策，抗论昏世，荐议愚主，盛称宜重牧伯，谓足镇压万里，挟奸树算，苟罔一时，岂可永为国本，长期胜术哉？……大建尊州之规，竟无一日之治。故焉牧益土，造帝服于岷、峨；袁绍取冀，下制书于燕、朔；刘表荆南，郊天祀地；魏祖据兖，遂构皇业。汉之殄灭，祸源乎此。③

刘昭所论，表面来看，确实如此。但仔细推敲，却有未谛。东汉王朝

---

① 《后汉书》卷七五《刘焉传》，第2431页。
② 关于刘焉建议及汉魏之际州制的变化，又可参见薛军力《州的地方化与曹魏时期中央地方关系》，《中国史研究》1992年第3期。
③ 《后汉书》，第3620页。

自身统治的各种矛盾（统治集团内部矛盾、阶级矛盾以及各种社会矛盾）错综复杂，统治集团未找到治理的良策，这是导致东汉社会政治动荡乃至最终灭亡的根本原因。至于在政局已经混乱时期的制度修补以及对某职已存权力的认可或削弱，往往能解一时之困，而不可能解决根本问题。如上述西园八校尉之设立，本是汉灵帝在非常形势之下为了加强君主权力和中央集权而采取的措施，结果却招致了东汉王朝统治的更快瓦解。

州牧制的确立，从刘焉来说无疑有为自己谋取政治权益的目的，但也有为加强东汉王朝在地方的政治军事权力以挽救统治危机的意图在内；从汉灵帝来说，即是认可地方长官所拥有的实际权力并求得他们在加强地方统治的同时效忠于中央政府，并进而达到维护汉王朝统治的目的。对州牧权力的认可，更有利于其有效地镇压反叛、控制地方。这一改制客观上起到了为地方长官加强自身军事政治权力开辟道路的效果，但却并未能使他们进一步效忠朝廷，而是为其割据开了方便之门。从这个角度看，刘昭的认识是精辟的。但另一方面，即便没有改州刺史为州牧的制度出现，各军事强人也照样会以其他方式割据一方，加强其军政权力，想方设法实现其称霸野心。曹操在这一政局变化时期最终能够取得胜利，主要依靠的不是州牧制，而是其有正确的策略和政治方针，众所周知的"唯才是举"、实施屯田和控制汉献帝以号令诸侯等便是。因此，制定正确的反映时代发展趋势的方针政策并力行之，比之一二制度变革更为关键重要。在社会矛盾尖锐政局动荡的时期尤其如此。而当社会安定的时期，在正确方针之下制定并遵循健全、完备的政治制度当然必不可少。

第二节　曹操霸府中的传统禁卫武官制度

公元196年，曹操挟持汉献帝至其政治中心许，许遂成为东汉残余政权的"都城"，史称建安元年。汉献帝建安二十余年间，完全控制在曹操手中，成为曹操号令四方的一块政治招牌，而无丝毫权力可言。君主既已成为傀儡，则汉朝廷自然名存实亡，汉官制虽然存在，但也不可能是效忠于汉献帝的制度，而只能是服务于曹操，为曹操政治需要效力的工具。

建安五年（200），官渡之战曹操打败袁绍并成为北方唯一霸主，之后又经过一系列经营，企图实现国家的重新统一，但曹操的计划被赤壁之败彻底粉碎。赤壁之战后，曹操全力经营北方，为其篡汉创造条件。在曹氏帝业发展的过程中，继承汉代制度而又在汉制基础上创造出了一些适应形势的新制度。西南的刘备及江东的孙策—孙权两个割据势力实际上同时也在走着与曹操相似的道路。凡此种种，都为三国建立后的继承汉制而又不同于汉制的政治制度准备着条件。在这一变革中，最突出之点便是由曹、刘、孙各自霸府的制度派生出新朝的制度。

曹操的州牧府→大将军府→丞相府幕僚制度，是曹魏政制的基础和雏形。在此主要考察与禁卫武官制度相关的一些制度。

君权之式微，京师之被毁，使得原来以侍卫君主、保卫皇宫和京城为职事的东汉禁卫武官制度不可能正常运作。黄巾起义以来，京城禁卫兵大量调出，损耗极大。各路军阀则拥有通过各种渠道而来的私人部曲，横行四方。不过，在汉末，禁卫武官左·右中郎将、羽林·虎贲中郎将、光禄勋、卫尉等率兵征战及参与当时政治纷争的活动亦屡见于史，表明这些官职仍然存在并且以曲折的形式拥有着原有的政治职能。据《后汉书·献帝纪》及《三国志·魏书·武帝纪》《资治通鉴·汉纪》等记载，所见禁卫武官有：

灵帝中平元年（184）：北中郎将卢植，左中郎将皇甫嵩，右中郎将朱儁，中郎将（东）董卓。①

四年：光禄勋丁宫（迁司空）。②

五年：射声校尉马日磾（迁太尉），光禄勋刘弘（迁司空），卫尉董重（迁骠骑将军），中郎将孟益，骑都尉公孙瓒。③

六年：虎贲中郎将袁术，执金吾丁原。④

献帝初平元年（190）：城门校尉伍琼，光禄勋赵谦（迁太尉），

---

① 《后汉书》卷八《灵帝纪》，第348、349页；卷六四《卢植传》，第2118页；卷六六《王允传》，第2173页；卷七一《皇甫嵩传》，第2300、2301页；《资治通鉴》卷五八《汉纪五〇》，第1866、1872页。

② 《后汉书》卷八《灵帝纪》，第354页；《资治通鉴》卷五八《汉纪五〇》，第1885页。

③ 《后汉书》卷八《灵帝纪》，第356页；《资治通鉴》卷五九《汉纪五一》，第1890、1891、1892页。

④ 《后汉书》卷八《灵帝纪》，第358、359页；《三国志》卷六《魏书·董卓传》，第172页；《资治通鉴》卷五九《汉纪五一》，第1901、1902页。

执金吾胡母班，越骑校尉王瓌。①

二年：卫尉张温。②

三年：城门校尉崔烈、越骑校尉王颀。③

四年：卫尉张喜（迁司空）。④

兴平元年（194）：左中郎将刘范。⑤

二年：光禄勋邓泉，卫尉士孙瑞、步兵校尉魏杰，射声校尉沮儁。⑥

建安三年（198）：中郎将段煨。⑦

四年，执金吾荣邰，中郎将王忠。⑧

五年：越骑校尉种辑。⑨

十三年：光禄勋郗虑。⑩

十六年：五官中郎将曹丕。⑪

十七年：卫尉马腾。⑫

十九年：左中郎将杨宣。⑬

---

① 《后汉书》卷九《献帝纪》，第369、370页；卷七四上《袁绍传上》，第2375、2376页；《三国志》卷六《魏书·董卓传》，第175页；《资治通鉴》卷五九《汉纪五一》，第1906、1910、1911、1916页。

② 《后汉书》卷九《献帝纪》，第372页；卷七二《董卓传》，第2330页；《资治通鉴》卷六〇《汉纪五二》，第1925页。

③ 《后汉书》卷九《献帝纪》，第373页；《三国志》卷六《魏书·董卓传》，第182页；《资治通鉴》卷六〇《汉纪五二》，第1938页。

④ 《后汉书》卷九《献帝纪》，第375页；《资治通鉴》卷六〇《汉纪五二》，第1948页。

⑤ 《后汉书》卷九《献帝纪》，第375页；《三国志》卷六《魏书·董卓传》，第182页；《资治通鉴》卷六一《汉纪五三》，第1950页。

⑥ 《后汉书》卷九《献帝纪》，第378页；《资治通鉴》卷六一《汉纪五三》，第1960、1967页。

⑦ 《后汉书》卷九《献帝纪》，第380页。"中郎将段煨"，又见同书卷七二《董卓传》，第2328页；《资治通鉴》卷六〇《汉纪五二》献帝初平二年二月，第1921页。

⑧ "执金吾荣邰"，见《晋书》卷二四《职官志》，第730页；王忠为中郎将，见《三国志》卷一《魏书·武帝纪》注引《魏略》，第18页。

⑨ 《后汉书》卷九《献帝纪》，第381页。

⑩ 《后汉书》卷九《献帝纪》，第385页。按《三国志》卷二《魏书·文帝纪》作"侍中、守光禄勋郗虑"，第57页。

⑪ 《三国志》卷一《魏书·武帝纪》，第34页；卷二《文帝纪》，第57页。

⑫ 《后汉书》卷九《献帝纪》，第386页；《资治通鉴》卷六六《汉纪五八》，第2113页。

⑬ 《三国志》卷一《魏书·武帝纪》注引《献帝起居注》，第43页。

曹操将汉献帝挟持都许后，并未重建汉廷禁卫武官制度。许在当时只是一个具有战争指挥中心性质的临时政治中心，而不具备一般京师的功能。只因汉朝傀儡皇帝献帝在此而被称为"都"，实际上它并非一国之都。战争时代，一切从简，汉献帝仅需看管起来即可，而无须为其修建宫殿及京城；无宫殿京城，则光禄勋、卫尉及执金吾等诸卿系禁卫武官便不可能按正常制度存在。在个别时候尤其建安初年汉献帝身边有五校（不一定全设）保卫，如越骑校尉种辑及皇后父屯骑校尉伏完等人[1]。曹操占据河北迁都邺城后，营建邺城，宫室制度粗备，此时应该有类似于汉代的禁卫武官制度建立，不过其侍卫的主要对象在曹操而不在汉献帝。汉献帝可能仅用长乐卫尉护卫，从建安二十四年（219）九月相国西曹掾魏讽"与长乐卫尉陈祎谋袭邺"[2]之记载来看，长乐宫当不在邺城，而在邺城附近某地。

当曹操迁都邺城，北方的统一局面基本稳定之后，便逐渐开始恢复汉朝的禁卫武官制度。如建安十六年（211）正月，以世子曹丕为五官中郎将、副丞相；二十二年六月，"初置卫尉官"[3]。此前已有光禄勋之设置。《魏志·文帝纪》裴注引《献帝起居注》曰："建安十五（十三）年……使侍中、守光禄勋郗虑持节奉策免（司徒赵）温官。"[4] 这是汉廷之职，而非魏国官职。《魏志·武帝纪》：建安十八年"十一月，初置尚书、侍中、六卿"[5]。此次所置之尚书、侍中、六卿便是曹操魏国（公）之官职，据裴注引《魏氏春秋》曰："以荀攸为尚书令，凉茂为仆射，毛玠、崔琰、常林、徐奕、何夔为尚书；王粲、杜袭、卫觊、和洽为侍中。"[6] 有尚书令、仆及五尚书、四侍中，与东汉制度相同，表明尚书及门下机构已经建立。这是曹操为了篡权而加紧在政治制度上进行的准备。"六卿"据洪饴孙解释："盖有郎中令、太仆、大理、大农、少府、中尉，凡六。"[7] 建安十八年"夏五月丙申（初十，6.16），曹操自立为魏公，加九锡"[8]。

---

[1] 《三国志》卷一《魏书·武帝纪》，第52页。按伏完见同卷及注引《曹瞒传》，第44页。

[2] 《三国志》卷一《魏书·武帝纪》及注引《世语》，第52页。

[3] 《三国志》卷一《魏书·武帝纪》，第49页。

[4] 《三国志》卷二《魏书·文帝纪》注，第57页。

[5] 《三国志》卷一《魏书·武帝纪》，第42页。

[6] 同上。

[7] 参见《三国职官表》卷上"魏光禄勋卿"条，第1330页。

[8] 《后汉书》卷九《献帝纪》，第387页。

"秋七月，始建魏社稷宗庙。"① 正是在这种情况下，曹操于当年十一月健全了魏国的官僚机构，开始正式以国君的名义发号施令，其篡位的目标正式确立，步伐迅速加快。按此前史书中所见卫尉、光禄勋等职，当为汉朝之官。如建安十三年"八月丁未（廿四，9.21），光禄勋郗虑为御史大夫"；"十七年夏五月癸未（？），诛卫尉马腾，夷三族"。建安二十一年四月，"曹操自进号魏王"。② 八月，再在原六卿基础上设立了另四卿，进一步健全了魏国的官僚机构。

公元220年正月，曹操死，太子曹丕即魏王位。二月，"以大（太）中大夫贾诩为太尉，御史大夫华歆为相国，大理王朗为御史大夫。置散骑常侍、侍郎各四人。其宦人为官者不得过诸署令，为金策著令，藏之石室"③。这样便进一步完善了魏国官僚体制，为篡位做好了最后的准备。到当年十月曹丕篡位禅代时，以三公（相国、太尉、御史大夫）九卿为首的官僚体制实际已经完全确立。曹丕称帝后，同年十一月，"改相国为司徒，御史大夫为司空，奉常为太常，郎中令为光禄勋，大理为廷尉，大农为大司农"④。完全消除了汉代王国制度的痕迹，实现了汉制（东汉制度）的复兴。于是旧制度又重新在新朝确立起来。魏国时期担任过郎中令者可见袁涣、王脩、路粹三人。袁涣为谏议大夫、丞相军谘祭酒，自是曹操亲信。"魏国初建，为郎中令，行御史大夫事。"⑤ 曹操礼辟王脩为司空掾，行司金中郎将，迁魏郡太守。"魏国既建，为大司农、郎中令。"⑥ 按司金中郎将主冶事，《魏略》曰："河北始开冶，遂以王脩为司金中郎将。"⑦ 魏郡太守即曹操魏国京师邺城之行政长官。毫无疑问，王脩亦为曹操集团重要成员。

建安十八年所置六卿中有中尉一职。《魏志·凉茂传》："魏国初建，迁尚书仆射，后为中尉，奉常。文帝在东宫，茂复为太子太傅，甚见礼

---

① 《三国志》卷一《魏书·武帝纪》，第42页。
② 《后汉书》卷九《献帝纪》，第385、386、388页。
③ 《三国志》卷二《文帝纪》，第58页。
④ 同上书，第76页。
⑤ 《三国志》卷一一《魏书·袁涣传》，第335页。
⑥ 《三国志》卷一一《魏书·王脩传》，第347页。
⑦ （宋）李昉等撰：《太平御览》卷二四一《职官部三九·司金中郎将》，中华书局1960年版，第1143页。又，《三国志》卷四一《蜀书·张裔传》："先主以裔为巴郡太守，还为司金中郎将，典作农战之器。"（第1011页）

敬，卒官。"按凉茂早年即被曹操辟为司空掾，"举高第，补侍御史"，历任泰山、乐浪、魏郡太守及甘陵相。"文帝为五官将（建安十六年正月），茂以选为长史，迁左军师。"① 从其仕履便可看出，凉茂为曹操、曹丕亲信集团重要成员。《魏志·崔琰传》："魏国初建，拜尚书。时未立太子，临淄侯植有才而爱。太祖狐疑，以函令密访于外。唯琰露板答曰：……太祖贵其公亮，喟然叹息，迁中尉。"② 时当曹丕立为太子之际——建安二十二年十月③。崔琰为中尉，当是接替凉茂之职。崔琰于官渡之战后进入曹操营，"太祖破袁氏，领冀州牧，辟琰为别驾从事"；"太祖征并州，留琰傅文帝于邺"；"太祖为丞相，琰复为东西曹掾，属征事"。后因曹操怀疑崔琰对其处心积虑篡汉有"怨"行而被赐死。④ 崔琰虽受疑而死，但直到死前都是曹操亲信集团的重要成员。从凉茂、崔琰仕历中虽未见到行使禁卫职能，但看来此二职在当时是比较重要的。

　　曹操自称魏王后，在魏国原有六卿基础上又设置了四卿，在职司禁卫诸卿中，郎中令、中尉之后又增置了卫尉。郎中令、中尉在西汉初为汉朝诸卿，汉武帝为加强中央集权，削弱王国势力，区别汉朝与王国官制，将汉朝之郎中令、中尉分别改为光禄勋、执金吾。《汉书·百官公卿表上》：诸侯国"有太傅辅王，内史治国民，中尉掌武职，丞相统众官，群卿大夫都官如汉朝"。武帝改"中尉为执金吾，郎中令为光禄勋，故王国如故。损其郎中令，秩千石"。"成帝绥和元年"，"中尉如郡都尉"。⑤ 东汉一朝，王国官制多如西汉末年制度，中尉之制如郡都尉，负责王国之武事。《续汉书·百官志五》：东汉之王国，"中尉一人，比二千石。本注曰：职如郡都尉，主盗贼。郎中令一人，仆一人，皆千石。本注曰：郎中令掌王大夫、郎中宿卫，官如光禄勋。自省少府，职皆并焉。"东汉王国无卫尉，以卫士长当之。同上又载："卫士长。本注曰：主卫士。"⑥ 曹操在建安十八年自称魏公建立魏国官制时，郎中令、中尉等六卿，其职略如

---

① 《三国志》卷一一《魏书·凉茂传》，第338页。
② 《三国志》卷一二《魏书·崔琰传》，第368—369页。
③ 参见《三国志》卷一《魏书·武帝纪》，第49页。
④ 《三国志》卷一二《魏书·崔琰传》，第368—369页。
⑤ （汉）班固撰，（唐）颜师古注：《汉书》卷一九上《百官公卿表上》，中华书局1962年版，第741页。
⑥ 《后汉书》，第3629页。

西汉武帝以后之王国官制，比东汉王国官制完备，但相对于徒有其名的汉献帝朝廷，其权力却与天子之职略似。到建安二十一年曹操自称魏王进一步扩大魏国官制时，设置了东汉王国官制所无的卫尉等职，虽然郎中令、中尉之名尚未恢复到西汉和东汉朝廷官制的原名，但其权力与职能应完全一致。这是曹操事实上完全建立自己的正式王朝的开始，只是缺一顶皇帝的冠冕而已。

从上引史料中不能确切得知魏国之郎中令、中尉、卫尉诸职是否如两汉一样职主禁卫，但从任职诸人皆为曹操之重要亲信来看，其职责很可能与东汉之光禄勋、卫尉、执金吾大体相同。不过，当时虽然北方已经完全统一，社会相对此前已大为安定，但毕竟还是战争时代，特别是曹操在赤壁战败后与西南刘备、江东孙权两大势力之间呈对峙之势，边境地区战争不断，曹操本人亦经常出征，因此，职似汉朝的魏国禁卫诸卿自不可能完全与全国一统、社会安宁的两汉时代一样。实际上，在当时，最重要的禁卫职责不是护卫京师邺城，而是保卫当权者曹操。曹操身边的亲信将领具有更重要的禁卫职能。

第三节　领军将军（中领军）、护军将军（中护军）的设置及其渊源

《魏志·夏侯惇传》附载："韩浩者，河内人，及沛国史涣，与浩俱以忠勇显。浩至中护军，涣至中领军，皆掌禁兵，封列侯。"裴注引《魏书》曰：

> 韩浩……汉末起兵……太守王匡以为从事，将兵拒董卓于盟津。时浩舅杜阳为河阴令，卓执之，使招浩，浩不从。袁术闻而壮之，以为骑都尉。夏侯惇闻其名，请与相见，大奇之，使领兵从征伐。时大议损益，浩以为当急田。太祖善之，迁护军。太祖欲讨柳城，领军史涣以为道远深入，非完计也，欲与浩共谏。浩曰："……吾与君为中军主，不宜沮众。"遂从破柳城，改其官为中护军，置长史、司马。从讨张鲁，鲁降。议者以浩智略足以绥边，欲留使都督诸军，镇汉中。太祖曰："吾安可以无护军？"乃与俱还。其见亲任如此。……史涣……太祖初起，以客从，行中军校尉，从征伐，常监诸将，见亲

信，转拜中领军。十四年薨。①

这一段史料直接涉及领军将军（中领军）、护军将军（中护军）的设置时间，正确理解至关重要。韩浩为河内太守王匡从事，率兵拒董卓于盟津，当在董卓初入洛阳之际，即中平六年（189）秋。

《魏志·董卓传》："河内太守王匡，遣泰山兵屯河阳津，将以图卓。卓遣疑兵若将于平阴渡者，潜遣锐众从小平北渡，绕击其后，大破之津北，死者略尽。卓以山东豪杰并起，恐惧不宁。初平元年（190）二月，乃徙天子都长安。"② 按《夏侯惇传》有云：

> 太祖初起，惇常为裨将，从征伐。太祖行奋武将军（时在初平元年正月③），以惇为司马，别屯白马。迁折冲校尉，领东郡太守。太祖征陶谦（初平四年秋），留惇守濮阳。张邈叛迎吕布（兴平元年九月之前），太祖家在鄄城，惇轻军往赴，适与布会，交战。布退还，遂入濮阳，袭得惇军辎重。遣将伪降，共执持惇，责以宝货，惇军中震恐。惇将韩浩乃勒兵屯惇营门……惇既免，太祖闻之，谓浩曰："卿此可为万世法。"乃著令，自今已后有持质者，皆当并击，勿顾质。④

由此可见，韩浩于兴平元年（194）因救夏侯惇而为曹操所知，很可能就在其后不久他由夏侯惇部下转入曹操部下，并向曹操提出了"当急田"的建议，这一建议与枣祗许下屯田的建议当是一致的，时在建安元年（196）⑤。《魏志·武帝纪》：建安元年，"是岁用枣祗、韩浩等议，始兴屯田"⑥。建安元年以后，韩浩被曹操迁为其府之护军。

护军之职，当是对汉制的继承，并非曹操独创。《汉书·百官公卿表

---

① 《三国志》卷九《魏书·夏侯惇传》，第269—270页。
② 《三国志》卷六《魏书·董卓传》，第176页。按同书卷一《魏书·武帝纪》（第6页）及《资治通鉴》卷五九《汉纪五一》（第1908页）载此事于献帝初平元年正月。
③ 参见《三国志》卷一《魏书·武帝纪》，第6页。以下括号内时间出处同此卷，第10、11页。
④ 《三国志》卷九《魏书·夏侯惇传》，第267页。
⑤ 《资治通鉴》卷六二《汉纪五四》献帝建安元年，第1990页。
⑥ 《三国志》卷一《魏书·武帝纪》，第14页。

上》两处均载汉武帝元狩四年（前119）置大司马：

> 护军都尉，秦官。武帝元狩四年，属大司马。成帝绥和元年（前8），居大司马府，比司直。哀帝元寿元年（前2），更名司寇。平帝元始元年（1），更名护军。
>
> 太尉……建元二年（前139）省。元狩四年，初置大司马，以冠将军之号。宣帝地节三年（前67），置大司马，不冠将军……成帝绥和元年，初赐大司马金印紫绶，置官属，禄比丞相，去将军。哀帝建平二年（前5），复去大司马印绶、官属，冠将军如故。元寿二年，复赐大司马印绶，置官属，去将军，位在司徒上。①

由此可见，汉代置大司马时则设有护军一职，护军主府中军法监察，故可"比司直"或"更名司寇"。②汉武帝元狩五年（前118）于丞相府初置司直，"掌佐丞相举不法"③。司寇之职初见于《左传·昭公十七年》。《周礼·秋官·司寇》："大司寇之职，掌建邦之三典，以佐王刑邦国，诘四方……以五刑纠万民。""小司寇之职，掌外朝之政，以致万民而询焉……以五刑听万民之狱讼。"④《续汉书·百官志一》"将军"条注引《魏略》曰："曹公置都护军中尉，置护军将军，亦皆比二千石，旋军并止罢。"长史、司马之后注引《东观书》曰："大将军出征，置中护军一人。"⑤ 可知东汉时长史、司马为将军府之正式僚佐，而中护军则为将军出征时临时所置，当是为了负责军中监察。曹操之设都护军中尉、护军将军，与此性质完全一致。毫无疑问，当时所设护军之职与后来以京师禁卫

---

① 《汉书》卷一九上《百官公卿表上》，第737、725页。据同书卷五五《卫青霍去病传》，二人于元狩四年（前119）出征匈奴获胜后，"乃置大司马位，大将军、骠骑将军皆为大司马"（第2488页）。《续汉书·百官志一》"太尉"条注引《汉官仪》："元狩六年罢太尉，法周制置司马。时议者以为汉军有官候、千人、司马，故加'大'为大司马，所以别异大小司马之号。"（《后汉书》，第3558页）按元狩六年罢太尉而置大司马之说疑有误。

② 参见叶其峰《魏晋十六国时期的护军、中护军及护军印》，《文物》1990年第1期。

③ 《汉书》卷一九上《百官公卿表上》，第725页。

④ （汉）郑玄注，（唐）贾公彦疏：《周礼注疏》卷三四、三五，（清）阮元校刻《十三经注疏》，中华书局1980年版，第870、873页。

⑤ 《后汉书》，第3563、3564页。

为基本职责的护军将军（中护军）有别①。不过都护军中尉用中尉之名，表明其职已经具有某种类似汉代中尉（执金吾）的职能，当即巡察宫（帐）外之治安，维护军国法纪。

上引《魏志·夏侯惇传》注引《魏书》，谓曹操出征柳城时"领军史涣以为道远深入"云云，表明是时史涣已为领军，其任领军当与韩浩任护军约略同时。但这种判断可能并不准确。据下文记载，史涣是以行中军校尉之职"从（曹操）征伐，常监诸将，见亲信，转拜中领军"②，则其任中领军之前并未曾任领军，而是担任行中军校尉。"行"反映其职也是临时设置，征伐时设，征伐之后罢；韩浩之为护军情况可能类似。中军校尉可作二解：在当年东汉朝廷设西园八校尉时袁绍为中军（佐军）校尉，时曹操为下军校尉，曹操设此职是对这一制度的模仿。另一种理解是，曹操军队分为几部，其中在曹操身边最关键的主力军为中军，史涣行中军校尉统领此部，这种情况类似于汉代制度。《续汉书·百官志一》谓，"其（将军）领军皆有部曲。大将军营五部，部校尉一人，比二千石"③。《魏志·夏侯渊传》："及与袁绍战于官渡，行督军校尉。"击昌豨反，"渊还，拜典军校尉"。"（建安）十四年（209），以渊为行领军。太祖征孙权还，使渊督诸将击庐江叛者雷绪。绪破，又行征西护军，督徐晃击太原贼……从征韩遂等，战于渭南。又督朱灵平隃糜、汧氐。"④ 夏侯渊行督军校尉、典军校尉，与史涣行中军校尉类似，都是统率军队的将领。曹操当时为司空、行车骑将军，按制度其下似不可能再设将军号，而只能设校尉以统率各部军队。西园八校尉为上军、中军、下军、典军、助军左、助军右、左、右校尉，蹇硕曾任上军校尉，故曹操亦不可能在其幕府再任命此职。曹操在继承和变通八校尉之名的基础上设中军、督军、典军等校尉，同时又是对汉代将军府统兵制度的继承和变通。

当曹操于建安十三年（208）担任丞相以后，其官属名称开始发生变化。由行中军校尉（领军）发展出中领军，由护军（校尉）发展出中护军，而由典军校尉发展出行领军。这一变化是汉魏之际禁卫武官制度演变

---

① （清）纪昀等撰《历代职官表》卷四五《前锋护军统领》"汉"条案语，谓汉代"所谓护军，乃调护诸将之义，非护卫之护"（上海古籍出版社1989年版，第863页）。
② 《三国志》卷九《魏书·夏侯惇传》，第270页。
③ 《后汉书》，第3564页。
④ 《三国志》卷九《魏书·夏侯渊传》，第270页。

的关键事件。

关于中领军（领军将军）、中护军（护军将军）的始置时间，史书记载有歧异，兹引述如下：

《宋书·百官志下》："领军将军，一人，掌内军。汉有南北军，卫京师。……魏武为丞相，相府自置领军，非汉官也。文帝即魏王位，魏始置领军，主五校、中垒、武卫三营。""魏武为相，以韩浩为护军，史奂为领军，非汉官也。建安十二年，改护军为中护军，领军为中领军，置长史、司马。"①

《晋书·职官志》："中领军将军，魏官也。汉建安四年，魏武丞相府自置。及拔汉中，以曹休为中领军。文帝践阼，始置领军将军，以曹休为之，主五校、中垒、武卫等三营。……魏武为相，以韩浩为护军，史奂为领军，非汉官也。建安十二年，改护军为中护军，领军为中领军，置长史、司马。"②

《通典·职官十·武官上》："初，魏武为汉丞相，相府自置领军，非汉官也。建安十二年，改为中领军，以史奂为之，与护军韩浩皆领禁兵。文帝受汉禅，始置领军将军，主五校、中垒、武卫三营。"③

《通典·职官十六·勋官》："建安十二年，改护军为中护军。"④

这三种权威著述对于中领军（领军将军）、中护军（护军将军）之始置时间的记载互有差异，但又有相同之处，即：

（1）二职均设于曹操之丞相府，为"相府自置"之属官，其设置上限即为曹操担任丞相之时。按《后汉书·献帝纪》：建安十三年"夏六月，罢三公官，置丞相、御史大夫。癸巳（初九，7.9），曹操自为丞相"⑤。据此，则中领军、中护军之设置必在建安十三年六月初九或稍后。

---

① 《宋书》卷四〇《百官志下》，第1247页。
② 《晋书》卷二四《职官志》，第740页。
③ （唐）杜佑撰，王文锦等点校：《通典》卷二八《职官十·武官上》"左右领军卫"条，中华书局1988年版，第787页。
④ 《通典》卷三四《职官十六·勋官》，第944页。
⑤ 《后汉书》卷九《献帝纪》，第385页。

《晋志》《宋志》及《通典》所记建安十二年设中领军、中护军之时间与此不符，《晋志》之建安四年设中领军（将军）与十二年两处互相矛盾，更难以成立。

（2）首任领军－中领军为史涣，护军－中护军为韩浩，如上所考，领军当为中军校尉，护军当为护军校尉，为曹操军府之领兵将领。而中领军、中护军置长史、司马，地位上升，已有府属，相当于领军将军、护军将军。这是领军将军与护军将军制度成立的关键，是与汉制完全不同的制度，所谓"非汉官也"。据上引有关史涣、韩浩的史料记载，二人改任中领军、中护军是在曹操讨破柳城之后的事。《魏志·武帝纪》：建安十二年春，"将北征三郡乌丸……夏五月，至无终。秋七月……引军出卢龙塞……涉鲜卑庭（龙城），东指柳城（今辽宁朝阳市西南十二台营子）。……九月，公引兵自柳城还……十三年春正月，公还邺……汉罢三公官，置丞相、御史大夫。夏六月，以公为丞相"①。据此可知，建安十二年曹操北征乌桓时，史涣、韩浩分别以领军（中军校尉）、护军（护军校尉）身份随从曹操北征，其职责即"为中军主"。按中军指曹操军府禁卫军，则谓其为禁卫长官亦可通。曹操北征大军返回邺城时已到建安十三年正月，前引《晋志》《宋志》及《通典》等关于建安十二年设中领军、中护军之说，当是根据上引史涣、韩浩从破柳城之后转中领军、中护军的记载而得出的，然而这一判断显然是错误的②。

中领军、中护军是相对汉献帝之"汉朝"而言，它们只能在曹操担任丞相逐步建立起自己的政权机构之后才可能出现，而在此之前设置的可能性不大。《太平御览》引《魏略》曰："中领军，延康中置，故汉北军中候之官。"又曰："太祖以史涣忠勇，为中领军，领禁军。"③引《魏志》曰："韩浩字元嗣，以忠勇显，为中护军，掌禁兵，置长史、司马。从太祖讨张鲁，鲁降。议者以浩智略足以绥边，欲留使都督诸军，镇汉

---

① 《三国志》卷一《魏书·武帝纪》，第29—30页。
② 《廿二史考异》卷二〇《晋书三》"职官志"条："此《志》（《晋书·职官志》）叙领军原委，不如《宋志》之详备，且建安四年魏武未为丞相，《志》亦误。"（第409页）
③ 《太平御览》卷二四〇《职官部三八》"中领军"条，第1137页。

中。太祖曰：'吾安可以无护军？'乃与俱。其见亲如此。"① 以上记载表明，中领军、中护军之职"领禁军"、"掌禁兵"，确为曹操幕府之禁卫将领。其始置时间不得晚于曹操征讨张鲁之役。曹操西征汉中讨张鲁及还长安在建安二十年（215）三月至十二月间②。

《唐六典》"左右领军卫"条本注："汉建安十四年，魏武为丞相，相府始置中领军。既拔汉中，还长安，以曹休为之，主五校、中垒、武卫等营。魏文帝为魏王，又置领军，而领军差胜，中领微劣。"③ 按此一注文亦有误，具体表现在：

（1）曹操为丞相在建安十三年而不在十四年，此处抄录《晋书·职官志》的痕迹十分明显，当是将《晋志》所载四年变为十四年，可能与编撰者注意到四年曹操尚未为丞相这一事实有关（也有可能今本《晋志》此处脱一"十"字）。史涣在任中领军之后于建安十四年卒，则中领军设置之时间下限自不得晚于建安十四年，不过可以在十四年史涣死之前设置。然而考虑到曹操相府建立时间以及于相府始置中领军、中护军等因素，则中领军、中护军的始置时间当以建安十三年为宜④。当然，比起建安四年及十二年二说，建安十四年年初设中领军当与实际相去不远。

（2）曹操攻克汉中返回长安后以曹休为中领军，但当时尚未规定中领军主五校、中垒、武卫三营，这当是注者删改《晋志》史文而致误。中领军主三营是在曹丕即魏王位之后的事。《魏志·曹休传》："太祖拔汉中，诸军还长安，拜休中领军。文帝即王位，为领军将军。""夏侯惇薨，以休为镇南将军。"⑤ 按夏侯惇于曹丕即魏王位之后数月而死⑥，时当公元220年。可见领军之主五校、中垒、武卫三营是在其改为领军将军之时，

---

① 《太平御览》卷二四〇《职官部三八》"中护军"条，第1138页。按"乃与俱"义不明，（宋）王钦若等撰《册府元龟》卷九九《帝王部九九·亲信》作"乃与太祖俱还"（中华书局1960年版，第1183页）。

② 参见《三国志》卷一《魏书·武帝纪》，第45—46页。

③ （唐）李林甫等撰，陈仲夫点校：《唐六典》卷二四《诸卫》，中华书局1992年版，第622页。

④ 黄惠贤认为《晋志》所载建安四年是正确的，谓"魏武丞相府自置"记载中之"丞相"误，应为司空。（《曹魏中军溯源》，《魏晋南北朝隋唐史资料》第14辑，武汉大学出版社1996年版，第1—2页）按其说不确。

⑤ 《三国志》卷九《魏书·曹休传》，第279页。

⑥ 参见《三国志》卷九《魏书·夏侯惇传》，第268页。

而非中领军之时。据《魏志·武帝纪》裴注引《魏书》载"公令",可知曹休之前韩浩任"中领军",曹洪为"中护军",王图为"领护军将军"。① 韩浩当是接替史涣而转任中领军的。《魏志·曹洪传》:"累从征伐,拜都护将军。"② 两相对照,可知此"都护将军"即中护军。

综上所考,从西汉至曹魏建立前夕,护军之职的演变历程是:

护军都尉→护军(护军校尉、都护军中尉)→中护军(都护将军)→护军将军

领军之职的出现比护军要晚得多,其演变可归结为:

(行)中军校尉(领军)③→中领军→领军将军

通过以上考述,可以对汉魏之际领军将军(中领军)、护军将军(中护军)的形成问题作一总结。

领军将军(中领军)的前身是中军校尉,建安元年至十三年史涣任曹操军府之行中军校尉(领军),这一官职的职责便是"中军主",即作为中军的统帅,统领曹操大军之中军——禁卫军的一部。行中军校尉与汉代将军出征时之部校尉有一定渊源关系。西汉中央禁卫武官有中垒等八校尉,东汉有屯骑等五校尉。东汉末年曹操曾出任朝廷禁卫武官,他对东汉禁卫武官制度必定有着切身感受和深入了解。黄巾起义爆发后,汉廷为了保卫京师、镇压反叛而在京师设置西园八校尉,曹操本人就曾任典军校尉。除了曹操等人的对手蹇硕为上军校尉外,其下最高者为中军(佐军)校尉,由袁绍担任。建安元年曹操迎汉献帝都许,兴屯田,壮大实力,积

---

① 《三国志》卷一《魏书·武帝纪》建安十八年五月条注,第40页。
② 《三国志》卷九《魏书·曹洪传》,第278页。
③ 建安十三年曹操担任丞相以前,按制度一般无权任命将军、校尉等高级将领,如建安十一年曹操任命于禁、乐进、张辽等为将军还要"表汉帝","行"表明其职为临时任命,未经汉廷正式封拜,此与后代之"板"授相似,应是汉代"行"官之制的一种变通。关于汉代之"行"官,严耕望认为:"大抵汉制,长官有缺,例由佐官中地位最高者代行其事,谓之行事,简称为'行'。"(《中国地方行政制度史》卷上《秦汉地方行政制度》,"中央研究院"历史语言研究所专刊之四十五,1963年版,第389页)又可参见安作璋、熊铁基《秦汉官制史稿》,齐鲁书社1985年版,第369—370页。

累与袁绍决战的实力，便在其军府中设立了由袁绍曾经担任过的中军校尉一职，作为其中军统帅。中军的主要任务是随曹操出征，中军为曹操身边最亲近的军队，保卫主帅曹操的安全自是中军职责，中军校尉一开始实际上便具备了禁卫武官的职能。

与此同时，建安初年，曹操军队中设立了护军校尉，由韩浩担任。护军之职在西汉即已出现，其职责主要是负责大司马或将军府之监察军法。正因如此，护军便可代表主帅监督、监护出征军队。领军的职责是统领一部军队，护军则是监督、监护诸军或一军，在战时特殊情况下自然有权统领部队，护军韩浩对领军史涣说"吾与君为中军主"即指此。但两者本应有职责分工。另外，中领军的前身是中军校尉，它只能是中军的将领，在最初曾有过夏侯渊为"行领军"出征的事例，但也是在随曹操出征之时。此后再未见到中军以外的领军之职。而护军则不同，它从出现之日起便是在出征将领的军府中负责监察的，因此当曹操军府中出现中军之"护军"时，在曹操辖区的各路战场上也同时出现了大量的各类护军，最初主要是以出征任务来命名的，如"征蜀护军""征西护军"等。这是在曹操作为将军，其下再不能有将军名号的制度所囿的情况下而出现的。当曹操建立丞相府，地位上升、权力扩大之后，其下便可设置将军，护军变为"中护军"，而出征护军则变为"护军将军""都护将军"（夏侯渊），或径以某"护军"命名。曹操自称魏公、魏王之后，在中央建立起几乎与汉朝相当的官僚制度，其出征将领自可径以将军名之。后来由于制度变迁，在将军之下又设置了各类护军，护军由监护出征将领而固定于地方，再到后来，地方护军又可兼任将军号，这与当时将军号地位的下降有关。①

曹丕即魏王位后，改中领军为领军将军，主五校、中垒、武卫三营。考之史载，建安时代有越骑、屯骑校尉的记载，不过都是汉献帝亲信，应

---

① 方诗铭云："从曹操开始，魏军中设有'中军'，是保卫主帅并代表主帅监督出征各军的中央军事机构，担任'中领军'（原称'领军'）和'中护军'（原称'护军'）的都是曹操的亲属和亲信，尤其是曹氏和夏侯氏的重要人物。……史涣最初担任的是'中军校尉'，很可能，'中领军''中护军'即是由'中军校尉'等发展而来的。"（《从士兵来源看曹操军事力量的发展及其衰落》，《中国史研究》1993 年第 1 期）认为中领军与中军校尉有渊源关系，诚属灼见，但中护军与中军校尉并无渊源关系，而是由大将军幕府护军之职发展而来。另外，曹操时代的中领军、中护军似还不能称为"中央军事机构"。

属汉朝之职。在曹操的军府及丞相、公、王府未见到五校之职,这与五校本为京师禁卫武官有关。在战时,曹操经常出征,其身边设置五校自无必要,故只有在社会安定,曹丕即将实施篡汉禅代的时候才有可能恢复汉代保卫京师的五校尉。西汉有中垒校尉"主北军垒门内",而曹魏则有中垒将军。由于汉魏之际战争的影响,将军大量出现,且将军地位弱化,原汉朝之校尉多上升为将军,如前述之领、护军便是。中垒将军即是继承汉制中垒校尉而来。西汉中垒校尉因"主北军垒门内",故称中垒校尉。曹魏中垒将军之情况亦当相类,它也只能是在社会稳定,宫室建置完备,曹丕即将称帝之时才能出现,而不可能在曹操出征的军府或公、王府中出现。

武卫将军情况则不同,它是战时的产物,其武装保卫的性质极为明显。武卫将军的前身为武卫中郎将。《三国职官表》卷中:"魏武卫将军一人,第四品,主禁旅。太祖始置武卫中郎将,文帝践阼,改为武卫将军。"① 其依据主要是《宋书·百官志》及《魏志·许褚传》。《宋书·百官志下》:"初,魏王(曹操)始置武卫中郎将,文帝践阼,改为卫(武卫)将军,主禁旅,如今二卫,非(即)其任也。"②《魏志·许褚传》:"迁武卫中郎将。武卫之号,自此始也。……迁中坚将军。太祖崩,褚号泣欧(呕)血。文帝践阼,进封万岁亭侯,迁武卫将军,都督中军宿卫禁兵,甚亲近焉。初,褚所将为虎士者从征伐,太祖以为皆壮士也,同日拜为将,其后以功为将军封侯者数十人,都尉、校尉百余人,皆剑客也。"③ 按许褚迁为武卫中郎将是在其随从曹操征讨并击破韩遂、马超于潼关之后,时在建安十六年九月④。则许褚迁任武卫中郎将即在是时。《通典·职官十·武官上》:"后汉末,曹公为丞相,有武卫营。及魏文帝,乃置武卫将军,以主禁旅。"⑤《唐六典·诸卫》本注:"魏武为丞相,有武卫营。"⑥ 两书的史源应该也是上引《宋志》及《魏志·许褚传》。

---

① 《后汉书三国志补表三十种》,第1470页。
② 《宋书》卷四〇《百官志下》,第1250页。
③ 《三国志》卷一八《魏书·许褚传》,第543页。
④ 参见《三国志》卷一《魏书·武帝纪》,第34—35页;《后汉书》卷九《献帝纪》,第386页。
⑤ 《通典》卷二八《职官十·武官上》"左右武卫"条,第786页。
⑥ 《唐六典》卷二四《诸卫》"左右武卫"条,第620页。

"武卫"之称名,可能与其领虎士宿卫有关。《魏志·许褚传》云:

> 太祖徇淮、汝,褚以众归太祖……即日拜都尉,引入宿卫。诸从褚侠客,皆以为虎士。从征张绣,先登,斩首万计,迁校尉。从讨袁绍于官渡。时常从士徐他等谋为逆,以褚常侍左右,惮之不敢发。伺褚休下日,他等怀刀入。褚至下舍心动,即还侍。他等不知,入帐见褚,大惊愕。他色变,褚觉之,即击杀他等。太祖益亲信之,出入同行,不离左右。从围邺,力战有功,赐爵关内侯。从讨韩遂、马超于潼关。太祖将北渡,临济河,先渡兵,独与褚及虎士百余人留南岸断后。超将步骑万余人,来奔太祖军,矢下如雨。褚白太祖,贼来多,今兵渡已尽,宜去,乃扶太祖上船。贼战急,军争济,船重欲没。褚斩攀船者,左手举马鞍蔽太祖。船工为流矢所中死,褚右手并沂船,仅乃得渡。是日,微褚几危。其后太祖与遂、超等单马会语,左右皆不得从,唯将褚。①

这段记载形象生动地表现了许褚率领"虎士"宿卫曹操左右的情形。他先是以"都尉"之职率领虎士宿卫,后升为"校尉",又进而升为"武卫中郎将"。按虎、武义同,武卫中郎将可理解为率虎士宿卫之中郎将(中郎将在汉代为宿卫将领),当时不叫虎卫中郎将,可能与已经存在虎贲中郎将一职有关。许褚地位之升迁,一方面是因其侍卫及杀敌建立了重大功勋;另一方面也是因曹操地位之不断上升而导致其下属之地位亦随之上升,前述领、护军之变迁即是如此。当曹丕即王位并进而称帝之时,许褚也由武卫中郎将升迁为"武卫将军",成为重要禁卫武官。综上可知,在魏初领军将军所统三营中,只有武卫将军是继承了建安时代曹操的宿卫亲兵制度,而五校、中垒营之营兵自是中军无疑,但其制度却是对东汉制度的恢复,而非新创,更非自曹操建安制度继承而来。

小 结

通过以上考察,对于汉魏之际禁卫武官制度的变化可以得到如下

---

① 《三国志》卷一八《魏书·许褚传》,第542页。

认识：

（1）黄巾起义爆发后，汉廷在京师外围设置八关都尉以加强对京师的保卫，同时调出以京师禁卫军为主力的军队讨伐黄巾军，其将领被冠以"北中郎将""东中郎将"等名号，成为后来四中郎将制度之滥觞。平叛战争及政治斗争使东汉传统禁卫武官制度发生了深刻变化，主要表现在五校尉制度上。汉灵帝中平五年八月置西园八校尉（上军、中军、下军、典军、助军左、助军右、左、右校尉），由上军校尉总其成。西园八校尉只存在了一年，但对东汉政治产生了很大影响。宦官蹇硕担任上军校尉掌握了朝廷军权，虎贲中郎将出身的袁绍与屯骑校尉出身的鲍鸿以及曹操分任中军、典军校尉，他们都曾职司禁卫，与禁卫军关系密切。蹇硕与袁绍等的斗争进一步将东汉政权推到崩溃的边缘。灵帝以后的军阀混战中，州牧制确立，州牧领兵成为现实，各路军阀以州牧的身份统兵治民，征战兼并。君权式微、京师被毁，使原来以侍卫君主、保卫皇宫和京城为职事的东汉禁卫武官制度不可能正常运作。黄巾起义以来，京城禁卫兵大量调出，禁卫武官左・右中郎将、羽林・虎贲中郎将、光禄勋、卫尉等率兵征战及参与当时政治纷争的活动亦屡见于史，表明这些官职仍然存在并且以曲折的形式拥有着原有的政治职能。

（2）汉末的政治剧变为曹操势力的壮大提供了契机，曹操的州牧府→大将军府→丞相府→魏公府→魏王府幕僚制度是曹魏政制的基础和雏形。曹操建立丞相府后，宫室制度粗备，逐渐开始恢复汉代的禁卫武官制度，其职责主要是保卫曹操而非汉献帝，献帝可能仅由长乐卫尉护卫。从建安十八年五月曹操自立为魏公以后至曹魏建立前夕，逐步确立了承袭汉代三公九卿制的官僚体制，其中即包括郎中令—光禄勋、卫尉、中尉等职，其权力与职能应与汉制相当。然而由于时当战时，都城建置未定，因此汉代职司宫殿—宫城—京师保卫的诸卿在曹操公、王府并未真正发挥其禁卫职能。当时最重要的禁卫职责不是护卫京师邺城，而是保卫当权者曹操。曹操身边的亲信将领具有更重要的禁卫职能。

（3）汉魏之际的社会剧变对以皇帝—皇宫—京师安全保卫为职能的禁卫武官制度产生了巨大影响，曹魏王朝禁卫武官制度便直接脱胎于汉魏之际的军阀幕府制度，具体来说，就是曹操霸府的禁卫之制。统率中军随从曹操南征北战并保护其安危的领、护军系统则行使着实际的禁卫职能，最初在曹操幕府中出现了统领中军的中领军及中护军，后又发展成为领军将军及护军将军。这正是曹魏建立后领、护军系统发展为禁卫武官制度主体的背景。领、护军制度虽然是战时的新生事物,但它们与汉代制度并非没有丝毫联系,特别是护军之制论其渊源,则应追溯到秦汉时期大将军出征幕府负责监察军法的护军或都护军中尉。曹操霸府之护军、中护军不仅采纳了汉代护军之名,而其职能也基本一致,只不过其一般无权对府主曹操实施监督,而是要对曹操负责。领军之制则起始于曹操军府设立之初的行中军校尉,其职虽与汉制并无直接渊源关系,但校尉之制仍是对汉代八校尉—五校尉乃至汉末西园八校尉(有中军校尉)之制的承袭。

第二编

三国禁卫武官制度

第四章

曹魏禁卫武官制度

曹魏（220—265）建立后，继承汉魏之际变革的成果，确立了一套与汉制完全不同的禁卫武官制度，最主要的就是以领军将军（中领军）掌内军，护军将军（中护军）掌外军，以取代两汉时期光禄勋、卫尉、执金吾（中尉）、城门校尉及八校尉—五校尉的禁卫职能。汉代禁卫诸职在曹魏时期仍然存在，其禁卫职能也并未丧失殆尽，特别是五校尉还被纳入了领军系统，发挥着重要的禁卫职能。这表明曹魏对于汉制除了以变革为主外，还有继承性的一面。因此，本章的重点虽然在领、护军系统禁卫武官制度上，但同时也对原汉代禁卫诸职在曹魏的承袭情况予以考察。

第一节 领军将军、中领军

《宋书·百官志下》："领军将军，一人，掌内军。……文帝即魏王位，魏始置领军（将军），主五校、中垒、武卫三营。晋武帝初省……"[①]《晋书·职官志》："中领军将军，魏官也。……文帝践阼，始置领军将军，以曹休为之，主五校、中垒、武卫等三营。（晋）武帝初省……"[②]这表明曹魏一代设有"掌内军""主五校、中垒、武卫三营"的领军将军[③]。不过晋、宋两志的记载也有稍许不同，征诸史传，《宋志》所记当更为准确。《晋志》记"中领军将军，魏官也"，但曹魏一代从无人担任

---

① （南朝梁）沈约撰：《宋书》卷四○《百官志下》，中华书局1974年版，第1247页。
② （唐）房玄龄等撰：《晋书》卷二四《职官志》，中华书局1974年版，第740页。
③ 按领军将军所掌之"内军"，指宿卫曹魏京师洛阳宫城之内的禁卫军。关于"内军"与"外军"之义，参见祝总斌《都督中外诸军事及其性质、作用》，《纪念陈寅恪先生诞辰百年学术论文集》，北京大学出版社1989年版，第227页。

"中领军将军",而只有"中领军"及"领军将军"之名。《晋志》又谓"文帝践阼,始置领军将军",《通典》则谓"文帝受汉禅,始置领军将军"①,其意相同,但曹休为领军将军在曹丕即魏王位之时,而非"践阼"(称帝)之后②。

曹魏一代可考之领军将军有五人,中领军有十五人。若加上建安末年曹休、曹真为中领军之例,则中领军担任者共有十七人之多。其中曹休、曹羲、夏侯献三人又曾担任过中领军和领军将军,故领军实际担任者为十九人,在曹魏四十余年历史中,平均约二年余便有一任禁卫长官领军将军或中领军,更迭比较频繁。《三国志》对曹魏领军将军与中领军、护军将军与中护军之别并无明确区分,按照后世典志的解释,"领、护资重者为领军、护军将军,资轻者为中领军、中护军"③。这一原则同样也适用于曹魏时期,如曹休在建安末为中领军,"文帝即王位,为领军将军"④。《魏志·公孙度传》:"明帝于是拜(公孙)渊大司马,封乐浪公,持节、领郡如故。"裴松之注有"《魏名臣奏》载中领军夏侯献表曰……"之语。⑤据《魏志·明帝纪》记载,太和二年(228)十二月,"辽东太守公孙恭兄子渊,劫夺恭位,遂以渊领辽东太守"⑥。可知其时夏侯献已为中领军。又据《魏志·刘放传》记载,魏明帝临终前(时在景初三年,239)欲安排的顾命宰辅人选中即有"领军将军夏侯献"⑦。以上二例表明,曹魏之领军将军的确资重于中领军。

建安末年,曹操加快了代汉的步伐,重要措施之一就是以其宗室近亲担任中领军,执掌禁卫重任。曹休为"太祖(曹操)族子也。天下乱,宗族各散去乡里"。后归见太祖,"使与文帝同止,见待如子。常从征伐,使领虎豹骑宿卫"。⑧曹休虽非曹操近亲,但却"见待如子",令其统帅亲

---

① (唐)杜佑撰,王文锦等点校:《通典》卷二八《职官十·武官上》"左右领军卫"条,中华书局1988年版,第787页。
② 参见(晋)陈寿撰、(宋)裴松之注《三国志》卷九《魏书·曹休传》,中华书局1959年版,第279页。
③ 《宋书》卷四〇《百官志下》,第1247页。
④ 《三国志》卷九《魏书·曹休传》,第279页。
⑤ 《三国志》卷八《魏书·公孙度传》,第253、257页。
⑥ 《三国志》卷三《魏书·明帝纪》,第94页。
⑦ 《三国志》卷一四《魏书·刘放传》,第459页。
⑧ 《三国志》卷九《魏书·曹休传》,第279页。

信禁卫军，其关系非同一般。后曹休以骑都尉参曹洪军事，实际掌握曹洪军府大权。"太祖拔汉中，诸军还长安，拜休中领军。"① 按曹操"拔汉中""还长安"是在建安二十年（215）十二月②，则曹休担任中领军是在建安二十年末二十一年初。曹真的情形与曹休极似，亦为"太祖族子"，其父曹邵募徒众随曹操起兵而被杀，"太祖哀真少孤，收养与诸子同，使与文帝共止"。后又使真"将虎豹骑"。在"夏侯渊没于阳平"之时（时在建安二十四年正月③），曹真已任中领军。④ 建安末年，曹操之宗室亲属，其从弟曹仁、曹洪年纪较大，统兵征伐，承担着更为重要的任务；其诸子则年纪尚轻，不足委以大任。故其族子曹休、曹真无疑是可以委任禁卫大权的合适人选。

曹丕即魏王位后，曾任中领军的曹休被任命为领军将军，与此同时夏侯尚为中领军。夏侯氏为曹操亲信集团重要成员，与曹氏同为沛郡谯人，夏侯渊（尚从父）、夏侯惇（渊族兄）在曹操起兵之初即成为其亲信部将，为曹操创业及势力的发展壮大立下了大功。尤为重要的是，夏侯氏与曹氏还有极为特殊的关系。相传曹操之父曹嵩即为夏侯氏之子。《魏志·武帝纪》裴注："吴人作《曹瞒传》及郭颁《世语》并云：嵩，夏侯氏之子，夏侯惇之叔父。太祖于惇为从父兄弟。"⑤ 此说的真实性姑且不论，但夏侯氏与曹氏关系非同一般则是不争的事实。"渊妻，太祖内

---

① 《三国志》卷九《魏书·曹休传》，第279页。
② 参见《三国志》卷一《魏书·武帝纪》，第46页。
③ 同上书，第52页。
④ 《三国志》卷九《魏书·曹真传》，第280、281页。又，曹操从弟曹纯（仁弟）"以议郎参司空军事，督虎豹骑从围南皮"（同上卷《曹仁传附弟纯传》，第276页）。时在建安九年底十年初，参见同书卷六《袁绍传》及附传，第206页。《曹纯传》注引《魏书》曰："纯所督虎豹骑，皆天下骁锐……纯以选为督，抚循甚得人心。"（第277页）何兹全说："曹操时候最亲近的帐下兵，称为虎豹骑，是精选勇壮所组成的。"（《魏晋的中军》，《读史集》，上海人民出版社1982年版，第245页）按传世曹魏官印可见"豹骑司马"印二枚（罗福颐主编：《秦汉南北朝官印征存》卷七《三国官印一·曹魏官印》，文物出版社1987年版，第230、231页，图版1313、1314），这表明曹魏时期虎豹骑分为虎骑和豹骑，其基层将领应为虎骑司马和豹骑司马。按隋唐左、右骁卫所辖卫士名曰"豹骑"，参见（唐）魏徵等撰《隋书》卷二八《百官志下》，中华书局1973年版，第800页；（唐）李林甫等撰、陈仲夫点校《唐六典》卷五《尚书兵部》、卷二四《诸卫》，中华书局1992年版，第156、619页；《通典》卷二八《职官十·武官上》"左右骁卫"条，第786页。故此"豹骑司马"印亦不排除为唐代之物的可能性。
⑤ 《三国志》卷一《魏书·武帝纪》，第2页。

妹。长子衡，尚太祖弟海阳哀侯女，恩宠特隆。"① 又，夏侯尚之妻为曹爽之姑。夏侯尚曾任曹操军司马、五官将（曹丕）文学、魏国黄门侍郎等职，史称"文帝与之亲友"。曹操死后，夏侯尚"拜散骑常侍，迁中领军"。② 魏文帝禅代之初，夏侯尚迁任外职。在新旧朝易代之际，曹丕将禁卫军权交予宗室及姻亲掌控，无疑是为了更好地控制政局，充分表明中领军、领军将军在曹魏政治中的重要性。

　　魏文帝黄初二、三年是否设领军之职，史书缺载，难以考知。黄初五年（224）以后，朱铄、陈群、卫臻等相继担任中领军。《魏志·吴质传》注引《质别传》曰："质黄初五年朝京师"，时"中领军朱铄性瘦"云云③。按朱铄始任中领军之年不知，不过黄初五年时他已担任此职。黄初六年冬，魏文帝南征孙吴至广陵，以尚书令陈群领中领军，以侍中、吏部尚书卫臻行中领军④。陈群于曹操时曾任治书侍御史、参丞相军事、魏国御史中丞、侍中领丞相东西曹掾，显系曹操重要亲信。"文帝在东宫，深敬器焉，待以交友之礼……及即王位，封群昌武亭侯，徙为尚书。制九品官人之法，群所建也。及践阼，迁尚书仆射，加侍中。徙尚书令，进爵颍乡侯。"⑤ 毫无疑问，陈群是深得魏文帝曹丕信赖的一位重臣。卫臻于曹操时曾任汉黄门侍郎、参丞相军事、户曹掾；曹丕即魏王位，为散骑常侍；称帝后，为尚书，转侍中、吏部尚书。⑥ 其经历、地位与陈群亦颇为相似。黄初七年"夏五月丙辰（十六，6.28），帝疾笃，召中军大将军曹真、镇军大将军陈群、征东大将军曹休、抚军大将军司马宣王（司马

---

① 《三国志》卷九《魏书·夏侯渊传》，第272页。
② 《三国志》卷九《魏书·夏侯尚传》，第293、294页。又，本传注引《魏书》载诏曰："尚自少侍从，尽诚竭节，虽云异姓，其犹骨肉，是以人为腹心，出当爪牙……"（第294页）更形象地概括了夏侯尚与魏文帝之间的特殊关系。
③ 《三国志》卷二一《魏书·吴质传》，第609页。
④ （清）洪饴孙撰《三国职官表》卷中：陈群"黄初四年以尚书令领"中领军，卫臻"黄初末以吏部尚书行"中领军。（刘祜仁点校：《后汉书三国志补表三十种》，中华书局1984年版，第1464页）据《三国志》卷二二《魏书·陈群传》《卫臻传》记载，二人均是在魏文帝南征孙吴至广陵时兼任中领军的（第635、647页）。考同书卷二《文帝纪》知，魏文帝南征"行幸广陵故城"是在黄初六年（225）十月（第85页）。
⑤ 《三国志》卷二二《魏书·陈群传》，第634—635页。
⑥ 《三国志》卷二二《魏书·卫臻传》，第647页。

懿），并受遗诏辅嗣主"①。按此四人中，曹真、曹休、陈群三人曾担任过中领军或领军将军。虽然当时只有陈群一人担任禁卫长官中护军，但也间接表明禁卫军权与魏文帝时期的政治有着密切关系②。

魏明帝时期，先后有夏侯献、薛悌、桓范等人担任领军将军、中领军。夏侯献于太和二年（228）时为中领军③，而在明帝末年又担任领军将军④。其人《三国志》无传，当出于曹氏姻亲谯县夏侯氏无疑。薛悌为中领军见于《魏志·陈矫传》注引《世语》⑤，其任职时间不明，从上下文推断，亦以明帝时为宜。又据该传记载，薛悌后任至尚书令。《魏志·曹爽传》注引《魏略》："桓范字元则，世为冠族。建安末，入丞相府。延康中，为羽林左监。""明帝时，为中领军，尚书。"⑥ 按桓范亦为沛郡谯人，与曹氏同乡。东晋大族谯国桓氏即出自该族，为桓范后裔⑦。除薛悌情况不明外，魏明帝时期的中领军亦皆出于同乡、姻亲等曹氏亲信集团成员。《魏志·刘放传》："其年（景初二年，238），帝寝疾，欲以燕王宇为大将军，及领军将军夏侯献、武卫将军曹爽、屯骑校尉曹肇、骁骑将军秦朗共辅政。"⑧ 魏明帝初衷显然是要以执掌禁卫军权的曹氏宗室及姻亲夏侯氏等（按秦朗亦属宗室之列，详下）控制朝政，辅佐幼主即位。这一设想与曹魏建立以来的用人原则是一致的，文、明二帝任命禁卫长官中领军和领军将军的原则基本上也是如此。由于听从"掌机密"的中书监

---

① 《三国志》卷二《魏书·文帝纪》，第86页。又可参见《三国志》卷九《魏书·曹真传》，第281页；卷二二《魏书·陈群传》，第635页；《晋书》卷一《宣帝纪》，第4页。

② 魏文帝时期禁卫武官制度的重要性可从王朗的上疏中加以体会。《三国志》卷一三《魏书·王朗传》：魏文帝称帝，迁任司空。"时帝颇出游猎，或昏夜还宫。朗上疏曰：'夫帝王之居，外则饰周卫，内则重禁门，将行则设兵而后出挥，称警而后践墀，张弧而后登舆，清道而后奉引，遮列而后转毂，静室而后息驾。皆所以显至尊，务戒慎，垂法教也。近日车驾出临捕虎，日昃而行，及昏而反，违警跸之常法，非万乘之至慎也。'帝报曰：'览表，虽魏绛称虞箴以讽晋悼，相如陈猛兽以戒汉武，未足以喻。方今二寇未殄，将帅远征，故时入原野，以习戎备。至于夜还之戒，已诏有司施行。'"（第409页）

③ 《三国志》卷八《魏书·公孙度传》裴注引《魏名臣奏》，第257页。

④ 《三国志》卷三《魏书·明帝纪》景初二年十二月条注引《汉晋春秋》，第113页；卷一四《魏书·刘放传》，第459页。

⑤ 《三国志》卷二二《魏书·陈矫传》注，第645页。

⑥ 《三国志》卷九《魏书·曹爽传》，第290页。

⑦ 参见田余庆《东晋门阀政治》，北京大学出版社2000年版，第140—155页。

⑧ 《三国志》卷一四《魏书·刘放传》，第459页。又见同书卷三《魏书·明帝纪》注引《汉晋春秋》，第113页。

刘放、中书令孙资的建议，魏明帝暂时放弃了这一念头，而以曹爽与司马懿共同辅政。既而明帝又悔，但为时已晚。① 这一变局为司马懿入朝专政提供了可能性，成为曹魏政局转折的关键环节之一。

魏少帝齐王曹芳即位后，曹爽与司马懿共同辅政。曹爽为曹真之子，"少以宗室谨重，明帝在东宫，甚亲爱之"②。魏明帝一朝，曹爽极受宠信，多年执掌禁卫军权③。"及（明帝）即位，为散骑侍郎，累迁城门校尉，加散骑常侍，转武卫将军，宠待有殊。帝寝疾，乃引爽入卧内，拜大将军，假节钺，都督中外诸军事，录尚书事，与太尉司马宣王并受遗诏辅少主。"就这样，魏明帝遂将曹魏王朝的最高统治权交给了曹爽与司马懿。"明帝崩，齐王即位，加爽侍中，改封武安侯，邑万二千户，赐剑履上殿，入朝不趋，赞拜不名。"④《晋书·宣帝纪》："及齐王即帝位，迁侍中、持节、都督中外诸军、录尚书事，与爽各统兵三千人，共执朝政，更直殿中，乘舆入殿。爽欲使尚书奏事先由己，乃言于天子，徙帝为大司马。朝议以为前后大司马累薨于位，乃以帝为太傅。入殿不趋，赞拜不名，剑履上殿，如汉萧何故事。"⑤

曹爽深知控制禁卫军权的重要性。为了实现专政，曹爽一方面欲排挤司马懿，另一方面又让其诸弟为禁卫武官及侍从文官，控制幼主。"爽弟羲为中领军，训武卫将军，彦散骑常侍、侍讲。其余诸弟，皆以列侯侍从，出入禁闼，贵宠莫盛焉。"⑥ 按曹爽以其弟典禁兵而专断朝政当在正始三年（242）七月之后。《魏志·蒋济传》："齐王即位，徙为领军将军。"⑦《少帝齐王纪》：正始三年七月"乙酉（十九，9.1），以领军将军蒋济为太尉"⑧。则曹羲为中领军必在此后。在较长一段时间内，曹爽以大将军、都督中外诸军事、侍中、录尚书事的身份掌控曹魏王朝的军政大

---

① 参见《三国志》卷一四《魏书·刘放传》，第459页；卷三《明帝纪》注引《汉晋春秋》，第113—114页；《晋书》卷一《宣帝纪》，第13页。
② 《三国志》卷九《魏书·曹爽传》，第282页。
③ 《三国志》卷九《魏书·曹爽传》裴注引《魏书》曰："爽使弟羲为表曰：'……先帝以臣肺腑遗绪，奖饬拔擢，典兵禁省……'"（第283页）
④ 《三国志》卷九《魏书·曹爽传》，第282页。
⑤ 《晋书》卷一《宣帝纪》，第13页。
⑥ 《三国志》卷九《魏书·曹爽传》，第282—283页。
⑦ 《三国志》卷一四《魏书·蒋济传》，第454页。
⑧ 《三国志》卷四《魏书·少帝齐王纪》，第120页。

权，其弟中领军曹羲、武卫将军曹训控制禁卫军权特别是统领着掌宫城内禁卫的内军。曹爽与司马懿的矛盾便集中在对禁卫军权的控制上。《晋书·宣帝纪》：正始"六年秋八月，曹爽毁中垒中坚营，以兵属其弟中领军羲。帝以先帝旧制禁之，不可"。八年，"曹爽用何晏、邓飏、丁谧之谋，迁太后于永宁宫，专擅朝政，兄弟并典禁兵，多树亲党，屡改制度。帝不能禁，于是与爽有隙"。① 司马懿表面上虽尸位素餐，但却在暗中积蓄力量，密谋策划，终于在正始十年（249）正月发动了高平陵政变，夺取了曹魏王朝的军政大权。

迅速地控制了京城禁卫军权，是司马懿政变成功的一个重要原因，而曹爽之失败主要也与其出城而失去对禁卫军权的有效控制有关。《魏志·曹爽传》："车驾朝高平陵，爽兄弟皆从。宣王部勒兵马，先据武库，遂出屯洛水浮桥。"司马懿在奏爽罪状时主要也是针对其专断禁卫军权而言，谓其"破坏诸营，尽据禁兵"；"殿中宿卫，历世旧人皆复斥出，欲置新人以树私计"。司马懿"以爽为有无君之心，兄弟不宜典兵宿卫"，"罢爽、羲、训吏兵"。司马懿深知军权特别是禁卫军权的重要性，故首先要剥夺曹爽之军权。据《曹爽传》注引《世语》曰："爽兄弟先是数俱出游，桓范谓曰：'总万机，典禁兵，不宜并出，若有闭城门，谁复内入者？'"② 曹爽专政主要控制的是内军，即宫城内禁卫军权。曹爽此次随帝出城朝高平陵，所带军队数量有限，难以与司马懿相抗衡。干宝《晋纪》曰："爽留车驾宿伊水南，伐木为鹿角，发屯甲兵数千人以为卫。"③ 可见不仅兵员少，而且武器也不足。正因如此，从城内出奔投爽的大司农桓范便建议曹爽，"使车驾幸许昌，招外兵"④。当时留宿城内的禁卫军必定人数众多，但因将帅在外，群龙无首，而且司马懿首先占据了武库，他们自然不大可能有什么作为，反而还可以为司马懿所利用。

曹爽一党未作反抗便束手就擒，遭到司马懿残酷镇压，曹爽、羲、训兄弟及何晏、邓飏、丁谧、毕轨、李胜、桓范、张当等人，"皆伏诛，夷

---

① 《晋书》卷一《宣帝纪》，第15、16页。
② 《三国志》卷九《魏书·曹爽传》，第286页。
③ 同上书，第287页。
④ 同上。

三族"①。曹魏政权遂由司马懿专断。司马懿亦特别注重对禁卫军权的掌控，以其亲信王观代曹羲为中领军。《魏志·王观传》：

> 太尉司马宣王请观为从事中郎，迁为尚书，出为河南尹，徙少府。大将军曹爽使材官张达斫家屋材，及诸私用之物，观闻知，皆录夺以没官。……乃徙为太仆。司马宣王诛爽，使观行中领军，据爽弟羲营，赐爵关内侯。②

嘉平三年（251）八月，司马懿在平定王凌反叛之后不久病死，其长子司马师为抚军大将军、录尚书事，继续控制曹魏政权。次年正月，司马师担任大将军。

嘉平六年二月，中书令李丰与皇后父光禄大夫张缉等谋废司马师，"以太常夏侯玄为大将军。事觉，诸所连及者皆伏诛"。"三月，废皇后张氏。"③ 这是帝室姻亲为了反抗司马氏专政而采取的一次行动。这次事件的主谋当即夏侯玄。夏侯玄为曹爽姑子，爽专权时受到重用。"爽诛，征玄为大鸿胪，数年徙太常。玄以爽抑绌，内不得意。中书令李丰虽素为大将军司马景王所亲待，然私心在玄，遂结皇后父光禄大夫张缉，谋欲以玄辅政。丰既内握权柄，子尚公主，又与缉俱冯翊人，故缉信之。"其事败露，预谋诸人"皆夷三族，其余亲属徙乐浪郡"。④ 值得注意的是，禁卫长官中领军许允似也参与了这次未遂政变之谋。《魏志·夏侯玄传》：

> 初，中领军高阳许允与丰、玄亲善。先是有诈作尺一诏书，以玄为大将军，允为太尉，共录尚书事。……后丰等事觉，徙允为镇北将军、假节、督河北诸军事。未发，以放散官物，收付廷尉，徙乐浪，道死。⑤

---

① 《三国志》卷九《魏书·曹爽传》，第288页。又可参见本传注引《魏略》（第288—291页）及同书卷四《少帝齐王纪》，第123页。

② 《三国志》卷二四《魏书·王观传》，第694页。

③ 《三国志》卷四《魏书·少帝齐王纪》，第128页。

④ 《三国志》卷九《魏书·夏侯玄传》，第299页。《晋书》卷二《景帝纪》："正元元年春正月，天子与中书令李丰、后父光禄大夫张缉、黄门监苏铄、永宁署令乐敦、冗从仆射刘宝贤等谋以太常夏侯玄代帝辅政。"（第27页）谓少帝曹芳预其谋，可能更近于事实。

⑤ 《三国志》卷九《魏书·夏侯玄传》，第302—303页。

按许允本为司马氏之党①，在高平陵政变后受到司马氏重用，官至中领军。许允与夏侯玄、李丰、张缉等人不同，似未正式参与其谋，故直到当年秋冬才将其远徙乐浪而死于道。如有确凿证据，肯定是夷三族之罪，而不会以"放散官物"罪处置。②对许允的处置，表明司马氏在其权力壮大的过程中，对禁卫军权的控制提出了更高的要求。不但要控制皇帝，而且还要完全掌控禁卫军权，其目的无疑是为以后顺利篡位开辟道路。

嘉平六年（254）九月，司马师废黜少帝曹芳，而立高贵乡公曹髦为帝。次年司马师死，其弟司马昭继续掌控曹魏朝政。甘露五年（260）五月，曹髦反抗司马昭而被害，元帝曹奂（本名璜）即位。景元五年（264）司马昭死，其子司马炎继统，并于次年篡位立晋。在此十余年间，司马氏权势煊赫，完全专断了魏国朝政，虽有来自朝廷和地方的反抗，但均遭到残酷镇压。对于禁卫长官之一的中领军，司马师—昭—炎都十分重视其人选，先后有司马昭、荀顗、王肃、司马望、羊祜等司马氏及其亲信成员担任中领军③。

《晋书·文帝纪》："毌丘俭、文钦之乱，大军东征，帝兼中领军，留镇洛阳。及景帝疾笃，帝自京都省疾，拜卫将军。景帝崩，天子命帝镇许

---

① 《三国志》卷九《魏书·曹爽传》注引《世语》曰："宣王使许允、陈泰解语爽，蒋济亦与书达宣王之旨，又使爽所信殿中校尉尹大目谓爽'唯免官而已'，以洛水为誓。爽信之，罢兵。"（第287页）很显然，许允在当时已为司马懿之党羽。同书卷一四《魏书·蒋济传》注引《世语》："济随司马宣王屯洛水浮桥，济书与曹爽，言宣王旨'惟免官而已'，爽遂诛灭。"（第456页）

② 《三国志》卷九《魏书·夏侯玄传》注引《魏略》曰："会有司奏允前擅以厨钱谷乞诸俳及其官属，故遂收送廷尉，考问竟，减死徙边。允以嘉平六年秋徙，妻子不得自随，行道未到，以其年冬死。"（第303页）卷四《少帝齐王纪》裴注："《世语》及《魏氏春秋》并云：此秋，姜维寇陇右。时安东将军司马文王镇许昌，征还击维，至京师，帝于平乐观以临军过。中领军许允与左右小臣谋，因文王辞，杀之，勒其众以退大将军。已书诏于前。文王入，帝方食栗，优人云午等唱曰：'青头鸡，青头鸡。'青头鸡者，鸭也。帝惧不敢发。文王引兵入城，景王因是谋废帝。臣松之案《夏侯玄传》及《魏略》，许允此年春与李丰事相连。丰既诛，即出允为镇北将军，未发，以放散官物收付廷尉，徙乐浪，追杀之。允此秋不得故为领军而建此谋。"（第128—129页）记载虽有歧异，但有两点可以确认：许允事涉谋反而被徙杀；许允谋反并无确凿证据。

③ 《三国职官表》卷中据《曹仁传》，谓曹演正元（254—256）中为领军将军。（《后汉书三国志补表三十种》，第1465页）按《三国志》卷九《魏书·曹仁传》：弟纯，"子演嗣，官至领军将军。正元中，进封平乐乡侯"。（第277页）据此，则曹演于正元前已任领军将军。不过从情理推断，似应在魏明帝时或曹爽专政时，不得晚至司马氏执政的正元年间。

昌，尚书傅嘏帅六军还京师。帝用嘏及钟会策，自帅军而还。至洛阳，进位大将军，加侍中，都督中外诸军、录尚书事，辅政。"① 按毌丘俭、文钦于淮南反叛司马氏，司马师率大军东征，以其弟司马昭兼中领军留镇洛阳。中领军之职掌控朝廷禁卫大权，其地位之重于此可见一斑。《魏志·荀彧传附子恽传》：恽子寓。"寓官至中领军。薨，谥曰贞侯，追赠骠骑将军。子恺嗣。寓妻，司马景王、文王之妹也，二王皆与亲善。咸熙中，开建五等，寓以著勋前朝，改封恺南顿子。"② 按"开建五等"是在咸熙元年（264）七月③，时司马昭为晋王（文王）。则荀寓任中领军应在司马师（景王）当政时期（251—255），其母虽为曹操之女④，但其妻却是司马懿之女，其与司马氏的关系当更为密切。

司马昭专政时，王肃担任中领军。王肃为曹魏大儒，齐王芳时与崇重儒学的司马氏声气相投，而与曹爽政见分歧颇大。⑤《魏志·王肃传》：

……迁太常。时大将军曹爽专权，任用何晏、邓飏等。肃与太尉蒋济、司农桓范论及时政，肃正色曰："此辈即弘恭、石显之属，复称说邪！"爽闻之，戒何晏等曰："当共慎之！公卿已比诸君前世恶人矣。"坐宗庙事免。后为光禄勋。……徙为河南尹。嘉平六年，持节兼太常，奉法驾，迎高贵乡公于元城。⑥

王肃反对曹爽亲信，表明其与司马氏政见一致，故为爽所不容而被免官。司马氏执政后，王肃地位上升，并受命迎立高贵乡公，为司马氏专政效命。在毌丘俭、文钦反叛前夕，王肃已向司马师提议加以防备，事发后，又为师建平叛之谋，"景王从之，遂破俭、钦"⑦。正是在这种情况下，司马昭才将其所兼中领军之职交与王肃，加散骑常侍，增邑至二千二百户。

---

① 《晋书》卷二《文帝纪》，第33页。
② 《三国志》卷一〇《魏书·荀彧传附子恽传》，第319页。
③ 《晋书》卷二《文帝纪》，第44页。
④ 《三国志》卷一〇《魏书·荀彧传》："太祖以女妻彧长子恽，后称安阳公主。"（第316页）
⑤ 参见陈寅恪《书世说新语文学类钟会撰四本论始毕条后》，《金明馆丛稿初编》，上海古籍出版社1980年版，第41—46页。
⑥ 《三国志》卷一三《魏书·王肃传》，第418页。
⑦ 同上书，第419页。

不仅如此，更重要的是王肃还是司马氏姻亲。《晋书·后妃上·文明王皇后传》："父肃，魏中领军、兰陵侯。"① 王肃为司马昭之岳父，故将禁卫军权委任于他，可保证万无一失。王肃任职不久即于甘露元年（256）病故，其后一段时间，曹魏领军担任者不可确考，亦有可能其时未设领军之职。

约当曹魏末年，司马懿之侄顺阳侯司马望由雍凉都督"征拜卫将军、领中领军，典禁兵"②。此时已到司马昭称晋王而即将易代之际的公元 265 年初。同年，司马炎即晋王位并于年底行禅代之举。"典禁兵"的中领军义阳王望在其中自然也发挥了重要的作用。与此同时，司马氏姻亲羊祜亦任中领军。司马师及司马昭专权时，羊祜历任中书侍郎、给事中、黄门郎、秘书监等职，又为司马昭"相国从事中郎，与荀勖共掌机密"。司马炎禅代前夕，羊祜"迁中领军，悉统宿卫，入直殿中，执兵之要，事兼内外"。③ 羊祜受到司马氏专权者特别信任，主要仍是因其与司马氏有姻亲关系，"祜，蔡邕外孙，景献皇后同产弟"④。景献皇后羊氏为司马师第三位妻子⑤。有宗室司马望及姻亲羊祜同任中领军，"典禁兵"，"统宿卫"，司马炎便可十分顺利地实现魏晋禅代的政治革命。禁卫军权在曹魏一朝政治中的重要性于此有充分反映，而中领军、领军将军在曹魏政坛的特殊地位更说明其职举足轻重。

第二节　护军将军、中护军

《宋书·百官志下》："护军将军，一人，掌外军。……魏初，因置护军，主武官选，隶领军，晋世则不隶也。"⑥《晋书·职官志》："护军将军……魏初，因置护军将军，主武官选，隶领军，晋世则不隶也。"⑦ 与领军一样，护军资轻者即为中护军。这一记载可注意者有三：曹魏一代设

---

① 《晋书》卷三一《后妃上·文明王皇后传》，第 950 页。
② 《晋书》卷三七《宗室·义阳王望传》，第 1086 页。
③ 《晋书》卷三四《羊祜传》，第 1014 页。
④ 同上书，第 1013 页。
⑤ 《晋书》卷三一《后妃上·景献羊皇后传》，第 949—950 页。
⑥ 《宋书》卷四〇《百官志下》，第 1247 页。
⑦ 《晋书》卷二四《职官志》，第 740 页。

有"掌外军"的护军将军；护军将军"主武官选"；护军在曹魏时隶领军，晋代则独立于领军。按护军所掌之"外军"当是与领军所掌之"内军"相对而言，应指宫城外保卫京城的禁卫军，而与地方都督或州郡长官所领之兵无关。① 上文所引官志关于领军将军的记载中，谓领军"主五校、中垒、武卫三营"，而并不包括护军营。护军与领军各自职责范围有别，是否有真正的隶属关系颇难求证，就目前所见史料来看，尚无护军隶领军的例证。

曹魏一代可考之护军将军有二人，中护军有八人，其中有二人曾任中护军与护军将军。又有"中护军臣陟"②，则曹魏护军担任者共有九人可考，远少于领军之数。与领军相似，曹魏护军亦以资轻之中护军为制度常态，而护军将军则比较少见。护军将军资重于中护军，可从蒋济的仕历中看出。《魏志·蒋济传》：

> 明帝即位，赐爵关内侯。……迁为中护军。……就迁为护军将军，加散骑常侍。……齐王即位，徙为领军将军，进爵昌陵亭侯。③

---

① 《资治通鉴》卷七六《魏纪八》高贵乡公正元二年（255）"（司马）师率中外诸军以讨（毌丘）俭、（文）钦"下，胡三省注："中，谓中军；外，谓城外诸营兵。"［（宋）司马光编著，（元）胡三省音注，"标点资治通鉴小组"校点：《资治通鉴》，中华书局1956年版，第2420页］此处之"城"是指宫城还是京城，其义不明。日本学者越智重明认为："外军构成了中央军的一部分（即中央军为中军＝内军与外军组成，外军与地方军无关）"；"内军＝中军担任洛阳城内宿卫，外军是在洛阳城外（与其周边）的宿卫军以外的军队。"（《領軍將軍と護軍將軍》，《東洋學報》第44卷第1号〔1961年〕）即认为中、外界限以京城划分而不以宫城划分。祝总斌认为："'中'指保卫宫城的禁兵，'外'指保卫宫城以外，整个洛阳城的中央军。"（《都督中外诸军事及其性质、作用》，《纪念陈寅恪先生诞辰百年学术论文集》，第227页）亦即中、外界限以宫城划分。何兹全认为："中军系驻京师内外，由中央直辖的军队；外军则系在外各都督分领的军队。……都督兵仍是中央军队。"（《魏晋的中军》，《读史集》，第259—260页）此为以中央和地方划分中、外界限。诸说中，以祝说论证最为周密，本书之内（中）军、外军即采宫城内、外之说。就都督中外诸军事的职权范围而言，何兹全认为其职有权统领中央和地方的所有军队，地方都督军也是中央军的一部分；越智重明和祝总斌认为其职只有统领中央军——驻扎在京师地区的军队——的权力。

② （宋）洪适撰：《隶释》卷一九《魏公卿上尊号碑》，《隶释·隶续》，中华书局1985年版，第186页。又楼松书屋汪氏校本《隶续》，国家图书馆善本金石组编：《历代石刻史料汇编》，北京图书馆出版社2000年版，第一编第二册；（清）王昶撰：《金石萃编》卷二三《魏一·上尊号碑》，北京市中国书店1985年版。

③ 《三国志》卷一四《魏书·蒋济传》，第452—454页。

这表明中护军品级低于护军将军，护军将军位次于领军将军而又在同一品级，其关系类似于后代官品表领军将军与护军将军的关系，即二职居于同品而护军仅次于领军。曹魏之中护军与中领军一样，其前身即建安十三年（208）曹操霸府设置的禁卫武官——中护军。《魏志·夏侯渊传》：建安"十七年，太祖乃还邺，以渊行护军将军，督朱灵、路招等屯长安，击破南山贼刘雄，降其众"①。这是史书中第一次出现护军将军的记载，不过它显然不是后代作为禁卫长官的护军将军，而是曹操所率一路军事统帅的名称，与见于汉魏之际的大量杂号护军相似②。建安十八年五月进曹操为魏公时，劝进诸亲信将领中即有"中护军曹洪""领护军将军王图"③。建安二十年，曹操西平汉中，"留（牵）招为中护军，事罢，还邺"④。这些将领已经具备了禁卫武官的性质，而与当时大量的杂号护军有别。

　　曹魏建立前夕，曹洪为都护将军。曹洪为曹操从弟，在宗室中地位颇高。⑤ 前此建安十八年劝进时曹洪为中护军，其都护将军应与护军将军相似而地位略高。曹丕称帝时，曹洪是否仍为都护将军难以确定。直到黄初六年（225），始有护军将军见于记载。《魏志·陈群传》：

　　　　帝征孙权，至广陵，使群领中领军。帝还，假节，都督水军。还许昌，以群为镇军大将军，领中护军，录尚书事。帝寝疾，群与曹真、司马宣王等并受遗诏辅政。明帝即位，进封颍阴侯，增邑五百，并前千三百户。与征东大将军曹休、中军大将军曹真、抚军大将军司马宣王并开府。顷之，为司空，故（？）录尚书事。⑥

陈群为曹魏文、明二朝深得信任之重臣，于此可见一斑。魏文帝南征孙权

---

① 《三国志》卷九《魏书·夏侯渊传》，第270页。
② 参见《三国职官表》卷下"魏诸护军"条，《后汉书三国志补表三十种》，第1623—1626页；严耕望《中国地方行政制度史》上编，"中央研究院"历史语言研究所专刊之四十五，1963年版，第817—835页；叶其峰《魏晋十六国时期的护军、中护军及护军印》，《文物》1990年第1期。
③ 《三国志》卷一《魏书·武帝纪》注引《魏书》，第40页。
④ 《三国志》卷二六《魏书·牵招传》，第731页。时间据同书卷一《魏书·武帝纪》，第45页。
⑤ 《三国志》卷九《魏书·曹洪传》，第277—278页。
⑥ 《三国志》卷二二《魏书·陈群传》，第635页。

还许昌是在黄初七年正月，陈群即于是时领中护军、录尚书事。同年五月，文帝于洛宫驾崩，陈群与曹真、曹休、司马懿等同受遗诏辅政。当时陈群应仍领中护军，是顾命大臣中唯一担任禁卫长官者。从陈群叠任中护军、录尚书事二职推断，中护军在当时可能不是掌宫城外军的禁卫长官，而应是掌宫城内军的禁卫长官。中护军陈群究竟是全面负责宫城内禁卫事务，还是与中领军分掌，不太明确。史书中不见当时担任中领军或领军将军者，故由中护军全面负责宫城内禁卫事务的可能性较大。陈群到魏明帝时大概就不再领中护军。其时蒋济为中护军，又迁护军将军。①

正始（240—249）年间，先后有毕轨、夏侯玄、司马师诸人担任中护军。中护军人选的变迁，对曹魏政局产生了巨大影响。《魏志·曹爽传》注引《魏略·毕轨传》：

> 父字子礼，建安中为典农校尉。轨以才能，少有名声。明帝在东宫，时轨在文学中。……明帝即位，入为黄门郎，子尚公主，居处殷富。迁并州刺史。……至正始中，入为中护军。转侍中、尚书，迁司隶校尉。素与曹爽善，每言于爽，多见从之。②

由此可见，毕轨为帝室姻亲，又为明帝亲信，与曹爽有着良好关系，故在齐王芳时期，为专权者曹爽所重用。夏侯玄为曹爽姑子，故在曹爽当政时，"累迁散骑常侍、中护军"③。夏侯玄卸任中护军的时间当在正始五年初。《魏志·夏侯玄传》："顷之，为征西将军、假节、都督雍凉州诸军事，与曹爽共兴骆谷之役，时人讥之。"④ 据同书《少帝齐王纪》，曹爽征蜀在正始五年二月至五月间⑤，可知至迟正始五年二月夏侯玄就已外任。《夏侯玄传》注引《魏略》曰："玄既迁，司马景王代为护军。"⑥ 曹爽为了提高声望以利进一步专权，乃兴骆谷之役，以其亲信夏侯玄负责雍凉军

---

① 《三国志》卷一四《魏书·蒋济传》，第452—453页。
② 《三国志》卷九《魏书·曹爽传》注，第289页。
③ 《三国志》卷九《魏书·夏侯玄传》，第295页。
④ 同上书，第298页。
⑤ 《三国志》卷四《魏书·少帝齐王纪》，第120页。
⑥ 《三国志》卷九《魏书·夏侯玄传》注，第299页。《晋书》卷二《景帝纪》："魏景初中，拜散骑常侍。累迁中护军。"（第25页）

事，将与蜀汉战争的大权握于己手，于是不惜以其政敌司马懿之子司马师代夏侯玄为中护军。曹爽此次人事任命，为其后来的败灭埋下了隐患，但就当下来看，却不能说是失败的举措。如前所述，大约在正始三年七月以后曹爽便以其弟曹羲为中领军、曹训为武卫将军，从而控制了宫内禁卫军权。到正始五年初，曹爽已经牢牢地控制了禁卫军权，这时他才敢于将中护军一职转交司马师之手。当时中护军可能仅负责宫城外之禁卫。此举还可以收到讨好司马懿的效果。正始六年八月，曹爽又毁中垒中坚营，以其营兵归中领军曹羲，更加强了中领军的权力，而中护军的权力则遭到进一步削弱。

然而，曹爽让司马氏染指禁卫军权带来了意想不到的后果，司马懿、司马师父子密谋除爽的计划即在其后加以制定。《晋书·景帝纪》：

> 宣帝（懿）之将诛曹爽，深谋秘策，独与帝（师）潜画，文帝（昭）弗之知也，将发夕，乃告之。既而使人觇之，帝寝如常，而文帝不能安席。晨会兵司马门，镇静内外，置阵甚整。……初，帝阴养死士三千，散在人间，至是一朝而集，众莫知所出也。[①]

由此推断，司马懿的反爽密谋，主要是由其长子中护军司马师来实施的。司马师利用其掌宫外禁卫军之便"阴养死士三千"，他们无疑是从其所领禁卫军中秘密雇佣的。从"晨会兵司马门"来看，中护军司马师此时确实统领宫外之禁卫军。《晋书·宣帝纪》："时景帝为中护军，将兵屯司马门。"[②] 高平陵政变时，由于曹爽与少帝出城，宫城守备空虚，且群龙无首，为司马师以宫外禁卫军控制京师局势创造了条件。同时，司马懿率兵"屯于洛水浮桥"[③]，关上了曹爽入京的通道，控制了整个京师局势。曹爽虽然十分注意对禁卫军权的控制，但他主要是控制宫城内禁卫，而忽略了宫城外禁卫。司马懿也正是在这一点上找到了突破口。毫无疑问，曹魏中领军（领军将军）所掌内军是禁卫军的中坚，宫城内禁卫是禁卫军权的

[①] 《晋书》卷二《景帝纪》，第25页。
[②] 《晋书》卷一《宣帝纪》，第17页。按司马门为宫城外门（正南门），司马门内即为禁中。参见祝总斌《两汉魏晋南北朝宰相制度研究》，中国社会科学出版社1998年版，第240—245页。
[③] 《晋书》卷一《宣帝纪》，第17页。

核心，但在一定条件下，其轻重也会发生易位。因此，中护军（护军将军）及其所掌外军亦不可忽视，尤其在非常朝政下更是如此。

高平陵政变后，司马氏专断朝政，自此迄于魏末，中护军（护军将军）之职先后由司马师、司马望、贾充、司马炎、王业等人担任，其受重视程度与中领军不相上下。其时对司马氏专政的反抗力量，主要来自朝廷和方镇将领两个方面。在朝廷，利用中领军的禁卫武装控制局势比较容易，必要时还可采取政治手段行废立之举。方镇势力的威胁则必须通过加强宫外禁卫力量予以防范，而且司马氏专权者所领大军应该就驻扎在京师及其外围地区。以司马氏宗室及其姻亲担任中领军、中护军，分掌内外军，严守宫城内外，从而专断朝政，是曹魏后期司马氏专政的最主要手段之一。

嘉平三年（251）八月，司马懿病死，其长子司马师继统，"以抚军大将军辅政"[1]。司马师所任中护军当于此时卸任。《晋书·宗室·义阳王望传》："从宣帝讨王凌，以功封永安亭侯。迁护军将军，改封安乐乡侯，加散骑常侍。"[2] 按司马懿讨王凌是在嘉平三年四月，即其死前不久。可知司马望任护军将军在司马懿病故、司马师继统之际。司马望所任应为中护军而非护军将军。《魏志·少帝齐王纪》嘉平六年九月条注引《魏书》所载奏永宁宫诸臣姓名，其中即有"中护军永安亭侯臣望"[3]；同月丁丑条注引《魏书》，亦载"使中护军望"等迎高贵乡公于元城[4]。《魏志·王凌传》注引"俭、钦等表曰"，其中有"护军、散骑常侍望，忠公亲事，当官称能，远迎乘舆，有宿卫之功，可为中领军"之句[5]。此"护军"实即中护军。司马望在卸任中护军之后，外任雍凉都督八年之久，而后入朝为卫将军、领中领军。司马望为中领军的时间应在咸熙二年（265）五月晋国设中领军、卫将军官之时[6]，则其应在高贵乡公甘露二、三年（257、258）前后由中护军出任雍凉都督。时司马师已死，司马昭继统。此与

---

[1] 《晋书》卷二《景帝纪》，第25页。
[2] 《晋书》卷三七《宗室·义阳王望传》，第1086页。
[3] 《三国志》卷四《魏书·少帝齐王纪》，第129页。按"臣望"即司马望，参见（清）钱大昕撰《廿二史考异》卷一五《三国志一》"齐王芳纪"条，《丛书集成初编》本，商务印书馆1937年版，第324页。
[4] 《三国志》卷四《魏书·少帝齐王纪》，第131页。
[5] 《三国志》卷二八《魏书·王凌传》，第765页。
[6] 《晋书》卷二《文帝纪》，第44页。

《晋书·义阳王望传》的有关记载也是吻合的：

> 时魏高贵乡公好才爱士，望与裴秀、王沈、钟会并见亲待，数侍宴筵。公性急，秀等居内职，急有召便至。以望外官，特给追锋车一乘，武（虎）贲五人。时景、文相继辅政，未尝朝觐，权归晋室。望虽见宠待，每不自安，由是求出，为征西将军、持节、都督雍凉二州诸军事。①

这一记载不仅可以帮助判断司马望外任的时间，而且还表明散骑常侍、中护军司马望为"外官"，不在宫城内宿直，进一步证明中护军负责宫城外禁卫。

司马望之后，贾充任中护军。贾充为司马氏重要亲信，曾协助司马师平定毌丘俭、文钦之乱，协助司马昭平定诸葛诞之乱。贾充为中护军时可能统领宫城内外禁卫军，同时握有中领军、中护军的权力。如前所考，公元 256 年以后近十年间，曹魏中领军之职于史无征，而大约在此同时，贾充担任中护军。在中护军任上，贾充平息了少帝曹髦为反抗司马昭而发动的政变，更立下了殊勋。《晋书·贾充传》：

> 累迁黄门侍郎，汲郡典农中郎将，参大将军军事。从景帝讨毌丘俭、文钦于乐嘉。帝疾笃，还许昌，留充监诸军事，以劳增邑三百五十户。后为文帝大将军司马，转右长史。帝新执朝权，恐方镇有异议，使充诣诸葛诞，图欲伐吴，阴察其变。……复从征诞，充进计曰："楚兵轻而锐，若深沟高垒以逼贼城，可不战而克也。"帝从之。城陷，帝登垒以劳充。帝先归洛阳，使充统后事。……迁廷尉……转中护军。高贵乡公之攻相府也，充率众距战于南阙。军将败，骑督成倅弟太子舍人济谓充曰："今日之事如何？"充曰："公等养汝，正拟今日，复何疑！"济于是抽戈犯跸。及常道乡公即位，进封安阳乡侯，增邑千二百户，统城外诸军，加散骑常侍。②

在司马氏权力壮大过程中，贾充效力最多，功劳最著，深得司马昭和司马炎父子之宠信。"时军国多事，朝廷机密，皆与筹之。"贾充"为晋元勋，

---

① 《晋书》卷三七《宗室·义阳王望传》，第 1086 页。
② 《晋书》卷四〇《贾充传》，第 1165—1166 页。

深见宠异，禄赐常优于群官"。① 司马炎袭晋王位后，贾充担任晋国卫将军、仪同三司、给事中。其为中护军长达六七年之久。

从上引记载来看，曹魏后期中护军"统城外诸军"，司马氏相府就在宫城之外②，故当时中护军最主要的任务便是保卫相府。曹魏后期中护军权力之重，除了其在平定曹爽时的特殊作用以及防范方镇进攻京师外，更重要的还在于其以相府的保卫为核心职责。在当时，对司马氏权臣的保卫自然是禁卫制度的核心，对曹魏少帝主要则是以防范为主。司马炎在高贵乡公被害后，曾以使持节、行中护军、中垒将军身份迎常道乡公曹璜嗣位③。司马炎"行中护军"既是代表朝廷，更是代表司马氏相府。将高贵乡公之谋密告于司马昭的散骑常侍王业，后来接替贾充，在魏晋易代之际担任中护军。④

第三节　武卫、中垒、骁游诸将军

前引晋、宋官志及《通典》俱载曹魏领军将军主五校、中垒、武卫三营，则五校尉、中垒将军、武卫将军领营兵隶属于领军将军（中领军），构成了曹魏宫内禁卫军的主力。在此结合具体史料对武卫、中垒将军及与宫内禁卫相关的骁骑、游击将军加以考察；五校尉属于对汉代禁卫旧制的承袭，将在下节予以讨论。

一　武卫将军

在曹魏领军所主三营中，尤以新出现的武卫营最为重要，武卫将军在

---

① 《晋书》卷四〇《贾充传》，第1166页。
② 司马氏相府的确切位置史无明载，从常理推断，不大可能在宫城内。《三国志》卷四《魏书·高贵乡公纪》载其被害后，皇太后令称："而此儿便将左右出云龙门，雷战鼓，躬自拔刃，与左右杂卫共入兵陈间，为前锋所害。"裴注引《魏氏春秋》亦谓，时高贵乡公"拔剑升辇，帅殿中宿卫苍头官僮击战鼓，出云龙门"。又，当时曹髦所居在凌云台。（第144、145页）按云龙门为宫城东门，则司马昭相府应在宫城东云龙门外。参见作铭（夏鼐）《〈永乐大典〉卷9561引〈元河南志〉的古代洛阳图十四幅·魏都城图》，《考古学报》1959年第2期，第46页图三。在该图中，凌云台位于宫城南门外偏西之处，距云龙门甚远，与《魏氏春秋》所载不合。从《魏氏春秋》记载推断，凌云台当时应在云龙门内宫城之中。
③ 参见《三国志》卷四《魏书·高贵乡公纪》，第146页；《晋书》卷三《武帝纪》，第49页。
④ 参见《三国志》卷四《魏书·高贵乡公纪》注引《世语》，第145页；《晋书》卷四〇《贾充传》，第1167页。

曹魏前期是最亲近的禁卫武官之一。曹丕继任魏王后，改武卫中郎将为武卫将军。首任武卫将军许褚便曾任武卫中郎将，率虎士宿卫曹操左右，为曹操最亲近的侍卫亲兵之长。据《魏志·许褚传》记载，其任武卫将军一直到魏明帝时去世为止①。其后宗室曹爽接任武卫将军，《魏志·曹爽传》："以宗室谨重，明帝在东宫，甚亲爱之。及即位，为散骑侍郎，累迁城门校尉、加散骑常侍，转武卫将军，宠待有殊。帝寝疾，乃引爽入卧内，拜大将军、假节钺、都督中外诸军事、录尚书事，与太尉司马宣王并受遗诏辅少主。"② 曹爽于魏明帝初接替许褚担任武卫将军，直至明帝去世前夕。其后曹爽排挤司马懿，独掌曹魏朝政。"爽弟羲为中领军，训武卫将军，彦散骑常侍、侍讲，其余诸弟，皆以列侯侍从，出入禁闼，贵宠莫盛焉。"③ 曹爽之得以专政，除了他本人手握军政大权外，还由于其两个弟弟曹羲、曹训分别以中领军、武卫将军之职控制了禁卫军主力。嘉平六年（254）时"武卫将军安寿亭侯臣演"（曹演）列于"诸臣永宁宫奏名"中④，是否属司马氏集团成员，难以确知。其后司马氏亲信荀顗继任武卫将军。《魏志·何夔传》注引干宝《晋纪》曰："正元（254—256）中，（夔子曾）为司隶校尉。时毌丘俭孙女适刘氏，以孕系廷尉。女母荀，为武卫将军荀顗所表活，既免，辞诣廷尉，乞为官婢以赎女命。"⑤《晋书·荀顗传》："魏时以父勋除中郎。宣帝辅政……擢拜散骑侍郎，累迁侍中。""文帝辅政，迁尚书。帝征诸葛诞，留顗镇守。"⑥ 按本传不载荀顗为武卫将军事，从上下文推断，其担任侍中时很可能即已兼任武卫将军⑦，迁任尚书后应该仍兼其职。司马昭征诸葛诞是在甘露二年秋冬至三年春⑧，荀顗以尚书之职受命镇守京师，必定还兼任相应的禁卫武官。据

---

① 参见《三国志》卷一八《魏书·许褚传》，第543页。
② 《三国志》卷九《魏书·曹爽传》，第282页。
③ 同上书，第283页。
④ 《三国志》卷四《魏书·少帝齐王纪》注引《魏书》，第129页。钱大昕云："'武卫将军安寿亭侯演'，当是曹演也。"（《廿二史考异》卷一五《三国志一》"齐王芳纪"条，第324页）
⑤ 《三国志》卷一二《魏书·何夔传》注引干宝《晋纪》，第382页。
⑥ 《晋书》卷三九《荀顗传》，第1150页。
⑦ 按《三国志》卷四《高贵乡公纪》注引《魏氏春秋》，甘露元年（256）"二月丙辰（初九，3.22），帝宴群臣于太极东堂"，"侍中荀顗"与会（第134页）。是年"六月丙午（初一，7.10），改元为甘露"（第138页），则二月仍为正元三年。
⑧ 参见《三国志》卷四《高贵乡公纪》，第140—141页；《晋书》卷二《文帝纪》，第34—35页。

此似可确定，荀顗在司马昭当政之正元、甘露年间先后以侍中、尚书之职兼任武卫将军。

曹魏后期，外军地位上升而内军地位相对下降，武卫将军在曹魏前期政治中的那种重要性已不复存在，具体表现便是其职几乎不见于史载，很可能变为非常设之职。到了西晋初年，武卫将军被正式废罢①。

二　中垒将军

典志俱载曹魏领军所主三营之一为中垒营，则曹魏一代内军中有中垒营，由中垒将军主之。但考诸史载，关于中垒将军的记载实在太少，中垒将军可能并非曹魏一代定制。《魏志·后妃·文德郭皇后传》："明帝即位，尊后为皇太后，称永安宫。太和四年（230），诏封表（后从兄）安阳亭侯，又进爵乡侯，增邑并前五百户，迁中垒将军。"② 由此可见，在魏明帝太和四年时有中垒将军之职。嘉平六年（254）"诸臣永宁宫奏名"中有"中坚将军平原侯臣德"（甄德）、"中垒将军昌武亭侯臣廙"（荀廙?），列中护军、武卫将军之下而位居五校尉之上。③ 这表明，当时曹魏禁卫武官中除了中领军、中护军、武卫将军及五校尉外，还有中坚、中垒将军。建安年间，曹休、张辽、许褚均曾任中坚将军。曹魏一代所见中坚将军仅有"诸臣永宁宫奏名"中之中坚将军甄德一人。晋武帝司马炎，"魏嘉平（249—254）中，封北平亭侯，历给事中、奉车都尉、中垒将军，加散骑常侍，累迁中护军。假节，迎常道乡公于东武阳。迁中抚军，进封新昌乡侯"④。甘露五年（260）高贵乡公被杀之后，"使使持节、行中护军、中垒将军司马炎北迎常道乡公璜嗣明帝后"⑤。可知司马炎至迟在公元256年时已任中垒将军，260年时仍任此职，并以"行中护军"身份迎立曹璜即位。

正始"六年（245）秋八月，曹爽毁中垒中坚营，以兵属其弟中领军

---

①　据《晋书》卷三《武帝纪》，武卫将军被废罢是在泰始三年（267）三月（第55页）。
②　《三国志》卷五《魏书·后妃·文德郭皇后传》，第166页。
③　《三国志》卷四《魏书·少帝齐王纪》，第129页。参见《廿二史考异》卷一五《三国志一》"齐王芳纪"条，第324页。
④　《晋书》卷三《武帝纪》，第49页。
⑤　《三国志》卷四《魏书·高贵乡公纪》，第146页。

羲，帝（司马懿）以先帝旧制禁之，不可"①。知其时曹魏宫城中有中垒中坚营；此究为中垒中坚一营，还是中垒、中坚二营，记载并不明确。从此前仅有太和四年郭表为中垒将军而未见中坚将军的情况来看，似应属一营。从司马懿"先帝旧制"来看，中垒中坚营当成立于魏明帝时期，此亦与太和四年出现中垒将军之记载相吻合。中垒将军之设当在魏明帝时，其下限为太和四年。到正始六年曹爽毁中垒中坚营，此营不复存在，中垒将军亦不再设置。中垒将军初设时是不归中领军管辖的，否则曹爽便不会采取毁中垒中坚营而将其营兵转归中领军曹羲的措施。正始十年（嘉平元年）正月司马懿发动政变，诛曹爽、曹羲等而控制了曹魏政权。一直到此前，曹魏宫城中并无中垒中坚营，也没有领营的中垒将军。司马懿控制政权后，对禁卫军进行了重新安排和部署，禁卫武官制度同时进行了调整，于宫中重新设立了中垒中坚营。不过此时设立的中垒、中坚营当为处在宫城不同位置的两营，分别由中垒将军和中坚将军主之。

三 骁骑将军与游击将军

《晋书·职官志》："骁骑将军、游击将军，并汉杂号将军也，魏置为中军。"②《宋书·百官志下》："骁骑将军……魏世置为内军，有营兵，高功者主之。先有司马、功曹、主簿，后省。"③ 按此处之"有营兵，高功者主之"，当是曹魏而非刘宋时的情况。同卷又载："游击将军，汉武时，韩说为游击。是为六军。"④ 按此"六军"即指领军、护军、左卫、右卫、骁骑、游击诸将军，虽未言刘宋游击而仅及汉代渊源，但实际上"六军"乃是指刘宋当朝制度。曹魏时无"六军"之制，如左、右卫将军便初设于西晋建立前夕之司马氏晋国。

骁骑将军在建安后期由曹操宗亲担任。曹仁于建安十八年（213）行骁骑将军，曹彰于建安二十三年以北中郎将行骁骑将军，都是以他官兼领，表明骁骑将军在当时并非正式官职。到魏明帝青龙元年（233）始见骁骑将军秦朗，此后亦再未见到。宗室曹仁，"苏伯、田银反，以仁行骁

---

① 《晋书》卷一《宣帝纪》，第49页。
② 《晋书》卷二四《职官志》，第740页。
③ 《宋书》卷四〇《百官志下》，第1248页。
④ 同上。

骑将军，都督七军讨银等，破之"①。任城王彰，建安"二十三年，代郡乌丸反，以彰为北中郎将，行骁骑将军"②。按曹仁、曹彰之"行骁骑将军"，均为出征将军，与西汉元光六年（前129）公孙敖、李广为骁骑将军率军出讨匈奴事相类③，其职并非禁卫武官。沈约当是根据曹仁、曹彰之"行骁骑将军"率大军出征而得出"高功者主之"的认识。很难想象这样重要的职务在《三国志》中仅有一处记载。情况可能还要特殊。魏明帝青龙元年（233）六月，保塞鲜卑大人步度根与轲比能勾通，"步度根部落皆叛出塞，与比能合寇边。遣骁骑将军秦朗将中军讨之，虏乃走漠北"④。此当是沈约所言骁骑将军"魏世置为内军"之来源。

《魏志·明帝纪》：景初二年十二月，"以燕王宇为大将军，甲申（廿七，239.1.19）免，以武卫将军曹爽代之"。注引《汉晋春秋》曰："帝以燕王宇为大将军，使与领军将军夏侯献、武卫将军曹爽、屯骑校尉曹肇、骁骑将军秦朗等对辅政。"⑤ 这是魏明帝在"寝疾不豫"的情况下为了安排后事而作出的让曹氏亲戚控制禁卫军乃至整个中央军的政治决策，从夏侯献及曹爽、曹肇皆为禁卫武官来看，骁骑将军秦朗无疑也属于禁卫武官之列。秦朗亦可看作曹氏宗室成员，其详情见于《明帝纪》青龙元年十月条裴松之注：

《魏氏春秋》曰：朗字元明，新兴人。《献帝传》曰：朗父名宜禄，为吕布使诣袁术，术妻以汉宗室女。其前妻杜氏留下邳。布之被围，关羽屡请于太祖，求以杜氏为妻，太祖疑其有色。及城陷，太祖见之，乃自纳之。……朗随母氏畜于公宫，太祖甚爱之，每坐席，谓宾客曰："世有人爱假子如孤者乎？"

《魏略》曰：朗游遨诸侯间，历武、文之世而无尤也。及明帝即位，授以内官，为骁骑将军、给事中，每车驾出入，朗常随从。……

---

① 《三国志》卷九《魏书·曹仁传》，第275页。
② 《三国志》卷一九《魏书·任城王彰传》，第555页。又可参见同书卷三〇《魏书·鲜卑传》，第838页。
③ 参见《汉书》卷六《武帝纪》，第165页。
④ 《三国志》卷三《魏书·明帝纪》，第100页。又可参见同书卷三〇《魏书·鲜卑传》，第836页。
⑤ 《三国志》卷三《魏书·明帝纪》，第113页。又可参见同书卷一四《魏书·刘放传》，第459页。

《魏略》以朗与孔桂俱在《佞幸篇》。①

又,《晋书·宣帝纪》:"(青龙)二年,(诸葛)亮又率众十余万出斜谷,垒于郿之渭水南原。天子忧之,遣征蜀护军秦朗督步骑二万受帝(司马懿)节度。"② 由上可见,秦朗母杜氏,后曹操纳为妾,曹操为朗继父,故称其为"假子"。到了魏明帝时,秦朗颇受宠幸,以致史家目其为佞幸。骁骑将军带给事中,为"内官",自当侍卫明帝左右。可以认为,秦朗既是曹氏宗室,又是明帝亲信,故其地位独特,权力较重③。不过,秦朗所任之骁骑将军主要还是给事宫内,从驾护卫,虽未明确记载,但应该是领有营兵的。夏侯氏与曹氏世为姻亲,魏明帝此举无疑是要"使亲人广据职势"④,掌握兵任以维护其统治。

总之,在曹魏一代,只有秦朗一人担任骁骑将军,可考时间从青龙元年(233)六月至景初二年(238)十二月。时间虽短,但谓曹魏曾经设置过掌禁卫的骁骑将军之职,应该是符合实际的。

游击将军最早出现于建安前期。乐进"拜讨寇校尉。渡河攻获嘉,还,从击袁绍于官渡,力战,斩绍将淳于琼。从击谭、尚于黎阳,斩其大将严敬,行游击将军……建安十一年,太祖表汉帝,称进及于禁、张辽曰:……于是禁为虎威、进折冲、辽荡寇将军"⑤。按曹操击袁谭、袁尚于黎阳是在建安八年(203)三月⑥,则乐进于建安八年三月后"行游击将军",至建安十一年转任折冲将军。此后,建安时代十余年间再未见到游击将军。曹魏建立后,大约于魏明帝时期出现游击将军。武宣卞皇后之侄卞兰,"少有才学,为奉车都尉、游击将军,加散骑常侍"⑦。从上下文

---

① 《三国志》卷三《魏书·明帝纪》注,第100页。
② 《晋书》卷一《宣帝纪》,第7—8页。
③ 黄惠贤认为,秦朗"地位当不能与曹仁、曹彰相较"(《曹魏中军溯源》,《魏晋南北朝隋唐史资料》第14辑,武汉大学出版社1996年版)。表面看似如此,实则诸人地位大致相当。秦朗作为魏明帝考虑安排的五位顾命大臣之一,与燕王宇、夏侯献、曹爽、曹肇诸大臣并列。《三国志》卷三《魏书·明帝纪》注引《汉晋春秋》曰:"中书监刘放、令孙资久专权宠,为朗等素所不善。"(第113页)秦朗地位、权力之重于此可见一斑。
④ 《三国志》卷一四《魏书·刘放传》注,第460页。
⑤ 《三国志》卷一七《魏书·乐进传》,第521页。
⑥ 参见《三国志》卷一《魏书·武帝纪》,第23页。
⑦ 《三国志》卷五《魏书·后妃·武宣卞皇后传》,第158页。

义推断，似以魏明帝时为宜。陈泰，"青龙中，除散骑侍郎。正始中，徙游击将军"①。洪饴孙谓陈泰"青龙中由散骑常侍迁"游击将军②，不确。从游击将军兼奉车都尉加散骑常侍，或由散骑侍郎徙任来看，似亦具有禁卫职能。

根据上述情况可见，曹操建安时代曾临时任命过骁骑将军和游击将军，但均因人因事而设，并非定制。曹魏建立之初，官制中并无此二职。大约在明帝至齐王芳正始年间曾一度再设骁骑、游击将军，但为时较短，可能在司马氏开始控制曹魏朝政之后即不再设置。此二职之设或许是魏明帝为了加强禁卫力量而采取的措施之一。

第四节　五校、三卿与城门校尉

一　五校尉

曹魏初年，恢复汉代屯骑、步兵、越骑、长水、射声校尉诸职，五校尉领有营兵，职主禁卫③，隶属于领军将军（中领军）。五校尉是曹魏禁卫武官的重要组成部分，也是领军系统禁卫武官组织结构中不可缺少的一个层次。在曹丕禅代前夕上尊号诸臣中有屯骑、长水、步兵、射声校尉（无越骑校尉）④，在嘉平六年（254）"诸臣永宁宫奏名"中亦有屯骑、步兵、射声、越骑、长水五校尉之名⑤，表明五校尉在曹魏朝政中始终占有一席之地。曹魏初年和中叶的两次上奏中，五校尉的排序有变化，表明诸职之轻重在曹魏一代有所调整。《三国职官表》卷中"魏屯骑校尉"条："案《武纪》建安二十年注《魏书》：幸长水南门，会五营士为八阵。"⑥似建安二十年已有五营，即存在五校尉，实则出于误解。《魏志·武帝纪》：建安二十一年（216）"三月壬寅（初三，4.7），公亲耕籍

---

① 《三国志》卷二二《魏书·陈泰传》，第638页。
② 《三国职官表》卷下，《后汉书三国志补表三十种》，第1543页。
③ 洪饴孙云：魏屯骑、步兵、越骑、长水、射声校尉，"掌宿卫兵"（《三国职官表》卷中，《后汉书三国志补表三十种》，第1472—1477页）。按其说是。
④ 《金石萃编》卷二三《魏一·上尊号碑》。按在此奏中，屯骑等四校尉位次中领军、中护军之下。
⑤ 《三国志》卷四《魏书·少帝齐王纪》注引《魏书》载"景王……乃与群臣共为奏永宁宫曰"，其中五校尉位于中坚、中垒将军与侍中之间。（第129页）
⑥ 《三国职官表》卷中，《后汉书三国志补表三十种》，第1472页。

田"。裴注引《魏书》曰:"有司奏:四时讲武于农隙。汉承秦制,三时不讲,唯十月都试,车马(驾)幸长水南门①,会五营士为八陈进退,名曰'乘之'。今金革未偃,士民素习,自今已后,可无四时讲武,但以立秋择吉日大朝车骑,号曰'治兵'。上合礼名,下承汉制。奏可。"② 由此可见,所谓"幸长水南门,会五营士为八陈",乃是建安二十一年有司上奏时述及西汉之制,并非现实制度,不能用以说明当时已有五校尉。事实上,史书中未见到建安后期曹操魏国有五校尉设置之记载。

据洪饴孙考证,曹魏一代五校尉可考者有③:

屯骑校尉(七人):臣祖(郭祖?延康元年),任福(黄初六年),杨暨(太和二年),曹肇(景初二年),司马骏(正始中),武陔(嘉平六年),司马伷。

步兵校尉(七人):臣福(任福?延康元年),段昭(黄初六年),卞琳,阮籍(嘉平中),郭建(嘉平六年),司马攸(正元中),司马骏。

越骑校尉(五人):薛乔,荀纬(黄初四年),甄毅(景初中),臣初(嘉平六年),王浑(咸熙中)。

长水校尉(五人):戴陵(黄初中),段默(太和二年),臣超(嘉平六年),郭芝(正元中),邓艾(正元二年)。

射声校尉(四人):臣质(吴质?延康元年),甄畅(黄初末),甄像(青龙二年),甄温(嘉平中)。

以上共二十八人,其中宗室曹氏一人,权臣司马氏三人。魏文帝黄初元年(220),"长水校尉戴陵谏不宜数行弋猎,帝大怒,陵减死罪一等"。黄初六年"六月,利成郡兵蔡方等以郡反,杀太守徐质。遣屯骑校尉任福、

---

① 中华书局点校本《三国志》标点作"唯十月都试车马,幸长水南门"。按此处从吴金华之说,参见氏著《三国志校诂》,江苏古籍出版社1990年版,第19页。
② 《三国志》卷一《魏书·武帝纪》,第47页。
③ 《三国职官表》卷中,《后汉书三国志补表三十种》,第1472—1477页。参见《廿二史考异》卷一五《三国志一》"齐王芳纪"条,第324—325页;《金石萃编》卷二三《魏一·上尊号碑》及相关考释。

步兵校尉段昭与青州刺史讨平之"。① 按任福、段昭所率当为各自所领营兵，即禁卫军。魏明帝太和二年（228）时可见长水校尉京兆段默②，与步兵校尉段昭当同出一家，或为父子、兄弟辈关系。阮籍曾为太傅司马懿、大司马司马师、大将军司马昭之从事中郎③，自属司马氏亲信。邓艾初仕司马懿太尉掾，高贵乡公即位，平定毌丘俭之乱，"其年征拜长水校尉"④。王浑先为曹爽府掾，爽诛而免，后"起为怀令，参文帝安东军事，累迁散骑、黄门侍郎，散骑常侍。咸熙中，为越骑校尉"⑤。显然亦为司马氏一派成员。卞琳、郭芝、郭建及甄氏诸人皆为外戚：卞琳为武宣卞皇后弟秉之子⑥，郭芝为明元郭皇后从父⑦，郭建为郭后叔父之子⑧，甄毅、甄畅、甄像、甄温皆为文昭甄皇后（明帝母）之宗亲⑨。

曹魏五营校尉手中都应掌握着一定的禁兵，地位比较亲近。阮籍为步兵校尉，经常往来司马昭府中，亦足可证。魏明帝思念甄后而专用外戚，甄氏诸人自当侍卫其身边无疑。司马氏先后有三人四任担任五校之职。《魏志·刘放传》注引《（孙）资别传》曰：

> 帝诏资曰："吾年稍长，又历观书传中，皆叹息无所不念。图万年后计，莫过使亲人广据职势，兵任又重。今射声校尉缺，久欲得亲人，谁可用者？"资曰："陛下思深虑远，诚非愚臣所及。……亲臣贵戚，虽当据势握兵，宜使轻重素定。……今五营所领见兵，常不过数百，选授校尉，如其辈类，为有畴匹。至于重大之任，能有所维纲者，宜以圣恩简择，如平、勃、金、霍、刘章等一二人，渐殊其威重，使相镇固，于事为善。"⑩

---

① 《三国志》卷二《魏书·文帝纪》，第76、85页。
② 《三国志》卷九《魏书·夏侯惇传》注引《魏略》，第269页。
③ 《晋书》卷四九《阮籍传》，第1360页。
④ 《三国志》卷二八《魏书·邓艾传》，第777页。
⑤ 《晋书》卷四二《王浑传》，第1201页。
⑥ 参见《三国志》卷五《魏书·后妃·武宣卞皇后传》，第158页。
⑦ 参见《三国志》卷五《魏书·后妃·明元郭皇后传》，第168页。
⑧ 同上。按《三国志》卷四《魏书·齐王芳纪》嘉平六年（254）九月条注引《魏书》所载"景王""与群臣共为奏永宁宫"，其中有"步兵校尉临晋侯臣建"（第129页），即为郭建。
⑨ 参见《三国志》卷五《魏书·后妃·文昭甄皇后传》及注引《晋诸公赞》，第163、164页。
⑩ 《三国志》卷一四《魏书·刘放传》注，第460—461页。

按"今五营所领见兵,常不过数百",论者往往作为曹魏五校尉衰微的证据。但联系上下文,则其所反映的是魏明帝为图身后长远之计,而考虑让亲人居兵任即控制禁卫军,射声校尉人选久未能定,于是问计于孙资。"五营所领见兵,常不过数百",是理解为五营总计数百还是每营数百,并不明确。从西晋制度规定五营校尉各领兵千人推断[1],曹魏五营校尉各领兵数百当更接近事实。作为禁卫武官,即便领兵数百,也是比较重要的职任。孙资的回答主要是为了防止魏明帝用"亲人"(宗室或外戚)掌权,而力图举荐司马懿,故其绕开明帝问话之主题,偷梁换柱而提出了自己的主张。他认为应该主要考虑"维纲""重大之任"者,即类似都督中外诸军事之类职务的安排[2]。两人的出发点不同,故对五校尉职责轻重之认识角度自亦有别。

《魏志·毌丘俭传》注引毌丘俭、文钦等表曰:

> 近者领军许允当为镇北,以厨钱给赐,而师举奏加辟,虽云流徙,道路饿杀,天下闻之,莫不哀伤,其罪九也。三方之守,一朝阙废,多选精兵,以自营卫,五营领兵,阙而不补,多载器仗,充聚本营,天下所闻,人怀愤怨,讹言盈路,以疑海内,其罪十也。[3]

这表明,司马师接替司马懿掌握魏政之后,先将不附于己的中领军许允谋杀,并削弱魏帝禁兵,而加强自身保卫工作。所谓"五营领兵,阙而不补",正是司马师削夺君权而加强自身权力的重要举措。《魏志·高贵乡公纪》甘露五年(260)五月条注引《汉晋春秋》曰:"帝见威权日去,不胜其忿。乃召侍中王沈、尚书王经、散骑常侍王业,谓曰:'司马昭之心,路人所知也……'王经曰:'……且宿卫空阙,兵甲寡弱,陛下何所资用……'"[4]《世说新语·方正》"高贵乡公薨,内外喧哗"条注引《汉

---

[1] (宋)李昉等撰《太平御览》卷二四二《职官部四十·诸校尉》"屯骑校尉"条:"陶氏《职官要录》曰:屯骑、越骑、步兵、长水、射声五校尉。案《晋官》:'晋承汉置,以为宿卫官,各领千兵。'兴宁三年(365),桓温奏省五校尉。永初元年(420)复置,以叙勋旧。"(中华书局1960年版,第1145页)

[2] 参见祝总斌《都督中外诸军事及其性质、作用》,《纪念陈寅恪先生诞辰百年学术论文集》,第228页。

[3] 《三国志》卷二八《魏书·毌丘俭传》注,第764页。

[4] 《三国志》卷四《魏书·高贵乡公纪》注,第144页。

晋春秋》曰:"自曹芳事后,魏人省彻宿卫,无复铠甲,诸门戎兵,老弱而已。曹髦见威权日去,不胜其忿……"① 《魏志·高贵乡公纪》载太后令,谓其"将左右出云龙门,雷战鼓,躬自拔刃,与左右杂卫共入兵陈间",云云。裴注引《魏氏春秋》曰:"……遂拔剑升辇,帅殿中宿卫苍头官僮击战鼓,出云龙门……"② 据此,则曹髦时代宿卫兵之寡弱可见一斑。此正可与上引毌丘俭、文钦之表文相印证。毫无疑问,此前惯例五营领兵自有一定规制,应该是阙而必补。同时也表明,五校尉及其所领营兵正是在魏帝身边宿卫的武官及宿卫兵③。此又可与前述魏明帝虑身后之计而关注射声校尉人选一事相印证。东汉五校尉宿卫宫城外围,属京城禁卫军之列,曹魏五校尉辖于中领军,属宫城禁卫军的一部分。虽然曹魏五校尉所领兵员少于东汉,但其亲近程度及重要性都超过了东汉。这也正是魏明帝加强五校兵权以及后来司马氏削弱五校兵权的原因所在。

　　清代四库馆臣云:"据《三国志》所载,则蜀汉、孙吴各有五校,略如东汉之制。至曹魏虽置有此职,然考裴松之注引《魏氏春秋》,称阮籍闻步兵校尉阙,厨多美酒,营人善酿酒,求为校尉,遂纵酒昏酣,遗落世事,则是魏世五校已为冗职,无复两汉之任。"④ 四库馆臣仅据一条记载便认为"魏世五校已为冗职",显然是过于轻率的判断。即便就阮籍任步兵校尉一事而论,其认识也是不准确的。何兹全认为:"五营的衰替,应从它是前朝遗制上来解释。建安年间,曹操以丞相而执军政大权,这时他一方面精选并加强相府的宿卫,另一方面就极力削弱汉室宿卫军的实力,即削弱五营的兵力。迨魏文受禅,魏国的武卫、中领、中护发展而为新朝廷的宿卫军时,五营仅作为旧朝遗制而存留而已。"⑤ 曹操时代,汉献帝只是他手中一块招牌而已,无丝毫权力可言,所谓汉室之宿卫军便是由曹操安排的,他既未给汉室安排强大的宿卫军,也就没有必要去刻意削弱它。在战争时代,相府的宿卫主要也是从进行战争的角度来考虑的。五校

---

① (南朝宋)刘义庆撰,(南朝梁)刘孝标注,余嘉锡笺疏,周祖谟等整理:《世说新语笺疏》中卷上《方正第五》,中华书局1983年版,第287页。
② 《三国志》卷四《魏书·高贵乡公纪》,第144—145页。
③ 参见[日]越智重明《領軍將軍と護軍將軍》,《東洋學報》第44卷第1号(1961年)。
④ (清)纪昀等撰:《历代职官表》卷四七《火器健锐虎枪各营》"三国"条案语,上海古籍出版社1989年版,第909页。
⑤ 何兹全:《魏晋的中军》,《读史集》,第248页。

虽是汉代的旧制，但汉末三十余年已经完全遭到破坏，曹丕即魏王位之后健全了魏国的官僚机构，在禁卫武官系统中恢复了汉代的五校，并且根据变化了的形势而将五校（初为四校）归领军管辖，此时的五营（校尉）已非前朝之遗制。尽管他们领兵不多，但职司宫内禁卫，仍然非常重要，如魏明帝重视射声校尉之人选，曹魏一代所见五校之职，前期多为宗室外戚而后期多为司马氏亲信，便可充分说明这一点。传世曹魏官印可见"越骑司马"印二枚、"长水司马"印一枚①，这表明曹魏五校尉之下设有司马之职，五校尉为重要的军事将领自无疑义。

二　光禄勋、卫尉与执金吾

曹操自称魏公后于建安十八年（213）初置六卿，其中有郎中令和中尉；自称魏王后又于建安二十一年八月增置四卿，其中亦有卫尉；建安二十五年初曹丕即魏王位后，改郎中令为光禄勋、中尉为执金吾，完全恢复了汉代诸卿旧制。其后，原为汉制禁卫三卿的光禄勋、卫尉、执金吾便正式成了魏国→魏王朝官僚体制的组成部分。那么，曹魏时期光禄勋、卫尉、执金吾是否具备汉代原有的禁卫职能？

曹魏一代，可见到十二位光禄勋，十位卫尉，四位执金吾。现分别考述如下：

光禄勋　《通典·职官七·诸卿上》"光禄卿"条："建安末，复改光禄勋为郎中令。魏黄初元年（220），复为光禄勋。"② 建安末曹操所置郎中令实际上是恢复了汉代王国郎中令制度，魏文帝禅代后即恢复了汉代皇朝制度，改魏王郎中令为魏皇朝光禄勋。这一次是改名，而上一次则是复置，并非将已有的光禄勋改为郎中令。和洽在曹魏建立前后的仕宦经历，即见证了这一改变。《魏志·和洽传》："太祖定荆州，辟为丞相掾属。""魏国既建，为侍中……出为郎中令（克张鲁之初）。文帝践阼，为光禄勋。"③ 其任职一直至魏明帝太和（227—233）年间。《常林传》："明帝即位……徙光禄勋、太常……年八十三薨。"④《崔林传》："明帝即

---

① 参见《秦汉南北朝官印征存》卷七《三国官印一·曹魏官印》，第232、233页，图版1322、1323、1326。
② 《通典》卷二五《职官七·诸卿上》，第698页。
③ 《三国志》卷二三《魏书·和洽传》，第656—657页。
④ 《三国志》卷二三《魏书·常林传》，第660页。

位……转光禄勋、司隶校尉。"①《高堂隆传》："迁光禄勋。（明）帝愈增崇宫殿，雕饰观阁……百役繁兴，作者万数，公卿以下至于学生，莫不展力，帝乃躬自掘土以率之……隆上疏切谏曰：……"②《刘劭传》："劭同时东海缪袭亦有才学，多所述叙，官至尚书、光禄勋。"③ 《卢毓传》："青龙二年（234），入为侍中。……时曹爽秉权，将树其党，徙毓仆射，以侍中何晏代毓。顷之，出毓为廷尉，司隶毕轨又枉奏免官。众论多讼之，乃以毓为光禄勋。爽等见收，太傅司马宣王使毓行司隶校尉，治其狱。"④《王肃传》："后为光禄勋……嘉平六年（254），持节兼太常，奉法驾迎高贵乡公于元城。"⑤ 王肃任光禄勋时约当六十岁左右⑥。《晋书·郑袤传》："迁少府。高贵乡公即位，袤与河南尹王肃备法驾奉迎于元城……徙光禄勋、领宗正。毌丘俭作乱，景帝自出征之，百官祖送于城东，袤疾病不任会。帝谓中领军王肃曰：'唯不见郑光禄为恨。'肃以语袤，袤自舆追帝，及于近道。"⑦ 按郑袤卒于晋武帝泰始九年（273），终年八十五岁，则其生于公元 189 年，任光禄勋时六十六岁。《郑冲传》："大将军曹爽引为从事中郎，转散骑常侍、光禄勋。嘉平三年（251），拜司空。"⑧ 按魏文帝为太子时，郑冲为文学；泰始五年（269）上表谓，"艾服王事，六十余载"⑨，则其任光禄勋时至少也应在七十岁左右。此外，还可见到卫烈于"咸熙（264—265）中为光禄勋"及袁奥"终于光禄勋"的记载⑩。上述情形显示，正如史志所载，曹魏一代设置光禄勋，

---

① 《三国志》卷二四《魏书·崔林传》，第 680 页。
② 《三国志》卷二五《魏书·高堂隆传》，第 712 页。
③ 《三国志》卷二一《魏书·刘劭传》，第 620 页。
④ 《三国志》卷二二《魏书·卢毓传》，第 651—652 页。
⑤ 《三国志》卷一三《魏书·王肃传》，第 418 页。
⑥ 本传注曰："肃父朗与许靖书云：肃生于会稽。"（第 415 页）按其父《王朗传》："时汉帝在长安，关东兵起，朗为（陶）谦治中……谦乃遣（别驾赵）昱奉章至长安。天子嘉其意，拜谦安东将军，以昱为广陵太守，朗会稽太守。"（第 406—407 页）时在公元 189 年。以公元 190 年计王肃生年，则其终年为六十七岁；若以公元 250 年为光禄勋，则其时约当六十岁。
⑦ 《晋书》卷四四《郑袤传》，第 1250 页。
⑧ 《晋书》卷三三《郑冲传》，第 991—992 页。
⑨ 同上书，第 992 页。
⑩ 《三国志》卷二二《魏书·卫臻传》（子烈），第 649 页；卷一一《袁涣传》注引《袁氏世纪》（子奥），第 336 页。又《卫臻传》裴注："臣松之案《旧事》及《傅咸集》，烈终于光禄勋。"

第四章 曹魏禁卫武官制度 / 117

由于多以年龄较大的大臣担任，他们自然不大可能入直禁中，承担宿卫重任。这也可与史志所记魏晋以来"光禄勋不复居禁中"① 相印证。另一方面，以年龄较大的大臣担任光禄勋，表明其职仍然具有较高的声望。

卫尉 曹魏时期卫尉的职能史书中无丝毫记载，只能从有关列传中就卫尉担任者的情况加以推测。《魏志·程昱传》："魏国既建，为卫尉，与中尉邢贞争威仪，免。文帝践阼，复为卫尉。"又谓"方欲以为公，会薨"云云，裴注引《魏书》曰："昱时年八十。"② 则程昱任卫尉至八十岁。《董昭传》：明帝即位，转卫尉。太和四年（230），以卫尉行司徒事，六年迁任司徒。"昭年八十一薨。"③ 则其任卫尉时也有七八十岁。《辛毗传》：明帝时中书监刘放、令孙资"见信于主，制断时政，大臣莫不交好，而毗不与往来"，遂由侍中"出为卫尉"。青龙二年（234）再任卫尉，卒于任。④ 按辛毗早年"随兄评从袁绍"⑤，其在数十年后任卫尉时年岁必定已高。《刘靖传》："后为大司农、卫尉……后迁镇北将军、假节、都督河北诸军事。……嘉平六年薨。"⑥ 按其父刘馥死于建安三年（198），刘靖黄初（220—226）中由黄门侍郎迁庐江太守，时至少应在三十岁以上，则嘉平（249—254）初任卫尉时必在六十岁以上。田豫于正始初迁领并州刺史，"征为卫尉"。"拜太中大夫，食卿禄。年八十二薨。"⑦ 则田豫任卫尉时亦在八十岁上下。满宠死于正始三年（242），其子伟"以格度知名，官至卫尉"⑧。按满伟任卫尉当在嘉平六年前后⑨。又据《魏志·满宠传》注引《世语》："伟子长武，有宠风，年二十四为大将军掾。高贵乡公之难，以掾守阊阖掖门。"⑩ 时在公元260年。据此推测，满伟任卫尉时亦不年轻。《夏侯玄传》注引《魏略》曰："丰字安

---

① 《宋书》卷三九《百官志上》，第1229页。
② 《三国志》卷一四《魏书·程昱传》，第429页。
③ 《三国志》卷一四《魏书·董昭传》，第442页。
④ 《三国志》卷二五《魏书·辛毗传》，第698页。
⑤ 同上书，第695页。
⑥ 《三国志》卷一五《魏书·刘靖传》，第464—465页。
⑦ 《三国志》卷二六《魏书·田豫传》，第729页。
⑧ 《三国志》卷二六《魏书·满宠传》，第725页。
⑨ 据《三国志》卷四《魏书·少帝齐王纪》注引《魏书》，在"诸臣永宁宫奏名"中有"卫尉昌邑侯臣伟"。（第129页）钱大昕认为其人即满伟，见《廿二史考异》卷一五《三国志一》"齐王芳纪"条，第324页。
⑩ 《三国志》卷二六《魏书·满宠传》注，第725页。

国，故卫尉李义子也。黄初中，以父任召随军。始为白衣时，年十七八，在邺下名为清白……后随军在许昌，声称日隆。"① 按李丰"在邺下"时已十七八岁，其父在曹魏任卫尉时大概也不会年轻。② 由上述情况可见，曹魏卫尉中可以确知或基本上能推断其年龄者，大多在六七十岁乃至八十岁，比光禄勋担任者的年龄还要大。

执金吾 《魏志·臧霸传》："文帝即王位，迁镇东将军，进爵武安乡侯，都督青州诸军事。及践阼，进封开阳侯，徙封良成侯。与曹休讨吴贼，破吕范于洞浦。征为执金吾，位特进。每有军事，帝常咨访焉。明帝即位，增邑五百，并前三千五百户。薨，谥曰威侯。"③ 据同书《明帝纪》：太和四年（230）"八月辛巳（初五，8.31），行东巡，遣使者以特牛祠中岳"。裴注引《魏书》曰："行过繁昌，使执金吾臧霸行太尉事，以特牛祠受禅坛。"④ 知臧霸自魏文帝初年担任执金吾，至魏明帝太和四年时仍任其职，并于明帝时死于执金吾任上。⑤ 虽然可以看到的执金吾人数不多，但曹魏一代无疑是设有执金吾之职的。

从上引史料中很难看到曹魏光禄勋、卫尉、执金吾拥有掌禁卫的职能，似乎职任都比较闲散，为安顿老臣之位。这与曹魏时三公的情况相似⑥。从制度上说，此三卿应该都具备像汉代那样的禁卫职能⑦，但因为担任者年龄都较大，难以实际承担起这种比较艰巨的任务。就皇帝来说，也没有给他们这种掌握禁卫军的权力。特别是由于领军、护军系统禁卫武官制度的确立，宫城内、外之军分别由领军、护军及其下属之武卫将军、中垒将军、五校尉等掌握，宫城内外及京师之治安保卫自然便由领军等禁卫武官来承担，光禄勋等三卿原本所具有的禁卫职能便逐渐削弱乃至大部

---

① 《三国志》卷九《魏书·夏侯玄传》注，第301页。
② 《三国志》卷二三《魏书·裴潜传》注引《魏略·列传》，谓中平（184—189）末李义年二十余（第674页），则其生于公元165年前后。
③ 《三国志》卷一八《魏书·臧霸传》，第538页。
④ 《三国志》卷三《魏书·明帝纪》，第97页。
⑤ 《三国志》卷四《魏书·少帝齐王纪》：正始四年（243）"秋七月，诏祀故大司马曹真、曹休……执金吾臧霸……于太祖庙庭。"（第120页）
⑥ 参见祝总斌《两汉魏晋南北朝宰相制度研究》，第157—159页。
⑦ 如在嘉平六年"诸臣永宁宫奏名"中，既有"卫尉昌邑侯臣伟"，又有"永宁卫尉臣祯（桢）"（《三国志》卷四《三少帝·齐王芳纪》，第129页）。钱大昕认为，臣祯"当是何祯也"（《廿二史考异》卷一五《三国志一》"齐王芳纪"条，第324页）。这表明其时卫尉仍当与汉代相似，具有禁卫职能。

丧失。①

《宋书·百官志上》："光禄勋郊祀掌三献。魏晋以来，光禄勋不复居禁中，又无复三署郎，唯外宫朝会，则以名到焉。二台奏劾，则符光禄加禁止，解禁止亦如之。禁止，身不得入殿省，光禄主殿门故也。宫殿门户，至今犹属。"②可知曹魏以来不仅"光禄勋不复居禁中"，而且与此相应，殿内侍卫武官及卫士中亦不再有三署郎。光禄勋不再居于禁中，成为外官，便不大可能执掌殿内宿卫，其原有的禁卫职能已经基本丧失。与此同时，作为殿内常直的三署郎自然也从王朝官僚系统中消失了。尽管如此，曹魏光禄勋应该仍保留了一定的禁卫职能，当时光禄勋仍主宫殿门户。《宋志》又载：卫尉，"晋江右掌冶铸，领冶令三十九，户五千三百五十"③。曹魏卫尉是否掌冶铸难以确知。从《晋书·职官志》记载来看，西晋卫尉仍保留着一定的禁卫职能。曹魏时亦当如此。执金吾在晋、宋官志中均不见记载，是当时已废罢此职。执金吾废罢之后，京师治安完全由护军负责，这也是护军权力上升的重要表现。

或以为，"在汉代为领宿卫兵的要官的光禄勋、执金吾、卫尉（在曹魏时）也就有的被废，有的变为散官……卫尉，则为掌管武库及冶铸的散官"④。谓曹魏光禄勋等职不再具有汉代禁卫长官所具有的禁卫职能，其说近是，但谓其变为"散官"则不确。所谓散官，即是无具体职事之闲官⑤。曹魏光禄勋、卫尉虽不再如汉代那样属专职禁卫武官，但仍有具体职事，且仍保留着某些禁卫职能，此外，还出现了其他职能，只是其地位比汉代有所下降，权力有所减小而已。西晋光禄勋仍主宫殿门户，主二台（尚书、御史）劾奏官吏的"禁止"，宫殿门户自属禁卫之责；卫尉除

---

① 《廿二史考异》卷二〇《晋书三》"职官志"条："盖领军即汉北军中候之职。但汉之中候秩止六百石，魏晋以后之领军则以贵臣为之。自领、护之权重，而执金吾遂废不置，卫尉亦为闲曹矣。"（第408—409页）按此说正误参半。魏晋以后之领军与东汉北军中候在职能上有一定相似之处，但更有本质不同：魏晋以后之领军"掌内军"，即负责整个宫城之禁卫；东汉北军中候"监五校营"，即监督五校尉负责对宫城外围的保卫。严格来说，东汉北军中候负责的是京城的保卫，而宫城的保卫主要由光禄勋和卫尉承担。也就是说，魏晋以后之领军相当于东汉之光禄勋和卫尉，而"掌外军"之护军则相当于东汉之北军中候及执金吾。

② 《宋书》卷三九《百官志上》，第1229页。又可参见《通典》卷二五《职官七·诸卿上》"光禄卿"条，第697—698页。

③ 《宋书》卷三九《百官志上》，第1230页。

④ 何兹全：《魏晋的中军》，《读史集》，第266页。

⑤ 《隋书》卷二八《百官志下》，第781页；

了主要掌冶铸外还有其他职掌。《晋书·职官志》："光禄勋，统武（虎）贲中郎将、羽林郎将、冗从仆射、羽林左监、五官·左·右中郎将、东园匠、太官、御府、守宫、黄门、掖庭、清商、华林园、暴室等令。"① 虽为西晋制度，但在曹魏时估计差别不会太大，从《三国职官表》卷上的考订来看，汉代光禄勋所统诸职在曹魏均可见到，也可作为旁证。《晋志》又载："卫尉，统武库·公车·卫士·诸冶等令、左·右都候、南·北·东·西督冶掾。及渡江，省卫尉。"② 则曹魏西晋时期之卫尉仍然具有统领以上诸职的重要职责，其中亦不乏禁卫职司。③

三　城门校尉

曹魏亦承汉制设城门校尉之职，《三国职官表》共列出曹魏城门校尉五人，具体是：

> 徐宣○黄初元年由御史中丞迁。
> 杨阜○太和初由武都太守迁。
> 曹爽○太和中。
> 孙礼○正始末。
> □虑○嘉平六年纪注《魏书》。④

关于曹魏城门校尉的任职名单，洪饴孙的考订是准确的，但对其任职时间的判断则未必如是。

徐宣在汉末被曹操"辟为司空掾属"，历任东缗发干令，齐郡太守，门下督，左护军，丞相东曹掾，魏郡太守。魏国京师邺城即在魏郡辖区，其重要性可想而知。徐宣与曹操关系密切，是其重要亲信之一，如为左护军是在曹操"大军西征"马超之时，令其"留统诸军"。曹魏建立后，徐宣的仕宦经历是："帝既践阼，为御史中丞，赐爵关内侯。徙城门校尉，

---

① 《晋书》卷二四《职官志》，第736页。
② 同上。
③ 此外，曹魏亦承汉制设城门校尉一职，如在嘉平六年"诸臣永宁宫奏名"中有"城门校尉臣虑"，位于河南尹与中护军之间（第129页）。按"虑"又作"宪"，当是形近而讹。又可参见《三国职官表》卷中，《后汉书三国志补表三十种》，第1478页。
④ 《三国职官表》卷中，《后汉书三国志补表三十种》，第1478页。

旬月迁司隶校尉。转散骑常侍。从至广陵……迁尚书。"① 按"从至广陵"是指魏文帝南征孙吴事,黄初五年(224)"秋七月,行东巡,幸许昌宫。八月,为水军,亲御龙舟,循蔡、颍,浮淮,幸寿春。扬州界将吏士民,犯五岁刑已下,皆原除之。九月,遂至广陵,赦青、徐二州,改易诸将守"②。由此可见,从魏文帝即位到黄初五年七月之间,徐宣历任御史中丞、城门校尉、司隶校尉、散骑常侍诸职,其任城门校尉在黄初元年的可能性虽然较大,但并非确定无疑,不排除是在黄初二、三、四年的可能。

杨阜在汉末魏初为武都太守,魏文帝征求侍中刘晔等对杨阜的评价,"皆称阜有公辅之节。未及用,会帝崩。在郡十余年,征拜城门校尉"。"迁将作大匠。时初治宫室,发美女以充后庭,数出入弋猎。""阜上疏"谏诤。"后迁少府。是时大司马曹真伐蜀,遇雨不进。"③ 按:魏明帝太和四年(230)秋七月,"诏大司马曹真、大将军司马宣王伐蜀"。青龙三年(235)三月,"是时,大治洛阳宫,起昭阳、太极殿,筑总章观。百姓失农时,直臣杨阜、高堂隆等各数切谏,虽不能听,常优容之"。④ 由此可见,"曹真伐蜀"远早于"大治洛阳宫",《杨阜传》记事或存在前后错简。不过这种错误似不影响对其自武都入朝任城门校尉时间的大体判断,即在太和初的可能性较大,但也不排除是在魏明帝即位之初的黄初七年下半年⑤。

曹爽"少以宗室谨重,明帝在东宫,甚亲爱之。及即位,为散骑侍郎。累迁城门校尉,加散骑常侍。转武卫将军,宠待有殊"⑥。曹爽任城门校尉最有可能是接替杨阜,在太和二年底三年初的可能性较大。

魏"明帝临崩之时,以曹爽为大将军",时任尚书的孙礼被任命为"大将军长史,加散骑常侍"。曹爽秉政后,"以为扬州刺史,加伏波将军,赐爵关内侯"。"征拜少府,出为荆州刺史,迁冀州牧。"投靠司马

---

① 《三国志》卷二二《魏书·徐宣传》,第645—646页。
② 《三国志》卷二《魏书·文帝纪》,第84页。
③ 《三国志》卷二五《魏书·杨阜传》,第704、705页。
④ 《三国志》卷三《魏书·明帝纪》,第104页。
⑤ 《三国志》卷三《魏书·明帝纪》载,黄初七年(226)五月"丁巳(十七,6.29),即皇帝位"(第91页)。
⑥ 《三国志》卷九《魏书·曹爽传》,第282页。

懿，上疏惹怒曹爽，"劾礼怨望，结刑五岁。在家期年，众人多以为言，除城门校尉。时匈奴王刘靖部众强盛，而鲜卑数寇边，乃以礼为并州刺史，加振武将军，使持节，护匈奴中郎将"。"爽诛后，入为司隶校尉，凡临七郡五州，皆有威信。"① 按曹爽被诛是在正始十年（嘉平元年，249）正月②，则孙礼由并州刺史入朝任司隶校尉即在其后不久。在齐王芳正始年间，孙礼历任扬州刺史、少府、荆州刺史、冀州牧、城门校尉、并州刺史等职，迁转颇为频繁，其任城门校尉肯定是在正始后期，但是否是在末年难以断定。

在嘉平六年"诸臣永宁宫奏名"中，可见到"城门校尉臣虑（又作宪）"③。其人仅见于此，具体生平难以确知。

关于曹魏城门校尉的地位，通过"诸臣永宁宫奏名"的排序即可见一斑。位居城门校尉之前的官职有守尚书令·太尉、大将军、司徒、司空、行征西·安东将军、光禄大夫、太常、卫尉、太仆、廷尉、大鸿胪、大司农、少府、永宁卫尉、永宁太仆、大长秋、司隶校尉、河南尹，位居其后的官职有中护军、武卫将军、中坚将军、中垒将军、屯骑校尉、步兵校尉、射声校尉、越骑校尉、长水校尉、侍中、侍中·中书监、散骑常侍、尚书仆射·光禄大夫、尚书、中书令、御史中丞、博士。④ 徐宣由御史中丞徙城门校尉，再迁司隶校尉，与永宁宫奏名所显示的官职排序是一致的，不过其后又转散骑常侍既而又迁尚书，则与之完全不合。杨阜由城门校尉迁将作大匠，再迁少府，显示城门校尉低于诸卿，与永宁宫奏名符合。曹爽由城门校尉转武卫将军，显示城门校尉的权力低于武卫将军，"转"字表明其官位并未升迁，表明制度所反映的等级次序与实际权力未必合拍。孙礼的事例表明，城门校尉的确低于司隶校尉。其任城门校尉之前就已担任少府，并不意味着城门校尉高于少府，而是因为城门校尉是在他受到曹爽打击后的再任之职，故与其之前所任官职之间已经不存在迁转关系。

曹魏城门校尉的职掌史无明载，洪饴孙以汉制推断其"掌洛阳城门

---

① 《三国志》卷二四《魏书·孙礼传》，第691—693页。
② 参见《三国志》卷四《魏书·少帝齐王纪》，第123页；卷九《曹爽传》，第286—288页；《晋书》卷一《宣帝纪》，第17—18页。
③ 《三国志》卷四《魏书·少帝齐王纪》注引《魏书》，第129页。
④ 同上。

十二所"①。就可考的担任者曹爽及徐宣、杨阜、孙礼来看，也都是颇有影响的人物，间接地反映出其职是具有重要职能的官职，很可能与两汉时代的城门校尉一样，负责京师洛阳城门的把守。

第五节　领、护军职掌与领军组织系统辨正

一　关于领、护军"主武官选"问题

据《宋书·百官志下》记载，领军"掌内军"，"主五校、中垒、武卫三营"，护军"掌外军"，"主武官选"。②二职分工明确。然而学界对此却有疑义，有一种意见认为：曹魏时期领军、护军之职掌，"可能仍然相同，即一面各领营兵，为宿卫禁军之主；一面共典武官选举"，其"共典武选"时之分工"殆亦如历代之左右丞相、左右仆射然"。③中领军（领军将军）"典武官选"不见于官志记载，其说果真成立吗？提出这种看法的根据主要有二，但都是难以成立的。

（1）《北堂书钞》引《晋起居注》云："泰始七年诏曰：'中护军［韩浩］与［中］领军史涣，皆掌禁兵，典武选。'"④按泰始七年（271）距韩浩、史涣二人之为中领军、中护军已逾七十年之久，以此为据来论证中领军亦典武官选显然颇为勉强。《北堂书钞》节引晋武帝诏文，辞义不明，恐有脱误，亦不排除后人传抄、版刻致误的可能⑤。《通典》引《晋起居注》云："武帝诏曰：'中护军职典戎选，宜得干才。'遂以羊琇为之。"⑥这一条史料是西晋初年中护军职典武官选之强证，可侧证曹魏时中护军典武官选职掌之存在。《太平御览》引《晋起居注》曰："武帝太（泰）始七年诏曰：'中护军职典武选，宜得堪干其事者。左卫将军羊琇

---

① 《三国职官表》卷中，《后汉书三国志补表三十种》，第1478页。
② 《宋书》卷四〇《百官志下》，第1247页。
③ 何兹全：《魏晋的中军》，《读史集》，第264、265页。
④ （隋）虞世南撰：《北堂书钞》卷六四《设官部十六》"护军将军"条"典武选"下本注，孙忠愍侯祠堂校影宋原本，南海孔氏三十有三万卷堂校注重刊，（清）光绪十四年（1888）。
⑤ 《北堂书钞》不同版本文字差异较大，如明陈禹谟补注本（《景印文渊阁四库全书》"子部一九五·类书类"，第八八九册，台湾商务印书馆1986年版）与清孔广陶校注本即有较大出入。
⑥ 《通典》卷三四《职官十六·勋官》本注，第944页。

有明瞻才见，乃心在公，其以琇为中护军。'"① 此条可与上引《通典》及《晋书·外戚·羊琇传》②的记载相印证。很显然，晋武帝泰始七年诏中所谓"典武选"者仅指中护军而不及中领军。而《北堂书钞》所引文字不仅文理欠通，而且亦难为其他史料所佐证。又，《北堂书钞》引《皇甫谧集》云："护军，武士军之管钥。"③似亦表明护军职主武官选举，即从武士中选拔类似上引史料中之牙门、百人督一类初中级武官。

（2）《太平御览》引王隐《晋书》曰："于是贾妃讽旨于外，说张泓孝廉郎才，语领军举高第。"④ 同书又条亦引录此条史料⑤，但未及"语领军举高第"事。这一记载的可靠性颇有疑问：此事当发生于太康三年（282）前后争论太子司马衷废立之时，当时无领军之职，职当领军者为北军中候。其时晋武帝在位，掌握实权，贾南风深居东宫，根本不可能干预政事，怎么可能会"讽旨于外"？即使确有其事，领军可举孝廉郎为高第，也不见得就是"典武官选举"，因举孝廉郎为高第不存在任命其职务的问题，而且孝廉郎与武官无关。按照晋代制度，公卿大臣及州郡长官有举荐人才（秀、孝、贤良方正及将帅之才等）之权，这条记载即便无误，也只能反映这种情况，而无法说明领军有典武选之职能。西晋贤良、秀才除授之官，有议郎、郎中、中郎等，其与汉代郎官已有本质不同，"它们都已完全成了所谓'散郎'，有俸禄而无职事，甚至可以家居而不在朝，属冗散之列"⑥。举孝廉为郎确曾实施的话，也当与此情形类似，而完全与典武官选举无关。

关于护军主武官选举的记载，除前引晋、宋官志及《通典》的记载外，有关史料还有：《魏志·夏侯玄传》："累迁散骑常侍、中护军。"注引《世语》曰："玄世名知人，为中护军，拔用武官，参戟牙门，无非俊杰，多牧州典郡。立法垂教，于今皆为后式。"⑦ 据此，则其所拔用之武

---

① 《太平御览》卷二四〇《职官部三八·中护军》，第1138页。
② 参见《晋书》卷九三《外戚·羊琇传》，第2410页。
③ 《北堂书钞》卷六四《设官部十六》"护军将军"条。《太平御览》卷二四〇《职官部三八·杂号将军下》"中护军"条引《皇甫谧集》云："护军，武士之官。"（第1138页）此与《北堂书钞》所引有异。
④ 《太平御览》卷一四九《皇亲部一五·太子四》"附太子妃"条，第729页。
⑤ 《太平御览》卷一三八《皇亲部四》"惠帝贾皇后"条，第672页。
⑥ 阎步克：《察举制度变迁史稿》，辽宁大学出版社1997年版，第139页。
⑦ 《三国志》卷九《魏书·夏侯玄传》，第295页。又可参见《北堂书钞》卷六四《设官部十六》"护军将军"条；《太平御览》卷二四〇《职官部三八·杂号将军下》"中护军"条，第1138页。

官虽是"参戟牙门"一类牙门及百人督等低级武官,但多数人却成为"牧州典郡"之地方军政长官。同传又载:"顷之,为征西将军、假节、都督雍凉州诸军事。"注引《魏略》曰:"玄既迁,司马景王代为护军。护军总统诸将,任主武官选举,前后当此官者,不能止货赂。故蒋济为护军时,有谣言:'欲求牙门,当得千匹;百人督,五百匹。'"①《晋书·景帝纪》:"魏景初中,拜散骑常侍,累迁中护军。为选用之法,举不越功,吏无私焉。"② 看来中护军主武官选举的职责甚明,这可能与其原本负监护诸将之职事有关,因其监护将领,便可对其优劣加以品评并向朝廷提出选用意见。而中领军(领军将军)要全盘负责禁卫事务,武官选似不宜兼任。当然,如果护军确实隶于领军,则护军主武官选也可以认为是领军主武官选。但是,曹魏一代很难找到护军隶领军的确凿证据,故由护军主武官选推断领军亦有此职能的看法难以成立。正因为中护军主武官选,职在用人,所以当司马懿诛曹爽执掌政权后为了稳定政局,"问以时事","详求理(治)本"之时,中护军夏侯玄便提出"夫官才用人,国之柄也",并对此详加论述。③ 这正是他职典武选,熟悉选举用人问题的重要表现。

根据上引史料中时人有关叙述,护军所主选之武官包括"参戟牙门""牧州典郡"者及"百人督"等,而且"护军总统诸将"。也就是说,除了牙门(将)、百人督之类初中级武官外,护军所主选之武官还应包括"诸将"及"牧州典郡"者。牙门将在当时常出任郡守兼杂号将军,故所谓"诸将"及"牧州典郡"者多应属于牙门将之类,而不可能是与护军地位相当的高级武官。④

唐人杜佑对中领军是否主武官选的问题提出了自己的看法,他说:

> 历代史籍皆云"护军将军主武官选",则领军无主选之文。唯陶藻《职官要录》云"领军将军主武官选举",而护军不言主选。又引

---

① 《三国志》卷九《魏书·夏侯玄传》,第298、299—300页。
② 《晋书》卷二《景帝纪》,第25页。
③ 《三国志》卷九《魏书·夏侯玄传》,第295页;《通典》卷一四《选举二·历代制中》,第327页。
④ 参见黄惠贤《曹魏中军溯源》,《魏晋南北朝隋唐史资料》第14辑;刘安志《唐五代押牙(衙)考略》,《魏晋南北朝隋唐史资料》第16辑,武汉大学出版社1998年版。

曹昭叔《述孝诗叙》曰："余年三十，迁中领军，总六军之要，秉选举之机。"以此为证。今按：汉高帝初，以陈平为护军中尉，令已主武官选矣。故平有受金之谗。又《魏略》云："护军之官，总统诸将，主武官选。前后当此官者，不能止货赂。……及夏侯玄代（蒋）济，故不能止绝人事。及晋景帝代玄为中护军，整顿法分，人莫敢犯者。"又王隐《晋书》曰："景帝为中护军，作选用之法，举不越功，吏无私焉。"又《晋起居注》云："武帝诏曰：'中护军职典戎选，宜得干才。'遂以羊琇为之。"《宋志》又云"主武官选"。按此，则护军主选明矣。而陶藻所言领军主选及昭叔之《叙》者，当因省并之际，为一时之权宜，非历代之恒制。①

杜佑的看法符合历史实际，是值得采纳的。正是基于这种认识，杜佑在《通典》中又明确记载，"其武官之选，俾护军主之"②。

关于这一问题，还可补充几条材料以为佐证。《晋书·李胤传》："入为尚书郎，迁中护军司马、吏部郎，铨综廉平。"③ 据上下文可知，时当曹魏中叶，很可能是在上文所述司马师为中护军之时。由下文载"文帝引为大将军从事中郎"来看，李胤属于司马氏阵营。西晋时中护军仍具有这种职能。晋武帝时羊琇为中护军，"选用多以得意者居先，不尽铨次之理"④。《晋书·李流载记附李庠载记》："元康四年（294），察孝廉，不就。后以善骑射，举良将，亦不就。州以庠才兼文武，举秀异，固以疾辞。州郡不听，以其名上闻，中护军切征，不得已而应之，拜中军骑督。弓马便捷，膂力过人，时论方之文鸯。"⑤ 这是护军典武官选举的一条具体例证，只是其时间已在西晋末年。同书《郑袤传附球传》："累迁侍中、尚书，散骑常侍、中护军，尚书右仆射、领吏部。"⑥《太平御览》引王隐《晋书》曰："邓攸迁吏部尚书，牧马于家庭，妻子素食，当时清净，内

---

① 《通典》卷三四《职官十六·勋官》本注，第944页。
② 《通典》卷一四《选举二·历代制中》，第326页。
③ 《晋书》卷四四《李胤传》，第1253页。
④ 《晋书》卷九三《外戚·羊琇传》，第2411页。
⑤ 《晋书》卷一二〇《李流载记附李庠载记》，第3031页。
⑥ 《晋书》卷四四《郑袤传附球传》，第1252页。

外肃然。迁为中护军。"① 按吏部尚书为宰相机构中的人事长官,从郑球由中护军迁任尚书右仆射领吏部以及邓攸由吏部尚书迁任中护军的事例推测,西晋中护军应具有与吏部尚书相似的职能,可以确定掌武官选举为其基本职能之一。②

典武官选举虽然并非领军将军或中领军的职掌,但作为执掌禁卫军权的朝廷重臣,向皇帝举荐适合承担军事任务的官员乃是其分内之事。《魏志·田豫传》:"太和(227—233)末,公孙渊以辽东叛,帝欲征之而难其人,中领军杨暨举豫应选。乃使豫以本官督青州诸军,假节,往讨之。"③ 按太和二年时,屯骑校尉杨暨曾被魏明帝派遣"慰喻""征吴"将领司马懿和曹休④。其为魏明帝重要亲信,史称"中领军杨暨,帝之亲臣"。魏明帝欲"伐蜀",唯其"大见亲重"之侍中刘晔赞同,而朝臣内外皆曰"不可",杨暨即为代表人物。《魏志·刘晔传》注引《傅子》曰:

> 后暨从驾行天渊池,帝论伐蜀事,暨切谏。帝曰:"卿书生,焉知兵事!"暨谦谢曰:"臣出自儒生之末,陛下过听,拔臣群萃之中,立之六军之上,臣有微心,不敢不尽言。……"⑤

由此可见,曹魏中领军之职"立之六军之上",在皇帝出行时要随从大驾,护驾自是其职责所归。作为大臣,自应有权参与朝政决策,提出建议和意见;作为军事长官,对军事征伐之事必定拥有更多的发言权。杨暨参与征辽和伐蜀的决策,既是其作为朝廷重臣的职责,也是其作为禁卫长官职责的体现。

---

① 《太平御览》卷二四〇《职官部三八·杂号将军下》"中护军"条,第1138页。
② 《晋书》卷七九《谢安传》:由侍中"迁吏部尚书、中护军"(第2073页)。这一记载也可作为中护军与吏部尚书职能相近的一个参考例证。
③ 《三国志》卷二六《魏书·田豫传》,第728页。又,西晋潘岳所撰《杨仲武诔》,有"中领军肃侯之曾孙"句,注:"肃侯,杨暨也。"[(南朝梁)萧统编,(唐)李善注:《文选》卷五六《诔上》,上海古籍出版社1986年版,第2445页]
④ 《三国志》卷九《魏书·曹休传》,第279—280页。
⑤ 《三国志》卷一四《魏书·刘晔传》注,第449页。

二 领军组织系统的变迁

前引典志俱载曹魏时期领军将军（中领军）主五校、中垒、武卫三营，且护军（中护军、护军将军）隶领军，到了晋代领、护军才完全分离。护军隶领军得不到史料佐证，即使有隶属关系，也可能是在某一特定时期，或者仅仅是"文属"而非真正的隶属关系。因无史料可以为证，故在考虑领军组织系统时权以护军隶领军。而领军主五校、中垒、武卫三营之说亦不能完全反映曹魏一代制度，在不同时期实际上是有变化的。

延康元年（黄初元年/220）十月，曹丕取代汉献帝而称帝，建立曹魏王朝。其时，上尊号诸臣中之禁卫武官有[①]：

> 中领军、中阳乡侯臣楸（夏侯琳）
> 中护军臣陟（？）
> 屯骑校尉、都亭侯臣祖（郭祖）
> 长水校尉、关内侯臣凌（戴凌/陵）
> 步兵校尉、关内侯臣福（任福？）
> 射声校尉、关内侯臣质（吴质？）
> 武卫将军、安昌亭侯臣褚（许褚）

据此，曹魏建立之际领军系禁卫武官组织系统可表列如下：

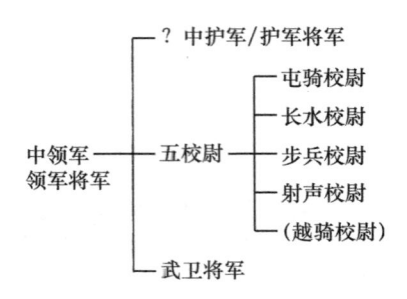

```
                    ┌─ ？中护军/护军将军
                    │                ┌─ 屯骑校尉
                    │                ├─ 长水校尉
中领军 ─────────────┼─ 五校尉 ──────┼─ 步兵校尉
领军将军            │                ├─ 射声校尉
                    │                └─（越骑校尉）
                    └─ 武卫将军
```

[①] 《隶释》卷一九《魏公卿上尊号碑》，《隶释·隶续》，第186页。姓名据王昶的考释，参见《金石萃编》卷二三《魏一·上尊号碑》。

在五校中无越骑校尉，可能与当时吴地不归曹氏有关，因按传统制度，越骑校尉应由越人组成①。据洪饴孙所考，曹魏自黄初四年起便有越骑校尉②，因此上表中黄初四年以后五校尉应包括越骑在内。如前所考，在魏初未看到中垒将军，显然当时尚未设置辖于领军之中垒营，领军所主除了本营外，恐怕就只有四（五）校与武卫营了。

据上文第三节之二所考，魏明帝时增设中垒中坚营，以中垒将军主之，其时在太和四年（230）至正始六年（245）之间，领军组织系统可表述为：

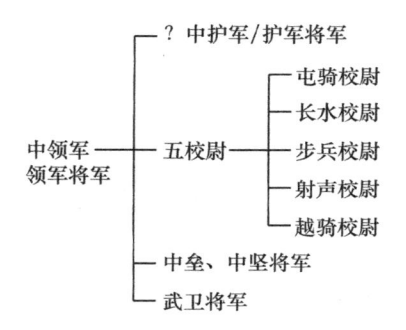

```
                    ┌─ ？中护军/护军将军
                    │              ┌─ 屯骑校尉
                    │              ├─ 长水校尉
中领军 ──────────── ┼─ 五校尉 ─────┼─ 步兵校尉
领军将军            │              ├─ 射声校尉
                    │              └─ 越骑校尉
                    ├─ 中垒、中坚将军
                    └─ 武卫将军
```

《魏志·少帝齐王纪》注引《魏书》载嘉平六年（254）五月甲戌（十七，6.19）司马师废齐王曹芳时，"与群臣共为奏永宁宫"，群臣中禁卫长官有：

　　中护军、永安亭侯臣望（司马望）

　　武卫将军、安寿亭侯臣演（曹演）

　　中坚将军、平原侯臣德（郭德）

　　中垒将军、昌武亭侯臣顗（荀顗）

　　屯骑校尉、关内侯臣陓（武陓）

　　步兵校尉、临晋侯臣建（郭建）

　　射声校尉、安阳乡侯臣温（甄温）

　　越骑校尉、睢阳侯臣初（？）

------

① 《汉书》卷一九上《百官公卿表上》及注，第737—738页。

② 越骑校尉之设，可能与魏初文帝经略吴地有关。关于经略吴地之经过，参见田余庆《汉魏之际的青徐豪霸》，《秦汉魏晋史探微》，中华书局1993年版，第89—118页。

长水校尉、关内侯臣超（徐超）①

在这一名单中无中领军（领军将军），是因当时未设其职。如上文所述，中领军许允因与反对司马师的未遂政变有染，被徙乐浪而死于道。不论当时许允是否已被徙，未任中领军是可以确定的。不过，曹魏很快便又恢复了中领军之职。在公元256年至265年近十年间，中领军（领军将军）于史无征，可能其时无领军，而由中护军代行其职，则当时的禁卫武官组织系统中，中领军被中护军所取代，五校及武卫、中坚、中垒将军等隶于中护军。其时的禁卫武官组织系统可表述为：

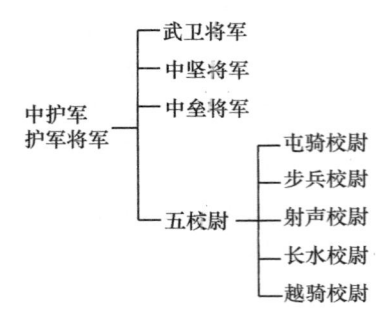

```
                    ┌─ 武卫将军
                    ├─ 中坚将军
中护军              ├─ 中垒将军
护军将军            │       ┌─ 屯骑校尉
                    │       ├─ 步兵校尉
                    └─ 五校尉 ├─ 射声校尉
                            ├─ 长水校尉
                            └─ 越骑校尉
```

小　结

通过以上考察，对于曹魏禁卫武官制度可以得出如下几点认识：

（1）曹魏时期领军将军（中领军）"掌内军"，为最高禁卫长官。领军所掌之内军即守卫宫城内的禁卫军，史载其下辖五校、武卫、中垒三营，但实际上因政局变迁而并非曹魏一代一直如此。领军将军"资轻者为中领军"，曹魏一代中领军为制度常态，领军将军则比较少见。中领军及领军将军担任者主要为皇帝或当权者之亲信，前期多为宗室曹氏及其姻亲夏侯氏等家族成员，后期则为司马氏及其姻亲，表明掌控禁卫军权在当时政治中的重要性。曹魏可能有三次不设领军之职，而由护军代行其职，

---

① 《三国志》卷四《魏书·少帝齐王纪》注，第129页。姓名据《三国职官表》卷中，《后汉书三国志补表三十种》，第1472—1477页；《廿二史考异》卷一五《三国志一》"齐王芳纪"条，第324—325页；《金石萃编》及相关考释。

尤以魏末近十年间最为突出。

（2）曹魏时期护军将军（中护军）"掌外军"，是仅次于领军将军（中领军）的禁卫长官。护军所掌之外军即守卫京城的宫外禁卫军。护军将军"资轻者为中护军"，与领军一样，中护军亦为制度常态，而护军将军则比较少见。史载曹魏护军隶领军，但从史料中无丝毫反映来看，其说颇为牵强。而且曹魏一代领、护军地位并非一成不变，司马氏利用护军力量消灭曹爽而专政，为保卫司马氏专权者，中护军地位大大加强。中护军甚至曾一度负责宫城内禁卫。曹魏后期，中护军可能一度取代中领军而统率宫城内外禁卫军，其重要性至少不亚于中领军。

（3）曹魏前期武卫将军掌殿内禁卫，地位重要，是仅次于中领军的宫内禁卫军长官。司马氏专政后，武卫将军地位被削弱，仅见一人担任其职。中垒将军在曹魏一朝亦颇少见，其始设当在明帝时，于曹爽专政时被废，司马氏专政后恢复中垒营，又有中坚营，分别由中垒将军、中坚将军主之。武卫、中垒将军在曹魏后期应属司马氏控制魏帝的主要将领。此外，曹魏还可见到后世属于禁卫"六军"的骁骑、游击将军，应是魏明帝加强禁卫时临时设置，并非一代定制。

（4）汉代的五校尉在曹魏得到恢复，领有营兵，为负责宫内禁卫的实职禁卫武官。与汉代五校尉负责宫城外围之禁卫比，曹魏五校尉的机要性有所增强。在曹魏数次关键政治事件（如禅代、政变、废立）中均可见到五校成员，表明其地位不低。五校担任者，前期以帝室亲信特别是外戚为主，后期多为司马氏及其亲信。汉代掌宫内外禁卫的光禄勋、卫尉、执金吾三卿及城门校尉诸职亦见于曹魏，其中执金吾仅见于魏初，可能其后被废，光禄勋、卫尉则一直存在。从制度上看它们应该具有禁卫职能，而实际上因领、护军系统禁卫职能的膨胀，加之诸卿担任者皆为老臣，并不能真正行使禁卫职能；从禁卫角度来看，光禄勋、卫尉在曹魏已属闲散之位。

（5）曹魏护军除掌外军外，还"主武官选"，其所主选之武官主要当为牙门将、百人督之类初中级武官，而并非王朝整个武官系统。古今均有人认为曹魏领军亦主武官选，然其说得不到充分坚实的史料支持，难以成立。典志载曹魏禁卫武官的组织系统是：领军主五校、中垒、武卫三营，护军隶于领军。但实际情况并非如此。黄初四年前仅有四校，中垒营始设于魏明帝时而一度被曹爽所毁，又曾临时设置中坚、骁骑、游击等将军，似应隶属领军系统。护军隶属领军并无任何史料佐证，至少曹魏后期司马氏专政时领、护军地位相当，甚至中护军一度取代中领军，自然更为重要，不可能是护军隶属领军。而且二职之职掌也有明确的区别。曹魏时期可能已和后代一样，领、护军分掌内、外军，共同维护以宫殿—宫城—京师（后期相府在宫城外）的安全保卫，二职虽密切相关，但并无隶属或主从关系。[①]

[①]（宋）陈傅良撰《历代兵制》卷三《三国兵制》："魏制略如东汉，南北军如故。有中、左、右、前军各一师，又有中护、中领军，领、护军将军各一人，其他杂号无常数。初，曹公自置武卫营于相府，以领军主之。及文帝增置中营，于是有武卫、中垒二营，以领军将军并五校统之。"（《景印文渊阁四库全书》"史部四二一·政书类"，第六六三册，第451页）据以上研究，可知陈氏对曹魏禁卫军组织制度颇多误解。魏制与东汉制度差别甚大；领、护军将军与中领、护军不并置，其"中护、中领军，领、护军将军各一人"之说含糊不清；曹操相府武卫营由武卫中郎将→武卫将军主之，而不由领军主之；文帝时武卫、中垒营由武卫、中垒将军所统，而非以领军将军并五校统之；领军将军主领军营，又领五校、武卫、中垒诸营（间接统领）。

第 五 章

蜀汉禁卫武官制度

蜀汉（221—263）政治制度，既有对汉制的继承，同时也有在汉魏之际社会巨变之局中的新创。总的来看，新制占有主导地位。与曹魏相比，有相同亦有差异。就禁卫武官制度而论，汉制之禁卫二卿在蜀国仍可考见，此外又出现了类似曹魏的领、护军制度，同时还有别具特色的禁卫武官制度。由于现存史料极为有限，对于蜀汉禁卫武官制度的认识也只能是比较粗略的。[①]

第一节 领军

蜀汉禁卫武官制度的核心应即领、护军系统。蜀汉之领、护军与曹魏既相似而又有所不同。汉魏之际，在曹操霸府中产生了中领军、中护军；曹魏建立以后，领军将军、护军将军（资轻者为中领军、中护军）成为统领宫城内、外军的禁卫长官。曹魏的领、护军将军制度是一种与汉代禁卫武官制度不同的新制度，但其形成却与汉制有一定的继承关系，是汉以来出征军府侍卫亲军制度演变的结果。那么，蜀汉的领、护军究竟是对曹魏制度的借鉴，还是独自由汉制演变而来的？

洪饴孙云："蜀亦置中领军，复有领军、前领军、行领军诸官。"[②]

[①] 就著者所见，学界对蜀汉禁卫武官制度的研究尚属空白。不仅如此，对蜀汉兵制的研究也非常简略，似仅黄惠贤、高敏曾简单论及。参见黄惠贤《魏晋兵制札记四则》，《中国古代史论丛》第三辑，福建人民出版社1982年版，第74—83页；高敏《三国兵制杂考·西蜀的兵户制及其特征》，《魏晋南北朝兵制研究》，大象出版社1998年版，第111—113页。

[②] （清）洪饴孙撰：《三国职官表》卷中，刘祜仁点校《后汉书三国志补表三十种》，中华书局1984年版，第1465页。

《蜀志·杨戏传》录杨戏所著《季汉辅臣赞》，所载蜀汉时期一些大臣的资料对于认识蜀汉领军制度有一定帮助。"赞吴子远（壹）"条本注："壹族弟班，字元雄……以豪侠称，官位常与壹相亚。先主时，为领军。后主世，稍迁至骠骑将军。""赞冯休元（习）张文进"条本注：冯习"随先主入蜀。先主东征吴，习为领军，统诸军，大败于猇亭"。"赞王国山……龚德绪王义强"条本注：龚德绪"弟衡，景耀（258—263）中为领军"。① 据此诸条可以推断，自蜀汉建立之初（先主时）到蜀汉末年，一直存在着"领军"之职。

冯习"为领军，统诸军"随刘备东征表明，此职为实际领兵之军事将领。此外，蜀汉还有"中领军""前领军""行领军"等职。向朗兄子向宠，建兴（223—237）初为中部督。"诸葛亮当北行，表与后主曰：'将军向宠，性行淑均，晓畅军事，试用于昔日，先帝称之曰能，是以众论举宠为督。愚以为营中之事，悉以咨之，必能使行陈和睦，优劣得所也。'迁中领军。延熙三年（240），征汉嘉蛮夷，遇害。"② 按诸葛亮北征是在建兴五年（227）春③，则向宠自公元227年至240年担任蜀汉中领军，长达十余年之久。诚如诸葛亮在任命向宠为中领军前所说，以之为中领军，就是要"营中之事，悉以咨之"，以期达到"行陈和睦，优劣得所"。此处之"营"是指京师之营，即在诸葛亮率大军北征后，留守成都之部队，实即禁卫军。据此可以认为，向宠所任之中领军即蜀汉禁卫长官。《蜀志·张翼传》："先主定益州，领牧，翼为书佐。"历任江阳长、涪陵令、梓潼太守、广汉·蜀郡太守。"建兴九年，为庲降都督、绥南中郎将。""（诸葛）亮出武功，以翼为前军都督，领扶风太守。亮卒，拜前领军……延熙元年（238），入为尚书。"④ 按诸葛亮卒于建兴十二年（234），则张翼"拜前领军"即在是时⑤。其所任前领军应是在亮部前军

---

① （晋）陈寿撰，（南朝宋）裴松之注：《三国志》卷四五《蜀书·杨戏传》，中华书局1959年版，第1084、1088页。

② 《三国志》卷四一《蜀书·向朗传附兄子宠传》，第1011页。

③ 参见《三国志》卷三三《蜀书·后主传》，第895页；卷三五《蜀书·诸葛亮传》，第919页。

④ 《三国志》卷四五《蜀书·张翼传》，第1073页。

⑤ 《华阳国志》卷七《刘后主志》：在建兴十二年诸葛亮卒后的人事任命中，包括"张翼（为）前领军"，属"典军政"诸大臣之列［（晋）常璩撰，刘琳校注：《华阳国志校注》，巴蜀书社1984年版，第564页］。

都督之上的升格，为前军之统帅，而非朝廷禁卫长官。同书《赵云传》："云子统嗣，官至虎贲中郎，督行领军。"① 按"督行领军"颇难理解，据上文羽林右部督及中部督、殿中督等职推断，此处似应断句为"虎贲中郎督、行领军"。"行领军"即以低职虎贲中郎督代理（行）领军事务。"虎贲中郎督"盖即虎贲督或虎贲中郎将之督。

总的来看，蜀汉一代存在着作为禁卫长官的领军、中领军之职，只是并未有如曹魏一样的领军将军之职。下述之虎贲中郎将、虎贲中郎督及羽林右部督、中部督、殿中督等职应即领军或中领军所统之禁卫武官。西晋左、右卫将军所辖有"三部司马""五部督"②，曹魏未见记载，但从魏、晋制度之间的直接承袭关系来看，曹魏存在五部督的可能性很大。曹魏可考知有羽林中郎将、虎贲中郎将及羽林左、右监等职，羽林左、右监当为羽林左、右部之长官，监、督同义，似可互称。

第二节　护军

蜀汉之护军，可考者有中都护、护军与行护军及前、左、右护军等名称。洪饴孙云："蜀置中护军一人，前、后、左、右护军各一人。"③ 章武三年（223）蜀汉昭烈帝刘备临终前，以诸葛亮与李严为顾命大臣辅少主，"以严为中都护，统内外军事，留镇永安"，不久加光禄勋。④ 永安宫是当时蜀汉的另一政治中心，李严所统内军即刘备东征时之蜀汉大军，也可以认为就是京师成都以外之外军。东汉大将军出征时设中护军一人，曹操于汉末曾设都护军中尉，后又设护军、中护军，魏国曾设都护将军，曹魏建立后确定护军将军（中护军）为禁卫军最高长官之一。刘备临终所设"中都护"之职，当是参考汉魏之际护军制度而来。"中"表示其所统为中军，中都护则反映其所统为"内""外军"，为中军统帅。后李严"移屯江州，留护军陈到驻永安，皆统属严"，即表明其为诸护军之长。李严任中都护直到建兴九年（231）被诸葛亮所罢免。建兴"八年，迁骠骑将军。以

---

① 《三国志》卷三六《蜀书·赵云传》，第951页。
② （唐）房玄龄等撰：《晋书》卷二四《职官志》，中华书局1974年版，第741页。又可参见本书第七、八章相关内容。
③ 《三国职官表》卷中，《后汉书三国志补表三十种》，第1468页。
④ 《三国志》卷四〇《蜀书·李严传》，第999页。

曹真欲三道向汉川，亮命严将二万人赴汉中。亮表严子丰为江州都督，督军典严后事。亮以明年当出军，命严以中都护署府事"。① 表明李严在建兴八年时仍为中都护。建兴九年八月，李平（严改名平）被诸葛亮罢免，"废徙梓潼郡"②。因李严以中都护与诸葛亮一起受遗辅后主，诸葛亮在专控蜀汉政权时便与李严发生冲突，遂设法将其废徙③。其后，蜀汉可能一度未设中都护之职。蜀汉末年，又见"行都护"之职。诸葛亮子瞻，"景耀四年（261），为行都护、卫将军……平尚书事"。六年，曹魏征西将军邓艾率大军伐蜀，都护诸葛瞻率军拒艾，临阵而死。④ 按诸葛瞻所任实为"中都护"⑤，"都护诸葛瞻"时为蜀汉中军统帅无疑。⑥

在诸葛亮所上《免李平公文》中，可以见到数位护军，他们是：

行中护军、偏将军臣费祎

行前护军、偏将军、汉成亭侯臣许允

行左护军、笃信中郎将臣丁咸

行右护军、偏将军臣刘敏

行护军、征南将军、当阳亭侯臣姜维⑦

据记载，费祎"迁为侍中。（诸葛）亮北住汉中，请祎为参军"。"建兴八年（230），转为中护军。后又为司马。值军师魏延与长史杨仪相憎恶，每至并坐争论，延或举刃拟仪，仪泣涕横集。祎常入其坐间，谏喻分别。终亮之世，各尽延、仪之用者，祎匡救之力也。亮卒，祎为后军师。顷之，代蒋琬为尚书令。"⑧ 按魏延由领丞相司马升任前军师、征西大将

---

① 《三国志》卷四〇《蜀书·李严传》，第999页。
② 《三国志》卷三三《蜀书·后主传》，第896页。
③ 关于废李严（平）之前因后果，参见田余庆《李严兴废与诸葛用人》，《秦汉魏晋史探微》，中华书局1993年版，第176—196页。
④ 《三国志》卷三五《蜀书·诸葛亮传附子瞻传》，第932页。
⑤ 参见《华阳国志》卷七《刘后主志》，《华阳国志校注》，第589页。
⑥ 《华阳国志》卷八《大同志》："（晋泰始）四年，故中军士王富有罪逃匿，密结亡命刑徒，得数百人，自称诸葛都护，起临邛，转侵江原……初，诸葛瞻与邓艾战于绵竹也，时身死失丧，或言生走深逃。瞻亲兵言富貌似瞻，故窜假之也。"（《华阳国志校注》，第604页）
⑦ 《三国志》卷四〇《蜀书·李严传》裴注，第1000页。
⑧ 《三国志》卷四四《蜀书·费祎传》，第1061页。

军①，杨仪为亮府长史、绥军将军②，则费祎所任中护军乃诸葛亮幕府之中护军，而非如魏晋制度一般，为禁卫长官之中护军。也就是说，蜀汉之中护军正是汉代大将军出征军府中护军之制的沿袭。姜维所任"护军"亦为诸葛亮军府之职，史载"亮病困，密与长史杨仪、司马费祎、护军姜维等作身殁之后退军节度"云云③。以此推断，前护军许允、左护军丁咸、右护军刘敏无疑皆为诸葛亮部将，其所任"护军"乃亮军府之职而非朝廷禁卫之职。"延熙元年（238），大将军蒋琬住沔阳，（王）平更为前护军，署琬府事。六年，琬还住涪，拜平前监军、镇北大将军，统汉中。"④ 其时刘敏为王平大将军府之"左护军"⑤。蜀汉末年又可见到"护军蒋斌"，为姜维之部将⑥。

蜀汉军府护军之制继承自汉代大将军僚佐制度，其承袭关系于史有征。黄权为刘璋主簿，"诣降先主。先主假权偏将军。及曹公破张鲁，鲁走入巴中"，"于是先主以权为护军，率诸将迎鲁"。⑦ 按黄权所任乃督护诸军之"护军"。杨戏《季汉辅臣赞》"赞吴子远（壹）"条本注："先主定益州，以壹为护军、讨逆将军，纳壹妹为夫人。"⑧ 吴壹所任"护军"亦为刘备幕府之职。此类护军与东汉大将军出征时军府所设之护军并无二致。

综上所述可知，蜀汉虽有护军制度，但是迄未出现和曹魏一样的固定于京师统领宫城外军以保卫京城为职责的禁卫长官护军将军（中护军），而是沿袭了东汉大将军出征军府之护军（中护军）制度。曹魏政治安定，战事主要发生于边疆地区，对内政并无决定性的影响。而蜀汉

---

① 参见《三国志》卷四〇《蜀书·魏延传》，第1002页。
② 参见《三国志》卷四〇《蜀书·杨仪传》，第1004—1005页。
③ 《三国志》卷四〇《蜀书·魏延传》，第1003页。
④ 《三国志》卷四三《蜀书·王平传》，第1050页。
⑤ 《三国志》卷四四《蜀书·蒋琬传附刘敏传》："刘敏，左护军、扬威将军，与镇北大将军王平俱镇汉中。"（第1060页）
⑥ 《三国志》卷二八《魏书·钟会传》，第788页；卷四四《蜀书·姜维传》，第1065页。
⑦ 《三国志》卷四三《蜀书·黄权传》，第1043页。据《资治通鉴》卷六七《汉纪五九》，时在建安二十年（215）十一月［（宋）司马光编著，（元）胡三省音注，"标点资治通鉴小组"校点，中华书局1956年版，第2143页］。
⑧ 《三国志》卷四五《蜀书·杨戏传》，第1083页。按刘备攻占益州是在建安十九年（214）夏，参见《三国志》卷三二《蜀书·先主传》，第882页；《华阳国志》卷六《刘先主志》，《华阳国志校注》，第522页；《资治通鉴》卷六七《汉纪五九》，第2128页。

东、西两线作战，战争几乎就是蜀汉政治生活的主要内容，京师守卫相对并不重要，只要守住了边疆，也就意味着京师得到了保卫。故而设置守卫京师之护军将军（中护军）便无必要。不过从另一个角度理解，蜀汉以中领军（领军）守卫都城，保卫皇帝（主要是后主），其所统即为内军，而以护军在外征战，其所统即为外军，故与曹魏领、护军制度也有相通之处。

第三节　虎贲、三署郎将与羽林、殿中督

一　虎贲中郎将

蜀汉虎贲中郎将任职可考者有来敏、董允、关统、糜威等人。《蜀志·来敏传》："先主定益州，署敏典学校尉。及立太子，以为家令。后主践阼，为虎贲中郎将。丞相亮住汉中，请为军祭酒、辅军将军，坐事去职。"①《董允传》："后主袭位，迁黄门侍郎。丞相亮将北征，住汉中，虑后主富于春秋，朱紫难别，以允秉心公亮，欲任以宫省之事。""亮寻请（费）祎为参军；允迁为侍中，领虎贲中郎将，统宿卫亲兵。"② 又，关羽子兴，"子统嗣，尚公主，官至虎贲中郎将"③。糜竺弟芳，"子威，官至虎贲中郎将"④。很显然，蜀汉之虎贲中郎将是真正的禁卫长官，"统宿卫亲兵"，至为机要。来敏与刘璋有亲戚关系，汉末大乱时入蜀，"常为璋宾客"，"善《左氏春秋》"等。⑤ 诸葛亮北征前夕安排京城大事时，以董允为虎贲中郎将统宿卫亲兵，令其控制禁卫军权。其后之关统为关羽之孙，糜威为糜竺之侄，均为开国功臣之后，其所任自然也是统宿卫亲兵的实职禁卫武官。与汉制相似，蜀汉虎贲中郎将所统有郎中、中郎，如赵云之子赵统，官至"虎贲中郎"⑥。

蜀汉有虎骑监、虎步监等职，当为隶属虎贲中郎将的骑、步兵将领。

---

① 《三国志》卷四二《蜀书·来敏传》，第1025页。
② 《三国志》卷三九《蜀书·董允传》，第985—986页。
③ 《三国志》卷三六《蜀书·关羽传》，第942页。
④ 《三国志》卷三八《蜀书·糜竺传》，第970页。
⑤ 《三国志》卷四二《蜀书·来敏传》，第1025页。
⑥ 《三国志》卷三六《蜀书·赵云传》，第951页。

《蜀志·麋竺传》："威子照，虎骑监。自竺至照，皆便弓马、善射御云。"①《水经注》载诸葛亮表云："臣遣虎步监孟琰据武功水东，司马懿因水长攻琰营。臣作竹桥，越水射之，桥成，驰去。"② 按虎步监所领即为虎步兵。《蜀志·姜维传》：

> 亮辟维为仓曹掾，加奉义将军，封当阳亭侯，时年二十七。亮与留府长史张裔、参军蒋琬书曰："……其人，凉州上士也。"又曰："须先教中虎步兵五六千人。姜伯约甚敏于军事，既有胆义，深解兵意。此人心存汉室，而才兼于人，毕教军事，当遣诣宫，觐见主上。"③

"中虎步兵"当即"宫中虎步兵"，《三国职官表》卷上"虎步监"条引此，即为"须先教宫中虎步兵五六千人"④。有虎步兵，自应有虎骑兵。虎步兵与虎骑兵亦可称为虎士。曹魏时武卫将军许褚所领有"虎士"⑤，北魏时有"殿中虎贲"等名称⑥。传世蜀汉官印可见"虎步司马"印二枚，"虎步奊（突）搏司马"印三枚，"虎步挫锋司马"印一枚。⑦ 按此诸"司马"应为蜀汉统领虎步兵的将领，其职能与虎步监当有分工。同理，蜀汉虎骑兵亦当可能设有虎骑司马、虎骑突搏司马、虎骑挫锋司马等

---

① 《三国志》卷三八《蜀书·麋竺传》，第970页。

② （后魏）郦道元撰，杨守敬、熊会贞疏，段熙仲点校，陈桥驿复校：《水经注疏》卷一八《渭水中》，江苏古籍出版社1989年版，第1524页。

③ 《三国志》卷四四《蜀书·姜维传》，第1063页。

④ 《三国职官表》卷上，《后汉书三国志补表三十种》，第1345页。按张澍辑《诸葛忠武侯文集》卷一引此条，辑自《三国志》，其文与今本《三国志》同。参见《诸葛亮集》，中华书局1960年版，第22页。

⑤ 《三国志》卷一八《魏书·许褚传》，第542页。

⑥ 参见（北齐）魏收撰《魏书》卷四下《世祖纪下》，中华书局1974年版，第95页。按北魏又有"殿中卫士""宿卫士""殿中细拾队"一类名称，分见《魏书》卷一四《神元平文诸帝子孙·顺阳公郁传》，第347页；卷三四《王洛儿传》，第800页；卷四四《和其奴传》，第993页；卷二六《长孙翰传》，第653页。按"细拾"语义不明，唐长孺认为"'细拾'乃'细射'的音讹"（《吐鲁番文书中所见高昌郡军事制度》，《山居存稿》，中华书局1989年版，第375页），则"殿中细拾队"是由轻型弓矢兵构成的在殿中直卫的禁卫队伍。

⑦ 罗福颐主编：《秦汉南北朝官印征存》卷七《三国官印三·蜀汉官印》，文物出版社1987年版，第265—266页，图版1517—1522。北魏明元帝时期，长孙翰"为都督北部诸军事、平北将军、真定侯，给殿中细拾队，加旌旗鼓吹"。（《魏书》卷二六《长孙翰传》，第653页）

将领。

二 三署郎将

考之史载，蜀汉有五官、左、右中郎将，表明蜀汉存在三署郎将之职。诸职是否如西汉一样属于光禄勋或与东汉一样"以文属焉"[1]，则不大清楚。五官中郎将任职可考者仅有五梁一人。《蜀志·杜微传》附："五梁者，字德山，犍为南安人也，以儒学节操称。从议郎迁谏议大夫、五官中郎将。"[2] 按此诸职均应属于光禄勋，不过从五梁身份推测，其所任五官中郎将似并不具有禁卫职能。左、右中郎将可考者分别有两人。秦宓，"益州辟宓为从事祭酒。先主既称尊号，将东征吴，宓陈天时必无其利，坐下狱幽闭，然后贷出。建兴二年（224），丞相亮领益州牧，选宓迎为别驾。寻拜左中郎将、长水校尉"[3]。杜琼，"刘璋时辟为从事。先主定益州，领牧，以琼为议曹从事。后主践阼，拜谏议大夫，迁左中郎将、大鸿胪、太常。为人静默少言，阖门自守，不与世事"[4]。又有"左中郎"傅佥，后任关中都督而战死[5]。此"左中郎"或即左中郎将之省称。宗预，"建安中，随张飞入蜀。建兴初，丞相亮以为主簿，迁参军、右中郎将"。亮卒，"预将命使吴"，迁侍中。[6] 李譔，"始为州书佐、尚书令史。延熙元年（238），后主立太子，以譔为庶子，迁为仆。转中散大夫、右中郎将，犹侍太子"[7]。根据以上记载，可知蜀汉的三署郎将似非禁卫武官，可能已丧失了汉代三署郎将所具有的禁卫职能。其担任者皆尚文而少武，如：五梁"以儒学节操称"[8]。诸葛亮在答吴使张温时谓秦宓为"益州学士也"，宓与温对答，显示其对《诗经》极为精通。[9] 杜琼"学业入

---

[1] （南朝宋）范晔撰，（唐）李贤等注：《后汉书》/附（晋）司马彪撰，（梁）刘昭注补：《续汉书·百官志二》，中华书局1965年版，第3578页。
[2] 《三国志》卷四二《蜀书·杜微传》附，第1020页。
[3] 《三国志》卷三八《蜀书·秦宓传》，第976页。
[4] 《三国志》卷四二《蜀书·杜琼传》，第1021页。
[5] 《三国志》卷四五《蜀书·杨戏传》载《季汉辅臣赞》"赞冯休元、张文进"条，裴松之注引《蜀记》，第1089页。
[6] 《三国志》卷四五《蜀书·宗预传》，第1075、1076页。
[7] 《三国志》卷四二《蜀书·李譔传》，第1027页。
[8] 《三国志》卷四二《蜀书·杜微传》附，第1020页。
[9] 《三国志》卷三八《蜀书·秦宓传》，第976页。

深","著《韩诗章句》十余万言"。① 李譔之学业最为突出,"五经、诸子,无不该览,加博好技艺",著述甚富。②

建安二十六年(221)《蜀黄龙甘露碑》载"五官中郎将臣"某一人,位次侍中、尚书,居于太中、中散大夫之前;碑阴载"中郎将"十三人,因碑文残缺,故担任者姓名及中郎将属性均难以确知。③ 蜀汉建立前夕有掌军中郎将,地位颇为重要。《蜀志·董和传》:"先主定蜀,征和为掌军中郎将,与军师将军诸葛亮并署左将军、大司马府事,献可替否,共为欢交。"④ 按当时刘备为左将军、大司马,董和与诸葛亮为刘备幕府最重要的幕僚。碑中诸未知名之"中郎将",有可能就是五官、左、右中郎将及掌军中郎将和虎贲、羽林中郎将之类。此外,蜀汉还设有"武猛中郎将"一职⑤。

蜀汉有郎中、中郎之职,或即虎贲中郎将、三署郎将等职之属官。《蜀志·董允传》:"允尝与尚书令费祎、中典军胡济等共期游宴,严驾已办,而郎中襄阳董恢诣允修敬。恢年少官微……"裴注引《襄阳记》曰:董恢"入蜀,以宣信中郎副费祎使吴"。⑥ 中典军胡济亦当为禁卫长官之一。《董和传》裴注:"伟度者,姓胡名济,义阳人。为亮主簿,有忠荩之效,故见褒述。亮卒,为中典军,统诸军,封成阳亭侯。"⑦ 按曹魏有"殿内典兵"⑧,西晋有"典兵中郎",蜀汉"中典军"可能与之相似。⑨

---

① 《三国志》卷四二《蜀书·杜琼传》,第1022页。
② 《三国志》卷四二《蜀书·李譔传》,第1026页。
③ (宋)洪适撰:《隶续》卷一六,《隶释·隶续》,中华书局1985年版,第425—426页。参见(清)纪昀等撰《历代职官表》卷四三《领侍卫内大臣》"三国"条案语,上海古籍出版社1989年版,第818页。
④ 《三国志》卷三九《蜀书·董和传》,第979页。
⑤ 传世蜀汉官印可见"武猛中郎将"印二枚,见《秦汉南北朝官印征存》卷七《三国官印三·蜀汉官印》,第264、265页,图版1512、1513。
⑥ 《三国志》卷三九《蜀书·董允传》,第986页。又可参见《华阳国志》卷七《刘后主志》,《华阳国志校注》,第574页。
⑦ 《三国志》卷三九《蜀书·董和传》,第980页。
⑧ (唐)杜佑撰,王文锦等点校:《通典》卷三六《职官十八·魏官品》"第六品"条,中华书局1988年版,第993页。
⑨ 吐鲁番出土北凉文书可见"典军主簿""典军",参见国家文物局文献研究室编《吐鲁番出土文书》,文物出版社1981年版,第一册,第91、92、94、124、132、135、137、138、141、147、150、167、168页;唐长孺《吐鲁番文书中所见高昌郡军事制度》,《山居存稿》,第364、372—374、377—378页。

三 羽林督与殿中督

史载李"恢弟子球，羽林右部督。随诸葛瞻拒邓艾，临陈授命，死于绵竹"①。这表明蜀汉末年有羽林右部督一职，洪饴孙推断亦当有左部督，然于史未见。此制与孙吴"羽林督"相似②。蜀汉之羽林督可能隶于羽林中郎将。诸葛亮子瞻，"年十七，尚公主，拜骑都尉。其明年，为羽林中郎将"③。向"朗兄子宠，先主时为牙门将。秭归之败，宠营特完。建兴元年，封都亭侯。后为中部督，典宿卫兵"④。按此"中部督"可能与李球所任之"羽林右部督"一样均为羽林之督。果如此，则蜀汉羽林不仅有中部督、右部督，可能还有左部督，类似于汉代之三署中郎将。是否有前、后部督则无从查考。

蜀汉又可见到"殿中督"一职，或即羽林督、中部督之异称。魏灭蜀，后主东迁洛阳，"子孙为三都尉封侯者五十余人。尚书令樊建、侍中张绍、光禄大夫谯周、秘书令郤正、殿中督张通并封列侯"⑤。《蜀志·郤正传》："景耀六年（263）……明年正月，钟会作乱成都，后主东迁洛阳，时扰攘仓卒，蜀之大臣无翼从者，惟正及殿中督汝南张通，舍妻子，单身随侍。"⑥看来蜀汉殿中督为皇帝亲信大臣，自是负责殿内禁卫的禁卫长官无疑。洪饴孙谓"蜀置殿中督一人，一名中部督，典宿卫兵"⑦，其说可从。清代四库馆臣云："蜀汉宿卫之官，其制皆沿汉旧，惟中部督、殿中督诸名，汉制未见，为蜀所创设，盖亦宿卫之长也。"⑧按其说正误参半，除了中部督、殿中督为蜀所创设外，领、护军等职亦非汉代禁卫旧制。

---

① 《三国志》卷四三《蜀书·李恢传》，第1046页。
② 孙吴有"羽林督"，见《三国志》卷五一《吴书·孙皎传》，第1208页。
③ 《三国志》卷三五《蜀书·诸葛亮传附子瞻传》，第932页。
④ 《三国志》卷四一《蜀书·向朗传》，第1011页。
⑤ 《三国志》卷三三《蜀书·后主传》，第902页。按"殿中督张通"，又见《华阳国志》卷七《刘后主志》（《华阳国志校注》，第596页）。刘琳校注谓，殿中督"即殿中司马督，掌殿中宿卫"（同上书，第597页注［四］）。按其说未注明史源，盖当据西晋制度比附而来。
⑥ 《三国志》卷四二《蜀书·郤正传》，第1041页。
⑦ （清）洪饴孙撰：《三国职官表》卷中，《后汉书三国志补表三十种》，第1488页。
⑧ （清）纪昀等撰：《历代职官表》卷四三《领侍卫内大臣》"三国"条案语，第818页。

第四节　光禄勋、卫尉与五校尉

在《三国志·蜀书》中可见到汉九卿制中的禁卫二卿光禄勋和卫尉，表明蜀汉承袭了汉制禁卫二卿制度。

建安二十五年（220）上尊号诸臣名单可见太傅许靖、安汉将军麋竺、军师将军诸葛亮、太常赖恭、光禄勋黄权、少府王谋等人①，则刘备称帝前已有光禄勋之设。黄权与董和、李严本刘璋旧部，建安十九年（214）随刘璋降于刘备。光禄勋之始设时间，似在建安二十四年秋刘备称汉中王之时。《华阳国志·刘先主志》载，建安二十四年，先主定汉中，"群下上先主为汉中王、大司马"，其所任命诸臣中即有"南阳黄权为光禄勋"。②《蜀志·李严传》："章武二年（222），先主征严诣永安宫，拜尚书令。三年，先主疾病，严与诸葛亮并受遗诏辅少主。以严为中都护，统内外军事，留镇永安。建兴元年（223），封都乡侯，假节，加光禄勋。"③ 按"建兴"为后主即位后所改年号。刘备建汉后虽以成都为都城，但他率军出征以与孙吴相抗衡，自猇亭败后移师白帝城，并在此建立永安宫，征李严为尚书令处理政务，其政治中心实即在此。刘备临终前又以李严为中都护"留镇永安"，严所"统内外军事"是指永安宫之内外军事，而非全蜀国之

---

① 参见《三国志》卷三二《蜀书·先主传》，第888页。
② 《华阳国志》卷六《刘先主志》，《华阳国志校注》，第529页。刘琳校注云："黄权当作黄柱，见《辅臣赞注》。黄权为巴西人，非南阳人，也未作过光禄勋。"（《华阳国志校注》，第530页注［二］）又，中华书局点校本《三国志·蜀书·先主传》亦将"黄权"改为"黄柱"。按在史书所见四处中，《华阳国志》两处记作"黄权"（另一处在章武元年，第534页），《三国志》卷三二《蜀书·先主传》亦记作"黄权"（第888页），唯有卷四五《蜀书·杨戏传》所载其《季汉辅臣赞》谓"南阳黄柱为光禄勋"（第1082页）。黄柱其人于史无征，殊不可解。鄙意蜀汉建立之际光禄勋这一重要职务仍以刘璋旧部黄权担任的可能性较大。又，《三国演义》中屡见"黄权"，而不见黄柱之名，表明历史上所知蜀汉人物确有黄权，而无黄柱。据此推断，《杨戏传》所载其《季汉辅臣赞》中之"黄柱"当为黄权之讹。
③ 《三国志》卷四〇《蜀书·李严传》，第999页。又可参见《华阳国志》卷七《刘后主志》，《华阳国志校注》，第545页。

内外军事。① 可以认为，李严所任中都护就是蜀国之禁卫长官，而当时汉制的影响依然存在，故"加光禄勋"予以明确。李严任中都护、光禄勋，一直到后主建兴九年被诸葛亮废徙梓潼郡②。随即诸葛亮亲信向朗接任光禄勋，至建兴十二年诸葛亮卒时徙任左将军③。此外，又可见到"光禄勋河东裴儁"④。蜀汉光禄勋下辖郎中、中郎等职。常勖，"州命辟从事，入为光禄郎中、主事"。何随，"郡命功曹，州辟从事，光禄郎中、主事，除安汉令"。王化，"郡命功曹，州辟从事，光禄郎中、主事，尚书郎，除阆中令"。⑤

蜀汉卫尉任职可考者有二人。刘琰本为刘备豫州从事，"先主定益州，以琰为固陵太守。后主立，封都乡侯，班位每亚李严，为卫尉、中军师、后将军，迁车骑将军。然不豫国政，但领兵千余，随丞相亮讽议而已"⑥。陈震本为刘备荆州从事，"随先主入蜀。蜀既定，为蜀郡北部都尉。因易郡名，为汶山太守。转在犍为。建兴三年，入拜尚书，迁尚书令。奉命使吴。七年，孙权称尊号，以震为卫尉，贺权践阼"⑦。陈震任卫尉似直到建兴十三年临终。

《蜀志·姜维传》："维昔所俱至蜀，梁绪官至大鸿胪，尹赏执金吾，梁虔大长秋，皆先蜀亡没。"⑧ 据此，则蜀汉亦有"执金吾"之设。不过

---

① 《三国志》卷四五《蜀书·杨戏传·季汉辅臣赞》"赞赵子龙、陈叔至"条，本注谓叔至（到）"建兴初，官至永安都督、征西将军"。（第1084页）按陈叔至所任永安都督当即统兵镇守于永安宫。关于永安宫之具体方位及大小规模，可从《水经注》卷三四《江水二》的记载得到认识，江水"又东过秭归县之南"下注："县城东北，依山即坂，周回二里，高一丈五尺，南临大江。古老相传，谓之刘备城，盖备征吴所筑也。"（《水经注疏》，第2836页）

② 《三国志》卷三三《蜀书·后主传》，第896页；卷四〇《李严传》，第1000页。据《后主传》记载，建兴"四年春，都护李严自永安还住江州，筑大城"（第894页）。

③ 《三国志》卷三三《蜀书·后主传》，第897页；卷四一《向朗传》，第1010页。

④ 《三国志》卷四二《蜀书·孟光传》，第1024页。《华阳国志》卷七《刘后主志》记作"光禄勋河东裴隽"，《华阳国志校注》，第576页。

⑤ 《华阳国志校注》卷一一《后贤志》，第843、846、848页。

⑥ 《三国志》卷四〇《蜀书·刘琰传》，第1001页。参见《华阳国志》卷七《刘后主志》，《华阳国志校注》，第545页。

⑦ 《三国志》卷三九《蜀书·陈震传》，第984页。同书卷四七《吴书·吴主传》：黄龙元年（229）"六月，蜀遣卫尉陈震庆权践位"（第1134页）。参见《华阳国志》卷七《刘后主志》，《华阳国志校注》，第556页。

⑧ 《三国志》卷四四《蜀书·姜维传》，第1069页。

从史书所仅见亦表明，其职重要性不及光禄勋和卫尉。

蜀汉亦当设五校尉诸职。诸葛亮死后，"步兵校尉习隆"等上表请后主于沔阳为亮立庙①。诸葛亮之弟均，"官至长水校尉"；亮子瞻，曾任射声校尉。②《蜀志·秦宓传》："建兴二年，丞相亮领益州牧，选宓迎为别驾。寻拜左中郎将、长水校尉。"③《董和传》裴注："（胡）济弟博，历长水校尉、尚书。"④《廖立传》："（建安）二十四年，先主为汉中王，征立为侍中。后主袭位，徙长水校尉。立本意，自谓才名宜为诸葛亮之贰，而更游散在李严等下，常怀快快。"立议论朝政，受到诸葛亮弹劾。"亮表立曰：'长水校尉廖立，坐自贵大，臧否群士……羊之乱群，犹能为害，况立托在大位，中人以下识真伪邪？'于是废立为民，徙汶山郡。"又裴注"《亮集》有亮表曰"云云，亦涉及其事，谓诸葛亮以廖立处五校，"自是之后，怏怏怀恨"。⑤这一记载显示，蜀汉虽设五校尉，但其职不被看重。不过，这种情况似为特例。王连，"建兴元年，拜屯骑校尉，领丞相长史，封平阳亭侯"⑥。向朗，"后主践阼，为步兵校尉，代王连领丞相长史。丞相亮南征，朗留统后事"⑦。这两例表明，蜀汉步兵校尉是非常重要的官职。张裔"既至蜀，丞相亮以为参军，署府事，又领益州治中从事。亮出驻汉中，裔以射声校尉领留府长史"⑧。由此可见，张裔为诸葛亮亲信，其所任射声校尉则颇为重要。杨洪曾任蜀郡太守、益州治中从事，为平定汉嘉太守黄元反叛发挥了重要作用。"洪建兴元年赐爵关内侯，复为蜀郡太守、忠节将军。后为越骑校尉，领郡如故。"诸葛亮北

---

① 《三国志》卷三五《蜀书·诸葛亮传》注引《襄阳记》，第928页。
② 《三国志》卷三五《蜀书·诸葛亮传》，第928、932页。
③ 《三国志》卷三八《蜀书·秦宓传》，第976页。
④ 《三国志》卷三九《蜀书·董和传》，第980页。
⑤ 《三国志》卷四〇《蜀书·廖立传》，第997、998页。又，《华阳国志》卷七《刘后主志》："（建兴）三年（225）春，长水校尉廖立坐谤讪朝廷，改［废］徙汶山。"乃是因"冗散"而"怨望"，"故致黜废"。（《华阳国志校注》，第550页）
⑥ 《三国志》卷四一《蜀书·王连传》，第1009页。参见《华阳国志》卷七《刘后主志》，《华阳国志校注》，第545页。
⑦ 《三国志》卷四一《蜀书·向朗传》，第1010页。又《华阳国志》卷七《刘后主志》：（建兴）三年"三月，（诸葛）亮南征四郡，以弘农太守杨仪为参军从行，步兵校尉襄阳向朗为长史，统留府事"。（《华阳国志校注》，第550页）
⑧ 《三国志》卷四一《蜀书·张裔传》，第1012页。

住汉中前欲以张裔为留府长史，便曾征询杨洪的意见。① 孟光，"后主践阼，为符节令，屯骑校尉，长乐少府，迁大司农"②。宗预，"延熙十年（247），为屯骑校尉。时车骑将军邓芝自江州还，来朝，谓预曰：'礼，六十不服戎，而卿甫受兵，何也？'预答曰：'卿七十不还兵，我六十何为不受邪？'"③ 看来蜀汉屯骑校尉确实为统兵将领。杨戏《季汉辅臣赞》"赞王文仪"条谓："屯骑主旧，固节不移，既就初命，尽心世规，军资所恃，是辨是禆。""赞杨季休"条谓："越骑惟忠，厉志自祗，职于内外，念公忘私。"④ 按"屯骑"即屯骑校尉，"越骑"即越骑校尉。除了廖立对任长水校尉之职表示不满外，其他诸人所任五校之职均颇为重要，在诸葛亮南征北伐之际多"领留府长史"，负责京师军政事务，其地位之重可想而知。

综上所述可见，蜀汉有光禄勋、卫尉二卿，光禄勋于刘备称汉中王时即已设立，存在到蜀汉后期，卫尉则仅见于后主建兴年间，似非蜀汉一代之制。此二卿同曹魏一样，实际上已经不再具有汉代那种重要的禁卫权力。李严为光禄勋看来权力甚重，但所体现的主要应是中都护的职能，而光禄勋仅为加官。刘琰为卫尉，而"不豫国政"，仅"讽议而已"。执金吾仅一见，其重要性又不及光禄勋、卫尉，究为一代制度还是临时措置，亦不得而知。蜀汉亦设有五校尉，总的来看其职颇为重要，应当具有统领京师禁卫军的职能。

小　结

通过以上考察，对于蜀汉禁卫武官制度可以得出如下几点认识：

（1）蜀汉禁卫武官制度的核心即领军系统。蜀汉之领、护军与曹魏既相似而又不同。蜀汉一代存在着作为禁卫长官的领军、中领军之职，只是并未有如曹魏一样的领军将军之职。建兴五年春诸葛亮北征，任命向宠为中领军，"营中之事，悉以咨之"，"营"是指京师之营，即在诸葛亮率大军北征后留守成都之部队即禁卫军，中领军即为蜀汉禁卫长官。中领

---

① 《三国志》卷四一《蜀书·杨洪传》，第1013页。
② 《三国志》卷四二《蜀书·孟光传》，第1023页。
③ 《三国志》卷四五《蜀书·宗预传》，第1076页。
④ 《三国志》卷四五《蜀书·杨戏传》，第1082、1084页。

军、领军统虎贲中郎将、虎贲中郎督等禁卫武官。

（2）蜀汉有中都护、护军、行护军及前、左、右护军诸职，但迄未出现和曹魏一样的固定于京师统领宫城外军以保卫京城的禁卫长官护军将军（中护军），而是承袭了东汉大将军出征军府之护军（中护军）制度。刘备临终前以李严为中都护"统内外军事"，主要是守卫永安宫。蜀汉以中领军、领军守卫都城，保卫皇帝（主要是后主），其所统即为内军，而以护军在外征战，其所统即为外军，故蜀汉领、护军制度与曹魏领、护军制度也有相通之处。

（3）蜀汉有三署郎将——五官、左、右中郎将，诸职的隶属关系及职能均难以确知。虎贲中郎将"统宿卫亲兵"，为蜀汉禁卫长官之一，至为机要。虎骑监、虎步监等职当为隶属于虎贲中郎将的骑、步兵将领。蜀汉末年可见到羽林右部督，亦应有左部督，又有"中部督，典宿卫兵"，此职或即羽林诸督之一。蜀汉又有殿中督一职，为负责殿内禁卫的禁卫长官。

（4）《三国志·蜀书》的记载表明，蜀汉存在着汉九卿制中的禁卫三卿——光禄勋、卫尉、执金吾。李严为光禄勋看来权力甚重，但所体现的主要是中都护的职能，而光禄勋仅为加官；刘琰为卫尉，"不豫国政"，仅"讽议而已"。同曹魏一样，此二职实际上已经不再具有汉代那种重要的禁卫权力。蜀汉亦设五校之职，具有重要的禁卫职能。

第 六 章

孙吴禁卫武官制度

与魏、蜀两国相比，孙吴（222—280）禁卫武官制度既有相似之处，更有差异，尤其禁卫诸"督"制度别具特色。左思《吴都赋》谓，孙吴京师建业"列寺七里，侠栋阳路；屯营栉比，解署棋布"。注曰："吴自宫门南出苑路，府寺相属，侠道七里也。"① 可知建业城屯驻军队颇多，这些军队主要应当就是孙吴的禁卫部队。兹据《三国志·吴书》及裴松之注的有关记载，对孙吴禁卫武官制度加以考察②。

第一节 领军、护军与武卫将军等职

一 领军将军与护军将军

孙吴有领军将军一职，但《吴志》所见仅孙韶之子孙异一人，时当孙吴中后期。③ 孙权称帝初，可见左、右领军之职。史载孙"权下都建业，（徐）详、（胡）综并为侍中，进封乡侯，兼左、右领军"④。有两种可能，即左、右领军或领军将军在孙吴时不常设，为权宜之计，或其职不重要，故史书所见事例极少。从三位担任者及其与皇帝关系来看，孙吴领军之职仍是十分重要的，如：孙异为宗室；"凡自权统事，诸文诰策命，

---

① （南朝梁）萧统编，（唐）李善注：《文选》卷五《赋丙·京都下》，上海古籍出版社1986年版，第一册，第217页。
② 何兹全在《孙吴的兵制》一文中论及孙吴的武官，但仅提到"卫将军、武卫将军掌管宿卫兵"（《中国史研究》1984年第3期），颇为简略。高敏在研究孙吴兵制时亦未对其禁卫武官制度进行任何考察，参见氏著《魏晋南北朝兵制研究》，大象出版社1998年版，第114—115页。
③ （晋）陈寿撰，（南朝宋）裴松之注：《三国志》卷五一《吴书·孙韶传》，中华书局1959年版，第1216页。
④ 《三国志》卷六二《吴书·胡综传》，第1414页。

邻国书符，略皆（胡）综之所造也"①。

　　孙吴护军之制比较发达，有中、左、右护军及护军。《三国职官表》卷中："吴置中、左、右护军各一人，复有护军官。"② 其职在孙氏控制江东之初就已出现，《吴志·周瑜传》："顷之，（孙）策欲取荆州，以瑜为中护军、领江夏太守，从攻皖，拔之。""（建安）五年（200），策薨，权统事。瑜将兵赴丧，遂留吴，以中护军与长史张昭共掌众事。"③ 按周瑜始任中护军在建安三、四年，显为孙策幕府之职，其后所任则为孙权幕府之职，类似于东汉大将军出征幕府之中护军。《吕蒙传》："后曹公又大出濡须，（孙）权以蒙为督，据前所立坞，置强弩万张于其上，以拒曹公。曹公前锋屯未就，蒙攻破之，曹公引退。拜蒙左护军、虎威将军。"④ 时在建安二十二年（217）⑤。孙权抗曹时有右护军蒋钦。蒋钦为讨越中郎将，"从征合肥，魏将张辽袭权于津北，钦力战有功，迁荡寇将军，领濡须督。后召还都，拜右护军，典领辞讼。""曹公出濡须，钦与吕蒙持诸军节度。"⑥ 可知右护军蒋钦"典领辞讼"，但亦可统兵征战。建安末，孙权以陆逊为右护军、镇西将军⑦。

　　孙吴建立前还可见到护军校尉，当为护军之部属。《吴志·宗室·孙皎传》："始拜护军校尉，领众二千余人。是时曹公数出濡须，皎每赴拒，号为精锐。迁都护、征虏将军。代程普督夏口。"⑧ 按"都护"当与护军相类似。

　　孙吴建国后仍沿袭护军与都护之制。黄武二年（223），步骘"迁右将军、左护军"⑨。黄龙元年（229），可见左护军全琮和右护军朱然。

---

① 《三国志》卷六二《吴书·胡综传》，第1418页。
② （清）洪饴孙撰：《三国职官表》，刘祜仁点校《后汉书三国志补表三十种》，中华书局1984年版，第1469页。
③ 《三国志》卷五四《吴书·周瑜传》，第1260页。
④ 《三国志》卷五四《吴书·吕蒙传》，第1277页。
⑤ 参见《三国志》卷四七《吴书·吴主传》，第1120页；（宋）司马光编著，（元）胡三省音注，"标点资治通鉴小组"校点：《资治通鉴》卷六八《汉纪六〇》献帝建安二十二年，中华书局1956年版，第2148—2149页。
⑥ 《三国志》卷五五《吴书·蒋钦传》，第1286—1287页。
⑦ 《三国志》卷五八《吴书·陆逊传》，第1345页。
⑧ 《三国志》卷五一《吴书·宗室·孙皎传》，第1206页。
⑨ 《三国志》卷五二《吴书·步骘传》，第1237页。

《吴志·全琮传》："黄龙元年，迁卫将军、左护军、徐州牧。尚公主。"①《朱然传》："黄龙元年，拜车骑将军、右护军、领兖州牧。顷之，以兖州在蜀分，解牧职。"② 由此可见，左、右护军在孙权称帝之时是吴国极其重要的军事将领，将二职分别授予其亲信将领全琮与朱然。全、朱二人之父与孙策关系密切，他们又与孙权有着长期的亲密联系，全琮得尚公主，而朱然则"尝与权同学书，结恩爱"③。尽管如此，孙吴左、右护军之职是否与曹魏护军将军（中护军）一样为禁卫长官并不明确，从其兼领州牧来看似不具备禁卫职能。《吴志·孙峻传》：五凤"二年（255），魏将毌丘俭、文钦以众叛，与魏人战于乐嘉，峻帅骠骑将军吕据、左将军留赞袭寿春，会钦败降，军还"。裴注引《吴书》曰："孙峻征淮南，授赞节，拜左护军。"④ 则此"左护军"又为大将军出征幕府之职。孙吴末年仍可见到护军之职。《吴志·三嗣主传》孙皓天纪四年（280）裴注引干宝《晋纪》，有护军孙震与丞相军师张悌及丹杨太守沈莹"帅众三万济江"的记载⑤。

左、右都护之职亦见于孙吴时期。《吴志·诸葛瑾传》："（孙）权称尊号，拜大将军、左都护、领豫州牧……赤乌四年（241），年六十八卒。"⑥《陆逊传》："黄龙元年，拜上大将军、右都护。是岁，权东巡建业，留太子、皇子及尚书九官，征逊辅太子，并掌荆州及豫章三郡事，董督军国。"⑦《丁奉传》："孙休即位，与张布谋，欲诛孙綝……因会请綝，奉与张布目左右斩之。迁大将军，加左右（？）都护。永安三年（260），假节，领徐州牧。""迎立孙皓，迁右大司马、左军师。"⑧ 孙吴三例都护均由大将军（或上大将军）兼任，其地位极高，类似于蜀汉刘备临终前以李严为中都护"统内外军事"。

二 武卫将军

孙吴有武卫将军之职，属于最为重要的禁卫长官。洪饴孙云：吴武卫

---

① 《三国志》卷六〇《吴书·全琮传》，第1382页。
② 《三国志》卷五六《吴书·朱然传》，第1306页。
③ 同上书，第1305页。
④ 《三国志》卷六四《吴书·孙峻传》，第1445页。
⑤ 《三国志》卷四八《吴书·三嗣主传》，第1174页。
⑥ 《三国志》卷五二《吴书·诸葛瑾传》，第1235页。
⑦ 《三国志》卷五八《吴书·陆逊传》，第1349页。
⑧ 《三国志》卷五五《吴书·丁奉传》，第1301—1302页。

将军"亦典宿卫"①。会稽王孙亮建兴二年（253）十月，"武卫将军孙峻伏兵杀（诸葛）恪于殿堂"②。孙峻为"孙坚弟静之曾孙也"，"（孙）权临薨，受遗辅政，领武卫将军，故（以？）典宿卫，封都乡侯。既诛诸葛恪，迁丞相、大将军、督中外诸军事，假节，进封富春侯"③。按武卫将军"典宿卫"，自然为禁卫长官。正因如此，其担任者便可实现专权目的。孙峻由武卫将军升任丞相、大将军、督中外诸军事，专断孙吴朝政。

孙峻死后，孙綝又以武卫将军专权。孙亮太平元年（256）"九月丁亥（十四，10.19），峻卒，以从弟偏将军綝为侍中、武卫将军、领中外诸军事"④。孙綝"与峻同祖。綝父绰为安民都尉。綝始为偏将军，及峻死，为侍中、武卫将军、领中外诸军事，代知朝政"。孙綝专权引起了强烈不满，曾招致数次反叛。先是吕据"与诸督将连名，共表荐滕胤为丞相，綝更以胤为大司马，代吕岱驻武昌。据引兵还，使人报胤，欲共废綝"。事败，胤及将士数十人皆被杀，"夷胤三族"。"綝迁大将军、假节，封永宁侯，负贵倨傲，多行无礼。初，峻从弟虑……与将军王惇谋杀綝，綝杀惇，虑服药死。"孙亮亲政后，对孙綝"多所难问"，綝"甚惧。还建业，称疾不朝，筑室于朱雀桥南，使弟威远将军据入苍龙宿卫，弟武卫将军恩、偏将军干、长水校尉闿分屯诸营，欲以专朝自固"⑤。在双方较量中，由于孙綝长期并且正在控制禁卫军权，终致孙亮被废，而孙綝得以继续专权。废黜孙亮后，迎立孙休即位，"武卫将军恩行丞相事，率百僚以乘舆法驾迎于永昌亭"⑥。

孙吴武卫将军下有武卫校尉及武卫都尉，如孙峻即由武卫都尉迁任武卫将军⑦。朱治子朱才，"素为校尉领兵，既嗣父爵，迁偏将军"。朱才"为人精敏，善骑射，权爱异之，常侍从游戏。少以父任为武卫校尉，领兵随从征伐，屡有功捷"⑧。武卫诸职所领为武卫士。孙峻担任武卫将军时，大将军、领太子太傅、加荆扬州牧、督中外诸军事诸葛恪欲专断朝

---

① 《三国职官表》卷中，《后汉书三国志补表三十种》，第1471页。
② 《三国志》卷四八《吴书·三嗣主传》，第1152页。
③ 《三国志》卷六四《吴书·孙峻传》，第1444页。
④ 《三国志》卷四八《吴书·三嗣主·孙亮传》，第1153页。
⑤ 《三国志》卷六四《吴书·孙綝传》，第1446—1448页。
⑥ 《三国志》卷四八《吴书·三嗣主·孙休传》太平三年（258）十月条，第1155页。
⑦ 参见《三国志》卷六四《吴书·孙峻传》，第1444页。
⑧ 《三国志》卷五六《吴书·朱治传附子才传》及裴注引《吴书》，第1305页。

政,"改易宿卫,用其亲近"①,并试图在北伐曹魏的战争中捞取更大的政治资本。孙峻以其所领禁卫兵而谋诛恪,史谓"武卫之士皆趋上殿"云云②,则其所统禁卫兵即是"武卫之士"。史载"(孙)綝一门五侯,皆典禁兵,权倾人主,自吴国朝臣未尝有也"③。按"五侯"指孙綝及其弟威远将军孙据、武卫将军孙恩、偏将军孙干、长水校尉孙闿。孙綝控制禁卫军是从担任武卫都尉→武卫将军开始的。毫无疑问,武卫将军是孙吴最重要的禁卫长官。在孙休与孙綝政争时,"武卫士施朔又告'綝欲反有征'"④,一方面说明武卫士就在禁中当直,同时也表明能否真正有效控制武卫士在专断朝政中最为关键。

此外,孙吴还有游击将军,亦当为中军将领。晋灭吴之役,王濬率西晋巴蜀水军顺流而下,"径造三山",孙"皓遣游击将军张象率舟军万人御濬,象军望旗而降"。⑤

第二节 禁卫诸"督"

曹魏将军府属佐有门下、营军、刺奸、帐下、记室、部曲诸督⑥。如前章所述,蜀汉禁卫武官有殿中督、中部督、羽林督等职。景帝孙休永安元年(258)十月诏,任命"武卫将军(孙)恩为御史大夫、卫将军、中军督,封县侯"⑦。孙恩本以武卫将军控制禁卫军,在其迁任御史大夫、卫将军后又兼任中军督,则孙吴中军督无疑应为中军统帅。永安元年十一月,"(孙)休闻(孙)綝逆谋,阴与张布图计。十二月戊辰(初八,259.1.18),腊,百僚朝贺,公卿升殿,诏武士缚綝,即日伏诛。已巳(初九,1.19),诏以左将军张布讨奸臣,加布为中军督,封布弟惇为都亭侯,给兵三百人,惇弟恂为校尉"⑧。中军督本由孙綝亲信孙恩担任,

---

① 《三国志》卷六四《吴书·诸葛恪传》,第1438页。
② 同上书,第1439页。
③ 《三国志》卷六四《吴书·孙綝传》,第1450页。又可参同书卷四八《吴书·三嗣主·孙休传》,第1157页。
④ 《三国志》卷六四《吴书·孙綝传》,第1450页。
⑤ (唐)房玄龄等撰:《晋书》卷四二《王濬传》,中华书局1974年版,第1209页。
⑥ 参见《三国职官表》卷下,《后汉书三国志补表三十种》,第1489—1513页。
⑦ 《三国志》卷四八《吴书·三嗣主·孙休传》,第1156页。
⑧ 同上书,第1157页。

景帝孙休在诛杀孙綝后任命协助其夺权的张布担任中军督，控制禁卫军。张布为孙休最重要的亲信，史载"休为王时，布为左右将督，素见信爱。及至践阼，厚加宠待，专擅国势，多行无礼"①。孙吴有大量的带"督"名号的将领见于史载，尤其在沿江军事要地皆设有"督"职。与此同时，禁卫军将领中亦有大量"督"职，当与蜀汉之殿中、中部、羽林督及魏、晋之五部督类似。

孙吴有绕帐、无难、解烦诸督，颇为重要。《吴志·张温传》谓，"特以绕帐、帐下、解烦兵五千人付之"②，即指绕帐督、帐下督、解烦督所统之禁卫兵。《孙綝传》载，孙綝专权，以其诸弟"分屯诸营"，控制禁卫军。"（孙）亮内嫌綝，乃推鲁育见杀本末，责怒虎林督朱熊、熊弟外部督朱损不匡正孙峻，乃令丁奉杀熊于虎林，杀损于建业。綝入谏不从，亮遂与公主鲁班、太常全尚、将军刘承议诛綝。亮妃，綝从姊女也，以其谋告綝。綝率众夜袭全尚，遣弟恩杀刘承于苍龙门外，遂围宫。"按此处之"外部督"即屯驻宫外之禁卫军将领；"虎林督"则为屯驻虎林的军事将领，其地在今安徽贵池县西北之长江南岸。裴注引《江表传》曰："'……今规取之，卿父作中军都督，使密严整士马，孤当自出临桥，帅宿卫虎骑、左右无难一时围之。……'"③此处孙亮用"宿卫虎骑、左右无难"来概括其身边侍卫的禁卫军。

史载宗室孙皎之子"咨，羽林督；仪，无难督"④。按"羽林督"在《三国志·吴书》中仅此一见，而"无难督"则较为多见。《吴志·吴主传》：赤乌八年（245）"秋七月，将军马茂等图逆，夷三族"。裴注引《吴历》曰："茂本淮南钟离长，而为王凌所失，叛归吴，吴以为征西将军、九江太守，外部督，封侯，领千兵。权数出苑中，与公卿诸将射。茂与兼符节令朱贞、无难督虞钦、牙门将朱志等合计，伺权在苑中，公卿诸将在门未入，令贞持节称诏，悉收缚之；茂引兵入苑击权，分据宫中及石头坞，遣人报魏。事觉，皆族之。"⑤降将马茂虽为九江太守，但并未出任，实际官职则是禁卫将领外部督。正因如此，他才能够和符节令朱贞、

---

① 《三国志》卷四八《吴书·三嗣主·孙休传》，第1160页。
② 《三国志》卷五七《吴书·张温传》，第1331页。
③ 《三国志》卷六四《吴书·孙綝传》及裴注，第1448页。
④ 《三国志》卷五一《吴书·宗室·孙皎传》，第1208页。
⑤ 《三国志》卷四七《吴书·吴主传》及裴注，第1146页。

无难督虞钦等人密谋政变。《宗室·孙贲传》注引《吴历》曰：孙贲之孙"震，无难督……震后御晋军，与张悌俱死"①。可知其于孙吴末年任职。《诸葛瑾传》："孙权薨，（瑾子融）徙奋威将军。后恪（融兄）征淮南，假融节，令引军入沔，以击西兵。恪既诛，遣无难督施宽就将军施绩、孙壹、全熙等取融。"②《顾雍传》注引《文士传》曰："礼子基，无难督，以才学知名，著《通语》数十篇。"③《吴主五子·孙和传》："（孙）权欲废和立亮，无难督陈正、五营督陈象上书"表示反对④。按"五营督"即督五校营的将领，亦为禁卫武官无疑。陈武在孙权统事之后（时在建安五年，200）"转督五校"⑤，五营督当由此演变而来。

《吴志·孙綝传》："綝迁大将军、假节，封永宁侯，负贵倨傲，多行无礼。初，峻从弟虑与诛诸葛恪之谋，峻厚之，至右将军、无难督，授节盖，平九官事。綝遇虑薄于峻时，虑怒，与将军王惇谋杀綝。綝杀惇，虑服药死。"⑥由此可见，孙吴无难督一职地位不低，且极重要，孙虑敢与专权者孙綝抗衡即为明证。周鲂之子周处于孙吴末年任东观令、无难督，入晋后任御史中丞，死于平齐万年之役⑦。以东汉制度相推，东观为秘阁，在禁中，周处以东观令与无难督兼任表明，孙吴无难督应在禁中宿卫。正因如此，才会有无难督两次参与发动未遂政变以及代表朝廷平叛的情况。无难督有左、右部之分，陈表于嘉禾三年（234）前为"无难右部督"。无难督所统为"无难士"，表明其在禁中有营。《吴志·陈表传》："徙太子中庶子，拜翼正都尉。""表以父死敌场，求用为将，领兵五百人。""时有盗官物者，疑无难士施明。明素壮悍，收考极毒，惟死无辞，廷尉以闻。权以表能得健儿之心，诏以明付表，使自以意求其情实，表便破械，沐浴易其衣服，厚设酒食，欢以诱之。明乃首服，具列支党。表以状闻，权奇之，欲全其

---

① 《三国志》卷五一《吴书·宗室·孙贲传》注，第1211页。
② 《三国志》卷五二《吴书·诸葛瑾传》，第1235页。
③ 《三国志》卷五二《吴书·顾雍传》注，第1229页。
④ 《三国志》卷五九《吴书·吴主五子·孙和传》，第1369页。
⑤ 《三国志》卷五五《吴书·陈武传》，第1289页。
⑥ 《三国志》卷六四《吴书·孙綝传》，第1447页。
⑦ 《三国志》卷六〇《吴书·周鲂传》及注引虞预《晋书》，第1392页。又可参见（唐）许嵩撰，张忱石点校《建康实录》卷四《吴下·后主》天纪四年（280）三月条，中华书局1986年版，第112页。

名,特为赦明,诛戮其党。迁表为无难右部督,封都亭侯,以继旧爵。"①这一记载显示,"无难士"由身体"壮悍"的"健儿"为之。陈表所任之"将"不详其名,但从以上记载推测应为无难右部督所统无难营之将领,由此进一步推断,无难右部督所统健儿远远多于五百人之数。

关于孙吴"解烦督"的记载比较少。《吴志·陈武传附子脩传》:"年十九,(孙)权召见奖厉,拜别部司马,授兵五百人……权奇之,拜为校尉。建安末,追录功臣后,封脩都亭侯,为解烦督。黄龙元年(229)卒。"② 这一记载表明,解烦督最晚出现于建安末;陈脩自建安末任解烦督至黄龙元年卒,约达十年时间;校尉高于别部司马,而解烦督又高于校尉;别部司马统兵五百(亦有四百者③),则校尉统兵至少应在千人以上④。韩当在孙策时为先登校尉,"授兵二千,骑五十匹"⑤。毫无疑问,解烦督统兵应高于千人之数。据上引《吴志·张温传》,有"绕帐、帐下、解烦兵五千人"的记载。按解烦、帐下均有左、右部(见下),则每部所领兵为千人,解烦二部所领兵为二千人。《吴志·胡综传》:"刘备下白帝,(孙)权以见兵少,使综料诸县,得六千人,立解烦两部,(徐)详领左部,(胡)综领右部督。"⑥ 据此可以确定,孙吴解烦左、右部督各领兵三千人,则《张温传》所载当为绕帐、帐下、解烦诸部的部分军队。韩当于黄武(222—229)年间以都督"将敢死及解烦兵万人讨丹杨贼"⑦,亦表明解烦兵人数甚众。解烦督可能只存在到黄龙元年孙权称帝迁都之时,《三国志》有关记载全都不超出此一时间范围。⑧

孙权在黄武年间称吴王时,与解烦督同时还设置过"绕帐督"和"帐下督",《吴志·张温传》的记载正反映了这一情况。绕帐督似存在于

---

① 《三国志》卷五五《吴书·陈表传》,第1290页。
② 《三国志》卷五五《吴书·陈武传附子脩传》,第1289页。
③ 《三国志》卷五五《吴书·陈表传》:"子敖,年十七,拜别部司马,授兵四百人。"(第1290页)
④ 西晋时五校尉各领兵千人,参见本书第八章第二节。
⑤ 《三国志》卷五五《吴书·韩当传》,第1285页。
⑥ 《三国志》卷六二《吴书·胡综传》,第1413页。
⑦ 《三国志》卷五五《吴书·韩当传》,第1286页。
⑧ 高敏注意到孙吴"解烦兵"的存在,认为:"孙吴的史籍中,有'解烦兵'一词,其义难明。""'解烦兵'既与'绕帐'、'帐下'等宿卫之兵并提,益见其为特殊勇猛的兵士组成,有急则拨给将帅统领以完成艰巨的军事任务。"(《魏晋南北朝兵制研究》,大象出版社1998年版,第114—115页)

孙吴一代。《吴志·宗室·孙贲传附子邻传》："召还武昌，为绕帐督。"①此显然是在孙权定都武昌时期即黄武年间。《步阐传》："凤皇元年（272），召为绕帐督。"实际并未到任。"阐累世在西陵，卒被征命，自以失职，又惧有逸祸，于是据城降晋。"② 表明在末帝孙皓统治时期孙吴仍有绕帐督一职，但其重要性似乎有所下降，步阐宁可为西陵督控制一方要地，也不愿入朝任绕帐督。不过，这条记载其实又表明孙吴绕帐督地位颇高。孙吴帐下督见于建安末年，《吴志·陆逊传》："孙权为将军，逊年二十一，始仕幕府，历东西曹令史，出为海昌屯田都尉。""拜定威校尉，军屯利浦。权以兄策女配逊，数访世务……权纳其策，以为帐下右部督。""吕蒙称疾诣建业……权乃召逊，拜偏将军、右部督代蒙。"③ 据上下文所载史事推断，陆逊为帐下右部督当在建安二十年以前。④

此外，史书中还可见到"马闲右部督"一职。吕据"入补马闲右部督，迁越骑校尉"⑤。时在吴大帝孙权太元元年（251）前。按西汉太仆属官有"龙马、闲驹、橐泉、騊駼、承华五监长、丞"⑥。孙吴之"马闲右部督"可能与汉代"龙马、闲驹"之职有一定渊源关系⑦。孙吴又有

---

① 《三国志》卷五一《吴书·宗室·孙贲传附子邻传》，第1210页。
② 《三国志》卷五二《吴书·步阐传》，第1240页。
③ 《三国志》卷五八《吴书·陆逊传》，第1343—1344页。
④ 孙吴太子东宫亦有左、右部督。《三国志》卷五六《吴书·吕范传附子据传》："（孙）权寝疾，以据为太子右部督。"（第1312页）按"太子右部督"当为东宫禁卫长官之一，与西晋以后之太子左、右卫率相当。
⑤ 《三国志》卷五六《吴书·吕范传附子据传》，第1312页。
⑥ （汉）班固撰，（唐）颜师古注：《汉书》卷一九《百官公卿表上》，中华书局1962年版，第729页。
⑦ "马闲"当与"行马"有关。《周礼·夏官·司马》："校人，掌王马之政……天子十有二闲，马六种；邦国六闲，马四种；家四闲，马二种。"郑玄注："降杀之差，每厩为一闲。"贾公彦疏有"天子十二闲，分为左、右"之语。[（汉）郑玄注，（唐）贾公彦疏：《周礼注疏》卷三三，（清）阮元校刻《十三经注疏》，中华书局1980年版，第860页]"虎贲氏，掌先后王而趋以卒伍。军旅会同，亦如之。舍，则守王闲；王在国，则守王宫。"郑玄注："舍，王出所止宿处；闲，梐枑。"贾公彦疏："杜子春以为行马。后郑云：'行马再重者以周卫，有外内列。'"（同书卷三一，第850页）君主在朝，行马则指王宫大司马门。《晋书》卷四七《傅玄传》："咸上事以为：'按令：御史中丞督司百僚，皇太子以下，其在行马内，有违法宪者皆弹纠之；虽在行马外，而监司不纠，亦得奏之。如令之文，行马之内有违法宪，谓禁防之事耳。宫内禁防，外司不得而行，故专施中丞。'"（第1329页）可知"行马"内为禁防之地，"行马"内外即宫城内外。"马闲右部督"当取虎贲氏"守王闲"之意，可以确定其为统领骑兵之禁卫武官，亦可能为养御马之职。据《隋书》卷二八《百官志下》，隋炀帝时"尚乘局置左、右六闲"，即左、右飞黄·吉良·龙媒·騊駼·駃騠·天苑闲（第795页）。此左、右六闲职掌皇宫御马及大驾车乘，与《周礼》之"六闲"、孙吴之"马闲"相当。

"骑督"，当与此马闲督相似，亦有可能与汉代骑都尉相近①。孙峻诛诸葛恪，恪子长水校尉竦、步兵校尉建"闻恪诛，车载其母而走。峻遣骑督刘承追斩竦于白都"②。孙吴还有"宫下镇禁中候"之职。《吴志·楼玄传》："旧禁中主者自用亲近人作之，（万）彧陈亲密近职，宜用好人，（孙）皓因敕有司，求忠清之士，以应其选，遂用玄为宫下镇禁中候，主殿中事。玄从九卿持刀侍卫，正身率众……"③宫下镇禁中候"主殿中事"，可"持刀侍卫"，自应属于禁卫武官之列。不过宫下镇禁中候可能是末帝孙皓的一时措置，不见得为一代规制。④清代四库馆臣云："至宫下镇禁中候，其官前未经见，当亦创设于吴。观楼元（玄）持刀侍卫，则职甚亲近，疑即汉之虎贲羽林郎将也。"⑤

与地方军事要地设"督"之制类似，孙吴时在京口或京师建业亦设"督"职，有"京下督"及"都下督"之名，此二职当负责京师及其外围防务，与魏晋之护军将军（中护军）的职能有相通之处。顾雍孙顾承，"出领京下督"⑥。宗室孙韶，"赤乌四年（241）卒。子越嗣，至右将军。越兄楷，武卫大将军、临成侯，代越为京下督"⑦。可见孙越亦曾任京下督。此处之"京下"当指京城（即京口，今江苏镇江）⑧，《孙韶传》有

---

① 《汉书》卷一九上《百官公卿表上》"郎中令"条："宣帝令中郎将、骑都尉监羽林，秩比二千石。"（第727—728页）《续汉书·百官志二》"光禄勋"条："骑都尉，比二千石。……本监羽林骑。"[（南朝宋）范晔撰，（唐）李贤等注：《后汉书》/附（晋）司马彪撰，（南朝梁）刘昭注补：《续汉书·志》，中华书局1965年版，第3577页]
② 《三国志》卷六四《吴书·诸葛恪传》，第1441页。
③ 《三国志》卷六五《吴书·楼玄传》，第1454页。
④ 孙吴又有"宫下镇骠骑将军"，孙楷曾任此职（《三国志》卷五一《吴书·宗室·孙韶传》，第1216页）。
⑤ （清）纪昀等撰：《历代职官表》卷四三《领侍卫内大臣》"三国"条案语，上海古籍出版社1989年版，第819页。
⑥ 《三国志》卷五二《吴书·顾雍传附孙承传》，第1231页。
⑦ 《三国志》卷五一《吴书·宗室·孙韶传》，第1216页。
⑧ "京城"即京口，参见（清）王鸣盛撰《十七史商榷》卷五四《南史合宋齐梁陈书二》"丹徒京口京城北府京江北京"条，中国书店1987年版；周一良《〈宋书〉札记·京城与京邑》，《魏晋南北朝史札记》，中华书局1985年版，第123页。

"京城下营"之记载①，京下督或即统京城下营之将领。②此外，又有都下督。"太元元年（251），（孙）权寝疾"，滕胤"诣都，留为太常，与诸葛恪等俱受遗诏辅政。孙亮即位，加卫将军"。"以胤为都下督，掌统留事。"③按"留事"自有文、武之别，但以都下督之职"掌统留事"充分表明都城防卫之重要。以此推断，则前述京下督应为负责京城（京口）防务之军事长官。孙权迁都建业前，以陆逊"领宫府留事"，"辅（孙）登镇武昌"④，此当即其后都下督之源。

孙吴以禁卫军为核心的京师军队，也可称为"中军"，史书可见"中军步骑""中军禁卫"及"中营精兵万余人"等记载⑤，而"中军都督"所统主要则为"宿卫虎骑、左右无难"⑥。总之，左、右无难督在孙吴一代多见于史，属于孙吴禁卫武官系统最重要的官长之列。

第三节　三署郎将与五校尉

一　三署郎将

孙吴初年，暨艳为选曹尚书。"艳性狷厉，好为清议，见时郎署混浊淆杂，多非其人，欲臧否区别，贤愚异贯。弹射百僚，覈选三署，率皆贬高就下，降损数等，其守故者十未能一，其居位贪鄙、志节污卑者，皆以为军吏，置营府以处之。"⑦此举招致极大反对，终使暨艳及选曹郎徐彪"皆坐自杀"，这就是孙吴历史上颇具影响的"暨艳案"⑧。其事发生于孙

---

① 《三国志》卷五一《吴书·宗室·孙韶传》，第1216页。
② 田余庆在论及东晋京口"拱卫京师"作用时，有如下阐述："孙吴设京下督，宗室孙韶、孙越以及顾承等均曾为之。京下督所司，除连接建康与三吴以外，据《吴志·孙绍传》，主要是观察江北动静，防备魏军。所以京下督虽然密迩京师，从其职能看来只能算是吴之外镇，对吴国畿政局并不起直接影响。"（《东晋门阀政治》，北京大学出版社2000年版，第96页）
③ 《三国志》卷六四《吴书·滕胤传》，第1443—1444页。
④ 《三国志》卷五九《吴书·吴主五子·孙登传》，第1364页。
⑤ 分见《三国志》卷五九《吴书·吴主五子·孙和传》，第1371页；卷五八《吴书·陆逊传》裴注引陆机所为《陆逊铭》，第1349页；卷六四《吴书·孙綝传》，第1450页。
⑥ 《三国志》卷六四《吴书·孙綝传》注引《江表传》，第1448页。
⑦ 《三国志》卷五七《吴书·张温传》，第1330—1331页。
⑧ 参见胡守为《暨艳案试析》，《学术研究》1986年第6期；田余庆《暨艳案及相关问题——兼论孙吴政权的江东化》，《秦汉魏晋史探微》，中华书局1993年版，第276—304页。

权黄武三年（224）九月①。这一记载表明，孙权为吴王时即有三署郎之设，三署郎在黄武年间可能由郎中令所领。如前所述，黄武年间可见到两位郎中令，而未见到三署郎将的记载。孙吴郎官制度与汉制有相似之处，官贵子弟不乏起家为郎者，如朱绩、吕据、朱异皆"以父任为郎"②。田余庆认为："三署实际上是吴国官员养成和储备机构，是贵游子弟麇集之所。"③ 这种可能性不是没有，但证据似嫌太少。

孙吴仅见周敏一人担任左中郎将④，而五官中郎将则较多见。濮阳兴，"孙权时除上虞令，稍迁至尚书左曹，以五官中郎将使蜀。还，为会稽太守"⑤。孙亮太平元年（256）"十二月，使五官中郎将刁玄告乱于蜀"。孙皓"甘露元年（265）三月，皓遣使随（魏使徐）绍、（孙）彧报书曰：'……今遣光禄大夫纪陟、五官中郎将弘璆宣明至怀。'""宝鼎元年（266）正月，遣大鸿胪张俨、五官中郎将丁忠吊祭晋文帝。"⑥ 又，"孙休时，（薛）珝为五官中郎将，遣至蜀求马"⑦。孙吴一代，五官中郎将几乎全都是作为使者身份出现的，不太清楚是否具备汉代五官中郎将那样的禁卫职能。五官中郎将下有中郎、郎中⑧，推测左、右中郎将及其他中郎将下亦当有中郎、郎中。钟离牧"赤乌五年（242）从郎中补太子辅义都尉"⑨，此"郎中"不知隶于何中郎将。

西晋灭吴后，王浑与王濬争功，濬上书自理，其中提及"前伪中郎将孔摅"⑩，则孔摅即在孙吴末年担任中郎将。孙吴又有其他名号的中郎将，有时径称中郎将。《华阳国志·刘后主志》：建兴二年（224），"吴遣

---

① 参见《资治通鉴》卷七〇《魏纪二》文帝黄初五年九月条，第2220—2221页。
② 参见《三国志》卷五六《吴书·朱然传附子绩传》《吕范传附子据传》《朱桓传附子异传》，第1308、1312、1315页。
③ 《暨艳案及相关问题——兼论孙吴政权的江东化》，《秦汉魏晋史探微》，第280页。
④ 《晋书》卷五八《周访传》，第1578页。
⑤ 《三国志》卷六四《吴书·濮阳兴传》，第1451页。
⑥ 《三国志》卷四八《吴书·三嗣主传》，第1153、1164、1165页。
⑦ 《三国志》卷五三《吴书·薛综传附子珝传》注引《汉晋春秋》，第1255页。
⑧ 参见《三国职官表》卷上，《后汉书三国志补表三十种》，第1334—1336页。孙吴还有众多名号的中郎将，多为出征将领或地方官之加官，而与禁卫事务无关。参见《三国职官表》卷下，第1582—1585页。
⑨ 《三国志》卷六〇《吴书·钟离牧传》，第1393页。
⑩ 《晋书》卷四二《王濬传》，第1213页。

中郎将张温来聘，报邓芝也"①。按张温"时年三十二，以辅义中郎将使蜀"②。又吕范之子吕据，"以父任为郎"，"范卒，迁安军中郎将"。③

二 五校尉

与魏、蜀相同，孙吴亦设有五校尉之职。屯骑校尉可考者有吾粲、张悌、留赞三人。吾粲于黄武初年为会稽太守，"粲募合人众，拜昭义中郎将，与吕岱讨平山越。入为屯骑校尉、少府"④。张悌"孙休时为屯骑校尉"，西晋灭吴时丞相张悌为王浑所斩。⑤ 留赞"累有战功，稍迁屯骑校尉。时事得失，每常规谏，好直言，不阿旨，权以此惮之"⑥。步兵校尉可考者有郑胄、诸葛建二人。孙亮太平二年（257）"八月，会稽南部反，杀都尉，鄱阳、新都民为乱，廷尉丁密、步兵校尉郑胄、将军钟离牧率军讨之"⑦。诸葛恪"少子建，步兵校尉"⑧。越骑校尉可见到钟离牧、太史享、虞耸三人。《吴志·钟离牧传》："会建安、鄱阳、新都三郡山民作乱，出牧为监军使者，讨平之。贼帅黄乱、常俱等出其部伍，以充兵役。封秦亭侯，拜越骑校尉。"⑨ 太史慈"子享，官至越骑校尉"⑩。虞翻子耸，"越骑校尉，累迁廷尉，湘东、河间太守"⑪。长水校尉可见到孙泰、张布、孙闿、陆叡、诸葛竦等五人。孙匡"子泰，曹氏之甥也，为长水校尉。嘉禾三年（234），从（孙）权围新城，中流矢死"⑫。孙休永安元年（258）十月，"长水校尉张布辅导勤劳，以布为辅义将军，封永康

---

① 《华阳国志》卷七《刘后主志》，（晋）常璩撰，刘琳校注：《华阳国志校注》，巴蜀书社1984年版，第548页。
② 《三国志》卷五七《吴书·张温传》，第1330页。
③ 《三国志》卷五六《吴书·吕范传附子据传》，第1312页。
④ 《三国志》卷五七《吴书·吾粲传》，第1339页。
⑤ 《三国志》卷四八《吴书·三嗣主传》孙皓天纪四年（280）注引《襄阳记》，第1174页。
⑥ 《三国志》卷六四《吴书·孙峻传》注引《吴书》，第1445页。
⑦ 《三国志》卷四八《吴书·三嗣主传》，第1154页。
⑧ 《三国志》卷六四《吴书·诸葛恪传》，第1441页。
⑨ 《三国志》卷六〇《吴书·钟离牧传》，第1393页。
⑩ 《三国志》卷四九《吴书·太史慈传》，第1190页。
⑪ 《三国志》卷五七《吴书·虞翻传》，第1327页。
⑫ 《三国志》卷五一《吴书·宗室·孙匡传》，第1213页。

侯"①。孙𬱃为长水校尉，统营兵协助其兄孙綝专权②。陆绩"次子叡，长水校尉"③。诸葛恪"中子竦，长水校尉"④。射声校尉仅见孙松一人。孙翊"子松，为射声校尉、都乡侯"⑤。《吴志·陆逊传》："黄龙元年（229），拜上大将军、右都护。是岁，权东巡建业，留太子、皇子及尚书九官，征逊辅太子，并掌荆州及豫章三郡事，董督军国。""射声校尉松于公子中最亲，戏兵不整，逊对之髡其职吏。"⑥

根据以上记载，可知五校尉在孙吴时期是比较重要的官职，其担任者多为官贵子弟，包括宗室子弟，有些人甚至后来位极人臣。孙綝专政时，便以其弟孙𬱃为长水校尉，诸葛恪有两子担任五校之职。其中尤以长水校尉最为重要。五校尉地位高于尚书、中书令及郡太守，而次于九卿；可以统领营兵或率兵出征，其为实职禁卫武官无疑。孙吴的五校尉和东汉、曹魏的五校尉职能相当⑦。

与五校尉相近的是骑都尉，也是禁卫武官，担任者多出身勋臣之家。顾雍之孙顾承于孙权时"拜骑都尉，领羽林兵"；雍少子济后亦被任命为骑都尉。⑧ 诸葛恪"弱冠拜骑都尉"，侍太子；恪长子诸葛绰亦为骑都尉。⑨ 周瑜之子周循（尚公主）、周泰之子周邵，均曾拜骑都尉。⑩

第四节　光禄勋等三卿与城门校尉

考之史载，汉代职司禁卫的光禄勋、卫尉、执金吾三卿及城门校尉等职亦见于孙吴时期。孙吴初年，设有郎中令一职。《吴志·吴主传》黄武四年（225）"六月，以太常顾雍为丞相"条，裴注引《吴书》曰："以

---

① 《三国志》卷四八《吴书·三嗣主传》，第1156页。
② 《三国志》卷六四《吴书·孙綝传》，第1448页。
③ 《三国志》卷五七《吴书·陆绩传》，第1329页。
④ 《三国志》卷六四《吴书·诸葛恪传》，第1441页。
⑤ 《三国志》卷五一《吴书·宗室·孙翊传》，第1212页。
⑥ 《三国志》卷五八《吴书·陆逊传》，第1349页。
⑦ 《历代职官表》卷四七《火器健锐虎枪各营》"三国"条案语："据《三国志》所载，则蜀汉、孙吴各有五校，略如东汉之制。"（第909页）其说大体符合实际。
⑧ 《三国志》卷五二《吴书·顾雍传》，第1231、1227页。
⑨ 《三国志》卷六四《吴书·诸葛恪传》，第1429、1441页。
⑩ 参见《三国志》卷五四《吴书·周瑜传》，第1265页；卷五五《吴书·周泰传》，第1288页。

尚书令陈化为太常。化……博览众书，气干刚毅，长七尺九寸，雅有威容。为郎中令使魏……使毕当还，礼送甚厚。权以化奉命光国，拜犍为太守，置官属。顷之，迁太常、兼尚书令。"① 由此可见，陈化于吴大帝孙权黄武初年以郎中令出使曹魏，返回后迁任他职。吴、魏关系在当时至关重要，郎中令陈化作为孙吴使者出使曹魏，其所代表的自然是吴帝孙权，其为孙权之亲信无疑。虽然史未载孙吴郎中令是否具有禁卫职能，但从常理推断，可能仍与汉制相去不远。秦及西汉初年郎中令率诸郎守卫宫殿掖门户，是皇帝身边最亲近的禁卫武官。其后刘基为郎中令。刘基"姿容美好，孙权爱敬之"。曾为孙权骠骑府东曹掾，历辅义校尉、建忠中郎将、吴王大农，"徙郎中令，权称尊号，改为光禄勋，分平尚书事"。② 按"权称尊号"是在黄龙元年（229）③。据此可知，孙吴郎中令－光禄勋之制与汉制相同，孙权为吴王时行汉代王国之制，设郎中令，称帝后即改郎中令为光禄勋。刘基以光禄勋之职"平尚书事"，为孙权亲信要臣，权力甚重，且在宫中办公，其职无疑应具有与汉代光禄勋一样的禁卫职能④。

　　孙吴光禄勋可考者还有石伟、孟宗、薛莹等人。《吴志·三嗣主传》孙休永安四年（261）八月条，裴注引《楚国先贤传》曰："石伟……孙休即位，特征伟，累迁至光禄勋。及皓即位，朝政昏乱，伟乃辞老耄痼疾乞身，就拜光禄大夫。"⑤ 则石伟于公元264年前任光禄勋。然据传文可知，公元261年八月时石伟已为光禄大夫，注文时间有误。孙綝发动政变，"使光禄勋孟宗告庙废（孙）亮"⑥。按孙綝废孙亮是在太平三年（258）九月。永安五年十月，"廷尉丁密、光禄勋孟宗为左、右御史大夫"。⑦ 据此，则孟宗最晚于公元258年九月已任光禄勋，到262年十月转任他职。孙皓天纪四年（280）孙吴即将灭亡前夕，可见到光禄勋薛

---

① 《三国志》卷四七《吴书·吴主传》注，第1132页。
② 《三国志》卷四九《吴书·刘繇传附长子基传》，第1186页。
③ 《三国志》卷四七《吴书·吴主传》，第1134页。
④ 汉武帝时为区别朝廷与王国之制，改郎中令为光禄勋，职掌无大变化，而王国之郎中令仍为旧名。参见《汉书》卷一九上《百官公卿表上》，第727—728页。
⑤ 《三国志》卷四八《吴书·三嗣主传》注，第1159页。
⑥ 《三国志》卷六四《吴书·孙綝传》，第1448页。
⑦ 《三国志》卷四八《吴书·三嗣主传》，第1155、1159页。

莹①。由以上记载可知，孙吴自公元229年孙权称帝迁都建业至280年亡国半个世纪，一直都设有光禄勋。光禄勋为孙吴朝中重要大臣，应该仍具备与汉制一样的掌殿内禁卫的职能。不过在具体政治运作中其实际职掌如何，因史无明载，难以确知。

孙吴时卫尉可考者有严畯、张款、冯朝三人。严畯"避乱江东，与诸葛瑾、步骘齐名友善"。"张昭进之于孙权，权以为骑都尉、从事中郎。""权为吴王，及称尊号，畯尝为卫尉，使至蜀，蜀相诸葛亮深善之。"②后任尚书令。据此可知，孙权称吴王之后便已设置卫尉，称帝以后仍然有其职。严畯出身孙权府佐，显为其亲信。与孙权称帝前的郎中令一样，卫尉担任者可代表孙权出使。张昭子"款至卫尉，景豫章太守"。史又载"款字文德，历位内外，以清贞显于当世。后以卫尉领中书令，封留侯"。③孙吴开国元勋张昭之子张款任至卫尉，且以之领中书令，表明孙吴卫尉职权及地位都很重要。孙亮五凤二年（255）三月，"使卫尉冯朝城广陵"④。表明孙吴卫尉确实领有兵卒，非如后代那样位散职闲。孙吴有武库令一职⑤，亦当隶于卫尉。

孙吴一朝设有执金吾之职。孙权嘉禾二年（233）三月，"使太常张弥、执金吾许晏、将军贺达等将兵万人，金宝珍货，九锡备物，乘海授（公孙）渊"⑥。郑胄，"后拜宣信校尉，往救公孙渊，已为魏所破。还，迁执金吾"⑦。孙皓天纪三年（279）"八月，以军师张悌为丞相，牛渚都督何植为司徒，执金吾滕循为司空，未拜"⑧。其人亦作滕脩，《晋书》有

---

① 参见《三国志》卷五三《吴书·薛莹传》，第1256页。又可参见《晋书》卷四二《王濬传》，第1209页。
② 《三国志》卷五三《吴书·严畯传》，第1247页。
③ 《三国志》卷五二《吴书·张昭传》及裴注引《吴录》，第1224页。
④ 《三国志》卷四八《吴书·三嗣主传》，第1152页。
⑤ 据《三国志》卷六四《孙𬘭传》：" 或有告𬘭怀怨悔上欲图反者，休执以付𬘭，𬘭杀之。由是愈惧，因孟宗求出屯武昌，休许焉，敕所督中营精兵万余人，皆令装载，所取武库兵器，咸令给与。"（第1450页）洪饴孙推测孙吴应有武库令之职（《三国职官表》卷上，《后汉书三国志补表三十种》，第1393页），是有一定根据的。
⑥ 《三国志》卷四七《吴书·吴主传》，第1138页。
⑦ 《三国志》卷四七《吴书·吴主传》赤乌二年（239）三月条注引《文士传》，第1144页。
⑧ 《三国志》卷四八《吴书·三嗣主传》，第1172页。

传①。又，孙吴《禅国山碑》第三六行有"执金吾脩"②，当即滕脩。根据这些记载可以看出，自孙权至孙皓，孙吴一代设有执金吾之职。这和曹魏、蜀汉有所不同，曹魏虽有执金吾之设，但仅在初年可见，以后似不再设置，而孙吴则一直到亡国前仍有执金吾一职。这表明就禁卫三卿而言，孙吴制度比魏、蜀更接近汉制。

此外，孙吴还可见到城门校尉之职。孙亮全夫人，"全尚女也"，"夫人立为皇后，以尚为城门校尉，封都亭侯"。③ 宗室孙贲子邻，邻子"谐，城门校尉"④。陆纡为陆逊之祖，"字叔盘，吴城门校尉"⑤。《禅国山碑》第三十七行有"城门校尉歆"⑥。看来孙吴一朝确有城门校尉之职，可考之担任者包括孙亮全皇后之父、宗室子弟及重臣陆氏子弟，足见其职颇为重要，应当具有与汉代城门校尉相当的职能。孙吴之城门校尉亦应以把守都城建业城门为其职事。

小 结

通过以上考察，对于孙吴禁卫武官制度可以得出如下认识：

（1）孙权称帝之初，有左、右领军之职，从担任者身份看，孙吴领军之职十分重要。孙吴中后期宗室孙异为领军将军，表明孙吴曾设领军将军之职。孙吴有中、左、右护军及护军，又有护军校尉，当为护军之部属。左、右护军在孙权称帝之时是吴国极其重要的军事将领，将二职分别授予其亲信将领全琮（外戚）与朱然。孙吴都护均由大将军（或上大将军）兼任，其地位极高。孙吴武卫将军属于禁卫长官之列，极其重要，孙綝以武卫将军"领中外诸军事，代知朝政"，长期控制禁卫军权，废孙亮而专权。又有武卫校尉及武卫都尉，当为武卫将军之部下。

（2）孙吴禁卫武官中有不少"督"职，如外部督、五营督、无难督、

---

① 参见《晋书》卷五七《滕脩传》，第1553—1554页。
② （清）王昶撰：《金石萃编》卷二四，中国书店1985年版。
③ 《三国志》卷五〇《吴书·妃嫔·孙亮全夫人传》，第1200页。
④ 《三国志》卷五一《吴书·宗室·孙贲传附子邻传》注引《吴历》，第1211页。
⑤ （宋）欧阳修、宋祁撰：《新唐书》卷七三下《宰相世系表三下》，中华书局1975年版，第2968页。
⑥ 《金石萃编》卷二四《魏二》。

绕帐督、解烦督、帐下督、马闲右部督、都下督。外部督当即屯驻宫外之禁卫武官，五营督当即督五校营的将领，都下督当负责京师防务。无难、绕帐、解烦督皆分为左、右部。诸"督"中以无难督最为常见也最为重要。左、右无难督在孙吴一代多见于史，是孙吴禁卫军的重要组成部分，无难督在禁中有营，其所统为无难士。孙吴以禁卫军为核心的京师军队，也可称为中军，史书可见"中军步骑""中军禁卫"及"中营精兵"等记载，"中军都督"所统主要则为"宿卫虎骑、左右无难"。无难督曾两次参与未遂政变，亦可代表朝廷平叛。

（3）黄武年间可见到两位郎中令，而未见到三署郎将的记载。孙吴郎官制度与汉制有相似之处，官贵子弟不乏起家为郎者。孙吴五官中郎将多见，亦偶见左中郎将，表明孙吴曾设三署郎将。孙吴亦设有五校尉，其担任者多为官贵子弟，五校尉尤其长水校尉是比较重要的官职。五校尉次于九卿而高于尚书、中书令及郡太守，可以统领营兵或率兵出征，当为实职禁卫武官。骑都尉多出身勋臣之家，也是禁卫武官。

（4）光禄勋、卫尉、执金吾三卿及城门校尉亦见于孙吴时期。孙吴初年，设有郎中令一职。光禄勋为孙吴一代朝中重要大臣，应该仍具备与汉制一样的掌殿内禁卫的职能，但在具体政治运作中其实际职掌并不清楚。孙吴卫尉确实领有兵卒，有武库令，当隶于卫尉。孙吴一朝设有城门校尉之职，颇为重要，由宗室、外戚及官贵子弟担任，推测其应具有守卫京师城门的职能。

第三编

两晋十六国禁卫武官制度

第 七 章

西晋禁卫武官制度

汉魏之际的社会巨变,对以皇帝—皇宫—京师安全保卫为职能的禁卫武官制度产生了巨大影响。汉代光禄勋、卫尉、执金吾、城门校尉等职的禁卫职能在曹魏以后或衰微或丧失,有些官职甚至从制度中消失了,而从曹操霸府中分化出来的职主禁卫的领军将军(中领军)、护军将军(中护军)则成为禁卫武官制度的主体,东汉职司禁卫的五校尉成为领军之下属。曹魏后期,司马氏当政,控制禁卫军权是其专政的重要手段,禁卫武官制度逐渐发生了变化。及至司马炎禅代前后,禁卫武官制度出现了较大的变革。关于西晋(265—316)禁卫武官制度及其演变情况,有关史志记载语焉不详。本章将在全面钩稽相关史料的基础上,对西晋禁卫武官制度进行系统考察。

第一节 魏晋之际禁卫武官制度的变革

西晋建立以后,政治制度在曹魏对汉制变革的基础上进一步发展,禁卫武官制度亦不例外,即在继承中有变革,有创新。这种变革与司马氏利用禁卫武官发动政变夺取并控制曹魏政权有密切关系。司马氏利用宫城外护军武装力量对曹魏当权者实施打击并控制了曹魏政权,其后护军职能进一步扩大,不仅职主外军,而且还职主内军,成为禁卫军首长,到西晋时护军职典禁军已被明确写进了诏令。除了主内军典禁兵的中护军外,还设立了主城外诸军的"四护军"。领军之职也有变化,原本统五校、中垒、武卫三营,到西晋时已不再有此三营,而发展为统领"宿卫七军",名称也发生了一些变化,以"北军中候"为主。由于护军不再隶领军,领军将军或北军中候虽统领七营,但实际权力应比曹魏前期之领军(中领军、领军将军）有所缩小。护军不隶领军，其变化亦当从司马氏专政开始。曹魏光禄勋、卫尉、执金吾三卿名义上职掌与汉代相似，职司禁卫，且汉光禄勋所统辖诸职均见于曹魏[1]。但到西晋时，执金吾早已被废，光禄勋、卫尉职能进一步削弱。此外，又新出现了左、右卫将军等极其重要并对后世影响甚大的禁卫武官。

领军将军的名称在西晋时期发生了一些变化。《晋书·职官志》"中领军将军"条："武帝（266—289）初省，使中军将军羊祜统二卫、前、后、左、右、骁卫等营，即领军之任也。怀帝永嘉（307—313）中，改中军曰中领军。永昌元年（322），改曰北军中候，寻复为领军。成帝（325—342）世，复为中候，寻复为领军。"[2] 按"骁卫"乃骁骑之误。《宋书·百官志下》"领军将军"条："晋武帝初省，使中军将军羊祜统二卫、前、后、左、右、骁骑七军营兵，即领军之任也。祜迁，罢，复置北军中候。北军中候置丞一人。怀帝永嘉中，改曰中领军。元帝永昌元年，复改曰北军中候。寻复为领军。成帝世，复以为中候，而陶回居之。寻复为领军。"[3] 这一记载比《晋志》更为详细。《通典》"左右领军卫"条："（领军将军）晋武帝初省，使中军将军羊祜统二卫、前、后、左、右、骁骑七军营兵，即领军之任也。祜迁，罢，复置北军中候。怀帝永嘉中，改中军曰中领军。元帝永昌元年，复改曰北军中候。寻复为领军。成帝时，复以为中候，而陶侃（回）居之。寻复为领军。"[4] 按以上关于"武帝初省"中领军（领军将军）而以中军将军代领军之任的记载是错误的，《晋书·武帝纪》：泰始七年十二月（272.1.18—2.15），"罢中领军，并北军中候"[5]。由此可见，晋初六七年间与中军将军→北军中候同时存在着中领军一职。

据上引史志记载可知，与曹魏制度相比，西晋领军系统禁卫武官制度发生了很大变化：曹魏时期的五校、中垒、武卫三营，均不见于西晋之领

---

[1] 参见（清）洪饴孙撰《三国职官表》卷上，刘祜仁点校《后汉书三国志补表三十种》，中华书局1984年版，第1330—1360页。
[2] （唐）房玄龄等撰：《晋书》卷二四《职官志》，中华书局1974年版，第740页。
[3] （南朝梁）沈约撰：《宋书》卷四〇《百官志下》，中华书局1974年版，第1247页。
[4] （唐）杜佑撰，王文锦等点校：《通典》卷二八《职官十·武官上》，中华书局1988年版，第787页。
[5] 《晋书》卷三《武帝纪》，第61页。

军系统；西晋领军所领为新出现的左、右卫将军及前、后、左、右四军将军；骁骑将军在曹魏时期曾一度设置，隶于领军统辖，属权宜之制，到了西晋时期则固定于制度，为领军所统七营之一。曹魏时期护军从制度上说"隶领军"，而西晋时期护军已完全独立于领军，成为两个既有关联但又各自不同的系统，这一变革当从司马氏专政时就已开始。西晋时期"领军"名称虽几度变易，但以北军中候与领军将军（中领军）之更易为主。下面结合具体史料对这一问题加以探讨。

《晋书·羊祜传》："迁中领军，悉统宿卫，入直殿中，执兵之要，事兼内外。武帝受禅，以佐命之勋，进号中军将军，加散骑常侍……泰始初，诏曰：'……其以祜为尚书左仆射①、卫将军，给本营兵。'"②《太平御览》引《晋中兴书》曰："羊祜字叔子。迁中领军，悉统宿卫，入直殿中，执兵之要，事兼内外。"③ 引王隐《晋书》曰："太（泰）始元年（265），以羊祜为中军将军，总宿卫。"④ 中军将军最早见于西汉，《宋书·百官志上》："中军将军一人。汉武帝以公孙敖为之，时为杂号。"⑤ 曹魏时虽有中军大将军，但似为临时措置。《魏志·曹真传》："黄初三年（222），还京都，以真为上军大将军、都督中外诸军事。假节钺，与夏侯尚等征孙权，击牛渚屯，破之。转拜中军大将军，加给事中。七年，文帝寝疾，真与陈群、司马宣王等受遗诏辅政。明帝即位，进封邵陵侯（？），迁大将军。"⑥ 羊祜在西晋初由中领军进号中军将军，实际上正是其"掌中军"职能的体现，与领军之职并无太大差异。司马炎不以羊祜为领军将军，可能是为了使新成立的晋朝官制与原司马氏晋国之制有所区别，似并无深意。中军将军在西晋初年只存在很短一段时间便被废罢。

羊祜所任中领军为司马氏晋国之禁卫长官。魏元帝咸熙二年（265）五月，"晋国置御史大夫、侍中、常侍、尚书、中领军、卫将军官"。八月，

---

① 按原文为"右仆射"，此据中华书局点校本《晋书》卷三四之"校勘记"〔一〕改（第1034页）。
② 《晋书》卷三四《羊祜传》，第1014页。
③ （宋）李昉等撰：《太平御览》卷二四〇《职官部三八·杂号将军下》"中领军"条，中华书局1960年版，第1137页。
④ 《太平御览》卷二三九《职官部三七·杂号将军上》"中军将军"条，第1133页。
⑤ 《宋书》卷三九《百官志上》，第125页。
⑥ （晋）陈寿撰，（南朝宋）裴松之注：《三国志》卷九《魏书·曹真传》，中华书局1959年版，第281页。

司马昭死，司马炎"嗣相国、晋王位"。"十一月，初置四护军，以统城外诸军。"① 时在司马炎禅代前夕，这一举措当是通过加强京师禁卫以防范地方势力对司马氏篡位禅代的反抗。十二月，西晋建立，改年号为泰始，"置中军将军，以统宿卫七军"②。篡位之初，晋武帝为了进一步稳定政局，巩固司马氏政权，在分封同姓王之时，以其亲信羊祜为中军将军，"统宿卫七军"，加强宫殿和宫城禁卫。羊祜为司马炎伯母（司马师后妻景献皇后）之同产弟，为外戚成员③。曹魏后期，司马氏当政时羊祜开始入仕，历中书侍郎、给事中、黄门郎、秘书监。又任相国（司马昭）从事中郎，"与荀勖共掌机密"④。羊祜在公元265年五月担任晋国中领军，实际上成为当时司马氏政权（曹魏王朝已名存实亡）的禁卫军统帅。羊祜上任半年之后，便遇上了司马炎废魏帝而自立，虽说当时司马氏已经营有年，权力地位是任何一支力量所难以摇撼的，但要行篡逆之举仍不可掉以轻心，尤其会在舆论上受到谴责。当时的政治局势也并非十分稳定，蜀地新平，孙吴与之正对峙于长江一线。司马炎非常顺利地实现了篡位禅代，禁卫军在其中自然扮演了重要角色。羊祜作为禁卫长官为司马氏篡位立下大功自不待言。西晋建立后，为了进一步从制度上加强禁卫军权，遂将晋国中领军改为晋朝中军将军，并明确规定中军将军统领宿卫七军。

晋武帝初年，对禁卫武官制度又进行了一系列调整。宿卫七军在设中军将军之初当包括曹魏初年以来最亲近的禁卫武官武卫将军。据《晋书·武帝纪》记载，武卫将军的废罢是在泰始三年（267）三月丁未。同年"秋八月，罢都护将军，以其五署还光禄勋"⑤。汉献帝建安末，曹操魏国设有都护将军，曹洪、夏侯渊曾任之⑥，此职实与护军将军相当，应是在护军之制形成前对汉制的模仿阶段出现的。夏侯渊于建安二十年（215）由护军将军迁都护将军，则其地位略高于护军将军，曹魏一代近半个世纪里再未见到关于都护将军之记载。那么，泰始三年所罢之都护将

---

① 《晋书》卷二《文帝纪》，第44、49、50页。
② 《晋书》卷三《武帝纪》，第52页。
③ 参见《晋书》卷三一《后妃上·景献羊皇后传》，第949—950页；卷三四《羊祜传》，第1013页。
④ 《晋书》卷三四《羊祜传》，第1014页。
⑤ 《晋书》卷三《武帝纪》，第55页。按泰始三年（267）三月无丁未，疑为乙未（廿三，5.3）之讹。
⑥ 参见《三国志》卷九《魏书·曹洪传》《夏侯渊传》，第278、272页。

军是何时设置的呢？最大可能应是咸熙二年（265）十一月禅代前夕"初置四护军，以统城外诸军"时所设，都护将军当为四护军（京城东、西、南、北）之主。《晋书·礼志中》："文帝之崩，国内服三日。武帝亦尊汉魏之典，既葬除丧，然犹深衣素冠，降席撤膳。……司徒领中领军司马望……都护大将军郭建……中军将军羊祜等奏……"① 表明西晋建立前夕，同时存在着中领军、都护大将军、中军将军等禁卫长官。到了泰始三年八月，晋武帝稳定政局之后，四护军之设已无必要，于是废都护将军，此举便意味着护军将军（中护军）之重新设立。②

上引史料之"五署"何所指？按汉代有七署，《续汉书·百官志二》"光禄勋"条："本注曰：职属光禄者，自五官将至羽林右监，凡七署。"③ 即五官、左、右三署及虎贲、羽林中郎将，外加羽林左、右监。此处之五署当为自五官将至羽林中郎将之五署，在曹魏时代此五职均见于史载④。西晋光禄勋所辖与东汉大体一致而略有变化，《晋书·职官志》："光禄勋，统武（虎）贲中郎将、羽林郎将、冗从仆射、羽林左监、五官·左·右中郎将……"⑤ 五署（或七署）之制当与东汉相同。在都护将军设立之前，此五署自当属光禄勋统辖。由于光禄勋在曹魏时期已出居官外，其职正与护军之职有重合之处，在司马炎禅代前夕置城外四护军时，很可能将光禄勋五署调归四护军即都护将军统一指挥。到泰始三年罢都护将军时，又将五署转归光禄勋。泰始九年（273）七月，"罢五官、左、右中郎将……等官"⑥。前此有三署郎将自无疑问，此后就只剩下羽林、虎贲中郎将⑦。《太平御览》引刘谦之《晋纪》曰："桓玄欲复虎贲中郎将，疑应直与不，访之僚佐，咸莫能定。参军刘兰之对曰：'昔潘岳为《秋兴

---

① 《晋书》卷二〇《礼志中》，第613—614页。
② 洪饴孙认为，西晋泰始三年所罢之都护将军即指建安末年之都护将军（《三国职官表》卷下，《后汉书三国志补表三十种》，第1538页），似未安。
③ （南朝宋）范晔撰，（唐）李贤等注：《后汉书》/附（晋）司马彪撰，（南朝梁）刘昭注补：《续汉书·志》，中华书局1965年版，第3578页。
④ 参见《三国职官表》卷上，《后汉书三国志补表三十种》，第1333—1344页。
⑤ 《晋书》卷二四《职官志》，第736页。
⑥ 《晋书》卷三《武帝纪》，第63页。
⑦ 曹魏末年有"虎贲"之职，《三国志》卷四《魏书·少帝纪》载咸熙二年二月"以虎贲张脩昔于成都驰马至诸营言钟会反逆，以至没身"云云（第153页），可证。汉灵帝时，孔融为"虎贲中郎将"，又有"虎贲士"，见《后汉书》卷七〇《孔融传》，第2263页。《通典》卷三六《职官十八·秩品一·魏官品》，第五品有羽林监、虎贲中郎将，第八品有殿中羽林郎（第992、994页）。

赋》,《序》云：兼虎贲中郎将，寓直于散骑之省。以此言之，是直官也。'"① 这表明西晋虎贲中郎将具有入直禁中的职能。南朝史家沈约谓，"魏晋以来，光禄勋不复居禁中，又无复三署郎"②。前一判断是可信的，而后一判断并不准确。

泰始四年（268）二月庚子（初三，3.3），"罢中军将军，置北军中候官。甲寅（十七，3.17）……以中军将军羊祜为尚书左仆射"③。此后，西晋一朝似未再设中军将军，作为禁卫长官的中军将军在西晋只存在了不足三年的时间。东晋以后出现的中军将军与西晋初年制度差别很大，不再作为禁卫长官而存在。④ 中军将军被废后，设北军中候以代之。西汉八校尉到东汉时裁并为五校尉，北军中候"掌监五营"，五校尉"掌宿卫兵"，且"属北军中候"，则北军中候为宿卫军之"主"。⑤ 但中候之职俸秩远低于五校⑥，故其职掌主要当以监督、监护为主，类似于御史之监察公卿郡守及护军之督护诸将。这是东汉以卑临尊制度的表现之一。东汉末年，孔融"辟司空掾，拜中军候。在职三日，迁虎贲中郎将。会董卓废立，融每因对答，辄有匡正之言。以忤卓旨，转为议郎"⑦。孔融所任"中军候"当即监五营之北军中候，但论官位却比虎贲中郎将还要低⑧，故谓之"迁"。晋武帝在罢中军将军后设北军中候以代之，其职掌当与东汉相近，只是地位及权力均有较大程度的提高，由"掌监五营"而变为"统宿卫七军"，成为名副其实的禁卫长官。

---

① 《太平御览》卷二四一《职官部三九》"虎贲中郎将"条，第1142页。
② 《宋书》卷三九《百官志上》，第1229页。
③ 《晋书》卷三《武帝纪》，第56页。
④ 《晋书》卷六《明帝纪》：太宁二年（324）六月丁卯（廿七，8.3），"以尚书卞壸行中军将军"（第161页）。卷七〇《卞壸传》："王含之难，加中军将军。含灭……寻迁领军将军。"（第1870页）可知东晋初年卞壸为中军将军乃权宜之计。
⑤ 参见《续汉书·百官志四》，《后汉书》，第3612、3613页。
⑥ 据《续汉书·百官志四》载，北军中候为六百石，五校尉皆比二千石（《后汉书》，第3612—3613页）。
⑦ 《后汉书》卷七〇《孔融传》，第2263页。按《太平御览》卷二四〇《职官部三八》"北军中候"条引《续汉书》，"又曰：孔文举拜北军中候"。（第1138页）
⑧ 据《续汉书·百官志二》载，虎贲中郎将为比二千石（第3575页）。

第二节　西晋禁卫长官名称的因革

西晋初年，中领军（领军将军）与中军将军—北军中候并存了六七年之久，中领军所统自为中军，但因担任中领军者仅司马望一人，他本人又属宗室元老，且常统军外出征战，故虽有其职但是否真正履行禁卫之责却颇有疑问。因此，实际上的禁卫职能当仍由中军将军—北军中候履行。当时中领军也不可能归中军将军—北军中候管辖。中领军之存在完全是因人而置，主要是为了维护司马望之尊宠地位，故一旦他死去，便很快将其职并入北军中候。

中护军一职亦见于史，如外戚羊琇由左卫将军迁中护军，"在职十三年，典禁兵，豫机密，宠遇甚厚"。"及齐王攸出镇也，琇以切谏忤旨，左迁太仆。"[①] 此一记载可注意者有二。（1）西晋初年有中护军，其职"典禁兵，豫机密"，侍卫禁省，为禁卫军之内军将领，与曹魏前期"掌外军"之护军职掌有所不同。中护军之所以成为内军将领，与曹魏后期司马懿利用城外护军为核心的禁卫武装发动政变，其专政后护军地位上升、权力提高颇有关系。由于中护军地位重要，且以外戚羊琇担任，看来其不应属于北军中候之"宿卫七军"系统，而是与北军中候分掌宿卫禁军大权。[②] 前引史志所谓魏世护军隶领军而"晋世则不隶也"，应是准确的判断。（2）羊琇任中护军十三年，以谏齐王攸出镇就国（时在太康四年，283）忤旨而左迁太仆计，则其始任中护军在泰始七年（271）。这一时间恰与中领军之并于北军中候相合。

《太平御览》引《晋起居注》曰："武帝太（泰）始七年，诏曰：'中护军职典武选，宜得堪干其事者。左卫将军羊琇有明瞻才见，乃心在公，其以琇为中护军。'"[③] 按晋武帝初年便承曹魏旧制而设中护军之职。《晋书》卷四〇《贾充传》载晋武帝诏，提及修订新律（《泰始律》）的

---

① 《晋书》卷九三《外戚·羊琇传》，第2410—2411页。
② 《晋书》卷二五《舆服志》："武帝时，护军羊琇辄乘羊车，司隶刘毅纠劾其罪。"（第756页）此似又表明羊琇仍主宫外（行马外）之宿卫，但从当时御史纠察行马内、司隶纠察行马外之制并未认真执行（参见《晋书》卷四七《傅咸传》，第1329—1330页）看，护军羊琇所主仍有可能为宫内宿卫。
③ 《太平御览》卷二四〇《职官部三八》"中护军"条，第1138页。

有关大臣，其中有车骑将军贾充、中军将军羊祜、中护军王业等人①。时为泰始二年，则泰始初与中军将军同时存在着中护军之职。王业为司马氏同党②，其中护军至何时卸任难以确定。羊琇升任中护军与省领军并中候的时间一致，可能有几种情况：一是巧合，并无深意；二是晋武帝改革禁卫武官制度之举措；三是王业之后中护军空缺，此时省领军复护军，领军之职并未并于北军中候，而是由中护军所取代。

考之史载，西晋一代北军中候与领军将军（中领军）二职改易频繁，但还是有章可循的。《晋书·本纪》有关的记载是：

> 武帝泰始元年十二月戊辰（十九，266.2.10），"置中军将军，以统宿卫七军"。四年二月，"罢中军将军，置北军中候官"。七年十二月，"罢中领军，并北军中候"③。
>
> 惠帝永平元年（291）三月，"以……楚王玮为卫将军、领北军中候"④。
>
> 愍帝建兴元年（313）四月"壬申（廿七，6.7），即皇帝位……（以）雍州刺史麹允为使持节、领军将军、录尚书事"。二年"秋七月，（刘）曜、（赵）冉等又逼京都，领军将军麹允讨破之"。三年"九月，刘曜寇北地，命领军将军麹允讨之"。"冬十月，允进攻青白城。以豫州牧、征东将军索綝为尚书仆射、都督宫城诸军事。"⑤

晋惠帝时贾后干政，曾以王衍为中领军（领军将军），时当在元康元年（291）至永康元年（300）之间。赵王伦篡位，先后以其长、次子担任领军将军，时为永宁元年（301）。华恒"尚武帝女荥阳长公主，拜驸马都尉。元康初，东宫建，恒以选为太子宾友"。"辟司徒王浑仓曹掾属，除散骑侍郎。累迁散骑常侍、北军中候，俄拜领军，加散骑常侍。愍帝即位，以恒为尚书。"⑥ 按"愍帝即位"是在公元313年，则此时华恒由领

---

① 《晋书》卷四〇《贾充传》，第1167页。
② 参见本书第二编第四章第二节相关内容。
③ 《晋书》卷三《武帝纪》，第52、56、61页。
④ 《晋书》卷四《惠帝纪》，第90页。
⑤ 《晋书》卷五《愍帝纪》，第126、128、129页。
⑥ 《晋书》卷四四《华恒传》，第1262页。

军将军转任尚书，而他在任领军之前曾为北军中候，时间均当在晋怀帝永嘉年间。

综上考述，西晋时期"领军"系统禁卫长官的省置时间大体是：

中军将军：泰始元年（265）十二月至四年二月。

北军中候：泰始四年（268）二月至永平元年（291）三月；永嘉（307—313）前期（310年前后）。

领军将军（中领军）：泰始元年十二月至七年十二月；永平元年三月至永康元年（300）四月；永嘉后期（312年前后）；建兴元年（313）、二年。

据此可知：西晋一朝，作为禁卫长官，中军将军只存在了两年余，而《晋书·职官志》载"怀帝永嘉中，改中军曰中领军"①，则大谬。《宋书·百官志》以西晋北军中候在怀帝永嘉中一度改称的记载②，也是不准确的。西晋一朝，北军中候曾两度出现，且时间较长，尤其是晋武帝在位的二十余年间，约占西晋之一半时间。当然，就担任者人数而言，领军将军及中领军还是要稍多一些。西晋可考之领军将军有五人（武陵王澹、梁王肜、司马莘、麹允、王衍），中领军有六人（义阳王望、羊祜、王衍、何勖、张方、华恒），北军中候有十人（楚王玮、王佑、裴楷、成粲、王衍、华恒、刘暾、荀晞、吕雍、蒋超）。③ 领军将军及中领军在西晋时存在约二十年：第一次是和中军将军—北军中候并存了一段时间；第二次是在贾后当政时期；第三次是在怀帝永嘉后期及愍帝建兴年间。这三次均非

---

① 《晋书》卷二四《职官志》，第740页。
② 参见《宋书》卷四〇《百官志下》，第1247页。
③ 参见《晋书》卷五《愍帝纪》，第126页；卷三四《羊祜传》，第1014；卷三五《裴楷传》，第1049页；卷三七《宗室·义阳王望传》，第1086页；卷三八《宣五王·武陵王澹传》《梁王肜传》，第1122、1128页；卷四〇《杨珧传》（成粲），第1180页；卷四三《王衍传》，第1237页；卷四四《华恒传》，第1262页；卷四五《刘暾传》，第1282页；卷五九《楚王玮传》《赵王伦传》《齐王冏传》（何勖），第1586、1600、1606页；卷六〇《张方传》，第1645页；卷六一《荀晞传》，第1666页；卷六四《武十三王·清河王遐传》（吕雍），第1724页；卷六六《刘弘传》（蒋超），第1767页；卷七五《王峤传》（王佑），第1974页；卷八九《忠义·麹允传》，第2307页。按司马莘为赵王伦之子，为伦篡位后所任命。裴楷仅有北军中候之任命，但未拜。

正常制度：第一次朝政稳定，但主要是为了照顾司马望之身份地位而设；第二次是在贾后干政的非常时期；第三次则是在"五胡乱华"之后，其时晋祚将终，天子蒙尘，自然也是反常情况。因此，就正常制度而言，可以认为西晋之禁卫长官仍以北军中候为主体。

第三节 "宿卫七军"的变迁

如上所述，《晋书·职官志》及《宋书·百官志下》皆谓晋武帝初省领军将军（中领军），"使中军将军羊祜统二卫、前、后、左、右、骁骑七军营兵，即领军之任也"。按其说不确，表现在两方面。

首先，西晋在设立中军将军时并未废罢中领军（领军将军），中军将军虽与中领军（领军将军）职能相同，但在当时同时还存在领军之职，且一直持续到中军将军废罢数年之后。这从义阳王望在泰始年间的任职情况便可得到充分证明：

> 征拜卫将军，领中领军，典禁兵。寻加骠骑将军，开府。顷之，代何曾为司徒。武帝受禅，封义阳王，邑万户，给兵二千人。泰始三年，诏曰："……司徒、中领军，以明德近属，世济其美，祖考创业，翼佐大命，出典方任，入赞朝政，文德既著，武功宣畅。逮朕嗣位，弥道惟明，宜登上司，兼统军戎，内辅帝室，外隆威重。其进位太尉，中领军如故。"……吴将施绩寇江夏，边境骚动。以望统中军步骑二万，出屯龙陂，为二方重镇，假节，加大都督诸军事。会荆州刺史胡烈距绩，破之，望乃班师。俄而吴将丁奉寇芍陂，望又率诸军以赴之，未至而奉退。拜大司马。孙皓率众向寿春，诏望统中军二万，骑三千，据淮北。皓退，军罢。泰始七年薨。①

考《晋书·武帝纪》：泰始四年（268）"冬十月，吴将施绩入江夏"，"遣太尉义阳王望屯龙陂"；"十一月，吴将丁奉等出芍陂，安东将军汝阴王骏与义阳王望击走之"；七年"三月，孙皓帅众趋寿阳，遣大司马望屯

---

① 《晋书》卷三七《宗室·义阳王望传》，第1086—1087页。

第七章 西晋禁卫武官制度 / 179

淮北以距之";六月"辛丑（廿四，8.16），大司马义阳王望薨"。① 据《义阳王望传》，其虽由骠骑→司徒→太尉→大司马不断升迁，但所兼中领军并未罢免。正因如此，他才得以数次统率中军出征。如上所述，"罢中领军，并北军中候"是在泰始七年十二月。义阳王望为司马懿之侄，年长晋武帝整三十岁，在当时宗室中德高望重，可以说中领军之所以未被废罢，当与此有关。等到义阳王望死后，中领军一职似未再任命他人，不久即被废罢，其职能则归于北军中候。此前，羊祜由中领军转任中军将军时，中领军一职并未废罢②，而是继续存在，罢中军将军、置北军中候之后，中领军仍然存在了一段时间，直到泰始七年底才正式将二职合并为一。史志有关这一制度因革的记载含混不清，容易引起误解。

其次，"中军将军羊祜统二卫、前、后、左、右、骁骑七军营兵"的说法，与晋初制度多有不合，并不完全可靠。晋初有"二卫"（左、右卫）将军，详见后考。"前、后、左、右"军是指前军、后军、左军、右军将军（四军将军），而非前、后、左、右将军（四将军），《晋志》《宋志》及《通典》的省略记载易引起理解上的混乱。《宋书·百官志下》："魏明帝时有左军将军，然则左军，魏官也；晋武帝初，置前军、右军；泰始八年，又置后军。是为四军。"③《晋书·职官志》所载略同。考《晋书·武帝纪》，泰始八年"夏四月，置后将军，以备四军"④。按此处之"后将军"为"后军将军"之误。《太平御览》引《晋起居注》曰："太（泰）始八年，置后军将军，掌宿卫。"⑤是其强证。又《晋书·武帝纪》载，泰始二年（266）"八月丙辰（初十，9.26），省右将军官"；五年六月"罢镇军将军，复置左、右将军官"。⑥ 均当为左军将军和右军将军之误书。据此可知，泰始二年八月前西晋只有前军、右军将军，至泰始五年六月时仅有前军将军，其时复置左、右军将军，则此前亦不置左军将军或已省罢。泰始八年四月，"四军"之制始备，而中军将军只存在到

---

① 《晋书》卷三《武帝纪》，第58、60、61页。
② 按羊祜所任中领军为晋国之职，司马望所任中领军最初为魏朝之职。
③ 《宋书》卷四〇《百官志下》，第1248页。
④ 《晋书》卷三《武帝纪》，第62页。
⑤ 《太平御览》卷二三八《职官部三六》"后将军"条，第1128页。
⑥ 《晋书》卷三《武帝纪》，第54、59页。

泰始四年二月，显然晋初中军将军并不能同时领有前、后、左、右军四军将军，而只可能统领其中已设立之一、二军。

史载泰始三年三月"罢武卫将军官"①，则中军将军存在的大部分时间应统领武卫将军。曹魏时期骁骑、游击将军存在的时间似乎很短，已如前考。不过，魏末似又出现了骁、游二职；果如此，则西晋初年中军将军所统诸职还应包括骁骑、游击将军。晋初有游击将军，史载"武帝受禅"，高密王泰"拜游击将军"②。此职直到西晋末年都还存在，扶风王骏子畅，"拜给事中、屯骑校尉、游击将军。永嘉末，刘聪入洛，不知所终"③。与给事中（内侍文官）、屯骑校尉（禁卫武官）二职叠任，表明游击将军亦为禁卫武官，司马畅任职洛阳亦可作为佐证。又，魏末有中垒将军，甘露五年（260）时司马炎任之④。不过晋初未见其职，估计不再设置，很可能与晋武帝曾任其职有关。

综上考述，可以认为：西晋时期所谓"宿卫七军"是一个逐步发展演变的概念，一开始并不一定完全符合"七军"之数，且中军将军所统并非如《晋志》《宋志》所载为"二卫、前、后、左、右、骁骑七军营兵"。西晋建立之际，中军将军所统似可表述为：

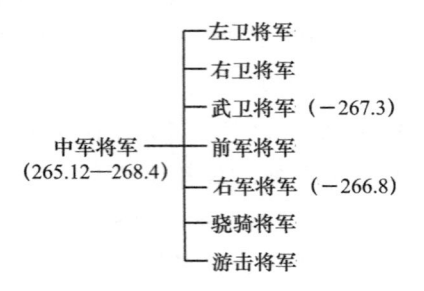

```
                    ┌─ 左卫将军
                    ├─ 右卫将军
                    ├─ 武卫将军（−267.3）
中军将军 ───────────┼─ 前军将军
(265.12—268.4)      ├─ 右军将军（−266.8）
                    ├─ 骁骑将军
                    └─ 游击将军
```

泰始五年六月，复置左、右军将军时，西晋禁卫武官组织系统似可表述为：

---

① 《晋书》卷三《武帝纪》，第55页。
② 《晋书》卷三七《宗室·高密王泰传》，第1094页。
③ 《晋书》卷三八《宣五王·扶风王骏传》，第1126页。
④ 参见《三国志》卷四《魏书·三少帝·高贵乡公纪》，第146页；《晋书》卷三《武帝纪》，第49页。

第七章　西晋禁卫武官制度 / 181

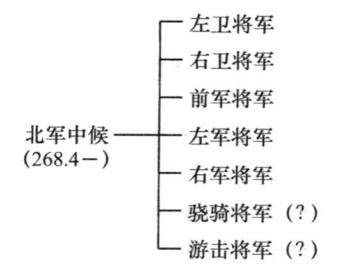

```
                ┌─ 左卫将军
                ├─ 右卫将军
                ├─ 前军将军
  北军中候 ──────┼─ 左军将军
  (268.4—)      ├─ 右军将军
                ├─ 骁骑将军（?）
                └─ 游击将军（?）
```

泰始八年四月，"四军"将军建制完备后，西晋禁卫武官组织系统则可表述为：

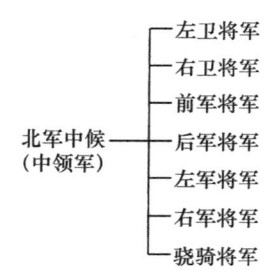

```
                ┌─ 左卫将军
                ├─ 右卫将军
                ├─ 前军将军
  北军中候 ──────┼─ 后军将军
  (中领军)       ├─ 左军将军
                ├─ 右军将军
                └─ 骁骑将军
```

此时，《晋书·职官志》《宋书·百官志》所载宿卫七军体系才正式完备，只是其长官并非中军将军，而是已将中军将军之职并入的北军中候。后来禁卫军之"内军"基本上以此"七军"为主。可以看到，西晋初年不论"七军"如何变化，左、右卫将军始终未变，为领军（中军）将军（北军中候）系统禁卫武官制度的基本构成要素。此外，西晋继承曹魏制度，仍设游击将军，且为领营禁卫将领。《宋书·百官志下》："自游击至五校（游击将军、四军将军、左右中郎将、五校尉），魏晋逮于江左初，犹领营兵，并置司马、功曹、主簿，后省。"[1]《太平御览》引《山涛启事》曰："游击将军诸葛冲，精果有文武，拟补兖州。"并载诏答曰："冲领兵，未欲出之。"[2] 表明游击将军为"领兵"之禁卫武官。

---

[1] 《宋书》卷四〇《百官志下》，第1248—1249页。
[2] 《太平御览》卷二三九《职官部三七》"游击将军"条，第1133页。

第四节　左、右卫将军及其组织系统

西晋时期，禁卫武官制度最大的变化当属左、右卫将军之设置，其重要性与曹魏之设领军、护军将军相当。《晋书·职官志》："左、右卫将军。案文帝初置中卫及卫。武帝受命，分为左、右卫，以羊琇为左，赵序为右。"①《宋书·百官志下》："二卫将军掌宿卫营兵。二汉、魏不置。晋文帝为相国，相国府置中卫将军。武帝初，分中卫置左、右卫将军，以羊琇为左卫，赵序为右卫。"②《通典》"左右卫"条："魏末，晋文王又置中卫将军。武帝受禅，分中卫为左、右卫将军。"本注："以羊琇为左，赵序为右。"③ 按《宋志》及《通典》均载左、右卫将军由中卫将军分置，而宋本《晋志》则以"中卫及卫""分为左、右卫"④。按司马师在司马懿当政末年，以中护军"加卫将军"⑤，司马昭在司马师末年亦"拜卫将军"⑥。此"卫将军"为曹魏王朝之官职，因当时晋国尚未建立，从制度上说还无权设置卫将军官。据《晋书·文帝纪》：咸熙元年（景元五年，264）"三月己卯（十九，5.2），进帝爵为王"。二年五月，"晋国置……中领军、卫将军官"。⑦ 这是目前所见晋国置官（类似王朝官制）的唯一一条记载，结合前已有魏朝卫将军之情形，晋国所置应为中卫将军

---

① 《晋书》卷二四《职官志》，第740页。按清代学者钱大昕所见《晋书·职官志》（当为汲古阁本）之记载与此有异。《廿二史考异》卷二〇《晋书三》"职官志"条："案：'文帝初置中卫，及魏武帝受命，分为左、右卫。'此晋武帝事，非魏武帝也，'魏'字衍；文帝亦谓晋文帝，非魏文帝。"（《丛书集成初编》本，商务印书馆1937年版，第409页）

② 《宋书》卷四〇《百官志下》，第1248页。《太平御览》卷二三七《职官部三五》"左右卫将军"条："沈约《宋书》曰：'左、右卫将军，晋文建国所置。'"［（宋）李昉等撰，中华书局1960年版，第1121页］此与今本《宋书·百官志》所载有异。按本书初稿（博士学位论文，北京师范大学，1998年）曾认为左、右卫将军始置于西晋初年，曹魏末已置左、右卫将军的史料系阎步克先生告知，谨致谢忱。

③ 《通典》卷二八《职官十·武官上·左右卫》，第783页。

④ 《晋书》卷二四《职官志》，第740页；本卷校勘记〔一七〕，第749页。按殿本考证："各本'武'字上衍'魏'字。按晋文帝为相国时置中尉〔卫〕，则此承上文言之，乃晋武非魏武也。今删去。"据此，则诸本原作"中卫及魏"，"及魏"二字本属下读，然与上文自相矛盾。对按宋本《晋书·职官志》，作"文帝初置中卫。武帝及卫受命，分为左、右卫。"

⑤ 《晋书》卷二《景帝纪》，第25页。

⑥ 《晋书》卷二《文帝纪》，第33页。

⑦ 同上书，第44页。

而非卫将军，则此处之"卫将军"应改为"中卫将军"，或"领军"前之"中"是指领军与卫将军二职而言，即中领军、中卫将军。《晋志》关于晋国置中卫将军及卫将军之记载是不准确的。①

又，《晋书·职官志》："（太子）左、右卫率。案：武帝建东宫，置卫率，初曰中卫率。泰始五年，分为左、右，各领一军。"② 据同书《武帝纪》载，司马衷被立为皇太子而建东宫是在泰始三年（267）二月丁卯（廿四，4.5）③。由《晋志》记载可知，太子卫率和中卫率可互称，与此相类，司马昭晋国所置卫将军或中卫将军当亦可互称。不论如何，中卫将军是在司马昭加强晋国官制，并欲以之取代曹魏官制，从而为篡位作好最后准备的情况下设置的。中卫将军与中领军并设，反映了司马昭加强禁卫权力，巩固其专权的意图。

晋武帝即晋王位后，将中卫将军改为左、右卫将军，进一步扩大其权力地位和禁卫能力。据上引官志记载，左、右卫将军之设似在晋武帝禅代之初，其实不然。《晋书·外戚·羊琇传》载，"帝即王位后，擢琇为左卫将军"④。《太平御览》引《晋书》曰："羊琇为晋台左卫将军。"⑤ 西晋建立后，左、右卫将军便成为新朝禁卫武官系统中极重要的制度。首任左卫将军羊琇为司马氏外戚，与晋武帝司马炎关系极为密切。羊琇担任左卫将军与其从兄羊祜担任中领军，都属于司马氏安排外戚亲人控制禁卫权力

---

① （宋）陈傅良撰《历代兵制》卷三《两晋兵制》："晋自文王建国，阴谋倾魏，置二卫（中卫、后卫）、三部司马（前驱、由基、强弩），以中领军领之。武帝伐（代）魏，遂分左、右各一将军。"（《景印文渊阁四库全书》"史部四二一·政书类"，台湾商务印书馆1986年版，第六六三册，第454页）按司马昭置中卫、后卫将军并由中领军领之，其说无据；晋武帝代魏后分置左、右卫将军之说亦与史实不符。

② 《晋书》卷二四《职官志》，第743页。

③ 《晋书》卷三《武帝纪》，第55页。按本条及上"癸丑"条并系于"春正月"之下，然是年正月并无此二干支，下文接着记三月事，故此当为二月事误系于正月。

④ 《晋书》卷九三《外戚·羊琇传》，第2410页。

⑤ 《太平御览》卷二三七《职官部三五》"左右卫将军"条，第1211页。参见阎步克《品位与职位——秦汉魏晋南北朝官阶制度研究》，中华书局2002年版，第229—230页。按罗福颐主编《秦汉南北朝官印征存》卷八《两晋官印一·朝官及其属官印》收有"中卫司马"印四枚，"中卫都尉"印二枚，文物出版社1987年版，第290、295—296页，图版1652—1655、1685、1686。这些印章证实了中卫将军的存在，且中卫将军下设都尉之职，此职类似于后来的殿中都尉。根据晋武帝称帝前即改中卫为左、右卫将军的文献记载，可知这些印章应为魏末之物，并非晋代之物。同上书卷八《两晋官印二·王侯及其属官印》收有"武陵公中卫司马之印""武陵公中卫司马"印各一枚（第308页，图版1757、1758），其具体时代难以确断。

以作好篡位最后准备的重大举措。晋朝建立后，羊祜迁任中军将军，而羊琇仍为左卫将军，后迁任中护军，禁卫军权遂由其从兄弟二人完全掌控。

关于西晋左、右卫将军的职掌，现存当朝人的记录最能反映真实情况。《北堂书钞》引《山涛启事》曰："右卫将军王济字武子，诚亮有美才，侍中之最高者，诏济领禁兵，不欲使转也。"①《通典·选举二·历代制中》本注："山涛为吏部尚书十有余年，每官阙，辄启拟数人，曰：'侍中彭权迁，当选代。按雍州刺史郭奕，高简有雅量，在兵闲，少不尽下情；处朝廷，足以肃正左右。卫将军王济，才高美茂，后来之冠。此二人，诚顾问之秀。圣意倪惜济主兵者，骁骑将军荀恺，智器明敏，其典宿卫，终不减济……'"②按《晋书·王济传》："尚常山公主。年二十，起家拜中书郎，以母忧去官。起为骁骑将军。累迁侍中……"③不载王济为右卫将军或卫将军事，据《北堂书钞》所引《山涛启事》，当为右卫将军而非卫将军。查《晋官品》④，卫将军第二品，侍中第三品，右卫、骁骑将军均第四品，右卫高于骁骑，则王济在迁侍中前所任必为右卫将军，前此则为骁骑将军。当朝吏部尚书山涛的公文自然是最具权威性的，它表明西晋右卫将军"领禁兵"，"典宿卫"。《山公启事》还显示，西晋骁骑将军亦"典宿卫"。⑤

《晋书·文六王·齐王攸传》："复历散骑常侍、步兵校尉，时年十八，绥抚营部，甚有威惠。五等建，改封安昌侯。迁卫将军。居文帝丧……武帝践阼，封齐王。时朝廷草创，而攸总统军事，抚宁内外，莫不景附焉。"⑥按齐王攸所任"总统军事"之卫将军当为魏朝之职，与司马昭晋国所置之中卫将军并非一职。据本传推知，其年十八是在公元265年，即咸熙二年；而"五等建"即"始建五等爵"是在前一年七月⑦，此处所记年龄必有问题，当作"年十六"为宜。

---

① （隋）虞世南撰：《北堂书钞》卷六四《左右将军》"王济领兵未欲使转"条，孙忠愍侯祠堂校影宋原本，南海孔氏三十有三万卷堂校注重刊，（清）光绪十四年（1888）。
② 《通典》卷一四《选举二·历代制中》"晋"条，第330页。
③ 《晋书》卷四二《王济传》，第1205页。
④ 《通典》卷三七《职官十九·秩品二》，第1003—1004页。
⑤ 关于《山公启事》，参见［日］葭森健介《"山公啓事"の研究》，川勝義雄、礪波護编《中國貴族制社會の研究》，同朋舍1987年版，第117—150页。
⑥ 《晋书》卷三八《文六王·齐王攸传》，第1130—1131页。
⑦ 《晋书》卷二《文帝纪》，第44页。

第七章　西晋禁卫武官制度　/　185

　　西晋建国前夕至建国之初的一段时间内，禁卫武官制度比较庞杂，不相统一，正处于制度变革的前夜。当时既有继承曹魏之中领军（义阳王望），由晋国中领军演变而来的中军将军（羊祜）—北军中候，又有继承自曹魏的中护军（王业），晋国之二卫将军延续了下来，当然还有"总统军事"的卫将军（齐王攸），以及隶属于中领军或中军将军的武卫将军、五校等营。此外，还有都护将军所统五署及城外四护军（或城外牙门诸军）。经过一段时间调整变革，到泰始八年（272）前后才基本固定下来。

　　《宋书·百官志下》："殿中将军，殿中司马督。晋武帝时，殿内宿卫，号曰三部司马。置此二官，分隶左、右二卫。江右（左）初，员十人。朝会宴飨，则将军戎服，直侍左右，夜开城诸门，则执白虎幡监之。"① 这一记载的确切涵义不太明晰，不过从中可知晋武帝时三部司马在殿内承担宿卫之责，同时，还设有殿中将军与殿中司马督二官，分别隶于左、右卫将军。是左、右卫将军各统一职，还是左、右卫将军分别辖有殿中将军、殿中司马督二职，不大清楚。从"员十人"的编制推测，应是左、右卫将军分别辖有殿中将军、殿中司马督二职，即二卫各辖五位殿中将军和五位殿中司马督。殿中将军的职能有二，即朝会宴飨时在皇帝左右直侍（平常亦当有此职能），夜晚执白虎幡负责监督城门（宫城门）之开启。司马督掌殿内禁卫，东晋初年的一个事例可作旁证。苏峻叛乱时，"峻迁车驾石头，时天大雨，道路沉陷，超（右卫将军刘超）与侍中钟雅步侍左右"。"而（峻）以其所亲信许方等补司马督、殿中监，外托宿卫，内实防御超等。"② 殿中将军、殿中司马督可能即属于二卫领营将领。果如此，则晋代左、右二卫各领五营。③ 殿中将军、殿中司马督与三部司马的关系，据此记载还难以作出明确判断。传世晋代官印可见"殿中中郎将印"二枚，"殿中校尉"印一枚，"殿中司马"印十一枚，"殿中武力

---

① 《宋书》卷四〇《百官志下》，第1249—1250页。
② 《晋书》卷七〇《刘超传》，第1876页。
③ 《晋书》卷四〇《杨珧传》载"右军督赵休上书"云云（第1180页），知西晋禁卫军将领右军将军之下有"督"职（右军督），依此类推，四军将军下亦必有"督"，当与左、右卫将军所辖司马督相似。同书卷二九《五行志下》"人痾"条："康帝建元二年（344）十月，卫将军营督过望所领兵陈湨女台有文在其足，曰'天下之母'，灸之愈明。京都喧哗，有司收系以闻。俄自建康县狱亡去。"（第910页）可知东晋时在京都建康的卫将军府（很可能就是左、右卫将军府）有"营督"统领营兵。此虽与西晋左、右卫将军有一定差异，但不妨作为二卫司马督领营兵的一个旁证。

司马"印一枚,"殿中都尉"印六枚。① 这些印章进一步印证了晋代殿中诸职的存在,不过"殿中武力司马"职名在史书中难以考见,不排除其为伪印之可能。

《晋书·职官志》:

> 二卫始制前驱、由基、强弩为三部司马,各置督、史。左卫,熊渠武(虎)贲;右卫,佽飞武贲②。二卫各五部督:其命中武贲,骁骑、游击各领之;又置武贲、羽林、上骑、异力四部,并命中为五督。其卫、镇、四军如五校,各置千人。更制殿中将军、中郎、校尉、司马,比骁骑(?),持椎斧武贲,分属二卫。尉(殿)中武贲③、持钑冗从、羽林、司马、常从,人数各有差。④

这一记载与上引《宋书·百官志》的记载可互相印证。"二卫各五部督"是对殿中将军、殿中司马督"员十人"的具体说明,可以确证以上关于二卫各辖五位殿中将军和五位殿中司马督的推断⑤。殿中司马督与三部司马的关系还不太清楚。《太平御览》引傅畅《晋赞》曰:"晋文王晋台置强弩将军,掌宿卫。"⑥ 考《晋书·职官志·序》:"及文王纂业,

---

① 《秦汉南北朝官印征存》卷八《两晋官印一·朝官及其属官印》,第292—295页,图版1662—1682。

② 《九家旧晋书辑本·臧荣绪晋书卷二·天文志》:"又《职官志》曰:左卫将军,领熊渠武贲;右卫将军,领佽飞武贲。"按此条记载出自《太平御览》卷二九九《兵部三〇》"兵众"条,原文文献出处是:"《晋书》曰:……又《职官志》曰……"(第1378页)根据《太平御览》书法,此《晋书》无疑是指现存唐初官修《晋书》,而非臧荣绪《晋书》。杨朝明校补本亦照录,未作改正。参见(清)汤球辑,杨朝明校补《九家旧晋书辑本》,中州古籍出版社1991年版,第13页。

③ 中华书局点校本本卷"校勘记"〔一九〕:"《食货志》有殿中武贲,疑即此,此'尉'字恐为'殿'字之形近误。"(第749页)其说当是。

④ 《晋书》卷二四《职官志》,第741页。

⑤ (明)方以智撰《通雅》卷二五《官制·武职》:"晋有左、右、前、后四将军,已为二卫三部。已(?)又置虎贲、羽林、上骑、异力四部,并命中为五督。此今日五军都督府之所自也。"(《景印文渊阁四库全书》"子部一六三·杂家类",台湾商务印书馆1986年版,第八五七册,第504页)按方氏将明朝五军都督府的渊源追溯到西晋五督,显然是无根之谈。方氏所言,左、右、前、后四将军无疑应指左、右、前、后四军将军,谓四将军(或四军将军)分为二卫三部,更是大谬。

⑥ 《太平御览》卷二三九《职官部三七》"强弩将军"条,第1134页。

初启晋台，始置二卫，有前驱、养由之弩；及设三部，有熊渠、伏飞之众。"① 虽然司马昭"始置二卫"之记载并不确切，但从傅畅《晋赞》谓司马昭时已设强弩将军"掌宿卫"来推断，这条记载之后文应是可信的，即在司马昭晋国设置了前驱、养由（由基）、强弩等三部司马②，当隶于中卫将军。所谓五部督即骁骑、游击将军所领之命中虎贲及虎贲、羽林、上骑、异力四部。

结合《隋书·礼仪志七》所载梁及后齐警卫之制③，可知西晋之三部司马：前驱以皇帝出行之前驱仪仗为其主要职责；由基即养由基，为先秦时代之善射者④，则三部之一的由基即射营，由积射将军主之；强弩即弩营，由积弩、强弩将军主之。将军可能不常设，故置司马主兵。《续汉书·百官志一》"将军"条："其领军皆有部曲。大将军营五部。部校尉一人，比二千石；军司马一人，比千石。部下有曲……曲下有屯……其不置校尉部，但军司马一人。又有军假司马、假候，皆为副贰。其别营领属为别部司马，其兵多少各随时宜。"⑤ 由此可知，所谓部即部曲之部，一般情况下应以校尉为其长官，无校尉时则由司马主之，司马升格即为校尉。别部司马当为领别营之司马⑥。

左、右卫将军所辖诸职特别是司马督、三部司马，在"八王之乱"中有突出表现。《晋书·赵王伦传》可见"左卫司马督司马雅及常从督许超"，"殿中中郎士猗"，"右卫司马督路始"，"右卫伏飞督闾和"。同传又载："（赵王）伦又矫诏开门夜入，陈兵道南，遣翊军校尉齐王冏将三部司马百人排阁而入。""左卫王舆与前军司

---

① 《晋书》卷二四《职官志》，第724页。
② 《秦汉南北朝官印征存》卷七《三国官印一·曹魏官印》收有"强弩司马"印三枚，"强弩假候"印二枚（第231、233页，图版1317—1319、1330、1331），这些印章进一步印证了曹魏强弩将军的存在，且其下设有司马、假候之职。若史书所记强弩将军设置时间不误，则此数印应为曹魏末年之物。
③ 参见（唐）魏徵等撰《隋书》卷一二《礼仪志七》，中华书局1973年版，第279—281页。
④ 《史记》卷四《周本纪》载周赧王三十四年（前281），苏厉谓周君，其中有云："楚有养由基者，善射者也。去柳叶百步而射之，百发而百中之。"[（西汉）司马迁撰，（南朝宋）裴骃集解，（唐）司马贞索隐，（唐）张守节正义：《史记》，中华书局1959年版，第165页]
⑤ 《后汉书》，第3564页。
⑥ 按《宋书》卷一八《礼志五》中，数见"别部司马"（第516、517页）。

马雅等率甲士入殿,譬喻三部司马,示以威赏,皆莫敢违。""王舆反之,率营兵七百余人自南掖门入,敕宫中兵各守卫诸门,三部司马为应于内。""执前将军谢惔、黄门令骆休、司马督王潜,皆于殿中斩之。三部司马兵于宣化闼中斩孙弼以徇。"① 《东海王越传》:"成都王颖攻长沙王乂,乂固守洛阳,殿中诸将及三部司马疲于战守,密与左卫将军朱默夜收乂别省,逼越为主,启惠帝免乂官。"② 这表明"三部司马"人数众多,至少在百人以上,三部司马在殿中侍卫,由翊军校尉统领。

《晋书·武帝纪》:泰始四年(268)四月,"罢振威、扬威护军官,置左、右积弩将军"③。《宋书·百官志下》:"太康十年,立射营、弩营,置积射、强弩将军主之。"④ 据此,似积射、强弩将军为左、右积弩将军所改名。《太平御览》引《齐职仪》曰:"晋太康十年(289),立积弩、积射营,各二千五百人,并以将军领之。"⑤ 积弩将军的前身当为司马昭晋国所置强弩将军,太康十年所置应为积弩将军而非强弩将军。强弩将军在汉代本为杂号将军⑥。晋惠帝元康"九年(299)春正月,左积弩将军孟观伐氐,战于中亭,大破之,获齐万年"⑦。晋怀帝永嘉三年(309)"夏四月,左积弩将军朱诞叛奔于刘元海"⑧。李憙少子俭,"历左积弩将军、屯骑校尉"。俭子弘,"永嘉末,历给事黄门侍郎、散骑常侍"⑨。则李俭任职无疑应在永嘉以前。这

---

① 《晋书》卷五九《赵王伦传》,第 1598、1599、1601、1604 页。
② 《晋书》卷五九《东海王越传》,第 1623 页。同书卷四《惠帝纪》:永兴元年(304)正月,"以成都王颖为丞相。颖遣从事中郎成夔等以兵五万屯十二城门,殿中宿所忌者,颖皆杀之,以三部兵代宿卫"(第 102 页)。按此"三部兵"当即三部司马所领禁卫兵。
③ 《晋书》卷三《武帝纪》,第 57 页。
④ 《宋书》卷四〇《百官志下》,第 1249 页。
⑤ 《太平御览》卷二三九《职官部三七》"积弩将军"条,第 1133 页。又见(宋)司马光编著,(元)胡三省音注,"标点资治通鉴小组"校点:《资治通鉴》卷八二《晋纪四》惠帝元康元年三月"积射将军李肇"下注,中华书局 1956 年版,第 2609 页。
⑥ 参见《宋书》卷四〇《百官志下》,第 1249 页。
⑦ 《晋书》卷四《惠帝纪》,第 95 页。
⑧ 《晋书》卷五《怀帝纪》,第 119 页。
⑨ 《晋书》卷四一《李憙传》,第 1190 页。

表明，西晋太康十年后确实存在左、右积弩将军①。

西晋左、右卫将军所统之虎贲名称有异，左卫曰熊渠虎贲，右卫曰佽飞虎贲。②《汉书·宣帝纪》：神爵元年（前61）三月，"西羌反，发

---

① 阎步克在《仕途视角中的南朝西省》一文中对本书初稿（博士学位论文，北京师范大学，1998年5月）中关于西晋弩、射营将领的认识提出疑议，略云："张金龙认为'似积射、强弩将军为左、右积弩将军所改名。'但我想《太平御览》'积弩、积射'的记载可能不如《宋志》的'积射、强弩'可靠，同时张氏之说也有问题。首先太康十年设立射营、弩营后，泰始四年所设左右积弩将军依然频频出现于史料之中。……其次，《通典》卷三六《职官十八·魏官品》及卷三七《职官十九·晋官品》中，都在第四品列有'左右积弩、积射、强弩等将军'，说明这四官是同时存在的。……"（《中国学术》第1辑，商务印书馆2000年版，第47页，即第46页脚注④）按：拙稿中"似积射、强弩将军为左、右积弩将军所改名"一语是对《晋书·职官志》和《宋书·百官志》对弩、射营将领记载的歧异作出的推测，并不完全反映我对这一问题的认识，即使被认为是我的主观认识，也并不确定，故用一"似"字。本人并未否认太康十年后存在左、右积弩将军，有所引《晋书》惠、怀二帝纪为证，并认为"这表明西晋太康十年以后确实存在左、右积弩将军"。《通典》所载魏、晋官品中"左右积弩、积射、强弩等将军"诸职，既可理解为左积弩、右积弩、积射、强弩将军四职，更可以理解为左积弩、右积弩、左积射、右积射、左强弩、右强弩六职。而且与《晋志》《宋志》《太平御览》（引《齐职仪》）比，其史料价值决不可能高于这些记载。更重要的是，仅就阎氏所引魏、晋官品而言，《通典》记载即不可完全凭信，"魏官品"与"晋官品"同载"左右积弩、积射、强弩将军"，但事实是仅在西晋一朝，射、弩营将军就有不小变化，即使确实理解为"左·右积弩、积射、强弩等将军"四职，也并非一代定制，更何况还包括曹魏与东晋二朝。司马昭晋国曾置强弩将军，可以勉强算作曹魏之职，而左、右积弩将军置于泰始四年，积射将军置于太康十年，"魏官品"收此诸职亦不知何据。又，传世晋朝官印可见"右积弩将军章"一枚，见《秦汉南北朝官印征存》卷八《两晋官印一·朝官及其属官印》，第283页，图版1609。这表明晋代确实设有左、右积弩将军之职。

② 《秦汉南北朝官印征存》卷八《两晋官印一·朝官及其属官印》收有"熊渠将印"一枚（第291页，图版1659），表明晋代的确存在"熊渠"之职。同书还收有"武卫次飞武贲将印"二枚（第291页，图版1660、1661），这表明晋代不仅存在佽飞之职，且佽飞属武卫将军统领。不过鄙意此二印若非伪印，就是时代确定有误。尽管目前所见《晋书》均记作"武贲"之职，但其为唐人避讳所改，本应作"虎贲"而非"武贲"。在晋代实物中不应出现"武贲"职名。晋武帝泰始三年三月"罢武卫将军官"，其后两晋一个半世纪只有特殊情况下临时出现过武卫将军之职，分别是：八王之乱赵王伦专权时；东晋初年王敦叛乱时；东晋晚期桓玄篡位时。参见《晋书》卷三《武帝纪》，第55页；卷六《明帝纪》，第161页；卷六〇《孙旂传》，第1633页；卷九九《桓玄传》，第2598、2600页。若"武卫次飞武贲将印"不伪，则其只能是魏末晋初及这几个特殊时期之物。但这几个时期都无避"虎"字之讳的必要。唐代制度，"凡兵士隶卫，各有其名"，其中"左右武卫曰熊渠"，"左右金吾卫曰佽飞"。（《旧唐书》卷四三《职官志二》，第1833、1834页）故"武卫次飞武贲将印"亦非唐代之物。故而推测此二印很可能为伪印。

三辅、中都官徒弛刑，及应募佽飞射士……"师古曰："取古勇力人以名官，熊渠之类是也。亦因取其便利轻疾若飞，故号佽飞。"①《后汉书·光武十王·广陵王荆传》："精诚所加，金石为开。"注引《韩诗外传》曰："昔者楚熊渠子夜行，见寝石，以为伏虎，弯弓而射之，没金饮羽。下视，知其石也，因复射之，矢摧无迹。熊渠子见其诚心而金石为之开，而况人乎。"②《汉书·百官公卿表上》："左弋令"属少府所属十六官之一，武帝太初元年（前104）更名"左弋为佽飞"，"佽飞掌弋射，有九丞两尉"。③ 可知西汉佽飞为负责弋射的官职。同书《赵充国传》：赵充国西征，"充国子右曹中郎将卬，将期门佽飞、羽林孤儿、胡越骑为支兵，至令居。……有诏将八校尉与骁骑都尉、金城太守合疏捕山间虏"。又载："已诏中郎将卬将胡越、佽飞射士、步兵二校，益将军兵。"④ 按"胡越"骑指胡骑、越骑校尉兵，"步兵"指步兵校尉兵，则"佽飞射士"亦与八校兵相类似，属京师禁卫军之列。期门佽飞与羽林孤儿并举，表明佽飞当是通过招募而来的期门兵。综上可知，熊渠虎贲为西晋新创之名，取楚国国君熊渠有勇力之意，佽飞则是承袭汉代旧名，主要是取其善射之意。左、右卫将军各统命中虎贲，由其下属之骁骑将军和游击将军分领，此外，又有虎贲、羽林、上骑、异力四部，与命中虎贲合称为五部督（五督）。⑤ 殿中虎贲即为殿中将军—中郎—校尉—司马所辖之虎贲。

《宋书·礼志五》记载了大量低级禁卫之职及其冠服规制，如：羽林

---

① （汉）班固撰，（唐）颜师古注：《汉书》卷八《宣帝纪》，中华书局1962年版，第260、261页。

② 《后汉书》卷四二《光武十王·广陵王荆传》，第1447页。按"熊渠"事迹见《史记》卷四〇《楚世家》（第1692—1693页），时代见同书卷一三《三代世表》（第502页）。明代学者方以智已注意到佽飞、熊渠得名之由，认为："佽飞、熊渠，取力士名也。"（《通雅》卷二五《官制·武职》，《景印文渊阁四库全书》"子部一六三·杂家类"，第八五七册，第506页）

③ 《汉书》卷一九上《百官公卿表上》，第732页。

④ 《汉书》卷六九《赵充国传》，第2976、2980页。

⑤ 《晋书》卷四《惠帝纪》：太安二年（303）十一月，"（张）方决千金堨，水碓皆涸。乃发王公奴婢手春给兵廪，一品以下不从征者，男子十三以上皆从役。又发奴助兵，号为四部司马。"（第101页）此"四部司马"当指虎贲、羽林、上骑、异力四部。

郎、羽林长郎，长郎，壮士，陛下，甲仆射，主事吏将骑（？）①，廷上，五牛旗假使虎贲，陛长，羽林、舆辇、迹禽、前驱、由基、强弩司马，守陵虎贲，殿中冗从虎贲、殿中虎贲及守陵者、持戟冗从虎贲，持椎斧武骑虎贲、五骑传诏虎贲、殿中羽林及守陵者、太官尚食虎贲、诸宫尚食虎贲，五骑虎贲，殿中威仪驺，虎贲常直殿云龙门者，门下左右部虎贲、羽林驺，尚书门下虎贲、羽林驺，大谁士，卫士。其后又记："凡此前众职，江左多不备，又多阙朝服。"② 可知以上众职主要当为"江右"即西晋所置。其中羽林、虎贲、殿中虎贲及前驱、由基、强弩司马等职均见于《晋书·职官志》，殿中冗从虎贲、持戟冗从虎贲、持椎斧武骑虎贲、五骑传诏虎贲、殿中羽林等职亦与《晋书·职官志》所记持锥斧虎贲、持钑冗从、上骑相当或有关联③。这些职务几乎全都是"武冠"，表明其属于武职。虎贲、羽林之职名显示，其为禁卫武官无疑。不少职名后记其"在陛列及备卤簿"，可知其职能有两方面：一是"在陛列"，指其在殿中之陛下列队侍卫④；一是"备卤簿"，指其在大驾出行时为随从警卫仪仗。《汉书·惠帝纪》："谒者、执楯、执戟、武士、驺，比外郎。"颜师古注引应劭曰："执楯、执戟，亲近陛卫也。武士，力士也，高祖使武士缚韩信是也。驺，驺骑也。"师古曰："驺本厩之驭者，后又令为骑，因谓驺骑耳。""武士、驺以上，皆旧侍从天子之人也。舍人以上，太子之官属。"⑤ 据此推断，《宋书·礼志五》所载"在陛列"即"亲近陛卫"之义，无论"在陛列"，抑或"备卤簿"，皆为"侍从天子之人"。

根据以上考述，西晋左、右卫将军的组织系统可图示如下：

---

① 按中华书局点校本断句为"长郎壮士""陛下甲仆射主事吏将骑"，似不确。《秦汉南北朝官印征存》卷七《三国官印一·曹魏官印》收有"左甲仆射"印一枚（第 237 页，图版一三五二），表明曹魏时已有"左甲仆射"一职。以此推断，《宋书·礼志五》中的甲仆射应为单独一职。

② 《宋书》卷一八《礼志五》，第 516—517 页。

③ 《秦汉南北朝官印征存》卷十《南北朝官印一·刘宋官印》收有"椎斧司马"印一枚（第 397 页，图版 2224），"椎斧司马"当为"持椎斧虎贲""持椎斧武骑虎贲"之类禁卫兵的将领。此证西晋持椎斧虎贲之职至少也延续到了刘宋时代。

④ （唐）欧阳询撰《艺文类聚》卷六二《居处部二·殿》："挚虞《决疑要注》曰：凡大殿乃有陛，堂则有阶无陛。"（汪绍楹校，上海古籍出版社 1982 年版，第 1122 页）

⑤ 《汉书》卷二《惠帝纪》，第 85、86 页。

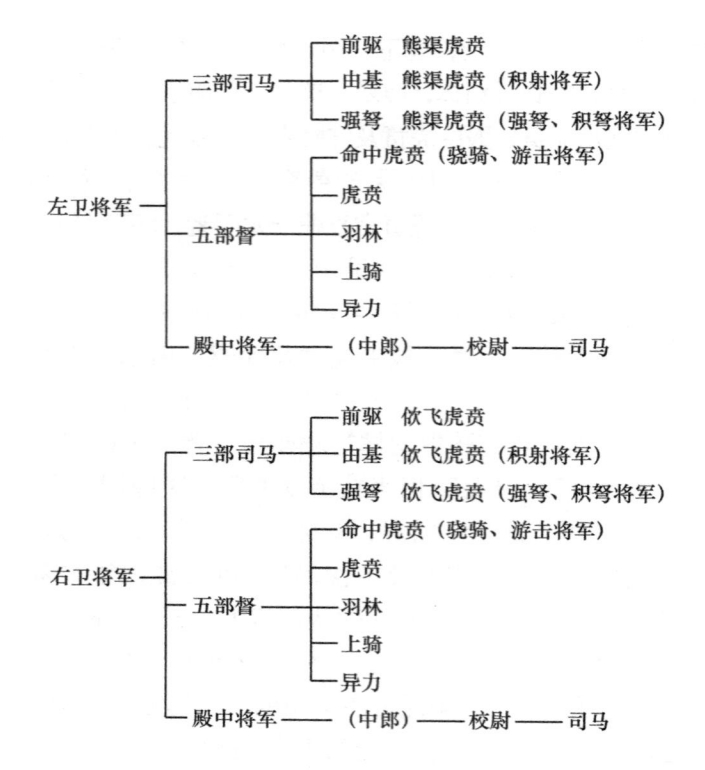

```
                    ┌─ 前驱   熊渠虎贲
        ┌─ 三部司马 ─┼─ 由基   熊渠虎贲（积射将军）
        │           └─ 强弩   熊渠虎贲（强弩、积弩将军）
        │           ┌─ 命中虎贲（骁骑、游击将军）
左卫将军─┼─ 五部督  ─┼─ 虎贲
        │           ├─ 羽林
        │           ├─ 上骑
        │           └─ 异力
        └─ 殿中将军 ── （中郎）── 校尉 ── 司马

                    ┌─ 前驱   佽飞虎贲
        ┌─ 三部司马 ─┼─ 由基   佽飞虎贲（积射将军）
        │           └─ 强弩   佽飞虎贲（强弩、积弩将军）
        │           ┌─ 命中虎贲（骁骑、游击将军）
右卫将军─┼─ 五部督  ─┼─ 虎贲
        │           ├─ 羽林
        │           ├─ 上骑
        │           └─ 异力
        └─ 殿中将军 ── （中郎）── 校尉 ── 司马
```

第五节　西晋禁卫长官的职能

一　领军将军、中领军与北军中候的职能

如上所引，魏晋之际羊祜任职时，中军将军"总宿卫"，"统二卫、前、后、左、右、骁骑七军营兵"；中领军"典禁兵"，"悉统宿卫，入直殿中，执兵之要，事兼内外"。[①] 领军将军（中领军）及北军中候的政治职能在西晋后期动荡的政局中亦有所体现。

元康九年（299）正月，征西大将军、都督凉雍诸军事、领西戎校尉梁王肜"征拜大将军、尚书令、领军将军、录尚书事"。次年（永康元

---

① 羊祜"典禁兵"颇受后世关注，如：刘宋初年谢晦为领军将军、散骑常侍，"依晋中军羊祜故事，入直殿省，总统宿卫"（《宋书》卷四四《谢晦传》，第1348页）。（唐）褚亮《左屯卫大将军周孝范碑铭》：唐太宗贞观年间周孝范为右屯卫将军，"又领玄武门内左右厕仗，肃钩陈于中禁，排闾阖而上征。羊祜之握兵机，典韦之统禁帐，任寄之重，恩私罕匹"。[（唐）许敬宗编，罗国威整理：《日藏弘仁本文馆词林校证》，中华书局2001年版，第164页]

年）四月，梁王肜与赵王伦一起"废贾后为庶人，司空张华、尚书仆射裴頠皆遇害，侍中贾谧及党与数十人皆伏诛"。① 赵王伦之所以能够废黜专制朝政的贾后，杀害辅政大臣，清除贾氏党羽，与其有效地控制了朝廷军政大权特别是禁卫军权有密切关系。赵王伦政变还得到了中护军武陵王澹的支持，澹因而被升迁为领军将军②。不久赵王伦篡位，安排其诸子控制禁卫军权，其中"加荂抚军将军、领军将军"③。张方为河间王颙所宠幸，兼振武将军。太安二年（303）八月，"河间王颙、成都王颖举兵讨长沙王乂"④，颙"遣方率众自函谷入屯河南"⑤。九月张方攻入京城，十一月炙杀长沙王乂。次年十一月，张方逼惠帝西迁长安，"以征西府为宫"⑥，称为西台，洛阳留台称为东台。"帝至长安，以方为中领军、录尚书事、领京兆太守。"⑦ 由此可见，当时长安的军政大权完全由张方所控制。后来，河间王颙不满张方控制惠帝、执掌"朝政"，遂以计令张方亲信帐下督郅辅将其谋杀。

《晋书·阎鼎传》："值京师失守，秦王出奔密中"，司空荀藩、藩弟司隶校尉组以及中领军华恒、河南尹华荟，在密县建立行台，"以密近贼，南趣许颍"。⑧ 时在永嘉五年（311）六月，"秦王"即司马邺（晋愍帝）。晋愍帝得以在危难之中即位，与中领军华恒的支持密不可分。同书《华恒传》："辟司徒王浑仓曹掾属，除散骑侍郎。累迁散骑常侍、北军中候。俄拜领军，加散骑常侍。愍帝即位，以恒为尚书，进爵苑陵县公。"⑨ 在当时的局势下，华恒虽为中领军，但所统禁卫军数量当十分有限。不过从其先后任北军中候及中领军推断，华恒肯定还是领有一定数量的军队，这也正是其参与扶持晋愍帝的一个主要条件。建兴元年（313）四月，晋愍帝即位，"以卫将军梁芬为司徒，雍州刺史麴允为使持节、领军将军、

---

① 《晋书》卷四《惠帝纪》，第 96 页。参见同书卷三八《宣五王·梁王肜传》，第 1128 页。
② 《晋书》卷三八《宣五王·武陵王澹传》，第 1122 页。
③ 《晋书》卷五九《赵王伦传》，第 1600 页。
④ 《晋书》卷四《惠帝纪》，第 100 页。
⑤ 《晋书》卷六〇《张方传》，第 1644 页。
⑥ 《晋书》卷四《惠帝纪》，第 104 页。
⑦ 《晋书》卷六〇《张方传》，第 1645 页。
⑧ 《晋书》卷六〇《阎鼎传》，第 1646 页。
⑨ 《晋书》卷四四《华恒传》，第 1262 页。

录尚书事，京兆太守索䌷为尚书右仆射"①。可知在当时西晋残余政权中，麹允为核心人物，掌控军政大权。建兴二年"秋七月，（刘）曜、（赵）冉等又逼京都，领军将军麹允讨破之，冉中流矢而死"。三年"九月，刘曜寇北地，命领军将军麹允讨之"。② 在前赵的围困下，摇摇欲坠的长安小朝廷此后得以苟延残喘数年，无疑亦与领军将军麹允的鼎力协助有关。

西晋北军中候地位较领军低，《通典》所载《晋官品》中，北军中候为第五品，不仅远低于第三品之中领军、中护军，而且也低于第四品之左、右卫将军和四军将军、五校尉等职。③ 此《晋官品》将北军中候列为第五品可能仅是西晋初年的制度，而不能反映西晋一朝制度。在此仅举数例为证。《晋书·华恒传》："累迁散骑常侍、北军中候。俄拜领军，加散骑常侍"。④ 可知北军中候低于领军，但二职相差并不悬殊；散骑常侍为第三品，而北军中候也应接近第三品。同书《楚王玮传》："历屯骑校尉。太康末，徙封于楚，出之国，都督荆州诸军事、平南将军。转镇南将军。武帝崩，入为卫将军，领北军中候，加侍中，行太子少傅。杨骏之诛也，玮屯司马门。"⑤ 按平南将军、镇南将军及侍中、太子少傅（太子保傅之一）俱第三品，卫将军第二品，则北军中候不得低至第五品，当以第三品为宜，最低也不会低于第四品。同书《裴楷传》：由卫尉"迁太子少师"，又"代楚王玮为北军中候，加散骑常侍"，惧玮而"不敢拜，转为尚书"。⑥ 可知北军中候高于太子少师而与尚书相当，宜为第三品，最低也不低于第四品。

唐初史家论晋武帝末年皇位继承问题，谓："（晋武帝）竟用王佑之谋，遣太子母弟秦王柬都督关中，楚王玮、淮南王允并镇守要害，以强帝室。又恐杨氏之逼，复以佑为北军中候，以典禁兵。"⑦ 晋武帝末年，采

---

① 《晋书》卷五《愍帝纪》，第126页。
② 同上书，第128、129页。
③ 《通典》卷三七《职官十九·秩品二》，第1003—1004页。按中华书局点校本将"诸军司北军中候"标为一职，且专门出校予以说明（校勘记〔五〕，第1023页），显系不明晋代官制之误判。
④ 《晋书》卷四四《华恒传》，第1262页。
⑤ 《晋书》卷五九《楚王玮传》，第1596页。据同书卷四《惠帝纪》，时在永平元年（291）三月（第90页）。
⑥ 《晋书》卷三五《裴楷传》，第1049页。
⑦ 《晋书》卷三《武帝纪》，第81页。

纳王佑之谋以安排后事，表明王佑为武帝所信任的亲信大臣，在武帝重病之际得以提出如此重大的建议，必定为随侍左右的近臣，此亦可证北军中候负责殿内禁卫，侍从左右。按王佑出身太原王氏，"以才智称，为杨骏腹心。骏之排汝南王亮，退卫瓘，皆佑之谋也"①。由此可知，晋武帝以王佑"典禁兵"以防"杨氏之逼"，但他并不清楚王佑已投靠杨氏，为杨氏党羽，其结果是他所执行的"王佑之谋"实即"杨氏之谋"。

地位较低的北军中候大概主要是通过对殿内禁卫武官的督察来行使其禁卫权力的。《晋右军将军郑烈碑》："迁北军中候，典司禁戎，董导群帅。明鉴审于官材，清风激于在位，义正形于声色，众望俨而祇畏。故六军之正咸当，而请谒之言莫至。"② 郑烈卒于晋武帝太康二年（281），其任北军中候当在咸宁（275—280）年间。日本学者越智重明由"请谒之言莫至"推断，西晋"北军中候掌武官人事"③。碑文所载是指北军中候通过监督"六军"来履行其"典司禁戎"的职能，不能据此确定其必掌武官人事。西晋北军中候的禁卫职能还可从《晋书·楚王玮传》的记载得到进一步认识：

> 杨骏之诛也，玮屯司马门。玮少年果锐，多立威刑，朝廷忌之。汝南王亮、太保卫瓘以玮性狠戾，不可大任，建议使与诸王之国，玮甚忿之。长史公孙宏、舍人岐盛并薄于行，为玮所昵。瓘等恶其为人，虑致祸乱，将收盛。盛知之，遂与宏谋，因积弩将军李肇矫称玮命，谮亮、瓘于贾后。而后不之察，使惠帝为诏曰："太宰、太保欲为伊、霍之事，王宜宣诏，令淮南、长沙、成都王屯宫诸门，废二公。"夜使黄门赍以授玮。玮欲覆奏，黄门曰："事恐漏泄，非密诏本意也。"玮乃止。遂勒本军，复矫诏召三十六军，手令告诸军曰……遂收亮、瓘，杀之。④

在楚王玮所兼任诸职（卫将军、领北军中候、加侍中、行太子少傅）中，真正掌握军权的应即北军中候。由于在贾后诛杀杨骏时"玮屯司马门"立下大功而深得信任，故其可再一次凭借手中掌握的禁卫军权而废杀辅政

---

① 《晋书》卷七五《王峤传》，第1974页。
② （宋）洪适撰：《隶续》卷四，《隶释·隶续》，中华书局1985年版，第313—314页。
③ 《領軍將軍と護軍將軍》，《東洋學報》第44卷第1号（1961）。
④ 《晋书》卷五九《楚王玮传》，第1596—1597页。

大臣汝南王亮和太保卫瓘。①

二　护军将军、中护军的职能

西晋一朝可见到护军将军四人（义阳王望、向匡、司马馥、索綝），中护军九人［王业、羊琇、淮南王允、武陵王澹、张劭、王彦、石超、郑球、赵俊（浚）］。西晋护军之职主要是以"中护军"的名称而存在的。西晋初年，中护军王业与中军将军羊祜一同见于晋武帝颁布泰始律令的诏书中②。其后，外戚羊琇长期担任中护军。羊琇为景献皇后从父弟。"少与武帝通门，甚相亲狎，每接筵同席，尝谓帝曰：'若富贵见用，任领、护各十年。'帝戏而许之。"③ 在司马昭决定继承人之初，"帝（司马炎）未立为太子，而声论不及弟攸，文帝素意重攸，恒有代宗之议"。羊琇"密为武帝画策"，使司马炎顺利成为继承人，为其后篡位称帝奠定了基础，因而厕身晋武帝最重要的亲信之列。"及帝为抚军，命琇参军事。帝即王位后，擢琇为左卫将军，封甘露亭侯。帝践阼，累迁中护军，加散骑常侍。琇在职十三年，典禁兵，豫机密，宠遇甚厚。"④

---

① 西晋北军中候有丞，见《通典》所载"晋官品"（第1005页）及《宋书》卷一八《礼志五》（第513页）。
② 参见《晋书》卷四〇《贾充传》，第1167页。按：此传载颁律诏于晋武帝代之后，当在泰始初；同书卷三〇《刑法志》系于"四年正月"（第928页），只能是泰始四年（268），而不可能早于景元四年（263）。诏中郑冲为太傅，据同书卷三本传，"武帝践阼，拜太傅"（第992页）；荀顗为司空，卷三九本传载"咸熙中，迁司空"（第1150页）；荀勖为中书监，卷三九本传记于"武帝受禅"之后（第1153页）。据此推断，司马炎称帝后王业仍在担任中护军。
③ 《晋书》卷九三《外戚·羊琇传》，第2410页。
④ 《晋书》卷九三《外戚·羊琇传》，第2410页。河南尹庾纯与贾充因廷争而得罪于充，同书卷五〇《庾纯传》："（贾）充左右欲执纯，中护军羊琇、侍中王济佑之，因得出"（第1398页）。卷四〇《杨珧传》："历位尚书令、卫将军。素有名称，得幸于武帝，时望在骏前。""珧初以退让称，晚乃合朋党，构出齐王攸。中护军羊琇与北军中候成粲谋，欲因见珧而手刃之。"（第1180页）据《晋书》卷九三《外戚·羊琇传》，羊琇因在齐王攸事件中的表现而"左迁太仆"（第2411页）。此两例表明，羊琇敢与权臣抗争，正是其地位较高、职责较重的表现。又，《晋书》卷四五《刘毅传附程卫传》："少立操行，强正方严。刘毅闻其名，辟为都官从事。毅奏中护军羊琇犯宪应死。武帝与琇有旧，乃遣齐王攸喻毅，毅许之。卫正色以为不可，径自驰车入护军营，收琇属吏，考问阴私，先奏琇所犯狼藉，然后言于毅。由是名振遐迩，百官厉行。"（第1282页）按刘毅时任司隶校尉，"纠正豪右，京师肃然。司部守令望风投印绶者甚众"。（第1272页）这表明，即便如中护军羊琇一样的外戚显宦，也还是会受到有效的制约，这是专制统治处于正常状态下的表现。

第七章　西晋禁卫武官制度　/　197

《晋书·石鉴传》："武帝崩，鉴与中护军张劭监统山陵。时大司马汝南王亮为太傅杨骏所疑，不敢临丧，出营城外。时有告亮欲举兵讨骏，骏大惧，白太后令帝为手诏，诏鉴及张劭使率陵兵讨亮。劭，骏甥也，便率所领催鉴速发，鉴以为不然，保持之，遣人密觇视亮，已别道还许昌，于是骏止，论者称之。山陵讫，封昌安县侯。"① 石鉴时为司空、领太子太傅。东汉司空"掌水土事。凡营城起邑、浚沟洫、修坟防之事，则议其利，建其功。凡四方水土功课，岁尽则奏其殿最而行赏罚。凡郊祀之事，掌扫除乐器，大丧则掌将校复（覆）土"②。西晋司空虽然已经非宰相之职，但应当仍然具备"掌水土事"的某些职能，其中包括"修坟防"，"大丧则掌将校复土"，故在晋武帝死后山陵营建之事由司空石鉴负责。中护军张劭与石鉴一起"监统山陵"，当与中护军统城外诸军保卫京师的职能有关，山陵地域无疑是在城（宫城）外，但又在京畿地区，属中护军（护军将军）的防守范围。推而论之，派兵守卫山陵当为曹魏以后护军将军（中护军）的基本职掌之一。当时营建及防守山陵的陵兵即为中护军张劭的部队。此条记载显示，杨骏外甥张劭在晋武帝、惠帝之际担任中护军，负责京师禁卫。而据上引史料可知，晋武帝末年杨骏亲信王佑任北军中候，并向武帝建议安排后事，从而使杨氏控制了朝政。很显然，外戚杨氏通过掌握宫城内外禁卫军权而达到了控制朝政的目的。

在其后发生的"八王之乱"中，对禁卫军权的控制至为关键（详见第九章），而其中亦包括护军之职。贾后欲害太子司马遹，"于时朝野咸知贾后有害太子意。中护军赵俊请太子废后，太子不听"③。贾后遂废杀太子。赵王伦入宫，"废贾后为庶人"，"诛赵粲叔父中护军赵浚及散骑侍郎韩豫等，内外群官多所黜免"。④ 赵粲为贾后死党，其叔父中护军赵俊（浚）虽曾提议太子废贾后，但并未对太子给予有力支持，看来他与贾后关系亦不疏，赵王伦显然是将其作为贾后党羽而诛杀的。协助赵王伦政变的淮南王允则被任命为中护军。随即淮南王允因与赵王伦发生权力之争而举兵入宫讨伦。《晋书·武十三王·淮南王允传》：

---

① 《晋书》卷四四《石鉴传》，第1266页。
② 《续汉书·百官志一》，《后汉书》，第3561—3562页。
③ 《晋书》卷五三《愍怀太子遹传》，第1459页。
④ 《晋书》卷五九《赵王伦传》，第1599页。

会赵王伦废贾后，诏遂以允为骠骑将军、开府仪同三司、侍中，都督如故，领中护军。允性沉毅，宿卫将士皆敬服之。伦既有篡逆志，允阴知之，称疾不朝，密养死士，潜谋诛伦。伦甚惮之，转为太尉，外示优崇，实夺其兵也。允称疾不拜。伦遣御史逼允，收官属以下，劾以大逆。允憙，视诏，乃孙秀手书也。大怒，便收御史，将斩之，御史走而获免，斩其令史二人。厉色谓左右曰："赵王欲破我家！"遂率国兵及帐下七百人直出，大呼曰："赵王反，我将攻之，佐淮南王者左袒。"于是归之者甚众。允将赴宫，尚书左丞王舆闭东掖门，允不得入，遂围相府。允所将兵，皆淮南奇才剑客也。与战，频败之，伦兵死者千余人。太子左率陈徽勒东宫兵鼓噪于内以应，允结陈于承华门前，弓弩齐发，射伦，飞矢雨下。主书司马眭秘以身蔽伦，箭中其背而死。伦官属皆隐树而立，每树辄中数百箭，自辰至未。徽兄淮时为中书令，遣麾骑虞幡以解斗。伦子虔为侍中，在门下省，密要壮士，约以富贵。于是遣司马督护伏胤领骑四百从宫中出，举空版，诈言有诏助淮南王允。允不之觉，开城纳之，下车受诏，为胤所害，时年二十九。初，伦兵败，皆相传曰："已擒伦矣。"百姓大悦。既而闻允死，莫不叹息。允三子皆被害，坐允夷灭者数千人。①

中护军淮南王允的反戈一击，使赵王伦充分认识到禁卫军权的极端重要性，即便宫外护军之职也不可等闲视之，亦不能假手外人，于是在司马允被平定后遂以次子"馥镇军将军、领护军将军"②。这表明，赵王伦对护军将军的人选也是非常在意的。

如上所述，永嘉五年（311）洛京失守，秦王司马邺出奔于密建立行台，其时随行大臣中不仅有中领军华恒，而且还有中护军荀崧。荀崧曾任赵王伦相国参军，"伦篡，转护军司马、给事中"，累迁至侍中、中护军。③荀崧为护军司马时的长官即护军将军司马馥。西晋末年，并州都督刘琨上表，谓："伏省诏书，相国南阳王保，太尉、凉州刺史（张）轨，

---

① 《晋书》卷六四《武十三王·淮南王允传》，第1721—1722页。
② 《晋书》卷五九《赵王伦传》，第1600页。
③ 《晋书》卷七五《荀崧传》，第1976页。

纠合二州，同恤王室；冠军将军允，护军将军綝，总齐六军，勠力国难。王旅大捷，俘馘千计。旌旗首于晋路，金鼓振于河曲。崤函无虔刘之警，汧陇有安业之庆，斯诚宗庙社稷陛下神武之所致。"① 可知西晋末年长安政权的苟延残喘，护军将军索綝与冠军将军麹允（领军将军）"总齐六军"，发挥了重要作用。②

小　结

通过以上考察，对于西晋禁卫武官制度可以得到如下几点认识：

（1）司马氏利用宫城外护军武力夺权并控制了曹魏政权，护军职能进一步加强。除了主内军典禁兵的中护军外，魏晋之际还设立了主城外诸军的"四护军"。护军完全独立于领军，成为两个虽有联系但又各自不同的系统，这一变化当始于司马氏专政之时。西晋建立之初六七年间，中领军与中军将军—北军中候并存，此后便以北军中候为主。魏晋之际又新出现了对后世影响甚大的左、右卫将军等禁卫长官。领军原本统五校、中垒、武卫三营，到西晋时领军（中军将军、北军中候）统"宿卫七军"——新出现的左、右卫将军以及前、后、左、右四军将军和骁骑将军。西晋时光禄勋、卫尉职能进一步削弱，几乎不再具有禁卫职能。

（2）《晋书·职官志》及《宋书·百官志》皆谓晋武帝初年省并领军将军（中领军），"使中军将军羊祜统二卫、前、后、左、右、骁骑七军营兵"，其说过于笼统。"宿卫七军"在西晋有一个发展过程，并非一

---

① 《晋书》卷六二《刘琨传》，第1683—1684页。
② 西晋一朝左卫将军可考者共十三人：羊琇、王舆、陈眕、冯紞、王景、华廙、刘暾、赵泉、东海王越、朱默、缪胤、索靖、王敦；右卫将军可考者共八人：赵序、陈徵、东安王繇、高韬、王潜、司马虓、何伦、王士文。西晋最早担任左卫将军者为外戚羊琇，如上所引述，在晋武帝即晋王位时羊琇为左卫将军，其任职至泰始初而迁任中护军。继任者当为冯紞，乃晋武帝主要幸臣之一。《晋书》卷三九《冯紞传》："转步兵校尉，徙越骑。得幸于武帝，稍迁左卫将军。承颜悦色，宠爱日隆，贾充、荀勖并与之亲善。充女之为皇太子妃也，紞有力焉。"（第1162页）按冯紞不仅在促成晋武帝立贾充女为皇太子妃上出力甚大，而且还进一步采取计谋巩固贾妃地位，与贾充、荀勖一道反对伐吴，与荀勖共同离间皇弟齐王攸，使其忧愤而死，又上谏打消了晋武帝欲征张华为尚书令的念头。可以说他的行为对西晋统治产生了极其恶劣的影响。冯紞能够发挥这些作用，是由于他为晋武帝所宠幸，而宠幸的原因便是其担任左卫将军，长期在晋武帝身边负责禁卫事务。在"八王之乱"中，以左、右卫将军为核心的禁卫长官及各级各类禁卫武官都有突出表现。关于西晋左、右卫将军的禁卫职能，将在本书第九章予以考察。

成不变。晋初六七年间，中领军曾与中军将军—北军中候并存。前、后、左、右四军将军在西晋初也是经过一段时间才完成建置的，泰始二年八月前只有前军、右军将军，泰始五年六月时仅有前军将军，泰始八年四月"四军"之制始备。而中军将军只存在到泰始四年二月，故中军将军不可能领有前、后、左、右四军将军。泰始三年三月武卫将军废罢之前，应统于中军将军。四军建置完成后，宿卫七军已不再由中军将军所统，而是由北军中候（或领军将军、中领军）所统。不论"七军"如何变化，左、右卫将军始终为领军（中军）将军（中领军）—北军中候系统禁卫武官制度的主要组成部分。

（3）宗室司马望死后，中领军并入北军中候。外戚羊琇担任中护军十三年，"典禁兵，豫机密"。此职当为内军将领，但不属于北军中候之"宿卫七军"系统，而是与北军中候分掌禁卫大权。西晋一代禁卫长官名称屡有更易：中军将军，泰始元年十二月至四年二月；北军中候，泰始四年二月至永平元年三月、永嘉前期；领军将军（中领军），泰始元年十二月至七年十二月、元康元年三月以后、永嘉后期、建兴元年至二年。西晋一朝，作为禁卫长官的中军将军只存在了两年余，北军中候曾两度出现，时间较长，尤其晋武帝在位的二十余年间禁卫长官全为北军中候，领军将军（中领军）三次存在约二十年，几乎都是非正常朝政下出现的。总体来看，西晋禁卫长官以北军中候为主体。

（4）左、右卫将军之设置，是西晋禁卫武官制度最大的变化。司马昭设中卫将军，司马炎为晋王时分置左、右卫将军，进一步扩大其权力地位和禁卫能力。西晋建立后，左、右卫将军便成为新朝禁卫武官系统极重要的制度，左、右卫将军隶于中军将军—北军中候或领军将军（中领军），负责殿内禁卫。其所辖有殿中将军、殿中司马督、三部司马等职，二卫各辖五位殿中将军和五位殿中司马督。殿中将军在朝会宴飨时在皇帝左右侍直，夜间则执白虎幡负责监督城门（宫城门）之开启。三部司马即前驱、由基、强弩三部，始置于司马昭初建晋台时，前驱为皇帝出行之前驱仪仗，由基即由积射将军所主之射营，强弩即积弩、强弩将军所主之弩营。又有五部督，即骁骑、游击将军所领之命中虎贲及虎贲、羽林、上骑、异力四部。左卫将军和右卫将军所统之虎贲分别为熊渠（勇士）虎贲、佽飞（射士）虎贲。

（5）西晋初年中军将军羊祜"总宿卫"，担任中领军"典禁兵"，

"悉统宿卫，入直殿中"。西晋北军中候地位较领军为低，《晋官品》将北军中候列为第五品或为西晋初年之制，西晋后期政治实践显示北军中候当为第三品，最低也不会低于第四品。晋武帝以王佑为北军中候，"以典禁兵"，负责殿内禁卫，侍从左右。西晋后期政争中领军将军（中领军）、北军中候的禁卫职能有突出体现，如北军中候楚王玮屯司马门，协助贾后诛杀辅政大臣杨骏，使西晋政局发生了巨大变化。晋武帝时外戚羊琇担任中护军达十三年之久，杨骏外甥张劭在武、惠之际担任中护军负责京师禁卫，"八王之乱"中中护军武陵王澹协助赵王伦政变，中护军淮南王允与赵王伦发生权力之争而举兵入宫讨伦，兵败被杀，赵王伦以次子馥为护军将军。在晋末长安政权的苟延残喘中，护军将军索綝与领军将军麹允一起"总齐六军"，发挥了巨大作用。

第 八 章

《中朝大驾卤簿》所见西晋禁卫武官制度

《中朝大驾卤簿》载于《晋书·舆服志》，此"中朝"即指西晋。①《中朝大驾卤簿》的史料价值主要表现在，它对于认识西晋禁卫武官制度具有巨大作用。由于西晋制度是此后东晋南朝制度的蓝本，因此，对西晋禁卫武官制度的进一步考察，其影响和意义自当超出了西晋而下及东晋南朝。

第一节 《中朝大驾卤簿》中的禁卫武官史料

一 《中朝大驾卤簿》所见禁卫武官史料

《中朝大驾卤簿》详细记载了西晋大驾卤簿中随行官吏与侍卫武官、卫士等的名称、人数及其排序方位，以及驾、骑、步等侍从方式，对理解当时大驾卤簿的全面情况提供了第一手翔实完备的材料，据此可以复原出该卤簿之示意图。从中还可认识西晋时期的官僚体系（如朝官及文武官之别），对其亲疏及等级结构均可得出更加直观的认识。此与本文主题无

---

① （汉）蔡邕《独断》卷下："天子出，车驾次第谓之卤簿，有大驾，有小驾，有法驾。"（《景印文渊阁四库全书》"子部一五六·杂家类"，台湾商务印书馆1986年版，第八五〇册，第91页）《后汉书》卷一〇下《皇后纪下·孝崇匽皇后纪》："侍御史护大驾卤簿。"注引《汉官仪》曰："天子车驾次第谓之卤簿，有大驾、法驾、小驾。"［（南朝宋）范晔撰，（唐）李贤等注，中华书局1965年版，第442页］刘增贵认为："卤（同橹）是大楯，卤簿指天子出行时之仪卫导从。"（《汉隋之间的车驾制度》，《"中央研究院"历史语言研究所集刊》第63本第2分〔1993年〕，第396页）又，《文选》卷三八《表下》载（南朝梁）任昉《为萧扬州荐士表》，"甘泉遗仪，南宫故事"下李善注引胡广《汉官制度》曰："天子出，车驾次第，谓之卤簿。"［（南朝梁）萧统编，（唐）李善注，上海古籍出版社1986年版，第1745页］《南齐书》卷一七《舆服志》："晋中朝又有香衣辇，江左唯御所乘。"［（南朝梁）萧子显撰，中华书局1972年版，第337页］按"中朝"与"江左"相对，自指西晋无疑。

第八章 《中朝大驾卤簿》所见西晋禁卫武官制度 / 203

关,可暂置不论。大驾卤簿是天子出行时之车驾及警卫仪仗,其中天子之护卫为重要内容,故此卤簿史料又可以帮助人们从一个侧面认识朝廷禁卫武官制度。

《中朝大驾卤簿》中有关禁卫武官侍卫的记载有如下内容[①]:

A/a_1次中护军,中道,驾驷。卤簿左、右各二行,戟楯在外,弓矢在内。鼓吹一部,七人。

a_2次步兵校尉在左,长水校尉在右,并驾一。各卤簿左、右[各]二行,戟楯在外,刀楯在内;鼓吹各一部,七人。

a_3次射声校尉在左,翊军校尉在右,并驾一。各卤簿左、右各二行,戟楯在外,刀楯在内;鼓吹各一部,七人。

a_4次骁骑将军在左,游击将军在右,并驾一。皆卤簿左、右引各二行,戟楯在外,刀楯在内;鼓吹各一部,七人。骑队,五在左,五在右,队各五十匹,命中督二人分领左、右;各有戟吏二人,麾幢独揭,鼓在队前。

a_5次左将军在左,前将军在右,并驾一。皆卤簿左、右各二行,戟楯在外,刀楯在内。鼓吹各一部,七人。

B/b_1次黄门麾骑,中道。

b_2次黄门前部鼓吹,左、右各一部,十三人,驾驷。八校尉佐仗,左、右各四行,外大戟楯,次九尺楯,次弓矢,次弩,并熊渠、佽飞督领之。……

b_3次司马督,在前,中道。左、右各司马史三人引仗,左、右各六行,外大戟楯二行,次九尺楯,次刀楯,次弓矢,次弩。……

b_4次典兵中郎,中道,督摄前却无常。左殿中御史,右殿中监,并骑。……

b_5次殿中司马,中道。殿中都尉在左,殿中校尉在右。左、右各四行细楯,一行在弩内(?)。又殿中司马一行,殿中都尉一行,殿

[①] (唐)房玄龄等撰:《晋书》卷二五《舆服志》,中华书局1974年版,第757—761页。拙见标点与中华书局点校本《晋书·舆服志》不同者径改,不再一一注明。A、B、C/a、b、c据笔者理解所加,以便于下文之分析。

中校尉一行（？）。

b_6次摆鼓，中道。

b_7次金根车，驾六马，中道。太仆卿御，大将军参乘。左、右又各增三行，为九行，司马史九人引：大戟楯二行，九尺楯一行，刀楯一行，由基一行，细弩一行，迹禽一行，椎斧一行，力人刀楯一行。连细楯，殿中司马、殿中都尉、殿中校尉，为左、右各十二行。金根车建青旂十二，左将军骑在左，右将军骑在右，殿中将军持凿胜斧夹车，车后衣、书主职步从，六行，合左、右三十二行。……

b_8次耕根车，驾驷，中道。赤旗十二。熊渠督左，伙飞督右。……

b_9次豹尾车，驾一。自豹尾车后而卤簿尽矣。但以神弩二十张夹道，至后部鼓吹，其五张神弩置一将，左、右各二将。……

b_{10}次黄门后部鼓吹，左、右各十三人。……

C/c_1次领军将军，中道。卤簿左、右各二行，九尺楯在外，弓矢在内；鼓吹如护军。

c_2次后军将军在左，右将军在右，各卤簿、鼓吹如左军、前军。

c_3次越骑校尉在左，屯骑校尉在右，各卤簿、鼓吹如步兵、射声。

c_4次领、护、骁骑、游军（击）校尉，皆骑。吏四人，乘马夹道；都督兵曹各一人，乘马在中。骑将军四人，骑校、鞁角、金鼓、铃下、信幡、军校，并驾一。功曹吏（史）、主簿并骑从。幨扇幢麾各一骑，鼓吹一部，七骑。

c_5次领、护军［校尉？］，加大车斧，五官掾骑从。

c_6次骑十队，队各五十四。将一人，持幢一人，鞁一人，并骑在前；督战伯长各一人，并骑在后。羽林骑督、幽州突骑督分领之。郎簿十队，队各五十人。绛袍将一人，骑、鞁各一人，在前；督战伯长各一人，步在后。骑皆持稍。

c_7次大戟一队，九尺楯一队，刀楯一队，弓一队，弩一队，队各五十人。黑袴褶将一人，骑校、鞁角各一人，步在前；督战伯长各一人，步在后。金颜督将并领之。

第八章　《中朝大驾卤簿》所见西晋禁卫武官制度　/　205

在此《中朝大驾卤簿》有关禁卫武官之记载中，某些地方难以理解，可能有所脱漏。同时有个别但却十分严重的错误，必须先加澄清，然后才能谈得上对有关制度的准确认识。错误主要有：

（1）a_5"次左将军在左，前将军在右"，此处之"左将军"本应作左军将军，"前将军"本应作前军将军；c_2"右将军在右"，此"右将军"本应作右军将军。中华书局点校本《晋书》，标点者认为 c_2 "次后军将军在左"之"后军将军"当作后将军，正好将正确记载改错，却未将其他三处错误改正。答案其实就在上引"卤簿"记录中，c_2"次后军将军在左，右将军在右，各卤簿、鼓吹如左军、前军"，则可知 a_2 之"左将军"与"前将军"本应为左军将军、前军将军。在《晋书》中类似错误还有不少，兹不具述。

（2）b_7"左将军骑在左、右将军骑在右"，中华书局点校本《晋书·舆服志》"校勘记"〔八〕云："姚鼐《惜抱轩笔记》谓当云左军将军、右军将军。此脱两'军'字，与前引从之左将军、右将军无别矣。"①按此亦大误。因为左军、右军将军分在前"护军"与后"领军"方阵，已如上考，此处显然不应再有左军将军和右军将军。侍卫"金根车"的只可能是执掌殿内禁卫的左卫将军与右卫将军，在《中朝大驾卤簿》中见不到左、右卫将军，自然是不可想象的。

类似的情况还见于有关王舆任职的歧异记载。《晋书·成都王颖传》："左将军王舆杀孙秀，幽赵王伦，迎天子反正。"② 此"左将军"乃左卫将军之误。同书《惠帝纪》：永宁元年（301）四月"辛酉（初七，5.30），左卫将军王舆与尚书淮陵王漼勒兵入宫，禽伦党孙秀……皆斩之。逐伦归第，即日乘舆反正"。六月"庚午（十七，8.7），东莱王蕤、左卫将军王舆谋废齐王冏，事泄，蕤废为庶人，舆伏诛，夷三族"。③ 按"左卫将军王舆"，又见同书《宣五王·琅邪王伷传附淮陵王漼传》及《文六王·齐王攸传附蕤传》。④

《中朝大驾卤簿》所见一些角色，在《宋书·礼志五》所载冠服制度

---

①　《晋书》卷二五《舆服志》"校勘记"〔八〕，第 775—776 页。
②　《晋书》卷五九《成都王颖传》，第 1616 页。
③　《晋书》卷四《惠帝纪》，第 97、98 页。
④　《晋书》卷三八《宣五王·淮陵王漼传》，第 1124 页；《文六王·东莱王蕤传》，第 1136 页。参见中华书局点校本《晋书》卷五九"校勘记"〔一二〕，第 1629 页。

中有所反映，如：《中朝大驾卤簿》中有"鼓吹""前部鼓吹""黄门后部鼓吹"，《宋书·礼志五》可见"黄门鼓吹""黄门鼓吹史主事""诸官鼓吹"及"鼓吹监"[①]；《大驾卤簿》有"司马督""司马史""殿中司马"及"由基""细弩""迹禽"等队（卫队），《宋志》有"司马史"及"诸军、城门、五营校尉司马"，又有"举辇、迹禽、前驱、由基、强弩司马"[②]；《大驾卤簿》有"椎斧（队）"，《宋志》有"持椎斧武骑虎贲"[③]；《大驾卤簿》有"戟吏"，《宋志》有"持戟冗从虎贲"[④]；《大驾卤簿》有"羽林骑督"，《宋志》有"羽林郎""羽林长郎"及"羽林""殿中羽林""南（尚）书门下虎贲羽林骑"[⑤]；《大驾卤簿》有"殿中将军""殿中司马""殿中都尉""殿中校尉"，《宋志》有"殿中中郎将、校尉、都尉"及"殿中监"[⑥]。c_4所见"铃下、信幡"亦于史有征。《宋书·五行志一》："王敦在武昌，铃下仪仗生华如莲花状，五六日而萎落。此木失其性而为变也。干宝曰：'铃阁，尊贵者之仪。铃下，主威仪之官。……'"[⑦]《太平御览》引《麟角》曰："信幡，古之麾号也。所以题表官号，以为符信，故谓之信幡。""魏朝有青龙、朱雀、玄武、白虎、黄龙等五幡，以诏四方。""晋朝唯用白虎书信幡，用鸟取其飞腾轻疾，

---

① 参见《宋书》卷一八《礼志五》，第517页。又，《晋书》卷四《惠帝纪》：永兴元年（304）十一月，张方"劫帝幸长安"，"方逼帝升车，左右中黄门鼓吹十二人步从"。（第103页）

② 参见《宋书》卷一八《礼志五》，第513、514、516页。按"迹禽"或即汉代"迹射"之类，与佽飞相近。《汉书》卷七九《冯奉世传》："（元帝）永光二年（前42）秋，陇西羌乡姐旁种反"，"遣奉世将万二千人骑，以将屯为名"西征。其后，"上于是以玺书劳奉世，且让之"，其中有云："今发三辅、河东、弘农越骑、迹射、佽飞、羲者、羽林孤儿及呼速累、嗫种，方急遣。"（第3296—3298页）

③ 《宋书》卷一八《礼志五》，第517页。

④ 同上书，第516页。

⑤ 同上书，第516、517页。

⑥ 同上书，第514页。本卷又载："凡此前众职，江左多不备，又多阙朝服。"（第517页）这一记载表明，以上众职并非刘宋本朝制度，亦非东晋制度，而主要应为西晋制度。

⑦ 《宋书》卷三〇《五行志一》，第882页。按"铃下"为吏职。汉代卤簿中即有铃下之职。《续汉书·舆服志上》："公卿以下至县三百石长导从……铃下、侍阁、门兰、部署、街里走卒，皆有程品，多少随所典领。"（第3651页）按"铃下""门兰"，北监本、汲古阁本、殿本、四库本作"铃下""门阑"，当作"门阑"为是。（宋）洪适撰《隶续》卷一七《鲁峻石壁残画像》，"祠南郊从大驾出时"，其下二见"铃下"。（《隶释·隶续》，中华书局1985年版，第433页）《三国志》卷二九《魏书·方技·管辂传》，有"老铃下"，与"老书佐"相对应（第814页），均指安平太守王基府佐吏。

第八章 《中朝大驾卤簿》所见西晋禁卫武官制度 / 207

一曰鸿雁，有去来之信也。"① c_5 之"大车斧"为仪仗兵器之一，《太平御览》引《晋起居注》曰："成帝咸和元年（326）四月乙丑（初六，5.23）诏曰：'作琅琊王大车斧六十枚，侍臣剑八枚，将军手戟四枚。'"②

二 《中朝大驾卤簿》警卫仪仗方阵示意图

兹据上引史料，将《中朝大驾卤簿》中显示的三组警卫仪仗方阵图示如下：

```
              中  护  军 （驾驷）
               鼓吹一部（7人）
         卤                       卤
         簿                       簿
      戟   弓                  弓   戟
      楯   矢                  矢   楯
      一   一                  一   一
      行   行                  行   行

    步兵校尉（驾一）        长水校尉（驾一）
     鼓吹一部（7人）         鼓吹一部（7人）

    戟  刀  刀  戟          戟  刀  刀  戟
    楯  楯  楯  楯          楯  楯  楯  楯

    射声校尉（驾一）        翊军校尉（驾一）
     鼓吹一部（7人）         鼓吹一部（7人）

    戟  刀  刀  戟          戟  刀  刀  戟
    楯  楯  楯  楯          楯  楯  楯  楯

    骁骑将军（驾一）        游击将军（驾一）
     鼓吹一部（7人）         鼓吹一部（7人）

    戟  刀  刀  戟          戟  刀  刀  戟
    楯  楯  楯  楯          楯  楯  楯  楯

   骑 骑 骑 骑 骑         骑 骑 骑 骑 骑
   队 队 队 队 队         队 队 队 队 队  （队各50匹）
        命中督                 命中督
```

---

① （宋）李昉等撰：《太平御览》卷三四一《兵部七二》"幡"条，中华书局 1960 年版，第 1564 页。

② 《太平御览》卷三三九《兵部七〇·叙兵器》，第 1554 页。

(A)《中朝大驾卤簿》"中护军"警卫仪仗方阵示意图

```
                    左军将军（驾一）      前军将军（驾一）
                    鼓吹一部（7人）       鼓吹一部（7人）
                    戟 刀 刀 戟          戟 刀 刀 戟
                    楯 楯 楯 楯          楯 楯 楯 楯

                         黄门麾骑
                         前部鼓吹
              左一部（13人）        右一部（13人）（驾驷）
                         八校尉佐仗
              大 九 弓 弩            弩 弓 九 大
              戟 尺 矢               矢 尺 戟
              楯 楯                     楯 楯
              熊 渠 督               佽 飞 督
                    ............
                         司马督
                    ............
              司马史（3人）引仗       司马史（3人）引仗
              大 大 九 刀 弓 弩       弩 弓 刀 九 大 大
              戟 戟 尺 楯 矢          矢 楯 尺 戟 戟
              楯 楯 楯                  楯 楯 楯
              殿中御史   典兵中郎    殿中监（并骑）
                    ............
              殿中都尉   殿中司马    殿中校尉
              细 细 细 细            细 细 细 细
              楯 楯 楯 楯            楯 楯 楯 楯
              ┃殿┃    ┃殿┃      ┃殿┃
              ┃中┃    ┃中┃      ┃中┃
              ┃都┃    ┃司┃      ┃校┃
              ┃尉┃    ┃马┃      ┃尉┃
                         摆鼓
              左卫将军  ┌────────┐  右卫将军
              （骑）   │ 金 根 车 │  （骑）
                       │ （驾6马）│
                       └────────┘
                   殿   太仆卿御   殿
                   中   大将军参乘 中
                   将                将
                   军                军
```

第八章 《中朝大驾卤簿》所见西晋禁卫武官制度 / 209

```
                        司马史（9人）
              ───────────────────────────────
              大 大 九 刀 由 细 迹 椎 力
              戟 戟 尺 楯 基 弩 禽 斧 人
              楯 楯 楯         刀
                                  楯
              ───────────────────────────────
   连 连 连                          连 连 连
   细 细 细                          细 细 细
   楯 楯 楯                          楯 楯 楯
   殿 殿 殿 （×4＝12行）              殿 殿 殿 （×4＝12行）
   中 中 中                          中 中 中
   司 都 校                          司 都 校
   马 尉 尉                          马 尉 尉

                      ┈┈┈┈┈┈
                    ┌─────────┐
         熊渠督     │ 耕根车  │    佽飞督
                    │ （驾驷）│
                    └─────────┘
                      ┈┈┈┈┈┈
                    ┌─────────┐
                    │ 豹尾车  │
                    │ （驾一）│
                    └─────────┘

   神弩五张   神弩五张   神弩五张   神弩五张
   （将）     （将）     （将）     （将）
                      ┈┈┈┈┈┈
                    黄门后部鼓吹
           左一部（13人）  右一部（13人）
```

（B）《中朝大驾卤簿》"左、右卫将军"警卫仪仗方阵示意图

```
                   领 军 将 军
                  鼓吹一部（7人）
         九 │ 弓         弓 │ 九
         尺 │ 矢         矢 │ 尺
         楯 │             │ 楯

      后军将军（驾一）   右军将军（驾一）
      鼓吹一部（7人）    鼓吹一部（7人）
      戟 刀 刀 戟        戟 刀 刀 戟
      楯 楯 楯 楯        楯 楯 楯 楯

      越骑校尉           屯骑校尉
      鼓吹一部（7人）    鼓吹一部（7人）
      戟 刀 刀 戟        戟 刀 刀 戟
      楯 楯 楯 楯        楯 楯 楯 楯
```

领军校尉	护军校尉	骁骑校尉	游击校尉
(吏)	(吏)	(吏)	(吏)
都督兵曹	都督兵曹	都督兵曹	都督兵曹
骑将军	骑将军	骑将军	骑将军

骁骑、靴角、金鼓、铃下、信幡、军校（并驾一）

功曹史（骑）	功曹史（骑）	功曹史（骑）	功曹史（骑）
主簿	主簿	主簿	主簿
幰扇麾幢	幰扇麾幢	幰扇麾幢	幰扇麾幢
（1骑）	（1骑）	（1骑）	（1骑）

鼓吹一部（7骑）

每队将1人、持幢1人、靴1人（骑在前）

骑队 骑队 骑队 骑队 骑队 骑队 骑队 骑队 骑队　（每队50匹）

每队督战伯长1人（骑在后）

羽林骑督、幽州突骑督（分领）

每队绛袍将1人、骑·靴各1人（在前）

郎簿队 郎簿队 郎簿队 郎簿队 郎簿队 郎簿队 郎簿队 郎簿队 郎簿队　（每队50人）

每队督战伯长1人（步在后）

每队黑袴褶将1人、骑·靴各1人（步在前）

大戟队　九尺队　刀楯队　弓队　弩队

队楯队

队

金颜督将1人

（C）《中朝大驾卤簿》"领军将军"警卫仪仗方阵示意图

第二节 《中朝大驾卤簿》与西晋禁卫武官制度

据上引述及所列示意图可见，在《中朝大驾卤簿》中，随行禁卫武官基本上可以分为三个方阵，即：中护军为前导的护军系禁卫方阵，左、右卫将军护卫金根车的左、右卫系禁卫方阵，领军将军为前导的领军系禁卫方阵。中护军方阵在前，左、右卫将军方阵居中，而领军将军方阵殿后。这种护卫方式也可能是皇宫禁卫制度的折射,即领军将军(中领军)与中护军(护军将军)守卫宫城,而左、右卫将军侍卫禁中。在卤簿仪仗中,中护军方阵前有京师洛阳县、河南郡及司隶部长吏组成的前导引从方阵,接着又有公卿系引从方阵,而领军将军则居卤簿之最后方阵,看来中护军系统与大驾更为接近,比领军将军系统似乎更加亲近,这可能是西晋初年领、护军实际地位、职能的体现。

如上一章所述,西晋初年外戚羊琇任中护军十三年,宿卫禁内,地位显赫,十分亲近;而由中军将军所改之北军中候则相对疏远,中领军司马望又长期领兵在外征战。这种情况与司马氏利用宫外护军力量发动政变并控制曹魏政权,而后加强护军的权力和地位应该具有很大关系,司马氏领袖人物司马师、司马炎就曾任护军之职。羊祜卸中军将军后,其所统禁卫军归北军中候所领,其职最初可能继承了汉代掌监五校营之遗制。西晋北军中候地位不高,与左、右卫将军等职似不具有隶属关系,而以监领为其职掌。《晋右军将军郑烈碑》:"迁北军中候,典司禁戎。"① 郑烈在迁任北军中候之前为冯翊太守,又由北军中候迁为兖州刺史,可知北军中候地位介于郡太守与州刺史之间。《通典》所载晋官品,左、右卫将军第四品,北军中候第五品。②

中护军在大驾卤簿仪仗中之地位比领军将军显得亲近,可能还与其另一职掌有关。"护军"本有监护之义,作为朝廷禁卫武官的护军将军(中护军),《晋书·职官志》《宋书·百官志》明确载其"掌外军",但仍显笼统。从继承北魏后期制度的北齐制度来看,护军将军还有一项重要职能,便是"舆驾出则护驾"③。由于北魏后期制度是以南齐制度为蓝本而确立的④,南齐制度则是继承两晋刘宋制度而来,因此北齐制度与西晋制度亦有相通之处,就护军将军(中护军)而言,其基本职能应该差别不大。果如此,则西晋护军将军(中护军)还有"舆驾出则护驾"之职掌,这样《中朝大驾卤簿》中中护军方阵之地位和作用便可以得到合理解释。

从卤簿图中中护军、领军将军两个方阵来看,其各自的组织结构似可

---

① 《隶续》卷四,《隶释·隶续》,第313页。
② (唐)杜佑撰,王文锦等点校:《通典》卷三七《职官十九·秩品二》,中华书局1988年版,第1004页。
③ (唐)魏徵等撰:《隋书》卷二七《百官志中》,中华书局1973年版,第759页。
④ 参见陈寅恪《隋唐制度渊源略论稿》,中华书局1963年版,第11—14页。

表述为：

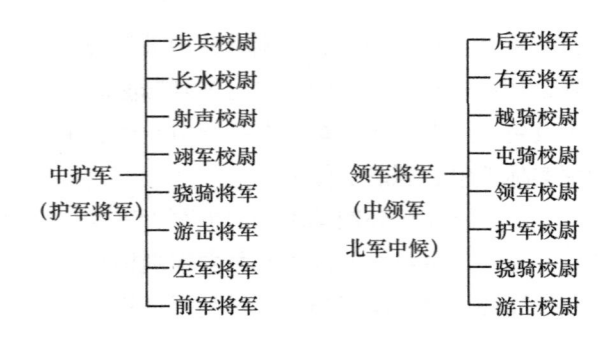

```
                    ┌─ 步兵校尉                    ┌─ 后军将军
                    ├─ 长水校尉                    ├─ 右军将军
                    ├─ 射声校尉                    ├─ 越骑校尉
   中护军            ├─ 翊军校尉      领军将军       ├─ 屯骑校尉
  （护军将军）        ├─ 骁骑将军    （中领军         ├─ 领军校尉
                    ├─ 游击将军      北军中候）     ├─ 护军校尉
                    ├─ 左军将军                    ├─ 骁骑校尉
                    └─ 前军将军                    └─ 游击校尉
```

这一统属关系在《中朝大驾卤簿》仪仗中是成立的，但在君主在朝而不出行的情况下却并不一定如此。首先，左、右、前、后四军将军及步兵、长水、射声、越骑、屯骑五校尉是否应分属两个系统？其次，护军校尉当为中护军之部下，不可能隶于领军将军之下。①再次，骁骑校尉应为骁骑将军之部下，游击校尉应为游击将军之部下，将军与校尉亦不当分属不同系统。卤簿仪仗中为什么会出现这种矛盾情况？确切原因难以知晓，推测应是大驾卤簿设计制定者秉君主之旨，既要使之起到保卫君主之目的，而又不致对君主构成威胁。如果在大驾出行时，原禁卫武官及其所统卫士完全隶于各自的组织系统，即护军部下在同一个仪仗方阵，领军部下在同一个仪仗方阵，就有可能因各自力量较大对君主构成威胁，尤其卫士在卤簿仪仗中均带有兵器。这和君主在宫殿禁廷中的侍卫是截然不同的情况，所以采用了不同的保卫方式。明乎此，在认识《中朝大驾卤簿》有关禁卫武官制度的资料时才不致产生误解。

由左、右卫将军所护卫的以金根车为中心的警卫仪仗，无疑是《中朝大驾卤簿》的核心，因为金根车即为天子所乘之车——大驾。《宋书·礼志五》："天子所御驾六，其余副车皆驾四。案《书》称朽索御六马。《逸礼·王度记》曰：'天子驾六，诸侯驾五，卿驾四，大夫三，士二，庶人一。'"②在《中朝大驾卤簿》中只有金根车"驾六马"，符合

---

① 按"领军校尉"于史亦有征，《晋书》卷四三《郭舒传》："始为领军校尉，坐擅放司马彪，系廷尉，世多义之。……刘弘牧荆州，引为治中。"（第1241页）据同书卷六六《刘弘传》，其任荆州刺史是在太安（302—303）年间（第1763页）。

② 《宋书》卷一八《礼志五》，第495页。

第八章 《中朝大驾卤簿》所见西晋禁卫武官制度 / 213

"天子所御驾六"之制，故金根车即为《中朝大驾卤簿》中皇帝所乘之御车，而驾四马之耕根车则为副车。《晋书·舆服志》："金根车，驾四马，不建旗帜，其上如画轮车，下犹金根之饰。耕根车，驾四马，建赤旗，十有二旒，天子亲耕所乘者也。……泰始二年，有司奏：'宜如有虞遵唐故事，皆用前代正朔服色，其金根、耕根车，并以建赤旗。'帝从之。"① 西晋初年金根车之驾四马当是原司马氏晋国遗制，其驾六马或即泰始二年所改，或即《中朝大驾卤簿》制定时所改。

对皇帝的护卫无疑应是大驾卤簿的关键所在，故以左、右卫将军为主的禁卫方阵自是《中朝大驾卤簿》警卫制度的核心。在这一方阵中，左、右卫将军分别骑在金根车之左、右，"殿中将军持凿胧斧夹车"②，表明此三将军乃是西晋皇帝身边最重要的侍卫武官。在皇帝在朝的情况下，左、右卫将军及殿中将军自当更直宿卫于殿内，这与《晋书·职官志》及《宋书·百官志下》的有关记载是一致的。此条还显示，在左、右卫将军之下有殿中将军，且其与皇帝之关系更为亲近，若在殿中侍卫时则必定居于极关键之地位。晋惠帝初年，北军中候楚王玮欲反贾后，"玮犹豫未决。会天明，帝用张华计，遣殿中将军王宫赍驺虞幡麾众曰：'楚王矫诏。'众皆释杖而走"③。由此可见，殿中将军可代表皇帝发布政令。《中朝大驾卤簿》中殿中将军之下又有殿中司马、殿中都尉、殿中校尉组成的仪仗队伍，而在此方阵之前，仅与金根车隔一摆鼓者又有殿中司马、殿中都尉、殿中校尉组成的仪仗行列，两阵相加共得三十五行，如果史料记载及标点不误，则西晋殿中司马、殿中都尉、殿中校尉三职人数颇众。《资治通鉴》晋愍帝建兴元年（313）七月，"帝遣殿中都尉刘蜀诏左丞相（司马）睿以时进军，与乘舆会于中原。八月癸亥（二十，9.26），蜀至建康，睿辞以方平定江东，未暇北伐"。胡三省注："殿中都尉，属二卫。"④ 在西晋末年动荡的政局下，殿中都尉刘蜀奉命带诏至江东，向司马睿传达进军中原的诏令，充分表明殿中都尉乃是皇帝身边最为亲近的官员之一。

---

① 《晋书》卷二五《舆服志》，第754—755页。
② 按"胧"，《通典》卷六六《礼二六》"卤簿"条作"脑"（第1846页），未知敦是。
③ 《晋书》卷五九《楚王玮传》，第1597页。
④ （宋）司马光编著，（元）胡三省音注，"标点资治通鉴小组"校点：《资治通鉴》卷八八《晋纪一〇》，中华书局1956年版，第2800页。

发布诏令是魏晋时期"殿中"诸职的最基本职能之一。曹魏高平陵事变时,"帝(司马懿)又遣(曹)爽所信殿中校尉尹大目谕爽,指洛水为誓,爽意信之"①。晋惠帝"永兴初,左卫将军陈眕、殿中中郎逯苞、成辅及长沙故将上官巳等,奉大驾讨(成都王)颖,驰檄四方,赴者云集"②。在西晋末年的混乱政局中,"殿中"诸职奔波于南北各地,向方镇将领发布朝廷诏令。《晋书·荀晞传》:"帝又密诏晞讨(东海王)越,晞复上表曰:'殿中校尉李初至,奉被手诏,肝心若裂。……臣虽愤懑,守局东嵎,自奉明诏,三军奋厉,卷甲长驱,次于仓垣。即日承司空、博陵公浚书,称殿中中郎刘权赍诏,敕浚与臣共克大举。……'"③《刘琨传》:"愍帝即位,拜大将军、都督并州诸军事,加散骑常侍、假节。琨上疏谢曰:'……又谒者史兰、殿中中郎王春等继至,奉诏,臣俯寻圣旨,伏纸饮泪。……'"④东晋十六国时期,"殿中"诸职及其禁卫、传诏职能得到承袭。《晋书·谢玄传》:"诏遣殿中将军慰劳,进号冠军,加领徐州刺史,还于广陵,以功封东兴县侯。""诏遣殿中将军慰劳,进号前将军、假节,固让不受。"⑤《石季龙载记下附子鉴载记》:"鉴使石苞及中书令李松、殿中将军张才等夜诛(石)闵,不克,禁中扰乱。"⑥《慕容盛载记》:"左将军慕容国与殿中将军秦舆、段赞等谋率禁兵袭盛,事觉,诛之,死者五百余人。"⑦

低于"殿中"诸职者还有"司马史"(当为殿中司马之史)九人所引之"大戟楯"二行及"九尺楯""刀楯""由基""细弩""迹禽""椎斧""力人刀楯"各一行,还有"连细楯",这些均当属于卫士,即禁卫兵,而非禁卫武官。这九行禁卫兵可分为楯(因其所持兵器而有大戟楯、九尺楯、刀楯、力人刀楯之别)、由基、细弩、迹禽、椎斧五类,应即当时兵种之"五兵"。《续汉书·百官志五》"亭长"条注引《汉官仪》曰:"民年二十三为正(丁),一岁以为卫士,一岁为材官骑士,习射御骑驰

---

① 《晋书》卷一《宣帝纪》,第18页。
② 《晋书》卷五九《成都王颖传》,第1618页。
③ 《晋书》卷六一《荀晞传》,第1669页。
④ 《晋书》卷六二《刘琨传》,第1682页。
⑤ 《晋书》卷七九《谢玄传》,第2081页。
⑥ 《晋书》卷一〇七《石季龙载记下附子鉴载记》,第2791页。
⑦ 《晋书》卷一二四《慕容盛载记》,第3104页。

第八章 《中朝大驾卤簿》所见西晋禁卫武官制度 / 215

战阵……亭长课徼巡。尉、游徼、亭长皆习设备五兵。五兵：弓弩、戟、楯、刀剑、甲铠。鼓吏赤帻行縢，带剑佩刀，持楯被甲，设矛戟，习射……"① 按此处戟、楯分为二兵，与上引《中朝大驾卤簿》中戟楯为一兵者有异。从其下叙事看，戟、楯确为二兵，中华书局点校本《续汉志·注》的标点是正确的。西晋禁卫系统中禁卫兵之兵种看来在东汉的基础上有所变化，即弓、弩一分为二，弓即弓矢，弩有细弩、神弩（亦见卤簿仪仗），由基取先秦著名善射者养由基之典故而设名，应为射手，则在汉代弓弩一分为二的基础上又多出一由基。椎斧当由汉代楯、刀剑演变而来。戟、楯合二为一，但又可分出各种类型，其中刀楯、力人刀楯又应是汉代刀剑及楯二兵混合而来。迹禽含义不明。

由此可见，西晋禁卫武官所统之禁卫兵也包括五兵，当时全部兵种均见于禁卫兵。其中最关键的有左、右卫将军及其部下殿中将军、殿中司马、殿中都尉、殿中校尉所辖之卫士中即包含了五兵。在《中朝大驾卤簿》中，b_3 司马督之下左、右"司马史"三人所引左、右各六行仪仗有大戟楯、九尺楯、刀楯、弓矢、弩，b_2 "八校尉佐仗"之左、右各四行仪仗为大戟楯、九尺楯、弓矢、弩，这两类仪仗可分为戟楯、弓矢、弩三个兵种，此盖即《晋书·职官志》中所谓"三部司马"——"前驱、由基、强弩"。果如此，则前驱由楯组成（大戟楯、九尺楯、刀楯等），由基即弓矢兵，强弩即神弩②，亦即弩兵。殿中将军下之"椎斧一行"当即《职官志》所见"持椎斧虎贲"，《职官志》之"持钑"可能就是《中朝大驾卤簿》中之戟楯或刀楯之类。《职官志》又载三部司马"各置督史"，此即《中朝大驾卤簿》中之"熊渠督""佽飞督"和"司马史"，督、史应为二职。C 领军方阵之督战伯长、金颜督将之类似当与此督、史有关。

《晋书·职官志》："二卫各五部督。其命中武（虎）贲，骁骑、游击（将军）各领之。又置武（虎）贲、羽林、上骑、异力四部，并命中为五督。"③ 上引《中朝大驾卤簿》a_4 骁骑、游击将军之下有："骑队，五在

---

① 《后汉书》，第 3624 页。
② 关于"弩"，参见徐中舒《弋射与弩之溯原及关于此类名物之考释》，《徐中舒历史论文选辑》，中华书局 1998 年版，第 447—481 页；杨泓《中国古兵器论丛》下编捌《弓和弩》，文物出版社 1980 年版，第 206—232 页。
③ 《晋书》卷二四《职官志》，第 741 页。

左,五在右,队各五十匹,命中督二人分领左、右。"两相对照,可知所谓"命中虎贲"即是由命中督所领之骑队,命中督亦即命中司马督,命中虎贲为骑兵可知。据《职官志》记载,五部督属二卫,其中之命中督及其所领命中虎贲由骁骑将军和游击将军统领,则骁骑、游击将军自应隶于左、右卫将军。骁骑、游击将军是分属左、右卫将军还是二卫皆领骁、游,不得而知。在《中朝大驾卤簿》中,骁骑、游击将军属于中护军方阵之下,与禁卫武官组织系统有所不同,但同时也表明骁骑、游击将军在左、右卫将军系统中不是最亲近的禁卫武官。在西晋禁卫武官系统,骁骑、游击将军之亲近程度或介于左右卫、殿中将军与领、护军将军之间。

虎贲、羽林、上骑、异力四部,在《中朝大驾卤簿》中不见明确记载,但也可以得其仿佛。《中朝大驾卤簿》C 领军方阵中 c_6 有:"次骑十队,队各五十匹。将一人,持幢一人,鞁一人,并骑在前;督战伯长各一人,并骑在后。羽林骑督、幽州突骑督分领之。"则此处之羽林骑督所领之骑队应即《职官志》所载"四部"之一的羽林,幽州突骑督所领之骑队或即四部之一的上骑。有三类卫士可能与异力有关,即:大戟楯、九尺楯,见《中朝大驾卤簿》b_2、b_3、b_7、c_1;神弩,见 b_9。至于四部之一的虎贲,则难以确指,在《中朝大驾卤簿》b_1 与 b_3 之间("御史中丞"与"九游车"之间)有"虎贲中郎将",但未领兵,所以也还不能确定就是四部之一的虎贲将领。《晋书·楚王玮传》有"武(虎)贲署"之记载[1],当与四部之一的虎贲有关。

综上所考,可知三部司马确由左、右卫将军统领,所谓"三部",当即前驱、由基、强弩,三部指由楯(大戟楯、戟楯、九尺楯、刀楯、力人刀楯等)、弓矢、弩所构成的禁卫兵三个兵种。命中督由骁骑、游击将军所领,它与虎贲、羽林、上骑、异力等构成五部督,羽林、上骑均由领军所领,皆为骑兵。五部督及其禁卫兵比三部司马及其禁卫兵要疏远一些。三部司马所领以步、射兵为主,而五部督所领则以骑兵为主。

左、右卫将军之下有前驱、由基、强弩等三部司马,而其他禁卫长官之下也有可能存在着部司马。如在《中朝大驾卤簿》中,中护军之卤簿"左右各二行,戟楯在外,弓矢在内",领军将军之卤簿"左右各二行,九尺楯在外,弓矢在内",六校、四军之卤簿"左右各二行,戟楯在外,

---

[1] 《晋书》卷五九《楚王玮传》,第1597页。

第八章 《中朝大驾卤簿》所见西晋禁卫武官制度 / 217

刀楯在内"。可知领、护军之卤簿有楯、弓矢两个兵种，六校、四军之卤簿只有楯一个兵种，这是否意味着以上各营之兵种构成即是如此？当然骁骑、游击将军比较特殊，其所领当以骑兵为主，但也不排除领有一定数量步兵（楯）的可能。史载汉代"大将军营五部"[1]，此"五部"应即统领五兵（即弓弩、戟、楯、刀剑、甲铠）之部。上述领军、护军将军所领之二兵当即前驱、由基二部，四军、六校所统当即前驱一部。部之长官为校尉，而非司马。[2]

卤簿之兵种、数量反映了当时各职的地位，其中左、右卫将军侍卫于皇帝左右，无疑最为关键，中护军次之，领军将军又次于中护军，而四军、六校地位相当，骁骑、游击比四军特殊。b_2有"八校尉佐仗"之语，在《中朝大驾卤簿》中，一共可见到十校尉，即六校（五校尉及翊军校尉）有卤簿戟楯、刀楯各二行，为同一等级，领、护、骁骑、游击校尉无卤簿，应低于六校，为一个等级。八校尉是六校加领军、护军校尉，还是加骁骑、游击校尉，不大清楚。骁骑、游击校尉与领、护军校尉在同一个序列，表明大驾出行在外，作为骑兵将领的骁骑、游击将军具有比较独特的地位。

关于西晋五校尉，在此略作申述。《晋书·职官志》谓，五校尉"魏晋逮于江左，犹领营兵"。又谓"其卫、镇、四军如五校，各置千人"。[3]《宋书·礼志五》："公府司马，诸军、城门、五营校尉司马……铜印，墨绶。朝服，武冠。江左公府司马无朝服，余止单衣帻。"[4] 此证西晋五校尉的确领有营兵。"八王之乱"前期，何攀"领越骑校尉。武库灾，百官皆救火，攀独以兵卫宫，复赏绢五百匹"[5]。这表明西晋越骑校尉不仅领有营兵，而且其职责在"卫宫"，即以保卫宫殿为其基本职能。《太平御览》引陶氏《职官要录》曰："屯骑、越骑、步兵、长水、射声五校尉。案《晋官》：'晋承汉置，以为宿卫官，各领千兵。'兴宁三年（365），

---

[1] 《续汉书·百官志一》，《后汉书》，第3564页。
[2] 《续汉书·百官志一》："大将军营五部，部校尉一人，比二千石；军司马一人，比千石。""不置校尉部，但军司马一人。"（《后汉书》，第3564页）晋制当与此类似。殿中将军之下，司马高于校尉，当是特例。
[3] 《晋书》卷二四《职官志》，第741页。
[4] 《宋书》卷一八《礼志五》，第513页。
[5] （晋）常璩撰，刘琳校注：《华阳国志校注》卷一一《后贤志》，巴蜀书社1984年版，第869页。

桓温奏省五校尉。永初元年（420）复置，以叙勋旧。"①《北堂书钞》五校尉"各领千兵"下本注："《晋令》云：'晋承汉置五校尉，为宿卫军（官），各领千兵。'晋初诸王起家多为之。"② 按《太平御览》所引之《晋官》当即《北堂书钞》所引之《晋令》。据《职官要录》所叙，可知西晋承曹魏而置五校尉之职，并且在法令中明文规定其"各领千兵"，比之曹魏后期五校尉之领兵数百，职能有所加强，而且在晋初多为诸王之起家官，自有其独特地位。

按《北堂书钞》谓"晋初诸王起家多为之（五校尉）"，这一判断基本可信。这种现象从曹魏中叶司马氏当政时就已出现，如扶风王骏在曹魏时曾任步兵、屯骑校尉，齐王攸曹魏末年任步兵校尉。晋代诸王担任五校尉的事例有：安平王孚世子邕（步兵），下邳王晃（长水），谯刚闵王承（屯骑），谯刚烈王无忌（屯骑），③ 东安王繇（射声）④，扶风王骏子畅（屯骑），齐王攸子东莱王蕤（步兵、屯骑），乐安王鉴（越骑），⑤ 汝南王亮世子矩（屯骑）、矩弟西阳王羕（步兵），楚王玮（屯骑），长沙王乂（步兵），成都王颖（越骑），⑥ 淮南王允（越骑），吴敬王晏（射声），⑦ 东海王冲（长水）⑧。按诸王所任五校尉，其中以起家官居多。其任职时间并非都在西晋初年，西晋一代均可见到诸王担任五校尉的事例，如司马允在晋武帝太康后期任职，司马繇、蕤、羕、晏均在晋惠帝时任职。甚至东晋初年仍有诸王担任五校尉的情况，如司马冲、承、无忌诸

---

① 《太平御览》卷二四二《职官部四十·诸校尉》"屯骑校尉"条，第1145页。按（宋）孙逢吉撰《职官分纪》卷三七《屯骑校尉》引此，与《太平御览》所载略同，云："陶氏《职官要录》：屯骑、越骑、步兵、长水、射声五校尉。案《晋官》：'晋承汉置，以为宿卫官，各领千兵。'"（《景印文渊阁四库全书》"子部二二九·类书类"，第九二三册，第690页）

② （隋）虞世南撰：《北堂书钞》卷六一《设官部一三·五校尉》"各领千兵"条，孙忠愍侯祠堂校影宋原本，南海孔氏三十有三万卷堂校注重刊，光绪十四年（1888年）。

③ 《晋书》卷三七《宗室·安平王孚传附世子邕传》《下邳王晃传》《谯刚闵王承传》《谯刚烈王无忌传》，第1085、1090、1103、1106页。

④ 《晋书》卷三八《宣五王·东安王繇传》，第1123页。

⑤ 《晋书》卷三八《文六王·扶风王骏传附子畅传》《东莱王蕤传》《乐安王鉴传》，第1126、1135、1138页。

⑥ 《晋书》卷五九《汝南王亮传》附世子《矩传》、矩弟《汝南王羕传》及《楚王玮传》《长沙王乂传》《成都王颖传》，第1593、1594、1596、1612、1615页。

⑦ 《晋书》卷六四《武十三王·淮南王允传》《吴敬王晏传》，第1721、1724页。

⑧ 《晋书》卷六四《元四王传》，第1726页。

人。清代四库馆臣谓五校"至晋而遂从省并"①，所言与实际不符。

《太平御览》"屯骑校尉"条引《晋书》曰："濮阳王允为屯骑校尉，给千人，营置长史。"②"长水校尉"条引王隐《晋书》曰："下邳王晃起家为长水校尉，给千人，营置长史、司马。"③ 这两条正可印证《太平御览》所引陶氏《职官要录》的记载。"屯骑校尉"条又引司马无忌《让屯骑校尉表》曰："屯骑之任，职典禁旅，御卫事重，必宜其人，岂臣微弱，所可克堪？"④ 据《晋书》本传，无忌"咸和（326—334）中，拜散骑侍郎。累迁屯骑校尉，中书、黄门侍郎"⑤。表明《太平御览》所引无忌表文是可信的。又同书"射声校尉"条引王隐《晋书》曰："武帝诏曰：'射声校尉胡奋外掌方任，内参九列，不宜同之常例，勿使入直。'"⑥ 也就是说，按常例射声校尉必须入直禁中。《晋书·东安王繇传》："诛杨骏之际，繇屯云龙门，兼统诸军。以功拜右卫将军、领射声校尉。"⑦ 毫无疑问，司马繇所领射声校尉自然也是职司殿中禁卫的。西晋五校尉的禁卫职能，在《中朝大驾卤簿》中也有明确反映。⑧

西晋五校尉像东汉一样是独立的禁卫武官，还是如曹魏一样隶属于领军将军（中领军）？史籍中未见明确记载。曹魏领、护军将军虽有分工，但制度规定护军隶于领军。晋代护军不隶于领军，从《中朝大驾卤簿》来看，中护军地位甚至比领军将军（北军中候）还重，但护军职能特别是其所辖不太明确，大概应与领军平分秋色。若《晋书·职官志》所载领军将军（中领军）职能无大谬，则五校尉很可能隶于护军将军（中护军），也可能像《中朝大驾卤簿》禁卫仪仗那样四军、五校分别统于中护

---

① （清）纪昀等撰：《历代职官表》卷四七《火器健锐虎枪各营》"三国"条案语，上海古籍出版社1989年版，第909页。
② 《太平御览》卷二四二《职官部四十·诸校尉》，第1145页。按《晋书》卷六四《武十三王·淮南王允传》："咸宁三年（277），封濮阳王，拜越骑校尉。太康十年（289）……"（第1721页）不载其任"屯骑校尉，给千人"之事，《太平御览》所引当非唐初官修《晋书》。
③ 《太平御览》卷二四二《职官部四十·诸校尉》，第1146页。
④ 同上书，第1145页。
⑤ 《晋书》卷三七《宗室·烈王无忌传》，第1106页。
⑥ 《太平御览》卷二四二《职官部四十·诸校尉》，第1146页。
⑦ 《晋书》卷三八《宣五王·东安王繇传》，第1123页。
⑧ 钱大昕认为晋代四军五校与领、护等六军"皆典军之官"（《廿二史考异》卷二〇《晋书三》"职官志"条，《丛书集成初编》本，商务印书馆1937年版，第409页），其说是。

军和领军将军。① 《文选》载潘岳《闲居赋》曰:"于是退而闲居于洛之涘……其西则有元戎禁营,玄幙绿徽。"李善注曰:"其西,宅之西也。元戎,兵车也。……禁营,谓五营也。陆机《洛阳记》曰:'五营校尉、前后左右[军]将军府,皆在城中。'"② 虽然难以确指其所在,但大体可得其仿佛。《晋书·王濬传》:"拜濬辅国大将军,领步兵校尉。旧校唯五,置此营自濬始也。"③ 按步兵校尉自汉武帝始设八校时便已设立,东汉、曹魏五校均包括步兵校尉,此处所记显然有误。考《晋书·武帝纪》:太康元年(280)"六月丁丑(廿二,8.4),初置翊军校尉官"。"庚辰(廿五,8.7),以王濬为辅国大将军、襄阳侯。"④ 毫无疑问,王濬所任新设之校尉即翊军校尉,而非步兵校尉。《太平御览》所引王隐《晋书》(见下文)即明确记载以王濬为翊军校尉。《华阳国志·后贤志》:何攀,"天子以为翊军校尉,领熊渠兵,一战斩骏,社稷用安"⑤。可知翊军校尉所领为熊渠兵,《晋书·职官志》载左、右卫将军分别下辖熊渠、佽飞武(虎)贲⑥,则翊军校尉当隶于左卫将军。

《晋书·职官志》有殿中中郎,其地位介于殿中将军与殿中校尉之间,但在《中朝大驾卤簿》中,在殿中将军之下并未见到殿中中郎一职,但 b₄有典兵中郎,从其介于司马督与殿中御史、殿中监之间推测,此职无疑也属于"殿中"诸职,典兵中郎或即殿中中郎。殿中将军与殿中中郎可能是在司马昭晋国始设中卫将军时所置。《晋书·职官志》:"先是,陈勰为文帝所侍,特有才用,明解军令。帝为晋王,委任使典兵事……遂以勰为殿中典兵中郎将,迁将军。久之,武帝每出入,勰持白兽(虎)幡在乘舆左右,卤簿陈列齐肃。"⑦ 此典兵中郎将与《中朝大驾卤簿》所见典兵中郎之职完全相符,可证二者即为一职。西晋又有典军大将军,

---

① 西晋之护军与东汉五校职能相近。西晋大驾卤簿与东汉之制有明显承袭关系(见下),据《续汉书·百官志四》"北军中候·五营校尉"条刘昭注:"案大驾卤簿,五校在前,各有鼓吹一部。"(《后汉书》,第3613页)而上引《中朝大驾卤簿》则是中护军在前。
② 《文选》卷一六《赋辛·志下》,第701页。
③ 《晋书》卷四二《王濬传》,第1215页。
④ 《晋书》卷三《武帝纪》,第72页。按"庚辰"原系于五月,是年五月无庚辰,当为六月条记事之错简。参见中华书局点校本本卷"校勘记"〔二九〕,第86页。
⑤ 《华阳国志》卷一一《后贤志·何攀传》,《华阳国志校注》,第869页。
⑥ 《晋书》卷二四《职官志》,第741页。
⑦ 同上。

第八章 《中朝大驾卤簿》所见西晋禁卫武官制度 / 221

《晋书·东安王繇传》："诛杨骏之际，繇屯云龙门，兼统诸军。以功拜右卫将军，领射声校尉。""加侍中，兼典军大将军，领右卫如故。"① 唐长孺云："典兵自即典军。""大致掌管功罪赏罚，行军布阵等军令之事。"② 又，《宋书·礼志五》所载"殿中"诸职有：殿中监，殿中将军，殿中中郎将、校尉、都尉，殿中太医校尉、都尉，殿中司马及守陵者，殿中太医司马。虽不能明确即为西晋之职，但从《宋书·礼志》之记事通则及西晋有殿中监、殿中将军、殿中中郎将·校尉·都尉等职推断，西晋殿中诸职还应包括殿中司马及殿中太医校尉、都尉、殿中太医司马。

《中朝大驾卤簿》中所见禁卫武官及禁卫兵，可以说基本上都以承担宫殿宫城保卫为其职能。中护军所掌外军统宫城外，主要当以宫城外围之禁卫为主，而京城之治安保卫似非其主要职责。西晋京城之治安除了司隶校尉部、河南尹、洛阳令所统军队外，还有统城外诸军的有关官职。咸熙二年（265）"十一月，初置四护军，以统城外诸军"。泰始三年（267）"秋八月，罢都护将军，以其五署还光禄勋"。③ 表明在罢都护将军之前，都护将军辖有"五署"。《晋书·职官志》："光禄勋，统武（虎）贲中郎将、羽林郎将、冗从仆射、羽林左监、五官·左·右中郎将，东园匠、太官、御府、守宫、黄门、掖庭、清商、华林园、暴室等令。"④ 由此可见，西晋光禄勋职责仍然比较广泛，且多与禁卫事务有关，其五署大概即为东汉之三署加上羽林左、右监，或即上引《晋志》自虎贲中郎将至五官、左、右中郎将。《宋书·百官志上》的记载与此不同，谓"魏晋以来，光禄勋不复居禁中，又无复三署郎"⑤，这是与汉代作为三署郎官之长而在禁卫机构中居于主导地位的光禄勋相较而言，其地位自然大为下降。西晋光禄勋虽然移出禁中，但仍居于宫城内，在宫殿门外办公，掌守宫殿门卫，其职能仍然不可忽视。西晋之卫尉亦保留着传统的禁卫职能。"卫尉，统武库、公车、卫士、诸冶等令，左、右都候，南、北、东、西督冶掾。"⑥

---

① 《晋书》卷三八《宣五王·东安王繇传》，第1123页。
② 唐长孺：《吐鲁番文书中所见高昌郡县行政制度》，《山居存稿》，中华书局1989年版，第351页。
③ 《晋书》卷三《武帝纪》，第50、55页。
④ 《晋书》卷二四《职官志》，第736页。
⑤ 《宋书》卷三九《百官志上》，第1229页。
⑥ 《晋书》卷二四《职官志》，第736页。

此外，又有"统城外诸军事""都督城外牙门诸军事"等职。《晋书·王沈传》："及帝受禅，以佐命之勋，转骠骑将军、录尚书事，加散骑常侍，统城外诸军事。"① 时在泰始二年（266）前。《荀顗传》："武帝践阼……寻加侍中。迁太尉，都督城外牙门诸军事，置司马、亲兵百人。"②

《晋书·职官志》《宋书·百官志》均不载城门校尉，但此职并未被废，在西晋时期仍然存在，且无疑仍承担京城门户守卫之责。《晋书·刘毅传》："武帝受禅，为尚书郎、驸马都尉，迁散骑常侍、国子祭酒。""转城门校尉，迁太仆，拜尚书，坐事免官。"③《侯史光传》："泰始初，拜散骑常侍，寻兼侍中，与皇甫陶、荀廙持节循省风俗。及还，奏事称旨，转城门校尉，进爵临海侯。"④《华廙传》："太康初，大赦，乃得袭封。久之，拜城门校尉，迁左卫将军。"⑤《贾充传附弟混传》："太康中，为宗正卿。历镇军将军、领城门校尉，加侍中。"⑥ 按华廙由城门校尉迁殿中禁卫长官左卫将军，可侧证城门校尉为禁卫之职。《左传·庄公十九年》"楚人以为大阍，谓之大伯"条，杜预注："若今城门校尉官。"⑦ 按杜预为晋武帝时期大臣，此注是西晋有城门校尉之职的强证。《太平御览》引《晋惠帝起居注》曰："惠帝诏以……前城间校尉梁柳为太孙少

---

① 《晋书》卷三九《王沈传》，第1145页。
② 《晋书》卷三九《荀顗传》，第1151页。关于西晋时期禁卫武官及其所领禁卫军之分工，何兹全认为："六军、四军及六营（金龙按：指六校，即五校尉加上翊军校尉），都是宿卫兵。大约二卫是宫殿的宿卫兵，护军、领军、左卫、右卫、骁骑、游击，左右前后四军及六营，则掌宫门及京城宿卫。"（《魏晋的中军》，《读史集》，上海人民出版社1982年版，第253页）按其说不确。（1）未能明确区分禁卫武官（或其所掌禁卫机构）与禁卫兵（或宿卫兵），六军、四军、二卫之类称谓一般是指禁卫军将领（禁卫武官）而非宿卫兵，谓六军、四军、二卫为宿卫兵是不确切的。（2）二卫即左卫与右卫，将二卫与左卫、右卫分为两类是错误的。（3）领军、护军、左·右卫、骁骑、游击将军及四军将军、五校尉等职虽然都是禁卫武官，但其各自的职责、地位不同，不能将其混为一谈。
③ 《晋书》卷四五《刘毅传》，第1272页。
④ 《晋书》卷四五《侯史光传》，第1289—1290页。
⑤ 《晋书》卷四四《华廙传》，第1261页。又，《三国志》卷二九《魏书·管辂传》注引《辂别传》曰："前长广太守陈承佑口受城门校尉华长骏语云……"（第829页）按华廙字长骏，见《晋书》本传。
⑥ 《晋书》卷四〇《贾充传附弟混传》，第1175页。
⑦ （晋）杜预注，（唐）孔颖达正义：《春秋左传正义》卷九，（清）阮元校刻《十三经注疏》，中华书局1980年版，第1773页。

第八章　《中朝大驾卤簿》所见西晋禁卫武官制度　/　223

傅。"① 按此"城闾校尉"当即城门校尉之误②。《通典》所载"晋官品",第四品有城门校尉③。同书《职官三·门下省》又载："初,汉置城门校尉,员一人,掌城门屯兵。""魏因之,晋氏银章青绶,绛朝服,武冠,佩水苍玉,元帝省之。"④ 亦表明西晋一代设有城门校尉之职。《宋书·礼志五》："领军、护军、城门、五营校尉……银印,青绶。给五时朝服,武冠,佩水苍玉。……公府司马,诸军、城门、五营校尉司马……,铜印,墨绶。朝服,武冠。江左公府司马无朝服,余止单衣帻。……城门令史,朝服,武冠。江左凡令史无朝服。"⑤ 此证西晋有城门校尉,其属官有城门令史。⑥ 据上引《贾混传》,贾混以镇军将军领城门校尉,而镇军将军亦当为禁卫武官。《晋书·职官志》谓,"其卫、镇、四军如五校,各置千人"⑦,则镇军将军之性质可知。又同书《武帝纪》载,"罢镇军将军,复置左、右[军]将军官"⑧；《王濬传》载,王濬为"镇军大将军,加散骑常侍,领后军将军"⑨。表明镇军将军与四军将军性质相似。

第三节　《中朝大驾卤簿》制定年代考

《中朝大驾卤簿》记载于《晋书·舆服志》,而今本唐修《晋书·舆

---

① 《太平御览》卷一四九《皇亲部一五·太子四》附"太孙"条,第727页。
② 《晋书》卷四八《阎缵传》：晋惠帝时"皇太孙立",缵陈"城门校尉梁柳"等"以为师傅"。（第1352、1354页）
③ 《通典》卷三七《职官一九·秩品二·晋官品》,第1004页。
④ 《通典》卷二一《职官三·门下省》"城门郎"条,第558页。《历代职官表》卷四六《步军统领》"晋"条引《左传》"楚人以为大阍,谓之大伯",杜预注云"若今城门校尉官"。（第888页）按杜预生活于晋武帝时代,他的话比其他资料更具说服力。四库馆臣"案语"曰："《通典》谓晋亦有城门校尉,考杜氏《左传注》,谓'若今城门校尉',则晋有此职,尤属确凿。而《晋书·职官志》独阙而不载,殆南渡以后,又经省并之故欤？"（同上）
⑤ 《宋书》卷一八《礼志五》,第509、513、514页。
⑥ 《晋书》卷三七《宗室·高密王泰传》："太康初,入为散骑常侍、前将军,领邺城门校尉,以疾去官。"（第1094页）此处之邺城门校尉当有误,既然是入朝任职,就只能是领京师洛阳城之城门校尉。按司马泰此前曾以安北将军"代兄权督邺城守事","邺城门校尉"之误可能与此有关。
⑦ 《晋书》卷二四《职官志》,第741页。
⑧ 《晋书》卷三《武帝纪》,第59页。
⑨ 《晋书》卷四二《王濬传》,第1216页。

服志》之史料来源一般被认为是臧荣绪所撰《晋书·舆服志》①。其说大体不错，但亦有疑问：臧荣绪为南齐史学家，在其著述中称西晋为"中朝"而不称"晋中朝"，似不合撰史书法。此处之"中朝"应是东晋人之说法。东晋史学家王隐所撰《晋书》，记西晋一朝史事，其中《舆服记》记载西晋一朝舆服制度。《北堂书钞·武功部五》"豫州荡骑"下本注："王隐《晋书》云：御史中丞傅咸、北军中侯（候）郑翊等以为，《三驾卤簿图》有幽州突骑……豫州荡骑五千（十？）人也。"② 按三驾即大驾、法驾、小驾之谓③。可知王隐《晋书·舆服记》亦载车驾卤簿图，而幽州突骑亦见于上引《中朝大驾卤簿》。《晋书·王隐传》："隐虽好著述，而文辞鄙拙，芜舛不伦。其书次第可观者，皆其父（铨）所撰；文体混漫义不可解者，隐之作也。"④ 毫无疑问，唐初修《晋书》史臣是见到了王隐《晋书》原本的，从北宋所修《太平御览》大量引用王隐《晋书》史文，亦表明前此数百年之唐初该书当保存完好。虽然唐初史臣批评王隐及其所修《晋书》，但其修撰之新《晋书》肯定也参考了王书。今本《晋书》中"芜舛不伦""义不可解者"所在多有，反映唐初史臣对这些内容并未措意。

在《中朝大驾卤簿》中，将左、右卫将军记作左、右将军，前、后、左、右四军将军除后军将军外，其他三将军皆脱一"军"字（此可能与唐人删改或版本流传致误有关），虽一字之差，但问题却很大，属于实质性错误。将前、后、左、右军将军与前、后、左、右将军相混，在今本《晋书》及唐宋人著述中颇为常见。《北堂书钞》"前后左右将军"条，"乐为边将不愿内辅"下注引《晋中兴书》："河东郭默为右军将军，默既

---

① 《文选》卷七《赋丁·耕藉》载西晋潘岳《藉田赋》："天子乃御玉辇，荫华盖。"注："臧荣绪《晋书》曰：大驾卤簿，有大辇，华盖，中道。"（第339页）杨朝明据此认为："知臧书中有中朝大驾卤簿之文，故依唐修《晋书》录出。盖唐时所修，原以臧书为蓝本也。"（汤球辑，杨朝明校补：《九家旧晋书辑本》，中州古籍出版社1991年版，第19页）

② 《北堂书钞》卷一一七《武功部五》"骑"条。按"幽州突骑"与"豫州荡骑"之间有八个字，孔广陶认为属衍文，其说是。（明）陈禹谟补注本无，又此本"五千人"之前有"各"字（《景印文渊阁四库全书》"子部一六三·杂家类"，第八八九册，第572页），当是。

③ （北齐）魏收撰《魏书》卷一〇八之四《礼志四》："太祖天兴二年（399），命礼官捃采古事，制三驾卤簿，一曰大驾……二曰法驾……三曰小驾……"（中华书局1974年版，第2813页）

④ 《晋书》卷八二《王隐传》，第2143页。

第八章 《中朝大驾卤簿》所见西晋禁卫武官制度 / 225

远人，乐为边将，不欲内辅。谓刘胤曰：'我能御胡而不用。且右军主禁兵，禁兵不妄出，有急，方更配给，兵将无素。'"此为清光绪十四年（1888）孙忠愍侯祠堂旧校影宋原本、南海孔氏三十有三万卷堂校注重刊本之文字，明陈禹谟补注本（《四库全书》本）之文字不但条目名称有异，而且注文也有较大差别。"乐为边将不愿宿卫"下引《晋书》云："郭默为右将军，乐为边将，不愿宿卫。及赴召，谓平南将军刘胤曰：'我能御胡而不见用。右军主禁兵，若疆场有虞，被使出征，方始配给，将率无素，恩信不著，以此临敌，少有不败矣。……'"① 此段注文后有一"补"字，似此注文为陈禹谟之补注。查唐修《晋书·郭默传》，知陈氏所引有小误，"将率"应为"将卒"，"右将军"应为"右军将军"。② 此条注文虽不出虞世南，但其所指史实应即郭默之事，将其列于"前后左右将军"条目之下，即表明引用者对前、后、左、右将军与前、后、左、右军将军的区别并不十分清楚，陈禹谟对此显然也不清楚。

《通典·礼二六》载晋《中朝大驾卤簿》，左、右卫将军记作左、右将军，前、左军将军记作前、左将军，点校本据文义各补一"军"字③。《晋书·王羲之传》："羲之既拜护军，又苦求宣城郡，不许，乃以为右军将军、会稽内史。"④ 王羲之因此而被后人称为"王右军"。《世说新语》提及王羲之，亦多称王右军。而《太平御览·职官部三六》"右将军"条引何法盛《晋中兴书》曰："王羲之……累迁为右将军，不乐京师，遂往会稽……"⑤ 所记与上不同。《建康实录》晋穆帝永和十一年（355）条记王羲之任职即互相矛盾，既载"右军将军、会稽内史王羲之称病去

---

① 《北堂书钞》卷六四《设官部十六》，《景印文渊阁四库全书》"子部一六三·杂家类"，第八八九册，第279页。
② 《晋书》卷六三《郭默传》，第1715页。
③ 《通典》卷六六《礼二六·卤簿》，第1845页；本卷"校勘记"〔六〇〕，第1854—1855页。按此补"前、左将军"为"前军、左将军"，史实虽然正确，但却非《通典》之原文。杜佑当是因袭唐修《晋书·舆服志》而以讹传讹，并非后世流传脱漏致讹。"校勘记"指出姚鼐《惜抱轩笔记》"疑下文金根车两侧之左右将军当为左军将军、右军将军"，并认为："左右将军位尊，固应在〔省中〕金根车两侧护卫，而四军将军差卑，自宜在〔省中〕之外前后导引卫从，脱误在此不在彼也。"按此与姚说乃五十步百步之异，其实金根车两侧之左、右将军本应为左、右卫将军，以之为左军、右军将军自是大谬，但认为其当作左、右将军更是不明制度的误判。
④ 《晋书》卷八〇《王羲之传》，第2094页。
⑤ 《太平御览》卷二三八《职官部三六》"右将军"条，第1128—1129页。

官",又载其拜"右将军、会稽内史"。① 同书载哀帝兴宁"二年（364）春二月，改左将军为游击将军"②，而《晋书·哀帝纪》记作"改左军将军为游击将军"③。《晋书》的记载无疑是正确的。又如《太平御览·职官部三六》前、后、左、右将军诸条所引史料，既有为前、后、左、右将军者，又有为前、后、左、右军将军者，表明北宋修书诸臣对两者之别不大明了。《资治通鉴》齐明帝永泰元年（498）五月条，胡三省注："按魏晋以来官制，左、右、前、后将军，是为四军。"④ 很显然，宋元之际的胡三省对魏晋以来"四军"之制亦不甚了了。之所以如此，可能与隋唐以降四将军与四军将军均不再见于当朝制度，故时人对两者之区别便不甚清楚。唐初官修《晋书》，同时参考王书与臧书的可能性都是存在的，不过《中朝大驾卤簿》最初出自东晋人的记述则是毫无疑问的。

《中朝大驾卤簿》出自东晋人之记述，其准确性自然很高，但如上文所指出，其中亦有错误或疏漏。再如《中朝大驾卤簿》中出现的"领军将军"也与实际存在的制度不合，可能与记述者据当时制度比附前代制度有关。

关于《中朝大驾卤簿》之制定年代，可有两种理解：

（1）《中朝大驾卤簿》有可能是晋武帝"讲武"时所制定的车驾卤簿制度。晋武帝在位时共举行"讲武"活动六次，依次为：

泰始九年（273）"十一月丁酉（初三，11.29），临宣武观，大阅诸军。甲辰（初十，12.6），乃罢"。

十年十一月"庚午（十二，12.27），帝临宣武观，大阅诸军"。

咸宁元年（275）"十一月癸亥（十一，12.15），大阅于宣武观，至于己巳（十七，12.21）"。

三年"冬十一月丙戌（十六，12.27），帝临宣武观大阅，至于壬辰（廿二，278.1.2）"。

太康四年（283）"十二月庚午（初五，284.1.9），大阅于宣武

---

① （唐）许嵩撰，张忱石点校：《建康实录》卷八《晋中·孝宗穆皇帝》，中华书局1986年版，第221页。

② 《建康实录》卷八《晋中·哀皇帝》，第232页。

③ 《晋书》卷八《哀帝纪》，第208页。

④ 《资治通鉴》卷一四一《齐纪七》，第4428页。

第八章 《中朝大驾卤簿》所见西晋禁卫武官制度 / 227

观"。

六年"十二月甲申（初六，286.1.12），大阅于宣武观，旬日而罢"。①

若《中朝大驾卤簿》确为晋武帝讲武（"大阅诸军"）时所制定，则应在泰始九年十一月初次举行前夕就已确立，当时中央禁卫武官制度基本上完成了改革，走向规范化，时"四军"建置完成，中领军已并入北军中候。然而，《中朝大驾卤簿》中所见官制却有晚于泰始末，甚至到太康年间才设立者。这就有了第二种可能性。

（2）《中朝大驾卤簿》制定或最终确立当在晋武帝太康元年平吴之后。按《中朝大驾卤簿》中有翊军校尉一职，如上引《晋书·武帝纪》所载，翊军校尉官初置于太康元年（280）六月丁丑（廿二，8.4），则大驾卤簿之制定不可能早于这一时间。《太平御览》"翊军校尉"条引王隐《晋书》曰："太康中，伐吴还，欲以王濬为五官（营）校尉而无缺，始置翊军校尉，班同长水、步兵，以梁、益所省兵为营。"② 另外，《中朝大驾卤簿》中有"五牛旗"，而其建造也是在平吴之后。《隋书·礼仪志五》："周迁以为，晋武帝平吴后造五牛之旗，非过江始为也。"③ 根据翊军校尉之设和五牛旗之造两条记载，可以确定《中朝大驾卤簿》之制定实施不得早于太康元年平吴之前，具体来说应在太康元年六月之后，但又不得晚至太康末。

晋武帝泰始四年（268）四月，"罢振威、扬威护军官，置左、右积弩将军"④。而在《中朝大驾卤簿》中不见此职，则其制定是否在此之前？否。前已述及，《中朝大驾卤簿》中有翊军校尉，而此职设立于太康元年六月，故《中朝大驾卤簿》之制定不可能早于是时。《中朝大驾卤簿》中主左、右神弩二十张之四将可能与左、右积弩将军有关，或即其职。据上一章所引述，太康十年设立积弩、积射营（弩营、射营），"各二千五百

---

① 《晋书》卷三《武帝纪》，第63、64、65、68、75、76页。又，《宋书》卷一四《礼志一》："晋武帝泰始四年·九年、咸宁元年、太康四年·六年冬，皆自临宣武观，大习众军。然不自令进退也。自惠帝以后，其礼遂废。"（第369页）
② 《太平御览》卷二四二《职官部四〇·诸校尉》，第1147页。
③ 《隋书》卷一〇《礼仪志五》，第194页。
④ 《晋书》卷三《武帝纪》，第57页。

人"，设积射、强弩将军主之。此举当与晋武帝末年加强禁卫军权的决策有关。在《中朝大驾卤簿》中，不见此二职，作为射手的弓矢和弩两个兵种也多分散于其他禁卫武官卤簿仪仗中。因此，《中朝大驾卤簿》必制定于射营、弩营设立之前。另外，晋武帝死后，君权衰微，朝政日趋混乱，制定"大驾卤簿"殊不可能。太康初年实现了全国一统，制定大驾卤簿以炫耀文治武功正当其时。

《宋书·礼志一》："晋武帝太康二年，有司奏：'春分依旧，请车驾祀朝日，寒温未适，可不亲出。'诏曰：'礼仪宜有常。如所奏，与故太尉所撰不同，复为无定制。间者方难未平，故每从所奏。今戎事弭息，唯此为大。'案此诏，帝复为亲朝日也。此后废。"① 据此可知，西晋平吴前之礼仪当为贾充所制定，其后所改定之礼仪与原礼仪有所不同。《中朝大驾卤簿》很可能即制定于此次春分"祀朝日"之前，这似乎也是平吴以后首次车驾出行之礼仪。按"祀朝日"属于祠天礼仪。东汉大驾"西都行祠天郊甘泉备之"②。《隋书·礼仪志七》："乘舆行则有大驾、法驾、小驾。大驾以郊飨上天，临驭九伐。"③ 似均可侧证这一推断。

《中朝大驾卤簿》的具体制定者当即中书令张华。《晋书·张华传》：

晋受禅，拜黄门侍郎……华强记默识，四海之内，若指诸掌。武帝尝问汉宫室制度及建章千门万户，华应对如流，听者忘倦，画地成图，左右属目……数岁，拜中书令……华名重一世，众所推服，晋史及仪礼宪章并属于华，多所损益，当时诏诰，皆所草定。④

估计太康元年平吴之后张华在原有车驾卤簿（如前引述，有御史中丞傅咸、北军中候郑翊等所为《三驾卤簿图》）的基础上，再参照东汉大一统王朝之大驾卤簿制度，制定出了西晋王朝的大驾卤簿。这一认识是基于对西晋与东汉大驾卤簿的基本特征相一致而得出的。《续汉书·舆服志上》："乘舆大驾，公卿奉引，太仆卿、大将军参乘。属车八十一乘，备千乘万骑。西都行祠天郊甘泉备之，官有其注，名曰《甘泉卤簿》。东都唯大行

---

① 《宋书》卷一四《礼志一》，第349页。
② 《续汉书·舆服志上》，《后汉书》，第3648页。
③ 《隋书》卷一二《礼仪志七》，第280页。
④ 《晋书》卷三六《张华传》，第1070页。

乃大驾。大驾，太仆校驾；法驾，黄门令校驾。"注引蔡邕《表志》曰："国家旧章，而幽僻藏蔽，莫之得见。"① 西晋官制与东汉相比已有较大变化，禁卫武官制度变化更大，两者大驾卤簿在具体内容上自有不少差异，不足为奇。

考《中朝大驾卤簿》，亦为属车八十一乘，皇帝所乘金根车（大驾），"太仆卿御，大将军参乘"。《晋书·舆服志》载："象车，汉卤簿最在前。武帝太康中平吴后，南越献驯象，诏作大车驾之，以载黄门鼓吹数十人，使越人骑之。元正大会，驾象入庭。"② 而同卷所载《中朝大驾卤簿》中，"先象车，鼓吹一部十三人，中道"③，亦在大驾卤簿最前。《续汉书·舆服志上》："乘舆法驾，公卿不在卤簿中。河南尹、执金吾、洛阳令奉引……前驱有九斿云罕，凤皇闟戟，皮轩鸾旗，皆大夫载……后有金钲黄钺，黄门鼓车。"④ 大驾与法驾有别，但更多相同之处，只是卤簿仪仗减少，奉行参乘护卫者规格降低。西晋大驾卤簿由洛阳县、河南郡及司隶部长吏奉引，前驱中依次有九游车、云罕车、闟戟车、皮轩车、鸾旗车，闟戟车"长戟邪偃向后"，当即东汉卤簿之"凤皇闟戟"。西晋大驾卤簿后有金钺车、金钲车、黄门后部鼓吹及戟鼓车。西晋与东汉车驾卤簿制度之相似于此可见一斑⑤。

小　结

通过以上考证，对于《中朝大驾卤簿》所反映的西晋禁卫武官制度可以得到如下认识：

（1）《晋书·舆服志》所载《中朝大驾卤簿》，对于具体认识西晋禁卫武官制度具有巨大的史料价值。大驾卤簿是天子出行时之车驾及警卫仪仗，其中天子之护卫为重要内容，故此卤簿史料又可以帮助我们从一个侧

---

① 《后汉书》，第 3648—3649 页。
② 《晋书》卷二五《舆服志》，第 756 页。
③ 同上书，第 757 页。
④ 《后汉书》，第 3649 页。
⑤ 刘增贵认为："三国以下的车骑出行制度，史志中缺乏像《续汉志》那样等级分明的记载（如《晋书·舆服志》中所载规定，许多是抄袭汉代，不能视为当代制度）。"（《汉隋之间的车驾制度》）按西晋与东汉卤簿虽然相似，但决不可认为西晋卤簿"抄袭汉代，不能视为当时制度"，观《中朝大驾卤簿》中的有关官职自可明白。

面认识西晋朝廷禁卫武官制度。《中朝大驾卤簿》详细记载了西晋大驾卤簿中随行官吏与侍卫武官、卫士等的名称、人数及其排序方位，以及驾、骑、步等侍从方式，为理解当时大驾卤簿的全面情况提供了第一手翔实完备的材料，据此可以复原出《中朝大驾卤簿》三组警卫仪仗之示意图。就禁卫武官制度而言，此《中朝大驾卤簿》提供了远比《宋书·百官志》、《晋书·职官志》更为丰富具体的细节，是极为难得的宝贵资料。

（2）在《中朝大驾卤簿》中，随行禁卫武官基本上可以分为三个方阵，即：中护军为前导的护军系禁卫方阵，左、右卫将军护卫金根车的左、右卫系禁卫方阵，领军将军为前导的领军系禁卫方阵。中护军方阵在前，左、右卫方阵居中，而领军将军方阵殿后。这种护卫方式也可能是皇宫禁卫制度的折射，即领军将军与中护军守卫宫城，而左、右卫将军侍卫禁内。在卤簿仪仗中，中护军系统比领军将军系统更接近大驾，从北齐护军将军"舆驾出则护驾"的职掌推测，西晋中护军（护军将军）亦当具有相同职掌。

（3）由左、右卫将军所护卫的以金根车为中心的禁卫方阵是《中朝大驾卤簿》的核心，金根车即为天子所乘之车——大驾。对君主的护卫无疑应是大驾卤簿的关键所在，故以左、右卫将军为主的禁卫方阵自是大驾卤簿警卫制度的核心。在这一方阵中，左、右卫将军分别骑在金根车之左、右，"殿中将军持凿脮斧夹车"，表明此三将军是西晋皇帝的最重要的侍卫武官。由此推测，在皇帝在朝的情况下，左、右卫将军及殿中将军自当更直宿卫于殿内。左、右卫将军之下有殿中将军，其与皇帝之关系更为亲近，在殿中侍卫中居于极关键之地位。

（4）在左、右卫将军及殿中将军所护卫的金根车的前后，又有大量殿中司马、殿中都尉、殿中校尉所组成的警卫仪仗行列，表明此诸职为殿中将军所统辖，亦为皇帝的近侍禁卫武官，在殿内禁卫中居于核心地位。司马史（当为殿中司马之史）所引之大戟楯、九尺楯、刀楯、由基、细弩、迹禽、椎斧、力人刀楯及连细楯，均当属于卫士（禁卫兵），可能并非禁卫武官。这些禁卫兵可分为楯、由基、细弩、迹禽、椎斧等五类，或即当时兵种之"五兵"。又有左、右司马史所引之大戟楯、九尺楯、刀楯、弓矢、弩以及八校尉佐仗之大戟楯、九尺楯、弓矢、弩，这两类仪仗可分为戟楯、弓矢、弩三个兵种，或即《晋书·职官志》所见"三部司马"（前驱、由基、强弩）所统之兵。

第八章 《中朝大驾卤簿》所见西晋禁卫武官制度 / 231

（5）《中朝大驾卤簿》制定或最终确立当在晋武帝太康平吴之后。《中朝大驾卤簿》中有翊军校尉，其职始设于晋武帝太康元年六月，则大驾卤簿之制定不可能在此之前。大驾卤簿中有"五牛旗"，其建造在晋武帝太康元年初平吴之后。据此可以确定，《中朝大驾卤簿》制定于晋武帝太康元年。《中朝大驾卤簿》所反映的是西晋王朝鼎盛时期的禁卫武官制度。

第 九 章

"八王之乱"与禁卫军权

发生于西晋惠帝年间的"八王之乱"（包括贾后专政），是以宗室为主的统治集团争夺最高统治权的一次政治斗争，其持续时间之久、波及范围之广以及历史影响之大，在中国历史上空前绝后。"八王之乱"中有不少方镇诸王参与，后来又扩展到北方广大地区，具有中央与地方权力之争的性质，但论其起因、总过程及斗争目标，则主要是在以宫廷为中心的京师地区进行的，"八王之乱"的实质是西晋统治集团内部争夺皇权和对皇权进行控制的一次政治斗争。"八王之乱"与宫殿禁廷的争夺控制密不可分，因为只有控制了宫殿禁廷，方可控制当朝君主或者实行专权乃至篡位，是斗争中最有力的政治手段。控制宫殿禁廷，自然离不开禁卫武官及其所统禁卫军。因此，考察禁卫军权与"八王之乱"的关系，对于认识西晋禁卫武官制度与"八王之乱"的实质，都是很有意义的。同时，由于"八王之乱"这一个案的独具特色，对于这一问题的探讨无疑也有助于认识中国古代君主专制政体下禁卫军权与政治的关系。[①]

[①] 学术界对"八王之乱"的研究，较少关注禁卫军权和"八王之乱"的关系。如日本学者福原啓郎关于"八王之乱"的专论《八王の亂の本質》（《東洋史研究》第41卷第3號，1982年）一文中只有一处提到"禁军将校"字眼，杨光辉在《西晋分封与八王之乱》（《中国史研究》1989年第4期）一文中亦未提及禁卫军权问题。比较重要的断代史著作如吕思勉《两晋南北朝史》（上海古籍出版社1983年版）、王仲荦《魏晋南北朝史》（上海人民出版社1979—1980年版）中，对这一问题也都未曾涉及。何兹全在《魏晋的中军》一文中似乎注意及此，认为："左右二卫和三部司马是宫殿中的主要的宿卫兵，在西晋历次宫廷政变及皇室内争中扮演了极重要的角色。"（《读史集》，上海人民出版社1982年版，第249页）其所举例证全都是"八王之乱"中的情况。日本学者宫川尚志《六朝史研究　政治・社会篇》第一章第二节专论"八王之乱"，标题即为《八王の乱について》（平楽寺書店1977年版，第38—49页），曾提及"杨骏领禁兵收权力"，"企图排挤汝南王亮"；又提及赵王伦矫诏发动兵变，召禁军将校如翊军校尉齐王冏参与。遗憾的是，并未对之作具体分析。著者在多年前发表的《关于"八王之乱"爆发原因若

第一节　杨、贾之争与禁卫军权

《晋书·武帝纪》：太熙元年（290）"夏四月辛丑（十二，5.8），以侍中、车骑将军杨骏为太尉、都督中外诸军、录尚书事。已酉（二十，5.16），帝崩于含章殿"①。按晋武帝在世时不顾朝中诸大臣之反对，一意孤行，立愚痴长子司马衷为太子②，又虑其难以亲自执政，于是为其设立顾命大臣以辅佐其执政。晋武帝原本是要以宗室汝南王亮与外戚杨骏"夹辅王室"③，从而在宗室与外戚之间维持平衡，以保证愚痴太子即位后皇权不致旁落④。这种想法自有其合理性，但在当时朝政中因受诸种矛盾之制约却不具备现实性。晋武帝弥留之际，随侍其旁的杨皇后（杨芷）与其父杨骏相勾结，矫改遗诏，武帝夹辅王室的计划告吹，结果出现了杨骏一人独掌朝政的局面。晋惠帝即位后，太子妃贾南风（原晋武帝宠臣贾充之女）立为皇后，武悼杨皇后被尊为皇太后，杨骏则据矫改之遗诏而任太尉、都督中外诸军事、录尚书事，独任辅政大臣，掌握了西晋王朝的军政大权。

《晋书·杨骏传》："惠帝即位，进骏为太傅、大都督，假黄钺，录朝政，百官总己……骏知贾后情性难制，甚畏惮之。又多树亲党，皆领禁兵。"⑤杨骏虽然手握军政大权，但他需要处理大量文书以决策国政，不

（接上页）干问题考辨》（《兰州大学学报》1987年第4期）一文中，对禁卫军权和"八王之乱"的关系曾有所涉及，认为："参加八王之乱的主要是两部分军队，首先是殿中兵，然后是都督兵。最初的斗争往往由殿中兵扮演角色。"但有关论述却十分单薄。刘驰认为："禁军中下级将领和宫廷侍卫武官在动乱，尤其是宫廷政变中起着不容忽视的作用。"并对禁军在八王之乱中的作用有所考察。参见氏著《八王之乱中的寒门人士》，《六朝士族探析》，中国广播电视大学出版社2000年版，第30页。

①　（唐）房玄龄等撰：《晋书》卷三《武帝纪》，中华书局1974年版，第80页。
②　学界有人以为晋惠帝属平庸之才而并不"愚痴"，其说显然不确。《晋书》卷四《惠帝纪》"后论"及"史臣曰"均以其为"蒙蔽""庸暗"之人，谓"不才之子，则天称大，权非帝出，政迩宵人"。（第108页）此又可参见拙作《关于"八王之乱"爆发原因若干问题考辨》。
③　《晋书》卷四〇《杨骏传》，第1177页。
④　参见祝总斌《"八王之乱"爆发原因试探》，《北京大学学报》1980年第6期。
⑤　《晋书》卷四〇《杨骏传》，第1178页。

可能时时在惠帝身边进行控制，而惠帝皇后贾南风性情凶悍，又经常在惠帝身边，这对杨骏专制朝政构成了潜在威胁。杨骏为了有力对付贾后有可能形成的威胁，采取了"多树亲党，皆领禁兵"的措施。此举当有更重要的原因，就是为了防止宗室诸王对朝政的干预。相比而言，贾后毕竟在后宫，惠帝又是愚痴之人，故对付贾后尚在其次。上引《杨骏传》之后接着又记，"于是公室怨望，天下愤然矣"①，怨望者愤然者主要应当就是宗室诸王。在矫改之武帝遗诏中说："若止宿殿中，宜有翼卫，其差左右卫、三部司马各二十人，殿中都尉、司马十人给骏，令得持兵仗出入。"②表明左右二卫、三部司马及殿中都尉、司马在殿中宿卫，三部司马与殿中司马并非相同官职，杨骏早在专权之初便十分重视对自身的禁卫。

杨骏"多树亲党，皆领禁兵"，史未明载具体由何人担任禁卫武官（长官）来统领禁兵，不过从后来杨骏被诛时的情况可以推知一二。《晋书·惠帝纪》：永平元年（291）"三月辛卯（初八，4.23），诛太傅杨骏、骏弟卫将军珧·太子太保济、中护军张劭、散骑常侍段广·杨邈、左将军刘预、河南尹李斌、中书令蒋俊、东夷校尉文淑、尚书武茂，皆夷三族"③。据《杨骏传》，对其专权行为，其弟珧、济"数相谏止，骏不能用，因废于家"④，可知杨珧和杨济并非杨骏党羽，株连而死实属冤枉。在以上被诛诸人中，明确为禁卫长官者是中护军张劭，其人又见《晋书·石鉴传》："武帝崩，（司空石）鉴与中护军张劭监统山陵。"⑤ 可知张劭在晋武帝去世之初已为中护军。《资治通鉴》晋惠帝永熙元年（290）五月，"杨骏以贾后险悍，多权略，忌之，故以其甥段广为散骑常侍管机密，张劭为中护军典禁兵"⑥。看来张劭确为杨骏所安排的"典禁兵"的禁卫长官之一。张劭与段广同为杨骏外甥，同上书四月条谓"劭，骏甥也"⑦，可证。刘预之职务应即左军将军，亦为杨骏所安置的禁卫武官。

---

① 《晋书》卷四〇《杨骏传》，第1178页。
② 《晋书》卷三《武帝纪》，第1177—1178页。
③ 《晋书》卷四《惠帝纪》，第90页。
④ 《晋书》卷四〇《杨骏传》，第1178页。
⑤ 《晋书》卷四四《石鉴传》，第1266页。
⑥ （宋）司马光编著，（元）胡三省音注，"标点资治通鉴小组"校点：《资治通鉴》卷八二《晋纪四》，中华书局1956年版，第2602页。
⑦ 《资治通鉴》卷八二《晋纪四》，第2600页。

《太平御览》引《晋书》记作"左军刘祯"①,《通鉴》及《晋书·裴頠传》皆记作"左军将军刘豫"②,当以后者为是。晋惠帝永熙元年八月,"遣南中郎将石崇、射声校尉胡奕、长水校尉赵俊、扬烈将军赵欢将屯兵四出"③。按《晋书·石崇传》:"元康初,杨骏辅政……出为南中郎将、荆州刺史。"④ 表明石崇属于杨骏排挤的对象,依此类推,则胡奕、赵俊等禁卫武官亦为杨骏所排挤。最有可能的情况是,在将胡、赵等人排挤出朝后,杨骏便以其亲党接任。

杨骏虽以亲党典禁兵,但却未能完全有效地控制禁卫军权。早在晋武帝末年便以王佑为北军中候,这是武帝临终的一项重要安排。《晋书·武帝纪》:"爰至末年,知惠帝弗克负荷,然恃皇孙聪睿,故无废立之心。复虑非贾后所生,终致危败,遂与腹心共图后事。说者纷然,久而不定,竟用王佑之谋,遣太子母弟秦王柬都督关中,楚王玮、淮南王允并镇守要害,以强帝室。又恐杨氏之逼,复以佑为北军中候,以典禁兵。"⑤ 看来北军中候王佑并非杨骏死党,似亦未为其所控制⑥。杨骏控制禁兵的举措引起了贾后及宗室诸王的警觉和反感,后者很快便采取措施进行反制。杨骏未能完全控制禁兵又成为其覆灭的重要因素。《晋书·杨骏传》:"殿中中郎孟观、李肇,素不为骏所礼,阴构骏将图社稷。贾后欲预政事,而惮骏未得逞其所欲……贾后又令肇报大司马汝南王亮,使连兵讨骏……肇报楚王玮,玮然之,于是求入朝。"⑦ 由此可见,贾后密谋消灭杨骏的计划是由殿中中郎孟观、李肇阴谋策划的,并由

---

① (宋)李昉等撰:《太平御览》卷九七《皇王部二二·西晋惠皇帝》,中华书局1960年版,第461页。

② 《资治通鉴》卷八二《晋纪四》惠帝元康元年三月,第2605页;《晋书》卷三五《裴頠传》,第1041页。

③ 《晋书》卷四《惠帝纪》,第89页。

④ 《晋书》卷三三《石崇传》,第1006页。

⑤ 《晋书》卷三《武帝纪》,第80—81页。

⑥ 《晋书》卷七五《王峤传》:"父佑,以才智称,为杨骏腹心。骏之排汝南王亮、退卫瓘,皆佑之谋也。位至北军中候。"(第1974页)按此与《武帝纪》所载有异,未知孰是。从王佑后来不是贾氏所诛对象,在贾、杨之争中也不见其行动,杨骏未能控制内军等情况分析,王佑似非杨骏心腹死党。在贾、杨之争中未支持杨骏,实际就等于帮了贾后。

⑦ 《晋书》卷四〇《杨骏传》,第1179页。

李肇与宗室诸王相联络。① 西晋殿中中郎典殿内之兵，地位不高但颇为机要。②

《资治通鉴》综合前代史传材料，对贾后密谋消灭杨骏之事有颇为详备的记载，晋惠帝元康元年（291）有关记事云：

> 后（武悼杨皇后）数诫厉妃（太子妃贾南风），妃不知后之助己，返以后为构己于武帝，更恨之。及帝即位，贾后不肯以妇道事太后，又欲干预政事，而为太傅（杨）骏所抑。殿中中郎渤海孟观、李肇，皆骏所不礼也，阴构骏，云将危社稷。黄门董猛，素给事东宫，为寺人监，贾后密使猛与观、肇谋诛骏，废太后。又使肇报汝南王亮，使举兵讨骏，亮不可。肇报都督荆州诸军事楚王玮，玮欣然许之，乃求入朝。……二月癸酉（二十，4.5），玮及都督扬州诸军事淮南王允来朝。三月辛卯（初八，4.23），孟观、李肇启帝，夜作诏，诬骏谋反，中外戒严，遣使奉诏废骏，以侯就第。命东安公繇帅殿中四百人讨骏，楚王玮屯司马门，以淮南相刘颂为三公尚书，屯卫殿中。……时骏居曹爽故府，在武库南，闻内有变，召众官议之。太傅主簿朱振说骏曰："……宜烧云龙门以胁之，索造事者首，开万春门③，引东官及外营兵拥皇太子入宫，取奸人，殿内震惧，必斩送

---

① 《华阳国志》卷一一《后贤志·何攀传》："迁散骑侍郎。太傅杨骏谋逆，请众官。攀与侍中傅祗、侍郎王恺等往。惠帝从楚王玮、殿中中郎孟观策，戒严，诛骏。外已匆匆，攀与祗逾墙得出侍天子。天子以为朔军校尉，领熊渠兵，一战斩骏，社稷用安。"［晋］常璩撰，刘琳校注：《华阳国志校注》，巴蜀书社1984年版，第868—869页] 这一记载从一个侧面反映了贾后与杨骏之争，显示殿中中郎孟观在其中发挥了关键作用。

② 孟观、李肇之外，史书所见殿中郎还有士猗、逯苞、成辅、王春，分见《晋书》卷五九《赵王伦传》《成都王颖传》，第1598、1618页；卷六二《刘琨传》，第1682页。《晋书》卷二四《职官志》可见殿中郎，其地位介于殿中将军与殿中校尉之间（第741页）。《通典》卷三六《职官十八·秩品一》所载"魏官品"，第六品有殿内将军、殿内典兵，第七品有殿中郎将、校尉，第八品有殿中都尉、司马及殿中羽林郎。卷三七《职官十九·秩品二》所载"晋官品"，第六品有殿中将军，第七品有殿中监，第八品有殿中羽林郎。[（唐）杜佑撰，王文锦等点校，中华书局1988年版，第993、994页] 按孟观、李肇所任决非殿中羽林郎，从其在"八王之乱"中的表现推断，似更近于殿内（中）典兵、殿中郎将。《晋书》卷二五《舆服志》所载《中朝大驾卤簿》中有"典兵中郎"（第758页），卷三三《石苞传附子乔传》可见"典兵中郎赵则"（第1004页），殿内典兵或即其职，孟观、李肇所任为此职的可能性更大，这种推测也与《晋志》关于殿中中郎品级的记载相符。

③ 胡三省注："云龙门，洛阳宫城正南门；万春门，东门也。"（《资治通鉴》，第2605页）

之。不然，无以免难。"骏素怯懦不决……侍中傅祇白骏，请与尚书武茂入宫观察事势，因谓群僚曰："宫中不宜空。"遂揖而下阶。……骏党左军将军刘豫陈兵在门，遇右军将军裴𬱖，问太傅所在，𬱖绐之曰："向于西掖门遇公乘素车，从二人西出矣。"豫曰："吾何之？"𬱖曰："宜至廷尉。"豫从𬱖言，遂委而去。寻诏𬱖代豫领左军将军，屯万春门。……寻而殿中兵出，烧骏府，又令弩手于阁上临骏府而射之，骏兵皆不得出。骏逃于马厩，就杀之。孟观等遂收骏弟珧、济、张劭、李斌、段广、刘豫、武茂及散骑常侍杨邈、中书令蒋俊、东夷校尉文鸯，皆夷三族，死者数千人。①

在杨骏与贾后的政争中，杨骏迅速失败，其因有三：（1）杨骏居于殿外，不能直接控制晋惠帝，其决策须经殿中（中宫）草诏批准方可成为政令实施。而贾后居于中宫，可就近控制殿中局势，并以诏书名义发布政令，占据了政治优势。（2）贾后与宗室诸王联络，利用其反骏心理以共同对付杨骏。杨骏由于篡改遗诏而独揽大权，招致宗室诸王忌恨，掌权后又未采取有力措施笼络安抚他们，虽然树心腹党羽，毕竟还是势单力孤，难成气候。（3）杨骏虽以亲党典禁兵，但其控制的禁卫军权是有限的。前引《杨骏传》谓其"多树亲党，皆领禁兵"，显系夸大其词。就所见记载来看，禁卫武官中只有中护军张劭与左军将军刘豫二人为杨骏亲信，其他禁卫武官多非杨骏之党所任，而且最关键的殿中军权不在其手，这是杨骏迅速失败的最主要原因。

如上所述，殿中中郎孟观、李肇不为杨骏所礼，投入贾后门下为之出谋划策，奔走效命。右军将军裴𬱖亦非杨骏一派人物，在贾、杨之争中站在贾后一边，并用欺骗手法将左军将军刘豫所守万春宫门夺回己手，为贾胜杨败之局的出现立下了大功。"东安公繇帅殿中四百人讨骏"，"殿中兵出，烧骏府"，"弩手于阁上临骏府而射之"，这些记载进一步表明贾后一派在斗争中有力地控制着殿中禁卫军权。此外，守卫宫城的禁卫武官亦仅左军将军刘豫为杨骏党羽，而右军将军裴𬱖与后军将军荀悝皆属贾后一

---

① 《资治通鉴》卷八二《晋纪四》，第2604—2606页。按是年三月壬辰（初九，4.24）改元元康，之前为永平元年。又《资治通鉴》修撰时，九家旧《晋书》并未全亡，故其所据颇有今本唐修《晋书》不载之史料。此又可参考《晋书》相关纪、传的记载，不再一一标注。

派。裴𫖮为贾氏亲戚,"贾充即𫖮从母夫也"①。《资治通鉴》载晋惠帝元康元年三月杨骏被杀,"壬辰(初九,4.24),赦天下,改元。贾后矫诏,使后军将军荀悝送太后于永宁宫"②。荀悝当即后父贾充朋党荀勖或荀顗之子弟。相较而言,杨骏所可用者仅为"东宫及外营兵",所谓"外营"应即护军所统宿卫宫城外之禁卫军。

殿中禁卫军权不为杨骏所控制,关键在于掌握殿中禁卫军权的左、右卫将军非其亲信。《晋书·东海王越传》:"历左卫将军,加侍中。讨杨骏有功……"③ 表明杨骏专政时左卫将军由宗室东海王越担任,并在其后反抗杨骏的政争中发挥了重要作用。右卫将军担任者虽不清楚为何人,但看来亦非杨骏亲信所任。杨骏不仅不能进入殿内,而且因宫门为贾后一派所控制,其亲信所统之外营兵亦无法进入宫城助骏。杨骏府就在宫城内,且距正殿不远,正因如此,作为殿中兵的弩手(弩士)才有可能"于阁上临骏府而射之"。史谓"骏居曹爽故府,在武库南"④。《魏志·曹爽传》裴注引《世语》曰:"初,宣王(司马懿)勒兵从阙下趋武库,当爽门,人逼车住。爽妻刘怖,出至厅事,谓帐下守督曰:'公在外,今兵起,如何?'督曰:'夫人勿忧。'乃上门楼,引弩注箭欲发。将孙谦在后牵止之曰:'天下事未可知!'如此者三,宣王遂得过去。"⑤ 表明曹爽府第紧邻武库,居曹爽故府之杨骏府第自亦紧邻武库。

确定武库方位是确定骏府所在之途。汉代武库令为执金吾属官,武库自应在宫城外(京城北部)。曹魏武库令转归卫尉,其所掌武库疑在宫城内。《魏志·文帝纪》:黄初元年"十二月,初营洛阳宫。戊午(十七,221.1.27),幸洛阳"。注曰:"臣松之案:诸书记是时帝居北宫,以建始殿朝群臣,门曰承明……至明帝时,始于汉南宫崇德殿处起太极、昭阳诸殿。"⑥《后汉书·坚镡传》注引《洛阳记》曰:"建始殿东有太仓,仓东

---

① 《晋书》卷三五《裴𫖮传》,第1041页。
② 《资治通鉴》卷八二《晋纪四》,第2606页。
③ 《晋书》卷五九《东海王越传》,第1622页。
④ 《晋书》卷四四《杨骏传》,第1179页。
⑤ (晋)陈寿撰,(南朝宋)裴松之注:《三国志》卷九《魏书·曹爽传》注,中华书局1959年版,第287页。
⑥ 《三国志》卷二《魏书·文帝纪》,第76页。

有武库，藏兵之所。"① 又《文选》载曹植《赠白马王彪》诗，"谒帝承明庐，逝将归旧疆"下注引陆机《洛阳记》曰："承明门，后宫出入之门。吾常怪曹子建诗'谒帝承明庐'，问张公，公云：'魏明帝作建始殿，朝会皆由承明门。'"② 按"张公"当即张华。由此可见，西晋惠帝时期，建始殿作为朝会议政之所承担正殿功能，建始殿与后宫有承明门相通，贾后无疑是在后宫—建始殿向殿外杨骏的势力发难。③ 而杨骏府亦紧邻建始殿，这是杨骏为方便辅政控制朝政而采取的措施，与当年曹爽辅政时在武库南之建始殿旁设府如出一辙。其情形可简单图示为：

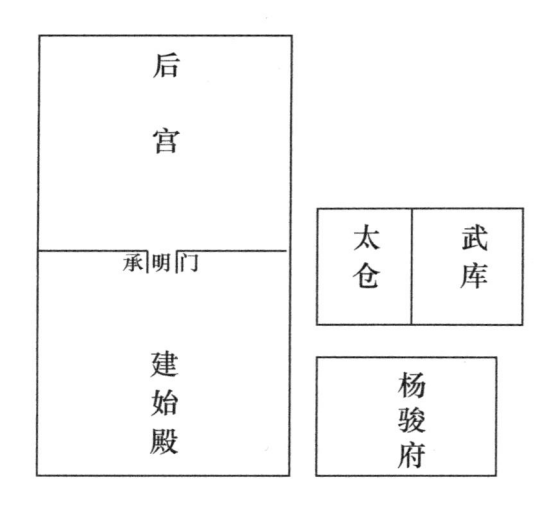

```
┌─────────────┐
│   后        │
│   宫        │     ┌────┬────┐
│             │     │太  │武  │
├──承│明│门──┤     │仓  │库  │
│             │     └────┴────┘
│   建        │     ┌────┐
│   始        │     │杨骏│
│   殿        │     │ 府 │
│             │     └────┘
└─────────────┘
```

杨骏太傅主簿朱振的建议中提出"引东宫及外营兵拥皇太子入宫"，

---

① （南朝宋）范晔撰，（唐）李贤等注：《后汉书》卷二二《坚镡传》注，中华书局1965年版，第783页。夏鼐据《元河南志》一书所载古代洛阳图，确定东汉武库位于汉故城东北角谷门之东，其北有太仓。参见作铭《〈永乐大典〉卷9561引〈元河南志〉的古代洛阳图十四幅》，《考古学报》1959年第2期；王仲殊《汉代考古学概说》，图一八《东汉雒阳城平面示意图》，北宫之东北角有太仓、武库，太仓在北，武库在南（中华书局1984年版，第18页），与《洛阳记》所载西晋武库在太仓之东不同。有两种可能：西晋都城中有关建筑物之位置与东汉有较大变化，或者此图有误差。庄春波据《后汉书·坚镡传》裴松之注引《洛阳记》的记载，认为："似乎武库在太仓以东，而非以南"（《秦汉武库制度》，《史学月刊》1991年第6期）。

② （南朝梁）萧统编，（唐）李善注：《文选》卷二四《诗丙·赠答二》，上海古籍出版社1986年版，第1123页。

③ 《晋书》卷五九《赵王伦传》：发动政变，"废贾后为庶人，幽之于建始殿"（第1599页）。亦可证建始殿与后宫相通，为贾后专政时的政治中心所在。

以便与打着晋惠帝招牌的贾后相抗衡。但是，贾后事先已做好了安排，杨骏无法引宫城外之外营兵入宫。上引史料记载贾后使李肇邀荆州都督楚王玮及扬州都督淮南王允入朝①，在贾后反骏时，"玮屯司马门"，而淮南王允之国相刘颂则以三公尚书身份"屯卫殿中"。这表明楚王玮与淮南王允在贾后的安排下，一个屯卫宫城门，一个屯卫殿中，对杨骏构成了内外夹击之势。此外，东安公繇"屯云龙门，兼统诸军"②，而云龙门为宫城正南门。楚王玮所屯之司马门为宫城正门（北门），是扼守宫城之要冲。汉代卫尉下有公车司马令，专门负责把守宫门③，西晋卫尉亦有公车令，守司马门亦应为其职责④。

　　杨骏虽然图谋完全控制禁卫军权，但却由于未能争取到当时势力强大的宗室集团的支持，其举措效果不佳。他只能在宫城尤其在宫城外禁卫军中安插亲信担任禁卫武官，而无法将殿中及后宫禁卫军权控制于己手。这一点与晋武帝临终前安插王佑为北军中候、东海王越为左卫将军等处置有关。在与贾后的较量中，杨骏未能有效控制殿中禁卫军权，已输一着；在楚、淮南二王入朝时未做好防范措施，其所控制的外营兵无法发挥作用，再输一着。在这种情况下，也就很难力挽狂澜，更何况杨骏政治谋略并不高明。皇帝愚痴无法亲政，杨骏虽为辅政大臣，但身为前朝外戚，与宗室之间仇隙甚深，而贾后又是凶悍贪权之辈，极具政治野心。政局如此，要想真正掌握统治大权，就必须有效地控制禁卫军权，而禁卫军权的控制，实际就是对各级禁卫武官的控制。杨骏虽然意识到了这一点，但却没有能力达到目的。贾后则利用殿中禁卫武官与杨骏之间的矛盾，也充分利用了宗室诸王与杨骏之间的仇隙，迅速采取措施，征调二王入朝，有力地控制了宫殿禁卫与宫城禁卫，对杨骏形成内外夹击之势，终使其走上穷途末路。

---

　　① 又参《晋书》卷四《惠帝纪》，楚王玮、淮南王允之军号分别为镇南、镇东将军（第90页）。
　　② 《晋书》卷三八《宣五王·东安王繇传》，第1123页。
　　③ 参见（汉）班固撰、（唐）颜师古注《汉书》卷一九上《百官公卿表上》，中华书局1962年版，第728页。
　　④ 参见《晋书》卷二四《职官志》，第736页。

第二节　贾后专政与禁卫军权

辅政大臣杨骏树亲党以典禁兵，但终究还是未能将禁卫军权完全控制在自己手中，特别是在晋惠帝及贾后身边侍卫并督摄殿内禁兵的殿中中郎孟观、李肇不为杨骏所礼，对其心怀不满，贾后及时利用了这一矛盾而密谋诛骏。杨骏被诛后，李肇因之升为积弩将军。积弩将军设于晋武帝太康十年（289），领有二千五百营兵，当初贾、杨对抗时射骏之弩手当属于积弩将军统领。① 宗室诸王为推翻杨骏立了大功，自然获得了极大好处。

杨骏被诛后，亟须加强对朝政的控制，以便统治机器能够正常运转，在贾后主导下做出了如下决定：

> （三月）壬寅（十九，5.4），征大司马汝南王亮为太宰，与太保卫瓘辅政。以秦王柬为大将军，东平王楙为抚军大将军，镇南将军楚王玮为卫将军、领北军中候，下邳王晃为尚书令，东安公繇为尚书左仆射，进封东安王。督将侯者千八十一人。②

在这些任命中，以楚王玮领北军中候最引人注目。楚王玮因引兵入朝助贾后诛骏而立下殊勋，被贾后任命为执掌禁卫大权的北军中候，由方镇长官一跃而成为禁卫长官。《晋书·楚王玮传》："武帝第五子也。初封始平王，历屯骑校尉。太康末，徙封于楚，出之国，都督荆州诸军事、平南将军，转镇南将军。武帝崩，入为卫将军、领北军中候，加侍中，行太子少傅。"③ 按此处所记"武帝崩，入为……"不确，据上引史料，楚王玮入朝时距晋武帝驾崩已有十个月之久，且其入朝后并未马上被任命为卫将军等职，而是在其助贾后诛灭杨骏之后方才得到新的任命。《长沙王乂传》："及武帝崩……会楚王玮奔丧，诸王皆近路迎之，乂独至陵所，号恸以俟玮。"④ 可见楚王玮之入朝，是贾后欲借宗室以自重，企图利用宗室诸王之力与辅政大臣杨骏相抗衡，进而为其夺权创造条件。为免师出无名，遂

---

① 参见拙作《晋代禁卫武官制度考论》，《中国史研究》1999年第4期。
② 《晋书》卷四《惠帝纪》，第90页。
③ 《晋书》卷五九《楚王玮传》，第1596页。
④ 《晋书》卷五九《长沙王乂传》，第1612页。

以令其奔丧为由入朝。杨骏不察,同意楚王玮入朝,正中贾后下怀。楚王玮入朝,显然并非征召其任职朝廷。

此外,在上述人事任命中,还有"督将侯者千八十一人"值得关注。此"督将"当即《中朝大驾卤簿》所见司马等三部督、命中督等五督与殿中都尉、司马以及黑袴褶将、金颜督将一类下级禁卫武官,因诛灭杨骏而封侯之督将多达一千余人,反映了禁卫武官及其所辖禁卫军参与此次政争之广度,也表明贾后对禁卫军权的控制程度之深。

从诛灭杨骏之初的人事任命可以看出,贾后无疑是借助宗室诸王的力量来为自己专政开辟道路。晋武帝弥留之际,杨后与杨骏矫改遗诏,在顾命大臣中排除宗室诸王,激起了他们对外戚杨氏的强烈反感。贾后的拉拢,正中宗室诸王下怀,于是两种并无多少共同利益的势力在反对杨氏专政的旗帜下结合到一起,迅速消灭了杨氏势力。被任命为太保进行辅政的卫瓘,本与贾后之间存在矛盾。早年他与贾后之父贾充一起皆为司马氏亲信死党,但后来二人在政见与个人利益方面发生了严重矛盾。在晋武帝当初为太子司马衷选妃时,卫瓘之女与贾后均在考虑之列,且武帝曾属意品、貌、才俱优的卫氏女,但因各种因素影响,最后还是选择了贾南风。贾后对此自然不会忘记。后来卫瓘又力主废司马衷太子之位而另立贤者,若司马衷被废,则贾南风不仅皇后美梦破灭,而且连太子妃之位也保不住。① 贾后对此亦决不会忘却②。贾后安排卫瓘与汝南王亮共同辅政,可能与诛杨骏而欲收买人心有关,因卫瓘是当时庶姓大臣中年龄最长且声望最高的人物,以之辅政可以起到稳定政局、笼络庶姓朝臣之效,也可以显示其不计前嫌,宽宏大量。然而,贾后乃小肚鸡肠之辈,她推卫瓘上台,目的是要借刀杀人,置之于死地,可谓用心险恶。

辅政大臣汝南王亮、卫瓘与掌握禁卫军权的楚王玮很快便发生了对抗,终致其被杀害。《资治通鉴》晋惠帝元康元年(291):

> 太宰亮、太保瓘以楚王玮刚愎好杀,恶之,欲夺其兵权,以临海侯裴楷代玮为北军中侯。玮怒,楷闻之,不敢拜。亮复与瓘谋,遣玮与诸

---

① 参见拙作《关于"八王之乱"爆发原因若干问题考辨》。
② 《晋书》卷三一《后妃上·惠贾皇后传》:卫瓘力主废太子司马衷,晋武帝未准,其后"(贾)充密遣语妃云:'卫瓘老奴,几破汝家。'"(第964页)可知贾后不仅了解此事,且当深记心里。

王之国，玮益忿怨。玮长史公孙宏、舍人岐盛，皆有宠于玮，劝玮自昵于贾后，后留玮领太子少傅。盛素善于杨骏，卫瓘恶其反复，将收之。盛乃与宏谋，因积弩将军李肇矫称玮命，谮亮、瓘于贾后，云将谋废立。后素怨瓘，且患二公执政，己不得专恣。夏六月，后使帝作手诏赐玮曰："太宰、太保欲为伊、霍之事，王宜宣诏，令淮南、长沙、成都王屯诸官门，免亮及瓘官。"夜，使黄门赍以授玮。……玮亦欲因此复私怨，遂勒本军，复矫诏召三十六军……辄杀瓘及子孙共九人。①

"三十六军"详情不明，似当为西晋中央军之总兵力。胡三省注曰："晋洛城内外三十六军。"②又，《晋书·武十三王·秦王柬传》："拜左将军，领右军将军、散骑常侍。武帝尝幸宣武场，以三十六军兵簿令柬料校之，柬一省便摘脱谬，帝异之，于诸子中尤见宠爱。"③

汝南王亮与卫瓘为了消除楚王玮这一潜在的威胁，"欲夺其兵权"，而只有将其所领掌禁卫军权的北军中候之职撤换才能实现。汝南王亮、卫瓘所任命的北军中候人选是裴楷，其为贾后之姻亲，因此两位辅佐大臣之决定应该还是秉贾后旨意而为。贾后利用楚王玮夺权，故不得不将禁卫军权交其掌控，但她很清楚不能有效控制禁卫军权就根本谈不上专制朝政。楚王玮为晋惠帝之弟，年纪轻，刚愎好杀，史称其"少年果锐，多立威刑"④，无疑是个有政治野心的人。贾后必欲除之而后快，遂借汝南王亮、卫瓘之手打压楚王玮。亮、瓘虽可处理国政，但并不掌控禁卫军权，贾后料到此举的结果将会置他们于死地。卫瓘为贾后所怨，汝南王亮亦非贾后所亲近，且为宗室元老，二人在朝理政不便于贾后专断朝政。于是贾后又采取阴谋手段，借楚王玮之手杀害汝南王亮和卫瓘，清除了影响她专政的又一障碍。⑤

---

① 《资治通鉴》卷八二《晋纪四》，第 2609—2610 页。又可参见《晋书》卷五九《楚王玮传》《汝南王亮传》，第 1596—1597、1592—1593 页；卷三六《卫瓘传》，第 1059 页；卷三五《裴楷传》，第 1049 页。

② 日本学者越智重明亦有类似看法，认为西晋时代中外军（洛阳城内外之中央军）为三十六军。参见氏著《領軍將軍と護軍將軍》，《東洋學報》第 44 卷第 1 号（1961 年）。

③ 《晋书》卷六四《武十三王·秦王柬传》，第 1720 页。

④ 《晋书》卷五九《楚王玮传》，第 1596 页。

⑤ 《晋书》卷三一《后妃上·惠贾皇后传》："……乃使帝作密诏，令玮诛瓘、亮，以报宿憾。"（第 964 页）又参同书卷三六《张华传》，第 1072 页。

在汝南王亮、卫瓘与楚王玮的斗争中，贾后始终是幕后策划指挥者。她先是欲借亮、瓘之手以夺玮之兵权，既而又感到亮、瓘非玮之对手，于是先借玮手以杀亮、瓘。楚王玮之所以敢于与汝南王亮、卫瓘对抗，除了贾后以惠帝手诏居中指使外，他以北军中候身份掌握禁卫军权乃是根本原因①。楚王玮不仅"勒本军"（即其所领营兵），而且"复矫诏召三十六军"，此"三十六军"当即守卫京师内外之全部中央军。其《手令告诸军》有云："吾今受诏都督中外诸军。诸在直卫者，皆严加警备；其在外营，便相率领，径诣行府。"②按："直卫"当指其所掌内军，以殿内宿直者为主；"外营"当指宫城外京师地区之禁卫军，以护军所领为主。"三十六军"除一小部分外，大部分难以确知。楚王玮"承贾后旨"，矫诏诛杀亮、瓘二公之时，步兵校尉长沙王"乂守东掖门"③。长沙王乂所领自属三十六军之列。

楚王玮杀害汝南王亮、卫瓘二辅臣后，权势煊赫，其欲进一步专权的政治野心随即暴露出来，从而与挟惠帝专政的贾后的政治利益形成了尖锐冲突。史载诛杀亮、瓘后，"岐盛说玮，可因兵势，诛贾模、郭彰，匡正王室，以安天下"④。贾模、郭彰皆贾后亲戚。贾模为贾充族子，"及楚王玮矫诏害汝南王亮、太保卫瓘，诏使模将中骑二百人救之"⑤。此所谓"中骑"，当即殿中驸骑。⑥郭彰为"贾后从舅"，"历散骑常侍、尚书、

---

① 王仲荦云："贾后又叫惠帝下手诏给司马玮，令其率领北军（守卫京城北部的禁兵）杀司马亮、卫瓘。"（《魏晋南北朝史》，第215页）按将楚王玮所任北军中候理解为"守卫京城北部的禁兵"的将领，这一解释乃望文生义。北军中候在东汉是北军将领之一，但在晋惠帝初年北军中候则是西晋王朝的最高禁卫长官，按制度其所统领的是宫城内全部禁卫军，而且西晋只有内、外军之分，并无南、北军之分。
② 《晋书》卷五九《楚王玮传》，第1596页。
③ 参见《晋书》卷五九《汝南王亮传》《长沙王乂传》，第1592、1612页。
④ 《晋书》卷五九《楚王玮传》，第1597页。
⑤ 《晋书》卷四〇《贾模传》，第1176页。
⑥ 《晋书》卷二五《舆服志》："大使车，立乘，驾四，赤帷裳，驸骑导从。小使车，不立乘，驾四，轻车之流也。兰舆皆朱，赤毂，赤屏泥，白盖，赤帷裳，从驸骑四十人。"（第762页）卷三一《后妃上·武元杨皇后传》："泰始中，帝博选良家以充后宫，先下书禁天下嫁娶，使宦者乘使车，给驸骑，驰传州郡，召充选者使后拣择。"（第953页）按"中骑"即"驸骑"。《后汉书》卷四二《光武十王·中山简王焉传》"从以虎贲官骑"下注引《汉官仪》："驸骑，王家名官骑。"（第1449页）《汉书》卷二《惠帝纪》："谒者、执盾、执戟、武士、驸比外郎。"师古曰："驸本厩之驭者，后又令为骑，因谓驸骑耳。"（第85、86页）卷六五《东方朔传》"朔给驸朱儒"下师古曰："驸本厩之御驸也，后人以为骑，谓之驸骑。"（第2843页）

卫将军"。① 按此处记郭彰任职不确,《资治通鉴》载其时贾模为车骑司马,郭彰为右卫将军。贾模得以将中骑二百人与楚王玮争斗,可能与其担任车骑司马之职有关。不过,他所任职务当非仅止于此,否则并不会作为楚王玮之矛头所向,以车骑司马干预国政亦不大可能。贾模所任文职为侍中,很可能又兼任骁骑将军一类重要禁卫武官。② 郭彰为右卫将军,侍卫于贾后和惠帝身边,权力甚重自无疑义。

从种种迹象来看,贾后在指使楚王玮之时就已经做好了对付并将之消灭的计划,如派贾模率中骑二百人救汝南王亮、卫瓘便是其表现之一。虽有长史岐盛之游说,但楚王玮并未采取针对贾后及其亲信的行动,而贾后方面却做好了对付楚王玮的准备。元康元年(291)"六月,贾后矫诏使楚王玮杀太宰汝南王亮、太保菑阳公卫瓘。乙丑(十三,7.26),以玮擅害亮、瓘,杀之。曲赦洛阳"③。就在贾后对他下手前,楚王"玮犹豫未决。会天明,帝用张华计,遣殿中将军王宫赍驺虞幡麾众曰:'楚王矫诏。'众皆释杖而走"。"帝遣谒者诏玮还营,执之于武(虎)贲署,遂下廷尉。诏以玮矫制害二公父子,又欲诛灭朝臣,谋图不轨,遂斩之。"④

借他人之手以灭政敌,从而消除心腹之患,乃是贾后惯用的伎俩。如上所述,最初她利用楚王玮等宗室诸王之手消灭了辅政大臣杨骏,然后又制造辅政大臣汝南王亮、卫瓘与禁卫长官楚王玮之间的矛盾,并借玮手杀害了亮、瓘,接着便以楚王玮擅害大臣、矫诏为由将其处死。至此,对朝政最有影响的三位大臣——外戚杨骏(太后父)、宗室元老汝南王亮、庶姓勋贵卫瓘相继被杀。次年二月,"贾后弑皇太后于金墉城"⑤。这样,贾后专断朝政的障碍一个个被清除。最为关键的是,由于有可能威胁惠帝皇位的楚王玮被清除,贾后可以将禁卫军权完全控制到自己手中。

与贾模、郭彰、楚王玮等共参朝政的东安王繇,早在杨骏被诛之初便被徙带方⑥。楚王玮被杀后,朝中所剩者主要为贾后亲信,此外,她又任

---

① 《晋书》卷四〇《贾模传附郭彰传》,第1176页。
② 《晋书》卷三一《后妃上·惠贾皇后传》:"侍中贾模,后之族兄;右卫郭彰,后之从舅。并以才望居位,与楚王玮、东安公繇分掌朝政。"(第964页)
③ 《晋书》卷四《惠帝纪》,第91页。
④ 《晋书》卷五九《楚王玮传》,第1597页。
⑤ 《晋书》卷四《惠帝纪》,第92页。
⑥ 参见《晋书》卷四《惠帝纪》,第90页。

用庶姓张华等大臣参预国政。在楚王玮坐大从而对贾后构成威胁之时,太子少傅张华进计以打败楚王玮。《晋书·张华传》:

> 及玮诛,华以首谋有功,拜右光禄大夫、开府仪同三司、侍中、中书监……贾谧与后共谋,以华庶族,儒雅有筹略,进无逼上之嫌,退为众望所依,欲倚以朝纲,访以政事……(裴頠)深赞其事……贾后虽凶妒,而知敬重华。①

《裴楷传》:"玮既伏诛,以楷为中书令,加侍中,与张华、王戎并管机要。"② 其时裴頠亦任侍中。按河东裴氏与贾氏有姻亲关系,裴楷长子舆娶贾充女,即贾后之妹,裴頠从母夫即贾充。

琅邪王氏亦为贾后姻亲。史载"衍妻郭氏,贾后之亲,藉中宫之势,刚愎贪戾,聚敛无厌,好干预人事,衍患之而不能禁"③。按王戎为王衍从兄,衍妻郭氏当为郭彰族亲。王衍历任北军中候、中领军、尚书令,多年掌控贾后专政时代的禁卫军权,其妻郭氏之恶行即是仗其夫及贾后之权势而来。王衍与朝廷还有一重姻亲关系,其女为愍怀太子妃,但当后来贾后诬陷愍怀太子时,"衍惧祸,自表离婚"④,表明王衍始终追随贾后。王衍另一女则嫁与贾后之母广城君养孙贾谧。⑤ 贾谧历任散骑常侍、后军将军,秘书监,侍中(领秘书监),史称其"干预国事,权侔人主"⑥。此外,琅邪王氏与河东裴氏亦有姻亲关系,"裴頠,(王)戎之壻也"⑦。《武陵王澹传》:"转前将军、中护军。性忌害,无孝友之行,弟东安王繇有令名,为父母所爱,澹恶之如雠,遂谮繇于汝南王亮,亮素与繇有隙,奏

---

① 《晋书》卷三六《张华传》,第1072页。
② 《晋书》卷三五《裴楷传》,第1049页。又,《资治通鉴》卷八二《晋纪四》惠帝元康元年六月条:"于是贾后专朝,委任亲党,以贾模为散骑常侍、加侍中。……乃以(张)华为侍中、中书监,(裴)頠为侍中,又以安南将军裴楷为中书令、加侍中,与右仆射王戎并管机要。"(第2612页)
③ 《晋书》卷四三《王衍传》,第1237页。
④ 同上。
⑤ 参见田余庆《东晋门阀政治》,北京大学出版社2000年版,第9页。
⑥ 《晋书》卷三一《后妃上·惠贾皇后传》,第964页。
⑦ 《晋书》卷四三《王戎传》,第1234页。

废徙之。赵王伦作乱，以澹为领军将军。"① 如上所述，汝南王亮是在贾后专政时当政的。这一记载显示，在贾后专政时武陵王澹一直担任中护军，而他与贾后也有姻亲关系，"澹妻郭氏，贾后内妹也"②。

如上所述，贾后专政时除张华与其无姻亲关系外，其他主要决策层大臣皆为其亲戚，或为同族，或为姻亲。河东裴氏、琅邪王氏在当时是颇具影响力的家族，裴楷、裴頠、王戎、王衍等人文化水平颇高，也有一定的治国理政能力，贾后重用他们虽然出自私心，却在客观上有利于收买人心，巩固统治。张华文化素养及统治才干都很杰出，其参政对稳定当时政局发挥了巨大作用。史称其"尽忠匡辅，弥缝补阙，虽当暗主虐后之朝，而海内晏然，华之功也"③。"华尽忠帝室，弥缝遗阙，贾后虽凶险，犹知敬重华。贾模与华、頠同心辅政，故数年之间，虽暗主在上而朝野安静，华等之功也。"④

贾后自元康元年（291）六月诛杀楚王玮而专断西晋朝政，直至永康元年（300）四月被废，专政长达近十年之久，除了任用张华等有才干、孚众望的大臣处理国政这一因素外，她还任用姻亲担任禁卫武官，从而有效地控制着禁卫军权亦为一大原因。如上所述，贾后专政期间，其姻亲王衍曾任北军中候及中领军（领军将军），贾谧曾任后军将军，郭彰曾任右卫将军，裴頠亦曾任右军及左军将军。

第三节　赵王伦政变、篡位与禁卫军权

据《晋书·惠帝纪》记载，贾后专政时的重要人事任命及重大军政事件主要有：

> 元康元年（291）九月"辛丑（廿一，10.30），征西大将军梁王肜为卫将军、录尚书事，以赵王伦为征西大将军、都督雍梁二州诸军事"。

---

① 《晋书》卷三八《宣五王·武陵王澹传》，第1122页。按本传所载澹、繇兄弟关系不确，繇被徙之事颇为复杂，其具体情形参见同上卷《东安王繇传》，第1123页。
② 《晋书》卷三八《宣五王·武陵王澹传》，第1122页。
③ 《晋书》卷三六《张华传》，第1072页。
④ 《资治通鉴》卷八二《晋纪四》惠帝元康元年六月条，第2612页。

六年五月，"匈奴郝散弟度元帅冯翊、北地马兰羌、卢水胡反，攻北地，太守张损死之"。"征西大将军赵王伦为车骑将军，以太子太保梁王肜为征西大将军、都督雍梁二州诸军事，镇关中"。

八月，"秦雍氐羌悉叛，推氐帅齐万年僭号称帝，围泾阳"。

九年正月，"左积弩将军孟观伐氐，战于中亭，大破之，获齐万年。征西大将军梁王肜录尚书事。以北中郎将河间王颙为镇西将军，镇关中；成都王颖为镇北大将军，镇邺"。

"十二月壬戌（三十，300.2.6），废皇太子遹为庶人，及其三子幽于金墉城，杀太子母谢氏。"

永康元年（300）三月"癸未（廿二，4.27），贾后矫诏害庶人遹于许昌"。①

可以看出，贾后专政近十年间，除了其末年废杀太子外，以关中地区的镇守最为紧要，主要是因匈奴郝散与氐人齐万年在关中以北地区发动叛乱，不仅威胁到关中安全，而且有可能影响到京师洛阳，危及贾后专政。关中镇守相继由赵王伦、梁王肜、河间王颙出任，此三王与后来镇邺的成都王颖在"八王之乱"后期扮演了重要角色。可以说贾后对上述宗室诸王的人事任命，对其后政局产生了深刻影响。

梁王肜"又领西戎校尉，屯好畤，督建威将军周处、振威将军卢播等伐氐贼齐万年于六陌"。"寻征拜大将军、尚书令、领军将军、录尚书事。"② 按"梁王肜屯好畤"是在元康六年（296）十一月③，则其入朝当在同年底或次年初。不过其被征拜之官职史书记载可能有误，同时兼任大将军、领军将军及尚书令、录尚书事不合制度④，从当时形势判断，贾后及执政张华、裴頠等大臣亦不大可能同时将禁卫长官及宰相之职交与宗室诸王且由一人兼任。如上所引，赵王伦于元康六年被征入朝为车骑将军，是对他镇抚关中"刑罚失当"引起氐羌反叛的惩罚性处置。赵王伦入朝

---

① 《晋书》卷四《惠帝纪》，第91、94、95、96页。
② 《晋书》卷三八《宣五王·梁王肜传》，第1127—1128页。
③ 参见《晋书》卷四《惠帝纪》，第94页。
④ 中华书局点校本《晋书》卷三八"校勘记"〔一一〕："姚鼐《惜抱轩笔记》：'既为大将军，即不为领军，既为尚书令，亦不为录矣。'按：《通鉴》八三作'征梁王肜为大将军、录尚书事'，此'尚书令领军将军'七字疑衍。"（第1140页）其说可从。

后为车骑将军、太子太傅,实际上并不参预政事,而是闲散于家,对此他是极不甘心的。史载其"深交贾(模、谧)、郭(彰),谄事中宫,大为贾后所亲信"①。尽管如此,数年间他与西晋最高决策无缘,而且还曾向执政大臣张华、裴頠请谒,欲求录尚书事、尚书令,但均被拒绝。虽然未能获得宰相之职,但因其"谄事中宫"而获得贾后信任,终在数年后得到了禁卫武官之任,"愍怀太子废,使伦领右军将军"。②据本纪可知,时在元康九年十二月。

对赵王伦的这一任命,对其后西晋政局产生了巨大影响。赵王伦也正是利用其右军将军所掌握的禁卫军权,发动了针对贾后及其决策集团的政变。《晋书·赵王伦传》:

> 时左卫司马督司马雅及常从督许超,并尝给事东宫,二人伤太子无罪,与殿中中郎士猗等谋废贾后,复太子,以华、頠不可移,难与图权,伦执兵之要,性贪冒,可假以济事,乃说伦嬖人孙秀曰……秀许诺,言于伦,伦纳焉。遂告通事令史张林及省事张衡、殿中侍御史殷浑、右卫司马督路始,使为内应。……伦、秀之谋益甚,而超、雅惧后难,欲悔其谋,乃辞疾。秀复告右卫佽飞督闾和,和从之,期四月三日丙夜一筹,以鼓声为应。至期,乃矫诏敕三部司马曰:"中宫与贾谧等杀吾太子,今使车骑入废中宫。汝等皆当从命,赐爵关中侯;不从,诛三族。"于是众皆从之。伦又矫诏开门夜入,陈兵道南,遣翊军校尉齐王冏将三部司马百人,排閤而入。华林令骆休为内应,迎帝幸东堂。遂废贾后为庶人,幽之于建始殿。收吴太妃、赵粲及韩寿妻贾午等,付暴室考竟。诏尚书以废后事,仍收捕贾谧等,召中书监、侍中、黄门侍郎、八坐,皆夜入殿,执张华、裴頠、解结、杜斌等,于殿前杀之。……明日,伦坐端门,屯兵北向,遣尚书和郁持节送贾庶人于金墉。诛赵粲叔父中护军赵浚及散骑侍郎韩豫等,内外群官多所黜免。伦寻矫诏自为使持节、大都督、督中外诸军事、相国、侍中,王如故……兵万人。以其世子散骑常侍荂领冗从仆射,子馥前将军……孙秀等封皆大郡,并据兵权,文武官封侯者数千人,百

---

① 《晋书》卷五九《赵王伦传》,第1598页。
② 同上书,第1598页。

官总己听于伦。①

这段史料对于赵王伦政变的前因后果有着生动翔实的记载,具有很高的史料价值。由此可见,赵王伦发动政变废杀贾后及其党羽亲信、执政集团,主要仍是利用宫中禁卫武官及其军事力量,只是这次行动比前几次行动(诛杨骏,诛汝南王亮和卫瓘,诛楚王玮)更加复杂,参与密谋的禁卫武官尤其中下级禁卫武官更多。另外,这次行动主要是"以下犯上",属于明目张胆的宫廷军事政变。

贾后废杀太子的行为引起统治集团内部矛盾激烈,不满情绪加剧,使政敌有机可乘,这是赵王伦发动政变的先决条件。政变之所以能够获得成功,还在于赵王伦担任禁卫武官,并有可能和殿中禁卫武官勾结。因此,曾给事愍怀太子东宫的殿中禁卫武官左卫司马督司马雅和常从督许超与殿中中郎士猗谋废贾后时,他们便和赵王伦相联系,双方互相利用,以期实现各自的政治目的。赵王伦虽然被贾后任命为右军将军,但因关中失抚而被征入朝,过了三年多之后才获此职,而且右军地位不高,远非其所欲之职。他之谄事中宫仅仅是出于自身利益之需,内心对贾后必定是愤恨的,而且他从张华、裴𬱟处两次讨求宰相之职均遭拒绝,自是极为不满。赵王伦为晋惠帝从祖,作为宗室元老,他所谋求的是执掌朝政,从其求录尚书事一职即显示其野心之大。

从上引史料可见,参与赵王伦政变者还有右卫司马督路始、右卫佽飞督閻和及翊军校尉齐王冏等禁卫武官,又有左、右卫将军所统三部司马被动参与。《晋书·齐王冏传》:惠帝从弟齐王冏,"元康中,拜散骑常侍,领左军将军、翊军校尉。赵王伦密与相结,废贾后,以功转游击将军"②。这表明齐王冏是支持赵王伦政变的重要禁卫武官。其所任左军将军高于赵王伦右军将军,但赵王伦本以车骑将军领右军将军,故地位仍高于齐王冏,加之两人属于祖孙辈,故此次政变仍以赵王伦为主谋。中护军赵浚(俊)在政变中被杀,说明其非赵王伦阵营之人。史载"于时朝野咸知贾后有害太子之意,中护军赵俊请太子废后,太子不听。左卫率东平刘卞,

---

① 《晋书》卷五九《赵王伦传》,第 1598—1600 页。
② 《晋书》卷五九《齐王冏传》,第 1606 页。

以贾后之谋问张华"云云①。可见赵俊非贾后一党,而与太子比较亲近。不过,赵俊虽非贾后一党,但其侄赵粲却是贾后死党,这是其被杀之重要因素。赵俊虽反对贾后废太子,但看来并未支持赵王伦的政变行动。当时担任领军将军者为武陵王澹,与梁王肜、齐王冏皆属宣五王系统,作为赵王伦之侄,想来他亦不会反对这次政变行动。②

诛杀中护军赵俊,显然是赵王伦清除异己势力以进一步控制禁卫军权之需要。赵王伦利用禁卫武装夺取政权,所以当政变成功后他便特别关注对禁卫军权之控制。《晋书·赵王伦传》:

> 淮南王允、齐王冏以伦、秀骄僭,内怀不平。秀等亦深忌焉,乃出冏镇许,夺允护军。允发愤起兵讨伦。允既败灭,伦加九锡……加荂抚军将军、领军将军,馥镇军将军、领护军将军,虔中军将军、领右卫将军,诩为侍中。又以孙秀为侍中、辅国将军、相国司马,右率(太子右卫率)如故。张林等并居显要。增相府兵为二万人,与宿卫同,又隐匿兵士,众过三万。起东宫三门四角华橹,断宫东西道为外徼。③

按:中护军赵俊被杀后,赵王伦以淮南王允为中护军,齐王冏则迁任游击将军。淮南、齐王对赵王伦的任命极为不满,中护军、游击将军绝非其所欲担任之职。他们在废黜贾后的政变中立下大功,却未能得到相应的回报,这是他们不满的主要原因④。对于二王的不满情绪,赵王伦加以压制,结果招致淮南王允的强烈反抗。⑤ 然而,此时赵王伦的势力颇为强大,淮南王允远非其对手,因而很快便遭致败灭。赵王伦遂得以进一步专断朝政。

为了巩固既得权力,赵王伦作出了重要的人事安排。其子荂、馥、虔

---

① 《资治通鉴》卷八三《晋纪五》惠帝元康九年十一月条,第2634页。
② 《晋书》卷三八《宣五王·武陵王澹传》:"赵王伦作乱,以澹为领军将军。"(第1122页)表明其与赵王伦同属一党,是其有力支持者。
③ 《晋书》卷五九《赵王伦传》,第1600页。
④ 《晋书》卷五九《齐王冏传》:"冏以位不满意,有恨色。孙秀微觉之,且惮其在内,出为平东将军、假节,镇许昌。"(第1606页)
⑤ 参见《晋书》卷六四《武十三王·淮南王允传》,第1721—1722页。

分别担任禁卫长官领军、护军、右卫将军，翊为侍中，孙秀则继续兼任太子右卫率掌握东宫禁卫军权。这样，赵王伦就以其三子控制了宫内禁卫军权，孙秀控制了东宫禁卫军权，表明其专政是建立在对禁卫军权的严密控制基础上的。据记载，当时或稍后担任禁卫武官者还有：孙会（秀子），射声校尉；卞粹，左军将军；王舆，左卫将军；司马雅，前军将军。据记载，与孙秀合族的孙旂兄弟四子中有三人在当时担任了禁卫武官："弼又为中坚将军、领尚书左丞，转为上将军、领射声校尉，髦为武卫将军、领太子詹事，琰为武威将军、领太子左率。"①

不久，赵王伦篡位自立为帝②。当时"左卫王舆与前军司马雅等率甲士入殿，譬喻三部司马，示以威赏，皆莫敢违"③。赵王伦篡位后，又作了一次人事调整："以世子荂为太子，馥为侍中、大司农、领护军、京兆王，虔为侍中、大将军、领军、广平王，翊为侍中、抚军将军、霸城王，孙秀为侍中、中书监、骠骑将军、仪同三司。张林等诸党皆登卿将，并列大封。其余同谋者咸超阶越次，不可胜纪，至于奴卒厮役亦加以爵位。"④与上次任命相比，多出了护军之职，但却不见左、右卫将军，这表明赵王伦已经完全控制了殿中禁卫军权，而且开始控制宫城外京城之禁卫军权。作为一个专断朝政的权臣，控制殿中及宫城禁卫军权即可，尤其殿中禁卫至关重要。作为一个篡位的皇帝，则不仅要控制宫殿及宫城，而且最低限度也还必须控制整个京城，故保卫京师安全亦至关重要。尤其他的篡位行为会遭到任职地方的宗室诸王的反对，为防其起兵入京，自须加强京师禁卫防守。赵王伦以次子领护军而以三子为领军，原因应当就在于此。另外，淮南王允以护军身份举兵反抗，也使得赵王伦要将护军之职握于己手。

赵王伦以其诸子为禁卫长官，控制禁卫军权以助其专断朝政。然而，宗室中具有同赵王伦相当身份者大有其人，当皇位的唯一性这一潘多拉魔盒被打开后，他们的野心和觊觎心迅速膨胀起来。赵王伦的专权和篡位引

---

① 《晋书》卷六〇《孙旂传》，第1633页。
② 《文选》卷四九《史论上》载干宝《〈晋纪〉总论》，注引臧荣绪《晋书》曰："惠帝永宁二年（302），禅位于赵王伦，伦以兵留守卫，上号曰太上皇，改金埔曰永昌宫。"（第2179页）
③ 《晋书》卷五九《赵王伦传》，第1601页。
④ 同上书，第1602页。

起其他宗室诸王的强烈不满和激烈反抗。淮南王允首先发难。"会赵王伦废贾后，诏遂以允为骠骑将军"，"领中护军。允性沈毅，宿卫将士皆敬服之。伦既有篡逆志，允阴知之，称疾不朝，密养死士，潜谋诛伦。伦甚惮之，转为太尉，外示优崇，实夺其兵也。允称疾不拜"。[1] 赵王伦欲排挤淮南王允以除后患，结果却导致其举兵反抗。时太子左卫率陈徽"勒东宫兵鼓噪于内以应"，表明淮南王允之中护军府及其营兵是在宫城之外。当其时，"伦子虔为侍中，在门下省，密要壮士，约以富贵。于是遣司马督护伏胤领骑四百从宫中出，举空版诈言有诏助淮南王允。允不之觉，开陈纳之，下车受诏，为胤所害"。"允三子皆被害，坐允夷灭者数千人。"[2] 此亦证其护军府位于宫外，表明中护军虽为禁卫长官，但其所负责的主要是宫外京城地区的防务。与汉代五校相当，应该以宫城外围的宿卫为其主要职责。据此推断，西晋五校尉很可能已转归护军统辖，官志不见领军辖五校尉之记载似亦反映了这种情况。

据本纪记载，淮南王允举兵及败灭发生于永康元年（300）八月。次年正月，赵王伦废黜惠帝而篡位。三月，齐王冏、成都王颖、河间王颙等"众数十万"起兵反抗赵王伦。[3] 赵王伦在将齐王冏排挤出朝并平息淮南王允的反抗行动后，通过进一步控制禁卫军权而牢牢掌握着朝政，朝中已无其他任何势力可与之抗衡。然而地方宗室诸王拥兵自重，力量不可小觑，于是他又设法控制地方王国的权力。"时齐王冏、河间王颙、成都王颖并拥强兵，各据一方。（孙）秀知冏等必有异图，乃选亲党及伦故吏为三王参佐及郡守。"[4] 司马伦的这一举措立即遭到三王的抵抗，他们迅速联合起来，兴师讨伐已经篡位称帝的司马伦。

面对三王的进攻，黄袍加身的司马伦自然不敢怠慢，积极布防，进行抵御。"及三王起兵，讨伦檄至，伦、秀始大惧，遣其中坚孙辅为上军将军，积弩李严为折冲将军，率兵七千自延寿关出；征虏张泓、左军蔡璜、前军闾和等率九千人自堮阪关出；镇军司马雅、扬威莫原等率八千人自成皋关出……"[5] "伦遣其将闾和出伊阙，张泓、孙辅出堮阪以距冏；孙会、

---

[1] 《晋书》卷六四《武十三王·淮南王允传》，第1721页。
[2] 同上书，第1721—1722页。
[3] 参见《晋书》卷四《惠帝纪》，第96、97页。
[4] 《晋书》卷五九《赵王伦传》，第1602页。
[5] 同上书，第1603页。

士猗、许超出黄桥以距颖。""会等大败,弃军走。"四月,"冏将何勖、卢播击张泓于阳翟,大破之,斩孙辅等。辛酉(初七,301.5.30),左卫将军王舆与尚书淮陵王漼勒兵入宫,禽伦党孙秀、孙会、许超、士猗、骆休等,皆斩之。逐伦还第,即日乘舆反正"。① 由此可见,当齐王冏等三王起兵,地方藩镇势力大举进攻京师之际,司马伦不得不将其精锐禁卫军调出以进行阻击,从而削弱了朝廷禁卫的力量。战争中损兵折将使其禁卫军力大大下降,正好为左卫将军王舆与淮陵王漼入宫发动兵变提供了有利时机。毫无疑问,司马伦之所以能够取得成功,就在于他掌握并控制了禁卫军权,而其失败也在于禁卫军权遭到削弱,更由于禁卫武官的背叛。地方诸王进军京师,为此种结果创造了条件和机会。在与司马伦的斗争中,三王凭借强大的兵力占据了优势,但如果没有禁卫军的反叛,他们不大可能如此快捷便取得胜利。

关于王舆入宫及擒司马伦、孙秀之事,《晋书·赵王伦传》有详细记载:

> 自义兵之起,百官将士咸欲诛伦、秀以谢天下。秀知众怒难犯,不敢出省。……王舆反之,率营兵七百余人自南掖门入,敕宫中兵各守卫诸门,三部司马为应于内。舆自往攻秀,秀闭中书南门。舆放兵登墙烧屋,秀及超、猗遽走出,左卫将军(按当为右卫,下文有"右卫营"可证)赵泉斩秀等以徇,收孙奇于右卫营,付廷尉诛之。执前(前军)将军谢惔、黄门令骆休、司马督王潜,皆于殿中斩之。三部司马兵于宣化闼中斩孙弼以徇。时司马馥在秀坐,舆使将士囚之于散骑省,以大戟守省阁。八坐皆入殿中,坐东除树下。王舆屯云龙门,使伦为诏曰:……传诏以驺虞幡敕将士解兵。……于是以甲士数千迎天子于金墉,百姓咸称万岁。帝自端门入,升殿,御广室,送伦及荂等付金墉城。②

按:王舆率营兵所入之南掖门为宫城门之一。孙秀"不敢出省"之"省",即禁省,亦即宫殿、禁中(内)。汉代郎中令及光禄勋"掌宫殿掖

---

① 《晋书》卷四《惠帝纪》,第97页。
② 《晋书》卷五九《赵王伦传》,第1604—1605页。

门户"，此处之"掖"当指掖庭，而与宫城之掖门无关。"汉制：内至禁者为殿门，外出大道为掖门。"① 殿门是进入禁中之门，而出掖门即为京城大道，自指宫门。② 晋代宫殿宫城制度与汉代尤其东汉洛阳宫城制度相似，南掖门应为宫门而非殿门。据此，则西晋"宫中兵"之"宫"即是宫城。左卫将军王舆"率营兵七百余人自南掖门入，敕宫中兵各守卫诸门，三部司马为应于内"，表明左卫营是在南掖门外，不在宫中，但由于宫殿中诸禁卫官皆由左、右卫将军所领，故其可以自由出入宫掖门，并对宫中兵发号施令。三部司马宿直殿内，侍卫禁中。殿中将军亦当在殿内统率殿中诸职进行守卫。"秀及超、猗逾走出，左（右）卫将军赵泉斩秀等以徇，收孙奇于右卫营"，按其"走出"自当从殿内逃出，表明右卫营在殿外宫城内。左卫将军王舆若非执行特殊任务，则应在宫外办公，则当时左卫将军营署就在宫外，而右卫将军营署却在宫内，表明当时右卫将军比左卫将军更加亲近。上引史料还说明，前军将军谢惔与黄门令骆休、司马督王潜俱侍卫殿中，黄门令与司马督侍卫殿内自无疑义，而前军将军也可能为殿内禁卫武官。守散骑省阁之"大戟"当即大戟楯一类虎贲。

第四节 齐、成都、东海诸王专政与禁卫军权

司马伦被逐，晋惠帝复位，不久西晋政权便为齐王冏所控制。"及王舆废伦，惠帝反正，冏诛讨贼党既毕，率众入洛，顿军通章署，甲士数十万，旌旗器械之盛，震于京都。天子就拜大司马，加九锡之命，备物典策，如宣、景、文、武辅魏故事。冏于是辅政……以车骑将军何勖领中领军。"③ 虽然握有数十万大军，可齐王冏仍然不敢放松对禁卫军权的控制，以其亲信将领何勖担任中领军。举义诸王中，长沙王乂"拜抚军大将军、领左军将军。顷之，迁骠骑将军，开府，复本国"，外示优崇，实则剥夺了

---

① （宋）宋敏求撰：《长安志》卷三《宫室一·汉上》"掖门"条，思贤讲舍校刊本；（清）徐松辑，高敏点校：《河南志》卷二《后汉城阙古迹》"掖门"条，中华书局1994年版，第47页。

② 《汉书·成帝纪》：建始三年（前30）"秋，关内大水，七月，虒上小女陈持弓闻大水至，走入横城门，阑入尚方掖门，至未央宫钩盾中。吏民惊上城。应劭曰：'无符籍妄入宫曰阑。掖门者，正门之傍小门也。'师古曰：'掖门在两傍，言如人臂掖也。'"（《汉书》卷一〇《成帝纪》，第306、307页）按民女所"阑入"之掖门只能是宫门而不会是殿门。

③ 《晋书》卷五九《齐王冏传》，第1606页。

其对禁卫军权的掌握。河间王颙"进位侍中、太尉",亦与军政大权无缘。成都王颖则率军返回其根据地邺城,"进位大将军、都督中外诸军事,假节,加黄钺,录尚书事",虽极为优崇,但却与掌控朝政毫无关系。①

齐王冏独霸朝政,引起举义诸王的强烈不满,河间王颙(时已镇长安)与成都王颖等出兵讨冏。长沙王乂"奉乘舆屯南止车门,攻冏,杀之",自任太尉、都督中外诸军事。②关于当时的局势,《晋书·惠帝纪》有如下记载:

太安二年(303)"八月,河间王颙、成都王颖举兵讨长沙王乂,帝以乂为大都督,帅军御之"。十二月"癸亥(廿四,304.1.17),东海王越执长沙王乂,幽于金墉城,寻为张方(颙将)所害"。③

永兴元年(永安元年,304)正月,"以成都王颖为丞相。颖遣从事中郎成夔等以兵五万屯十二城门,殿中宿所忌者,颖皆杀之,以三部兵代宿卫"。三月,"河间王颙表请立成都王颖为太弟"。七月,"右卫将军陈眕以诏召百僚入殿中,因勒兵讨成都王颖……六军败绩于荡阴"。④

到齐王冏及河间、成都、东海诸王参与政争之时,战争已经波及到黄河南北广大地区,此时军事力量的较量远比禁卫军权的控制更为重要。尽管如此,禁卫武官的活动及对禁卫军权的掌控仍为各派政治势力所关注的重点。

河间王颙进攻长沙王乂,其部将张方入洛进攻西明门,"乂率中军左、右卫击之,方众大败,死者五千余人"⑤。可见中军左、右卫仍是一支不可低估的武装力量。成都王颖挟惠帝至邺,"表罢宿卫兵属相府,更以王官宿卫"⑥。成都王颖将晋惠帝宿卫兵编入相府,处于其控制之下,而以其王官宿卫,控制着晋惠帝。在成都王颖进攻长沙王乂之时,"乂固守洛

---

① 参见《晋书》卷五九《长沙王乂传》《河间王颙传》《成都王颖传》,第1612、1620、1616页;卷四《惠帝纪》,第98页。
② 《晋书》卷四《惠帝纪》,第100页;卷五九《长沙王乂传》,第1612—1613页。
③ 《晋书》卷四《惠帝纪》,第100、101页。按"癸亥"原系于十一月下,是年十一月无癸亥,当为十二月癸亥。参见中华书局点校本"校勘记"〔二五〕,第111页。
④ 《晋书》卷四《惠帝纪》,第102—103页。
⑤ 《晋书》卷五九《河间王颙传》,第1620页。
⑥ 《晋书》卷五九《成都王颖传》,第1617页。

第九章 "八王之乱"与禁卫军权 / 257

阳,殿中诸将及三部司马疲于战守,密与左卫将军朱默夜收乂别省,逼越为主,启惠帝免乂官"①。毫无疑问,禁卫武官因疲于战守而反戈,是长沙王乂丧失权力之重要因素。

"八王之乱"即将结束,东海王越专政之时,仍然十分重视对禁卫军权的控制。《晋书·东海王越传》:

> 越自荥阳还洛阳,以太学为府。疑朝臣贰己,乃诬帝舅王延等为乱,遣王景率甲士三千人入宫收延等,付廷尉杀之。越解兖州牧,领司徒。越既与苟晞构怨,又以顷兴事多由殿省,乃奏宿卫有侯爵者皆罢之。时殿中武官并封侯,由是出者略尽,皆泣涕而去。乃以东海国上军将军何伦为右卫将军,王景为左卫将军,领国兵数百人宿卫。②

显然,入朝之东海王越为了便于在洛阳专政,将朝廷禁卫武官主要是左、右卫将军及其所统殿中武官及宿卫兵遣出,而以自己的王国官兵宿卫,并任命其王国将领何伦、王景分任右卫、左卫将军,控制宫殿禁卫大权。在地方,其时已无任何诸王可与之抗衡,故京城守备对他来说并不重要,关键仍在控制宫殿禁廷。

从这一任命看,似右卫将军地位高于左卫将军。前述赵王伦篡位后以其子虔为右卫将军,位于领军将军和护军将军之后,而不记左卫将军由何人担任;伦死党孙秀为太子右率,而不及左率担任者;伦被废之时,可见左卫营在宫外、右卫营在宫内;右卫将军陈眕诏百僚入殿,并勒兵讨成都王颖。凡此,都表明当时右卫将军地位应当高于左卫将军。同理,右军将军也应当高于左军将军。但在贾后诛灭杨骏之役中裴颜由右军将军转任左军将军,显然当时左军将军位高于右军将军。禁卫武官左、右卫将军及左、右军将军位置之转换,应当从赵王伦执政始。赵王伦以右军将军身份发动政变废杀贾后,在其执政后,便将右卫将军和右军将军的地位提升,正因如此,才会出现任命其子为右卫将军而不及左卫将军之事,以后的情形也可按此理解。左卫府可能就在其时移出宫外,而右卫府仍在宫内。相

---

① 《晋书》卷五九《东海王越传》,第1623页。
② 同上书,第1624页。又,《宋书》卷六四《何承天传》:"何承天,东海郯人也。从祖伦,晋右卫将军。"(第1701页)

应地，右军府也可能同时移入宫内。

小　结

通过以上考述，对西晋禁卫武官制度以及禁卫军权与动乱时期西晋政治的关系有了更进一步的认识。

（1）晋惠帝即位后，晋武帝杨皇后被尊为皇太后，太子妃贾南风立为皇后，外戚杨骏据矫改之遗诏而任辅政大臣（太尉、都督中外诸军事、录尚书事），专制朝政。杨骏为了对付贾后的可能威胁，"多树亲党，皆领禁兵"，特别是以其外甥张劭为中护军，典禁兵。杨骏控制禁兵的举措引起了贾后及宗室诸王的警觉，殿中中郎孟观、李肇在贾后授意下密谋策动消灭杨骏的计划，并由李肇与宗室诸王相联络。殿中中郎典殿内之兵，地位不高但颇为机要。由于杨骏身居殿外，未能有效控制殿内禁卫军权，故在与贾后的政争中迅速失败。贾后利用殿中禁卫武官与杨骏之间的矛盾，以及宗室诸王与杨骏之间的仇隙，征调宗室二王入朝，有力地控制了宫殿禁卫与宫城禁卫，对杨骏形成内外夹击之势，终使其走向灭亡。

（2）贾后专政，为推翻杨骏立下大功的楚王玮升迁为执掌禁卫大权的北军中候。辅政大臣汝南王亮与卫瓘为了消除楚王玮潜在的威胁，"欲夺其兵权"，而这也正是贾后之意。楚王玮为晋惠帝之弟，年纪轻，刚愎好杀，颇具政治野心，贾后必欲除之而后快，于是借亮、瓘之手对他进行打压。楚王玮利用手中的禁卫军权，杀害了汝南王亮和卫瓘两位辅政大臣。手握禁卫军权的楚王玮与挟惠帝而专朝政的贾后的政治利益形成了尖锐冲突，贾后借机将威胁惠帝皇位的楚王玮除掉，将禁卫军权完全控制在自己手中。贾后专政近十年间，任用姻亲担任禁卫武官，如王衍为北军中候及中领军，郭彰为右卫将军，贾谧为后军将军，裴頠为右军将军及左军将军，从而有效地控制了禁卫军权。

（3）贾后专政后期，皇从祖赵王伦被任命为禁卫武官右军将军，不久发动了政变，废杀贾后及其党羽亲信、执政集团。这是一次明目张胆的宫廷军事政变，参与密谋的中下级禁卫武官尤多，主要有：翊军校尉齐王冏，以及曾给事愍怀太子东宫的殿中禁卫武官左卫司马督司马雅和常从督许超、殿中中郎士猗、右卫司马督路始、右卫佽飞督闾和等禁卫武官，又有左、右卫所辖三部司马被动参与。赵王伦专政是建立在对禁卫军权的严密控制基础上的，政变后也就特别关注对禁卫军权的控制，杀害中护军赵俊，而以淮南王允为中护军，齐王冏为游击将军。淮南王允欲入宫废伦，但因力量悬殊而失败。赵王伦为了巩固既得权力，以其子荂、馥、虔分别担任禁卫长官领军、护军、右卫将军，其亲信孙秀继续兼任太子右卫率掌握东宫禁卫军权，其他禁卫武官也由其亲信所担任。不久，赵王伦篡位称帝，以子馥为侍中、大司农、领护军、京兆王，虔为侍中、大将军、领军、广平王。作为皇帝，司马伦不仅要控制宫殿及宫城，而且还必须控制京城，这是他以次子领护军而以三子为领军的主要原因。司马伦以其诸子为禁卫长官，以其亲信担任各级禁卫武官，通过控制禁卫军权以专断朝政，其专权和篡位遭到其他宗室诸王的激烈反抗。

（4）当齐王冏等三王大举进攻京师之际，司马伦不得不调出其精锐禁卫军进行阻击，这一处置削弱了宿卫力量，于是左卫将军王舆"率营兵七百余人自南掖门入，敕宫中兵各守卫诸门，三部司马为应于内"，推翻了司马伦的统治。东海王越是"八王之乱"中最后一个入朝的宗室诸王，为了便于在洛阳专政，他将朝廷左、右卫及其所统殿中武官及宿卫兵遣出，而以东海王国官兵宿卫，并任命其王国将领何伦、王景分任右、左卫将军，控制宫殿禁卫大权。

（5）禁卫武官在"八王之乱"中扮演了重要角色，禁卫军权的掌控是影响朝局的重要问题。要专制朝政并号令全国，就必须掌控禁卫军权，专权者往往亲自担任禁卫长官或令其亲信担任禁卫武官以典禁兵，其中殿内宿卫至关紧要。如不能有效控制禁卫军，禁卫武官不能听从专权者调度，则其专权便很容易失败。有个人野心的禁卫武官往往会利用禁卫军权来实现其个人目的。换言之，在非常朝政下，具体而言，就是在晋惠帝愚痴难以亲政的情况下，对禁卫军权的掌控实际上就意味着对皇权的掌控，也就成为实际上的最高统治者。只有控制了禁卫军权，才能假皇帝之名以行政，从而号令天下。当然在正常政局即皇帝本人能够有效行使其最高权力之时，情况就会大不相同，禁卫军权虽然重要，但仅是服务于专制皇权的重要工具，而不可能左右朝局。"八王之乱"是西晋统治集团内部争夺皇权和对皇权进行控制的一次政治斗争，只有控制了宫殿禁廷方可控制当朝皇帝或者实行专权乃至篡位，而控制宫殿禁廷自然离不开禁卫武官及其所统禁卫军。毫无疑问，"八王之乱"提供了认识中国古代君主专制政体下禁卫军权与政治关系的典型个案。

第十章

东晋禁卫武官制度与禁卫军权

"八王之乱"摧毁了西晋王朝的统治基础，传统的政治秩序难以为继，胡族乘势而起，西晋王朝分崩离析。在琅邪王氏支持下，西晋宗室琅邪王司马睿在江东建立了东晋（317—420）政权。东晋一朝百年间，司马氏君主先后与琅邪王氏、颍川庾氏、陈郡谢氏、谯国桓氏、太原王氏等高门士族共政，维持着东晋王朝的统治秩序。东晋的政治局面及都城结构与西晋洛阳有着巨大的差异，禁卫武官制度及禁卫军权对于政治的作用也发生了很大变化。东晋历次政治斗争中，起决定作用的因素虽然不是禁卫军权，但其影响仍然值得关注。在东晋政治与制度史的研究中，为学界所忽视的禁卫武官制度以及与之相关的禁卫军权问题，仍有加以探讨的必要。

第一节 东晋禁卫武官制度

今人所能见到的关于东晋禁卫武官制度的最为系统的史料，当推《晋书·职官志》的如下记载：

> 中领军将军……怀帝永嘉中，改中军曰中领军。永昌元年（322），改曰北军中候，寻复为领军。成帝世，复为中候，寻复为领军。护军将军……元帝永昌元年，省护军，并领军。明帝太宁二年（324），复置领、护，各领营兵。江左以来，领军不复别领营，总统二卫、骁骑、材官诸营，护军犹别有营也。资重者为领军、护军，资轻者为中领军、中护军。属官有长史、司马、功曹、主簿、五官，受命出征，则置参军。左、右卫将军……并置长史、司马、功曹、主簿

员,江左罢长史。骁骑将军、游击将军……及晋,以领、护、左右卫、骁骑、游击为六军。左、右、前、后军将军……是为四军。屯骑、步兵、越骑、长水、射声等校尉,是为五校。……魏晋逮于江左,犹领营兵,并置司马、功曹、主簿,后省。左军、右军、前军、后军为镇卫军(?),其左右[中郎将、五?]营校尉自如旧,皆中领军(领军将军)统之。①

按《宋书·百官志下》亦有类似记载②,但与《晋志》略有差异,主要体现在以下方面:

《宋志》载"领、护资重者为领军、护军将军",《晋志》省略为"领、护资重者为领军、护军",是不准确的;《宋志》载"二卫将军掌宿卫营兵",而《晋志》未明确记载二卫将军之职能;《宋志》载"自游击至五校,魏晋逮于江左初,犹领营兵",而《晋志》载"魏晋逮于江左,犹领营兵",少一"初"字,造成了巨大的时限混乱,本来仅为江左初诸职还领有营兵,因之变成了整个江左即东晋一代领有营兵。

不过,《宋志》所载亦有矛盾之处,如明确记载晋武帝省左、右中郎将,两晋不设其职,但又记"自游击至五校(指游击将军、四军将军、二中郎将、五校),魏晋逮于江左初,犹领营兵……二中郎将本不领营也",似曹魏两晋一直都设有左、右中郎将。据《宋志》记载,骁骑将军"先有司马、功曹、主簿,后省",表明骁骑将军曾设置过司马、功曹、主簿等僚佐,何时罢省不得而知。《宋志》又载:晋置虎贲中郎将、冗从仆射、羽林监,"是为三将。哀帝省。……江左无复营兵。""自骁骑至强弩将军,先并各置一人;宋太宗泰始以来,多以军功得此官,今并无复员。"可知两晋时骁骑将军、游击将军、四军、五校、三将及积射、强弩将军的编制各为一员。殿中将军、殿中司马督,"晋孝武太元(376—396)中改选,以门阀居之",表明此前不一定由门

---

① (唐)房玄龄等撰:《晋书》卷二四《职官志》,中华书局1974年版,第740—741页。
② 参见(南朝梁)沈约撰《宋书》卷四〇《百官志下》,中华书局1974年版,第1247—1250页。

阀士族成员担任①。东晋与西晋一样亦设殿中都尉，如晋穆帝永和八年（352）二月，"遣殿中都尉王惠如洛阳，以卫五陵"②。武卫将军"无员"，且"晋氏不常置"③。

以上记载表明，东晋禁卫武官制度基本上继承了西晋制度，即东晋同样设置以领军将军（中领军）为核心的禁卫武官制度，领军将军（中领军）"掌内军"，护军将军（中护军）"掌外军"，左、右卫将军"掌宿卫营兵"，其下有骁骑、游击将军及四军、五校、三将和积射、强弩将军等禁卫武官。东晋初年曾两度以北军中候取代领军将军（中领军），但为时极短，总的来看，东晋百余年间领军名称几乎固定不变。东晋初年曾一度将护军并入领军，但只有两三年时间，除此之外，护军将军（中护军）作为仅次于领军将军（中领军）的禁卫长官而延续了整个东晋一代。领军将军（中领军）"总统二卫、骁骑、材官诸营"，四军、五校、三将等职亦由领军统辖，但东晋初年以后此诸职即不再领有营兵。

与西晋一样，东晋领军将军（中领军）、护军将军（中护军）的属官有长史、司马、功曹、主簿、五官，出征时设置参军；左、右卫将军的属官有司马、功曹、主簿，比西晋少长史。不设长史表明，东晋左、右卫将军只有军事权力而无行政权力，其职能比起西晋有所萎缩。东晋左、右卫将军在出征时亦置参军，如当王敦叛军"至于南岸（即秦淮河南岸）"时，晋明帝方面"募壮士，遣将军段秀、中军司马曹浑、左卫参军陈嵩、钟寅等甲卒千人渡水，掩其未毕"。④ 史载晋穆帝升平二年（358）闰三月，"𫗦飞督王饶献鸩鸟"⑤。可见东晋继承西晋制度，仍设𫗦飞督之职。有𫗦飞督，亦当有熊渠督。总之，东晋禁卫军有护军营、二卫营、骁骑营、材官营；二卫、骁骑、材官诸营间接总统于领军将军（中领军），但

---

① （宋）李昉等撰《太平御览》卷二三九《职官部三七·杂号将军上》"殿中将军"条引《语林》曰："庾公（庾亮）欲伐王公（王导），先书与郗公（郗鉴）曰：'老贼贼转欲輢张，殿中将军旧用才学士，以广视听，而顷悉内面墙人，是欲蔽主之明。便欲勒数州之众，以除君侧之恶。今年之举，箧不济矣。'"（中华书局1960年版，第1134页）此证东晋殿中将军在皇帝身边侍卫，东晋初年殿中将军用才学之士充任。经过多年之后，到孝武帝太元年间则规定"以门阀居之"。

② 《晋书》卷八《穆帝纪》，第198页。
③ 《宋书》卷四〇《百官志下》，第1250页。
④ 《晋书》卷六《明帝纪》，第162页。
⑤ 《晋书》卷八《穆帝纪》，第203页。

第十章　东晋禁卫武官制度与禁卫军权　/　263

并不归领军直接统领。

　　与西晋不同，东晋领军将军（中领军）无专门营署与营兵，其对禁卫军的统领是间接的而非直接的。东晋护军将军（中护军）"掌外军"，仍然有独立的营兵归其统率。温峤上奏论"军国要务"，谓"又先朝使五校出田，今四军五校有兵者，及护军所统外军，可分遣二军出，并屯要处"。① 这表明，东晋护军的确以"统外军"为其职掌，且四军五校与护军并无隶属关系。《晋书·刘隗传》："隗雅习文史，善求人主意，帝深器遇之。迁丞相司直，委以刑宪。时建康尉收护军士，而为府将篡取之，隗奏免护军将军戴若思官。"② 可见护军将军所统外军营兵有专门称谓"护军士"，"建康尉收护军士"表明护军兵营就在建康县辖区③。

　　据上引《晋书·职官志》记载可知，东晋初年曾两度以北军中候取代领军将军（中领军）。考之史载，东晋一朝也只有二人担任过北军中候，且为时极短。《太平御览》引王隐《晋书》曰："太祖永昌元年（322），以钟雅为北军中候。五年（?）省，并领军。"④ 按此处谓永昌五年省北军中候而并于领军，其说不确，因元帝永昌年号只有元年。晋元帝

---

① 《晋书》卷六七《温峤传》，第1789页。
② 《晋书》卷六九《刘隗传》，第1835页。按其后又载"世子文学王籍之""丞相长史周顗等""丞相行参军宋挺"及"建兴中，丞相府斩督运令史淳于伯"等人事，再记"晋国既建，拜御史中丞"。（第1835—1837页）则"隗奏免护军将军戴若思官"发生于晋元帝称帝之前数年，然其时东晋王朝尚未建立，不可能有护军将军之设。不过所载史事不一定子虚乌有，很可能实有其事。同上卷《戴若思传》："元帝召为镇东右司马。""帝为晋王，以为尚书。中兴建，为中护军，转护军将军、尚书仆射，皆辞不拜。出为征西将军、都督兖豫幽冀雍并六州诸军事、假节，加散骑常侍。"（第1847页）据同书卷六《元帝纪》，太兴四年（321）七月甲戌（十七，8.26），"以尚书戴若思为征西将军、都督司兖豫并冀雍六州诸军事、司州刺史，镇合肥"（第154页）。戴若思虽然"辞不拜"，但实际应该还是担任了护军将军。
③ 《晋书》卷一五《地理志下》扬州丹杨郡"建邺"县下本注："本秣陵，孙氏改为建业。武帝平吴，以为秣陵。太康三年（282），分秣陵北为建邺，改'业'为'邺'。"（第460页）《太平寰宇记》卷九〇《江南东道二》"上元县"条："建康县城，在县西一里。吴大帝自京口迁秣陵，改建业。晋避愍帝讳，改建康。元帝止都焉。初县理（治）本在宣阳门内，苏峻之乱，被焚，移入苑城。既为台城，乃徙金都乡朱雀里，又曰大亭里，盖晋元帝初过江，为琅邪国人所立怀德县处。""古建康县，初置在宣阳门内。晋咸和三年（328），苏峻作乱，烧尽，遂移入苑城。咸和六年，以苑城为宫，乃徙出宣阳门外御街西，今建初寺门东是。时有七尉部：江尉，在三生渚；西尉，在延兴寺后巷北；东尉，在吴大帝陵口，今蒋山西门；南尉，在草市北湘宫寺前；北尉，在朝沟邨；左尉，在清流溪孤首桥；右尉，在纱市。"［（宋）乐史撰，王文楚等点校，中华书局2007年版，第1787、1788页］
④ 《太平御览》卷二四〇《职官部三八·杂号将军下》"北军中候"条，第1138页。

司马睿称帝前，钟雅曾任其丞相府记室参军、临淮内史、散骑侍郎、尚书右丞等职，后"转北军中候。大将军王敦请为从事中郎，补宣城内史"①。《太平御览》又引《晋中兴书》曰："陶回字恭之，王导以回有器干，擢拜北军中候，回性不畏强御。"② 据此可知，陶回为北军中候是王导所擢拜，其事又见《晋书·陶回传》，文云："时大贼新平（指平定苏峻之乱），纲维弛废，司徒王导以回有器干，擢补北军中候，俄转中护军。"③ 看来东晋北军中候品级低于中护军，当然更比领军将军（中领军）低。④ 按苏峻之乱平定于咸和四年（329）初，则陶回任北军中候即在咸和四年，不久陶回转任中护军。据《宋书·百官志下》记载，陶回改任后，北军中候又为领军取代，且持续到后世。而且从此以后作为禁卫长官的北军中候遂无闻于史。

《晋书·职官志》："中领军将军……永昌元年，改曰北军中候，寻复为领军。""元帝永昌元年，省护军，并领军。明帝太宁二年（324），复置领、护，各领营兵。"⑤ 这表明，永昌元年北军中候即改为领军，且兼有护军职掌，至太宁二年又置护军，与领军分立。咸和四年陶回担任北军中候之后，便不再有北军中候的记载。苏峻之乱平定后，当政的王导曾欲征会稽内史庾冰为领军将军，遭到拒绝。庾冰是东晋时期仅次于其兄庾亮的颍川庾氏家族成员，征庾冰入朝任领军将军与庾氏家族控制长江中上游的政治意图背道而驰，故不为其接受。⑥ 在庾冰拒绝这一任命之后，王导即以其亲信陶回为北军中候执掌禁卫之任。陶回曾任大将军王敦参军、州

---

① 《晋书》卷七〇《钟雅传》，第1877页。
② 《太平御览》卷二四〇《职官部三八·杂号将军下》"北军中候"条，第1138页。
③ 《晋书》卷七八《陶回传》，第2065页。
④ 《通典》卷三七《职官十九·秩品二·晋官品》：中领军为第三品，北军中候为第五品。[(唐)杜佑撰，王文锦等点校，中华书局1988年版，第1004页] 按陶回所任大将军参军、司徒从事中郎、司马诸职皆为第六品，则其所迁任之北军中候为第五品是可信的。钟雅所任诸职，东海王越参军、尚书郎及元帝丞相记室参军、大将军从事中郎皆第六品，临淮内史、宣城内史及散骑侍郎皆第五品，尚书右丞第六品，则北军中候为第五品亦符合迁转规则。与西晋后期北军中候相比，东晋北军中候地位较低，更接近东汉制度。
⑤ 《晋书》卷二四《职官志》，第740页。
⑥ 庾冰并未接受领军将军的任命，而是有更大的政治诉求。本传载："寻入为中书监、扬州刺史、都督扬豫兖三州军事、征虏将军、假节。是时王导新丧，人情恇然。冰兄亮既固辞不入，众望归冰。既当重任，经纶时务，不舍夙夜，宾礼朝贤，升擢后进，由是朝野注心，咸曰贤相。初，导辅政，每从宽惠，冰颇任威刑。"（《晋书》卷七三《庾冰传》，第1927—1928页）

第十章　东晋禁卫武官制度与禁卫军权　/　265

别驾,"敦死,司徒王导引为从事中郎,迁司马"①。这一安排当是王导为了避免庾氏认为其安排亲信控制禁卫军而作出的灵活处置。《晋书·陶回传》又载:"久之,迁征虏将军、吴兴太守。""在郡四年,征拜领军将军,加散骑常侍,征虏将军如故。""咸和(咸康)二年(336),以疾辞职,帝不许。徙护军将军,常侍、领军如故。未拜,卒,年五十一。"②由此可见,从咸和三年末至咸康二年近十年间,除期间四年外任吴兴太守,陶回较长时间担任东晋禁卫长官。特别是在其临终前"徙护军将军,常侍、领军如故",由一人同时兼任领军、护军之职,这是非常特殊的情况,显示陶回受到当政者的高度信任。

晋明帝太宁二年(324)五月,"王敦矫诏拜其子应为武卫将军"③。其职与曹魏之武卫将军相当,可能是王敦为了显示与东晋朝廷禁卫制度之别而设。桓玄入居建康宫,"改尚书都官郎为贼曹,又增置五校、三将及强弩、积射、武卫官"④。可知在东晋末年桓玄篡位之前,东晋朝廷未设五校、三将及强弩、积射、武卫将军等禁卫武官,桓玄为了加强自身保卫,同时也是为了区别于东晋制度,遂决定增置此诸职。在特殊情况下,东晋也曾设置过类似西晋末年都督宫城诸军事之类的官职。太宁二年六月,王"敦将举兵内向",当时朝廷的军事部署中包括"以光禄勋应詹为护军将军、假节、督朱雀桥南诸军事,以尚书令郗鉴行卫将军、都督从驾诸军事,以中书监庾亮领左卫将军,以尚书卞壸行中军将军"。⑤ 按"都督从驾诸军事"的职能相当于领军将军,而"督朱雀桥南诸军事"则与护军将军职能相近。《晋书·陆晔传》:"苏峻之难,晔随帝在石头,举动方正,不以凶威变节。峻以晔吴士之望,不敢加害,使守留台。匡术以苑城归顺,时共推晔督宫城军事。"⑥《卞壸传》:"峻至东陵口,诏以壸都督大桁东诸军事、假节。复加领军将军、给事中。壸率郭默、赵胤等与峻

---

①《晋书》卷七八《陶回传》,第2065页。
② 同上书,第2065—2066页。按"咸和二年"的时间记载与上下文义不符,应为咸康二年。参见中华书局点校本本卷"校勘记"〔六〕,第2067页。
③《晋书》卷六《明帝纪》,第161页。
④《晋书》卷九九《桓玄传》,第2596页。
⑤《晋书》卷六《明帝纪》,第161页。又同书卷六七《郗鉴传》:"既而钱凤攻逼京都,假鉴节,加卫将军、都督从驾诸军事……鉴以尚书令领诸屯营。"(第1798页)此处郗鉴之"领诸屯营",所体现的是都督从驾诸军事的职能,其职能与领军将军有相通之处。
⑥《晋书》卷七七《陆晔传》,第2024页。

大战于西陵，为峻所破。"①

由于史书记载过于简略，很难对东晋禁卫武官有关制度进行充分的了解，就禁卫长官诸职的兼职迁转而言，所能得到的情况如下：

东晋领军将军（中领军）兼职的有关事例可分为以下几类：（1）与八公或三公叠任：诸葛恢，使持节、兼太保、领军将军②；王洽，持节、兼太尉、中领军③。这两例均是举行特殊礼仪时的特例，似并非正常制度。（2）与尚书省长官兼任：卞壸，领军将军、领尚书令④；王劭，尚书仆射、领中领军⑤。又，苏峻叛乱时自任骠骑、领军将军、录尚书事⑥，表明他是要通过控制禁卫军权与尚书省（宰相府）来实施对东晋朝政的全面专断。（3）与中书省长官兼任：司马元显，散骑常侍、中书令、领中领军⑦；王国宝，中书令、中领军（领军将军）⑧；王谧，中书令、领军将军⑨。前两例均为东晋孝武帝晚期司马元显专权之时，后一例则是在桓玄专权之时，表明专权者是在控制禁卫军权与中书出诏的基础上实现其专政的。（4）与散骑省官职兼任，除司马元显外，还有：陶回，领军将军、加散骑常侍⑩；卞壸，领军将军、给事中⑪。（5）与州大中正兼任：顾众，领军将军、扬州大中正⑫；范汪，中领军、本州（扬州）大中正⑬。（6）与光禄大夫、国子祭酒兼任：孔愉，领军将军、加金紫光禄大

---

① 《晋书》卷七〇《卞壸传》，第1872页。
② 参见《晋书》卷二一《礼志下》，第665页。
③ 参见《晋书》卷三二《后妃下·穆章何皇后传》，第978页。
④ 参见《晋书》卷七〇《卞壸传》，第1870页。
⑤ 参见《晋书》卷六五《王劭传》，第1759页。
⑥ 参见《晋书》卷一〇〇《苏峻传》，第2630页。
⑦ 参见《晋书》卷六四《司马元显传》，第1737页。
⑧ 参见《晋书》卷七五《王国宝传》，第1971页。据同书卷二七《五行志上》，王国宝为中书令、加领军将军（第801页），与本传微异。
⑨ 参见《晋书》卷六五《王谧传》，第1758页。
⑩ 参见《晋书》卷七八《陶回传》，第2066页。
⑪ 参见《晋书》卷七〇《卞壸传》，第1872页。
⑫ 参见《晋书》卷七六《顾众传》，第2017页。
⑬ 参见《晋书》卷七五《范汪传》，第1983页。又，同书卷八《穆帝纪》：升平五年（361）"二月，以镇军将军范汪为都督徐兖青冀幽五州诸军事、安北将军、徐兖二州刺史"（第205页）。按镇军将军位高于安北将军，不应由高迁低。考同书卷七五《范汪传》："频迁中领军、本州大中正。时简文帝作相，甚相亲昵，除都督徐兖青冀四州扬州之晋陵诸军事、安北将军、徐兖二州刺史、假节。"（第1983页）由此推断，本纪所载"镇军"当为领军之形讹。下属顾众的事例亦可参证。

夫、领国子祭酒①。

　　东晋领军迁转的事例可知者有：顾众，领军将军→尚书仆射②；王彪之，领军将军→尚书右仆射③；王国宝，领军将军→尚书左仆射④；王雅，领军将军→尚书左仆射⑤；汝南王祐，领军将军→卫将军⑥；郗愔，领军将军→镇军大将军⑦；孔愉，领军将军→镇军将军、会稽内史⑧；陶回，北军中候→中护军⑨。在六例中有四例迁为尚书令仆，两例迁为高一级将军，看来领军将军迁任尚书省长官应该是东晋领军将军迁转的普遍现象。领军、护军将军之间互相迁转的事例亦可见到，如：孔愉，护军将军、散骑常侍→领军将军、加金紫光禄大夫、领国子祭酒⑩；陶回，北军中候→中护军→征虏将军、吴兴太守→领军将军、散骑常侍、征虏将军→护军将军、散骑常侍、领军将军⑪。

　　东晋护军将军（中护军）兼任比较常见的是尚书省长官及散骑常侍。与尚书令仆及尚书兼任的事例有：周𫖮，尚书左仆射、护军将军⑫；戴若思，护军将军、尚书仆射（不拜）⑬；谢安，吏部尚书、中护军⑭；江灌，

---

① 参见《晋书》卷七八《孔愉传》，第2053页。
② 参见《晋书》卷七六《顾众传》，第2017页。又，同书卷八《穆帝纪》：永和元年（345）正月甲申（十四，3.3），"以镇军将军顾众为尚书右仆射"（第191页）。按本卷"校勘记"〔二〕："《斠注》：本传'镇军'作'领军'。按：时司马晞已为镇军，则顾众为领军，较合理。"（第216页）考同书卷七六《顾众传》："入为侍中，转尚书。咸康（335—342）末，迁领军将军、扬州大中正，固让未拜。以母忧去职。穆帝即位，何充执政，复征众为领军，不起。服阕，乃就。""迁尚书仆射，永和二年（346）卒，时年七十三。"（第2017页）参照上述范汪的事例，亦可推断顾众在迁尚书右仆射或尚书仆射之前不可能担任镇军将军。
③ 参见《晋书》卷七六《王彪之传》，第2009页。
④ 参见《晋书》卷一〇《安帝纪》：隆安元年（397）正月己亥朔（初一，2.13），以"领军将军王国宝为尚书左仆射"（第249页）。卷七五《王国宝传》：由"中书令、中领军""迁尚书左仆射、领选，加后将军、丹杨尹"（第1971页）。可知纪、传所载略有差异。
⑤ 参见《晋书》卷八三《王雅传》，第2180页。
⑥ 参见《晋书》卷五九《汝南王亮传附祐传》，第1593页。
⑦ 参见《晋书》卷九《孝武帝纪》，第227页。
⑧ 参见《晋书》卷七八《孔愉传》，第2053页。
⑨ 参见《晋书》卷七八《陶回传》，第2065页。
⑩ 参见《晋书》卷七八《孔愉传》，第2053页。
⑪ 参见《晋书》卷七八《陶回传》，第2065—2066页。
⑫ 参见《晋书》卷六九《周𫖮传》，第1851页。
⑬ 参见《晋书》卷六九《戴若思传》，第1847页。
⑭ 参见《晋书》卷七九《谢安传》，第2073页。

尚书、中护军[①]。何充为护军将军，与中书监庾冰参录尚书事[②]，也当属此类。与散骑常侍兼任者有王彪之、孔愉、褚翜三例，皆为护军将军、散骑常侍[③]；陶回转护军将军，常侍、领军如故（未拜）[④]，似亦可归入此类。护军兼任侍中者，仅有荀崧一人可考[⑤]。其他兼任事例还有：谢琰，护军将军、右将军[⑥]；孔愉，兼太尉、护军将军[⑦]；何澄，秘书监、太常、中护军[⑧]；江虨，护军将军、领国子祭酒[⑨]；祖纳，中护军、太子詹事[⑩]。在特殊情况下，即京师受到威胁或发生叛乱时，护军将军还兼任都督负责征讨或具体防务，如：庾亮为护军将军、征讨都督[⑪]，应詹为护军将军、假节、督朱雀桥南诸军事[⑫]。

有关东晋护军迁转的记载较少，可考事例有：庾亮，护军将军→平西将军、都督扬州之宣城江西诸军事、假节、领豫州刺史[⑬]；何充，护军将军→参录尚书事[⑭]；戴若思，中护军→护军将军、尚书仆射（不拜）[⑮]；陶回，中护军→征虏将军、吴兴太守[⑯]；孔愉，护军将军→领军将军[⑰]。

西晋左、右卫将军兼任的事例极少，可考者仅有以下诸例：东海王越，侍中、左卫将军[⑱]；王敦，散骑常侍、左卫将军[⑲]；刘暾，中庶子、

---

① 参见《晋书》卷八三《江灌传》，第2176页。
② 参见《晋书》卷七七《何充传》，第2029页；卷七三《庾冰传》，第1928页。
③ 参见分见《晋书》卷七六《王彪之传》，第2011页；卷七八《孔愉传》，第2053页；卷七七《褚翜传》，第2033页。
④ 参见《晋书》卷七八《陶回传》，第2066页。
⑤ 参见《晋书》卷七五《荀崧传》，第1976页。
⑥ 参见《晋书》卷七九《谢琰传》，第2078页。
⑦ 参见《晋书》卷七八《孔愉传》，第2053页。
⑧ 参见《晋书》卷九三《外戚·何准传附子澄传》，第2418页。
⑨ 参见《晋书》卷五六《江统传附子虨传》，第1539页。
⑩ 参见《晋书》卷六二《祖纳传》，第1698页。
⑪ 参见《晋书》卷七三《庾亮传》，第1917、1921页。
⑫ 参见《晋书》卷六《明帝纪》，第161页。同书卷七〇《应詹传》，"帝以詹为都督前锋军事、护军将军、假节，都督朱雀桥南"（第1859页）。
⑬ 参见《晋书》卷七三《庾亮传》，第1917、1921页。
⑭ 参见《晋书》卷七七《何充传》，第2029页。
⑮ 参见《晋书》卷六九《戴若思传》，第1847页。
⑯ 参见《晋书》卷七八《陶回传》，第2065页。
⑰ 参见《晋书》卷七八《孔愉传》，第2053页。
⑱ 参见《晋书》卷五九《东海王越传》，第1622页。
⑲ 参见《晋书》卷九八《王敦传》，第2554页。

左卫将军、司隶校尉①；司马虔，中军将军、领右卫将军②；司马繇，右卫将军、领射声校尉③。这些事例表明，西晋左、右卫将军兼任可能有与侍中、散骑常侍、东宫官职、散号将军和禁卫武官兼领几种情况。而在东晋左、右卫将军兼职的可考事例中，以侍中兼任左、右卫将军居多，如：司马恬，侍中、领左卫将军④；王雅，侍中、左卫将军⑤；王恺，侍中、领右卫将军⑥。桓玄专权时，殷仲文为侍中、领左卫将军⑦，桓石绥为黄门郎、左卫将军⑧，即属于此类。此外，又可见到庾亮为中书监、领左卫将军⑨，苏峻叛乱时马雄为前将军、左卫将军⑩。

东晋左、右卫将军迁转的事例有：司马恬，右卫将军、司雍秦梁四州大中正→尚书→侍中、领左卫将军→吴国内史→（侍中？）领太子詹事⑪；司马宗，长水校尉→左卫将军⑫；桓脩，吏部郎→左卫将军⑬；王雅，尚书左右（左？）丞→廷尉→侍中、左卫将军→丹杨尹、领太子左卫率⑭；虞潭，屯骑校尉→右卫将军→宗正卿⑮；赵胤，右卫将军→冠军将军、历阳太守（平苏峻）⑯。从中似乎很难看出迁转的一般通则，不过可以确定的是，左、右卫将军高于五校尉，由五校尉迁为左、右卫将军可能是比较常见的情况。⑰

有研究者将东晋中军将军归入禁卫长官，认为中军将军与领军将军、

---

① 参见《晋书》卷四五《刘暾传》，第1281页。
② 参见《晋书》卷五九《赵王伦传》，第1600页。
③ 参见《晋书》卷三八《宣五王·东安王繇传》，第1123页。
④ 参见《晋书》卷三七《宗室·敬王恬传》，第1107页。
⑤ 参见《晋书》卷八三《王雅传》，第2179页。
⑥ 参见《晋书》卷七五《王恺传》，第1970页。
⑦ 参见《晋书》卷九九《桓玄传附殷仲文传》，第2604页。
⑧ 参见《晋书》卷七四《桓石绥传》，第1947页。
⑨ 参见《晋书》卷七三《庾亮传》，第1917页。
⑩ 参见《晋书》卷一〇〇《苏峻传》，第2630页。
⑪ 参见《晋书》卷三七《宗室·敬王恬传》，第1107页。
⑫ 参见《晋书》卷五九《汝南王亮传附子宗传》，第1595页。
⑬ 参见《晋书》卷七四《桓脩传》，第1955页。
⑭ 参见《晋书》卷八三《王雅传》，第2179页。
⑮ 参见《晋书》卷七六《虞潭传》，第2013页。
⑯ 参见《晋书》卷七《成帝纪》，第171页。
⑰ 据《通典》卷三七《职官十九·秩品二·晋官品》，左、右卫与五营校尉均在第四品，左、右卫位居五营校尉之前（第1004页）。

护军将军构成"禁军三职",并以此为据来分析东晋士族与禁军军权的关系。① 该文统计东晋一代有十七人次任中军将军,其中侨姓士族十二人,宗室五人。按这一统计是不准确的。其实,东晋一代只有十一位中军将军,他们是司马丕(哀帝)、司马德文(恭帝)、司马冲、司马道子、殷浩、周闵、卞壸、桓冲、桓谦、谢石、王恬②,其中宗室四人,异姓七人。与领军将军(中领军)、护军将军(中护军)、左·右卫将军比较,东晋中军将军任职者人数很少,表明其非常设之职。按常理,禁卫长官必定为常设之职,或者在该职不设时由他职代替,但中军将军在东晋时并无替代之职。

  东晋中军将军担任者的具体情况如下:(1)扬州军政长官兼任中军将军:殷浩为"中军将军、假节、都督扬豫徐兖青五州军事"③,桓冲为"中军将军、都督扬江豫三州诸军事、扬豫二州刺史、假节"④。(2)尚书省长官兼任中军将军:谢石为"中军将军、尚书令"⑤;周闵为中军将军、吏部尚书→中军将军、尚书左仆射⑥;桓谦为"尚书左仆射、领吏部,加中军将军"⑦。(3)中军将军与散骑常侍兼任:有司马冲,"中军将军,加散骑常侍"⑧;司马道子,"散骑常侍、中军将军"⑨;司马德文,

---

  ① 庞骏:《东晋士族与兵权——侧重于侨四姓士族掌兵权之研究》,《中国史研究》2001 年第 2 期。

  ② 按王恬为中军将军不见于《晋书》,仅见于《世说新语》注。卷上之上《德行》"王长豫为人谨顺"条,注引《文字志》曰:"王恬字敬豫,导次子也。少卓荦不羁,疾学尚武,不为导所重。至中军将军。"[(南朝宋)刘义庆撰,(南梁)刘孝标注,余嘉锡笺疏,周祖谟等整理:《世说新语笺疏》,中华书局 1983 年版,第 30 页]卷下之下《排调》"桓豹奴是王丹阳外生"条,注引《王氏谱》曰:"混字奉正,中军将军恬子。仕至丹阳尹。"(第 809 页)

  ③ 参见《晋书》卷七七《殷浩传》,第 2045 页。

  ④ 参见《晋书》卷七四《桓冲传》,第 1949 页。

  ⑤ 参见《晋书》卷七九《谢石传》,第 2088 页。

  ⑥ 参见《晋书》卷六九《周顗传附子闵传》,第 1853 页。按本传云:"历衡阳、建安、临川太守,侍中、中领军,吏部尚书,尚书左仆射,加中军将军。转护军、领秘书监。"(第 1853 页)考同书卷八《穆帝纪》:永和十年(354)五月,"以吏部尚书周闵为中军将军"。十一年七月,"以吏部尚书周闵为尚书左仆射"。(第 200、201 页)据此可知,周闵被任命为中军将军后其所任吏部尚书并未被免,而其迁任尚书左仆射后很可能还兼任中军将军,且亦不排除转护军后仍兼中军将军之可能。

  ⑦ 参见《晋书》卷七四《桓谦传》,第 1954 页。

  ⑧ 参见《晋书》卷六四《元四王·东海王冲传》,第 1726 页。

  ⑨ 参见《晋书》卷六四《简文三子·会稽王道子传》,第 1732 页。

"中军将军、散骑常侍"①。按西晋"八王之乱"中,赵王伦篡位之初以其诸子掌禁卫,"加荂抚军将军、领军将军,馥镇军将军、领护军将军,虔中军将军、领右卫将军"②。其中领军、护军、右卫将军为实职禁卫长官,而抚军、镇军、中军将军则为表示其地位(品位)的军号,并不反映其实际职掌。③ 可知"八王之乱"时中军将军已经成为散号将军,而与魏晋之际作为禁卫长官的中军将军截然不同。东晋所见中军将军大多与此相类。

晋明帝部署平定王敦叛乱,其中"以尚书卞壸行中军将军",其排序位次于护军将军、左卫将军。④《晋书·卞壸传》:"壸迁吏部尚书。王含之难,加中军将军。含灭,以功封建兴县公。寻迁领军将军。"⑤ 可知卞壸当时以吏部尚书加中军将军,吏部尚书为其本职,中军将军为加官,是在战时特殊情况下的任命,以便统率军队抗敌,而并不反映中军将军的正常职能。从卞壸由吏部尚书、中军将军迁任领军将军来看,中军将军也不是替代领军将军而任命的。周闵的情况与卞壸类似。晋穆帝永和十年(354)"五月,江西乞活郭敞等执陈留内史刘仕而叛,京师震骇。以吏部尚书周闵为中军将军,屯于中堂,豫州刺史谢尚自历阳还卫京师"⑥。吏部尚书周闵只是在乞活郭敞等反叛的危急情况下临时被任命为中军将军而"屯于中堂",以便加强对京师的防卫,此与"豫州刺史谢尚自历阳还卫京师"的决策具有共同性。《晋书·姚襄载记》:"流人郭敷等千余人执晋堂邑内史刘仕降于襄,朝廷大震,以吏部尚书周闵为中军将军,缘江备守。"⑦ 毫无疑问,周闵以中军将军承担"缘江守备"只是计出权宜,并不表明中军将军以掌控宫城禁卫为其职掌。

晋穆帝永和六年(350)闰二月"己丑(十八,4.11),加中军将军

---

① 《晋书》卷一〇《恭帝纪》,第267页。
② 《晋书》卷五九《赵王伦传》,第1600页。
③ 据阎步克提出的"品位与职位"说,司马荂等所任领军等职为职位,抚军等职则为品位。参见氏著《品位与职位——传统官僚等级制研究的一个新视角》,《史学月刊》2001年第1期;《"品位—职位"视角中的传统官阶制五期演化》,《历史研究》2001年第2期。
④ 参见《晋书》卷六《明帝纪》,第161页。
⑤ 《晋书》卷七〇《卞壸传》,第1870页。
⑥ 《晋书》卷八《穆帝纪》,第200页。
⑦ 《晋书》卷一一六《姚襄载记》,第2963页。

殷浩督扬豫徐兖青五州诸军事、假节"①。其后殷浩曾多次率兵北伐,与后赵大军对抗,至永和十年二月被桓温废为庶人②,担任中军将军达四年余。简文帝引殷浩为心膂,以与桓温相抗。为建武将军、扬州刺史,"遂参综朝权"。"及石季龙死,胡中大乱,朝廷欲遂荡平关河,于是以浩为中军将军、假节、都督扬豫徐兖青五州军事。浩既受命,以中原为己任,上疏北征许洛。"③可知当时殷浩的本职为扬州刺史,他与另一权臣桓温有隙,北伐是其增加政治资本的一个重要举措,这是东晋权臣的共同点。殷浩任中军将军四年以上,显然与朝廷禁卫军权并无关涉。孝武帝宁康元年(373)七月庚戌(廿五,8.29),"以江州刺史桓冲为中军将军、都督扬豫江三州诸军事、扬州刺史,镇姑孰"④。很显然,桓冲所任中军将军也只是散号将军,而非朝廷禁卫长官。

第二节　东晋禁卫长官的职能

东晋领军将军(中领军)仍为禁卫长官,其职能与西晋相似。《晋书·陆晔传》:"代卞壸为领军将军。""帝不豫,晔与王导、卞壸、庾亮、温峤、郗鉴并受顾命,辅皇太子,更入殿将兵直宿。遗诏曰:'晔清操忠贞,历职显允,且其兄弟事君如父,忧国如家,岁寒不凋,体自门风。既委以六军,可录尚书事、加散骑常侍。'"⑤《纪瞻传》:"俄转领军将军,

---

① 《晋书》卷八《穆帝纪》,第196页。又可参见(唐)许嵩撰、张忱石点校《建康实录》卷八《晋中·哀帝》隆和元年(362)七月,中华书局1986年版,第230页;(宋)司马光编著、(元)胡三省音注、"标点资治通鉴小组"校点《资治通鉴》卷九八《晋纪二〇》穆帝永和六年正月,中华书局1956年版,第3102页。按《晋书》本纪"闰月"系于正月下,易被误作是闰正月。"闰月"下《通鉴考异》曰:"《帝纪》后云'闰',《三十国》《晋春秋》皆云'闰正月'。按《长历》,闰二月。《帝纪》,闰月有丁丑、己丑。按是岁正月癸酉朔,若闰正月,即无丁丑、己丑。今以《长历》为据。"虽则如此,《通鉴》仍系"闰月"于正月及二月之间,是为闰正月而非闰二月。

② 参见《晋书》卷八《穆帝纪》,第198—200页。

③ 《晋书》卷七七《殷浩传》,第2045页。按殷浩为中军将军又见《世说新语》卷上之下《政事》"殷浩始作扬州"条刘孝标注引《浩别传》,第185页;卷下之下《黜免》"殷中军被废"条注引《晋阳秋》,第865页。

④ 《晋书》卷九《孝武帝纪》,第225页。参见《资治通鉴》卷一〇三《晋纪二五》孝武帝宁康元年七月条,第3263页。

⑤ 《晋书》卷七七《陆晔传》,第2024页。

当时服其严毅。虽恒疾病，六军敬惮之。瞻以久病，请去官，不听，复加散骑常侍。及王敦之逆，帝使谓瞻曰：'卿虽病，但为朕卧护六军，所益多矣。'"① 领军将军陆晔被"委以六军"，纪瞻"卧护六军"，表明领军将军为六军首长，此与《晋书·职官志》《宋书·百官志》所载职能一致。

一般情况下，东晋护军将军（中护军）当负责以石头城为中心的京师地区的镇守，如褚翜"代庾亮为中护军，镇石头"②。东晋护军将军对朝政有重大决策权。《晋书·何充传》："及（王）导薨，转护军将军，与中书监庾冰参录尚书事，诏充、冰各以甲杖五十人至止车门。"③ 在东晋历次重大政治军事行动中，大都可以看到护军将军（中护军）的参与。晋明帝遗诏，以其皇后之兄护军将军庾亮与王导、卞壶等大臣"辅太子"④。《晋书·庾亮传》：

> 转护军将军。及帝疾笃，不欲见人，群臣无得进者。抚军将军南顿王宗、右卫将军虞胤等素被亲爱，与西阳王羕将有异谋。亮直入卧内见帝，流涕不自胜。既而正色陈羕与宗等谋废大臣，规共辅政，社稷安否，将在今日，辞旨切至。帝深感悟，引亮升御座，遂与司徒王导受遗诏辅幼主。加亮给事中，徙中书令。太后临朝，政事一决于亮。先是，王导辅政，以宽和得众，亮任法裁物，颇以此失人心。又先帝遗诏褒进大臣，而陶侃、祖约不在其例，侃、约疑亮删除遗诏，并流怨言。亮惧乱，于是出温峤为江州以广声援，修石头以备之。会南顿王宗复谋废执政，亮杀宗而废宗兄羕。宗帝室近属，羕国族元老，又先帝保傅。天下咸以亮翦削宗室。琅邪人卞咸，宗之党也，与宗俱诛。咸兄阐亡奔苏峻，亮符峻送阐，而峻保匿之。峻又多纳亡命，专用威刑，亮知峻必为祸乱，征为大司农。举朝谓之不可，平南将军温峤亦累书止之，皆不纳。峻遂与祖约俱举兵反。⑤

同书《成帝纪》：咸和二年（327）"十二月辛亥（初一，12.30），苏峻

---

① 《晋书》卷六八《纪瞻传》，第 1823 页。
② 《晋书》卷七七《褚翜传》，第 2033 页。
③ 《晋书》卷七七《何充传》，第 2029 页。
④ 《晋书》卷六《明帝纪》，第 164 页。
⑤ 《晋书》卷七三《庾亮传》，第 1917—1918 页。

使其将韩晃入姑孰，屠于湖。壬子（初二，12.31），彭城王雄、章武王休叛奔峻。庚申（初十，328.1.8），京师戒严。假护军将军庾亮节，为征讨都督，以右卫将军赵胤为冠军将军、历阳太守，使与左将军司马流帅师距峻，战于慈湖，流败，死之。"①《苏峻传》："时明帝初崩（325），委政宰辅，护军庾亮欲征之。……峻自率涣、柳众万人，乘风济自横江，次于陵口，与王师战，频捷，遂据蒋陵覆舟山，率众因风放火，台省及诸营寺署一时荡尽。遂陷宫城，纵兵大掠，侵逼六宫，穷凶极暴，残酷无道。"②

陈郡谢氏的代表人物谢安以吏部尚书、中护军身份与当政谯国桓氏桓温、太原王氏王坦之一道决策国政，并有效地阻止了桓温的不臣图谋。谢安由吴兴太守"征拜侍中，迁吏部尚书、中护军。简文帝疾笃，（桓）温上疏荐安宜受顾命。及帝崩，温入赴山陵，止新亭，大陈兵卫，将移晋室，呼安及王坦之，欲于坐害之"。"安与坦之尽忠匡翼，终能辑穆。及温病笃，讽朝廷加九锡，使袁宏具草。安见，辄改之，由是历旬不就。会温薨，锡命遂寝。"③晋明帝太宁二年（324）六月丁卯（廿七，8.3），东晋朝廷下达对付王敦入京的军事部署，其中包括"以光禄勋应詹为护军将军、假节、督朱雀桥南诸军事"④。按应詹所任职务，史又记作"督朱雀航南诸军事"⑤，"都督前锋及朱雀桥南诸军事"⑥。由此推测，东晋护军将军（中护军）在平时大概也以负责朱雀桥（航）南地区建康城的防务为其职责⑦，这与其统领外军的职掌相吻合。

---

① 《晋书》卷七《成帝纪》，第171页。
② 《晋书》卷一〇〇《苏峻传》，第2629页。
③ 《晋书》卷七九《谢安传》，第2073—2074页。
④ 《晋书》卷六《明帝纪》，第161页。
⑤ 《建康实录》卷六《晋上·肃宗明皇帝》，第155页。
⑥ 《资治通鉴》卷九三《晋纪一五》，第2924页。
⑦ 关于朱雀桥（航）之具体情形，可从《建康实录》的有关记载得到认识。晋成帝咸康二年（336）"冬十月，更作朱雀门，新立朱雀浮桥。航在县城东南四里，对朱雀门，南渡淮水，亦名朱雀桥"。本注："案《地志》：本吴南津大吴桥也。王敦作乱，温峤烧绝之，遂权以浮航往来。至是，始议用杜预河桥法作之。长九十步，广六丈，冬夏随水高下也。"（卷六《晋上·肃宗明皇帝》，第155页）晋孝武帝宁康元年（373）三月"癸丑（廿六，5.4），诏除丹杨、竹格等四航税"。本注："案《地舆志》：六代自石头东至运署，总二十四所度，皆浮船往来，以税行直。淮对编门大航，用杜预河桥之法，其本吴南淮大桥也。一名朱雀航，当朱雀门下，渡淮水。王敦作逆，温峤烧绝之，是后权以舫航为浮桥。……复有骠骑航，在东府城门渡淮，会稽王道子立，并竹格航、丹杨郡城后航，总四航，在晋时并收税，至是年，诏皆除税不收，放民之往来也。"（卷九《晋中下·烈宗孝武皇帝》，第256页）晋孝武帝太元三年（378）二月条本注：

第十章　东晋禁卫武官制度与禁卫军权　／　275

　　左、右卫将军的禁卫职能，在东晋一朝政治斗争中都有反映。晋明帝部署平定王敦的战争，"以中书监庾亮领左卫将军"①。王敦举兵，骠骑将军戴若思"与右卫将军郭逸夹道筑垒于大桁之北"以御敌②。晋明帝讨伐王敦诏有云："朕亲御六军，左卫将军亮、右卫将军胤、护军将军詹、领军将军瞻、中军将军壸、骁骑将军艾、骠骑将军南顿王宗、镇军将军汝南王祐、太宰西阳王羕被练三千，组甲三万，总统诸军，讨凤之罪。"③由此足见，左、右卫将军在当时东晋武装力量结构中占有突出的地位。褚翜在晋明帝时"迁太子左卫率。成帝初，为左卫将军。苏峻之役，朝廷戒严，以翜为侍中，典征讨军事"④。按褚翜"典征讨军事"时应该仍然担任左卫将军，率军"征讨"叛军或者说抵御叛军对都城建康的进攻，正是左卫将军职能的体现。宗室南顿王宗为左卫将军，与右卫将军虞胤等颇受晋明帝宠信。晋明帝临终之际，护军将军庾亮入宫剥夺了二人的禁卫军权，并以其亲信赵胤担任右卫将军负责宫中禁卫，从而彻底控制了朝政。《晋书·刘超传》：

　　　　及苏峻谋逆，超代赵胤为左卫将军。时京邑大乱，朝士多遣家人入东避难。义兴故吏欲迎超家，而超不听，尽以妻孥入处宫内。及王师败绩，王导以超为右卫将军，亲侍成帝。属太后崩，军卫礼章损阙，超躬率将士奉营山陵。峻迁车驾石头，时天大雨，道路沈陷，超与侍中钟雅步侍左右，贼给马不肯骑，而悲哀慷慨。峻闻之，甚不平，然未敢加害，而以其所亲信许方等补司马督、殿中监，外托宿卫，内实防御超等。……温峤等至，峻猜忌朝士，而超为帝所亲遇，疑之尤甚。后王导出奔，超与怀德令匡术、建康令管旆等密谋，将欲奉帝而出。未及期，事泄，峻使任让将兵入收超及钟雅……任让不奉诏，因害之。……追赠卫尉，谥曰忠。超天性谦慎，历事三帝，恒在

（接上页）"案《地图》，朱雀门北对宣阳门，相去六里，名为御道，夹开御沟植柳。朱雀门南渡淮，出国门，去园门五里，吴时名为大航门，亦名朱雀门。南临淮水，俯枕朱雀桥，亦名大航桥也。"（卷九《晋中下·烈宗孝武皇帝》本注，第266页）

① 《晋书》卷六《明帝纪》，第161页。同书卷七三《庾亮传》："及敦举兵，加亮左卫将军，与诸将距钱凤。"（第1917页）
② 《晋书》卷六九《戴若思传》，第1847页。
③ 《晋书》卷九八《王敦传》，第2562页。
④ 《晋书》卷七七《褚翜传》，第2032页。

机密,并蒙亲遇,而不敢因宠骄谄,故士人皆安而敬之。①

这一记载显示,苏峻之乱时刘超先为左卫将军后为右卫将军,而实际上刘超并未担任左卫将军,其所任官职一直都是右卫将军②。东晋不设卫尉③,但从追赠刘超卫尉推断,东晋右卫将军的职能应与汉代卫尉相近,当然其地位则应低于卫尉在汉代朝官中的地位。

《晋书·蔡谟传》载太尉郗"鉴卒","时左卫将军陈光上疏请伐胡,诏令攻寿阳,谟上疏"谏阻④。按"太尉、南昌公郗鉴薨"于晋成帝咸康五年(339)八月⑤,陈光无疑应在此前就已担任左卫将军。史载咸康元年四月"石季龙寇历阳,加司徒王导大司马、假黄钺、都督征讨诸军事以御之","司空郗鉴使广陵相陈光帅众卫京师"。⑥ 最大可能是,陈光帅部众入卫京师后即被任命为左卫将军,一直到四年半后还在任上。蔡谟上疏有云:"今征军五千,皆王都精锐之众,又光为左卫,远近闻之,名为殿中之军,宜令所向有征无战。而顿之坚城之下,胜之不武,不胜为笑。今以国之上驷击寇之下邑,得之则利薄而不足损敌,失之则害重而足以益寇,惧非策之长者。臣愚以为闻寇而致讨,贼退而振

---

① 《晋书》卷七〇《刘超传》,第1876页。参见同书卷七《成帝纪》,第171页;卷七三《庾亮传》,第1921页;卷五九《汝南王亮传附子宗传》,第1595页;卷六三《郭默传》,第1715页。又可参见(北齐)魏收撰《魏书》卷九六《僭晋司马叡传附衍传》,中华书局1974年版,第2097页。

② 《晋书》卷七〇《刘超传》载其"代赵胤为左卫将军"(第1876页),然赵胤只担任过右卫将军,本传下文载其被害后"帝抱持悲泣曰:'还我侍中、右卫!'"(同上)即是明证。又,《资治通鉴》卷九三《晋纪十五》:成帝咸和元年(326)十月,"南顿王宗自以失职怨望",(胡注:"宗解兵卫,故自以为失职。")"(庾)亮使右卫将军赵胤收之,宗以兵拒战,为胤所杀"。二年十二月,"以左卫将军赵胤为历阳太守"(第2942、2947页)。按赵胤迁职事,《晋书·成帝纪》记作"以右卫将军赵胤为冠军将军、历阳太守"(第171页),则《通鉴》作"左卫将军"乃形近而讹。

③ 参见《晋书》卷二四《职官志》,第736页。

④ 《晋书》卷七七《蔡谟传》,第2038页。

⑤ 《晋书》卷七《成帝纪》,第182页。

⑥ 《晋书》卷七《成帝纪》,第179页。按同书卷一〇〇《祖约传》载其与苏峻叛乱,"及峻克京都,矫诏以约为侍中、太尉、尚书令。颍川人陈光率其属攻之,约左右阎秃貌类约,光谓为约而擒之,约逾垣获免。光奔于石勒"(第2627页)。卷八一《桓宣传》载谯国内史桓宣"距约,不与之同。邵陵人陈光率部落数百家降宣,宣皆慰抚之"(第2116页)。又按同书卷一四《地理志上》,豫州颍川郡有邵陵公国相(第421页),则"颍川人陈光"与"邵陵人陈光"自当为同一人,后来担任广陵相及左卫将军的陈光即其人无疑。

旅，于事无失。"① 由此可见，"左卫将军陈光上疏请伐胡"，即是由其承担征伐之任，其所率"征军五千，皆王都精锐之众"，具体来说，就是左卫将军所统"殿中之军"。这是有关东晋左卫将军统兵数字的唯一记载，弥足珍贵。

桓脩为简文帝女武昌公主之婿，迁任左卫将军。《晋书·桓脩传》："王恭将伐谯王尚之，先遣何澹之、孙无终向句容。脩以左卫领振武将军，与辅国将军陶无忌距之。"王恭败，"以脩为龙骧将军、荆州刺史、假节，权领左卫文武之镇"。② 这表明东晋左卫将军确实为领营将军，且有文武僚属，左卫将军在离开宫城征战时则兼领其他将军号。右卫将军在出城防御或征战时亦须兼领其他将军号，如苏峻入寇时右卫将军赵胤为冠军将军、历阳太守，"距峻，战于慈湖"③。隆安五年（401）六月，孙恩叛军逼近京师，朝廷部署防御，其中即包括以"右卫将军张崇之守石头"，"左卫将军王嘏、领军将军孔安国屯中皇堂"。④ 可见左、右卫将军在整个军事部署中处于最为关键的位置。正因左、右卫将军为执掌宫城内禁卫的禁卫长官，在宫殿当直宿卫，故极为机要，颇受皇帝信任和重视。王坦之为侍中、领左卫将军，"简文帝临崩，诏大司马（桓）温依周公居摄故事。坦之自持诏入，于帝前毁之"。"帝乃使坦之改诏焉。温薨，坦之与谢安共辅幼主，迁中书令，领丹杨尹。"⑤ 坦之子恺，"太元（376—396）末，为侍中、领右卫将军，多所献替。兄弟贵盛，当时莫比"⑥。

东晋一朝绝大部分时间，左卫营位于宫城东南。《建康实录》载孝武帝太元十七年（392）"八月，新作东宫，徙左卫营"。本注："案：晋初，太子宫在宫西。虽东宫实有皇后之宫，今去台城西南角外，西逼运沟。至此年，烈宗始新于宫城东南，移左卫营，以其地作之。即安帝为太子所居宫也。"⑦

---

① 《晋书》卷七七《蔡谟传》，第 2038 页。
② 《晋书》卷七四《桓脩传》，第 1955 页。
③ 《晋书》卷七《成帝纪》，第 171 页。
④ 《晋书》卷一〇《安帝纪》，第 254 页。
⑤ 《晋书》卷七五《王坦之传》，第 1966 页。
⑥ 《晋书》卷七五《王坦之传附子恺传》，第 1970 页。
⑦ 《建康实录》卷九《晋中下·孝武帝》，第 290 页。

王彪之为吏部尚书,"时众官渐多,而迁徙每速,彪之上议",其中有云:"宿卫之重,二卫任之,其次骁骑、左军各有所领,无兵军校皆应罢废。四军皆罢,则左军之名不宜独立,宜改游击以对骁骑。"① 上议之后接着记载"永和末"云云,则其上议当在晋穆帝永和(345—356)后期。史书未载其上议是否被朝廷接受,故不能认为其建议立即得到执行。不过,王彪之所说"宿卫之重,二卫任之,其次骁骑、左军各有所领",应该反映了当时的实际情形,值得重视。孝武帝时司马道子专权,"左卫领营将军会稽许荣上疏",对紊乱的朝政进行了批评,并提出了改进意见。② 由此推测,东晋左、右卫将军所领禁卫营兵可能又具体分为不同的军营,许荣当为左卫将军所辖其中一营的将领。王彪之上议表明,东晋(至少东晋前期)宿卫重任主要由左、右卫将军承担,骁骑、左军将军亦领兵宿卫。而四军中有三军(右军、前军、后军将军)似乎并不领兵,因此王彪之建议废罢"无兵军校",即指废罢四军中的另外三军,可能还有五校尉,而将领兵之左军将军改名为游击将军,以与骁骑将军相对应。这表明,王彪之上议之时东晋也不设游击将军。可以确定的是,其建议在晋哀帝时得到了实施,史载兴宁二年(364)二月,"改左军将军为游击将军,罢右军·前军·后军将军、五校、三将官"③。

刘超"出为义兴太守。未几,征拜中书侍郎"。"会(明)帝崩,穆后临朝,迁射声校尉。时军校无兵,义兴人多义随超,因统其众以宿卫,号为'君子营'。"④ 由此可见,东晋初年之"军校无兵",主要是因为朝廷禁卫军人数有限,难以提供足够的兵员。刘超任义兴太守时集结了不少愿意追随他的义兴人,应该属于其私人部曲,在入京任射声校尉时即"统其众以宿卫",成为宿卫营兵之一。由此看来,"军校无兵"的状况可以通过私家部曲的引入而得到一定程度的改变。《晋书·郭默传》:"朝廷将征苏峻,惧其为乱,召默拜后将军、领屯骑校尉。初战有功,及六军败绩,南奔。郗鉴议于曲阿北大业里作垒,以分贼势,使默守之。""会峻死,围解,征为右军将军。默乐为边将,不愿宿卫,及赴召,谓平南将军

---

① 《晋书》卷七六《王彪之传》,第 2008 页。
② 《晋书》卷六四《简文三子·会稽王道子传》,第 1733 页。
③ 《晋书》卷八《哀帝纪》,第 208 页。
④ 《晋书》卷七〇《刘超传》,第 1876 页。

刘胤曰：'我能御胡而不见用。右军主禁兵……'"① 据此可知，与上述射声校尉相同，东晋屯骑校尉亦具有保卫京师的禁卫职能，而右军将军"主禁兵"，职掌"宿卫"。《褚翜传》："永昌初，王敦构逆，征西将军戴若思令翜出军赴难，翜遣将领五百人从之。明帝即位，征拜屯骑校尉。"② 褚翜在受戴若思之命"出军赴难"前任奋武将军、淮南内史，其后任屯骑校尉时应该仍然统率着从淮南率领之五百人众。此条记载似可证明，东晋五校尉各领兵五百人。

《晋书·虞潭传》："元帝召补丞相军谘祭酒，转琅邪国中尉。帝为晋王，除屯骑校尉。徙右卫将军。"③ 由此可见，早在司马睿为晋王时即设五校之职，从虞潭先任琅邪国中尉（掌禁卫）后又为右卫将军推断，当时屯骑校尉亦职主禁卫。西晋右军将军之职能，可从《晋书·武十三王·秦王柬传》的记载加以推测，其文云："咸宁初，徙封南阳王，拜左将军、领右军将军、散骑常侍。武帝尝幸宣武场，以三十六军兵簿令柬料校之，柬一省便擿脱谬，帝异之，于诸子中尤见宠爱。以左将军居齐献王故府，甚贵宠，为天下所属目。""于时诸王封中土者皆五万户，以柬与太子同产，故特加之。"④ 按秦王柬"料校""三十六军兵簿"属于特例，并非右军将军原本所具有的职能，不过认为右军将军拥有禁卫职能则应是符合实际的。依此类推，东晋五校、四军皆为禁卫武官，且主禁兵。"军校无兵"应非东晋一代情形，也不能代表东晋前期的全部情况。

东晋骁骑将军之宿卫，可从苏峻之乱时钟雅侍卫晋成帝的情形中得到明确认识。《晋书·钟雅传》："明帝崩，迁御史中丞。""北中郎将刘遐卒，遐部曲作乱，诏郭默讨之，以雅监征讨军事、假节。事平，拜骁骑将军。苏峻之难，诏雅为前锋监军、假节，领精勇千人以距峻。雅以兵少，不敢击，退还。拜侍中。寻王师败绩，雅与刘超并

---

① 《晋书》卷六三《郭默传》，第1715页。
② 《晋书》卷七七《褚翜传》，第2032页。
③ 《晋书》卷七六《虞潭传》，第2013页。又，（唐）欧阳询撰《艺文类聚》卷六三《居处部三》"堂"条引《虞氏家记》曰："虞潭，右卫将军，太夫人年高，求解职，被诏不听，特假百日，迎母东归，起堂养亲，亲集会，作诗言志。"（汪绍楹校，上海古籍出版社1965年版，第1136页）
④ 《晋书》卷六四《武十三王·秦王柬传》，第1720页。

侍卫天子。""及峻逼迁车驾幸石头，雅、超流涕步从。明年，并为贼所害。贼平，追赠光禄勋。"① 苏峻进攻京师时，骁骑将军钟雅率军抵御，"领精勇千人以距峻"的记载显示，当时骁骑将军统军数量至少有千人之众，且为禁卫军精锐部队。朝廷军队战败后，骁骑将军钟雅与右卫将军刘超一直侍卫年幼的晋成帝，直到其被叛军所杀害②。从苏峻之乱平定后追赠钟雅为光禄勋推断，东晋骁骑将军的职能当与汉代光禄勋相当，地位则相对较低。

左、右积弩将军在西晋时期是重要的禁卫武官，在"八王之乱"中有突出表现。《宋书·百官志下》："魏世至晋江左，左、右积弩为台职，领营兵。"③ 由此可见，东晋继承西晋之制，仍设左、右积弩将军，且为领营禁卫武官。

第三节　门阀士族与东晋禁卫军权

田余庆对东晋一朝司马氏君主和高门大族共政的政治现象进行了深刻而精辟的研究，揭示了高门大族与司马氏君权的关系，高门大族之间的社会政治关系，中央和地方藩镇的关系，对高门大族成员控制扬州、荆州等地方要州重镇之军政大权有充分论述。军权与政治的关系受到特别重视，他认为："东晋门阀政治格局形成的原因，是士族专兵和皇权不振。"④ 具体而言，所谓"士族专兵"主要是指士族高门控制

---

① 《晋书》卷七〇《钟雅传》，第1877—1878页。
② 时在咸和四年（329）正月，见《晋书》卷七《成帝纪》，第173页。
③ 《宋书》卷四〇《百官志下》，第1255页。
④ 田余庆：《东晋门阀政治》，北京大学出版社2000年版，第102页。按田著只有一处论及东晋禁军与政治的关系，见同书第110—111页。其认识基础当是："在门阀政治条件下，动乱的方式一般不表现为宫廷政变，因为宫廷政变虽然可能导致皇位在司马氏皇族中的变更或某一宰辅地位的变更，但皇位或宰辅地位的变更也不能决定全面的局势。"（第360页）比较而言，田著对京师外围防务给予了高度关注，如专节论述"京口在政治、军事上的作用"，认为京口在"拱卫建康"上具有"战略意义"，既可"起威慑作用"，在"朝局已变"时"京口还有可能扭转局面"。"由于东晋建康处在长江上游的军事压力之下，荆豫诸州动辄拥兵犯禁，京口作为建康东门重镇，更得以显示其重要性。"（第96页）不过，这种认识实与其"皇位或宰辅地位的变更也不能决定全面的局势"之说并非圆融无碍。

方镇军权，而不是禁卫军权。① 其实，东晋一朝，无论司马氏皇室还是当政高门士族，都与禁卫军权有着千丝万缕的联系，门阀政治的形成和维系不能忽略禁卫军权的影响和制约。控制禁卫军权是掌握皇权的重要手段，同样也应该适用于东晋。担任禁卫长官是控制禁卫军权的有效途径，故在此通过对东晋一朝禁卫长官领军将军（中领军）、护军将军（中护军）及左、右卫将军担任者的综合分析，来认识东晋禁卫军权与政治之间的关系，以便进一步加深对东晋禁卫武官制度的理解。

领军将军（中领军） 东晋领军将军可考者共有二十五人：司马祐、王邃、王谧、王彪之、庾冰、桓祕、王国宝、王恰、纪瞻、卞壶、何充、顾众、顾和、陆晔、郗鉴、郗愔、诸葛恢、孔愉、孔安国、陶回、王雅、韩伯、褚翜、苏峻、刘裕；中领军可考者共有二十人：司马遵、司马元显、王劭、王洽、王悦、王荟、王嘏、王国宝、王恰、庾亮、庾龢、桓祕、谢混、谢辒、周闵、范汪、吴隐之、刁逵、刘怀慎、刘义欣。其中，王恰、桓祕、王国宝先后为中领军、领军将军，故东晋一朝实际可考之领军担任者共有四十二人；郗鉴、王荟、韩伯三人已任命而未拜，则东晋领军实际任职者为三十九人。苏峻叛乱时曾自为领军将军，桓玄篡位前王谧任领军将军，篡位后刁逵任中领军，刘裕专权时也曾自任领军将军，并以其同族刘怀慎、侄刘义欣为中领军。② 若除去苏峻、刁逵二人，则为四十

---

① 毛汉光对军权与东晋南朝政局的关系有系统研究，主要着眼点亦是地方都督刺史的军权，而基本未及禁卫军权。其认识基础是："在家天下时代，军队是皇位的支柱，它的最大功能有二：其一是防御外敌；其二是镇压内部；所谓攘外安内者也。""在外重内轻的形势之下，都督刺史军权的转移，直接影响五朝政局与士族及其他阶层力量的增减。""京师宿卫领兵极为有限……研究五朝军权问题，毋宁以都督刺史为对象。"（《五朝军权转移及其对政局之影响》，《中国中古政治史论》，上海世纪出版集团、上海书店出版社2002年版，第306—307、310页）认为军队是家天下时代皇位的支柱，无疑是正确的判断，但将其功能仅归结为"防御外敌"和"镇压内部"显然还不充分，因为以皇帝保卫为核心的禁卫军权（即毛氏所谓"京师宿卫"）也是至关重要的，它与皇位的关系更为密切，在南朝尤其显得突出。仅仅考察都督刺史来研究五朝军权问题，恐怕难以得出全面的认识。

② 参见《晋书》卷一〇〇《苏峻传》，第2630页；卷九九《桓玄传》，第2591、2593页；卷六五《王谧传》，第1758页；《宋书》卷一《武帝纪上》，第9页；卷四五《刘怀慎传》，第1375页；卷五一《宗室·刘义欣传》，第1464页。

(三十七)人。① 以上所列诸人姓名对于治史者虽不能说全都耳熟能详，但大多并不太陌生，一眼便可看出很多人属于高门士族成员。

在东晋可统计到的领军将军（中领军）名单中，琅邪王氏七人（王邃、王洽、王劭、王谧、王荟、王彪之、王椒）②，颍川庾氏三人（庾亮、庾冰、庾龢）③，谯国桓氏一人（桓祕）④，陈郡谢氏二人（谢辅、谢混）⑤，太原王氏二人（王国宝、王恺）⑥。东晋一朝，五大高门士族成员共有十五人担任领军将军（中领军），占总数四十人的37.5%。以东晋一百零三年记，则平均不到七年即有一位高门士族成员担任领军之职，当政高门士族与禁卫军权关系之密切可见一斑。五大高门士族成员之外，领军担任者中还有：宗室司马氏三人⑦；颍川庾氏之外甥家族南阳范氏二人⑧；何充为庐江何氏，既是外戚，又与琅邪王氏有姻亲关系⑨。若加上与河东裴氏及东海王越有姻亲关系的济阴卞氏一人（卞壸），与琅邪王氏有姻亲

---

① 据清代学者万斯同所撰《东晋将相大臣年表》，东晋一朝有三十三人担任领军将军和中领军（个别北军中候），依次是：王邃、庾亮、纪瞻、卞壸、陆晔、褚翜、陶回、诸葛恢、孔愉、顾和、何充、顾众、王彪之、王洽、范汪、范汪、王恺、庾龢、桓祕、王劭、谢辅、王国宝、王雅、司马元显、孔安国、武陵王遵、王谧、王椒、谢混、孔靖、吴隐之、刘怀慎、刘义欣。（《二十五史补编》，中华书局1955年版，第三册，第3339—3354页）按万氏失考者有司马祐、庾冰、周闵等人。范洽、孔靖不知出于何处，故不计在内。

② 参见《晋书》卷六五《王悦传》（王椒）《王洽传》《王劭传》《王谧传》《王荟传》，第1755、1758、1759页；卷七六《王彪之传》，第2009页。又，同书卷六《元帝纪》：永昌元年（322）三月，以"领军王邃（为）尚书右仆射"（第155页）。按领军王邃仅此一见，具体情况不明。据《晋书》卷九八《王敦传》，可知王邃为王敦从弟（第2560页），与王舒、王彬当为兄弟。

③ 参见《晋书》卷七三《庾亮传》《庾冰传》《庾龢传》，第1916、1927、1926页。按庾冰为庾亮之弟，龢为亮子，亮妹为晋明帝皇后。

④ 参见《晋书》卷七四《桓祕传》，第1947页。

⑤ 参见《晋书》卷七四《桓冲传》，第1951页；卷七九《谢混传》，第2079页。《桓冲传》云："于是卫将军谢安更以中领军谢辅代之。冲闻之而怒，上疏以为辅文武无堪，求自领江州，帝许之。"

⑥ 参见《晋书》卷七五《王国宝传》，第1971页；卷九三《外戚·王濛传》，第2420页。《王濛传》云："简顺皇后父，骠骑将军述之从叔也。少以华族，仕至光禄勋。……长子恺，领军将军。"

⑦ 参见《晋书》卷七《成帝纪》（汝南王祐），第169页；卷六四《元四王·司马元显传》《司马遵传》，第1737、1728页。

⑧ 参见《晋书》卷七五《范汪传》，第1983页。按南阳范氏与太原王氏亦有姻亲关系，王国宝即为范宁（汪子）外甥。

⑨ 参见《晋书》卷七七《何充传》，第2028页。

关系的高平郗氏二人（郗鉴、郗愔），则五大高门士族与其姻亲及宗室司马氏共有二十四人担任领军将军（中领军），占总人数的六成。另外，吴地大族吴郡顾氏、山阴孔氏各有二人，吴郡陆氏、丹阳纪氏及陶氏各有一人担任领军将军（中领军）①。则吴地大族共有七人在东晋担任领军将军（中领军），占总人数的 17.5%。若将以上所列人数相加，共有三十一人，占总数的 77.5%。因此，仅就担任者人数而论，可以得出这样的认识：东晋领军将军（中领军）由侨姓高门士族、吴姓高门士族、司马氏宗室以及他们的姻亲、亲信家族成员所把持。

护军将军（中护军） 东晋护军将军可考者共二十五人：司马宝、王彪之、王羲之、庾亮、庾希、桓景、桓伊、谢琰、何充、冯怀、周顗、周闵、应詹、赵胤、江虨、戴若思、范泰、陶回、顾飏、孔愉、虞啸父、褚翜、车胤、邓攸、刘毅，其中王羲之未拜；中护军可考者共有十三人：王荟、王凝之、桓脩、谢安、何澄、祖纳、戴若思、周谟、陶回、江灌、王淡、荀崧、褚翜。② 其中，戴若思、褚翜、陶回三人先后担任过中护军、护军将军，故东晋一朝实际可考之护军将军（中护军）担任者共有三十五人，略少于领军人数。

东晋共有十二位护军将军（中护军）出于五大高门士族，其中琅邪王氏四人（王荟、王彪之、王羲之、王凝之）③，颍川庾氏二人（庾亮、庾希）④，谯国桓氏三人（桓景、桓脩、桓伊）⑤，陈郡谢氏二人（谢安、

---

① 参见《晋书》卷六八《纪瞻传》，第 1823 页；卷七六《顾众传》，第 2017 页；卷七七《陆晔传》，第 2024 页；卷七八《孔愉传》《孔安国传》《陶回传》，第 2053、2054、2066 页；卷八三《顾和传》，第 2164 页。

② 据万斯同《东晋将相大臣年表》，东晋一朝共有二十七人担任护军将军和中护军，依次是：周顗、邓攸、戴渊、华恒、应詹、庾亮、褚翜、陶回、赵胤、孔愉、周谟、何充、冯怀、王羲之、桓景、江虨、周闵、庾希、谢安、王彪之、江灌、王荟、车胤、王凝之、桓脩、虞啸父，按华恒辞疾未拜，实际为二十六人。万氏失考者有七人：郗迈、王淡、顾飏、谢琰、司马宝、桓伊、刘毅。

③ 参见《晋书》卷六五《王荟传》，第 1759 页；卷七六《王彪之传》，第 2011 页；卷八〇《王羲之传》，第 2094 页；卷七四《桓脩传》（王凝之），第 1955 页。

④ 参见《晋书》卷七三《庾亮传》《庾希传》，第 1917、1930 页。

⑤ 参见《晋书》卷七四《桓脩传》，第 1955 页。又，同书卷五六《江统传附子虨传》："永和中，代桓景为护军将军。"（第 1538 页）

谢琰）①，太原王氏一人（王淡）②。五大高门士族担任护军将军（中护军）的比例占可考护军总人数的三分之一以上，亦略低于领军担任者所占比例。其他还有汝南周氏三人（周谟、周顗、周闵）③，陈留江氏二人（江彪、江灌）④，外戚庐江何氏二人（何充、何澄）⑤，宗室司马氏只有司马宝一人在晋末担任过护军之职⑥。以上两大类相加，共有二十人，接近总数的三分之二。总的来看，东晋一朝护军之职仍主要由侨姓、吴姓高门士族和其他一些特殊家族成员（主要是协助晋元帝建国或当朝君主的藩邸旧臣）担任。需要说明的是，既担任过领军又担任过护军者共有六人：王彪之、庾亮、何充、褚翜、陶回、孔愉，分别占领、护军总人数的15%和17.14%。

左、右卫将军 东晋时期，左卫将军可考者共有二十一人（司马云、司马恬、司马珍之、司马宗、王廙、庾亮、庾怿、桓石绥、桓脩、王坦之、刘超、殷康、王雅、褚翜、张玄之、陈光、辛洪、吴隐之、马雄、殷叔文、殷仲文），其中，马雄为苏峻叛乱时所任命，殷叔文、殷仲文为桓玄篡位时所任命，除去此三人，则东晋一朝可考之左卫将军担任者共有十八人。⑦在东晋左卫将军担任者中，琅邪王氏一人（王廙），颍川庾氏二人（庾亮、庾怿），谯国桓氏二人（桓石绥、桓脩），太原王氏一人（王坦之），宗室司马氏四人。五大高门士族成员中共有六人担任左卫将军，占可考总人数的三分之一；若包括司马氏宗室成员，则六个家族在东晋一朝共有十人担任左卫将军，约占可考总人数的55.6%。值得注意的是，司马氏宗室成员担任左卫将军的占比较大，在五大高门中唯有陈郡谢氏不见有人担任左卫将军。

东晋右卫将军可考者共十七人（司马钦、司马恬、王恢、庾叔宣、庾豫、王恺、王淡、卞壸、刘超、虞胤、虞潭、毛脩之、毛安之、赵胤、

---

① 参见《晋书》卷七九《谢安传》《谢琰传》，第2073、2078页。
② 参见《晋书》卷七五《王峤传》，第1975页。
③ 参见《晋书》卷六一《周谟传》，第1663页；卷六九《周顗传》及《附子闵传》，第1851、1853页。
④ 参见《晋书》卷五六《江统传附子彪传》，第1538页；卷八三《江灌传》，第2176页。
⑤ 参见《晋书》卷七七《何充传》，第2029页；卷九三《外戚·何准传附子澄传》，第2418页。
⑥ 参见《晋书》卷六四《简文三子·临川王郁传附宝传》，第1732页。
⑦ 《晋书》卷六四《简文三子·会稽王道子传》载"左卫领营将军会稽许荣上疏"云云（第1733页），许荣当为左卫将军下属之领营将领，并非左卫将军，故不计在内。

刁畅、郭逸、皇甫敷），其中，皇甫敷为桓玄篡位后所任命，应予去除，则东晋一朝可考之右卫将军共有十六人。在右卫将军担任者中，琅邪王氏一人（王恢），颍川庾氏二人（庾叔宣、庾豫），太原王氏二人（王恺、王淡），共计五人，约占可考总人数的31.3%。若加上宗室司马氏成员二人，则占总人数的43.75%。毛安之、毛脩之出身荥阳毛氏，毛氏是荆楚一带颇有影响的流民首领，与当政王、庾、桓、谢诸高门士族及东晋初年著名流民帅温峤等有密切的政治联系。① 虞胤、虞潭出身吴姓高门士族会稽虞氏②。若加上毛氏与虞氏，则六个家族担任右卫将军的人数占可考总人数的68.75%，比例超过了左卫将军。值得注意的是，同样不见陈郡谢氏成员担任右卫将军，谯国桓氏亦无人担任右卫将军。

将左、右卫将军合而观之，司马恬、刘超二人曾担任过左卫将军和右卫将军③，则东晋一朝左、右卫将军的实际担任者共有三十二人。其中琅邪王氏二人，颍川庾氏四人，谯国桓氏二人，太原王氏三人，宗室司马氏五人，共计十六人，占总人数的一半。若加上荥阳毛氏、会稽虞氏两个家族，则其所占比例超过六成（62.5%）。这显然远非东晋左、右卫将军担任者的实际人数。以此后的南朝相类比，东晋左、右卫将军的实际担任者至少应该不下一百人，抑或更多。果如此，则史书所见东晋左、右卫将军人数仅为实际人数的三分之一或更少。

综合来看，东晋时期既担任过领军又担任过护军者有王彪之等六人，其中庾亮、褚翜二人又曾任左卫将军；王雅曾任领军、左卫将军，卞壸曾任领军、右卫将军，吴隐之曾任中领军、左卫将军，赵胤曾任护军、右卫将军，桓脩曾任中护军、左卫将军，王淡曾任中护军、右卫将军；既担任过左卫将军又担任过右卫将军者二人。这样，东晋一代担任过领军、护军及左卫、右卫将军可考者实际上共有九十三人。

根据以上统计，将宗室司马氏和五大高门士族在东晋时期担任领军将军（中领军）、护军将军（中护军）及左卫将军、右卫将军等禁卫长官的总体情况列表如下：

---

① 参见《晋书》卷八一《毛宝传》及《附子安之传》《附孙璩传》（脩之），第2122—2129页。

② 参见《晋书》卷七六《虞潭传》，第2012页。按虞胤任右卫将军，见《晋书》卷七三《庾亮传》，第1917页。其人又见同书卷五九《汝南王亮传附子宗传》，第1595页。

③ 参见《晋书》卷三七《宗室·敬王恬传》，第1107页；卷七〇《刘超传》，第1876页。

	领军将军 中领军	护军将军 中护军	左卫将军	右卫将军	合计
司马氏	3/40 7.5%	1/35 约2.86%	4/18 约22.22%	2/16 12.5%	9/93 约8.97%

	领军将军 中领军	护军将军 中护军	左卫将军	右卫将军	合计
琅邪王氏	7/40 17.5%	4/35 11.43%	1/18 约5.56%	1/16 6.25%	11（13－2）/93 约11.83%
颍川庾氏	3/40 7.5%	2/35 约5.71%	2/18 约11.11%	2/16 12.5%	7（9－2）/93 约8.75%
谯国桓氏	1/40 2.5%	3/35 约8.57%	2/18 约11.11%		5（6－1）/93 5.38%
陈郡谢氏	2/40 5%	2/35 约5.71%			4/93 约4.3%
太原王氏	2/40 5%	1/35 约2.86%	1/18 5.56%	2/16 12.5%	6/93 约6.45%
合计	15/40 37.5%	12/35 约34.29%	6/18 约33.33%	5/16 31.25%	33/93 约35.48%

从上表可以看出，仅就担任禁卫长官的人数而论，东晋一朝琅邪王氏、颍川庾氏、谯国桓氏、陈郡谢氏、太原王氏等五大高门士族成员任职人数超过总人数的三分之一，表明高门士族与朝廷禁卫军权有着密切的关系，从一个侧面反映了这些家族对东晋政治的影响程度。比较而言，司马氏宗室所任禁卫长官人数则颇为有限，其所占比重低于一成，而在百余年间仅有三人担任过领军、一人担任过护军之职，表明司马氏宗室与东晋禁卫军权的关系甚浅，亦从一个侧面反映了宗室在东晋政治中力量之弱。

第四节 禁卫军权与东晋政争

东晋时期发生过多次政治反叛或政局变故，在历次政治斗争中，对立双方都十分注意禁卫长官人选的安排，特别是朝廷（皇帝）方面为了保卫京师、宫城而与叛军展开激烈的战斗，禁卫武官特别是禁卫长官发挥过重要作用，东晋禁卫长官的职能在这些事变中有充分的表现。在此对有关情况略作考察，

第十章　东晋禁卫武官制度与禁卫军权 / 287

以加深对东晋禁卫武官制度以及禁卫军权与东晋政治关系的认识。

禁卫军权在东晋政治中的重要性，在王敦之乱时双方的决策中有充分的反映。晋元帝永昌元年（322）正月"戊辰（十四，2.16），大将军王敦举兵于武昌，以诛刘隗为名，龙骧将军沈充帅众应之"。东晋朝廷在得到王敦反叛的消息后，于三月部署应对方略，在征调"征西将军戴若思、镇北将军刘隗还卫京都"的同时，"以司空王导为前锋大都督"，"以太子右卫率周莚行冠军将军，统兵三千讨沈充"。① 具体就京师建康的保卫而言，"刘隗军于金城，右将军周札守石头，帝亲被甲徇六师于郊外"②。叛军南下途中，王"敦病转笃，不能御众"，遂"以含为元帅"。"王含至江宁，司徒导遗含书曰：'……导所统六军，石头万五千人，宫内后苑三万人，护军屯金城六千人，刘遐已至，征北昨已济万五千人。……'"③ 王导此封书信，虽然意在劝阻其从兄王含，实则将东晋朝廷抵御王敦叛军进犯建康的军事部署完全暴露，可知当时东晋守卫京师的兵力共有五万一千人，若加上外援共有六万六千人。京师"六军"分为三处守卫：石头城为建康门户，其时周札为"都督石头水陆军事"④，负责石头城的防守。"宫内后苑"即皇宫和后宫所在地，是为京师防卫的重中之重，王导书信提及的"二宫宿卫"盖即指此，前锋大都督王导及领军、尚书右仆射王邃当为主要负责者。此外，"诏追""还镇京都"的戴若思"进骠骑将军，与右卫将军郭逸夹道筑垒于大桁之北"⑤，也是为了保证两宫之安全。护军屯于金城，时周顗为尚书左仆射、护军将军，其与刘隗当共同驻屯于金城⑥。

---

① 《晋书》卷六《元帝纪》，第155页。又，同书卷七八《孔坦传》："弃官归会稽。久之，除领军司马，未赴召。会王敦反，与右卫将军虞潭俱在会稽起义，而讨沈充。事平，始就职。"（第2056页）按四月王敦占据石头城后，"戴若思、刘隗帅众攻之，王导、周顗、郭逸、虞潭等三道出战"（《元帝纪》，第155页），则虞潭其时不应在会稽，而是在守卫建康。

② 《晋书》卷六《元帝纪》，第155页。

③ 《晋书》卷九八《王敦传》，第2564页。

④ 《晋书》卷五八《周札传》，第1575页。

⑤ 《晋书》卷六九《戴若思传》，第1847页。

⑥ 《晋书》卷六九《刘隗传》："拜镇北将军、都督青徐幽平四州军事、假节，加散骑常侍，率万人镇泗口。""及敦作乱，以讨隗为名，诏征隗还京师，百官迎之于道……率众顿金城。"（第1837—1838页）按《建康实录》卷九《晋中下·烈宗孝武皇帝》："咸康七年（341），（桓温）出镇江乘之金城。"本注："案《图经》：金城，吴筑，在今县城东北五十里。中宗初，于此立琅琊郡也。"（第257页）《太平寰宇记》卷九〇《江南东道二》"上元县"条："琅邪城，在县东北六十里。王隐《晋书》云：'江乘南岸蒲洲津有城，即琅邪城。'"（第1787页）

王敦取得对朝廷的控制权后，在人事上采取了三方面措施：（1）"以王导为司徒，敦自为扬州牧。"此举显示朝廷和地方最高行政长官皆由琅琊王氏成员担任，京师地区的行政权力集中掌握在琅邪王氏手中。（2）"徙含（王敦兄）为征东将军、都督扬州江西诸军事，从弟舒为荆州，彬为江州，邃为徐州。"同时，还将最为重要的扬、荆、江、徐诸州的军政大权控制在王氏成员手中。（3）"及敦病甚，拜应（王敦养子，敦兄含之子）为武卫将军以自副。"① 王敦在身体健康时并不害怕禁卫军权对其独裁地位的影响，而当其病重之时，自身保卫则显得极为重要，故以其养子王应为武卫将军负责贴身侍卫，此武卫将军与汉魏之际和曹魏的武卫将军职能相当。不仅如此，他还将晋明帝心腹常从督（君主贴身侍卫武官）冉曾、公乘雄等杀害，并"以宿卫尚多，奏令三番休二"②。晋明帝方面，当王敦病重时看到有机可乘，便采取措施实施讨敦之计，一方面发布王敦已死的假消息以迷惑视听（"伪言敦死"）；另一方面发布讨伐王敦的诏书。太宁二年（324）六月"丁卯（廿七，8.3），加司徒王导大都督、假节，领扬州刺史；以丹杨尹温峤为中垒将军，与右将军卞敦守石头；以光禄勋应詹为护军将军、假节、督朱雀桥南诸军事；以尚书令郗鉴行卫将军、都督从驾诸军事，以中书监庾亮领左卫将军，以尚书卞壸行中军将军"③。因当时驻扎姑孰的王敦声称即将率大军入京，晋明帝方面所关注的核心便是将其拒之于京师门外并趁机予以消灭。

从晋明帝方面的安排来看，关键是要守住京师门户石头城，继之便是把守宫城门户朱雀桥南，而大驾保卫亦颇为重要。《晋书·王敦传》所载讨敦诏书中有云：

  今遣司徒（王）导、镇南将军丹杨尹（温）峤、建威将军赵胤，武旅三万，十道并进；平西将军（王）邃率兖州刺史（王）遐、奋武将军（苏）峻、奋威将军（陶？）瞻，精锐三万，水陆齐势。朕亲御六军，左卫将军（庾）亮、右卫将军（虞）胤、护军将军（应）

---

  ① 《晋书》卷九八《王敦传》，第2560页。

  ② 同上书，第2561页。又，同书卷六《明帝纪》：太宁二年（324）"夏五月，王敦矫诏拜其子应为武卫将军，兄含为骠骑大将军。帝所亲信常从督公乘雄、冉曾并为敦所害"（第161页）。

  ③ 《晋书》卷六《明帝纪》，第161页。

第十章　东晋禁卫武官制度与禁卫军权 / 289

詹、领军将军（纪）瞻、中军将军（卞）壸、骁骑将军（?）艾、骠骑将军南顿王宗、镇军将军汝南王祐、太宰西阳王羕，被练三千，组甲三万，总统诸军，讨（王）凤之罪。①

由此可见，当时讨敦大军分为三支，其中左卫将军庾亮、右卫将军赵胤、护军将军应詹、领军将军纪瞻、中军将军卞壸、骁骑将军某艾诸部当即明帝所"亲御"之"六军"，属于禁卫军无疑，左·右卫、领·护军、中军、骁骑将军即为东晋初年的禁卫长官。禁卫六军在晋明帝的直接统率下参与平定王敦之乱的战斗，表明在东晋军事系统中他们与皇帝的关系最为亲近。当然由于当时特殊的政治局势，实际担当平敦重任的并非禁卫军，但禁卫军特别是禁卫长官在东晋初年政治中的重要性却不能因此而否认。又如当时"以丹杨尹温峤为中垒将军，与右将军卞敦守石头"②，表明中垒将军也具有禁卫职能。

晋成帝咸和二年（327）"十二月辛亥（初一，12.30），苏峻使其将韩晃入姑孰，屠于湖。壬子（初二，12.31），彭城王雄、章武王休叛奔峻。庚申（初十，328.1.8），京师戒严。假护军将军庾亮节，为征讨都督，以右卫将军赵胤为冠军将军、历阳太守，使与左将军司马流帅师距峻，战于慈湖，流败，死之。假骁骑将军钟雅节，帅舟军，与赵胤为前锋，以距峻"。三年"二月庚戌（初一，2.27），（苏）峻至于蒋山。假领军将军卞壸节，帅六军，及峻战于西陵，王师败绩。丙辰，峻攻青溪栅，因风纵火，王师又大败。尚书令·领军将军卞壸、丹杨尹羊曼、黄门侍郎周导、庐江太守陶瞻并遇害，死者数千人。庾亮又败于宣阳门内，遂携其诸弟与郭默、赵胤奔寻阳。于是司徒王导、右光禄大夫陆晔、荀崧等卫帝于太极殿，太常孔愉守宗庙。贼乘胜麾戈接于帝座，突入太后后宫，左右侍人皆见掠夺"。"四年春正月，帝在石头，贼将匡术以苑城归顺，

---

① 《晋书》卷九八《王敦传》，第2562页。按东晋初年赵胤、虞胤皆曾任右卫将军。同书卷七《成帝纪》："假护军将军庾亮节，为征讨都督，以右卫将军赵胤为冠军将军、历阳太守，使与左将军司马流帅师距峻。战于慈湖，流败，死之。"（第171页）卷五九《汝南王亮传附子宗传》："咸和初，御史中丞钟雅劾宗谋反，庾亮使右卫将军赵胤收之。"（第1595页）卷七三《庾亮传》："抚军将军南顿王宗、右卫将军虞胤等，素被亲爱，与西阳王羕将有异谋。"（第1917页）赵胤时任建威将军，故讨敦诏书中之"右卫将军胤"当为虞胤。

② 《晋书》卷六《明帝纪》，第161页。

百官赴焉。侍中钟雅、右卫将军刘超谋奉帝出，为贼所害。""峻子硕攻台城，又焚太极东堂、秘阁，皆尽。"① 由此可见，在苏峻叛军入京之际，承担京师防守重任者主要是领军将军卞壶，护军将军庾亮亦在宣阳门内防守。前后两任右卫将军赵胤、刘超皆承担着禁卫重任②。卞壶、刘超还为保卫京师及晋成帝而献出了生命。

《晋书·毛安之传》："简文辅政，委以爪牙。及登阼，安之领兵从驾，使止宿宫中。寻拜游击将军。时庾希入京口，朝廷震动，命安之督城门诸军事。孝武即位，妖贼卢悚突入殿廷。安之闻难，率众直入云龙门，手自奋击。既而左卫将军殷康、领军将军桓祕等至，与安之并力，悚因剿灭。迁右卫将军。"③ 毛安之本司马昱爪牙，及昱称帝，安之任游击将军，为禁卫武官之一。当庾希入京口危及朝廷安全时，毛安之受命以游击将军都督城门诸军事，负责京师城门的把守。孝武帝即位之际发生"卢悚突入殿廷"的严重政治事件，游击将军毛安之"率众直入云龙门"与之展开搏斗。这表明游击将军毛安之在云龙门外守卫，其所统游击营署可能也在云龙门外，即在宫城之外，但又距云龙门甚近。左卫将军殷康与领军将军桓祕等随后赶到，与毛安之一起平息了卢悚之乱。在此次事件中，领军将军、左卫将军、游击将军等职的禁卫职能都有充分体现。毛安之因平乱有功而迁为右卫将军，表明在东晋禁卫武官系统中右卫将军地位高于游击将军。

晋安帝隆安五年（401）"六月甲戌（初一，6.27），孙恩至丹徒。乙亥（初二，6.28），内外戒严，百官入居于省。冠军将军高素、右卫将军张崇之守石头，辅国将军刘袭栅断淮口，丹杨尹司马恢之戍南岸，冠军将军桓谦、辅国将军司马允之、游击将军毛邃备白石，左卫将军王嘏、领军将军孔安国屯中皇堂。征豫州刺史、谯王尚之卫京师。宁朔将军高雅之击

---

① 《晋书》卷七《成帝纪》，第171—174页。
② 《晋书》卷七〇《刘超传》："及苏峻谋逆，超代赵胤为左卫将军。""及王师败绩，王导以超为右卫将军，亲侍成帝。"后苏峻使其亲信部将"任让将兵入收超及钟雅"，"帝抱持悲泣曰：'还我侍中、右卫！'"二人被害，"帝曰：'让是杀我侍中、右卫者，不可宥。'由是遂诛让。"（第1876页）这条记载中之"左卫将军"为右卫将军之误，赵胤、刘超俱未曾担任左卫将军。
③ 《晋书》卷八一《毛宝传附子安之传》，第2128页。

孙恩于广陵之郁洲，为贼所执"①。据此可知，孙恩等逼近京师时东晋朝廷采取了紧急应对措施，布兵防守军事要冲，主要有石头、淮口、南岸、白石、中皇堂五处。其中石头城是叛军入京的第一道关口，无疑是极为关键的，由右卫将军张崇之与冠军将军高素共同防守。而中皇堂则是宫城的核心所在，当时不仅皇帝在此，而且"百官入居于省"，亦当躲避于此，这是此次防卫之最紧要处，是重中之重。② 中皇堂的守卫由左卫将军与领军将军共同担当，表明此二职在禁卫长官中有着独特地位。游击将军亦具有禁卫职能，游击将军毛璲在白石防备显示，游击将军在平时除了守卫云龙门外，还有可能在白石一带守备。此次京师防卫中有两名冠军将军和两名辅国将军参与，应是特殊情况，并不能证明此二职在平时具有禁卫职能。另外，丹阳尹作为京师行政长官也应具有保卫京师的职能。

晋明帝、成帝之际的政治斗争，与禁卫军权的控制有密切关系。太宁三年（325）闰八月"壬午（十九，10.12），帝不愈，召太宰西阳王羕、司徒王导、尚书令卞壸、车骑将军郗鉴、护军将军庾亮、领军将军陆晔、丹杨尹温峤，并受遗诏，辅太子"③。由此可知，晋明帝遗诏安排的七位顾命大臣，分别是宗室西阳王羕，外戚庾亮，侨姓高门士族王导，流民领袖郗鉴、温峤、卞壸，以及吴姓士族陆晔，代表了东晋初年最基本的政治力量，这些人与晋元帝司马睿曾有过密切合作的历史，属于其元从亲信集团。就其所任职务来看，既有三公（八公），又有尚书省长官，还有军事将领，京师行政长官以及禁卫长官。在这七人中，护军将军庾亮曾任中领军，尚书令卞壸亦曾为领军将军，这一状况体现了领军将军（中领军）在东晋初年政治中的重要性。

晋成帝即位，尊皇后庾氏为皇太后。"皇太后临朝称制。司徒王导录尚书事，与中书令庾亮参辅朝政。以抚军将军南顿王宗为骠骑将军，领军

---

① 《晋书》卷一〇《安帝纪》，第254页。
② 《晋书》卷六《明帝纪》：太宁二年"秋七月壬申朔，敦遣其兄含及钱凤、周抚、邓岳等水陆五万，至于南岸。温峤移屯水北，烧朱雀桁，以挫其锋。帝躬率六军，出次南皇堂"（第161—162页）。按是年七月辛未朔，壬申为初二日（8.8）。据此推断，皇堂即指宫城（台城），有东、西、南、北、中五部，其中中皇堂为正殿所在，是东晋朝廷的政治中心。
③ 《晋书》卷六《明帝纪》，第164页。

将军汝南王祐为卫将军。"① 庾亮之父庾琛曾为丞相军谘祭酒,庾亮初任司马睿镇东府西曹掾,"转参丞相军事,掌书记",元帝"聘亮妹为皇太子妃"。东晋初年庾亮历任中书郎、给事中、黄门侍郎、散骑常侍等职,王敦"表为中领军"。庾亮为东晋名臣,是东晋高门士族颍川庾氏的代表人物,也是重要的外戚成员,他在晋明帝以后近二十年间历任内外要职,成帝初年庾太后临朝时"政事一决于亮",后又多年掌控荆州军政大权,并在王导死后入朝执政,对东晋初期政治发挥过举足轻重的影响。② 《晋书·庾亮传》:

> 转护军将军。及帝疾笃,不欲见人,群臣无得进者。抚军将军南顿王宗、右卫将军虞胤等素被亲爱,与西阳王羕将有异谋。亮直入卧内见帝,流涕不自胜。既而正色陈羕与宗等谋废大臣,规共辅政,社稷安否,将在今日,辞旨切至。帝深感悟,引亮升御座,遂与司徒王导受遗诏辅幼主。加亮给事中,徙中书令。太后临朝,政事一决于亮。③

这是外戚与宗室争夺东晋控制权的一次斗争。庾亮为外戚(妹为明帝皇后),时任护军将军,主要负责宫外禁卫。宗室南顿王宗与西阳王羕阵营则有右卫将军虞胤,他们不仅亲侍明帝,而且承担宫中禁卫,与晋明帝关系更为亲近。

南顿王宗与西阳王羕为汝南王亮之子,是当时与东晋皇帝血缘最近的宗室支系。④ 汝南王亮之孙司马祐,"永安中,从惠帝北征。""永兴初,率众依东海王越……越征汲桑,表留祐领兵三千守许昌,加鼓吹、麾旗。越还,祐归国。永嘉末,以寇贼充斥,遂南渡江,元帝命为军谘祭酒。建武初,为镇军将军。太兴末,领左军将军。太宁中,进号卫将军,加散骑

---

① 《晋书》卷七《成帝纪》,第169页。
② 参见《晋书》卷七三《庾亮传》,第1915—1918页。相关细节,参见田余庆《庾氏之兴和庾、王江州之争》,《东晋门阀政治》,第106—139页。
③ 《晋书》卷七三《庾亮传》,第1917—1918页。
④ 晋元帝司马睿为琅邪王伷之孙、觐之子,西阳王羕、南顿王宗为汝南王亮之子。汝南王亮、琅邪王伷为司马懿之子,且为同母(伏夫人)所生。

常侍。"① 汝南王亮与晋元帝祖父司马伷为同胞兄弟，东晋初年宗室中与元帝关系最为亲近者当即汝南王亮之后。不仅如此，司马祐在两晋之际还是东海王越—琅邪王睿阵营成员，他较早从中原南渡依附于司马睿，故在东晋初年受到重用，并曾任领军将军。本传载其为左军将军而非领军将军，与本纪所载不同。左军将军第五品，领军将军、镇军将军皆第四品，卫将军第三品，② 则司马祐在进号卫将军前所任必为领军将军而非左军将军。当然，司马祐由左军将军迁任领军将军再进号卫将军的可能性也不是没有。

《太平御览·职官部三五》"左右卫将军"条引何法盛《晋中兴书》曰："南顿王宗字延祖，拜左卫将军，为肃祖所昵，委以禁旅。"③《晋书·汝南王亮传附子宗传》："明帝践阼，加长水校尉。转左卫将军，与虞胤俱为帝所昵，委以禁旅。宗与王导、庾亮志趣不同……及帝疾笃，宗、（虞）胤密谋为乱，亮排闼入，升御床，流涕言之，帝始悟。转为骠骑将军，胤为大宗正，宗遂怨望形于辞色。咸和（326—334）初，御史中丞钟雅劾宗谋反，庾亮使右卫将军赵胤收之。宗以兵距战，为胤所杀。"④ 庾亮等当政大臣首先剥夺了司马宗和虞胤对宫内禁卫军的控制权，而以其亲信赵胤担任右卫将军负责宫中禁卫。赵胤在晋成帝初年又协助庾亮诛杀司马宗，从而使庾亮在斗争中取得了决定性胜利。庾亮获胜有这样几方面原因：（1）庾亮出身颍川庾氏，代表了侨姓高门士族利益，在与司马宗等的斗争中，他和另一当政高门士族王导有着共同的政治利益。（2）庾亮本人又是外戚，他之得以入宫还与其妹为晋明帝皇后密不可分。（3）庾亮身为护军将军，掌握宫外禁卫军，使得司马宗等人也不敢轻易进行反抗。⑤

---

① 《晋书》卷五九《汝南王亮传附祐传》，第1593页。
② 汝南王祐为镇军将军记载并无歧异，又见《晋书》卷九八《王敦传》所载明帝讨敦诏（第2562页）。官品据《通典》卷三七《职官十九·秩品二·晋官品》，该官品令不载领军将军、护军将军，而有中领军、中护军，居第三品之末，在镇军将军之下，依中领军、中护军资轻于领军将军、护军将军的原则，推断领军将军应居第三品之前列。
③ 《太平御览》卷二三七《职官部三五》"左右卫将军"条，第1121页。
④ 《晋书》卷五九《汝南王亮传附子宗传》，第1595页。
⑤ 司马羕当时并未掌握军权，故未受到多大打击，而是与王导一同担任顾命大臣辅佐新主。《晋书》卷五九《汝南王亮传附子羕传》："明帝即位，以羕宗室元老，特为之拜。""及帝寝疾，羕与王导同受顾命辅成帝。时帝幼冲，诏羕依安平献王孚故事，设床帐于殿上，帝亲迎拜。"不过，他很快便被排挤出朝政之外，"咸和初，坐弟南顿王宗免官，降为弋阳县王"。（第1594页）

《晋书·五行志上》:"孝武帝太元十四年(389)……明年二月,王恭为北藩;八月,庾楷为西藩;九月,王国宝为中书令,寻加领军将军……"① 其时王国宝与会稽王道子一同专权。王国宝出身太原王氏,谢安为其岳父,但谢安对国宝人品颇为不满,故在谢安当政时对之"每抑而不用"。国宝舅中书郎范宁亦"疾其阿谀"②,亦足见其为人。《晋书·王国宝传》:"从妹为会稽王道子妃,由是与道子游处,遂间毁安焉。及道子辅政,以为秘书丞。俄迁琅邪内史、领堂邑太守,加辅国将军。入补侍中,迁中书令、中领军,与道子持威权,扇动内外。"③ 此处谓王国宝所任为中领军,与《五行志》所载不同。晋安帝时王国宝又依附司马道子,协助其专权。"道子复惑之,倚为心腹,并为时之所疾。国宝遂参管朝权,威震内外。迁尚书左仆射,领选,加后将军、丹杨尹,道子悉以东宫兵配之。"王恭与殷仲堪恶道子、国宝乱政,道子等将谋夺其兵权。"未及行,而恭檄至,以讨国宝为名,国宝惶遽不知所为。"司马道子为挽救危局,遂赐死国宝。④ 司马道子又以亲信王雅为领军将军。王雅曾任廷尉,侍中、左卫将军,丹杨尹、太子左卫率,极受孝武帝及会稽王道子宠信。"雅性好接下,敬慎奉公,孝武帝深加礼遇,虽在外职,侍见甚数,朝廷大事多参谋议。""迁领军、尚书、散骑常侍,方大崇进之,将参副相之重,而帝崩,仓卒不获顾命。"⑤ 其后道子子司马元显领中领军,并乘

---

① 《晋书》卷二七《五行志上》,第801页。
② 《晋书》卷七五《王国宝传》,第1970、1971页。
③ 同上书,第1970—1971页。
④ 同上书,第1971—1972页。参见同书卷六四《简文三子·会稽王道子传》,第1735页。
⑤ 《晋书》卷八三《王雅传》,第2179—2180页。同书卷一〇《安帝纪》:"隆安元年(397)春正月己亥朔(初一,2.13),帝加元服,改元,增文武位一等。太傅、会稽王道子稽首归政。以尚书左仆射王珣为尚书令,领军将军王国宝为尚书左仆射。"二年七月,"兖州刺史王恭、豫州刺史庾楷、荆州刺史殷仲堪、广州刺史桓玄、南蛮校尉杨佺期等举兵反"。"九月辛卯(初二,9.28),加太傅会稽王道子黄钺。遣征虏将军会稽王世子元显、前将军王珣、右将军谢琰讨桓玄等。己亥(初十,10.6),破庾楷于牛渚。丙午(十七,10.13),会稽王道子屯中堂,元显守石头。己酉(二十,10.16),前将军王珣守北郊,右将军谢琰备宣阳门。辅国将军刘牢之次新亭,使子敬宣击败恭,恭奔曲阿长塘湖,湖尉收送京师,斩之。于是遣太常殷茂喻仲堪及玄,玄等走于寻阳。"十一月,以"领军将军王雅为尚书左仆射"。(第249、250、251页)

第十章　东晋禁卫武官制度与禁卫军权　/　295

道子有疾、昏醉之机而谋夺其权，自专朝政。①

卞壶在东晋初年的仕宦经历也颇能说明禁卫军权在东晋政治中的作用。《晋书·卞壶传》：

> 壶迁吏部尚书。王含之难，加中军将军。含灭，以功封建兴县公。寻迁领军将军。明帝不豫，领尚书令，与王导等俱受顾命辅幼主。复拜右将军，加给事中，尚书令。帝崩，成帝即位，群臣进玺，司徒王导以疾不至。壶正色于朝曰：……导闻之，乃舆疾而至。皇太后临朝，壶与庾亮对直省中，共参机要。……明帝深器之，于诸大臣而最任职。……拜光禄大夫，加散骑常侍。……峻果称兵。壶复为尚书令、右将军，领右卫将军，余官如故。峻至东陵口，诏以壶都督大桁东诸军事、假节，复加领军将军、给事中。壶率郭默、赵胤等与峻大战于西陵，为峻所破。……峻进攻青溪，壶与诸军距击，不能禁。贼放火烧宫寺，六军败绩。壶时发背创，犹未合，力疾而战，率厉散众及左右吏数百人，攻贼麾下，苦战，遂死之，时年四十八。二子眕、盱见父没，相随赴贼，同时见害。②

自担任吏部尚书以后，卞壶的命运便与东晋王朝的存续紧密联系在一起了。"王含之难"是指王敦叛乱时其兄王含对京师的进攻，卞壶以吏部尚书加中军将军之职与叛军作战，其时中军将军为禁卫六军之一。根据上引《晋书·卞壶传》的记载可知，从王含败灭至晋明帝临终期间，卞壶任领军将军。王含被灭是在太宁二年（324）七月底，

---

① 《晋书》卷六四《简文三子·司马元显传》：道子世子元显为征讨都督伐王恭，灭之。"既而杨佺期、桓玄、殷仲堪等复至石头，元显于竹里驰还京师，遣丹杨尹王恺、鄱阳太守桓放之、新蔡内史何嗣、颍川太守温详、新安太守孙泰等，发京邑士庶数万人，据石头以距之。道子将出顿中堂，忽有惊马踩藉军中，因而扰乱，赴江而死者甚众。仲堪既知王恭败死，狼狈西走，与桓玄屯于寻阳。朝廷严兵相距，内外骚然。诏元显甲杖百人入殿，寻加散骑常侍、中书令，又领中领军，持节、都督如故。会道子有疾，加以昏醉，元显知朝望去之，谋夺其权，讽天子解道子扬州、司徒，而道子不之觉。元显自以少年顿居权重，虑有讥议，于是以琅邪王领司徒，元显自为扬州刺史。既而道子酒醒，方知去职，于是大怒，而无如之何。"又加元显录尚书事。然道子更为长夜之饮，政无大小，一委元显。时谓道子为东录，元显为西录。"（第1737页）

② 《晋书》卷七〇《卞壶传》，第1870—1872页。

次年闰八月晋明帝病故①，临终之际以卞壸为尚书令与王导等大臣同受顾命，辅佐新帝即位执政。这是极为重要的嘱托。卞壸还对王导的消极态度提出了强烈的批评，以致王导不得不"舆疾而至"。太后临朝，卞壸与庾亮"对直省中，共参机要"。②苏峻之乱发生后，卞壸又以领军将军承担起京师防卫重任，《晋书·成帝纪》："假领军将军卞壸节，帅六军，及（苏）峻战于西陵，王师败绩。"③这表明当时领军将军卞壸为六军统帅，印证了正史官志关于领军将军职能的记载。④卞壸战死疆场，其二子也为叛贼所杀。为了保卫东晋王朝，卞壸家族付出了沉重代价。

卞壸在东晋初年担任要职特别是两为领军将军，发挥了重大的政治作用，这与其特殊的政治身份有密切关系。卞壸祖父卞统西晋时曾任琅邪内史，父卞粹为张华女婿。卞粹历任尚书郎、尚书右丞、右军将军。"齐王冏辅政，为侍中、中书令，进爵为公。及长沙王乂专权，粹立朝正色，乂忌而害之。"永嘉年间（307—312）卞壸任著作郎，"遭本州倾覆，东依妻兄徐州刺史裴盾，盾以壸行广陵相"。⑤由此可见，卞壸家族与西晋著名大臣张华及河东大族裴氏有姻亲关系⑥。卞统曾任琅邪内史，东晋开国

---

① 参见《晋书》卷六《明帝纪》，第164页。
② 《晋书》卷七〇《卞壸传》，第1870页。按当时庾亮为护军将军，同书卷一〇〇《苏峻传》："时明帝初崩，委政宰辅，护军庾亮欲征之。"（第2629页）
③ 《晋书》卷七《成帝纪》，第172页。
④ 王敦之乱时六军由晋明帝直接统率，似乎并不由领军将军统领。
⑤ 《晋书》卷七〇《卞壸传》，第1867页。
⑥ 东海王越妃出身河东裴氏，裴氏对司马睿南渡镇守江东曾发挥过决定性作用，故其本人及东海王越一系深受东晋朝廷重视。田余庆认为："裴妃兄裴盾、裴邵，都是司马越的重要助手，也是司马越联系士族名士的又一桥梁。""裴氏家族重要人物与其他河北士族一样，罕有过江者，因而裴氏家族没有在东晋政权中取得相应的地位，以继续发挥像王氏家族那样的政治作用。"并认为其未过江之因，乃是其河北士族的畛域之见所致。（《东晋门阀政治》，第10—11、18页）按裴氏之所以未过江，除了其家族在河北，不愿放弃根基之地外，主要可能还是因为当时他们欲在中原地区协助西晋宗室进行政争，以图挽救司马氏在中原地区的统治。当然，如果成功，对其家族的发展会更加有利。待局势无可挽回时，欲南渡而为时已晚。尽管如此，东海王越接受裴妃之意以琅邪王睿出镇江东的同时，还令裴氏另一女婿卞壸出镇江东重镇广陵（卞壸之妻与司马越之妃为姊妹，均为裴盾、裴邵之妹），可以认为裴氏家族的政治领袖裴盾通过裴妃已在江东安排了代理人。这与王衍的"狡兔三窟"之计可谓异曲同工，其实也是为司马越及河东裴氏家族在不得已时南渡做准备（以司马睿镇江东当亦有此意）。只是后来局势的剧变未能使司马越和裴妃及河东裴氏家族实现其既定计划。关于河东裴氏与魏晋政治的关系，在此略作申述。裴氏在魏晋时期为北方大族著姓。裴茂于汉灵帝时历县令、郡守、尚书，建安初以奉使率导关中诸将讨李傕有功得封列侯。其子裴潜颇有才干且极清廉。裴潜于曹操时任至兖州刺史；魏文帝时，历

第十章 东晋禁卫武官制度与禁卫军权 / 297

君主晋元帝司马睿曾为琅邪王,当政权臣王导等出身琅邪王氏,琅邪国本为其家族所在地[①]。在西晋后期的政治斗争中,卞粹所属阵营正是后来建立东晋政权的司马睿集团的前身。《晋书·卞壸传》:"元帝镇建邺,召为

(接上页)任散骑常侍,魏郡、颍川典农中郎将,荆州刺史,赐爵关内侯;明帝时历任尚书,河南尹,太尉军师,大司农,尚书令,光禄大夫。死于正始五年(244)。(《三国志》卷二三《魏书·裴潜传》及裴注,第672—673页)裴潜弟裴徽任至冀州刺史,是曹魏著名玄学家。参见《三国志》卷二八《钟会传》裴松之注,第795页;卷二九《魏书·方技·管辂传》及注引《辂别传》,第818、819页;卷二一《傅嘏传》注引《傅子》,第628页;卷一〇《荀彧传附子恽传》注引《晋阳秋》,第320页。裴潜子裴秀初被辟为曹爽掾,"迁黄门侍郎。爽诛,以故吏免"。但他很快就投入到司马氏阵营并对司马氏的统治献策良多:"顷之,为廷尉正,历文帝安东及卫将军司马,军国之政,多见信纳。迁散骑常侍。帝之讨诸葛诞也,秀与尚书仆射陈泰、黄门侍郎钟会以行台从,豫参谋略。及诞平,转尚书……常道乡公立,以豫议定策……迁尚书仆射。魏咸熙(264—265)初,厘革宪司。时荀顗定礼仪,贾充正法律,而秀改官制焉。"由于裴秀的建议,司马昭确立司马炎继嗣并于日后篡魏立晋,故其极受晋武帝器重。"武帝既即王位,拜尚书令、右光禄大夫,与御史大夫王沈、卫将军贾充俱开府,加给事中。及帝受禅,加左光禄大夫,封钜鹿郡公,邑三千户。""秀儒学洽闻,且留心政事,当禅代之际,总纳言之要,其所裁当,礼无违者。"(《晋书》卷三五《裴秀传》,第1038—1039页)裴秀次子裴頠是西晋最重要的玄学家,崇有论的代表人物。(同上卷《裴頠传》,第1041—1047页)裴徽之子裴楷亦为西晋政坛上一著名人物。魏晋禅代之际,裴楷为中书郎,"出入宫省",对晋武帝篡位颇有贡献。"武帝初登阼,探策以卜世数多少,而得一,帝不悦。群臣失色,莫有言者。楷正容仪,和其声气,从容进曰:'臣闻天得一以清,地得一以宁,王侯得一以为天下贞。'武帝大悦,群臣皆称万岁。俄拜散骑侍郎,累迁散骑常侍,河内太守,入为屯骑校尉、右军将军,转侍中。"裴楷与西晋著名政治人物的联姻关系颇值得注意。"楷子瓚娶杨骏女,然楷素轻骏,与之不平。""楷长子舆先娶(汝南王)亮女,女适卫瓘子",楷妻父为太原王浑。错综复杂的姻亲关系使得裴楷家族在西晋末年动荡的政局中扮演了举足轻重的角色。其政敌楚王玮被诛,"以楷为中书令,加侍中,与张华、王戎并管机要"。(同上卷《裴楷传》,第1048、1049页)"楷长兄黎,次兄康,并知名。康子盾,少历显位。永嘉(307—313)中,为徐州刺史,委任长史司马奥。奥劝盾刑杀立威,大发良人为兵,有不奉法者罪便至死。在任三年,百姓嗟怨。东海王越,盾妹夫也。越既薨,骑督满衡便引所发良人东还。寻而刘元海遣将王桑、赵固向彭城,前锋数骑至下邳,文武不堪苛政,悉皆散走。盾、奥奔淮阴,妻子为贼人所得。奥又诱盾降赵固。固妻,盾女,有宠,盾向女涕泣,固遂杀之。""盾弟邵,字道期。元帝为安东将军,以邵为长史,王导为司马,二人相与为深交。征为太子中庶子,复转散骑常侍,使持节、都督扬州江西淮北诸军事、东中郎将,随越出项,而卒于军中。及王导为司空,既拜,叹曰:'裴道期、刘王乔在,吾不得独登此位。'导子仲豫与康同字,导思旧好,乃改为敬豫焉。"(同上卷《裴楷传》附传,第1052页)"初,裴、王二族盛于魏晋之世,时人以为八裴方八王:徽比王祥,楷比王衍,康比王绥,绰比王澄,瓚比王敦,遐比王导,頠比王戎,邈比王玄云。"(同上卷,第1052页)若当时裴邵不卒,则裴氏对江东政治的影响会大为不同。

① 卞统为琅邪内史时,琅邪王当即司马睿。据《晋书》卷三八《宣五王·琅邪王伷传》,伷死于太康四年(283),伷子琅邪王觐死于太熙元年(290),觐子睿继立为琅邪王。(第1121—1122页)

从事中郎,委以选举,甚见亲杖。出为明帝东中郎长史。……为世子师。壶前后居师佐之任,尽匡辅之节,一府贵而惮焉。中兴建(317),补太子中庶子,转散骑常侍,侍讲东宫。迁太子詹事,以公事免。寻复职,转御史中丞,忠于事上,权贵屏迹。"①卞壶因缘际会较早加入到司马睿阵营,这是其在东晋初年受到重用的又一重要因素。卞壶之妻与东海王越之妻为姊妹,均为裴盾之妹,卞壶在政治上的成长与其姻亲河东裴氏及东海王越亦颇有关联。

王敦、苏峻、桓玄在控制东晋朝政后即非常注意对禁卫长官的安排,可从一个侧面认识东晋禁卫军权在政治上的重要性。如上所述,王敦叛乱专断朝政后,以其养子王应为武卫将军。苏峻攻陷建康宫城后,"矫诏大赦,惟庾亮兄弟不在原例。自为骠骑、领军将军、录尚书事,许柳丹杨尹,加前将军,马雄左卫将军,祖涣骁骑将军,复弋阳王羕为西阳王、太宰、录尚书事,羕息播亦复本官。于是改易官司,置其亲党,朝廷政事一皆由之"②。这一记载表明,对禁卫军权的控制乃是苏峻专制朝政的关键举措,除了亲自担任领军将军、录尚书事掌控朝廷军政大权外,又任命亲信马雄、祖涣分别担任左卫将军、骁骑将军以控制殿内。

桓玄攻占建康,"入居太傅府",对司马元显太傅府亲信幕僚进行了彻底清洗,并确立了自己的统治核心。"以兄伟为安西将军、荆州刺史、领南蛮校尉,从兄谦为(尚书)左仆射,加中军将军,领选,脩为右将军、徐兖二州刺史,石生为前将军、江州刺史,长史卞范之为建武将军、丹杨尹,王谧为中书令、领军将军。大赦,改元为大亨。玄让丞相,自署太尉,领平西将军、豫州刺史。"③这一安排显示,桓玄欲令其桓氏成员及故府上佐控制中央和地方军政大权。荆州、徐兖二州、江州之军政大权以及京师行政大权是地方政治中桓玄最为关注的,而在中央他最关心的还是尚书省事务特别是人事权以及中书省之出诏权,还有领军将军所掌握的

---

① 《晋书》卷七〇《卞壶传》,第1867—1868页。
② 《晋书》卷一〇〇《苏峻传》,第2630页。又,同书卷七《成帝纪》:咸和三年(328)二月"丁巳(初八,3.5),峻矫诏大赦,又以祖约为侍中、太尉、尚书令,自为骠骑将军、录尚书事"(第172页)。《资治通鉴》卷九四《晋纪一六》:"丁巳,峻称诏大赦,惟庾亮兄弟不在原例。以王导有德望,犹使以本官居己之右。祖约为侍中、太尉、尚书令,峻自为骠骑将军、录尚书事,许柳为丹杨尹,马雄为左卫将军,祖涣为骁骑将军。弋阳王羕诣峻,称述峻功,峻复以羕为西阳王、太宰、录尚书事。"(第2952页)
③ 《晋书》卷九九《桓玄传》,第2591页。

禁卫军权。桓玄建立楚国，"以平西长史刘瑾为尚书，刁逵为中领军，王瑕为太常，殷仲文为左卫，皇甫敷为右卫，凡众官合六十余人，为楚官属"①。在其最高统治集团中，最重要的五人中有三人为禁卫长官，表明桓玄对禁卫军权的高度重视，从而也说明中领军（领军将军）、左卫将军、右卫将军在东晋政治中的重要性②。同样，其后刘裕在控制建康朝政以及设立宋台后也是极为重视禁卫军权的。

小　结

通过以上考察，对于东晋禁卫武官制度与禁卫军权可以得到如下认识：

（1）东晋继承西晋禁卫武官制度，同样有以领军将军（中领军）为核心的禁卫武官制度，领军将军（中领军）"掌内军"，护军将军（中护军）"掌外军"，左、右卫将军"掌宿卫营兵"。其下有骁骑、游击将军及四军、五校、三将和积射、强弩将军等禁卫武官，但并非都是常设之职。东晋初曾两度出现过北军中候，为时极短，总的来看，东晋百余年间领军将军名称是固定不变的。东晋初年曾一度将护军将军短时间并入领军将军，其后百年间护军将军作为仅次于领军将军的禁卫长官一直延续下来。与西晋领军将军有专门营署不同，东晋领军将军不再领营，并无固定营兵。东晋护军将军仍然有独立的营兵归其统率。东晋禁卫军有护军、二卫、骁骑、材官诸营；二卫、骁骑、材官诸营总统于领军将军（中领军），但并不归领军直接统领。

（2）担任领军将军（中领军）控制禁卫军权是专制朝政的重要手段，其职在东晋政治中具有重要地位。东晋初年，无论出身侨、吴地域，领军担任者几乎都是出身于晋元帝司马睿故府僚佐，如汝南王祐、卞壶、王邃、陆晔、纪瞻诸人。司马祐是东晋初年最亲近的宗室成员之一，本为东海王越阵营成员，较早南渡依附于琅邪王睿。卞壶之妻与东海王越之妻均为裴盾之妹，越妻裴妃对东晋初年政治影响巨大。纪瞻、陆晔为江东大族

---

① 《晋书》卷九九《桓玄传》，第2593页。
② 《晋书》卷九九《殷仲文传》："玄将为乱，使总领诏命，以为侍中、领左卫将军。玄九锡，仲文之辞也。"（第2604页）桓玄后又以桓谧为左卫将军，见《晋书》卷一一七《姚兴载记上》，第2985页。桓谧仅此一见，其为桓玄亲族无疑，具体情况不详。

代表人物，是司马睿镇守江东时曾重点笼络的对象，俱入晋元帝霸府，成为重要僚佐，又与王导等侨姓士族共同支持司马睿称帝。平定苏峻之乱后，当政大臣王导以其亲信陶回为北军中候，陶回长期担任禁卫长官（后迁中护军、护军将军并兼领军）。孝武帝后期司马道子与王国宝专权，王国宝、王雅先后担任领军将军（中领军），国宝从妹为道子妃，王雅亦为道子亲信。后道子子元显领中领军，并乘道子有疾、昏醉之机而夺权，自专朝政。

（3）东晋殿内宿卫主要仍由左、右卫将军承担，左、右卫将军的禁卫职能在东晋一朝政治史中都有充分反映。领军将军所辖骁骑及四军、五校、三将及强弩、积射将军等职大多不再领营，且长时间废而不设。骁骑、左军将军领兵宿卫，而右军、前军、后军一度并不领营，骁骑将军掌宿卫在苏峻之乱时钟雅侍卫晋成帝的个案中有典型表现。"军校无兵"似非东晋一代固定不变的制度。史书又见东晋右军将军"主禁兵"，职掌"宿卫"，亦可见到射声校尉、屯骑校尉具有保卫京师的职能。武卫将军只在王敦、桓玄专政的特殊政局下临时设置。东晋中军将军非常设之职，亦不能视为禁卫长官。由于相关记载较少且存在矛盾之处，故难以得出更为全面系统的认识。

（4）控制禁卫军权是掌握皇权的重要手段，担任禁卫长官是控制禁卫军权的有效途径，东晋门阀政治的形成和维系与禁卫军权的控制亦密不可分。侨姓高门士族成员及其姻亲担任领军将军（中领军）者占东晋一朝可考人数的一半左右，吴姓士族约占六分之一左右。侨姓高门士族成员担任护军将军（中护军）的比例占可考护军总数的三分之一强。侨姓高门士族成员与宗室司马氏担任左、右卫将军的人数约占可考总人数一半左右，若加上荥阳毛氏、会稽虞氏两个家族则高达六成以上。总的来看，东晋一朝五大侨姓高门士族成员担任禁卫长官的人数占可考总人数的三分之一强，表明其与朝廷禁卫军权关系之密切，从一个侧面反映了侨姓高门对东晋政治影响力之大。比较而言，司马氏宗室所任禁卫长官人数颇为有限，特别是在百余年间仅有四人担任过领、护军将军，亦从一个侧面反映了宗室在东晋政治中的软弱无力。

（5）东晋时期发生过多次政治反叛或政局变故，在历次政治斗争中，对立双方都十分注意禁卫长官的人员安排，就朝廷（皇帝）方面而言，为了保卫宫城、京师而与叛军展开激烈的战斗，禁卫武官特别是禁卫长官曾发挥过重要作用。禁卫六军在晋明帝直接统率下参与平定王敦之乱的战斗，在东晋军事系统中他们与皇帝关系最为亲近。苏峻叛军入京之际，承担京师和宫城防守重任者主要为领军将军卞壸和护军将军庾亮，前后两任右卫将军赵胤、刘超皆承担着禁卫重任，卞壸、刘超还为保卫京师及晋成帝而献出了生命。孝武帝即位初"卢悚突入殿廷"的危急时刻，游击将军毛安之"率众直入云龙门"与之展开搏斗。孙恩等逼近京师时，东晋朝廷采取紧急应对措施，由领军将军、左·右卫将军、游击将军等将领防守石头、淮口、南岸、白石、中皇堂等军事要冲及政治中心。晋明帝、成帝之际的政治斗争以及卞壸在东晋初年的仕历也颇能反映禁卫军权在东晋政治中的作用。王敦、苏峻、桓玄等在攻占京城或篡位后进行的任命中，也都把禁卫军权的控制放在了核心地位。

第十一章

十六国禁卫武官制度

从西晋末年到南北朝初年的一百余年间，以五胡为主的诸族在中国北方（成汉之外）相继建立了十六国（303—439）政权。十六国政治制度既有其民族特色，又继承了西晋乃至汉魏制度，仅就禁卫武官制度而言，继承似乎还是主流。由于现存史料有限，对于十六国禁卫武官制度还难以作出明确系统的认识，下面将结合魏晋及汉代制度对十六国禁卫武官制度进行考察，并在可能的情况下进行一些合理的推测。

第一节　汉赵禁卫武官制度

"八王之乱"彻底摧毁了西晋王朝的统治秩序，匈奴五部帅刘渊乘晋朝衰弱之机率领族人打起了反晋复汉的旗号，于公元304年正式建立了汉国，后刘曜又改国号为赵（前赵）①。五部匈奴入居中原近百年之久，仍按部落组织进行生活，魏晋王朝一方面参照汉代匈奴游牧帝国的政治制度实行部落统治；另一方面又以其贵族为都尉，设司马加以监督②。部落组

---

① 关于汉赵历史，参见周伟洲《汉赵国史》，山西人民出版社1986年版；黄烈《中国古代民族史研究》，人民出版社1987年版；雷家骥《汉赵国策及其一国两制下的单于体制》，《"国立"中正大学学报·人文分册》第3卷第1期（1992年）。

② （唐）房玄龄等撰《晋书》卷九七《北狄·匈奴传》："建安中，魏武帝始分其众为五部，部立其中贵者为帅，选汉人为司马以监督之。魏末，复改帅为都尉。""皆有部落，不相杂错。屠各最豪贵，故得为单于，统领诸种。其国号有左贤王、右贤王……凡十六等，皆用单于亲子弟也。"（中华书局1974年版，第2548—2550页）唐长孺认为："也只有由政府任命的'帅'或'都尉'在部落中有一定的权力，其余各种王号仅为尊贵的表示，政治上未必能真正作为部落首领。"（《晋代北境各族"变乱"的性质及五胡政权在中国的统治》，《魏晋南北朝史论丛》，生活·读书·新知三联书店1955年版，第134—135页）

织对新建立的汉赵（304—329）政治制度无疑有重要的影响，但其政治制度的主体仍以参照西晋制度为主。

《晋书·刘元海载记附刘和载记》：

> 元海死，和嗣伪位。其卫尉西昌王刘锐、宗正呼延攸恨不参顾命也，说和曰："先帝不惟轻重之计，而使三王总强兵于内，大司马握十万劲卒居于近郊，陛下今便为寄坐耳。此之祸难，未可测也，愿陛下早为之所。"和即攸之甥也。深然之，召其领军刘盛及刘钦、马景等告之。……乃相与盟于东堂，使锐、景攻聪，攸率刘安国攻裕，使侍中刘乘、武卫刘钦攻鲁王隆，尚书田密、武卫刘璿攻北海王乂。①

按：刘元海（渊）以刘欢乐为太宰，刘洋为太傅，刘延年为太保，刘聪为大司马、大单于，"并录尚书事"；"置单于台于平阳西，以其子裕为大司徒"。"元海疾笃，召欢乐及洋等入禁中，受遗诏辅政"。② 刘渊的这种安排引起了西昌王刘锐及新帝刘和舅父呼延攸等人的不满，他们共同谋划发动军事政变。当时的形势是，"三王（即刘欢乐、延年、洋）总强兵于内，大司马（刘聪）握十万劲卒居于近郊"。所谓"强兵"当即汉国之禁卫军，"十万劲卒"则应是汉国军队的主力。从政变情况看，卫尉刘锐也是比较重要的人物，其封爵为西昌王，又统率一定数量的军队，其所任卫尉之职能大概类似于两汉制度。尽管如此，因当时主要的兵力掌握于权臣之手，故汉赵卫尉的地位与两汉相比稍显逊色。还可看到领军和两位武卫也参与了政变，表明汉赵在刘渊时期就已设立了领军将军和武卫将军。从他们均受汉帝刘和亲信刘锐、呼延攸之指使和统率来看，应属汉帝身边的禁卫军将领，其职能当与曹魏的领军和武卫将军相似。再进一步比附，三王及大单于刘聪相当于曹魏之都督中外诸军事，而刘锐、刘盛及刘钦、刘璿则相当于曹魏之领军将军和武卫将军。从其皆姓刘氏推断，同军政大权

---

① 《晋书》卷一〇一《刘元海载记附刘和载记》，第2652—2653页。
② 《晋书》卷一〇一《刘元海载记》，第2652页。又可参见（宋）司马光编著、（元）胡三省音注、"标点资治通鉴小组"校点《资治通鉴》卷八七《晋纪九》怀帝永嘉四年（310）七月条，中华书局1956年版，第2749—2750页。按同条《考异》引《十六国春秋》："八月丁丑，渊召太宰欢乐等受遗诏，己卯卒，辛未葬。"司马光据《长历》，认为刘渊卒于七月己卯（十八日），葬于九月辛未（十一日）。（第2750页）

一样，汉赵禁卫大权也完全由刘氏皇室控制。其时马景以护军领左卫将军，刘安国（永安王）领右卫将军；刘盛为安昌王，刘钦为安邑王，刘璿为西阳王，三王"皆领武卫将军，分典禁兵"。①

据上引记载，可知当时刘氏汉国的禁卫长官为：安昌王刘盛，领军将军、领武卫将军；马景，护军将军、领左卫将军；永安王刘安国，领右卫将军；安邑王刘钦、西阳王刘璿，并领武卫将军。总的来看，汉赵有典禁兵之领军、护军、左卫、右卫、武卫诸将军，其制与西晋禁卫武官制度相仿。西晋一代几乎不设武卫将军，原曹魏武卫将军之职能由左、右卫将军所取代，而刘氏汉国之武卫将军不止一人，而且有的由领军将军兼领，与左、右卫将军并置。这表明，汉赵禁卫武官制度是参照曹魏和西晋制度且做了一定的变通。另外，从卫尉职能推测，汉代制度对汉赵禁卫武官制度亦有所影响，这与其以汉朝继承者为立国宗旨不无关系。

类似魏晋制度的禁卫武官名称见于汉赵国各个时期。《晋书·刘聪载记》："聪纳中护军靳准第，纳其二女为左、右贵嫔，大曰月光，小曰月华，皆国色也。数月，立月光为皇后。"② 可知汉赵不仅有领军，同时也有护军。太子太师卢志上言皇太弟刘乂，谓"四卫精兵不减五千，余营诸王皆年齿尚幼，可夺而取之"③。此处之"四卫"当指太子四卫。按西晋后期设太子左、右、前、后四卫率④，刘氏汉赵亦当承袭了西晋之制。此前刘聪"大定百官"时，"置辅汉、都护、中军、上军、辅（抚？）军、镇（镇军？）、卫京、前·后·左·右·上·下军、辅国、冠军、龙骧、武牙大将军，营各配兵二千，皆以诸子为之"⑤。按此处有重复，如"上军"重见，记载不一定准确，但大体上反映了汉赵的主要军事力量通过武官制度的改革而掌控于刘聪诸子手中的事实。《资治通鉴》晋愍帝建兴二年（314）正月条载其事，谓刘聪"又置辅汉等十六大将军，各配兵二千，以诸子为之"⑥。中华书局点校本标点将胡注之"镇卫京"分为三将

---

① 《资治通鉴》卷八七《晋纪九》怀帝永嘉四年（310）七月辛未条，第2749页。
② 《晋书》卷一〇二《刘聪载记》，第2667页。
③ 同上。按刘乂为汉赵国皇太弟，见《资治通鉴》卷八八《晋纪一〇》怀帝永嘉六年正月条，第2775—2776页。
④ 参见《晋书》卷二四《职官志》，第743页。
⑤ 《晋书》卷一〇二《刘聪载记》，第2665页。
⑥ 《资治通鉴》卷八九《晋纪一一》，第2809页。

军——镇、卫、京将军,若此,则一共有十八大将军而非十六大将军,显然并不准确。此十六大将军共统兵三万二千,不会是汉赵军队的全部,而应是其禁卫军兵力的总和。史载刘聪"署其卫尉呼延晏为使持节、前锋大都督、前军大将军,配禁兵二万七千,自宜阳入洛川,命王弥、刘曜及镇军石勒进师会之"①。时在设置十六大将军之前。毫无疑问,汉赵禁卫军总数要多于二万七千人。禁卫军是汉赵军队的精锐和主力,除了统兵宿卫以外还要外出征战。由于禁卫军人数数量庞大,故由众多将领统率,也表明汉赵禁卫军权比较分散,禁卫军将领不大容易形成对皇权的挑战和威胁。《资治通鉴》晋怀帝永嘉六年(312)六月,"汉主聪以河间王易为车骑将军,彭城王翼为卫将军,并典兵宿卫"②。可知刘聪时代车骑将军、卫将军一度具有"典兵宿卫"的禁卫职能。

汉赵禁兵(禁卫军)亦即"中军宿卫"之兵,见《晋书·刘曜载记》③。《刘聪载记》可见"中军王彰"④,《刘曜载记》可见"右军刘躲"⑤;又有"左卫将军卜崇"⑥,"武卫将军刘朗"⑦及"高乔、令狐泥皆为武卫将军"⑧,还可见到"左中郎将宋始"⑨,"长水校尉尹车"⑩。由此推断,汉赵国设有四军、五校及左、右中郎将等职,其职责当与魏晋之制相近。

汉赵有都督中外诸军事一职,其职能与魏晋相当,当即统率京师之兵的最高武官。在刘曜时还设置过都督二宫禁卫诸军事一职,当为京师禁卫军最高长官,负责皇宫和东宫禁卫重任。《晋书·刘曜载记》:"追谥前妻卜氏为元悼皇后,(原世子)胤之母也。""封胤为永安王,署侍中、卫大将军、都督二宫禁卫诸军事、开府仪同三司、录尚书事,领太子太傅,号

---

① 《晋书》卷一〇二《刘聪载记》,第2658页。
② 《资治通鉴》卷八八《晋纪一〇》,第2780页。
③ 《晋书》卷一〇三《刘曜载记》,第2695页。
④ 《晋书》卷一〇二《刘聪载记》,第2661页。
⑤ 《晋书》卷一〇三《刘曜载记》,第2694页。
⑥ 《资治通鉴》卷八九《晋纪一一》愍帝建兴四年(316)正月条,第2828页。
⑦ 《晋书》卷一〇三《刘曜载记》,第2699页;《资治通鉴》卷九三《晋纪一五》成帝咸和二年(327)五月条,第2944页。
⑧ 《资治通鉴》卷八八《晋纪一〇》怀帝永嘉六年八月条,第2783页。
⑨ 《晋书》卷一〇三《刘曜载记》,第2685页。
⑩ 同上书,第2686页;《资治通鉴》卷九一《晋纪一三》元帝太兴三年(320)六月条,第2879页。

曰皇子。命（太子）熙于胤尽家人之礼。"① 这可能是刘曜为了加强刘胤政治地位，以之总两宫禁卫大权而专门设立的官职。西晋末年在临时政治中心（都城）长安曾有都督宫城诸军事之设。《资治通鉴》晋愍帝建兴三年（315）九月条："汉大司马曜寇北地，诏以麹允为大都督、骠骑将军以御之。冬十月，以索綝为尚书仆射、都督宫城诸军事。曜进拔冯翊，太守梁肃奔万年。"② 刘曜对这一情况应该是了解的，因此有理由推断，其于近十年后在汉赵设都督二宫禁卫诸军事，当是承袭了晋末都督宫城诸军事之制。此外，公元319年时后赵政权曾设置都督禁卫诸军事一职，由石虎担任其职。③ 刘曜设都督二宫禁卫诸军事的渊源或即在此。

　　刘曜末年，可见到类似汉代禁卫郎官的亲御郎之职。刘曜"召公卿已下子弟有勇干者为亲御郎，被甲乘铠马，动止自随，以充折冲之任。尚书郝述、都水使者支当等固谏，曜大怒，鸩而杀之"。时在晋成帝咸和二年（327）前后。后张骏断绝与刘曜的臣属关系，自称凉州牧，"遣金城太守张阆及枹罕护军辛晏、将军韩璞等率众数万人，自大夏攻掠秦州诸郡。曜遣刘胤率步骑四万击之，夹洮相持七十余日。冠军呼延那鸡率亲御郎二千骑，绝其运路"。④ 咸和四年，汉赵政权灭亡。

　　综上所述，刘氏汉赵政权的禁卫武官制度虽然具有一定的民族特色，但总的来看还是对曹魏和西晋制度的继承和变通，且以继承为主。内入匈奴五部自曹魏时即居于内地，其首领汉化极深，且在朝廷任职，对魏晋制度肯定有所了解，汉赵政权任用的汉族士人所熟知的也是魏晋制度，故其制定包括禁卫武官制度在内的政治制度时，所参考的只能是魏晋制度，而不可能有什么新的发明创造，纯粹自身的民族特色根本无从谈起。

第二节　后赵禁卫武官制度

　　公元319年，羯胡石勒建立后赵（319—351）政权，在其存在的三

---

① 《晋书》卷一〇三《刘曜载记》，第2697页。又见《资治通鉴》卷九二《晋纪一四》明帝太宁元年（323）八月条，第2916—2917页。按刘胤本为赵王刘曜之次子，被立为世子，靳准之乱时没于黑匿郁鞠部，其时得归。
② 《资治通鉴》卷八九《晋纪一一》，第2825页。
③ 《晋书》卷一〇五《石勒载记下》，第2735页。
④ 《晋书》卷一〇三《刘曜载记》，第2699、2700页。

十余年中成为华北地区的霸主。总的来看,后赵禁卫武官制度继承魏晋和汉赵制度而有所变通。由于史籍所见后赵禁卫武官的活动较多,故在十六国各政权中,对后赵禁卫武官制度可以得到较为充分的认识。

一 领军将军、中领军

《晋书·石勒载记下》:

> 太兴二年(319),勒伪称赵王……改称赵王元年。……中垒支雄、游击王阳并领门臣祭酒,专明胡人辞讼,以张离、张良、刘群、刘谟等为门生主书,司典胡人出内,重其禁法,不得侮易衣冠华族。号胡为国人。……加张宾大执法,专总朝政,位冠僚首。署石季龙为单于元辅、都督禁卫诸军事。署前将军李寒领司兵勋,教国子击刺战射之法。①

《资治通鉴》晋元帝太兴二年十一月条对此亦有记载,谓"以中垒将军支雄、游击将军王阳领门臣祭酒","以石虎为单于元辅、都督禁卫诸军事,寻加骠骑将军、侍中、开府,赐爵中山公"。② 很显然,后赵建立之初,张宾位文臣之端,而石虎居武将之首。石虎以都督禁卫诸军事掌控后赵禁卫大权。西晋末年之都督宫城诸军事(315)可以看作后赵都督禁卫诸军事之前身,而后此汉赵刘曜所设都督二宫禁卫诸军事(324)则系对后赵都督禁卫诸军事之沿袭。《晋书·石季龙载记上》:"勒即大单于、赵王位,署为单于元辅、都督禁卫诸军事。迁侍中、开府,进封中山公。及勒僭号,授太尉、守尚书令,进封为王,邑万户。"③ 考之史载,都督禁卫诸军事一职自石虎之后似再未授予他人,也可以说其职是专为石虎而设。石虎为石勒从弟,幼时为勒父石朱所养,故与石勒又有兄弟之谊。当石勒初称赵王时,为了加强统治权力,即以石虎为都督禁卫诸军事以控制禁卫军权。但当石勒地位巩固,考虑将皇位传诸己子时,便要削弱石虎权力,而不能让他再担任都督禁卫诸军事,以免威胁其君权。其后,后赵禁卫武

---

① 《晋书》卷一〇五《石勒载记下》,第 2735 页。
② 《资治通鉴》卷九一《晋纪一三》,第 2871 页。
③ 《晋书》卷一〇六《石季龙载记上》,第 2762 页。

官制度的主体即是类似于魏晋制度的领军将军、左·右卫将军、武卫将军等职。

《晋书·石勒载记下》："先是，勒世子兴死。至是，立子弘为世子，领中领军。"①《石弘载记》："立为世子，领中领军。寻署卫将军，使领开府辟召。后镇邺。"② 据前后文所载史事及《资治通鉴》有关记事，石弘为中领军当在公元 320 年夏秋之际，时石虎已任车骑将军率兵出征。③石勒乘石虎出征在外之机，将禁卫大权转入世子（后为太子）石弘手中，无疑是要加强其对朝政的影响力，从而削弱石虎的力量。石虎对于自己未能被确立为皇位继承人非常不满，史谓"季龙深恨之"④。

史籍中还可见到领军王朗、领军将军张豺、中领军石成等人。《晋书·石季龙载记上》：

> 时石宣淫虐日甚，而莫敢以告。领军王朗言之于季龙曰："今隆冬雪寒，而皇太子使人斫伐官材，引于漳水，功役数万，士众吁嗟。陛下宜因游观而罢之也。"季龙如其言。既而宣知朗所为，怒欲杀之而无因。会荧惑守房，赵揽承宣旨言于季龙曰："昴者，赵之分也，荧惑所在，其主恶之。房为天子，此殃不小。宜贵臣姓王者当之。"季龙曰："谁可当者？"揽久而对曰："无复贵于王领军也。"季龙既惜朗，且猜之，曰："更言其次。"揽曰："其次唯中书监王波耳。"季龙乃下书追波前议遣李宏及答楛矢之愆，腰斩之，及其四子投于漳水，以厌荧惑之变。寻愍波之无罪，追赠司空，封其孙为侯。⑤

这段记载充分表明，领军一职在后赵政权中具有相当重要的地位。对于太子石宣的暴虐淫逸，诸大臣无人敢向赵王石虎报告，唯有领军王朗将其事言于石虎。王朗并非不知其危险性，而应是估计了石虎对自己的态度后作

---

① 《晋书》卷一〇五《石勒载记下》，第 2739 页。
② 《晋书》卷一〇五《石勒载记下附石弘载记》，第 2752 页。
③ 据《晋书》卷一〇五《石勒载记下》记载，石勒立世子弘之后，"遣季龙统中外精卒四万讨徐龛"（第 2739 页）。《资治通鉴》卷九一《晋纪一三》系其事于元帝太兴三年（320）八月条，第 2883 页。
④ 《晋书》卷一〇六《石季龙载记上》，第 2762 页。
⑤ 同上书，第 2775 页。

出的决定，也表明其与石虎关系颇为亲近。后当太子石宣挟愤报复，借天象之变而欲将其除掉时，石虎宁愿枉杀中书监王波，却未将领军王朗"问罪"。领军将军在后赵政权中地位之重于此可见一斑。

石虎临终前，安排辅政大臣，领军将军为重要人选。"季龙疾甚，以石遵为大将军，镇关右，石斌为丞相、录尚书事，张豺为镇卫大将军、领军将军、吏部尚书，并受遗辅政。"① 可知石虎临终遗诏的主旨是：以彭城王石遵镇守关右，防备前凉进犯；以燕王石斌为宰相，总理朝纲；以张豺为禁卫和人事长官，控制禁卫军并执掌朝廷人事大权。由此，三位顾命大臣共同辅佐太子即位。比较而言，三人中张豺权力最重。石宣即位之初，张豺与王太后（石虎王后）刘氏相勾结，密谋发动政变，意欲除掉石氏二王。《石季龙载记下》详细记载了其事的前后经纬：

> 刘氏惧斌之辅政也害世，与张豺谋诛之。斌时在襄国，乃遣使诈斌曰："主上患已渐损，王须猎者，可小停也。"斌性好酒耽猎，遂游畋纵饮。刘氏矫命称斌无忠孝之心，免斌官，以王归第，使张豺弟雄率龙腾五百人守之。石遵自幽州至邺，敕朝堂受拜，配禁兵三万遣之，遵恸泣而去。是日，季龙疾小瘳，问曰："遵至未？"左右答言："久已去矣。"季龙曰："恨不见之。"季龙临于西阁，龙腾将军、中郎二百余人列拜于前。季龙曰："何所求也？"皆言圣躬不和，宜令燕王入宿卫，典兵马；或言乞为皇太子。季龙不知斌之废也，责曰："燕王不在内邪？呼来！"左右言："王酒病，不能入。"季龙曰："促持輂迎之，当付其玺绶。"亦竟无行者。寻昏眩而入。张豺使弟雄等矫季龙命杀斌，刘氏又矫命以豺为太保、都督中外诸军、录尚书事，加千兵百骑，一依霍光辅汉故事。……俄而季龙亦死。……于是世即伪位，尊刘氏为皇太后，临朝。②

《资治通鉴》晋穆帝永和五年（349）四月条所载与此略同。其后张豺"以张离为镇军大将军、监中外诸军事、司隶校尉，为己之副"。很显然，张豺在当时要独揽后赵军政大权还显得力不从心。此外，又以石遵、石鉴

---

① 《晋书》卷一〇七《石季龙载记下》，第2786页。
② 同上书，第2786—2787页。

为左、右丞相,"以慰其心"。前此为了令石遵出朝而配以禁兵三万人是张豺的一大战略失误,它不仅使得"京师宿卫空虚",同时也壮大了石遵的实力。对于异姓张豺的专权,宗室石遵极为不满,在外征诸将的鼓动下,石遵自河内发兵进攻京师。"遵次于荡阴,戎卒九万,石闵为前锋。豺将出距之,耆旧羯士皆曰:'天子儿来奔丧,吾当出迎之,不能为张豺城戍也。'逾城而出,豺斩之不能止。张离率龙腾二千斩关迎遵。"在兵临城下之时,张豺无计可施,刘太后不得已而"令以遵为丞相、领大司马、大都督中外诸军、录尚书事,加黄钺、九锡,增封十郡,委以阿衡之任"。张豺亦"惧而出迎",结果被杀。① 张豺与刘太后合谋的政变最终因斗争双方力量悬殊而失败,但它足以说明领军将军为后赵最高禁卫长官,其职在后赵政权中有着十分重要的地位。

此外,在后赵末年的混乱政局中,亦即在石鉴统治时期,可以见到"中领军石成"②。

后赵领军将军地位之重,还可从其宫城中有领军省机构得到进一步认识。《资治通鉴》晋穆帝永和五年(349)正月,后赵高力督梁犊作乱。"犊遂东掠荥阳、陈留诸郡,虎大惧,以燕王斌为大都督、督中外诸军事,统冠军大将军姚弋仲、车骑将军蒲洪等讨之。弋仲将其众八千余人至邺,求见虎。虎病,未之见,引入领军省,赐以己所御食。"胡三省注:"领军省,领军将军视事之所。"③ 石虎虽然不愿见羌人首领姚弋仲,但从"赐以己所御食"来看,后赵领军省距石虎所居宫殿较近,应在皇宫之内。姚弋仲对这种安排极为不满,石虎乃"力疾见之",亦表明领军省距石虎所居之处甚近。

二 左・右卫、武卫将军等职

后赵左卫将军可考者有石斌、石邃、王安、王鸾,右卫将军仅见王基一人。

《资治通鉴》晋成帝咸和五年"二月,后赵群臣请后赵王勒即皇帝

---

① 《晋书》卷一〇七《石季龙载记下》,第2787—2788页。
② 同上书,第2791页;《资治通鉴》卷九八《晋纪二〇》穆帝永和五年十二月条,第3099页。
③ 《资治通鉴》卷九八《晋纪二〇》,第3086页。参见《晋书》卷一一六《姚弋仲载记》,第2960页。

位；勒乃称大赵天王，行皇帝事。立妃刘氏为王后，世子弘为太子。以其子宏为骠骑大将军、都督中外诸军事、大单于，封秦王；斌为左卫将军，封太原王；恢为辅国将军，封南阳王"①。看来后赵左卫将军地位颇重，在石勒此次人事任命中，左卫将军仅次于太子及都督中外诸军事、大单于，其职能与西晋相似而有过之，负责宫殿内禁卫自无疑义。未见领军将军（中领军），或当时未设领军之职，若此则左卫将军还应具有西晋领军总掌禁卫的职能。此乃一时情况，并非整个后赵时期都是这样。在此之前，后赵已有左、右卫将军之设。《资治通鉴》又载：

> 初，祖逖有胡奴曰王安，逖甚爱之。在雍丘，谓安曰："石勒是汝种类，吾亦无在尔一人。"厚资送而遣之。安以勇干，仕赵为左卫将军。及约之诛，安叹曰："岂可使祖士稚无后乎？"乃往就市观刑。逖庶子道重，始十岁，安窃取以归，匿之，变服为沙门。及石氏亡，道重复归江南。②

按：祖逖北伐在晋元帝太兴三年（320），祖约被石勒所诛在勒即天王位之初（330）。则王安在公元330年之前已担任后赵左卫将军，表明后赵在石勒称天王之前已有左、右卫将军之职。

《晋书·石勒载记下》："刘曜败季龙于高候，遂围洛阳。勒荥阳太守尹矩、野王太守张进等皆降之，襄国大震。勒将亲救洛阳……命石堪、石聪及豫州刺史桃豹等各统见众会荥阳，使石季龙进据石门，以左卫石邃都督中军事，勒统步骑四万赴金墉，济自大堨。"③按石邃为石虎之子。左卫将军石邃在战时担任都督中军事，一方面显示其地位极重，同时也从一个侧面表明后赵左卫将军在平时以统率中军（宫城内军）、守卫宫城为其基本职能。又按石勒救洛阳是在公元328年十一月④，则其称天王之前已有王安、石邃担任左卫将军。在后赵末年石虎死后的政局纷争中，石遵夺得大位，其时可见左

---

① 《资治通鉴》卷九四《晋纪一六》，第2974—2975页。参见《晋书》卷一〇五《石勒载记下》，第2746页。
② 《资治通鉴》卷九四《晋纪一六》，第2976页。
③ 《晋书》卷一〇五《石勒载记下》，第2744页。
④ 参见《资治通鉴》卷九四《晋纪一六》成帝咸和三年十一月条，第2963页。

卫将军王鸾[①]。现存史籍中仅可考见一位右卫将军担任者，似乎表明其重要性不及左卫将军。后赵的左卫将军应该和西晋一样，位次高于右卫将军。左卫将军王鸾与右卫将军王基均参与了石虎死后后赵统治集团内部的政争，关键就在于他们掌握着禁卫军权。

后赵石虎时，在左、右卫将军之上设置过左、右戎昭、曜武将军。《晋书·石季龙载记上》："置左、右戎昭·曜武将军，位在左、右卫上。"[②] 张豺在任领军将军之前就曾担任过戎昭将军，看来戎昭将军介于领军将军与左、右卫将军之间，确为禁卫长官。《石季龙载记下》：

> 季龙议立太子……初，戎昭张豺之破上邽也，获刘曜幼女，年十二，有殊色，季龙得而嬖之，生子世，封齐公。至是，豺以季龙年长多疾，规立世为嗣，刘当为太后，已得辅政。说季龙曰：……于是与张举、李农定议，敕公卿上书请立世。……遂立世为皇太子，刘氏为皇后。[③]

张豺与刘氏的关系早已建立，在立太子和立皇后的过程中又加深了一步。石虎末年以张豺为领军将军、吏部尚书辅政，显然是出于受石虎嬖幸的刘后之意。因史料有限，左、右戎昭、曜武将军是否为后赵常设之职难以确知。

后赵亦置武卫将军，可考担任者有石邃、王鸾、张季、姚若等人。《晋书·石勒载记下》：石勒称天王时，以石邃"为冀州刺史，封齐王，加散骑常侍、武卫将军"。他在之前曾任左卫将军。[④] 同书《石季龙载记下》可见"武卫王鸾"[⑤]，其后王鸾担任左卫将军[⑥]。后赵的武卫将军当低于左卫将军。石邃先任左卫后任武卫，与石勒以其子为左卫将军以加强嫡系子弟权力而削弱石虎一系权力有关。从武卫将军与左卫将军之间的迁转关系推断，后赵武卫将军无疑亦为禁卫武官。《资治通鉴》晋穆帝永和六年（350）正月，石（冉）闵欲灭石氏，"太宰赵庶……武卫将军张季

---

① 《晋书》卷一〇七《石季龙载记下》，第 2790 页；《资治通鉴》卷九八《晋纪二〇》穆帝永和五年（349）十月条，第 3097 页。
② 《晋书》卷一〇六《石季龙载记上》，第 2775 页。
③ 《晋书》卷一〇七《石季龙载记下》，第 2785 页。
④ 《晋书》卷一〇五《石勒载记下》，第 2746 页。
⑤ 《晋书》卷一〇七《石季龙载记下》，第 2787 页。
⑥ 《晋书》卷一〇七《石季龙载记下附子世载记》，第 2790 页。

及公、侯、卿、校、龙腾等万余人，出奔襄国"。闰正月，石闵废杀石鉴，"并杀赵主虎二十八孙，尽灭石氏。姚弋仲子曜武将军益、武卫将军若帅禁兵数千斩关奔滠头"。① 可知后赵之曜武、武卫将军皆为禁卫军将领。在后赵王国行将灭亡之际，有"武卫张季"见于史载②。后赵武卫将军低于左卫将军，但又有可能高于右卫将军，如石勒称天王时所任命的诸将中可见到武卫将军，而无右卫将军，北魏孝文帝太和十七年《职员令》中武卫将军介于左、右卫将军之间③，似可作一侧证。

后赵还有中垒将军、游击将军、骁骑将军、左·右积射将军、越骑校尉、殿中将军、殿中员外将军及直荡、龙腾将军、龙腾中郎等职，亦当为禁卫武官。

石勒称王时有中垒将军支雄、游击将军王阳，已见前述。王阳后任骁骑将军，领门臣祭酒。《晋书·石勒载记下》："勒既将营邺宫，又欲以其世子弘为镇。……勒以弘镇邺，配禁兵万人，车骑所统五十四营悉配之，以骁骑领门臣祭酒王阳专统六夷以辅之。"④ 按门臣祭酒当负责宫城或京师城门之把守，应与汉代城门校尉职能相当。此前石勒曾设宫门小执法（冯翦任之），可能即与门臣祭酒有关。石闵"骁猛多力，攻战无前"，曾任左积射将军、游击将军，在石虎死后的政争中，称帝建魏，复姓冉氏。⑤ 传世后赵官印可见"左积射将军章"一枚⑥，进一步证实了后赵存在类似西晋制度的左、右积射将军之职。石广于石勒时任越骑校尉⑦。由此推断，后赵亦设五校尉之职⑧。

---

① 《资治通鉴》卷九八《晋纪二〇》，第3100、3101页。
② 《晋书》卷一〇七《石季龙载记下》，第2792页。
③ 参见《晋书》卷一〇五《石勒载记下》，第2740页；（北齐）魏收撰《魏书》卷一一三《官氏志》，中华书局1974年版，第2979页。
④ 《晋书》卷一〇五《石勒载记下》，第2743页。
⑤ 《晋书》卷一〇七《石季龙载记下附石闵载记》，第2793页。石（冉）闵任游击将军在公元338年前后，见《资治通鉴》卷九六《晋纪一八》成帝咸康四年（338）五月条，第3020页。
⑥ 罗福颐主编：《秦汉南北朝官印征存》卷九《十六国官印三·后赵（石氏）官印》，文物出版社1987年版，第365页，图版2077。
⑦ 《晋书》卷一〇五《石勒载记下》，第2755页。
⑧ 冉闵时有射声校尉，当是承袭自后赵。《晋书》卷一〇七《石季龙载记下附石闵载记》："射声校尉张艾劝闵亲郊，以安众心，闵从之，讹言乃止。"（第2795页）又见《资治通鉴》卷九九《晋纪二一》穆帝永和七年三月条，第3115页。

《晋书·石季龙载记下》:"石鉴乃僭位,大赦殊死已下。以石闵为大将军,封武德王,李农为大司马,并录尚书事……鉴使石苞及中书令李松、殿中将军张才等夜诛闵、农于琨华殿,不克,禁中扰乱。鉴恐闵为变,伪若不知者,夜斩松、才于西中华门,并诛石苞。"① 由此可知,后赵有禁卫武官殿中将军,与西晋制度相似,其职是在殿中承担禁卫之责。传世后赵官印可见"殿中将军章"一枚②,进一步证明后赵(石氏)存在殿中将军之职。后赵殿中将军当属左、右卫将军所统。《石季龙载记下》:"(石)闵遂劫李农及右卫王基,密谋废遵,使将军苏亥(彦)、周成率甲士三十(千)执遵于如意观。"③ 周成可能即为殿中将军。此外还有殿中员外将军。同上又载:

> 初,(石)遵之发李城也(指发兵反抗刘太后及张豺),谓石闵曰:"努力!事成,以尔为储贰。"既而立衍,闵甚失望,自以勋高一时,规专朝政,遵忌而不能任。闵既为都督,总内外兵权,乃怀抚殿中将士及故东宫高力万余人,皆奏为殿中员外将军,爵关外侯,赐以宫女,树己之恩。④

看来后赵殿中将军有一定的员额限制,而殿中员外将军则无固定编制,此前也未必设有此职,很可能是石闵为了拉拢殿中将士而采取的临时措置。石闵所任都督为何,史无记载,从其"总内外兵权"推断,可能与石勒时石虎所任都督禁卫诸军事相去不远,如此他才可以控制"殿中将士及故东宫高力"。石虎身边承担禁卫的还有一支多达一万人的"直卫"部队。《太平御览》引《邺中记》曰:"石季龙左右置直卫万人,皆五色细铠,光曜夺目。"⑤ 这一支"直卫"部队的将领应即左、右卫将军和武卫将军及其下辖殿中将军之类禁卫武官。

传世后赵官印可见"巧工中郎将印"三枚,"巧工司马"印四枚,

---

① 《晋书》卷一〇七《石季龙载记下》,第2790—2791页。
② 《秦汉南北朝官印征存》卷九《十六国官印三·后赵(石氏)官印》,第365页,图版2076。
③ 《晋书》卷一〇七《石季龙载记下》,第2790页。
④ 同上。参见《资治通鉴》卷九八《晋纪二〇》穆帝永和五年十月条,第3096—3097页。
⑤ 《太平御览》卷三五六《兵部八七》"甲下"条,第1635页。

"巧工都尉"印一枚,"木工司马"印二枚,"石工司马"印一枚。① 这表明后赵石氏政权的官府手工业是由禁卫军系统控制的,其组织类似于晋代禁卫武官制度。传世后赵官印中还可见到"邺宫监印"一枚②,后赵邺宫监之职大概类似于魏晋之殿中监。邺宫监也有可能是专门负责监督邺宫修建的官职。

三 龙腾、女骑和东宫高力

后赵还有几支特殊的禁卫武装——龙腾、女骑与东宫高力。

《晋书·石季龙载记上》:"改直荡为龙腾,冠以绛帻。"③ 时在东晋成帝咸康二年(336)。可知此前后赵有直荡,龙腾由直荡改名而来。据《石季龙载记下》载,石闵诛诸胡羯于邺,"太宰赵鹿、太尉张举、中军张春、光禄石岳、抚军石宁、武卫张季及诸公、侯、卿、校、龙腾等万余人出奔襄国"④。在此万余人中,自当以龙腾所占比重最大,他们无疑是由诸胡羯组成。如前所述,石虎临终前,刘后与领军将军张豺密谋控制政权,"刘氏矫命","免(石)斌官,以王归第,使张豺弟雄率龙腾五百人守之"。"季龙临于西阁,龙腾将军、中郎二百余人列拜于前。"石虎死后,"张离率龙腾二千斩关迎遵"。可知龙腾将领有将军、中郎,为后赵皇帝身边的亲近禁卫武官。龙腾自是殿中卫士,在组织上应属于领军将军。龙腾是类似于汉代郎官由后赵国人(胡羯)组成的精锐禁卫武装。石鉴时,"龙骧孙伏都、刘铢等结羯士三千伏于胡天,亦欲诛(石)闵等"⑤。此处之三千羯士亦当属龙腾之类。龙腾之得名亦可能与龙骧将军有关,龙腾除了由龙腾将军统率外,龙骧将军亦有可能统率龙腾。综合上引史料,可知后赵有一支由羯士组成的以侍卫禁中保卫君主为其基本职能的五千人禁卫

---

① 《秦汉南北朝官印征存》卷九《十六国官印三·后赵(石氏)官印》,第366—367页,图版2082—2092。

② 同上书,第368页,图版2093。

③ 《晋书》卷一〇六《石季龙载记上》,第2765页。

④ 《晋书》卷一〇七《石季龙载记下》,第2792页;参见《资治通鉴》卷九八《晋纪二〇》穆帝永和六年(350)正月条,第3100页。

⑤ 《晋书》卷一〇七《石季龙载记下》,第2787、2788、2791页。

武装——龙腾①。

关于后赵"龙腾"部队,《太平御览·兵部三一》"骑"条:

> 《邺城故事》记:凉马台,一名阅马台,亦名戏马台。案《邺中记》云:赵王虎建武六年(340),造凉马台,在城西漳水之南,约坎为台。虎常于此台简练骑卒、虎牙、宿卫,号云腾、黑矟骑五千人。每月朔晦,阅马于此台。乃于漳水之南,张帜鸣鼓,列骑星罗。虎乃登台射髇箭一发,五千骑一时奔走,从漳水之南,齐走集于台下。队督已下皆班赉。虎又射一箭,其五千骑又齐走于漳水之北。其五千流散攒促,若数万人。骑皆以漆矟从事,故以"黑矟"为号。季龙又常以女骑一千人为卤簿,皆着紫纶巾、熟锦袴、金银镂带、五文织成靴,游于台上。②

按《说郛》引《邺中记》此条,"矟"作"稍"。《太平御览》"矟"条引《通俗文》曰:"矛丈八者谓之稍。"③ 又,"云腾"乃"龙腾"之讹。《水经注·浊漳水》:"邺为王业之本基","今相州刺史及魏郡治。漳水自西门豹祠北,径赵阅马台西。基高五丈,列观其上。石虎每讲武于其下,升观以望之。虎自于台上放鸣镝之矢,以为军骑出入之节矣"。④《历代宅京记·邺都北城》城外"戏马台"条本注:"一名阅马台……《邺都故事》云:'石虎建武六年,造此台于邺城西,漳水之南。虎时侍卫号曰龙腾,黑稍五千人,常以晦朔月望操练于此,漳水南张帜鸣鼓,列布骑卒。虎于台上射骹箭一只,其五千人悉驰马从漳水之南声集于台下,于是队督

---

① 按"龙腾"当取"龙骥腾骧"之义。《晋书》卷五五《潘岳传》:"泰始中,武帝躬耕藉田,岳作赋以美其事",其中有云:"金根照耀以炯晃兮,龙骥腾骧而沛艾。"(第1500页)按"金根"指晋武帝大驾金根车,龙骥则指驾御车之马,亦引申为护卫大驾之禁卫武装。

② 《太平御览》卷三〇〇,第1383页。按《说郛》卷五九下"邺中记(陆翙)"条亦引此,个别文字有出入:"造凉马台"作"造阅马台","约坎为台"作"约次为台","号云腾"作"蛇云腾","黑矟骑"(下二"矟"字并同)作"黑稍骑","射髇箭"作"射髇矢一发","齐走集于台下"作"齐走至于台下","队督已下"作"队督以上","其五千骑"作"骑五千","女骑一千人"作"女弟一千人","游于台上"作"游台上"。[(元)陶宗仪撰,《景印文渊阁四库全书》"子部一八五·杂家类",第八七九册,台湾商务印书馆1986年版,第237页]其中"坎""蛇""下""弟"诸字有误,"至"字亦不完全达意。

③ 《太平御览》卷三五四《兵部八五》,第1627页。

④ (后魏)郦道元撰,杨守敬、熊会贞疏,段熙仲点校,陈桥驿复校:《水经注疏》卷一〇,江苏古籍出版社1989年版,第941—942页。

以下各有颁赉。虎又射一箭,其五千骑复集于漳水北,遂流散攒捉,旌旗纷错,若数万骑焉。'"① 此与上引《邺中记》文字虽略有不同,但所载史事则无大异。看来石虎所设龙腾的编制为五千人,他们皆手持丈八长矛,身着黑衣,十分威武,是当时一支精锐的骑兵部队。

《晋书·石季龙载记上》:"于襄国起太武殿,于邺造东西宫,至是皆就。太武殿基高二丈八尺,以文石綷之,下穿伏室,置卫士五百人于其中。""又起灵风台九殿于显阳殿后,选士庶之女以充之。后庭服绮縠、玩珍奇者万余人,内置女官十有八等,教宫人星占及马步射。"② 时在东晋咸康二年(336)③。石虎于襄国太武殿殿基"下穿伏室,置卫士五百人于其中",显然这是一支秘密禁卫军;显阳殿后之灵风台九殿有士庶之女充任侍卫;后庭万余人中则有女官十八等,从教其马步射推测亦具有警卫性质。其诸宫殿皆当有专门的卫士守卫。石虎身边还有一千女骑,亦应为其亲近禁卫武装。史载"季龙常以女骑一千为卤簿,皆着紫纶巾、熟锦袴、金银镂带、五文织成靴,游于戏马观"④。这些女骑当从掳掠的民女中选拔而来。《石季龙载记上》又云:"增置女官二十四等,东宫十有二等,诸公侯七十余国皆为置女官九等。先是,大发百姓女二十已下、十三已上三万余人,为三等之第以分配之。""石宣及诸公又私令采发者,亦垂一万,总会邺宫。"⑤ 此一千女骑除了供石虎娱乐外,也被用作皇后仪仗卤簿⑥,应该还担负着禁卫职能。

石虎称帝前,太子石宣权重,荒淫暴虐。石宣杀害石韬后,因有人告其密谋政变,石虎遂将石宣诛杀。此外,"又诛其四率已下三百人,宦者

---

① (清)顾炎武撰:《历代宅京记》卷一二《邺下》,中华书局1984年版,第180页。
② 《晋书》卷一〇六《石季龙载记上》,第2765页。
③ 《资治通鉴》卷九五《晋纪一七》成帝咸康二年十一、十二月条,第3007—3008页。
④ 《晋书》卷一〇六《石季龙载记上》,第2777—2778页。
⑤ 同上。
⑥ 对此,《太平御览》引《邺中记》有多处记载。卷三〇〇《兵部三一》"骑"条:"石虎皇后出,女骑千人,皆着五彩靴。"卷六九六《服章部一三》"带"条:"石虎皇后女骑,腰中着金环参镂带。"卷六九八《服章部十五》"鞾"条:"石虎皇后出,女骑千人皆着五彩织成靴。"卷七一六《服用部十八》"絮巾"条:"石虎皇后田(出),以女骑一千为卤簿,冬月皆纶巾。"卷八一六《布帛部三》"织成"条:"石虎皇后出,女骑二千为卤簿,冬月皆着紫纶巾、蜀锦袴,脚着五文织成鞾。"卷八一九《布帛部六》"纶"条:"石虎皇后出,女骑一千,冬月皆着紫纶巾。"(第1383、3105、3116、3176、3628、3645页)

五十人，皆车裂节解，弃之漳水。……东宫卫士十余万人皆谪戍凉州"。①此前，石虎曾"命石宣祈于山川，因而游猎，乘大辂，羽葆华盖，建天子旌旗，十有六军，戎卒十八万，出自金明门"②。东宫卫士多达十余万人，其力量之强大超乎想象。从后赵历次战争所动员的兵力来看，十六军十八万人当为后赵之常备军，其中亦包括出外征战的军队。十六军十八万人之外，若说后赵东宫另有十余万人的卫士，无论如何也是不大可能的。史又载"故东宫谪卒高力等万余人当戍凉州"云云，谪戍凉州的东宫卫士约万余人，应该是比较可信的。

然而，即便是这一万多人也出了问题，《晋书·石季龙载记下》：

> 行达雍城，既不在赦例，又敕雍州刺史张茂送之，茂皆夺其马，令步推鹿车，致粮戍所。高力督定阳梁犊等因众心之怨，谋起兵东还，阴令胡人颉独鹿微告戍者，戍者皆踊抃大呼。……安西刘宁自安定击之，大败而还。秦雍间城戍无不摧陷，斩二千石长史（吏），长驱而东。高力等皆多力善射，一当十余人，虽无兵甲，所在掠百姓大斧，施一丈柯，攻战若神，所向崩溃，戍卒皆随之，比至长安，众已十万。③

上引史料所见"东宫卫士十余万人"，可能即是据此"众已十万"而来。此十万众除了以高力等东宫谪卒为核心外，还应包括秦雍间城戍之兵及不满后赵统治的百姓，并非全都是东宫卫士④。

后赵初年的军队数量，见于史载者如："遣季龙统中外精卒四万讨徐龛"；"又遣季龙统中外步骑四万讨曹嶷"。⑤ 此四万中外精卒应是后赵初年军队的主力、核心，应属禁卫军之列。石虎时中央常备军有十六军十八万人之众，而在其征讨前燕时，一次动员的兵力即高达五十万人。《晋书·石季龙载记上》："季龙将讨慕容皝，令司、冀、青、徐、幽、并、

---

① 《晋书》卷一〇七《石季龙载记下》，第2784—2785页。
② 同上书，第2782页。
③ 同上书，第2786页。
④ 《资治通鉴》卷九八《晋纪二〇》穆帝永和五年（349）正月"故东宫高力等万余人谪戍凉州"下，胡三省注："石宣简多力之士以卫东宫，号曰'高力'，署督将以领之。"（第3085页）可见后赵高力本来只有万余人，当反叛部队行进至长安时，实力始壮大到十万人。
⑤ 《晋书》卷一〇五《石勒载记下》，第2739—2740页。

雍兼复之家五丁取三，四丁取二，合邺城旧军满五十万。"① 很显然，平时后赵的正规军远远低于此数，十六军十八万可能就是其常规兵力。石虎末年，刘后、张豺为了排挤石遵出朝，"配禁兵三万遣之"②，则其时禁兵数量当远大于此。后赵统率高力的将领有高力督，大概类似于西晋殿中禁卫将领司马督之类③。

第三节　前秦禁卫武官制度

前秦（350—394）是由氐人苻氏建立的国家，是十六国时期唯一曾经短期统一过北中国的胡族政权。前秦与后赵一样，其禁卫武官制度在十六国政权中具有典型性。④

前秦设有领军将军。《晋书·苻坚载记上》：

> 以升平元年（357）僭称大秦天王……兄法为使持节、侍中、都督中外诸军事、丞相、录尚书，从祖侯为太尉，从兄柳为车骑大将军、尚书令……李威为卫将军、尚书左仆射，梁平老为右仆射，强汪为领军将军，仇腾为尚书、领选，席宝为丞相长史，行太子詹事，吕婆楼为司隶校尉；王猛、薛赞为中书侍郎，权翼为给事黄门侍郎，与猛、赞并掌机密。⑤

由此可见，在苻坚篡位之初所任命的最高决策层成员中，领军将军列名其中，仅次于录尚书、尚书令及尚书左、右仆射，居于第五，而高于领选之尚书（相当于吏部尚书）。⑥《魏书·徒何慕容廆传附永传》："及暐为（苻）坚所杀也，冲乃自称尊号，以永为小将。冲与左将军苟池大战于骊

---

① 《晋书》卷一〇六《石季龙载记上》，第2770页。
② 《晋书》卷一〇七《石季龙载记下》，第2787页；《资治通鉴》卷九八《晋纪二〇》穆帝永和五年四月条，第3088页。
③ 西晋殿中卫士有"力人刀楯"，后赵之"高力"或即此类。
④ 近期关于前秦历史较深入的研究，参见雷家骥《汉赵时期氐羌的东迁与返还建国》《前后秦的文化、国体、政策与其兴亡的关系》，均载《"国立"中正大学学报·人文分册》1996年第7卷第1期。按后文对前秦中央禁卫军制度有所考察。
⑤ 《晋书》卷一一三《苻坚载记上》，第2884—2885页。
⑥ 又可参见《资治通鉴》卷一〇〇《晋纪二二》穆帝升平元年六月条，第3165页。

山，永力战有功，斩池等数千级。坚大怒，复遣领军将军杨定率左右精骑二千五百击冲，大败之。"①《资治通鉴》晋孝武帝太元三年（378）二月，苻坚遣"京兆尹慕容垂、扬武将军姚苌帅众五万出南乡，领军将军苟池、右将军毛当、强弩将军王显帅众四万出武当，会攻襄阳"②。《宋书·氐胡·略阳清水氐杨氏传》："（杨）宋奴之死也，二子佛奴、佛狗奔逃关中，苻坚以佛奴为右将军，佛狗为抚夷护军。后以女妻佛奴子定，以定为尚书、领军将军。"③《魏书·氐传》："（杨）宋奴之死，二子佛奴、佛狗逃奔苻坚，坚以女妻佛奴子定，拜为尚书、领军。"④《资治通鉴》晋孝武帝太元十年三月，"秦王坚遣领军将军杨定击（慕容）冲，大破之"⑤。史书所见前秦领军将军仅此数例，看来领军将军在前秦政治生活中的重要性是有限的。不过就其担任者来看，领军将军仍然是值得重视的官职，强汪、苟池、杨定皆为外戚。《晋书·苻生载记》："健卒，僭即皇帝位……尊其母强氏为皇太后。"⑥《苻坚载记上》："其母苟氏"，称帝后，"尊母苟氏为皇太后，妻苟氏为皇后"。⑦ 如上所见，杨定为苻坚女婿。

前秦设有中军将军及中军大将军。《资治通鉴》晋穆帝永和十年（354）七月，"秦主（苻）健赏拒桓温之功，以雷弱儿为丞相，毛贵为太傅，鱼遵为太尉，淮南王生为中军大将军，平昌王菁为司空"⑧。可知中军大将军位居苻健时代前秦将军之首。《晋书·苻坚载记下附苻融传》："坚僭号，拜侍中，寻除中军将军。"⑨ 同书《苻丕载记》：

乃以太元十年僭即皇帝位于晋阳南。……置百官，以张蚝为侍中、司空，封上党郡公；王永为使持节、侍中、都督中外诸军事、车骑大将军、尚书令，进封清河公；王腾为散骑常侍、中军大将军、司

---

① 《魏书》卷九五《徒何慕容廆传附永传》，第2063页。
② 《资治通鉴》卷一〇四《晋纪二六》，第3285页。
③ （南朝梁）沈约撰：《宋书》卷九八《氐胡·略阳清水氐杨氏传》，中华书局1974年版，第2404页。
④ 《魏书》卷一〇一《氐传》，第2228页。
⑤ 《资治通鉴》卷一〇六《晋纪二八》，第3342页。
⑥ 《晋书》卷一一二《苻生载记》，第2872页。
⑦ 《晋书》卷一一三《苻坚载记上》，第2884页。
⑧ 《资治通鉴》卷九九《晋纪二一》，第3143页。
⑨ 《晋书》卷一一四《苻坚载记下附苻融传》，第2934页。

隶校尉、阳平郡公……①

其下有尚书左仆射苻冲、卫将军俱石子、尚书右仆射杨辅、护军将军王亮、侍中强益耳及梁畅、吏部尚书徐义等人。这虽然是前秦即将灭亡之时的情况，但应该也反映了此前的制度。不排除前秦时期中军将军或中军大将军与领军将军交替设置的可能性，其职能当与西晋初年羊祜所任中军将军相当。前秦领军将军于史少见，或与此有关。

前秦设有护军将军和中护军。《资治通鉴》晋穆帝永和十一年（355）七月，秦主苻生"以其嬖臣太子门大夫南安赵韶为右仆射，太子舍人赵诲为中护军"②。"中护军赵诲"又见同年九月、十一月条③。升平三年（359）十二月，"以左仆射李威领护军"④。《晋书·苻坚载记下》："坚率步骑二万讨姚苌于北地，次于赵氏坞，使护军杨璧游骑三千断其奔路；右军徐成、左军窦冲、镇军毛盛等屡战败之，仍断其运水之路。"⑤ 其事又载于《资治通鉴》孝武帝太元九年（384）六月条，且记事远比载记详细，谓杨璧为护军将军⑥。次年，苻坚被杀，其子苻丕即位，所任命的最高层官员中即包括"王亮为护军将军"⑦。虽仅四例，但仍可认为前秦一代设有护军将军和中护军之职。前秦建元三年（367）所立《邓太尉祠碑》载，郑能进"以其年（即建元三年）六月，左降为尚书库部郎、护军司马、奉车都尉、关内侯"⑧。按此"护军"乃中央护军将军或中护军。

前秦还设有左、右卫将军。苻生派遣"其征东苻柳参军阎负、梁殊使凉州"，前凉凉州牧张瓘接见负、殊。阎负、梁殊在与张瓘对话时列举前秦文臣武将的情况，其中有云："雄毅厚重，权智无方，则左卫将军李

---

① 《晋书》卷一一五《苻丕载记》，第 2941—2942 页。
② 《资治通鉴》卷一〇〇《晋纪二二》，第 3147—3148 页。
③ 同上书，第 3149、3150 页。
④ 同上书，第 3178 页。
⑤ 《晋书》卷一一四《苻坚载记下》，第 2921 页。
⑥ 《资治通鉴》卷一〇五《晋纪二七》，第 3329 页。按"护军杨璧"又见《晋书》卷一一四《苻坚载记下》，第 2921 页。
⑦ 《晋书》卷一一五《苻丕载记》，第 2942 页；《资治通鉴》卷一〇六《晋纪二八》孝武帝太元十年九月条，第 3352 页。
⑧ 马长寿：《碑铭所见前秦至隋初的关中部族》，中华书局 1985 年版，第 13 页。此碑现藏于西安碑林博物馆。

威、右卫将军苻雅。"①但却未提及领军将军与护军将军，当时前秦可能并无此二职。《资治通鉴》晋穆帝永和九年三月，"西域胡刘康诈称刘曜子，聚众于平阳，自称晋王。夏四月，秦左卫将军苻飞讨擒之"②。苻坚时，可见到"左卫苻雅""左卫毛当"的活动③。晋海西公（废帝）太和三年（368）"秋七月，王鉴等拔上邽，斩（苻）双、武，宥其妻子。以左卫将军苻雅为秦州刺史"④。如上所见，苻雅在苻生时为右卫将军。毛当似亦曾任右卫将军。晋孝武帝太元三年（378）二月，"秦王坚遣征南大将军·都督征讨诸军事·守尚书令·长乐公丕、武卫将军苟苌、尚书慕容暐帅步骑七万寇襄阳，以荆州刺史杨安帅樊、邓之众为前锋，征虏将军始平石越帅精骑一万出鲁阳关，京兆尹慕容垂、扬武将军姚苌帅众五万出南乡，领军将军苟池、右将军毛当、强弩将军王显帅众四万出武当，会攻襄阳"⑤。此次与毛当同时行进的将领苟池、王显都是禁卫军将领，而毛当曾任禁卫武官前禁将军，后又任左卫将军，则此处右将军更大可能是右卫将军或右禁将军之讹。姚苌亦曾任前秦左卫将军，"及（姚）襄死，苌率诸弟降于苻生。苻坚以苌为扬武将军，历左卫将军"⑥。公元351年，苻健即前秦天王、大单于位，在其所任命的大臣中，"苻菁为卫大将军、平昌公，宿卫二宫"⑦。其地位仅次于都督中外诸军事、丞相、领车骑大将军、雍州牧、东海公苻雄，实际上是前秦王朝官僚集团的二号人物。很明显，以"宿卫二宫"为职能的卫大将军是当时前秦的最高禁卫长官。此后亦可见到卫将军之职，但是否具有同前秦初年卫大将军一样的禁卫职能则不大清楚。

前秦亦设武卫将军。《晋书·苻坚载记上》："是岁，苻双据上邽、苻柳据蒲坂叛于坚，苻庾据陕城、苻武据安定并应之，将共伐长安。""坚

---

① 《晋书》卷一一二《苻生载记》，第2873、2875页。其事又见《资治通鉴》卷一〇〇《晋纪二二》穆帝永和十二年（356）二月条，第3153—3154页。
② 《资治通鉴》卷九九《晋纪二一》，第3132页。
③ 《晋书》卷一一三《苻坚载记上》、卷一一四《苻坚载记下》，第2890、2916页。
④ 《资治通鉴》卷一〇一《晋纪二三》，第3211页。
⑤ 《资治通鉴》卷一〇四《晋纪二六》，第3285页。按"右将军毛当"又见《晋书》卷一一三《苻坚载记上》，第2884页。
⑥ 《晋书》卷一一六《姚苌载记》，第2965页。
⑦ 《资治通鉴》卷九九《晋纪二一》穆帝永和七年正月条。胡三省注："二宫，健所居及子苌所居也。"（第3112页）

又遣其武卫王鉴、宁朔吕光等率中外精锐以讨之"。"遣其武卫苟苌、左将军毛盛、中书令梁熙、步兵校尉姚苌等率骑十三万伐张天锡于姑臧。"①《资治通鉴》晋海西公太和三年三月,"秦杨成世为赵公双将苟兴所败,毛嵩亦为燕公武所败,奔还。秦王坚复遣武卫将军王鉴、宁朔将军吕光……等帅众三万讨之"②。晋孝武帝太元三年二月,"秦王坚遣征南大将军、都督征讨诸军事、守尚书令长乐公丕、武卫将军苟苌、尚书慕容暐帅步骑七万寇襄阳"③。

前秦还有四军、五校、中垒、骁游、强弩等职。苻坚讨姚苌于北地,其将领中有"右军徐成、左军窦冲"④。在羌人首领姚苌看来,徐成乃前秦"名将"⑤。虽未见到前秦有前军、后军将军,但推测前秦是具备四军建制的。苻坚与慕容冲战,"冲军溃,坚获免,嘉其(邓迈、邓绥、邓琼)忠勇,并拜五校"⑥。前秦建国之初即设五校之职,《资治通鉴》晋穆帝永和九年九月,前秦"以步兵校尉金城郭敬为(荆州)刺史"⑦。孝武帝太元五年(380)六月条:

(秦王)坚以诸氐种类繁滋,秋七月,分三原、九嵕、武都、汧、雍氐十五万户,使诸宗亲各领之,散居方镇,如古诸侯。长乐公丕领氐三千户,以仇池氐酋射声校尉杨膺为征东左司马,九嵕氐酋长水校尉齐午为右司马,各领一千五百户,为长乐世卿。长乐(国)郎中令略阳垣敞为录事参军,侍讲扶风韦干为参军事,申绍为别驾。膺,丕之妻兄也;午,膺之妻父也。八月……抚军将军毛兴为都督河秦二州诸军事、河州刺史,镇枹罕。长水校尉王腾为并州刺史,镇晋阳。河、并二州各配氐户三千。兴、腾并苻氏婚姻,氐之崇望也。⑧

---

① 《晋书》卷一一三《苻坚载记上》,第2890、2897—2898页。
② 《资治通鉴》卷一〇一《晋纪二三》,第3210页。
③ 《资治通鉴》卷一〇四《晋纪二六》,第3285页。
④ 《晋书》卷一一四《苻坚载记下》,第2921页。
⑤ 《晋书》卷一一六《姚苌载记》载其语,谓"徐成等昔在秦朝,并为名将"(第2972页)。
⑥ 《晋书》卷一一四《苻坚载记下》,第2925页。
⑦ 《资治通鉴》卷九九《晋纪二一》,第3133页。
⑧ 《资治通鉴》卷一〇四《晋纪二六》,第3295—3296页。

据此可知，前秦之射声、长水校尉均由与苻氏有姻亲关系的氐酋担任，五校尉在统治机构中应该属于比较重要的官职。前秦五校尉可考者有：步兵校尉郭敬、姚苌、吕光①，屯骑校尉苟苌、姜宇、石越、胡空②，射声校尉徐成、杨膺③，长水校尉齐午、王腾、王穆④。《资治通鉴》晋简文帝咸安元年（371）二月，前秦以"中垒将军梁成为兖州刺史"⑤。《晋书·苻登载记》："初，长安之将败也，坚中垒将军徐嵩、屯骑校尉胡空各聚众五千，据险筑堡以自固，而受姚苌官爵。"⑥ 前秦骁骑将军可见吕光、石越，游击将军可见郭庆，强弩将军可见王显。《资治通鉴》晋孝武帝太元七年九月，"秦王坚以骁骑将军吕光为使持节、都督西域征讨诸军事"，"总兵十万，铁骑五千，以伐西域"⑦。按吕光与苻坚同为氐族出身，在苻坚即将发动对东晋的大规模征伐前夕，派遣骁骑将军吕光为主帅率领十余万大军征讨西域，足见前秦骁骑将军地位之重。淝水之战大败后，苻坚返回洛阳，送慕容垂北还，"又遣骁骑将军石越帅精卒三千戍邺，骠骑将军张蚝帅羽林五千戍并州，镇军将军毛当帅众四千戍洛阳"⑧。当时前秦全部军队仅十余万人，羽林五千无疑为禁卫军，精卒三千更是禁卫军之精锐。公元370年十一月，在前秦军队强大的攻势下，前燕国君慕容暐从邺城出逃，"秦王坚使游击将军郭庆追之"⑨。晋孝武帝太元三年苻坚派大军南伐，其中包括"领军将军苟池、右将军毛当、强弩将军王显帅众四万出武当"⑩。

---

① 姚苌，见《晋书》卷一一六《姚苌载记》，第2865页；《资治通鉴》卷一〇四《晋纪二六》孝武帝太元元年（376）五月及太元八年六月条，第3273、3308页。吕光，见《资治通鉴》卷一〇四太元五年四月条，第3294页。

② 苟苌、姜宇、石越，见《资治通鉴》卷一〇二《晋纪二四》海西公太和五年（370）八月、卷一〇三《晋纪二五》简文帝咸安元年（371）二月、卷一〇四《晋纪二六》太元五年五月诸条，第3232、3243、3294页；胡空，见《晋书》卷一一五《苻登载记》，第2949页。

③ 见《资治通鉴》卷一〇三《晋纪二五》简文帝咸安元年二月、卷一〇四《晋纪二六》太元五年七月条，第3243、3295页。

④ 见《资治通鉴》卷一〇四《晋纪二六》太元五年七月、八月及卷一〇六《晋纪二八》太元十一年二月诸条，第3295、3296、3359页。

⑤ 《资治通鉴》卷一〇三《晋纪二五》，第3243页。

⑥ 《晋书》卷一一五《苻登载记》，第2949页。

⑦ 《资治通鉴》卷一〇四《晋纪二六》，第3300页。

⑧ 《资治通鉴》卷一〇五《晋纪二七》孝武帝太元八年十一月条，第3315页。

⑨ 《资治通鉴》卷一〇二《晋纪二四》海西公太和五年十一月条，第3237页。

⑩ 《资治通鉴》卷一〇四《晋纪二六》孝武帝太元三年二月条，第3285页。

此外，前秦还设有羽林监、骑都尉、羽林郎等职。《晋书·苻登载记》："拜殿上将军。稍迁羽林监、扬武将军、长安令。"①《资治通鉴》晋简文帝咸安元年三月，"秦西县侯雅、杨安、王统、徐成及羽林左监朱肜、扬武将军姚苌帅步骑七万伐仇池公杨纂"②。前述张蚝帅羽林五千戍并州，可知羽林为前秦禁卫军之一支。这支羽林军当由羽林郎组成。《晋书·苻坚载记下》："坚下书悉发诸州公私马，人十丁遣一兵。门在灼然者，为崇文义从。良家子年二十已下武艺骁勇富室材雄者，皆拜羽林郎。"③这是苻坚南伐前夕所采取的临时举措，也可侧证在正常情况下，前秦是存在羽林郎的，他们一般由富室子弟（良家子）组成，年龄在二十岁已下，且武艺骁勇。同卷又载："良家子至者三万余骑，其秦州主簿金城赵盛之为建威将军、少年都统。"④在此役中，赵盛之应为所征发羽林郎的将领。同卷附《王猛传》："迁尚书左丞、咸阳内史、京兆尹。未几，除吏部尚书、太子詹事。又迁尚书左仆射、辅国将军、司隶校尉，加骑都尉，居中宿卫。"⑤很显然，王猛之所以能够"居中宿卫"就在于他之"加骑都尉"。

前秦还设有殿上将军、殿中上将军。如上所见，苻登曾任殿上将军。《晋书·苻坚载记下》："慕容冲僭称尊号于阿房，改年更始。坚与冲战，各有胜负。尝为冲军所围，殿中上将军邓迈……奋矛而击冲军。冲军溃，坚获免。"⑥有殿中上将军，似亦应有殿中将军。殿中上将军或即苻登所任殿上将军。太元十年（385）正月苻坚与慕容冲战，时"西燕兵围秦王坚，殿中将军邓迈力战却之"⑦。则邓迈所任之职有殿中将军与殿中上将军二说，或为同名异称，或其中之一有误。传世前秦官印可见"壂（殿）上将军章"一枚⑧，表明前秦政权的确设有殿上将军之职。从后秦有殿中上将军（见下）之职推测，前秦有殿中上将军应可无疑。前秦殿中上将军、殿上将军与西晋殿中将军职能应该并无多大

---

① 《晋书》卷一一五《苻登载记》，第2947页。
② 《资治通鉴》卷一〇三《晋纪二五》，第3244页。
③ 《晋书》卷一一四《苻坚载记下》，第2917页。
④ 同上。
⑤ 《晋书》卷一一四《苻坚载记下附王猛传》，第2931页。
⑥ 《晋书》卷一一四《苻坚载记下》，第2925页。
⑦ 《资治通鉴》卷一〇六《晋纪二八》，第3340页。
⑧ 《秦汉南北朝官印征存》卷九《十六国官印三·后赵（石氏）官印》，第374页，图版2125。

差别。

前秦还可见到三署郎。晋海西公太和五年（370）十二月前秦攻灭前燕，"以燕故臣慕容评为给事中"，"悉罗腾为三署郎"①。此三署郎是否与汉代三署郎相当，因史料太少，难以判断。三署郎在苻坚所任命的前燕降臣中位列第八，地位不算太低，推测与汉代的三署中郎将相当。北魏前期出现的三郎卫士可能是仿此而设。后秦骁骑将军吴忠围苻坚于五将山，"秦兵皆散走，独侍御十数人在侧"②。此处之"侍御"是官名还是一种泛称，难明究竟。从此前匈奴汉赵有亲御郎，此后慕容后燕有侍御郎推断，前秦设侍御及侍御郎的可能性也很大。

四禁将军在前秦禁卫武官制度中颇具特色。苻坚时期，"中外、四禁、二卫、四军长上将士，皆令修学"③。按此处之"四禁"即指前、后、左、右四禁将军④。"中外四禁"可有两种理解，一是指四禁分中、外，这种可能性不大，四禁所统兵应为中军，而不大可能有外军；二是"中外四禁"应即"中外、四禁"，"中外"指都督中外诸军事，"四禁"即四禁将军。⑤ 史书可见到"前禁将军毛当"⑥，"前禁将军李辩"⑦，"前禁

---

① 《资治通鉴》卷一〇二《晋纪二四》，第3240页。
② 《资治通鉴》卷一〇六《晋纪二八》孝武帝太元十年七月条，第3347页。
③ 《晋书》卷一一三《苻坚载记上》，第2897页。
④ 陈寅恪认为："单于台所属禁卫军分守京邑四门或四个方向，成为四军，四帅。石勒增置宣文、宣教等十余小学于襄国四门，所选拔的子弟既受业与四门小学，又备击柝之卫。这些子弟其实都是羯族将佐子弟。"（万绳楠整理：《陈寅恪魏晋南北朝史讲演录》，黄山书社1987年版，第112页）按此虽指后赵，但推想前秦亦有类似情况。四禁将军可能即是分别守卫宫城（单于台）左、右、前、后四门或四个方向的禁卫军将领。
⑤ 《资治通鉴》卷一〇三《晋纪二五》孝武帝宁康三年（375）十月条，胡三省注："秦有中军、外军将军；前禁、后禁、左禁、右禁将军，是为四禁；左卫、右卫将军，是为二卫；卫军、抚军、镇军、冠军将军，是为四军。"（第3270页）按胡氏对前秦"四禁""二卫"的解释是正确的，但对"中外""四军"的解释则无证据支持。前秦无外军将军，故"中外"不能以中军、外军将军解，而应指都督中外诸军事，"四军"则应指左、右、前、后军将军。雷家骥在《苻坚时期重要武官》表中"中央禁卫军"一栏将卫军、抚军、镇军、冠军将军列入（《前后秦的文化、国体、政策与其兴亡的关系》），显然也是接受了胡三省之说。
⑥ 《晋书》卷一一三《苻坚载记上》，第2896页；《资治通鉴》卷一〇三《晋纪二五》孝武帝宁康元年八月条，第3264页。
⑦ 《晋书》卷一一四《苻坚载记下》，第2925页；《资治通鉴》卷一〇六《晋纪二八》孝武帝太元十年正、二月条，第3340、3341页。

将军张蚝"①、"前禁将军苻硕原"②；"后禁将军杨成世"③、"后禁毛盛"④；"左禁将军杨壁"⑤、"左禁窦冲"⑥、"右禁将军郭庆"⑦、"右禁将军毛盛"⑧。前秦四禁将军与二卫将军所统皆为禁卫军，如征讨苻双等时，"左卫苻雅、左禁窦冲率羽林骑七千继发"⑨。因史料所限，对前秦四禁将军有关制度的了解还相当有限⑩。

第四节　后秦、西秦禁卫武官制度

一　后秦禁卫武官制度

淝水之战后，前秦统治分崩离析，原臣服于前秦的胡族首领纷纷叛秦自立。公元 384 年，羌族首领姚苌在长安"自称大将军、大单于、万年秦王，大赦境内，年号白雀，称制行事"；386 年，姚苌"僭即皇帝位于长安，大赦，改元曰建初，国号大秦，改长安曰常安"。⑪ 后秦（384—417）继承了前秦的政治遗产，姚氏也以苻氏后继者自居。后秦禁卫武官制度按理也应继承前秦制度。

后秦亦设领军将军（中领军）和护军将军（中护军）。东晋末年，权

---

① 《资治通鉴》卷一〇四《晋纪二六》孝武帝太元元年十月条，第 3277 页。
② 《晋书》卷一一五《苻登载记》，第 2951 页。
③ 《晋书》卷一一三《苻坚载记上》，第 2896 页。
④ 同上书，第 2900 页。
⑤ 《资治通鉴》卷一〇四《晋纪二六》孝武帝太元五年十月条，第 3297 页。
⑥ 《晋书》卷一一三《苻坚载记上》，第 2890 页。
⑦ 《资治通鉴》卷一〇四《晋纪二六》孝武帝太元元年十月条，第 3277 页。
⑧ 《资治通鉴》卷一〇四《晋纪二六》孝武帝太元三年七月条，第 3286 页。
⑨ 《晋书》卷一一三《苻坚载记上》，第 2890 页。
⑩ 《晋书》卷一一六《姚襄载记》："弋仲死，襄秘不发丧，率户六万南攻阳平、元城、发干，皆破之，杀掠三千余家，屯于碻磝津，以太原王亮为长史，天水尹赤为司马，略阳伏子成为左部帅，南安敛岐为右部帅，略阳王黑那为前部帅，强白为后部帅，太原薛讚、略阳权翼为参军。"（第 2962 页）按姚襄所任命的左右亲信属官中，长史、司马及参军皆为原中原王朝（魏晋）的幕僚制度，而其四部帅则独具特色，担任者几乎全为略阳氏人；建立前秦的氏族苻氏亦为略阳人，在其部落中完全有可能设有四部帅。前秦的四禁将军与此四部帅制度大概有某种继承关系，即四禁将军可能是对氏族原有的四部帅制度的变通。又，前秦末年、后秦初年，姚兴于泾阳斩苻登，"散其部众，归复农业。徙阴密三万户于长安，分大营户为四，置四军以领之"（《晋书》卷一一七《姚兴载记上》，第 2976 页）。这与原来前秦在长安的四军（四禁将军）建制似亦有继承关系。
⑪ 《晋书》卷一一六《姚苌载记》，第 2967 页。

臣刘裕率军北伐后秦，后秦东平公、大将军姚"绍复遣抚军将军姚赞将兵屯河上，绝水道。（姚）赞垒堑未立，（沈）林子邀击，连破之，赞轻骑得脱，众皆奔散。绍又遣长史领军将军姚伯子、宁朔将军安鸾、护军姚默骡、平远将军河东太守唐小方率众三万，屯据九泉，凭河固险，以绝粮援。高祖（刘裕）以通津阻要，兵粮所急，复遣林子争据河源"①。这一记载表明，在后秦末帝姚泓统治时期，同时设有领军将军、护军（护军将军或中护军）之职。统兵征战显示其为掌握军权的实职将领，推测其与两晋及前秦的领军和护军职能相同，在姚兴统治时期应该也有其职。

后秦设有左、右卫将军。史载"仇池公杨盛叛，侵扰祁山"，姚兴遣"右卫胡翼度从阴密出自汧城，讨盛"②。《晋书·姚兴载记下》：

> 兴命（姚）泓录尚书事，使姚绍、胡翼度典兵禁中，防制内外，遣敛曼嵬收（姚）弼第中甲杖，内之武库。兴疾转笃，兴妹伪南安长公主问疾，不应。兴少子耕儿出告其兄愔曰："上已崩矣，宜速决计。"于是愔与其属率甲士攻端门，殿中上将军敛曼嵬勒兵距战，右卫胡翼度率禁兵闭四门。愔等遣壮士登门，缘屋而入，及于马道。泓时侍疾于谘议堂，遣敛曼嵬率殿中兵登武库距战，太子右卫率姚和都率东宫兵入屯马道南。愔等既不得进，遂烧端门。兴力疾临前殿，赐弼死。禁兵见兴，喜跃，贯甲赴贼，贼众骇扰。和都勒东宫兵自后击之，愔等奔溃，逃于骊山，愔党吕隆奔雍，尹冲等奔于京师。兴引绍及赞、梁喜、尹昭、敛曼嵬入内寝，受遗辅政。③

可知后秦的右卫将军统领禁兵，为禁卫长官之一。有右卫将军，自当有左卫将军，然左卫将军于后秦末年仅见于史，刘裕北伐大军进至长安外围，在争夺长安城的战斗中，"姚谌及前军姚烈、左卫姚宝安……等皆死于阵，泓单马还宫"④。由此来看，后秦一代应该都有左、右卫将军。

在姚绍遣"姚赞将兵屯河上，绝水道"之前，面对北伐军的进攻，"绍

---

① 《宋书》卷一〇〇《自序》，第2456页。
② 《晋书》卷一一八《姚兴载记下》，第2996页。
③ 同上书，第3003页。
④ 《晋书》卷一一九《姚泓载记》，第3017页。

退走，还保定城，留伪武卫将军姚鸾精兵守崄"①。这表明后秦亦有武卫将军之职，且由宗室担任，其所率为"精兵"，属于禁卫军精锐部队无疑。由此可见，后秦武卫将军与前秦相似，是与左、右卫将军不分伯仲的禁卫武官，就渊源而论，应该是对前秦制度的承袭。后秦武卫将军的事例皆见于姚泓统治时期。刘裕北伐至成皋，"征南姚洸时镇洛阳，驰使请救。（姚）泓遣越骑校尉阎生率骑三千以赴之，武卫姚益男将步卒一万助守洛阳。又遣征东、并州牧姚懿南屯陕津为之声援"。后秦末帝姚泓之弟姚懿反叛，"引兵至陕津"，泓"于是遣姚讚及冠军司马国璠、建义蛇玄屯陕津，武卫姚驴屯潼关"。刘裕部将率兵进至关中，姚"绍分道置诸军为掎角之势，遣辅国胡翼度据东原，武卫姚鸾营于大路，与晋军相接"。② 按"武卫姚鸾"又见于《十六国春秋》③。又，北魏《张卢墓志》："考武卫，姚氏祚终，翻然依化，蒙国宠御，侧在内侍，为给事阿干。"按此"武卫"即指其父任至后秦武卫将军。同上又载："祖雅，苻氏秦州刺史；父善，姚武卫将军。"④ 通过以上诸例可以看出，后秦的武卫将军主要由姚氏宗室成员担任，显然是比较重要的官职。

从上引《姚兴载记下》的记载还可看到，后秦有殿中上将军，其制显然也是承自前秦。后秦殿中上将军统领殿中兵，相当机要。姚兴平定其子姚愔等发动的叛乱后，殿中上将军敛曼嵬列名诸顾命大臣中，其地位之重可见一斑。推而论之，前秦的殿中上将军亦当统领殿中兵，是最为机要的禁卫武官之一。

后秦还设有中军将军。《资治通鉴》晋孝武帝太元十五年（390）四月记事，可见后秦主姚苌之子"中军将军崇"⑤。姚兴使"中军、广陵公敛权镇洛阳"⑥，又"使中军姚弼、后军敛成、镇远乞伏乾归等率步骑三万伐（秃发）傉檀"⑦。姚崇、姚弼为宗室，敛权出于南安羌族大姓⑧。

---

① 《宋书》卷一〇〇《自序》，第2456页。
② 《晋书》卷一一九《姚泓载记》，第3011、3012、3015—3016页。
③ 《太平御览》卷三五七《兵部八八》"衔枚"条引崔鸿《后秦录》曰："永和二年，遣武卫姚鸾营于大路，晋将沈林子简其军中精锐朱远等衔枚夜袭鸾营，鸾死之。"（第1643页）
④ 赵万里集释：《汉魏南北朝墓志集释》图版五八五《张卢暨妻刘法珠墓志》，科学出版社1956年版。
⑤ 《资治通鉴》卷一〇七《晋纪二九》，第3395页。
⑥ 《晋书》卷一一七《姚兴载记上》，第2982页。
⑦ 《晋书》卷一一八《姚兴载记下》，第2992页。
⑧ 参见陈连庆《中国古代少数民族姓氏研究——秦汉魏晋南北朝少数民族姓氏研究》，吉林文史出版社1993年版，第277页。

《魏书·羌姚兴传》："兴复以弼为中军大将军，配兵三万，屯于渭北。"①后秦的中军将军是否具有禁卫职能，史无明载，难以确定。以前秦制度推测，其为禁卫长官的可能性不小。

后秦设有四军、五校、中垒、骁骑、积弩将军等职。上引史料中已见"前军姚烈""后军敛成"，但未见左军和右军，推测后秦也应该设有左军将军和右军将军。《魏书·羌姚兴传》载其率大军进攻北魏，道武帝率军进行反击，双方在汾水沿岸的柴壁发生激战，结果秦军大败。"擒兴尚书右仆射狄伯支，越骑校尉唐小方，积弩将军姚梁国，建忠将军雷星、康官，北中郎将康猥，兴从子伯禽已下四品将军已上四十余人。"②此事又见于《晋书·姚兴载记上》："遣姚平、狄伯支等率步骑四万伐魏。""平等军次河东……越骑校尉唐小方、积弩姚良国率关中劲卒为平后继。""姚平粮竭矢尽，将麾下三十骑赴汾水而死，狄伯支等十将四万余人，皆为魏所擒"。③参加征战者还有杏城及岭北突骑、河东见兵、洛东之兵、朔方见骑。在前引史料中还见到后秦"越骑校尉阎生"。《资治通鉴》晋安帝隆安元年（397）十月，"秦长水校尉姚珍奔西秦，西秦王乾归以女妻之"④。姚懿反叛后，"宁东姚成都距之"，"懿又遣骁骑王国率甲士数百攻成都"⑤。按此"骁骑王国"虽为姚懿部将，但可以肯定的是，骁骑将军是后秦的职官建制。晋孝武帝太元十年（385）七月，"秦王坚至五将山，后秦王苌遣骁骑将军吴忠帅骑围之"⑥。可知后秦建国之初即设有骁骑将军，其职显然也是从前秦承袭而来。姚兴与赫连勃勃争战，"兴乃遣左将军姚文宗率禁兵距战，中垒齐莫统氐兵以继之。文宗与莫皆勇果兼人，以死力战，勃勃乃退"⑦。中垒将军齐莫所统氐兵应是后秦继承的一

---

① 《魏书》卷九五《羌姚兴传》，第2084页。
② 同上书，第2084页。
③ 《晋书》卷一一七《姚兴载记上》，第2981页。后来后秦与北魏"通和，魏放狄伯支、姚伯禽、唐小方、姚良国、康宣还长安，皆复其爵位"（《晋书》卷一一八《姚兴载记下》，第2991页）。
④ 《资治通鉴》卷一〇九《晋纪三一》，第3460页。
⑤ 《晋书》卷一一九《姚泓载记》，第3013页。又见《资治通鉴》卷一一七《晋纪三九》安帝义熙十二年（416）十二月条，第3696页。《晋书》卷一一七《姚兴载记上》："兴遣其将姚硕德、姚敛成、姚寿都等率众三万，伐杨盛于仇池。"（第2984页）按此处之姚成都或即姚敛成、姚寿都之误。
⑥ 《资治通鉴》卷一〇六《晋纪二八》，第3347页。
⑦ 《晋书》卷一一八《姚兴载记下》，第2993页。

第十一章　十六国禁卫武官制度　/　331

支前秦军队。此处统率禁兵的左将军姚文宗，其军号可能应为左军将军，与上述前军将军和后军将军同属四军之列。

　　后秦有城门校尉、东门将军、北中郎将等职。《晋书·姚兴载记下》："兴从朝门游于文武苑，及昏而还，将自平朔门入。前驱既至，城门校尉王满聪被甲持杖，闭门距之，曰：'今已昏暗，奸良不辨，有死而已，门不可开。'兴乃回从朝门而入。且而召满聪，进位二等。"① 很显然，后秦的城门校尉把守京师城门，与汉代的城门校尉具有相同的职能。不过因后秦常安（长安）城建制不明，平朔门究为京城门还是宫城门，并不清楚。《资治通鉴》晋孝武帝太元十四年（389）"十二月，后秦主苌使其东门将军任瓮诈遣使招秦主登，许开门纳之"。胡三省注："东门将军，苌使守安定东门者也。"② 其时姚苌进攻前秦残余政权，驻守安定城。后秦在其首都常安城是否也设有类似的将领，因史无明载，难以判断。此外，姚兴末年可见"北中郎将姚广都""北中郎将姚洛都"③，表明后秦当有四中郎将制度，然其职是否具有后来北魏四中郎将守卫京师外围地区的职能则不明确。

　　《晋书·姚兴载记下》："兴遣姚绍与姚弼率禁卫诸军镇抚岭北。"④可知姚绍、姚弼所统为禁卫军，此"禁卫诸军"的具体情况不明⑤，应即上引史料所见"岭北见兵"⑥。"兴疾笃，其太子泓屯兵于东华门，侍疾于

---

①　《晋书》卷一一八《姚兴载记下》，第 2994 页。
②　《资治通鉴》卷一〇七《晋纪二九》，第 3393 页。
③　《晋书》卷一一八《姚兴载记下》，第 2994、2997 页。
④　同上书，第 2997 页。
⑤　姚弼为姚兴之子，时为尚书令、侍中、大将军（《晋书》卷一一八《姚兴载记下》，第 2995 页）。《姚兴载记下》其下载"抚军姚绍"（第 2998 页），则其官职应为抚军将军。明本《十六国春秋》卷六〇《后秦录八·姚绍》："姚绍，苌庶母弟、兴叔父也。为抚军将军，封东平公。"（《景印文渊阁四库全书》"史部二二一·载记类"，第四六三册，第 816 页）按谓姚绍为"苌庶母弟、兴叔父"，揆诸时情，颇有疑问。（宋）王钦若等撰《册府元龟》卷二二四《僭伪部·宗族》："姚泓僭即帝位，以姚绍为太宰、大将军、大都督、都督中外诸军事，假黄钺，改封鲁公。侍中、司隶、宗正、节、录并如故。朝之大政，皆往决焉。绍固辞，弗许。绍，泓之叔父也。"（中华书局 1960 年版，第 2681 页）此载姚绍为后秦末帝姚泓叔父，显然是可信的。
⑥　岭北为后秦时期十分重要的战略重镇，其地当在安定、杏城附近。前引《姚兴载记上》已见到"岭北突骑"的记载。《姚兴载记下》："姚详时镇杏城，为赫连勃勃所逼，粮尽委守，南奔大苏。勃勃要之，众散，为勃勃所执。时遣卫大将军姚显迎详，详败，遂屯杏城，因令显都督安定、岭北二镇事。""以杨佛嵩都督岭北讨虏诸军事、安远将军、雍州刺史，率岭北见兵以讨赫连勃勃。"（第 2995、2997 页）则岭北就在雍州辖境，当在长安之北，处于与大夏赫连勃勃政权交界的前线地带。后秦在岭北常驻一支数量不小的军队，即为"岭北见兵"。

谘议堂。姚弼潜谋为乱，招集数千人，被甲伏于其第。抚军姚绍及侍中任谦、右仆射梁喜、冠军姚讚、京兆尹尹昭、辅国敛曼嵬并典禁兵，宿卫于内。"① 这是在非常朝政下由其他将相大臣统率禁卫军宿卫于殿内，以防不测。前引史料所见，姚兴末年其子姚愔等发动叛乱时，参与平叛的军队有"禁兵""殿中兵""东宫兵"，禁兵由右卫胡翼度率领，殿中兵由殿中将军敛曼嵬率领，东宫兵由太子右卫率姚和都率领。这是由其各自的长官统率的事例。此处之"禁兵"即守卫宫城的禁卫军，"殿中兵"即在殿中（内）侍卫的禁卫军，"东宫兵"则为太子东宫府的禁卫军（东宫卫队）。

二 西秦禁卫武官制度

淝水之战后，河西鲜卑乞伏国仁于公元385年在勇士城"自称大都督、大将军、大单于、领秦河二州牧，建元曰建义"②，建立了西秦（385—431）政权③。国仁死，其弟乾归即位，"自署大都督、大将军、大单于、河南王，改年为太初，署百官"④。西秦政治制度有其自身的特色，但主要还是继承前秦制度。西秦禁卫武官制度可考者如下：

西秦设有左、右卫将军。《晋书·乞伏乾归载记》："吕光率众十万，将伐乾归，左辅密贵周、左卫莫者羖羝言于乾归曰……"⑤《乞伏炽磐载记》："炽磐攻克沮渠蒙逊河湟太守沮渠汉平，以其左卫匹逵为河湟太守。"又"遣其左卫匹逵、建威梯君等讨彭利和于漒川"。⑥《资治通鉴》晋安帝义熙十一年（415）五月条，详载乞伏炽磐攻克沮渠汉平事，记作"炽磐以左卫将军匹达为湟河太守"⑦。同书晋恭帝元熙元年（419）九月条，亦载"秦左卫将军匹达等将兵讨彭利和于漒川"云云⑧。按逵、达（達）形近，未知孰是。同书宋文帝元嘉八年（431）正月条："夏主击秦

---

① 《晋书》卷一一八《姚兴载记下》，第2998页。
② 《晋书》卷一二五《乞伏国仁载记》，第3115页。
③ 关于西秦历史，参见周伟洲《南凉与西秦》，陕西人民出版社1987年版，第112—243页。
④ 《晋书》卷一二五《乞伏国仁载记》，第3116页；《魏书》卷九九《乞伏国仁传附乾归传》，第2199页。
⑤ 《晋书》卷一二五《乞伏乾归载记》，第3118页。
⑥ 《晋书》卷一二五《乞伏乾归载记附炽磐载记》，第3124页。
⑦ 《资治通鉴》卷一一七《晋纪三九》，第3679页。
⑧ 《资治通鉴》卷一一八《晋纪四〇》，第3730页。

将姚献，败之；遂遣其叔父北平公韦伐帅众一万攻南安。城中大饥，人相食。秦侍中、征虏将军出连辅政，侍中·右卫将军乞伏延祚、吏部尚书乞伏跋跋逾城奔夏"，秦王乞伏暮末出降，西秦灭亡。① 又，晋孝武帝太元二十年（395）三月条："初，杨定之死也，天水姜乳袭据上邽。夏四月，西秦王乾归遣乞伏益州帅骑六千讨之。""以平北将军韦虔为长史，左禁将军务和为司马。"② 宋文帝元嘉五年六月，乞伏炽磐死，太子暮末即位，以"叔父右禁将军千年为镇北将军、凉州牧，镇湟河"③。由此可见，西秦与前秦一样设有四禁将军。

　　西秦设有武卫将军及骁骑将军。《晋书·乞伏乾归载记》："使乞伏益州攻克支阳、鹯武、允吾三城，俘获万余人而还。又遣益州与武卫慕容允、冠军翟瑥率骑二万伐吐谷浑视罴。"④《资治通鉴》晋安帝隆安二年（398）九月条载此事，记作"武卫将军慕兀"。胡三省注："'慕兀'，《晋书·载记》作'慕容兀'。慕兀盖亦乞伏氏，《载记》误也。"⑤ 同书晋安帝隆安四年七月条："西秦王乾归使武卫将军慕兀等屯守，秦军樵采路绝，秦王兴潜引兵救之。乾归闻之，使慕兀帅中军二万屯柏杨，镇军将军罗敦帅外军四万屯侯辰谷，乾归自将轻骑数千前候秦兵。"⑥ 可见西秦军队有中军、外军之分，武卫将军为中军将领。晋安帝义熙八年（412）"六月，乞伏公府弑河南王乾归，并杀其诸子十余人，走保大夏。平昌公炽磐遣其弟广武将军智达、扬武将军木奕干帅骑三千讨之；以其弟昙达为镇京将军，镇谭郊，骁骑将军娄机镇苑川。炽磐帅文武及民二万余户迁于枹罕"⑦。关于镇京将军，胡三省注云："乞伏都谭郊，自谓为京师，故置镇京将军以镇之。"而苑川也曾是西秦的都城，由骁骑将军镇之，表明西秦骁骑将军具有禁卫职能。宋文帝元嘉四年"冬十月，秦以骁骑将军吴汉为平南将军、梁州刺史，镇南漒"⑧。这表明西秦设有骁骑将军。

------

① 《资治通鉴》卷一二二《宋纪四》，第3828—3829页。
② 《资治通鉴》卷一〇八《晋纪三〇》，第3420页。
③ 《资治通鉴》卷一二一《宋纪三》，第3801页。
④ 《晋书》卷一二五《乞伏乾归载记》，第3119页。
⑤ 《资治通鉴》卷一一〇《晋纪三二》，第3481页。
⑥ 《资治通鉴》卷一一一《晋纪三三》，第3512页。
⑦ 《资治通鉴》卷一一六《晋纪三八》，第3650页。
⑧ 《资治通鉴》卷一二〇《宋纪二》，第3797页。

第五节　五燕禁卫武官制度

一　前燕禁卫武官制度

前燕（337—370）禁卫武官制度，史书所见资料较少。晋成帝咸和八年（333）五月，慕容廆卒。"六月，世子皝以平北将军行平州刺史，督摄部内"，"以长史裴开为军谘祭酒，郎中令高诩为玄菟太守"。① 可见慕容廆时有郎中令高诩。慕容皝时有郎中令阳景。慕容皝与段辽战，"遣兼长史刘斌、郎中令阳景送徐孟等归于京师"②。时慕容皝尚未称燕王，其制类似于汉代王、公国府制度，亦与魏晋有关制度相似。其后可见郎中令阳裕。阳裕由段辽政权投降前燕慕容皝，"拜郎中令"③。慕容儁时，亦可见到郎中令之职。晋穆帝永和四年十一月"甲辰（廿六，349.1.1），葬燕文明王（即慕容皝），世子（慕容）儁即位，赦境内。遣使诣建康告丧。以弟交为左贤王，左长史阳骛为郎中令"④。看来前燕慕容氏政权的郎中令皆由北平阳氏成员担任。阳氏为幽州大族，是十六国时期活跃于河北胡族政权的汉族士人家族的重要代表之一。《晋书·慕容皝载记附阳裕传》：右北平无终人。晋末被幽州刺史和演辟为主簿。石勒攻克蓟城后欲纳用幽州人士，问于枣嵩，嵩荐二人，称"北平阳裕，干事之才"，裕遁而未仕。不久阳裕即被鲜卑段眷任为郎中令，"处上卿位。历事段氏五主，甚见尊重"。出为燕郡太守，"石季龙克令支，裕以郡降，拜北平太守，征为尚书左丞"。后又为慕容皝所俘，"拜郎中令，迁大将军左司马"。对于慕容皝的统治，阳裕贡献极大："东破高句丽，北灭宇文归，皆豫其谋，皝甚器重之。及迁都和龙，裕雅有巧思，皝所制城池宫阁，皆裕之规模。"⑤ 阳裕是《晋书·载记》所附少数几位十六国列传汉人大臣之一，足见其在前燕政权中的影响力之大。阳景任郎中令在阳裕之前，而

---

① 《资治通鉴》卷九五《晋纪一七》，第2985页。
② 《晋书》卷一〇九《慕容皝载记》，第2817页。
③ 《晋书》卷一〇九《慕容皝载记附阳裕传》，第2828页。
④ 《资治通鉴》卷九八《晋纪二〇》，第3085页。
⑤ 《晋书》卷一〇九《慕容皝载记附阳裕传》，第2828—2829页。

阳骛在其后①，三人应出同族。

与郎中令相关，前燕设有郎将之职。晋哀帝兴宁三年（365）三月，慕容暐攻陷洛阳一带后，"以其左中郎将慕容筑为假节、征虏将军、洛州刺史，镇金墉"②。前燕又可见到南中郎将之职③，似非京师禁卫将领。虎贲中郎将则应属于郎中令之下的一级禁卫武官。东晋海西公太和四年（369）八月，桓温北伐。"温以燕降人段思为乡导，悉罗腾与温战，生擒思；温使故赵将李述徇赵、魏，腾又与虎贲中郎将染干津击斩之。"④

前燕禁卫武官制度呈现复杂的形态，除了有类似汉代制度的郎中令和郎将外，主要仍以类似于西晋制度的领军、护军、左·右卫将军系统为主。《晋书·慕容儁载记》："遣其抚军慕容垂、中军慕容虔与护军平熙等率步骑八万讨丁零敕勒于塞北。"⑤ 此处所记诸将皆为领兵之实职将军，其平时的职掌如何并不清楚。后慕容儁"使昌黎、辽东二郡营起庙，范阳、燕郡构祧庙，以其护军平熙领将作大匠，监造二庙焉"⑥。同上又载："儁遣其司徒慕容评讨（张）平，领军慕舆根讨（冯）鸯"⑦，云云。时在晋穆帝升平二年（358）三月⑧。这是前燕首见领军将军之职。上文所见护军应与领军相对，同为禁卫长官；而中军将军很可能即与西晋初年羊祜所任中军将军职能相当，为领军一职的前身。

慕容暐称帝之初所任命的诸大臣中，有护军将军傅颜。时"慕容恪为太宰、录尚书，行周公事"⑨。《晋书·慕容暐载记》：

---

① 《资治通鉴》卷九八《晋纪二〇》穆帝永和四年（348）十一月条，第3085页。阳骛，《晋书》亦有传，附载于《慕容暐载记》之后。

② 《晋书》卷一一一《慕容暐载记》，第2849页；《资治通鉴》卷一〇一《晋纪二三》，第3199页。

③ 《晋书》卷一一一《慕容暐载记》："先是，晋南阳督护赵弘以宛降于暐，暐遣其南中郎将赵盘自鲁阳戍宛。"（第2851页）又见《资治通鉴》卷一〇一《晋纪二三》海西公太和元年（366）十二月条，第3203页。

④ 《资治通鉴》卷一〇二《晋纪二四》，第3217页。

⑤ 《晋书》卷一一〇《慕容儁载记》，第2838页。

⑥ 同上书，第2839页。

⑦ 同上书，第2840页。

⑧ 《资治通鉴》卷一〇〇《晋纪二二》："甲戌，燕主（慕容）儁遣领军将军慕舆根将兵助司徒评攻冯鸯。"（第3168页）

⑨ 《晋书》卷一一一《慕容暐载记》，第2847页。

暐既庸弱，国事皆委之于恪。慕舆根（时为太师）自恃勋旧，骄傲有无上之心，忌恪之总朝权，将伺隙为乱……根与左卫慕舆干潜谋诛恪及评，因而篡位。入白可足浑氏（太后）及暐曰："太宰、太傅将谋为乱，臣请率禁兵诛之，以安社稷。"……于是使其侍中皇甫真、护军傅颜收根等于禁中，斩之，大赦境内。遣傅颜率骑二万观兵河南，临淮而还，军威甚盛。①

据此可知，当时前燕有护军将军、左卫将军等禁卫将领。同书《慕容德载记》："慕容儁之僭立也，封为梁公，历幽州刺史、左卫将军。"② 有左卫将军，则必定有右卫将军。在此之前，慕舆根为领军将军，傅颜在升任护军将军前为右卫将军。正因慕舆根担任领军将军统率禁卫，所以对于慕容恪、慕容评之专权才敢于持异议，并欲与左卫将军慕舆干一起发动政变。据《资治通鉴》晋穆帝升平四年二月、三月条载，诛慕舆根、慕舆干时傅颜为右卫将军，其后升任护军将军③，与上述《晋书·慕容暐载记》所载有异。晋穆帝升平四年二月，慕舆根言于可足浑氏及慕容暐，欲诛慕容恪并建议东还（迁都朝阳），"恪闻之，乃与太傅评谋，密奏根罪状，使右卫将军傅颜就内省诛根，并其妻子、党与"④。有关史事，《资治通鉴》记载颇详，而《晋书·载记》却极简略。比较而言，《资治通鉴》更为可信，其史源应是北魏崔鸿所撰《十六国春秋·前燕录》。

二 后燕禁卫武官制度

后燕（384—407）继承前燕之制，其禁卫武官制度大体与之相似。

后燕设有中领军之职。晋安帝隆安二年（398）七月，慕容盛即位，"以长乐王摄行统制。诸王皆降称公，以东阳公根为尚书左仆射，卫伦、阳璆、鲁恭、王滕为尚书，悦真为侍中，阳哲为中书监，张通为中领军，自余文武各复旧位"⑤。中领军是诸列名大臣中的唯一一位武官，与尚书、门下、中书诸省长官一起构成后燕官僚集团的最高层，其地位之重要可想

---

① 《晋书》卷一一一《慕容暐载记》，第 2847—2848 页。
② 《晋书》卷一二七《慕容德载记》，第 3161 页。
③ 《资治通鉴》卷一〇一《晋纪二三》，第 3181 页。
④ 同上。
⑤ 《资治通鉴》卷一一〇《晋纪三二》，第 3472—3473 页。

而知。不久，慕容熙为中领军，当是取代张通之位。同年八月，"燕以河间公熙为侍中、车骑大将军、中领军、司隶校尉"①。《晋书·慕容熙载记》："盛初即位，降爵为公。拜都督中外诸军事、骠骑大将军、尚书左仆射，领中领军。从征高句丽、契丹，皆勇冠诸将。"② 慕容盛死后，太后丁氏迎立慕容熙称帝。据《资治通鉴》记载，慕容熙领中领军在晋安帝隆安三年③，时当后燕后期。盛死，"丁氏送葬未还，中领军慕容提、步兵校尉张佛等谋立故太子定，事觉，伏诛，定亦赐死"④。有两种可能，即慕容熙领中领军（即以都督中外诸军事、尚书左仆射兼领禁卫大权）的同时，还有一位中领军慕容提统率禁卫军；另一种可能是，慕容熙后来不再领中领军，而是由慕容提单独执掌禁卫大权。

后燕末年，可见中领军慕容拔。《资治通鉴》载晋安帝义熙三年（407）七月中卫将军冯跋及弟侍御郎冯素弗等发动叛乱，其时的情形是：

（慕容）熙退入龙腾苑，尚方兵褚头逾城从熙，称营兵同心效顺，唯俟军至。熙闻之，惊走而出，左右莫敢迫。熙从沟下潜遁……中领军慕容拔谓中常侍郭仲曰："大事垂捷，而帝无故自惊，深可怪也。然城内企迟，至必成功，不可稽留。吾当先往趣城，卿留待帝，得帝，速来；若帝未还，吾得如意安抚城中，徐迎未晚。"乃分将壮士二千余人登北城。将士谓熙至，皆投伏请降。既而熙久不至，拔兵无后继，众心疑惧，复下城赴苑，遂皆溃去。拔为城中人所杀。⑤

这一记载表明，直到后燕亡国之时仍有中领军，从中领军慕容拔"将壮士"欲平叛的情形来看，中领军无疑是后燕政权的禁卫长官。慕容拔"将壮士二千余人"表明，后燕的禁卫兵人数远大于此。因当时本应有后继，还有屯驻尚方的"尚方兵"（亦为一支禁卫部队），此外又有中卫将军冯跋及其弟侍御郎冯素弗所率进行叛乱的武装力量。高云在位时，冯弘（文通）担任中领军。《太平御览》引崔鸿《十六国春秋·北燕录》曰：

---

① 《资治通鉴》卷一一〇《晋纪三二》，第3476页。
② 《晋书》卷一二四《慕容熙载记》，第3104—3105页。
③ 《资治通鉴》卷一一一《晋纪三三》，第3527页。
④ 《资治通鉴》卷一一二《晋纪三四》，第3527页。
⑤ 《资治通鉴》卷一一四《晋纪三六》，第3599页。

"冯弘字文通，跋之季弟。高云篡位，拜中领军，封汲郡公。"①

后燕亦设有护军将军。道武帝皇始二年（397）正月，北魏进攻后燕信都城。"壬戌（廿四，3.8），引骑围之。其夜，宝冀州刺史宜都王慕容凤逾城奔走，归于中山。癸亥（廿五，3.9），宝辅国将军张骥、护军将军徐超率将吏以下举城降。"②

后燕还设有中卫将军。中卫将军当为负责殿内禁卫的禁卫长官，类似西晋建立前夕司马炎在其晋国设立的中卫将军。后燕之中卫将军除了前述冯跋担任外，还可见到卫双其人。慕容盛当政之时，晋安帝隆安三年（399）"冬十月甲午（十一，11.25），燕中卫将军卫双有罪，赐死"③。冯跋于"永康末，拜中卫将军。建始元年（397），与二弟结谋袭杀慕容熙，立高云为主"④。后燕之中卫将军与左卫将军可并置。《太平御览》引《十六国春秋·后燕录》曰："中卫将军冯跃（跋）、左卫将军张兴，先皆坐事亡奔，以熙政之虐也，与跃（跋）从兄万泥等三十二人结盟，推夕阳公慕容云为主，发尚方徒五千人分屯四门，入宫授甲，闭门距守。中黄门赵洛生奔告熙……（熙）乃收发贯甲，驰还赴难，夜至龙城，攻北门，不尅，遂入龙腾苑。左右溃散，熙微服逃于林中，为人执送，云等杀之。"⑤ 后燕之中卫将军地位大概高于左卫将军。

后燕设有侍御郎，亦当为禁卫武官。慕容（高）云曾任侍御郎。《太平御览》引崔鸿《十六国春秋·后燕录》曰："（慕容）宝之为太子，云

---

① （宋）李昉等撰：《太平御览》卷一二七《偏霸部十一·（北燕）冯文通》，中华书局1960年版，第615页。
② 《魏书》卷二《太祖纪》，第28页。
③ 《资治通鉴》卷一一一《晋纪三三》，第3497页。
④ 《太平御览》卷一二七《偏霸部十一·北燕冯跋》，第614页。《资治通鉴》卷一〇九《晋纪三一》安帝隆安元年（397）三月条："（慕容）宝以高云为建威将军……云沉厚寡言，时人莫知，惟中卫将军长乐冯跋奇其志度，与之为友。跋父和，事西燕主永，为将军，永败，徙和龙。"（第3449页）按此乃以冯跋后来任职追叙，系其职中卫将军于此有误。慕容永被灭在公元394年，冯跋父子即于当年徙和龙，不大可能仅三年后便任至后燕中卫将军。
⑤ 《太平御览》卷一二五《偏霸部九·（后燕）慕容熙》，第607页。又《晋书》卷一二四《慕容熙载记》："中卫将军冯跋、左卫将军张兴，先皆坐事亡奔，以熙政之虐也，与跋从兄万泥等二十二人结盟，推慕容云为主，发尚方徒五千余人闭门距守。"（第3107页）《魏书》卷九七《海夷冯跋传》："后慕容熙僭号，以跋为殿中左监，稍迁卫中郎将。"（第2126页）此与《晋书·冯跋载记》及《十六国春秋·后燕录》所载中卫将军有异，不知是否可信。

以武艺给侍东宫。永康初（396），拜侍御郎，以疾去官。"① 《晋书·慕容云载记》："宝之为太子，云以武艺给事东宫，拜侍御郎，袭败慕容会军。宝子之，赐姓慕容氏，封夕阳公。"② 由此可见，侍御郎是后燕君主身旁的亲近禁卫武官，其所率为精锐禁卫军。后燕末年，侍御郎冯素弗与其兄冯跋发动政变。同书《慕容宝载记》："侍御郎高云夜率敢死士百余人袭（慕容）会。"③

与前燕相同，后燕亦设有左、右卫将军。《晋书·慕容宝载记》："魏军进攻中山，屯于芳林园。其夜尚书慕容皓谋杀宝，立慕容麟。皓妻兄苏泥告之，宝使慕容隆收皓，皓与同谋数十人斩关奔魏。麟惧不自安，以兵劫左卫将军北地王精，谋率禁旅弑宝。精以义距之，麟怒，杀精，出奔丁零。"④ 其事又见于《资治通鉴》晋安帝隆安元年（397）三月条。这一记载表明，后燕有左卫将军，且为禁卫军将领。北地王精被杀后，当由慕舆腾接任左卫将军，《晋书·慕容宝载记》载宝"潜使左卫慕舆腾斩（慕容）会"云云⑤，可证。《魏书·太祖纪》：皇始"二年（397）春正月己亥朔（初一，2.13），大飨群臣于鲁口。慕容宝遣其左卫将军慕容腾寇博陵，杀中山太守及高阳诸县令长，抄掠租运"⑥。按此作"慕容腾"，未知孰是。《资治通鉴》晋安帝隆安二年三月，慕容"农故吏左卫将军宇文拔亡奔辽西"⑦。有左卫将军，则后燕必定亦有右卫将军。

《晋书·慕容盛载记》："盛讨库莫奚，大虏获而还。左将军慕容国与殿中将军秦舆、段赞等谋率禁兵袭盛，事觉，诛之，死者五百余人。"⑧ 可知后燕设有殿中将军，其职统禁兵典禁卫，且不止一员。《资治通鉴》晋安帝隆安五年（401）八月条载此事，谓秦舆、段赞为"殿上将军"。因无其他资料可资佐证，未知孰是。胡三省注《通鉴》，谓"殿上将军盖慕容所置，缘晋之殿中将军而名官也"⑨。而严衍《资治通鉴补》则谓：

---

① 《太平御览》卷一二五《偏霸部九·（后燕）慕容云》，第608页。
② 《晋书》卷一二四《慕容云载记》，第3108页。
③ 《晋书》卷《慕容宝载记》，第3096页。
④ 同上书，第3095页。
⑤ 同上书，第3096页。
⑥ 《魏书》卷二《太祖纪》，第28页。
⑦ 《资治通鉴》卷一一〇《晋纪三二》，第3446页。
⑧ 《晋书》卷一二四《慕容盛载记》，第3104页。
⑨ 《资治通鉴》卷一一二《晋纪三四》，第3527页。

"'上'改'中'。"① 不知有何根据。

后燕"中垒将军慕容拔"，见《资治通鉴》晋安帝隆安五年八月条②；"中坚将军阳豪"，见同书晋安帝元兴元年（402）正月条③。

后燕政权似有五校尉诸职。《资治通鉴》晋安帝隆安五年八月，与中领军慕容提一起"谋立故太子（慕容）定"者，有"步军校尉张佛"其人。④《晋书·慕容云载记》："越骑校尉慕舆良谋叛，云诛之。"⑤

冯跋等谋反，"中黄门赵洛生奔告熙……（熙）乃收发贯甲，驰还赴难，夜至龙城，攻北门，不尅，遂入龙腾苑。左右溃散，熙微服逃于林中，为人执送，云等杀之"⑥。这表明后燕亦有类似于后赵的龙腾一类禁卫军，其职责即是守卫龙腾苑。《太平御览》引崔鸿《十六国春秋·后燕录》曰："（光始二年，402）四月，立符（苻）贵人为昭仪。五月，筑龙腾苑，广十里余，役徒二万。起景云山于苑内，又起逍遥宫、甘露殿，连房数百，观阁相交。凿天河渠，引水入宫。又为符昭仪凿曲光海、清凉池。季夏暑热，士卒不得休息，渴死者半。"⑦ 可知规模宏大的龙腾苑是后燕慕容熙时代皇室主要的生活中心，同时也是重要的政治中心。守卫龙腾苑的龙腾部队是后燕禁卫军的一支重要武装。

慕容云时，"宠养壮士以为腹心"，幸臣"离班、桃仁等并专典禁卫，委之以爪牙之任，赏赐月至数千万，衣食卧起，皆与之同"。⑧ 但二人所任官职史无明载。后燕末年又可见到帐下督，亦当类此。《晋书·冯跋载记》："云为其幸臣离班、桃仁所杀，跋升洪光门以观变。帐下督张泰、李桑谓跋曰：'此竖势何所至！请为公斩之。'于是奋剑而下，桑斩班于西门，泰杀仁于庭中。"⑨ 此二帐下督当为冯跋之心腹近侍，为其帐下禁

---

① 冯惠民：《通鉴严补辑要》，齐鲁书社1983年版，第105页。
② 《资治通鉴》卷一一二《晋纪三四》，第3527页。
③ 同上书，第3534页。
④ 同上书，第3527页。
⑤ 《晋书》卷一二四《慕容云载记》，第3108页。
⑥ 《太平御览》卷一二五《偏霸部九·（后燕）慕容熙》引崔鸿《十六国春秋·后燕录》，第607页。
⑦ 《太平御览》卷一二五《偏霸部九·（后燕）慕容熙》，第607页。
⑧ 《晋书》卷一二四《慕容云载记》，第3109页。参见《资治通鉴》卷一一五《晋纪三七》安帝义熙五年（409）十月条，第3621页。
⑨ 《晋书》卷一二五《冯跋载记》，第3128页。

卫将领。

《魏书·徒何慕容垂传》："（慕容）儁平中原，垂为前锋，累战有大功。及僭尊号，拜黄门郎，出为安东、冀州牧，封吴王。以侍中、右禁将军录留台事，镇龙城，大收东北之和。"①《晋书·慕容垂载记》所载略同，唯记垂"徙镇信都"②与《魏书》所记龙城有别。既然是"大收东北之利"，则应以"镇龙城"为宜。由此可见，后燕设有左、右禁将军，很可能也存在前、后禁将军。后燕的四禁将军当承袭自前秦。

三 西、南、北燕禁卫武官制度

西燕（384—394） 慕容冲左仆射慕容恒与慕容永密谋，立慕容觊为燕王，号年建明（386）。"以永为武卫将军。（慕容）恒弟护军将军韬，阴有贰志，诱觊杀之于临晋，恒怒，去之。永与武卫将军刁云率众攻韬，韬遣司马宿勤黎逆战，永执而戮之。"③据此推断，西燕设有领军将军、护军将军及武卫将军，亦有可能还设有左、右卫将军。

南燕（398—410） 南燕设有领军将军之职。《资治通鉴》晋安帝义熙五年（409）"春正月庚寅朔（初一，2.1），南燕主超朝会群臣，叹太乐不备，议掠晋人以补伎。领军将军韩谆曰……"④南燕亦设有左、右卫将军。同书晋安帝隆安三年（399）三月，"南燕右卫将军慕容云斩李辩，帅将士家属二万余口出滑台赴（慕容）德"⑤。《晋书·慕容德载记》："德右卫将军慕容云斩李辩，率将士家累二万余人而出，三军庆悦。"⑥《慕容超载记》："时公孙五楼为侍中、尚书，领左卫将军，专总朝政，兄归为冠军、常山公，叔父穟为武卫、兴乐公。"⑦《资治通鉴》晋安帝隆安三年八月条，可见慕容德"射声校尉刘纲"⑧。晋安帝义熙元年八月，

---

① 《魏书》卷九五《徒何慕容垂传》，第2065页。
② 《晋书》卷一二三《慕容垂载记》，第3078页。
③ 《魏书》卷九五《徒何慕容永传》，第2064页。按《资治通鉴》卷一〇六《晋纪二八》孝武帝太元十一年（386）三月条所载略同，唯"觊"作"顗"有异（第3363页）。二字形近，从当时人名用字的习惯推断，当以慕容顗可能性较大。
④ 《资治通鉴》卷一一五《晋纪三七》，第3611页。
⑤ 《资治通鉴》卷一一一《晋纪三三》，第3489页。
⑥ 《晋书》卷一二七《慕容德载记》，第3165页。
⑦ 《晋书》卷一二八《慕容超载记》，第3180页。
⑧ 《资治通鉴》卷一一一《晋纪三三》，第3496页。

"（慕容）超引所亲公孙五楼为腹心"，以"公孙五楼为武卫将军，领屯骑校尉"①。《晋书·慕容超载记》："后又以钟为青州牧，段宏为徐州刺史，公孙五楼为武卫将军，领屯骑校尉，内参政事。"②可知南燕又设有武卫将军及五校尉。《资治通鉴》晋安帝元兴二年（403）四月条："（南燕主慕容备德寝疾）司隶校尉慕容达谋反，遣牙门皇璆攻端门，殿中帅侯赤眉开门应之，中黄门孙进扶备德踰城匿于进舍。"胡三省注："殿中帅，犹晋之殿中三部督也。"③

北燕（407—436） 冯跋建立北燕之初，所任命的诸大臣中，包括"郭生为镇东大将军、领右卫将军、陈留公"④。《资治通鉴》宋文帝元嘉十二年（435）四月，"燕王遣右卫将军孙德来乞师"⑤。当时只有北燕尚存，故孙德即为北燕之右卫将军。北燕"游击将军褚匡"，见于《晋书·冯跋载记》⑥及《资治通鉴》晋安帝义熙十年（414）五月条⑦。北燕时，有中给事胡福"专掌禁卫"的记载。按其时燕太祖冯跋寝疾，"宋夫人欲立其子受居……宋夫人矫诏，绝内外，遣阉寺传问而已，翼（太子）及诸子、大臣并不得见，唯中给事胡福独得出入，专掌禁卫"⑧。这是在特殊朝政下出现的宦官掌禁卫的现象，并非正常制度。北燕禁卫武官制度应该继承的是后燕制度，但因所见记载太少，还难以作出明确的判断。

第六节　五凉与成汉禁卫武官制度

一　前凉禁卫武官制度

晋末中原变乱，安定张氏统辖河西地区，吸引大批中原士人及民众投奔河西避难，张氏实力不断壮大。直到西晋灭亡，张氏一直奉晋正朔；西晋灭亡，张寔建年号为建兴元年（317），前凉（317—376）政权从此开始。至张骏时，前凉在政治制度上摆脱原西晋王国及地方政权制度，逐步

---

① 《资治通鉴》卷一一四《晋纪三六》，第3587页。
② 《晋书》卷一二八《慕容超载记》，第3176页。
③ 《资治通鉴》卷一一三《晋纪三五》，第3549页。
④ 《晋书》卷一二五《冯跋载记》，第3128页。
⑤ 《资治通鉴》卷一二二《宋纪四》，第3857页。
⑥ 《晋书》卷一二五《冯跋载记》，第3130—3131页。
⑦ 《资治通鉴》卷一一六《晋纪三八》，第3667页。
⑧ 《资治通鉴》卷一二一《宋纪三》文帝元嘉七年（430）八月条，第3819页。

确立了王朝官僚体制。就禁卫武官制度而言，当以张骏即位之年置四率为始。《晋书·张骏传》："赦其境内，置左、右、前、后四率官，缮南宫。"① 按西晋太子东宫置左、右、前、后四卫率，因张骏当时名义上还是西平公，以继承灭亡的西晋政权的正统者自居，故未采取西晋皇室制度，而用东宫制度加以代替。经过数年时间，前凉政权在河西地区的实力得到进一步壮大，在政治制度建设上便采取了新的举措："得玉玺于河，其文曰'执万国，建无极'。时骏尽有陇西之地，士马强盛，虽称臣于晋，而不行中兴正朔。舞六佾，建豹尾，所置官僚府寺拟于王者，而微异其名。"② 然其所置具体官名史书缺载，难知其详。

到了张玄靓时，出现了和西晋名称相同的禁卫长官。《资治通鉴》晋穆帝永和十一年（355）九月条：

> 凉宋混军于武始大泽，为曜灵发哀。闰月，混军至姑臧，凉王（张）祚收张瓘弟琚及子嵩，将杀之。琚、嵩闻之，募市人数百，扬言："张祚无道，我兄大军已至城东，敢举手者诛三族！"遂开西门纳混兵。领军将军赵长等惧罪（胡注："赵长，请立祚者也。"），入阁呼张重华母马氏出殿，立凉武侯玄靓为主。易揣等引兵入殿，收长等，杀之。③

张玄靓消灭专权的宋氏，"玄靓乃以（张）邕为中护军，叔父天锡为中领军，共辅政"④。张邕本为玄靓右司马，诛杀专权的宋澄，消灭了宋氏势力。《资治通鉴》晋穆帝升平五年（361）九月条："凉右司马张邕恶宋澄专政，起兵攻澄，杀之，并灭其族。张玄靓以邕为中护军，叔父天锡为中领军，同辅政。"⑤ 按宋澄之所以能够专政，关键在于其为前凉领军将军。同书升平五年四月条："凉骠骑大将军宋混疾甚，张玄靓及其祖母马氏往省之"；混荐其弟澄继掌其政，"玄靓以澄为领军将军，辅政"。⑥ 其后张邕杀宋澄，正是宗室张氏与权臣宋氏斗争夺权的重要表现。《晋书·五行

---

① 《晋书》卷八六《张骏传》，第 2233 页。
② 同上书，第 2237 页。
③ 《资治通鉴》卷一〇〇《晋纪二二》，第 3149 页。
④ 《晋书》卷八六《张玄靓传》，第 2249 页。
⑤ 《资治通鉴》卷一〇一《晋纪二三》，第 3186 页。
⑥ 同上书，第 3185 页。

志下》："明年（晋穆帝升平五年），张天锡杀中护军张邕。邕，执政之人也。"① 此外，张祚时可见到"骁骑将军宋混"②，张天锡时还可见到"游击将军张统"③。史载索泮在张天锡时"迁羽林左监，有勤干之称。出为中垒将军、西郡武威太守、典戎校尉"④。由此可见，前凉当有羽林左、右监，应属禁卫武官。索泮所任中垒将军为前凉地方行政长官的兼职，并非朝廷禁卫武官。

终前凉一代，其国君始终未曾称帝，或称公，或称王，故前凉制度之格局总的来看低于西晋皇朝制度，不过就禁卫武官制度而言，张祚时宋混为领军将军，张玄靓时宋澄为领军将军以及张天锡为中领军、张邕为中护军，表明前凉在当时已经建立了与晋制完全相同的政治制度。在张轨统治时期，前凉已设有武卫将军，西凉开国之君李暠"祖弇，仕张轨为武卫将军、安世亭侯"⑤。前凉末年，可见到中卫将军之职。太元元年（376），前秦君主苻坚派遣苟苌、毛当、梁熙、姚苌等将领西征前凉。在抗击前秦军队的过程中，前凉"中卫将军史景亦没于阵"⑥。

二　后凉禁卫武官制度

前秦灭亡后，其西征将领吕光在河西建立了后凉（386—403）政权。后凉时，可见到中领军及左卫、骁骑、中垒、强弩、虎贲中郎将、殿中监的记载，表明后凉禁卫武官制度亦与西晋制度相似。

《晋书·吕光载记》："以孝武太元十四年（389）僭即三河王位，置百官自丞郎已下……遣其子左将军他、武（虎）贲中郎将纂讨北虏匹勤于三岩山，大破之。"又载："南羌彭奚念入攻白土，都尉孙峙退奔兴城。光遣其南中郎将吕方及其弟右将军吕宝、振威杨范、强弩窦苟讨乞伏乾归于金城。方屯河北，宝进师济河，为乾归所败，宝死之。武（虎）贲吕纂、强弩窦苟率步骑五千南讨彭奚念，战于盘夷，大败而归。"⑦《吕纂载

---

① 《晋书》卷二九《五行志下》，第883页。
② 《资治通鉴》卷一〇〇《晋纪二二》穆帝永和十一年（355）七月条，第3148页。
③ 《晋书》卷八六《张天锡传》，第2250页；《资治通鉴》卷一〇一《晋纪二三》海西公太和二年（367）三月条，第3204页。
④ 《晋书》卷一一五《苻登载记附索泮传》，第2954页。
⑤ 《晋书》卷八七《凉武昭王李玄盛传》，第2257页。
⑥ 《晋书》卷八六《张天锡传》，第2252页。
⑦ 《晋书》卷一二二《吕光载记》，第3059页。

记》:"光之庶长子也……及(苻)坚乱,西奔上邽,转至姑臧,拜武贲中郎将,封太原公。光死,吕绍秘不发丧,纂排阁入哭,尽哀而出。"吕弘与吕纂密谋反绍。"纂于是夜率壮士数百,逾北城,攻广夏门,弘率东苑之众斫洪范门。左卫齐从守融明观,逆问之曰:'谁也。'众曰:'太原公。'从曰:'国有大故,主上新立,太原公行不由道,夜入禁城,将为乱邪?'因抽剑直前,斫纂中额。纂左右擒之,纂曰:'义士也,勿杀。'绍遣武贲中郎将吕开率其禁兵距战于端门,骁骑吕超率卒二千赴之。"①

以上记载显示,后凉设有左(右)卫将军、骁骑将军、强弩将军、虎贲中郎将,诸职皆为禁卫武官。传世后凉官印可见"强弩将军章"一枚②,此为后凉政权存在强弩将军之职的又一证据。在吕光死后的政争中,中领军等禁卫武官都有重要活动见于史载。虎贲中郎将所率壮士为后凉禁卫军之精锐,左卫将军也是在宫内守卫的禁卫长官。

殿中监亦为后凉掌殿内禁卫的禁卫武官。吕纂与吕超发生矛盾。"纂因引超及其诸臣讌于内殿。吕隆屡劝纂酒,已至昏醉,乘步挽车将超等游于内。至琨华堂东阁,车不得过,纂亲将窦川、骆腾倚剑于壁,推车过阁。超取剑击纂,纂下车擒超,超刺纂洞胸,奔于宣德堂。川、腾与超格战,超杀之。纂妻杨氏命禁兵讨超,杜尚约兵舍杖。"③ 按杜尚时为殿中监,为吕超之亲信和靠山,史载超"自结于殿中监杜尚"④。《资治通鉴》晋安帝隆安五年(401)二月条载其事,谓当时吕隆为中领军⑤。吕纂被杀后,吕隆即位。很显然,吕纂与吕超的斗争其实就是吕纂与吕隆矛盾的体现。同年十二月,吕超率军攻南凉,秃发"傉檀知吕超必来斫营,畜火以待之。超夜遣中垒将军王集帅精兵二千斫傉檀营"⑥。由此可见,后凉亦设有中垒将军。

三　西、南、北凉禁卫武官制度

西凉(400—421)　李暠于公元 400 年称凉公,建年号,其所任命

---

① 《晋书》卷一二二《吕光载记附吕纂载记》,第 3064、3065 页。又可参见《资治通鉴》卷一一一《晋纪三三》安帝隆安三年(399)十二月条,第 3505 页。

② 《秦汉南北朝官印征存》卷九《十六国官印·八后凉(吕氏)官印》,第 381 页,图版 2162。

③ 《晋书》卷一二二《吕光载记附吕纂载记》,第 3068 页。

④ 同上。

⑤ 《资治通鉴》卷一一二《晋纪三四》,第 3529 页。

⑥ 同上书,第 3531 页。

的官职类似于东晋建立前夕琅邪王司马睿的霸府官制,有征东将军、军谘祭酒、左右长史、左右司马、从事中郎及诸郡太守。其中"令狐迁为武卫将军、晋兴太守",居诸太守之首位。李歆即位之初,"以宋繇为武卫将军、广夏太守、军谘祭酒,录三府事",位臣僚之首。后又见到"武卫温宜"其人。① 武卫将军在西凉政权中有着特殊的地位,当与曹魏之武卫将军及西晋之左、右卫将军具有相似的职能,其在西凉政权中的重要性甚至超过了武卫将军在曹魏以及左、右卫将军在西晋政权中的重要性,这可能与李暠祖父李弇曾任张轨政权之武卫将军有关。武卫将军为西凉政权的禁卫长官,而在曹魏、西晋,武卫将军与左、右卫将军之上还有领军将军(中领军)和护军将军(中护军)。西凉设有骁骑将军,《魏书·辛绍先传》:"父渊,私署凉王李暠骁骑将军。暠子歆亦厚遇之。"②

南凉(397—414) 南凉禁卫武官制度史书所载极少③,但从零星记载中仍可得其仿佛。晋安帝义熙六年(410)三月,秃发傉檀率兵征伐沮渠蒙逊。"傉檀大败,单马奔还。蒙逊乘胜进围姑臧……蒙逊徙其众八千余户而去。右卫将军折掘奇镇据石驴山以叛。傉檀畏蒙逊之逼,且惧岭南为奇镇所据,乃迁于乐都,留大司农成公绪守姑臧。"④ 宋武帝永初二年(421)七月,"河西王蒙逊遣右卫将军沮渠鄯善、建节将军沮渠苟生帅众七千伐秦"⑤。南凉末年还可见到卫尉、中尉之职。秃发傉檀时有卫尉伊力延⑥。《资治通鉴》宋文帝元嘉十七年(440)"八月甲申(廿九,10.10),沮渠无讳使其中尉梁伟诣魏永昌王健请降"⑦。傉檀败亡之际,有"中军将军纥勃、后军将军洛肱"见于记载⑧。推测南凉也应该是设有四军将军的。《资治通鉴》晋安帝义熙三年十一月条:"(秃发)傉檀惧外

---

① 《晋书》卷八七《凉武昭王李玄盛传》及《凉后主歆传》,第2259、2268页。
② 《魏书》卷四五《辛绍先传》,第1025页。
③ 关于南凉历史,参见周伟洲《南凉与西秦》,第1—111页。
④ 《资治通鉴》卷一一五《晋纪三七》,第3630页。又可参见《晋书》卷一二六《秃发傉檀载记》,第3153页。
⑤ 《资治通鉴》卷一一九《宋纪一》,第3740页。
⑥ 《资治通鉴》卷一一六《晋纪三八》安帝义熙七年二月条,第3644页。《晋书》卷一二六《秃发傉檀载记》中又见"前军伊力延侯"(第3152页),当即《资治通鉴》所载之"伊力延"。
⑦ 《资治通鉴》卷一二三《宋纪五》,第3886页。
⑧ 《资治通鉴》卷一一六《晋纪三八》安帝义熙十年六月条,第3669页。

寇之逼，徙三百里内民皆入姑臧；国人骇怨，屠各成七儿因之作乱，一夕聚众至数千人。殿中都尉张猛大言于众曰：'主上阳武之败，盖恃众故也。责躬悔过，何损于明，而诸君遽从此小人为不义之事！殿中兵今至，祸在目前矣！'"① 由此可见，南凉设有殿中都尉统殿中兵。南凉的殿中都尉当与西晋的殿中都尉及殿中将军、中郎、司马等职职能相近。

《晋书·秃发傉檀载记》："傉檀于是僭即凉王位，赦其境内，改年为嘉平（408—414），置百官。立夫人折掘氏为王后，世子武台为太子、录尚书事，左长史赵晁、右长史郭倖为尚书左、右仆射，镇北俱延为太尉，镇军敬归为司隶校尉，自余封署各有差。"② 据此可知，南凉自秃发傉檀建号嘉平之后，便确立了一套完全与西晋相同的官僚制度。推而论之，其时南凉也应该有一套与西晋相似的禁卫武官制度，史书所见右卫将军、中军将军（可能相当于中领军）、前军将军、后军将军等可作例证。

北凉（397—439） 段业称凉王时，可见到武卫将军及左、右卫将军。《晋书·沮渠蒙逊载记》：段业使其右将军田昂"与武卫梁中庸等攻蒙逊"③。《凉武昭王李玄盛传》："及业僭称凉王，其右卫将军索嗣构玄盛于业，乃以嗣为敦煌太守，率骑五百而西。"④ 沮渠蒙逊时亦可见到右卫将军。宋武帝永初二年（421）七月，"河西王蒙逊遣右卫将军沮渠鄯善、建节将军沮渠苟生帅众七千伐秦"⑤。有右卫将军，则必定亦有左卫将军。《魏书·世宗纪》：永平元年（508），"是岁，高昌国王麹嘉遣其兄子私署左卫将军孝亮奉表来朝，因求内徙，乞师迎接"⑥。此事又见于同书《高昌传》："永平元年，（麹）嘉遣兄子私署左卫将军、田地太守孝亮朝京师。"⑦

《周书·异域下·高昌传》："官有……次有左、右卫……次有建武、威远、陵江、殿中、伏波等将军……"⑧ 西域高昌国是在北凉余部所建郡级政权的基础上建立的，其制度以继承北凉为主自无疑义。高昌国设有

---

① 《资治通鉴》卷一一四《晋纪三六》，第3603页。
② 《晋书》卷一二六《秃发傉檀载记》，第3152页。
③ 《晋书》卷一二九《沮渠蒙逊载记》，第3192页。
④ 《晋书》卷八七《凉武昭王李玄盛传》，第2258页。
⑤ 《资治通鉴》卷一一九《宋纪一》，第3740页。
⑥ 《魏书》卷八《世宗纪》，第207页。
⑦ 《魏书》卷一〇一《高昌传》，第2244页。
⑧ 《周书》卷五〇《异域下·高昌传》，第914—915页。

左、右卫之职,其地位次于"令尹"("比中夏相国")及"王子交河公、田地公",而高于"吏部"等八长史①,比中原地区各政权之左、右卫将军更为重要,应该与领军将军(中领军)相当。高昌出土文书中可见左卫寺、右卫寺、武卫寺,表明高昌王国确有左、右卫及武卫将军。②据此推测,北凉亦当设有其职。

沮渠蒙逊迁都姑臧前夕,"又以从祖益子为镇京将军、护羌校尉、秦州刺史,镇姑臧"③。很显然,沮渠蒙逊是以镇京将军作为镇守其新都姑臧城的军事长官,此职具有临时任命的性质。北凉设有殿中将军。沮渠蒙逊曾"以殿中将军王建为湟河太守"④,其职当与此前十六国诸政权及西晋之殿中将军职能相似⑤。北凉设有中兵校郎。《资治通鉴》宋文帝元嘉九年(432)十二月,"魏李顺复奉使至凉,凉王蒙逊遣中兵校郎杨定归谓顺曰……"⑥中兵校郎当为负责中兵(即禁卫军)事务的官员,类似其门下校郎之负责门下事务。⑦吐鲁番文书可见"虎贲将军、中兵校郎、兼

---

① 《周书》卷五〇《异域下·高昌传》,第914页;《北史》卷九七《西域·高昌传》,第3214页。

② 参见王素《麴氏王国军事制度新探》,《文物》2000年第2期。相关文书见国家文物局文献研究室等编《吐鲁番出土文书》,文物出版社1981年版,第三册,第75、78、80、82、85页。

③ 《晋书》卷一二九《沮渠蒙逊载记》,第3195页。

④ 同上书,第3195页。

⑤ 高昌亦有殿中将军,参见《吐鲁番出土文书》,第三册,第288页。

⑥ 《资治通鉴》卷一二二《宋纪四》,第3844页。

⑦ 参见唐长孺《吐鲁番文书中所见高昌郡县行政制度》,《山居存稿》,中华书局1989年版,第348—350页。《梁书》卷五四《诸夷·西北诸戎·高昌国传》:"官有四镇将军及杂号将军、长史、司马、门下校郎、中兵校郎……"(第811页)据王素研究,"高昌王直接领导的中兵机关,设官有中兵校郎、中兵参军、中郎……中兵机关职掌军事文书的出纳审查"(《麴氏王国军事制度新探》。又可参见同氏《麴氏高昌中央行政体制考论》,《文物》1989年第11期)。高昌重光四年(623)二月廿四日《辅国将军领宿卫事麴某残表》中有"行中兵校郎事麴□"签署,马雍据此认为:"中兵当指禁卫军而言,重光四年奏文上的判诸官员为辅国将军领宿卫事,正可证明该事状是与禁卫军有关的。禁卫军的事状牵涉机密,所以专设中兵校郎来负责通进。"(《略谈有关高昌史的几件新出土文书》,《西域史地文物丛考》,文物出版社1990年版,第165页)王素认为其说"恐误","魏氏王国的中兵与魏晋的中兵性质已不相同"。但他又认为:《兵部差人往青阳门等处上现文书》"由'中兵校郎麴□□'宣传,'威远将军兼兵部事麴文勖'等执行"。"似乎当时兵部对高昌城的内外守卫工作,采用了两种不同的方式:近处城门里外(横城门里除外)采用值勤的方式,远处山谷之中采用巡逻的方式。可以认为,兵部的职掌,还包括负责高昌城的内外守卫工作。"(《麴氏王国军事制度新探》)按高昌城为麴氏王国都城,高昌城的内外守卫工作自然属于禁卫职责,则王素对《辅国将军领宿卫事麴某残表》文书的认识与马雍之说并无二致,只是更为具体一些。

屯田事臣高"①，即为高昌中兵校郎执掌禁卫军的具体例证。

四　成汉禁卫武官制度

成汉（304—347）是由賨人李氏在巴蜀地区建立的政权，与匈奴刘氏汉赵国是十六国中最早建立的两个政权。关于成汉禁卫武官制度，因史书所载资料有限，故附载于此以见其大略。《华阳国志·李特雄期寿势志》：

> 初，氐王杨茂搜子难敌、坚头为刘曜所破，奔晋寿。晋寿守将李稚，荡第二子也，受其赂遗，不送成都。曜既引还，稚遣难敌兄弟还武都，遂即叛稚。稚悔失计，连白雄，求伐氐。雄许之。群臣多谏，雄不从，遣稚兄玙以侍中、中领军统稚攻难敌，由白水入；遣寿与稚弟玝由阴平入，二道讨氐。②

其事又见于《晋书·李雄载记》："杨难敌之奔葭萌也，雄安北李稚厚抚之，纵其兄弟还武都，难敌遂恃险多为不法，稚请讨之。雄遣中领军玙及将军乐次、费他、李乾等由白水桥攻下辩……"③《资治通鉴》晋明帝太宁元年（323）七月条载其事，谓"雄遣稚兄侍中、中领军玙与稚出白水"④。按《资治通鉴》此条之史源应即《华阳国志》。又，《华阳国志·李特雄期寿势志》：咸和九年（334）"冬十月癸亥（廿三，12.5），（李）期、越杀（李）班于临次，并杀班仲兄领军都"。"越杀班，期自立……以仲兄霸为中领军、镇南"。⑤《资治通鉴》晋成帝咸和九年九月，"成主雄之子车骑将军越屯江阳，奔丧至成都。以太子班非雄所生，意不服，与其弟安东将军期谋作乱"。"冬十月癸亥朔，越因班夜哭，弑之于

---

① 《吐鲁番出土文书》，第三册，第282页。
② （晋）常璩撰，刘琳校注：《华阳国志校注》，巴蜀书社1984年版，第670—671页。按常璩在成汉末年任散骑常侍（参见《华阳国志校注》卷九《李特雄期寿势志》，第695页），桓温灭成汉，入东晋。同书卷八《大同志》："第璩往在蜀栉沐艰难，备谙诸事，故更叙次，显挺年号，上以彰明德，下以志违乱，庶几万分有益国史之广识焉。"（第601页）因此，《华阳国志》所载成汉史事无疑是目前可见最为原始可信的史料。
③ 《晋书》卷一二一《李雄载记》，第3038页。
④ 《资治通鉴》卷九二《晋纪一四》，第2915页。
⑤ 《华阳国志》卷九《李特雄期寿势志》，《华阳国志校注》，第678、679页。

殡宫,并杀班兄领军将军都,矫太后任氏令,罪状班而废之。"李期即位,其人事安排即包括"以兄霸为中领军、镇南大将军"。① 看来成汉政权始终都有领军之职,或为领军将军,或为中领军,与晋制无异。

成汉亦设中护军及左、右卫将军等职。《晋书·李期载记》:"于是僭即皇帝位……封(李)寿汉王,拜梁州刺史、东羌校尉、中护军、录尚书事。"②《华阳国志·李特雄期寿势志》:"(咸和)五年(330),拜寿都督中外诸军、大将军、中护军、西夷校尉、录尚书事,总统如骧。"③ 两书记载虽有歧异,但李寿任中护军并无疑义。成汉又可见到右卫将军及骁骑将军。《资治通鉴》晋穆帝永和三年(347)二月条:"汉主势大发兵,遣叔父右卫将军福、从兄镇南将军权、前将军昝坚等将之,自山阳趣合水。"④《晋书·李特载记》载,"弟骧为骁骑将军"⑤。

有关成汉禁卫武官的记载可考者虽然较少,但仍然可以看出,成汉建立了一套类似于西晋制度的禁卫武官制度,即由领军将军(中领军)、护军将军(中护军)及左·右卫将军、骁骑将军等构成了成汉禁卫武官制度的主体。

[附] 仇池国 《宋书·萧思话传附甄法护传》:"难当遣其子和率赵温、蒲早子及左卫将军吕平、宁朔将军司马飞龙,步骑万余,跨汉津结柴,其间立浮桥,悉力攻承之,合围数十重,短兵接战,弓矢无复用。"据同传,赵温为仇池国辅国将军、梁秦二州刺史,蒲早子为冯翊太守,承之即刘宋南汉中太守萧承之。⑥ 仇池国既然有左卫将军,则必定亦有右卫将军,其上可能亦设领军将军(中领军)及护军将军(中护军)。据此推测,谓仇池国设有类似晋制的禁卫武官制度,应该与事实相去不远。不过,因目前所见资料极为有限,还难以对之作出比较明确的认识。

---

① 《资治通鉴》卷九五《晋纪一七》,第2997页。按咸和九年十月癸亥非朔日(初一),而是二十三日(12.5)。
② 《晋书》卷一二一《李期载记》,第3042页。
③ 《华阳国志》卷九《李特雄期寿势志》,《华阳国志校注》,第672页。
④ 《资治通鉴》卷九七《晋纪一九》,第3074页。
⑤ 《晋书》卷一二〇《李特载记》,第3027页。
⑥ 《宋书》卷七八《萧思话传附甄法护传》,第2013页。

小　结

通过以上考察，对于十六国禁卫武官制度可以得到如下认识：

（1）汉赵政治制度的主体是参照魏晋而建立的，类似魏晋制度的禁卫武官见于汉赵国各个时期。汉赵设卫尉，其职能类似于两汉制度。汉赵一代有领军、护军、左·右卫、武卫将军，"分典禁兵"，一般情况下均由刘氏宗室担任，汉赵禁卫大权完全由宗室成员掌控。禁卫军是汉赵军队的主力，禁卫长官除了统兵宿卫还要外出征战，数量庞大的禁卫军由众多将领统率，表明汉赵禁卫军权力比较分散，不大容易形成对皇权的挑战和威胁。汉赵武卫将军似为常设之职，且亦有由领军将军兼领者，与左、右卫将军并置。刘曜时设置过都督二宫禁卫诸军事之职，当为京师禁卫军最高长官，负责皇宫和东宫的禁卫重任。刘曜末年，还设置过类似汉代禁卫郎官的亲御郎。汉赵禁卫武官制度虽具有一定的民族特色，但其主体则是对曹魏和西晋制度的继承，偶有汉代制度的影响。

（2）后赵初年石虎以都督禁卫诸军事掌控后赵禁卫军权，当与西晋末年都督宫城诸军事和汉赵都督二宫禁卫诸军事相似。其后，后赵禁卫武官制度的主体即为领军将军、左·右卫将军、武卫将军等职。领军之职在后赵政权中具有相当重要的地位，其担任者与皇帝关系颇为亲近，如石虎临终安排领军将军为辅政大臣之一，领军将军张豺与刘太后密谋发动政变，可见到宫城中设有领军省机构。左、右卫将军存在于后赵一代，其基本职能是统率中军守卫宫城。石虎时设置过介于领军将军与左、右卫将军之间的左、右戎昭和左、右曜武将军，属于禁卫长官之列。后赵亦设有武卫将军，可能介于左卫将军与右卫将军之间。后赵还有中垒、骁·游及左、右积弩将军、越骑校尉、殿中将军、殿中员外将军等禁卫武官。殿中将军在殿中承担禁卫职责，殿中员外将军无固定编制，均当属左、右卫将军所统。后赵时还有三支特殊的禁卫部队——龙腾、女骑和东宫高力：龙腾类似于汉代郎官，是由后赵国人（胡羯）组成的约万人的精锐禁卫武装，龙腾将军、中郎当为其统帅，可能隶于领军将军；石虎身边有一千女骑，似亦承担禁卫职能；高力为东宫精锐禁卫武装，其将领有高力督，类似西晋殿中司马督之类。

（3）氐人苻氏建立的前秦是十六国中唯一曾经短期统一过北中国的

胡族政权，前秦禁卫武官制度与后赵一样在十六国政权中具有典型性。前秦设有领军将军、中军（大）将军、护军将军、左·右卫将军、武卫将军等禁卫武官。由于史书所见有关事例较少，难以判定其是否存在于前秦一代。前秦建立之初，天王、大单于苻健任命"苻菁为卫大将军、平昌公，宿卫二宫"，位居朝臣第二，卫大将军是当时前秦的最高禁卫长官。前秦还有四军、五校、中垒、骁游、强弩等职。骁骑将军吕光曾率十余万大军征讨西域，足见其职地位之重。还可见到羽林监、骑都尉、殿中（上）将军及羽林郎、三署郎、侍御等职，骑都尉具有"居中宿卫"职能。前秦羽林郎一般由富室子弟（良家子）组成，年龄在二十岁以下，武艺骁勇。前、后、左、右四禁将军在前秦禁卫武官制度中颇具特色，四禁将军所统兵为羽林骑，应为中军。苻坚曾诏"中外、四禁、二卫、四军长上将士，皆令修学"，表明四禁与二卫、四军等皆有长上（宿卫）将士，四禁将军为禁卫军将领。

（4）后秦姚氏以苻氏后继者自居，后秦禁卫武官制度主要承袭自前秦。后秦亦设有领军、护军、左·右卫、武卫诸将军，可见到右卫将军统领禁兵的实例。后秦的左·右卫、武卫将军几乎都由姚氏宗室担任。后秦设有殿中（上）将军统领殿中兵，极为机要，显然也是继承自前秦，殿中（上）将军曾列名诸顾命大臣中，其职地位远比西晋殿中将军为重。后秦中军将军是否具有禁卫职能难以确定。后秦还设有四军、五校、中垒、骁骑、积弩将军及城门校尉、东门将军等职。乞伏鲜卑的西秦政治制度有其自身的特色，但更多承袭了前秦制度。西秦设有四禁将军，又有左·右卫、武卫、骁骑将军。西秦曾设镇京将军以镇都城（京师）谭郊，骁骑将军镇苑川（亦曾为都城），表明此二职亦具有禁卫职能。

（5）前燕禁卫武官制度呈现复杂形态，除了有类似汉制的郎中令和郎将外，主要仍以类似西晋制度的领军、护军、左·右卫将军系统为主。可考者有领军、护军、中军、左·右卫、骁骑、中垒诸将军。领军将军慕舆根曾欲与左卫将军慕舆干一起发动政变，正是其禁卫职能的体现。后燕禁卫武官制度与前燕大体相似。后燕中领军地位颇为重要，与尚书、门下、中书诸省长官一起构成后燕官僚集团的最高层。中领军慕容拔"将壮士二千余人"欲平叛的事例表明，中领军是后燕政权的禁卫长官。中卫将军、侍御郎亦为后燕重要禁卫武官，中卫将军负责殿内禁卫，与左卫将军可并置，侍御郎与汉赵亲御郎相似，亦当在皇帝身边侍卫并统率精锐禁卫军。后燕亦设有左·右卫将军、殿中（上）将军及中垒将军、中坚将军、五校尉诸职，还有类似后赵的"龙腾"一类禁卫军，其职责是守卫龙腾苑，又有尚方兵。后燕末年还以幸臣离班、桃仁等"专典禁卫"，具体职名不详；又有帐下督，为权臣冯跋帐下禁卫将领。后燕还可见到类似前秦四禁将军的左、右禁将军。

有关西、南、北燕禁卫武官制度的记载极为零星，可考者有：西燕设有领军、护军、武卫将军，亦有可能设左、右卫将军。南燕有领军、左·右卫、武卫将军及五校尉，又有殿中帅。北燕设有左·右卫、游击将军，又中给事胡福"专掌禁卫"，当是特殊朝政下的宦官专权现象。总之，五燕禁卫武官制度与前此前、后赵政权的制度相似，其主要方面仍是承袭自魏晋特别是西晋制度。领军、护军、左·右卫将军为诸燕禁卫武官制度的主体，有时亦可见到类似曹魏的武卫将军及晋台之中卫将军，不清楚是否为各国常规制度。诸燕又有中垒、中坚、骁骑、游击将军及诸校尉，有类似晋制的殿中将军。侍御郎与汉赵制度相似，龙腾应是对后赵制度的继承。诸燕禁卫武官制度是直接继承自前、后赵，还是远绍魏晋之制，难以作出明确的判断，比较而言，前者可能性更大。

（6）前凉张骏即位之初设左、右、前、后四率，当与西晋东宫四率相似。张玄靓时出现了领军将军（中领军）、中护军，宗室张邕诛杀专权的宋氏而为中护军，张天锡为中领军，"共辅政"。又有骁骑、游击将军及羽林左、右监见于记载。后凉可见到中领军、左（右）卫、骁骑、中垒、强弩将军及虎贲中郎将，皆当为禁卫武官。在吕光死后的政争中，中领军等禁卫武官都有重要活动，左卫将军是在宫内守卫的禁卫长官，虎贲中郎将所率壮士为后凉禁卫军之精锐，殿中监掌殿内禁卫。武卫将军在西凉政权中有着特殊的地位，当为禁卫长官。南凉自秃发傉檀建号嘉平之后确立了一套与西晋相似的官僚制度，禁卫武官可考者有卫尉、中尉及（左）右卫、中军、前·后军将军，又有殿中都尉。北凉设有左·右卫、武卫、殿中将军，沮渠蒙逊曾以镇京将军作为镇守其新都姑臧城的军事长官。又有中兵校郎，当为负责中兵（即禁卫兵）事务的长官。此外，立国西南的成汉政权可考见领军将军（中领军）、护军将军（中护军）及左·右卫将军、骁骑将军等禁卫长官，确立了一套类似西晋制度的以领、护、左·右卫将军为核心的禁卫武官制度。

第四编

南朝禁卫武官制度

第十二章

刘宋禁卫武官制度

刘宋（420—479）禁卫武官制度以继承东晋制度为主，但也有一些看起来细微却又比较关键的变化，如在禁中宿卫制度上，刘宋后期出现了直阁将军与直卫诸职并延至南朝末年，还有内外监、制局监等监局之职及其与领军将军的禁卫权力分合问题。此外，刘宋复置卫尉，并具有禁卫职能，石头城防务也有了专门的领石头戍事来负责。东晋末年，在原来的台城和石头城之外，又在东府故地新筑了东府城且往往成为权臣军府所在[1]。刘宋禁卫制度的核心仍然是对皇帝及其所居建康宫城（台城）的保

---

[1] （唐）李吉甫撰《元和郡县图志》卷二五《江南道一·浙西观察使·润州》"上元县"条："东府城，在县东七里。其地西则简文帝为会稽王时邸第，东则丞相会稽王道子府。谢安薨，道子代领扬州，仍前府舍，故称为东府，而谓扬州廨为西州。"（贺次君点校，中华书局 1983 年版，第 596 页）据（唐）房玄龄等撰《晋书》卷九《孝武帝纪》记载，谢安薨于晋孝武帝太元十年（385）八月（中华书局，1974 年版，第 234 页）。（唐）许嵩撰《建康实录》卷一〇《晋下·安皇帝》：元兴三年（404）三月"庚申（初三，3.29），刘裕入京师，镇东府，置留台，具百官"。义熙十年（414）"冬，城东府"。本注："案《图经》：今城（在）县东七里清溪桥东，南临淮水，周三里九十步。今（晋）太宗旧第，后为会稽文孝王道子宅。谢安薨，道子领扬州刺史，于此理事，时人呼为东府。至是筑城，以东府为名。其城东北角有灵秀山，即道子宅，内壁臣赵牙所筑。"（张忱石点校，中华书局 1986 年版，第 320、343 页）（宋）周应合撰《景定建康志》卷二〇《城阙志一·东府城》："晋安帝义熙十年冬，城东府，在青溪桥东南，临淮水，周三里九十步，去台四里。简文为王时旧第，后为会稽王道子宅。"（嘉庆七年仿宋本重刊，《中国方志丛书》第 416 号，台湾成文出版社有限公司 1983 年版，第 983 页）关于南朝东府城，又可参见（清）王鸣盛撰《十七史商榷》卷六四《南史合宋齐梁陈书一二》"东府"条，中国书店 1987 年版。南朝东府城亦当为水军集结地。（梁）沈约撰《宋书》卷一《武帝纪上》：晋安帝义熙六年七月，"公（刘裕）还东府，大治水军，皆大舰重楼，高者十余丈"（中华书局 1974 年版，第 21 页）。日本学者盐泽裕仁认为，南朝"把石头城和东府城作为（台城的）两翼"来构筑建康的城市防卫体系（《六朝建康的城市防卫体系试探》，《东南文化》2001 年第 1 期）。

卫，但石头城以及东府城在京师禁卫中的地位亦不可忽视。① 宋前废帝永光元年（465）八月"庚辰（二十，9.25），以石头城为长乐宫，东府城为未央宫"。"甲申（廿四，9.29），以北邸为建章宫，南第为长杨宫。"② 按北邸、南第具体所在无明确记载，应为建康台城两个主要区域，北邸当指台城北部的宫殿区（包括后宫），南第当指台城南部官府办公区。③ 可知石头城、东府城及台城诸城即为南朝都城之核心区域。④ 在此根据

---

① 杨宽对东晋南朝都城布局及其军事职能有如下论断："东晋、南朝的建康城如同东吴的建邺城，依然是内城性质。建康城的南、东、西三面城郊，具有外郭性质。外围的长江、石头山、玄武湖、钟山成为天然的防御屏障；先后在外围利用山头丘陵等险要形势建成的许多小城堡，又形成一个军事防卫圈。城南石子岗（今雨花台）西北原有越城，城西石头山南有石头城。石头城原为土筑，晋安帝义熙六年（公元410年）改为砖城，建有烽火台和粮仓等，具有要塞性质。城东南秦淮河北岸有东府城，晋安帝义熙十年所筑，梁末侯景曾入据城中，改筑砖城。城西南靠近长江冶城附近有西州城，原是王敦所立的扬州治所，后为丹阳尹治所，与东府城遥遥相对。南面沿着秦淮河有东吴兴筑的栅塘，既用以防洪，兼用作防御工程。城北临江的幕（？）有白石垒（又称白下垒），是陶侃为了防御苏峻作乱而兴筑。"（《中国古代都城制度史研究》，上海古籍出版社1993年版，第164—167页）

② 《宋书》卷七《前废帝纪》，第144页。

③ 《梁书》卷二五《徐勉传》："普通六年（525），上修五礼表"，其中有："伏寻所定五礼，起齐永明三年，太子步兵校尉伏曼容表求制一代礼乐，于时参议置新旧学士十人，止修五礼，谘禀卫将军、丹阳尹王俭，学士亦分住郡中，制作历年，犹未克就。及文宪薨殂，遗文散逸，后又以事付国子祭酒何胤，经涉九载，犹复未毕。建武四年（497），胤还东山，齐明帝敕委尚书令徐孝嗣。旧事本末，随在南第。永元（499—501）中，孝嗣于此遇祸，又多零落。"[（唐）姚思廉撰，中华书局1973年版，第380页] 据《南齐书》卷四四《徐孝嗣传》，其遇祸之处在华林省 [（梁）萧子显撰，中华书局1972年版，第774页]，则南第亦当在宫城内。《宋书》卷九九《二凶·元凶劭传》："初，东阳主有奴陈天兴……劭以天兴补队主。""上后知天兴领队，遣阉人竖承祖诘让劭曰：'临贺公主南第先有一下人欲嫁，又闻此下人养他人奴为儿，而汝用为队主，抽拔何乃速？汝间用主、副，并是奴邪？欲嫁置何处？'劭答曰：'南第昔属天兴，求将驱使，臣答曰：伍那可得，若能击贼者，可入队。……'""凡劭、濬相与书疏类此，所言皆为名号……东阳主在西掖门外，故云'南第'。"（第2424—2425页）据此可知，南第亦有皇室成员住宅区，其具体方位则在西掖门外。

④ 关于六朝都城建康的历史著述，参见《建康实录》卷二《吴中·太祖下》赤乌四年（241）"冬十一月诏凿东渠名青溪通城北堑潮沟"下本注（第49—50页），"十年春适南宫"下本注（第54页），十一年三月条（第55页）；卷四《吴下·后主》宝鼎二年（267）六月条及本注（第98—99页），七月、十二月条（第99—100页）；卷五《晋上·中宗元皇帝》卷首（第121页）；卷七《晋中·显宗成皇帝》咸和五年（330）九月条及本注（第179—180页），七年十一月条及本注（第181—182页）；卷八《孝宗穆皇帝》升平五年（361）二月条本注（第228页），《哀皇帝》升平五年九月条本注（第229页）；卷九《晋中下·烈宗孝武皇帝》宁康元年（373）三月"癸丑（廿六，5.4）诏除丹杨竹格等四航税"条本注（第256页），太元三年（378）

《宋书·百官志》并结合有关纪传记载，对刘宋禁卫武官制度进行考察①。

第一节　刘宋禁卫武官组织系统

《宋书·百官志下》：

> 领军将军一人，掌内军。……领军今犹有南军都督。护军将军一人，掌外军。……江左以来，领军不复别置营，总统二卫、骁骑、材官诸营，护军犹别有营也。领、护资重者为领军、护军将军，资轻者为中领军、中护军。官属有长史、司马、功曹、主簿、五官；受命出征，则置参军。
>
> 左卫将军一人，右卫将军一人，二卫将军掌宿卫营兵。……二卫江右有长史、司马、功曹、主簿，江左无长史。
>
> 骁骑将军……先有司马、功曹、主簿，后省。游击将军……是为六军。
>
> 左军将军，右军将军，前军将军，后军将军……是为四军。
>
> 左中郎将，右中郎将……晋武帝省，宋世祖大明中又置。
>
> 屯骑校尉，步兵校尉，越骑校尉，长水校尉，射声校尉……自游击至五校，魏晋逮于江左初，犹领营兵，并置司马、功曹、主簿，后省。二中郎将本不领营也。五营校尉，秩二千石。
>
> 虎贲中郎将……比二千石。冗从仆射……晋罢羽林中郎将，又省一监，置一监而已。自虎贲至羽林，是为三将。哀帝省。宋高祖永

（接上页）二月条及本注、七月条（第265—266页），十年春条本注（第277页），十四年九月条本注（第288页），十七年八月条本注（第290页）；卷一〇《晋下·安皇帝》义熙十年（414）冬"城东府"下及本注（第343页）。又可参见《景定建康志》卷二〇《城阙志一》、卷二一《城阙志二》，第980—1018页；（清）顾祖禹撰《读史方舆纪要》卷二〇《江南二·江宁府》，上海书店出版社1998年版，第156—160页；（清）赵翼撰、王树民校证《廿二史札记校证》卷八《晋书》"建业有三城"条，中华书局1984年版，第171—172页；《十七史商榷》卷六四《南史合宋齐梁陈书一二》"台城""东府"条。当代学者对六朝都城建康的研究，以刘淑芬有关论著最为系统。参见氏著《六朝的城市与社会》上篇《建康城》，台湾学生书局1992年版。

① 陈勇《刘宋时期的皇权与禁卫军》（《北京大学学报》1988年第3期）一文，是目前所见唯一系统讨论刘宋禁卫军权的论文，文中对刘宋一朝的禁卫武官制度有所论及，其说颇有可采者，然亦有可商之处。

初初，复置。江右领营兵，江左无复营兵。羽林监，六百石。

积射将军，强弩将军……自骁骑至强弩将军，先并各置一人；宋太宗泰始以来，多以军功得此官。今并无复员。

殿中将军，殿中司马督。晋武帝时，殿内宿卫，号曰三部司马，置此二官，分隶左右二卫。江右（左）初，员十人。朝会宴飨，则将军戎服，直侍左右，夜开城诸门，则执白虎幡监之。晋孝武太元中，改选，以门阀居之。宋高祖永初初，增为二十人。其后过员者，谓之殿中员外将军、员外司马督。其后并无复员。

武卫将军，无员。……晋氏不常置。宋世祖大明中复置，代殿中将军之任，比员外散骑侍郎。武骑常侍，无员。汉西京官。车驾游猎，常从射猛兽。后汉、魏、晋不置。宋世祖大明中复置，比奉朝请。①

由此来看，刘宋禁卫武官制度乃是对两晋制度的继承和变革。犹如西晋对曹魏、东晋对西晋的变革一样，刘宋对东晋禁卫武官制度也有一些变革。魏晋时期领、护军将军各领营兵，具体实例可从《魏志·曹爽传》的记载看到。到了东晋，护军仍然单独领有营兵，而领军则不单独领营，通过"总统二卫、骁骑、材官诸营"来实现其禁卫职能。这种变革的原因无从得知，很有可能是怕"掌内军"的领军将军（中领军）单独领营会因其权力过大而危及君主权力。曹魏时期，按规定领军将军本可统领护军将军，到西晋时护军将军从领军将军系统完全分离出来，东晋时期领军将军又丧失了单独领营的职能，这表明领军将军权力在逐渐缩小，职能有所萎缩。尽管如此，刘宋时期统领二卫、骁骑、材官诸营的领军将军仍是内军长官，地位十分重要。从领军将军"总统二卫、骁骑、材官诸营"的记载来看，刘宋左、右卫将军及骁骑将军各自领有营兵，为实职禁卫武官，其职能继承两晋制度而未发生大的变化，由于领军将军不再单独领营，二卫、骁骑将军的职能可能还有所扩大。材官将军情况比较特殊，《宋书·百官志上》："材官将军一人，司马一人，主工匠土木之事。……今材官隶尚书起部及领军。"② 材官将军的职能是负责工匠土木之事，主要承担宫殿苑囿及山陵兆域的建造维修，其所工作的范围主要在领军将军

---

① 《宋书》卷四〇《百官志下》，第1247—1250页。
② 《宋书》卷三九《百官志上》，第1238页。

所管辖的禁区。就其职能看，材官将军是尚书起部的部下；就其行使职能的区域看，材官将军又要归领军将军领导。虽然材官将军隶于领军将军，但却并不具备禁卫职能，不能认为刘宋材官将军就是禁卫武官。刘宋领军将军的职能相当于汉代光禄勋、卫尉，汉代宫殿在京师南部，故保卫宫殿的卫尉为南军长官，南朝前期领军有南军都督可能是对这一古老制度的继承。这说明，领军将军除总统二卫、骁骑、材官诸营之外还领有南军都督，南军都督所统亦应为禁卫军一营。关于南军都督，史书仅此一见，具体情况无法确知。

日本学者越智重明认为，刘宋领军将军还具有掌武官选举的职能。《宋书·沈庆之传》：

> 永初二年（421），庆之除殿中员外将军……上使领队防东掖门，稍得引接，出入禁省。出戍钱唐新城，及还，领淮陵太守。领军将军刘湛知之，欲相引接，谓之曰："卿在省年月久，比当相论。"庆之正色曰："下官在省十年，自应得转，不复以此仰累。"寻转正员将军。①

越智重明认为，沈庆之本为武人，此一记载表明"宋代领军将军与以前一样，掌高级武官的人事"②。按殿中员外将军、正员将军（即殿中将军）为中下级禁卫武官（殿中将军第六品③，员外将军当更低），并非高级武官；此条记载主要是为了说明彭城王义康专政时刘湛专权的情形，殿中员外将军、正员将军均为领军将军下辖之中下级禁卫武官，刘湛能够影响沈庆之的升迁，主要是出于长官对部属的推荐提拔，而与掌武官人事无关。事实是沈庆之并未讨好刘湛，仍然得到了正常升迁，反映领军将军与其部属的提拔虽然有一定关系，但并不掌握其人事任命权。专权之领军将军如此，遑论常规。《宋书·沈攸之传》："元嘉二十七年（450），索虏南寇，发三吴民丁，攸之亦被发。既至京都，诣领军将军刘遵考，求补白丁队主，遵考谓之曰：'君形陋，不堪队主。'因随庆之征讨。"④越智重明据此认为，领军将军亦掌下级武官的人事。按"白丁队主"只是士兵，临

---

① 《宋书》卷七七《沈庆之传》，第 1996 页。
② 《領軍將軍と護軍將軍》，《東洋學報》第 44 卷第 1 号（1961 年）。
③ 《宋书》卷三九《百官志上》，第 1263 页。
④ 《宋书》卷七四《沈攸之传》，第 1927 页。

时指挥一队人马，根本不是下级武官。队主本来就是魏晋南北朝军队编制系统中最低级的"将领"，在九品官阶中不见其踪影，不属于"官（武官）"阶层，其地位大概与当今军队中班排长相当。① 领军将军刘遵考有权选用白丁队主，显然不能证明刘宋领军将军具有掌武官人事的职能。

　　左、右"二卫将军掌宿卫营兵"，具体承担对殿内的宿卫工作，属于刘宋最为亲近的禁卫长官之列。《宋书·蔡兴宗传》："右卫将军刘道隆为帝所宠信，专统禁兵，乘舆尝夜幸著作佐郎江斆宅，兴宗马车从道隆从车后过……"② 可知刘宋左、右卫将军不仅统禁兵在朝宿卫，皇帝出行时还要随从保卫。这种情况与两晋制度相似。与两晋一样，刘宋左、右卫将军亦为领营禁卫长官，而且其所领营兵依各自职能而分营，如有"右卫翼辇营"③，辇当指皇帝辇车，反映了此营卫士的职责所在。骁骑将军为刘

---

① 关于"队主"，参见［日］宫川尚志《六朝史研究　政治·社会篇》，平楽寺書店1977年版，第564—567页；周一良《〈北齐书〉札记·军主、幢主、队主》，《魏晋南北朝史札记》，中华书局1985年版，第408—411页。

② 《宋书》卷五七《蔡兴宗传》，第1581页。

③ 《宋书》卷九《后废帝纪》："昱每出入去来，常自称刘统，或自号李将军。与右卫翼辇营女子私通，每从之游，持数千钱，供酒肉之费。"（第189页）按此处所记"右卫翼辇营女子"一般认为是营兵之家属，如高敏认为："右卫翼辇营属于中央禁卫军，其军营有女子，足见兵营有家属随营居住。"（《魏晋南北朝兵制研究》，大象出版社1998年版，第282页）按"家属"一词内涵模糊，或即指营兵之妻、女。《晋书》卷二九《五行志下·蝗虫》：孝武帝太元十六年（391），"是年春，发江州兵营甲士二千人，家口六七千，配护军及东宫，后寻散亡殆尽"（第881页）。由此可见，东晋京师护军营及东宫禁卫兵营，既有士兵又有家口。依此类推，南朝禁卫军如左、右卫营署很可能也有随住家口。但不排除其他可能性。史载后废帝"好出游行"，甚至"无日不出"，"夕去晨反，晨出暮归"（第188、189页）。其出行时随侍左右者自然包括翼辇营卫士，而从其荒淫无度的情形推测，卫士中包括女性也是有可能的，故此"右卫翼辇营女子"似乎不能完全证明禁卫军兵营一定"有家属随营居住"。亦有可能是在右卫翼辇营承担杂役者。《宋书·后废帝纪》：元徽四年（476）五月"乙未（初七，6.14），尚书右丞虞玩之表陈时事"，其中有谓"二卫台坊人力，五不余一"（第185页）。按"台坊即台军所居之军坊"，"服杂役的人也在其中"，此处"所云之人力均指募役"。（唐长孺：《魏周府兵制度辨疑》，《魏晋南北朝史论丛》，生活·读书·新知三联书店1955年版，第279页注①）至梁代二卫营署仍有杂役。《梁书》卷二二《太祖五王·南平王伟传》："并二卫两营杂役二百人，倍先，置防閤白直左右职局一百人。"（第347页）由此可见，南朝左、右卫营署有杂役，而杂役中有女子的可能性很大。《晋书》卷六四《简文三子·会稽王道子传》："于时朝政既紊，左卫领营将军会稽许荣上疏曰：'今台府局吏、直卫武官及仆隶婢儿取母之姓者，本臧获之徒，无乡邑品第，皆得409议，用为郡守县令，并带职在内，委事于小吏手中。僧尼乳母，竞进亲党，又受货赂，辄临官领众。无卫、霍之才，而比方古人，为患一也。'"（第1733页）刘宋之"右卫翼辇营女子"也可能属于"仆隶婢儿"之类，梁代之"二卫两营杂役"或即此类。

宋领营禁卫武官之一，亦归领军将军统辖。此外，又有游击将军、左·右·前·后四军将军、左·右中郎将及屯骑、步兵、越骑、长水、射声五校尉，为不领营之禁卫武官。其中左、右中郎将复置于宋孝武帝大明（457—464）年间。又有虎贲中郎将、冗从仆射、羽林监三将，设置于宋武帝即位之初，具体是在永初元年（420）七月①。又有积射、强弩将军，宋文帝元嘉九年（432）六月复置。刘宋积射、强弩将军皆分左、右，且为领营将军。传世刘宋官印可见"左积射五百人督印""左积弓（弩？）百人将"印各一枚②，印证了刘宋设有左、右积射将军及左、右积弩将军的文献记载，且其下有五百人督、百人将等基层将领。

宋明帝以前，自骁骑将军至强弩将军诸职的编制各为一员，明帝泰始年间以后由于其担任者多由军功而得之，使其固定编制遭到破坏，到了沈约修撰《宋书》之时，这些将领已不再有固定员额限制了。至于刘宋后期这些官职是否已经无固定编制则难以确知。曹魏时期负责殿内禁卫的武卫将军在魏晋之际被左、右卫将军所取代，西晋武帝泰始三年（267）三月以后便不再设武卫将军，东晋武卫将军亦很少设置。刘宋孝武帝大明年间复置武卫将军，但其与当年曹魏所设武卫将军已是完全不同的两类官职。刘宋武卫将军"代殿中将军之任，比员外散骑侍郎"。据《通典》所载"魏官品"，武卫将军为第四品，且位居左、右卫将军之前，督守殿内将军为第六品。③"魏官品"中与武卫将军同品诸职在刘宋亦为第四品，则可推知刘宋殿中将军亦为第六品。④ 孝武帝大明年间还复置了武骑常侍。总的来看，刘宋在继承晋制的同时还恢复了一些已被废罢许久的汉魏旧制，如武骑常侍为西汉官，武卫将军、左·右中郎将均在晋武帝初年废罢，三将则废罢于东晋哀帝兴宁二年（364）。这些官职的复置主要有两次，一次是在宋武帝初年，另一次是在孝武帝大明年间。这两次都是特殊政情下的产物。宋武帝刘裕篡晋自立，为了巩固皇权，加强禁卫权力，遂

---

① 据《宋书》卷三《武帝纪下》记载，永初元年七月"辛卯（初九，7.28），复置五校三将官，增殿中将军员二十人，余在员外"（第54页）。

② 罗福颐主编：《秦汉南北朝官印征存》卷十《南北朝官印一·刘宋官印》，文物出版社1987年版，第395页，图版2210、2211。

③ （唐）杜佑撰，王文锦等点校：《通典》卷三六《职官十八·秩品一·魏官品》，中华书局1988年版，第991、993页。

④ 参见《宋书》卷四〇《百官志下》，第1261—1262、1263页。

将东晋哀帝时废置的虎贲中郎将、冗从仆射、羽林监三将复置,与此同时或稍后,还进一步健全了东宫禁卫制度①。时宋武帝年事已高,为了保证储君安全及未来皇位继承顺利,宋武帝尤其注重健全太子东宫的禁卫制度。宋孝武帝时期的制度建设除了复置五官中郎将、左·右中郎将、武卫将军、武骑常侍外,同时还复置了卫尉。《宋书·百官志上》:"卫尉,江左不置,宋世祖孝建元年(454)复置。旧一丞,世祖增置一丞。"②《礼志五》:"卫尉,则武冠。卫尉,江左不置。宋孝武孝建初始置,不检晋服制,止以九卿皆文冠及进贤两梁冠,非旧也。"③

宋武帝初年禁卫武官制度的加强还包括对殿中将军编制的增加。设置于晋武帝时期的殿中将军具有"直侍左右"的职掌,是与皇帝最为亲近的禁卫武官之一。据上引《宋书·百官志下》记载:晋武帝时置殿中将军、殿中司马督二官,"分隶左、右二卫",与三部司马共掌"殿内宿卫"。"江右初,员十人。""宋高祖永初初,增为二十人。其后过员者,谓之殿中员外将军、员外司马督。其后并无复员。"④按"江右初"的记载有误,"江右"是指西晋,然西晋一般称作"中朝"而不称江右,且《宋志》先叙晋武帝时事,其后所记应为东晋时事,则"江右"应为"江左"之误。晋武帝最初置殿中将军、殿中司马督时,其编制在史书中不见明确记载,但从文义推断,当有各一员或两员的可能。到了东晋初年,则增为十员,但《宋志》记载亦较含糊,是殿中将军员十人,还是殿中将军、殿中司马督员各十人,不太明确。从后文判断,应是殿中将军、司马督员各十人。宋武帝初年,将殿中将军、殿中司马督的编制再增加到各二十员。即使如此,这一员额编制还是未能维持多久,又有超出员额编制而任命的殿中将军、殿中司马督,遂被称为殿中员外将军、殿中员外司马督。刘宋殿中将军仍具有在殿中侍卫的职能,晚渡北人申恬,"高祖践阼,拜东宫殿中将军,度还台。直省十载,不请休息"⑤。可见"直省"

---

① 《宋书》卷三《武帝纪下》:永初元年七月甲辰(廿二,8.16),"置东宫冗从仆射、旅贲中郎将官";"九月壬子朔(初一,10.23),置东宫殿中将军十人,员外二十人";二年"五月己酉(初二,6.17),置东宫屯骑、步兵、翊军三校尉官"。(第54、56、57页)

② 《宋书》卷三九《百官志上》,第1230页。

③ 《宋书》卷一八《礼志五》,第508页。

④ 《宋书》卷四〇《百官志下》,第1249、1250页。

⑤ 《宋书》卷六五《申恬传》,第1723页。

乃是殿中将军的基本职责。殿中将军亦可统兵出征，保卫京师。前废帝暴虐，蔡兴宗欲说服太尉沈庆之将其推翻，谓："殿中将帅，唯听外间消息……殿中将军陆攸之，公之乡人，今入东讨贼，大有铠仗，在青溪未发。公取其器仗以配衣麾下，使陆攸之帅以前驱……"① 蔡兴宗特别提出殿中将军陆攸之，除了他是沈庆之之乡人外，主要还是因其在殿中将帅中具有的独特地位。太子刘劭谋杀宋文帝而篡位，以其弟刘骏为首的宗室方镇力量起兵反抗，进攻建康。在刘劭将败之际，"劭遣殿中将军燕钦等拒之，相遇于曲阿奔牛塘"②。殿中将军在危急关头还可代表皇帝执行特殊使命。《资治通鉴》宋文帝元嘉二十八年（451）二月，"及魏主临江，上遣殿上将军黄延年使于魏"下，胡三省注谓，"殿上将军当是宋所置"。③按殿上、殿中，其义实相同。《宋书·礼志五》："殿中将军，银章、青绶，四时朝服，武冠。宋末不复给章、绶。"④ 刘宋末年由于殿中将军员额之滥而使其礼仪规制下降，似亦侧证当时殿中将军地位的下降。

《宋书·礼志五》所载冠服制度也可帮助我们加深对刘宋禁卫武官制度的认识。《礼志》与同书其他诸志一样，追述先朝旧制，但未作区别，其时限颇难判断。《礼志》记载了大量不见于《百官志》的低级禁卫武官及其冠服制度，其中有的本为汉制而为魏晋所继承，有的为魏晋或西晋制度。大多数官职应是东晋南朝宋继承的汉魏晋制度尤其是西晋制度，表明刘宋对于晋制是以继承为主的。通过冠服制的考察可以弥补《百官志》记载之不足。如《礼志》载："司隶校尉、武尉、左·右卫、中坚、中垒、骁骑、游击、前军、左军、右军、后军……左·右积弩、强弩诸将军、监军，银章，青绶，给五时朝服，武冠，佩水苍玉。领军、护军、城门·五营校尉、东·南·西·北中郎将，银印，青绶，给五时朝服，武冠，佩水苍玉。"⑤ 其中司隶校尉为西汉武帝所设，一直延续到西晋，东晋以后不再设置；武尉当为武卫之误；中坚、中垒将军为曹魏官职，西晋

---

① （宋）司马光编著，（元）胡三省音注，"标点资治通鉴小组"校点：《资治通鉴》卷一三〇《宋纪一二》明帝泰始元年（465）十一月条，中华书局1956年版，第4082—4083页。又可参见《宋书》卷五七《蔡兴宗传》，第1580页。
② 《资治通鉴》卷一二七《宋纪九》文帝元嘉三十年（453）五月条，第4002页。
③ 《资治通鉴》卷一二六《宋纪七》，第3967页。
④ 《宋书》卷一八《礼志五》，第513页。
⑤ 同上书，第508—509页。

以后不常设；左、右积弩或为左、右积射之误。左、右积射·强弩将军设于晋武帝太康末年；城门校尉为两汉曹魏官职，西晋以后似不再设置。尽管有如许混乱，以上记载仍然可以间接证明：刘宋武卫、左·右卫、四军、骁游与中坚、中垒将军具有相同的礼仪，领军、护军、五营校尉与城门校尉具有相同的礼仪。"殿中中郎将、校尉、都尉"，"殿中太医校尉、都尉"，"殿中司马"，"殿中太医司马"，"殿中冗从虎贲、殿中虎贲"，"持铍戟冗从虎贲"，"持椎斧武骑虎贲、五骑传诏虎贲、殿中羽林"，"五骑虎贲"，"殿中威仪驺、虎贲常直殿黄（黄门？）云龙门者"，[①] 这些禁卫武官和卫士应为殿中将军、殿中司马督之部属，在晋武帝设殿中将军、殿中司马督之后当已出现，刘宋继承了两晋的殿中将军、殿中司马督制度，则以上禁卫武官和卫士亦当存在于刘宋。个别官职和卫士可能在曹魏设殿中监以后即已出现。另外，《宋书·礼志五》还记载了不少其他武职名称，估计在刘宋存在的可能性也是很大的。

直阁将军是南朝新出现的禁卫武官，是刘宋后期出现并延续了南朝四代的最具特色的禁卫武官制度之一。卫尉卿在刘宋重新设置并再次被赋予了掌宫门的禁卫职能。刘宋石头城戍的防务则由领石头戍事负责。此外，监局之职与领军将军的权力分合关系也是一个新的情况。这些将在下文予以详细考察。

第二节　领军将军、中领军

刘宋一朝六十年间，可见到领军将军二十二人（檀祗、谢晦、赵伦之、殷景仁、刘湛、刘义融、赵伯符、沈演之、刘遵考、南平王铄、沈庆之、柳元景、朱脩之、湘东王彧、建安王休仁、王玄谟、袁粲、黄回、谢景仁、孔季恭、刘勔、刘韫），中领军十六人（檀道济、谢晦、刘义欣、到彦之、殷景仁、沈演之、沈攸之、王琨、刘勔、萧道成、刘韫、刘怀慎、刘秉、褚渊、萧嶷、萧赜）。谢晦、殷景仁、沈演之、刘勔、刘韫诸人既担任过领军将军，又担任过中领军，故刘宋领军担任者实际为三十三人。其中宗室十人，约占三成。刘怀慎、刘义欣、檀祗、檀道济诸人为宋台之职。

[①] 《宋书》卷一八《礼志五》，第514、515、516、517页。

刘宋领军将军、中领军所兼官职最常见的是侍中、散骑常侍。侍中与中领军兼任者有谢晦、刘勔、殷景仁三人；领军将军与散骑常侍兼任者有檀祗、谢晦、刘遵考、孔季恭、刘休仁、柳元景、沈庆之、王玄谟八人，中领军与散骑常侍兼任者有刘韫、刘勔、萧道成、萧嶷四人。《宋书·百官志上》："侍中，四人，掌奏事，直侍左右，应对献替。法驾出，则正直一人负玺陪乘。殿内门下众事皆掌之。"① 《百官志下》："散骑常侍，四人，掌侍左右。"② 侍中为门下省长官，其职能为顾问应对，拾遗补阙，南朝时其政治职能进一步加强，主要有两方面，一是审署并下达诏令；二是平尚书奏事即审核尚书省奏上的文书。门下省的办公地点在宫城之内的内省。两晋南北朝的门下省官吏是"指在王宫宫门即禁中之门以内，管理'殿内、门下众事'的官吏"。两晋散骑诸职组成散骑省，东晋时负责诏令起草的中书省一度并入散骑省，而散骑常侍则具备了起草诏令的职能。③ 南朝时散骑诸职从门下省独立出来而成为集书省，散骑诸职无疑亦在皇帝身边侍从。领军将军（中领军）兼任门下、集书诸职，进一步表明其职在禁中任职。此外，还有以他官兼任领军之职的不少事例，但都颇为分散零星，如刘秉为尚书令、中领军，王国宝为中书令、领军将军，赵伦之为左光禄大夫、领军将军，宋台刘怀慎为中领军、征虏将军。

刘裕在其创业伊始便十分注意对禁卫军权的控制。晋安帝元兴三年（404）二月，刘裕起兵反桓玄④，在取得初步胜利之后，便担任了领军将军⑤。晋宋之际，宗室刘怀慎、刘义欣相继担任领军之职。《宋书·刘怀慎传》：义熙"十三年（417），高祖北伐，以为中领军、征虏将军，卫辇毂"⑥。刘怀慎乃刘裕同族，又是"建义"亲信，其所任中领军为刘裕霸

---

① 《宋书》卷三九《百官志上》，第1238页。
② 《宋书》卷四〇《百官志下》，第1244页。
③ 参见祝总斌《两汉魏晋南北朝宰相制度研究》，中国社会科学出版社1998年版，第250、326页。
④ 参见《晋书》卷一〇《安帝纪》，第256页；《宋书》卷一《武帝纪上》，第5—6页。
⑤ 《宋书》卷一《武帝纪上》：桓玄"走意已决，别使领军将军殷仲文具舟于石头，仍将子侄浮江南走。""于是推高祖为使持节、都督扬徐兖豫青冀幽并八州诸军事、领军将军、徐州刺史。"（第9页）按刘裕所任将军号，史书有不同记载，此不具论。
⑥ 《宋书》卷四五《刘怀慎传》，第1375页。

府之禁卫将领，主要职能是"卫辇毂"，即保卫府主刘裕的安全。① 刘裕之侄刘义欣，"历中领军、征虏将军，青州刺史、魏郡太守，将军如故，戍石头"②。除了以刘氏宗室担任宋台中领军掌控禁卫力量外，刘裕还以其亲信高平檀氏成员负责禁卫之政。义熙十四年六月，以"青州刺史檀祗为领军将军"；十月，"领军檀祗卒，以中军司马檀道济为中领军"。③ 高平檀氏"世居京口"，与刘裕为同乡④；"高祖建义，（檀）韶及弟祗、道济等从平京城"⑤，为刘裕"建义"亲信。《宋书·檀祗传》："（义熙）十四年，宋国初建，天子诏曰：'宋国始立，内外草创，禁旅王要，总司须才。右将军祗可为宋领军将军，加散骑常侍。'"⑥ 檀祗所任为宋国领军将军，其职能即"总司""禁旅"，此职为"王要"，在刘宋王国政治中具有重要地位。

《宋书·徐羡之传》载"上初即位，思佐命之功"，下诏褒奖佐命功臣，共提到徐羡之、王弘、檀道济、傅亮、谢晦、檀韶、赵伦之、刘怀慎、王仲德、向弥、刘粹、到彦之、张邵、沈林子等十四人，其中檀道济为散骑常侍、护军将军，谢晦为侍中、中领军，刘粹为左卫将军。⑦ 这充分显示了禁卫长官在刘宋初年政治中的重要地位。诸人中，在刘宋建立前后担任禁卫长官者还有檀道济、傅亮、檀韶、赵伦之、刘怀慎、王仲德、刘粹、到彦之、张邵等人，几乎全都与晋宋之际的禁卫军权有关。

永初元年（420）六月，刘裕"即皇帝位"，随后所作人事安排中即包括以"右卫将军谢晦为中领军"的任命。三年正月，以"中领军谢晦为领军将军"。⑧ 五月，宋武帝病故，太子刘义符即位。"六月壬申（初一，7.5），以尚书仆射傅亮为中书监；司空徐羡之、领军将军谢晦及亮辅政。"⑨ 谢晦出身一流高门陈郡谢氏，其兄谢绚曾为刘裕镇军长史，是

---

① 刘怀慎所任之中领军颇类似东汉末年曹操霸府之领军一职。关于曹操霸府领军之制，参见本书第三章相关论述。
② 《宋书》卷五一《宗室·刘义欣传》，第1464页。
③ 《宋书》卷二《武帝纪中》，第44页。
④ 刘裕亦为京口人，见《宋书》卷一《武帝纪上》，第1页。
⑤ 《宋书》卷四五《檀韶传》，第1372页。
⑥ 《宋书》卷四七《檀祗传》，第1417页。
⑦ 《宋书》卷四三《徐羡之传》，第1330页。
⑧ 《宋书》卷三《武帝纪下》，第51、53、58页。
⑨ 《宋书》卷四《少帝纪》，第63页。

刘裕的主要亲信之一。刘裕为太尉，谢晦任太尉参军、从事中郎。谢氏兄弟先后任刘裕幕僚府佐，是当时与刘裕最为亲近的高门士族成员。刘裕武将出身，为了控制东晋政权，还须高门士族成员协助才行，谢晦"涉猎文义，朗赡多通"，适应时代需要，因此"高祖深加爱赏，群僚莫及。从征关洛，内外要任悉委之"。"宋台初建，为右卫将军。寻加侍中。高祖受命，于石头登坛，备法驾入宫，晦领游军为警备，迁中领军，侍中如故。""寻转领军将军、散骑常侍，依晋中军羊祜故事，入直殿省，总统宿卫。"① 由此可见，刘宋中领军"入直殿省，总统宿卫"，确为宿卫建康台城的禁卫长官。西晋中领军"悉统宿卫，入直殿中"②，晋、宋两朝领军职能并无明显差别，表明刘宋禁卫武官制度承袭了晋代制度。宋武帝临终以谢晦为顾命大臣，同时又告诫太子要对之加以防备。宋少帝即位后，谢晦加领中书令，权力有所上升，与录尚书事徐羡之、中书监傅亮等共辅朝政。少帝暴虐无道，难以辅佐，三辅政遂定策废少帝，而迎立其弟宜都王义隆入朝即位③。

宋文帝即位之初所进行的人事调整，其中以"南蛮校尉到彦之为中领军"④颇值得关注。南蛮府设于襄阳⑤，到彦之原为荆州刺史刘义隆部下，属宋文帝藩邸旧将。在此之前，宋文帝已令其旧府亲信佐吏分别担任其他次一级但更为亲近的禁卫武官，以保护其安全。在中领军人选上宋文帝与旧辅徐羡之等人发生冲突，"徐羡之等欲即以到彦之为雍州，帝不许；征彦之为中领军，委以戎政"⑥。到彦之曾协助庸懦之刘道怜和年幼之刘义隆执掌荆楚军政，在荆州地区有着牢固的政治基础。⑦ 到彦之虽然

---

① 《宋书》卷四四《谢晦传》，第1348页。
② 《晋书》卷三四《羊祜传》："拜相国从事中郎，与荀勖共掌机密。迁中领军，悉统宿卫，入直殿中，执兵之要，事兼内外。"（第1014页）
③ 关于废立之详情，参见祝总斌《晋恭帝之死和刘裕的顾命大臣》，《北京大学学报》1986年第2期。
④ 《宋书》卷五《文帝纪》，第73页。
⑤ 《宋书》卷四〇《百官志下》："南蛮校尉，晋武帝置，治襄阳。"（第1255页）
⑥ 《资治通鉴》卷一二〇《宋纪二》文帝元嘉元年（424）八月条，第3772页。
⑦ （唐）李延寿撰《南史》卷二五《到彦之传》："骠骑将军（刘）道怜镇江陵，以彦之为骠骑谘议参军，寻迁司马、南郡太守。又从文帝西镇，除使持节、南蛮校尉。""彦之佐守荆楚，垂二十载（十载？），威信为士庶所怀。及文帝入奉大统，以徐羡之等新有篡虐，惧，欲使彦之领兵前驱。""会雍州刺史褚叔度卒，乃遣彦之权镇襄阳。羡之等欲即以彦之为雍州，上不许，征为中领军，委以戎政。"（中华书局1974年版，第674—675页）

在荆楚任职多年并握有兵权，但却难以与拥有精兵良将的谢晦相抗衡。①如以到彦之为雍州刺史，不仅制衡不了谢晦，反而要受制于他，从而在根本上削弱了宋文帝入朝的军事基础。宋文帝征到彦之入朝担任中领军，就是要以荆州及南蛮府旧部作为禁卫军之主力，并以腹心幕僚担任各级禁卫武官。元嘉三年（426）正月，司徒、录尚书事、扬州刺史徐羡之及尚书令、护军将军傅亮被诛，并遣中领军到彦之、征北将军檀道济讨荆州刺史谢晦。②谢晦军府内部在朝廷大军压境之下迅速瓦解分化，加之到、檀二将所率兵力占较大优势，且檀道济有杰出的军事才干，谢晦很快便被消灭。

从宋文帝亲政之后至元嘉末年，先后有九人担任领军将军或中领军。其中到彦之任职数月便被取代，刘义融任职半年余而死，建平王铄刚上任即遇上文帝被害，此三人的影响均不大。赵伦之、赵伯符父子先后分别担任两年半左右的领军将军，殷景仁两度担任中领军及领军将军近四年，刘湛任领军将军近八年之久，沈演之任中领军及领军将军共约四年半，刘遵考任领军将军近四年。以上诸人中，刘义融、刘铄为宗室，赵伦之、赵伯符为外戚。殷景仁、刘湛、沈演之三人共任领军将军及中领军十六年半，占了元嘉（424—453）三十年的一大半时间。③毫无疑问，对这三人任职情况的具体考察是认识宋文帝时代领军将军（中领军）政治职能的关键。

殷景仁出身官宦世家，其曾祖、祖父皆仕晋至高位，父道裕早亡。景仁之妻为晋末司徒王谧之女。与一流高门琅邪王氏有联姻关系的殷氏亦当为高门士族。殷景仁自任刘裕后军参军之日起便与之结成了密切关系，后来又承担了辅佐世子—太子的重任，少帝时任左卫将军。他与宋文帝亲信琅邪王氏王华、王昙首有亲戚关系，宋文帝也可以利用他来迅速掌控禁卫军，于是殷景仁很快便成为宋文帝的心腹大臣。琅邪王氏出身的三位主要大臣王华、王昙首、王弘相继病亡，是促成宋文帝重用殷景仁的重要因素。④与此同时，经殷景仁提议，宋文帝征召刘湛入朝。《宋书·刘湛

---

① 徐羡之等顾命大臣在宋文帝从江陵南下之前，即已安排谢晦率"精兵旧将"西上，出任荆州都督、刺史（《宋书》卷四四《谢晦传》，第1348页）。
② 《宋书》卷五《文帝纪》，第74页。
③ 此据《宋书》卷五《文帝纪》及有关列传之记载。
④ 据《宋书·文帝纪》及各本传，王华卒于元嘉四年五月，王昙首卒于元嘉七年，王弘卒于元嘉九年。其中王华之死影响最大，论其才识及与宋文帝之关系都是王氏中最突出者。

传》:"先是,王华既亡,昙首又卒,领军将军殷景仁以时贤零落,白太祖征湛。(元嘉)八年,召为太子詹事,加给事中、本州大中正,与景仁并被任遇。"① 元嘉九年,殷景仁转任护军将军、尚书仆射,"领选",刘湛接任领军将军。十二年,刘湛以领军将军领太子詹事。刘湛与殷景仁本为同僚,关系融洽:两人同出刘裕幕府,后又同为世子府僚佐,"湛与景仁素款,又以其建议征之,甚相感说"。但刘湛是一个极具政治野心之人,因此,"及俱被时遇,猜隙渐生"。②

元嘉中期,刘宋朝政大半为彭城王义康所把持。从刘义康任职来看,大约从元嘉六年起,刘宋王朝的主要朝政便由其所控制,门下、尚书二省以及京畿地区都在其强有力的统辖之下,史谓"内外众务,一断之义康"③。刘义康勤勉理政,尽职尽责。刘湛投靠其故府主刘义康以排挤殷景仁:"时彭城王义康专秉朝权,而湛昔为上佐,遂以旧情委心自结,欲因宰相之力以回主心,倾黜景仁,独当时务。义康屡构之于太祖,其事不行。义康僚属及湛诸附隶潜相约勒,无敢历殷氏门者。"④ 刘义康为专断朝权,也是极愿意接受刘湛将殷景仁排挤出宋文帝身边的建议,因为殷景仁和宋文帝之间长期的君臣关系以及他在当时的特殊地位,使得他很难被彭城王康拉拢利用。不过,刘义康虽然专断朝权,但中书出诏、尚书领选等要害的政治权力仍为殷景仁所掌握,禁卫军权也在一定程度上还为殷景仁所控制。宋文帝以殷景仁来制衡刘义康及刘湛,无论义康如何构间,都不予采纳,反而对殷景仁"遇之益隆"⑤。刘义康辅佐病中的宋文帝,可谓尽心竭力,但他又"率心径行,曾无猜防",作出了让宋文帝难以容忍的事。⑥ 宋文帝疾愈之后要独揽大政,此时就更加难以容忍其弟刘义康的专权行为了,遂与装病在家的殷景仁密谋除掉义康。刘义康当然也不愿束手待毙。于是,宋文帝先发制人,先诛灭刘湛及刘义康幕府僚佐下属等,接着又废徙义康。

清除刘义康、刘湛后,宋文帝亲政。元嘉后期,宋文帝除了令江夏王

---

① 《宋书》卷六九《刘湛传》,第1817页。
② 同上。
③ 《宋书》卷六八《武二王·彭城王义康传》,第1790页。
④ 《宋书》卷六九《刘湛传》,第1817页。
⑤ 《宋书》卷六三《殷景仁传》,第1683页。
⑥ 参见《宋书》卷六八《武二王·彭城王义康传》,第1790页。

义恭协助其执政外，还注意加强领军权力，并大规模扩充东宫禁卫力量。元嘉十八年（441），赵伯符为领军将军。"先是，外监不隶领军，宜相统摄者，自有别诏，至此始统领焉。"① 二十二年，伯符再任领军将军。赵伯符为政严苛，其任领军将军二年余无疑是牢牢控制着禁卫军权的，而且宋文帝还将外监从制度上划归领军，进一步加大了其权力。在抗击入侵的北魏大军的过程中，刘宋领军将军的职能有充分表现。《资治通鉴》宋文帝元嘉二十七年十二月条："庚午（十五，451.2.1），魏主至瓜步，坏民庐舍，及伐苇为筏，声言欲渡江。建康震惧，民皆荷担而立，壬午（廿七，2.13），内外戒严。""命领军将军刘遵考等将兵分守津要，游逻上接于湖，下至蔡洲，陈舰列营，周亘江滨，自采石至于暨阳，六七百里。太子劭出镇石头，总统水军，丹杨尹徐湛之守石头仓城。吏部尚书江湛兼领军，军事处置悉以委焉。"② 在京师受到严重威胁的危急关头，宋文帝命令"领军将军刘遵考等将兵分守津要"，加强京师防卫，并且同时以"吏部尚书江湛兼领军"，负责"军事处置"。这样，在战争状况下出现了两位领军，一位进行防卫，一位组织指挥。这既体现了领军将军的禁卫职能，同时也显示了领军将军统领全局的军事权力。

元嘉三十年正月，太子刘劭入宫弑帝篡位③。刘劭弟江州刺史武陵王骏等地方军政长官起兵反抗，夺取了帝位。孝武帝一朝十二年（453—464），沈庆之、柳元景、刘遵考、朱脩之、湘东王彧、王玄谟六人先后担任领军将军，除孝武之弟湘东王彧（宋文帝十一子，即宋明帝）外，其他五人都是最初积极参与刘骏阵营反抗刘劭而立下战功的著名将领，有些原本就是刘骏府佐，负责其幕府军政事务。这充分表明了孝武帝在禁卫长官上的用人原则，即以亲信和旧将控制禁卫军权。当然孝武朝的禁卫兵也应来自其旧部，即由其谘议参军领中直兵柳元景和宗悫所率的反劭前锋主力以及护卫其左右的中兵为主构成。领军人选的安排，反映了孝武帝以武力夺权之后为执掌政权而在控制禁卫军权上的努力。元嘉三十年正月，宋文帝派兵讨蛮，时武陵王骏"出次五洲，总统群帅，（沈）庆之从巴水出至五洲，谘受军略"。在刘骏与刘劭的斗争中，沈庆之毫不犹豫地支持

---

① 《宋书》卷四六《赵伯符传》，第1390页。
② 《资治通鉴》卷一二五《宋纪七》，第3959—3960页。
③ 宋文帝被弑是其超出常规扩充东宫禁卫力量的结果，具体情形将另文讨论，此不具述。

刘骏。时"世祖遣庆之还山引诸军","众军既集,假庆之征虏将军、武昌内史,领府司马"。① 府司马负责一府之军事,是最高军事僚佐②,此举实际上意味着刘骏将其军府之军事指挥权交给了沈庆之。沈庆之在平劭战争中战功卓著,孝武帝即位之后便任命其担任领军将军。柳元景出身世居襄阳且在当地有雄厚实力的河东柳氏③,他曾深得荆雍军政长官器重,后任武陵王骏安北府中兵参军,成为统率其军府中兵(禁卫兵)的将帅。刘骏入讨刘劭,以襄阳太守柳元景为谘议参军领中直兵(中兵),"配万人为前锋,宗悫、薛安都等十三军皆隶焉"。柳元景最先与劭军交战,在极端困难的情况下不断获得胜利。刘骏进至新亭即皇帝位,以元景为侍中、左卫将军,又为护军将军、领石头戍事,继沈庆之而为领军将军。平定鲁爽、臧质及南谯王刘义宣反叛后,"复为领军、太子詹事,加侍中。寻转骠骑将军、本州大中正,领军、侍中如故"。大明三年(459)正月,迁尚书令。④ 柳元景自公元453年八月任领军将军,直到459年正月迁任尚书令止,共任最高禁卫长官达五年半之久,几乎占孝武帝在位一半的时间,其在孝武朝政治地位之重要可想而知。柳元景作为谘议中兵参军统帅万人大军节度十三军南下讨劭,在极端困难的情况下取得了决定性胜利,立下了非常显赫的战功,为刘骏夺权称帝创造了条件,居首功之位,故极受孝武帝信任。柳元景为领军将军,是控制由刘骏中兵旧部转化而来的禁卫军的最恰当的人选。

宋前废帝暴虐无道,实施恐怖统治,"时帝凶悖日甚,诛杀相继,内外百司,不保首领"⑤。处于恐怖之中的湘东王彧等人终于抓住难得的机会,联合其亲信将前废帝消灭。在宋明帝统治的六年余时间里(465.12—472.4),共有五人担任领军将军或中领军:王玄谟(前朝领军)、袁粲任领军将军,沈攸之、王琨、刘勔任中领军。宋明帝临终前所委任的五位顾命大臣中有三人曾任领军之职(袁粲、沈攸之、刘勔)。从

---

① 《宋书》卷七七《沈庆之传》,第2000页。

② 按司马职在主兵,在府僚佐中地位仅次于首佐长史,但在军事时期司马地位往往重于长史。参见严耕望《中国地方行政制度史》卷中《魏晋南北朝地方行政制度》,"中央研究院"历史语言研究所专刊之四十五,1963年版,第190、191页。

③ 参见韩树峰《河东柳氏在南朝的独特发展历程》,《中国史研究》2000年第1期。

④ 以上见《宋书》卷七七《柳元景传》,第1981—1989页。又可参见同书卷六《孝武帝纪》,第123页。

⑤ 《宋书》卷七《前废帝纪》,第146页。

宋孝武帝遗诏、前废帝被诛后之太皇太后令、明帝遗诏等文书，均可看出当时领军将军（中领军）在朝臣中居于重要地位，排诸大臣之前列。孝武帝遗诏中五位顾命大臣，沈庆之、柳元景、王玄谟为曾任或现任领军将军；宋明帝遗诏中，顾命大臣五人中曾任领军者有三人；前废帝被诛后之太皇太后令开首谓"司徒、领护军、八座……"云云①。太皇太后令中将尚书省长官列于领、护军之后，且不提中书、门下二省长官，尤其可见领军将军（中领军）在当时政治中的重要性。袁粲出身大族陈郡袁氏，其母为琅邪王氏女。袁粲历任刘骏安北、镇军、北中郎、南中郎诸府僚佐。孝武帝即位后，袁粲长期以内侍文官兼任禁卫武官，是孝武、前废帝二朝政坛上一位重要人物。袁粲历任禁卫武官系统中包括四军、五校、二卫、骁骑等几乎全部的各级官长，宋明帝泰始"二年（466），迁领军将军"②。他与禁卫军之间的关系在刘宋一朝也是极为罕见的。

沈攸之为沈庆之从父兄子，孝武朝任至龙骧将军、武康令。前废帝实施昏暴统治，重用低级武人出身的亲信，三五门出身的沈攸之为诸直阁之一。宋明帝即位后，沈攸之因告宗越、谭金等人谋反而受到宠任，"攸之复召入直阁"。率军平定各地反叛，战功卓著，迁中领军。沈攸之担任中领军后，主要不是在朝中负责禁卫事务，而是率禁卫军出征北方，与北魏军队在淮河一线征战。③ 刘勔自泰始五年（469）九月任中领军，直到泰豫元年（472）四月宋明帝去世前夕被委以顾命大臣之任，是宋明帝朝最后一位也是任职时间最长的一位最高禁卫长官。刘勔为巩固宋明帝的统治建立了卓著功勋，故于泰始五年"征拜散骑常侍、中领军"，次年，改常侍为侍中。"以勔为使持节、都督南徐兖青冀□五州诸军事、平北将军，侍中、中领军如故，出镇广陵。……太宗临崩，顾命以为守尚书右仆射，中领军如故，给鼓吹一部。"④ 由于军事之需，中领军可以兼任军号、地方都督、刺史及节等，出征或镇守于京师附近地区。这是一个新的现象，一方面是领军与地方军事征讨发生联系之迹象，另一方面则是其机要性削弱的反映。这可能是直阁设立以后宫殿内禁卫由他职兼领制度进一步发展的结果。不过这种变化看来只是权宜之计，并没

---

① 《宋书》卷七《前废帝纪》，第 146 页。
② 《宋书》卷八九《袁粲传》，第 2231 页。
③ 参见《宋书》卷七四《沈攸之传》，第 1927 页。
④ 《宋书》卷八六《刘勔传》，第 2195—2196 页。

有发展成为领军制度的一项特征,此后终南朝之季亦未见到领军和地方军政长官兼任的事例。

宋后废帝及顺帝时,刘勔及宗室疏属刘秉兄弟先后或同时担任领军之职。《宋书·宗室·刘秉传》:"桂阳王休范为逆,中领军刘勔出守石头,秉权兼领军将军,所给加兵,自随入殿。(元徽)二年(474),加散骑常侍、丹阳尹……与齐王(萧道成)、袁粲、褚渊分日入直决机事。四年,迁中书令,加抚军将军,常侍、尹如故。"①刘勔自后废帝即位任中领军,至元徽二年五月在阻击桂阳王休范反叛时战死。刘勔出守石头时,刘秉代行领军将军。刘勔战死后,右卫将军、南兖州刺史萧道成于当年六月继任中领军。萧道成正是从领军任上开始了对朝政的专断,直至元徽五年七月诛杀后废帝。萧道成与袁粲、褚渊、刘秉(尚书仆射)等"更日入直决事,号为'四贵'"②。当时萧道成对刘宋朝政的影响其实还比较有限,因为不久其领军之任转移到宗室刘秉兄弟手中。元徽五年(昇明元年)七月,萧道成主谋诛杀了十五岁的后废帝刘昱,立宋明帝第三子刘準为帝(顺帝)③。尚书左仆射、中领军、镇军将军、南兖州刺史萧道成迁为司空、录尚书事、骠骑大将军,刺史如故,并"出镇东城(即东府城),辅政作相"④。宗室刘秉、右卫将军刘韫兄弟相继担任中领军,在其后与萧道成的斗争中被杀。

《宋书·宗室·刘秉传》:

> 顺帝即位,转尚书令、中领军,将军(抚军)如故。时齐王辅政,四海属心,秉知鼎命有在,密怀异图。袁粲镇石头,不识天命,沈攸之举兵反,齐王入屯朝堂,粲潜与秉及诸大将黄回等谋欲作乱。本期夜会石头,旦乃举兵。秉素恇怯骚动,扰不自安,再晡后,便自丹阳郡车载妇女,尽室奔石头,部曲数百,赫奕满道。既至见粲,粲

---

① 《宋书》卷五一《宗室·刘秉传》,第 1468 页。
② 《南齐书》卷一《高帝纪上》,第 9 页。
③ 据《宋书》卷九《后废帝纪》载,萧道成谋杀后废帝是由其亲信王敬则来实施的。王敬则不仅消除了萧道成的心腹大患,为其进一步专权创造了条件,而且在当时又威逼诸宰辅,使他们不敢公开反抗萧道成。《南史》卷四《齐本纪上·高帝纪》对此有生动记述。王敬则与萧道成的关系及其协助道成废杀宋后废帝、篡位立齐的情形,亦可参见《南齐书》卷二六《王敬则传》,第 480—481 页。
④ 《宋书》卷一〇《顺帝纪》,第 193 页。

惊曰:"何遽便来,事今败矣。"秉曰:"今得见公,万死亦何恨。"从弟中领军韫,直在省内,与直阁将军卜伯兴谋,其夜共攻齐王。会秉去事觉,齐王夜使骁骑将军王敬则收韫。韫已戒严,敬则率壮士直前,韫左右皆披靡,因杀之,伯兴亦伏诛。粲败,秉逾城出走,于领檐湖见擒,与二子承、俣并死。①

本传不记刘秉迁转他职,但又记其弟在反萧道成时为中领军,同时有二中领军的可能性不大,估计刘秉转任而由其弟刘韫继任。同书《刘韫传》:"子勋为乱,大众屯据鹊尾,攻逼宣城。于时四方牧守,莫不同逆,唯韫弃郡赴朝廷。"② 刘韫此举赢得了宋明帝的信任,于是历任内外要职,特别是以侍中与禁卫诸职叠任(侍中、领左军将军,又改领骁骑将军;侍中、领右卫将军,改领左卫将军;散骑常侍、中领军)。昇明二年(478)正月,以侍中萧嶷为领军。八月,"以江州刺史齐王世子(萧赜)为领军将军、抚军将军"。③ 这样,宋顺帝一朝近二年有萧道成、刘秉、刘韫、萧嶷、萧赜五人担任中领军及领军将军。其中刘秉、刘韫兄弟为刘宋宗室疏属,非萧氏亲信成员。

刘秉兄弟"谋反"有两种可能:确有其事,他们利用手中的军政权力特别是禁卫军权欲与萧道成较量;所谓"谋反"或许子虚乌有,而是萧道成为扫除实现其篡位的障碍,找借口将握有禁卫军权的宗室刘氏兄弟及首辅袁粲诛杀。史书记载袁粲与刘秉、韫兄弟"谋反","密怀异图","谋欲作乱",表明他们最多只有密谋而并未付诸行动,萧道成为独断朝政而强加其罪名的可能性极大。可以认为这次事变并非袁粲及刘秉兄弟谋反,而恰恰是萧道成为篡夺刘宋王朝的军政大权而发动的政变。政变成功后,萧道成消除了异己力量,迅即控制了刘宋王朝的军政大权。正是在这种情况下,萧道成很快便实现了篡宋建齐的政治革命。宋末担任领军控制禁卫军权的萧道成、萧赜父子成为南齐第一、二代皇帝。

---

① 《宋书》卷五一《宗室·刘秉传》,第1468—1469页。
② 《宋书》卷五一《宗室·刘韫传》,第1466页。
③ 《宋书》卷一〇《顺帝纪》,第196、198页。

第三节　护军将军、中护军

　　刘宋一朝可见到护军将军二十六人（刘怀慎、檀道济、傅亮、赵伦之、殷穆、到彦之、殷景仁、刘湛、赵伯符、萧思话、徐湛之、柳元景、王僧达、刘义綦、何尚之、刘延孙、东海王祎、义阳王昶、湘东王彧、建安王休仁、永嘉王子仁、王玄谟、张永、褚渊、张敬儿、范泰），中护军十二人（王华、殷景仁、徐湛之、庾登之、何尚之、刘义綦、湘东王彧、宗悫、桂阳王休范、刘道隆、刘袭、赵伯符）。殷景仁、赵伯符、徐湛之、刘义綦、何尚之、湘东王彧诸人既担任过护军将军，又担任过中护军，故刘宋护军担任者实际为三十二人。其中刘怀慎、檀道济为宋台之职。宗室七人，占比超过五分之一。

　　刘宋侍中与护军将军兼任者有刘彧、何尚之、刘延孙三人，护军将军与散骑常侍兼任者有檀道济、建安王休仁、褚渊、刘延孙四人。护军将军与尚书省长官兼任者有刘延孙（侍中、尚书左仆射、领护军将军，尚书右仆射、护军将军）、傅亮（中书监、尚书令、护军将军，尚书令、护军将军、左光禄大夫）、褚渊（护军将军、尚书令）、殷景仁、徐湛之（尚书仆射、护军将军），中护军与尚书省长官兼任者有殷景仁（尚书仆射、中护军）。中书省长官兼任护军的事例除傅亮（又曾为中书监、护军将军、左光禄大夫、开府仪同三司）外，还有褚渊（中书令、护军将军、散骑常侍，护军将军、中书监）、何尚之（中书令、中护军）。左、右光禄大夫及特进与护军兼任的事例除傅亮外还有：何尚之（左光禄大夫、护军将军）、建安王休仁（特进、左光禄大夫、护军将军）、王玄谟（左光禄大夫、开府仪同三司、护军将军，特进、左光禄大夫、护军将军，右光禄大夫、车骑将军、护军将军）。领石头戍事与护军将军兼任者有张永、柳元景（护军将军、领石头戍事）。护军将军与杂号将军兼任者有东海王祎（卫将军、护军将军）。护军与卫尉兼任者有湘东王彧（中护军、卫尉）、桂阳王休范（中护军、领崇宪卫尉）。护军作为赠官从刘宋就已出现，不过刘宋半个多世纪仅有一人死赠护军将军（刘袭），看来只是特例。刘宋护军将军（中护军）较多地与尚书省长官以及光禄大夫兼任，显示其在宫外任职，且已比较闲散。

　　宋武帝即位之初，任命宋台中领军檀道济为护军将军，"加散骑常侍，领石头戍事，听直入殿省"；"徙为丹阳尹，护军如故"。① 刘宋初护军将军可"直入殿省"，表明它在当时亦执掌殿内禁卫军权。如前所述，檀道济为宋武帝同乡、"建义"亲信，檀氏人物属宋武帝亲信集团最重要成员之列。宋武帝临终顾命，以檀道济出镇广陵，负责京师外围防务。在朝中顾命宰辅废黜宋少帝的行动中，檀道济给予了有力支持。宋文帝即位后，檀道济投靠当政的琅邪王氏，成为宋文帝阵营中的重要成员。宋武帝临终顾命时以傅亮为尚书令、护军将军②。傅亮与司空徐羡之、领军将军谢晦共辅宋少帝而又废黜之，立刘义隆为帝。宋文帝即位前夕，领军将军谢晦出任荆州都督、刺史，而傅亮仍为尚书令、护军将军，与徐羡之一起参决朝政。徐羡之、傅亮于元嘉二年（425）正月"奉表归政"③，但其所任职务并未罢免，故对朝政仍有很大影响。宋文帝为了独掌朝政，对徐、傅、谢等人展开了清剿行动。

宋文帝诛杀了在朝的徐羡之和傅亮，又派兵消灭了荆州谢晦，从而完全掌握了刘宋王朝的军政大权。诛杀护军将军傅亮后，琅邪王氏王华为中护军。王华与宋文帝关系极为密切。宋文帝即位前，王华为镇西司马、南郡太守，"行府州事"，为刘义隆幕府首佐，实际掌握府州权力。"太祖入奉大统，以少帝见害，疑不敢下。"王华分析形势，谓"今日就征，万无所虑"。宋文帝即位后，即以"华为侍中，领骁骑将军。未拜，转右卫将军，侍中如故"。④ 王华成为宋文帝最主要的心腹大臣，年仅十四岁的刘义隆的主意显然出自王华。《宋书·王华传》：

（孔）宁子（原为镇西谘议参军，时任黄门侍郎、领步兵校尉）与华并有富贵之愿，自羡之等秉权，日夜构之于太祖……出入逢羡之等，每切齿愤咤，叹曰："当见太平时不？"元嘉二年，宁子病卒。

---

① 《宋书》卷四三《檀道济传》，第1342页。
② 清代学者王鸣盛言及傅亮为护军将军事，谓："护军将军者，军卫要职，与领军并掌禁兵者也。"此诚有识之见。就《宋书》与《南史》在官衔记载上的差异，王氏的看法亦颇有见地："《南史》则于（元嘉）元年徐止书司空、傅止书尚书令，二年、三年则徐书司徒，而傅仍书尚书令，虽似简净，且觉一律不混目，但两人所处权要职任，多失其实，使读者不见其所处之地位矣。如徐之录尚书、扬州刺史乃其要也，三公虚名也，岂可但书司空、司徒乎？"（《十七史商榷》卷五四《南史合宋齐梁陈书二》"徐傅两人官名连书互异"条。类似见解，又参同卷《顾命五人书法》条）
③ 《宋书》卷五《文帝纪》，第73页。
④ 《宋书》卷六三《王华传》，第1676页。

三年，诛羡之等，华迁护军，侍中如故。①

很显然，诛除旧辅徐羡之等人，乃是当时王华为了进一步控制朝政而向宋文帝力谏并由文帝最终批准实施的。王华此时无疑已将刘宋王朝的禁卫军权以及对朝政的决策权揽于己手，而宋文帝舅祖领军将军赵伦之实际上可能并未真正掌控禁卫军。可是好景不长，元嘉四年王华病卒，次年赵伦之亦卒②，形势遂发生了新的变化。

在宋文帝朝十一位护军将军（中护军）之中，庾登之任职不足两月，王华任职不足一年，到彦之任职一年四月而死；何尚之任职一年两月，建平王宏任职一年十月，萧思话任职一年而迁转他职；殷穆任护军将军达四年十月之久，殷景仁任中护军一年四月、护军将军四年两月。在护军担任者中，殷穆、殷景仁二人显得至关重要。王华卒后次月，"以金紫光禄大夫殷穆为护军将军"。元嘉十二年四月，"尚书仆射殷景仁加中护军"；十三年八月，改任护军将军；十七年十月，改任扬州刺史。③《宋书·殷淳传》："陈郡长平人也。曾祖融，祖允，并晋太常。父穆，以和谨致称，历显官，自五兵尚书为高祖相国左长史。""太祖即位，为金紫光禄大夫，领竟陵王师。迁护军。"④ 史书所载殷穆的情况仅此而已，对其任护军的实情亦难以了解。有关殷景仁的资料则要详细得多。

殷景仁任护军之时，宋文帝阵营的殷景仁和当朝权相彭城王义康阵营的刘湛之间围绕禁卫军权发生了冲突和斗争。《宋书·殷景仁传》对此有充分记载：

（元嘉）九年，服阕，迁尚书仆射。太子詹事刘湛代为领军，与景仁素善……湛既入，以景仁位遇本不逾己，而一旦居前，意甚愤愤。知太祖信仗景仁，不可移夺，乃深结司徒彭城王义康，欲倚宰相之重以倾之。十二年，景仁复迁中书令，护军、仆射如故。寻复以仆

---

① 《宋书》卷六三《王华传》，第1677页。
② 《宋书》卷六三《王华传》，第1678页；卷四六《赵伦之传》，第1389页。据同书卷五《文帝纪》，中护军王华卒于元嘉四年五月，赵伦之卒于五年十二月。（第76、77页）按赵伦之死时年事已高，当是老病而死；王华死时"京师疾疫"，当因染瘟疫而死。
③ 《宋书》卷五《文帝纪》，第76、83页。
④ 《宋书》卷五九《殷淳传》，第1597页。

射领吏部，护军如故。湛愈忿怒。义康纳湛言，毁景仁于太祖，太祖遇之益隆。……使停家养病。发诏遣黄门侍郎省疾。湛议遣人若劫盗者于外杀之，以为太祖虽知，当有以终不能伤至亲之爱。上微闻之，迁景仁于西掖门外晋鄱阳主第，以为护军府，密迩宫禁，故其计不行。景仁卧疾者五年，虽不见上，而密表去来，日中以十数，朝政大小，必以问焉，影迹周密，莫有窥其际者。①

刘湛是一个极具政治野心之人，因此，"及俱被时遇，猜隙渐生，以景仁专管内任，谓为间己"②。这一记载除了显示刘、殷二人因权力分配而发生嫌隙外，还有一点值得注意，即"景仁专管内任"的问题。按殷景仁当时已转任护军将军，刘湛为领军将军，领军掌"内军"而护军掌"外军"，依常规刘湛应比殷景仁亲近，但事实却是"景仁专管内任"而刘湛以为"间己"，显然殷景仁比刘湛更为机要。其因何在？这与二人当时的兼职有关。

矛盾发生的元嘉十二年（435），殷景仁为中书令、尚书仆射（领选）、护军将军，而刘湛是太子詹事、领军将军。中书省掌诏诰，虽然当时中书令并不起草诏敕，但毕竟担任中书令的殷景仁是中书省的长官，通盘负责有关事宜，中书省又在禁中；为尚书仆射，属宰相之一；又"领选"，掌握人事大权，更加重要。③从宋文帝初年王华为中护军掌控军政大权的情况来看，刘宋护军有可能掌握宫内禁卫军，分领军之任，加之殷景仁又长期担任禁卫武官射声校尉—左卫将军—中领军—领军将军，出朝外任多年的刘湛是否马上就能控制禁卫军权则颇有疑问。刘湛在兼任太子詹事后似乎职权加重，但东宫在宫禁之外，他势必要经常在东宫办公，而禁卫军事务则可能兼顾不多。任命刘湛兼太子詹事可能也出自"领选"的殷景仁的建议，这与刘湛欲当宰相和参决朝政的心愿相违背，两人的矛盾很快便因刘湛的行动而公开化了。还有一点，即东晋南朝护军领营而领军不领营，护军亲自统领一部分禁卫军，而领军则总统二卫、骁骑、材官诸营，是一种间接统领。

---

① 《宋书》卷六三《殷景仁传》，第1682—1683页。
② 《宋书》卷六九《刘湛传》，第1817页。
③ 关于南朝的中书令，参见祝总斌《两汉魏晋南北朝宰相制度研究》，第330—332页。按"领选"即负责尚书吏部事务，有关六朝时期吏部职能之系统研究，参见吴慧莲《六朝时期吏部人事权的消长》，《台湾大学历史学系学报》第17期（1992年）。

在殷景仁去留上宋文帝始终不答应刘义康之议，一方面显示他还掌握着君权，同时可能是顾虑到一旦殷景仁被排挤出朝，恐怕其自身也难保。为了保护殷景仁，宋文帝"迁景仁于西掖门外晋鄱阳主第，以为护军府，密迩宫禁，故其计不行"。此举除了防止刘湛加害殷景仁外，还便于宋文帝与景仁君臣之间进行联络①。宋文帝对殷景仁不弃，从而使其在关键时刻发挥了决定性作用。《宋书·殷景仁传》："收湛之日，景仁使拂拭衣冠，寝疾既久，左右皆不晓其意。其夜，上出华林园延贤堂召景仁，犹称脚疾，小床舆以就坐，诛讨处分，一皆委之。"其后殷景仁取代彭城王义康为扬州刺史，"仆射、领吏部如故"。②

宋孝武帝一朝十一年，有多达九人担任护军将军（中护军）。与领军主要由参与孝武帝反刘劭阵营的亲信将领担任相比，护军却只有柳元景一人出自反劭亲信将领。孝武一朝护军改任比领军更为频繁，而且宗室诸王所占比重也较大。柳元景、王僧达、刘义綦、东海王祎四人任职时间极短，均不足半年；何尚之、湘东王彧、刘延孙诸人任职均不足一年；义阳王昶、宗悫二人任职时间稍长，但均不到两年。

宋明帝临终安排顾命大臣，其中包括护军将军褚渊。褚渊为刘宋外戚，其父褚湛之为宋武帝女婿，文帝姊（妹）夫，孝武帝姑父；褚渊为宋文帝女婿，孝武帝和明帝姊（妹）夫。③ 褚氏父子相继娶宋室公主为妻，这在刘宋一代极为罕见。宋孝武帝时，褚渊官至吏部郎。宋明帝在藩邸时，褚渊即与之有特殊关系："帝在藩，与渊以风素相善，及即位，深相委寄，事皆见从。"即位后，褚渊历任侍中、知东宫事，吏部尚书，侍中、右卫将军，散骑常侍、丹阳尹，吴兴太守。"明帝疾甚，驰使召渊，付以后事"，授尚书右仆射、卫尉。"明帝崩，遗诏以为中书令、护军将军，

---

① 考之史载，殷景仁与宋文帝之间有一条秘密联络管道，其联络人为庾炳之。《宋书》卷五三《庾炳之传》："于时领军将军刘湛协附大将军彭城王义康，而与仆射殷景仁有隙，凡朝士游殷氏者，不得入刘氏之门，独炳之游二人之间，密尽忠于朝廷。景仁称疾不朝见者历年，太祖常令炳之衔命去来，湛不疑也。义康出藩，湛伏诛，以炳之为尚书吏部郎，与右卫将军沈演之俱参机密。顷之，转侍中、本州大中正。迁吏部尚书、领义阳王师。内外归附，势倾朝野。"（第1517页）据此可知，庾炳之阳奉阴违，表面上交好刘义康，而暗中却在监视义康，并承担着沟通宋文帝与殷景仁的使命。无疑，庾炳之乃宋文帝心腹。

② 《宋书》卷六三《殷景仁传》，第1683页。

③ 《南齐书》卷二三《褚渊传》："祖秀之，宋太常。父湛之，骠骑将军，尚宋武帝女始安哀公主。渊少有世誉，复尚文帝女南郡献公主，姑侄二世相继。"（第425页）

加散骑常侍，与尚书令袁粲受顾命，辅幼主。"[1] 褚渊显然是作为一位重要的外戚而历任美职并受到特别重用的。据王俭所撰《褚渊碑文》，褚渊在任侍中、右卫将军之前还曾以侍中领骁骑将军。为骁骑将军，有"帷幄之功"；为右卫将军，"辑熙王旅"。[2] 毫无疑问，他的确承担着禁卫职能。

第四节　左、右卫将军

刘宋一朝可见到左卫将军四十八人（刘式之、刘粹、刘道隆、沈攸之、刘韫、刘彦明、刘义融、刘秉、刘义宾、刘遵考、谢述、褚淡之、褚湛之、羊玄保、沈昙庆、蔡兴宗、孔定侯、殷景仁、范晔、何尚之、孔熙先、江湛、晋熙王燮、巴陵王休若、王僧达、颜竣、宗悫、柳元景、王玄谟、甄法护、桂阳王休范、孙冲之、吴喜、谢庄、王景文、袁粲、尹弘、王罗汉、王仲德、张邵、赵伯符、湘东王彧、始兴王濬、王宽、陈眕、萧赜、萧景先、陈显达），其中沈攸之先后三次任左卫将军，褚湛之、沈昙庆、巴陵王休若、宗悫先后两度任左卫将军；右卫将军亦可见到四十八人（王偃、刘瑀、王华、谢晦、刘道隆、檀祗、毛脩之、刘钟、垣询之、垣阆、刘韫、刘义綦、刘遵考、谢景仁、褚淡之、陆仲元、陆子真、陆永、孔季恭、谢弘微、范泰、王昙首、沈演之、刘恢、刘湛、柳光世、颜师伯、刘秀之、顾觊之、黄回、孔觊、王景文、薛索儿、傅灵越、袁粲、孟次阳、萧思话、宗悫、檀和之、湘东王彧、始兴王濬、刘勔、张兴世、萧道成、谢庄、褚渊、王敬则、王琨），其中刘遵考、颜师伯先后两度任右卫将军。湘东王彧（宋明帝）、始兴王濬、刘道隆、刘韫、刘遵考、褚淡之诸人既担任过左卫将军，又担任过右卫将军，故刘宋左、右卫将军担任者实际为九十人。其中，宗室担任左卫将军的人数为十四人，接近三成；担任右卫将军的人数为十二人，占四分之一。

刘宋左、右卫将军兼职可考者主要是侍中、散骑、给事中及东宫诸职。侍中兼任左卫将军者有刘彦明、刘义融、刘遵考、褚湛之、柳元景，侍中兼任右卫将军者有谢晦（宋台）、王华、王昙首、刘韫、陆子真、沈

---

[1] 《南齐书》卷二三《褚渊传》，第 426 页。
[2] （南朝梁）萧统编，（唐）李善注：《文选》卷五八《碑文上》，上海古籍出版社 1986 年版，第 2512—2513 页。

演之、刘恢、颜师伯、褚渊。此外，毛脩之、阮佃夫为黄门侍郎、领右卫将军。左卫将军兼任散骑常侍的事例有刘敬宣、刘韫、褚湛之、蔡兴宗、巴陵王休若、颜竣、陈显达，张兴世为通直散骑常侍、左卫将军。《宋书·颜竣传》："俄迁左卫将军，加散骑常侍。辞常侍，见许。"① 表明左卫将军兼散骑常侍可以提高其地位，有尊崇之义。右卫将军兼任散骑常侍者有王偃、刘遵考、范泰、宗悫、黄回、王敬则。左、右卫将军加给事中的事例较多：羊玄保、沈昙庆、桂阳王休范、袁粲等人为左卫将军、加给事中，谢景仁、孔季恭、谢庄、王景文、薛安都、袁粲等人为右卫将军、加给事中。还有左、右卫将军与东宫官职兼任的事例，如刘义融为侍中、左卫将军、领太子中庶子，范晔为左卫将军、太子詹事，沈攸之、王僧达为左卫将军、领太子中庶子，王景文为右卫将军、太子中庶子。

据《宋书》本纪及列传记载可知，刘宋左、右卫将军主要迁任为州刺史和高一级禁卫长官，尤以迁任州刺史的事例居多。左卫将军迁任州刺史者如：王仲德（懿），冀州刺史；张邵，湘州刺史；赵伯符，徐兖二州刺史；刘遵考，豫州刺史；刘义宾，南兖州刺史；柳元景，雍州刺史；王玄谟，豫州刺史；沈昙庆，徐州刺史；王宽，南豫州刺史；萧赜，江州刺史；沈攸之，郢州刺史。右卫将军迁任州刺史者如：刘遵考，徐兖二州刺史；萧思话，雍州刺史；宗悫，广州刺史；顾觊之，湘州刺史；檀和之，南兖州刺史；刘瑀，益州刺史；颜师伯，青冀二州刺史；刘勔，豫州刺史；张兴世，雍州刺史。刘彦明由侍中、左卫将军迁为冠军将军、吴兴太守，黄回由右卫将军迁为平西将军、郢州刺史并"督诸军前锋南讨"②，檀祗由右卫将军迁为辅国将军、宣城内史，似亦可归入此类。还有左、右卫将军迁任高一级禁卫长官的事例，如：殷景仁、刘韫由左卫将军迁任中领军，桂阳王休范、刘道隆由左卫将军迁任中护军，沈演之、谢晦、刘韫由右卫将军迁任中领军，湘东王彧由右卫将军迁任中护军。刘义融由侍中、左卫将军、领太子中庶子迁为五兵尚书、领军，亦属类似情况。

《宋书·百官志下》："左卫将军，一人；右卫将军，一人。二卫将军掌宿卫营兵。""二卫江右有长史、司马、功曹、主簿，江左无长史。"③

---

① 《宋书》卷七五《颜竣传》，第1960页。
② 《宋书》卷一〇《顺帝纪》，第195页。
③ 《宋书》卷四〇《百官志下》，第1248页。

看来二卫将军的编制和职掌自西晋至南朝宋保持不变,即领宿卫营兵在殿中宿卫为其基本职掌。同书《符瑞志下》:"时右卫将军谢庄下殿,雪集衣。"①《恩倖·阮佃夫传》:泰始四年(468),"以本官(太子步兵校尉、南鲁郡太守)兼游击将军,假宁朔将军,与辅国将军兼骁骑将军孟次阳与二卫参员直"②。可见左、右卫将军要在殿内侍直。《通典·职官十·武官上》"左右卫"条:"宋、齐谓之二卫,各领营兵,每暮一人宿直,后增二卫仪从为九十人。陈因之。"③ 看来整个南朝左、右卫将军的职能没有什么变化,不仅领有营兵,而且晚上轮流在殿内宿直。

《宋书·谢景仁传》:"及北伐,大司马琅邪王,天子母弟,属当储副,高祖深以根本为忧,转景仁为大司马左司马,专总府任,右卫将军,加给事中。又迁吏部尚书。"④ 琅邪王即司马德文,为晋安帝司马德宗之弟,后刘裕扶持其为傀儡皇帝(晋恭帝),此处之"北伐"是指刘裕于义熙十二年(416)北伐灭后秦之役。刘裕在北伐前为了稳定朝廷局势,进行了周密安排,其中包括以其所信任的陈郡谢氏出身的谢景仁为大司马左司马控制琅邪王府⑤,同时又兼右卫将军,负责一部分朝廷禁卫军权。刘宋建立前夕,刘粹、谢晦分别担任宋台左、右卫将军。刘粹与刘裕同为京口人,在刘裕创业时刘粹为主要参与者之一。"高祖克京城(京口),参建武军事。从平京邑,转参镇军事……复为车骑中军参军。从征广固,战功居多……转中军谘议参军。卢循逼京邑,京口任重,太祖时年四岁,高祖使粹奉太祖镇京城。""进号辅国将军,迁相国右司马、侍中、中军司马、冠军将军,迁左卫将军。永初……二年,以役使监吏,免官。"⑥ 可知刘粹任左卫将军是在刘宋建立前至宋高祖永初二年间。谢晦于东晋末年曾任刘裕幕府僚佐(刑狱参军,豫州治中从事,太尉主簿,从事中郎),"宋台初建,为右卫将军,寻加侍中。高祖受命,于石头登坛,备法驾入宫,晦领游军为警备。"⑦ 这一记载表明,刘裕在篡位之际以其亲信谢晦

---

① 《宋书》卷二九《符瑞志下》,第873页。
② 《宋书》卷九四《恩倖·阮佃夫传》,第2314页。
③ 《通典》卷二八《职官十·武官上》"左右卫"条,第783页。
④ 《宋书》卷五二《谢景仁传》,第1494页。
⑤ 按谢景仁(裕)之祖为东晋名臣谢安之弟,景仁为刘裕亲信谢晦从叔。参见《宋书》卷五二《谢景仁传》,第1493页。
⑥ 《宋书》卷四五《刘粹传》,第1379页。
⑦ 《宋书》卷四四《谢晦传》,第1348页。

担任右卫将军，承担部分禁卫事务。谢晦在宋初即被任命为中领军，转领军将军，宋武帝临终前又以其为顾命大臣。

宋文帝即位之初所任命的四位侍中，有三人即兼任高级禁卫武官。《宋书·殷景仁传》：

> 太祖即位，委遇弥厚。俄迁侍中，左卫如故。时与侍中、右卫将军王华，侍中、骁骑将军王昙首，侍中刘湛，四人并时为侍中，俱居门下，皆以风力局干，冠冕一时，同升之美，近代莫及。元嘉三年，车驾征谢晦，司徒王弘入居中书下省，景仁长直，共掌留任。晦平，代到彦之为中领军，侍中如故。①

由此可见，宋文帝最初是以控制禁卫军权和门下决策权来维持其君权的。王昙首之兄王弘，曾为刘裕幕府上佐，是琅邪王氏在刘裕幕府的代表人物。② 王华历任刘裕北徐州主簿、镇西主簿、治中从事史。"太祖（文帝）镇江陵，以为西中郎主簿，迁谘议参军，领录事。太祖进号镇西，复随府转。"后"为司马、南郡太守，行府州事"。"上即位，以华为侍中，领骁骑将军。未拜，转右卫将军，侍中如故。"③ 刘义隆为冠军将军、徐州刺史时，王昙首为府功曹，"太祖镇江陵，自功曹为长史，随府转镇西长史"。宋文帝即位，"以昙首为侍中，寻领右卫将军，领骁骑将军"。④ 在宋文帝"入奉大统"前，琅邪王氏成员王昙首、王华为其幕府文武首佐，王华且为行府州事，实际执掌荆州军政大权。由于王昙首、王华等人的极力鼓动，迟疑不决的刘义隆才下决心入朝继承帝位。殷景仁在刘裕时代曾多年辅佐世子——太子，宋少帝时为侍中、左卫将军，对于诸辅政大臣废黜少帝的行动并未积极协助，而且他与当政琅邪王氏人物有姻亲关系。殷景仁为王谧之婿，而王谧为王华从叔（谧为王导孙，华为导曾孙）。他是与琅邪王氏有关系的朝中唯一一位禁卫军重要将领，正是宋文帝及其谋臣所亟欲利用的人选。此后殷景仁多年担任禁卫长官，成为宋文帝最为倚重的心腹大臣。

元嘉十七年（440），宋文帝在殷景仁协助下诛杀刘湛，放逐彭城王

---

① 《宋书》卷六三《殷景仁传》，第1681—1682页。
② 王弘、王昙首兄弟二人均为王导曾孙，祖洽，父珣，皆有名于东晋之世。
③ 《宋书》卷六三《王华传》，第1676页。
④ 《宋书》卷六三《王昙首传》，第1679页。

义康而亲掌朝政。时沈演之迁任右卫将军。沈演之曾多年为刘义康府佐，但他与义康另一亲信领军将军刘湛政见不合。"后刘湛、刘斌等结党，欲排废尚书仆射殷景仁，演之雅仗正义，与湛等不同，湛因此谮之于义康。"而"演之与景仁素善，尽心于朝庭，太祖甚嘉之，以为尚书吏部郎"。① 殷景仁时以尚书仆射领选，沈演之为其部下。《宋书·庾炳之传》："义康出藩，湛伏诛，以炳之为尚书吏部郎，与右卫将军沈演之俱参机密。"② 元嘉十七年十一月，殷景仁卒③，时范晔已任左卫将军，"与演之对掌禁旅，同参机密"④。元嘉二十年，沈演之"迁侍中，右卫将军如故"⑤，而范晔以太子詹事兼领左卫将军。侍中自然经常侍直文帝身边，太子詹事却要到东宫办公，不可能长期在文帝身边，可见二人有明显的亲疏之别。当年刘湛和殷景仁的情况便与此相似：殷景仁以侍中兼护军将军，刘湛以太子詹事兼领军将军，二人的矛盾遂由此而生。就禁卫之职来说，领军高于护军，左卫亦高于右卫；就文官来说，侍中却比太子詹事更为亲近。这可能是宋文帝制衡朝臣特别是禁卫长官的一个惯用手法。

沈演之迁任侍中、右卫将军时，宋文帝谓之曰："侍中领卫，望实优显，此盖宰相便坐，卿其勉之。"⑥ 侍中乃门下省长官，参与朝政决策，而右卫将军为宫内禁卫长官之一，一文一武，参与机密，自然极为重要。⑦ 按宋文帝所说之"侍中领卫"是指侍中领右（左）卫将军；而将其断句为"侍中、领、卫"，谓"领"为领军将军，"卫"为左、右卫将

---

① 《宋书》卷六三《沈演之传》，第 1685 页。
② 《宋书》卷五三《庾炳之传》，第 1517 页。
③ 参见《宋书》卷五《文帝纪》，第 87 页。
④ 《宋书》卷六三《沈演之传》，第 1685 页。参见同书卷六九《范晔传》，第 1821 页；《南史》卷三三《范晔传》，第 850 页。
⑤ 《宋书》卷六三《沈演之传》，第 1685 页。
⑥ 同上。
⑦ （清）钱大昕撰《廿二史考异》卷三六《南史二》"王华传"条："《沈演之传》：演之为右卫将军，范蔚宗为左卫将军，对掌禁旅，同参机密，寻加侍中。文帝谓之曰：'侍中领卫，望实华显，此盖宰相便坐，卿其勉之。'似当时以侍中为宰相矣。然同时如范泰、王球辈亦为侍中，而时人未以宰相目之。则知侍中之职虽为清切，亦视人主倚任何如耳。"（《丛书集成初编》本，商务印书馆 1937 年版，第 675 页）总的来看，钱大昕对刘宋侍中的认识是符合实际的。不过他对《南史·沈演之传》有关记载的理解似有偏颇，"宰相便坐"并不表明即是宰相，而是意味着离宰相职位很近了。

军,并言"领军将军为宰相"①,则是误读。元嘉初宋文帝心腹王华即以侍中、左卫将军参决朝政,文帝对沈演之寄予厚望于此可见一斑。沈演之因坚决支持宋文帝远伐林邑的计划而深受表彰,战事获胜后,所赐颇多。元嘉二十一年诏曰:"总司戎政,翼赞东朝,惟允之举,匪贤莫授。侍中、领右卫将军演之,清业贞审,器思沈济;右卫将军晔,才应通敏,理怀清要。并美彰出内,诚亮在公,能克懋厥猷,树绩所莅。演之可中领军,晔可太子詹事。"②据《宋书·沈演之传》及《范晔传》所载,范晔所任为左卫将军,而此处却记为右卫将军,显属舛误。③不论如何,以侍中领右卫将军的沈演之实际地位及亲近程度都在单纯为左卫将军的范晔之上,这也是宋文帝诏中先列沈演之而后及范晔的原因。及至以沈演之为中领军,范晔为太子詹事,则他们与宋文帝的亲近程度以及二人在朝中政治地位的重要程度,差别就更加明显。二人产生矛盾后,在宋文帝身边的沈演之自然占据着更为有利的条件。

史载范"晔与沈演之并为帝所知,晔先至,必待演之俱入;演之先至,尝独被引,晔以此为怨"④。"晔怀逆谋,演之觉其有异,言之太祖,晔寻事发伏诛。"⑤很显然,范晔被诛事件中宋文帝的决策与沈演之的进言有密切关系,即使没有后来的所谓谋反事件,范晔肯定也在仕途上走到了尽头。⑥事平之后,出镇豫章为江州刺史的刘义康及其子允、女四县主

---

① 万绳楠整理:《陈寅恪魏晋南北朝史讲演录》,黄山书社1987年版,第221页。
② 《宋书》卷六三《沈演之传》,第1686页。
③ 按《南史》卷三六《沈演之传》未录此诏。《资治通鉴》卷一二四《宋纪六》:文帝元嘉二十一年(444)二月"庚寅(廿五,3.29),以侍中、领右卫将军沈演之为中领军,左卫将军范晔为太子詹事"(第3905页)。据此推断,《宋书·沈演之传》所载诏中"右卫将军晔"并非原文之误,而应是流传致误。
④ 《资治通鉴》卷一二四《宋纪六》文帝元嘉二十二年十一月条,第3917—3918页。参见《宋书》卷六九《范晔传》,第1821页。
⑤ 《宋书》卷六三《沈演之传》,第1686页。
⑥ 关于范晔谋反事件,(梁)沈约撰《宋书》有详细记载,(唐)李延寿撰《南史》、(宋)司马光撰《资治通鉴》所载亦与《宋书》一致。(唐)许嵩撰《建康实录》卷一二《宋中·太祖文皇帝》载范晔谋反事件,其后引"裴子野曰"(第442页),表明其史源为裴子野《宋略》。看来有关文献记载并无歧异。清代学者王鸣盛对此提出了质疑,认为范晔所犯罪行最多只能说是"知情不举",因遭人诬陷而成为谋反之首谋。(《十七史商榷》卷五四《南史合宋齐梁陈书九》"范蔚宗以谋反诛"条)其后学界就此有不少讨论,或否定其有谋反行为,或认为其有谋反行为,但并非主犯,而只是从犯或知情不举。认为范晔确有谋反行为的代表性观点,参见吴树平《关于范晔谋反问题的探讨》,《秦汉文献研究》,齐鲁书社1988年版,第414—433页。

皆被免为庶人,"绝属籍,徙付安成郡。以宁朔将军沈邵为安成公相,领兵防守"。① 范晔等"谋反"事件乃是宋文帝兄弟斗争的一个环节,是元嘉中叶主相之争的继续,只不过是以曲折的形式表现了出来。从何尚之所起的作用亦可看到宋文帝与其弟刘义康斗争在这一事件中的影响。《宋书·何尚之传》:"时左卫将军范晔任参机密,尚之察其意趣异常,白太祖宜出为广州,若在内衅成,不得不加以鈇钺,屡诛大臣,有亏皇化。"② 何尚之在元嘉前期曾两度出任左卫将军,又为侍中、太子中庶子,改领游击将军,与禁卫军关系密切。元嘉"十三年,彭城王义康欲以司徒左长史刘斌为丹阳尹,上不许,乃以尚之为尹"③。此事表明在宋文帝与刘义康之间,何尚之更为文帝所信任。何尚之与刘义康最主要亲信刘湛虽为亲家(尚之女嫁湛子),但二人关系并不好。"湛欲领丹阳,乃徙尚之为祠部尚书、领国子祭酒,尚之甚不平。湛诛,迁吏部尚书。"④ 从这次事件的前后演变中可以对刘宋时代左、右卫将军的禁卫职能有一个较为全面的认识。

　　史载范晔等谋反时所拟设官职,"乃略相署置,(徐)湛之为抚军将军、扬州刺史,晔中军将军、南徐州刺史,(孔)熙先左卫将军,其余皆有选拟"。孔熙先使弟休先所为檄文中谓:"湛之、晔与行中领军萧思话、行护军将军臧质、行左卫将军孔熙先、建威将军孔休先,忠贯白日,诚著幽显,义痛其心,事伤其目,投命奋戈,万殒莫顾,即日斩伯符首,及其党与。"⑤ 左卫将军与抚军将军、扬州刺史和中军将军、南徐州刺史一起构成范晔、孔熙先等设想中的最高官职序列,而中领军、护军将军与左卫将军则成为最重要的武职。这一记载表明,即便是谋反者也颇为重视禁卫长官人选,对禁卫军权给予了高度关注。孔休先所为檄文中有"贼臣赵伯符肆兵犯跸,祸流储宰"之语,胡三省注《资治通鉴》谓:"赵伯符时为领军将军,故欲以弑逆之罪归之。言'祸流储宰',盖欲并杀太子劭。"⑥ 赵伯

---

① 《宋书》卷六八《武二王·彭城王义康传》,第1796页。
② 《宋书》卷六六《何尚之传》,第1734页。
③ 同上。
④ 同上。
⑤ 《宋书》卷六九《范晔传》附传,第1822—1823页。
⑥ 《资治通鉴》卷一二四《宋纪六》文帝元嘉二十二年十一月条,第3918页。

符为外戚，其父赵伦之为宋武帝之舅，伯符子倩又娶宋文帝第四女海盐公主。① 赵伯符于元嘉十八年任领军将军，二十一年转豫州刺史，两年余间掌握刘宋禁卫军权，而且由于宋文帝从制度上将外监划归领军，赵伯符比以往的领军实际上权力更大。赵伯符是在刘义康被黜、刘湛被杀一段时期后接管禁卫军权的，其间担任左卫将军的范晔从制度上隶属赵伯符，受其制约。由于沈演之更受宋文帝宠信，赵伯符的外戚因素，范晔等刘义康原亲信遂将其斗争的矛头指向赵伯符。也只有这样，才有利于他们控制禁卫军权，实现其政治目标。范晔被诛时沈演之已任中领军，而赵伯符尚在豫州任上，看来孔休先檄文应作于事发前一段时间，即赵伯符任领军将军期间，亦即元嘉十八年七月至二十一年二月之间。在《宋书·范晔传》所载孔休先所为檄文中，有"行中领军萧思话、行护军将军臧质、行左卫将军孔熙先"等语②，显为其计划任命的禁卫长官，表明他们对禁卫军权的高度重视。萧思话及臧质二人事后似乎并未受到追查和处分③。

太子刘劭杀害宋文帝而称帝。面对刘骏阵营柳元景部的强大攻击，刘劭负隅顽抗，"以前军将军、辅国将军王罗汉为左卫将军，辅国如故，左军王正见为太子左卫率"④。《宋书·二凶·元凶劭传》：

> 劭自谓素习武事，语朝士曰："卿等但助我理文书，勿措意戎陈。若有寇难，吾当自出，唯恐贼虏不敢动尔。"司隶校尉殷冲掌综文符，左卫将军尹弘配衣军旅，萧斌总众事。中外戒严。防守世祖子于侍中下省，南谯王义宣诸子于太仓空屋。⑤

武陵王骏（孝武帝）等起兵反抗刘劭，在其于新亭即位之际，即以柳元景为侍中、左卫将军，不久又以王玄谟继任左卫将军。⑥《宋书·孝武十

---

① 参见《宋书》卷四六《赵伯符传》，第1390页。
② 《宋书》卷六九《范晔传》，第1823页。
③ 《宋书》卷七八《萧思话传》不见任何记载，而同书卷七四《臧质传》则谓"与范晔、徐湛之等厚善，晔谋反，量质必与之同，会事发，复为建威将军、义兴太守"。此前为徐兖二州都督、刺史的臧质因"在镇奢费，爵命无章，为有司所纠，遇赦"。（第1910页）
④ 《宋书》卷九九《二凶·元凶劭传》，第2433页。
⑤ 同上书，第2431页。
⑥ 《宋书》卷七七《柳元景传》，第1988页。按同书卷七六《王玄谟传》不载其为左卫将军事，而《柳元景传》及《沈庆之传》均有记载。

四王·晋安王子勋传》："太宗定乱，进子勋号车骑将军、开府仪同三司。（邓）琬等不受命，传檄京邑。泰始二年（466）正月七日，奉子勋为帝，即伪位于寻阳城，年号义嘉元年，备置百官，四方并响应，威震天下。是岁四方贡计，并诣寻阳。遣左卫将军孙冲之等下据赭圻，又遣豫州刺史刘胡率大众来屯鹊尾，又遣安北将军袁顗总统众军。"①《邓琬传》："乃加（孙）冲之左卫将军，以陶亮为右卫将军，统诸州兵俱下。"② 可见左卫将军亦为邓琬及晋安王子勋阵营最重要的军事长官之一。结合上述对柳元景之任命，可以看到：旧府之司马迁为新朝之领军将军，而旧府之中直兵参军（左、右）则迁为新朝之左卫将军和右卫将军。

刘宋右卫将军统领禁兵负责禁卫之政，可从刘道隆、柳光世、阮佃夫诸例中得到进一步认识。《宋书·蔡兴宗传》："右卫将军刘道隆为（前废）帝所宠信，专统禁兵。"③ 据同书《刘道隆传》记载："前废帝景和（465）中，以为右卫将军，永昌县侯，食邑五百户，委以腹心之任。泰始初，为太宗尽力，迁左卫将军，中护军。寻赐死。"④《柳光世传》："前废帝景和中，左将军、直阁。太宗定乱，光世参谋，以为右卫将军，封开国县侯，食邑千户。"⑤ 按此"左将军"疑为左军将军或右军将军之讹，"太宗定乱"是指柳光世与刘道隆、阮佃夫等人一道参与了宋明帝诛灭前废帝的政变密谋。《恩倖·阮佃夫传》："元徽三年（475），迁黄门侍郎、领右卫将军，太守如故。"⑥ 作为后废帝恩倖，阮佃夫以黄门侍郎领右卫将军，表明右卫将军在当时仍是受到重视的禁卫长官之一。此外，在后废帝末年萧道成消灭镇守京口的征北将军、南徐州刺史建平王景素的军事行动中，"右卫殿中将军张倪奴、前军将军周盘龙攻陷京城，倪奴擒景素斩之"⑦。

---

① 《宋书》卷八〇《孝武十四王·晋安王子勋传》，第2060页。
② 《宋书》卷八四《邓琬传》，第2137页。
③ 《宋书》卷五七《蔡兴宗传》，第1581页。
④ 《宋书》卷四五《刘道隆传》，第1378页。同书卷七二《文九王·始安王休仁传》："（前废帝）常于休仁前使左右淫逼休仁所生杨太妃，左右并不得已顺命，以至右卫将军刘道隆，道隆欢以奉旨，尽诸丑状。"（第1872页）
⑤ 《宋书》卷七七《柳光世传》，第1991页。
⑥ 《宋书》卷九四《恩倖·阮佃夫传》，第2315页。
⑦ 《宋书》卷七二《文九王·建平王景素传》，第1863页。按《魏书》卷九七《岛夷刘裕传附昱传》（第2151页）、《资治通鉴》卷一三四《宋纪一六》苍梧王元徽四年（476）七月条（第4191页）载此，作"殿中将军张倪奴"。

可知右卫将军部下有殿中将军，前军将军亦有可能为右卫将军所辖。

第五节　直阁将军

直阁将军是南朝新出现的禁卫武官，是南朝禁卫武官制度中最具特色的制度之一。①《资治通鉴》宋明帝泰始元年（465）十月条："初，帝既杀诸公，恐群下谋己，以直阁将军宗越、谭金、童太壹、沈攸之等有勇力，引为爪牙，赏赐美人、金帛，充牣其家。"② 这是作为编年史的《资治通鉴》中首见直阁将军一职，故胡三省专门作注加以解释。《资治通鉴》取材有所选择，在该书中第一次出现并不意味着其职始设于是时，而是表明其已与政治发生了重要联系。《资治通鉴》这一记载的史源应是南朝沈约所撰《宋书》。《宋书·宗越传》："前废帝景和元年（465），召为游击将军、直阁……帝凶暴无道，而越及谭金、童太壹并为之用命，诛戮群公及何迈等，莫不尽心竭力，故帝凭其爪牙，无所忌惮。"③《沈攸之传》："前废帝景和元年，除豫章王子尚车骑中兵参军、直阁，与宗越、谭金等并为废帝所宠，诛戮群公，攸之等皆为之用命。"④ 按豫章王子尚为宋孝武帝第二子（前废帝之元弟），时任都督扬南徐二州诸军事、扬州

---

① 宋元之际的胡三省是最早关注直阁将军的史学家。《资治通鉴》卷一三〇《宋纪一二》明帝泰始元年（465）十月"以直阁将军宗越……等有勇力"条，胡注："江左以直阁将军出入省阁，总领宿卫。"（第4087页）（清）纪昀等撰《历代职官表》卷四三《领侍卫内大臣》"宋齐梁陈"条案语："又直阁将军、殿上将军、铠主、队主、仗主、虎贲主、殿内主帅、斋帅、四厢领直、直后等官，皆不见于史志，盖俱侍卫之职，特因所掌而异其名耳。"（上海古籍出版社1989年版，第822页）由此可见，清朝乾隆年间四库馆臣奉敕编撰的《历代职官表》亦注意到南朝直阁将军的存在，但对于有关具体制度，因其所引资料极少且多所割裂，故难明究竟。当代学者中，周一良及陈勇、陈苏镇诸氏注意到南朝直阁将军的存在，但皆语焉不详。周一良云："直阁是守卫之武官名，犹直寝、直斋、直后之类，非如防阁之为番上役人。"（《魏晋南北朝史札记》，第325页）这种理解不太准确。陈勇注意到刘宋有直阁将军，谓："孝武帝时又以直阁将军'总领宿卫'。萧道成使王敬则直阁，与直阁将军卜伯兴'共总禁兵'。"（《刘宋时期的皇权与禁卫军》，《北京大学学报》1988年第3期）但其说并未注明史料来源，亦未作进一步研究。陈苏镇谓直阁将军"当即统兵屯守上阁者"（《西省考》，《周一良先生八十生日纪念论文集》，中国社会科学出版社1993年版，第72页），其说大体可信，但过于简略。

② 《资治通鉴》卷一三〇《宋纪一二》，第4087页。
③ 《宋书》卷八三《宗越传》，第2110页。
④ 《宋书》卷七四《沈攸之传》，第1927页。

刺史、领尚书令，位居朝端。史称子尚"人才凡劣，凶匿有废帝风"①，其为前废帝昏暴之帮凶无疑。沈攸之为豫章王子尚车骑中兵参军而直阁，无疑亦在朝中任职。据此，则直阁将军的出现最晚在前废帝景和元年。值得注意的是，《宋书》和《资治通鉴》的记载又有细微差别，《资治通鉴》记为"直阁将军"，而《宋书》则记为"直阁"，且另兼他职，如：宗越为"游击将军、直阁"②，谭金为"屯骑校尉、直阁"③，武念为"右军将军、直阁"④，沈攸之为"豫章王子尚车骑中兵参军、直阁"⑤，柳光世则为"左（左军？）将军、直阁"⑥，刘勔为"振威将军、屯骑校尉，入直阁"⑦。《宋书·沈文秀传》："（沈）庆之死后，帝遣直阁江方兴领兵诛文秀，方兴未至，太宗已定乱，驰驿驻之。"⑧ 以上"直阁"诸人全都是在前废帝景和年间即公元465年任职的。毫无疑问，当时已经出现了直阁或直阁将军。

　　需要提及的是，这一官职最初似并不称作"直阁将军"。"直阁"只是表示其入直阁内，这些人一般都有其他正式职务，且所任皆为禁卫武官⑨。这表明当时禁卫武官兼任直阁后方可入直阁内，从而成为皇帝身边的侍卫武官，为皇帝左右亲信，并为其用命。此即胡三省所说之"出入省（禁省，禁中）阁"。史书中有时也将直阁径称为直阁将军。《宋书·恩倖·阮佃夫传》："佃夫与王道隆、李道儿及帝左右琅邪淳于文祖谋共废立。时直阁将军柳光世亦与帝左右兰陵缪方盛、丹阳周登之有密谋，未知所奉。"⑩《明帝纪》："废帝景和末……于时废帝左右常虑祸及，人人有异志。唯有直阁将军宗越、谭金、童太壹等数人为其腹心，并虓虎

---

① 《宋书》卷八〇《孝武十四王·豫章王子尚传》，第2059页。
② 《宋书》卷八三《宗越传》，第2110页。
③ 《宋书》卷八三《谭金传》，第2112页。
④ 《宋书》卷八三《武念传》，第2112页。
⑤ 《宋书》卷七四《沈攸之传》，第1927页。
⑥ 《宋书》卷七七《柳光世传》，第1991页。
⑦ 《宋书》卷八六《刘勔传》，第2192页。
⑧ 《宋书》卷八八《沈文秀传》，第2222页。
⑨ 唯沈攸之之正式职务为车骑中兵参军。按刘子尚时为尚书令、扬州刺史，中兵参军领府亲卫兵，亦可归入禁卫武官。又可参见严耕望《中国地方行政制度史》上编卷中《魏晋南北朝地方行政制度》，第203—204页。
⑩ 《宋书》卷九四《恩倖·阮佃夫传》，第2312页。

有干力,在殿省久,众并畏服之,故莫敢动。"① 虽然直阁和直阁将军一开始便可互称,但作为正式官职名称,直阁将军在当时似仍未定型。在前废帝被诛后,宋明帝下诏谓"屯骑校尉南清河太守谭金、强弩将军童太壹、车骑中兵参军沈攸之"云云②。作为正式诏书,诸直阁职务中不言直阁将军,似表明当时直阁将军还未成为制度所规定的正式官职名称。直阁将军之得名,看来是因入直阁者一般都是禁卫将军,故因其所掌而称之。

类似直阁将军的禁卫武官"直阁"一名正式出现其实还要早于前废帝景和元年。《南齐书·高帝纪上》:"孝建(454—456)初,除江夏王大司马参军,随府转太宰(参军)。迁员外郎、直阁、中书舍人,西阳王抚军参军,建康令。新安王子鸾有盛宠,简选僚佐,为北中郎中兵参军。陈太后忧,起为武烈将军,复为建康令,中兵如故。景和世,除后军将军。"③ 按江夏王义恭为大司马在元嘉三十年(453)五月,进太宰在孝建三年(456)十月④,则萧道成以员外郎直阁必在其后,即宋孝武帝大明(457—464)年间。《资治通鉴》宋顺帝昇明元年(477)十二月条:"初,沈攸之与萧道成于大明、景和之间同直殿省,深相亲善,道成女为攸之子中书侍郎文和妇。"⑤ 则二人任职在宋孝武帝至前废帝时可知。《宋书·谭金传》:"孝建三年,迁屯骑校尉、直阁,领南清河太守。景和元年,前废帝诛群公,金等并为之用。"⑥《薛安都传》:"初,安都从子索儿,前废帝景和中,为前军将军、直阁,从诛诸公。"⑦ 这是南朝史料中最早明确出现"直阁"之名,表明当时已经有了"直阁"一类禁卫武官。但这也不能说是最早的直阁。直阁最早应追溯到宋孝武帝即位之初。《宋书·孝武帝纪》:元嘉三十年六月"丙午(初五,6.26),车驾还宫。初置殿门及上阁屯兵"⑧。既然是"置殿门及上阁屯兵",便应同时设置领殿门及上阁屯兵的将领,直阁之职的设置应该就在其时。直阁或直阁将军当即统殿门及上阁屯兵之禁卫将领,入直阁(上阁等)内,侍卫皇帝,保

---

① 《宋书》卷八《明帝纪》,第152页。
② 《宋书》卷八三《谭金传》,第2112页。
③ 《南齐书》卷一《高帝纪上》,第4页。
④ 参见《宋书》卷六《孝武帝纪》,第119页。
⑤ 《资治通鉴》卷一三四《宋纪一六》,第4201—4202页。
⑥ 《宋书》卷八三《谭金传》,第2112页。
⑦ 《宋书》卷八八《薛安都传》,第2218—2219页。
⑧ 《宋书》卷六《孝武帝纪》,第111页。

卫其安全。宋孝武帝此举考虑有二：其父宋文帝因身边无固定近侍武官及屯兵守卫，而被太子刘劭钻了空子，终致被弑身亡；宋孝武帝刘骏举兵反抗，刚从刘劭手中夺取皇位，地位岌岌可危，亟须加强警卫力量以保障其安全。于是以禁卫将领兼直阁统领殿门及上阁屯兵的制度应运而生。但在官制上找不到合适的名称为这一新的职务命名，因其入直（值）阁内，故目其为直阁。当这一制度逐渐固定下来之时，直阁将军的名称也就出现了。

直阁之制与此前之防阁及门阶户席直卫兵之制有一定的渊源关系。《宋书·孝义·卜天与传》：卜天与之父曾为刘裕部下队主。"天与善射，弓力兼倍，容貌严正，笑不解颜，太祖以其旧将子，使教皇子射。居累年，以白衣领东掖防阁队。"① 时在元嘉二十七年（450）之前。此处之"防阁"当在东掖门之内，为守卫东掖门之卫士宿直之处。宋文帝元嘉三十年正月，太子刘劭发动政变，率东宫卫队入宫。《资治通鉴》载其事云：

（刘劭等）从万春门入。……张超之等数十人驰入云龙门及斋阁（閤），拔刀径上合殿。帝其夜与徐湛之屏人语，至旦，烛犹未灭，门阶户席直卫兵尚寝未起。……进至合殿中閤，闻帝已殂，出坐东堂。……宿卫旧将罗训、徐罕皆望风屈附。左细仗主、广威将军吴兴卜天与不暇被甲，执刀持弓，疾呼左右出战。……手射劭于东堂，几中之。劭党击之，断臂而死。队将张泓之、朱道钦、陈满与天与俱战死。左卫将军尹弘惶怖通启，求受处分。劭使人从东閤入，杀潘淑妃及太祖亲信左右数十人，急召始兴王濬，使帅众屯中堂。②

《宋书·二凶·元凶劭传》谓，"张超之等数十人驰入云龙、东中华门及斋阁，拔刀径上合殿"③。以上所见斋閤、中閤、东閤与防閤，应该都是后来直阁将军入直之处。率领诸阁卫队的将领应即直阁或直阁将军之前身，如左细仗主、广威将军吴兴卜天与以及队将张泓之、朱道钦、陈满等

---

① 《宋书》卷九一《孝义·卜天与传》，第2253页。
② 《资治通鉴》卷一二七《宋纪九》，第3989—3990页。
③ 《宋书》卷九九《二凶·元凶劭传》，第2427页。

人，而东掖防阁队、门阶户席直卫兵等应即后来直阁将军所领宿卫兵之前身。

宋文帝虽然对太子刘劭行巫蛊欲置己于死地的做法表示愤慨，打算废黜太子，但又犹豫不决，于是才将此事告诉潘淑妃，意在征求其意见，这表明他还未痛下决心。宋文帝在刘义康、刘湛事件之后，怕其弟干政并进而影响到皇位继承，采取措施过分加强太子权力，特别是一味纵容东宫禁卫兵力的扩充，甚至使东宫禁卫兵力的数量达到了与皇宫相等的地步，这在历史上是空前绝后的。养痛为患，自食其果，文帝不悟，可悲之至。直到太子密谋造反，他仍然不能严加警备，采取果断措施。[①] 当太子刘劭率其禁卫武装矫诏进入宫城之际，守卫宫门之禁卫官兵不能识别，未遵守"东宫队不得入宫城"之制度而为其放行。而其时宋文帝所居内殿之门阶户席直卫兵居然就寝而无人侍卫于帝旁，实在太疏忽大意了。在宋文帝被害之际，宿卫旧将或"望风屈附"，而反抗者则被杀害。就这样，宋文帝遂惨死于太子东宫禁卫武官的兵刃之下。

宋文帝被弑后，刘劭匆忙即位，并以原东宫禁卫武官取代了朝廷禁卫武官，任命原东宫卫队将领为其领军将军及左卫将军等禁卫长官。很显然，刘劭不仅利用东宫禁卫武装取得了政变的成功，而且还想通过控制皇宫（台城）禁卫军权而掌握朝廷政权。但是，刘劭的所作所为却未能充分考虑到当时复杂的政治形势，是一次孤注一掷的冒险行动。东晋一朝及刘宋初年的历史一再证明：虽然禁卫军权在政治斗争中十分重要，但仍然不是决定一切的终极因素，特别是行篡逆之举，还有很多因素制约，既与统治集团力量对比有密切关系，也涉及对地方军政权力的全面控制。宋武帝刘裕花了近二十年时间的经营才实现了晋宋禅代。徐羡之等顾命大臣控制着朝中军政大权，而废黜昏暴的宋少帝也是费了很大的周折，进行了充分密谋，扶持宋文帝刘义隆即位后，在基本控制朝政和掌握长江上游军政权力的情况下仍难免束手就戮。刘义康在宋文帝卧病时执政近十年，在朝野有着广泛的影响，根本谈不上言废立之事，仍然遭到放黜和身死的境遇。宋文帝本来就不是以嫡长子继承制的方式即位的，即位后又废杀旧辅，并扑灭了几次反叛活动，及至杀其弟义康，这些举措并不一定都深得

[①] 据《宋书》卷七一徐湛之、江湛、王僧绰诸传记载，宋文帝在废劭而立谁的问题上与诸大臣意见不一，乃是久议不决的重要原因，毕竟要废黜已立二十余年的太子并非小事一桩。

人心，特别是元嘉十七年之后他对诸弟的防范和对太子的一味纵容，在统治集团内部引起了不安和不满。太子刘劭的弑帝篡位不仅得不到以宗室为首的统治集团的支持，而且还为他们夺权制造了借口。正是在这种错综复杂的矛盾制衡下，刘劭凭借政变夺来的皇位自然是岌岌可危的。太子左卫率袁淑在刘劭举事前便告诉他："居不疑之地，何患不克。但既克之后，为天地之所不容，大祸亦旋至耳！愿急息之。"① 袁淑的判断可谓洞若观火。

作为专门官职名称的直阁将军始见于宋后废帝末。《宋书·恩倖·阮佃夫传》："时废帝猖狂，好出游走。始出宫，犹整羽仪，引队仗，俄而弃部伍，单骑与数人相随，或出郊野，或入市廛，内外莫不惧忧。佃夫密与直阁将军申伯宗、步兵校尉朱幼、于天宝谋共废帝，立安成王。（元徽）五年（477）春……"② 按此处之步兵校尉朱幼、于天宝（均当为废帝亲近禁卫武官）未被冠以直阁将军，而仅以申伯宗为直阁将军，这与前引史料中以直阁之车骑中兵参军沈攸之、屯骑校尉谭金、游击将军宗越、右军将军武念等俱被称为直阁将军似有差别。可以认为，申伯宗之直阁将军已是正式官名，而沈攸之等之直阁将军则是直阁（入直阁内）之禁卫将军。《宋书·孝义·卜天与传》：子伯兴，"官至前（前军？）将军、南平昌太守、直阁、领细仗主。顺帝昇明元年（即元徽五年），与袁粲同谋伏诛"③。可知此时仍有以他官直阁之例。又如高道庆任职，《资治通鉴》记作"直阁将军高道庆"④，而《宋书·后废帝纪》记作"骁骑将军高道庆"⑤，《沈攸之传》记为"台直阁高道庆"⑥，本传则更加笼统地载其任至"军校骁游"⑦。看来高道庆是以骁骑将军直阁，而非单为直阁将军。凡此均说明，南朝宋之直阁或直阁将军并非正式的官职名称，具有临时差遣的性质。正因如此，沈约在《宋书》列传中记载了直阁将军，但

---

① 《宋书》卷七〇《袁淑传》，第1840页。参见《资治通鉴》卷一二七《宋纪九》文帝元嘉三十年二月条，第3989页。
② 《宋书》卷九四《恩倖·阮佃夫传》，第2315页。
③ 《宋书》卷九一《孝义·卜天与传》，第2254页。
④ 《资治通鉴》卷一三四《宋纪一六》顺帝昇明元年（477）十二月条，第4202页。按其时高道庆已死，此处为追叙其事。
⑤ 《宋书》卷九《后废帝纪》，第186页。
⑥ 《宋书》卷七四《沈攸之传》，第1933页。
⑦ 《宋书》卷八三《高道庆传》，第2126页。

在作为正规制度的《百官志》中却不见这一官职。

　　直阁或直阁将军一开始即是以临时性的"入直阁"来实现其职能的，刘宋正规职品令均不及之。刘宋末年以来确立的直阁将军作为专门的禁卫武官名称有其相对性，其品位往往要通过担任者的兼职来体现。因此，对于直阁将军之地位高低只能通过考察其职务兼领和迁转状况加以推测。刘宋时期直阁将军兼领迁转关系可考者如下[①]：

　　谭金：龙骧将军（3）、南下邳太守（5）、建平王宏中军参军（7）→屯骑校尉（4）、直阁、南清河太守（5）→骁骑将军（4）[②]

　　刘怀珍：振武将军（4）、长广太守（5）→江夏王义恭大司马参军（7）、直阁将军→太宰参军（7）、建武将军（4）、乐陵河间二郡太守（5）[③]

　　萧道成：江夏王太宰参军（7）→员外郎、直阁、中书舍人、西阳王抚军参军（7），建康令（6）→新安王子鸾北中郎参军（7）[④]

　　刘勔：刘道隆宁朔司马（6）→西阳王子尚抚军参军（7），直阁、龙骧将军（3），西江督护、郁林太守（5）→?[⑤]

　　沈攸之：龙骧将军（3）、武康令（6）→豫章王子尚中兵参军（7）、直阁→右军将军（4）[⑥]

　　宗越：宁朔将军（3），司州刺史（4），领汝南新蔡二郡太守（5）→游击将军（4），直阁、领南济阴太守（5），加冠军将军（3）→领南东海太守（5）[⑦]

　　武念：龙骧将军（3）、南阳太守（5）→右军将军（4）、直阁[⑧]

　　柳光世：振武将军（4）→左（左军）将军（4）、直阁将军→

[①] 说明：a. 大体上按时间先后顺序排列；b. （ ）内据《宋书》卷四〇《百官志下》所载品级标注官品，不明者不注；c. →表示迁转顺序，不一定代表升迁。此外，仅知其为直阁将军而不明其兼领或前后任职情况者从略。以下类此。

[②] 参见《宋书》卷八三《谭金传》，第2111—2112页。

[③] 参见《宋书》卷二七《刘怀珍传》，第500页。

[④] 参见《南齐书》卷一《高帝纪上》，第4页。

[⑤] 参见《宋书》卷八六《刘勔传》，第2191页。

[⑥] 参见《宋书》卷七四《沈攸之传》，第1927页。

[⑦] 参见《宋书》卷八三《宗越传》，第2110页。

[⑧] 参见《宋书》卷八三《武念传》，第2112页。

右卫将军（4）①

　　王敬则：侠（夹）毂队主、领细铠左右→直阁将军、奋武将军（4）→龙骧将军（3）、军主②

　　刘善明：屯骑校尉（4）、海陵太守（5）→后军将军（4）、直阁→宁朔将军（3）、巴西梓潼二郡太守（5）③

　　周山图：员外郎、加振武将军（4）→给事中（5）、冗从仆射（5）、直阁将军→龙骧将军（3）、历阳令（6）④

　　彭文之：龙骧将军（3）→辅国将军（3），左军将军（4），南濮阳太守（5），直阁、领右细仗荡主→？⑤

　　薛索儿：前军将军（4）、直阁→左［军］将军（4）、直阁⑥

由此可以看到：（1）刘宋之直阁、直阁将军一般都是兼职，其所兼任者有禁卫武官屯骑校尉、左军将军、游击将军、右军将军、后军将军。柳光世所任左将军和卜伯兴所任前将军可能应为四军将军（左军将军、前军将军）而非四将军（左将军、前将军）。果如此，则直阁、直阁将军所兼禁卫武官为左、右卫之下的四军、骁游、五校等职。《宋书·高道庆传》谓其任至"军校骁游"，而《宋书·后废帝纪》记作"骁骑将军高道庆"，表明是以"军校骁游"指代这一类职务，知其性质、职能相近。"军"即四军将军，"校"即五校尉，"骁"即骁骑将军，"游"即游击将军。"骁骑将军高道庆""台直阁高道庆""直阁将军高道庆"等不同记述表明，高道庆当时是以骁骑将军兼任直阁将军的。军校骁游是直阁将军最基本的兼任官，主要是因两者性质、职能相似之故，也是当时军校骁游禁卫职能衰微之反映，即不兼直阁便不得入阁而从事侍卫皇帝的机要禁卫工作。（2）直阁、直阁将军还兼任其他将军号，主要有龙骧、奋武将军，及近侍文官如员外郎、中书舍人、给事中等

---

① 参见《宋书》卷七七《柳光世传》，第1991页。
② 参见《南齐书》卷二六《王敬则传》，第479页。
③ 参见《南齐书》卷八三《刘善明传》，第523页。
④ 参见《南齐书》卷二九《周山图传》，第540页。
⑤ 参见《宋书》卷八三《彭文之传》，第2125页。
⑥ 《宋书》卷八八《薛安都传》载其从子索儿事，第2218—2219页。按"左将军"，《南史》卷四〇《薛安都传》作"左军将军"（第1022页），是。

职，还有诸侯王府之参军。在此需说明的是，《宋书·百官志下》所载官品表将诸府参军列为第七品，似太笼统，因府之差别极大，一品之王、三公及将军府与五六品之将军府，其僚佐地位决不可能完全一样。因此笔者估计上述事例中王府参军至少也应在五品左右，而不可能太低，从其所兼军号及太守品级判断亦当以五六品为宜。(3) 由上述可见，和直阁将军兼领最多的是四品之武官和五品之文官，任前、任后均以三、四品之武官和五品之文官为主，变化不大，主要是同品级中次序之前后以及其重要程度的差别而已。作为禁卫武官，我们认为直阁将军的地位相当于四品，与其常兼任之军校骁游相当，属于中层禁卫武官，介于领军、护军、二卫将军和三将、积射将军、强弩将军、殿中将军、殿中司马督之间。而一些不带将军号的直阁可能地位略低，相当于五六品，应属中下级禁卫武官。

按照清代四库馆臣的解释，直阁将军乃是因其所掌而得名，其职能自然就是"入直阁内"；胡三省的解释是，"出入省阁，总领宿卫"；周一良认为，"直阁是守卫之武官名"。应该说三种解释都有一定根据，但都不够准确全面。直阁或直阁将军就是因其职掌而得名，即直卫阁内；其直卫阁内自然就可出入省阁，但是否总领宿卫则不尽然。因同时直阁或为直阁将军者不止一人，究竟由谁总领并不确定；领宿卫是无疑的，但不一定是总领。直阁肯定是守卫之武官名，但是为何种性质的守卫武官，其地位、职能如何，则颇为含糊。可以说直阁或直阁将军是禁卫武官之一种，最初为皇帝身边最亲近的近侍（侍卫）或直卫武官之泛称，后发展为专称。直阁将军除了入直阁内，还可兼任细仗主一类禁卫武官，领甲仗宿卫。《宋书·彭文之传》："顺帝初，为辅国将军、左军将军、南濮阳太守、直阁，领右细仗荡主。"[①]《恩倖·卜天与传》：子伯兴，"官至前（前军？）将军、南平昌太守、直阁，领细仗主"[②]。

关于直阁、直阁将军所"直"之"阁"，可作如下考察。东汉许慎《说文解字》："阁，门旁户也。"清段玉裁注："师古云：阁者，小门也。……唐时不临前殿，御便殿，谓之入阁。谓立仗于前殿，唤仗则自东

[①] 《宋书》卷八三《彭文之传》，第2125页。
[②] 《宋书》卷九一《恩倖·卜天与传》，第2254页。

西阁入也。"①《太平御览》引《晋宫阁名》曰:"洛阳宫有金光阁、清阳阁、朱明阁、承休阁、安乐阁、白藏阁、显仁阁、崇明阁、章德阁、飞云阁、安世阁、长安阁。长安有东明阁、西华阁、紫闼阁。"西晋傅玄《歌诗》曰:"我家近宫掖,易知复难忘。黄金为阁门,白玉为殿堂。"② 南朝建康宫(台城)的政治中心为太极殿(正殿),太极殿两旁之东、西朝堂(当即"便殿")作为日常朝宴之所③。《宋书·良吏传·序》:"晋世诸帝,多处内房,朝宴所临,东、西二堂而已。孝武末年,清暑方构。高祖受命,无所改作,所居唯称西殿,不制嘉名。太祖因之,亦有合殿之称。"④ 验之史载,此说得实。

宋文帝元嘉三十年(453)二月二十一日夜,太子刘劭发动政变,率其东宫卫队入宫行废弑之举。《宋书·元凶劭传》:

明旦未开鼓,劭以朱服加戎服上,乘画轮车,与萧斌(太子中庶子、右军长史)同载,卫从如常入朝之仪,守门开,从万春门入。旧制,东宫队不得入城(即宫城、台城),劭与门卫云:"受敕,有所收讨。"令后队速来,张超之等数十人驰入云龙、东中华门及斋阁,拔刃径上合殿。上其夜与尚书仆射徐湛之屏人语(语废太子事),至旦烛犹未灭,直卫兵尚寝。超之手行弑逆,并杀湛之。劭进至合殿中阁,太祖已崩,出坐东堂,萧斌执刀侍直。⑤

此处所见"斋阁"及"合殿中阁",直阁、直阁将军所直之阁即应属此类殿阁。建康宫城之太极殿筑于东晋孝武帝太元三年(378)。《建康实录》载:晋孝武帝太元"三年春正月,尚书仆射谢安石以宫室朽坏,启作新宫,帝权出居会稽王第。二月,始工,内外日役六千人"。"秋七月,新宫成,内外殿宇大小三千五百间。辛巳(廿五,9.3),帝居新宫。"太极

---

① (汉)许慎撰,(清)段玉裁注:《说文解字注》,上海古籍出版社1981年版,第587页。
② (宋)李昉等撰:《太平御览》卷一八四《居处部一二》"阁"条,中华书局1960年版,第894页。
③ 参见(清)顾炎武撰《历代宅京记》卷一三《建康》,中华书局1984年版,第193页;杨宽《中国古代都城制度史研究》,第163—164页。
④ 《宋书》卷九二《良吏传·序》,第2262页。
⑤ 《宋书》卷九九《二凶·元凶劭传》,第2426—2427页。

殿即在此次新构殿宇之列。① 在宋孝武帝刘骏发兵诛灭刘劭之后不久，于元嘉三十年六月丙午（初五，6.26），"初置殿门及上阁屯兵"②。此殿即太极殿，上阁在其东、西近侧，位于太极殿与东、西朝堂之间③。直阁、直阁将军主要宿直之处当在上阁及中阁。④ 齐高帝萧道成与沈攸之于宋前废帝时均为直阁，"同直殿省"⑤。《宋书·后废帝纪》："时昱出入无恒，省内诸阁，夜皆不闭。且群下畏相逢值，无敢出者。宿卫并逃避，内外无相禁摄。"⑥ 此处之"省"，即殿省、禁省、朝省，亦即禁中，以政治中心太极殿为主。直阁将军宿直之处除了正殿便殿阁外，还应包括诸门阁。正常情况下，直阁、直阁将军所直之阁为太极殿之中阁或上阁等处，而对于出入无恒之昏暴皇帝，禁中之诸阁都有可能成为直阁入直之处。

　　作为机要禁卫武官的直阁、直阁将军，其政治职能在刘宋政争中有突出表现。直阁之制和直阁将军的产生，是与最高统治者加强皇权的举措密切相关的，其职能在围绕皇权的政争中也表现得最为充分。宋孝武帝刘骏即位后，为了巩固既得皇权，防止帝位被篡，特别注意吸取宋文帝被弑之教训，加强皇宫特别是殿阁禁卫力量，置殿门及上阁屯兵，直阁之制应运而生。其后不久，即出现了以军校骁游等中级禁卫武官领禁旅宿卫而被称为直阁将军的制度。

　　直阁将军在皇帝身边侍卫，地位较低，加之出身卑微，容易指挥调

---

① 《建康实录》卷九《晋中下·烈宗孝武皇帝》，第265—266页。按《太平御览》卷一七三《居处部一》"宫"条引《晋书》，"始工"作"始兴功"（第845—846页）。又可参见《景定建康志》卷二一《城阙志二·古宫殿》"晋建康宫"条引《旧志》，及本条"考证"引《实录》，"太极殿"条"考证"（第995—996、997—998页）。

② 《宋书》卷六《孝武帝纪》，第111页。

③ 《景定建康志》卷二一《城阙志二·古宫殿》"太极殿"条引《旧志》："太极殿，建康宫内正殿也。晋初造，以十二间象十二月。至梁武帝改制，十三间象闰焉。高八丈，长二十七丈，广十丈。内外并以锦石为砌。次东有太极东堂七间，次西有太极西堂七间，亦以锦石为砌。更有东、西二上阁，在堂殿之间。方庭阔六十亩。"（第997页）

④ 南朝宫殿曾发生多起火灾，宫殿重修或增修亦频频发生。如梁武帝天监十二年（513）二月"辛巳（廿六，3.18），新作太极殿，改为十三间"；六月"庚子（十七，8.4），太极殿成"。（《梁书》卷二《武帝纪中》，第53页）不论宫殿结构如何变化，直阁将军宿直之处为皇帝所临之殿阁无疑。《南齐书》卷五六《倖臣·茹法亮传》："延昌殿为世祖阴室，藏诸御服。二少帝并居西殿，高宗即位住东斋，开阴室出世祖白纱帽防身刀……"（第977页）则当时延昌殿之西殿或东斋又成为政治中心。

⑤ 《南齐书》卷一《高帝纪上》，第11页。

⑥ 《宋书》卷九《后废帝纪》，第190页。

动，故往往成为昏暴君主实施暴政的有力工具。史书所载前废帝时期宗越等直阁将军的活动正是如此。《资治通鉴》宋明帝泰始元年（465）十月条：

> 初，帝既杀诸公，恐群下谋己，以直阁将军宗越、谭金、童太壹、沈攸之等有勇力，引为爪牙，赏赐美人、金帛，充牣其家。越等久在殿省，众所畏服，皆为帝尽力；帝恃之，益无所顾惮，恣为不道，中外骚然。左右宿卫之士皆有异志，而畏越等不敢发。……湘东王或主衣会稽阮佃夫、内监始兴王道隆、学官令临淮李道儿，与直阁将军柳光世及帝左右琅邪淳于文祖等谋弑帝。①

可见当时在对待昏暴的前废帝的态度上，其亲信文武分成了两派：一派以宗越为代表，为其用命，诛戮王公大臣，为真正的爪牙；另一派以阮佃夫为代表，包括直阁将军柳光世，为保全自己不被诛杀，而欲密谋除之。《宋书·宗越传》：

> 前废帝景和元年（465），召为游击将军、直阁。……帝凶暴无道，而越及谭金、童太壹并为之用命，诛戮群公及何迈等，莫不尽心竭力，故帝凭其爪牙，无所忌惮。……越等武人粗强，识不及远，咸一往意气，皆无复二心。帝将欲南巡，明旦便发，其夕悉听越等出外宿，太宗因此定乱。明晨，越等并入，上抚接甚厚，越改领南济阴太守，本官如故。越等既为废帝尽力，虑太宗不能容之，上接待虽厚，内并怀惧。上亦不欲使其居中……越等……因谋作难。以告沈攸之，攸之具白太宗，即日收越等下狱死。②

柳光世因参与密谋诛杀前废帝的行动而被任命为右卫将军，但他毕竟也是前废帝暴政之帮凶，故而也就难免一死。《柳光世传》："既而四方反叛，同阁宗越、谭金又诛，光世乃北奔薛安都，安都使守下邳城。及安都招引索虏，光世率众归降，太宗宥之，以为顺阳太守。子欣

---

① 《资治通鉴》卷一三〇《宋纪一二》，第4087—4088页。
② 《宋书》卷八三《宗越传》，第2110—2111页。

慰谋反，光世赐死。"① 据《薛安都传》记载，柳光世确实参与了背叛宋明帝的行动。薛安都从子索儿在宋明帝初由前军将军、直阁转任左［军］将军、直阁。"安都将为逆，遣密信报之，又遣数百人至瓜步迎接。时右卫将军柳光世亦与安都通谋。泰始二年二月，索儿、光世并在省，安都信催令速去，二人俱自省逃出，携安都诸子及家累，席卷北奔。"② 按左军将军、直阁薛索儿与右卫将军柳光世所在之"省"即禁省，表明他们的职责是侍直禁省。很显然，直阁之职与右卫将军具有相近的职能。对于前废帝的亲信诸直阁将军，即使未参与针对宋明帝刘彧的行动抑或协助明帝诛杀前废帝，也都未能逃过惩罚。唯一的例外是，告宗越等谋反并使刘彧顺利剪除宗越等人的沈攸之，不仅未受惩处，而且还受到特别重用。③

宋明帝死后，不足十岁的太子刘昱即位，"尚书令袁粲、护军将军褚渊共辅朝政"④。当时辅政者还应包括中领军刘勔⑤。元徽二年（474）"五月壬午（十二，6.12），太尉、江州刺史桂阳王休范举兵反"⑥。在保卫京师的战斗中，中领军刘勔战死。战绩突出的右卫将军萧道成接替刘勔而任中领军。数年间，萧道成的势力壮大起来，基本上控制了整个朝廷局势。而与此同时，后废帝年龄渐长，且昏暴异常，"天性好杀，以此为欢，一日无事，辄惨惨不乐。内外百司，人不自保，殿省忧遑，夕不及旦"⑦。骁骑将军阮佃夫与直阁将军申伯宗密谋诛帝，事觉被杀⑧。在这种情况下，宋后废帝与权臣萧道成之间的矛盾日益加剧，于是萧道成"潜

---

① 《宋书》卷七七《柳元景传附光世传》，第1991页。
② 《宋书》卷八八《薛安都传》，第2219页。
③ 参见《宋书》卷七四《沈攸之传》，第1927页。又载："复召入直阁，除东海太守。"（同上）在宋明帝朝平定内乱及反击北魏南侵的战争中，沈攸之迅速成长为一位著名将领，并成为宋明帝的亲信大臣。当明帝临终前夕，沈攸之遂被委以顾命大臣之任。
④ 《宋书》卷九《后废帝纪》，第177页。
⑤ 《宋书》卷八六《刘勔传》，第2196页。
⑥ 《宋书》卷九《后废帝纪》，第181页。
⑦ 同上书，第189页。
⑧ 《宋书》卷九四《恩倖·阮佃夫传》："元徽三年，迁黄门侍郎、领右卫将军，（淮陵）太守如故。明年，改领骁骑将军。其年，迁使持节、督南豫州诸军事、冠军将军、南豫州刺史、历阳太守，犹管内任。"（第2315页）《魏书》卷九七《岛夷刘昱传》："昱直阁将军申伯宗、步兵校尉朱幼、司徒左长史沈勃等欲废昱，昱亲率羽林兵掩之，乃躬运矛鋋，手杀勃等，阖门婴稚，莫不歼截。"（第2151页）

图废立，与直阁将军王敬则谋之"①。

在车骑大将军、荆州刺史沈攸之举兵反叛之后，朝廷内部对立两派的冲突终于爆发。《南齐书·高帝纪上》：

> 司徒袁粲、尚书令刘秉见太祖威权稍盛，虑不自安，与（刘）蕴及黄回等相结举事，殿内宿卫主帅无不协同。攸之反问初至，太祖往石头与粲谋议，粲称疾不相见。尅壬申夜起兵据石头。刘秉恇怯，晡时，从丹阳郡载妇女入石头，朝廷不知也。其夜，丹阳丞王逊告变，秉从弟领军韫及直阁将军卜伯兴等严兵为内应。太祖命王敬则于官内诛之。②

萧道成最终取得了斗争的决定性胜利。而此前萧道成面对的局面可谓相当严峻：其对手，不仅有袁粲、刘秉等宰辅大臣，而且还有中领军刘韫及右卫将军黄回等禁卫长官，更有殿内宿卫主帅，其中自当包括直阁将军在内。《宋书·顺帝纪》："黄回及辅国将军孙昙瓘、屯骑校尉王宜兴、辅国将军任候伯、左军将军彭文之密相响应。中领军刘韫、直阁将军卜伯兴在殿内同谋。录公齐王诛韫等于省内。军主苏烈、王天生、薛道渊、戴僧静等陷石头，斩粲于城内。秉、述、蕴逾城走，追擒之，并伏诛。"③ 黄回"拳捷果劲，勇力兼人"，曾任禁卫武官屯骑校尉、骁骑将军、右卫将军等职，是当时禁卫著名将领，其手下有近千名江西楚人组成的快射手，萧道成对之颇不放心而又极为惧怕，故亟欲除之。但在袁粲等新平政局不稳的情况下，萧道成对黄回采取了笼络安抚的措施。"回本期诘旦率所领从御道直向台门，攻齐王于朝堂，事既不果，齐王抚之如旧。"以其为平西将军、郢州刺史，率兵西讨沈攸之。当沈攸之被平定以后，黄回便失去了利用价值，"齐王以回终为祸乱"，借故将其治罪处死。④

萧道成多年担任禁卫武官，宋孝武帝时就曾入直阁，后官至右卫将军，并在平定桂阳王休范之役中立下大功，最终又得以接替阵亡的刘勔而任中领军。毫无疑问，朝廷禁卫武官中自有其不少心腹和亲信。与袁粲、

---

① 《宋书》卷九《后废帝纪》，第189页。
② 《南齐书》卷一《高帝纪上》，第12页。
③ 《宋书》卷一〇《顺帝纪》，第195—196页。
④ 《宋书》卷八三《黄回传》，第2122—2124页。

刘秉、刘韫等人较量时，萧道成以其长子萧赜为左卫将军，控制着一部分禁卫军。黄回虽谋应，但并未见诸行动，实际上等于中立。严格来说，只有直阁将军卜伯兴站在袁粲一边反对萧道成。直阁、领细仗主卜伯兴，"顺帝昇明元年（477），与袁粲同谋，伏诛"①。王敬则于前废帝初"补刀戟左右"，又"补侠（夹）毂队主，领细铠左右"，是诛杀前废帝的主要人物。"明帝即位，以为直阁将军。坐捉刀入殿启事，系尚方十余日，乃复直阁。"② 可能王敬则因"捉刀入殿启事"而惊吓了宋明帝，故而受到处分，表明直阁将军按规定是不允许带刀入殿的。后废帝时王敬则由右夹毂主转任越骑校尉，为萧道成心腹死党。在杀害后废帝而立顺帝以及协助萧道成与袁粲等人的斗争中，王敬则功勋显赫。"齐台建，为中领军。"③

第六节　卫尉卿与领石头戍事

一　卫尉卿

西晋卫尉以掌诸冶为主要职掌④，不再具备禁卫职能。东晋一代未设卫尉。宋孝武帝初年，复置卫尉⑤。刘宋卫尉不再统辖冶官，而且具有了禁卫职能。《宋书·武二王·南郡王义宣传附子恢传》："转恢侍中，领卫尉。晋氏过江，不置城门校尉及卫尉官，世祖欲重城禁，故复置卫尉卿。卫尉之置，自恢始也。转右卫将军，侍中如故。"⑥ 同书《百官志下》：

---

① 《宋书》卷九一《孝义·卜天与传附子伯兴传》，第2254页。
② 《南齐书》卷二六《王敬则传》，第479页。按王敬则所任官职，本传及《通鉴》俱记为越骑校尉，而《宋书·后废帝纪》则记为直阁将军。按制度，若当时五校不兼直阁，恐怕很难像本传所记那样"于殿内伺机"图帝；而且又谓其"每日直"云云，则其必为越骑校尉兼直阁将军无疑。又，《魏书》卷九七《岛夷刘昱传》亦记作"直阁王敬则"（第2152页）。
③ 《南齐书》卷二六《王敬则传》，第481页。
④ 《宋书》卷三九《百官志上》：卫尉，"晋江右掌冶铸，领冶令三十九，户五千三百五十"（第1230页）。
⑤ 《宋书》卷三九《百官志上》："卫尉，江左不置，宋世祖孝建元年（454）复置。"（第1230页）卷一八《礼志五》："卫尉，江左不置，宋孝武孝建初始置。"（第508页）按同书卷六《孝武帝纪》元嘉三十年闰六月条云，"是月，置卫尉官"（第112页）。次年正月己亥朔改元孝建，则《百官志上》和《礼志五》关于卫尉复置时间的记载并不准确。
⑥ 《宋书》卷六八《武二王·南郡王义宣传附子恢传》，第1808页。

"（太子）率更令，一人。主宫殿门户及赏罚事，职如光禄勋、卫尉。"①可知刘宋卫尉的职能是负责城（宫城）门守卫。刘恢由卫尉转任右卫将军，宋明帝刘彧曾历任侍中、卫尉—左卫将军、卫尉—中护军、卫尉—都官尚书、领游击将军、卫尉②，巴陵王休若曾任左卫将军—常侍、卫尉③，宋明帝临终遗诏以萧道成为右卫将军、领卫尉④，都是卫尉拥有禁卫职能的体现。

《宋书·自序》：沈伯玉"为卫尉丞"。"旧制，车驾出行，卫尉丞直门，常戎服。""初，伯玉为卫尉丞，太宗为卫尉，共事甚美。"车驾出行时卫尉当随行，故由卫尉丞"直门"。⑤《南齐书·王敬则传》：杨玉夫等杀宋苍梧王（后废帝），以其首交王敬则，敬则再交萧道成。"太祖索水洗视，视竟，乃戎服出。敬则从入宫，至承明门。门郎疑非苍梧还，敬则虑人觇见，以刀环塞窒孔，呼开门甚急。卫尉丞颜灵宝窥见太祖乘马在外，窃谓亲人曰：'今若不开内领军，天下会是乱耳。'门开，敬则随太祖入殿。"⑥ 这一记载表明，即便是在平时，宫门的把守仍然由卫尉丞与门郎负责。门郎当与汉代郎中令–光禄勋所辖郎吏类似。"卫尉丞直门"，正是卫尉守卫宫城门职能的体现。《通典·职官三·门下省》"城门郎"条："宋、齐俱以卫尉掌宫城屯兵及管钥之事。"⑦

正因如此，卫尉通常由亲信大臣担任。《南齐书·褚渊传》："帝（宋明帝）在藩，与渊以风素相善，及即位，深相委寄，事皆见从。""明帝疾甚，驰使召渊（褚渊时为吴兴太守），付以后事。帝谋诛建安王休仁，渊固谏，不纳。复为吏部尚书，领常侍、卫尉如故。不受，乃授右仆射，卫尉如故。渊以母年高羸疾，晨昏须养，固辞卫尉，不许。"⑧ 按褚渊曾任吏部尚书，但史书并未载其此前任卫尉之职，显然有遗漏。宋明帝召褚渊入朝，以其为散骑常侍、卫尉，"付以后事"。临终遗诏以褚渊为中书

---

① 《宋书》卷四〇《百官志下》，第1253页。
② 参见《宋书》卷八《明帝纪》，第151页。
③ 参见《宋书》卷七二《文九王·巴陵王休若传》，第1882—1883页。
④ 参见《南齐书》卷一《高帝纪上》，第7页。
⑤ 《宋书》卷一〇〇《自序》，第2465—2466页。
⑥ 《南齐书》卷二六《王敬则传》，第480—481页。
⑦ 《通典》卷二一《职官三·门下省》"城门郎"条，第558页。
⑧ 《南齐书》卷二三《褚渊传》，第426页。

令、护军将军,"与尚书令袁粲受顾命,辅幼主"。① 此证卫尉与护军将军属于职能相近的官职,拥有禁卫职能自无疑义。《宋书·颜师伯传》:"世祖临崩,师伯受遗诏辅幼主,尚书中事,专以委之。废帝即位,复还即真,领卫尉。师伯居权日久,天下辐辏,游其门者,爵位莫不逾分。"② 颜师伯之"居权",担任卫尉亦在其列。宋明帝刘彧能够推翻前废帝而称帝,当与他长期担任卫尉之职不无关系。南朝卫尉行使禁卫职能,还与领军系禁卫武官密不可分,尤其与左、右卫将军关系密切,卫尉常与左、右卫将军兼任。除上引诸例所见卫尉兼任左·右卫将军、中护军等禁卫长官外,还可见到卫尉兼任丹阳尹以及侍中、散骑常侍等侍从之职的事例③。

刘宋太后后宫亦有卫尉,如:王敬弘,"高祖受命,补宣训卫尉,加散骑常侍"④。王镇之亦曾任宣训卫尉⑤。羊玄保,"世祖即位,以为散骑常侍,领崇宪卫尉"⑥。桂阳王休范,"前废帝永光元年(465),转中护军,领崇宪卫尉"⑦。按"宣训"当为宋武帝继母孝懿萧皇后之宫⑧,"崇宪"为孝武帝母路太后之宫⑨。

二 领石头戍事

"领石头戍事"或"领石头戍军事",是南朝独具特色的一项制度。石头戍即石头城戍,该城于建安十七年(212)由孙权始筑。《吴志·吴主孙权传》:"(建安)十六年,权徙治秣陵。明年,城石头,改秣陵为建业。"⑩《建康实录·吴上·太祖上》:建安"十七年,城楚金陵邑地,号

---

① 《南齐书》卷二三《褚渊传》,第426页。
② 《宋书》卷七七《颜师伯传》,第1995页。
③ 又可参见《宋书》卷七二《文九王·巴陵王休若传》(散骑常侍、中书令、领卫尉),第1882—1883页;卷七八《刘延孙传》(侍中、领卫尉),第2019页;卷八〇《孝武十四王·永嘉王子仁传》(丹阳尹、兼卫尉),第2066页。
④ 《宋书》卷六六《王敬弘传》,第1730页。
⑤ 参见《宋书》卷九二《良吏·王镇之传》,第2263页;卷九三《隐逸·王弘之传》,第2281页。
⑥ 《宋书》卷五四《羊玄保传》,第1536页。
⑦ 《宋书》卷七九《文五王·桂阳王休范传》,第2045页。
⑧ 按《孝懿萧皇后传》见《宋书》卷四一《后妃传》,第1280—1281页。
⑨ 参见《宋书》卷四一《后妃·文帝路淑媛传》,第1286—1287页。
⑩ (晋)陈寿撰,(宋)裴松之注:《三国志》卷四七《吴书·吴主孙权传》,中华书局1959年版,第1118页。

石头，改秣陵为建业"①。《元和郡县图志·江南道一·浙西观察使》润州"上元县"条："石头城，在县西四里。即楚之金陵城也，吴改为石头城。建安十六年，吴大帝修筑，以贮财宝军器，有戍。《吴都赋》云，'戎车盈于石城'是也。诸葛亮云，'钟山龙盘，石城虎踞'，言其形之险固也。"②《景定建康志·山川志一·山阜》引《旧志》："石头山，在城西二里。案《舆地志》：环七里一百步，缘大江，南抵秦淮口，去台城九里。自六朝以来皆守石头以为固，以王公大臣领戍军为镇，其形胜盖必争之地云。"其下"事迹"条云："后汉建安十六年，吴孙权乃加修理，改名石头城，用贮军粮器械，今清凉寺西是也。"引《丹阳记》："石头城，吴时悉土坞。义熙初，始加砖累壁，因山以为城，因江以为池，地形险固，尤有奇势，亦谓之石首城。"③将孙权始筑石头城的时间定于建安十六年，乃是误读《吴志》的结果。《六朝事迹编类·形势门》"石城"条：在"建康之西"。"吴孙权沿淮立栅，又于江岸必争之地筑城，名曰石头，常以腹心大臣镇守之。""《舆地志》云：环七里一百步，在县西五里，去台城九里，南抵秦淮口。今清凉寺之西是也。"④

　　石头城修筑以后即成为六朝京师军事要地，历代都委派重臣率兵驻守。《景定建康志·山川志一·山阜》"石头山·事迹"条引《六朝记》云："吴孙权沿淮立栅，又于江岸必争之地筑城，名曰石头，常以腹心大臣镇守之。"⑤石头城外沿淮九十里有五道防线。《建康实录·吴下·后主》宝鼎二年（267）六月条本注引《宫城记》："吴时自宫门南出，夹苑路至朱雀门七八里，府寺相属。""吴时夹淮立栅，自石头南上十里至查浦，查浦南上十里至新亭，新亭南上二十里至孙林，孙林南上二十里至

---

① 《建康实录》卷一《吴上·太祖上》，第14页。

② 《元和郡县图志》卷二五，第596页。

③ 《景定建康志》卷一七《山川志一·山阜》，《中国方志丛书》第416号，第918页。按此条下小注云"旧志"，表明该条出自景定志之前的乾道或庆元志。（清）永瑢等撰《四库全书总目》卷六八《史部·地理类一》"景定建康志"条："景定中，宝章阁学士、江东安抚使、知建康府马光祖，始属应合取乾道、庆元二志，合而为一，增入庆元以后之事，正讹补阙，别编成书。"（中华书局1965年版，第600页）按《丹阳记》此条又见于《太平御览》卷一九三《居处部二·城下》（第931页），文字略有出入，逊于《景定建康志》所引文字。

④ （宋）张敦颐撰，张忱石点校：《六朝事迹编类》，上海古籍出版社1995年版，第35页。

⑤ 《景定建康志》卷一七《山川志一·山阜》，第918页。

板桥，板桥（南）上三十里至烈洲。"① 两晋时虽然尚未出现"领石头戍事"之职名，但关于石头城防务的将领已有临时性的官职名称见于史载，如西晋晚期殷祐曾为石头督护②。不过督护当为临时措置，似非正式官职名称③。东晋建立前夕，王廙亦曾镇守石头。《晋书·王廙传》："元帝作镇江左，廙弃郡过江。帝见之大悦，以为司马。频守庐江、鄱阳二郡。豫讨周馥、杜弢，以功累增封邑，除冠军将军，镇石头，领丞相军谘祭酒。"④ 时在晋元帝称帝之前。永昌元年（322）王敦反叛，亲率大军自武昌南下逼近京师建康，时晋元帝命"右将军周札守石头"。不久，"敦前锋攻石头，周札开城门应之"，王敦最初即以石头城为其政治中心。⑤ 按周札所任官职除了右将军，还有"都督石头水陆军事"⑥。晋明帝太宁元年（323）二月，"以特进华恒为骠骑将军、都督石头水陆军事"⑦。苏峻之乱时，石头督护王彰"讨峻党张曜"⑧。"石头督护"应该是与"都督石头水陆军事"职能相同的官职。就整个东晋而言，负责石头城防务的将领最终并未形成固定的官称。

东晋末年刘裕起兵，与桓玄、卢循等相继进行斗争，便十分重视石头城的防务。晋安帝元兴三年（404）三月，面对刘裕的进攻，桓"玄始虽遣军置阵，而走意已决，别使领军将军殷仲文具舟于石头，仍将子侄浮江南走。庚申（初三，3.29），高祖镇石头城，立留台官"⑨。在对抗卢循叛

---

① 《建康实录》卷四《吴下·后主》，第98—99页。
② 参见《晋书》卷九五《艺术·韩友传》，第2477页。
③ 严耕望精研秦汉魏晋南北朝地方行政制度，他对"督护"的认识是这样的："督护一词，南北朝时代常见史传，而意义不明……督护又视'试守'更不正式矣。"（《中国地方行政制度史》上编卷中《魏晋南北朝地方行政制度》，"中央研究院"历史语言研究所专刊之四十五，1963年版，第379页）
④ 《晋书》卷七六《王廙传》，第2003页。
⑤ 《晋书》卷六《元帝纪》，第155页。参见同书卷九八《王敦传》，第2559页。对于石头城的战术意义，田余庆说："从战术上说来，建康自有石头、白石等门户，特别是石头城。孙吴迁都建业之日，就立石头以屯军。周札开石头之门，王敦遂得以制建康；苏峻取得台城，必倚石头方能固守。"（《东晋门阀政治》，北京大学出版社2000年版，第96页）关于六朝京师建康的城市防卫，日本学者盐泽裕仁从宏观角度作了深入探讨，认为"在时间空间坐标中讨论建康攻防战，可以认识到石头城是建康防卫的核心"（《六朝建康的城市防卫体系试探》）。
⑥ 《晋书》卷五八《周札传》，第1575页。
⑦ 《晋书》卷四四《华恒传》，第1263页。
⑧ 《晋书》卷七三《庾亮传》，第1919页。
⑨ 《宋书》卷一《武帝纪上》，第9页。

军的进攻中,石头城的战略地位显得更加突出。义熙六年(410)五月,卢循进逼京师,时"内外汹扰","京师战士,不盈数千",① 刘裕设法进行抵御。《晋书·安帝纪》的有关记载是:

> 戊子(戊午/初七,6.24),卫将军刘毅及卢循战于桑落洲,王师败绩。尚书左仆射孟昶惧,自杀。己未(初八,6.25),大赦。乙丑(十四,7.1),循至淮口,内外戒严。大司马琅邪王德文都督宫城诸军事,次中皇堂,太尉刘裕次石头,梁王珍之屯南掖门,冠军将军刘敬宣屯北郊,辅国将军孟怀玉屯南岸,建武将军王仲德屯越城,广武将军刘怀默屯建阳门,淮口筑柤浦、药园、廷尉三垒以距之。②

当时东晋真正的当权者是刘裕,在卢循叛军于桑落洲打败刘毅大军乘胜进攻京师的危急时刻,刘裕亲自出马负责对石头城的防守,足见石头城在京师守备上的战略地位最为重要。就应对卢循进攻的战略问题,刘裕集团内部曾有不同意见,但刘裕坚持把石头城作为防守重点。《宋书·武帝纪上》:

> 发居民治石头城,建牙戒严。时议者谓宜分兵守诸津要。公(刘裕)以为:"贼众我寡,若分兵屯,则人测虚实。且一处失利,则沮三军之心。今聚众石头,随宜应赴,既令贼无以测多少,又于众力不分。若徒旅转集,徐更论之耳。"移屯石头,乃栅淮断查浦。既而群贼大至,公策之曰:"贼若于新亭直进,其锋不可当,宜且回避,胜负之事,未可量也。若回泊西岸,此成擒耳。"……公于时登石头城以望循军,初见引向新亭,公顾左右失色。既而回泊蔡洲。③

经过一番激烈争夺,刘裕守住了石头城,也使得京师牢控于己手,卢循败退,很快即被平定。

由上述可见,刘裕在对石头城的两次战略决策中皆取得成功,这是其

---

① 《宋书》卷一《武帝纪上》,第19页。
② 《晋书》卷一〇《安帝纪》,第261—262页。
③ 《宋书》卷一《武帝纪上》,第19—20页。

最终成功的关键环节之一。第一次对桓玄，由于进攻有方，迫使其放弃石头城，刘裕随即占据石头城，并进而占领建康台城，为后来实力的发展壮大奠定了坚实的政治基础。第二次面对卢循的强大兵力，刘裕稳住阵脚，坚守石头城，以寡敌众，粉碎了卢循进攻京师的图谋，进一步巩固了刘裕的政治地位。

领石头戍事即出现于晋宋之际刘裕力量的壮大过程之中。《宋书·檀道济传》："高祖受命，转护军，加散骑常侍，领石头戍事，听直入殿省。"① 这是史书所见刘宋最早一例领石头戍事，其职出现时间最迟不晚于公元420年。事实上，领石头戍事在十年前就已出现。同书《孟怀玉传》："转辅国将军，领丹阳府兵戍石头。卢循逼京邑，怀玉于石头岸连战有功。"② 如上所述，时在义熙六年（410）五月。其后刘钟"代孟怀玉领石头戍事"③。《宋书·刘钟传》：（讨刘毅、平蜀之后）"迁给事中、太尉参军事、龙骧将军、高阳内史，领石头戍事。高祖讨司马休之，前军将军（刘）道怜留镇东府，领屯兵。冶亭群盗数百夜袭钟垒，距击破之。时大军外讨，京邑扰惧，钟以不能镇遏，降号建威将军。……寻复本号龙骧将军。（义熙）十二年，高祖北伐，复留镇居守，增其兵力，又命府置佐史。"④ 向靖于义熙"十年，迁冠军将军、高阳内史，临淮太守、领石头戍事"⑤。可知领石头戍事一职正式出现于晋末刘裕专政时期。刘裕为有力地控制京师地区，保护建康城（尤其台城）的安全，加强了对石头城的戍守，遂设领石头戍事一职以负责其防守事宜，其职一般都是以他官兼领，具有差遣的性质，故有此名。

最初担任领石头戍事的将领皆与刘裕有着深厚的个人关系，为刘裕早期最重要的亲信，属于彭沛乡人或京口故旧之列。他们积极支持刘裕的创业，为刘裕势力的发展壮大立下了赫赫战功。《宋书·刘钟传》：

> 彭城彭城人也。……隆安四年（400），高祖伐孙恩，钟愿从余姚、浃口攻句章、海盐、娄县，皆摧坚陷阵，每有战功。为刘牢之镇

---

① 《宋书》卷四三《檀道济传》，第1342页。
② 《宋书》卷四七《孟怀玉传》，第1407页。
③ 《宋书》卷四九《刘钟传》，第1439页。
④ 同上书，第1440页。
⑤ 《宋书》卷四五《向靖传》，第1374页。

北参军督护。高祖每有戎事,钟不辞艰剧,专心尽力,甚见爱信。义旗将建,高祖版钟为郡主簿。明日,从入京城。将向京邑,高祖命曰:"预是彭沛乡人赴义者,并可依刘主簿。"于是立为义队,恒在左右,连战皆捷。明日,桓谦屯于东陵,卞范之屯覆舟山西,高祖疑贼有伏兵,顾视左右,正见钟,谓之曰:"此山下当有伏兵,卿可率部下稍往扑之。"钟应声驰进,果有伏兵数百,一时奔走。桓玄西奔,其夕,高祖止桓谦故营,遣钟宿据东府,转镇军参军督护。桓歆寇历阳,遣钟助豫州刺史魏咏之讨之,歆即奔进。除南齐国内史……转车骑长史,兼行参军。(率军讨平司马叔璠等,从征广固)卢循逼京邑,徐赤特军违处分,败于南岸,钟率麾下距栅,身被重创,贼不得入。循南走,钟与辅国将军王仲德追之。循先留别帅范崇民以精兵高舰据南陵,夹屯两岸。钟自行觇贼,天雾,贼钩得其舸,钟因率左右攻舰户,贼遽闭户距之,钟乃徐还。与仲德攻崇民,崇民败走,钟追讨百里,烧其船乘。又随刘藩追徐道覆,于始兴斩之。①

正因刘钟与刘裕这种特殊的关系,对刘裕早期力量的壮大作出了重要贡献,故深得刘裕信任与殊宠,如后来"荆州刺史道怜献名马三匹,并精丽乘具,高祖悉以赐钟三子"②。同书《孟怀玉传》:"世居京口。高祖东伐孙恩,以怀玉为建武司马。豫义旗,从平京城,进定京邑。""高祖镇京口,以怀玉为镇军参军、下邳太守。义熙三年,出为宁朔将军、西阳太守、新蔡内史,除中书侍郎。"③《向靖传》:"名与高祖祖讳同,改称小字(弥)。世居京口,与高祖少旧。从平京城,参建武军事。进平京邑,板参镇军军事,加宁远将军。""义熙三年,迁建武将军、秦郡太守,北陈留内史,戍堂邑。"④

刘宋建立以后,领石头戍事一职沿袭下来,其担任者最初为宋武帝亲信及外戚,宋文帝以后几乎全由宗室诸王担任。外戚萧思话于宋武帝时为羽林监、领石头戍事⑤。《宋书·孝武帝纪》:元嘉"十六年,都督湘州诸

---

① 《宋书》卷四九《刘钟传》,第1438—1439页。
② 同上书,第1440页。
③ 《宋书》卷四七《孟怀玉传》,第1407页。
④ 《宋书》卷四五《向靖传》,第1373页。
⑤ 参见《宋书》卷七八《萧思话传》,第2011页。

军事、征虏将军、湘州刺史，领石头戍事。十七年，迁使持节、都督南豫豫司雍并五州诸军事、南豫州刺史，将军如故，犹戍石头"。至元嘉二十二年，徙雍梁等州都督、宁蛮校尉、雍州刺史，出镇襄阳。①则孝武帝刘骏（武陵王）在较长一段时间内，虽名义上为湘州、南豫州军政长官，事实上却并未出镇，而是以领石头戍事为其实际职务，因年纪较小（元嘉七年生），应该并未真正履行其职能。南郡王义宣于元嘉初"拜左将军，镇石头"，时年仅十二，又于元嘉十三年前"领石头戍事"。②南平王铄于"元嘉十七年，都督湘州诸军事、冠军将军、湘州刺史，不之镇，领石头戍事"③。建平王宏于元嘉"二十四年，为中护军、领石头戍事"④。《宋书·明帝纪》："世祖践阼，为秘书监，迁冠军将军、南兰陵下邳二郡太守、领石头戍事。"⑤次年徙镇京口。同书《柳元景传》：孝武帝即位初，"以元景为护军将军、领石头戍事，不拜，徙领军将军"⑥。则元景实际并未任领石头戍事，其职由宗室刘彧担任。刘德愿于"世祖大明（457—464）初，为游击将军、领石头戍事"⑦。

《宋书·褚湛之传》："元凶弑逆，以为吏部尚书。复出为辅国将军、丹阳尹、统石头戍事。世祖入伐，劭自攻新亭垒，使湛之率水师俱进。"褚湛之为外戚，先后尚宋武帝第七女始安哀公主及第五女吴郡宣公主。⑧这一记载还表明，石头戍所统主要当以水军为主⑨。石头戍统水军及其在京师防卫上的重要性，还可从元嘉二十七年因北魏太武帝南侵引起的政治危机的处理中得到认识。当时所采取的应对措施之一便是，命"太子劭出镇石头，总统水军，丹杨尹徐湛之守石头仓城"⑩。按石头仓的记载数见于史，表明石头戍不仅是守卫京师的门户，而且是外地向京师调运粮食

---

① 《宋书》卷六《孝武帝纪》，第 109 页。
② 《宋书》卷六八《武二王·南郡王义宣传》，第 1798 页。
③ 《宋书》卷七二《文九王·南平王铄传》，第 1856 页。
④ 《宋书》卷七二《文九王·建平王宏传》，第 1858—1859 页。
⑤ 《宋书》卷八《明帝纪》，第 151 页。
⑥ 《宋书》卷七七《柳元景传》，第 1988 页。
⑦ 《宋书》卷四五《刘怀慎传附子德愿传》，第 1376 页。
⑧ 《宋书》卷五二《褚湛之传》，第 1505—1506 页。
⑨ 据《晋书》卷四二《王濬传》，西晋灭吴之役，王濬率水师沿江而下，进抵吴都建业城外，在吴末帝孙皓出降之后，"濬入于石头"。据王濬上表中说，孙皓在得到了"武昌失守，水军行至"的消息后，便"案行石头"。（第 1210、1213 页）此证石头城为孙吴乃至六朝京师的水上门户。
⑩ 《资治通鉴》卷一二五《宋纪七》文帝元嘉二十七年十二月庚午条，第 3960 页。

的关口，是京师粮食储备的中心之一。①

在宋文帝被太子刘劭谋杀之初的危急关头，石头城戍成为关注焦点之一。时宋文帝次子刘濬在西州，刘劭"急召始兴王濬，使帅众屯中堂"。刘濬对宫内形势还未能完全了解，其府舍人朱法瑜"劝入据石头"，"乃从南门出，径向石头，文武从者千余人。时南平王铄戍石头，兵士亦千余人。"② 这表明宋文帝时石头城戍平时统兵应在千余人上下。刘劭称帝即位，其最初的人事安排是："以萧斌为尚书仆射、领军将军，以何尚之为司空，前右卫率檀和之戍石头，征虏将军营道侯义綦镇京口。"③ 在这一安排中，最重要的无疑是以萧斌为尚书仆射、领军将军以及以檀和之戍石头，意味着僭主刘劭将宫城（台城）的禁卫大权和石头城的防卫大权分别交给了原东宫禁卫长官——太子左卫率萧斌和右卫率檀和之，也正是他们在此前统率东宫禁卫军进入台城帮助刘劭成功地实施了政变。

刘宋末年，萧道成与袁粲之间的斗争，亦可看出石头城的重要性。后废帝时，袁粲与萧道成、褚渊、刘秉"更日入直"，"平决万机"，称为"四贵"。④ 后废帝被废，萧道成欲篡位的野心充分暴露出来，而时任侍中、中书监、司徒的袁粲不赞成萧道成的篡位图谋，"自以身受顾托，不欲事二姓，密有异图"。先是萧道成"居东府"，袁粲"镇石头"。⑤ 紧接着萧道成"入守朝堂"，命其第二子萧嶷"代镇东府"⑥，形成了宫城—

---

① （清）汪士铎等撰（同治）《续撰江宁府志》卷九之下"六朝仓砖"条记："修仓陶 修仓蒋 仓陶 仓陈 仓凌（砖左有"天一"二字） 仓谭 龚记 凌 谈"。撰者按语云："右砖九，长约五寸，砖半之，怀宁方朔得于神策门外，定为吴石头仓砖。按石头仓城，六朝相承不改，无由定为吴砖也。陶、蒋等是仓官之姓，'天一'藏之号字。"（光绪六年刻本，收入国家图书馆善本金石组编《历代石刻史料汇编》第一编第一册，北京图书馆出版社2000年版）石头仓之外，六朝还有一仓，《太平御览》卷一九〇《居处部一八》"仓"条："《吴书》曰：'建康宫城即吴苑城，城内有仓，名曰苑仓。故开北渎通转运于仓所，时人亦呼为仓城。晋咸和（326—334）中，修苑城为宫，惟仓不毁，故名太仓。在西华门内道北。'"（第920页）又见《建康实录》卷二《吴中·太祖下》赤乌二年（239）十二月条本注（第45—46页），卷七《晋中·显宗成皇帝》咸和八年正月条及本注（第182页）。
② 《资治通鉴》卷一二七《宋纪九》文帝元嘉三十年（453）正月条，第3990—3991页。
③ 同上书，第3991页。
④ 《南齐书》卷一《高帝纪上》，第9页。
⑤ 《宋书》卷八九《袁粲传》，第2232页。
⑥ 《资治通鉴》卷一三四《宋纪一六》顺帝昇明元年（477）十二月条，第4203页。《宋书》卷一〇《顺帝纪》：昇明元年十二月"丁卯（十八，478.1.7），录公齐王入守朝堂，侍中萧嶷镇东府"（第195页）。

东府与石头城相对的局面。萧道成以其长子萧赜任领军将军，以亲信死党王敬则为直阁将军，控制宫城禁卫。但在宫城禁卫将领中仍有不少是属于袁粲阵营的成员，如前右卫将军黄回、直阁将军卜伯兴等，特别是卜伯兴与王敬则"共总禁兵"①，权力甚重。与此同时，萧道成也尽可能设法对袁粲所镇守的石头城进行渗透，先是"遣军主苏烈、薛渊、太原王天生将兵助粲守石头"。当双方爆发冲突后，"道成遣军主会稽戴僧静帅数百人向石头助烈等"。②宫城和石头城的较量，均以萧道成的胜利而告终。

在萧道成与袁粲的斗争中，东府城亦是关键之地。《南齐书·倖臣·纪僧真传》对双方的较量有如下记载：

> 太祖坐东府高楼，望石头城，僧真在侧。上曰："诸将劝我诛袁（粲）、刘（秉），我意不欲便尔。"及沈攸之事起，从太祖入朝堂。石头反夜，太祖遣众军掩讨。宫城中望石头火光及叫声甚盛，人怀不测，僧真谓众曰："叫声不绝，是必官军所攻。火光起者，贼不容自烧其城，此必官军胜也。"寻而启石头平。③

当时镇守东府城的萧嶷亦向石头城派出了增援部队。《南齐书·豫章王嶷传》："袁粲举兵夕，丹阳丞王逊告变，先至东府，嶷遣帐内军主戴元孙二千人随薛道渊等俱至石头，焚门之功，元孙预焉。"④袁粲一派曾计划向东府城渗透，但未能成功。同上传又载："先是，王蕴荐部曲六十人助为城防，实以为内应也。嶷知蕴怀贰，不给其仗，散处外省。及难作搜检，皆已亡去。"⑤晋宋之际，刘裕亦将东府城作为其世子的军府。《宋书·武帝纪中》：义熙十二年（416）"八月丁巳（十二，9.19），率大众发京师。以世子为中军将军，监太尉留府事。尚书右仆射刘穆之为左仆

---

① 《宋书》卷八九《袁粲传》，第2233页；《资治通鉴》卷一三四《宋纪一六》顺帝昇明元年十二月条，第4206页。
② 《资治通鉴》卷一三四《宋纪一六》顺帝昇明元年十二月条，第4205、4207页。又，《南齐书》卷一《高帝纪上》谓"殿内宿卫主帅，无不协同（袁粲）"（第12页），则系夸大之辞。
③ 《南齐书》卷五六《倖臣·纪僧真传》，第973页。
④ 《南齐书》卷二二《豫章王嶷传》，第406页。
⑤ 同上。

射、领监军中军二府军司，入居东府，总摄内外"①。宋齐之际萧道成以其次子镇东府城，可谓异曲同工。

小　结

通过以上考察，对于刘宋禁卫武官制度可以得到如下认识：

（1）刘宋禁卫武官制度是对东晋禁卫武官制度的继承和变革。与东晋一样，刘宋领军将军（中领军）统二卫、骁骑、材官诸营，左·右卫、骁骑将军各自领有营兵，领军亦不单独领营。"二卫将军掌宿卫营兵"，具体负责殿内禁卫事务。领军所辖游击、左·右·前·后四军将军及屯骑等五校尉，为不领营之禁卫武官，亦当辖于领军。刘宋还陆续恢复了前代卫尉、虎贲中郎将、冗从仆射、羽林监、五官·左·右中郎将、武卫将军、武骑常侍、积射·强弩将军等职。武卫将军"代殿中将军之任，比员外散骑侍郎"，地位比旧制大为下降，但机要性有所增强。骁骑将军至强弩将军诸职原本编制各一员，宋明帝以后逐渐不再有固定员额限制。孝武帝以后还出现了直阁将军。

（2）刘宋领军将军或中领军"入直殿省，总统宿卫"，为禁卫军首长，其担任者中宗室成员约占四分之一以上。晋宋之际刘裕除了以刘氏宗室担任宋台中领军掌控禁卫力量外，还以其亲信高平檀氏成员担任领军以总司禁旅，宋武帝临终顾命诸大臣中即包括领军将军谢晦。宋文帝即位之初，以曾协助其执掌荆楚军政大权多年的南蛮校尉到彦之为中领军，"委以戎政"。元嘉三十年间，殷景仁、刘湛、沈演之三人任领军十六年半，殷、沈二人为宋文帝的心腹大臣，刘湛为专权的彭城王义康亲信。元嘉中期，刘宋朝政为皇弟彭城王义康所把持，故府上佐刘湛则协助其执掌宫内禁卫军权。孝武帝夺权后，以其亲信旧将任领军控制禁卫军权，特别是其故府谘议中兵参军柳元景任领军将军长达五年半，几乎占其在位时间的一半。宋明帝临终前所委任的五位顾命大臣中，有三人曾任领军之职。在孝武帝遗诏、前废帝被诛后之太皇太后令、明帝遗诏等文书中，领军均排诸大臣之前列，显示其在朝臣中居重要地位。宋末萧道成任中领军，开始了对朝政的专断，后以其世子萧赜为领军将军，在控制禁卫军权基础上顺利

---

① 《宋书》卷二《武帝纪中》，第36页。

实现了篡宋建齐的政治革命。

（3）宋武帝即位初，以宋台中领军檀道济为护军将军，"加散骑常侍，领石头戍事，听直入殿省"，表明护军将军主要负责石头城戍军事，但亦可入直殿内。宋武帝临终以傅亮为尚书令、护军将军，为三顾命大臣之一。刘宋一朝护军将军（中护军）担任者中宗室占近四分之一。宋文帝诛杀护军将军傅亮后，以其最重要的亲信——藩邸幕府首佐王华为中护军，其时禁卫军权与朝政决策权均由王华控制。其后曾长期担任禁卫武官（射声校尉—左卫将军—中领军—领军将军）的殷景仁任中护军—护军将军达五年半，又"领选""管内任"，深得文帝信任。殷景仁后来协助宋文帝从彭城王义康手中夺回权力，禁卫军权是双方争夺的焦点。这两例反映出刘宋护军有可能掌握宫内禁卫军，分领军之任。宋孝武帝朝护军将军（中护军）主要由宗室诸王担任，只有柳元景一人来自反劭亲信将领阵营。宋明帝临终安排顾命大臣，包括深得其信任的护军将军外戚褚渊。

（4）刘宋左、右卫将军中宗室超过四分之一。左、右卫将军主要与侍中、散骑、给事中及东宫诸职兼任。刘裕曾以亲信刘粹、谢晦分别担任宋台左、右卫将军。谢晦多年为刘裕幕僚，任宋台右卫将军，"高祖受命，于石头登坛，备法驾入宫，晦领游军为警备"。宋文帝即位之初以殷景仁为左卫将军、王华为右卫将军，均兼侍中，通过控制禁卫军权和门下决策来维护皇权。殷景仁协助宋文帝诛杀刘湛，放逐彭城王义康后，左卫将军范晔与右卫将军沈演之"对掌禁旅，同参机密"。宋文帝对沈演之说"侍中领卫，望实优显"，后又在诏书中认为左、右卫将军"总司戎政"。前废帝以刘道隆为右卫将军，"委以腹心之任"，史称"右卫将军刘道隆为帝所宠信，专统禁兵"。

（5）直阁将军是南朝新出现的禁卫武官，宋孝武帝即位之初"初置殿门及上阁屯兵"，即直阁一职之滥觞。直阁或直阁将军当即统殿门及上阁屯兵之禁卫将领，入直阁内，侍卫皇帝，保卫其安全。刘宋直阁、直阁将军一般都是兼职，其所兼任者为左、右卫之下的四军、五校、骁骑、游击等职，即所谓"军校骁游"。通过考察直阁将军兼领及迁转情况，大体可确定直阁将军的地位相当于第四品，介于领军、护军、二卫将军和三将及积射、强弩将军等职之间。一些不带军号的直阁可能地位略低，相当于第五、六品。直阁之制和直阁将军的产生，是与最高统治者加强皇权的举措密切相关的，其职能在围绕皇权的政争中也表现得最为充分。直阁将军在皇帝身边侍卫,地位较低,加之出身卑微,容易指挥调动,故往往成为昏暴君主实施暴政的有力工具。

（6）宋孝武帝复置卫尉,其职能为负责宫城门守卫,卫尉多与左、右卫将军兼任。宋明帝刘彧曾以左卫将军及中护军兼卫尉,萧道成曾以右卫将军兼卫尉,后来都凭借禁卫军权篡位称帝。卫尉属官有卫尉丞、门郎,负责宫殿门户把守。太后府有崇宪卫尉、宣训卫尉。领石头戍事是南朝独具特色的禁卫武官制度。孙权于建安十七年始筑石头城戍,其后石头城便成为六朝京师军事要地,为宫城建康的门户和重要屏障。东晋末年刘裕专权时为有力地控制京师地区,保护台城的安全,设领石头戍事一职以负责石头城的戍守。刘宋建立后继承了这一制度,檀道济为护军、散骑常侍、领石头戍事。石头戍所统主要以水军为主。刘宋领石头戍事担任者主要为宗室诸王,还有个别皇帝亲信、外戚。

第十三章

南齐禁卫武官制度

南齐（479—502）立国二十余年，禁卫武官制度基本上继承了刘宋制度，但也有一些变化值得关注，如禁卫"西省"的明确出现，直阁将军制度的定型，内、外监的分化等。南齐开国皇帝萧道成即是通过自己或以其子担任禁卫长官控制禁卫军权而后夺得帝位的，禁卫军权在南齐政治中一直占有突出地位。南齐末年政治混乱，政局的变迁与禁卫军权更是密不可分。

第一节 南齐禁卫武官组织系统
——附论"西省"

《南齐书·百官志》：

领军将军、中领军，护军将军、中护军。凡为"中"，小轻，同一官也。诸为将军官，皆敬领、护。诸王为将军，道相逢，则领、护让道。置长史、司马、五官、功曹、主簿。

左、右二卫将军。骁骑将军，游击将军。晋世以来，谓领、护至骁、游为"六军"。二卫置司马、次官（按应为"五官"）、功曹、主簿以下。左、右二中郎将。前军将军、后军将军、左军将军、右军将军，号"四军"。屯骑、步兵、射声、越骑、长水五校尉。虎贲中郎将，冗从仆射，羽林监。积射将军，强弩将军。殿中将军，员外殿中将军，殿中司马督。武卫将军，武骑常侍。自二卫、四军、五校以下，谓之"西省"，而散骑为"东省"。

卫尉，府置丞一人，掌宫城管钥。……宫城诸却敌楼上本施鼓，持夜者以应更唱，太祖以鼓多惊眠，改以铁磬云。

内、外殿中监，各一人。

材官将军，一人。司马，一人。属起部，亦属领军。①

据此可知，南齐禁卫武官组织系统与刘宋基本相同。《南齐书·百官志》记事极为简略，所提供的有关制度的信息远比《宋书·百官志》少，但仍有个别新的情况值得关注。首先是领军将军（中领军）、护军将军（中护军）在诸将军中的礼仪比较特殊："诸为将军官，皆敬领、护。诸王为将军，道相逢，则领、护让道。"② 这种制度与东汉以来尚书、司隶校尉、御史中丞在朝官中的独特礼仪类似③。领军、护军在诸将军中的特殊礼仪是南齐才实行的新制度还是早已有之，并不明确，不过从齐制对宋制的继承角度推测，刘宋时领军和护军很可能已具备这种礼仪了。其次是殿中监明确区分为内、外。殿中监分为内、外是当时监局发展的结果，是南朝禁卫武官制度的一个重要变化，将在本编《附章》中予以阐述。

通过上引《南齐书·百官志》的记载可知，南齐禁卫武官制度仍然是以对刘宋制度的继承为主，南齐同样设有以领军将军和护军将军为核心的禁卫武官制度，领军将军资轻者为中领军，护军将军资轻者为中护军；在领军将军和护军将军之下，有左、右卫将军等各级禁卫武官。从领、护军将军设长史、司马、五官、功曹、主簿等僚佐，左、右卫将军设司马以下僚佐的情况来看，此诸将军都是设有军府的。领、护军将军设长史，表明其除了军事职能，还有一定的行政职能；左、右卫将军仅设司马以下僚佐，表明其只具有军事职能。应该与晋宋制度相同，南齐左、右卫将军亦当属于领军将军统辖。南齐的材官将军亦分隶于领军将军与起部尚书，此亦与刘宋相同。南齐继承刘宋亦设卫尉，"掌宫城管钥"，具有重要的禁

---

① （梁）萧子显撰：《南齐书》卷一六《百官志》，中华书局1972年版，第325—326、317、322页。

② 《南齐书》卷一六《百官志》，第325页。同志又载："尚书令……行遇诸王以下，皆禁驻。""御史中丞……宋孝建二年（455）制，中丞与尚书令分道，虽丞郎下朝相值，亦得断之，余内外众官，皆受停驻。"（第319、324页）

③ 《续汉书·百官志三》"尚书仆射"条，刘昭注引蔡质《汉仪》曰："凡三公、列卿、将、大夫、五营校尉，行复道中，遇尚书仆射、左右丞郎、御史中丞、侍御史，皆避车豫相回避。卫士传不得连台官，台官过后乃得去。"［（宋）范晔撰，（唐）李贤等注：《后汉书》/附（晋）司马彪撰，（南朝梁）刘昭注补：《续汉书·志》，中华书局1965年版，第3597页］

卫职能①。在西省诸职中，既有沿自两晋以来的官职，如二卫、骁游、四军、五校诸职；又有刘宋时恢复的汉魏旧制，如左、右中郎将，虎贲中郎将、冗从仆射、羽林监三将，武卫将军、武骑常侍等职；殿中将军等职则继承了刘宋制度，有殿中将军、员外殿中将军、殿中司马督。此外，不载于《百官志》而现实中存在的直阁将军，亦承自刘宋且在南齐有了更大的发展。左、右卫将军与骁游、四军、五校及二中郎将、三将、殿中诸职、武卫、武骑等职同属西省表明，在制度规定层面，这些官职具有相同或相似的职能，也就是说他们都应该具备禁卫职能，至于其职能的具体实现程度和形式则是需要作具体考察的。《南齐书·舆服志》："马车，驾一，九卿、领、护、二卫、骁游、四军、五校从郊陵所乘。"② 这表明领、护、二卫、骁游、四军、五校具有相同的礼仪，也是其职能相近的一个侧证。

以二卫、四军、五校以下诸职为西省，这是南齐制度的一个显著变化。《南齐书·百官志》载散骑诸职为东省，左、右卫将军以下诸职为西省，还可从以下史料得到印证。《南史·张瓌传》："齐建元元年（479），改封平都侯，迁侍中，与侍中沈文季俱在门下。高帝常谓曰：'卿虽我臣，我亲卿不异賾、嶷等。'文季每还直，器物若迁，瓌止朝服而已。时集书每兼门下，东省实多清贫，有不识瓌者，常呼为散骑。"③ 按賾、嶷为齐高帝之子。此条记载表明，散骑诸职（集书省官员）的确属于东省。东、西二省乃相对而言。永明十一年（493）九月癸丑（初五，10.1），郁林王下诏："东、西二省，府国长老所积，财单禄寡，良以矜怀。选部可甄才品能，推校年月，邦守邑丞，随宜量处，以贫为先。"④ 齐明帝建武元年十一月庚子（三十，495.1.11），诏曰："日者百司耆齿，许以自陈，东、西二省，犹沾微俸，辞事私庭，荣禄兼谢，兴言爱老，实有矜怀。自缙绅年及，可一遵永明七年以前铨叙之科。"⑤《南齐书·武十七王·萧昭胄传》："永元元年（499），改封巴陵王。先是王敬则事起，南康侯子恪在吴郡，高

---

① 南齐虽设光禄勋，但看来已不具备禁卫职能。《南齐书》卷一六《百官志》载光禄勋所领官有左·右光禄大夫、光禄大夫、太中大夫、中散大夫，"诸大夫官，皆处旧齿老年，重者加亲信二十人"。（第317页）
② 《南齐书》卷一七《舆服志》，第339页。
③ （唐）李延寿撰：《南史》卷三一《张瓌传》，中华书局1975年版，第813—814页。
④ 《南齐书》卷四《郁林王纪》，第70页。
⑤ 《南齐书》卷六《明帝纪》，第86页。

宗虑有同异，召诸王侯入宫。晋安王宝义及江陵公宝览等住中书省，高、武诸孙住西省，敕人各两左右自随，过此依军法，孩抱者乳母随入。其夜太医煮药，都水办数十具棺材，须三更当悉杀之。""建武（494—498）以来，高、武王侯居常震怖，朝不保夕，至是尤甚。"①《梁书·萧子恪传》："建武中，迁辅国将军、吴郡太守。大司马王敬则于会稽举兵反，以奉子恪为名，明帝悉召子恪兄弟亲从七十余人入西省，至夜当害之。会子恪弃郡奔归，是日亦至，明帝乃止。以子恪为太子中庶子。"② 西省实际上是重要的禁卫军府，所以齐明帝才将对其构成威胁的萧子恪之兄弟亲从七十余人作为人质收入西省监禁，以要挟萧子恪。

西省在南齐作为禁卫军左、右卫府所在地，这是一个值得注意的新情况。对于东晋南朝的西省，学界颇有论列。周一良认为："晋宋时西省指中书省。""南齐之东西省，当与晋宋相同。""似南齐之西省包括全部武职，而东省只指散骑常侍、散骑侍郎等，或竟以东西二省概括朝廷全体文武官员，疑莫能明也。"③ 祝总斌认为："西省不是中书省。""西省于东晋后期当是孝武帝读书之地，孝武帝即位时才十岁，在禁中开辟一个专区，让他在那里潜心学习统治本领是十分必要的。""西省基本是孝武帝的书房，徐邈既教他书，又为他修改诗文；只是随着他年龄增长，方兼起政事房的作用。""南朝宋齐的西省可能就是皇太子出居东宫前在禁中的住地——永福省④。""从梁代起，西省又发生变化。"西省、永福省已非

---

① 《南齐书》卷四〇《武十七王·萧昭胄传》，第702页。又可参见（宋）司马光编著、（元）胡三省音注、"标点资治通鉴小组"校点《资治通鉴》卷一四一《齐纪七》明帝永泰元年（498）四月条，中华书局1956年版，第4426—4427页。

② （唐）姚思廉撰：《梁书》卷三五《萧子恪传》，中华书局1973年版，第507页。

③ 周一良：《〈南齐书〉札记·东西二省》，《魏晋南北朝史札记》，中华书局1985年版，第220页。

④ 《南齐书》卷四〇《武十七王·竟陵王子良传附子昭胄传》："先是王敬则事起，南康侯子恪在吴郡，高宗虑有同异，召诸王侯入宫。晋安王宝义及江陵公宝览等住中书省，高、武诸孙住西省，敕人各两左右自随，过此依军法，孩抱者乳母随入。其夜，太医煮药，都水办数十具棺材，须三更当悉杀之。"（第702页）《南史》卷四二《齐高帝诸子上·豫章王嶷传附子子恪传》："建武中，为吴郡太守。及大司马王敬则于会稽反，奉子恪为名，而子恪奔走，未知所在。始安王遥光劝上并诛高、武诸子孙，于是并敕竟陵王昭胄等六十余人入永福省，令太医煮椒二斛，并命办数十具棺材，谓舍人沈徽孚曰：'椒熟则一时赐死。'期三更当杀之。"（第1068页）《资治通鉴》卷一四一《齐纪七》明帝永泰元年（498）四月条所载与《南齐书》略同，亦谓"晋安王宝义、江陵公宝览等处中书省，高、武诸孙处西省"。胡三省注："据《萧子恪传》，西省，永福省也。"（第4426—4427页）按李延寿《南史》记西省为永福省必有其确切依据，则南齐时西省即永福省当可确定。

第十三章　南齐禁卫武官制度 / 423

一地。"总之，西省有一发展过程，开始和中书侍郎、掌诏命紧密关联，后来几经演变，大体上成为一个学术机构，和政治性极强的中书省关系不大了。"① 陈苏镇认为："西省是秘书省，而非中书、永福省。""西省必离皇帝所居'内殿'很近，既称西省，当在其西侧。""秘书省既在皇帝内殿西侧，称西省便很自然。"② 阎步克并未指明西省的方位及其在朝中究属何部门，而是主要考察了"南朝西省的发展过程和仕途意义"，认为："（南朝）西省诸官大抵都是禁卫军官，他们来源各异，其中很多原来领有营兵，以往对之研究许多也都是从禁卫角度入手的。因此，观察南朝的西省诸官的发展，也就是观察其军事职能意义逐渐淡化，并日益闲散化、名号化、军衔化的进程，由此它们才逐渐可与东省相比拟，且显示出东西省两相对峙、性质相近而以文、武为别的格局。"③ 上引诸说对西省的认识都有其史料依据，因而也有其成立的一定道理，只是其各自的认识并不能完全代表东晋南朝的整体情况，若将其观点加以综合辨析，则有可能比较全面地看出西省在东晋南朝特别是在南朝的发展过程。

《晋书·职官志》："中书舍人。案：晋初初置舍人、通事各一人，江左合舍人、通事，谓之通事舍人，掌呈奏案章。后省，而以中书侍郎一人直西省，又掌诏命。"④《宋书·百官志下》："晋江左初，改中书侍郎曰通事郎，寻复为中书侍郎。晋初置舍人一人，通事一人。江左初，合舍人、通事，谓之通事舍人，掌呈奏案章。后省通事，中书差侍郎一人直西省，又掌诏命。"⑤ 很显然，西省并非中书省。《太平御览》引何法盛《晋中兴书》曰："范宁为临淮太守。征拜中书侍郎，专掌西省，以职在机近，固辞，不许。多以（所）献替，有益治道。"⑥《晋书·儒林·徐

---

① 祝总斌：《两汉魏晋南北朝宰相制度研究》，中国社会科学出版社1998年版，第350—356页。
② 陈苏镇：《西省考》，《周一良先生八十生日纪念论文集》，中国社会科学出版社1993年版，第67—75页。
③ 阎步克：《仕途视角中的南朝西省》，《中国学术》第1辑，商务印书馆2000年版，第43—44页。
④ 《晋书》卷二四《职官志》，第735页。
⑤ 《宋书》卷四〇《百官志下》，第1245—1246页。
⑥ （宋）李昉等撰：《太平御览》卷二二〇《职官部十八·中书侍郎》，中华书局1960年版，第1048页。又可参见（唐）欧阳询撰《艺文类聚》卷四八《职官部四·中书侍郎》，上海古籍出版社1965年版，第874页；（唐）徐坚等撰《初学记》卷十一《职官部上·中书侍郎》，中华书局1962年版，第274页。

邈传》:"及孝武帝始览典籍,招延儒学之士,邈既东州儒素,太傅谢安举以应选。年四十四,始补中书舍人,在西省侍帝。""迁散骑常侍,犹处西省,前后十年,每被顾问,辄有献替,多所匡益,甚见宠待。帝宴集酣乐之后,好为手诏诗章以赐侍臣,或文词率尔,所言秽杂,邈每应时收敛,还省刊削,皆使可观,经帝重览,然后出之。是时侍臣被诏者,或宣扬之,故时议以此多邈。"①《宋书·傅亮传》:"义熙元年(405),除员外散骑侍郎,直西省,典掌诏命。转领军长史,以中书郎滕演代之。""七年,迁散骑侍郎,复代演直西省。仍转中书、黄门侍郎,直西省如故。高祖以其久直勤劳,欲以为东阳郡……会西讨司马休之,以为太尉从事中郎,掌记室。以太尉参军羊徽为中书郎,代直西省。"②《羊欣传附弟徽传》:"高祖镇京口,以为记室参军,掌事(?)。八年,迁中书郎,直西省。"③《南史·王韶之传》:"迁尚书祠部郎。晋帝自孝武以来,常居内殿,武官主书于中通呈,以省官一人管诏诰,住西省,因谓之'西省郎'。傅亮、羊徽相代在职。义熙十一年,宋武帝以韶之博学有文辞,补通直郎,领西省事,转中书侍郎。晋安帝之崩,武帝使韶之与帝左右密加酖毒。恭帝即位,迁黄门侍郎,领著作,西省如故。凡诸诏黄,皆其辞也。武帝受命,加骁骑将军,黄门如故。西省职解,复掌宋书。"④ 按:徐邈、傅亮、王韶之等人的行事印证了晋、宋官志有关"直西省"之职"掌诏命"的记载,无论是散骑常侍、散骑侍郎、员外散骑侍郎,还是中书郎、黄门侍郎,都有可能"直西省"并"典掌诏命"。王韶之的事例显示,西省郎典掌诏命的制度始于东晋孝武帝时期(373—396)。尽管如此,从以上记载中是无法确定西省的具体位置的,并且东晋的西省似乎与禁卫军府无丝毫关联。按常理,有西省自然也应该有东省,但从史书中见不到有关东省的记载推测,东晋可能实际并不存在所谓东省。

---

① (唐)房玄龄等撰:《晋书》卷九一《儒林·徐邈传》,中华书局1974年版,第2356页。
② 《宋书》卷四三《傅亮传》,第1336页。
③ 《宋书》卷六二《羊欣传附弟徽传》,第1662页。
④ 《南史》卷二四《王韶之传》,第661—662页。按《宋书》卷六〇《王韶之传》所载略同。(唐)释法琳《辩正论》卷七《信毁交报篇》"一鹅将戮得梦形全"条:"宋吴兴太守琅琊王裒〔羲〕之,有学问,爱老庄而不信佛,唯事宰杀。为先初为晋西省郎中,至好宾客,于内省所养一双鹅,甚爱玩之,以为得性。……"([日]大正一切经刊行会:《大正新修大藏经·史传部四》,1934年版,第五二册,第539页)

《宋书·武三王·江夏王义恭传》:"世祖入讨,劭疑义恭有异志,使入住尚书下省,分诸子并住神虎门外侍中下省。劭闻世祖已次近路,欲悉力逆之,决战中道。义恭虑世祖船乘陋小,劭冢突中流,容能为患,乃进说曰:'割弃南岸,栅断石头,此先朝旧法,以逸待劳,不忧不破也。'劭从之。世祖前锋至新亭,劭挟义恭出战,恒录在左右,故不能自拔。战败,使义恭于东堂简将。义恭先使人具船于东冶渚,因单马南奔。始济淮,追骑已至北岸,仅然得免。劭大怒,遣始兴王濬就西省杀义恭十二子。"①《魏书·岛夷刘裕传附骏传》:"骏至南洲,顿漂洲,令柳元景等击劭,劭众崩溃,奔走还宫。义恭单马奔骏,劝即位。劭大怒,遣休明就西省杀义恭子南丰王朗等十二人。"② 显然,此处之西省是指江夏王义恭诸子所住之侍中下省,因其地位居神虎门外,在宫城之西方,故有"西省"之名。

与晋、宋、齐三代又有不同,梁代的西省主要是聚集文人学士修撰史书、谱籍以及撰写时文之地。梁元帝萧绎所撰《金楼子·聚书篇》云:"初出阁,在西省,蒙敕旨赍五经正副本。"③《梁书·文学上·周兴嗣传》:"(天监)九年(510),除新安郡丞。秩满,复为员外散骑侍郎,佐撰国史。十二年,迁给事中,撰史如故。""十七年,复为给事中,直西省。左卫率周捨奉敕注高祖所制《历代赋》,启兴嗣助焉。普通二年(521),卒。所撰《皇帝实录》《皇德记》《起居注》《职仪》等百余卷,文集十卷。"④《南史·文学·任孝恭传》:"外祖丘它与武帝有旧,帝闻其有才学,召入西省撰史。初为奉朝请,进直寿光省,为司文侍郎,俄兼中书通事舍人。敕遣制《建陵寺刹下铭》,又启撰《武帝集序》,文并富丽。自是专掌公家笔翰。孝恭为文敏速,若不留思,每奏称善,累赐金帛。"⑤《梁书·王僧孺传》:"久之,起为安西安成王参军,累迁镇右始兴王中记室,北中郎南康王谘议参军,入直西省,知撰谱事。"⑥ 时在普

---

① 《宋书》卷六一《武三王·江夏王义恭传》,第1645页。
② (北齐)魏收撰:《魏书》卷九七《岛夷刘裕传附骏传》,中华书局1974年版,第2142页。
③ (梁)萧绎撰:《金楼子》卷二《聚书篇六》,清光绪湖北崇文书局本。
④ 《梁书》卷四九《文学上·周兴嗣传》,第698页。
⑤ 《南史》卷七二《文学·任孝恭传》,第1784页。
⑥ 《梁书》卷三三《王僧孺传》,第474页。

通三年之前。

《南史·王僧孺传》：

> 转北中郎谘议参军，入直西省，知撰谱事。先是，尚书令沈约以为："晋咸和初，苏峻作乱，文籍无遗。后起咸和二年（327）以至于宋，所书并皆详实，并在下省左户曹前厢，谓之晋籍，有东、西二库。此籍既并精详，实可宝惜，位宦高卑，皆可依案。宋元嘉二十七年（450），始以七条征发，既立此科，人奸互起，伪状巧籍，岁月滋广。以至于齐，患其不实，于是东堂校籍，置郎令史以掌之。竞行奸货，以新换故，昨日卑细，今日便成士流。凡此奸巧，并出愚下，不辨年号，不识官阶。或注隆安（397—401）在元兴（402—404）之后，或以义熙（405—418）在宁康（373—375）之前。此时无此府，此时无此国。元兴唯有三年，而猥称四、五，诏书甲子，不与长历相应，校籍诸郎亦所不觉，不才令史固自忘言。臣谓宋、齐二代，士庶不分，杂役减阙，职由于此。窃以晋籍所余，宜加宝爱。"武帝以是留意谱籍，州郡多离其罪，因诏僧孺改定《百家谱》。始晋太元（376—396）中，员外散骑侍郎平阳贾弼笃好簿状，乃广集众家，大搜群族，所撰十八州一百一十六郡，合七百一十二卷。凡诸大品，略无遗阙，藏在秘阁，副在左户。及弼子太宰参军匪之、匪之子长水校尉深，世传其业。太保王弘、领军将军刘湛，并好其书。弘日对千客，不犯一人之讳。湛为选曹，始撰百家以助铨序，而伤于寡略。齐卫将军王俭复加去取，得繁省之衷。僧孺之撰，通范阳张等九族，以代雁门解等九姓。其东南诸族，别为一部，不在百家之数焉。普通二年，卒。①

根据尚书令沈约的说法，则东晋咸和二年以降至刘宋的谱籍（"晋籍"）全都收藏在尚书下省左户曹前厢，此处有东、西二库。"校籍"之东堂当即东库，而"撰谱"之西省当即西库。梁代西省与秘阁有一定关联，但

---

① 《南史》卷五九《王僧孺传》，第1461—1462页。按"多离其罪"，（宋）王钦若等撰《册府元龟》卷五六〇《国史部七·谱谍》作"多罹其罪"（中华书局1960年版，第6725页）。据文义，此作"罹"字为是。

第十三章　南齐禁卫武官制度　/　427

却并非一处。如上所见，东晋太元年间员外散骑侍郎贾弼所撰七百一十二卷十八州一百一十六郡谱籍有两份，正本"藏在秘阁"，而副本则在尚书下省左户曹收藏。《梁书·殷钧传》："高祖与叡（钧父）少旧故，以女妻钧，即永兴公主也。天监初，拜驸马都尉，起家秘书郎，太子舍人，司徒主簿，秘书丞。钧在职，启校定秘阁四部书，更为目录。又受诏料检西省法书古迹，别为品目。"① 可知梁代四部书藏在秘阁，而法书古迹藏在西省。秘阁和西省可能相邻。

《梁书·儒林·沈峻传》："还除员外散骑侍郎，复兼五经博士。时中书舍人贺琛奉敕撰《梁官》，乃启峻及孔子祛补西省学士，助撰录。书成，入兼中书通事舍人。"② 《南史·儒林·孔子祛传》："为西省学士，助贺琛撰录。书成，兼司文侍郎，不就。累迁兼中书通事舍人，加步兵校尉。梁武帝撰《五经讲疏》及《孔子正言》，专使子祛检阅群书，以为义证。事竟，敕子祛与右卫朱异、左丞贺琛，于士林馆递日执经。"③ 《梁书·文学下·刘峻传》："天监初，召入西省，与学士贺踪典校秘书。"④ 梁阮孝绪《七录序》云："齐末兵火，延及秘阁。有梁之初，缺亡甚众。爰命秘书监任昉躬加部集，又于文德殿内别藏众书，使学士刘孝标等重加校进。"⑤ 按刘孝标即刘峻，则西省即在文德殿内，又可称为文德省。《南史·文学·周兴嗣传》："梁天监初，奏《休平赋》，其文甚美，武帝嘉之，拜安成王国侍郎，直华林省。其年，河南（吐谷浑）献舞马，诏兴嗣与待诏到沆、张率为赋，帝以兴嗣为工，擢拜员外散骑侍郎，进直文德、寿光省。"⑥ 《梁书·朱异传》："寻有诏求异能之士，五经博士明山宾表荐异曰：……高祖召见，使说《孝经》《周易》义，甚悦之……仍召异直西省，俄兼太学博士。其年，高祖自讲《孝经》，使异执读。"⑦ 《陈书·虞荔传》："梁武帝于城西置士林馆，荔乃制碑，奏上，帝命勒之于馆，仍用荔为士林学士。寻为司文郎，迁通直散骑侍郎，兼中书舍人。时

---

① 《梁书》卷二七《殷钧传》，第407页。
② 《梁书》卷四八《儒林·沈峻传》，第679页。
③ 《南史》卷七一《儒林·孔子祛传》，第1743—1744页。
④ 《梁书》卷五〇《文学下·刘峻传》，第702页。
⑤ （唐）释道宣撰：《广弘明集》卷三，《弘明集·广弘明集》，上海古籍出版社1991年版，第112页。
⑥ 《南史》卷七二《文学·周兴嗣传》，第1780页。
⑦ 《梁书》卷三八《朱异传》，第537—538页。

左右之任，多参权轴，内外机务，互有带掌，唯荔与顾协淡然靖退，居于西省，但以文史见知，当时号为清白。寻领大著作。"① 同书《儒林·郑灼传》："简文在东宫，雅爱经术，引灼为西省义学士。"② 按梁代士林馆在宫城之西，《梁书·侯景传》："景又烧城西马厩、士林馆、太府寺。"③ 西省或即士林馆，士林学士即西省学士。

梁代的西省学士制度为陈代所继承。《陈书·高祖纪下》：永定三年（559）闰四月"甲午（初八，5.29），诏依前代置西省学士，兼以伎术者预焉"④。《侯安都传》："自京口还都，部伍入于石头。世祖引安都宴于嘉德殿，又集其部下将帅会于尚书朝堂，于坐收安都，囚于嘉德西省。又收其将帅，尽夺马仗而释之。……明日，于西省赐死，时年四十四。"⑤《南史·侯安都传》则记作"于坐收安都，囚于西省……明日于西省赐死"⑥。西省——嘉德西省即嘉德殿之西区，可能就是陈代左、右卫府之所在地，而且其地距尚书朝堂很近。《陈书·高宗二十九王·长沙王叔坚传》："是时，后主患创，不能视事，政无小大，悉委叔坚决之，于是势倾朝廷。叔坚因肆骄纵，事多不法，后主由是疏而忌之。""后主召叔坚囚于西省，将杀之。其夜，令近侍宣敕，数之以罪。"⑦

西省的明确出现是在东晋初年，并在此后延续二百六十余年，一直存在到南朝末年。诚如祝总斌所言，西省在东晋南朝有一个发展过程。如果认为西省在东晋南朝为固定不变的机构，用不同时代的记载互证并作通论，便很难对西省作出正确的认识。目前所能看到的史料显示，明确以左、右卫将军以下禁卫诸职为西省，而以散骑诸职为东省，构成东省与西省一文一武相对的格局，则仅见于南齐。前此东晋与刘宋未见这种记载，后此梁、陈亦不再有这一说法。《通典》的记载也可证实这种情况："晋宋以来，以领军、护军、左·右二卫、骁骑、游击将军，谓之六军。"

---

① （唐）姚思廉撰：《陈书》卷一九《虞荔传》，中华书局1972年版，第256页。
② 《陈书》卷三三《儒林·郑灼传》，第441页。
③ 《梁书》卷五六《侯景传》，第842页。
④ 《陈书》卷二《高祖纪下》，第39页。
⑤ 《陈书》卷八《侯安都传》，第148—149页。
⑥ 《南史》卷六六《侯安都传》，第1613页。又可参见《资治通鉴》卷一六九《陈纪三》文帝天嘉四年（563）五月条，第5233页。
⑦ 《陈书》卷二八《高宗二十九王·长沙王叔坚传》，第367页。又可参见《资治通鉴》卷一七五《陈纪九》长城公至德元年（583）十二月条，第5468页。

"齐以二卫、四军、五校、骁骑·游击·积射·强弩·殿中·员外殿中·武卫七将军、殿中司马督及虎贲中郎将、冗从仆射、羽林监、武骑常侍谓之西省，而散骑谓东省。梁武帝以将军之名高下舛杂，命更加釐定，于是有司奏置一百二十五号将军。"[1] 以整个南朝左、右卫将军以下禁卫诸职构成西省的看法并无充分的史料根据，以此来论证南朝西省的"仕途意义"也就颇为牵强。同样，以散骑诸职为东省亦仅见于南齐，而不见于南朝另外三代。

第二节　领军将军、中领军

南齐一代二十余年间，可见到领军将军十三人（萧顺之、吕安国、王奂、沈文季、鄱阳王锵、萧谌、萧坦之、刘暄、褚蓁、李安民、萧景先、萧颖胄、萧伟），中领军十人（萧景先、王敬则、李安民、萧鸾、萧缅、陈显达、萧谌、萧坦之、王莹、夏侯详）。萧景先、李安民、萧谌、萧坦之诸人既担任过领军将军，又担任过中领军，故南齐领军担任者实际为十九人。萧颖胄、萧伟、夏侯详诸人是在萧颖胄、萧衍反东昏侯、立齐和帝后担任领军之职的，实际上不属于建康南齐朝廷的禁卫长官。则南齐实际共有十六人担任领军之职，其中宗室有七人，占实际人数的近一半，而诸王只有一人，所占比例极小。萧鸾后来成为皇帝（齐明帝），是在政治斗争中夺得的帝位。南齐领军与门下侍中和散骑常侍兼任的现象比较突出。领军将军与侍中兼任的事例有萧赜、萧景先、萧坦之、沈文季，中领军与侍中兼任的事例有萧坦之、陈显达、萧缅，领军与散骑常侍兼任者有沈文季、王奂、萧鸾。与尚书、东宫官兼任者仅有褚蓁为太子詹事、度支尚书、领军将军。

公元479年四月，萧道成正式即皇帝位，随后的人事任命中，包括"中领军王敬则为南兖州刺史，左卫将军李安民为中领军"[2]。齐台中领军王敬则是刘宋末年协助萧道成发动政变的最重要的禁卫武官。王敬则出身微贱，其仕途一开始便和宫殿禁卫及宫廷政变联系在一起，他从禁卫兵出

---

[1] （唐）杜佑撰，王文锦等点校：《通典》卷二八《职官十·武官上·将军总叙》，中华书局1988年版，第780—781页。按标点有所调整。又可参见同书卷二一《职官三·门下省》"散骑常侍"条，第552页；卷二九《职官十一·武官下》"中郎将"条，第807页。

[2] 《南齐书》卷二《高帝纪下》，第33页。

身而升至低级禁卫武官,并因诛杀宋前废帝而升为直阁将军。元徽二年(474),王敬则随萧道成拒桂阳王休范叛军于新亭,二人从此结成了十分密切的关系。"苍梧王(宋后废帝)狂虐,左右不自保,敬则以太祖(萧道成)有威名,归诚奉事。每下直,辄往领府。夜著青衣,扶匐道路,为太祖听察苍梧(宋后废帝)去来。"在诛杀宋后废帝之后,王敬则协助萧道成入宫并拥刘準称帝(宋顺帝),从而确保了萧道成在朝中拥有独一无二的地位。因此,萧道成对王敬则倍加器重。昇明元年(477),迁骁骑将军,"知殿内宿卫兵事"。又协助萧道成稳定了动荡中的朝廷局势,迁右卫将军。昇明三年三四月间建立齐台时,王敬则即被委任为中领军。①

萧齐第一任中领军李安民,兰陵承人,与萧道成为同郡乡人。李安民一入仕便进入刘宋禁卫军系统,历任中下级禁卫武官;宋明帝时,多次出征戍守,并任司州、南徐州、会稽郡等地行政长官。《南齐书·李安民传》:

> 安民将东(出任行会稽郡事),太祖与别宴语,淹留日夜。安民密陈宋运将尽,历数有归。苍梧纵虐,太祖忧迫无计,安民白太祖欲于东奉江夏王跻起兵,太祖不许,乃止。苍梧废,太祖征安民为使持节、督北讨军事、冠军将军、南兖州刺史。②

早在萧道成镇戍淮阴之时,身为广陵太守、行南兖州事的李安民便"遥相结事",成为萧道成的重要心腹。齐台建立时,李安民"迁左卫将军,领卫尉";"太祖即位,为中领军",不久转任领军将军。萧道成对李安民的信任超过了王敬则,史载:"时王敬则以勋诚见亲,至于家国密事,上唯与安民论议,谓安民曰:'署事有卿名,我便不复细览也。'"③

齐武帝一朝十余年间(482—493),萧景先、萧鸾、萧缅、陈显达任中领军,萧顺之、吕安国、王奂、沈文季、鄱阳王锵任领军将军。齐武帝一朝九位领军担任者,五位出自萧氏宗室,前四位为跟随齐高帝建国的宗

---

① 参见《南齐书》卷二六《王敬则传》,第480—481页。
② 《南齐书》卷二七《李安民传》,第506页。
③ 同上书,第505—507页。

室勋臣，与皇帝亲属关系相对疏远，个人的仕宦经历及政治才干比较突出，他们长期在地方担任府佐及军政长官，在朝历任各级禁卫武官，具有统兵征战、治理地方及执掌禁卫军的丰富经验。宗室诸王（亲王）仅一人，即齐武帝之弟鄱阳王锵，年纪虽轻，但特受宠信，"车驾游幸，常甲仗卫从"①。其他三位异姓皆为协助齐高帝建国的勋臣，都曾长期担任地方长官，也有在禁卫军中任职的经历②。总的来看，齐武帝一朝的禁卫军权牢牢掌握于皇帝手中，没有任何一位领军将军或中领军具有左右朝局的实力。

萧景先之例对认识齐武帝任命领军之职的原则具有典型性。萧景先为齐高帝萧道成从子，与齐武帝萧赜关系尤为密切，多年为萧赜藩邸幕府僚佐，后任东宫禁卫长官。③ "世祖即位，征为侍中、领左军将军，寻兼领军将军。景先事上尽心，故恩宠特密。""转中领军。车驾射雉郊外行游，景先常甲仗从，廉察左右。""领太子詹事，本官如故。遭母丧，诏超起为领军将军。"④ 可见齐武帝在即位之初便将禁卫大权交与其心腹萧景先，并令其参与政治决策，负责太子东宫事务。齐武帝临终安排的九位顾命大臣中，未见领军的身影，其所关注的重点是在尚书和边境防务两个方面。尚书省为南朝最高行政机构，以政令的实施为其主要职能，尚书省长官即为宰相。⑤ 在正常情况下，尚书省权力应该最重，诚如齐武帝遗诏所说，"尚书中是职务根本"⑥。这种情况表明，齐武帝时期的政治是按常规运作的。这与南朝其他皇帝遗诏中把禁卫军权作为一个主要方面进行安排有明显的差别。齐武帝大权在握，没有给领军将军及中领军以特殊权力，禁卫

---

① 《南齐书》卷三五《高帝十二王·鄱阳王锵传》：为太祖第七子。"（永明）十一年，为领军，常侍如故。锵和悌美令，有宠于世祖，领军之授，齐室诸王所未为。锵在官理事无壅，当时称之。车驾游幸，常甲仗卫从，恩待次豫章王嶷。其年，给油络车。"（第 627 页）

② 参见《南齐书》卷二九《吕安国传》，第 538 页；卷四四《沈文季传》，第 776—779 页；卷二六《陈显达传》，第 488—492 页。

③ 《南齐书》卷三八《萧景先传》："与世祖款昵。世祖为广兴郡，启太祖求景先同行，除世祖宁朔府司马，自此常相随逐。"萧赜为镇西长史，景先为镇西长流参军，随府转抚军中兵参军、谘议参军领中兵。昇明（477—479）初，"为世祖征虏府司马、领新蔡太守，随上镇盆城"。沈攸之事件后，萧景先还都，除宁朔将军、骁骑将军，"仍为世祖抚军、中军二府司马，兼左卫将军。建元元年（479），迁太子左卫率"。（第 661—662 页）萧景先与齐武帝如此长期密切的主佐关系，在当时朝臣中无人可比。

④ 《南齐书》卷三八《萧景先传》，第 662 页。

⑤ 参见祝总斌《两汉魏晋南北朝宰相制度研究》，第 201—205 页。

⑥ 《南齐书》卷三《武帝纪》，第 61 页。

军权牢牢控制于皇帝之手。其遗诏中重视尚书之职而不及领、护军，当与此有关。

齐武帝死后，皇太孙萧昭业即位，随即以"尚书左仆射西昌侯鸾为尚书令"①。当时萧鸾实际已控制了门下、尚书、中书三省②。在近一年时间里，萧鸾与幼帝展开了激烈的斗争，并最终取得了胜利。隆昌元年（494）七月，萧昭业被废，立新安王昭文为帝。③ 萧鸾在齐武帝朝只有两三年外任，大多数时间在朝任职，所任文职为集书、门下、尚书诸省长官，武职则全为禁卫武官：右军将军—骁骑将军—左卫将军—中领军—领卫尉—领右卫将军，在禁卫七军中几乎都有他的身影。这种情形，在当时的宗室诸王中是无一人可与之相比的；其他诸王则多任护军，但调动极为频繁，且与实际禁卫关系不大，而萧鸾所任则为实职禁卫长官。

萧鸾的专权及政变，得到了萧谌、萧坦之的协助。萧谌为宗室疏属，"于太祖为绝服族子"。他很早就成为齐武帝心腹，"世祖在东宫，谌领宿卫"。齐武帝初，萧谌为南濮阳太守、领御仗主。永明二年（484），为南兰陵太守、步兵校尉。"世祖斋内兵仗悉付之，心膂密事，皆使参掌。除正员郎，转左中郎将、后军将军，太守如故。世祖卧疾延昌殿，敕谌在左右宿直。上崩，遗敕谌领殿内事如旧。"④ 萧谌自齐武帝为太子时起就领其府宿卫，一直到武帝临终的将近十五年间，长期担任禁卫武官。萧谌任职的大部分时间是与萧鸾共事的，且萧鸾为其上司，二人很可能结成了特殊的利益关系。萧坦之"与萧谌同族"，亦属齐武帝心腹，"初为殿中将军，累至世祖中军板刑狱参军，以宗族见驱使"。为"东宫直阁，以勤直为世祖所知"。"世祖崩，坦之随太孙文武度上台，除射声校尉……未拜，除正员郎、南鲁郡太守。"⑤ 在萧坦之身上，郁林王所犯错误如出一辙：

---

① 《南齐书》卷四《郁林王纪》，第69页。
② 按萧鸾先任侍中、尚书令、镇军大将军，"给鼓吹一部，亲兵五百人，寻又加中书监、开府仪同三司"（《南齐书》卷六《明帝纪》，第84页）。
③ 参见《南齐书》卷四《郁林王纪》，第72页。按《南史》卷五《齐本纪下·废帝郁林王纪》（第137—138页）及《资治通鉴》卷一三九《齐纪五》明帝建武元年（第4344—4347页）对此亦有颇为详细的记载。
④ 《南齐书》卷四二《萧谌传》，第745页。按齐武帝临终前，又专门遗诏令萧谌继续负责内外禁卫。同书卷三《武帝纪》："又诏曰：'……内外禁卫劳旧主帅左右，悉付萧谌，优量驱使之，勿负吾遗意也。'是日，上崩。"（第61—62页）
⑤ 《南齐书》卷四二《萧坦之传》，第748页。

第十三章　南齐禁卫武官制度　/　433

"少帝以坦之世祖旧人，亲信不离，得入内见皇后。帝于宫中及出后堂杂戏狡狯，坦之皆得在侧。或值醉后裸袒，坦之辄扶持谏喻。见帝不可奉，乃改计附高宗，密为耳目。""高宗谋废少帝，既与萧谌及坦之定谋。帝腹心直阁将军曹道刚疑外间有异，密有处分，谌未能发。始兴内史萧季敞、南阳太守萧颖基并应还都，谌欲待二萧至，藉其势力以举事。高宗虑事变，以告坦之，坦之驰谓谌曰：'废天子古来大事。……'谌遑遽，明日遂废帝，坦之力也。"①

萧昭文（海陵王）即位之后，政权完全为萧鸾所控制。除了萧鸾本人掌握朝政全权外，协助其政变的萧谌、萧坦之二人亦得到了应有的职位。萧谌，"转中领军，进爵为公，二千户。甲仗五十人，入直殿内，月十日还府"②。萧坦之，"除黄门郎，兼卫尉卿"③。不久，萧鸾便大开杀戒，将宗室诸王诛杀殆尽④，随即篡位自立。萧鸾篡位之初，以"中领军萧谌为领军将军、南徐州刺史"⑤，萧坦之则任右卫将军⑥。建武二年（495）"六月壬戌（廿五，8.1），诛领军将军萧谌、西阳王子明、南海王子罕、邵陵王子贞；乙丑（廿八，8.4），以右卫将军萧坦之为领军将军"⑦。

作为弑帝篡位者，齐明帝对任何可能的威胁都很关注。当年他就是利用禁卫军的力量诛杀皇帝的，如今自己做了皇帝，深知禁卫军权之重要，因此对于任何有可能利用禁卫军对他构成威胁的潜在势力都决不放过。当时萧谌之兄萧诞为司州刺史，以左卫将军征之，同时派黄门郎萧衍为司州别驾，使诛诞。弟萧诔，与萧谌同预废立，时为东宫禁卫长官太子左率，亦同时被诛。萧谌时任领军将军，弟萧诔为太子左率执掌东宫禁卫军权，如若再以萧诞为左卫将军负责殿内禁卫，则齐明帝岂非瓮中之鳖，只能听命于萧谌兄弟？因此，齐明帝采取了先发制人的措施，以便消除后患。诛

---

① 《南齐书》卷四二《萧坦之传》，第748—749页。
② 《南齐书》卷四二《萧谌传》，第746页。
③ 《南齐书》卷四二《萧坦之传》，第749页。
④ 参见（清）王鸣盛撰《十七史商榷》卷五五《南史合宋齐梁陈书三》"萧鸾杀高武子孙"条，中国书店1987年版；（清）赵翼撰、王树民校证《廿二史札记校证》卷一二《宋齐梁陈书并南史》"齐明帝杀高武子孙"条，中华书局1984年版，第248—250页；吕思勉《两晋南北朝史》，上海古籍出版社1983年版，第472—478页。
⑤ 《南齐书》卷六《明帝纪》，第85页。
⑥ 参见《南齐书》卷四二《萧坦之传》，第749页。
⑦ 《南齐书》卷六《明帝纪》，第87页。

杀萧谌兄弟后，萧坦之被任命为领军将军①。永泰元年（498）七月，齐明帝病故。临终颁布遗诏，对未来政治作了非常周密的安排，委任了多达十一人为顾命大臣②。其中真正的宗室仅萧遥光一人，表明齐明帝所信任者无疑仍是异姓大臣。

齐明帝死后，太子萧宝卷（东昏侯）即位，实施暴虐统治，君臣之间随即展开了激烈的冲突和斗争。经过一年半左右的诛杀，齐明帝所安排的十一位顾命大臣全部死亡。朝中大臣及方镇将领的反抗均以失败告终，但却极大地削弱了东昏侯的统治实力。当时朝中几乎不再可能由有实力的大臣处理国政，地方军政长官的力量也大为削弱。东昏侯仅靠其身边的数十群小党羽及十位阉宦，统率数百兵力，要治理好一个国家，实在是不自量力。正是在这种情况下，原本在地方军政长官中实力并不特别突出的荆州西中郎长史、行事萧颖胄及雍州刺史萧衍便打起了反抗东昏侯的旗帜，并最终取得了成功。

在萧颖胄和萧衍反抗东昏侯的过程中，为了取得政治上的主动，拥戴宗室南康王萧宝融为帝（和帝）。齐和帝即位之初，任命散骑常侍夏侯详为中领军，领军将军萧伟为雍州刺史。可见反东昏侯阵营在扶持傀儡幼帝之前便已任命了领军将军。夏侯详本为荆州南康王西中郎司马、新兴太守。"高祖义兵起，详与颖胄同创大举。西台建，以（夏侯）详为中领军、加散骑常侍、南郡太守（按当时南郡被暂定为京尹，治所在江陵）。凡军国大事，颖胄多决于详。"萧颖胄死后，"时高祖弟始兴王憺留守襄阳，详乃遣使迎憺，共参军国。和帝加详禁兵，出入殿省，固辞不受"。③萧伟为梁武帝第八弟，"义师起，南康王承制，板为冠军将军，留行雍州州府事"，"州境以安"。萧"颖胄忧愤暴疾卒，西朝凶惧"，遂以萧伟为宁蛮校尉、雍州刺史。④ 王茂本为辅国长史、襄阳太守。"高祖发雍部，每遣茂为前驱"，为前锋将领长驱东下。"建康城平，以茂为护军将军，俄迁侍中、领军将军。"⑤ 萧衍在与萧颖胄共奉齐南康王萧宝融以与东昏

---

① 《南齐书》卷四二《萧坦之传》："永泰元年，为侍中、领军。"（第749页）参见同书卷六《明帝纪》，第91页。

② 参见《南齐书》卷六《明帝纪》，第91页。

③ 《梁书》卷一〇《夏侯详传》，第191—192页。

④ 《梁书》卷二二《太祖五王·南平王伟传》，第346—347页。

⑤ 《梁书》卷九《王茂传》，第176页。

侯抗衡时,将弟弟萧伟安排到控制齐和帝禁卫的重要职位上,以确保齐和帝完全听命于他。而作为襄阳太守、辅国长史的王茂自然与其府主雍州刺史萧衍之间有着特殊关系,为其亲信无疑。平定建康之初,萧衍便以王茂为领军将军,其弟萧宏为中护军"领石头戍军事"①,共同负责对京师的禁卫及防务。

第三节 护军将军、中护军

南齐时期可见到护军将军十四人(陈显达、长沙王晃、竟陵王子良、武陵王晔、沈文季、建安王子真、柳世隆、张敬儿、王敬则、王玄邈、萧昭胄、安陆王子敬、南海王子罕、崔慧景),中护军九人(陈显达、张岱、巴东王子响、随郡王子隆、建安王子真、王玄邈、桂阳王宝贞、庐陵王子卿、沈文季)。陈显达、沈文季、建安王子真、王玄邈诸人既担任过护军将军,又担任过中护军,故南齐护军将军和中护军的担任者实际共有十九人。其中宗室占十一人,接近六成,而且主要是诸王,这与领军将军和中领军形成了鲜明对照。南齐宗室担任领军之职的比例虽然与护军不相上下,但诸王担任者却很少。此外,齐末王茂(王茂先)、萧宏曾为中护军,似应为梁台之职,故不在考察之列。

南齐护军将军和中护军所兼官职最常见的是侍中,其次有散骑常侍、领石头戍事以及尚书省长官等。侍中与护军将军兼任的事例有柳世隆、陈显达、萧晃、萧晔、萧子良、萧子敬、崔慧景,侍中与中护军兼任的事例有萧子卿、沈文季。有些除侍中与护军将军叠任外还兼任他职,如长沙王晃为侍中、护军将军、镇军将军,竟陵王子良为侍中、护军将军、兼司徒。护军将军与散骑常侍兼任者有张敬儿、王敬则、王玄邈、萧子真、沈文季(另死赠一人,张冲),散骑常侍与中护军兼任者为萧子响。护军与尚书省长官兼任的事例有萧昭胄(尚书左仆射、护军将军)、沈文季(尚书右仆射、护军将军)。护军将军与杂号将军兼任的事例有长沙王晃(护军将军、加中军将军)。出征将领与护军将军兼任的事例有崔慧景(护军将军、加平南将军、督众军南讨事)。

齐高帝即位之初,在任命李安民为中领军的同时,以"齐国左卫将

---

① 《梁书》卷二二《太祖五王·临川王宏传》,第340页。

军陈显达为中护军"①。陈显达、李安民本为刘宋及齐台禁卫长官,为萧道成亲信。齐高帝时期的中护军、护军将军依次为陈显达、张岱、萧晃及王敬则。

齐初第一任中护军陈显达,刘宋末为羽林监,隶萧道成于新亭垒击桂阳王休范部。刘休范被杀后,执行萧道成"还卫宫城"的部署,陈显达率军"自查浦渡淮缘石头北道入承明门,屯东堂"。因军功而升任中级禁卫武官游击将军,不久即出为广州刺史。"沈攸之事起,显达遣军援台"。在当时萧、沈战局尚不明朗的情况下,陈显达明确表示支持萧道成,并"于座手斩"提出异议的长史、司马,表明了支持萧道成的坚定信念。陈显达虽未赶上平定沈攸之之役,但他的行动却赢得了萧道成的充分信任,成为萧道成的重要心腹。"除散骑常侍、左卫将军,转前将军、太祖太尉左司马。齐台建,为散骑常侍、左卫将军,领卫尉。太祖即位,迁中护军……转护军将军。"建元二年(480)正月,陈显达出任南兖徐青冀五州都督、平北将军、南兖州刺史,以防北魏进犯。②

张岱出身江南大族吴郡张氏,宋孝武帝时历任巴陵王北徐州、临海王广州、豫章王扬州、晋安王南兖州诸府谘议参军、行事(行府州国事),其治理才能得到了一致公认。后为益州刺史,因距京师较远,张岱并未介入朝廷复杂的政争。其入朝后两度以文官兼任禁卫之职,显然得到了当政萧道成的信任。张岱作为江南大族在朝中的代表人物,他在江南特别是其家乡吴郡的影响力不可忽视。南齐建立后,张岱以左将军出守吴兴。"太祖知岱历任清直,至郡未几,手敕岱曰:'大邦任重,乃未欲回换,但总戎务殷,宜须望实,今用卿为护军。'加给事中。岱拜竟,诏以家为府。"③按张岱任护军时已年逾七十,不久病卒,大概并未真正统领禁卫军。"以家为府"只是尊宠而已,并无实权可言④。这一情况表明,在南齐初年,护军地位剧降,其禁卫职能大大削弱。这种状况大概从宋明帝遗

---

① 《资治通鉴》卷一三五《齐纪一》高帝建元元年四月条,第4226页。
② 以上见《南齐书》卷二六《陈显达传》,第488—489页。
③ 以上见《南齐书》卷三二《张岱传》,第581页。
④ 按"以家为府"的情况反映了当时护军权力的衰微。类似的事例还有王敬则和宋文帝时期的殷景仁。大约在张岱任中护军前后,抚军将军、都官尚书王敬则"迁护军将军……以家为府"(《南齐书》卷二六《王敬则传》,第492页)。王敬则是因在寿春遇北魏大军而逃亡还都后被任以都官尚书的,无疑他已丧失了军权。宋文帝元嘉时期,殷景仁为彭城王义康及领军将军刘湛所排挤,称疾于家,"以为护军府"(《宋书》卷六三《殷景仁传》,第1683页)。

诏以褚渊为护军将军而禁卫军权完全为中领军萧道成及其子弟亲信相继掌控时就已开始。萧晃为齐高帝第四子，由南徐州刺史"入为侍中、护军将军"。史载"太祖临崩，以晃属世祖，处以辇毂近蕃，勿令远出"。① 这是萧道成遗言的重要内容之一，即以萧氏宗室"处以辇毂近蕃"，以协助新帝理政。

齐武帝一朝七任护军将军和中护军，除陈显达外，都是宗室诸王。永明元年（483），长沙王晃由南徐州刺史入朝再任侍中、护军将军②。次年正月，竟陵王子良入为护军将军、兼司徒③，不久由陈显达接替。陈显达于永明二年由益州刺史征为侍中、护军将军。五年正月，遣陈显达出宛、叶讨蛮，三月被正式任命为雍州刺史。④ 永明六年以后，齐武帝第四子巴东王子响、八子随郡王子隆、九子建安王子真、五子安陆王子敬及齐高帝第五子武陵王晔等宗室诸王相继担任中护军或护军将军⑤。齐武帝时期任护军将军或中护军的诸王以其诸子为主，他们在任职时年龄都较小：竟陵王子良（460—494），永明二年时二十五岁；广陵王子卿（468—494），永明五年时二十岁；巴东王子响（468—489），永明六年时二十一岁；随郡王子隆（474—494），永明七年时十六岁；建安王子真（476—494），永明七年时十四岁。担任护军将军或中护军的诸王越来越年轻，甚至年仅十四五岁，既无多少从政经验（此前任郡、州长官时政事委之郡佐、行事），亦无什么军事才干和担任禁卫军将领的实际经验（有些虽曾任左、右卫将军，但仍属徒具虚名）。因此，这种情况更反映出当时护军之职的禁卫军权正在或已经丧失，这与前此"以家为府"、安顿异姓老臣的状况相呼应。

郁林王即位之初，沈文季为护军将军。次年（隆昌元年，494）正月，以郢州刺史建安王子真为护军将军，护军将军沈文季为领军将军。同年七

---

① 《南齐书》卷三五《高帝十二王·长沙王晃传》，第623页。
② 参见《南齐书》卷三《武帝纪》，第46页；卷三五《高帝十二王·长沙王晃传》，第623页。
③ 参见《南齐书》卷三《武帝纪》，第48页；卷四〇《武十七王·竟陵王子良传》，第694页。
④ 参见《南齐书》卷二六《陈显达传》，第489、490页；卷三《武帝纪》，第53页。
⑤ 参见《南齐书》卷四〇《武十七王·鱼复侯子响传》《随郡王子隆传》《建安王子真传》《安陆王子敬传》，第710、711、707页；卷三五《高帝十二王·武陵王晔传》，第626页；卷三《武帝纪》，第56—57页。

月，萧昭业被废杀，萧昭文即位。不久萧鸾篡位，在其最初的人事任命中，包括"中护军王玄邈为南兖州刺史"①。此后齐明帝朝数年间，护军担任者仅见沈文季一人。沈文季在东昏侯时曾任护军将军近一年，其后有崔慧景、桂阳王宝贞二人担任护军之职。东昏侯即位后，崔慧景改任右卫将军，永元元年（499）任侍中、护军将军②。事实上，当时朝廷禁卫大权不在崔慧景手中，而是在东昏侯的亲信群小手中。《南齐书·崔慧景传》："陈显达反，加慧景平南将军、都督众军事，屯中堂。时辅国将军徐世䃟专势号令，慧景备员而已。帝既诛戮将相，旧臣皆尽，慧景自以年宿位重，转不自安。"永元二年三月，崔慧景利用令其"率军水路征寿阳"之机，在广陵城起兵反抗东昏侯，于京口奉江夏王宝玄，合广陵、京口二镇兵力向京师。③ 东昏侯倾全力抗击崔慧景的进攻，虽然获得了成功，但也是损失惨重，其所倚重的左卫将军左兴盛、骁骑将军张佛护及众多台军将领战死，直阁将军徐元称投降。陈显达、崔慧景两次从地方攻入京城，虽然未能推翻东昏侯的暴政，但却使其损兵折将，所依靠的禁卫军力量大大削弱，为以后萧衍从地方起兵最终推翻东昏侯的统治奠定了一定的基础。

东昏侯时期最机要的禁卫军权掌握在以直阁将军为首的"群小"手中④，故而东昏侯能在一次次的密谋中安然求生，且利用其内部争权争宠而将其死党玩于股掌之间。以萧颖胄和萧衍为首的荆雍地方军政长官武装对抗东昏侯，拥戴宗室萧宝融为帝。萧衍攻占建康之后，先后任命王茂与萧宏担任护军之职，负责对京师的禁卫及防务。襄阳太守、辅国长史王茂为府主雍州刺史萧衍之亲信，"建康城平，以茂为护军将军，俄迁侍中、领军将军"。萧宏为萧衍之弟，"建康平，迁西中郎将、中护军、领石头戍军事"。⑤

---

① 《南齐书》卷六《明帝纪》，第85页。
② 参见《南齐书》卷五一《崔慧景传》，第874页。
③ 《南齐书》卷五一《崔慧景传》，第874—875页。裴叔业以寿春降北魏，令崔慧景征之。裴叔业本为齐明帝心腹，颇受重用，东昏侯即位后每遭猜忌，逼使其投降北魏。参见《南齐书》卷五一《裴叔业传》，第870—871页；《魏书》卷七一《裴叔业传》，第1565—1566页。
④ 王鸣盛云："（《南史》）《崔慧景传》：'东昏即位，为护军。时辅国将军徐世䃟专权号令，慧景备员而已。'领军、护军掌禁兵，权最重者也。至此，则权移于恩倖，而领、护又无权矣。"（《十七史商榷》卷六四《南史合宋齐梁陈书一二》"恩倖传论"条）按其说可谓颇有见地。
⑤ 《梁书》卷九《王茂传》，第176页；卷二二《太祖五王·临川王宏传》，第340页。

第四节 左、右卫将军

南齐时期可见到左卫将军二十四人（垣崇祖、陈显达、左兴盛、刘怀珍、李安民、王广之、安成王暠、鄱阳王锵、始兴王鉴、江夏王锋、到撝、胡谐之、萧赤斧、随郡王子隆、建安王子真、王晏、萧诞、沈文季、崔慧景、张兴世、巴东王子响、明帝萧鸾、萧惠休、沈约），其中始兴王鉴迁任左卫将军、未拜遇疾而死，故南齐左卫将军实际担任者为二十三人；右卫将军二十四人（王玄邈、刘善明、垣阆、吕安国、周盘龙、王广之、薛渊、曹虎、江谧、王琨、刘悛、萧昭胄、庐陵王子卿、晋安王子懋、南海王子罕、王晏、萧坦之、江祏、刘暄、崔慧景、左兴盛、豫章王子响、明帝萧鸾、王志），其中曹虎、崔慧景曾两度担任右卫将军。左兴盛、王广之、王晏、崔慧景、巴东王子响、萧鸾诸人既担任过左卫将军，又担任过右卫将军，故南齐左、右卫将军担任者实际为四十一人。其中宗室担任左、右卫将军的人数和比例各自为十一人（约46%），七人（约29%）；综合则为十八人（约44%）。

南齐左、右卫将军兼职可考者，主要是与侍中、散骑、给事中诸职兼任。侍中兼任左、右卫将军的事例较少，左卫将军为随郡王子隆，右卫将军为晋安王子懋。左、右卫将军兼任散骑常侍的事例较多，左卫将军有陈显达（齐台散骑常侍、左卫将军、领卫尉）、明帝萧鸾、垣崇祖、萧赤斧、沈文季、崔慧景，右卫将军有王玄邈、曹虎、刘悛、鱼复侯子响、南海王子罕、萧坦之、刘暄。左、右卫将军兼任给事中的事例亦较普遍，左卫将军有刘怀珍、王广之、胡谐之、王晏，右卫将军有吕安国、薛渊、曹虎、崔慧景。此外，还有兼任其他官职的个别事例：李安民，左卫将军、领卫尉；萧景先，世祖抚军中军二府司马、兼左卫将军；王琨，右卫将军、度支尚书；庐陵王子卿，秘书监、领右卫将军。

据《南齐书》本纪及列传记载可知，南齐左、右卫将军担任者主要迁任州刺史和高一级禁卫长官；南齐左、右卫将军迁任高一级禁卫长官的比例比刘宋为多。李安民由左卫将军迁任中领军，萧坦之、刘暄由右卫将军迁任领军将军，陈显达、巴东王子响、建安王子真由左卫将军迁任中护军,崔慧景由右卫将军迁任护军将军。还有左卫将军迁为侍中兼任禁卫武官的事例,如鄱阳王锵由左卫将军迁任侍中、领步兵校尉,江夏王锋由左卫将军迁任侍中、领石头戍事。刘宋末年,陈显达由散骑常侍、左卫将军迁任前将军、太祖太尉左司马,"齐台建,为散骑常侍、左卫将军,领卫尉"①。左卫将军迁任州刺史者如:垣崇祖,豫州刺史;随郡王子隆,荆州刺史;王广之,豫州刺史。右卫将军迁任州刺史者如:吕安国、薛渊,司州刺史;鱼复侯子响、崔慧景,豫州刺史;王玄邈,徐州刺史;庐陵王宝源,南兖州刺史。

左、右卫将军任前职务可考者有:到㧑由司徒左长史迁任左卫将军,萧景先由宁朔将军、骁骑将军迁任世祖抚军·中军二府司马、兼左卫将军,随郡王子隆由中护军迁任侍中、左卫将军,王琨由新安王东中郎长史、辅国将军迁任右卫将军、度支尚书,刘悛先以本官假节出镇瀼湖,迁为散骑常侍、右卫将军。《南齐书·陆澄传》载"尚书令褚渊奏",其中有"(尚书)左丞徐爱弹右卫将军薛安都属疾不直,免安都官"②。此亦说明入直殿内为左、右卫将军的当然职责。

南齐开国君主萧道成在刘宋末年曾任右卫将军③,并以此职参与了平定桂阳王休范的战斗。通过这次战斗,萧道成地位大增,升任中领军,进而控制了刘宋朝政,最终篡宋立齐。南齐建立前夕,萧道成即以其亲信担任禁卫长官控制禁卫军权,除了前述领军、护军之职外,左、右卫将军的人选显得特别重要。平定沈攸之以后,陈显达"除散骑常侍、左卫将军,转前将军、太祖太尉左司马。齐台建,为散骑常侍、左卫将军,领卫尉。太祖即位,迁中护军"④。李安民,宋顺帝"昇明三年(479),迁左卫将军,领卫尉。太祖即位,为中领军"⑤。据此可知,刘宋末年有两位左卫将军,并且两人均"领卫尉",看来职能也应该没有差别。很显然,当时同时存在二左卫将军(亦当有二右卫将军),其中一人为宋朝左卫将军

---

① 《南齐书》卷二六《陈显达传》,第489页。
② 《南齐书》卷三九《陆澄传》,第683页。
③ 《南齐书》卷一《高帝纪上》:"明帝崩,遗诏为右卫将军、领卫尉,加兵五百人。"(第7页)
④ 《南齐书》卷二六《陈显达传》,第488—489页。
⑤ 《南齐书》卷二七《李安民传》,第507页。

第十三章　南齐禁卫武官制度　／　441

（李安民），一人则为齐国左卫将军（陈显达）。① 刘善明曾被任命为齐台右卫将军，但实际并未任职②。垣闳，"昇明初，为散骑常侍、领长水校尉，与豫章王对直殿省。迁右卫将军。太祖即位，以心诚封爵如旧，加给事中，领骁骑将军"③。可见垣闳先任齐台右卫将军，南齐初年仍当以右卫将军领骁骑将军。江谧，"齐台建，为右卫将军"。建元元年（479），出任临川王平西长史、长沙内史、行湘州留事。江谧与萧道成渊源亦颇深，为其重要亲信。"太祖领南兖州，谧为镇军长史、广陵太守。入为游击将军。""苍梧王废后，物情尚怀疑惑，谧独竭诚归事太祖，以本官领尚书左丞。昇明元年，迁黄门侍郎，左丞如故。沈攸之事起，议加太祖黄钺，谧所建也。事平，迁吏部郎，稍被亲待。迁太尉谘议，领录事参军。"④

南齐建立后，李安民、陈显达分别升任中领军、中护军，而左卫将军则由刘怀珍担任，"建元元年，转左卫将军，加给事中"。刘怀珍自宋文帝元嘉末年入仕，历任诸王府佐、地方州郡军政长官以及朝廷禁卫武官，在南北边境地区抗击北魏军队进犯，颇著战功，王敬则就曾在其率领下抗击魏军。刘怀珍与齐高帝萧道成有着极为深厚的渊源关系："初，孝武世，太祖为舍人，怀珍为直阁，相遇早旧。"⑤ 刘怀珍为刘宋宗室，其祖父刘昶因政争而投奔北魏。宋孝武帝孝建（454—456）初，刘怀珍为直阁将军、江夏王义恭大司马参军。其时萧道成亦为"江夏王大司马参军，

---

① 《南齐书》卷二《高帝纪下》：建元元年四月即位，"以齐国左卫将军陈显达为中护军，中领军王敬则为南兖州刺史，左卫将军李安民为中领军"（第33页）。按此处明确区分"齐国左卫将军陈显达"与"左卫将军李安民"，与上引本传记载相符。宋末还有一人兼左卫将军。同书卷三八《萧景先传》："沈攸之事平，还都，除宁朔将军、骁骑将军。仍为世祖抚军、中军二府司马，兼左卫将军。建元元年，迁太子左卫率。"（第661—662页）可知当时萧景先是以萧道成（齐王）世子（萧赜）军府司马而兼左卫将军，南齐建立后，萧赜立为太子，而萧景先则迁任太子左卫率（太子右卫率为沈文季，本为齐国侍中、领秘书监，见同书卷四四本传，第776页）。其所兼左卫将军与萧赜军府司马及后来所任太子左卫率职能相当，实际执掌萧赜军府的禁卫职能，保卫萧道成的政治继承人的安全。以萧景先兼左卫将军，表明在当时特殊政局下萧道成对世子府禁卫事务的重视。
② 《南齐书》卷二八《刘善明传》："齐台建，为右卫将军，辞疾不拜。"（第524页）
③ 《南齐书》卷二八《垣荣祖传附闳传》，第531页。
④ 《南齐书》卷三一《江谧传》，第570页。
⑤ 《南齐书》卷二七《刘怀珍传》，第503页。

随府转太宰参军，迁员外郎、直阁、中书舍人"①。"太祖辅政，以怀珍内资未多，（昇明）二年冬，征为都官尚书、领前军将军，以第四子宁朔将军晃代为豫州刺史。""怀珍还，仍授相国右司马。"②南齐第一任右卫将军为吕安国。吕安国于宋明帝泰始二年（466）为刘勔军副征殷琰，战功卓著，其后历任义阳太守、司州刺史、晋熙王征虏司马、游击将军、兖州刺史、游击将军等职。"沈攸之事起，太祖以安国为湘州刺史……太祖令安国至镇，收（行湘州事任）候伯诛之。"很显然，当时吕安国已为萧道成所特别信任。在他第一次为游击将军时当已为萧道成部下，其时无疑更是中领军萧道成之部属。建元元年南齐建立时，吕安国"转右卫将军，加给事中"③。沈文季约在建元二年或三年迁任散骑常侍、左卫将军，"世祖即位，转太子詹事，常侍如故"④。

建元四年（482）三月，齐武帝即位，至永明十一年（493）去世，在位约十一年，约占南齐政权的一半时间。齐武帝即位之初，"以右卫将军吕安国为司州刺史"，以垣崇祖为散骑常侍、左卫将军。同年五月，"以新除左卫将军垣崇祖为豫州刺史"⑤。次年（永明元年），侍中、骁骑将军西昌侯萧鸾转任散骑常侍、左卫将军⑥。永明二年，可见安成王暠、萧赤斧为左卫将军⑦。三年，到㧑为左卫将军⑧，鱼复侯子响、周盘龙为右卫将军⑨。王晏亦在此前后担任左卫将军⑩。四年，鄱阳王锵为左卫将军，迁侍中、领步兵校尉⑪。五年，胡谐之迁左卫将军⑫。萧子响约在永

---

① 《南齐书》卷一《高帝纪上》，第4页。
② 《南齐书》卷二七《刘怀珍传》，第503页。
③ 《南齐书》卷二九《吕安国传》，第538页。
④ 《南齐书》卷四四《沈文季传》，第776页。
⑤ 《南齐书》卷三《武帝纪》，第45页。
⑥ 参见《南齐书》卷六《明帝纪》，第83页。
⑦ 参见《南齐书》卷三五《高帝十二王·安成王暠传》，第626页；卷三八《萧赤斧传》，第665页。
⑧ 参见《南齐书》卷三七《到㧑传》，第648页。
⑨ 参见《南齐书》卷四〇《武十七王·鱼复侯子响传》，第704页；卷二九《周盘龙传》，第545页。
⑩ 参见《南齐书》卷四二《王晏传》，第742页。
⑪ 参见《南齐书》卷三五《高帝十二王·鄱阳王锵传》，第627页。
⑫ 参见《南齐书》卷三七《胡谐之传》，第657页。

明五年再次入为散骑常侍、右卫将军，次年封巴东郡王，迁中护军。① 永明六年，庐陵王子卿"迁秘书监、领右卫将军，寻迁中军将军，侍中并如故"②。七年"二月丙子（初二，3.19），以左卫将军巴东王子响为中护军"；"秋八月庚子（廿九，10.9），以左卫将军建安王子真为中护军"。③ 江夏王锋、随郡王子隆亦于同年转任左卫将军④。薛渊于同年"为给事中、右卫将军，以疾解职"⑤。八年八月"壬辰（廿一，10.1），以左卫将军随郡王子隆为荆州刺史"⑥。同年，王晏、王玄邈任右卫将军。史载王晏"陈疾自解"，可能并未实际履职，于次年迁侍中、领太子詹事。⑦ 始兴王鉴于永明九年"迁左卫将军，未拜，遇疾"⑧。十年正月，以"右卫将军王玄邈为北徐州刺史"⑨。同年，晋安王子懋"入为侍中、领右卫将军"；崔慧景"迁右卫将军，加给事中"。十一年，萧子懋迁散骑常侍、中书监，崔慧景为豫州刺史⑩。萧鸾、王广之于同年继任右卫将军⑪。

永明十一年七月，齐武帝死，皇太孙萧昭业即位，大权随即被宗室萧鸾所掌握。次年（隆昌元年）七月，萧鸾废萧昭业而立其弟萧昭文（延兴元年）。十月，萧鸾发动政变废黜萧昭文，篡位自立，改年建武。海陵王延兴元年（494）八月甲辰（廿六，9.22），以"左卫将军王广之为豫州刺史"⑫。其后崔慧景任左卫将军。《南齐书·崔慧景传》："高宗辅政，

---

① 参见《南齐书》卷四〇《武十七王·鱼复侯子响传》，第704—705页。
② 《南齐书》卷四〇《武十七王·庐陵王子卿传》，第704页。
③ 《南齐书》卷三《武帝纪》，第56、58页。参见同书卷四〇《武十七王·鱼复侯子响传》，第704页；卷四〇《武十七王·建安王子真传》，第711页。
④ 参见《南齐书》卷三五《高帝十二王·江夏王锋传》，第630页；卷四〇《武十七王·随郡王子隆传》，第710页。
⑤ 《南齐书》卷三〇《薛渊传》，第554页。
⑥ 《南齐书》卷三《武帝纪》，第58页。
⑦ 参见《南齐书》卷四二《王晏传》，第742页。
⑧ 《南齐书》卷三五《高帝十二王·始兴王鉴传》，第629页。
⑨ 《南齐书》卷三《武帝纪》，第59页。同书卷二七《王玄邈传》载其"出为持节、监徐州军事、平北将军、徐州刺史"（第511页）。
⑩ 参见《南齐书》卷四〇《武十七王·晋安王子懋传》，第708页；卷五一《崔慧景传》，第873页。
⑪ 参见《南齐书》卷六《明帝纪》，第84页；卷二九《王广之传》，第548页。
⑫ 《南齐书》卷五《海陵王纪》，第78页。同书卷二九《王广之传》：隆昌元年，"迁给事中、左卫将军"（第548页）。则其在同年郁林王在位时任左卫将军。

遣梁王至寿春安慰之，慧景遣密启送诚劝进，征还，为散骑常侍、左卫将军。"① 同书《魏虏传》载"建武二年（495）春，高宗（明帝）遣……左卫将军崔慧景出徐州"②。隆昌元年（494）正月己酉（初三，1.25），以"右卫将军薛渊为司州刺史"③，则其此前已为右卫将军。萧昭胄于"郁林初，为右卫将军，未拜，迁侍中、领右军将军"④。南海王子罕，"隆昌元年，迁散骑常侍、右卫将军。建武元年，转护军将军"⑤。

　　齐明帝萧鸾政变的成功，主要得到了萧谌、萧坦之的协助。萧谌为皇室疏属，"世祖在东宫，谌领宿卫"。可见他与齐武帝渊源深厚，当为其腹心。齐武帝即位后，萧谌为步兵校尉、领御仗主。"世祖斋内兵仗悉付之，心膂密事，皆使参掌。除正员郎，转左中郎将、后军将军。""世祖卧疾延昌殿，敕谌在左右宿直。上崩，遗敕谌领殿内事如旧。"⑥ 萧谌自齐武帝为太子时起就领其府宿卫，一直到齐武帝临终约近十五年之久，是其最亲近、信任的禁卫武官。萧谌任职的大部分时间是与萧鸾共事的，且萧鸾为其上司，二人关系密切自无疑义。齐武帝为了巩固统治而对握有禁卫大权的机要近侍武官一贯宠信，为其身后留下了隐患。"郁林即位，深委信谌，谌每请急出宿，帝通夕不得寐，谌还乃安。"转任卫尉。萧鸾辅政，"谌回附高宗，劝行废立"，"及废帝日，领兵先入后宫，斋内仗身素隶服谌，莫有动者"⑦。建武二年（495）"六月壬戌（廿五，8.1），诛领军将军萧谌、西阳王子明、南海王子罕、邵陵王子贞。乙丑（廿八，8.4），以右卫将军萧坦之为领军将军"⑧。萧谌被杀显然并非因其有谋反之心，而是齐明帝恐其权高震主。结合一同诛杀前宗室诸王来看，萧谌之死乃是齐明帝即位后实施的一系列清洗政策的一个环节。

　　齐明帝时，左、右卫将军可考者有：萧诞，延兴元年（494）为司州刺史，"建武二年春，虏攻司州，诞尽力拒守"。"征左卫将军。上欲杀

---

① 《南齐书》卷五一《崔慧景传》，第873页。
② 《南齐书》卷五七《魏虏传》，第993—994页。
③ 《南齐书》卷四《郁林王纪》，第71页。
④ 《南齐书》卷四〇《武十七王·竟陵王子良传附子昭胄传》，第702页。
⑤ 《南齐书》卷四〇《武十七王·南海王子罕传》，第712页。
⑥ 《南齐书》卷四二《萧谌传》，第745页。
⑦ 同上书，第745—746页。
⑧ 《南齐书》卷六《明帝纪》，第87页。

谌，以诞在边镇拒虏，故未及行。"① 看来实际并未到任。永泰元年（建武五年，498）"二月癸丑（初一，3.9），遣左卫将军萧惠休假节援寿阳"②。则此前萧惠休已任左卫将军。建武元年，萧坦之"迁散骑常侍、右卫将军"。"明年，虏动，假坦之节，督徐州征讨军事。""还，加领太子中庶子，未拜，迁领军将军。"③ 二年，江祏"迁右卫将军，掌甲仗廉察"④，刘悛"迁散骑常侍、右卫将军"⑤。同年"八月丁未（初四，8.25），以右卫将军庐陵王宝源为南兖州刺史"⑥，则此前他已任右卫将军。

如前所述，作为弑帝篡位者，齐明帝对任何可能的威胁都很关注，而他本人即是利用禁卫军权实现篡位的，因此也就特别重视对禁卫军权的控制，以防止任何可能的潜在威胁。在诛杀萧谌兄弟之后，齐明帝以萧坦之为领军将军⑦，萧惠休为左卫将军⑧，外戚江祏为右卫将军。江祏在齐明帝及后来的东昏侯二朝是一位颇为重要的大臣。"建武二年，迁右卫将军，掌甲仗廉察。四年，转太子詹事。祏以外戚亲要，势冠当时。"⑨ 按"祏姑为景皇后，少为高宗所亲，恩如兄弟"⑩。毫无疑问，江祏之所以"势冠当时"乃是因其为外戚之故。其所担任的职务不仅太子詹事有利于展示其实力，右卫将军也是不可忽视的。

永泰元年七月，齐明帝死，太子萧宝卷即位，统治集团随即发生了空前绝后的政治斗争，左、右卫将军在其中亦有重要表现。在东昏侯初年执

---

① 《南齐书》卷四二《萧谌传附兄诞传》，第747页。
② 《南齐书》卷六《明帝纪》，第90页。
③ 《南齐书》卷四二《萧坦之传》，第749页。同书卷六《明帝纪》：建武二年（495）正月壬申（初二，2.12），遣"右卫将军萧坦之督徐州征讨（魏军）"。六月"乙丑（廿八，8.4），以右卫将军萧坦之为领军将军"。（第86、87页）卷五七《魏虏传》："右卫将军萧坦之遣军主裴叔业攻二城，拔之。"（第994页）卷五一《裴叔业传》："建武二年，虏围徐州，叔业以军主隶右卫将军萧坦之救援。"（第870页）
④ 《南齐书》卷四二《江祏传》，第751页。
⑤ 《南齐书》卷三七《刘悛传》，第654页。
⑥ 《南齐书》卷六《明帝纪》，第88页。
⑦ 参见《南齐书》卷四二《萧坦之传》，第749页。据同书卷六《明帝纪》，萧坦之为侍中、中领军在永泰元年四月（第91页）。
⑧ 参见《南齐书》卷六《明帝纪》，第90页。按同书卷四六《萧惠休传》载其为侍中、领步兵校尉（第811—812页），不载其为左卫将军事。
⑨ 《南齐书》卷四二《江祏传》，第751页。
⑩ 同上书，第750页。按景皇后当即齐明帝生母，其生平史书缺载，难得其详。

掌朝政的"六贵"之中，敬皇后（明帝后，东昏侯母）之弟刘暄为散骑常侍、右卫将军①。东昏侯欲自专朝政，引起"六贵"不满，君臣之间遂爆发了激烈冲突。辅政大臣议欲废立，但在立何人为帝的问题上争执不下。先是诸大臣欲立江夏王宝玄，而刘暄欲立建安王宝夤，江祏则"劝祏立遥光"。刘暄不同意立萧遥光，遥光欲谋杀刘暄以泄愤，刘暄则向东昏侯告密，"帝处分，收祏兄弟"，二人遂被杀。②江祏兄弟与刘暄皆为外戚，但刘暄为东昏侯之舅，而江祏兄弟则为齐明帝舅子，显然刘暄与东昏侯关系更为亲近，也更受到信任。沈约在"明帝崩"后"迁左卫将军，寻加通直散骑常侍。永元二年（500），以母老表求解职，改授冠军将军、司徒左长史"③。永泰元年，曹虎"迁给事中、右卫将军，持节，隶都督陈显达停襄阳伐虏"。次年参与平定始安王遥光之乱，"事宁，转散骑常侍、右卫将军"。④东昏侯即位，崔慧景"改领右卫将军，平北、假节如故，未拜。永元元年，迁护军将军，寻加侍中"⑤。永元元年，"刘暄迁散骑常侍，右卫将军"；八月，"右卫将军刘暄为领军将军"。⑥陈显达率军进攻京师，东昏侯调兵遣将进行抗击，其中"左卫将军左兴盛假节，加征虏将军，督前锋军事，屯新亭"⑦。永元二年三月崔慧景举兵袭京师，"壬子（十二，4.26），右卫将军左兴盛督京邑水步众军"以防其进攻⑧。《南齐书·崔慧景传》："帝闻变，以征虏将军、右卫将军左兴盛假节，督京邑水陆众军。""帝又遣右卫将军左兴盛率台内三万人，拒慧景于北篱

---

① 江祏、江祀兄弟与右卫将军刘暄（明帝敬皇后之弟）及始安王遥光、尚书令徐孝嗣、领军将军萧坦之六人"更日帖敕"，当时称为"六贵"（《南齐书》卷四二《江祏传》，第751页）。
② 参见《南齐书》卷四二《江祏传》《江祀传》，第751、752页。
③ 《梁书》卷一三《沈约传》，第233页。同书卷三三《张率传》："建武三年，举秀才，除太子舍人。与同郡陆倕幼相友狎，常同载诣左卫将军沈约，适值任昉在焉，约乃谓昉曰：'此二子后进才秀，皆南金也，卿可与定交。'"（第475页）
④ 《南齐书》卷三〇《曹虎传》，第563—564页。
⑤ 《南齐书》卷五一《崔慧景传》，第874页。同书卷七《东昏侯纪》：永元元年"六月己酉（初五，6.28），新除右卫将军崔惠景为护军将军"（第98页）。
⑥ 《南齐书》卷四二《江祏传》，第751页；卷七《东昏侯纪》，第98页。
⑦ 《南齐书》卷二六《陈显达传》，第494页。按同书卷七《东昏侯纪》：永元元年"十一月丙辰（十五，500.1.1），太尉江州刺史陈显达举兵于寻阳"。十二月"甲申（十三，1.29），陈显达至京师，宫城严警，六军固守"。（第99页）
⑧ 《南齐书》卷七《东昏侯纪》，第99—100页。

门,望风退走。"① 据此可以确定,前此抗击陈显达时左兴盛的职务必为右卫将军,而非左卫将军。② 东昏侯末年,吏部尚书王志领右卫将军③。

第五节 直阁将军

南齐时以其他禁卫武官"直阁"的现象比较少见,而作为正式官名的直阁、直阁将军则大量出现。如直阁、骁骑将军徐世㯹④,后军将军、直阁将军崔恭祖、桓康⑤,龙骧将军、直阁将军、马军主胡松⑥,直阁将军、领细仗主曹虎⑦。这些事例表明,南齐时直阁将军已成为禁卫武官系统中一专职官名。《南齐书·张欣泰传》:"世祖与欣泰早经款遇,及即位,以为直阁将军,领禁旅。"⑧ 这更是直阁将军成为专职禁卫武官名称的铁证。不仅如此,南齐时还出现了东宫直阁将军及直后等正式官名⑨。

南齐时期直阁将军兼领、迁转情况可考者如下:

曹道刚:? →直阁将军、骁骑将军、加冠军将军→黄门郎,加南濮阳太守⑩

周奉叔:东宫直阁→直阁将军、游击将军,加辅国将军→加淮陵太守、兖州中正⑪

徐世㯹:直阁、骁骑将军⑫

---

① 《南齐书》卷五一《崔慧景传》,第875页。
② 又,《梁书》卷二〇《刘季连传》:为益州刺史。"东昏即位,永元元年,征季连为右卫将军,道断不至。"(第308页)
③ 《梁书》卷二一《王志传》:"转吏部尚书,在选以和理称。崔慧景平,以例加右军将军,封临汝侯,固让不受,改领右卫将军。义师至,城内害东昏,百僚署名送其首。""霸府开,以志为右卫将军、骠骑大将军长史。"(第319页)
④ 参见《南齐书》卷七《东昏侯纪》,第104页;《南史》卷七七《恩倖·茹法珍传》,第1933页。
⑤ 参见《南齐书》卷二六《王敬则传》,第487页;卷三〇《桓康传》,第558页。
⑥ 参见《南齐书》卷二六《王敬则传》,第487页。
⑦ 参见《南齐书》卷三〇《曹虎传》,第561页。
⑧ 《南齐书》卷五一《张欣泰传》,第881页。
⑨ 参见《南齐书》卷三〇《焦度传》,第560页;卷二九《周山图传》,第541页;卷五一《张欣泰传》,第884页;《梁书》卷一八《康绚传》,第290页。
⑩ 参见《南齐书》卷二九《周盘龙传附子奉叔传》,第545—546页。
⑪ 同上。
⑫ 参见《南齐书》卷七《东昏侯纪》,第104页。

崔恭祖：后军将军、直阁将军①

胡松：龙骧将军、直阁将军、马军主②

薛渊：骁骑将军、淮陵太守，加宁朔将军→直阁将军、冠军将军、太子左率→左卫将军③

桓康：武陵王中兵（参军）、宁朔将军，带兰陵太守→宁朔将军、后军将军、直阁将军、南濮阳太守→辅国将军、左军将军、游击将军、南濮阳太守④

曹虎：屯骑校尉、带南城令→前军将军、直阁将军、领细仗主→宁朔将军、游击将军、东莞太守、直阁将军、领细仗主⑤

张欣泰：宁朔将军、尚书都官郎→直阁将军、豫章王太尉参军→安远护军、武陵内史→直阁、步兵校尉、领羽林监⑥

张惠绍：直阁→竟陵横桑戍主⑦

傅法献：右中郎将、直阁将军⑧

  南齐直阁将军除兼任龙骧将军、冠军将军、右中郎将及太尉参军各一例外，其他则为军校骁游之职：游击将军、后军将军各二任，前军将军、步兵校尉各一任。《南齐书·裴叔业传》载其"兄子植、飑并为直阁"⑨，而《魏书·裴植传》则记："仕萧宝卷（东昏侯），以军勋至长水校尉。"其弟飑，"以军功为宝卷骁骑将军"⑩。则此二人亦以军校骁游兼任直阁将军。以上事例中，胡松以直阁将军兼龙骧将军、马军主是在战时；薛渊在兼冠军将军的同时还任东宫禁卫武官左率（左卫率），此前他即任骁骑将军。总之，到了南齐时期，以军校骁游兼任直阁将军更为

---

① 参见《南齐书》卷二六《王敬则传》，第487页。
② 同上。
③ 参见《南齐书》卷三〇《薛渊传》，第553页。
④ 参见《南齐书》卷三〇《桓康传》，第558页。
⑤ 参见《南齐书》卷三〇《曹虎传》，第561页。
⑥ 参见《南齐书》卷五一《张欣泰传》，第881页。
⑦ 参见《梁书》卷一八《张惠绍传》，第285页。
⑧ 参见《魏书》卷七〇《傅竖眼传附法献传》，第1561页。
⑨ 《南齐书》卷五一《裴叔业传》，第871页。
⑩ 《魏书》卷七一《裴植传》，第1570、1572页。

第十三章　南齐禁卫武官制度　/　449

普遍，似已制度化。① 南齐之官品现存史书缺载，但从《宋书·百官志》和《南齐书·百官志》的记述比较来看，两朝似无太大变化；史书中也未见到南齐在官品制度上有什么变革，南齐官品应该是继承刘宋之制的。因此，以宋制推测，南齐的军校骁游及其所兼直阁将军应当在第四品左右。②

正史列传对于南齐直阁将军的职掌亦有所记载。《南齐书·裴叔业传》："叔业兄子植、飑并为直阁，殿内驱使。"③《张欣泰传》："世祖与欣泰早经款遇，及即位，以为直阁将军，领禁旅。"出任武陵内史，"还复为直阁"。又谓其"下直"云云。"后从车驾出新林，敕欣泰甲仗廉察"。④ 这一记载表明，直阁将军领禁卫兵上直（入直阁内），并可随驾出行。东昏侯时张欣泰与弟欣时"密谋结太子右率胡松、前南谯太守王灵秀、直阁将军鸿选、含德主帅苟励、直后刘灵运等十余人"，伺机行废立之事。⑤《南齐书·周奉叔传》："（世祖时）为东宫直阁。郁林在西州，奉叔密得自进。及即位，与直阁将军曹道刚为心膂。道刚骁骑将军，加冠军将军；奉叔游击将军，加辅国将军。并监殿内直卫。""奉叔善骑马，帝从其学骑射，尤见亲宠，得入后宫。"⑥ 此例表明，直阁将军为皇帝之心膂（心腹膂力），监（监督、监领）殿内直卫为其职掌之一。直阁将军为皇帝亲信宠臣，甚至皇帝可随其学骑射，与皇帝关系之亲近程度可以想见。不过，正常情况下直阁将军是无权进入后宫的，周奉叔"得入后宫"当为特例，故史书加以专门记述以示不同。《南齐书·桓康传》："太祖镇

---

① 《资治通鉴》卷一四一《齐纪七》明帝永泰元年（498）五月条，胡三省注："前书后军将军崔恭祖。按魏晋以来官制，左、右、前、后将军，是为四军。恭祖位号未能至此。《齐书·王敬则传》作'后军将军、直阁将军崔恭祖'。恭祖若为后将军，不应下带直阁将军。"（第4428页）表明胡氏既对四军建制不太明了，也不清楚后将军与后军将军之别，更不知道军（四军）校（五校）骁（骁骑）游（游击）例兼直阁将军的制度。

② 军校骁游在南齐仍然还是受到重视的官职，《南齐书》卷四九《张冲传》：刘宋时"随从叔永为将帅，除绥远将军、盱眙太守。永征彭城，遇寒雪，军人足胫冻断者十七八，冲足指皆堕"。后任至"长水校尉。除宁朔将军，本官如故。迁左军将军，加宁朔将军，辅国将军。冲少从戎事，朝廷以干力相待，故历处军校之官"。据文义，时当南齐初年。（第853页）

③ 《南齐书》卷五一《裴叔业传》，第871页。
④ 《南齐书》卷五一《张欣泰传》，第881页。
⑤ 同上书，第884页。
⑥ 《南齐书》卷二九《周盘龙传附子奉叔传》，第545—546页。又可参见《资治通鉴》卷一三八《齐纪四》武帝永明十一年（493）七月条，第4334页。

东府……常卫左右。""除后军将军、直阁将军、南濮阳太守,宁朔如故。""转辅国将军、左军将军,游击将军,太守如故。太祖谓康曰:'卿随我日久……'"① 随皇帝日久,自然亦包括任直阁将军承担侍卫之责在内。关于直阁将军之领兵宿卫,《南齐书·刘怀珍传》的一则记事中有充分反映:"江夏王义恭出镇盱眙,道遇怀珍,以应对见重,取为骠骑长兼墨曹行参军。寻除振武将军、长广太守。孝建初,为义恭大司马参军、直阁将军。怀珍北州旧姓,门附殷积,启上门生千人充宿卫,孝武大惊。召取青、冀豪家私附得数千人,士(土)人怨之。"②

南齐初年,曹虎为"直阁将军、领细仗主"③。齐梁之际,张惠绍为"直阁、左细仗主"④。在所见四例直阁将军兼领细仗主的事例中,有两例记为细仗主,两例则分为左、右,表明细仗分为左细仗和右细仗。细仗应是皇帝身边最亲近的宿卫兵,以其所带兵器之种类——细仗——而得名。细仗当属侍卫甲仗之类。胡三省解释仗士为"士之执兵仗者"⑤,则直阁将军所领之细仗就是以细仗为兵器之禁卫军。《资治通鉴》齐明帝建武二年(495)六月,"仗身执还省"下胡注:"仗身,执仗之卫士也。天子禁卫,有斋内仗身,见《齐书·萧谌传》。"⑥ 直阁将军所领之细仗(左、右细仗),即是由此类仗身组成的皇宫禁卫军。

细仗与细铠、甲仗均为以其所执兵器种类而划分的皇宫禁卫军之兵种。胡三省注《通鉴》,谓"宋宿卫之官,有细铠主、细铠将、细仗主等"⑦。《南齐书·萧谌传》:"永明二年,为南兰陵太守,建威将军如故。复除步兵校尉,太守如故。世祖斋内兵仗悉付之,心膂密事,皆使参掌。""转卫军司马,兼卫尉,加辅国将军。""郁林被废日,初闻外有变,犹密为手敕呼谌,其见信如此。谌性险进,无计略,及废帝日,领兵

---

① 《南齐书》卷三〇《桓康传》,第558页。
② 《南齐书》卷二七《刘怀珍传》,第499—500页。
③ 《南齐书》卷三〇《曹虎传》,第561页。
④ 《梁书》卷一八《张惠绍传》,第285页。
⑤ 《资治通鉴》卷一二四《宋纪六》文帝元嘉二十二年(445)十一月"明日仗士送付廷尉"下胡注,第3919页。
⑥ 《资治通鉴》卷一四〇《齐纪六》胡注,第4388页。
⑦ 《资治通鉴》卷一二七《宋纪九》文帝元嘉三十年(453)正月"左细仗主广威将军吴兴卜天与"下胡注,第3990页。

先入后宫，斋内仗身素隶服谌，莫有动者。"① 可知南齐时在皇帝身边有斋内兵仗或斋内仗身，属最亲近的禁卫军之列，斋内兵仗或斋内仗身看来主要是在后宫侍卫。②《资治通鉴》齐武帝永明八年（490）七月条："遣卫尉胡谐之、游击将军尹略、中书舍人茹法亮帅斋仗数百人诣江陵，检捕群小。"胡注："斋仗，天子斋内精仗手也。"③ 永明十一年二月条："遣中书舍人吕文显、直阁将军曹道刚将斋仗五百人收（雍州刺史王）奂。"胡注："斋仗，斋库精仗以给禁卫勇力之士。"④ 两说可互相补充。齐东昏侯永元二年（500）三月，"独遣崔觉将精手数千人渡南岸"。胡注："精手，军中事艺高强者。"⑤ 齐武帝永明十一年七月条："帝少养于（竟陵王）子良妃袁氏，慈爱甚著。及王融有谋，遂深忌子良。大行出太极殿，子良居中书省，帝使虎贲中郎将潘敞领二百人仗屯太极殿西阶以防之。"⑥ 此二百人仗亦当属于禁卫仗士之列⑦。在仗士中又有斋仗，当为仗士之精锐。

---

① 《南齐书》卷四二《萧谌传》，第745—746页。
② 南朝宋时高位大臣往往有甲仗护卫，当与皇帝之斋内兵仗或斋内仗身有相似职能。《南齐书》卷一《高帝纪上》：诛宋苍梧王后，"太祖移镇东府，与袁粲、褚渊、刘秉各甲仗五十人入殿"（第10—11页）。当有战争戒备时，得率护卫甲仗入六门，如：建平王宏"以仗士五十人入六门"（《宋书》，第1859页），沈庆之"甲仗五十人入六门"（第2001页），竟陵王诞"仗士五十人，出入六门"（第2026页），江夏王义恭以"白直百人入六门"（第1646页），王景文以"仗士三十人入六门"（第2179页），刘勔以"甲仗三十人入六门"（第2192页），袁粲以"仗士三十人入六门"（第2231页）。按六门即建康台城（宫城）之六门：大司马门、万春门、东华门、西华门、太阳门、承明门。六门的具体方位，参见《建康实录》卷七《晋中·显宗成皇帝》咸和五年九月条及本注、六年十一月条及本注，第179—180页。"入六门"即入宫城，也可称为"入殿"。参见周一良《〈宋书〉札记·六门》，《魏晋南北朝史札记》，中华书局1985年版，第187—188页。又，在诸王之禁卫中有"捉刀"，可能即属仗士之类。《南齐书》卷三五《高帝十二王·长沙王晃传》："诸王在京都，唯置捉刀左右四十人……世祖禁诸王畜私仗"（第624页），云云。《资治通鉴》卷一三六《齐纪二》武帝永明二年十月条载"旧制：诸王在都，唯得置捉刀左右四十人"。胡三省注："捉刀，执刀以卫左右者也。"（第4263页）
③ 《资治通鉴》卷一三七《齐纪三》，第4294页。周一良认为，"斋仗当即仗身"（《魏晋南北朝史札记》，第326页）。按《隋书》卷一二《礼仪志七》所载梁侍卫之职，有御仗、卫仗、细仗等（第279页），斋仗、仗身应即此类。
④ 《资治通鉴》卷一三八《齐纪四》，第4327页。
⑤ 《资治通鉴》卷一四三《齐纪九》，第4465页。
⑥ 《资治通鉴》卷一三八《齐纪四》，第4334页。
⑦ 北魏孝文帝时期，元鸷"为羽林队仗副"（《魏书》卷一四《神元平文诸帝子孙·元鸷传》，第350页），此"羽林队"即由领兵仗之卫士构成。

《南齐书·曹虎传》：

> 宋明帝末，为直厢。桂阳贼起，随太祖出新亭垒出战，先斩一级持还，由是识太祖。太祖为领军，虎诉勋，补防殿队主，直西斋。苍梧废，明日，虎欲出外避难，遇太祖在东中华门，问虎何之？虎因曰："故欲仰觅明公耳。"仍留直卫。太祖镇东府，以虎与戴僧静各领白直三百人。累至屯骑校尉，带南城令。豫平石头，封罗江县男，除前军将军。上受禅，增邑为四百户，直阁将军、领细仗主。①

由此可见，曹虎本为宋明帝之直厢，直厢当为禁卫军之一种。《资治通鉴》宋顺帝昇明元年（477）七月条："时（后废）帝出入无常，省内诸阁，夜皆不闭。厢下畏相逢值，无敢出者。宿卫并逃避，内外莫相禁摄。"②按此"厢"当为省（殿省、禁省）阁之厢，直厢当即在阁厢宿直之禁卫军。《南齐书·豫章王嶷传》："宋元嘉世，诸王入斋阁，得白服裙帽见人主，唯出太极四厢，乃备朝服。"③可知太极殿有四厢，当在殿之外围，直厢所直之处应即此类地方。又按北齐有左、右厢，由左、右卫将军掌之④。戴僧静与曹虎各领白直三百人直东府时为帐内军主，其勋阶为积射将军、羽林监。⑤《南齐书·薛渊传》："太祖使领部曲，备卫帐内，从征伐。"⑥《高帝纪下》载"内殿施黄纱帐"⑦，"帐内"之帐即指内殿（萧道成东府之内殿）所设之帐，帐内军主即为统率禁卫军在帐内侍卫君主的禁卫武官。《倖臣·纪僧真传》："上出顿新亭，使僧真领千人在帐内。"⑧《豫章王嶷传》："袁粲举兵夕，丹阳丞王逊告变，先至东府，嶷

---

① 《南齐书》卷三〇《曹虎传》，第561页。
② 《资治通鉴》卷一三四《宋纪一六》，第4197页。按《宋书》卷九《后废帝纪》记作"且群下畏相逢值"（第190页），或另有所本。
③ 《南齐书》卷二二《豫章王嶷传》，第410页。
④ 参见《隋书》卷二七《百官志中》，第758页。
⑤ 参见《南齐书》卷三〇《曹虎传》《戴僧静传》，第555、561页。
⑥ 《南齐书》卷三〇《薛渊传》，第553页。
⑦ 《南齐书》卷二《高帝纪下》，第39页。
⑧ 《南齐书》卷五六《倖臣·纪僧真传》，第973页。

遣帐内军主戴元孙二千人随薛道渊等俱至石头,焚门之功,元孙预焉。"①可知帐内军主可统领多达一千或二千人的军队。这么多人在内殿之帐内直卫显然是不大可能的。合理的解释应是:帐内军主统领着一二千卫士,但并非同时入直,而应该是轮番更直于帐内。当然亦不排除在帐外当直的可能。

据《宋书·礼志五》记载,孝建二年(455)十月,在宋孝武帝授意之下,有司上奏改革诸王车服制度,"凡二十四条"。其中即包括"夹毂队不得绛袄","诸镇常行,车前后不得过六队,白直、夹毂不在其限"。②除上引《南齐书·曹虎传》的记载外,有关南朝"白直"的记载还见于下列事例。《宋书·朱超石传》:"高祖乃遣白直队主丁旿率七百人及车百乘,于河北岸上去水百余步,为却月阵,两头抱河,车置七仗士,事毕,使竖一白毦。"③《武三王·江夏王义恭传》:"孝建元年,南郡王义宣、臧质、鲁爽等反,加黄钺,白直百人入六门。"④《黄回传》:"质在江州,擢领白直队主。"⑤《二凶·元凶劭传》:"车驾出行,劭入守,使将白直队自随。""劭腹心白直诸同逆先屯阊阖门外,并走还入殿。"⑥《南齐书·豫章王嶷传》:

启自陈曰:"臣自还朝,便省仪刀,捉刀左右十余亦省,唯郊外远行,或复暂有,入殿亦省。服身今所牵仗,二侠毂,二白直,共七八十人。……"上答曰:"仪刀、捉刀,不应省也。侠毂、白直,乃可共百四五十以还正是耳。亦不曾闻人道此。吾自不使诸王无仗,况复汝耶。……"又启曰:"……臣昔在边镇,不无羽卫,自归朝以来,便相分遣,侠毂、白直,格置三百许人,臣顷所引,不过一百。……"⑦

---

① 《南齐书》卷二二《豫章王嶷传》,第 406 页。
② 《宋书》卷一八《礼志五》,第 521、522 页。参见同书卷六一《武三王·江夏王义恭传》,第 1648 页。
③ 《宋书》卷四八《朱超石传》,第 1425 页。
④ 《宋书》卷六一《武三王·江夏王义恭传》,第 1646 页。
⑤ 《宋书》卷八三《黄回传》,第 2122 页。
⑥ 《宋书》卷九九《二凶·元凶劭传》,第 2426、2434 页。
⑦ 《南齐书》卷二二《豫章王嶷传》,第 410—411 页。

同书《张敬儿传》："敬儿自占见宠，为长兼行参军，领白直队。"①《武十七王·晋安王子懋传》："隆昌元年，迁子懋为都督、江州刺史，留西楚部曲助镇襄阳，单将白直、侠毂自随。"②《梁书·太祖五王·南平王伟传》："并二卫两营杂役二百人，倍先，置防阁白直左右职局一百人。"③这些记载显示，南朝之白直主要是征镇诸王的仪仗警卫队伍，白直由白直队主统领。在权臣军府亦设白直队，其职能当与征镇诸王府之白直大体相当。权臣军府之白直队主相当于朝廷低级禁卫武官，如上引史料所见刘裕部下白直队主丁旿及直卫萧道成东府之曹虎（防殿队主）与戴僧静（帐内军主）诸人即是。与征镇诸王及权臣军府之白直队主、帐内军主相对应，在朝廷禁卫武官中应该就是直阁将军与直斋、直后、直寝（直殿主帅）等直卫诸职。④

南朝诸史中关于直斋的记载仅见到一条。《南齐书·江祏传》："初，直斋袁文旷以王敬则勋当封，祏执不与。"⑤ 如上所引，宋末曹虎"补防殿队主，直西斋"，大体上亦可归入直斋之列。直斋当因其直卫斋阁而得名，斋阁当为殿内之上阁、中阁之类地方。同书《宗室·始安王遥光传》：萧遥光据东府城与台军对抗。"其晚，台军射火箭烧东北角楼，至夜城溃。遥光还小斋帐中，著衣帢坐，秉烛自照，令人反拒，斋阁皆重关。左右并踰屋散出。"⑥ 南朝宫中又可见到斋帅，亦当在君主左右侍卫，斋帅当与直斋具有相似的职能。《梁书·萧子恪传》：

---

① 《南齐书》卷二五《张敬儿传》，第464页。
② 《南齐书》卷四〇《武十七王·晋安王子懋传》，第708页。
③ 《梁书》卷二二《太祖五王·南平王伟传》，第347页。
④ 《资治通鉴》卷一五〇《梁纪六》武帝普通五年（524）七月条，"但为虞候、白直"下胡三省注："杜佑曰：白直无月给。"（第4681页）按《通典》卷三五《职官十七·俸禄》"禄秩"条所附有关记载中不见此说法。（明）方以智撰《通雅》卷二五《兵政》："白直，队直也。……白直言白身上直。"（《景印文渊阁四库全书》"子部一六三·杂家类"，台湾商务印书馆1986年版，第八五七册，第519页）周一良云："（白直）盖卫队侍从之类，地位甚低。南北朝史中屡见，南朝如刘裕有白直队主丁旿。宋诸王出行车前后有白直夹毂。"北朝白直可供征镇驱使，"南朝之白直似亦至中央服役"。（《〈魏书〉札记·白直、虞候、防阁、仗身、事力、幕士》，《魏晋南北朝史札记》，第324页）日本学者宫川尚志认为，"白直是王公的亲卫队"（《六朝史研究 政治·社会篇》，平乐寺书店1977年版，第565页）。
⑤ 《南齐书》卷四二《江祏传》，第751—752页。
⑥ 《南齐书》卷四五《宗室·始安王遥光传》，第791页。东府又有"外斋"，见《南齐书》卷三〇《桓康传》，第538页。

又文献王时内斋直帐阁人赵叔祖，天监初，入为台斋帅，在寿光省，高祖呼叔祖曰："我本识汝在北第，以汝旧人，故每驱使。汝比见北第诸郎不？"叔祖奉答云："比多在直，出外甚疏，假使暂出，亦不能得往。"高祖曰："若见北第诸郎，道我此意：我今日虽是革代，情同一家。但今磐石未立，所以未得用诸郎者，非惟在我未宜，亦是欲使诸郎得安耳。但闭门高枕，后自当见我心。"叔祖即出外具宣敕语。①

北齐门下省有斋帅局，斋帅四人"掌铺设洒扫事"②。南朝直斋之义或可以此推知。南朝东宫、诸王及州郡长官之军府亦设斋帅，斋帅为府主亲信左右③。

南朝所见之直斋无疑是因其入直斋阁而得名，而直后可能是因其在后宫当直而得名。齐末萧衍大军进围建康宫城之际，负责宫城守卫的王珍国、张稷等将领欲杀东昏侯而以城投降。《南齐书·东昏侯纪》：

王珍国、张稷惧祸及，率兵入殿，分军又从西上阁入后宫断之，御刀丰勇之为内应。是夜，帝在含德殿吹笙歌作《女儿子》，卧未熟。闻兵入，趋出北户，欲还后宫。清曜阁已闭，阉人禁防黄泰平以刀伤其膝，仆地。顾曰："奴反邪？"直后张齐斩首送梁王。④

---

① 《梁书》卷三五《萧子恪传》，第509页。
② （唐）魏徵等撰：《隋书》卷二七《百官志中》，中华书局1973年版，第753页。
③ 南朝东宫之"斋帅"当与台城之"直斋""斋帅"相似。宋文帝太子刘劭欲发动政变，"每夜辄飨将士，或亲自行酒，密与腹心队主陈叔儿·詹叔儿、斋帅张超之·任建之谋之"。（《宋书》卷九九《二凶·元凶劭传》，第2426页）《资治通鉴》卷一二七《宋纪九》文帝元嘉三十年（453）记太子刘劭政变密谋事，"劭乃密与腹心队主陈叔儿、斋帅张超之等谋为逆"。胡三省注："斋帅主斋内仗卫，又掌汤沐、灯烛、汛扫、铺设。"（第3987—3988页）《宋书》卷八四《邓琬传》："出为晋安王子勋镇军长史、寻阳内史，行江州事。前废帝狂悖无道……乃遣使赍药赐子勋死。使至，子勋典签谢道遇、斋帅潘欣之、侍书褚灵嗣等驰以告琬，泣涕请计。""景和元年十一月十九日，称子勋教，即日戒严。子勋戎服出听事，集僚佐，使潘欣之口宣旨曰：……众并奉旨。"（第2130页）《梁书》卷二二《太祖五王·安成王秀传》："性仁恕，喜愠不形于色。左右尝以石掷杀所养鹆，斋帅请治其罪。秀曰：'吾岂以鸟伤人。'"（第345页）《宋书》卷八三《黄回传》："黄回，竟陵郡军人也。出身郡府杂役，稍至传教。臧质为郡，转斋帅，及去职，将回自随。质为雍州，回复为斋帅。质讨元凶，回随从有功，免军户。质在江州，擢领白直队主。"（第2122页）由此可见，南朝州郡府均有斋帅，其地位甚低，属军户之列。
④ 《南齐书》卷七《东昏侯纪》，第106页。

看来南朝直后确在君主左右,而且其当在后宫守卫①。同书《周山图传》载齐"明帝遣直后闻人袭说降"自号"东海王"的"临海亡命田流"②。《江祏传》:"高宗为骠骑,镇东府,以祏为谘议参军、领南平昌太守,与萧谋对直东府省内。""会直后张伯、尹瓒等屡谋窃发,祏、谋忧虞无计,每夕辄托事外出。"③《张欣泰传》:"欣泰与弟前始安内史欣时密谋结太子右率胡松、前南谯太守王灵秀、直阁将军鸿选、含德主帅荀励、直后刘灵运等十余人,并同契会。"④《梁书·郑绍叔传》:"绍叔兄植为东昏直后,东昏遣至雍州,托以候绍叔,实潜使为刺客。"⑤ 以上诸例均可证明直后与皇帝关系亲近,在其身边侍卫。

　　直后当因其直卫后宫、后阁而得名。《资治通鉴》齐明帝建武元年正月条:"帝(郁林王)以(宦者徐)龙驹为后阁舍人,常居含章殿……南面向案,代帝画敕。"胡三省注:"后阁,禁中后阁也。《南史》曰:龙驹日夜在六宫房内。"⑥ 按《南史·废帝郁林王纪》:"徐龙驹为后阁舍人,日夜在六宫房内。"⑦《恩倖·茹法亮传附徐龙驹传》:"龙驹以奄(阉)人本给安陆侯,后度东宫为斋帅。帝即位后,以便佞见宠。凡诸鄙黩杂事,皆所诱劝。位羽林监、后阁舍人、黄门署令、淮陵太守。帝为龙驹置嫔御妓乐。常住含章殿,著黄纶帽,被貂裘,南面向案,代帝画敕。内左右侍直,与帝不异。"⑧ 在直卫诸职中,侍直后阁之直后得入后宫,属于最为亲近的禁卫武官。东宫亦有直后之职。《梁书·康绚传》:"文帝在东宫,以旧恩引为直后,以母忧去职。"⑨《陈书·吴明彻传》:"起家梁东宫直后。"⑩《章昭达传》:"梁大同(535—546)中,昭达为东宫直后。"⑪

---

　　① 《资治通鉴》卷一三九《齐纪五》明帝建武元年(494)七月"直后徐僧亮盛怒"下,胡三省注:"直后,亦宿卫之官,侍卫于乘舆之后者也。"(第4355—4356页)这一理解不太准确。
　　② 《南齐书》卷二九《周山图传》,第541页。
　　③ 《南齐书》卷四二《江祏传》,第750页。
　　④ 《南齐书》卷五一《张欣泰传》,第884页。
　　⑤ 《梁书》卷一一《郑绍叔传》,第209页。
　　⑥ 《资治通鉴》卷一三九《齐纪五》,第4345页。
　　⑦ 《南史》卷五《废帝郁林王纪》,第137页。
　　⑧ 《南史》卷七七《恩倖·茹法亮传附徐龙驹传》,第1931页。
　　⑨ 《梁书》卷一八《康绚传》,第290页。
　　⑩ 《陈书》卷九《吴明彻传》,第160页。
　　⑪ 《陈书》卷一一《章昭达传》,第181页。

《沈恪传》："寻补东宫直后。以岭南勋除员外散骑侍郎，仍令招集宗从子弟。"①《陆子隆传》："起家东宫直后。"② 以上记载表明，齐、梁时期有直后之职，梁代有东宫直后，其他各朝虽不见记载，但存在直后的可能性很大，直斋、直后的设立应与直阁将军的出现相一致。

《隋书·礼仪志六》：陈天嘉（560—566）"定令具依天监旧事"。"直阁将军，朱服，武冠，铜印珪钮，青绶，兽头鞶。直阁将军诸殿主帅，朱服，武冠。正直绛衫，从则裲裆衫。""殿中将军、员外将军，朱服，武冠。"③ 此处之诸殿主帅显然归直阁将军所领，而非与直阁将军并列。《梁书·侯景传》："改梁律为汉律，改左民尚书为殿中尚书，五兵尚书为七兵尚书，直殿主帅为直寝。"④ 这一记载有力地证明，南朝之直殿主帅实即北朝之直寝⑤。《资治通鉴》齐和帝中兴元年（501）十一月，"魏主乃遣直寝羊灵引为军司"下胡三省注："直寝，因直寝殿以为官称。"⑥

宋明帝杀其弟始安王休仁后与诸方镇及诸大臣书中谓，"休仁出入殿省，诸卫主帅裁相悉者，无不和颜厚相抚劳"云云⑦。刘宋末年，"司徒袁粲、尚书令刘秉见太祖（萧道成）威权稍盛，虑不自安，与蕴及黄回等相结举事，殿内宿卫主帅无不协同"⑧。齐武帝临终安排后事，又诏曰："内外禁卫劳旧主帅左右，悉付萧谌优量驱使之，勿负吾遗意也。"⑨ 萧谌，"永明二年，为南兰陵太守，建威将军如故。复除步兵校尉，太守如故。世祖斋内兵仗悉付之，心膂密事，皆使参掌。除正员郎，转左中郎

---

① 《陈书》卷一二《沈恪传》，第193页。
② 《陈书》卷二二《陆子隆传》，第293页。
③ 《隋书》卷一一《礼仪志六》，第218、225—226页。
④ 《梁书》卷五六《侯景传》，第859页。
⑤ 《隋书》卷二七《百官志中》：左、右卫府，"直阁（閤）属官，有朱衣直阁、直阁将军、直寝、直斋、直后之属"（第758页）。
⑥ 《资治通鉴》卷一四四《齐纪一〇》，第4505页。又，《宋书》卷二《武帝纪中》：（义熙）七年（411）正月，"凡南北征伐战亡者，并列上赙赠。尸丧未反，遣主帅迎接，致还本土。"（第27页）卷三《武帝纪下》：永初元年（420）七月丁亥（初五，7.30）诏谓，"台府所须，皆别遣主帅与民市和，即时裨直，不复责租求办"（第54页）。这是南朝诸史所见时代最早的两例主帅，但还不能确定是否为直殿主帅。
⑦ 《宋书》卷七二《文九王·始安王休仁传》，第1877页。
⑧ 《南齐书》卷一《高帝纪上》，第12页。
⑨ 《南齐书》卷三《武帝纪》，第62页。

将、后军将军，太守如故。世祖卧疾延昌殿，敕谌在左右宿直。上崩，遗敕谌领殿内事如旧"①。萧"遥光事平二十余日，帝遣延明主帅黄文济领兵围（萧）坦之宅，杀之"②。史载"雍州刺史张欣泰等谋起事于新亭，杀台内诸主帅"③。《魏书·萧宝夤传》载其事云："宝卷立，以为车骑将军、开府、领石头戍军事。宝卷昏狂，其直后刘灵运等谋奉宝夤，密遣报宝夤，宝夤许之。"④《梁书·郑绍叔传》："东昏既害朝宰，颇疑高祖（萧衍）。绍叔兄植为东昏直后，东昏遣至雍州，托以候绍叔，实潜使为刺客。绍叔知之，密以白高祖。"⑤东昏直后乃是在其身旁侍卫的亲信禁卫武官。夏侯亶，"永元末，（父）详为西中郎南康王（齐和帝萧宝融）司马，随府镇荆州。亶留京师，为东昏听政主帅"⑥。陈庆之，"普通（520—527）中，魏徐州刺史元法僧于彭城求入内附，以庆之为武威将军，与胡龙牙、成景俊率诸军应接。还除宣猛将军、文德主帅，仍率军二千，送豫章王综入镇徐州"⑦。庆之子陈昕，"大同四年（538），为邵陵王常侍、文德主帅、右卫仗主，敕遣助防义阳"⑧。胡僧祐，"仕魏至银青光禄大夫，以大通二年（528）归国，频上封事，高祖器之，拜假节、超武将军、文德主帅，使戍项城"⑨。梁武帝"太清（547—549）中，既纳侯景，有事北方，乃使（陈）休先召募得千余人，授文德主帅"⑩。裴忌"父之平，倜傥有志略，召补文德主帅。梁普通中，众军北伐"⑪。

以上所见主帅、宿卫将帅、诸卫主帅、殿内宿卫主帅、内外禁卫劳旧主帅左右、延明主帅、台内诸主帅、含德主帅、听政主帅、文德主帅等职，均当为直殿主帅，其职能即直殿——负责殿内宿卫，因其所直宫殿之

---

① 《南齐书》卷四二《萧谌传》，第745页。
② 《南齐书》卷四二《萧坦之传》，第749页。
③ 《南齐书》卷五〇《明七王·鄱阳王宝夤传》，第865页。
④ 《魏书》卷五九《萧宝夤传》，第1313页。
⑤ 《梁书》卷一一《郑绍叔传》，第209页。
⑥ 《梁书》卷二八《夏侯亶传》，第418页。
⑦ 《梁书》卷三二《陈庆之传》，第459页。
⑧ 《梁书》卷三二《陈庆之传附子昕传》，第465页。
⑨ 《梁书》卷四六《胡僧祐传》，第639页。
⑩ 《陈书》卷一四《南康王昙朗传》，第210页。
⑪ 《陈书》卷二五《裴忌传》，第317页。

异而有不同名称，如延明主帅当负责延明殿内宿卫，含德主帅当负责含德殿内宿卫，听政主帅当负责听政殿内宿卫，文德主帅当负责文德殿内宿卫。其所以称作主帅，当与其统领一定的禁卫军有关。南朝东宫亦可见到主帅。《宋书·后废帝纪》："初，昱在东宫，年五六岁时，始就书学，而惰业好嬉戏，主帅不能禁。""年渐长，喜怒乖节，左右有失旨者，辄手加扑打。徒跣蹲踞，以此为常。主帅以白太宗，上辄敕昱所生，严加捶训。"① 看来东宫主帅还有监督年幼的太子并制止其不法行为的职能，必要时亦可向皇帝汇报。《南齐书·文惠太子传》："后上幸豫章王宅，还过太子东田，见其弥亘华远，壮丽极目，于是大怒，收监作主帅，太子惧，皆藏匿之，由是见责。"② 按"监作主帅"亦即太子东宫主帅，因负责东宫修建而得名。史载江子五为"东宫直殿主帅"③。裴之横，"太宗在东宫，闻而要之，以为河东王常侍、直殿主帅，迁直阁将军"④。南朝东宫直殿主帅当与北朝之东宫直寝相当。⑤

南齐郁林王萧昭业的亲信中即有直阁将军。《南齐书·郁林王纪》："中书舍人綦毋珍之、朱隆之，直阁将军曹道刚、周奉叔，并为帝羽翼。高宗屡谏不纳，先启诛龙驹，次诛奉叔及珍之，帝并不能违。既而尼媪外入，颇传异语，乃疑高宗有异志。""高宗虑变，定谋废帝。二十二日壬辰，使萧谌、坦之等于省诛曹道刚、朱隆之等，率兵自尚书入云龙门，戎服加朱衣于上。"⑥ 对于周奉叔、曹道刚之专宠，史书有具体记载。同书《周奉叔传》：

> 为东宫直阁。郁林在西州，奉叔密得自进。及即位，与直阁将军

---

① 《宋书》卷九《后废帝纪》，第188页。
② 《南齐书》卷二一《文惠太子传》，第401页。
③ 《梁书》卷四三《江子一传》，第609页。
④ 《梁书》卷二八《裴邃传附之横传》，第417页。
⑤ 综合《宋书》卷七九《文五王·海陵王休茂传》、卷八三《吴喜传》、卷八四《邓琬传》，《南齐书》卷四《郁林王纪》、卷三一《江谧传》、卷三二《张岱传》、卷四〇《武十七王传·史臣曰》、卷四二《王晏传》、《梁书》卷六《敬帝纪》、《陈书》卷二《高祖纪下》、卷八《杜僧明传》《周文育传》、卷一三《徐世谱传》、卷二〇《华皎传》、卷三一《任忠传》的有关记载，可知：南朝在地方军府主要是担任地方军政长官的诸王府（陈代为异姓）同样亦设主帅，主帅为府主亲信左右，具有保卫并监督其府主的职责，亦可统军征战。关于"主帅"之职，又可参见［日］宫川尚志《六朝史研究 政治·社会篇》，第571—572页。
⑥ 《南齐书》卷四《郁林王纪》，第73—74页。

曹道刚为心膂。道刚骁骑将军，加冠军将军；奉叔游击将军，加辅国将军。并监殿内直卫。……奉叔善骑马，帝从其学骑射，尤见亲宠，得入后宫。……隆昌元年（494），除黄门郎，未拜，仍出为持节、都督青冀二州军事、冠军将军、青州刺史。时帝谋诛宰辅，故出奉叔为外援，除道刚中军司马、青冀二州中正，本官如故。奉叔就帝求千户侯，许之。高宗辅政，以为不可，封曲江县男，三百户。奉叔大怒，于众中攘刀厉目，高宗说喻之，乃受。奉叔辞毕，将之镇，部伍已出。高宗虑其一出，不可复制，与萧谌谋，称敕召奉叔，于省内杀之，勇士数人拳击，久之乃死。启帝云："奉叔慢朝廷。"帝不获已，可其奏。高宗废帝之日，道刚直阁省，萧谌先入户，若欲论事，兵人随后奄进，以刀刺之，洞胸死，因进宫内废帝。①

而直阁、骁骑将军徐世檦为东昏侯最重要的心腹。同书《东昏侯纪》：

所宠群小党与三十一人，黄门十人。初任新蔡人徐世檦为直阁、骁骑将军，凡有杀戮，皆其用命。杀徐孝嗣后，封为临汝县子。陈显达事起，加辅国将军。虽用护军崔慧景为都督，而兵权实在世檦。及事平，世檦谓人曰："五百人军主，能平万人都督。"世檦亦知帝昏纵，密谓其党茹法珍、梅虫儿曰："何世天子无要人，但阿侬货主恶耳。"法珍等争权，以白帝。帝稍恶其凶强，以二年正月，遣禁兵杀之，世檦拒战而死。②

此外，南齐直阁将军还在都城建康受到威胁时率领禁卫军进行防守。《南齐书·王敬则传》："永泰元年（498），帝（明帝）疾，屡经危殆。以张瓌为平东将军、吴郡太守，置兵佐，密防敬则。内外传言当有异处

---

① 《南齐书》卷二九《周盘龙传附子奉叔传》，第545—546页。又，《资治通鉴》卷一三九《齐纪五》明帝建武元年（494）正月条载此事，与传文微异："周奉叔恃勇挟势，陵轹公卿。常翼单刀二十口自随，（胡三省注：翼者，分列左右若两翼然也。）出入禁闼，门卫不敢诃，每语人曰：'周郎刀不识君！'鸾忌之，使萧谌、萧坦之说帝出奉叔为外援。己巳，以奉叔为青州刺史，曹道刚为中军司马。"（第4346—4347页）据此，则出二直阁外任乃萧鸾之意，而非郁林王（皇帝）之意。比较而言，其说更可信。

② 《南齐书》卷七《东昏侯纪》，第104—105页。参见《资治通鉴》卷一四三《齐纪九》东昏侯永元二年（500）六月条，第4468页。

分。"王敬则为南齐开国元勋，本为齐明帝亲信，其时担任大司马、使持节、都督会稽东阳临海永嘉新安五郡军事、会稽太守。为了避免在幼主即位后受其威胁，齐明帝先发制人，结果逼使王敬则举兵反叛，"乃率实甲万人过浙江"。"朝廷遣辅国将军、前军司马左兴盛，后军将军、直阁将军崔恭祖，辅国将军刘山阳，龙骧将军、直阁将军、马军主胡松，三千余人，筑垒于曲阿长冈；右仆射沈文季为持节都督，屯湖头，备京口路。"[1]东昏侯永元二年（500），平西将军崔慧景在广陵附近发动兵变。"帝闻变，以征虏将军、右卫将军左兴盛假节，督京邑水陆众军。""台遣骁骑将军张佛护、直阁将军徐元称、屯骑校尉姚景珍、西中郎参军徐景智、游荡军主董伯珍、骑官桓灵福等，据竹里为数城。""台遣中领军王莹都督众军，据胡头筑垒，上带蒋山西岩，实甲数万。"[2] 在守卫宫城、京师时，禁卫军将领各有分工；但当京师受到进攻威胁时，可谓倾巢出动，全力以赴进行保卫。

第六节　卫尉卿与领石头戍事

一　卫尉卿

南齐时仍然设卫尉之职，卫尉兼职的事例可见：陈显达，散骑常侍、左卫将军、领卫尉（齐台）[3]；李安民，左卫将军、领卫尉（齐台）[4]；萧坦之，黄门郎、兼卫尉卿[5]；柳世隆，尚书左仆射、领卫尉（不拜）[6]；萧鸾（齐明帝），尚书仆射（右→左）、领卫尉[7]；胡谐之，卫尉、领太子中庶子，度支尚书、领卫尉[8]；江淹，秘书监、兼卫尉[9]；王晏，冠军

---

[1] 以上见《南齐书》卷二六《王敬则传》，第485、487页。
[2] 《南齐书》卷五一《崔慧景传》，第875页。
[3] 参见《南齐书》卷二六《陈显达传》，第489页。
[4] 参见《南齐书》卷二七《李安民传》，第507页。按李安民任职在宋顺帝昇明三年（479），"太祖即位，为中领军"，则其所任当为齐台之职。
[5] 参见《南齐书》卷四二《萧坦之传》，第749页。
[6] 参见《南齐书》卷二四《柳世隆传》，第452页。
[7] 参见《南齐书》卷六《明帝纪》，第84页；卷四五《宗室·安陆王缅传》，第795页。
[8] 参见《南齐书》卷三七《胡谐之传》，第657页。
[9] 参见《梁书》卷一四《江淹传》，第250页。

将军、卫尉①；萧惠基，征虏将军、卫尉②；江祏，宁朔将军、守卫尉③。此外，南齐时太后之后宫亦设卫尉，《南齐书·百官志》："宣德卫尉、少府、太仆。郁林王立，文安太后即尊号，以宫名置之。"④ 南齐卫尉属官有主簿、五官、史等职，如：沈冲，"解褐卫尉五官，转扬州主簿"⑤；到㧑，"初为卫尉主簿，奉车都尉"⑥；陆慧晓，"初应州郡辟，举秀才，卫尉史"⑦。齐明帝朝外戚江祏、江祀兄弟先后任卫尉⑧，而东昏侯朝另一外戚刘暄亦为卫尉。卫尉刘暄在东昏侯朝作为顾命大臣"六贵"之一"更直内省，分日帖敕"⑨，对东昏侯初年政治有重大影响。南齐宗室任卫尉的比例亦不小，除上列萧坦之、萧鸾、萧惠基诸人外，齐高帝族弟萧顺之（梁武帝父）"历官侍中、卫尉，太子詹事、领军将军，丹阳尹"⑩。

南齐时期，卫尉在政治上发挥的作用比刘宋时期更加突出。郁林王被废时所发布的皇太后令，开篇即为"镇军、车骑、左仆射、前将军、领军、左卫、卫尉、八座"⑪。陈显达举兵反东昏侯，"令长史庾弘远、司马徐虎龙与朝贵书"，其中有云："王仆射、王领军、崔护军，中维简正，逆念剖心。萧卫尉、蔡詹事、沈左卫，各负良家，共伤时崄。"⑫ 由此可见，卫尉在当时统治集团中占有相当的地位。郁林王时担任卫尉者为萧谌，是权臣萧鸾（齐明帝）最主要心腹之一，郁林王被废后萧谌由卫尉升迁为中领军。⑬ 陈显达所言"萧卫尉"乃尚书令萧懿之弟萧畅，萧懿及其父萧顺之皆曾任卫尉⑭。《梁书·太祖五王·安成王秀传》："永元（499—500）中，长沙宣武王懿入平崔慧景，为尚书令，居端右。弟衡阳

---

① 参见《南齐书》卷四二《王晏传》，第742页。
② 参见《南齐书》卷四六《萧惠基传》，第810页。
③ 参见《南齐书》卷四二《江祏传》，第750页。
④ 《南齐书》卷一六《百官志》，第319页。
⑤ 《南齐书》卷三四《沈冲传》，第613页。
⑥ 《南齐书》卷三七《到㧑传附弟贲传》，第649页。
⑦ 《南齐书》卷四六《陆慧晓传》，第805页。
⑧ 按江祀任卫尉见《南齐书》卷四二《江祏传》，第751页。
⑨ 《梁书》卷一《武帝纪上》，第3页；参见《南齐书》卷四二《江祏传》，第751页。
⑩ 同上书，第1页。
⑪ 《南齐书》卷四《郁林王纪》，第72页。
⑫ 《南齐书》卷二六《陈显达传》，第492、493页。
⑬ 参见《南齐书》卷五《海陵王纪》，第78页；卷四二《萧谌传》，第746页。
⑭ 参见《南齐书》卷三八《萧颖胄传》，第666页；卷五一《崔慧景传》，第876页。

王畅为卫尉,掌管钥。东昏日夕逸游,出入无度,众颇劝懿,因其出闭门举兵废之,懿不听。"① 齐明帝遗诏中包括"刘暄可卫尉"的安排,并指示即将继任皇帝的太子萧宝卷,"其大事与沈文季、江祀、刘暄参怀"②。荆州刺史萧子响执杀其长史刘寅等,"上闻之怒,遣卫尉胡谐之、游击将军尹略、中书舍人茹法亮领斋仗数百人,检捕群小"③。凡此,均可看出南齐卫尉地位之重要。

《南齐书·萧谌传》:

郁林即位,深委信谌,谌每请急出宿,帝通夕不得寐,谌还乃安。转卫军司马,兼卫尉、加辅国将军。丁母忧,敕还复本任,守卫尉。高宗辅政,有所匡谏,帝既在后宫不出,唯遣谌及萧坦之遥进,乃得闻达。谌回附高宗,劝行废立,密召诸王典签约语之,不许诸王外接人物。谌亲要日久,众皆惮而从之。郁林被废日,初闻外有变,犹密为手敕呼谌,其见信如此。谌性险进无计略,及废帝日,领兵先入后宫,斋内仗身素隶服谌,莫有动者。④

按"斋内仗身"即斋仗,为南朝殿内禁卫军的一支精锐部队。毫无疑问,当时卫尉萧谌为斋仗统帅⑤。《萧坦之传》:

高宗谋废少帝,既与萧谌及坦之定谋。帝腹心直阁将军曹道刚疑外间有异,密有处分,谌未能发。始兴内史萧季敞、南阳太守萧颖基并应还都,谌欲待二萧至,藉其势力以举事。高宗虑事变,以告坦之,坦之驰谓谌曰:"废天子古来大事。比闻曹道刚、朱隆之等转已猜疑。卫尉明日若不就事,无所复及。弟有百岁母,岂能坐听祸败,政应作余计耳。"⑥

---

① 《梁书》卷二二《太祖五王·安成王秀传》,第342页。
② 《南齐书》卷六《明帝纪》,第91页。
③ 《南齐书》卷四〇《武十七王·鱼复侯子响传》,第705页。
④ 《南齐书》卷四二《萧谌传》,第745—746页。
⑤ 《资治通鉴》卷一三九《齐纪五》明帝建武元年(494)正月条载溧阳令杜文谦之语,其中有"使(宿卫旧将)万灵会等杀萧谌,则宫内之兵皆我用也"(第4347页),表明卫尉萧谌当时掌握着一部分宫内之兵。
⑥ 《南齐书》卷四二《萧坦之传》,第748—749页。

萧坦之所说"卫尉"即指萧谌，因其长期担任卫尉之故。同书《萧颖胄传》："除黄门郎，领四厢直。迁卫尉。高宗废立，颖胄从容不为同异，乃引颖胄预功。……冠军江夏王宝玄镇石头，以颖胄为长史、行石头戍事。复为卫尉。"①《梁书·良吏·孙谦传》："明帝将废立，欲引谦为心膂，使兼卫尉，给甲仗百人，谦不愿处际会，辄散甲士，帝虽不罪，而弗复任焉。"②

卫尉为南齐守卫宫城的禁卫长官之一。《南齐书·崔慧景传》："慧景烧兰台府署为战场，守卫尉萧畅屯南掖门处分城内，随方应击，众心以此稍安。"③《谢朓传》："少日，遥光以朓兼知卫尉事，朓惧见引，即以祐等谋告左兴盛，兴盛不敢发言。"④ 在齐末危局之中，卫尉承担着守卫宫城的重任。《梁书·张稷传》："永元末，征为侍中，宿卫宫城。义师至，兼卫尉江淹出奔，稷兼卫尉，副王莹都督城内诸军事。"⑤ 卫尉张稷等主谋诛杀东昏侯而以建康宫城降于萧衍。"时城中咸思从义，莫敢先发，侍中、卫尉张稷都督众军，珍国潜结稷腹心张齐要稷，稷许之。十二月丙寅旦，珍国引稷于卫尉府，勒兵入自云龙门，即东昏于内殿斩之，与稷会尚书仆射王亮等于西钟下，使中书舍人裴长穆等奉东昏首归高祖。"⑥

二 领石头戍事

南齐时，仍设领石头戍事（军事），其职照例主要由宗室诸王担任。安成王暠，"建元二年（480），除冠军将军，镇石头戍，领军事"。四年，出任江州刺史。永明"九年（491），迁散骑常侍、秘书监、领石头戍事"。"其夏薨，年二十四"，则其第一次为领石头戍事时年仅十三岁。⑦始兴王鉴，永明九年，"为散骑常侍、秘书监、领石头戍事。上以与鉴久别，车驾幸石头，宴会赏赐。寻迁左卫将军，未拜，遇疾（而薨）"⑧。可

---

① 《南齐书》卷三八《萧颖胄传》，第665—666页。
② 《梁书》卷五三《良吏·孙谦传》，第773页。
③ 《南齐书》卷五一《崔慧景传》，第876页。
④ 《南齐书》卷四七《谢朓传》，第827页。
⑤ 《梁书》卷一六《张稷传》，第271页。又，同书卷一四《江淹传》："东昏末，淹以秘书监兼卫尉，固辞不获免，遂亲职。"（第250页）
⑥ 《梁书》卷一七《王珍国传》，第278页。
⑦ 《南齐书》卷三五《高帝十二王·安成王暠传》，第626—627页。
⑧ 《南齐书》卷三五《高帝十二王·始兴王鉴传》，第629页。

知萧鉴的实际职务为领石头戍事,而散骑常侍、秘书监仅为尊崇之职。江夏王锋,永明"七年,迁左卫将军,仍转侍中、领石头戍事。九年,出为徐州刺史"①。萧钧,永明"十年,转中书令、领石头戍事"②。江夏王宝玄,"建武元年(494),为征虏将军、领石头戍事……永泰元年(498),还为前将军、领石头戍事,未拜"③。庐陵王宝源,建武初年为右将军、领石头戍事④。鄱阳王宝夤,"永元二年(500),征为抚军(将军)、领石头戍事,未拜。三年,为车骑将军、开府仪同三司,镇石头"⑤。邵陵王宝攸,永元元年,"迁征虏将军、领石头戍事;丹杨尹,戍事如故"⑥。桂阳王宝贞,"永元二年,为中护军、北中郎将、领石头戍事。中兴二年,谋反伏诛"⑦。南康王宝融(和帝),建武"三年,为冠军将军、领石头戍军事",永元元年迁职。⑧ 按萧宝融领石头戍事时年仅七岁(六周岁),负责石头戍事者实际为其府首佐萧颖胄,史载"冠军江夏王宝玄镇石头,以颖胄为长史、行石头戍事"⑨。有些年纪较大的诸王,如萧鉴二十一岁、萧钧二十岁为领石头戍事时,应该是能够承担其实际职能的。而萧宝融及萧嚣、萧锋(十五岁)等年纪较小的诸王,则应由其主要僚佐担任行事,承担实际的统治事务。

南齐时由大量宗室亲王担任领石头戍事表明,领石头戍事在南齐政治中有着重要作用。萧宝夤曾发动过未遂政变,《魏书·萧宝夤传》:"宝卷昏狂,其直后刘灵运等谋奉宝夤,密遣报宝夤,宝夤许之。遂迎宝夤率石头文武向其台城,称警跸,百姓随从者数百人。会日暮,城门闭,乃烧三尚及建业城,城上射杀数人,众乃奔散。宝夤弃车步走,部尉执送之,自列为人所逼,宝卷亦不罪责也。"⑩ "石头文武"是指其石头戍幕府僚佐,

---

① 《南齐书》卷三五《高帝十二王·江夏王锋传》,第630页。
② 《南齐书》卷四五《宗室·衡阳王道度传附嗣子钧传》,第788页。
③ 《南齐书》卷五〇《明七王·江夏王宝玄传》,第863页。
④ 《南齐书》卷五〇《明七王·庐陵王宝源传》,第864页。
⑤ 《南齐书》卷五〇《明七王·鄱阳王宝夤传》,第865页。又,《魏书》卷五九《萧宝夤传》:"萧鸾第六子、宝卷母弟也。鸾之窃位,封宝夤建安王。宝卷立,以为车骑将军、开府、领石头戍军事。"(第1313页)可知萧宝夤于东昏侯时确曾担任过领石头戍军事。
⑥ 《南齐书》卷五〇《明七王·邵陵王宝攸传》,第865页。
⑦ 《南齐书》卷五〇《明七王·桂阳王宝贞传》,第866页。
⑧ 《南齐书》卷八《和帝纪》,第111页。
⑨ 《南齐书》卷三八《萧颖胄传》,第666页。
⑩ 《魏书》卷五九《萧宝夤传》,第1313页。

也指其所领石头戍军。只有拥有一定数量的兵力，也才敢于向台城发动进攻。

小　结

通过以上考察，对于南齐禁卫武官制度可以得到如下认识：

（1）南齐禁卫武官制度主要是对刘宋制度的继承，有以领军将军（中领军）和护军将军（中护军）为核心的禁卫武官制度，其下有左、右卫将军等各级禁卫武官。在"西省"诸职中，既有沿自两晋以来的官职，如二卫、四军、骁游、五校等；又有承袭刘宋所恢复的汉魏旧制，如五官、左、右中郎将及虎贲中郎将、冗从仆射、羽林监三将，武卫将军、武骑常侍等职；殿中将军则继承了刘宋制度，有将军、员外将军、司马督。直阁将军在南齐有了更大的发展。南齐亦设卫尉"掌宫城管钥"。左、右卫将军与四军、骁游、五校及二中郎将、三将、殿中诸职、武卫、武骑等职同属西省表明，在制度规定层面，这些官职具有相同或相似的职能。

（2）南齐领军将军（中领军）担任者中，宗室成员占近一半。齐台中领军王敬则是协助萧道成发动政变的最重要的禁卫武官，萧道成篡位后以齐台左卫将军李安民为中领军，二人并为萧道成的心腹。萧鸾曾先后废黜萧昭业、萧昭文二幼帝并最终篡位，其专权乃至篡位与长期担任禁卫武官有关，而且还得到了禁卫长官萧谌、萧坦之的协助。海陵王萧昭文即位后，政权完全为萧鸾控制，协助其政变的萧谌"转中领军"，"甲仗五十人入直殿内"；萧坦之"除黄门郎，兼卫尉卿"。齐明帝萧鸾即位之初，以"中领军萧谌为领军将军、南徐州刺史"，萧坦之则任右卫将军。不久齐明帝诛领军将军萧谌，以右卫将军萧坦之为领军将军。这些都充分显示了领军将军（中领军）在南齐政治中的重要地位。

（3）南齐护军将军（中护军）担任者中，宗室成员超过半数之多。齐高帝即位之初，以其亲信齐国左卫将军陈显达为中护军—护军将军。宋齐之际护军地位剧降，其禁卫职能大大削弱。齐武帝一朝七任护军将军（中护军），除陈显达外全为宗室诸王，任职时年龄都较小，甚至年仅十四五岁，反映当时护军的禁卫军权正在式微。这与前此"以家为府"、安顿异姓老臣的状况，在实质上是相通的。东昏侯时崔慧景任护军将军，时禁卫大权不在崔慧景手中，而在东昏侯的亲信群小手中，"时辅国将军徐世櫑专势号令，慧景备员而已"。

（4）南齐左、右卫将军担任者中，宗室成员所占比例分别接近一半和三成。左、右卫将军主要兼任侍中、散骑、给事中诸职，兼任散骑常侍的事例较多，兼任给事中者亦较普遍。齐高帝萧道成在刘宋末年曾任右卫将军，他深知左、右卫将军的重要性。陈显达、李安民于刘宋末年（包括齐台）担任左卫将军并"领卫尉"。江祏"以外戚亲要，势冠当时"，为右卫将军，"掌甲仗廉察"。东昏侯初年执掌朝政的"六贵"中，东昏侯之母（明帝敬皇后）弟刘暄担任右卫将军，为统治集团重要成员。

（5）南齐时作为正式官名的直阁、直阁将军大量出现，直阁将军已成为禁卫武官系统中一专职官名，同时还出现了东宫直阁将军及直后等职。南齐直阁将军亦当在第四品左右，以军校骁游兼任直阁将军更加普遍。直阁将军之下有直厢、直斋、直后、直寝（直殿主帅）等直卫诸职。直厢当即在阁厢宿直之禁卫兵，直斋当因其直卫斋阁而得名。南朝宫中又可见到斋帅，也应该是在君主左右侍卫，斋帅与直斋当有相似的禁卫职能。直卫诸职中直后得入后宫，属于君主最为亲近的禁卫武官。直殿主帅或即直寝，因直寝殿以为官称，由于其所直宫殿之异而有不同之名称，如延明主帅、含德主帅、听政主帅、文德主帅之类。

（6）南齐仍设卫尉"掌管钥"，地位颇为重要。郁林王萧昭业被废时之皇太后令及陈显达举兵反东昏侯时"与朝贵书"中提到当朝政要中均包括卫尉在内，表明卫尉在当时统治集团中占有相当的地位。齐明帝遗诏中即包括"刘暄可卫尉"的安排，外戚刘暄在东昏侯朝作为"六贵"之一执掌大政。郁林王时，卫尉萧谌"统斋仗"，协助权臣萧鸾专政、篡位，齐明帝萧鸾亦曾长期担任卫尉，外戚江祏、江祀兄弟皆曾任卫尉。南齐太后之后宫亦设卫尉（宣德卫尉）。南齐时领石头戍事照例主要由宗室诸王担任，领石头戍事在南齐政治中有着重要作用。有些年纪较大的诸王为领石头戍事时应该能够履行其实际职能，而年纪较小的诸王则应由其主要僚佐为行事以执掌实际权力。

第十四章

梁代禁卫武官制度

梁武帝初年，对政治制度进行了一系列改革，官阶制和将军号制度的改革是其主要内容①。就禁卫武官制度来看，梁代（502—557）对宋、齐制度的继承仍是主要方面。与宋、齐相比，梁代禁卫武官制度有其独特之处，在制度规定层面可以得出更加清晰的认识，如：明确有了"领军将军掌天下兵要"的规定，在已有直阁将军基础上又出现了朱衣直阁且被明载于官班令，官班令对监局之职的规定也更为明确，有关殿内警卫制度的记载也是非常明晰的。

第一节 梁代禁卫武官组织系统

关于梁武帝改革之后的禁卫武官制度，《隋书·百官志上》有颇具概括性的记载：

> 领军、护军、左·右卫、骁骑、游骑（击）等六将军，是为六军。又有中领、中护，资轻于领、护。又左、右、前、后四（四军）将军，左、右中郎将，屯骑、步骑（步兵）、越骑、长水、射声等五营校尉，武（虎）贲、冗从、羽林三将军，积射、强弩二军（将军），

---

① 关于梁武帝的官制改革，参见［日］中村圭爾《南朝の九品官制における官位と官歷——梁十八班制成立をめぐって》，《史學雜誌》第 84 卷第 4 号（1975 年）；［韩］金裕哲《梁武帝天监年间官制改革思想及官僚体制上之新趋向》，《魏晋南北朝史研究》，湖北人民出版社 1996 年版，第 160—190 页；阎步克《北朝对南朝的制度反馈——以北魏、萧梁官品改革为线索》，《乐师与史官——传统政治文化与政治制度论集》，生活·读书·新知三联书店 2001 年版，第 321—355 页。

殿中将军、武骑之职，皆以分司丹禁，侍卫左右。天监六年，置左·右骁骑、左·右游击将军，位视二率（即太子左、右卫率）。改旧骁骑曰云骑，游击曰游骑，降左、右骁·游一阶。又置朱衣直阁（閤）将军，以经为方牧者为之；其以左、右骁·游带领者，量给仪从。①

这一记载将梁代禁卫武官制度的概貌比较完整地勾勒了出来，其职能便是"分司丹禁，侍卫左右"。总的来看，与宋、齐的六军及四军五校体制相比，之间的差别并不是太大。《隋书·礼仪志七》：

> 梁武受禅于齐，侍卫多循其制。正殿便殿阁（閤）及诸门上下，各以直阁将军等直领。又置刀钑、御刀、御楯之属，直御左右。兼有御仗、鋋稍、赤氅、角抵、勇士、青氅、卫仗、长刀、刀剑、细仗、羽林等左右二百七十六人，以分直诸门；行则仪卫左右。又有左右夹毂、蜀客、楯剑、格兽羽林、八从游荡、十二不从游荡、直从细射、廉察、刀戟、腰弩、大弩等队，凡四十九队，亦分直诸门上下；行则量为仪卫。东·西掖、端、大司马、东·西华、承明、大通等门，又各二队，及防殿三队，虽行幸不从。又有八马游荡、马左右夹毂、左右马百骑等各二队，及骑官、阅武马容、杂技马容及左右马骑直队，行则侍卫左右，分为警卫。车驾晨夜出入及涉险，皆作函。卤簿应宿卫军骑，皆执兵持满，各当其所保护方面。天明及度险，乃奏解函，挝鼓而依常列。②

这是史志关于南朝侍卫制度的最全面的记载，对于认识南朝禁卫兵种及禁卫武官制度具有极高的史料价值。因梁承齐制，陈承梁制，故至少齐、梁、陈三朝的制度基本一致；从南齐对刘宋后期制度的承袭推测，大约宋孝武帝时出现直阁、直阁将军制度后，南朝侍卫之制应该即与此相差不大。与《晋书·舆服志》所载《中朝大驾卤簿》体现的西晋禁卫官制相比，上述制度虽有一定的相似性，但差别亦颇大。西晋禁卫兵有戟楯、大戟楯、刀楯、力人刀楯、九尺楯、细楯、椎斧、弓

---

① （唐）魏徵等撰：《隋书》卷二六《百官志上》，中华书局1973年版，第726页。
② 《隋书》卷一二《礼仪志七》，第279—280页。

矢、弩、细弩、由基、迹禽以及骑、郎簿等，而梁代楯类有御楯、楯剑，刀类有刀钤、御刀、长刀、刀剑、刀戟，弩类有腰弩、大弩，骑有左右马百骑、左右马骑等；御仗、卫仗、细仗等职则均不见于晋代。比较而言，梁代侍直左右之禁卫兵之种类比晋代更多，分工似乎更加具体。与上文所引史料对比，细仗一类禁卫兵比较活跃，在史料中多见，其他大多不见于史。

上引《隋志》记载表明：（1）梁代直阁将军负责正殿便殿阁及诸门上下之直卫，为诸直卫之长。此一职能在晋代本属左、右卫将军下之殿中将军承担，至宋齐之际当转归直阁将军。（2）诸直卫禁兵又有不同分工：①"直御左右"者有刀钤、御刀、御楯之属。②"分直诸门"者种类繁多，有两类：一类平时"分直诸门"，"行则仪卫左右"，共二百七十六人；一类平时"分直诸门上下"，"行则量为仪卫"，即车驾出行时部分随从，共四十九队。③东·西掖、端、大司马、东·西华、承明、大通等门又各有二队及防殿三队（共十九队），"虽行幸不从"，亦始终守卫宫门及殿阁，不能或缺，自然是为了在皇帝外出时保证宫殿免遭非法侵犯，以卫护政治中心的安全。④"行则侍卫左右，分为警卫"者以各类骑兵为主，主要是在皇帝行幸时保卫其安全，似不承担殿阁侍卫之责。从直阁将军领细仗主、夹毂主等记载推断，直阁将军可能只有兼领某一兵种之"主"时才有可能真正统帅该兵种。

此外，梁代继承宋、齐之制，亦设领石头戍事，负责对石头城的戍守（见下）。

梁武帝官制改革后，梁代禁卫诸职的班次如下。

其中，属于文武十八班者有：

十五班	领、护军将军
十四班	中领、护军
十二班	左、右卫将军，卫尉卿
十一班	左、右骁骑，左、右游击，光禄卿
十　班	云骑，游骑，朱衣直阁将军
九　班	前、左、右、后四军
八　班	皇弟皇子单为二卫司马，左、右中郎将
七　班	五校

续表

六 班	领、护军长史、司马
四 班	积射、强弩将军
三 班	二卫司马，武卫将军，光禄丞
二 班	皇弟皇子单为领、护、二卫等五官、功曹、主簿，武骑常侍，材官将军
一 班	二卫殿中将军，南北武库、车府等令

属于"位不登二品"之七班者有：

七 班	二卫殿中员外将军
六 班	领、护五官、功曹
五 班	二卫正员司马督，领、护主簿，二卫功曹，石头戍军功曹
四 班	二卫员外司马督，二卫主簿，宗正等十一卿（包括卫尉、光禄二卿）五官功曹，石头戍军主簿
三 班	宗正等十一卿主簿（包括卫尉、光禄卿主簿）

属于"三品蕴位"及"三品勋位"者有：

三品蕴位	殿中外监、斋监、东堂监、诸州镇监、石头城监、琅邪城监、东宫外监、斋监、北武库二丞、南武库二丞
三品勋位	殿中内监、题阁监、婚局监，东宫内监、题阁监，诸州别署监

萧衍率领大军南下进攻东昏侯建康政权，"大军至新林，（杨）公则自越城移屯领军府垒北楼，与南掖门相对，尝登楼望战"[1]。这一记载表明，当时领军府就在南掖门外，领军府垒有楼（北楼、南楼），从其上便可俯瞰宫城并能够观察其外围的动静。此为南齐末年情形，但从南朝宫城（台城）结构的延续角度推测[2]，整个南朝领军府所在当无改变。关于南朝领军府处所，还可从侯景之乱时台城争夺战中得到认识。"建康令庾信

---

[1] （唐）姚思廉撰：《梁书》卷一〇《杨公则传》，中华书局1973年版，第196页。
[2] 关于南朝宫城的沿革，参见（清）王鸣盛撰《十七史商榷》卷六四《南史合宋齐梁陈书一二》"台城"条，中国书店1987年版。

率兵千余人屯航北，见（侯）景至航，命彻航。始除一舶，遂弃军走南塘，游军复闭航渡景。皇太子以所乘马授王质，配精兵三千，使援庾信。质至领军府，与贼遇，未阵便奔走，景乘胜至阙下。"① 很显然，领军府是在宫城之外，距离阙下不远。

第二节　领军将军、中领军

梁代五十余年间，可见到领军将军十九人（王茂、沈约、张稷、曹景宗、曹仲宗、萧景（昺）、柳庆远、鄱阳王恢、始兴王憺、萧渊藻、萧昂、萧恪、臧盾、桂阳王象、河东王誉、张缵、王僧辩、胡僧祐、裴畿；其中沈约、曹仲宗、臧盾、桂阳王象为兼领军），中领军十一人（蔡道恭、柳庆远、萧昂、萧范、臧盾、朱异、傅岐、王莹、吕僧珍、萧琛、萧会理）。柳庆远、萧昂、臧盾三人既担任过领军将军（臧盾为兼领军，位次于中领军），又担任过中领军，故梁代实际担任领军之职者共有二十七人。其中有十一人为宗室，占比达四成。按年代而论，梁代领军人数远比宋、齐时期为少，即平均每人担任领军的时间比较长，任职相对稳定，而宋、齐领军更换频率则相对较高。这主要是由于梁代有几位领军担任者任职时间颇长，如朱异先后任领军长达八年之久。梁代领军任职情况大致可分为三个阶段：第一阶段为异姓大臣，几乎全是梁武帝在雍州时的心腹幕僚；第二阶段是宗室大臣，即梁武帝诸弟和诸子（亲王），亦有个别非亲王宗室；第三阶段仍以异姓大臣为主，主要是掌机要的近臣，其入仕都在梁朝建立之后，个别为梁武帝故府僚佐之子。梁代侍中与领军将军兼任者有王茂、曹景宗、柳庆远、萧恢、萧范、萧憺、萧藻、萧昺、萧昂、胡僧祐；领军将军与散骑常侍兼任者为吕僧珍，萧昂以中领军兼任散骑侍郎，萧琛为度支尚书、左骁骑将军、领军将军，朱异、傅岐为中领军、中书舍人，萧昺为左骁骑将军兼领军将军。

天监元年至十三年（502—514），王茂、沈约、柳庆远、曹景宗、吕僧珍、张稷等异姓大臣担任领军之职。梁初首任中领军王茂原为襄阳太守，是梁武帝平定建康的前锋主将，为梁朝开国第一功臣。② 沈约出身江

---

① 《梁书》卷五六《侯景传》，第842页。
② 参见《梁书》卷九《王茂传》，第176页。

南大族吴兴沈氏，曾与萧衍同为南齐竟陵王萧子良之西邸学士。[1] 柳庆远曾两度担任领军之职，时间长达四五年之久。河东柳氏世居襄阳，在当地有很大影响，柳庆远为刘宋著名将领、大臣柳元景之侄，本为襄阳令，雍州刺史萧衍辟为别驾从事史，"尽诚协赞"。[2] 曹景宗亦属梁武帝亲信："梁武为雍州刺史，景宗深自结附，数请帝临其宅。时天下方乱，帝亦厚加意焉，表为竟陵太守。及帝起兵，景宗聚众并率五服内子弟三百人从军。"在萧衍大军南下平定建康之时，曹景宗率其部众多次征战，战功卓著。[3] 吕僧珍于天监七年至十年任领军将军约三年，他与梁武帝的渊源更为深厚。南齐时，吕僧珍先为萧衍之父萧顺之门下书佐，又为其豫州典签，领军主簿。建武二年（495）萧衍北抗魏军，"僧珍从在军中"，后任其雍州中兵参军，"委以心膂"。吕僧珍事奉梁武帝父子二代为府佐，这在梁代大臣中是独一无二的，故其深受信任，成为萧衍最为亲近的心腹幕僚。"义兵起，高祖夜召僧珍及张弘策定议"，"高祖以僧珍为辅国将军、步兵校尉，出入卧内，宣通意旨"。南下途中战功卓著，"建康城平，高祖命僧珍率所领先入清宫，与张弘策封检府库"。其后历任给事黄门侍郎、领虎贲中郎将，冠军将军、前军司马，给事中、右卫将军，散骑常侍、左卫将军。[4]

梁武帝前期异姓领军中唯有张稷来自东昏侯阵营，但他对梁武帝推翻东昏侯的暴政亦贡献颇大。《梁书·张稷传》："永元（499—501）末，征为侍中，宿卫宫城。义师至，兼卫尉江淹出奔，稷兼卫尉，副王莹都督城内诸军事。"[5] 在东昏侯暴虐、萧衍大军压城的非常时刻，张稷与王珍国定计诛杀东昏侯而降于萧衍[6]，使萧衍得以顺利占领建康城，因而被委以机要之职侍中、左卫将军。梁初又以之为侍中、国子祭酒、领骁骑将军，后又迁任护军将军及领军将军等职。这些任命，尤其是以之为禁卫武官左卫、骁骑、护军、领军将军等职，显示了梁武帝对张稷诛杀东昏侯之功的

---

[1] 参见《梁书》卷一三《沈约传》，第233页。
[2] 《梁书》卷九《柳庆远传》，第182页。
[3] （唐）李延寿撰：《南史》卷五五《曹景宗传》，中华书局1975年版，第1354页。
[4] 以上见《梁书》卷一一《吕僧珍传》，第212—213页。
[5] 《梁书》卷一六《张稷传》，第271页。
[6] 诛杀东昏侯者为张稷亲信幕僚，其南兖州府中兵参军张齐。其事始末又可参见《梁书》卷一七《王珍国传》《张齐传》，第278、281页。

肯定和褒奖。不过，梁武帝对张稷的任用同其旧心腹幕僚柳庆远等人是有区别的。梁武帝对柳庆远等人可谓信任不二，而对张稷则采取了又拉又打的手法。张稷曾两次被免职：一次是在任护军将军、扬州大中正时，"以事免"；一次是在任度支尚书、前将军、太子右卫率时，"以公事免"。出朝外任时，也是为"假节、行州事"，即未以之持节、使持节，也无都督及正式刺史职衔。① 根据这些情况，可以认为张稷后来担任领军将军时所拥有的权力可能相当有限②。

　　天监十三年至中大通五年（514—533），集中由宗室成员担任领军之职。最先任领军的宗室是萧昺（按《梁书》避唐讳改名为"景"）。他曾于天监七年正二月间兼任领军将军，但为时极短，大概是梁武帝欲令宗室总领禁卫军权的一次试探性举动。萧昺此次再任领军将军，从天监十三年六月至十七年五月，长达四年之久。萧昺虽非诸王，但与梁武帝关系其实不疏，其父萧崇之为梁武帝叔父。萧昺颇具政治才干，对梁武帝的统治贡献甚巨。《梁书·萧景传》："景为人雅有风力，长于辞令，其在朝廷，为众所瞻仰。于高祖属虽为从弟，而礼寄甚隆，军国大事，皆与议决。"③ 萧昺迁职后，皇弟鄱阳王恢、始兴王憺相继担任领军将军。天监十七年六月，鄱阳王恢为侍中、领军将军，次年正月出任荆州刺史。④ 萧恢外任后，征其弟萧憺为侍中、领军将军，至普通三年（522）十一月死于任上，长达四年之久。⑤ 普通三年，萧渊藻（皇长兄萧懿之子）为侍中、领军将军，六年为军师将军北伐。⑥ 萧昺之弟萧昂于普通四年曾一度为中领军，大通二年（528）正月兼任领军将军，次年十一月改任中领军，中大

---

① 参见《梁书》卷一六《张稷传》，第272页。
② 《梁书》卷一三《沈约传》："初，高祖有憾于张稷，及稷卒，因与约言之。约曰：'尚书左仆射出作边州刺史，已往之事，何足复论。'"（第242—243页）梁武帝对沈约的这一回答深表愤怒，可见其对张稷极为不满。王鸣盛据此认为："不知帝之有憾于稷者为何？《稷传》既无，突见于此，殊不可考。意者稷必不愿出，有怨望之言，而史不言耳。"（《十七史商榷》卷六三《南史合宋齐梁陈书一一》"高祖有憾于张稷"条）按其说不为无据，但梁武帝"有憾于张稷"，更深层的原因恐怕还在于他本为东昏侯亲信大臣，是来自东昏侯阵营的重要成员，如真有张稷对梁武帝令其外任的不满言辞，也是由于梁武帝对其不信任所导致。
③ 《梁书》卷二四《萧景传》，第369页。
④ 参见《梁书》卷二二《太祖五王·鄱阳王恢传》，第351页。
⑤ 参见《梁书》卷二二《太祖五王·始兴王憺传》，第355页。
⑥ 据《南齐书》卷七《东昏侯纪》记载，萧懿于齐东昏侯时任至尚书令（第100页），被东昏侯杀害。

第十四章　梁代禁卫武官制度　/　475

通元年（529）担任领军将军。① 除此之外，担任过领军之职的宗室还有皇侄萧恪、萧范及皇孙萧誉、萧会理。

中大通五年（533）四月臧盾兼领军，大同二年（536）改为中领军。其父臧未甄在齐梁之际为萧衍霸府骠骑刑狱参军。臧盾自抚军行参军入仕，历任内外诸职而至御史中丞，史称"盾性公强，居宪台甚称职"。梁武帝诏曰："总一六军，非才勿授。御史中丞、新除散骑常侍盾，志怀忠密，识用详慎，当官平允，处务勤恪，必能缉斯戎政，可兼领军，常侍如故。"与前述异姓领军担任者皆曾统兵征战、战功卓著不同，臧盾所任内外诸职均属事务性官职。大同五年臧盾出任外职，七年"复为领军将军"，九年卒。② 臧盾先后任领军长达八年，是梁武帝一朝担任领军时间最长的一位大臣。臧盾受到梁武帝特别宠信，主要是他本人有杰出的管理才能，与其父曾为故府僚佐及臧氏家族的影响可能也有一定关系③。

梁武帝末年，张缵、朱异相继担任领军之职。张缵为梁武帝亲信重臣张弘策之子、张勔之弟。张缵与梁武帝有双重姻亲关系，既是其表弟，又为其女婿。缵"出后从伯弘籍。弘籍，高祖舅也"。"缵年十一，尚高祖第四女富阳公主，拜驸马都尉。"梁武帝手诏称，"缵外氏英华，朝中领袖"。太清二年（548），张缵由湘州刺史征为领军，但任职时间极短。④ 同年八月，朱异为中领军。"中大通元年，迁散骑常侍。自周捨卒后，异代掌机谋，方镇改换，朝仪国典，诏诰敕书，并兼掌之。""大同四年，迁右卫将军……八年，改加侍中。太清元年，迁左卫将军，领步兵（校尉）。二年，迁中领军，舍人如故。"朱异是梁武帝后期所重用的著名异姓大臣，与臧盾一样都是以文才及吏干见长，并无统军征战的经历。由于朱异当权多年，故侯景反叛时即"以讨异为名"，故而"发病卒"。史称"异居权要三十余年，善窥人主意曲，能阿谀以承上旨，故特被宠任。历官自员外常侍至侍中，四官皆珥貂；自右卫率至领军，四职并驱卤簿，近代未之有也"。⑤ 其后，在侯景叛军围困的危难时刻，司农卿傅岐临危受

---

① 参见《梁书》卷三《武帝纪下》，第72—73页；卷二四《萧昂传》，第371页。
② 以上见《梁书》卷四二《臧盾传》，第600页。
③ 按臧盾为刘宋外戚臧焘曾孙，焘为宋武敬皇后之兄，参与刘裕创业并在宋初任太常等职，焘侄臧质更是刘宋政坛上有过重大影响的人物。
④ 《梁书》卷三四《张缵传》，第493—494页。
⑤ 以上见《梁书》卷三八《朱异传》，第538—540页。

命，以中领军之职承担起保卫建康台城的重任。"宫城失守，岐带疾出围，卒于宅。"傅岐亦曾多年为中书舍人或兼舍人，"在禁省十余年，机事密勿，亚于朱异"。① 亦属于梁武帝所宠信的机要之臣。

梁朝建立之初，京师治安形势极为严峻。"群盗之烧神虎门也，（王）茂率所领到东掖门应赴，为盗所射，茂跃马而进，群盗反走。茂以不能式遏奸盗，自表解职，优诏不许。加镇军将军。"② 其时东昏余党蠢蠢欲动，伺机作乱，以图自保。③ 按神虎门为建康宫城之西门，东掖门为宫城正南之最西门④。在东昏余党烧神虎门阴谋作乱之际，王茂率领其部下赴东掖门平盗，表明当时中领军王茂正在守卫宫城，可证领军职掌禁卫之任。在这一事变中，梁武帝从舅侍中、卫尉卿张弘策被害⑤，对梁武帝打击很大。总掌禁卫之任的中领军王茂未能及时预防并处理好不测事件的发生，遂引咎辞职，而时当非常时期，梁武帝并未接受其请求。⑥《梁书·柳庆远传》："建康城平，入为侍中、领前军将军。""城内尝夜失火，禁中惊惧，高祖时居宫中，悉敛诸钥，问'柳侍中何在？'庆远至，悉付之。其见任如此。"⑦ 按"城内尝夜失火"当与上述神虎门被烧一样，亦应为东昏余党所为。柳庆远是梁武帝众亲信中十分重要的一位，在梁初政局尚不

---

① 《梁书》卷四二《傅岐传》，第602—603页。
② 《梁书》卷九《王茂传》，第176页。
③ 《梁书》卷一一《张弘策传》："时东昏余党初逢赦令，多未自安，数百人因运荻炬束仗，得入南北掖作乱，烧神虎门、总章观。"（第207页）
④ 按神虎门为宫城（台城）西门，云龙门为东门。朱雀桁（门）在南，玄武湖在东北，合于前朱雀、后玄武之说；则据左青龙、右白虎之说，神虎门应在西，而云龙门应在东。（唐）许嵩撰《建康实录》卷二《吴中·太祖下》赤乌十一年："三月，太初宫成，周回五百丈。正殿曰神龙。南面开五门：正中曰公车门，东曰升贤门，左曰明扬门，右曰右掖门，正东曰苍龙门，正西曰白虎门，正北曰玄武门。"（张忱石点校，中华书局1986年版，第55页）（宋）李昉等撰《太平御览》卷三四一《兵部七二》"幡"条引《麟角》曰："信幡，古之麾号也。""魏朝有青龙、朱雀、玄武、白虎、黄龙等五幡，以诏四方。诏东方郡国以青龙信（幡），南朱鸟，西白虎，北玄武，朝廷畿甸则以黄龙，亦以骐麟信幡。"（中华书局1960年版，第1564页）据孙吴宫城门名推测，梁代神虎门即沿袭吴白虎门，云龙门则沿袭吴苍龙门，东掖门应即宫城正南最西的右掖门。如此，方与《梁书》所记盗烧神虎门而领军将军王茂率所领到东掖门应赴相合。东掖门无疑不在宫城之东面。关于六朝建康，又可参见朱偰《金陵古迹图考》，商务印书馆1936年版。
⑤ 《梁书》卷二《武帝纪中》：天监元年（502）"五月乙亥（初八，7.8）夜，盗入南北掖，烧神虎门、总章观，害卫尉卿张弘策"（第38页）。
⑥ 参见《梁书》卷九《王茂传》，第176页。
⑦ 《梁书》卷九《柳庆远传》，第182页。

稳定的天监二、三年任中领军两年余，对于保卫梁武帝及稳定建康局势发挥过重要作用。

吕僧珍在梁初为左卫将军，"入直秘书省，总知宿卫"。"天监四年冬，大举北伐。自是军机多事，僧珍昼直中书省，夜还秘书。"① 吕僧珍后为领军将军总领宫城禁卫，仍"直秘书省如先"。② 表明其仍在禁中宿直，侍卫梁武帝。自建康城平后，无论是否担任禁卫武官，吕僧珍实际上一直率兵宿卫梁武帝左右，承担禁卫之责。如盗烧神虎门时，"前军司马吕僧珍直殿内，以宿卫兵拒破之"③。除极短时间北伐或出任地方长官（曾为南兖州刺史百日）外，直到在领军任上病故，吕僧珍一直都在执掌禁卫大任。史谓"僧珍有大勋，任总心膂，恩遇隆密，莫与为比"。其病故后梁武帝临殡，诏称其"竭忠尽礼，知无不为。与朕契阔，情兼屯泰。大业初构，茂勋克举。及居禁卫，朝夕尽诚"。④

天监十三年，萧昺由南兖州刺史"征为领军将军，直殿省，知十州损益事，月加禄五万"⑤。不仅以领军将军"直殿省"，执掌禁卫军权，而且还"知十州损益事"，表明他还拥有对地方军政事务的干预权。萧昺颇为称职，将禁卫军权牢牢掌握在手，这无疑有利于梁武帝巩固统治。《梁书·萧景传》："领军管天下兵要，监局官僚，旧多骄侈，景在职峻切，官曹肃然。制局监皆近倖，颇不堪命，以是不得久留中。"⑥ 《南史》本传所载稍详："领军管天下兵要，宋孝建以来，制局用事，与领军分权，典事以上皆得呈奏，领军垂拱而已。及景在职峻切，官曹肃然，制局监皆近倖，颇不堪命，以是不得久留中。"⑦ 《通典·职官十·武官上》"左右领军卫"条："梁领军将军管天下兵要，谓之禁司，与左、右仆射为一流，

---

① 《梁书》卷一一《吕僧珍传》，第213页。
② 同上。又，同书卷一〇《杨公则传》："郢城平，高祖命众军即日俱下，公则受命先驱，径掩柴桑。江州既定，连旌东下，直造京邑。公则号令严明，秋毫不犯。所在莫不赖焉。大军至新林，公则自越城移屯领军府垒北楼，与南掖门相对，尝登楼望战，城中遥见麾盖，纵神锋弩射之，矢贯胡床，左右皆失色。公则曰：'几中吾脚。'谈笑如初。"（第196页）据此可知，南朝领军府在宫城南掖门外。
③ 《梁书》卷一一《张弘策传》，第207页。
④ 《梁书》卷一一《吕僧珍传》，第213、214页。
⑤ 《梁书》卷二四《萧景传》，第369页。
⑥ 同上书，第368页。
⑦ 《南史》卷五一《梁宗室上·萧景传》，第1260—1261页。

中领军与吏部尚书为一流。"本注:"梁萧景为领军将军,管天下兵要,监局官僚皆近倖,多骄侈,景在职峻切,官曹肃然。其监局多事,唯景及臧盾长于拨繁,继居此职,并著声称。"① 这是萧昺于天监七年短时间以左骁骑将军兼领军将军时发生的情况。"兵要"即兵权②,所谓"领军管天下兵要",是指其不仅负责宫城禁卫军权,而且还要统领制局监(外监)行使领器仗及兵役征发等职责。早在宋文帝初年外监事就已隶于领军,而南齐时由于近倖秉政,群小用事,外监事务实际上已不归领军真正统辖。萧昺此次以宗室重臣的身份彻底改变了"制局用事"的陈规陋习,为梁武帝一朝领军将军统领军政大权打下了坚实基础,其后监局之事便成为领军的当然职责。

《梁书·臧盾传》:"领军管天下兵要,监局事多。盾为人敏赡,有风力,长于拨繁,职事甚理。天监中,吴平侯萧景居此职,著声称,至是盾复继之"。③ 日本学者越智重明认为,梁代领军将军掌高级武官的选举,其所举例证为《梁书·裴邃传》的记载:

> 由是左迁为始安太守。邃志欲立功边陲,不愿闲远,乃致书于吕僧珍曰:"昔阮咸、颜延有二始之叹,吾才不逮古人,今为三始,非其愿也,将如之何!"未及至郡,会魏攻宿预,诏邃拒焉。行次直渎,魏众退。迁右军谘议参军、豫章王云麾府司马,率所领助守石头。④

越智氏推断裴邃致书时吕僧珍为领军将军,这一判断不错,但认为裴邃向吕僧珍致书一事即表明"当时任领军将军的吕僧珍掌高级武官的人事"⑤,却是值得推敲的。裴邃向吕僧珍致书表明其"欲立功边陲"的志向,更有可能是出于两个因素:吕僧珍是梁武帝最为信任和倚重的亲信大臣,裴邃的志向可以通过他上达天听;梁代"领军将军掌天下兵要",出征将领

---

① 《通典》卷二八《职官十·武官上》"左右领军卫"条,第787—788页。
② 《资治通鉴》卷一四二《齐纪八》东昏侯永元元年(499)三月条,胡三省注:"军要,犹言军权也。"(第4437页)
③ 《梁书》卷四二《臧盾传》,第600页。
④ 《梁书》卷二八《裴邃传》,第414页。
⑤ [日]越智重明:《領軍將軍と護軍將軍》,《東洋學報》1961年第44卷第1号。

的派遣当由其负责。这条史料主要反映的是领军将军掌天下兵要的职能，而并不能表明其具有掌高级武官人事的职能。

梁武帝是南朝历史上在位时间最长的皇帝，自公元502年四月称帝至549年五月困死台城，统治长达近半个世纪。共有二十人在梁武帝时期担任过二十三任领军将军或中领军，其中宗室成员九人（诸王四人），异姓大臣十一人。梁武帝一朝共进行过涉及领军之职的三十二人次人事任免，频率较高，表明领军担任者职务更替比较频繁。但同时也有一定的稳定性，如柳庆远、吕僧珍、萧昺、萧渊藻、萧昂、臧盾诸人或任职时间较长，或多次任职。

领军人选，反映了梁武帝朝不同阶段的施政方略，同时也与当时统治集团的构成有关。前十余年，梁武帝的统治还不十分稳固，对于宗室成员，既要重用，但又不能让其拥有太大权力，这恐怕与借鉴南齐历史教训有关。故府僚佐不仅是其心腹亲信，极为可靠，而且又都在反齐建梁的行动中立下了卓著功勋，自然应该加以重用。就梁代禁卫军而言，无疑也是从梁武帝旧部亲兵转化而来，亦须由其原将领统领方才可靠。天监十年以后，原梁武帝僚佐出身的亲信大臣年事渐高，有的已经病故，有的则令其出掌地方军政大权，以为终老之计。经过十余年的时间，梁武帝的统治已十分稳固，而他本来对宗室就比较宽容，以担任过内外要职的宗室总领禁卫大权，已是顺理成章了。梁武帝的子侄辈此时也已成长起来，可以胜任禁卫之职。正是在这种情况下，在十余年的时间里，梁武帝主要以宗室成员担任领军将军，总领禁卫大权。这种情况可能还与最初随梁武帝创业的异姓功臣在当时或年老体弱或已经死亡，因而难以从中找到执掌禁卫大权的得力人选有关。梁武帝统治中后期，年龄越来越大，并且佞佛成性[①]，统治的稳固也令其对政事的过问逐渐放松，其时开始依靠一些地位较低的文学之士处理统治事务，主要是担任中书舍人一类职务负责诏令起草和文书发布，掌握机要行政之权。[②] 久而久之，为了提高其政治地位，也令其兼任朝廷或东宫禁卫武官，并最终任命他们担任最高禁卫长官——领军将

---

① 参见汤用彤《汉魏两晋南北朝佛教史》，中华书局1983年版，第341—345页；周一良《梁武帝及其时代》，《魏晋南北朝史论集续编》，北京大学出版社1997年版，第41—46页。

② 参见唐长孺《南朝寒人的兴起》，《魏晋南北朝史论丛续编》，生活·读书·新知三联书店1959年版，第93—123页；祝总斌《两汉魏晋南北朝宰相制度研究》，中国社会科学出版社1998年版，第339—350页。

军或中领军。此时的领军职能似已开始发生变化，即以负责禁卫军行政事务为主，而不以统领禁卫军宿卫为主。

总之，梁朝建立之后的十余年间，领军将军或中领军主要由积极参与反东昏侯密谋并立下卓著战功的梁武帝原雍州府僚佐担任，个别人如张稷例外；梁武帝后期十余年间，领军将军和中领军主要由其机要宠臣担任，他们一般都以文职吏干见长，很少有统兵征战的经历。而在其间的十余年间，领军之职则由萧氏宗室成员担任。

第三节 护军将军、中护军

梁代可见到护军将军二十二人（张稷、王莹、柳庆远、始兴王憺、长沙王深（渊）业、建安王伟、鄱阳王恢、王珍国、韦叡、昌义之、南康王绩、萧渊藻、庐陵王续、湘东王绎、河东王誉、尹悦、陆法和、王褒、柳惔、裴之高、豫章王综、桂阳王大成），中护军十二人（临川王宏、杨公则、曹景宗、长沙王深业、韦叡、夏侯亶、萧渊藻、萧渊猷、临贺王正德、桂阳王大成、王亮、裴之横）。长沙王深（渊）业、韦叡、萧渊藻、桂阳王大成四人既担任过护军将军，又担任过中护军，故梁代护军担任者实际为三十人。其中，宗室（绝大多数为诸王）有十四人，占近一半，比例很高。梁代护军人数多于领军，表明护军更迭的频率高于领军。

梁代护军将军和中护军所兼官职最常见的是侍中，其次有散骑常侍、领石头戍事、尚书省长官等。侍中与护军将军兼任者有鄱阳王恢、裴之高、徐世谱[①]（另死赠三人：张充、周捨、羊侃[②]）；侍中与中护军兼任者有萧渊藻[③]。其中，有二人除侍中与护军将军叠任外还兼任他职：鄱阳王恢，侍中、护军将军、石头戍军事、领宗正卿[④]；徐世谱，侍中、使持

[①] 参见《梁书》卷二二《太祖五王·鄱阳王恢传》，第351页；卷二八《裴之高传》，第416页；（唐）姚思廉撰《陈书》卷一三《徐世谱传》，中华书局1972年版，第198页。

[②] 参见《梁书》卷二一《张充传》，第330页；卷二五《周捨传》，第376页；卷三九《羊侃传》，第561页。

[③] 参见《梁书》卷二三《萧藻传》，第362页。

[④] 参见《梁书》卷二二《太祖五王·鄱阳王恢传》，第351页。

节、都督江南诸军事、镇南将军、护军将军①。护军将军与散骑常侍兼任者有韦叡、长沙王业（本名渊业，《梁书》避唐讳改为业、深业）②（另死赠一人：郑绍叔③）。护军将军、中护军与尚书省长官兼任的事例有：王莹，尚书左仆射、护军将军④；王亮，尚书右仆射、中护军⑤。领石头戍事与护军将军、中护军兼任的事例最多：始兴王憺，平北将军、护军将军、领石头戍事⑥；湘东王绎（梁元帝），安右将军、护军将军、领石头戍军事⑦；临川王宏，西中郎将、中护军、领石头戍军事⑧；长沙王业，中护军、领石头戍军事⑨。护军将军与杂号将军兼任的事例有：建安王伟，行中抚将军、领护军将军；庐陵王续，中卫将军、护军将军；萧渊藻，护军将军、中权将军⑩。护军将军与州刺史兼任的事例仅有陆法和，为护军将军、郢州刺史⑪；与太子属官兼任的事例仅有柳庆远，为护军将军、领太子庶子⑫。梁代死赠护军的事例比较普遍，除上已提及的张充、周捨、羊侃、郑绍叔外，还有张惠绍、韦粲在死后被赠予护军将军⑬。

梁代第一任护军担任者杨公则，齐末曾任荆州南康王西中郎中兵参军，参与萧颖胄反抗东昏侯暴政的行动。后率荆州大军南下，"时荆州诸军受公则节度，虽萧颖达宗室之贵亦隶焉"。又为左卫将军。在平定建康时战功卓著。但因其非萧衍亲信，建康城平后未受重用，而是"还镇南蕃"（赴湘州刺史之任）。天监"四年（505），征中护军"，迁卫尉卿，率师北伐时病卒。⑭ 王莹出身琅邪王氏，其妻为宋临淮公主，齐时曾任中

---

① 参见《陈书》卷一三《徐世谱传》，第198页。
② 参见《梁书》卷一二《韦叡传》，第225页；卷二三《长沙王业传》，第361页。
③ 参见《梁书》卷一一《郑绍叔传》，第210页。
④ 参见《梁书》卷一六《王莹传》，第274页。
⑤ 参见《梁书》卷一六《王亮传》，第268页。
⑥ 参见《梁书》卷二二《太祖五王·始兴王憺传》，第354页。
⑦ 参见《梁书》卷五《元帝纪》，第113页。
⑧ 参见《梁书》卷二二《太祖五王·临川王宏传》，第340页。
⑨ 参见《梁书》卷二三《长沙王业传》，第360页。
⑩ 参见《梁书》卷二《武帝纪中》，第49页；卷三《武帝纪下》，第81页；卷二三《萧藻传》，第362页。
⑪ 参见《梁书》卷五《元帝纪》，第134页。
⑫ 参见《梁书》卷九《柳庆远传》，第183页。
⑬ 参见《梁书》卷一八《张惠绍传》，第286页；卷四三《韦粲传》，第608页。
⑭ 《梁书》卷一〇《杨公则传》，第196—197页。

领军、尚书左仆射等要职。萧衍大军占领建康前夕，王莹为"假节、都督宫城诸军事"。建康平，萧衍为相国，以王莹为左长史。梁武帝即位，王莹历侍中、抚军将军及尚书左仆射。"顷之，为护军将军。复迁散骑常侍、中军将军、丹阳尹。视事三年，迁侍中、光禄大夫，领左卫将军。"①王珍国与王莹情形相似，《梁书·王珍国传》：

> 义师起，东昏召珍国以众还京师，入顿建康城。义师至，使珍国出屯朱雀门，为王茂军所败，乃入城。仍密遣郗纂奉明镜献诚于高祖，高祖断金以报之。时城中咸思从义，莫敢先发，侍中、卫尉张稷都督众军，珍国潜结稷腹心张齐要稷，稷许之。十二月丙寅旦，珍国引稷于卫尉府，勒兵入自云龙门，即东昏于内殿斩之，与稷会尚书仆射王亮等于西钟下，使中书舍人裴长穆等奉东昏首归高祖。以功授右卫将军，辞不拜；又授徐州刺史，固乞留京师……复为右卫将军，加给事中。迁左卫将军，加散骑常侍。②

面对萧衍大军南下的强大攻势，王珍国临危受命，承担起为东昏侯守卫建康宫城的重任。在大军压城之际，王珍国向萧衍表示了归诚之心，并联合卫尉张稷斩东昏侯而投降萧衍，使萧衍得以顺利攻占建康城，为日后梁朝的建立铺平了道路。为此，他受到梁武帝信任，先后被任命为右卫将军和左卫将军，并于天监十三年征为护军将军。

南齐末年，上庸太守韦叡"遣其二子自结于高祖。义兵檄至，叡率郡人伐竹为筏，倍道来赴，有众二千、马二百匹"，其行为颇受萧衍赏识。在南下征战中，"叡多建谋策，皆见纳用"。天监十七年韦叡为护军将军，"入直殿省"。③昌义之在南齐时曾为雍州刺史曹虎防阁、冯翊戍主。"及虎代还，义之留事高祖，时天下方乱，高祖亦厚遇之。义师起，板为辅国将军、军主，除建安王中兵参军。"随大军南下，颇著战功。普通三年（522），为护军将军。④夏侯亶曾为齐东昏侯听政主帅、骁骑将军。荆雍起兵，其父夏侯详时为西中郎南康王司马，"与长史萧颖胄协同

---

① 《梁书》卷一六《王莹传》，第274页。
② 《梁书》卷一七《王珍国传》，第278页。
③ 《梁书》卷一二《韦叡传》，第221、225页。
④ 《梁书》卷一八《昌义之传》，第293页。

义举,密遣信下都迎亶,亶乃赍宣德皇后令,令南康王纂承大统……建康城平,以亶为尚书吏部郎,俄迁侍中,奉玺于高祖"。普通五年,由太府卿迁中护军。按夏侯详与萧颖胄为南齐荆州刺史、西中郎将南康王萧宝融的主要僚佐,二人实际负责荆州军政大事,萧颖胄以行政为主,夏侯详以军事为主。在反抗东昏侯的"起义"行动中,夏侯详发挥了重要作用。萧颖胄死后,夏侯详归附萧衍,在南下及平定建康城的战斗中功勋卓著。夏侯亶作为东昏侯的亲信禁卫武官,设法搞到了宣德皇后令(此令真假莫辨)逃出建康城,为萧衍、萧颖胄拥立萧宝融为帝提供了政治依据,为反东昏侯阵营带来了政治优势。入梁后,夏侯亶颇受重用,历六郡三州行政长官,并曾多次入朝历任禁卫武官,如:两度为散骑常侍、领右骁骑将军,给事中、右卫将军,通直散骑常侍、太子右卫率,左卫将军、领前军将军,直至中护军。[①] 夏侯亶所以能在梁朝担任如许要职,是与其父子对于建立梁朝的独特贡献分不开的。

　　担任护军的异姓大臣,主要仍是来自梁武帝萧衍的亲信集团的成员。曹景宗、柳庆远、昌义之等人原为萧衍幕僚府属,为其心腹亲信。虽非萧衍府属或僚佐出身,但早在萧衍起兵之前便已与之相结并建立了密切私人关系的韦叡,亦可归入此类。杨公则出自原荆州西中郎长史、州行事萧颖胄部下,当颖胄死后受萧衍领导继续参与推翻东昏侯的军事斗争。夏侯亶虽出身东昏侯禁卫武官,但其父夏侯详以荆州司马身份参与了萧颖胄反抗东昏侯的行动,且其早就逃出建康而投奔反东昏侯阵营,似亦可归入此类。再一类就是作为东昏侯的禁卫长官负责建康防务,并在萧衍大军逼城之际诛杀东昏侯而开城出降者,如张稷、王莹、王珍国等人。梁代异姓护军任职时间大多较短,其中也有时间较长者,如韦叡两度任职长达四年余,昌义之任职近三年时间。

　　宗室任护军始于天监六年五月之长沙王业。萧渊业为皇长兄萧懿之子,天监"六年,转散骑常侍、太子右卫率,迁左骁骑将军,寻为中护军、领石头戍军事"。七年,出任南兖州刺史。"八年,征为护军"。次年离任。"十四年,复为护军,领南琅邪彭城(二郡太守),镇于琅邪。"不久任中书令,出为湘州刺史。"普通三年,征为散骑常侍、护军将军。"

---

① 参见《梁书》卷二八《夏侯亶传》,第418—419页。

次年，改任他职。① 据此可知，萧渊业曾四次出任护军将军或中护军，但每次任职时间都不太长。按南琅邪郡为侨郡，治所在京师②，萧渊业"镇于琅邪"实即镇守于京师，这与其护军职能并不冲突。从其以护军之职领石头戍军事及镇于琅邪推测，当时护军府在台城之外、京师辖境之内，离石头城戍及琅邪郡治都较近。据《梁书·武帝纪下》记载，萧渊业还曾于普通元年任护军将军③，则其曾五度担任护军之职。渊业弟萧猷于中大通三年（531）为中护军④。

　　皇弟建安王（南平王）伟于天监九年为护军、石头戍军事⑤。梁武帝诸子中担任护军之职者较多：第二子豫章王综，天监十五年"迁西中郎将、兼护军将军"⑥。第四子南康王绩，普通五年后"征授安右将军、领石头戍军事，寻加护军。嬴瘠弗堪视事。大通三年（529），因感病薨于任"⑦。第五子庐陵王续，大同"三年（537），征为护军将军、领石头戍军事"⑧。第七子湘东王绎（元帝），大同"五年，入为安右将军、护军将军、领石头戍军事"⑨。此外，宗室中还有临贺王正德和河东王誉担任过护军之职⑩。临贺王正德为临川王宏第三子，史载："初，高祖未有男，养之为子，及高祖践极，便希储贰，后立昭明太子，封正德为西丰侯，邑

---

① 《梁书》卷二三《长沙王业传》，第360—361页。
② 《宋书》卷三五《州郡志一》南徐州"南琅邪太守"条："成帝咸康元年（335），桓温领郡，镇江乘之蒲洲金城上，求割丹阳之江乘县境立郡，又分江乘地立临沂县。《永初郡国》有阳都、费、即丘三县，并割临沂及建康为土。费县治宫城之北。"（第1039页）《南齐书》卷一四《州郡志》南徐州"南琅邪郡"条："本治金城，永明（483—493）徙治白下。"（第247页）按梁代琅邪城当距宫城不远，大概在刘宋费县县治。其具体方位，可从《南齐书》卷二○《皇后·武穆裴皇后传》的一段记载加以推断，其文云："上数游幸诸苑囿，载宫人从后车，宫内深隐，不闻端门鼓漏声，置钟于景阳楼上，宫人闻钟声，早起装饰。至今此钟唯应五鼓及三鼓也。车驾数幸琅邪城，宫人常从，早发至湖北埭，鸡始鸣。"（第391页）《建康实录》卷五《晋上·中宗元皇帝》太兴三年（320）七月条本注："中宗初，琅琊国人置怀德县，在宫城南七里，今建初寺前路东，后移于宫城西北三里耆园寺西。帝又创已北为琅琊郡，而怀德属之，后改名费县。其宫城南旧处，咸和（326—334）中移建康县自苑城出居之。"（第134页）
③ 《梁书》卷二《武帝纪下》，第64页。
④ 参见《梁书》卷二《武帝纪下》，第75页。
⑤ 参见《梁书》卷二二《太祖五王·南平王伟传》，第347页。
⑥ 《梁书》卷五五《豫章王综传》，第823页。
⑦ 《梁书》卷二九《高祖三王·南康王绩传》，第428页。
⑧ 《梁书》卷二九《高祖三王·庐陵王续传》，第431页。
⑨ 《梁书》卷五《元帝纪》，第113页。
⑩ 参见《梁书》卷三《武帝纪下》，第78、93页。

五百户。自此怨望，恒怀不轨。"曾于普通六年一度降魏，次年又逃归。中大通四年（532）后为侍中、抚军将军，加左卫将军。① 《梁书》本传未记其为中护军事。河东王誉（昭明太子之子）于梁末任护军将军②，其事亦不载于《梁书》本传。

梁代既担任过领军又担任过护军之职者，宗室成员有四人（萧渊藻、鄱阳王恢、始兴王憺、河东王誉），异姓亦有四人（张稷、柳庆远、王莹、曹景宗）。梁代护军任职不像领军可以大体上划分为三个阶段，但也能看出一些特点，如：宗室任职始自天监六年（507）五月之长沙王渊业，此前不见宗室担任护军之职的记载；天监六年至普通元年（520）十一月之间，宗室和异姓交替担任护军之职；大通元年（527）三月后直至武帝末二十余年间，护军之职全由宗室担任。此外，领军一般都是上一任迁转他职，下一任马上接替，中间空缺的时间很短；而护军往往有较长时间的空缺，如临川王宏迁职七个多月后张稷方任该职，张稷迁职一年半余方有杨公则接任，韦叡第一任之后一年余才由豫章王综接任，湘东王绎之后可能持续数年之久未任命护军之职。这种现象的出现，是梁代护军职能萎缩的重要表现。宋、齐时期，曾数次出现以老臣担任护军且"以家为府"的情况，反映了护军禁卫职能的衰微。梁武帝时期，这种情况似仍在继续，如韦叡第二次为护军，"居家无事"，"时虽老，暇日犹课诸儿以学"。"普通元年夏，迁侍中、车骑将军，以疾未拜。八月，卒于家，时年七十九。"③ 尽管如此，梁代护军在名义上仍为禁卫长官之一，如昌义之在护军将军任上病卒，梁武帝诏中便谓"方申爪牙，寄以禁旅"云云④；韦叡为护军将军之初即"入直殿省"⑤，显然也是禁卫职能的体现。

第四节　左、右卫将军

梁代可见到左卫将军二十八人（萧颖达、杨公则、吕僧珍、韦叡、

---

① 参见《梁书》卷五五《临贺王正德传》，第 828 页。
② 参见《梁书》卷五五《河东王誉传》，第 829 页。
③ 《梁书》卷一二《韦叡传》，第 225 页。
④ 《梁书》卷一八《昌义之传》，第 295 页。
⑤ 《梁书》卷一二《韦叡传》，第 225 页。同书卷一八《康绚传》："（天监）十八年，征为员外散骑常侍，领长水校尉，与护军韦叡、太子右卫率周捨直殿省。"（第 292 页）

沈约、江淹、张稷、王莹、王珍国、张惠绍、曹景宗、昌义之、张充、萧渊藻、徐勉、夏侯亶、徐摛、朱异、元景仲、徐文盛、杜崱、阴子春、兰钦、张缅、临贺王正德、柳津、鄱阳王恢、欧阳颁），其中韦叡、王珍国、张惠绍曾两度任职；右卫将军亦为二十八人（曹景宗、柳庆远、萧颖达、蔡道恭、邓元起、郑绍叔、吕僧珍、韦叡、王珍国、张齐、冯道根、昌义之、刘季连、王志、鄱阳王恢、萧昺、周捨、范岫、裴之平、夏侯亶、夏侯夔、陈庆之、朱异、元景仲、庾信、王神念、江子一、阴子春），其中柳庆远、韦叡、王珍国曾两度任职，邓元起并未到任。萧颖达、吕僧珍、韦叡、王珍国、曹景宗、昌义之、朱异、元景仲、阴子春、鄱阳王恢等十人，既担任过左卫将军，又担任过右卫将军，故萧梁一代共有四十六人担任过左、右卫将军，担任过二职者分别占各自的三分之一以上（35.7%），表明系统内部迁转的比例较高。左卫将军中有宗室成员四人，右卫将军中有宗室成员三人，所占比例很小，表明梁代主要还是依靠异姓出身的将领执掌殿内禁卫。

　　梁代左、右卫将军大量兼任散骑诸职，不仅有散骑常侍，而且与通直散骑常侍兼任的事例亦较多，偶见与员外散骑常侍兼任的事例。散骑常侍与左卫将军兼任者有萧颖达、吕僧珍、江淹、王珍国、兰钦、徐文盛[①]；散骑常侍与右卫将军兼任者有曹景宗、柳庆远、裴之平[②]。通直散骑常侍与左卫将军兼任者有韦叡、沈约、张惠绍[③]；通直散骑常侍与右卫将军兼任者有柳庆远、郑绍叔、韦叡、范岫[④]；员外散骑常侍与右卫将军兼任者仅见韦叡。左、右卫将军与侍中、给事中兼任的事例仍然存在。侍中与左卫将军兼任者有张稷、张缅、元景仲，侍中与右卫将军兼任者有元景仲，

[①] 参见《梁书》卷一〇《萧颖达传》，第190页；卷一一《吕僧珍传》，第213页；卷一四《江淹传》，第251页；卷一七《王珍国传》，第278页；卷三二《兰钦传》，第467页；卷四六《徐文盛传》，第641页。按徐文盛为持节、散骑常侍、左卫将军、督梁南秦沙东益巴北巴六州诸军事、仁威将军、秦州刺史，"授以东讨之略"，这是梁末特殊政局下出现的情况。

[②] 参见《梁书》卷九《曹景宗传》《柳庆远传》，第179、182页；卷二八《裴之平传》，第417页。裴之平为散骑常侍、右卫将军、太子詹事。

[③] 参见《梁书》卷一二《韦叡传》，第224页；卷一三《沈约传》，第233页；卷一八《张惠绍传》，第286页。按韦叡为左卫将军、太子詹事，加通直散骑常侍。

[④] 参见《梁书》卷九《柳庆远传》，第183页；卷一一《郑绍叔传》，第210页；卷一二《韦叡传》，第224页；卷二六《范岫传》，第392页。按柳庆远为通直散骑常侍、右卫将军，领右骁骑将军。

给事中与右卫将军兼任者有吕僧珍、王珍国、夏侯亶。① 此外，还有兼任其他禁卫武官的事例，如：萧渊藻、朱异，左卫将军、领步兵校尉；夏侯亶，左卫将军、领前军将军；萧昺，右卫将军、领石头戍军事。② 偶见与东宫官职兼任的情况，如徐勉为"左卫将军、领太子中庶子，侍东宫"③。又有左、右卫将军与散号将军或他职兼任的个别事例，如：杨公则为"征虏将军、左卫将军，持节、刺史如故"④，萧颖达为信威将军、右卫将军⑤，鄱阳王恢为冠军将军、右卫将军⑥，张充为左卫将军、国子祭酒⑦。梁代死赠或追赠左、右卫将军的事例有：裴邃、萧恭追赠侍中、左卫将军⑧，阮灵宝追赠散骑常侍、左卫将军⑨，韦黯、陈庆之追赠散骑常侍、左卫将军⑩，张齐追赠散骑常侍、右卫将军⑪。以上情况表明，梁代左、右卫将军与侍中、散骑常侍特别是与散骑常侍兼任的情况较为普遍，似为当时的制度通例。

梁代左、右卫将军领营的具体情况史无明载，但与之相对应的东宫禁卫长官太子左、右卫率之领营及其组织结构在《隋书·百官志上》有明确记载，可从一个侧面认识皇宫左、右卫将军的领营情况。其文云：

> 左、右卫率各一人……各有丞。左率领果毅、统远、立忠、建宁、陵锋、夷寇、祚德等七营，右率领崇荣、永吉、崇和、细射等四

---

① 参见《梁书》卷一六《张稷传》，第 272 页；卷三四《张绾传》，第 504 页；卷三九《元景仲传》，第 554 页；卷一一《吕僧珍传》，第 213 页；卷一七《王珍国传》，第 278 页；卷二八《夏侯亶传》，第 419 页。夏侯亶又领豫州大中正。

② 参见《梁书》卷二三《萧藻传》，第 362 页；卷三八《朱异传》，第 538 页；卷二八《夏侯亶传》，第 419 页；卷二四《萧景传》，第 369 页。

③ 《梁书》卷二五《徐勉传》，第 378 页。

④ 《梁书》卷一〇《杨公则传》，第 196 页。

⑤ 参见《梁书》卷一〇《萧颖达传》，第 190 页。

⑥ 参见《梁书》卷二二《太祖五王·鄱阳王恢传》，第 350 页。

⑦ 参见《梁书》卷二一《张充传》，第 330 页。

⑧ 参见《梁书》卷二八《裴邃传》，第 415 页；卷二二《太祖五王·南平王伟传附子恭传》，第 350 页。按《隋书》卷六六《裴政传》："祖邃，梁侍中、左卫将军，豫州大都督。"（第1548 页）据《梁书》本传，裴邃曾任"督豫州北豫霍三州诸军事、豫州刺史，镇合肥"（第 415 页），"豫州大都督"盖指此。

⑨ 参见《梁书》卷七《皇后·高祖阮修容传》，第 163 页。

⑩ 参见《梁书》卷一二《韦叡传附子黯传》，第 226 页；卷三二《陈庆之传》，第 464 页。

⑪ 参见《梁书》卷一七《张齐传》，第 283 页。

营。二率各置殿中将军十人，员外将军十人，正员司马四人，又有员外司马督官。其屯骑、步兵、翊军三校尉各一人，谓之三校；旅贲中郎将、冗从仆射各一人，谓之二将；左、右积弩将军各一人；门大夫一人，视谒者仆射。①

皇官左、右卫将军的领营数额可能有类于此，殿中将军、员外殿中将军、殿中司马、员外司马督及五校、三将、左·右积弩将军等职当隶于左、右卫将军。刘宋时有"右卫翼辇营"②，可知当时左、右卫将军之下确有不同军营隶属。

梁代左、右卫将军主要迁任为高一级禁卫长官，亦有迁为州刺史的事例。与宋、齐两代相比，梁代左、右卫将军迁任高一级禁卫长官的比例更大。王僧辩由左将军迁为领军将军，柳庆远、朱异由右卫将军迁为中领军，曹景宗由右卫将军迁为领军将军、徐州刺史；萧渊藻由左卫将军迁为中护军；王珍国由右卫将军、给事中迁任左卫将军、散骑常侍，韦叡由员外散骑常侍、右卫将军迁任左卫将军、太子詹事、通直散骑常侍。由右卫将军迁任左卫将军的事例在宋、齐两代未见，而在梁代却有数例。梁代左、右卫将军迁任州刺史的事例甚少，仅有吕僧珍由左卫将军迁为平北将军、南兖州刺史，欧阳頠由左卫将军迁为安南将军、衡州刺史，另有韦叡由左卫将军迁为安西长史、南郡太守。

萧颖胄和萧衍在向东昏侯政权发起进攻的同时，又扶持南齐宗室萧宝融称帝，在任命领、护军的同时，又以杨公则为左卫将军，蔡道恭为右卫将军③。占领建康之初，萧衍以投降的南齐卫尉、都督宫城诸军事张稷为侍中、左卫将军，以守卫宫城的另一东昏侯大臣王珍国为右卫将军。时王珍国"辞不拜"④，而张稷随即转任萧衍"大司马左司马"⑤，可知二人仅有左、右卫将军之任命，实际上很可能并未履职。张稷、王珍国主谋诛杀东昏侯而以建康城投降萧衍，使其以最小代价占领了宫城，加之当时东昏侯余党仍有一定的势力，萧衍一方面出于赏功，同时也是为了更好地控制

---

① 《隋书》卷二六《百官志上》，第727页。
② 《宋书》卷九《后废帝纪》，第189页。
③ 《梁书》卷一〇《杨公则传》《蔡道恭传》，第196、193页。
④ 《梁书》卷一七《王珍国传》，第278页。
⑤ 《梁书》卷一六《张稷传》，第272页。

宫城，便以曾掌握宫城禁卫军并熟悉宫城形势的张稷、王珍国二人分别担任左、右卫将军。王珍国"辞不拜"，说明他认识到萧衍此一任命并非出自真心，而是权宜之计。张稷随即成为萧衍大司马府左司马，其职能与左卫将军相当，但毕竟属于萧衍幕府僚佐，既显示对他的信任，同时也易于控制。王珍国在萧衍进攻京师前就秘密表示了忠诚，萧衍力主以其任职，于是"复为右卫将军，加给事中，迁左卫将军，加散骑常侍"，天监初改任都官尚书。[1] 萧衍又以其重要亲信曹景宗及其弟鄱阳王恢担任右卫将军[2]。

天监元年（502）四月，梁朝建立，梁武帝以吕僧珍、柳庆远等亲信担任左、右卫将军。《梁书·柳庆远传》："高祖受禅，迁散骑常侍、右卫将军，加征虏将军，封重安侯，食邑千户。"[3] 次年正月迁任中领军[4]。同书《吕僧珍传》：

> 建康城平，高祖命僧珍率所领先入清宫，与张弘策封检府库，即日以本官带南彭城太守，迁给事黄门侍郎，领虎贲中郎将。高祖受禅，以为冠军将军、前军司马……寻迁给事中、右卫将军。顷之，转左卫将军，加散骑常侍，入直秘书省，总知宿卫。天监四年冬，大举北伐，自是军机多事，僧珍昼直中书省，夜还秘书。五年夏，又命僧珍率羽林劲勇出梁城。其年冬，旋军，以本官领太子中庶子。[5]

天监六年九月吕僧珍出任南兖州刺史[6]。由此可知，梁朝初年梁武帝以其创业亲信吕僧珍担任右卫—左卫将军，"总知宿卫"，即负责殿内禁卫事务，左、右卫将军的职能于此可以得到充分认识。如上所述，梁代领军之职"掌天下兵要"，而左、右卫将军特别是左卫将军"总知宿卫"，二职的职掌既有联系又有分工。

---

[1] 《梁书》卷一七《王珍国传》，第278页。
[2] 参见《梁书》卷九《曹景宗传》，第179页；卷二二《太祖五王·鄱阳王恢传》，第350页。按萧恢所任更可能是左卫将军，同书卷二《武帝纪中》：即位之初，以"左卫将军恢（为）鄱阳郡王"（第35页）。本传不载其由右卫将军升任左卫将军，表明其只担任过其中一职。
[3] 《梁书》卷九《柳庆远传》，第182页。
[4] 参见《梁书》卷二《武帝纪中》，第39页。
[5] 《梁书》卷一一《吕僧珍传》，第213页。
[6] 参见《梁书》卷二《武帝纪中》，第46页。

萧颖达约在天监初年"转散骑常侍、左卫将军"[①]，具体任职时间不详。益州刺史邓元起被征为右卫将军，但并未上任。[②] 天监四年春曹景宗为右卫将军，六年四月迁任领军将军、徐州刺史。[③] 柳庆远与曹景宗之间担任右卫将军者不可考。《梁书·韦叡传》："征通直散骑常侍、右卫将军。（天监）七年，迁左卫将军。"[④] 韦叡任右卫将军当是接替曹景宗，应在天监六年。范岫于天监"七年，徙通直散骑常侍、右卫将军"[⑤]。柳庆远约在其后（亦在天监七年）"迁通直散骑常侍、右卫将军，领右骁骑将军"[⑥]。王珍国在天监九年出任湘州刺史前为左卫将军[⑦]。萧颖达于天监"九年，迁信威将军、右卫将军"[⑧]。同年韦叡为"员外散骑常侍、右卫将军。累迁左卫将军、太子詹事，寻加通直散骑常侍"[⑨]，这是其第二次连任右卫—左卫将军。昌义之于天监十年后相继任右卫—左卫将军。《梁书·昌义之传》：天监六年四月，"改督南兖兖徐青冀五州诸军事、辅国将军、南兖州刺史。坐禁物出藩，为有司所奏免。其年，补朱衣直阁。除左骁骑将军，直阁如故。迁太子右卫率，领越骑校尉，假节"。八年出任湘州刺史，九年还朝为司空临川王司马。"十年，迁右卫将军。十三年，徙为左卫将军。"[⑩] 天监十一年，萧昺"征右卫将军、领石头戍军事"[⑪]。

---

① 《梁书》卷一〇《萧颖达传》，第190页。
② 《梁书》卷一〇《邓元起传》："在州（益州刺史）二年，以母老乞归供养，诏许焉，征为右卫将军。以西昌侯萧渊藻代之。"（第200页）据同书卷二三《萧藻传》，于天监元年出任益州刺史（第361页）。据本传，邓元起实际并未入朝任职，而是被萧渊藻"收付州狱，于狱自缢"（第200页）。
③ 参见《梁书》卷九《曹景宗传》，第179页；卷二《武帝纪中》，第45页。《曹景宗传》：为郢州刺史，天监"二年十月，魏寇司州，围刺史蔡道恭"，景宗不救。"及司州城陷，为御史中丞任昉所奏，高祖以功臣寝而不治，征为护军。既至，复拜散骑常侍、右卫将军。"（第179页）据同书卷二《武帝纪中》，"魏陷司州"在天监三年八月，四年二月"以前郢州刺史曹景宗为中护军"（第41、42页）。则其任右卫将军即在此时或稍后。同书卷一八《张惠绍传》：天监"六年，魏军攻钟离，诏左卫将军曹景宗督众军为援……魏军大溃"（第286页）。《武帝纪中》：天监五年十一月，"魏寇钟离，遣右卫将军曹景宗率众赴援"（第44页）。则曹景宗任左卫将军之记载有误。
④ 《梁书》卷一二《韦叡传》，第224页。
⑤ 《梁书》卷二六《范岫传》，第392页。
⑥ 《梁书》卷九《柳庆远传》，第183页。
⑦ 参见《梁书》卷一七《王珍国传》，第279页。
⑧ 《梁书》卷一〇《萧颖达传》，第190页。
⑨ 《梁书》卷一二《韦叡传》，第224页。
⑩ 《梁书》卷一八《昌义之传》，第294—295页。
⑪ 《梁书》卷二四《萧景传》，第369页。

天监十二年后，夏侯亶由都官尚书"迁给事中、右卫将军、领豫州大中正"，十七年后又任左卫将军、领前军将军。① 天监十三年，康绚"迁太子右卫率，甲仗百人，与领军萧景直殿内"②。天监十四年，冯道根由新兴永宁二郡太守"征为员外散骑常侍、右游击将军，领朱衣直阁。十五年，为右卫将军"③。

天监年间担任过左、右卫将军但确切任职时间难考者还有：张惠绍、徐勉（天监六年后）、周捨、张充（天监十三年前）、王莹（天监十五年前）等人④。张惠绍曾两度担任左卫将军："入为卫尉卿，迁左卫将军。出为持节、都督司州诸军事、信威将军、司州刺史，领安陆太守。""征还为左卫将军，加通直散骑常侍，甲仗百人，直卫殿内。（天监）十八年，卒，时年六十三。"梁武帝下诏，谓其"爱居禁旅，尽心朝夕"云云。⑤ 周捨是梁武帝在其统治前期最为器重的亲信之一，史载其"迁尚书吏部郎，太子右卫率，右卫将军，虽居职屡徙，而常留省内，罕得休下，国史诏诰，仪体法律，军旅谋谟，皆兼掌之"⑥。

其后的普通八年间（520—527），仅有左卫将军萧渊藻及右卫将军王神念可考。萧渊藻于普通八年"复封爵，寻除左卫将军、领步兵校尉"⑦。其任左卫将军时间极短，同年三月改元大通，随即迁任中护军⑧。王神念，"普通中，大举北伐，征为右卫将军"⑨。王神念为北魏降将，其子王僧辩为梁元帝萧绎之亲信，梁末担任领军将军，在平定侯景之乱的战斗中功勋卓著。大通三年（529）前，元景仲担任侍中、右卫将军⑩。同年，陈庆之率军扶持北魏宗室元颢入洛阳复辟，返回建康后"以功除

---

① 《梁书》卷二八《夏侯亶传》，第419页。
② 《梁书》卷一八《康绚传》，第291页。
③ 《梁书》卷一八《冯道根传》，第288页。
④ 参见《梁书》卷一八《张惠绍传》，第286页；卷二五《徐勉传》《周捨传》，第378、376页；卷二一《张充传》，第330页；卷一六《王莹传》，第274页。
⑤ 《梁书》卷一八《张惠绍传》，第286页。
⑥ 《梁书》卷二五《周捨传》，第376页。
⑦ 《梁书》卷二三《萧藻传》，第362页。
⑧ 参见《梁书》卷三《武帝纪下》，第71页。
⑨ 《梁书》卷三九《王神念传》，第556页。
⑩ 参见《梁书》卷三九《元法僧传附子景仲传》，第554页。

右卫将军"①。中大通二年（530），夏侯夔"征为右卫将军，丁所生母忧去职"②。皇孙临贺王正德"征为侍中、抚军将军，置佐史，封临贺郡王，邑二千户，又加左卫将军"③。时在中大通四年之后。元景仲于"大同（535—546）中，征侍中、左卫将军"④。大同四年，朱异"迁右卫将军"。"太清元年（547），迁左卫将军，领步兵（校尉）。二年，迁中领军。（中书）舍人如故"⑤。张绾于"太清二年，迁左卫将军。会侯景寇至，入守东掖门。三年，迁吏部尚书"⑥。在侯景攻入宫城之前，梁武帝曾与侯景在西华门外设坛共盟，"左卫将军柳津出西华门下，景出其栅门，与津遥相对，刑牲歃血"⑦。时当太清三年春。

太清三年三月，侯景攻克建康宫城。同年五月，梁武帝忧愤而死，太子萧纲（简文帝）即位，完全为侯景所控制。时以徐摛为"左卫将军，固辞不拜"⑧。宫城沦陷之际，吏部尚书张绾出奔，辗转而至江陵，"湘东王承制，授侍中、左卫将军、相国长史，侍中如故"⑨。承圣元年（552），萧绎在江陵正式即位。淳于量于"承圣元年，以功授左卫将军"⑩。梁元帝在平定侯景之乱及称帝的数年间，先后任命王僧辩、徐文盛、张绾、杜崱、阴子春等人担任左卫将军⑪，而右卫将军仅可见到阴子春、裴忌、庾

---

① 《梁书》卷三二《陈庆之传》，第463页。按元颢入洛在北魏孝庄帝永安二年（529）五月，同年七月败走。参见（北齐）魏收撰《魏书》卷一〇《敬宗纪》，中华书局1974年版，第262页。
② 《梁书》卷二八《夏侯亶传附夔传》，第421页。
③ 《梁书》卷五五《临贺王正德传》，第828页。
④ 《梁书》卷三九《元法僧传附子景仲传》，第554页。
⑤ 《梁书》卷三八《朱异传》，第538页。同书卷四三《江子一传》："其姑夫右卫将军朱异，权要当朝，休下之日，宾客辐凑，子一未尝造门，其高洁如此。"（第608页）
⑥ 《梁书》卷三四《张绾传》，第504页。
⑦ 《梁书》卷五六《侯景传》，第845页。
⑧ 《梁书》卷三〇《徐摛传》，第448页。
⑨ 《梁书》卷三四《张绾传》，第504页。
⑩ 《陈书》卷一一《淳于量传》，第180页。
⑪ 《梁书》卷五《元帝纪》可见左卫将军王僧辩、徐文盛、张绾，第114页；卷四六《徐文盛传》载其为荆州"城北面都督"（第641页），而不及左卫将军；同卷《杜崱传》载其为侍中、左卫将军（第642页），《阴子春传》载其与徐文盛皆为左卫将军（第645页）；卷三二《兰钦传》："征为散骑常侍、左卫将军，寻改授散骑常侍、安南将军、广州刺史。"（第467页）又，《陈书》卷九《欧阳頠传》："梁左将军兰钦之少也，与頠相善，故頠常随钦征讨。"（第157页）卷三四《文学·阴铿传》："时有武威阴铿，字子坚，梁左卫将军子春之子。"（第472页）

信三人①。梁敬帝太平元年（556）十二月，"以新除左卫将军欧阳頠为安南将军、衡州刺史"②。这是史书所见梁代最后一位左卫将军，也是最后一位禁卫长官担任者。王僧辩等人在平定侯景之乱以及保卫萧绎政权的过程中发挥了巨大作用，是梁元帝统治的中坚力量。

从《梁书》的记载中还可看到，梁代有七例左卫将军、三例右卫将军作为赠官的事例③，表明左、右卫将军作为赠官在梁代已较为普遍，这是左、右卫将军地位上升的反映，当然也是其实际职能发生变化的表现。

第五节　直阁将军

梁朝在直阁将军之外又出现了地位较高的朱衣直阁、朱衣直阁将军。《隋书·百官志上》："又置朱衣直阁（阁）将军，以经为方牧者为之，其以左、右骁·游带领者，量给仪从。"④ 在官班令中，朱衣直阁将军列于十班之末，位居云骑、游骑及皇弟皇子府司马之下，而高于十一班之尚书左丞、鸿胪卿、中书侍郎等职。在陈代官品令中，朱衣直阁（将军）之地位则有所上升，为第四品（居中），以梁制官班比附，大约相当于十二、十一班左右，介于太子左、右卫率及云骑、游骑之间，梁班中太子左、右卫率居十一班之中前列。

梁代直阁将军兼职可考之事例有⑤：

张惠绍：辅国将军（14）、前军（9）、直阁、左细仗主→骁骑将军（10）、直阁、左细仗主→太子右卫率（11）⑥

---

① 《梁书》卷五《元帝纪》载"左卫将军徐文盛、右卫将军阴子春"云云（第114页）；卷二五《裴忌传》："元帝承圣中，累迁散骑常侍、右卫将军，晋陵太守。"（第317页）《周书》卷四一《庾信传》："台城陷后，信奔于江陵。梁元帝承制，除御史中丞。及即位，转右卫将军，封武康县侯。"（第734页）

② 《梁书》卷六《敬帝纪》，第147页。

③ 左卫将军是：阮灵宝（梁元帝外祖父）、韦黯（韦叡子）、马仙琕、冯道根、萧恭（南平王伟之子）、裴邃、陈庆之；右卫将军是：萧颖孚、张齐、康绚。

④ 《隋书》卷二六《百官志上》，第726页。

⑤ （）内表示梁武帝天监改革所定官班，其等级以班多者为贵，详见《隋书》卷二六《百官志上》。

⑥ 参见《梁书》卷一八《张惠绍传》，第285页。

冯道根：宁朔将军（13）、南梁太守、领阜陵城戍→辅国将军（14）→云骑将军（10）、领直阁将军→中权中司马、右游击将军（11）、武旅将军（14）、历阳太守→……→员外散骑常侍、右游击将军、领朱衣直阁→右卫将军（12）①

康绚：振远将军、北兖州刺史→骠骑临川王司马、左骁骑将军（11）、朱衣直阁→太子右卫率（11）②

昌义之：直阁将军、马右夹毂主→骁骑将军（10）→辅国将军（14）、南兖州刺史→朱衣直阁（10）→左骁骑将军（11）、朱衣直阁→太子右卫率（11）、领越骑校尉（7）③

裴邃：竟陵太守→游击将军（10）、朱衣直阁（10）→假节、明威将军（13）、西戎校尉（13）、北梁秦二州刺史→给事中（4）、云骑将军（10）、朱衣直阁将军（10）→大匠卿（10）④

裴之礼：直阁将军→云麾将军（18）、散骑常侍（12）⑤

裴之横：河东王常侍、直殿主帅→直阁将军→贞威将军（7）⑥

欧阳頠：平西邵陵王中兵参军事→直阁将军→天门太守、超武将军⑦

周炅：通直散骑常侍（11）、朱衣直阁（10）→弋阳太守⑧

周灵起：直阁将军→义阳太守→庐桂二州刺史⑨

李迁哲：文德主帅→直阁将军、武贲中郎将→安康郡守⑩

梁代官班制较为复杂，军号、地方长官（如郡太守）与一般文武官属处于不同的官班序列，标准也不尽相同，军号有二十四班，而一般文武

---

① 参见《梁书》卷一八《冯道根传》，第288页。
② 参见《梁书》卷一八《康绚传》，第291页。
③ 参见《梁书》卷一八《昌义之传》，第293—294页。
④ 参见《梁书》卷二八《裴邃传》，第414页。
⑤ 参见《梁书》卷二八《裴之礼传》，第415页。
⑥ 参见《梁书》卷二八《裴之横传》，第417页。
⑦ 参见《陈书》卷九《欧阳頠传》，第157页。
⑧ 参见《陈书》卷一三《周炅传》，第203页。
⑨ 按周灵起为周炅之父。《隋书》卷六五《周法尚传》："祖灵起，梁直阁将军，义阳太守，庐、桂二州刺史。父炅，定州刺史、平北将军。"（第1526页）
⑩ 参见《周书》卷四四《李迁哲传》，第790页。

官只有十八班，所以很难用统一的标准来加以衡量。梁代直阁将军所兼武职将领（军号）基本都在十八班制序列中，故也可作统一的考察。在《隋书·百官志上》所记梁代官制中，首次见到关于直阁的有关规定："天监六年（507），置左·右骁骑、左·右游击将军，位视二率（太子左、右卫率）。改旧骁骑曰云骑，游击曰游骑，降左、右骁·游一阶。又置朱衣直阁将军，以经为方牧者为之。其以左、右骁·游带领者，量给仪从。"①《通典·职官十·武官上》"左右骁卫"条："梁以来，其任愈重。天监六年，置左、右骁骑，领朱衣直阁，并给仪从。北徐州刺史昌义之首为此职。出则羽仪清道，入则与二卫通直，临轩则升殿夹侍。改旧骁骑曰云骑。"② 在十八班官制中，朱衣直阁将军位十班之末，居云骑、游击之后，而左、右骁骑·游击则位列十一班之中。

天监六年四月，昌义之"迁持节、督青冀二州诸军事、征虏将军、青冀二州刺史。未拜，改督南兖兖徐青冀五州诸军事、辅国将军、南兖州刺史。坐禁物出藩，为有司所奏免。其年，补朱衣直阁。除左骁骑将军，直阁如故"③。天监九年，康绚"迁假节、督北兖州缘淮诸军事、振远将军、北兖州刺史"。"征骠骑临川王司马，加左骁骑将军。寻转朱衣直阁。"④ 天监十三年，冯道根"出为信武将军、宣惠司马、新兴永宁二郡太守。十四年，征为员外散骑常侍、右游击将军，领朱衣直阁"⑤。裴邃"出为竟陵太守，开置屯田，公私便之。迁为游击将军、朱衣直阁，直殿省。寻迁假节、明威将军、西戎校尉、北梁秦二州刺史"。"还为给事中、云骑将军、朱衣直阁将军，迁大匠卿。"⑥ 这些事例表明，在朱衣直阁设置之初的确是按制度规定，以曾任地方长官者担任，且"以左、右骁·游带领"。但到了梁末，这一制度便发生了变化，不经方牧者也可为之。周炅，"梁大同（535—546）中，为通直散骑侍郎、朱衣直阁。太清元年（547），出为弋阳太守"⑦。此时朱衣直阁地位甚至还低于郡太守。

---

① 《隋书》卷二六《百官志上》，第726页。
② 《通典》卷二八《职官十·武官上·左右骁卫》，第785页。
③ 《梁书》卷一八《昌义之传》，第294页。
④ 《梁书》卷一八《康绚传》，第290—291页。
⑤ 《梁书》卷一八《冯道根传》，第288页。
⑥ 《梁书》卷二八《裴邃传》，第414页。
⑦ 《陈书》卷一三《周炅传》，第203页。

左、右骁·游及旧骁、游（云骑、游骑）可兼朱衣直阁，其他内侍官如给事中、通直散骑常侍也可兼任，并无一定规制。在梁代官班令中未见到直阁将军，这说明经过半个世纪的实践，直阁将军仍未被当作正式的官职列入国家制度之中。从上列事例中，可以看到直阁将军所兼之军号有前军、骁骑、云骑、左骁骑等将军，仍然与宋、齐时代的常例并无差别，即以军校骁游序列的禁卫武官兼任直阁将军或朱衣直阁。梁代也有单独任职而未兼他官之直阁将军，如裴之礼、裴之横、欧阳頠诸例，当然也不排除史书记载省略不全的情况，但直阁将军为其主职应无疑问。其他仅记为直阁将军的事例，还有武会超、马广、张澄、曹世宗、徐元和、陈虎牙、李祖怜、任思祖、胡子约、羊海等人[①]。大概也是属于两种情况，即单为直阁将军或兼官记载不明。无论如何，他们是以直阁将军的身份出现的，表明直阁将军是为人们所认可的一类实际官职而非虚衔或散官，性质大概类似后世的"差遣"。

最初规定朱衣直阁将军是"以经为方牧者为之"，显然是为了提高其地位，这反映了两种情况：（1）朱衣直阁将军之官班为十班，而直阁将军则要低于此，若相比附只能在九班之列。九班之前军将军兼直阁将军，十班之云骑将军领直阁将军，都反映了梁代直阁将军约相当于九班，以九品官制相类比，则约为第五品上阶。（2）直阁将军从产生到梁武帝天监六年（507）定制时已半世纪有余，最初它适应了宋、齐二代皇帝独裁专权以制衡外朝公卿的需要，得到迅速发展。而梁代政治稳定，梁武帝对王公大臣比较信任，无须利用直阁将军加强禁卫权力而与王公大臣相抗衡。这时正常的禁卫武官制度即可发挥作用，在畸型政治环境中发展起来的直阁将军地位遂开始下降，统治者为了维持这种制度，便通过提高待遇来加强其地位。

与宋、齐直阁将军常参与政变或为皇帝昏暴用命不同，梁代直阁将军主要是率领禁卫军出征，防御或抵抗北方军队进攻。梁代五十余年中，直阁将军（朱衣直阁）之例远少于宋末至齐代不足五十年的事例，也是直阁将军政治影响力下降的反映。此外，南齐时已经出现了直阁将军领细仗

---

① 参见《梁书》卷一七《马仙琕传》，第280页；卷一八《张惠绍传》《康绚传》《昌义之传》，第286、292、295页；卷二〇《陈伯之传》，第312页；卷二八《裴邃传》《夏侯夔传》，第415、421页；卷五六《侯景传》，第844、851页。

主的情况（曹虎），而梁代又可见到张惠绍为左细仗主，昌义之为马右夹毂主，这是直阁将军统领禁卫军的具体事例，同时也反映出直阁将军的职能本身也在衰退之中。

直阁将军之职掌，正史官志不见记载，但《隋书·礼仪志七》却有比较明确的记载，谓"梁武受禅于齐，侍卫多循其制。正殿便殿阁及诸门上下，各以直阁将军等直领"①。具体内容本章第一节已有征引。这是关于南朝侍卫制度的最全面的记载，对于认识南朝禁卫兵种及禁卫武官制度具有极高的史料价值。因梁承齐制，陈承梁制，故至少齐、梁、陈三朝的有关制度应该基本一致；从萧齐对刘宋后期制度的承袭来看，大约宋孝武帝时出现直阁、直阁将军制度后，南朝侍卫之制可能就与《隋书·礼仪志七》所载梁制相似。《梁书·昌义之传》："建康城平，以为直阁将军、马右夹毂主。"② 此乃以其禁卫之方式而分类。③ 马右夹毂主昌义之显然是在君主（此处当为实际掌权的萧衍）出行时于其车驾之右方率领马队（骑兵）夹车为卫之将领。从直阁将军领细仗主、夹毂主等记载推断，梁代直阁将军可能只有兼领某一兵种之"主"时才能真正统帅该兵种。史传的零星记载也可帮助具体理解直阁将军在殿阁入直的禁卫职能。《梁书·康绚传》："寻转朱衣直阁。（天监）十三年，迁太子右卫率，甲仗百人，与领军萧景直殿内。"④《裴邃传》："迁为游击将军、朱衣直阁，直殿省。"其子之礼，"补邵陵王国左常侍、信威行参军。王为南兖，除长流参军，未行，仍留宿卫，补直阁将军"。⑤

到了梁代，平常侍卫皇帝左右在太极殿阁内直卫的直阁将军也同其他禁卫武官一样受遣率兵出征。普通四年（523），"大军将北伐，以（宣毅将军裴）邃督征讨诸军事，率骑三千，先袭寿阳"。"明年，复破魏新蔡郡，略地至于郑城，汝、颍之间，所在响应。魏寿阳守将长孙稚、河间王

---

① 《隋书》卷一二《礼仪志七》，第279页。
② 《梁书》卷一八《昌义之传》，第293页。
③ 南朝诸王之亲兵有夹毂队。《资治通鉴》卷一二九《宋纪一一》孝武帝大明五年（461）四月条，"休茂与伯超等帅夹毂队"下胡三省注："宋诸王有夹毂队，盖左右亲兵也，出则夹车为卫。"（第4054页）严耕望认为：南朝之"白直夹毂似为侍卫队"，白直夹毂队主"盖内侍卫队长之类也"。（《中国地方行政制度史》上编卷中《魏晋南北朝地方行政制度》，"中央研究院"历史语言研究所专刊之四十五，1963年版，第215页）
④ 《梁书》卷一八《康绚传》，第291页。
⑤ 《梁书》卷二八《裴邃传》，第414—415页。

元琛率众五万出城挑战,邃勒诸将为四甄以待之,令直阁将军李祖怜伪遁以引稚,稚等悉众追之,四甄竞发,魏众大败。"① 《魏书·源子恭传》:"萧衍直阁将军、军主胡智达等八将,与其监军阎次洪入寇。屯于州(豫州)城东北四十余里。"② 《梁书·马仙琕传》:"魏豫州人白早生杀其刺史琅邪王司马庆曾,自号平北将军,推乡人胡逊为刺史,以悬瓠来降。高祖使仙琕(时为贞威将军、司州都督、刺史)赴之。又遣直阁将军武会超、马广率众为援。"③ 据《魏书·世宗纪》记载,永平二年(509)正月马广等被俘,其官爵为"云骑将军、松滋县开国侯"④。可知马广是以云骑(骁骑改名)将军兼直阁将军,与上文所考直阁将军的兼任规则相符。同时被俘者还有骁骑将军徐元季等共二十六将。徐元季可能亦兼直阁将军,与所知直阁将军徐元和、徐元称当为兄弟,亦不排除为二人之一的可能性。

天监十四年,梁武帝纳魏降人王足之计,"堰淮水以灌寿阳","假(康)绚节、都督淮上诸军事,并护堰作……于钟离南起浮山"。"十二月,魏遣其尚书仆射李崇定督众军来战,绚与徐州刺史刘思祖等距之。高祖又遣右卫将军昌义之、太仆卿鱼弘文、直阁曹世宗、徐元和相次距守。十五年四月,堰乃成。"⑤ 其时"诏假(昌)义之节,帅太仆卿鱼弘文、直阁将军曹世宗、徐元和等救绚,军未至,绚等已破魏军。魏又遣大将李平攻峡石,围直阁将军赵祖悦。义之又率朱衣直阁王神念等救之"⑥。此役中明确可知者,有直阁将军曹世宗、徐元和、赵祖悦以及朱衣直阁王神念等参与攻战。诸直阁将军均由左卫将军昌义之所统率,这一事实似乎表

---

① 《梁书》卷二八《裴邃传》,第415页。
② 《魏书》卷四一《源子恭传》,第935页。
③ 《梁书》卷一七《马仙琕传》,第280页。《魏书》卷八《世宗纪》:永平元年(508年,梁天监七年)十月,"豫州彭城人白早生杀刺史司马悦,据城南叛,萧衍遣将齐苟仁等四将以助之"(第206—207页)。又《资治通鉴》卷一四七《梁纪三》武帝天监七年十月条,谓白早生为"悬瓠军主"(第4586页)。
④ 《魏书》卷八《世宗纪》,第207页。
⑤ 《梁书》卷一八《康绚传》,第291—292页。按:昌义之,《梁书》卷一八《昌义之传》(第295页)及《资治通鉴》卷一四八《梁纪四》武帝天监十五年二月条(第4621页)均记作"左卫将军",《康绚传》误。赵祖悦,《魏书》卷九《肃宗纪》记作"豫州刺史"(第224页),《资治通鉴》天监十四年九月甲寅条记作"左游击将军"(第4618页)。赵祖悦当是以游击将军兼直阁将军,临时被任命为豫州刺史的。
⑥ 《梁书》卷一八《昌义之传》,第295页。

明，梁代直阁将军在组织系统上应隶于左、右卫将军。昌义之本人即曾任朱衣直阁，迁任左骁骑将军，"直阁如故"。又经太子右卫率、越骑校尉，湘州刺史，司空临川王司马，其后迁为右卫将军，再迁左卫将军。康绚由骠骑临川王司马、左骁骑将军转朱衣直阁，迁太子右卫率。虽然他后来并未担任左、右卫将军，但其职能是"甲仗百人，与领军萧景直殿内"，实际行使的是与领军相当的职能，而"直殿内"也是左、右卫将军的基本职能。冯道根先任员外散骑常侍、右游击将军、领朱衣直阁，既而迁任右卫将军。[1] 又，普通七年（526），夏侯夔授持节、督司州诸军事、信武将军、司州刺史、领安陆太守。"八年，敕夔帅壮武将军裴之礼、直阁将军任思祖出义阳道，攻平静、穆陵、阴山三关，克之。"[2] 其他未被记载而参与当时南北征战之直阁将军定有不少，天监七年一次被北魏所俘将领多达二十七人，其中即有直阁将军马广，可能还有其他直阁将军担任者。

南朝直阁将军出征之例主要见于梁武帝前期，亦即北魏宣武帝至孝明帝时期。当时南北战事非常激烈，无论南朝还是北朝，都想在交战中取得主动权。梁武帝派出直阁将军率兵出征，一方面是因直阁将军勇猛善战，而且多历战事，战争经验丰富；另一方面则是因其所率禁卫军为武装力量之精锐，战斗力较强。当然，这种现象也表明直阁将军的实际禁卫职能正在衰退。到了梁代，直阁将军制度已发展到极致，制度对其地位、职掌有了明确规定，在禁卫职能方面不会再有什么发展的余地。鉴于宋、齐二代直阁将军屡次参与废立之谋，梁武帝也不大可能会让直阁将军长期固定在身旁侍卫。

第六节　卫尉卿与领石头戍军事

一　卫尉卿

《隋书·百官志上》：天监七年，"以卫尉为卫尉卿"，"以光禄勋为光禄卿"。"卫尉卿，位视侍中，掌宫门屯兵。卿每月、丞每旬行宫徼，纠察不法。统武库令、公车司马令。又有弘训卫尉，亦置属官。""光禄卿，

---

[1] 以上参见《梁书》卷一八《昌义之传》《康绚传》《冯道根传》，第294—295、291、288页。

[2] 《梁书》卷二八《夏侯夔传》，第421页。

位视太子中庶子，掌宫殿门户。统守宫、黄门、华林园、暴室等令。"①《通典·职官三·门下省》"城门郎"条："梁陈二代依秦汉，以光禄卿等掌宫殿门户，亦无城门之职。"② 由此来看，梁代卫尉卿、光禄卿亦具有禁卫职能。

《梁书·武帝纪上》：齐和帝中兴元年（501）"六月，西台遣卫尉席阐文劳军，赍萧颖胄等议，谓高祖曰：'今顿兵两岸，不并军围郢，定西阳、武昌，取江州，此机已失。莫若请救于魏，与北连和，犹为上策。'"③ 据此可知，萧颖胄在反抗东昏侯、立齐和帝之时即已设置卫尉之职。席阐文本为西中郎中兵参军、领城局（参军）④，时西中郎将为南康王萧宝融（和帝），萧颖胄为西中郎府长史、行府州事。席阐文所任西中郎城局之职负责荆州州城之城防⑤，此与卫尉职能有相通之处。天监元年（502），"齐东昏侯嬖臣孙文明等，虽经赦令，犹不自安，五月乙亥（十八，7.8）夜，帅其徒数百人，因运荻炬，束仗入南、北掖门作乱，烧神虎门、总章观，入卫尉府，杀卫尉洮阳愍侯张弘策"⑥。可知梁代卫尉府是在宫内。张弘策为梁武帝从舅，是梁武帝创业时最重要的心腹之一。随其南下讨伐东昏侯，"高祖入顿石头城，弘策屯门禁卫"。建康城平，迁卫尉卿。"时东昏余党初逢赦令，多未自安，数百人因运荻炬束仗，得入南、北掖作乱，烧神虎门、总章观。前军司马吕僧珍直殿内，以宿卫兵拒破之，盗分入卫尉府，弘策方救火，盗潜后害之，时年四十七。"⑦ 此亦证梁代卫尉府在宫内，卫尉卿的职能为"屯门禁卫"。

正因如此，梁代卫尉卿可统领宿卫兵⑧。宗室萧范"起家太子洗马、

---

① 《隋书》卷二六《百官志上》，第724—725页。
② 《通典》卷二一《职官三·门下省》"城门郎"条，第558页。
③ 《梁书》卷一《武帝纪上》，第10页。其事又见同书卷一〇《夏侯详传》，第191—192页。
④ 参见《梁书》卷一二《席阐文传》，第219页。
⑤ 《梁书》卷一〇《夏侯详传》载"荆府城局参军吉士瞻役万人浚仗库防火池"云云（第193页），表明城局参军"职主城防"。参见严耕望《中国地方行政制度史》上编卷中《魏晋南北朝地方行政制度》，第205页。
⑥ 《资治通鉴》卷一四五《梁纪一》，第4521页。又可参见《南史》卷五六《张弘策传》，第1383页；《梁书》卷二《武帝纪中》，第38页；卷九《王茂传》，第176页。
⑦ 《梁书》卷一一《张弘策传》，第207页。
⑧ 《梁书》卷二《武帝纪中》：天监四年"二月壬午（十一，3.1），遣卫尉卿杨公则率宿卫兵塞洛口"（第42页）。

秘书郎，历黄门郎，迁卫尉卿。每夜自巡警，高祖嘉其劳苦"[1]。看来梁代卫尉卿还有一个职能，即每夜在宫城内巡警，通常情况下可能是派其僚吏部属从事这一工作，萧范亲自巡警而受到梁武帝褒奖当属特例。宗室萧昺（子昭）曾任辅国将军、卫尉卿，梁元帝在《郢州都督萧子昭碑铭》中引用典故以明其职能，谓"魏选董昭，才求巡警之备"[2]。按董昭为曹操重要谋臣，魏明帝即位之初（226）任卫尉，"太和四年（230），行司徒事"[3]；六年七月，"以卫尉董昭为司徒"[4]。此亦可证梁代卫尉卿具有"巡警"职能。据碑铭，萧昺前此任太子左卫率[5]，辅国将军、卫尉卿，后此迁左骁骑将军、兼领军将军，分别为东宫和朝廷禁卫长官，也可间接证明梁代卫尉卿具有禁卫职能。梁武帝创业亲信郑绍叔曾三为卫尉卿。《梁书·郑绍叔传》：

> 义师起，为冠军将军，改骁骑将军。侍从东下江州，留绍叔监州事，督江、湘二州粮运，事无阙乏。天监初，入为卫尉卿。绍叔忠于事上，外所闻知，纤毫无隐。每为高祖言事，善，则曰："臣愚不及，此皆圣主之策。"其不善，则曰："臣虑出浅短，以为其事当如是，殆以此误朝廷，臣之罪深矣。"高祖甚亲信之。母忧去职。……俄复为卫尉卿，加冠军将军。……三年，魏军围合肥，绍叔以本号督众军镇东关。事平，复为卫尉。[6]

由此可见，卫尉卿郑绍叔经常在梁武帝身边"侍从"，过从甚密。丘仲孚由尚书左丞"擢为卫尉卿，恩任甚厚"[7]，与梁武帝关系亦颇为密切。

梁代卫尉卿的兼职、迁转情况可考者有：杨公则，卫尉卿、散骑常

---

[1] 《梁书》卷二二《太祖五王·鄱阳王恢传附子范传》，第352页。
[2] （唐）许敬宗编，罗国威整理：《日藏弘仁本文馆词林校证》（卷四五七），中华书局2001年版，第184页。
[3] （晋）陈寿撰，（南朝宋）裴松之注：《三国志》卷一四《魏书·董昭传》，中华书局1959年版，第442页。
[4] 《三国志》卷三《魏书·明帝纪》，第99页。
[5] 按《梁书》卷二四《萧景传》载其为太子右卫率（第368页），未知孰是。
[6] 《梁书》卷一一《郑绍叔传》，第209—210页。
[7] 《梁书》卷五三《良吏·丘仲孚传》，第771页。

侍①；张弘策，卫尉卿、给事中②；萧颖达，散骑常侍、左卫将军→侍中、卫尉卿③；张惠绍，卫尉卿→左卫将军④；张澄，卫尉卿→太子左卫率⑤；康绚，员外散骑常侍、领长水校尉→卫尉卿（未拜）⑥；始兴王憺，平北将军、护军将军、领石头戍事→中军将军、中书令、领卫尉卿⑦；萧昺，太子右卫率→辅国将军、卫尉卿→左骁骑将军、兼领军将军⑧；萧昂，散骑侍郎、中领军、太子中庶子→吴兴太守→仁威将军、卫尉卿→侍中、兼领军将军⑨；萧琛，卫尉卿→员外散骑常侍⑩；裴之礼，太子左卫率、兼卫尉卿→少府卿⑪。由此可见，卫尉卿与领、护、左·右卫系统禁卫长官以及东宫禁卫长官之间的迁转比较普遍，表明其职能相近；卫尉卿与侍中、散骑常侍、给事中等内侍文官亦多兼任，显示其在宫内任职。梁代卫尉卿担任者主要有三类人，即梁武帝元从亲信、宗室、外戚；宗室、外戚亦多属元从亲信。

二　领石头戍军事

梁承齐制，亦设领石头戍事，有关的记载屡见于史。不过，梁代领石头戍事主要是以领石头戍军事的名称而存在。在梁武帝时宗室担任护军的相关记载中，最值得注意的是"领石头戍军事"（或领石头戍事、兼石头戍军事、知石头戍军事）。梁代可考之领石头戍军事有二十七任，由二十位宗室（其中仅二人非诸王）担任，异姓无一人担任这一职务，而且一般都是与他职叠任，其中尤以护军将军、中护军较为普遍。梁代领石头戍事与护军将军、中护军的联系大概比前代更加密切。

---

① 参见《梁书》卷一〇《杨公则传》，第197页。
② 参见《梁书》卷一一《张弘策传》，第207页。
③ 参见《梁书》卷一〇《萧颖达传》，第190页。
④ 参见《梁书》卷一八《张惠绍传》，第286页。
⑤ 参见《梁书》卷一八《张惠绍传附子澄传》，第286页。
⑥ 参见《梁书》卷一八《康绚传》，第292—293页。
⑦ 参见《梁书》卷二二《太祖五王·始兴王憺传》，第354页。
⑧ 参见《梁书》卷二四《萧景传》，第368页。又可参见同书卷二《武帝纪中》天监七年（508）正月条，第46页。
⑨ 参见《梁书》卷二四《萧昂传》，第371页。按同书卷三《武帝纪下》载大通二年（528）正月"卫尉卿萧昂为中领军"（第72页），与此有异。
⑩ 参见《梁书》卷二六《萧琛传》，第396页。
⑪ 参见《梁书》卷二八《裴邃传附子之礼传》，第416页。

皇六弟临川王宏，"建康平，迁西中郎将、中护军、领石头戍军事。天监元年，封临川郡王"。随即迁任扬南徐州都督、扬州刺史。① 萧宏为梁代（梁台）第一任领石头戍军事，任至梁朝建立之初。皇九弟鄱阳王恢，"建康平，还为冠军将军、右卫将军。天监元年，为侍中、前将军、领石头戍军事"。天监二年后，历任南徐州及郢州刺史、都督。"十年，征为侍中、护军将军、石头戍军事，领宗正卿。"次年出任荆州刺史。② 皇七弟安成王秀，曾两度为领石头戍事。天监二年由南徐州刺史"以本号（征虏将军）征领石头戍事，加散骑常侍。三年，进号右将军。五年，加领军、中书令"。六年，出为江州都督、刺史。萧秀第一次任领石头戍事应该是天监二至三年，也不排除天监二年至六年一直担任其职的可能。"十一年，征为侍中、中卫将军，领宗正卿、石头戍事。"十三年，出任郢州刺史。③ 皇侄长沙王业（渊业），天监六年"为中护军、领石头戍军事"。七年，出任南兖州刺史。④ 从其以护军领石头戍军事推测，当时护军府在台城外、京师辖境之内。业弟桂阳王象（渊象），"除中书侍郎。俄以本官行石头戍军事。转给事黄门侍郎、兼领军"⑤。皇十一弟始兴王憺，先为荆湘等六州都督、荆州刺史，天监"八年，为平北将军、护军将军、领石头戍事。寻迁中军将军、中书令，俄领卫尉卿"⑥。皇三子晋安王纲（简文帝），天监五年封王，"八年，为云麾将军、领石头戍军事，量置佐吏"。天监九年后历任南兖、荆、江诸州刺史及丹阳尹，十七年由江州刺史"征为西中郎将、领石头戍军事"。⑦ 皇八弟南平王伟，天监"九年，迁护军、石头戍军事，侍中、将军（中抚军）、鼓吹如故"⑧。皇从弟（梁武叔父之子）萧昺，天监十一年由雍州刺史"征右卫将军、领石头戍军事"。次年出任南兖州刺史。⑨ 皇二子豫章王综，天监十三年由云麾将军、郢州刺史"迁安右将军、领石头戍军事"。十五年迁西中郎

---

① 《梁书》卷二二《太祖五王·临川王宏传》，第 340 页。
② 《梁书》卷二二《太祖五王·鄱阳王恢传》，第 350—351 页。
③ 《梁书》卷二二《太祖五王·安成王秀传》，第 342—344 页。
④ 《梁书》卷二三《长沙王业传》，第 360 页。
⑤ 《梁书》卷二三《桂阳嗣王象传》，第 364 页。
⑥ 《梁书》卷二二《太祖五王·始兴王憺传》，第 354 页。
⑦ 《梁书》卷四《简文帝纪》，第 103 页。
⑧ 《梁书》卷二二《太祖五王·南平王伟传》，第 347 页。
⑨ 《梁书》卷二四《萧景传》，第 369 页。

将、兼护军将军。①皇四子南康王绩,天监八年"出为轻车将军、领石头戍军事",十年迁任南徐州刺史。"十六年,征为宣毅将军、领石头戍军事。"次年出任南兖州刺史。"普通四年(523),征为侍中、云麾将军、领石头戍军事。"次年出任江州刺史,不久"征授安右将军、领石头戍军事,寻加护军。羸瘠弗堪视事。大通三年(529),因感病薨于任,时年二十五"。②皇五子庐陵王续,"普通元年(520),征为宣毅将军、领石头戍军事"。大同"三年(537),征为护军将军、领石头戍军事"③。皇孙河东王誉,中大通三年(531)"除宁远将军、石头戍军事。出为琅邪彭城二郡太守"。④皇八子武陵王纪,天监十三年后,历琅邪彭城二郡太守、丹阳尹、会稽太守、东扬州刺史。"征为侍中、领石头戍军事。出为宣惠将军、江州刺史。"⑤其任职时间不明,大约应在梁武帝中期。皇孙萧会理(南康王绩子),"年十五,拜轻车将军、湘州刺史,又领石头戍军事。迁侍中、兼领军将军"⑥。按其任领石头戍军事当在公元535年前后⑦。皇七子湘东王绎(元帝),为荆州刺史、镇西将军。大同"五年(539),入为安右将军、护军将军、领石头戍军事"。次年出为镇南将军、江州都督、刺史。⑧皇孙寻阳王大心,"(大同)七年,征为侍中、兼石头戍军事。太清元年(547),出为云麾将军、江州刺史"⑨。则萧大心此次兼石头戍军事长达六七年。南郡王大连,"迁给事黄门侍郎,转侍中,寻兼石头戍军事。太清元年,出为使持节、轻车将军、东扬州刺史"⑩。其任职当在寻阳王大心之后。安陆王大春,大同六年,"拜中书侍郎。后为宁远将军、知石头戍军事"⑪。建平王大球,"(大宝)二年(551),出为

---

① 《梁书》卷五五《豫章王综传》,第823页。
② 《梁书》卷二九《高祖三王·南康王绩传》,第427—428页。
③ 《梁书》卷二九《高祖三王·庐陵王续传》,第431页。
④ 《梁书》卷五五《河东王誉传》,第829页。
⑤ 《梁书》卷五五《武陵王纪传》,第825页。
⑥ 《梁书》卷二九《高祖三王·南康王绩传附子会理传》,第428页。
⑦ 本传载其"年十一而孤"(第428页),按南康王绩死于大通三年(529),则其子会理年十五任湘州刺史是在公元533年。
⑧ 《梁书》卷五《元帝纪》,第113页。
⑨ 《梁书》卷四四《太宗十一王·寻阳王大心传》,第614页。
⑩ 《梁书》卷四四《太宗十一王·南郡王大连传》,第616页。
⑪ 《梁书》卷四四《太宗十一王·安陆王大春传》,第616页。

轻车将军、兼石头戍军事"。当年秋被侯景杀害。①

南康王绩曾四次担任领石头戍军事,在梁代是唯一一位,最为突出。尽管如此,他实际负责石头戍军事的时间却非常有限。如其首次任职时年仅五岁(四周岁),第二次十三岁,都不可能实际履职;第四次已经二十岁且长达五年,但却是"羸瘠弗堪视事",也是难以真正履行其职能。这种情况下,领石头戍军事和所加任的护军的有关职责还得他人掌管,即由其军府长史或司马来负责。类似由幼王担任领石头戍军事的情况在南朝特别是梁武帝后期比较突出,这是南朝幼王出镇的表现之一②。这种现象同时也表明,由于当时承平日久,政局比较稳定,京师防卫的重要性大为降低。从南郡王大连开始,领石头戍军事制度发生了变化,即领石头戍军事之名不再出现,而代之以兼石头戍军事、知石头戍军事。梁武帝末年,石头戍军事兼任的军号也相对较低,这可能与其担任者的身份有关,因为其后数任兼石头戍军事皆为梁武帝的孙辈(主要是晋安王即太子萧纲之子),年龄小,资历浅。早在中大通三年(531)河东王誉任职时,其所兼军号即为地位相对较低的宁远将军,且仅为"石头戍军事",其地位甚至略逊于琅邪彭城二郡太守。看来领石头戍军事的兼职品位之高下应与担任者的身份、资历有关,而并不体现该职的实际地位,不过以不同身份、资历的人担任该职,却与其在当时政治上的重要性不无关系。

根据以上所载,梁代领石头戍军事担任者的情况可列表如下:

姓　名	领石头戍军事	本　官	任职时间
临川王宏	领石头戍军事	西中郎将、中护军	501—502
鄱阳王恢	领石头戍军事 石头戍军事	侍中、前将军 侍中、护军将军,领宗正卿	502—503 511—512
安成王秀	领石头戍军事 领宗正卿、石头戍事	征虏将军,加散骑常侍 侍中、中卫将军	503—504 512—514
长沙王业	领石头戍军事	中护军	507

---

① 《梁书》卷四四《太宗十一王·建平王大球传》,第 618 页。
② 关于南朝的行事和幼王出镇,参见严耕望《中国地方行政制度史》上编卷中《魏晋南北朝地方行政制度》,第 188—189、375—376 页。

续表

姓　名	领石头戍军事	本　官	任职时间
桂阳王象	行石头戍军事	中书侍郎	
始兴王憺	领石头戍事	平北将军、护军将军	509
南康王绩	领石头戍军事 领石头戍军事 领石头戍军事 领石头戍军事	轻车将军 宣毅将军 侍中、云麾将军 安右将军，加护军	509—511 517—518 523—524 —537
晋安王纲（简文帝）	领石头戍军事 领石头戍军事	云麾将军 西中郎将	509—510
南平王伟	石头戍军事	侍中、中抚军、护军	510
萧景（昺）	领石头戍军事	右卫将军	512—513
豫章王综	领石头戍军事	安右将军	514—515
庐陵王续	领石头戍军事 领石头戍军事	宣毅将军 护军将军	529—
河东王誉	石头戍军事	宁远将军	531
武陵王纪	领石头戍军事	侍中	?
萧会理	领石头戍军事	轻车将军、湘州刺史	535？
湘东王绎（元帝）	领石头戍军事	安右将军、护军将军	539—540
南郡王大连	兼石头戍军事	侍中	540
寻阳王大心	兼石头戍军事	侍中	541—547
安陆王大春	知石头戍军事	宁远将军	?
建平王大球	兼石头戍军事	轻车将军	551

　　梁代二十人二十八任领石头戍军事均有一至三项兼职，其中以护军将军、中护军居多，共有八人，占四成，表明以护军兼任领石头戍军事具有相当的普遍性。领石头戍军事所兼文官以侍中居多，有七人八任，其中五任是与各类将军号兼任。领石头戍军事兼任的将军除护军外，还有西中郎将及征虏、中卫、中抚军、前、平北、右卫、云麾（二例）、安右（三例）、轻车（三例）、宁远（二例）、宣毅等将军。其中，表示方向的有西中郎将及右卫、安右将军，这大概与石头戍的方位有关，即显示其在宫城（台城）的右方（西方）。这种情况在东晋初年就曾出现过，如晋元帝曾

命"右将军周札守石头"①，南齐也有庐陵王宝源为右将军、领石头戍事的事例。不过，与兼任其他官职相比，领石头戍事（军事）的类似兼职并不普遍，恐怕只能算作特例。领石头戍军事与护军将军、中护军兼职的普遍性不仅反映了两者职能相近，行使职责的范围接近，同时也表明梁代（或整个南朝）护军府可能就在石头城或其附近。

小　结

通过以上考察，对于梁代禁卫武官制度可以得到如下认识：

（1）梁代禁卫武官制度主要仍是对宋、齐制度的继承，据《隋书·百官志上》的记载可知，梁武帝改革后之禁卫武官包括：领军将军（中领军），护军将军（中护军），左、右卫将军，骁骑、游击将军，即六军；又有左、右、前、后四军将军，左、右中郎将，屯骑、步兵、越骑、长水、射声等五营校尉，虎贲、冗从、羽林监三将军，积射、强弩二将军及殿中将军、武骑常侍之职。以上诸职的职能是"分司丹禁，侍卫左右"。天监六年，置左、右骁骑及左、右游击将军，旧骁骑改曰云骑，游击改曰游骑，并降左、右骁·游一阶，又置朱衣直阁将军，由曾担任过地方长官者充任。

（2）梁代领军将军和中领军担任者中，宗室成员约占四成。梁武帝统治初期十余年间，领军之职几乎全都由积极参与反东昏侯的密谋并立下卓著战功的梁武帝原雍州府僚佐亲信担任，如长期担任禁卫长官的吕僧珍（包括任领军将军约三年）本为萧衍雍州中兵参军，是其最亲近的心腹幕僚。梁武帝中期的领军担任者主要出自宗室，萧昺、始兴王憺均曾任领军将军长达四年。中大通五年以后臧盾曾数次为兼领军、中领军，"总一六军"，前后长达八年，是梁武帝朝任领军时间最长者。梁武帝末年担任中领军的朱异曾"居权要三十余年"，"特被宠任"。梁代中领军职掌禁卫，守卫宫城。领军将军吕僧珍总领宫城禁卫，并在禁中宿直，梁武帝称其"及居禁卫，朝夕尽诚"；中领军臧盾"总一六军"；领军将军萧昺"直殿省，知十州损益事"，表明其还拥有对地方军政事务的干预权。史称"领军管天下兵要"，是指其不仅负责宫城禁卫军权，而且还要统领制局监

---

① 《晋书》卷六《元帝纪》，第155页。

（外监）掌管器仗、兵役征发等事。

（3）梁代护军将军和中护军担任者中，宗室成员占近一半。梁武帝时期的异姓护军担任者，主要仍是来自梁武帝故府亲信集团，如曹景宗、柳庆远、昌义之等人原为其幕僚府属，为其心腹亲信。但也有相对疏远的人群，如原荆州南康王西中郎中兵参军、参与萧颖胄反东昏侯行动的杨公则，投降萧衍的原东昏侯大臣王莹、王珍国。韦叡曾两度担任护军将军长达四年，"入直殿省"，显然承担着禁卫职能。宗室萧渊业曾五为护军将军或中护军，但每次任职时间都不长，从其以护军领石头戍事及镇于琅邪推测，当时护军府在台城外、京师辖境之内，离石头戍及琅邪郡治都较近。两任护军之间往往有较长时间空缺，应是护军职能萎缩的表现。宋、齐、梁三代数次出现以老臣担任护军且"以家为府"的情况，反映了护军禁卫职能的式微。

（4）梁代左、右卫将军担任者中，宗室成员所占比例很小，表明梁代主要依靠异姓出身的亲信将领负责殿内禁卫。梁代左、右卫将军大量兼任散骑诸职。梁初，梁武帝以其亲信吕僧珍、柳庆远等人担任左、右卫将军。吕僧珍为右卫—左卫将军，"入直秘书省，总知宿卫"。张惠绍为左卫将军，"甲仗百人，直卫殿内"，死后梁武帝下诏称其"爱居禁旅，尽心朝夕"。朱异"执权要三十余年"，长期以内侍文职兼任禁卫武官，任中领军前曾任右卫—左卫将军并领步兵校尉。梁代领军将军（中领军）"掌天下兵要"，左、右卫将军特别是左卫将军"总知宿卫"，二职的职掌既有联系又有分工。

（5）梁代在直阁将军之外又有地位较高的朱衣直阁将军。制度规定朱衣直阁以曾任地方长官者担任，且"以左、右骁·游带领"，实际上其他内侍官如给事中、通直散骑常侍也可兼任朱衣直阁。梁代直阁所兼军号与宋、齐时代无异，即以军校骁游序列的禁卫武官兼任直阁将军或朱衣直阁。梁代直阁将军为诸直卫之长，这一职能在晋代本属殿中将军承担。直阁将军为皇帝心膂，监殿内直卫为其基本职掌。在都城建康受到威胁时直阁将军还统帅禁卫军进行防守。梁代直阁将军常受遣率兵出征，反映了直阁将军的禁卫职能正在衰退。

（6）梁武帝天监七年以卫尉为卫尉卿，"掌宫门屯兵"，"卿每月、丞每旬行宫徼，纠察不法"，统武库令、公车司马令。又有弘训卫尉，亦置属官。梁代卫尉府在宫内。卫尉卿统领宿卫兵，每夜在宫城内巡警，一般可能是派其僚吏部属任之。卫尉卿与领、护、左·右卫系统禁卫长官以及东宫禁卫长官之间的迁转比较普遍，多与侍中、散骑常侍、给事中等内侍文官兼任，主要由梁武帝元从亲信、宗室、外戚担任。梁代亦设领石头戍事（军事），全由宗室诸王担任，显示这一官职受到高度重视。领石头戍事与护军将军（中护军）、侍中兼任较为普遍，表明其职能与护军相近。由幼王担任领石头戍军事的情况在南朝特别是在梁武帝后期比较突出，其实际职能当由其军府长史或司马来负责。这种现象表明，由于时当承平日久，政局稳定，京师防卫的重要性降低。梁武帝后期有关制度发生了变化，领石头戍军事之名为兼石头戍军事、知石头戍军事等所取代，而且石头戍军事兼任的军号也相对较低，这与担任者的身份、地位有关。

第十五章

陈代禁卫武官制度

公元554年十一月，西魏大军攻陷江陵，次年梁元帝萧绎被害。西魏扶持傀儡萧渊明、萧方智（梁敬帝）相继称帝。在未臣服西魏的江南地区，旧梁大将王僧辩、陈霸先为争夺领导权而展开了殊死搏斗。最终陈霸先战胜王僧辩，并于公元557年十月称帝，建立了陈朝（557—589）。陈朝存在的三十余年间，先是受到北方北齐、北周两个政权，既而受到统一后的北周和代周的隋朝诸强敌的威胁，地域促狭于江南一隅，原南朝所拥有的巴蜀和以江陵为中心的长江上游地区尽为北周—隋朝所占领，陈朝后来又在东线北方丧失淮南之地，成为名副其实的江南小国[①]。在三足鼎立之局中，陈是最弱小的一个政权；在南北对峙之局中，其力量无疑也是捉襟见肘的。陈朝的危机主要来自外部，外患始终困扰着衰弱的陈政权。与此相比，则其内忧显然微不足道[②]。因此，陈代禁卫武官制度在政治上的重要性也就没有前代那么突出。

第一节　陈代禁卫武官组织系统

陈代禁卫武官制度主要仍是对梁代制度的继承。《隋书·百官志上》："陈承梁，皆循其制官。"[③] 与前代禁卫武官相同的官职有：

[①] 参见（清）赵翼撰、王树民校证《廿二史札记校证》卷一二《宋齐梁陈书并南史》"南朝陈地最小"条，中华书局1984年版，第259—261页。

[②] 陈初，先是王琳占据长江中游地区与建康陈政权为敌；王琳败灭后，又有湘州刺史华皎之乱；同时，岭南局势也不太稳定。但比较而言，对陈政权的威胁仍然是以外部为主，即主要来自北方的北齐与北周。

[③] （唐）魏徵等撰：《隋书》卷二六《百官志上》，中华书局1973年版，第741页。

表 15—1　　　　　　　　陈代禁卫武官名、品一览

品级	官名/俸秩
三品	领军将军、中领军、护军将军、中护军，中二千石；左、右卫将军，二千石；卫尉，中二千石
四品	左·右骁骑、左·右游击将军，二千石；朱衣直阁，云骑、游骑将军，千石
五品	前、左、右、后军将军，左、右中郎将，千石
六品	步兵、射声、长水、越骑、屯骑五校尉，千石
七品	奉车、驸马都尉，武贲中郎将，羽林监，冗从仆射，六百石；领、护军长史、司马，六百石
八品	积射、强弩、武卫等将军，六百石；武骑常侍，依减秩例；左、右卫司马，不言秩
九品	左·右二卫殿中将军，不言秩；材官将军，六百石

可以看到，陈代官阶实际上是魏晋以来官品制度与汉代以来俸秩制度相糅合的产物，一方面是以品级为主表示官职等级高下，另一方面依然保留了官职的俸秩。品级高下和俸秩多少并不完全统一，如：中二千石之卫尉，位次于二千石之左、右卫将军；同为二千石，左、右卫将军为第三品，而左、右骁骑·游击将军则为第四品；同为千石，朱衣直阁及云骑、游骑将军为第四品，四军将军与左、右中郎将为第五品，五校为第六品；六百石亦分为第七、八品。陈代官职等级的这种二元格局反映了官吏俸秩制度的最后一次回光返照，是由梁代官班制向官品制复归时出现的一种特殊情况。对于陈代官职等级的认识，仍应以其品级为主。与梁代禁卫官制比较，可见梁、陈二代几乎没有什么大的变化。《隋书·礼仪志七》在记载梁代"侍卫"之制后，又谓："陈氏承梁，亦无改革。"[①] 表明就具体的侍卫制度而言，陈代也是完全继承了梁代制度。尽管如此，陈代禁卫武官制度与梁代相比仍有一些细微的差别：（1）梁代有光禄卿、丞，陈代无。（2）梁代根据其担任者而区分领、护、二卫属官之品级，如：皇弟皇子单为二卫司马为八班，领、护军长史、司马为六班，二卫司马为三班；皇弟皇子单为领、护、二卫等五官、功曹、主簿为二班，领、护五官、功曹为"位不登二品"之中的六班，领、护主簿、二卫功曹为五班，二卫主簿为四班。而陈代则无此类规定。（3）梁制"皇弟皇子

---

① 《隋书》卷一二《礼仪志七》，第280页。

单为二卫司马"是指皇弟皇子单为二卫将军（不兼任他职），余同此。当然，陈制与梁制最大的不同还是：陈代为九品官制，而梁代自天监七年以后为以十八班制为主体的官班制度①。

  在继承梁制的基础上，陈朝对乘舆御服制度进行了一定的改革。结合《隋书·礼仪志六》所载有关礼仪制度，可对陈代禁卫武官制度得到更为全面的认识。陈初"所定乘舆御服，皆采梁之旧制"。"至天嘉（560—566）初，悉改易之，定令具依天监旧事，然亦往往改革。"② 因此，从陈代舆服制度中还可看到梁天监旧制。"领、护军，中领、护军，五营校尉，银印青绶，朝服，武冠，佩水苍玉，兽头鞶。其屯骑夹御日，假给佩，余校不给。"③ 这表明领、护军将军和中领、护军与五营校尉具有相同的冠服制度。五校尉还有"夹御"职能，"夹御"当即侍卫皇帝左右。五校尉"夹御"有固定时间，即在一定的时候侍直皇帝左右。"左·右卫、骁骑、游击、前·左·右·后军将军"及"积弩、积射、强弩将军"，"银章青绶，朝服，武冠，佩水苍玉，兽头鞶。骁、游已下，并不给佩。骁、游夹侍日，假给"。弘训卫尉、卫尉与此诸职服制亦同。④ 这表明陈代左·右卫、骁骑、游击、四军将军及积弩、积射、强弩将军有着相同的服制，且骁、游具有"夹侍"职能，此当与五校之"夹御"相同。"武卫将军、武骑常侍，朝服，武冠，腰剑。"本注引《陈令》："其武卫不剑，正直夹御，白布袴褶。"⑤ 这表明，陈代武卫将军具有"正直"（以在阁内侍直为其基本职能）及"夹御"的职能。"武（虎）贲中郎将、羽林监，铜印环钮，墨绶，朝服，武冠，兽头鞶，腰剑。其在陛牙及备卤簿，著氈尾，绛纱縠单衣。"⑥ 这显示，虎贲中郎将、羽林监可"在陛牙及备卤簿"，亦即要在陛下侍卫，皇帝出行时要参加警卫仪仗。此外，领·护军长史、司马及左·右卫司马、直阁将军、直阁将军诸殿主帅、殿中将军、员外殿中将军等职，其印绶冠服制度亦有明确规定。"直

---

① 阎步克认为，梁天监七年以后同时存在官班与官品制度，梁官品类似北魏而有正从上下之分。参见氏著《北朝对南朝的制度反馈——以北魏、萧梁官品改革为线索》，《乐师与史官——传统政治文化与政治制度论集》，生活·读书·新知三联书店 2001 年版，第 331、336 页。
② 《隋书》卷一一《礼仪志六》，第 218 页。
③ 同上书，第 221 页。
④ 同上书，第 222 页。
⑤ 同上。
⑥ 同上书，第 223 页。

阁将军，朱服，武冠，铜印珪纽，青绶，兽头鞶。""直阁将军诸殿主帅，朱服，武冠。正直绛衫，从则裲裆衫。"① 此规定与朱衣直阁是相通的。此条规定还表明，直阁将军及其所辖诸殿主帅与武卫将军一样具有"正直"和侍从（皇帝出行时）的职能。"殿中将军、员外将军，朱服，武冠。"② 此外，禁卫长官军府僚佐的服制也有明确规定。"领、护军长史，朱服，兽头鞶。""领、护军司马"，"铜印环纽，墨绶，兽头鞶，朝服，武冠"。本注引《陈令》："领、护军司马"，"其服章与梁官同"。"左、右卫司马，铜印环纽，墨绶，单衣，带，平巾帻，兽头鞶。"③

从有关服制规定中，还可以看到大量初低级禁卫武官的名称，如：

> 殿中内·外局监，太子内·外监，殿中守舍人，内·外监典事、书吏，内监朝廷人领局典事，外监统军队谘详发遣局典事，外监及典事、书吏，东宫内·外监殿典事、书吏，五校、三将、将军主事，内监主事，外监主事，三校主事，御节郎、黄钺郎、典仪、唱警、唱奏事、持兵、主麾等诸职，殿中中郎将、校尉、都尉、城门候、部曲督、司马吏（史）、部曲将、诸门郎、仆射、佐吏，东宫门吏，黄门后阁舍人、主书、斋帅、监食、主食、主客、扶侍、鼓吹，殿中司马、总章监、鼓吹监，诸四品将兵都尉、牙门将（有领兵满五十、不满五十人之分），典仪但帅、典仪正帅，殿但帅、正帅，殿帅、羽仪帅、员外帅、千人督、校督司马，武贲（虎贲，下同）督、牙门将、骑督、督守、将兵都尉、太子常从督、别部司马、假司马，武猛中郎将、校尉、都尉，千人司马、道（武）贲督已上及司马，陛长、甲仆射、主事吏将骑、廷上五牛旗假吏武贲，假旄头羽林，舆辇、迹禽、前驱、由基、强弩司马，殿中冗从武贲、殿中武贲、持铩戟冗从武贲，持椎斧武骑武贲、五骑传诏武贲、殿中羽林、太官尚食武贲、称饭宰人、诸官尚食武贲，领军捉刃人，鼓吹，诸官鼓吹，尚书廊下都坐门下使守藏守阁、殿中威仪驺、武贲常直殿门云龙门者、门下左·右部武贲羽林驺，给传事者诸导驺，门下中书守阁、尚书门下武贲

---

① 《隋书》卷一一《礼仪志六》，第225页。
② 同上书，第226页。
③ 同上书，第224—225页。

羽林驺、兰台五曹节藏仆射廊下守阁、威仪发符驺,都水使者廊下守给驺,谒者威仪驺,诸官谒者驺,大谁、天门士,卫士,诸将军、使持节、都督执节使,持节节使,假节节使,太子三校、二将,积弩、殿中将军,太子正员司马督、题阁监,三校内主事、主章、扶侍,守舍人,衣带仗局、服饰衣局、珍宝朝廷主衣统,奏事干,内局内干。①

其礼仪可考者,如:"内监朝廷人领局典事、外监统军队谘详发遣局典事,武冠。外监及典事、书吏,悉著朱衣;唯正直及斋监并受使,不在例。其东宫内·外监殿、典事书吏,依台格。""典仪、唱警、唱奏事、持兵、主麾等诸职,公事及备卤簿,朱服,武冠。""陛长、甲仆射、主事吏将骑、廷上五牛旗假吏武贲,在陛列及备卤簿,服锦文衣,武冠,髦尾。""假旄头羽林,在陛列及备卤簿,服绛单衣,上著韦画腰襦,假旄头。""持椎斧武骑武贲、五骑传诏武贲、殿中羽林、太官尚食武贲、称饭宰人、诸宫尚食武贲,假墨绶,给绛褠,武冠。(本注:"其佩武猛都尉等位印,皆依上条假鞶绶之例。")其在陛列及备卤簿,五骑武贲,服锦文衣,髦尾。宰人服离支衣。"② 以上众职不仅存在于陈代,而且大部分在梁代即已存在③,很可能宋、齐时代特别是刘宋后期以来即是如此④。其中不少属于监局之职,将在后文附章中予以讨论。

第二节　领军将军、中领军

陈代三十余年间,可见到领军将军五人(徐度、杜稜、吴明彻、徐

---

① 《隋书》卷一一《礼仪志六》,第227—232页。
② 同上书,第227、230、231页。
③ 据本注,自典仪但帅至千人司马、道(武/虎?)贲督已上及司马为陈制,梁所无。
④ 罗福颐主编《秦汉南北朝官印征存》卷十《南北朝官印一·刘宋官印》收有"部曲将印"四枚,"副部曲将"印一枚,"骑部曲将"印四枚(文物出版社1987年版,第395—396页,图版2213—2221)。此证刘宋设有"部曲将"等职。不仅如此,有些官职还应继承了晋代制度。(清)刘承干撰《希古楼金石粹编》卷一○《石五》所载《晋祀后土碑》,其碑阴题名可见到千人督、殿中校尉、骑部曲将、太医校尉、武猛校尉、骑都尉等官称(吴兴刘氏希古楼刻本,收入国家图书馆善本金石组编《历代石刻史料汇编》第一编第一册,北京图书馆出版社2000年版)。按此碑出土于洛阳,当为西晋残碑。

陵、任忠），另沈恪"未拜"不计，中领军十三人（沈钦、吴明彻、晋安王伯恭、新安王伯固、长沙王叔坚、庐陵王伯仁、樊毅、鲁广达、杜稜、陈拟、孙瑒、鄱阳王伯山、蔡徵）。杜稜、吴明彻二人既担任过领军将军，又担任过中领军，故陈代领军担任者实际为十六人。其中，宗室诸王六人，占三分之一。按年代平均而论，陈代领军人数比宋、齐比例要小，又比梁代要大，任职亦相对比较稳定。

陈代侍中与领军将军兼任者为杜稜、任忠，侍中与中领军兼任者为杜稜；① 中领军与散骑常侍兼任者为孙瑒，中领军兼任通直散骑常侍者为陈拟。② 徐度为镇右将军、领军将军，庐陵王伯仁为冠军将军、中领军及翊左将军、中领军，鄱阳王伯山为中卫将军、中领军，新安王伯固为安前将军、中领军。③ 看来陈代以其他将军号兼任中领军的事例较多，这是一个较大的变化，可能是领军实际职能有所衰退的表现。领军作为赠官始见于陈代，且事例较多（陈拟、沈君理、陆琼死赠领军将军，蔡景历死赠中领军），也从一个侧面反映了陈代领军职能开始下降。④ 下面结合具体史事对陈代领军将军的职能进行考察。

陈朝五帝统治三十一年，武帝在位不足两年，废帝在位不足三年，文帝及后主在位各约六七年，而宣帝在位近十四年。在三十余年间，先后有领军将军、中领军十三人十八任见于《陈书》本纪有关人事任免的记载中。陈代领军人选大致可分为前、后两个时期：在从永定元年（557）十月陈武帝即位到光大二年（568）十一月陈废帝被废的十一年间，领军担任者全为异姓；宗室诸王担任领军将军、中领军始于陈宣帝太建元年（569）。

武帝、文帝、废帝三朝的领军担任者全为陈朝的开国功臣。第一任领军将军徐度，是陈武帝的早期亲信谋士，在陈霸先创业之初，文谋武略，

---

① 参见（唐）姚思廉撰《陈书》卷一二《杜稜传》，中华书局1972年版，第192页；卷三一《任忠传》，第414页。另，沈君理父死赠侍中、领军将军（卷二三《沈君理传》，第300页）。
② 参见《陈书》卷一五《宗室·陈拟传》，第218页；卷二五《孙瑒传》，第320页。
③ 参见《陈书》卷一二《徐度传》，第189页；卷二八《世祖九王·庐陵王伯仁传》《鄱阳王伯山传》，第362、360页；卷三六《新安王伯固传》，第497页。
④ 学界对魏晋南北朝赠官制度的研究很少，目前仅见日本学者窪添慶文关于北魏赠官制度有专文发表。参见氏著《北魏における贈官をめぐって》，西嶋定生博士追悼论文集《東アジア史の展開と日本》，山川出版社2000年版。

多由徐度为其谋划。《陈书·徐度传》:"侯景之乱,高祖克定广州,平蔡路养,破李迁仕,计画多出于度。兼统兵甲,每战有功。""高祖东讨杜龛,奉敬帝(萧方智)幸京口,以度领宿卫,并知留府事。"① 陈霸先尊奉傀儡皇帝萧方智,与王僧辩争夺对江南地区的控制权,而以亲信徐度负责梁敬帝宿卫并知留府事,实际上是任命其看守萧方智,以防被对手利用。此事反映了徐度与陈霸先的特殊政治关系,陈霸先对他显然是信任不二的。同上传又载:"徐嗣徽、任约等来寇,高祖与敬帝还都……度随众军破之于北郊坛,以功除信威将军、郢州刺史,兼领吴兴太守。寻迁镇右将军、领军将军,徐州缘江诸军事、镇北将军、南徐州刺史,给鼓吹一部。"② 时在陈朝建立之初。陈武帝面对内忧外患,为了更好地控制以建康为中心的长江下游地区,便任命"世居京师"熟悉京师形势而又颇为可靠的徐度担任领军将军等职,负责沿江防务,加强对京师地区的保卫。徐度所兼任的众职反映了非常局势下(内战尚未结束)领军将军的主要职能不在宫城禁卫,而在京师及其外围地区的防务。永定二年(558)六月,徐度与侯瑱"率舟师为前军,以讨王琳"③。此时徐度似未卸领军之任,其出征只是临时差遣。次年六月陈武帝死,文帝即位,七月即以杜稜为领军将军。

杜稜在武、文、废三朝曾四度出任领军将军、中领军,也是陈代担任领军次数最多的一人。《陈书·杜稜传》:"游岭南,事梁广州刺史新渝侯萧映。映卒,从高祖,恒典书记。侯景之乱,命稜将领,平蔡路养、李迁仕,皆有功。"④ 杜稜与徐度的早年经历十分相似,二人皆家居三吴,游于岭南,梁武帝末年与陈霸先结交,成为其主要心腹,为其出谋划策,并在与蔡路养、李迁仕的战斗中立下战功,其后又被承制湘东王绎(梁元帝)任命为将军兼刺史。而杜稜后来的经历也与徐度颇为相似,只是其地位略低,但却与陈霸先关系更为亲近。《杜稜传》又载:"侯景平,高祖镇朱方,稜监义兴琅邪二郡……贼平,以功除通直散骑常侍、右卫将军、丹阳尹。永定元年,加侍中、忠武将军。寻迁中领军,侍中、将军如故。"⑤ 据此可知,在陈霸先创业的关键时期,杜稜与徐度一同协助其统

---

① 《陈书》卷一二《徐度传》,第189页。
② 同上。
③ 《陈书》卷二《高祖纪下》,第37页。
④ 《陈书》卷一二《杜稜传》,第191页。
⑤ 同上书,第191—192页。

治已占领的地区，巩固地盘；当陈霸先占据建康后，杜稜以右卫将军兼任京师行政长官丹阳尹，为陈霸先在建康及其周边地区建立霸业效力。

杜稜以右卫将军与丹阳尹叠任，联系上述徐度以领军将军与南徐州刺史叠任而负责缘江防务，表明在战争形势下禁卫长官的职能实际上逸出了负责以宫城为中心的政治中心之禁卫这一狭义范畴，而主要是以广义的京师防务为其职责。因为在当时，只要京师守备得到加强，外敌难以攻占京师，就达到了保卫宫城、保卫君主的禁卫目的。右卫将军、丹阳尹杜稜比领军将军、南徐州刺史徐度所承担的防守范围要小，但更为机要一些。杜稜于永定三年陈武帝去世之前迁任中领军，很显然他是在领军将军徐度出征之时以中领军之职执掌禁卫军权的。

《陈书·杜稜传》："（永定）三年，高祖崩，世祖在南皖。时内无嫡嗣，外有强敌；侯瑱、侯安都、徐度等并在军中。朝廷宿将，唯稜在都，独典禁兵。乃与蔡景历等秘不发丧，奉迎世祖……世祖即位，迁领军将军。"① 按蔡景历时为中书侍郎、中书通事舍人，"掌诏诰"。在陈武帝病故，太子镇防于外，而朝无重臣的危急时刻，"独典禁兵"的杜稜与"掌诏诰"的蔡景历等大臣"疾召世祖"即位，稳定了政局。② 这表明，禁卫军权在陈朝武、文之际发挥了重要作用，禁卫长官杜稜无疑是当时朝中地位最为关键的大臣。陈文帝即位后，杜稜升任领军将军。次年正月，出任晋陵太守。杜稜之出守，当是令其出守要郡，积累政治资本，以便其后进一步重用。一年后，杜稜再次入朝任侍中、领军将军长达四年之久。光大元年（567），"重授领军将军"。③ 杜稜自陈武帝时接替徐度为中领军起，至陈宣帝初出守吴兴为止，除短时间出任他职外，曾长期担任中领军和领军将军，执掌禁卫军权，及时处理了陈武帝去世之际的政治危机，对陈朝前期政局的稳定贡献巨大。朝局的稳定，有利于陈王朝将主要精力集中于对付北方强敌的进犯，对陈政权的生存显然是至关重要的。

其后担任领军的吴明彻，祖、父分仕齐、梁，其家族在京师一带颇有

---

① 《陈书》卷一二《杜稜传》，第192页。
② 《陈书》卷一六《蔡景历传》，第227页。本传对此事的有关记载是："三年，高祖崩，时外有强寇，世祖镇在南皖，朝无重臣。宣后呼景历及江大权、杜稜定议，乃秘不发丧，疾召世祖。景历躬共宦者及内人，密营敛服……文书诏诰，依旧宣行。"
③ 《陈书》卷一二《杜稜传》，第192页。

影响。《陈书·吴明彻传》："及高祖镇京口，深相要结，明彻乃诣高祖，高祖为之降阶，执手即席，与论当世之务。"① 陈文帝初年吴明彻为右卫将军，后出守吴兴。"及世祖弗豫，征拜中领军。废帝即位，授领军将军。"② 废帝陈伯宗即位时年仅十二岁，陈文帝病重时召拜吴明彻为中领军即是对后事的安排之一，目的是为了保证易代之际禁卫军权的可靠有力。但是陈文帝并未明确为太子安排顾命大臣，而只是在遗诏中笼统地说："社稷任重，太子可即君临，王侯将相，善相辅翊，内外协和，勿违朕意！"③ 年幼的太子在即位后当然不可能君临有方，而不得不受制于人，王侯将相能否"善相辅翊"则是未知数。事实证明，面对唾手可得的皇权，朝中垂涎者大有人在。《陈书·废帝纪》：天康元年（566）"五月己卯（初三，6.6），尊皇太后曰太皇太后，皇后曰皇太后。庚寅（十四，6.17），以骠骑将军、司空、扬州刺史、新除尚书令安成王顼为骠骑大将军，进位司徒、录尚书、都督中外诸军事"④。当时在朝掌权的宗室大臣实际上只有安成王顼一人，从而组成了一个以安成王顼为权力中心，而由其他异姓大臣分掌军、政事务的统治集团。同年十一月，以"太后令"的名义废幼主陈伯宗为临海王，陈顼则入纂大统。次年正月，陈宣帝正式即位。

陈宣帝在位十四年，改变了以往不以宗室为领军的政策，而以宗室诸王与异姓大臣交替担任领军将军或中领军。及至陈末，先后有晋安王伯恭、新安王伯固、鄱阳王伯山、长沙王叔坚、庐陵王伯仁等五位宗室诸王及沈恪（未拜）、徐陵、樊毅、任忠、鲁广达等五位异姓大臣担任领军之职，其中庐陵王伯仁及徐陵各为二任。晋安王伯恭、新安王伯固、鄱阳王伯山、庐陵王伯仁分别为陈文帝第六、第五、第三、第八子⑤，长沙王叔坚为陈宣帝第四子⑥。徐陵是当时最著名的文士，历任尚书左丞，太府卿，五兵尚书、领大著作，御史中丞，吏部尚书、领大著作。陈文帝时期，担任御史中丞的徐陵曾弹劾势倾朝野的安成王顼，引起朝野瞩目。而

---

① 《陈书》卷九《吴明彻传》，第160页。据同书卷一《高祖纪上》记载，陈霸先"镇京口"在承圣元年（552）湘州平定之后（第7页），即梁元帝初年。
② 《陈书》卷九《吴明彻传》，第161页。
③ 《陈书》卷三《世祖纪》，第60页。
④ 《陈书》卷四《废帝纪》，第65页。
⑤ 参见《陈书》卷二八《世祖九王·晋安王伯恭传》《鄱阳王伯山传》《庐陵王伯仁传》，第361—362页；卷三六《新安王伯固传》，第497页。
⑥ 参见《陈书》卷二八《高宗二十九王·长沙王叔坚传》，第366页。

到陈废帝时，徐陵却成为陈顼的主要同谋，史载"废帝即位，高宗入辅，谋黜异志者，引陵预其议"。故在陈宣帝时，徐陵不仅得以封侯，而且官位屡升，历尚书右仆射、左仆射，加侍中。太建七年（575），吴明彻为领军将军。十年，徐陵再为领军将军。① 徐陵本以文才见长，从无统兵征战经历，当时年事已高，陈宣帝以之两为领军将军，主要当是对徐陵曾支持其篡位并对他突出政绩的鼓励和信任，并不意味着他实际上掌握着禁卫军权。樊"毅累叶（世）将门，少习武善射"，约在太建五年前由丰州刺史"入为左卫将军"。后率师抵御齐、周进攻，"迁中领军"。② 任忠"谲诡多计略，膂力过人，尤善骑射"，历直阁将军、庐陵内史、右军将军，后由霍州刺史"入为左卫将军"。③ 鲁广达于陈朝建立后历任州郡行政长官，由北徐州都督、刺史"入为右卫将军"。后主即位，历任南豫州刺史、侍中，"寻为中领军"。④

陈代后期担任领军的四位异姓大臣，徐陵支持陈宣帝密谋篡位，故以文士身份而得以两度担任领军之职。樊毅、任忠、鲁广达皆有将才，且父祖几代仕梁，在梁陈之际战乱中冲锋陷阵，为平定侯景之乱建立过功勋，受梁元帝委任而为将任官，几乎全都曾参与过反陈霸先的阵营（如曾为王僧辩、王琳部将），甚至被西魏俘虏，任忠还与华皎叛乱有关。从历史上看，这些人几乎都有污点。对于废黜少帝而篡位且曾多年被俘在北周的宣帝陈顼来说，与他们颇有共通之处，只要他们支持其统治，便会予以重用。面对淮南之地的丧失，北方强敌的进逼，熟悉北方情势的陈宣帝还想有所作为，于是在用人上一反陈代前期重用开国功臣的方针，依其才干而任职，如接受徐陵建议以吴明彻为统帅北伐，重占淮南之地即是显例，而以上述异姓大臣担任领军之职亦是其例。当然还因当时陈朝可资利用的人才实在十分有限，陈宣帝的有些决定恐怕也是不得已而为之。

第三节　护军将军、中护军

陈代可见到护军将军八人（徐世谱、章昭达、沈恪、杜稜、淳于量、新

---

① 《陈书》卷二六《徐陵传》，第333—334页。
② 《陈书》卷三一《樊毅传》，第415—416页。
③ 《陈书》卷三一《任忠传》，第413—414页。
④ 《陈书》卷三一《鲁广达传》，第419页。

安王伯固、鄱阳王伯山、樊毅），中护军七人（孙玚、程灵洗、沈恪、晋安王伯恭、衡阳王伯信、樊毅、章大宝）。沈恪、樊毅二人既担任过护军将军，又担任过中护军，故陈代护军担任者实际为十三人。其中，宗室诸王有四人，占近三分之一。按年代平均而论，陈代护军人数比宋、齐时期的比例要小，又比梁代要大，任职亦相对比较稳定。陈代护军担任者大致亦可分为两个时期，宣帝以前即武、文、废三朝，数任护军皆为异姓大臣，而宣帝与后主二朝，特别是宣帝朝，则以宗室诸王与异姓大臣交替担任为特征。

　　陈代侍中与护军将军兼任者为樊毅[1]，另死赠二人（周铁虎，王瑒）[2]。散骑常侍与中护军兼任者为程灵洗、孙玚、章昭达[3]。护军将军与杂号将军兼任的事例有：淳于量，中军大将军、开府仪同三司、护军将军；鄱阳王伯山，护军将军、中权将军、开府仪同三司；衡阳王伯信，信威将军、中护军；晋安王伯恭，安前将军、中护军。[4] 出征将领与护军兼任的事例为章昭达（使持节、都督征讨诸军事、散骑常侍、护军将军）[5]，护军与州刺史兼任者为樊毅（护军将军、荆州刺史）[6]，杜棱为特进、护军将军[7]。

　　沈恪曾经在文、废、宣三朝数度担任护军将军和中护军，是陈代任护军次数最多也是时间最长的一人。陈文帝天嘉六年（565），沈恪为"中护军，寻迁护军将军"，光大二年（568）又任护军将军，前后长达三年余。陈宣帝末年，沈恪又任侍中、护军将军，时已七十四岁高龄，同年病卒。沈恪在梁代历任新渝侯萧映之郡州僚佐，后为萧映广州府中兵参军。在广州期间，沈恪与陈霸先之间建立了密切关系。"高祖与恪同郡（吴兴），情好甚昵，萧映卒后，高祖南讨李贲，仍遣妻子附恪还乡。"梁陈之际，沈恪颇著战功。[8] 沈恪在陈武帝时受到冷遇，在武帝旧亲信中地位

---

[1] 参见《陈书》卷三一《樊毅传》，第416页。

[2] 参见《陈书》卷一〇《周铁虎传》，第170页；卷二三《王瑒传》，第302页。周铁虎死赠侍中、护军将军、青冀二州刺史，王瑒死赠侍中、特进、护军将军。

[3] 参见《陈书》卷一〇《程灵洗传》，第172页；卷二五《孙玚传》，第320页；卷一一《章昭达传》，第182页。

[4] 参见《陈书》卷一一《淳于量传》，第181页；卷二八《世祖九王·鄱阳王伯山传》《衡阳王伯信传》《晋安王伯恭传》，第360、362、361页。

[5] 参见《陈书》卷一一《章昭达传》，第182页。

[6] 参见《陈书》卷三一《樊毅传》，第416页。

[7] 参见《陈书》卷一二《杜棱传》，第192页。

[8] 《陈书》卷一二《沈恪传》，第193—194页。

最低①，而从陈文帝即位后便受到重用，地位迅速上升。之所以如此，可能与他曾经携陈霸先妻、子从岭南还乡的经历有关，文帝陈蒨（武帝之侄）在当时可能与沈恪建立了特殊关系。

杜稜在太建二、三年（570、571）任侍中、护军将军②。徐世谱于永定二年（558）迁护军将军。史称其"敢勇有膂力，善水战"，梁末为将征讨侯景，曾任梁元帝之"都督江南诸军事、镇南将军、护军将军"，陈朝建立前夕为侍中、左卫将军。③ 孙玚于梁末亦为将平定侯景，后隶于王琳为郢州刺史，归降陈朝后历任湘州刺史、吴郡太守，"秩满，征拜散骑常侍、中护军"，后主时又任中护军，时年约七十岁。④ 章昭达曾多年随陈蒨征战，是陈文帝最重要的心腹，任至郢州刺史，入为护军将军；其子章大宝于宣帝后期曾任至护军之职。⑤ 这是陈朝唯一一例父子都曾为护军的事例。程灵洗（诜）"少以勇力闻"，参与平定侯景之乱，陈初历任郡太守及太子左卫率，文帝初年破王琳军，以功授南豫州刺史，征为左卫将军，天嘉五年（564）迁中护军。⑥ 淳于量"世居京师"，"有干略，便弓马"，为梁元帝重要部将，在平定侯景之乱中颇著战功，任至桂州刺史、都督。陈初历任桂、湘、南徐州军政长官，宣帝太建"五年，征为中护大将军"。六年，出为郢州刺史。"七年，征为中军大将军、护军将军"。⑦ 据《陈书·宣帝纪》太建五年正月癸酉、六年三月丙辰条，淳于量所任实乃"中权大将军"⑧，而非"中护大将军"。陈代并无中护大将军之职。樊毅于太建"十三年，征授中护军，寻迁护军将军"。后主时又"入为侍中、护军将军"，时在至德三年（585）正月至祯明三年（589）正月。当隋军渡江京师危急之时，护军将军樊毅提出了"京口、采石俱是要所，各须锐卒数千、金翅二百，都下江中，上下防捍"的抵御方略，惜其计

---

① 主要原因当是沈恪在梁陈禅代时未予积极配合，《陈书》本传载陈霸先令其"勒兵入辞，因卫敬帝如别宫"（第194页），而沈恪坚辞。
② 参见《陈书》卷一二《杜稜传》，第192页。
③ 《陈书》卷一三《徐世谱传》，第197—198页。
④ 《陈书》卷二五《孙玚传》，第320—321页。
⑤ 参见《陈书》卷一一《章昭达传》《章大宝传》，第182、184页。
⑥ 参见《陈书》卷一〇《程灵洗传》，第171—172页。
⑦ 《陈书》卷一一《淳于量传》，第179—181页。
⑧ 《陈书》卷五《宣帝纪》，第83、86页。同书卷二六《徐陵传》载宣帝诏，谓"中权将军淳于量"云云（第333页）。

未行。①

陈代任护军的宗室亦不乏其人，集中于宣帝时期。晋安王伯恭于太建元年为安前将军、中护军，衡阳王伯信于太建四年为中护军，第五子新安王伯固于太建十年短时间为护军将军，鄱阳王伯山于太建十一年为护军将军。②

第四节　左、右卫将军

陈代可见到左卫将军十六人（沈钦、周宝安、欧阳纥、程灵洗、淳于量、胡颖、沈恪、徐世谱、荀昂、蒋元逊、钱道戢、沈君理、裴忌、任忠、樊毅、樊猛），右卫将军十三人（柳庄、吴明彻、杜稜、陈详、赵知礼、韩子高、毛喜、裴忌、宗元饶、司马申、傅縡、萧摩诃、鲁广达）。只有裴忌一人先后担任过左、右卫将军，故陈代左、右卫将军担任者实际为二十八人。其中沈钦、柳庄为外戚。看不到宗室诸王担任左、右卫将军的事例，这是陈代左、右卫将军人选的一大特点。与宋、齐、梁三代相比，陈代左、右卫将军兼职比较分散，其中仍以散骑诸职较多，如：裴忌为散骑常侍、右卫将军、晋陵太守，鲁广达、司马申似亦以散骑常侍兼右卫将军。③ 杜稜为通直散骑常侍、右卫将军、丹阳尹，陈详、司马申亦为右卫将军、加通直散骑常侍。④ 沈钦为侍中、左卫将军、卫尉卿，徐世谱为侍中、左卫将军，周宝安死赠侍中、左卫将军。⑤ 与其他将军兼任者有：周宝安为左卫将军、信武将军，沈君理为信威将军、左卫将军，鲁广达为仁威将军、右卫将军，吴明彻为安南将军、右卫将军，赵知礼为右卫

---

① 参见《陈书》卷五《宣帝纪》，第98页；卷六《后主纪》，第111、116页；卷三一《樊毅传》，第416页。

② 参见《陈书》卷二八《晋安王伯恭传》《衡阳王伯信传》《鄱阳王伯山传》，第361、362、360页；卷三六《新安王伯固传》，第498页。

③ 参见《陈书》卷二五《裴忌传》，第317页；卷三一《鲁广达传》，第419页；卷二九《司马申传》，第387页。

④ 参见《陈书》卷一二《杜稜传》，第192页；卷一五《宗室·陈详传》，第219页；卷二九《司马申传》，第387页。

⑤ 参见《陈书》卷七《皇后·世祖沈皇后传附兄钦传》，第128页；卷一三《徐世谱传》，第198页；卷八《周文育传附子宝安传》，第142页。

将军、前军将军。① 与东宫官兼任者仅见毛喜一人，为太子右卫率、右卫将军。柳庄为右卫将军、兼中书舍人、领雍州大中正，傅縡为秘书监、右卫将军、兼中书通事舍人，② 都是右卫将军与中书舍人兼任的事例。③ 据《陈书》本纪及列传记载可知，陈代左、右卫将军担任者迁任高一级禁卫长官和州刺史的事例各有两例。徐世谱由左卫将军迁任护军将军，程灵洗由左卫将军迁任中护军；吴明彻由右卫将军迁任安西将军、武州刺史，萧摩诃由右卫将军迁任车骑将军、南徐州刺史。④

陈霸先占据建康并稳定了长江下游形势后，遂建立起自己的政权机构，其中包括任命禁卫长官。《陈书·徐世谱传》："绍泰元年（梁敬帝年号，555），征为侍中、左卫将军。高祖之拒王琳，其水战之具，悉委世谱。"⑤ 永定元年（557）十月陈霸先建立陈朝，其时可见到数位左卫将军。次年正月，"左卫将军徐世谱为护军将军"⑥。可知徐世谱直到永定二年初才卸任左卫将军。当时担任左卫将军者不止徐世谱一人，至少还有三人在陈武帝时为左卫将军。胡颖，"高祖受禅，兼左卫将军，余如故"。永定三年，随侯安都征王琳。陈文帝即位，除吴州都督、刺史，"不行，寻为义兴太守"。⑦ 荀朗，"永定元年，赐爵兴宁县侯，邑二千户，以朗兄昂为左卫将军，弟晷为太子右卫率"⑧。裴忌，"高祖受禅，征为左卫将军。天嘉（560—566）初，出为持节、南康内史"⑨。据此可知，裴忌从

---

① 参见《陈书》卷八《周文育传附子宝安传》，第142页；卷二三《沈君理传》，第300页；卷三一《鲁广达传》，第419页；卷九《吴明彻传》，第161页；卷一六《赵知礼传》，第224页。

② 参见《陈书》卷二九《毛喜传》，第389页；卷七《皇后·高宗柳皇后传附从弟庄传》，第130页；卷三〇《傅縡传》，第405页。

③ 综合而论，南朝左、右卫将军所兼官职最常见的是侍中、散骑常侍、给事中，这一情况可进一步印证左、右卫将军掌禁中宿卫之职能。南朝左、右卫将军大量兼任散骑诸职，宋、齐、梁、陈均有兼任散骑常侍和给事中的不少事例，梁、陈兼任通直散骑常侍的事例较多（有个别兼任员外散骑常侍）。左、右卫将军兼任门下、散骑诸职，表明其在禁中任职。此外，还可见到少量左、右卫将军与卫尉、太子中庶子、太子卫率、四军、五校、领石头戍军事、中书舍人、秘书监、杂号将军兼任的事例。

④ 参见《陈书》卷一三《徐世谱传》，第198页；卷一〇《程灵洗传》，第172页；卷九《吴明彻传》，第161页；卷三一《萧摩诃传》，第411页。

⑤ 《陈书》卷一三《徐世谱传》，第198页。

⑥ 《陈书》卷二《高祖纪下》，第35页。参见同书卷一三《徐世谱传》，第198页。

⑦ 《陈书》卷一二《胡颖传》，第188页。

⑧ 《陈书》卷一三《荀朗传》，第202页。

⑨ 《陈书》卷二五《裴忌传》，第318页。

陈武帝初担任左卫将军一直到文帝天嘉初年，胡颖从武帝初至文帝初任左卫将军，荀昂亦在武帝时任左卫将军。有数位左卫将军，必定亦有相应数量的右卫将军。陈武帝时右卫将军可考者仅杜稜一人。《陈书·杜稜传》："贼（侯景）平，以功除通直散骑常侍、右卫将军、丹阳尹。永定元年，加侍中、忠武将军。寻迁中领军，侍中、将军如故。"①

　　陈文帝初年，裴忌仍为左卫将军。程灵洗在征讨王琳之战尚未结束时，即"征为左卫将军"，天嘉四年出征，五年迁中护军。② 陈朝打败王琳集团取得对江南地区的绝对统治权，是在文帝天嘉元年二月。③ 沈恪于天嘉"二年，征为左卫将军"，不久出任郢州刺史。④ 沈钦在文帝即位时出任会稽太守，"入为侍中、左卫将军、卫尉卿。光大（567—568）中，为尚书右仆射"⑤。吴明彻，"世祖即位，诏以本官加右卫将军"，王琳败，授武州刺史。⑥ 天嘉元年，陈详"除通直散骑常侍、兼右卫将军"，三年出为吴州都督、刺史。⑦ 赵知礼在天嘉六年死前任右卫将军、领前军将军⑧。周宝安于天嘉四年出任南徐州都督、刺史，"征为左卫将军、加信武将军。寻以本官领卫尉卿。又进号仁威将军。天康元年（566）卒"⑨。沈君理在天康元年以父忧去职，"其年起君理为信威将军、左卫将军"⑩。当是接替周宝安之职。韩子高，天嘉"六年，征为右卫将军，至都，镇领军府"⑪。

　　天康元年，陈文帝死，太子陈伯宗即位（废帝），政权为宗室安成王顼（宣帝）所控制。太建元年（569），陈顼废伯宗而自立，其后在位十四年之

---

　　① 《陈书》卷一二《杜稜传》，第192页。
　　② 《陈书》卷一〇《程灵洗传》，第172页。又，同书卷三《世祖纪》：天嘉五年（564）"冬十一月丁亥（初三，12.21），以左卫将军程灵洗为中护军"（第58页）。
　　③ 参见《陈书》卷三《世祖纪》，第48—49页。
　　④ 《陈书》卷一二《沈恪传》，第194页。又，同书卷三五《留异传》："及琳败，世祖遣左卫将军沈恪代异为郡，实以兵袭之。"（第485页）
　　⑤ 《陈书》卷七《皇后·世祖沈皇后传附兄钦传》，第128页。
　　⑥ 《陈书》卷九《吴明彻传》，第161页；同书卷三《世祖纪》：天嘉元年三月，"以安南将军、南兖州刺史、新除右卫将军吴明彻为安西将军、武州刺史"（第50页）。
　　⑦ 《陈书》卷一五《陈详传》，第219页。
　　⑧ 《陈书》卷一六《赵知礼传》，第224页。
　　⑨ 《陈书》卷八《周文育传附子宝安传》，第142页。
　　⑩ 《陈书》卷二三《沈君理传》，第300页。
　　⑪ 《陈书》卷二〇《韩子高传》，第270页。又，同书卷二九《毛喜传》："右卫将军韩子高始与仲举通谋，其事未发，喜请高宗曰：'宜简选人马，配与子高，并赐铁、炭，使修器甲。'"（第389页）

久，几占陈朝一半时间。《陈书·毛喜传》："寻迁太子右卫率、右卫将军。以定策功，封东昌县侯，邑五百户。又以本官行江夏、武陵、桂阳三王府国事。太建三年，丁母忧去职。""寻起为明威将军，右卫、（中书）舍人如故。改授宣远将军、义兴太守。"① 毛喜第一次任右卫将军当在陈废帝时，因协助陈顼政变而深受陈宣帝宠任。陈顼在废帝时的专权为地方藩镇将领所不满，同书《欧阳纥传》："光大中，上流蕃镇并多怀贰，高宗以纥久在南服，颇疑之。太建元年，下诏征纥为左卫将军。"② 欧阳纥实际并未就征，而是在同年十月率军进攻衡州刺史钱道戢。欧阳纥被平定后，陈宣帝以钱道戢为左卫将军，次年出征江陵，又迁任吴州刺史。③ 太建年间，樊毅曾长期担任左卫将军，并多次率军出征。樊毅始任左卫将军在太建五年之前，十一年出任镇西将军、都督荆郢巴武四州水陆诸军事。④ 太建八年，右卫将军鲁广达出任北兖州刺史，其担任右卫将军不早于太建五年。⑤ 樊毅之后，任忠继任左卫将军，太建十二年正月迁任南豫州刺史。⑥ 太建十一年十一月时鲁广达为右卫将军⑦，当为再次任职。萧摩诃在太建十一年前亦任右卫将军，后主陈叔宝即位之初迁任车骑将军、南徐州刺史。⑧ 太建十年前后任右卫将军可考者还有宗元饶⑨。

樊猛（樊毅弟）在陈后主即位之际已任左卫将军，至德四年（586）出任南豫州都督、刺史。⑩ 陈朝灭亡前夕可见到左卫将军蒋元逊⑪。司马申因在后主初年平定始兴王叔陵之乱有功而升任右卫将军，深受后主宠

---

① 《陈书》卷二九《毛喜传》，第389—390页。
② 《陈书》卷九《欧阳纥传》，第159页。
③ 参见《陈书》卷二二《钱道戢传》，第295页。
④ 参见《陈书》卷三一《樊毅传》，第416页；卷五《宣帝纪》太建五年九月、七年正月、十年三月诸条，第85、88、91页；卷一一《黄法氍传》，第178页。
⑤ 参见《陈书》卷三一《鲁广达传》，第419页。
⑥ 参见《陈书》卷五《宣帝纪》，第96页；卷三一《任忠传》，第414页。
⑦ 参见《陈书》卷五《宣帝纪》，第95页。
⑧ 参见《陈书》卷三一《萧摩诃传》，第411页；卷六《后主纪》，第106页。参见同书卷三六《始兴王叔陵传》，第495页；卷二九《司马申传》，第387页。
⑨ 参见《陈书》卷二九《宗元饶传》："历左民尚书，右卫将军、领前将军，迁吏部尚书。太建十三年卒，时年六十四。"（第386页）
⑩ 参见《陈书》卷三一《樊毅传附弟猛传》，第417页。
⑪ 参见《陈书》卷三一《樊毅传附弟猛传》，第418页；卷一四《南康王昙朗传附子方泰传》，第212页。

信,至德四年卒于任。① 后主时任右卫将军可考者还有傅縡、柳庄:傅縡为秘书监、右卫将军、兼中书通事舍人②;柳庄为高宗柳皇后从弟,"祯明元年(587),转右卫将军、兼中书舍人、领雍州大中正"③。

陈代左、右卫将军担任者与皇帝关系密切,其中不乏皇帝亲信,对巩固统治发挥过重要作用,特别突出地体现在韩子高等人身上。《陈书·韩子高传》:

> 侯景之乱,寓在京都。景平,文帝出守吴兴,子高年十六,为总角,容貌美丽,状似妇人,于淮渚附部伍寄载欲还乡,文帝见而问之,曰:"能事我乎?"子高许诺。……性恭谨,勤于侍奉,恒执备身刀及传酒炙。文帝性急,子高恒会意旨。……文帝甚宠爱之,未尝离于左右。文帝尝梦见骑马登山,路危欲坠,子高推捧而升。④

韩子高协助陈文帝讨张彪、平浙东,危急之时"唯子高在侧"。"文帝乃分麾下多配子高,子高亦轻财礼士,归之者甚众。文帝嗣位,除右军将军。"天嘉元年,"王琳至于栅口,子高宿卫台内。及琳平,子高所统益多,将士依附之者,子高尽力论进,文帝皆任使焉"。天嘉二年出任成州刺史,征留异,"时子高兵甲精锐"。异平,除东阳太守。五年征晋安,"诸将中人马最为强盛"。"六年,征为右卫将军,至都,镇领军府。文帝不豫,入侍医药。废帝即位,迁散骑常侍,右卫如故,移顿于新安寺。高宗入辅,子高兵权过重,深不自安,好参访台阁,又求出为衡、广诸镇。"光大元年(567)八月,遭陈顼设计陷害而被捕,与到仲举同时赐死。韩子高死时年三十。⑤ 韩子高自十六岁侍奉文帝,至三十岁被害,一直受到宠信,是陈文帝最重要的心腹。期间除天嘉二年至六年出任成州刺史、东阳太守之外,其他时间则从未离开过文帝。尤其天嘉六年之后担任右卫将军,"镇领军府",实际掌控朝廷禁卫军权。当陈废帝即位时"子

---

① 参见《陈书》卷二九《司马申传》,第387—388页。
② 参见《陈书》卷三〇《傅縡传》,第405页。
③ 《陈书》卷七《皇后·高宗柳皇后传附从弟庄传》,第130页。
④ 《陈书》卷二〇《韩子高传》,第269页。
⑤ 参见《陈书》卷二〇《到仲举传》《韩子高传》,第268—270页;卷二九《毛喜传》,第389页。

高兵权过重",陈顼为了专断朝政并顺利实施篡位计划,必欲除之而后快,因此将其杀害。陈顼清除韩子高,毛喜为主要谋划者,故在陈宣帝即位后受到重用。《陈书·毛喜传》:"高宗即位,除给事黄门侍郎、兼中书舍人,典军国机密。高宗将议北伐,敕喜撰军制,凡十三条,诏颁天下,文多不载。寻迁太子右卫率、右卫将军。以定策功,封东昌县侯,邑五百户。又以本官行江夏、武陵、桂阳三王府国事。"其母庾氏死,诏追赠东昌国太夫人,"赐布五百匹,钱三十万,官给丧事。又遣员外散骑常侍杜缅图其墓田,高宗亲与缅案图指画,其见重如此"。后又任义兴太守、御史中丞、散骑常侍、五兵尚书,"参掌选事"。①

陈后主即位之初平定始兴王叔陵之乱,右卫将军萧摩诃发挥了决定性作用。叔陵为陈宣帝第二子,后主之弟。光大元年任中书侍郎,后为江州都督、刺史,"太建元年,封始兴郡王,奉昭烈王祀。进授使持节、都督江郢晋三州诸军事、军师将军,刺史如故。叔陵时年十六,政自己出,僚佐莫预焉"。"四年,迁都督湘衡桂武四州诸军事、平南将军、湘州刺史"。"九年,除使持节、都督扬徐东扬南豫四州诸军事、扬州刺史,侍中、将军、鼓吹如故。十年,至都。"宣帝临终时,叔陵为侍中、中军大将军。叔陵为政严苛暴虐,部下及民众极为畏惧。② 萧摩诃为右卫将军,太建"十四年,高宗崩,始兴王叔陵于殿内手刃后主,伤而不死,叔陵奔东府城。时众心犹预,莫有讨贼者,东宫舍人司马申启后主,驰召摩诃,入见受敕,乃率马步数百,先趣东府城西门屯军。叔陵惶遽,自城南门而出,摩诃勒兵追斩之"③。司马申为员外散骑常侍、兼东宫通事舍人,"及叔陵之肆逆也,事既不捷,出据东府,申驰召右卫萧摩诃帅兵先至,追斩之,因入城中,收其府库。后主深嘉之"④。《陈书·始兴王叔陵传》对此有更详细的记载:

  及高宗不豫,太子诸王并入侍疾。高宗崩于宣福殿,翌日旦,后主哀顿俯伏,叔陵以剉药刀斫后主中项。太后驰来救焉,叔陵又斫太后数下。后主乳媪吴氏,时在太后侧,自后掣其肘,后主因得起。叔

---

① 《陈书》卷二九《毛喜传》,第389—390页。
② 以上参见《陈书》卷三六《始兴王叔陵传》,第493—495页。
③ 《陈书》卷三一《萧摩诃传》,第411页。
④ 《陈书》卷二九《司马申传》,第387页。

陵仍持后主衣，后主自奋得免。长沙王叔坚手搤叔陵，夺去其刀，仍牵就柱，以其褶袖缚之。……叔陵聚兵仅千人，初欲据城保守，俄而右卫将军萧摩诃将兵至府西门，叔陵事急惶恐，乃遣记室韦谅送其鼓吹与摩诃，仍谓之曰："如其事捷，必以公为台鼎。"摩诃绐报之，曰："须王心膂节将自来，方敢从命。"叔陵即遣戴温、谭骐驎二人诣摩诃所，摩诃执以送台，斩于阁道下。①

平定叔陵之乱后，萧摩诃、司马申受到后主特别褒奖。萧摩诃"以功授散骑常侍、车骑大将军，封绥建郡公，邑三千户。叔陵素所蓄聚金帛累巨万，后主悉以赐之。寻改授侍中、骠骑大将军，加左光禄大夫。旧制三公黄阁听事置鸱尾，后主特赐摩诃开黄阁，门施行马，听事寝堂并置鸱尾。仍以其女为皇太子妃"②。司马申"以功除太子左卫率，封文招县伯，邑四百户，兼中书通事舍人。寻迁右卫将军，加通直散骑常侍。以疾还第，就加散骑常侍，右卫、舍人如故。至德四年卒，后主嗟悼久之"。后主下诏称其"忠肃在公，清正立己，治繁处约，投躯殉义"。③

陈代右卫将军在诸禁卫长官中看来有着独特的地位，如文帝时的韩子高、毛喜，宣、后之际的萧摩诃，后主时的司马申。后主时另一右卫将军傅縡的经历也可证实这种判断。《陈书·傅縡传》："后主即位，迁秘书监、右卫将军，兼中书通事舍人，掌诏诰。縡为文典丽，性又敏速，虽军国大事，下笔辄成，未尝起草，沉思者亦无以加焉，甚为后主所重。"傅縡曾任"散骑侍郎、镇南始兴王谘议参军、兼东宫管记。历太子庶子、仆，兼管记如故"。显为后主东宫旧人，故在其即位后受到宠信。傅縡性刚直，"负才使气，陵侮人物，朝士多衔之"。佞倖施文庆、沈客卿"专制衡轴，而縡益疏"，诬陷"縡受高骊使金，后主收縡下狱"，赐死于狱中。④

保卫京师是禁卫长官的基本职能之一，这在陈末隋军压境时显得尤为突出。南康王昙朗子方泰，祯明"三年（589），隋师济江，方泰与忠武

---

① 《陈书》卷三六《始兴王叔陵传》，第495页。
② 《陈书》卷三一《萧摩诃传》，第411页。同书卷六《后主纪》载，太建十四年（582）正月癸亥（十九，2.26），以"右卫将军萧摩诃为车骑将军、南徐州刺史"（第106页）。此与本传所载有异。
③ 《陈书》卷二九《司马申传》，第387—388页。
④ 《陈书》卷三〇《傅縡传》，第405页。

将军南豫州刺史樊猛、左卫将军蒋元逊领水军,于白下往来,断遏江路"①。樊猛"入为左卫将军。后主即位,增邑并前一千户,余并如故。至德四年(586),授使持节、都督南豫州诸军事、忠武将军、南豫州刺史。隋将韩擒虎之济江也,猛在京师,第六子巡摄行州事,擒虎进军攻陷之,巡及家口并见执。时猛与左卫将军蒋元逊领青龙八十艘为水军,于白下游弈,以御隋六合兵。后主知猛妻子在隋军,惧其有异志,欲使任忠代之,又重伤其意,乃止"②。隋军渡江时樊猛虽已离开禁卫之任,但因他长期担任左卫将军,熟悉京师形势,故其与左卫将军蒋元逊等承担起京师防卫大任。

陈代可见到不少左、右卫将军出征的事例。陈宣帝太建五年(573)九月"景(丙)子(十三,10.24),左卫将军樊毅克广陵楚子城"。七年正月"乙亥(二十,2.15),左卫将军樊毅克潼州城"。十年三月"景子(初九,4.1),分命众军以备周:……左卫将军樊毅为大都督,督朱沛、清口上至荆山缘淮众军,进号平北将军"。十一年十一月,"周军进围寿阳","散骑常侍、左卫将军任忠都督北讨前军事,加平北将军"。"新除仁威将军、右卫将军鲁广达率众入淮。""十二年春正月戊戌(十二,2.12),以散骑常侍、左卫将军任忠为平南将军、南豫州刺史,督缘江军防事。"③ 太建"五年,大举北伐,都督吴明彻出秦郡,以(黄)法𣰆为都督,出历阳。齐遣其历阳王步骑五万来援,于小岘筑城,法𣰆遣左卫将军樊毅分兵于大岘御之,大破齐军,尽获人马器械"④。太建"十一年,周将梁士彦将兵围寿春,诏遣中领军樊毅、左卫将军任忠等分部趣阳平、秦郡,(鲁)广达率众入淮,为掎角以击之"⑤。萧摩诃,"高宗诏征还,授右卫将军。十一年,周兵寇寿阳,摩诃与樊毅等众军赴援,无功而还"⑥。陈代外忧始终大于内患,统率禁卫军出征抗敌便成为陈代禁卫长官的一个基本职能。以上事例显示,左卫将军率军出征的次数更多。相

---

① 《陈书》卷一四《南康王昙朗传附子方泰传》,第 212—213 页。
② 《陈书》卷三一《樊猛传》,第 417—418 页。
③ 《陈书》卷五《宣帝纪》,第 85、88、91、95、96 页。参见同书卷三一《樊毅传》《鲁广达传》《任忠传》,第 416、419、414 页。
④ 《陈书》卷一一《黄法𣰆传》,第 178 页。
⑤ 《陈书》卷三一《鲁广达传》,第 419 页。
⑥ 《陈书》卷三一《萧摩诃传》,第 411 页。

530 / 第四编 南朝禁卫武官制度

对而言，右卫将军在朝廷政治中有更重要的表现，虽不能就此断定陈代右卫将军地位更为重要——右卫将军以负责宫城禁卫为主，而左卫将军以京师防卫及出征御敌为主，但这种可能性似乎是存在的。

第五节 直阁将军、卫尉卿与石头城防务

一 直阁将军

作为禁卫武官的朱衣直阁、直阁将军一直存在到陈朝。陈朝最初继承了梁代的朱衣直阁制度，《陈书·韦翙传》："永定元年（557），授贞毅将军、步兵校尉，迁骁骑将军、领朱衣直阁。骁骑之职，旧领营兵，兼统宿卫。自梁代已来，其任逾重，出则羽仪清道，入则与二卫通直，临轩则升殿侠侍。翙素有名望，每大事恒令侠侍左右，时人荣之，号曰'侠御将军'。寻出为宣城太守。"① 然而没过多久，陈武帝便废除了左、右骁骑领朱衣直阁的制度。永定二年（558）正月乙未（初一，2.4），陈武帝诏曰："夫设官分职，因事重轻，羽仪车马，随时隆替……梁天监中，左、右骁骑领朱衣直阁，并给仪从，北徐州刺史昌义之首为此职。乱离岁久，朝典不存。后生年少，希闻旧则。今去左、右骁骑，宜通文武，文官则用腹心，武官则用功臣，所给仪从，同太子二卫率。此外众官，尚书详为条制。"② 虽然陈代正式废除了左、右骁骑领朱衣直阁的制度，但从陈武帝诏中特别提出朱衣直阁来看，其职无疑仍是颇受重视的官职。

陈代朱衣直阁、直阁将军的兼领迁转情况可考者如下（括号内为品级）：

　　韦翙：贞毅将军（5）、步兵校尉（6）→骁骑将军（4）、领朱衣直阁（4）→宣城太守（6）③
　　钱道戢：直阁将军→员外常侍、假节、东徐州刺史（5）④
　　骆牙：直阁将军→安东府中兵参军（7）→假节、威虏将军

---

① 《陈书》卷一八《韦翙传》，第250页。
② 《陈书》卷二《高祖纪下》，第35页。
③ 参见《陈书》卷一八《韦翙传》，第250页。
④ 参见《陈书》卷一九《钱道戢传》，第295页。

(8)、员外散骑常侍（4）①

孙训：临湘令（9）→直阁将军→高唐太守（7）②

任忠：豫章太守（6）、衡阳内史（6/7?）→直阁将军→武毅将军（6）、庐陵内史（6/7?）③

裴蕴：直阁将军→兴宁令（8/9?）④

史载"陈承梁，皆循其制官"⑤。尽管如此，陈代官制与梁代相比仍然微有差异，具体以朱衣直阁将军来说，梁代位居十班之末，低于同班之云骑、游骑将军；陈代朱衣直阁将军位居四品之中前列，高于云骑、游击将军，地位有所提高。但从以上诸例来看，直阁将军之地位在陈代实际上是下降了，这与该制度走向末路有关。除了一例骁骑兼朱衣直阁外，四例直阁将军全为单独任职，与宋、齐、梁三代有很大差异。比附而言，陈代直阁将军当在五品左右。

自刘宋孝武帝初年（453）出现以中下级禁卫武官（亦有他职如员外郎）入直阁以来，到南齐时固定为直阁将军，梁代又出现了朱衣直阁并为陈代所继承，直阁将军在南朝历史上存在了一百余年之久。在北魏孝文帝第一次颁布的职员令（493）中便出现了直阁将军，而南朝之官品令中当时还未正式出现直阁将军。到了太和后令（499）时北魏又取消了直阁将军，则更接近于南朝制度。直阁将军之制不仅存在于北魏后期（493—534）的四十年间，而且还为东魏北齐（534—577）所继承，且由之传于隋代，直到隋炀帝大业三年（607）改制时才被废除。这一制度从萌芽到消亡长达一个半世纪之久，其影响应该说是颇为深远的。

二 卫尉卿

陈代卫尉卿兼职、迁转的事例可考者有：沈钦，卫尉卿→中领军→会稽太守→侍中、左卫将军、卫尉卿→尚书右仆射⑥；柳庄，太子洗马→散

---

① 参见《陈书》卷一九《骆牙传》，第296页。
② 参见《陈书》卷二五《孙瑒传》，第322页。
③ 参见《陈书》卷三一《任忠传》，第413页。
④ 参见《隋书》卷六七《裴蕴传》，第1574页。
⑤ 《隋书》卷二六《百官志上》，第741页。
⑥ 参见《陈书》卷七《皇后·世祖沈皇后传附兄钦传》，第128页。

骑常侍、卫尉卿→右卫将军、兼中书舍人、领雍州大中正①；周宝安，给事黄门侍郎、卫尉卿→南徐州都督、刺史→左卫将军、信武将军→左卫将军、领卫尉卿②；沈恪，翊右将军、卫尉卿→护军将军→散骑常侍、卫尉卿→平北将军、假节、监南兖州→散骑常侍、翊右将军、监南徐州→散骑常侍、卫尉卿、翊右将军→侍中、护军将军③；陈拟，贞威将军、义兴太守→知卫尉事→员外散骑常侍、明威将军、监南徐州④；赵知礼，给事黄门侍郎、兼卫尉卿→通直散骑常侍（直殿省）→散骑常侍、守太府卿（权知领军事）⑤；沈君高，贞威将军、吴令→太子中庶子、尚书吏部郎、卫尉卿→广州刺史⑥；裴忌，散骑常侍、司徒左长史→云麾将军、卫尉卿⑦；宜都王叔明，东中郎将、东扬州刺史→轻车将军、卫尉卿→云麾将军、南徐州刺史⑧。由此可见，卫尉卿兼任散骑常侍比较普遍，卫尉卿与领、护、左·右卫将军等禁卫长官之间迁转者亦较多。陈代太后后宫亦设卫尉，可见弘善宫卫尉、弘范宫卫尉、慈训宫卫尉、安德宫卫尉等职⑨。

  与梁代相似，陈代卫尉卿担任者主要仍是宗室、外戚及皇帝亲信。宗室有宜都王叔明，陈拟为陈武帝疏属；沈钦为陈文帝沈皇后之兄，柳庄为陈宣帝柳皇后从弟。史称沈钦"素无技能"，但因其为皇后之兄而在陈文帝时受到重用，担任卫尉卿，升任中领军及尚书左、右仆射等职⑩。柳庄，"太建末，为太子洗马，掌东宫管记。后主即位，稍迁至散骑常侍、卫尉卿。祯明元年（587），转右卫将军、兼中书舍人、领雍州大中正。

---

  ① 参见《陈书》卷七《皇后·高宗柳皇后传附从弟庄传》，第130页。
  ② 参见《陈书》卷八《周文育传附子宝安传》，第142页；卷二〇《到仲举传》，第269页。
  ③ 参见《陈书》卷一二《沈恪传》，第195页；卷五《宣帝纪》，第99页。
  ④ 参见《陈书》卷一五《陈拟传》，第217页。
  ⑤ 参见《陈书》卷一六《赵知礼传》，第223页。
  ⑥ 参见《陈书》卷二三《沈君理传附弟君高传》，第301页。
  ⑦ 参见《陈书》卷二五《裴忌传》，第318页。
  ⑧ 参见《陈书》卷二八《高宗二十九王·宜都王叔明传》，第368页；卷五《宣帝纪》，第89、98页。
  ⑨ 参见《陈书》卷二一《张种传》《孔奂传》，第281、287页；卷二五《裴忌传》，第317页；卷三〇《萧济传》，第396页。
  ⑩ 参见《陈书》卷七《皇后·世祖沈皇后传附兄钦传》，第128页。

自盼(柳皇后弟)卒后,太后宗属唯庄为近,兼素有名望,犹是深被恩遇"①。赵知礼,"高祖为司空,以为从事中郎。高祖入辅,迁给事黄门侍郎,兼卫尉卿。高祖受命,迁通直散骑常侍,直殿省。寻迁散骑常侍,守太府卿,权知领军事"②。陈废帝时权臣陈顼在与到仲举(子郁尚陈文帝妹信义长公主)的斗争中取得胜利,下诏诛除仲举等,诏中有"领军将军明彻与左卫将军、卫尉卿宝安及诸公等,又并知其事"之语③,表明领军将军吴明彻与左卫将军、卫尉卿周宝安二人在当时政治中有着举足轻重的地位,二人的支持应是陈顼获胜的关键。袁宪迁为御史中丞、领羽林监,"尝陪醮承香阁,宾退之后,高宗留宪与卫尉樊俊徙席山亭,谈宴终日"④。可知卫尉为皇帝身边重要亲信大臣。卫尉卿沈君高被任命为地方官,不愿就任,乃以"女为王妃"而"复为卫尉卿"⑤。裴忌于陈初为左卫将军,历任南康内史,都督岭北诸军事,散骑常侍、司徒左长史。天嘉"五年,授云麾将军、卫尉卿"。"及华皎称兵上流,高宗时为录尚书辅政,尽命众军出讨,委忌总知中外城防诸军事。"⑥ 这一记载表明,陈代卫尉卿的职能与宋、齐、梁三代相同,以负责宫城门的防守为基本职掌。⑦

三 石头城防务

陈代仅可见到一例类似领石头戍军事的官职,豫章王叔英,"祯明元年,给鼓吹一部,班剑十人。其年,迁司空。三年,隋师济江,叔英知石头军戍事。寻令入屯朝堂。及六军败绩,降于隋将韩擒虎"⑧。在隋朝大

---

① 《陈书》卷七《皇后·高宗柳皇后传附从弟庄传》,第130页。
② 《陈书》卷一六《赵知礼传》,第223页。
③ 《陈书》卷二〇《到仲举传》,第269页。
④ 《陈书》卷二四《袁宪传》,第313页。
⑤ 《陈书》卷二三《沈君理传附弟君高传》,第301页。
⑥ 《陈书》卷二五《裴忌传》,第318页。
⑦ (清)纪昀等撰:《历代职官表》卷四六《步军统领》"宋齐梁陈"条案语:"江左诸朝皆不置执金吾及城门校尉,其宫门及城门管钥皆以卫尉一官掌之。"(上海古籍出版社1989年版,第818页)按江左诸朝不置执金吾及城门校尉当与其都城建制有关,江左并无完整的位于宫城外围的京城,故设置执金吾及城门校尉已无必要。石头、东府等城垒散布于宫城周围,与江ící山冈共同构成了京师的防卫体系,承担着京城及其城门的防御职能。《历代职官表》撰者所言城门应指京城门,谓江左卫尉掌京城门管钥显然是不正确的,江左卫所掌仅为宫城门之管钥。
⑧ 《陈书》卷二八《高宗二十九王·豫章王叔英传》,第365页。

军渡江、京师极度危急的严峻形势下,陈朝并无专门将领保卫石头城戍,说明陈朝可能并未设领石头戍军事专门负责石头城戍的防务。

梁陈之际,石头城曾经是陈霸先与其敌对势力争夺的焦点之一。侯景败后,王僧辩占据石头城。《陈书·侯安都传》:

> 高祖谋袭王僧辩,诸将莫有知者,唯与安都定计,仍使安都率水军自京口趋石头,高祖自率马步从江乘罗落会之。安都至石头北,弃舟登岸,僧辩弗之觉也。石头城北接岗阜,雉堞不甚危峻,安都被甲带长刀,军人捧之投于女垣内,众随而入,进逼僧辩卧室。高祖大军亦至,与僧辩战于听事前,安都自内閤出,腹背击之,遂擒僧辩。①

王僧辩被擒杀后,其部将程灵洗率徒众"力战于石头西门,军不利,遣使招谕,久之乃降"②。不久,陈霸先率军东讨,留侯安都等镇守台城。"秦州刺史徐嗣徽据其城以入齐,又要南豫州刺史任约共举兵应(杜)龛、(韦)载,齐人资其兵食。嗣徽等以京师空虚,率精兵五千奄至阙下,侯安都领骁勇五百人出战,嗣徽等退据石头。"③《侯安都传》又载:

> 绍泰元年(555),以功授使持节、散骑常侍、都督南徐州诸军事、仁威将军、南徐州刺史。高祖东讨杜龛,安都留台居守。徐嗣徽、任约等引齐寇入据石头,游骑至于阙下。安都闭门偃旗帜,示之以弱,令城中曰:"登陴看贼者斩。"及夕,贼收军还石头,安都夜令士卒密营御敌之具。将旦,贼骑又至,安都率甲士三百人,开东、西掖门与战,大败之,贼乃退还石头,不敢复逼台城。④

同书《徐度传》:"绍泰元年,高祖东讨杜龛,奉(梁)敬帝幸京口,以度领宿卫,并知留府事。"⑤《杜稜传》:"及僧辩平后,高祖东征杜龛等,留稜与安都居守。徐嗣徽、任约引齐寇济江,攻台城,安都与稜随方抗

---

① 《陈书》卷八《侯安都传》,第143页。
② 《陈书》卷一〇《程灵洗传》,第172页。
③ 《陈书》卷一《高祖纪上》,第8页。
④ 《陈书》卷八《侯安都传》,第143页。
⑤ 《陈书》卷一二《徐度传》,第189页。

拒，稜昼夜巡警，绥抚士卒，未常解带。"①

陈霸先东征而离开京师，以侯安都与杜稜、徐度等留台镇守，"宿卫台省"②。由于京师守备空虚，王僧辩部将徐嗣徽、任约趁机引北齐军队进据石头城，并以之为据点对台城发动不断的进攻。③"高祖入辅，齐遣萧轨、东方老等来寇，据石头城。（荀）朗自宣城来赴，因与侯安都等大破齐军。"④《陈书·高祖纪上》对陈霸先与徐嗣徽、任约及北齐军队的争夺战有颇为具体的记载：

（绍泰元年十月）以嗣徽寇逼，卷甲还都，命周文育进讨杜龛。十一月己卯（初二，12.1），齐遣兵五千济渡，据姑孰。高祖命合州刺史徐度于冶城寺立栅，南抵淮渚。齐又遣安州刺史翟子崇、楚州刺史刘仕荣、淮州刺史柳达摩领兵万人，于胡墅渡米粟三万石、马千匹，入于石头。癸未（初六，12.5），高祖遣侯安都领水军夜袭胡墅，烧齐船千余艘，周铁武（虎）率舟师断齐运输，擒其北徐州刺史张领州，获运舫米数千石。仍遣韦载于大航筑城，使杜稜据守。齐人又于仓门水南立二栅以拒官军。甲辰（廿七，12.26），嗣徽等攻冶城栅，高祖领铁骑精甲，出自西明门袭击之，贼众大溃。嗣徽留柳达摩等守城，自率亲属腹心，往南州采石，以迎齐援。十二月癸丑（初七，556.1.4），高祖遣侯安都领舟师，袭嗣徽家口于秦州，俘获数百人。官军连舰塞淮口，断贼水路。……景辰（初十，1.7），高祖尽命众军分部甲卒，对冶城立航渡兵，攻其水南二栅。柳达摩等渡淮置阵，高祖督兵疾战，纵火烧栅，烟尘张天，贼溃，争舟相排挤，溺死者以千数。时百姓夹淮观战，呼声震天地。军士乘胜，无不一当百，尽收其船舰，贼军慑气。是日嗣徽、约等领齐兵水步万余人，还据石头，高祖遣兵往江宁，据要险以断贼路。贼水步不敢进，顿江宁浦口，高祖遣侯安都领水军袭破之，嗣徽等乘单舸脱走，尽收其军资器械。己未（十三，1.10），官军四面攻城，自辰讫酉，得其东北小

---

① 《陈书》卷一二《杜稜传》，第192页。
② 《陈书》卷一《高祖纪上》，第8页。
③ 参见《陈书》卷一二《徐度传》，第189页；卷一八《韦载传》，第249—250页；卷二六《徐陵传》，第332页。
④ 《陈书》卷一三《荀朗传》，第202页。

城,及夜兵不解。庚申(十四,1.11),达摩遣使侯子钦、刘仕荣等诣高祖请和,高祖许之,乃于城门外刑牲盟约,其将士部曲一无所问,恣其南北。辛酉(十五,1.12),高祖出石头南门,陈兵数万,送齐人归北者。[1]

发生于公元555年末、556年初持续月余的石头城争夺战,是陈霸先政权得以生存的前提和基础。从以上记载可以看到,石头城的规模是相当可观的,当时石头城不仅驻扎了徐嗣徽等的五千军队,而且还有齐军五万人,以及米粟三万石、马千匹。

六朝时期在石头城设津。《建康实录》载晋孝武帝太元三年(378)二月,尚书仆射谢安与(将作)大匠毛安之修建新宫,"构太极殿欠一梁,乃有梅木流至石头津,津主启闻,取用之"[2]。宋武帝永初元年(420)"五月己亥(十六,6.12),发自寿阳。六月壬辰(壬戌?初九,7.5),舟舆泊于石头津渚"[3]。陈朝在石头津收取津税。徐"孝克性清素而好施惠,故不免饥寒,后主敕以石头津税给之,孝克悉用设斋写经,随得随尽"[4]。陈代石头城的防守将领所见者仅有上述陈末豫章王叔英以司空"知石头军戍事",石头戍防守很可能与司空有关。永定二年(558)四月"景(丙)寅(初四,5.6),舆驾幸石头,饯司空侯瑱";"六月己巳(初七,7.8),诏司空侯瑱、领军将军徐度率舟师为前军,以讨王琳。秋七月戊戌(初七,8.6),舆驾幸石头,亲送瑱等"[5]。据此推断,陈代司空府即设于石头城,石头城也是陈代舟师的驻扎地之一,陈朝派舟师出征即从石头城出发。石头城是南朝也是陈朝京师的出入门户,如侯安都"自京口还都,部伍入于石头"[6]。由此可进一步推测,陈代虽不像前代一样常设领石头戍(军)事负责石头城防务,但陈朝对石头城的防守也是极为重视的,因为陈霸先深知石头城对于陈朝政权来说具有性命攸关的战

---

[1] 《陈书》卷一《高祖纪上》,第8—9页。
[2] (唐)许嵩撰,张忱石点校:《建康实录》卷九《晋中下·烈宗孝武皇帝》,中华书局1986年版,第265—266页。
[3] 《建康实录》卷一一《宋上·高祖武皇帝》,第386页。
[4] 《陈书》卷二六《徐陵传附弟孝克传》,第338页。
[5] 《陈书》卷二《高祖纪下》,第37页。
[6] 《陈书》卷八《侯安都传》,第148页。

略意义,这一点甚至超出了宋、齐、梁三朝。

小 结

通过以上考察,对于陈代禁卫武官制度可以得到如下认识:

(1)陈代禁卫武官制度沿袭梁代制度,两朝禁卫武官名称几乎完全相同,其不同之处在于梁武帝天监七年后实行以十八班制为主体的官班制度,而陈代恢复为九品官制。梁代根据担任者而区分领、护、二卫属官之品级,如"皇弟皇子单为二卫(指皇弟皇子单为二卫将军而不兼任他职)司马"为八班,领、护军长史、司马为六班,二卫司马为三班,差别甚大,陈代则无此规定。《隋书·礼仪志六》所载有关礼仪制度对陈朝禁卫武官制度有更为全面的反映,特别是记载了大量不见于其他纪传志的低级禁卫武官名称。由陈初"所定乘舆御服,皆采梁之旧制"推断,梁天监旧制亦体现于其中。

(2)陈代领军将军、中领军担任者中,宗室诸王占三分之一。武、文、废三朝领军担任者全为陈朝的开国功臣。杜稜在陈朝前期长期担任领军之职,执掌禁卫军权,在陈武帝病故、太子镇防于外而朝无重臣的危急时刻,"独典禁兵"的中领军杜稜等大臣"疾召世祖"即位,稳定了政局。陈宣帝在位十四年,改变了以往不以宗室诸王为领军的政策,以宗室诸王与异姓大臣交替担任领军之职。陈代护军将军、中护军担任者中,宗室诸王占近三分之一。武、文、废三朝护军皆由异姓担任,宣帝与后主二朝亦由宗室诸王与异姓大臣交替担任。沈恪在文、废、宣三朝数度担任护军将军和中护军,是陈代任护军次数最多也是时间最长者。当隋军渡江京师危急之时,护军将军樊毅提出了具体的抵御方略,表明陈代护军将军职主京师防守。

(3)陈代不见宗室诸王担任左、右卫将军的事例。左、右卫将军的兼职比较分散,仍以散骑诸职较多。陈霸先占据建康并稳定了长江下游形势后,建立起自己的政权机构,任命亲信担任禁卫长官。左、右卫将军担任者与皇帝关系密切,有些即为皇帝心腹,对巩固统治发挥过重要作用,特别突出地体现在韩子高等人身上。韩子高自十六岁侍奉陈文帝,至三十岁被杀,一直受到宠信,为文帝最重要的亲信。为右卫将军,"镇领军府",史称"子高兵权过重"。后主即位初始兴王叔陵叛乱,右卫将军萧摩诃"率马步数百""勒兵追斩之",稳定了局势。右卫将军在陈代诸禁卫长官中有着独特地位。隋师济江,左卫将军蒋元逊等"领水军于白下往来断遏江路"。陈代可见到不少左、右卫将军特别是左卫将军出征的事例。陈代外忧始终大于内患,统率禁卫军出征抗敌便成为陈代禁卫长官的一个基本职能。

（4）陈代朱衣直阁将军位居四品之中前列,直阁将军当在五品左右。陈代卫尉卿兼任散骑常侍比较普遍,卫尉卿与领、护、左·右卫将军等禁卫长官之间迁转者亦较多。还可见到弘善宫卫尉、弘范宫卫尉、慈训宫卫尉、安德宫卫尉等职。陈代卫尉卿主要仍由宗室、外戚及皇帝亲信担任。废帝时领军将军吴明彻与左卫将军、卫尉卿周宝安二人在当时政治中有着举足轻重的地位,二人的支持是宣帝在政治斗争中获胜的关键。卫尉卿裴忌总知中外城防诸军事以防华皎叛军,表明陈代卫尉卿亦负责宫城门的防守。梁陈之际,石头城曾经是陈霸先与其敌对势力争夺的焦点之一,石头城争夺战是陈霸先政权得以生存的前提和基础。石头城防在陈代显得非常重要,但陈代似乎并无专门的领石头戍事之职。石头城规模相当可观,可驻扎五六万大军。陈朝在石头城设津并收取津税。石头戍防守很可能与司空有关,司空府当设于石头城。石头城也是陈代舟师的驻扎地之一,派舟师出征即从石头城出发。

附　章

南朝监局及其禁卫权力问题

一

《陈寅恪魏晋南北朝史讲演录》中有一段专门论及制局监与外监，现抄录于下：

> 制局监与外监。《资治通鉴》一四七梁武帝天监七年春正月云：
> "乙亥，以南兖州刺史吕僧珍为领军将军。领军掌内外兵要，宋孝建以来，制局用事，与领军分兵权，典事以上皆得呈奏，领军拱手而已。及吴平侯昺在职峻切，官曹肃然。制局监皆近倖，颇不堪命，以是不得久留中，丙子，出为雍州刺史。（胡注：'先用僧珍，次日出昺。'）"

《南史》七七《恩倖传·茹法亮传》云：

> "（吕）文度为外监，专制兵权，领军将军守虚位而已。"

同书同卷论曰：

> "制局小司，专典兵力，云陛天居，亘设兰锜，羽林精卒，重屯广卫。……若征兵动众，大兴人役，优剧远近，断于外监之心，谴辱诋诃，恣于典事之口。"

《通鉴》之言说明制局小司本属领军。领军掌内外兵要，今"制局小司，专典兵力"，"征兵动众，断于外监之心"，"典事以上皆得呈奏"，领军将军也就变成拱手守虚位了。这一如中书令的权力为舍人所夺。从梁萧昺为领军，以"在职峻切"，遭到制局监的排挤，可看出制局势力的牢固。①

注意到南朝外监、制局监，无疑显示了陈寅恪的高明过人之处。但陈氏继承李延寿、司马光之说，认为由于监局专权而使得领军将军拱手守虚位，则是过分夸大了南朝监局的权力，而极大地缩小了领军将军的实际职能。就公开发表的论著而言，以日本学者宫川尚志最早论及南朝监局问题，在《六朝史研究 政治·社会篇》第五章《魏晋及び南朝の寒門·寒人》中，亦提及制局监、外监，谓制局监"掌兵器出纳、武官人事与刑法"②。越智重明则对南朝监局问题有专门论述，在其所著《領軍將軍と護軍將軍》一文中专列一节讨论"外监、制局监"，是目前所见较早系统论述南朝监局的文字。他认为南朝外监、制局监由掌握权势出身卑贱的下级官员即"侧近寒人"担任，宋中期以后即隶于领军将军，并对南朝外监、制局监的职能有所触及。越智氏的基本观点与陈寅恪并无二致，他认为南朝尤其是梁代领军将军在制度上管天下兵要，而现实中"侧近寒人"（即外监、制局监）破坏了官僚机构的正常运营，领军将军管天下兵要的职能流于形式，难以真正行使。③ 20 世纪 80 年代以来，中国学者祝总斌、陈勇、张文强等在公开发表的论文中对南朝监局问题亦有所涉及，但均未展开论述。④ 袁刚曾著文专论制局监，但其有关论述问题

---

① 万绳楠整理：《陈寅恪魏晋南北朝史讲演录》，黄山书社 1987 年版，第 218 页。按是书为陈氏弟子万绳楠主要根据其 1947—1948 年在清华大学历史研究所的"魏晋南北朝史"听课笔记整理而成。又，这一观点似乎从未见诸正式发表的文字。

② [日] 宫川尚志：《六朝史研究 政治·社会篇》，平楽寺書店 1977 年再版，第 394—395 页。按是书最早于 1956 年由學術振興會刊行，平楽寺書店 1964 年元版。

③ [日] 越智重明：《領軍將軍と護軍將軍》，《東洋學報》1961 年第 44 卷第 1 号。

④ 祝总斌认为："南朝领军将军下属有外监、制局监，掌兵器、兵役，多以寒门充任，一度得皇帝信任，权力膨胀，'领军拱手而已'。"（《魏晋南北朝官制述略》，《自修大学》1984 年第 8 期）陈勇认为，南齐外监"专制兵权，领军将军守虚位而已"的局面，自"刘宋时已露端倪"（《刘宋时期的皇权与禁卫军》，《北京大学学报》1988 年第 3 期）。张文强认为："制局监成为与领、护将军平行的军事机构，而因其与君主的亲密关系，更是常常凌驾于正常军事机构之上。""但如领军将军得君主信任时，也或使制局监隶于其下。""制局监之设，虽加强了君主对军队的控制，却也带来了指挥系统混乱及小人专权等弊病。"（《南朝军制述略》，《许昌师专学报》1998 年第 1 期）又，刘昭祥认为："南朝皇帝为了加强对中央宿卫军的控制，选派亲近左右担任统帅。南齐时，由原来只管'领（器）仗兵役'的制局监'专典兵力'，权势日重，地位居于领军将军之上。由于受到皇帝的信任，制局监实际上成了中央宿卫军的统帅。"（陈高华、钱海皓总主编：《中国军事制度史·军事组织体制编制卷》〔本卷主编刘昭祥〕，大象出版社 1997 年版，第 198 页）按其说纯属臆断。

颇多，不仅未能推进对制局监的进一步认识，反而增添了一些混乱。①

《宋书·赵伯符传》：宋文帝元嘉十八年（441），赵伯符为领军将军。"先是，外监不隶领军，宜相统摄者，自有别诏，至此始统领焉。"②《梁书·萧景传》："领军管天下兵要，监局官僚，旧多骄侈，景（昺）在职峻切，官曹肃然。制局监皆近倖，颇不堪命，以是不得久留中。"③《南史·梁宗室上·萧景传》："领军管天下兵要，宋孝建以来，制局用事，与领军分权，典事以上皆得呈奏，领军垂拱而已。及景在职峻切，官曹肃然，制局监皆近倖，颇不堪命，以是不得久留中。"④ 这是其于天监七年短时间以左骁骑将军兼领军将军时发生的情况。所谓"领军管天下兵要"，是指其不仅负责宫城禁卫军权，而且还要统领制局监（外监）负责器仗、兵役征发等事。宋文帝元嘉十八年外监已从制度上隶于领军，但由于南齐时近倖秉政，群小用事，外监事务实际上已不归领军真正统领。萧昺此次以宗室重臣的身份彻底改变了"制局用事"的陈规陋习，为梁武帝一朝领军将军统领军政大权打下了坚实基础，其后监局之事遂成为领军的当然职责。《梁书·臧盾传》："大同

---

① 袁刚：《南朝制局监考论》，《江海学刊》1989 年第 6 期。袁文认为："制局监在南朝权力斗争中具有很大的能量，但史学界却长期没有人考释论列。"这种认识显然与事实不符，如上所见，日本学者早在二十世纪五六十年代就对制局监有比较系统的考察，陈寅恪当年的认识也已在 1987 年由其弟子万绳楠整理刊布，祝总斌、陈勇的论述尽管简略，但他们注意到制局监则是不争的事实。袁文的观点有一定可取之处，如认为"制局监又称'外监'，二者可以互称"，应是恰当的判断。不过，袁文所引史料中误字比例之高，令人吃惊。其对制局监职能、地位及渊源流变的认识皆不准确。袁文认为制局监"主监察"，"督察往来"，"刺察群官"；制局监是"监之一种"，"主监军是其主要职掌"；又认为"其监军之事，隋唐以后归御史台"，"其监管军器一事，至隋唐演变成为固定的官职——军器监"。从本章下文的考察可以看到，袁氏有关认识是不准确的，多属望文生义。制局监及其他监局之职的前身是殿中监，而非监军，它也不是监军之一种。制局监消失后，其职能并未被御史台和军器监所继承。隋唐御史台继承的是北朝御史台的职能，军器监初置于北周武帝时。参见（唐）杜佑撰、王文锦等点校《通典》卷二七《职官九·诸卿下》"军器监"条，中华书局 1988 年版，第 769 页。又可参见（唐）魏徵等撰《隋书》卷三七《李崇传》，中华书局 1973 年版，第 1122 页；卷五三《贺娄子干传》，第 1351 页。唐代军器监"掌缮甲弩，以时输武库"［（宋）欧阳修、宋祁撰：《新唐书》卷四八《百官志三》，中华书局 1975 年版，第 1275 页］，其职能与南朝监局之"领器仗、兵役"［（梁）萧子显撰：《南齐书》卷五六《倖臣传·序》，中华书局 1972 年版，第 972 页］完全不同。

② （梁）沈约撰：《宋书》卷四六《赵伯符传》，中华书局 1974 年版，第 1390 页。

③ （唐）姚思廉撰：《梁书》卷二四《萧景传》，中华书局 1973 年版，第 368 页。

④ （唐）李延寿撰：《南史》卷五一《梁宗室上·萧景传》，中华书局 1975 年版，第 1260—1261 页。

二年（536），迁中领军。领军管天下兵要，监局事多。盾为人敏赡，有风力，长于拨繁，职事甚理。天监中，吴平侯萧景居此职，著声称，至是盾复继之。"①

关于外监、制局监，史书记载较少，除上引诸条外，《南齐书·佞臣传》的记载至关重要。其《序》云："建武（494—498）世，诏命殆不关中书，专出舍人。省内舍人四人，所直四省，其下有主书令史，旧用武官，宋改文吏，人数无员。莫非左右要密，天下文簿板籍，入副其省，万机严秘，有如尚书。外司领武官，有制局监，领器仗、兵役，亦用寒人被恩幸者。"②《南史·恩幸传·序》所载与此略同，唯"有制局监"作"有制局监、外监"，"亦用寒人被恩幸者"作"亦用寒人"。③ 看来制局监在隶属关系上当归于中书舍人。《南齐书·佞臣·吕文度传》载其"为制局监"④，而《南史·恩幸·茹法亮传》则记"文度为外监，专制兵权，领军将军守虚位而已"⑤。此似表明制局监当即外监。《南史·恩幸·茹法珍传》："茹法珍，会稽人；梅虫儿，吴兴人。齐东昏时并为制局监，俱见爱幸。……永元二年（500）事发（指直阁将军徐世㯽被控谋反事），乃族之。自是法珍、虫儿并为外监，口称诏敕。"⑥ 据此，制局监亦即外监，"口称诏敕"显然为其行使权力的主要方式之一。制局监的职能是"领器仗兵役"，与中书舍人之负责"左右要密，天下文簿"相似，主要应是从文书（制定、传达）方面进行监督管理。

对于制局监的职能及其危害，《南齐书·佞臣传》"史臣曰"有形象生动的描述，其文云：

制局小司，专典兵力，云陛天居，亘设兰锜，羽林精卒，重屯广卫。至于元戎启辙，式候还麾，遮迾清道，神行案辔，督察来往，驰骛辇毂，驱役分部，亲承几案，领、护所摄，示总成规。若征兵动众，大兴民役，行留之仪，请托在手，断割牢禀，卖弄文符，捕叛追

---

① 《梁书》卷四二《臧盾传》，第600页。
② 《南齐书》卷五六《佞臣传》，第972页。
③ 《南史》卷七七《恩幸传·序》，第1914页。
④ 《南齐书》卷五六《佞臣·吕文度传》，第978页。
⑤ 《南史》卷七七《恩幸·茹法亮传》，第1928页。
⑥ 《南史》卷七七《恩幸·茹法珍传》，第1933—1934页。

亡，长戍远谪。军有千龄之寿，室无百年之鬼，害政伤民，于此为蠹。况乎主幼时昏，其为谗慝，亦何可胜纪也！①

由此可知，南朝制局监的职能体现在：宫殿禁卫兵力的部署；皇帝出行时警卫部队的调派、督察；与征兵兴役有关事务的处理。前两者即属"领器仗"，主要是根据朝廷文书进行布防，而并不实际统兵，亦即根据诏令对禁卫长官领军、护军将军（主要是领军将军）的工作进行督察，从而有可能上下其手，尤其在"主幼时昏"时更是如此。但在正常情况下，其权力、地位不可与禁卫长官领军将军同日而语。宋文帝从制度上将外监划归领军管辖，无疑扩大了领军权力，而且也有效地防止了外监弄权的弊端。制局监之担任者，南朝史书所见甚少，也表明制局监权力的膨胀只是特殊朝政下的临时现象，而决非正常制度。又，外监可能是与内监相对而言，如阮佃夫，"世祖（宋孝武帝）召还左右，补内监"②。

二

《南齐书·陆慧晓传》："建武初，除西中郎长史，行事、内史如故。俄征黄门郎，未拜，迁吏部郎。尚书令王晏选门生补内外要局，慧晓为用数人而止，晏恨之。送女妓一人，欲与申好，慧晓不纳。吏曹都令史历政以来，谙执选事，慧晓任己独行，未尝与语。"③ 按王晏为尚书令是在延兴元年（494）八月甲辰（十八，9.18）④，同年十月改年建武⑤。《陆慧晓传》所载"内外要局"当即内、外监及制局监，从"要局"之语可见其重要性。尚书令王晏意欲"选门生补内外要局"，反映了

---

① 《南齐书》卷五六《倖臣传·史臣曰》，第979页。按《南史》卷七七《恩倖传·论曰》所言略同（第1943—1944页），但有个别差异，如"兰锜"为"兰绮"，"式候"为"武候"，皆不如《南齐书》确切。又《资治通鉴》卷一六一《梁纪一七》武帝太清二年（548）八月戊戌条，胡三省注引"李延寿曰"及"萧子显曰"（第4981页），本于《南史·恩倖传·论曰》及《南齐书·倖臣传·序》，其所引文字与今本《南史》《南齐书》之文皆有一定差异，大概是参以己意，表明其对相关问题的理解并不准确。
② 《宋书》卷九四《恩倖·阮佃夫传》，第2312页。
③ 《南齐书》卷四六《陆慧晓传》，第806页。
④ 参见《南齐书》卷五《海陵王纪》，第78页；卷四二《王晏传》，第742页。
⑤ 参见《南齐书》卷六《明帝纪》，第84—85页。

其欲控制朝政的意愿，这也应是后来王晏被诛的原因之一；从王晏欲"选门生补内外要局"来看，则其所补之"局"地位甚低。史书中关于南朝监局诸职的记载虽然极为零星，但通过钩稽考索，南朝监局的基本面貌还是可以得其仿佛的。

1. 制局监

齐高帝萧道成第七子萧锵，颇得齐武帝、前废帝郁林王之宠信。后废帝海陵王延兴元年，进位司徒，侍中、骠骑将军如故。《南齐书·高帝十二王·鄱阳王锵传》：

> 高宗镇东府，权势稍异，锵每往，高宗常屣履至车迎锵。语及家国，言泪俱下，锵以此推信之。而宫台内皆属意于锵，劝锵入宫发兵辅政。制局监谢粲说锵及随王子隆曰："殿下但乘油壁车入宫，出天子置朝堂，二王夹辅号令，粲等闭城门上仗，谁敢不同？东城人政共缚送萧令耳。"子隆欲定计，锵以上台兵力既悉度东府，且虑事难捷，意甚犹豫。马队主刘巨，世祖时旧人，诣锵请闲，叩头劝锵立事。锵命驾将入，复回还内与母陆太妃别，日暮不成行。数日，高宗遣二千人围锵宅，害锵，谢粲等皆见杀。①

由此可见，制局监在南齐宫内具有举足轻重的地位，当"宫台内皆属意于锵，劝锵入宫发兵辅政"之时，制局监谢粲出面劝说鄱阳王锵及随王子隆，希望他们能够入宫废黜幼帝，以萧锵为帝，如此方可消除权臣萧鸾（"萧令"②）控制幼帝并进而篡位的危险。从"粲等闭城门上仗"来看，制局监谢粲当为负责宫城内禁卫的机要禁卫武官。《南齐书·张冲传》："梁王义师起，东昏遣骁骑将军薛元嗣、制局监暨荣伯领兵及粮运百四十余船送冲，使拒西师。元嗣等……停住夏口浦。闻义师将至，元嗣、荣伯

---

① 《南齐书》卷三五《高帝十二王·鄱阳王锵传》，第628页。
② 《南齐书》卷六《明帝纪》："世祖遗诏为侍中、尚书令，寻加镇军将军，给班剑二十人。隆昌元年（494），即本号为大将军，给鼓吹一部，亲兵五百人。寻又加中书监、开府仪同三司。郁林王废，海陵王立，为使持节、都督扬南徐二州军事、骠骑大将军、录尚书事、扬州刺史，开府如故，增班剑为三十人，封宣城郡公，二千户。镇东府城。给兵五千人，钱二百万，布千匹。"（第84页）据此，则萧鸾其时已为录尚书事，"萧令"是指其为尚书令，因萧鸾的迁职发生在很短时间内，故仍以"萧令"称之。时萧鸾以五千人镇东府城，这五千兵力主要来自皇宫禁卫军，即鄱阳王锵所认为的"上台兵力既悉度东府"。

相率入郢城。"① 是为制局监"领器仗、兵役"之具体例证。《张欣泰传》：为直阁、步兵校尉，领羽林监。"后从车驾出新林，敕欣泰甲仗廉察。欣泰停仗，于松树下饮酒赋诗。制局监吕文度过见，启世祖。世祖大怒，遣出外。"② 按直阁张欣泰随驾出宫，"甲仗廉察"，为齐武帝亲近禁卫武官，而制局监吕文度却将其违规行为报告齐武帝，使其受到惩罚，表明制局监比直阁地位更加亲近，可随时接触皇帝并向皇帝汇报包括近侍禁卫武官在内的臣僚的越轨行为。

《南齐书·张欣泰传》又载：

> 义师起……时少帝昏乱，人情咸伺事隙。欣泰与弟前始安内史欣时密谋结太子右率胡松、前南谯太守王灵秀、直阁将军鸿选、含德主帅苟励、直后刘灵运等十余人，并同契会。帝遣中书舍人冯元嗣监军救郢，茹法珍、梅虫儿及太子右率李居士、制局监杨明泰等十余人相送中兴堂。欣泰等使人怀刀于座斫元嗣，头坠果盘中，又斫明泰，破其腹，虫儿伤刺数疮，手指皆堕。③

这一记载进一步显示，南朝制局监为皇帝左右近侍，在皇帝身边侍卫。类似的事例还有《梁书·侯景传》的一条记载：侯景攻占建康城。"景遣军人直殿省内，高祖问制局监周石珍曰：'是何物人？'对曰：'丞相。'高祖乃谬曰：'何物丞相？'对曰：'是侯丞相。'高祖怒曰：'是名景，何谓丞相！'"④ 就在侯景攻破建康宫城后，梁武帝被困宫中而身受屈辱之际，制局监周石珍仍然在其身边侍卫，制局监平时的职掌于此也可大略推知。在侯景前此攻城之际，曾向城内梁武帝发出了这样的通牒："启求诛中领军朱异、太子右卫率陆验、兼少府卿徐驎、制局监周石珍等。"⑤ 很显然，制局监周石珍作为梁武帝身边的重要人物而受到侯景的关注，将其与中领军朱异等列于要求被诛者之列。后来侯景又在其"抗表"中说："朱异专断军旅，周石珍总尸（属？）兵仗，陆验、徐驎典司谷帛，皆明言求货，

---

① 《南齐书》卷四九《张冲传》，第854页。
② 《南齐书》卷五一《张欣泰传》，第882页。
③ 同上书，第883—884页。
④ 《梁书》卷五六《侯景传》，第851页。
⑤ 同上书，第842页。

非令不行。"① 此处可能有脱漏，少府卿徐驎"典司谷帛"自无疑义，而太子右卫率陆验应执掌东宫禁卫，当然也不排除在非常形势下负责其他事务。这四人自然是侯景的眼中钉，侯景要求诛杀他们，从而便可不费吹灰之力令梁武帝拱手而降。不过，后来周石珍投降侯景，成为侯景党羽。《南史·恩倖·周石珍传》：

> 建康之厮隶也，世以贩绢为业。梁天监中，稍迁至宣传左右。身长七尺，颇闲应对，后遂至制局监，带开阳令。历位直阁将军。太清三年（549），封南丰县侯，犹领制局。台城未陷，已射书与侯景相结，门初开，石珍犹侍左右。时贼遣其徒入直殿内，或驱驴马出入殿庭。武帝方坐文德殿，怪问之，石珍曰："皆丞相甲士。"上曰："何物丞相？"对曰："侯丞相。"上怒叱之曰："是名侯景，何谓丞相！"石珍求媚于贼……景篡位，制度羽仪皆石珍自出。②

以上记载充分表明，南朝制局监在殿内侍卫，属于皇帝身边最为机要的禁卫武官，但其基本的职能只是负责兵仗的管理，其他职能当由此衍生而来。

《南齐书·倖臣·吕文度传》：

> 宋世为细作金银库吏、竹局匠。元徽中，为射雉典事，随监莫脩宗上郢。世祖镇盆城，拒沈攸之，文度仍留伏事，知军队杂役，以此见亲。从还都，为石头城监，仍度东官。世祖即位，为制局监，位至员外郎，带南濮阳太守。殿内军队及发遣外镇人，悉关之，甚有要势。故世传越州尝缺，上觅一直事人往越州，文度启其所知费延宗合旨，上即以为刺史。永明（483—493）中，敕亲近不得辄有申荐，人士免官，寒人鞭一百。③

按："射雉典事"当为外监典事之一，莫脩宗当即外监，"知军队杂役"

---

① 《梁书》卷五六《侯景传》，第849页。
② 《南史》卷七七《恩倖·周石珍传》，第1935—1936页。
③ 《南齐书》卷五六《倖臣·吕文度传》，第978页。

应为外监及其典事的职责。这一记载还表明,制局监的主要职责便是监督(?)"殿内军队及发遣外镇人",故其"甚有要势"。根据以上记载可知,按正常制度,制局监没有人事权,不得对朝廷人事任免发表看法。吕文度因举荐费延宗为越州刺史而成为唯一例外。由此看来,制局监的权力是相当有限的,他只能在所负责的器杖兵役等方面弄权,其权力当然无法与作为朝廷大臣、禁卫长官的领军将军相比。《南史》载吕文度"以奸佞谄事武帝",谓"文度为外监,专制兵权,领军将军守虚位而已"。但真正显示其行使权力的记载却只有一条:"又启上籍被却者悉充远戍,百姓嗟怨,或逃亡避咎。"① 这仍然属于"知军队杂役"的范围,而且他也不能完全自作主张,还必须通过"启上"才得以实施。

2. 内监

宋元之际的史学家胡三省对内监作出了最早的解释:"江左之制,天子及诸王皆有内监。内监,斋监也,斋内自主帅以下,皆得监察之。"② 处士何点于天监三年(504)卒,梁武帝下诏,谓"丧事所须,内监经理"云云③。据《隋书·百官志上》记载,梁代有"三品勋位"之殿中内监④,负责何点丧事的内监应即殿中内监或该系统的有关官职。殿中内、外监在南齐时已设,《南齐书·百官志》载"内、外殿中监各一人"⑤。其实,刘宋时代已有内监之设。《宋书·恩幸·阮佃夫传》:"元嘉(424—453)中,出身为台小史。太宗初出阁,选为主衣。世祖召还左右,补内监。永光中(465),太宗又请为世子师,甚见信待。"⑥ 作为湘东王彧(宋明帝)之亲信左右,阮佃夫于同年参与了协助刘彧摆脱前废帝杀害威胁并进而推翻前废帝的密谋。据《魏书·岛夷刘裕传附彧传》:"佃夫时为内监,乃以告外监典事朱幼、主衣寿寂之、细铠主姜产

---

① 《南史》卷七七《恩幸·茹法亮传附吕文度传》,第1928页。
② (宋)司马光编著,(元)胡三省音注,"标点资治通鉴小组"校点:《资治通鉴》卷一三〇《宋纪一二》明帝泰始元年(465)十一月"湘东王彧主衣会稽阮佃夫、内监始兴王道隆"下胡注,中华书局1956年版,第4088页。
③ 《梁书》卷五一《处士·何点传》,第734页。
④ 《隋书》卷二六《百官志上》,第735页。
⑤ 《南齐书》卷一六《百官志》,第322页。
⑥ 《宋书》卷九四《恩幸·阮佃夫传》,第2312页。

之等，寂之抽刃而前，产之继进。"① 按南朝有主衣局，与外监殿局、内监殿局等局均属殿内诸局之一②。这表明阮佃夫是以内监的身份参与推翻宋前废帝的行动的。

《宋书·邓琬传》的记载有助于加深对内监一职地位的认识，其文云：

> 时军旅大起，国用不足，募民上米二百斛，钱五万，杂谷五百斛，同赐荒县除。上米三百斛，钱八万，杂谷千斛，同赐五品正令史；满报，若欲署四品在家，亦听。上米四百斛，钱十二万，杂谷一

---

① （北齐）魏收撰：《魏书》卷九七《岛夷刘裕传附彧传》，中华书局1974年版，第2147页。

② 《隋书》卷二六《百官志上》："又有外监殿局、内监殿局、导客局、斋内局、主玺·主衣·扶侍等局，门局、锡库局、内厩局、中药藏局、食官局、外厩局、车厩局等，各置有司，以承其事。"（第727页）按南朝宫内有"主衣库"。《南齐书》卷四《郁林王纪》："开主衣库与皇后宠姬观之，给阉人竖子数人，随其所欲，恣意辇取，取诸宝器以相剖击，破碎之，以为笑乐。"（第73页）卷六《明帝纪》："永明中，舆辇舟乘，悉剔取金银还主衣库。"（第92页）卷七《东昏侯纪》："潘氏服御，极选珍宝，主衣库旧物，不复周用，贵市民间金银宝物，价皆数倍。"（第104页）卷二六《王敬则传》："江左有蔡邕焦尾琴，在主衣库，上敕五日一给仲雄。"（第485页）南朝主衣负责皇帝及皇室衣帽冠服。《宋书》卷八《明帝纪》："事定，上未知所为。建安王休仁便称臣奉引升西堂，登御坐，召见诸大臣。于时事起仓卒，上失履，跣至西堂，犹著乌帽。坐定，休仁呼主衣以白帽代之，令备羽仪。虽未即位，凡众事悉称令书施行。"（第152页）时在刘彧诛宋前废帝而篡位之际。同书卷七〇《袁淑传》："因赐淑等袴褶，又就主衣取锦，截三尺为一段，又中破，分斌、淑及左右，使以缚袴。"（第1840页）《南齐书》卷二《高帝纪下》："即位后，身不御精细之物，敕中书舍人桓景真曰：'主衣中似有玉介导，此制始自大明末，后泰始尤增其丽。留此置主衣，政是兴长疾源，可即时打碎。凡复有可异物，皆宜随例也。'"（第38—39页）《陈书》卷五《宣帝纪》：太建十一年十二月"己巳（十二，580.1.14），诏曰：'……今可宣勒主衣、尚方诸堂署等，自非军国资须，不得缮造众物。……'"（第95—96页）南朝太子东宫及诸王府亦置主衣。《南齐书》卷三一《荀伯玉传》："任左右张景真，使领东宫主衣，食官谷帛，赏赐什物，皆御所服用。"（第573页）《梁书》卷八《昭明太子传》："又出主衣绵帛，多作襦袴，冬月以施贫冻。"（第168页）又，《宋书》卷六〇《荀伯子传》：族弟昶子万秋，"世祖初，为晋陵太守。坐于郡立华林阁，置主书、主衣，下狱免"（第1629页）。卷七十九《文五王·竟陵王诞传》载"诞主衣庄庆、画师王强"云云（第2027页）。卷九四《恩倖·阮佃夫传》："太宗初出阁，选为主衣。"（第2312页）《南齐书》卷二二《豫章王嶷传》："嶷临终，召子子廉、子恪曰：'……虽才愧古人，意怀粗亦有在，不以遗财为累。主衣所余，小弟未婚，诸妹未嫁，凡应此用，本自茫然，当称力及时，率有为办。……'"（第417页）南朝主衣之地位可从《宋书》卷九四《恩倖·阮佃夫传》的一条记事略窥一二，其文云："佃夫以告外监典事东阳朱幼，又告主衣吴兴寿寂之、细铠主南彭城姜产之，产之又语所领细铠将临淮王敬则，幼又告中书舍人戴明宝，并响应。"（第2312—2313页）

千三百斛，同赐四品令史；满报，若欲署三品在家，亦听。上米五百斛，钱十五万，杂谷一千五百斛，同赐三品令史；满报，若欲署内监在家，亦听。上米七百斛，钱二十万，杂谷二千斛，同赐荒郡除；〔满报，〕若欲署诸王国三令在家，亦听。①

据此，则内监介于荒县除、五品正令史、四品令史、三品令史与荒郡除、诸王国三令之间。在上列捐纳规定中，若以《宋书·百官志下》所载官品相比拟，五品正令史、四品令史、三品令史当与八品之内台正令史、九品之内台书令史、外台正令史相当，荒县除只能与八品之诸县署长相当，王国三令为六品，则荒郡除只能低于六品，以六七品为宜。② 由此推断，内监在刘宋时代相当于七八品之职。此与七品之殿中监相当，推测刘宋时殿中监可能已经分化为内、外监。

南朝不仅朝廷有内监，东宫及王国亦有类似职务。《宋书·恩倖·王道隆传》："道隆亦知书，为主书书吏，渐至主书。世祖使传命，失旨，遣出，不听复入六门。太宗镇彭城，以补典签，署内监。及即位，为南台侍御史。"③ 按宋明帝刘彧镇彭城即是其大明八年（464）为使持节、都督徐兖二州豫州之梁郡诸军事、镇北将军、徐州刺史之时④。此条记载表明，刘宋时代在诸王府或地方军政长官的幕府中设有内监，其职能当与典签类似。⑤ 第二年刘彧称帝，王道隆转任南台侍御史，此职为第六品，则王道

---

① 《宋书》卷八四《邓琬传》，第 2138 页。

② 郡国太守、内史、相为第五品，诸县署令千石者为第六品，诸县令六百石者为第七品，诸县署长为第八品。

③ 《宋书》卷九四《恩倖·王道隆传》，第 2317 页。

④ 参见《宋书》卷八《明帝纪》，第 151 页。

⑤ 《资治通鉴》卷一二八《宋纪一〇》孝武帝孝建三年（456）二月："故事，府州部内论事，皆签前直叙所论之事，置典签以主之。宋世诸皇子为方镇者多幼，时主皆以亲近左右领典签，典签之权稍重。至是，虽长王临藩，素族出镇，典签皆出纳教命，执其枢要，刺史不得专其职任。"（第 4025 页）关于典签之职，参见（清）赵翼撰、王树民校证《廿二史札记校证》卷一二《宋齐梁陈书并南史》"齐制典签之权太重"条，中华书局 1984 年版，第 250—252 页；严耕望《中国地方行政制度史》上编卷中《魏晋南北朝地方行政制度》，"中央研究院"历史语言研究所专刊之四十五，1963 年版，第 215—225 页；[日] 越智重明《典籖考》，《東洋史研究》第 13 卷第 6 期（1955 年）；高敏、张旭华《南朝典签制度考略》，《文史》2000 年第 4 期、2001 年第 1 期。严耕望认为：南朝典签虽"为府主左右之小吏"，"然实为皇帝所遣派以监视府主者，位微而势隆，州府上下无不侧目"。（《魏晋南北朝地方行政制度》，第 211 页）

隆所署湘东王彧之内监最高为第七品。前此王道隆所任主书当即第九品之内台书令史之类。① 《宋书·符瑞志下》："元嘉二十二年（445）七月，东宫玄圃园池二莲同干，内监殿守舍人宫勇民以闻。"② 按此内监殿守舍人一职当即《隋书·百官志上》所载三品勋位之东宫内监殿中守舍人③。《隋书·礼仪志六》载陈天嘉初改制，"定令具依天监旧事"，有太子内、外监，次于殿中内、外局监④。这表明至少梁、陈二代还设有东宫内、外监。

3. 外监

史书中关于外监的记载相对较多。外监更多地与出外征讨事务有关，这可能是外监职能的一个主要方面。宋文帝欲诛徐羡之、傅亮，讨谢晦，时傅亮与谢晦书中有言，"朝士多谏北征，上当遣外监万幼宗往相谘访"⑤。《宋书·宗室·营浦侯遵考传》："（元嘉）三十年（453），复出为使持节、监豫州刺史。元凶弑立，进号安西将军，遣外监徐安期、仰捷祖防守之。遵考斩安期等，起义兵应南谯王义宣，义宣加遵考镇西将军。"⑥《武三王·江夏王义恭传》载宋孝武帝临终遗诏："义恭解尚书令，加中书监；柳元景领尚书令，入住城内。事无巨细，悉关二公。大事与沈庆之参决，若有军旅，可为总统。尚书中事，委颜师伯。外监所统，委王玄谟。"⑦ 按王玄谟时为领军将军，"孝武崩，与柳元景等俱受顾命，以外监事委玄谟"⑧。同书《臧质传》：北魏太武帝拓跋焘率大军南侵，"以质为

---

① 品级参见《宋书》卷四〇《百官志下》，第1263—1264页。按殿中监为第七品，诸王府之内监地位可能更低，或在第八品上下。
② 《宋书》卷二九《符瑞志下》，第835页。
③ 参见《隋书》卷二六《百官志上》，第735页。按点校本断为二职，"东宫内监，殿中守舍人"。然本卷上文有"东宫外监殿中守舍人"，属于"三品蕴位"，不可能"殿中守舍人"同一职既是三品蕴位，又是三品勋位。故可断定，此即"东宫外监殿中守舍人"和"东宫内监殿中守舍人"二职，亦与《宋书·符瑞志下》所载宫勇民职衔相合。《隋书》卷一一《礼志六》："殿中内·外局监、太子内·外监、殿中守舍人，铜印环钮，朱服，武冠。"（第227页）按"太子内·外监、殿中守舍人"亦应作"太子内·外监殿中守舍人"，即"太子内监殿中守舍人"与"太子外监殿中守舍人"二职。
④ 《隋书》卷一一《礼仪志六》，第218页。
⑤ 《宋书》卷四四《谢晦传》，第1349页。
⑥ 《宋书》卷五一《宗室·营浦侯遵考传》，第1482页。
⑦ 《宋书》卷六一《武三王·江夏王义恭传》，第1650页。
⑧ 《宋书》卷七六《王玄谟传》，第1976页。参见《资治通鉴》卷一二九《宋纪一一》孝武帝大明八年（464）闰五月条，第4067页。

辅国将军、假节、置佐，率万人北救。……队主周胤之、外监杨方生又率射贼"①。这是外监出征之例，出征时其地位大体与队主相当。类似情形在南齐亦可见到。《南齐书·明七王·江夏王宝玄传》："明年（500），崔慧景举兵，还至广陵，遣使奉宝玄为主。宝玄斩其使，因是发将吏防城。帝遣马军主戚平、外监黄林夫助镇京口。慧景将渡江，宝玄密与相应，杀司马孔矜、典签吕承绪及平、林夫，开门纳慧景。"② 此处记外监黄林夫与马军主戚平一起助镇京口，是为了防御崔慧景自广陵南渡威胁京师，所体现的主要还是外监的禁卫职能。根据此条，则外监大体与军主地位相当。《宋书·孔觊传》："太宗每遣军，辄多所求须，不时上道。外监朱幼举司徒参军督护任农夫：骁果有胆力，性又简率，资给甚易。乃以千人配之，使助东讨。"③ 这是外监参与军事指挥调度的事例。显然，外监的军事指挥权是通过其提出具体建议来体现的，而并非直接对将领进行调遣或派兵出征。

作为掌握着一定兵权的皇帝亲信，与内监一样，外监或其部属有可能参与宫廷政变，推翻昏主，或成为昏主之帮凶，为昏主实施暴政效力。在宋明帝与前废帝的斗争中，不仅有直阁将军、内监及其他低级禁卫武官参与其中，而且也有外监的参与。《宋书·恩倖·阮佃夫传》：

> 景和元年（465）十一月二十九日晡时，帝出幸华林园，建安王休仁、山阳王休祐、山阴公主并侍侧，太宗犹在秘书省，不被召，益忧惧。佃夫以告外监典事东阳朱幼，又告主衣吴兴寿寂之、细铠主南彭城姜产之，产之又语所领细铠将临淮王敬则，幼又告中书舍人戴明宝，并响应。明宝、幼欲取其日向晓，佃夫等劝取开鼓后。幼豫约勒内外，使钱蓝生密报建安王休仁等。时帝欲南巡，腹心直阁将军宗越等其夕并听出外装束，唯有队主樊僧整防华林閤，是柳光世乡人，光世要之，僧整即受命。姜产之又要队副阳平聂庆及所领壮士会稽富灵符、吴郡俞道龙、丹阳宋逵

---

① 《宋书》卷七四《臧质传》，第1911页。
② 《南齐书》卷五〇《明七王·江夏王宝玄传》，第864页。
③ 《宋书》卷八四《孔觊传》，第2159页。

之、阳平田嗣，并聚于庆省。佃夫虑力少不济，更欲招合，寿寂之曰：'谋广或泄，不烦多人。'"①

同传又载："幼，泰始（465—471）初为外监。配张永诸军征讨，有济办之能。"② 据此可知，朱幼在宋前废帝时为外监典事③，参与宋明帝及其亲信阮佃夫消灭前废帝的密谋，明帝即位后即升任外监，负责征讨有关事务的处理。

齐高帝建元元年（479）六月"乙亥（初五，7.9），诏曰：'宋末频年戎寇，兼灾疾凋损，或枯骸不收，毁槥莫掩，宜速宣下，埋藏营恤。若标题犹存，姓字可识，可即运载，致还本乡。'有司奏遣外监典事四人，周行离门外三十五里为限。其余班下州郡"④。南齐东昏侯实施暴政，先是利用直阁、骁骑将军徐世㯹执掌殿内兵权，控制朝臣，"凡有杀戮，皆其用命"。后其党茹法珍、梅虫儿为争权宠向东昏侯报告了他的不满言论，徐世㯹遂被杀。"自是法珍、虫儿用事，并为外监，口称诏敕。中书舍人王咺之与相唇齿，专掌文翰。其余二十余人，皆有势力。崔慧景平后，法珍封余干县男，虫儿封竟陵县男。"⑤ 外监"口称诏敕"，表明其在皇帝左右侍卫，对外发布皇帝命令。永元元年（499）十月，东昏侯"召（徐）孝嗣、（沈）文季、（沈）昭略入华林省……帝使外监茹法珍赐以药酒"⑥。《南齐书·豫章王嶷传》："上谋北伐，以虏所献毡车赐嶷，每幸第清除，不复屏人。上敕外监曰：'我往大司马第，是还家耳。'"⑦ 时在永明七年（489）之后、十年之前，"上"即齐武帝，很显然外监为齐武帝之左右亲信。大宝三年（552）二月，"世祖（梁元帝）驰檄告四方"，其中有谓："外监陈莹之至，伏承先帝登遐，宫车晏驾。奉讳惊号，五内

---

① 《宋书》卷九四《恩倖·阮佃夫传》，第2312—2313页。
② 《宋书》卷九四《恩倖·阮佃夫传》，第2315页。《南史》卷七七《恩倖·阮佃夫传》记作："幼，泰始初为外监，配衣诸军征讨，有济办之能。"（第1923页）
③ 按《魏书》卷九七《岛夷刘裕传附彧传》亦载其时朱幼为外监典事，第2147页。
④ 《南齐书》卷二《高帝纪下》，第34页。
⑤ 《南齐书》卷七《东昏侯纪》，第104—105页。
⑥ 《资治通鉴》卷一四二《齐纪八》，第4453页。
⑦ 《南齐书》卷二二《豫章王嶷传》，第414页。

摧裂，烦冤荼毒①，无地容身。"② 可见梁武帝被侯景毒杀的消息是由外监陈莹之最先传达给荆州的湘东王绎的，这表明在梁武帝临终前外监陈莹之与前述制局监周石珍一样应该都是守护在其身旁的。

三

内、外监及制局监类似于魏晋之殿中监，当由殿中监等职发展演化而来。魏晋时期下级职官中有大量以"监"命名的官职。《通典·职官十八·秩品一》所载"魏官品"：第五品有羽林监；第六品有殿内将军，殿内典兵；第七品有殿中中郎将、校尉，尚药监，尚食监，太官食监，中署监，南北军监，寺人监，灵芝园监；第八品有司盐、司竹监·丞，殿中都尉、司马，殿中羽林郎；第九品有仓簟河津督监，殿中监典事，左、右太官督监内者，总章戏马监，诸纸署监。③ 同书《职官十九·秩品二》所载"晋官品"：第五品有羽林监；第六品有殿中将军；第七品有殿中监，尚药监，太官食监，中署监，寺人监；第八品有司盐、司竹监·丞，羽林郎。④ 同卷所载"宋官品"，殿中监为第七品⑤。《南齐书·百官志》："内、外殿中监各一人。"⑥ 此内、外殿中监当即内监、外监之职，其前身为刘宋殿中监。⑦《隋书·百官志

---

① 按原文为"州冤本毒"，此据《册府元龟》卷一八五改。参见中华书局点校本《梁书》卷五"校勘记"〔九〕，第138页。
② 《梁书》卷五《元帝纪》，第122—123页。
③ 参见《通典》卷三六《职官十八·秩品一》，第992—994页。按传世曹魏官印有"殿中监印"一枚，见罗福颐主编《秦汉南北朝官印征存》卷七《三国官印一·曹魏官印》，文物出版社1987年版，第237页，图版1355。这表明曹魏确已设置殿中监之职。同书又收"殿中大医司马"印一枚（第238页，图版1356），则曹魏大（太）医机构当归殿中监管辖。
④ 参见《通典》卷三七《职官十九·秩品二》，第1004—1006页。
⑤ 同上书，第1008页。按《宋书》卷四〇《百官志下》所载官品，殿中监为第七品（第1264页）。同书卷一八《礼志五》亦有关于殿中监、殿中将军印绶、冠服的礼仪规定（第510、513页）。
⑥ 《南齐书》卷一六《百官志》，第322页。
⑦ 阎步克认为："比照梁代蕴位、勋位所列官职看，宋齐'勋位'所对应的官职，大约也应是令史、殿中监之类吏职。"（《品位与职位——秦汉魏晋南北朝官阶制度研究》，中华书局2002年版，第330页）按刘宋殿中监第七品，南齐殿中监品位虽不载于史，但从其正式见于《南齐书·百官志》之记载以及宋、齐制度的继承关系推测，亦当以第七品为宜。因此，宋、齐殿中监为九品官制中的正式一员，是官职而非吏职。阎说或本于《通典》卷二六《职官八·诸卿中》"殿中监"条的记载："魏置殿中监官，晋、宋同。齐有内、外殿中监各八人，梁、陈因之，其资品极下。"（第741页）证之上引《南齐书·百官志》"内、外殿中监各一人"的记载，《通典》"各八人"之说似不准确。"资品极下"只能代表梁、陈时期内、外殿中监之地位，而难以显示南齐时期其真实地位。

上》所载梁班品：

> 殿中外监，斋监，东堂监……诸州镇监，石头城监，琅邪城监，东官外监殿中守舍人、斋监……北武库二丞，南武库二丞……为三品蕴位。又……殿中内监，题阁监，婚局监……东宫内监殿中守舍人、题阁监……诸州别署监……为三品勋位。①

按三品蕴位、勋位当指由出身门地三品以下的寒人充任的居于十八班之外的吏职。《隋书·礼仪志六》载陈天嘉初改制，"定令具依天监旧事，然亦往往改革"。与监局有关的记载有：

> 殿中内、外局监，太子内、外监殿中守舍人，铜印环钮，朱服，武冠。内、外监典事、书吏，朱服，进贤一梁冠。内监朝廷人领局典事，外监统军队谘详发遣局典事，武冠。外监及典事、书吏，悉著朱衣，唯正直及斋监并受使，不在例。其东官内、外监殿典事、书吏，依台格。五校、三将将军主事，内监主事，外监主事，三校主事，朱服，武冠。②

由此可见，梁、陈时期有大量的监局之职，这些官职名称几乎都不见于正史纪传。监局之职地位甚低，位列文武十八班及流外（"位不登二品者"）七班之下，属于"三品蕴位"及"三品勋位"，表明监局职务只能由门地三品以下之次门或寒人（役门出身者）通过积累军功、吏劳等资历来充任。而流内十八班应由门地二品之高门士族起家、升迁，流外七班则由门地三品以下（三品）之低级士族及寒门担任。③

据《通典》及《晋书·职官志》《宋书·百官志》记载，在魏、晋及刘宋时期只有一员殿中监，而到南齐则分为殿中内、外监。这种

---

① 《隋书》卷二六《百官志上》，第735页。
② 《隋书》卷一一《礼仪志六》，第218、227页。
③ 关于梁代官制改革与门阀制度的关系，参见祝总斌《门阀制度》，见白寿彝总主编《中国通史》，上海人民出版社1995年版，第五卷上，第593—605页；阎步克《品位与职位——秦汉魏晋南北朝官阶制度研究》，第380—394页。

记载可能并不准确，事实是在刘宋前期就已有了内、外监之分，前引《宋书·赵伯符传》的记载表明，早在元嘉十八年外监事隶于领军之前即已有了内、外监之分。梁、陈之监局在宋、齐时代可能大部分就已存在。晋、宋殿中监为第七品，而梁、陈则为三品蕴位、三品勋位。梁代十八班官品相当于晋、宋一至七品官，流外七班相当于八、九品官，则梁代殿中监（内、外监）的班次比之晋、宋时下降了许多。与宫殿之殿中监相对应，南朝东宫亦有一套监局之职。殿中监分化为内、外监，后来并设置制局监，当与南朝时期政争激烈及南北战事日趋紧张有关。因为政争激烈，宫廷斗争错综复杂，宫殿各处的守卫显得特别突出，于是原本只有一员殿中监便难以适应这种形势，殿中监的分化在所难免。

内、外监至迟在宋文帝元嘉十八年前就已出现，到元嘉十八年赵伯符为领军将军时始将外监事划归领军，此后南朝百余年间，外监曾几度与领军分合。史书中见不到领军与内监权力相关联的例证，看来南朝内监事似乎一直不归领军管辖。内、外监的最初分离有两种可能：（1）有可能出现于宋文帝初年，当时辅政大臣徐羡之等废黜宋少帝，而迎立其弟荆州刺史刘义隆入朝即位，为防备徐羡之等再一次控制幼帝，宋文帝的亲信大臣琅邪王华等人可能在殿内禁卫制度上进行了改革，将殿中监一分为二，以加强对宋文帝的保护。① （2）另一种可能是，宋文帝杀领军刘湛、逐放其弟彭城王义康之后，为防朝中形成新的专权力量，遂加强殿内禁卫，同时又特别加强东宫禁卫力量，以免皇位被其诸弟所夺取。有关的政治背景可从本书上文相关论述中得到认识。

从《隋书·百官志上》所载梁制来看，似三品蕴位之殿中外监、斋监、东堂监，诸州镇监、石头城监、琅邪城监，东宫外监殿中守舍人、斋监、北武库二丞、南武库二丞等职应属外监系统，三品勋位之殿中内监、题阁监、婚局监及东宫内监殿中守舍人、题阁监，诸州别署监等职当属内监系统。三品勋位之诸州别署监属外监系统的可能性更大。上引《隋

---

① 晋代殿中监掌殿内禁卫，可从苏峻之乱时的一则事例得到认识。（唐）房玄龄等撰《晋书》卷七〇《刘超传》："峻迁车驾石头，时天大雨，道路沉陷，超（右卫将军）与侍中钟雅步侍左右，贼给马不肯骑，而悲哀慷慨。峻闻之，甚不平，然未敢加害，而以其所亲信许方等补司马督、殿中监，外托宿卫，内实防御超等。"（中华书局1974年版，第1876页）

书·礼仪志六》所载陈天嘉制度完全是对梁天监旧制的继承，可知梁、陈二代内、外监又有典事、书吏、主事；内、外监下辖局，由典事负责，即内监朝廷人领局典事、外监统军队谘详发遣局典事。再加上其他监局，确实可称得上是"监局事多"。"内监朝廷人领局典事、外监统军队谘详发遣局典事"之名显示：内监的主要职责为"领朝廷人"，当即负责朝廷（宫殿禁廷）人（官员及各色人等，主要应为文、武侍卫之职）的监督；外监主要职责为"统军队谘详发遣"事，即负责军队的调动及其他管理工作。这与上引《南齐书·倖臣传·序》所言"外司领武官，有制局监，领器仗、兵役"的记载是一致的，也与上引史料所见外监多与征讨事务有关相照应。

在梁代三品蕴位殿中外监序列有北武库二丞、南武库二丞，其职当负责器仗之事。斋监、东堂监、题阁监当负责斋阁、东堂、题阁（？）诸处之禁卫事宜；婚局监当负责皇帝（包括帝室？）婚姻有关的事务；石头城监、琅邪城监、诸州镇监、诸州别署监当负责石头城、琅邪城戍兵及州镇军队的配备、调遣事宜。从内、外监又有典事、书吏、主事来看，监局所负责的是有关事务的文书工作，如文书起草和传宣，如果皇帝年幼或昏暴，就有可能抛开禁卫长官领军将军、中领军而让内、外监及制局监擅自发布命令，并调遣军队，所谓"制局小司，专典兵力"当指这类情况。元嘉十八年后，当外监事隶于领军时领军将军不仅掌管禁卫事务，而且还使其具备了"掌天下兵要"的职能。

因史料记载非常有限，目前对南朝监局的认识也还难以做到准确无误。但通过以上的考察，可以说南朝监局的基本面貌已经较为清晰地呈现了出来。

（1）陈寅恪等学者注意到南朝外监、制局监具有重要的禁卫职能，颇有见地。但依据《南史》《资治通鉴》之言而认为监局专权而导致南朝领军将军"拱手守虚位"，则是对领军将军与监局权力的不恰当估计。史称"领军管天下兵要"，是指其既要负责宫城禁卫，还要统领监局（外监、制局监）负责器仗、兵役征发等事。正常情况下监局归领军统辖，但在近倖秉政、群小用事等特殊政局下，外监事务往往不归领军实际负责。制局监的职能为"领器仗、兵役"，具体包括皇帝在朝、出行时禁卫兵力的部署及征兵兴役等方面。在"主幼时昏"时监局有可能上下其手而弄权，如负责宫城内禁卫，在正常情况下其权力、地位无法与禁卫长官领军将军、中领军相比。

（2）外监与制局监可能为同职异名，外监当与内监相对而言，内监主要是在皇帝左右侍奉生活起居。制局监地位亲近，可随时接触皇帝并向皇帝汇报包括近侍禁卫武官在内的臣僚的越轨行为。史书可见"内外要局"的记载，当指内、外监及制局监，"要局"一语足证其机要性。南朝有主衣局，与外监殿局、内监殿局等局均属殿内诸局之一。外监之见于史载，往往与出征事务相关，出征时其地位大体与队主相当，有时也与军主地位接近。外监参与朝廷军事指挥调度，其军事指挥权主要是通过提出具体建议或发布皇帝命令来实施的，并非直接对将领进行调遣或派兵出征。作为掌握着一定兵权的皇帝亲信，内、外监或其部属有时会参与宫廷政变，推翻昏主，或成为昏主实施暴政的帮凶。

（3）内、外监及制局监类似魏晋之殿中监，当由殿中监等职演化而来，内、外监当即内、外殿中监，刘宋设殿中监并可见到内、外监之职，南齐设内、外殿中监各一人。殿中监分化为内、外监并设置制局监，当与南朝时期政争激烈及南北战事日趋紧张有关，错综复杂的宫廷斗争使得宫殿各处的守卫显得特别突出，只有一员殿中监便难以适应这种形势。内、外监至迟在宋文帝元嘉十八年前就已出现，到元嘉十八年赵伯符为领军将军时始将外监事务划归领军，南朝百余年间外监与领军曾几度分合。南朝内监事务似乎一直不归领军管辖。与宫殿之殿中监相对应，东宫亦有一套监局之职。

（4）《隋书·礼仪志六》等典志记载了梁、陈时期的大量监局之职，这些官职名称几乎都不见于正史纪传。晋、宋殿中监为第七品。梁、陈监局之职地位甚低，位列文武十八班及流外七班之下，属于"三品蕴位"及"三品勋位"，监局职务只能由寒人（门地三品以下）通过军功来充任。梁、陈监局诸职在宋、齐时代大部分可能就已存在。内、外监下辖之局由典事负责，有内监朝廷人领局典事、外监统军队谘详发遣局典事，内监的主要职责是负责朝廷人（主要应为文、武侍卫之职）的监督，外监主要负责军队的调动及其他管理工作。监局所负责的是有关事务的文书工作——文书的起草和传宣，幼主或暴君有可能抛开禁卫长官领军将军、中领军而让内、外监及制局监擅自发布命令，调遣军队，形成"制局小司，专典兵力"的状况。元嘉十八年后当外监事务隶于领军时，便使领军将军、中领军具备了"掌天下兵要"的职能。①

---

① 北魏后期亦可见到制局监。《魏书》卷七八《张普惠传》："太和十九年（495），为主书，带制局监，与刘桃符、石荣、刘道斌同员共直，颇为高祖所知。转尚书都令史。""世宗初，转积射将军。"（第1727页）可知北魏制局监地位极低，低于尚书都令史（《魏书》卷一一三《官氏志》载后《职员令》，尚书都令史为从第八品上），更低于积射将军（第七品上）。（第2999—3002页）前《职员令》第七品上、从第七品上均可见"主书令史"，从第八品上有"诸局省事"，从第八品下有"诸局书令史"，第九品上有"诸局书吏、书干、主书干、典书干"。（第2990—2992页）又，后《职员令》中有从第九品上之"诸局都尉"（第3003页）。张普惠所任主书或即主书令史及主书干一类官职。而制局监可能与诸局都尉、诸局省事、诸局书吏之类相似，也可能就是流外之职。《魏书》卷七七《宋翻传》："初，翻为河阴令……县旧有大枷，时人号曰'弥尾青'，及翻为县主，吏请焚之。翻曰：'且置南墙下，以待豪家。'未几，有内监杨小驹诣县请事，辞色不逊，命取尾青以镇之。既免，人诉于世宗。世宗大怒，敕河南尹推治其罪。翻具自陈状。诏曰：'卿故违朝法，岂不欲作威以买名？'翻对：'造者非臣，买名者亦宜非臣。所以留者，非敢施于百姓，欲待凶暴之徒如小驹者耳。'于是威振京师。"（第1689—1690页）内监杨小驹或为宦者，难以确定。不论如何，北魏后期的制局监、内监地位是极低的，但却都在皇帝身边侍奉，属皇帝的亲信近臣之列。北魏制局监、内监在政治上几乎没有任何作为，无法与南朝相比。

第五编

北朝禁卫武官制度

第十六章

史籍所见北魏前期禁卫武官制度

《魏书·官氏志》载,"旧令亡失,无所依据"①。可知有关北魏(386—534)前期官制的法律规定在北齐初年魏收修撰《魏书》时就已无法看到原貌了,故对于孝文帝太和十七年(493)第一次《职员令》颁布之前的北魏官制,《官氏志》所记极为简略而又不成系统。《魏书》修撰时距北魏分裂仅一二十年时间②,北魏前期制度已难窥全豹,一千四百多年后的今天要系统认识无疑是更加困难的。《魏书·官氏志》有关北魏前期禁卫武官制度之记载主要有四条,以之为据显然是无法全面认识其时禁卫武官制度的真实情况的。实际上,北魏前期禁卫武官制度颇为复杂,它与前此魏晋甚至汉代制度之间有着一定的承袭关系,但同时更具有浓厚的时代特色。由于现存北魏前期史料保存较少而又零散不成系统,对于认识北魏前期禁卫武官制度造成了较大困难③。本章拟对史籍所见北魏前期禁卫武官制度进行研究,下章则利用文成帝《南巡碑》所提供的有关信息对北魏前期禁卫武官制度作进一步补充印证。

第一节 都统长与幢将

《魏书·莫题传》:"多智有才用。初为幢将,领禁兵。太祖之征慕容

---

① (北齐)魏收撰:《魏书》卷一一三《官氏志》,中华书局1974年版,第2976页。

② 据《魏书》卷一〇四《自序》记载,天保二年(551),魏收"受诏撰魏史",五年编撰完成,三月奏上纪、传,十一月"复奏十志"(《魏书》,第2326—2327页),其中即包括《官氏志》。

③ 严耀中对北魏前期禁卫武官制度有较系统研究,参见氏著《北魏前期政治制度》,吉林教育出版社1990年版。然严氏所论推测较多,大多难以凭信。

宝也，宝夜来犯营，军人惊骇。"① 此事是指皇始二年（397）二月丁丑（初九，3.25）夜发生的北魏与后燕之间的"柏肆之役"②。这一记载表明，北魏道武帝皇始二年初已有"幢将领禁兵"，幢将为禁卫武官无疑。其实早在十余年前，北魏建国之初即设立了幢将制度。《魏书·官氏志》：

> 太祖登国元年（386）……是年置都统长，又置幢将及外朝大人官。其都统长，领殿内之兵，直王宫；幢将员六人，主三郎卫士直宿禁中者。自侍中已下，中散已上，皆统之外朝大人，无常员。主受诏命，外使，出入禁中，国有大丧大礼皆与参知，随所典焉。③

可知北魏建立伊始，便设置了都统长及幢将作为禁卫长官。

对于这段记载，学界有不同的理解。以上引文是中华书局点校本的标点，主持《魏书》点校者为已故著名史学家唐长孺。而唐氏在其《魏晋南北朝隋唐史三论》一书中引述此条时却有不同的标点：

> 《魏书》卷113《官氏志》记魏初制度云："其年（登国元年）置都统长，又置幢将及外朝大人官。其都统长领殿内之兵，直王宫；幢将员六人，主三郎卫士，直宿禁中者自侍中已下中散已上皆统之。"这是禁军，这种制度直到太和改制前不变。从《宋书·索虏传》中屡见幢将、三郎之称，充当三郎卫士的应都是拓跋及附从部落人。④

按："充当三郎卫士的应都是拓跋及附从部落人"的认识，征诸史籍所见三郎及幢将担任者（详见下文有关引述），诚为卓识。不过此段文字中，亦有可商之处。

（1）先看所引史料之标点。其标点与《魏书·官氏志》不同，而与

---

① 《魏书》卷二八《莫题传》，第683页。
② 参见《魏书》卷二《太祖纪》，第29页。
③ 《魏书》卷一一三《官氏志》，第2972页。
④ 唐长孺：《魏晋南北朝隋唐史三论》，武汉大学出版社1992年版，第190页。

《资治通鉴》胡三省注的认识接近①。比较而言，以后一标点稍胜一筹。不过，点校本《魏书》标点与古今学者对此段文字的理解似皆有可商之处。因为上文记设置都统长及幢将、外朝大人官，下文必定对此三职有所交代，如按这两种标点，则下文之外朝大人便无从归属。比较而言，点校本《魏书》此段标点难通之处更明显，这或许是唐长孺改变以前观点的原因。窃以为，此段文字正确的标点应该是：

> 太祖登国元年……是年，置都统长，又置幢将及外朝大人官。其都统长，领殿内之兵直王宫；幢将，员六人，主三郎卫士直宿禁中者，自侍中已下、中散已上皆统之；外朝大人，无常员，主受诏命外使，出入禁中，国有大丧大礼皆与参知，随所典焉。

如此，方能前后照应，文义显豁。②

---

① 《资治通鉴》卷一〇六《晋纪二八》孝武帝太元十一年（386）八月条，"幢将代人莫题等亦潜与窟咄交通"下胡三省注："魏收《官氏志》：道武登国元年，置幢将六人，主三郎卫士直宿禁中者，侍中已下、中散已上皆统之。"[（宋）司马光编著，（元）胡三省音注，"标点资治通鉴小组"校点，中华书局1956年版，第3368页] 王仲荦《北周六典》卷十《总管府》"幢主"条引《魏书·官氏志》："太祖登国元年，置幢将，员六人，主三郎卫士，直宿禁中，自侍中已下、中散已上，皆统之。"（中华书局1979年版，第634页）杨森是这样引述此一记载的："其都统长领殿内之兵，直王宫；幢将员六人主三郎卫士直宿禁中者自侍中已下中散已上皆统之，外朝大人无常员……"（《敦煌研究院藏卷〈北魏禁军军官籍簿〉考述》，注③，《敦煌研究》1987年第2期）显然他并未读懂这段文字，其认识在中华书局点校本《魏书》标点基础上大为退步。严耀中的引述是："幢将员六人，主三郎卫士直宿禁中者自侍中已下中散已上皆统之。"（《北魏前期政治制度》，第69页）

② 这一标点还可从北魏初年外朝大人的出使职能得到进一步印证。《魏书》《北史》所见北魏外朝大人一共有六人，除北魏道武帝建国前夕的贺兰悦（据《魏书》卷一三《皇后·献明皇后贺氏传》，悦为献明皇后之从弟，第324页）职掌不明外，全都具有出使职能。《魏书》卷二八《和跋传》："跋以才辩知名，太祖擢为外朝大人，参军国大谋，雅有智算。频使称旨，拜龙骧将军。"（第681页）《庾业延传》："与王建等俱为外朝大人，参预军国。太祖既绝慕容垂，以岳为大人，使诣慕容永，永服其辞义。"（第684页）卷二九《叔孙建传》："登国初，以建为外朝大人，与安同等十三人选典庶事，参军国之谋。随秦王觚使慕容垂，历六载乃还。"（第702页）卷三〇《王建传》："登国初，为外朝大人，与和跋等十三人选典庶事，参与计谋。太祖幸濡源，遣建使慕容垂，辞色高亢，垂壮之。还为左大夫。"（第709页）《安同传》："登国初，太祖征兵于慕容垂……同频使称旨，遂见宠异，以为外朝大人，与和跋等出入禁中，选典庶事。太祖班赐功臣，同以使功居多，赐以妻妾及隶户三十，马二匹，羊五十口，加广武将军。"（第712页）按《北史》则将以上诸人之传记合并为一卷（卷二〇）。

（2）都统长所统殿内之兵为禁军，但都统长本身及幢将、三郎卫士以及侍中、中散等职，显然并不能视作禁军，侍中、中散应属文官性质为主的侍从官，而都统长、幢将、三郎卫士等均为禁卫武官。另外，《宋书·索虏传》中很少见到幢将及三郎之称。查本传，可见者仅有"三郎大帅""三郎"两条，又见一条记载为"帐内诸大主帅"，① 当即三郎大帅或幢将之类。

都统长之职在史书中仅上引《官氏志》一见，具体情况不明，从其"领殿内之兵直王宫"来看，无疑应为禁卫长官。考之史载可知，与拓跋鲜卑同源之河西鲜卑有"都统"之职。《资治通鉴》晋孝武帝太元十九年（394）正月，"三河王（吕）光遣使拜（秃发）乌孤冠军大将军、河西鲜卑大都统"②。河西鲜卑大都统即为河西鲜卑部族之首领名号。同卷太元十八年（393）正月，"权千成为秦（后秦）所逼，请降于金城王乾归（西秦），乾归以为东秦州刺史、休官大都统、显亲公"③。晋安帝隆安三年（399）"夏四月，鲜卑叠掘河内帅户五千降于西秦，西秦王（乞伏）乾归以河内为叠掘都统，以宗女妻之"④。此"都统"则为河西鲜卑休官、叠掘部族之首领名号。北魏初之都统长与之当有相通之处。依此类推，则北魏初年都统长所统殿内之兵或即拓跋鲜卑及其附从诸部之酋长及其子弟。源于慕容鲜卑之吐谷浑亦有"统"制。《太平御览》引崔鸿《十六国春秋·西秦录》载，乞伏炽盘永康"二年（413），盘讨吐谷浑别统屈达于渴浑川"⑤。《魏书·高车传》："无都统大帅，当种各有君长。"⑥ 此"都统大帅"即与河西鲜卑之部族都统相同，是以鲜卑部落首领制度比附高车部落酋长制度。北魏初年所设都统长显然与此相当，它是指由各部族酋长或其子弟（侍子、质子）入直王宫，组成禁卫武装，都统长为其长官。这应该就是鲜卑族部落军事组织的遗留。《皇甫驎墓志》："延兴（471—476）中，泾土夷民一万余人家，诣京申诉，请为统酋。"⑦ 可知北

---

① （南朝梁）沈约撰：《宋书》卷九五《索虏传》，中华书局1974年版，第2345、2351页。
② 《资治通鉴》卷一〇八《晋纪三〇》，第3412页。
③ 同上书，第3409—3410页。
④ 《资治通鉴》卷一一一《晋纪三三》，第3491页。
⑤ （宋）李昉等撰：《太平御览》卷一二七《偏霸部一一·乞伏炽盘》，中华书局1960年版，第613页。
⑥ 《魏书》卷一〇三《高车传》，第2307页。
⑦ （清）陆增祥撰：《八琼室金石补正》卷一四，文物出版社1985年版，第83页。

第十六章　史籍所见北魏前期禁卫武官制度

魏前期统领部族的首领称为统酋，与北魏后期所见领民酋长相当①。北魏初年都统长很可能与统酋有关，统酋、统是指率领本部族武士宿卫拓跋君主左右的部族首领，而都统长当为统领诸统酋、统的禁卫长官。

《魏书·官氏志》所载孝文帝太和十七年《职员令》有"宿卫统"一职②，都统长或即宿卫统之长。宿卫统品级为从第六品上，高于从第七品上之宿卫幢将。前《职员令》中又有统史（从第九品上）之职③，或即宿卫统之属官。宿卫统在史书中未见到实例，都统之名则仅一见于史。《魏书·皇后·宣武灵皇后胡氏传》载"其后太后从子都统僧敬"等欲谋杀元叉云云④，而同书《外戚下·胡国珍传》谓"虔（僧敬）时为千牛备身"⑤，则都统即千牛备身。北魏前期都统长所领都统亦当执刀（千牛刀？）侍卫君主左右。

北魏前期作为军队（主要是禁卫军）基层编制单位的"统"在史书中虽极难见到，但仔细钩稽，仍可发现类似情况。如：拓跋素延，"以小统从太祖征讨诸部。初定并州，为刺史"⑥。此"小统"或即宿卫统之类。有小统自当有大统，大统或即都统长。大统也有可能为四统将军。长孙道生，"太宗即位，除南统将军、冀州刺史"⑦。尉诺，"太宗初，为幽州刺史，加东统将军"⑧。有南统、东统将军，自亦应有北统、西统将军。《晋书·石季龙载记上》："东宫置左、右统将军，位在四率上。"⑨ 此左、右统将军显然为东宫禁卫武官。北魏之四统将军当与后赵的左、右统将军有一定渊源关系。同书《苻坚载记下》："坚下书悉发诸州公私马，人十丁遣一兵。门在灼然者，为崇文义从。良家子年二十已下，武艺骁勇，富室材雄者，皆拜羽林郎。""良家子至者三万余骑，其秦州主簿金城赵盛之

---

① 关于领民酋长，参见周一良《领民酋长与六州都督》，《魏晋南北朝史论集》，北京大学出版社1997年版，第191—203页。
② 《魏书》卷一一三《官氏志》，第2988页。
③ 同上书，第2993页。
④ 《魏书》卷一三《皇后·宣武灵皇后胡氏传》，第339页。
⑤ 《魏书》卷八三下《外戚下·胡国珍传》，第1836页。
⑥ 《魏书》卷一四《神元平文诸帝子孙·曲阳侯素延传》，第347页。
⑦ 《魏书》卷二五《长孙道生传》，第645页。
⑧ 《魏书》卷二六《尉诺传》，第656页。
⑨ （唐）房玄龄等撰：《晋书》卷一〇六《石季龙载记上》，中华书局1974年版，第2775页。

为建威将军、少年都统。"① 赵盛之即为统领所征发的羽林郎的将领。据后赵与前秦有关"统"的制度，似可推定北魏初年的都统长及统的制度很可能是承袭了十六国后赵及前秦政权的有关制度或名称。拓跋鲜卑曾经臣服于后赵和前秦政权，故这种继承关系是有可能发生的。

关于都统及都统长，所知仅此而已。北魏晚期可见到主衣都统之职②，以及道人统、沙门统及统军等职③，可能都是由都统之义引申而出现的独具特色的一代制度。④

"幢"本指用作仪仗的一种旗帜。《韩非子·大体》谓，"雄骏不创寿于旗幢"云云⑤。《汉书·韩延寿传》"建幢棨，植羽葆"下，颜注引晋灼曰："幢，旌幢也；棨，戟也。"师古曰："幢，麾也。"⑥《通典·职官十八·秩品一》所载"魏官品"，第八品有金鼓、幢麾⑦。此金鼓、幢麾

---

① 《晋书》卷一一四《苻坚载记下》，第2917页。参见《资治通鉴》卷一〇五《晋纪二七》孝武帝太元八年（383）七月条，第3308页。

② 元敬先、穆绍、于昕、罗鉴、范绍、侯详等人均曾担任主衣都统，见《魏书》卷一六《道武七王·阳平王熙传附敬先传》，第392页；卷二七《穆亮传附子绍传》，第671页；卷三一《于栗䃟传附昕传》，第747页；卷四四《罗结传附鉴传》，第989页；卷七九《范绍传》，第1756页；卷九三《侯刚传附长子详传》，第2006页。（唐）魏徵等撰《隋书》卷二七《百官志中》：北齐门下省"主衣局，都统、子统各二人"。（中华书局1973年版，第753页）

③ 按"道人统""沙门统"之职，见《魏书》卷一一四《释老志》，第3030、3037页。关于"统军"之职，参见拙作《"五职"源流考》，《北魏政治与制度论稿》，甘肃教育出版社2003年版，第375—386页。

④ 《宋书》卷八八《薛安都传》："安都少以勇闻，身长七尺八寸，便弓马。索虏使助秦州刺史北贺汩击反胡白龙子，灭之，由是为伪雍秦二州都统。州各有刺史，都总统其事。元嘉二十一年（444），索虏主拓跋焘击芮芮大败，安都与宗人薛永宗起义，永宗营汾曲，安都袭得弘农。"（第2215页）据《魏书》卷四上《世祖纪上》，北魏讨灭山胡白龙是在延和三年（434）七月至十月（第84页）。若《宋书·薛安都传》记载不误，则北魏在攻占赫连夏关中地区之后即设置了雍秦二州都统，由在三河地区颇有影响的蜀人首领薛安都担任。但以上记载有不明确之处，有几种可能：薛安都虽为雍秦二州都统，但州的事务仍由州刺史总统；薛安都为雍秦二州都统，在州刺史之上总统二州事务（果如此，则原文应为"都统总其事"；武英殿本、四库全书本即如是）；州都统即州刺史，总统州的事务。尽管只有南朝史书的一条记载，但北魏前期曾经设置过州都统大概应是事实，然其具体制度已难以明了。

⑤ （战国）韩非著，陈奇猷校注：《韩非子新校注》卷八，上海古籍出版社2000年版，第555页。

⑥ （汉）班固撰，（唐）颜师古注：《汉书》卷七六《韩延寿传》，中华书局1962年版，第3215页。

⑦ （唐）杜佑撰，王文锦等点校：《通典》卷三六《职官十八·秩品一·魏官品》，中华书局1988年版，第994页。按点校者将"金鼓幢麾城门令史"合为一体，显属误读。

当指在禁卫仪仗中击金鼓持麾幢的低级武官。三国魏、吴边界冲突中，为诱曹魏大司马扬州牧曹休，孙吴鄱阳太守周鲂上笺七条，其中有"并乞请幢麾数十，以为表帜"云云①，此幢麾即旌旗。西晋《中朝大驾卤簿》中有"麾幢独揭""撇扇幢麾"的记载②，此即"魏官品"所见幢麾之职。前秦灭代而占领代北地区，"苻坚进（刘）库仁广武将军，给幢麾鼓盖，仪比诸侯"③。《魏书·韩茂传》："茂年十七，膂力过人，尤善骑射。太宗曾亲征丁零翟猛，茂为中军执幢。时有风，诸军旌旗皆偃仆，茂于马上持幢，初不倾倒。"④ 此处之幢指旌旗，即麾幢。一幢当指一个麾幢为代表的军事编制单位，幢将为其统帅。⑤

北魏于公元386年建国之初便设立幢将一职，这是中国古代武官制度史上的创举，其字面含义即是统率君主身边仪仗侍卫的将领。《魏书·礼志四》：

> 天赐二年（405）初，改大驾鱼丽雁行更为方陈卤簿。列步骑，内外为四重，列标建旌，通门四达，五色车旗各处其方。诸王导从在钾骑内，公在幢内，侯在步稍内，子在刀盾内，五品朝臣使列乘舆前两厢，官卑者先引。王公侯子车旗麾盖、信幡及散官构服，一皆纯黑。⑥

据此，则北魏仪仗卤簿方阵中之"幢"为禁卫军兵种之一，与钾骑及步

---

① （晋）陈寿撰，（南朝宋）裴松之注：《三国志》卷六〇《吴书·周鲂传》，中华书局1959年版，第1390页。
② 《晋书》卷二五《舆服志》，第758、760页。
③ 《魏书》卷二三《刘库仁传》，第605页。
④ 《魏书》卷五一《韩茂传》，第1127页。
⑤ 唐长孺云："本来，幢止是旌旗之类，军中用来识别队伍和表示将领所在。""在刘宋时幢是军队的基层编制"，"幢是领幢的主将"，"北魏初已见幢将"。（《吐鲁番文书中所见高昌郡军事制度》，《山居存稿》，中华书局1989年版，第372—373页）周一良云："幢之原义为旌幢旗，军下之编制单位盖以此为标志。"（《〈北齐书〉札记·军主、幢主、队主》，《魏晋南北朝史札记》，中华书局1985年版，第410页）
⑥ 《魏书》卷一〇八之四《礼志四》，第2813—2814页。按"大驾鱼丽雁行"之制制定于天兴二年（399）。《魏书》卷一〇八之四《礼志四》："太祖天兴二年，命礼官拽采古事，制三驾卤簿。一曰大驾，设五辂，建太常，属车八十一乘。""轻车介士，千乘万骑，鱼丽雁行。"（第2813页）

稍、刀盾共同构成了皇宫之禁卫军①。这应是北魏建国之初都统长领殿内之兵及六幢将统三郎卫士之制发展演变的结果。与以后的制度比附，一幢约当百人，则道武帝建国之初六幢所统直宿殿中（当时无类似中原汉制之宫殿，所谓殿中当指拓跋珪之牙帐）之三郎卫士不足千人，应与实际情况符合。

《资治通鉴》宋文帝元嘉七年（北魏太武帝神䴥三年，430）十二月条："关中侯豆代田得奚斤、娥清等，献于魏主。魏主以夏主之后赐代田，命斤膝行执酒以奉代田，谓斤曰：'全汝生者，代田也。'赐代田爵井陉侯，加散骑常侍、右卫将军，领内都幢将。"胡三省注："百人为幢，幢有帅，柔然之法也。魏幢将主三郎卫士，直宿禁中者，自侍中已下、中散已上皆统之。"② 按胡氏此处对"幢"的解释不太准确，幢将之制始创于北魏，柔然之幢制仿自北魏而非其首创。《魏书·蠕蠕传》："太祖遣材官将军和突袭黜弗、素古延诸部，社仑遣骑救素古延，突逆击破之。社仑远遁漠北，侵高车，深入其地，遂并诸部，凶势益振。北徙弱洛水，始立军法：千人为军，军置将一人；百人为幢，幢置帅一人。"③ 考同书《太祖纪》：天兴五年（402）正月"戊子（十九，3.8），材官将军和突破黜弗、素古延等诸部……辛卯（廿二，3.11），蠕蠕社仑遣骑救素古延等，和突逆击破之于山南河曲"④。据此可知，柔然实行幢制是在公元402年正月以后。其时北魏实行幢制已有十余年之久，柔然应是在与魏军多次交战之后而采用北魏幢制的。正因如此，当柔然在可汗社仑统率下强大起来之时，北魏道武帝拓跋珪对其大臣崔玄伯（宏）说："今社仑学中国，立法置战陈，卒成边害。"⑤ 可知柔然之立军法置战阵确实效法于北魏。据此还可推断，北魏之一幢估计也应为百人，其上亦当有千人之军及军将。

---

① 按吐鲁番文书《细射步稍等兵人名籍》："［前缺］——右九人细射。陨保彊、令狐玩、孙澹、张保受、樊受、孙佛狗、李晟、尊明、张保、吴澹——右十人步稍。"（国家文物局文献研究室等编：《吐鲁番出土文书》，文物出版社1981年版，第一册，第172页）此证步稍与细射均为兵种名称，细射为弓矢兵，步稍为步兵。唐长孺云："细射是以善射者组成的队伍。"（《吐鲁番文书中所见高昌郡军事制度》，《山居存稿》，第375页）按"细射"既是善射者之称谓，也指由善射者组成的队伍。
② 《资治通鉴》卷一二一《宋纪三》，第3826页。
③ 《魏书》卷一〇三《蠕蠕传》，第2290页。
④ 《魏书》卷二《太祖纪》，第39页。
⑤ 《魏书》卷一〇三《蠕蠕传》，第2291页。

第十六章 史籍所见北魏前期禁卫武官制度 / 569

如：尉拨"从讨和龙，迁虎贲帅，转千人军将"①，尧暄亦"为千人军将"②。看来柔然的军幢制与北魏是相同的。③

史传所见幢将，除上引莫题、豆代田二人外，可考者还有：

  常山王素"长子可悉陵，年十七，从世祖猎……拜内行阿干。又从平凉州。……世祖壮之，即日拜都幢将，封罂阳子。卒于中军都将"④。

  来"大千骁果，善骑射，为骑都尉。永兴初，袭爵，迁中散。至于朝贺之日，大千常著御铠，盘马殿前，朝臣莫不嗟叹。迁内幢将，典宿卫禁旅。大千用法严明，上下齐肃。尝从太宗校猎……"⑤

  楼"伏连兄孙安文。从征平凉有功……后迁三郎幢将"⑥。

  宿石"父沓干，世祖时虎贲幢将。从征平凉有功……"⑦

  吕温，"世祖伐赫连昌，以（吕罗汉父）温为幢将，先登陷阵，每战必捷"⑧。

  山徽"祖安南将军、内都幢将、比部尚书、定州刺史、泰山公"⑨。

---

① 《魏书》卷三〇《尉拨传》，第 729 页。
② 《魏书》卷四二《尧暄传》，第 954 页。
③ 成吉思汗在称汗建国之初即设置并逐步健全了蒙古汗国的禁卫制度。"宿卫"由最初的"八十名"扩充到"八百名"，又增加到"满一千名"，成立了"宿卫队"，降旨以"也客·捏兀邻为宿卫长，掌管千人（宿卫队）。"箭筒士"也由"四百名"增加至"满一千名"，"以也孙·帖额为首长"。"侍卫"则增至"八千名"，亦以"千人"为一单位，委派不同亲信掌管。宿卫、箭筒士、侍卫"共为一万名轮番护卫士"，构成了成吉思汗的"大中军"。（余大钧译注：《蒙古秘史》卷九，第 224—226 节，河北人民出版社 2001 年版，第 371—375 页）由此可见，蒙古国在成吉思汗建国之后的禁卫军编制是以千人作为基本军事单位的，此与北魏初年的千人军将可能相当。从蒙古国的万户长、千户长、百户长等制度推测，在成吉思汗大中军中，千人之下亦当有百人的编制，当与北魏的幢将类似。拓跋鲜卑与蒙古两族在建国之初颇有相似之处，有一定的可比性。关于元代宿卫制度，参见萧启庆《元代的宿卫制度》，《元代史新探》，新文丰出版公司 1983 年版；史卫民：《元代侍卫亲军组织的职能》，《中国史研究》1987 年第 3 期。
④ 《魏书》卷一五《昭成子孙·常山王素传》，第 375 页。
⑤ 《魏书》卷三〇《来大千传》，第 725 页。
⑥ 《魏书》卷三〇《楼伏连传》，第 718 页。
⑦ 《魏书》卷三〇《宿石传》，第 724 页。
⑧ 《魏书》卷五一《吕罗汉传》，第 1137 页。
⑨ 赵万里集释：《汉魏南北朝墓志集释》图版二七二《山徽墓志》，科学出版社 1956 年版。据墓志记载可知，山徽生活于北魏晚期，其祖父任内都幢将当在献文帝时期或孝文帝前期可能性较大。

570 / 第五编 北朝禁卫武官制度

高䐗儿,"美容貌,膂力过人,尤善弓马。显祖时,羽林幢将。皇兴中……"①

于烈,"以功臣子起家为中散,转屯田给事、内都幢将,迁左卫将军"②。

公孙邃,"迁南部尚书,赐爵范阳侯,加左将军。高祖诏邃与内都幢将、上谷公张儵率众讨萧赜舞阴戍"③。

张儵是史籍所见北魏幢将存在的下限,其时间为孝文帝太和十一年(487)。《南齐书·魏虏传》:"(永明)四年……明年(北魏太和十一年),边人桓天生作乱,虏遣步骑万余人助之,至比阳,为征虏将军戴僧静等所破。荒人胡丘生起义悬瓠,为虏所击,战败南奔。伪安南将军辽东公、平南将军上谷公又攻舞阴,舞阴戍主、辅国将军殷公愍拒破之。"④

以上关于"幢将"的记载共计十一条,其中内都幢将凡四见(太武、孝文朝)、幢将二见(道武、太武朝)、内幢将(明元朝)、都幢将(太武朝)、三郎幢将(太武朝)、虎贲幢将(太武朝)、羽林幢将(献文朝)各一见。虽然所见资料较少,但其分布时代几乎涵盖了从道武帝到孝文帝前期的各朝,颇具代表性,基本上印证了《魏书·官氏志》太祖登国元年始设幢将而孝文帝太和后《职员令》废除幢将的记载。《官氏志》载孝文帝太和四年(480)"省二部内部幢将"⑤,此"二部内部"之确切含义虽然不大明确,但大体上当与上述"内幢将"或"内都幢将"有关,"内部"或即"内都"之误。不过从上引张儵的事例可知,直到孝文帝太和十一年时北魏仍有内都幢将之职。内都幢将当即宿卫幢将之长,类似于镇大将与都大将的关系。孝文帝太和前《职员令》中有宿卫军将、宿卫幢将、宿卫军司马、宿卫军吏⑥,可证在幢之上有军,或即上述幢将制度的

---

① 《魏书》卷三二《高湖传附䐗儿传》,第753页。
② (宋)赵明诚撰,金文明校证:《金石录校证》卷二一《跋尾十一·后魏》"后魏太尉于烈碑"条,广西师范大学出版社2005年版,第363页。
③ 《魏书》卷三三《公孙邃传》,第785—786页。
④ (梁)萧子显撰:《南齐书》卷五七《魏虏传》,中华书局1972年版,第989页。
⑤ 《魏书》卷一一三《官氏志》,第2976页。
⑥ 《魏书》卷一一三《官氏志》:宿卫军将,从第五品上;宿卫幢将,从第七品上;宿卫军司马,从第八品上;宿卫军吏,第九品上。(第2985、2991、2992页)

第十六章　史籍所见北魏前期禁卫武官制度 / 571

反映。与柔然之军幢制度相对照，北魏前期曾有宿卫军幢制的可能性极大。《资治通鉴》载晋安帝元兴元年（402）正月，柔然豆代可汗社仑"始立约束，以千人为军，军有将；百人为幢，幢有帅"。胡三省注："军将、幢帅，皆魏制，社仑盖效而立之。"① 胡三省此说无疑是正确的。

上述诸"幢将"中，内都幢将地位最高。豆代田以井陉侯、散骑常侍、右卫将军领内都幢将，据前令，右卫将军为从第二品下②。山徽之祖某为内都幢将、比部尚书，前令中列曹尚书为第二品中③。张儵为内都幢将、上谷公，天赐元年（404）九月定制"公第二品"④。于烈所任内都幢将低于左卫将军，本传载其曾任羽林中郎将，内都幢将或即其职。⑤ 拓跋可悉陵所任之中军都将应与内都幢将有关，大概是战时之中军将领名称。此外，又有统禁兵之都将，如闾大肥为都将，"领禁兵讨蠕蠕"⑥。三郎幢将应即北魏最初所设领三郎卫士宿直禁中之幢将，明元帝时此职仍然存在，三郎一直存在到孝文帝前期（见下），则三郎幢将一职亦应存在到幢将被省罢之时。内幢将盖因其"典宿卫禁旅"而得名。内都幢将类此，地位高于内幢将，应是内幢将之长官，其下当领数个内幢将。羽林幢将、虎贲幢将因其所统为羽林、虎贲而得名。太和前令中羽林、虎贲尤其虎贲系统禁卫之职颇为发达。羽林系统有羽林中郎将、羽林中郎、羽林郎将、高车羽林郎将、羽林郎、高车羽林郎⑦，以羽林中郎将地位最高而高车羽林郎最低。虎贲系统有戟楯、募员、高车虎贲之别，其地位自上而下有：三类（戟楯、募员、高车）虎贲将军、虎贲司马、虎贲将、虎贲；此外

---

① 《资治通鉴》卷一一二《晋纪三四》，第3534页。
② 《魏书》卷一一三《官氏志》，第2979页。
③ 同上书，第2978页。
④ 同上书，第2973页。
⑤ 参见《魏书》卷三一《于烈传》，第737页。按赵明诚转引碑文，于烈任职经历是中散→屯田给事→内都幢将→左卫将军，《魏书》本传所载其任职经历是羽林中郎→羽林中郎将（又，敕领宁光宫宿卫事）→屯田给纳→（平坂）以本官行秦雍二州事→司卫监→左卫将军，内都幢将与司卫监比较重合，而其为司卫监时"总督禁旅"与内都幢将职能也是吻合的。
⑥ 《魏书》卷三〇《闾大肥传》，第728页。
⑦ 《魏书》卷一一三《官氏志》：羽林中郎将，第三品下；羽林中郎、羽林郎将、高车羽林郎将，从第四品上；羽林郎，从第五品中；高车羽林郎，从第五品下。（第2979、2983、2986页）

572 / 第五编 北朝禁卫武官制度

还有虎贲郎将与虎贲军书令史。① 虎贲郎将或即虎贲幢将。②

敦煌研究院藏敦煌遗书68号《职官花名册》，刊布者将其定名为《北魏禁军军官籍簿》③，严耀中亦据此论证北魏禁军官制④。然而要把这一文书定为北魏禁军军官籍簿，疑点颇多，兹略作考辨。先将文书录文转录如下：

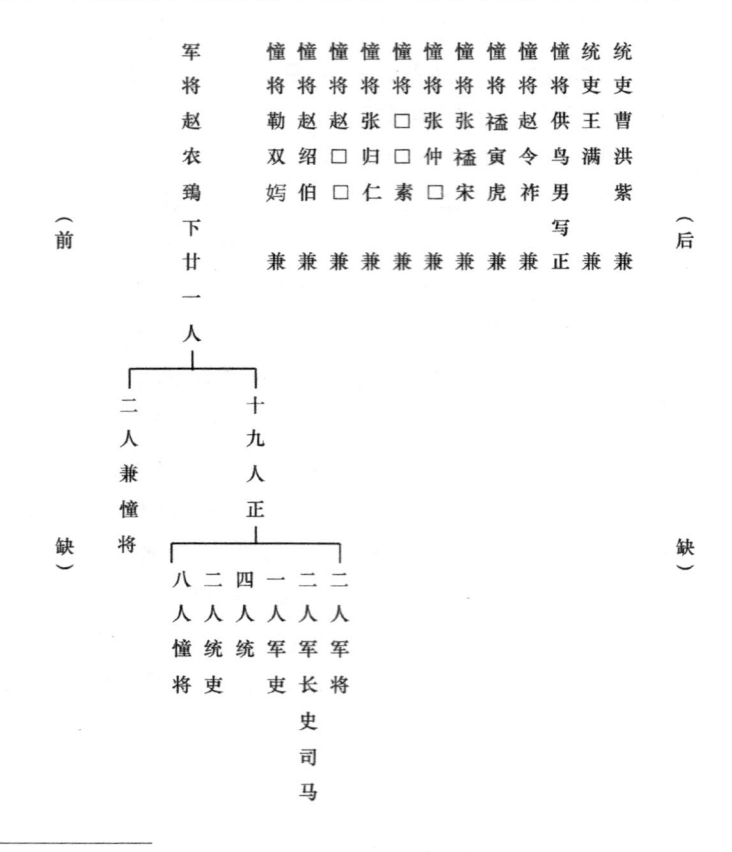

```
                                        统 统
军   幢 幢 幢 幢 幢 幢 幢 幢 幢        吏 吏
将   将 将 将 将 将 将 将 将 将        
赵   勒 赵 赵 张 □ 张 张 褊 赵 供       王 曹
农   双 绍 □ 归 □ 仲 褊 寅 令       乌 洪
鸡   姆 伯 □ 仁 素 □ 宋 虎 祚 男       满 紫
    下              写
(前) 廿  兼 兼 兼 兼 兼 兼 兼 兼 正 兼 兼  (后)
    一
    人
    ┌─────┴─────┐
    二          十
    人          九
    兼          人
    幢          正
    将
               ┌──┬──┬──┬──┐
               八  二  四  一  二  二
               人  人  人  人  人  人
               幢  统  军  军  军
(缺)           将  吏  吏  长  将   (缺)
                          史
                          司
                          马
```

----

① 《魏书》卷——三《官氏志》：戟楯虎贲将军、募员虎贲将军、高车虎贲将军，从第四品下；戟楯虎贲司马、募员虎贲司马、高车虎贲司马、戟楯虎贲将、高车虎贲将、募员虎贲将，从第五品下；戟楯虎贲、募员虎贲、高车虎贲，从第六品下；虎贲郎将，从第五品上；虎贲军书令史，从第八品下。(第2979、2985、2988、2992页)

② 此外，北魏前期还有"内将军"之职。卫王仪之子纂曾任"内大将军"，时"纂于宗属最长，宗室有事，咸就谘焉"；其弟幹，"太宗即位，拜内将军、都将，入备禁中"。(《魏书》卷一五《昭成子孙·卫王仪传》，第372页) 大概内大将军与内都幢将相当，内将军与内幢将、都幢将相当，因史书记载仅见于此，其详情无法得知。亦不排除"内将军都将"仅为一个职名之可能。内大将军、内将军都将或即内都幢将同职异译之名。

③ 参见杨森《敦煌研究院藏卷〈北魏禁军军官籍簿〉考述》。

④ 严耀中：《北魏前期政治制度》，第160—161页。

第十六章　史籍所见北魏前期禁卫武官制度 / 573

据刊布者杨森介绍，这件文书"一九四四年八月发现于莫高窟中寺土地庙清代残破塑像中，长 26 厘米、宽 27.5 厘米，无头无尾，上部破损，两面书写，正面十九行，即《名册》；背面七行，为后人随手抄写的《佛名经》之类"。

此文书定为北魏（前期）禁军军官籍簿，其疑点表现在：（1）若为北魏前期禁军军官籍簿，必定是在平城地区抄写而流传至敦煌，首先北魏是否有禁军军官造籍之制，尚无确切证据。（2）若真有此类名册，必属绝密，如何能够传至敦煌？（3）北魏前期禁军军官担任者均为拓跋鲜卑及附从部落人，而此名籍中人却全无鲜卑姓名特征，除个别人有昭武九姓胡嫌疑外，主要应为汉人，且以河西大姓张、赵二氏为主。很显然，这些人绝对不可能成为北魏前期任职平城宫中的禁军军官。关于本文书中的军、幢（幢）之制，可有以下几种理解：（1）柔然有军幢之制，与敦煌相邻地区曾役属柔然，采用柔然制度未必全然没有可能。（2）北凉及其后之高昌地区有"幢"制①，敦煌曾为北凉辖境，而北凉曾役属柔然多年，其幢制当采用柔然制度。（3）北魏河西地方亦有幢制，《魏书·肃宗纪》：正光五年（524）七月，"是月，凉州幢帅于菩提、呼延雄执刺史宋颖据州反"②。南朝宋亦有军、幢之制③。（4）唐至西夏皆有军将之职，唐在河西地区设军为众所周知，然其下有无幢、统，则不大清楚。

窃以为，这件文书更有可能为西魏北周时期河西地方军（乡兵）之基层军官簿籍，理由是：（1）此文书格式与西魏大统十三年（547）籍帐一致，应是宇文泰采用苏绰计账程式后的产物④。（2）统一军一幢制与北魏后期以来至西魏北周时期的基层军事编制一致，当时基层军制中定格为

---

① 参见《吐鲁番出土文书》，第一册，第 65、122、124、136、138、140、147、150、203 页；新疆吐鲁番地区文管所《吐鲁番出土十六国时期的文书——吐鲁番阿斯塔那 382 号墓清理简报》、吴震《吐鲁番文书中的若干年号及相关问题》，《文物》1983 年第 1 期；唐长孺《吐鲁番文书中所见高昌郡军事制度》，《山居存稿》，第 364、372—374、377—378 页。

② 《魏书》卷九《肃宗纪》，第 236 页。

③ 参见［日］宫川尚志《六朝史研究　政治·社会篇》，平乐寺书店 1977 年版，第 576—577 页；周一良《〈北齐书〉札记·军主、幢主、队主》，《魏晋南北朝史札记》，第 410 页；唐长孺《吐鲁番文书中所见高昌郡军事制度》，《山居存稿》，第 373 页。

④ 《周书》卷二三《苏绰传》："绰始制文案程式朱出墨入，及计账、户籍之法。"［（唐）令狐德棻等撰，中华书局 1971 年版，第 382 页］时在大统三年前。关于大统十三年籍帐文书，参见［日］山本達郎《敦煌發見計帳樣文書殘簡》，《東洋學報》第 37 卷第 2、3 号（1954 年）；［日］池田温《中國古代籍帳研究　概觀·錄文》，錄文（二），東京大學出版會 1979 年版。

统一军一幢，由统军—军主—幢主来率领，不过统军高于军主；在此文书中，一军二统、一统二幢的制度与当时制度基本相符。此文书中军将赵农鸹大体与别将地位相当。《隋书·百官志下》"十二卫"条："改骠骑为鹰扬郎将，正五品……其……别将、统军、军主、幢主之属并废。"① 完整的军—统—幢制见于西魏北周时期。唐高祖武德七年（624）至太宗贞观十年（636）曾以骠骑府为统军府，骠骑将军为统军②，故上引文书亦不能完全排除为唐初之府兵军官名册的可能性。不过，唐代并无幢将之职，故此文书应该并非唐代之物。

第二节　郎卫

《魏书·官氏志》载，太祖登国元年置"幢将，员六人，主三郎卫士直宿禁中者"③。很显然，三郎卫士为北魏建国初所设立的禁卫武官之重要构成。从这一记载来看，三郎卫士应有内、外之别，即宿直禁中之内三郎，当由内幢将所统领；亦当有不宿直禁中之三郎卫士，其亲近程度及重要性也应低于内三郎。三郎与内三郎之职于北魏前期均于史有征：

宗室疏属拓跋大头，"善骑射，擢为内三郎。从世祖，有战功，赐爵"④。

代人豆（豆连）代田，"太宗时，以善骑射为内细射。从攻虎牢……以功迁内三郎。从讨赫连昌"。"子求周，为内三郎。从驾到江，赐爵五等子。"⑤

---

① 《隋书》卷二八《百官志下》，第800页。
② （宋）欧阳修、宋祁撰《新唐书》卷四九上《百官志四上》"十六卫"条："左、右果毅都尉，掌贰都尉。"本注："（武德）七年（624），改骠骑将军府为统军府，车骑将军为别将。八年，复置十二军。贞观十年（636），改统军府曰折冲都尉，别将曰果毅都尉。"（中华书局1975年版，第1288页）卷五〇《兵志》："军置将、副各一人，以督耕战，以车骑府统之。（武德）六年，以天下既定，遂废十二军，改骠骑曰统军，车骑曰别将。居岁余，十二军复，而军置将军一人。""太宗贞观十年，更号统军为折冲都尉，别将为果毅都尉，诸府总曰折冲府。"（第1324—1325页）又可参见唐长孺《唐书兵志笺正》（中华书局1962年版）相关考证。
③ 《魏书》卷一一三《官氏志》，第2972页。
④ 《魏书》卷一四《神元平文诸帝子孙·淮陵侯大头传》，第362页。
⑤ 《魏书》卷三〇《豆代田传》，第727页。

第十六章　史籍所见北魏前期禁卫武官制度 / 575

　　代人周（普）豆，"初为三郎，迁军将"①。
　　代人陆（步六孤）真，"真少善骑射。世祖初，以真膂力过人，拜内三郎。数从征伐，所在摧锋陷陈"②。
　　代人陈（侯莫陈）建，"建以善骑射，擢为三郎"③。
　　代人伊（伊娄）馛，"少而勇健，走及奔马，善射，多力，曳牛却行。神䴥初，擢为侍郎，转三郎"④。
　　代人费（费连）于，"少有节操，起家内三郎。世祖南伐，从驾至江。以宿卫之勤，除宁远将军，赐爵松杨男"⑤。
　　代人娄（匹娄）提，"显祖时为内三郎。显祖暴崩，提谓人曰：'圣主升遐，安用活为！'遂引佩刀自刺，几至于死"⑥。
　　宗室元保洛，"祖故赀毅（？）内三郎"⑦。

　　以上记载表明，三郎、内三郎担任者一般需具备"善骑射"的素质，才能与其保卫君主的职能相适应。内三郎之从驾征伐及宿卫，正是其作为禁卫武官的重要表现。在战争年代，北魏君主经常亲率大军出征，作为禁卫武官的三郎卫士亦常随从征战，一方面要侍卫左右，保卫君主安全，同时也要冲锋陷阵，直接参与对敌战斗。《宋书·索虏传》："虏又破尉武戍，执戍主、左军长兼行参军王罗汉。""虏法：获生将，付其三郎大帅，连锁锁颈后。罗汉夜断三郎头，抱锁亡走，得入盱眙城。"⑧ 按此处所记之"三郎大帅"，当即上文所引史料中出现的三郎幢将、内都幢将之类，"三郎"或为三郎大帅之省称，或径指三郎，即《魏书·官氏志》及上引史料所见之三郎或内三郎。《宋书》所载"虏法"正是北魏三郎卫士从驾出征、侍卫君主左右职能的一个具体表现。
　　"三郎"之名早在秦代就已出现。《史记·秦始皇本纪》附《秦二世本纪》："乃行诛大臣及诸公子，以罪过连逮少近官三郎"，云云。按此处

---

① 《魏书》卷三〇《周观传附子豆传》，第728页。
② 《魏书》卷三〇《陆真传》，第730页。
③ 《魏书》卷三四《陈建传》，第802页。
④ 《魏书》卷四四《伊馛传》，第989页。
⑤ 《魏书》卷四四《费于传》，第1003页。
⑥ 《魏书》卷八七《节义·娄提传》，第1891页。
⑦ 《汉魏南北朝墓志集释》图版六一《元保洛墓志》。
⑧ 《宋书》卷九五《索虏传》，第2351页。

明言三郎为"少近官",即年少近侍之官。司马贞《索隐》:"少,小也。近,近侍之臣。三郎谓中郎、外郎、散郎。"张守节《正义》:"《汉书·百官表》云,有议郎、中郎、散郎;又有左、右三将,谓郎中、车郎、户郎。"① 是张守节以议郎、中郎、散郎或郎中、车郎、户郎为三郎。按:两人对三郎的解说均不准确。"少近官三郎",当属秦朝禁卫长官郎中令所统。汉承秦制,设郎中令统诸郎官于殿中宿卫。汉武帝时改郎中令为光禄勋,职能进一步扩大。西汉时期诸郎有中郎、郎中、侍郎、议郎,其中议郎职主论议,与殿中宿卫关系不大;中郎有五官、左、右三署,谓之三署郎,由三署中郎将主之;郎中由左右车、户、骑三将主之。西汉史料中未明确见到"三郎"之词,或指中郎、郎中、侍郎,或指中郎三署即三署郎。东汉时期,五官、左、右、虎贲四署中郎将皆主中郎、侍郎、郎中。刘昭注《续汉书·百官志二》,谓此为"三郎"②。杜佑《通典》卷二九《职官十一·武官下》"中郎将"条:"左、右郎将各领左、右署郎,二署皆有中郎、侍郎、郎中,三郎并属光禄勋。"③ 这是两汉并举,实应指东汉制度。《汉书·惠帝纪》:惠帝即位之初,"赐民爵一级。中郎、郎中满六岁爵三级、四岁二级,外郎满六岁二级;中郎不满一岁一级,外郎不满二岁赐钱万"④。据此可知,外郎不指中郎、郎中,在西汉四种郎官之中,中郎、郎中之外即为侍郎、议郎,因其不常在殿中宿卫,故以"外郎"称之。同上条,颜师古注引苏林曰:"中郎,省中郎也。""外郎,散郎也。"⑤

北魏之三郎有内、外之别,与汉代制度近似。北魏初年设置的由幢将所主的宿直禁中之三郎卫士,当即内三郎。《魏书·王洛儿传》可见"殿中卫士"⑥,或即三郎卫士。北魏前期宫室制度不健全,皇帝经常因征战或畋猎而出行,故史书所见三郎或幢将多为从驾出征之职,实际上从驾出征与宿直禁中皆为侍奉皇帝左右,保卫其安全,职责是相同的。北魏的内

---

① (汉)司马迁撰,(南朝宋)裴骃集解,(唐)司马贞索隐,(唐)张守节正义:《史记》卷六《秦始皇本纪》附《秦二世本纪》,中华书局1959年版,第268页。
② (南朝宋)范晔撰,(唐)李贤等注:《后汉书》/附(晋)司马彪撰,(南朝梁)刘昭注补:《续汉书·志》,中华书局1965年版,第3575页。
③ 《通典》卷二九《职官十一·中郎将》,第807页。
④ 《汉书》卷二《惠帝纪》,第85页。
⑤ 同上书,第86页。
⑥ 《魏书》卷三四《王洛儿传》,第800页。

第十六章　史籍所见北魏前期禁卫武官制度 / 577

三郎与汉代的中郎、郎中职能相似。内三郎娄提在献文帝暴崩后"引佩刀自刺",正是其侍卫君主左右职能的反映①。北魏初年禁中宿卫制度与汉代郎官制度非常相似,可谓如出一辙,其近源实即北魏建国之前拓跋鲜卑前代国制度。《魏书·许谦传》:"建国时,将家归附,昭成嘉之,擢为代王郎中令,兼掌文记。"②《资治通鉴》晋哀帝兴宁三年(365)正月条载,"什翼犍性宽厚,郎中令许谦盗绢二匹,什翼犍知而匿之"③。拓跋鲜卑代国名义上是西晋分封的结果,故可以认为其国制为西晋王国之制。后来其势力不断壮大,吸收当地汉人进入统治阶层,并由他们制定出类似西汉王国之制的代国制度。可以说,前代国的制度应即汉制和晋制相融合的产物。如代王郎中令便来自西汉制度,而代王左、右长史则应是西晋王国制度④。在皇始元年(396)"始建曹省,备置百官"或天兴元年(398)十一月"诏吏部郎邓渊典官制,立爵品"之时⑤,北魏禁卫武官制度进一步完善,具体表现便是郎官制度的进一步制度化。这一变化和西汉武帝时期郎官制度的完善基本相似。

《魏书·长孙肥传》:"肥弟亦干,太祖初,为羽林郎。从平中原。"⑥这是史书所见北魏时期羽林郎的最早一条材料。太祖平中原,指皇始元年十月至次年十月北魏道武帝率军平定慕容后燕河北地区。皇始元年八月,"并州平,初建台省,置百官"⑦。羽林郎的初置当在其时。同书《刘尼传》:"尼少壮健,有膂力,勇果善射,世祖见而善之,拜羽林中郎。"⑧《陆丽传》:"与殿中尚书长孙渴侯、尚书源贺、羽林郎刘尼奉迎高宗于苑中,立之。"⑨据此,似羽林郎与羽林中郎为同一官职。其实,羽林中郎与羽林郎是有区别的。太和前《职员令》中,羽林中郎为从第四品上,

---

① 张庆捷、郭春梅认为,"内三郎的职责是守卫宫廷,护驾出征"(《北魏文成帝〈南巡碑〉所见拓跋职官初探》,《中国史研究》1999年第2期),其说可从。
② 《魏书》卷二四《许谦传》,第610页。
③ 《资治通鉴》卷一〇一《晋纪二三》,第3197页。
④ 《魏书》卷一一三《官氏志》:"昭成之即王位,已命燕凤为右长史,许谦为郎中令矣。余官杂号,多同于晋朝。"(第2971页)同书卷二四《燕凤传》载其"后拜代王左长史,参决国事"(第609页)。按一"左"一"右",未知孰是。
⑤ 《魏书》卷一一三《官氏志》,第2972页。
⑥ 《魏书》卷二六《长孙肥传》,第654页。
⑦ 《魏书》卷二《太祖纪》,第27页。参见同书卷一一三《官氏志》,第2972页。
⑧ 《魏书》卷三〇《刘尼传》,第721页。
⑨ 《魏书》卷四〇《陆丽传》,第907页。

羽林郎为从第五品中。刘尼所任官职应为羽林中郎而非羽林郎。① 羽林中郎为羽林系统中地位仅次于羽林中郎将的禁卫武官,故其有资格同殿中尚书陆丽等一起兴废立之谋。羽林中郎、羽林郎的职能与内三郎相似,即宿直禁中,从驾出征。如:拓跋郁,"初以羽林中郎内侍,勤干有称"②;宜都王目辰,"初以羽林郎从太祖(即世祖太武帝)南伐至江"③;东阳王丕,"世祖擢拜羽林中郎,从驾临江"④。

北魏前期,羽林中郎可考者还有穆泥乾、和其奴、李华、吕罗汉、寇猛⑤,羽林郎可考者还有长孙石洛、长孙陈、于判、元提等人⑥。又有羽林,地位可能低于羽林中郎和羽林郎,如薛野䐗"好学善射,高宗初,召补羽林"⑦。羽林中郎之地位还高于虎贲中郎将。《魏书·尉元传》:"神䴡(428—431)中,为虎贲中郎将,转羽林中郎。"⑧ 羽林中郎地位高于三郎。同书《和其奴传》:"少有操行,善射御。初为三郎,转羽林中郎,以恭勤致称。"⑨ 其地位亦高于虎贲。《恩倖·寇猛传》:"猛少以姿干充虎贲,稍迁羽林中郎。从高祖征南阳,以击贼不进免官。"⑩ 按寇猛为史书所见最后一位羽林中郎,其任职至孝文帝迁都之后。羽林中郎和羽林郎亦由幢将统领。前《职员令》中有羽林郎将、高车羽林郎将,而北魏前期实际还存在羽林中郎幢将、羽林幢将等职。吕罗汉"弱冠以武干知名","善射"。随侍其父吕温于秦州,在反击仇池氐酋杨难当的战斗中立

---

① 《资治通鉴》卷一二六《宋纪八》:文帝元嘉二十九年(452)十月,"惟羽林郎中代人刘尼知之"。胡三省注:"羽林郎,自汉以来有之。汉羽林郎秩比三百石,郎中可以概推矣。魏以刘尼为羽林郎中,与殿中尚书俱典兵宿卫,则其位任盖重于汉朝也。"(第3980页)司马光及胡三省均以刘尼为羽林郎中,不确。
② 《魏书》卷一四《神元平文诸帝子孙·顺阳公郁传》,第347页。按时在太武帝时。
③ 《魏书》卷一四《神元平文诸帝子孙·宜都王目辰传》,第348页。按拓跋郁、目辰二人为兄弟。
④ 《魏书》卷一四《神元平文诸帝子孙·东阳王丕传》,第357页。
⑤ 参见《魏书》卷二七《穆崇传附泥乾传》,第676页;卷四四《和其奴传》,第993页;卷四九《李灵传附华传》,第1098页;卷五一《吕罗汉传》,第1138页;卷九三《恩倖·寇猛传》,第1997页。
⑥ 参见《魏书》卷二六《长孙肥传附石洛、陈传》,第654页。又,同书卷五《高宗纪》:太安二年(456)"夏六月,羽林郎于判、元提等谋逆,伏诛"(第115页)。
⑦ 《魏书》卷四四《薛野䐗传》,第995页。
⑧ 《魏书》卷五〇《尉元传》,第1109页。
⑨ 《魏书》卷四四《和其奴传》,第993页。
⑩ 《魏书》卷九三《恩倖·寇猛传》,第1997页。

下战功。上邽镇将元意头"具以状闻,世祖嘉之,征为羽林中郎"。又出征立功,"以功迁羽林中郎幢将"。"及南安王余立,罗汉犹典宿卫。高宗之立,罗汉有力焉。迁少卿,仍幢将,进爵野王侯,加龙骧将军。"① 按吕罗汉以羽林中郎幢将"典宿卫",表明羽林中郎与内三郎一样有幢将为其长官,其职负责宿卫重任,与政治关系密切。又有羽林幢将、羽林郎将、羽林中郎将,如:高朏儿,"美容貌,膂力过人,尤善弓马,显祖时,羽林幢将"②;宇文福,"少骁果,有膂力。太和初,拜羽林郎将"③;拓跋库汗,"为羽林中郎将,从(世祖)北巡"④;于烈,"少拜羽林中郎,迁羽林中郎将。延兴初,敕领宁光宫宿卫事"⑤。按宁光宫为太上皇拓跋弘(献文帝)所居之处⑥。北魏前期曾有护高车中郎将一职。明元帝泰常三年(418)正月,"帝自长川诏护高车中郎将薛繁率高车丁零十二部大人众北略"⑦。直到孝文帝末年,还可见到高车羽林。太和二十二年(498)孝文帝南伐时,敕武卫将军宇文福"领高车羽林五百骑出贼南面,夺其桥道,遏绝归路"⑧。征诸太和前令,羽林系统分为三个层次:羽林中郎将、羽林中郎;羽林郎将、羽林郎;高车羽林郎将,高车羽林郎。其中,以羽林中郎(将)地位最高,最为亲近,自应属"内三郎"系列。其余两类是否属内三郎系统,难以确断。上述羽林中郎幢将当即羽林中郎将,羽林幢将当即羽林郎将。

此外,北魏前期又有虎贲系统禁卫武官,如宿沓干为"虎贲幢将"⑨,尉元、韩茂为"虎贲中郎将"⑩。其制度当与羽林系统类似。虎贲地位低于羽林。《魏书·尉元传》:"年十九,以善射称。神䴥中,为虎贲中郎

---

① 《魏书》卷五一《吕罗汉传》,第1138页。按中华书局点校本断句为"羽林中郎、幢将"。吕罗汉此前已为羽林中郎,仍"迁羽林中郎"不可解,当作"羽林中郎幢将"为宜。
② 《魏书》卷三二《高湖传附朏儿传》,第753页。
③ 《魏书》卷四四《宇文福传》,第1000页。
④ 《魏书》卷一五《昭成子孙·辽西公意烈传附库汗传》,第384页。
⑤ 《魏书》卷三一《于烈传》,第737页。
⑥ 按献文帝禅位于年幼的太子拓跋宏(孝文帝)后,移居宁光宫(崇光宫)并以太上皇身份决策国政。参见拙著《北魏政治史研究》(甘肃教育出版社1996年版)相关论述。
⑦ 《魏书》卷三《太宗纪》,第58页。
⑧ 《魏书》卷四四《宇文福传》,第1001页。
⑨ 《魏书》卷三〇《宿石传》,第724页。
⑩ 《魏书》卷五〇《尉元传》《韩茂传》,第1109、1127页。

将，转羽林中郎，小心恭肃，以匪懈见知。"① 《太祖纪》：皇始二年（397）四月，北魏与后燕交锋于巨鹿，慕容"普隣出步卒六千余人，伺间犯诸屯兵，诏将军长孙肥等轻骑挑之，帝以虎队五千横截其后"②。此处之"虎队"或即虎贲队之省称，当由虎贲士组成。因虎贲宿卫，故有"殿中虎贲"之称。《魏书·世祖纪下》载，太平真君三年（442）"秋七月丙寅（廿二，9.12），诏安西将军建兴公古弼督陇右诸军及殿中虎贲"南征云云③，可证。在太和前《职员令》中，虎贲系统颇为发达，有戟楯、募员、高车虎贲之别，其地位自上而下有：戟楯虎贲将军、募员虎贲将军、高车虎贲将军、虎贲司马、虎贲郎将，戟楯虎贲司马、募员虎贲司马、高车虎贲司马、戟楯虎贲将、募员虎贲将、高车虎贲将、虎贲郎、戟楯虎贲、募员虎贲、高车虎贲、虎贲军书令史。虎贲司马与虎贲郎将二职当为殿内宿卫将领，虎贲郎将或即虎贲幢将。在诸禁卫武职中虎贲所占比重似乎最大，而三郎卫士及幢将系统却不见于前令。这种情况的出现，一方面与孝文帝改革旧制有关，另一方面可能即是北魏前期禁卫武官制度发展的结果。北魏前期，主要当从拓跋部及其元从部落中选拔羽林、虎贲。此外，还在征服漠南高车之后，从高车部族中选拔羽林、虎贲来不断充实北魏禁卫部队。随着征服地区的扩大，北魏拓跋统治者又从被征服地区补充兵员，其中招募虎贲进入禁卫军系统便成为一项制度，于是又有"募员虎贲"之职④。中山安喜人张赦提"性雄武，有规划，初为虎贲中郎"，当属募员虎贲之列。赦提后为逐贼军将，捕获了"久弗能获"的"京畿盗魁"豹子、虎子，"尽送京师，斩于阙下，自是清静"。⑤ 张赦提为虎贲中郎当在太武帝或文成帝时期，为逐贼军将当在文成帝时期。

北魏前期，还可见到三郎、内三郎及羽林、虎贲郎之外的其他郎官名称，其中以猎郎影响最大。道武帝天赐三年（406），"置散骑郎、猎郎、诸省令史、省事、典签等"⑥。当时所设之散骑郎大概与魏晋南朝制度中

---

① 《魏书》卷五〇《尉元传》，第1109页。
② 《魏书》卷二《太祖纪》，第29—30页。
③ 《魏书》卷四下《世祖纪下》，第95页。
④ 唐长孺认为："（北魏）挑选卫士，包括羽林、虎贲、殿中武士，除拓跋本族人以外主要是敕勒人，其他各族人可能以应募的方式选充，即所谓'募员虎贲'。"（《北魏末期的山胡敕勒起义》，《山居存稿》，第73页）
⑤ 《魏书》卷八九《酷吏·张赦提传》，第1922页。
⑥ 《魏书》卷一一三《官氏志》，第2974页。

的散骑侍郎不同，而与三郎、内三郎之职相似。猎郎亦当类此，史籍可考担任猎郎者有长孙翰、古弼、叔孙俊、安原诸人。长孙翰，"太祖时，以善骑射，为猎郎"①；叔孙俊，"年十五，内侍左右。性谨密，初无过行。以便弓马，转为猎郎"②；古弼，"少忠谨，好读书，又善骑射。初为猎郎，使长安，称旨，转门下奏事，以敏正著称"③；周几，"少以善骑射为猎郎。太宗即位，为殿中侍御史，掌宿卫禁兵，断决称职"④；安原，"沉勇多智略，太宗时为猎郎"⑤。看来担任猎郎的一个基本条件是"善骑射"，作为皇帝侍卫之职当然还应具备"忠谨""谨密"的性格。这与上文所述三郎、内三郎具有"善骑射"的素质完全一致，表明猎郎是与三郎、内三郎性质相同的禁卫郎官。《资治通鉴》晋安帝义熙五年（409）十月条，"猎郎叔孙俊"下胡三省注："拓跋氏起于代北，俗尚猎，故置猎郎，以豪望子弟有材勇者为之，亦汉期门郎、羽林郎之类也。"⑥

除叔孙俊由内侍左右转任猎郎外，其他三人均为起家官。这些人皆为鲜卑贵族子弟（其中安原为中亚胡人后裔，但也已鲜卑化），对北魏政治发生过重大影响。长孙翰为魏初名将重臣长孙肥之子，长孙氏属帝室十姓之列。叔孙俊亦出帝室十姓，其父叔孙建在北魏建国及平定中原的战斗中功勋卓著。猎郎长孙翰、叔孙俊在道武帝死后迎立明元帝即位，稳定了政局，受到特别赏识和重用，对当时政治发挥了巨大作用。《魏书·长孙翰传》："太宗之在外，翰与元磨浑等潜谋奉迎。太宗即位，迁散骑常侍，与磨浑等拾遗左右。以功迁平南将军。"⑦《叔孙俊传》："太祖崩，清河王绍闭宫门，太宗在外。绍逼俊以为己援。俊外虽从绍，内实忠款，仍与元磨浑等说绍，得归太宗。""是时太宗左右，唯车路头、王洛儿等，及得俊等，大悦，以为爪牙。太宗即位，命俊与磨浑等拾遗左右。迁卫将军，赐爵安城公。"又因及时发现并制止了朱提王悦的谋逆行为而深受明元帝信任。"太宗以俊前后功重，军国大计一以委之，群官上事，先由俊

---

① 《魏书》卷二六《长孙肥传附子翰传》，第653页。
② 《魏书》卷二九《叔孙俊传》，第705页。
③ 《魏书》卷二八《古弼传》，第689页。
④ 《魏书》卷三〇《周几传》，第726页。
⑤ 《魏书》卷三〇《安原传》，第714页。
⑥ 《资治通鉴》卷一一五《晋纪三七》，第3624页。
⑦ 《魏书》卷二六《长孙肥传附子翰传》，第653页。

铨校，然后奏闻。"① 叔孙俊成为明元帝朝最受倚重的大臣。古弼在明元帝时"典西部，与刘洁等分绾机要，敷奏百揆"②。周几为左民尚书，安集饥民，招还逃户，平定叛乱；为宁朔将军，镇抚河南，"威信著于外境"③。安原"出监云中军事"，"镇守云中，宽和爱下，甚得众心。蠕蠕屡犯塞，原辄摧破之"④。

北魏前期又有侍御郎。穆（丘穆陵）颛"忠谨有材力。太宗时，为中散，转侍御郎。从世祖征赫连昌，勇冠一时，世祖嘉之。迁侍辇郎、殿中将军，赐爵泥阳子"⑤。宿（宿六斤/赫连）石"父沓干，世祖时，虎贲幢将。从征平凉有功，拜虎威将军、侍御郎，赐爵汉安男。转中散，迁给事，兼领工曹。从驾讨和龙"⑥。由此可见，侍御郎具有从驾征伐的职能。侍御郎与中散可互相迁转，表明二职地位相当。据第十一章第五节，十六国后燕政权有侍御郎之职，侍御郎是后燕皇帝身旁的亲近禁卫武官，其所率为精锐禁卫军。北魏之侍御郎有可能是承袭了后燕制度。

上引记载显示，北魏前期还有侍辇郎，位高于侍御郎，与殿中将军地位相当，职能亦当相近。穆颛担任侍辇郎后，"从征和龙，功超诸将，拜司卫监"⑦。侍辇郎还见于两处记载。尉（尉迟）地干"机悟有才艺，驰马立射五的，时人莫能及。太宗时，为左机令。世祖少而善之，即位，擢为库部尚书，加散骑常侍、左光禄大夫，领侍辇郎。地干奉上忠谨，尤善嘲笑。世祖见其效人举措，欣悦不能自胜。甚见亲爱，参军国大谋"⑧。韩（出大汗）茂"膂力过人，尤善骑射。太宗曾亲征丁零翟猛，茂为中军执幢"。"寻征诣行在所，试以骑射。太宗深奇之，以茂为虎贲中郎将。后从世祖讨赫连昌，大破之。""以军功赐茂爵蒲阴子，加强弩将军，迁侍辇郎。又从征统万，大破之。从平平凉，当茂所冲，莫不应弦而殪。由是世祖壮之，拜内侍长，进爵九门侯，加冠军将军。""从平凉州，茂为

---

① 《魏书》卷二九《叔孙俊传》，第705—706页。
② 《魏书》卷二八《古弼传》，第689页。
③ 《魏书》卷三〇《周几传》，第726页。
④ 《魏书》卷三〇《安原传》，第714页。
⑤ 《魏书》卷二七《穆颛传》，第675页。
⑥ 《魏书》卷三〇《宿石传》，第724页。
⑦ 《魏书》卷二七《穆颛传》，第675页。
⑧ 《魏书》卷二六《尉古真传附地干传》，第659页。

前锋都将，战功居多，迁司卫监。"① 尉地干的事例显示，侍辇郎由库部尚书、散骑常侍、左光禄大夫所领，表明其地位较高；韩茂的任职经历显示，侍辇郎高于虎贲中郎将和强弩将军，但低于内侍长，也低于前锋都将和司卫监。侍辇郎大概与内三郎地位相当。《张元祖妻一弗题记》："太和廿年（496）步辇郎张元祖不幸丧亡，妻一弗为造像一区。"② 此步辇郎当与侍辇郎相似。道武帝天兴二年所制三驾卤簿中，法驾、小驾皆由"奉车郎御"③。孝文帝太和十七年《职员令》中有奉乘郎、翼驭郎（从第五品中）④，应与奉车郎、侍辇郎相似，皆为禁卫武官。

北魏前期还可见到直郎。崔浩，"弱冠为直郎，天兴（398—403）中，给事秘书"⑤；卢鲁元，"太宗时，选为直郎，以忠谨给侍东宫"⑥。直郎有可能是与猎郎一同设置的散骑郎一类郎官，太和前令中有直事郎（从第七品上），直郎或即其职。

第三节　内侍、内行诸职

长孙道生"忠厚廉谨，太祖爱其慎重，使掌几（机）密，与贺毗等四人内侍左右，出入诏命"⑦。这是史书所载北魏一朝最早的内侍之职。长孙道生出于帝室十姓。贺毗当出于贺兰部，贺兰氏为拓跋氏舅族，二氏有双向联姻关系。其余二人虽难得其详，但估计情况类似。道武帝拓跋珪任用其本族或姻亲部族子弟作为内侍左右，其主要职能为"出入诏命"，但同时也应该具有保卫君主的职能。内侍之职与登国元年（386）设立的都统长及其所统殿内之兵、三郎卫士及其将领幢将有别，而应与侍中、中散一类侍从之职相似，或者就是这些职务，只是译为汉语时用词有别罢了。昭成帝什翼犍"建国二年（339），初置左右近侍之职，无常员，或至百数，侍直禁中，传宣诏命。皆取诸部大人及豪族良家子弟仪貌端严、

---

① 《魏书》卷五一《韩茂传》，第1127—1128页。
② （清）陆增祥撰：《八琼室金石补正》卷一二《北魏一》，文物出版社1985年版，第69页。
③ 《魏书》卷一〇八之四《礼志四》，第2813页。
④ 《魏书》卷一一三《官氏志》，第2986页。
⑤ 《魏书》卷三五《崔浩传》，第807页。
⑥ 《魏书》卷三四《卢鲁元传》，第801页。
⑦ 《魏书》卷二五《长孙道生传》，第645页。

机辩才干者应选。又置内侍长四人,主顾问,拾遗应对,若今之侍中、散骑常侍也"①。前代国时设立的左右近侍之职显然为北魏道武帝所直接继承,长孙道生、贺毗等人之"内侍左右"正与此"左右近侍"之职相同,其名称、职掌及人选诸方面几乎没有差别。

左右近侍的基本职能为侍直禁中、传宣(出入)诏命,其职掌文武不分,正是部落时代文武尚未分途的反映,侍直禁中意即在禁中侍从(侍卫更直),不仅有文官性质,也应具有禁卫武官性质。所谓"诸部大人",即鲜卑拓跋部所统各部落酋长;所谓"豪族良家",亦应属于拓跋部落联盟中的贵族。《魏书·长孙肥传》:"昭成时,年十三,以选内侍"。"太祖之在独孤及贺兰部,肥常侍从,御侮左右,太祖深信仗之。"② 按长孙肥为昭成帝什翼犍之内侍,当在其统治后期,而长孙肥随拓跋珪之在独孤及贺兰部,则应在北魏建国前夕。其"常侍从,御侮左右",自然是禁卫之职,也反证内侍左右自设立时起便具有禁卫武官的性质。只是当时在部落联盟时代,部族间战伐不断,拓跋鲜卑仍以游猎为主要生活方式③,既未定居,又无宫殿,禁卫之职仅是侍从保卫君主——部落联盟首领,而不存在宿直禁中、保卫宫殿的职能。

左右近侍或内侍左右由内侍长所统。内侍长的主要职能为"主顾问、拾遗应对",与魏晋以来侍中、散骑常侍职能相似,其性质当以文官为主。内侍之职在北魏建国以后主要也是向文官方向转化,尤其是当都统长及幢将设立之后。可以这样认为,昭成帝建国二年所设立的内侍长及其所统近侍(内侍)左右,在拓跋珪复国后便将其直接继承下来,并开始了文、武分途:内侍长继续存在,统内侍左右,汉化明显时以文职为主;幢将及其所统三郎卫士,则为专职禁卫武官。不过在较长一段时期内,内侍长及内侍左右仍具有一定程度的禁卫武官性质。幢将及郎卫系统后来又分化发展出羽林、虎贲郎卫系统。

随着北魏占据并有力地控制河北地区,代北成为北魏最重要的政治军事基地,从这些最早为其所占领的地区的各族民众中选充内侍便成为必

---

① 《魏书》卷一一三《官氏志》,第2971页。
② 《魏书》卷二六《长孙肥传》,第651页。
③ 直到北魏建国后的较长一段时期内,游猎仍为其重要的生活方式,在经济中占有一定的比重。参见黎虎《北魏前期的狩猎经济》,《魏晋南北朝史论》,学苑出版社1999年版,第136—160页。

第十六章　史籍所见北魏前期禁卫武官制度　/　585

要。道武帝天赐"四年（407）五月，增置侍官，侍直左右，出内诏命。取八国良家、代郡上谷广宁雁门四郡民中年长有器望者充之"①。按"魏初侍官，其职如汉之侍中，其后则亦以之充宿卫"②。所谓"八国良家"当即归附拓跋部较早而于孝文帝时定为"勋臣八姓"的丘穆陵、步六孤、贺兰氏等八个部族③。最初是以这些部族酋长子弟充任内侍或三郎卫士，他们一般都很年轻。这一举措一方面可以笼络这些部族，使其酋长子弟和拓跋君主发生紧密联系，并迅速进入北魏统治集团；另一方面这些酋长子弟具有"质子"性质，是拓跋统治者强制这些部族的重要手段之一。这一手段在北魏统治的绝大部分时间里经常使用。④ 天赐四年"取八国良家、代郡上谷广宁雁门四郡民中年长有器望者"充任侍官，一改前代国以来以豪族子弟为内侍的制度，其禁卫武官性质减弱，而笼络"勋臣八姓"及四郡上层民望的目的居于主导地位。这是北魏拓跋统治者以拓跋氏为主体，联合八姓勋贵及四郡胡汉上层巩固统治的重要举措。

《魏书·官氏志》：明元帝"永兴元年（409）十一月，置骐驎官四十人，宿直殿省，比常侍、侍郎"⑤。骐驎官"宿直殿省"，与左右近侍及内三郎等内侍之职颇为近似。同书《陆俟传》："太宗践阼，拜侍郎，迁内侍。"⑥《伊馛传》："神䴥初，擢为侍郎，转三郎。"⑦ 两相对照，可知内侍与三郎（内三郎）之职相近，内侍及三郎地位高于侍郎。《奚斤传》："登国初，与长孙肥等俱统禁兵。后以斤为侍郎，亲近左右。从破慕容宝于参合。"⑧ 此处之侍郎职责较重，为拓跋珪身边亲近左右之臣，亦为禁卫武官。陆俟的仕历显示，内侍一职到明元帝时已位高于侍郎，大概是侍郎地位下降而内侍地位上升的反映，也可能是拓跋嗣初即位政局不稳这一

---

① 《魏书》卷一一三《官氏志》，第2974页。
② 唐长孺：《唐书兵志笺正》，第30页。
③ 参见《魏书》卷一一三《官氏志》，第3014页。
④ 唐长孺云："侍子自然也是'质子'。但是通过入侍，北魏政权常把这些酋长子弟提升高官，这就不仅是一个部落的酋长，而且参预了中央政权。"（《北魏末期的山胡敕勒起义》，《山居存稿》，第75页）按所指虽是北魏前期的羽林虎贲及北魏后期的"直卫"诸职，但用来认识北魏初年便已出现的郎卫及内侍系统也是适用的。
⑤ 《魏书》卷一一三《官氏志》，第2974页。
⑥ 《魏书》卷四〇《陆俟传》，第901页。
⑦ 《魏书》卷四四《伊馛传》，第989页。
⑧ 《魏书》卷二九《奚斤传》，第697页。

特殊朝政下的新情况。

内侍及内侍左右主要见于北魏初期道武帝、明元帝二朝。① 除上述长孙道生、贺毗、陆俟诸人外，可考者还有：穆观，"少以文艺知名，选充内侍，太祖器之"②；谷浑，"太祖时，以善隶书，为内侍左右"③；奚和观，"太祖时，内侍左右"④；皮豹子，"少有武略。泰常中，为中散，稍迁内侍左右"⑤；叔孙俊，"年十五，内侍左右，性谨密，初无过行。以便弓马，转为猎郎"⑥。按穆观、谷浑之例表明，内侍之职有时显示出"文"官性质。《张卢墓志》："考武卫，姚氏祚终，翻然依化，蒙国宠御，侧在内侍，为给事阿干。"⑦ 后秦灭亡是在北魏明元帝泰常二年（417），给事阿干可能与给事中或给事黄门侍郎相当。

陆俟由侍郎转内侍，此内侍可以内侍郎释之，与叔孙俊之由内侍转猎郎似皆为内侍诸郎之间的迁转。果如此，则内侍或内侍左右也可目为郎官，与内三郎相近，从而内侍长也可认为是内侍郎官之长。《魏书·叔孙俊传》："太祖崩，清河王绍闭宫门，太宗在外。绍逼俊以为己援。俊外虽从绍，内实忠款，仍与元磨浑等说绍，得归太宗。"⑧ 这正是其作为内侍郎官（俊曾任内侍左右，时为猎郎）职能的体现。内侍左右由贵族子弟充任，常为其起家之官，如屈道赐，"少以父任，内侍左右"⑨。安颉，"太宗初，为内侍长，令察举百僚，纠刺奸慝，无所回避"⑩。可见北魏内侍长颇似汉魏以来御史中丞或殿中侍御史之职，其职能主要在监察方面。其后安颉即出监奚斤军，为监军侍御史。这主要当是北魏初年政制不发达，文、武分途不明显⑪，各机构职司不专之故。北魏前期殿中侍御史又

---

① 《南齐书》卷五七《魏虏传》谓"国中呼内左右为'直真'"（第985页），"内左右"当即内侍、内侍左右或左右近侍之职。
② 《魏书》卷二七《穆观传》，第664页。
③ 《魏书》卷三三《谷浑传》，第780页。
④ 《魏书》卷二九《奚斤传附和观传》，第701页。
⑤ 《魏书》卷五一《皮豹子传》，第1129页。
⑥ 《魏书》卷二九《叔孙俊传》，第705页。
⑦ 《汉魏南北朝墓志集释》图版五八五《张卢暨妻刘法珠墓志》。
⑧ 《魏书》卷二九《叔孙俊传》，第705页。
⑨ 《魏书》卷三三《屈遵传附道赐传》，第778页。
⑩ 《魏书》卷三〇《安颉传》，第715页。
⑪ 唐长孺认为："在孝文帝改革以后，重文轻武，文武分途。"（《魏晋南北朝隋唐史三论》，武汉大学出版社1993年版，第194页）

领禁兵。《魏书·周几传》:"太宗即位,为殿中侍御史,掌宿卫禁兵,断决称职。"① 内侍长具有监察权,而殿中侍御史可掌宿卫禁兵,两者职司之不专,于此可见一斑。按汉代卫尉负责把守宫门,掌"宫中徼循事"②,自然应具有"纠刺奸慝"的职能。以此推测,北魏内侍长"纠刺奸慝"既可看作是监察职能,也可看作是禁卫职能。

《魏书·来大千传》:"世祖践阼,与襄城公卢鲁元等七人俱为常侍,持仗侍卫,昼夜不离左右。"③ 按此处之常侍亦与内侍性质相仿,其为禁卫武官无疑,只是地位较高,与散骑常侍相当。又如韩茂于太武帝时为内侍长从征④,王树"以善射有宠于显祖,为内侍长"⑤,均证其具有禁卫职能。高腊儿,"高祖初,给事中,累迁散骑常侍、内侍长"⑥。按此以散骑常侍、内侍长叠任,表明二职并非一官,《魏书·官氏志》所谓前代国设立之内侍长"若今(东魏时)之侍中、散骑常侍也"⑦,其说并不十分确切。东魏时期的散骑常侍、侍中作为集书、门下省长官,纯属文官,而与武职无干,虽然此二职均任职禁中,具有侍从职责,但却不具有禁卫职能。前代国初所设而为北魏初前期所继承的内侍长不仅具有侍从职能,而且还具有禁卫职能,只是在不同朝政下其侍从和禁卫职能表现得轻重不同罢了。⑧ 内侍长之职一直存在到孝文帝初年。《魏书·韩秀传》:"显祖践阼,转给事中……太和(477—499)初,迁内侍长。"⑨ 其后似再未见到内侍长之职。

史籍所见北魏前期担任内侍长、内侍及内侍左右者均为拓跋部及其附从部落成员,尚未见到汉人担任其职的实例。文成帝《南巡碑》碑阴题名第一列最后有"右五十一人内侍之官"的记载,乍一看,似乎自侍中、

---

① 《魏书》卷三〇《周几传》,第726页。
② 《续汉书·百官志二》,《后汉书》,第3579页。
③ 《魏书》卷三〇《来大千传》,第725页。
④ 《魏书》卷五一《韩茂传》,第1127—1128页。
⑤ 《魏书》卷三〇《王建传附树传》,第711页。
⑥ 《魏书》卷三二《高湖传附腊儿传》,第753—754页。
⑦ 《魏书》卷一一三《官氏志》,第2971页。
⑧ 不过,若考虑北齐门下省辖领左右局,而领左右局承担机要禁卫职能(见本书第十九章),则谓北魏前期之内侍长与北齐之侍中相若,也是有其依据的。就散骑常侍而论,内侍长与散骑常侍初设之时的职能确有相通之处,但与东魏北齐的散骑常侍却完全不同。
⑨ 《魏书》卷四二《韩秀传》,第953页。

抚军大将军、太子太傅、司徒公、平原王步六孤［伊］□（即陆丽）以至内行令直勲□六孤皆为内侍之官，实则不然。该列所见者为四十二人，因碑残之故，应该还有不少人无从知晓。内侍之官最大可能即是碑文所载内阿干、内行内三郎、内行令、内行内小等职。① 内阿干亦即内行阿干。也就是说，带有"内行"官称者即为内侍官。果如此，则上述之内侍长即内行长，内侍左右即内行内小。北魏前期内行诸职如内行长、内行令等职，史书所见事例较多，亦当属于禁卫武官。

罗伊利，"高宗时……除内行长。以沉密小心，恭勤不怠，领御食、羽猎诸曹事"②；长孙头，"高宗时，为中散，迁内行长，典龙牧曹"③；薛虎子"姿貌壮伟，明断有父风。年十三，入侍高宗。太安（455—459）中，迁内行长，典奏诸曹事"④。据此数条，可知内行长的主要职责为"典""领"诸曹（具体如御食、羽猎、龙牧等曹）事，所谓"典""领"并非为该曹长官，而是负责其奏事即有关文书，相当于对口管理。内行长侍奉殿内，相当于"殿内行走"，此或为其得名之由。文明太后临朝时安乐王长乐为定州刺史，"以罪征诣京师，后与内行长乙肆虎谋为不轨"⑤。很显然，只有侍奉殿内（禁中）才有可能"谋为不轨"。文成帝初年，刘尼为内行长，职任甚重⑥。作为禁卫武官，一般需要具备杰出的军事才能，随侍并保卫君主自属分内之事。陈"建以善骑射，擢为三郎。稍迁下大夫、内行长。世祖讨山胡白龙，意甚轻之，单将数十骑登山临崄，每日如此。白龙乃伏壮士十余处，出于不意，世祖堕马，几至不测。建以身捍贼，大呼奋击，杀贼数人，身被十余创。世祖壮之"⑦。山强"美容貌，身长八尺五寸，工骑射，弯弓五石。为奏事中散，从显祖猎方山，有两狐起于御前，诏强射之，百步内二狐俱获。位内行长"⑧。其担任内行长后

---

① 参见山西省考古研究所、灵丘县文物局《山西灵丘北魏文成帝〈南巡碑〉》，《文物》1997年第12期。按本章下引碑文均出此篇，不再一一注明。
② 《魏书》卷四四《罗结传附伊利传》，第988页。又，同书卷二七《穆泰传》："拜驸马都尉，典羽猎四曹事。"（第663页）
③ 《魏书》卷二六《长孙肥传附头传》，第654页。
④ 《魏书》卷四四《薛虎子传》，第996页。
⑤ 《魏书》卷二〇《文成五王·安乐王长乐传》，第525页。
⑥ 《魏书》卷三〇《刘尼传》，第721页。
⑦ 《魏书》卷三四《陈建传》，第802页。
⑧ 《魏书》卷八一《山伟传》，第1792页。

必定仍承担禁卫职责。北魏内行长见于记载者还有苟洛跋,于太武帝末年或文成帝初年担任内行长①。宣武帝于皇后之父于劲,其弟天恩曾任内行长②。

北魏内行长担任者全都是"代人"子弟,属于不同时期归附拓跋部落联盟或北魏政权的胡人家族成员,自父祖辈以来多善骑射,多有在禁卫军任职的经历。如薛虎子祖父达头在北魏道武帝时期"自姚苌率部落归国",父野腊"好学善射。高宗初,召补羽林"。③罗(叱罗)氏"其先世领部落,为国附臣",伊利曾祖罗结曾在北魏建国前夕护驾有功,"刘显之谋逆也,太祖去之。结翼卫銮舆,从幸贺兰部"。④ 长孙(拔拔)氏属于宗族十姓之一,头祖父长孙肥早在昭成时就被选为内侍,"太祖之在独孤及贺兰部,肥常侍从,御侮左右,太祖深信仗之",为北魏建国最主要功臣之一。头伯父翰"太祖时,以善骑射,为猎郎",为魏初三朝名将。父陈"世祖时,为羽林郎"。⑤ 乙肆虎于史仅见,其人必出于乙弗氏,与献文帝初年一度专权的乙浑出于同一家族无疑。代人乙瑰,"其先世统部落。世祖时,瑰父匹知,慕国威化,遣瑰入贡,世祖因留之。瑰便弓马,善射,手格猛兽,膂力过人。数从征伐,甚见信待。尚上谷公主,世祖之女也"。其子乾归,"年十二,为侍御中散。及长,身长八尺,有气干,颇习书疏,尤好兵法。复尚恭宗女安乐公主"。"延兴五年(475)卒,时年三十一。"⑥ 乙肆虎最有可能为乙瑰之子、乾归之弟。代人穆(丘穆陵)氏为孝文帝改姓氏时所定勋臣八姓之首,"其先世效节于神元、桓、穆之时",穆崇为北魏开国元勋,任至太尉,封宜都公。"崇长子遂留,历显官。""子乙九,内行长者。""子真,起家中散,转侍东宫,尚长城公主,拜驸马都尉。后敕离婚,纳文明太后姊。"自遂留弟观于明元帝时"尚宜阳公主"始,其后穆氏数代多"尚"公主,成为北魏公主

---

① 参见《魏书》卷四四《苟颓传》,第993页。
② 参见《魏书》卷八三下《外戚下·于劲传》附传,第1834页。
③ 《魏书》卷四四《薛野䐗传》,第996页。按薛氏一般认为是自蜀地迁居河东的蜀人部落首领,参见陈寅恪《魏书司马叡传江东民族条释证及推论》,《金明馆丛稿初编》,上海古籍出版社1980年版,第73—75页。
④ 《魏书》卷四四《罗结传》,第987页。
⑤ 《魏书》卷二六《长孙肥传》《长孙翰传》《长孙陈传》,第651、653、654页。
⑥ 《魏书》卷四四《乙瑰传》《乙乾归传》,第991、992页。

"下嫁"最多的家族。① 于（勿忸于）栗䃣"能左右驰射，武艺过人"，为魏初三朝名将。父洛拔"少以功臣子，拜侍御中散"，"世祖甚加爱宠"，"车驾征讨，恒在侍卫"。长兄烈"善射，少言，有不可犯之色"，以"羽林中郎"起家，长期担任禁卫武官。②

北魏内行长基本上全都出现于文成帝以后，个别延续至献文帝初年文明太后当政之时。而恰在这一段时期，未见有内侍长活动的记载，这显示内行长很可能与内侍长为同职异名，只是翻译时或《魏书》所据史料来源有所不同而出现了差异。③ 内行长音译应即内行阿干，"阿干"为鲜卑语"兄"之义④。兄、长义近，太武帝时拓跋可悉陵为"内行阿干"⑤，当即内行长。此外，如上引述，穆乙九为"内行长者"。宿石、和天受、苟颓曾任"内行令"⑥，在文成帝《南巡碑》碑阴第一列"内侍之官"五十一人中，介于"内行内三郎"与"内行内小"之间有一"内行令"，"内行内小"之后又有二"内行令"。内行令、内行长、内行长者、内行阿干疑为同职异译。

北魏前期又有"内行内小""内小"一类职务。《丘哲墓志》："七岁之年，擢为内行内小……在司未几，复转为中散。"⑦ 据此，则"内行内小"为一职。《杨播墓志》："君年十有五，举司州秀才，拜内小。寻为内行羽林中郎。累迁给事中，领内起部。又以本官进釐北部尚书事。"⑧ 据此，则"内小"与"内行内小"似有别。若"内行羽林中郎"为一职，则羽林中郎亦有"内行"之职。不过，羽林中郎本为侍奉禁中、保卫君

---

① 《魏书》卷二七《穆崇传》及附传，第661、662、664页。
② 《魏书》卷三一《于栗䃣传》《于洛拔传》《于烈传》，第735、737页。
③ 北魏平定青齐后，名医徐謇自青州入平城，《北史》卷九〇《艺术下·徐謇传》载其"为中散，稍迁内行长"（第2968页），然《魏书》卷九一《术艺·徐謇传》记作"为中散，稍迁内侍长"（第1966页）。
④ 《资治通鉴》卷九〇《晋纪一二》：元帝建武元年（317）十二月，"鲜卑谓兄为阿干"云云（第2853页）。又可参见周一良《〈魏书〉札记·内行阿干》，《魏晋南北朝史札记》，第323页。
⑤ 《魏书》卷一五《昭成子孙·常山王遵传附可悉陵传》，第375页。
⑥ 参见《魏书》卷三〇《宿石传》，第724页；卷四四《和其奴传》（和天受）、《苟颓传》，第993、994页。
⑦ 《汉魏南北朝墓志集释》图版二六八《丘哲墓志》。
⑧ 《杨播墓志拓本》，见杜葆仁、夏振英《华阴潼关出土的北魏杨氏墓志考证》（图一），《考古与文物》1984年第5期。

主的内廷禁卫之职，史书中也从未见到有"内行羽林中郎"的记载，此职果真存在吗？《魏书·杨播传》："播少修整，奉养尽礼。擢为中散，累迁给事、领中起部曹。……进北部给事中。"① 与墓志相对照，似中散即内行羽林中郎。郑钦仁认为中散与汉代郎官相似②。《杨播传》《杨播墓志》合而观之，似可对郑说给予有力支持。但这一看法要成立，仍有不少疑问。如北魏前期关于"中散"的记载甚多，其任职特点之一便是为官贵子弟的起家官③，一起家便担任地位甚高的禁卫武官羽林中郎似不大可能，如前述羽林中郎刘尼拥戴文成帝拓跋濬即位，自然不大可能是刚入仕的中散所能为之。又如除单为"中散"者外，还有"侍御""秘书""内秘书""主文""侍御主文"等不同名号的"中散"之职，在"内行羽林中郎"前加上这些名号显然也是不大合适的。文成帝《南巡碑》碑阴题名中可见"内小幢将""内行内小""内行内三郎"等职，且内行内小、内行内三郎均属内侍官之列，则上引墓志所见"内小""内行内小""内行羽林中郎"确实存在于北魏前期，内行羽林中郎应与内行内三郎相近，或即一职。碑中未见"中散"职名，有可能是孝文帝第一次官制改革时将其定名为"中散"，而在现实中并无其名。

《魏书·恩倖·侯刚传》："本出寒微，少以善于鼎俎，进饪出入。久之，拜中散。累迁冗从仆射、尝食典御。世宗以其质直，赐名刚焉。稍迁奉车都尉、右中郎将，领刀剑左右，加游击将军、城门校尉。迁武卫将军，仍领典御，又加通直散骑常侍。"诏"以刚为右卫大将军"，"后领太子中庶子"。④《侯刚墓志》：其父曾为"内小"。"太和五年（481），文明太后调（刚）为内小。季年（孝文帝末），从驾襄沔，以军功转虎威将军、冗从仆射、尝食典御。世宗即位，除奉车都尉。累迁至武卫将军、通直常侍。延昌元年（512），进右卫将军。及春宫始建，选尽时良，仍以

---

① 《魏书》卷五八《杨播传》，第1279页。
② 参见郑钦仁《北魏官僚机构研究·中散篇》，台湾牧童出版社1976年版，第183、191页。
③ 参见郑钦仁《北魏官僚机构研究·中散篇》，第192页；拙作《北魏"中散"诸职考》，《中国史研究》1993年第2期。
④ 《魏书》卷九三《恩倖·侯刚传》，第2004页。按北魏一朝左、右卫并无大将军之设，《魏书》中亦仅此一见，"大"字当为衍文无疑。参见中华书局点校本《魏书》卷九三《恩倖传》"校勘记"〔八〕，第2010页。

本官领太子中庶子。"① 两相对照，可知"内小"当即"中散"。《魏书·李宪传》："太和初，袭爵，又降为伯。拜秘书中散，雅为高祖所赏。稍迁散骑侍郎，接对萧衍使萧琛、范云。以母老乞归养，拜赵郡太守。"②《李宪墓志》："年十有二，为秘书内小。""高皇深加宠异……年十七，继立为濮阳侯，寻除散骑侍郎。""乃除建威将军、赵郡内史。"③ 两相对照，则知"秘书内小"即"秘书中散"。《韩震墓志·阴》："曾祖业……苌子令、茮真内小、上党太守……父曜……母东燕俟文氏，内行给事俟文成女。"④ 或者内小、内行内小本为鲜卑部落内侍遗制，即前引史料所见前代国时期之"左右近侍"。《南巡碑》中步六孤龙成为"内行内小"，而《魏书》本传载其"少以功臣子为中散，稍迁散骑常侍"⑤，则"内行内小"即为"中散"。据上引墓志，丘哲由"内行内小""转为中散"，似二者又并非同一官职。从名称推断，"内行内小"为侍御中散的可能性较大。史书中不见"内小"职名，应该是孝文帝官制改革时将"内小"一类官职改名为"中散"之故。

史书中还可见到"侍御长"一职。封（是贲）敕文"父涅，太宗时，为侍御长"⑥。皮喜，"高宗以其名臣子，擢为侍御中散，迁侍御长"⑦。陆（步六孤）儁，"高宗世，历侍中给事。显祖初，侍御长，以谋诛乙浑，拜侍中、乐部尚书"⑧。据皮喜任职推测，"侍御中散"为"侍御长"所领，亦即侍御长为侍御中散之长。据陆儁任职，其"侍中给事"应为中给事、内给事，或即《韩震墓志》所见"内行给事"及文成帝《南巡碑》所见"内阿干"。侍御长之下似应有给事一类职务。《魏书·道武七王·清河王绍传》："而绍母夫人贺氏有谴，太祖幽之于宫，将杀之。会日暮，未决。贺氏密告绍曰：'汝将何以救吾？'绍乃夜与帐下及宦者数人，逾宫犯禁。左右侍御呼曰：'贼至！'太祖惊起，求弓刀不获，遂暴

---

① 《汉魏南北朝墓志集释》图版二四九之二《侯刚墓志》。
② 《魏书》卷三六《李宪传》，第835页。
③ 《汉魏南北朝墓志集释》图版二九二《李宪墓志》。
④ 《汉魏南北朝墓志集释》图版二八一之二《韩震墓志》。
⑤ 《魏书》卷四〇《陆俟传附龙成传》，第916页。
⑥ 《魏书》卷五一《封敕文传》，第1134页。
⑦ 《魏书》卷五一《皮喜传》，第1132页。
⑧ 《魏书》卷四〇《陆俟传附儁传》，第917页。

崩。"① 按此处之"左右侍御"当即上文所述内侍左右之类,天赐四年（407）所增置之侍官具有"侍直左右"的职能,或即"左右侍御"之职。侍御即侍从君主、御侮左右之意。不论如何,侍御长为侍奉禁中之职,陆俟之谋诛乙浑显示其所任为禁卫之职。

综上所考可知,北魏前期的内侍长、内行长、侍御长皆供职禁中,为君主身边的侍从之职,其渊源即前代国昭成帝什翼犍建国二年所设之内侍长,为北魏最古老的禁卫长官,类似汉代统率诸郎的郎中令→光禄勋。内侍长及内行长、侍御长之职能、名称相近,应为同职异译而出现的不同称谓。内侍长所领为内侍左右,最初叫左右近侍,也可省称内侍,后设置的侍官、骐驎官可能即内侍之职所改称。内行长所统内行、内小或内行内小、中散以及侍御长所统侍御中散一类官职,亦当与内侍之职有继承关系,或即同职异名。内侍长及其所统内侍之职在北魏建国之后发生了分化,一方面其职继续存在,仍具有禁卫职能,但也开始向文职转化,如内侍长之顾问拾遗、内侍左右之宣传诏命、内行长之典奏诸曹事等等即是；另一方面又设立了三郎卫士及统领三郎卫士的幢将,为专职禁卫武官。大约内侍左右最初选取拓跋部及元从部落之上层子弟,后又扩大及于八国良家及代北四郡上层民众之年长有器望者。而三郎卫士及羽林、虎贲郎等禁卫之职,则不仅有上述各部族子弟,而且还专门从漠南高车及其他各部族中选充,人数众多,自不必仅限于贵族或上层,当然能任至高位者仍当以贵族或上层子弟为主。内侍主要当选取品貌端严、才艺俱佳者,而卫士则主要看其武艺高强及骑射之术。此仅就目前可见史料而作的推断,其准确度如何,殊无自信。但愿今后能有更多像文成帝《南巡碑》之类的铭刻资料被发现,以便为正确认识这一问题提供更充分的条件。

第四节　殿中尚书

尚书制度的大发展,促使北魏禁卫武官制度发生了巨大变化。大约从太武帝时期开始,殿中尚书成为北魏禁卫长官之一。《南齐书·魏虏传》:北魏"殿中尚书知殿内兵马、仓库"②。在太和前《职员令》中,列曹尚

---

① 《魏书》卷一六《道武七王·清河王绍传》,第389—390页。
② 《南齐书》卷五七《魏虏传》,第985页。

书为第二品中，位居中书令及领军、护军之前①。文成帝《南巡碑》碑阴有"殿中尚书独孤侯尼须"（刘尼），其兼职为侍中、安南大将军，并为第二品上②。史书所见孝文帝改革前殿中尚书担任者约近四十人，集中分布于太武帝以后至孝文帝前期各朝。③

《魏书·窦瑾传》：

> 初定三秦，人犹去就，拜使持节、散骑常侍、都督秦雍二州诸军事、宁西将军、长安镇将、毗陵公。在镇八年，甚著威惠。征为殿中都官尚书，仍散骑常侍。世祖亲待之，赏赐甚厚。从征盖吴，先驱慰谕……盖吴平，瑾留镇长安。还京，复为殿中都官，典左右执法。④

这是关于北魏"殿中尚书"之职的最早记载之一，对此可有两种理解："殿中都官尚书"为二尚书，即殿中尚书与都官尚书；"殿中都官尚书"为一尚书。殿中都官尚书"典左右执法"，与北魏前期三都大官职能一致⑤，与汉晋司隶校尉之都官从事、魏晋尚书之都官曹职能具有继承性⑥。窦瑾随太武帝征盖吴，主要当是因为他曾担任长安镇将达八年之久，在秦雍"甚著威惠"，非常熟悉当地的社会形势之故。其从驾统兵出征又说明，该职的确具有禁卫武官职能。不论如何，殿中尚书之职在当时已经出

---

① 参见《魏书》卷一一三《官氏志》，第2978页。
② 参见《魏书》卷一一三《官氏志》，第2978页。按前令有"中侍中"而无侍中。
③ 关于北魏尚书制度的研究，参见严耕望《北魏尚书制度考》，《中央研究院历史语言研究所集刊》第18本（1948年）；［日］窪添慶文《北魏前期の尚書省について》，《史學雜誌》第87编第7号（1978年）（宋金文译文载刘俊文主编《日本中青年学者论中国史·六朝隋唐卷》，上海古籍出版社1995年版，第27—55页）。
④ 《魏书》卷四六《窦瑾传》，第1035页。
⑤ 参见严耀中《北魏"三都大官"考》，《中华文史论丛》1983年第1辑。
⑥ 《续汉书·百官志四》"司隶校尉"条："从事史十二人。本注曰：都官从事，主察举百官犯法者。"注引蔡质《汉仪》曰："都官主雒阳百官朝会，与三府掾同。"《博物记》曰："中兴以来，都官从事多出之河内，掊击贵威。"（第3613—3614页）《晋书》卷二四《职官志》："司隶校尉……历汉东京及魏晋，其官不替。属官有功曹、都官从事……等员，凡吏一百人，卒三十二人。"（第739页）

现是无疑的，其具体时间约在公元 440—445 年间①。

殿中尚书在《魏书·本纪》中最早见于太武帝太平真君六年（445）十一月征讨薛永宗及盖吴之时②，不过当时已出现该职表明，其必定在此之前就已存在。史载穆颢先为殿中尚书，其后又"出镇凉州"，"还加散骑常侍、领太仓尚书"③。按北魏平定北凉占领凉州是在公元 439 年，先是乐平王丕镇凉州，则穆颢出镇凉州当在 445 年前后。太平真君（440—451）年间，伊馛"转殿中尚书，常典宿卫"④。伊馛担任殿中尚书的上限不超过 440 年，而下限则不晚于 451 年，亦当以 445 年前后为宜。殿中尚书伊馛"常典宿卫"表明，其确为禁卫长官。拓跋处真，"少以壮烈闻。位殿中尚书，赐爵扶风公，委以大政，甚见尊礼。吐京胡曹仆浑等叛，招引朔方胡为援。处真与高凉王那等讨灭之。性贪婪，在军烈暴，坐事伏法"⑤。拓跋那，"拜中都大官，骁猛善攻战。正平（451—452）初，坐事伏法"⑥。则拓跋处真之为殿中尚书讨灭吐京、朔方胡，应在太武帝太平真君后期。"征盖吴"之役后，长孙真"迁殿中尚书，加散骑常侍。从驾征刘义隆，至江"⑦。按北魏太武帝拓跋焘南征刘宋是在太平真君末年，即公元 450 年。尉迟长寿，"迁殿中右曹尚书，仍加散骑常侍。从征刘义隆，至江"⑧。则其担任殿中右曹尚书也是在 450 年前后。其时不仅有殿中尚书，而且还有殿中左、右曹尚书，同时担任殿中尚书或殿中左、右曹尚书者往往有数人。太平真君六年十一月遣将征讨薛永宗及盖吴时，有殿中尚书扶风公处真和乙拔⑨；文成帝被拥立时，同时可见殿中尚书源贺及长孙渴侯；文成帝《南巡碑》中，殿中尚书斛骨乙莫干和独孤侯尼须同时出现。由此可知，北魏前期至少同时存在两位殿中尚书，有时便以殿中

---

① 按北魏"初定三秦"是在神䴥三年（430）十二月，盖吴暴动是在太平真君六年（445）九月。又，延和二年（433）正月乐安王范出镇长安。（第 78、99、82 页）以一届任满三年计，则窦瑾于公元 436 年初继任、443 年前后归京的可能性最大。
② 《魏书》卷四下《世祖纪下》，第 99—100 页。
③ 《魏书》卷二七《穆颢传》，第 675 页。
④ 《魏书》卷四四《伊馛传》，第 990 页。
⑤ 《魏书》卷一四《神元平文诸帝子孙·扶风公处真传》，第 364 页。
⑥ 《魏书》卷一四《神元平文诸帝子孙·高凉王孤传附那传》，第 350 页。
⑦ 《魏书》卷二六《长孙肥传附真传》，第 654—655 页。
⑧ 《魏书》卷二六《尉古真传附长寿传》，第 659 页。
⑨ 参见《魏书》卷四下《世祖纪下》，第 100 页；《资治通鉴》卷一二四《宋纪六》文帝元嘉二十二年（445）十一月条，第 3915 页。

左、右曹尚书名之。这一情况显示，殿中尚书与魏晋南朝和北朝后期的左、右卫将军制度有一定相似性。

虽然最初担任殿中尚书者均见于太武帝太平真君年间，最早的事例也在真君初年，但殿中尚书的设置似乎应该更早，它是随着北魏尚书制度的健全而设置的。《魏书·官氏志》："神䴥元年（428）三月，置左·右仆射、左·右丞、诸曹尚书十余人，各居别寺。"① 殿中尚书之设当在是时。曹魏西晋初，尚书省有殿中曹郎一员，西晋太康年间始置殿中尚书，随即省罢，东晋南朝均有尚书殿中曹郎而无殿中尚书。②《司马绍墓志》："姚（后秦）授冠军将军、殿中尚书……叔璠之孙。"③ 按司马叔璠于东晋末因政争而逃亡至后秦，并在后秦政权任职④。《公孙猗墓志》："高祖丰，燕殿中尚书、御史中丞、使持节、镇南将军、豫州刺史、上洛公。"⑤ 则后燕（或北燕）政权亦有殿中尚书之职。这表明，西晋一度设置的殿中尚书为十六国某些政权所继承，而北魏之殿中尚书很有可能来自对十六国制度的承袭。

殿中尚书源贺、长孙渴侯在太武帝末年参与扶持文成帝拓跋濬即位的政治斗争，殿中尚书的禁卫职能在这次事件中有突出的体现。《资治通鉴》宋文帝元嘉二十九年（452）十月条：

> （刘）尼恐（宗）爱为变，密以状告殿中尚书源贺。贺时与尼俱典兵宿卫，乃与南部尚书陆丽谋曰："宗爱既立南安，还复杀之。今又不立皇孙，将不利于社稷。"遂与丽定谋，共立皇孙。……戊申（初三，10.31），贺与尚书长孙渴侯严兵守卫宫禁，使尼、丽迎皇孙于苑中。丽抱皇孙于马上，入平城，贺、渴侯开门纳之。尼驰还东庙，大呼曰："宗爱弑南安王，大逆不道，皇孙已登大位，有诏，宿卫之士皆还宫！"众咸呼万岁，遂执宗爱、贾周等，勒兵而入，奉皇孙即皇帝位。登永安殿，大赦，改元兴安。杀爱、周，皆具五刑，夷

---

① 《魏书》卷一一三《官氏志》，第 2975 页。
② 参见《宋书》卷三九《百官志上》，第 1236、1237 页；《晋书》卷二四《职官志》，第 731、732 页。
③ 《汉魏南北朝墓志集释》图版二〇九《司马绍墓志》。
④ 《魏书》卷三七《司马叔璠传》，第 860 页。
⑤ 《汉魏南北朝墓志集释》图版二五三之二《公孙猗墓志》。

三族。①

公元 452 年二月，中常侍宗爱谋杀太武帝而立南安王余，只过了七个多月，即同年九月，宗爱又谋杀南安王余，而图谋另立更加容易控制的君主。面对宦官宗爱的一再谋逆，羽林中郎刘尼与殿中尚书源贺、长孙渴侯等禁卫武官同南部尚书陆丽联合发动政变，拥戴太武帝长孙拓跋濬即帝位，消灭了宗爱及其党羽，为保卫北魏拓跋氏君权立下了殊勋。《魏书·源贺传》：

> 拜殿中尚书。南安王余为宗爱所杀也，贺部勒禁兵，静遏外内，与南部尚书陆丽决议定策，翼戴高宗。令丽与刘尼驰诣苑中，奉迎高宗，贺守禁中为之内应。俄而丽抱高宗单骑而至，贺乃开门。高宗即位，社稷大安，贺有力焉。②

同书《刘尼传》：

> 宗爱既杀南安王余于东庙，秘之，唯尼知状。尼劝爱立高宗……尼惧其有变，密以状告殿中尚书源贺，贺时与尼俱典兵宿卫。仍共南部尚书陆丽谋曰……于是贺与尚书长孙渴侯严兵守卫，尼与丽迎高宗于苑中。丽抱高宗于马上，入京城。尼驰还东庙，大呼曰："宗爱杀南安王，大逆不道。皇孙已登大位，有诏，宿卫之士皆可还宫。"众咸唱万岁。贺及渴侯登执宗爱、贾周等，勒兵而入，奉高宗于宫门外，入登永安殿。③

刘尼时为羽林中郎、振威将军。又据《魏书·世祖纪下》及《陆丽传》可知，长孙渴侯当时亦为殿中尚书④。可以想见，由于殿中尚书源贺、长孙渴侯与羽林中郎刘尼等禁卫武官一起定策反抗阉官宗爱并拥戴拓跋濬即位，不仅进一步加强了他们的政治权力，同时也使殿中尚书的实际政治职

---

① 《资治通鉴》卷一二六《宋纪八》，第 3981 页。
② 《魏书》卷四一《源贺传》，第 920 页。
③ 《魏书》卷三〇《刘尼传》，第 721 页。
④ 参见《魏书》卷四下《世祖纪下》，第 106 页；卷四〇《陆丽传》，第 907 页。

能得到加强。在这一事件中,殿中尚书"典兵宿卫","守禁中",其禁卫职责之重可见一斑。这与汉代光禄勋、卫尉及魏晋领军将军、左·右卫将军的职掌是相同的。

在文成帝死后的政局演变中,殿中尚书也有突出表现。穆(丘穆陵)安国,"历金部长,殿中尚书,加右卫将军","为乙浑所杀"。① 按乙(乙弗)浑杀殿中尚书穆安国,是其控制禁卫军权进而专制朝政的重要举措之一。和(素和)其奴,"高宗崩,乙浑与林金闾擅杀尚书杨保年等。殿中尚书元郁率殿中宿卫士欲加兵于浑。浑惧,归咎于金闾,执金闾以付郁"②。按文成帝去世之初,即位的献文帝年幼,无法执掌大政,乙浑专权,生杀予夺。但从这条记载来看,当"殿中尚书元郁率殿中宿卫士欲加兵于浑"时,乙浑却有所畏惧,归咎于其同党林金闾。这表明殿中尚书作为禁卫长官具有很大权力,地位非常重要。《魏书·神元平文诸帝子孙·顺阳公郁传》对拓跋郁与乙浑较量之事有详细记载,是认识北魏殿中尚书禁卫职能的重要资料,其文云:

> 初以羽林中郎内侍,勤干有称。高宗时,位殿中尚书。从高宗东巡临海,以劳赐爵顺阳公。高宗崩,乙浑专权,隔绝内外,百官震恐,计无所出。郁率殿中卫士数百人从顺德门入,欲诛浑。浑惧,逆出问郁曰:"君入何意?"郁曰:"不见天子,群臣忧惧,求见主上。"浑窘怖,谓郁曰:……遂奉显祖临朝。后浑心规为乱,朝臣侧目,郁复谋杀浑,为浑所诛。③

北魏殿中尚书所统为殿中宿卫士或殿中卫士,又称殿中武士,史载"高祖初,殿中尚书胡莫寒简西部敕勒豪富兼丁者为殿中武士"④。可知殿中宿卫士、殿中武士由殿中尚书亲自简选任用。从羽林中郎刘尼与殿中尚书源贺等共同拥戴拓跋濬即位的事件中,可以看到殿中尚书与羽林中郎并无统属关系,他们不属于同一个系统。

---

① 《魏书》卷二七《穆崇传附安国传》,第673页。
② 《魏书》卷四四《和其奴传》,第993页。
③ 《魏书》卷一四《神元平文诸帝子孙·顺阳公郁传》,第347页。
④ 《魏书》卷一九上《景穆十二王·汝阴王天赐传》,第450页。又可参见唐长孺《北魏末期的山胡敕勒起义》,《山居存稿》,第72页。

第十六章　史籍所见北魏前期禁卫武官制度　/　599

依此类推，则殿中尚书与内三郎及幢将所统郎卫（三郎、羽林郎、虎贲郎等）属于两套禁卫武官系统，在殿中尚书设立以后，幢将郎卫系统仍然存在，两者共同承担保卫北魏君主及宫城的禁卫职责。当皇帝出巡或出征在外时，殿中尚书与幢将郎卫诸职一样都具有从驾职能。在文成帝《南巡碑》碑阴题名第一列中，介于诸宦官及"内阿干"之间，有"宁南将军、殿中尚书、日南公斛骨乙莫干，左卫将军、内都幢将、福禄子乙旃惠也拔"，充分表明了殿中尚书与幢将郎卫系统并存的事实。从羽林中郎刘尼随侍南安王余及宗爱来看，郎卫以侍卫君主为主要职责，与汉代光禄勋及其所主郎官相似。而殿中尚书主要则是守卫宫禁，把守宫门，与汉代卫尉之职近似。在太和前令中，列曹尚书（当包括殿中尚书）为第二品中，左卫将军为从第二品上。① 又斛骨乙莫干与乙旃惠也拔之爵位分别为公爵与子爵，其高下似亦反映了殿中尚书与内都幢将在官制序列中的地位。二职的关系也可能类似晋制中领军将军与左、右卫将军的关系。北魏初年设都统长"领殿内之兵直王宫"②，殿中尚书与此职职掌近似，在北魏前期很难发现有关都统长的记载，极有可能在尚书制度健全后，都统长不再存在，其职掌为殿中尚书所继承。③

殿中尚书为禁卫长官，除了上述大量事例外，还可从以下情况加以认识。太武帝时，阉官段霸"稍迁至中常侍、中护军将军、殿中尚书"④。段霸身为宦官，自当供奉禁中，其同时兼中护军将军、殿中尚书，表明二职职能相近，或者说北魏前期殿中尚书相当于晋制之护军将军（中护军），因其为宦官所任，故称为中护军将军。严耕望注意到司卫监迁任殿中尚书的现象⑤，表明二职同具禁卫职能，但各有侧重。禁卫军是北魏军队的精锐，殿中尚书不仅要典兵宿卫，而且还要统兵出征。此类事例甚多，如前已提及的征讨薛永宗及盖吴时的重要将领有殿中都官尚书窦瑾和

---

① 参见《魏书》卷一一三《官氏志》，第2978、2979页。
② 《魏书》卷一一三《官氏志》，第2972页。
③ 日本学者川本芳昭认为，北魏初年存在着两个禁军系统，即都统长统率的殿内禁军与幢将统率的其他禁军，不久废都统长，而由殿中尚书继任其职，并在幢将上设置司卫监。（《北族社会の变迁と孝文帝の改革》，《魏晋南北朝时代の民族问题》，汲古书院1998年版，第288—289页）注意到都统长、幢将及殿中尚书、司卫监等职皆为禁军长官，颇有见地，但相关论述似显单薄。
④ 《魏书》卷九四《阉官·段霸传》，第2014页。
⑤ 参见氏著《北魏尚书制度考》。

殿中尚书拓跋处真、乙拔等。皇帝出征或出巡时，殿中尚书往往率兵随行。如上引史料所见，拓跋郁随文成帝"东巡临海"以及文成帝南巡时殿中尚书斛骨乙莫干随其出巡。北魏太武帝南侵悬瓠，刘宋遣将"将兵救悬瓠，魏主遣殿中尚书任城公乞地真将兵逆拒之"①。

史载"殿中尚书叔孙侯头应内直"云云②，表明其职掌宿卫之任③。阉官抱嶷，"以为殿中侍御尚书，领中曹如故，以统宿卫"④。由此可见，殿中侍御尚书与殿中尚书职掌相似。殿中左右曹尚书、殿中侍御尚书与殿中尚书职能颇为相近，可以认为是殿中尚书曹在不同情况下的体现。其所以有殿中侍御尚书之称，可能与阉官担任有关。殿中尚书之下有殿中给事中或殿中给事，殿中给事中与殿中给事实为同一官职。阉官张鸾旗，"转殿中给事。出为散骑常侍、冠军将军、泾州刺史，进爵为侯。复为殿中给事、中常侍"⑤。史籍所见殿中（曹）给事（中）有拓跋库汗、张白泽、长孙陈、穆多侯、王度、张鸾旗等人。⑥ 文成帝《南巡碑》中可见到六位殿中给事同时存在，而同时还有两位殿中尚书，这是否表明每位尚书之下有三位给事？张庆捷等认为《南巡碑》显示至少有四位殿中尚书同时并置，另外两人是毛法仁、拓跋郁豆眷。然而碑中记毛法仁为"散骑常侍、安南将军、尚书、羽真、南郡公"，并未明指其为殿中尚书，故不能以其曾任殿中尚书而确指其在随文成帝南巡之时即为殿中尚书。碑中有"顺阳公直懃郁豆眷"，张庆捷等判断其为文成帝时担任殿中尚书的宗室顺阳公拓跋郁⑦。这一判断颇有理据，但亦仅推断而已。也许作这样的判断更

---

① 《资治通鉴》卷一二五《宋纪七》文帝元嘉二十七年（450）三月条，第3939页。
② 《魏书》卷八九《酷吏·胡泥传》，第1918页。
③ 按"内直"即殿内直卫，殿中尚书作为禁卫长官，这是其最基本的职掌。韩显宗上言孝文帝，谓"诸宿卫内直者，宜令武官习弓矢，文官讽书传"云云（《魏书》卷六〇《韩显宗传》，第1342页）。吐鲁番出土高昌文书可见"内直人"，参见《吐鲁番出土文书》，第二册，第10页。
④ 《魏书》卷九四《阉官·抱嶷传》，第2022页。
⑤ 《魏书》卷九四《阉官·张宗之传》，第2019页。
⑥ 参见《魏书》卷一五《昭成子孙·辽西公意烈传附库汗传》，第384页；卷二四《张白泽传》，第615页；卷二六《长孙肥传附陈传》，第654页；卷二七《穆崇传附多侯传》，第674页；卷三〇《王建传附孙度传》，第711页；卷九四《阉官·张宗之传附兄鸾旗传》，第2019页。
⑦ 张庆捷等：《北魏文成帝〈南巡碑〉所录部分汉族职官研究》，北朝史国际学术研讨会暨中国魏晋南北朝史学会第七届年会论文，2001年（山西大同）。

为稳妥：北魏前期至少同时并置两位殿中尚书，但亦有可能多达四位殿中尚书同时存在。殿中给事所兼将军号可知者有右军、振武、宣威、骁骑等将军。右军、骁骑在晋制中为禁卫武官。"给事"之职可能与"折纥真"、大夫、下大夫一类职务相当。"殿中尚书知殿内兵马、仓库"，驾部给事、东钾杖库给事及典弩库之职亦应隶于殿中尚书。

在太武帝至孝文帝前期可考三四十位殿中尚书中，大多数人出身拓跋鲜卑及其附从部族。其中宗族十姓十一人：宗室元（拓跋）氏三人，源（秃发）氏二人，长孙（拔拔）氏三人，胡（纥骨）氏、伊（伊楼）氏、叔孙（乙旃）氏各一人；勋臣八姓十一人：穆（丘穆陵）氏四人，于（勿忸于）氏、尉（尉迟）氏各二人，陆（步六孤）氏、刘（独孤）氏、楼（贺楼）氏各一人；其他胡姓苟（若干）氏二人，乙弗（乙）氏、豆连（豆）氏、叱罗（罗）氏、纥豆陵（窦）氏各一人。阉官段霸出于慕容鲜卑，抱嶷疑为氐羌。[①] 明确为汉人者有：张白泽，魏初勋臣张衮曾孙[②]；李盖，外戚[③]；毛法仁，南人毛脩之之子[④]；韩道仁，南人韩延之与淮南王女之子[⑤]。其中，宗族十姓和勋臣八姓在北魏前期共有二十二人担任殿中尚书，占可考人数的六成左右。这一情况表明，北魏前期禁卫长官殿中尚书一职主要仍为以宗族十姓和勋臣八姓为主体的拓跋鲜卑贵族集团成员所控制。

第五节 司卫监

大约从太武帝时期开始，北魏官僚机构中又出现了司卫监一职，亦当为禁卫长官之一。《资治通鉴》宋营阳王景平元年（423）十二月，"以襄城公卢鲁元为中书监，会稽公刘洁为尚书令，司卫监尉眷、散骑侍郎刘库仁等八人分典四部"。胡三省注："司卫监，盖魏所置，以掌宿卫。"[⑥]

---

① 关于诸姓氏之详情，参见姚薇元《北朝胡姓考》（科学出版社1958年版）、陈连庆《中国古代少数民族姓氏研究——秦汉魏晋南北朝少数民族姓氏研究》（吉林文史出版社1992年版）相关考述。
② 参见《魏书》卷二四《张白泽传》，第615页。
③ 参见《魏书》卷八三上《外戚上·李惠传》，第1824页。
④ 参见《魏书》卷四三《毛脩之传》，第961页。
⑤ 参见《魏书》卷三八《韩延之传》，第880页。
⑥ 《资治通鉴》卷一一九《宋纪一》，第3761页。

《魏书·尉眷传》:"迁司卫监。太宗幸幽州,诏眷辅世祖居守。后征河南,督高车骑,临阵冲突,所向无前,贼惮之。世祖即位,命眷与散骑常侍刘库仁等八人分典四部,绾奏机要。"① 这一记载表明,司卫监在北魏统治机构中具有重要地位,其担任者可在皇帝出外时辅佐太子留守京师,承担保卫之责;还可统兵出征,冲锋陷阵;又可与其他机要大臣共同掌管机要政务。司卫监从驾出征之例屡见于史。拓跋比干"以司卫监讨白涧丁零有功,赐爵吉阳男"②。拓跋桢"通解诸方之语,便骑射。世祖时,为司卫监,从征蠕蠕"③。穆颢为司卫监、龙骧将军,"曾从世祖田于崞山,有虎突出,颢搏而获之"。"后从驾西征白龙,北讨蠕蠕,以功加散骑常侍、镇北将军,进爵建安公。"④ 司卫监穆颢从驾出征,既要冲锋陷阵,又要保卫君主人身安全,其为禁卫武官自无疑义。《魏书·宇文福传》:"寻补司卫监。从驾豫州,加冠军将军、西道都将、假节、征虏将军,领精骑一千,专殿驾后。"⑤《穆崇传附多侯传》:

   历位殿中给事、左将军……迁司卫监。高宗崩,乙浑专权。时司徒陆丽在代郡温汤疗病,浑忌之,遣多侯追丽。多侯谓丽曰:"浑有无君之心,大王众所望也,去必危,宜徐归而图之。"丽不从,遂为浑所害,多侯亦见杀。⑥

正因司卫监穆多侯为禁卫武官,专权者乙浑才派遣其追陆(步六孤)丽回朝,又因其不附于乙浑而为浑所杀。乙浑专权,勋臣八姓穆(丘穆陵)、陆(步六孤)二氏与其不睦,是其排挤打击的对象。⑦

  司卫监之为禁卫武官,其职能似与殿中尚书、幢将及郎卫等有别。胡泥"历官至司卫监,赐爵永城侯。泥率勒禁中,不惮豪贵。殿中尚书叔孙侯头应内直而阙于一时,泥以法绳之。侯头恃宠,遂与口诤。高祖闻而

---

① 《魏书》卷二六《尉眷传》,第 656 页。
② 《魏书》卷一四《神元平文诸帝子孙·吉阳男比干传》,第 349 页。
③ 《魏书》卷一五《昭成子孙·卫王仪传附桢传》,第 372 页。
④ 《魏书》卷二七《穆颢传》,第 675 页。
⑤ 《魏书》卷四四《宇文福传》,第 1000—1001 页。
⑥ 《魏书》卷二七《穆崇传附多侯传》,第 674 页。
⑦ 参见拙作《北魏政治史研究》相关论述。

嘉焉，赐泥衣服一袭"①。据此可知，司卫监之职掌为"率勒禁中"，主要当负责禁中宿直之监察事务，有权对宿直禁中之殿中尚书进行监督。史载于烈"迁司卫监，总督禁旅。从幸中山"②，亦表明司卫监可统率禁卫军，同时还对禁卫武官进行监督。司卫监与魏晋以来御史中丞及殿中侍御史之职能有相似之处，与北魏前期一度出现的殿中侍御史及北魏后期御史台的职能亦有相通之处③。不过从司卫监从驾出征及其名称来看，其职应为专司宿卫监督之责，而与宿卫无关的禁内非违之事大概不在其监管之列。

在太和前《职员令》中有司卫监之职，地位较高，列第三品上，低于第二品中之列曹尚书④，故可由司卫监迁殿中尚书。太和十八年（494）十一月孝文帝《吊比干文》碑阴所刻从驾诸臣姓名，在第一列中有"司卫监臣河南郡元虬，司卫监臣河南郡万忸于劲"，"兼司卫监、少府少卿臣魏郡□□"。⑤ 万忸于劲即后来宣武帝于皇后之父于劲。在这一名单中，司卫监低于右卫将军而高于羽林中郎将，与太和十七年所颁《职员令》官品表的记载完全相符⑥。由《吊比干文》碑阴题名得知，司卫监为侍卫之臣，且同时有两人担任，又有一人为兼职，与殿中尚书同时有两人以上担任的情况相似，亦从一个侧面反映了司卫监对殿中尚书的监督关系。《吊比干文》碑阴题名中出现司卫监，当然亦反映了司卫监从驾侍卫的职能。太武帝时期设立的司卫监，一直存在到孝文帝末年。前引《魏书·宇文福传》载其为司卫监从驾出征，时在太和二十一年孝文帝亲征南伐之时。⑦ 此为史书所见最后一例司卫监。太和二十三年制定而于宣武帝即位后颁布的后《职员令》中，已不再有司卫监之职，标志着司卫监在北魏历史上最终消失。⑧

《魏书》所见司卫监担任者共十二人，《吊比干文》碑阴可见到三人，

---

① 《魏书》卷八九《酷吏·胡泥传》，第1918页。
② 《魏书》卷三一《于烈传》，第737页。
③ 参见拙作《北魏御史台政治职能考论》，《中国史研究》1997年第4期。
④ 参见《魏书》卷一一三《官氏志》，第2980、2978页。
⑤ （清）王昶撰：《金石萃编》卷二七《北魏一·孝文吊比干墓文》，中国书店1985年版。
⑥ 参见《魏书》卷一一三《官氏志》，第2979—2980页。
⑦ 参见《魏书》卷四四《宇文福传》，第1000—1001页。
⑧ 北魏前期又有"宿卫监"一职。《魏书》卷三六《李顺传附奔传》："早历显职：散骑常侍，宿卫监，都官尚书，安平侯。"（第841页）宿卫监当与司卫监性质相似，其职不见于前《职员令》，从其与散骑常侍、都官尚书迁转或兼任来看，地位不低，与司卫监或同职异名。

共计十五人，其出身情况为：宗室三人，即拓跋比干、拓跋桢、元虬。拓跋比干为道武帝拓跋珪之族弟，拓跋桢为昭成帝什翼犍第三子秦明王翰之曾孙，二人皆为宗室疏属。元虬情况不详，从其名不见于史推断，似亦应为宗室疏属。宗族十姓之纥骨（胡）氏一人。勋臣八姓之丘穆陵（穆）氏二人（穆多侯、穆颛），勿（万）忸于（于）氏二人（于烈、于劲），尉迟（尉）氏一人（尉眷）；若干（苟）氏、宇文氏各一人。有三人从其郡望看似为汉人，即魏郡某、安定安武人韩茂、东平寿张人吕罗汉。韩茂和吕罗汉更可能是胡化汉人，或本为胡人而后注籍冒为汉人。史载韩耆"永兴（409—413）中自赫连屈丐来降"，其子茂"膂力过人，尤善骑射"。① 匈奴有韩氏，本为步（出）六汗或破六韩氏，为匈奴贵族姓氏，韩耆又自匈奴赫连氏统治区归降北魏，其出于匈奴的可能性极大②。吕罗汉"弱冠以武干知名"，"善射"。"本东平寿张人，其先石勒时徙居幽州"，其祖吕显为慕容垂河间太守，皇始初降北魏，其父吕温"有文武才略"。③ 按氐族大姓有吕氏，而吕罗汉父子又长期在秦州任职，此点或反映其本出氐族，北魏以之镇抚秦州而笼络氐人。不论如何，北魏前期作为重要禁卫武官的司卫监，与其他禁卫武官一样，基本上都是由出身拓跋鲜卑为主的胡人子弟充任，其中宗族十姓和勋臣八姓超过一半。司卫监担任者中，可知有三人最初以中散入仕，四人以羽林、虎贲郎官入仕；而其所迁任之职，殿中尚书多达五例，占已知总数的三分之一，最为突出。

小　结

通过以上考察，对于北魏前期禁卫武官制度可以得到如下认识：

（1）《魏书·官氏志》载道武帝登国元年（386）置都统长，"领殿内之兵，直王宫"，都统长为北魏建国之初所设禁卫长官之一。都统长可能是鲜卑族部落军事组织的遗留。北魏前期统领部族的首领称为统酋，与北魏后期所见领民酋长相当。与拓跋鲜卑同源之河西鲜卑有"都统"之职，为其部族之首领名号。源于慕容鲜卑之吐谷浑亦有"统"制。孝文

---

① 《魏书》卷五一《韩茂传》，第1127页。
② 姚薇元谓，韩耆"自赫连氏来降，明为匈奴"（《北朝胡姓考》，第126—128页）。
③ 《魏书》卷五一《吕罗汉传》，第1137—1138页。

第十六章　史籍所见北魏前期禁卫武官制度　/　605

帝太和十七年《职员令》有宿卫统（从第六品上）、统史（从第九品上）之职，都统长或即宿卫统之长。北魏后期的千牛备身与都统有承袭关系。北魏前期有"统"的制度，如拓跋素延"以小统从太祖征讨诸部"，长孙道生为南统将军、冀州刺史，尉诺为幽州刺史、加东统将军。后赵东宫置左、右统将军，前秦征发良家子拜羽林郎，"秦州主簿金城赵盛之为建威将军、少年都统"，北魏初年的都统长及统的制度很可能承袭了十六国后赵及前秦政权的有关制度或名称。

（2）幢将与都统长同时设置，是统率君主身边仪仗侍卫的将领。一幢指以一个麾幢为代表的军事编制单位，约当百人，幢将为其统帅。史籍所见"幢将"包括内都幢将、内幢将、都幢将、幢将、三郎幢将、虎贲幢将、羽林幢将、宿卫幢将等名称，几乎涵盖了从道武帝到孝文帝前期的各朝。内都幢将地位最高，当即宿卫幢将之长。三郎幢将为统领三郎卫士宿直禁中之幢将，内幢将则因其"典宿卫禁旅"而得名，羽林幢将、虎贲幢将因其所统为羽林、虎贲而得名。太和前《职员令》中可见北魏前期有发达的羽林、虎贲系统禁卫武官：羽林有羽林中郎将、羽林中郎、羽林郎将、高车羽林郎将、羽林郎、高车羽林郎，以羽林中郎将地位最高而高车羽林郎最低；虎贲系统分为戟楯、募员、高车虎贲，其品级自上而下有虎贲将军、虎贲郎将、虎贲将、虎贲司马、虎贲、虎贲郎、虎贲军书令史，虎贲郎将或即虎贲幢将。敦煌研究院所藏并被定名为《北魏禁军军官籍簿》的文书并非真为北魏前期禁军军官籍簿，最大可能为西魏北周时期河西地方军（乡兵）之基层军官籍簿，故其中的"幢将"之职不能反映北魏前期禁卫武官制度。

（3）北魏初年置三郎卫士宿直禁中，由幢将所领，又可见到内三郎，其职从驾征伐及宿卫。史籍中又可见到羽林中郎、羽林郎、羽林、虎贲郎、虎贲、直郎、猎郎、侍辇郎、步辇郎等不同的郎官名称，皆当为在皇帝身边侍卫的禁卫武职。北魏之三郎与西汉之郎官近似，北魏前期禁中宿卫制度与汉代郎官制度颇为相似。羽林中郎地位高于三郎，职责与内三郎相似，宿直禁中，从驾出征。羽林中郎与内三郎一样有幢将为其长官，羽林中郎幢将"典宿卫"。诸郎官多由鲜卑官贵子弟充任并在皇帝身边侍卫，与北魏前期政治关系密切，很多人后来成为北魏官僚集团中的重要成员。总之，北魏前期存在着发达的幢将郎卫制度，内都幢将为其长官；北魏前期禁卫武官制度的主体是幢将郎卫制度，幢将郎卫负责以殿中为核心的禁卫事务，保卫皇帝，是北魏君权的重要支柱；北魏前期幢将郎卫制度大体上相当于汉制之郎中令——光禄勋或晋制之左、右卫将军禁卫系统。

（4）前代国昭成帝什翼犍建国二年（339）初置左右近侍，"侍直禁中，宣传诏命"，从部落酋长及豪族良家子弟中选任；又置内侍长四人，"主顾问，拾遗应对"。道武帝继承了这一制度，设内侍左右，"出入诏命"，其职自设立起即具有禁卫武官性质。左右近侍或内侍左右由内侍长所统，内侍长主要职能为顾问应对，拾遗补阙，北魏建国以后内侍长向文官方向转化，在一段时期内内侍长及内侍左右仍具有一定程度的禁卫武官性质。内侍及内侍左右主要见于北魏初道武帝、明元帝二朝，内侍长一职存在到孝文帝初年。内侍主要从归附拓跋部较早的"勋臣八姓"等贵族子弟中充任，以便笼络和控制这些部族，后来又从被其最早占领的代北四郡上层民望中选充，但史籍中并无汉人担任其职的实例。史籍中还可见到内行长、内行令、内行内小、内小等职名。内行令、内行长侍奉殿内，与内侍之职相近或即同职异名。内行令、内行长几乎全都出现于文成帝时期，个别延续至献文帝初年文明太后当政之时。内小可能与中散同职异名。又有侍御长，为侍奉禁中之职，其下似应有给事一类官职。

（5）大约在太武帝时出现了殿中尚书，"知殿内兵马、仓库"。殿中尚书典禁兵掌宿卫，守禁中、守宫门为其主要职掌。其担任者或"常典宿卫"，或在政局动荡时"部勒禁兵，静遏外内"；皇帝出征或出巡时，殿中尚书往往率兵从驾随行。殿中尚书作为禁卫长官具有很大权力，地位非常重要，如殿中尚书源贺、长孙渴侯等在太武帝死后的危急关头发动政变，扶持文成帝拓跋濬即位，消灭专权的宦官宗爱及其党羽，挽救了拓跋政权。殿中尚书与幢将郎卫属于两套禁卫武官系统，两者共同承担保卫君主及宫城的禁卫职责。史籍可见殿中尚书、殿中侍御尚书、殿中左右曹尚书，且至少同时存在两位殿中尚书。殿中尚书之下有殿中给事中或殿中给事。孝文帝官制改革前，殿中尚书集中分布于太武帝以后至孝文帝前期各朝，大多数人出身于拓跋鲜卑及其附从部族。十六国后秦、后燕有殿中尚书，北魏殿中尚书渊源或即在此。

（6）司卫监大约出现于太武帝时期，亦当为禁卫武官。司卫监可留守京师，从驾出巡或出征，参与机要。司卫监从驾出征时既要冲锋陷阵，又要保卫君主人身安全。乙浑专权，勋臣八姓穆（丘穆陵）、陆（步六孤）二氏皆与其不睦，派司卫监穆多侯追司徒陆丽回朝并将其杀害，多侯亦被杀。司卫监的职能似与殿中尚书、幢将及郎卫等有别,既可统领禁卫军,还要对殿中尚书进行监督。从司卫监名称及其从驾出征推测,其职主要以专司宿卫监督之责为主。司卫监一直存在到孝文帝末年。司卫监与其他禁卫武官一样,几乎全都由拓跋鲜卑为主的胡人子弟充任。

第十七章

文成帝《南巡碑》所见禁卫武官制度

文成帝《南巡碑》是继《嘎仙洞祝文》之后北魏考古的又一重大发现。20世纪80年代中期文成帝《南巡碑》（碑文正式名称应据碑额为《皇帝南巡之颂》）被发现，1987年第3期《考古》首先作了报道。其后山西省历史考古学者又相继对之进行了考察和研究，前后一共辨认出残碑及碑阴文字共达二千六百余字，估计占全部碑文字数的一半左右。[①] 对于北魏历史的研究来说，其价值主要体现于碑阴题名。该题名记录了和平二年（461）三月初文成帝南巡时，在灵丘南之山下参与仰射山峰之随驾群官的官、爵、姓、名，从而提供了认识北魏前期历史的极为宝贵的第一手资料。而其主要的史料价值在于认识北魏前期官制及统治集团构成的实态，特别有助于对北魏前期禁卫武官制度及民族特性的认识。在此主要根据《文物》1997年第12期所刊载之录文，对文成帝《南巡碑》碑阴题名所见以幢将—郎卫制度为核心的禁卫武官制度加以考察。

[①] 参见灵丘县文管所《山西灵丘县发现北魏"南巡御射碑"》，《考古》1987年第3期；靳生禾、谢鸿喜《北魏〈皇帝南巡之颂〉碑考察报告》《北魏〈皇帝南巡之颂〉碑考察清理报告》，分载《山西大学学报》1994年第2期，《文物季刊》1995年第3期；山西省考古研究所、灵丘县文物局《山西灵丘北魏文成帝〈南巡碑〉》，《文物》1997年第12期。最详细的录文载于最后一篇报告。有关研究主要有，张庆捷：《北魏文成帝〈南巡碑〉碑文考证》，《考古》1998年第4期；张庆捷、郭春梅：《北魏文成帝〈南巡碑〉所见拓跋职官初探》，《中国史研究》1999年第2期。根据碑额题名来看，文成帝《南巡碑》的正规名称无疑应为《皇帝南巡之颂》。为图明了方便，本书仍以《南巡碑》称之。

第十七章　文成帝《南巡碑》所见禁卫武官制度　／　609

第一节　与禁卫官制有关之碑文内容

《南巡碑》碑阴文字共残存七列，前五列文字较多，其中第一、三、四列残缺较少，第二、五列亦保存了不少官名。先将其内容加以简要介绍：

第一列可考者四十余人，依次为：前三人为平原王陆丽、太原王乙浑及襄邑子吕河一西，分别出自勋臣八姓之步六孤氏、河西鲜卑之乙弗氏、氐人吕氏；接下来四人则为高级宦官，勋臣八姓之尉迟其［地］，见于《魏书》之张益宗（宗之）、林金闾、杨保年①；后有"宁南将军、殿中尚书日南公斛骨乙莫干，左卫将军、内都幢将福禄子乙旃惠也拔"；带"内阿干"官称者九人，"［左］卫将军、内阿干、太子左卫帅安吴子乙旃阿奴"值得注意，两位宦官中常侍张天度、贾爱仁亦带"内阿干"官称；其后数人官爵姓名残缺较多，重要者有中坚将军贺若盘大罗，库部内阿［干］某；后面依次为内行内三郎二人（高平国、段鱼阳），内行令一人，内行内小二十二人，内行令二人。最后记"右五十一人内侍之官"。

第二列所记有大量同姓和异姓王公大臣，残存文字可见与禁卫武官制度有关者主要是："侍中、安南大将军、殿中尚书、囗囗东安王独孤侯尼须"，"武卫将军、［特］囗囗城子比子乙得"。

第三列依次有：内三郎六人，似皆兼将军号，可知者为中坚、折冲、左、鹰扬等将军；"宁朔将军、都长史、给事中"盖娄内亦干，"威远将军、都长史、给事中"杨丑颓；"左将军、给事、夷都将越勤右以斤，鹰扬将军、太官给事慕容男吴都，右卫将军、驾部给事囗［惕］乙弍小"，宁远将军、驾部给事某；殿中给事三人，分别兼任右军、振武及某将军；"绥远将军、中书给事李何思"；骁骑（二例）、鹰扬、折冲等将军兼给事四人；"东钾仗库给事拔烈兰真树"；宣威、骁骑（二例）将军兼殿中给事三人；内三郎二十五人，未兼军号者二人，其余所兼军号有骧威、轻车、武毅、宣威、前、明威（二例）、奋威、后军、宁朔、折冲、厉威

---

① 张益宗，传见（北齐）魏收撰《魏书》卷九四《阉官传》，中华书局1974年版，第2018—2019页。林金闾，见同书卷一三《皇后·孝文贞皇后林氏传》，第332页；卷四四《和其奴传》，第993页。杨保年，见同书卷六《显祖纪》，第125页。按林金闾为孝文林后之叔父，杨保年当为归魏氐人杨保宗、保显之兄弟。参见《魏书》卷一〇一《氐传》，第2229—2231页。

（三例）、威烈、伏波、威寇（三例）、威虏、威武、广威（二例）等将军，其中比较特殊者为"宣威将军、典弩库、内三郎拔烈兰黄头"，"明威将军、斛洛真军将、内三郎万忸于忿提"。本列共有内三郎三十一人，给事二人，各类给事十五人。

第四列亦以内三郎居多，前有内三郎三十四人，兼军号者在前共二十人，不兼军号者在后共十四人，其所兼军号有折冲、右、轻车（三例）、武烈（三例）、宁远、奋武、武毅（四例）、扬烈（三例）、宣威等将军；北部、南部、主客、□□、内都坐、中都坐、外都坐折纥真各一人，折纥真一人，除中、外都坐外均兼军号，有鹰扬、左卫、宣威（二例）、建威、游击等将军；又有"贺浑吐略渥厍狄□，征虏将军、令（？）、方兴侯素和"；其后残缺较多，有"中坚将军、库部内小幢将"，"扬威将军、内小幢将"，"宣威将军、内小幢[将]"，"中坚将军雅乐"及前军将军、鹰扬将军，奋武、威虏、中垒等亦当为将军名号。

第五列主要有军号兼幢将，可分三类：三郎幢将，所兼军号有宣威（七例）、陵江、折冲（二例）、鹰扬等将军；雅乐真幢将，所兼军号有前军、宣威（二例）、后军等将军；三郎幢将，所兼军号均残缺。

第六列所存文字甚少，亦当为军号兼职，其中有[右]军、后军将军，"都长史□□杖库令怡长命"。按第三列有"东钾仗库给事"，则此处之怡长命很可能即为东钾杖（仗）库令。

第七列残存军号及"斛洛真"字样，可见八位斛洛真及五位宣威军号。此斛洛真似亦应带幢将或将军一类称号。

文成帝《南巡碑》碑阴题名的内容大致如此，可以看出多与禁卫武官有关。北魏前期政权的军事色彩十分浓厚，其文职官员无不兼任将军号，文武不分是当时官制的一大特色。不过《南巡碑》所显示的情形似乎仍有文武轻重之别，但要加以明确区分是比较困难的。文成帝《南巡碑》碑阴题名对于认识北魏前期将军制度提供了较全面的资料，与禁卫武官无关者不在本书讨论之列。在此主要讨论其中所体现的禁卫武官制度。

第二节　幢将

文成帝《南巡碑》所见幢将有内都幢将、三郎幢将、雅乐真幢将、内小幢将（又有库部内小幢将）。其中内都幢将仅一见，由左卫将军兼任，其担任者乙旃惠也拔出自宗族十姓，孝文帝迁都后乙旃氏改为叔孙氏。《南巡碑》中所见乙旃氏成员还有乙旃阿奴、乙旃伏洛汗、乙旃俟俟等人，阿奴时为左卫将军、内阿干、太子左卫帅、安吴子，伏洛汗、俟俟则为内行内小。《南巡碑》所见左卫将军共三人，其中两人为乙旃氏成员，分别兼内都幢将、太子左卫帅（率），是掌握皇宫及东宫禁卫军权的高级武官。从内都幢将与左卫将军叠任推测，其与晋代左卫将军职能相当，应为负责殿中宿卫的禁卫长官。又从其名称之"都"字推测，似可认为内都幢将是诸幢将之长。顾名思义，三郎幢将应即统率三郎卫士的将领，雅乐真幢将则为雅乐真将领，内小幢将则为内小将领，库部内小幢将之职表明于库部当直之内小亦由幢将统领。

"斛洛真"为一鲜卑语音译名称。《南齐书·魏虏传》谓，北魏"国中呼……带仗人为'胡洛真'"①。可以肯定地说，文成帝《南巡碑》所见"斛洛真"与此"胡洛真"为同职②，也就是"带仗人"。按仗即兵杖。《说文解字》："杖，持也。"段注："凡可持及人持之皆曰杖，丧杖、齿杖、兵杖皆是也。兵杖字俗作仗，非。"③ 北魏孝文帝太和十九年（495）设御仗左右武官④，当与此职类似，在皇帝出行时持仗侍卫左右。太和前《职员令》中有从第五品上之宿卫军将，从第六品上之宿卫统，从第七品上之宿卫幢将。⑤《南巡碑》所见斛洛真军将兼明威将军，明威

---

① （梁）萧子显撰：《南齐书》卷五七《魏虏传》，中华书局1972年版，第985页。
② 按胡、斛今音相同；上古音胡为匣母鱼部，斛为匣母屋部；中古音胡为户关切、匣声模韵合口一等，斛为胡谷切、匣声屋韵合口一等。二字音近，自可互换。参见郭锡良《汉字古音手册》，北京大学出版社1986年版，第93—94页。
③ （汉）许慎撰，（清）段玉裁注：《说文解字注》六篇上《木部》，上海古籍出版社1981年版，第263页。
④ 《魏书》卷一一三《官氏志》，第2993页。
⑤ 本节所言品级均指《魏书·官氏志》所载太和前《职员令》官品表（第2977—2993页），时在和平二年之三十余年后，其间可能会有变化，但估计相差不大，因无其他更可靠的资料佐证，故仍以此为据。

将军为第六品上。斛洛真即为宿卫将领之鲜卑语名称,斛洛真军将或即宿卫军将。① 《南齐书·魏虏传》:"建武二年(495)春,高宗遣镇南将军王广之出司州,右仆射沈文季出豫州,左卫将军崔慧景出徐州。宏(孝文帝拓跋宏)自率众至寿阳,军中有黑毡行殿,容二十人坐,辇边皆三郎曷剌真,槊多白真毦,铁骑为群,前后相接。步军皆乌楯槊,缀接以黑虾蟆幡。"② 按"曷剌真"与胡(斛)洛真音近,应即同一职名,"三郎曷剌真"或即《宋书·索虏传》所记之"三郎大帅"③,亦即三郎幢将、斛洛真军将、宿卫军将之类禁卫武官。南朝人所记"三郎曷剌真"显示,曷剌真即三郎。

《魏书·来大千传》:"又为殿中给事。世祖践阼,与襄城公卢鲁元等七人俱为常侍,持仗侍卫,昼夜不离左右。"④ 依此类推,则随从文成帝南巡之带仗人斛洛真(胡洛真,曷剌真)必为禁卫武官。同书《高湖传附胠儿传》:"美容貌,膂力过人,尤善弓马。显祖时,羽林幢将。皇兴

---

① 张庆捷、郭春梅认为:"'胡洛真'就是'斛洛真'","即为一种侍卫武官","很可能是与皇帝出巡和礼仪性场合有关的兼有护卫皇帝任务的仪仗队官员"。(《北魏文成帝〈南巡碑〉所见拓跋职官初探》)其说可从。但作者认为"胡""斛"二字之别"是传译过程中造成的错误",则是难以令人接受的看法。按北魏鲜卑人名、官名、部族(氏族)名在翻译为汉语时常会出现音近、音同的不同用字,如"柔然"与"蠕蠕""芮芮","丘穆陵"与"丘目陵","伏鹿孤"与"步六孤","勿忸于"与"万纽于(乎)","冯熙"与"冯莎","大檀"与"大但"之类,不一而足,但决不能认为其中一个为标准,其他不同译法为传译错误。具体情况可参见姚薇元《宋书索虏传南齐书魏虏传北人姓名考订》,《清华学报》1933年第8卷第2期;《北朝胡姓考》及所收《胡人姓名对照表》,科学出版社1958年版。又,清代乾嘉考据学权威钱大昕对于北朝鲜卑语译音问题曾数有论列,《廿二史考异》卷二二《晋书五》:"《冯跋载记》:'蠕蠕勇斛律。''蠕蠕'即'柔然'也。《魏书》作'蠕蠕',《宋·齐·梁书》皆作'芮芮',《周书》作'茹茹',《北史》有《蠕蠕传》,而诸传间有作'茹茹'者,盖译音无定字。"(《廿二史考异》,《丛书集成初编》本,商务印书馆1937年版,第446页)卷二八《魏书一》:"《古弼传》:'赐名曰笔,取其直而有用,后改名弼,言其辅佐材也。'北人读'弼'如'笔',译音无定字,非必别有取义。""《薛辩传》:'长子初古拔,一曰车毂拔。''初'与'车'、'古'与'毂',声相近。"(第550、553页)《丘哲墓志》记"乞银曹比和真曹宿卫曹四曹尚书洛州诸军事洛州刺史乞直之子"。《丘哲妻鲜于仲儿墓志》记"故乞银曹比和真曹迭纥曹四曹尚书奏事给事洛州刺史河南河阴丘使君之长子"。(赵万里:《汉魏南北朝墓志集释》图版二六八《丘哲墓志》、二六九《丘哲妻鲜于仲儿墓志》,科学出版社1956年版)则北魏"宿卫曹"即"迭纥曹",在鲜卑语中与"宿卫"之义对应的语言为"迭纥"。

② 《南齐书》卷五七《魏虏传》,第993—994页。
③ 《宋书》卷九五《索虏传》,第2351页。
④ 《魏书》卷三〇《来大千传》,第725页。

第十七章 文成帝《南巡碑》所见禁卫武官制度 / 613

(467—470) 中，主仗令。"① 按斛洛真军将或即高豬儿所任主仗令。羽林、虎贲等禁卫郎官，也可归入带仗人之列。《神元平文诸帝子孙·元鸷传》："容貌魁壮，腰带十围。为羽林队仗副。高祖末，以征讨有功，赐爵晋阳男。"②《于烈传》："世宗即位，宠任如前。咸阳王禧为宰辅，权重当时，曾遣家僮传言于烈曰：'须旧羽林虎贲执仗出入，领军可为差遣。'"③

"雅乐真"之义不明，但其与胡洛真当有相通之处。北魏前期常见之羽林、虎贲（郎）不见于文成帝《南巡碑》，殊不可解，雅乐真、胡洛真或即羽林、虎贲（郎）之鲜卑语音译。《南巡碑》碑阴第三列有斛洛真军将万忸于念提，此人很可能即为于烈。《魏书·于烈传》载，"少拜羽林中郎，迁羽林中郎将"④。于烈生年当公元437年，文成帝和平二年时为二十五岁，是任内三郎的合适年龄。果如此，则内三郎即羽林中郎，或者说羽林中郎属内三郎之列。宿卫军将位居从第五品上，万忸于念提所兼之明威将军为第六品上，两者品级接近，斛洛真军将很可能即为宿卫军将，则斛洛真可能就是宿卫武官之鲜卑语名称。三郎幢将当即《魏书·官氏志》所载登国元年设立之"主三郎卫士直宿禁中"之幢将；而雅乐真幢将则为统雅乐真入直之幢将；内小幢将则为统领内小入直之幢将，其入直

---

① 《魏书》卷三二《高湖传附豬儿传》，第753页。
② 《魏书》卷一四《神元平文诸帝子孙·元鸷传》，第350页。
③ 《魏书》卷三一《于烈传》，第739页。无论如何，北魏带仗人或持仗者有着特定的含义，不管何人，其必定具有侍卫君主或守卫宫殿的职能。对此，还可见到其他旁证。《魏书》卷一五《昭成子孙·寔君传》："寔君者，昭成皇帝之庶长子也。""初，昭成以弟孤让国，乃以半部授孤。孤卒，子斤失职怀怨，欲伺隙为乱。是时，献明皇帝及秦明王翰皆先终，太祖年六岁，昭成不豫，慕容后子阕婆等虽长，而国统未定。斤因是说寔君曰：'帝将立慕容所生，而惧汝为变，欲先杀汝。是以顷日以来，诸子戎服，夜持兵仗，绕汝庐舍，伺便将发，吾悫而相告。'时苻洛等军犹在君子津，夜常警备，诸皇子挟仗彷徨庐舍之间。寔君视察，以斤言为信，乃率其属尽害诸皇子，昭成亦暴崩。"（第369页）卷九四《阉官·宗爱传》："是后，世祖追悼恭宗，爱惧诛，遂谋逆。二年春，世祖暴崩，爱所为也。尚书左仆射兰延、侍中吴兴公和疋、侍中太原公薛提等秘不发丧。延、疋二人议以高宗冲幼，欲立长子，征秦王翰置之秘室。提以高宗有世嫡之重，不可废而更求君。延等犹豫未决。爱知其谋。始爱负罪于东宫，而与吴王余素协，乃密迎余自中宫便门入，矫皇后令征延等。延等以爱素贱，弗之疑，皆随之入。爱先使阉竖三十人持仗于宫内，及延等入，以次收缚，斩于殿堂。执秦王翰，杀之于永巷而立余。"（第2012页）
④ 《魏书》卷三一《于烈传》，第737页。

之地不一定全在禁中，也可能为宫城各衙署机构，如库部等处①。三郎、雅乐真及内小等武官或卫士都组成了幢的军事编制，即以一百人为一军事单位加以统帅。从呼"带仗人为胡洛真"还可推断，三郎、雅乐真、斛洛真、内小名称之不同，可能与禁卫兵种有关。

《魏书·礼志四》：

> 高宗和平三年（462）十二月，因岁除大傩之礼，遂燿兵示武。更为制，令步兵陈于南，骑士陈于北，各击钟鼓，以为节度。其步兵所衣，青、赤、黄、黑，别为部队。盾、矟、矛、戟，相次周回转易，以相赴就。有飞龙腾蛇之变，为函箱鱼鳞四门之陈，凡十余法。……自后踵以为常。②
>
> （太祖）天赐二年（405）初，改大驾鱼丽雁行，更为方陈卤簿。列步骑，内外为四重，列标建旌，通门四达，五色车骑各处其方。诸王导从在钾骑内，公在幢内，侯在步矟内，子在刀盾内，五品朝臣使列乘舆前两厢，官卑者先引。③

据前条，当时北魏军队分为步兵和骑士两大类，而步兵则有盾、矟、矛、戟之别，显然是以各自所持兵器而分类。据后条，步、骑四重自内至外依次为钾骑、幢、步矟、刀盾；钾骑无疑为骑兵，步矟、刀盾为步兵，幢可能既有步又有骑。此处之幢似为一兵种，应即前述诸幢之类，具体情形难以明了。《南巡碑》所见之东钾杖库给事当负责供应钾骑兵杖事宜。

诸幢将之地位，从其所兼任之军号可以推知一斑。乙旃惠也拔为左卫将军、内都幢将，左卫将军从第二品上。三郎幢将所兼军号可考者有宣威、陵江、折冲、鹰扬等将军，宣威将军第六品上，后三号皆为第五品上，则三郎幢将大体应在第五品上至六品上之间。雅乐真幢将所兼军号可

---

① 按北魏"殿中尚书知殿内兵马仓库"（《南齐书》卷五七《魏虏传》，第985页），据此推断，库部亦应在殿内，则库部内小当直之处仍在禁中。不过应属广义的禁中，不特指在某一殿之内。

② 《魏书》卷一〇八之四《礼志四》，第2810页。又，同书卷五《高宗纪》："（和平三年）十有二月乙卯（初九，463.1.14），制战陈之法十有余条。因大傩耀兵，有飞龙、腾蛇、鱼丽之变，以示威武。"（第120页）

③ 《魏书》卷一〇八之四《礼志四》，第2813—2814页。

考者有前军、宣威、后军等将军，前军、后军将军品级皆为从第三品上，则雅乐真幢将应在从第三品上至六品上之间，以第三、四品为宜；在第五列之后未知所兼的军号有威远、宣威、扬武、后军等将军，其品级皆不出上述范围，很可能亦与雅乐真幢将互兼。内小幢将所兼军号可知者有中坚、扬威、宣威等将军，前二职皆为第四品上，则内小幢将应在第四品上至六品上之间。综合观之，可知三郎、雅乐真、内小幢将诸职之地位相当于从第三品上至六品上之间，应属中级禁卫武官之列。因资料有限，这一判断的准确性是有疑问的，但到目前为止似只能作出这种判断。《魏书·官氏志》所载太和前《职员令》中，诸羽林、虎贲系统禁卫武官的品级大体也在这一范围之内：羽林中郎将为第三品下，羽林中郎、羽林郎将、高车羽林郎将为从第四品上，戟楯、募员、高车虎贲将军为第四品下，虎贲司马、郎将及宿卫军将为从第五品上，戟楯、募员、高车虎贲司马、将及高车羽林郎为从第五品下。碑文所见诸幢将似均应隶于从第二品上之左卫将军、内都幢将；同理，在取消内都幢将的前《职员令》中，上自羽林中郎将下至高车羽林郎亦当隶于左、右卫将军。上一章已提及太和四年（480）"省二部内部幢将"，并推测"内部"或即"内都"之误，根据对《南巡碑》碑阴题名的理解，这种判断的理由更为充足，即在此前存在着由左、右卫将军分别兼任之内都幢将，二部即左、右部之谓。

第三节　诸郎

文成帝《南巡碑》碑阴题名所见诸郎有：内行内三郎二人；内三郎六十六人；三郎，与幢将连称，无单独称三郎者。其中内行内三郎明确为"内侍之官"，位居第一列中间，次于库部内阿干，而前于内行内小，所见仅有高平国与段鱼阳二人。高平国最有可能为北魏初年自后燕降魏的高湖之后。高湖及其父、祖仕后燕，历显职。史谓其勃海蓨人，于后燕末"率户三千归国"，"太祖赐爵东阿侯，加右将军，总代东诸部"。① 据《魏书·高湖传》附传载，高氏有"国"字辈，诸兄弟皆仕于北魏末东魏初②，与高平国时代不合。与本传对照，高谧或其兄弟即高平国的可能性

---

① 《魏书》卷三二《高湖传》，第751页。
② 参见《魏书》卷三二《高湖传》附传，第755页。

较大。同传又载:"(高湖)第三子谧,字安平,有文武才度。天(太)安(455—459)中,以功臣子召入禁中,除中散,专典秘阁,肃勤不倦,高宗深重之。拜秘书郎。""延兴二年(472)九月卒,时年四十五。"[①]则高谧在和平二年时为三十四岁。两相比较,其共同点是:时代相合,且所任均为内侍之职;字相近,一为安平,一为平国。高平国亦不可能为高谧之兄弟,因其弟兄四人均见于史,其他三人与高平国相差更远。段鱼阳亦于史无征,东部鲜卑有段部[②],鱼阳之名似乎透露了其与辽西的某些联系[③]。若高平国即高谧,则内行内三郎即秘书郎,为内侍文官,而非内侍武官。但从其他史料推断,这种可能性并不大,前文对内三郎的理解说明,内三郎为禁卫武官。加"内行"应是表明其内侍身份,可能取"殿内(内廷,帐内)行走"之意。

《南巡碑》碑阴题名所见内三郎多达六十八人(包括内行内三郎二人),《魏书》及墓志所见才仅五条,自然是极其重要的补充。在此通过对其兼职和担任者身份的考察,来认识这一官职的有关具体制度。史书所见内三郎几乎全为起家之官,且未记兼职。据上一章所引资料可知,北魏时期内三郎担任者有淮陵侯大头、豆(豆连)代田、陆(步六孤)真、费(费连)于及元(拓跋)保洛之祖(墓志),皆为鲜卑贵族子弟。《南巡碑》中内三郎集中于碑阴第三、四列,大多数都与军号叠任,其所兼军号有中坚、折冲(三例)、右(二例)、鹰扬、骧威、轻车(四例)、武毅(五例)、宣威(二例)、前、明威(二例)、奋威、后军、宁朔、厉威、威烈、伏波、威寇(三例)、威虏、广威(二例)、武烈(三例)、宁远、奋武、扬烈(四例)等将军,以太和前《职员令》相比附,其品级有第四品上(二人)、第五品上(四人,九任)、从第二品上(二人,三任)、第五品中(一人,四任)、第六品下(二人,四任)、从第五品下(一人,二任)、第六品上(二人,四任)、第四品中(一人)、从第三品上(一人)、第六品中(四人,六任)、第四品下(二人,三任);骧威、伏波将军不见于前令。除了二号从第二品上、一号从第三品上外,其余则

---

① 《魏书》卷三二《高湖传附谧传》,第752页。
② 参见姚薇元《北朝胡姓考》,第242页。
③ 按"鱼阳"或即渔阳,北魏渔阳郡地当今天津武清西北,十六国渔阳郡在今北京东北,两地均紧邻辽西鲜卑段部的传统势力范围。参见谭其骧主编《中国历史地图集》,地图出版社1982年版,第四册,图7—8,9—10,11—12,13—14,15—16,50—51。

第十七章　文成帝《南巡碑》所见禁卫武官制度 / 617

介于第四品上与第六品下之间，当以第五品上、下为宜。从第二品上者为左、前将军，从第三品上者为后军将军。① 很可能当时此诸职亦相当于第四、五品左右，只是在孝文帝制定前《职员令》时将四将军及四军将军的品级作了较大幅度提高②。所兼诸职品级之不同，可能还反映了内三郎地位具有一定的差别。其他各职所兼军号亦当与此类似。

内三郎一般都兼一个军号，特殊者有三条：（1）"宣威将军、典弩库内三郎拔烈兰黄头"，表明内三郎可能因其职责而有较具体名称，或者应为"典弩库、内三郎"，即以内三郎身份"典弩库"。按弩库与钾仗库相似，当为北魏武库之一。③ 史载和（素和）天受于"太和六年（482），迁弩库曹下大夫"④，拔烈兰黄头所典弩库亦即弩库曹，此弩库曹可能隶于殿中尚书或库部尚书⑤。（2）"明威将军、斛洛真军将、内三郎万忸于怠提"，前已及之，此不具论。（3）在"威寇将军、内三郎、直勤解愁"与"威武将军、内三郎独孤他突"之间，为"威虏将军、贺浑吐略渥和稽乞鱼提"。"贺浑吐略渥"凡两见，其一又见于第四列"内小幢将"之前。"直勤解愁"前有大量内三郎，"独孤他突"之后数人亦全为内三郎，其间突然冒出一个无法理解的"贺浑吐略渥"，有可能是碑文撰写者的故意之笔，最大可能即为内三郎之鲜卑语称呼⑥。果如此，则《南巡碑》中便有七十位内三郎。

---

① 参见《魏书》卷一一三《官氏志》，第2979—2987页。
② 按在太和后《职员令》中，四将军为第三品，品级仍然较高，而四军将军居从第四品上阶之末。（《魏书》卷一一三《官氏志》，第2995、2997页）
③ 《汉魏南北朝墓志集释》图版一五〇《元融妃卢贵兰墓志》：长子景哲，"通直散骑常侍、朱衣直阁、钾仗都将"。据此可知，钾仗都将当为守卫钾仗库的军事长官，从其与朱衣直阁兼任推断，钾仗都将亦属禁卫武官之列。
④ 《魏书》卷四四《和其奴传》，第993页。
⑤ 关于殿中、库部尚书，参见严耕望《北魏尚书制度考》，《中央研究院历史语言研究所集刊》第18本（1948年）。
⑥ 《刘玉墓志》："君讳玉，字天宝，弘农胡城人也。……大魏开建，托定恒代，以曾祖初万头大族之胄，宜履名宦，从驾之众，理须督率，依地置官，为何浑地汗。尔时此班（斑），例亚州牧。义成王南讨长安，以祖可洛侯名家之孙，召接为副，充子都将。"（赵超：《汉魏南北朝墓志汇编》，天津古籍出版社1992年版，第212页）按《南巡碑》"贺浑吐略渥"不知与此"何浑地汗"有无某种关联。（唐）李百药撰《北齐书》卷一《神武纪上》载其"姓高名欢，字贺六浑"（中华书局1972年版，第1页）。聂鸿音认为贺六浑在蒙古语中是"可爱的"之意，与"欢"意义相关联。（《鲜卑语言解读述论》，《民族研究》2001年第1期）亦不知"贺六浑"与"贺浑吐略渥"有无关联。

在《南巡碑》碑阴第五列还有近二十位三郎幢将,其情形前已论及。而在三郎幢将之间则夹着近十位雅乐真幢将,上文推断可能即羽林、虎贲幢将之类的鲜卑语名称。从其居于三郎幢将之间来看,雅乐真幢将也可能就是三郎幢将,雅乐真或即为三郎之鲜卑语称谓。与"贺浑吐略渥"一样,当属撰碑者之故意流露。也可能是:在内三郎中有某人被呼为"贺浑吐略渥",而在三郎中,有些人则被呼为"雅乐真"。就像带仗宿卫者被呼为"胡(斛)洛真"一样。内小由幢将统领,亦可目为郎官。内行内小则应即内侍左右、左右近侍之类。内三郎与三郎幢将地位相近,内三郎略高于三郎幢将,其关系类似羽林中郎与羽林郎将的关系。

第四节 将军号与"折纥真"

在《南巡碑》中出现了大量将军号,对认识北魏前期将军制度来说弥足珍贵,在此不打算全面讨论这一问题,而仅对其中与禁卫武官制度有关者略加考察。

晋代禁卫武官制度中,有领军、护军将军(中领、护军)及左·右卫、武卫、前·后·左·右四军、骁骑、游击诸将军及步兵等五校尉。在《南巡碑》中,无领军、护军将军,而有左、右卫将军及武卫、四军、骁游等将军。左卫将军凡三见,即:"左卫将军、内都幢将、福禄子乙旃惠也拔","左卫将军、内阿干、太子左卫帅、安吴子乙旃阿奴","左卫将军、南部折纥真、平棘子李敷"。前二人之左卫将军因分别兼任内都幢将、太子左卫帅而为实职禁卫武官无疑,而李敷以左卫将军与南部折纥真叠任,恐怕只是表示其地位和某种荣宠身份,可能并不实际统领禁卫军。为了认识这一问题,就需要对折纥真一职加以考察。

《南齐书·魏虏传》云,"为主出受辞人为'折溃真'"[1]。按溃、纥音近可通[2],显系翻译之别,原本当为一音。此职在汉语中的对应名称,《魏书·李敷传》透露了有关信息:

---

[1] 《南齐书》卷五七《魏虏传》,第985页。
[2] 上古音中,纥、溃二字音同,均为匣母物部;中古音中,纥、溃二字音近,纥为下没切、匣声没韵一等,溃为胡对切、匣声队韵一等。(郭锡良:《汉字古音手册》,第17、142页)

真君二年（441），选入中书教学，以忠谨给侍东宫。又为中散，与李䜣、卢遐、度世等并以聪敏内参机密，出入诏命。敷性谦恭，加有文学，高宗宠遇之。迁秘书下大夫，典掌要切。加前军将军，赐爵平棘子。后兼录南部。迁散骑常侍、南部尚书、中书监，领内外秘书。①

本传未载李敷曾为左卫将军的经历，估计应在其为前军将军之后，即"兼录南部"之时②。时间及爵位相符，可以证明《南巡碑》中李敷所任之"南部折纥真"实即本传所记"秘书下大夫"而又"兼录南部"③，或者说就是南部下大夫④。太和前令中，下大夫为第四品上。

在《魏书》中，有单为下大夫者，更多的是为某曹下大夫。史载"高祖、文明太后引见公卿于皇信堂"，请议"听饥贫之人出关逐食"给过所事宜，宗室拓跋丕议谓"诸曹下大夫以上"云云。⑤ 则诸曹按制度均有下大夫之职⑥。下大夫与给事职能相当，如李冏"太和中，拜下大夫、

---

① 《魏书》卷三六《李敷传》，第833页。
② 张庆捷、郭春梅认为："两书（按即《魏书》《北史》之《李敷传》）均未记'南部折纥真'一职，却将'左卫将军'误记为'前军将军'"。(《北魏文成帝〈南巡碑〉所见拓跋职官初探》) 按这一说法过分拘泥于碑文，目前还无任何证据否认两书《李敷传》之记载。
③ 《魏书》卷三六《李敷传》，第833页。
④ 张庆捷、郭春梅认为："'折纥真'很可能相当于汉族'下大夫'或'大夫'之职"。(《北魏文成帝〈南巡碑〉所见拓跋职官初探》) 其说可从。应该更肯定地说：鲜卑语之"折纥真"就是汉语之大夫或下大夫。此文又认为："'折溃真'有可能就是'折纥真'。但这仅仅是推测，两者究竟是否一职，尚需新材料和更多的证据。"我认为，毋需新材料和更多证据便已能证明"折溃真"就是"折纥真"。他们又认为："一个部门只见一个折纥真，这与一部门并置数位尚书的情况相比，显然是非常特殊的。令人奇怪的是，从碑中考订殿中尚书有4位，殿中给事有6位，却不见一个殿中折纥真，同样，有一个驾部尚书，两个驾部给事，却不见驾部折纥真，这又提出一个问题，是否各部曹都没有折纥真？由于不见这方面的资料，此问题不得不暂付阙疑。"（同上）这种疑问的提出，显然仍是作者过分拘泥于碑文而对其所作"'折纥真'很可能相当于汉族'下大夫'或'大夫'之职"的推测没有自信所致。"折纥真"既然相当于下大夫或大夫，尚书各部曹就必定会有其职。碑文不见并不等于北魏王朝无其职，因当时随从文成帝南巡者仅为一部分朝廷官员，何况今天我们所见到的是一块缺损极为严重的残碑，只能从中透露出北魏现实官制的一部分情况，而不可能就此作出全面认识，更不可能以之为据推断北魏官制的一般状况。
⑤ 《魏书》卷一四《神元平文诸帝子孙·东阳王丕传》，第358页。
⑥ 具体情况参见严耕望《北魏尚书制度考》及日本魏书研究会（代表西嶋定生）编《魏书語彙索引》有关条目，汲古書院1999年版。

南部给事"①。下大夫亦与尚书诸曹之曹郎相近。《宋书·百官志上》："魏世有殿中、吏部……定科凡二十三郎"，青龙二年（234）增置都官、骑兵二曹郎，共二十五曹。晋西朝先"为三十四曹郎"，后增运曹而为三十五曹。② 尚书郎具体负责各曹事务，其下有都令史、令史、书令史、书吏、干等。地位较高之北魏下大夫显然不会是尚书曹令史，只可能与曹郎相当。据此，则折纥真之意亦可理解为尚书郎、曹郎、侍郎。李敷"兼录南部"之后即迁为"散骑常侍，南部尚书"，《南巡碑》中其职衔亦不见散骑常侍，即表明当时他尚未任南部尚书。《魏书·高宗纪》：和平二年（461）"五月癸未（廿八，6.21），诏南部尚书黄卢头、李敷等考课诸州"③。时距文成帝南巡并刻立《南巡碑》只过了两个多月。南部折纥真是仅次于南部尚书的官职，即相当于汉制之尚书曹郎，于此可得一有力证据。这种制度显然带有明显的拓跋鲜卑的民族特色。

根据对折纥真一职本意的理解，似可断定李敷所任左卫将军并不具备殿内禁卫长官之实际职能。但因其为文成帝亲信，任以左卫将军便可随时出入殿内，侍从左右，其身份与禁卫长官相似，只是未必会统率诸郎官或卫士等侍卫。类似的左卫将军还见于史籍之中。《魏书·穆观传》："少以文艺知名，选充内侍，太祖器之。太宗即位，为左卫将军，绾门下中书，出纳诏命。及访旧事，未尝有所遗漏，太宗奇之。"④ 按此处之"文艺"与今义不同，穆观出于鲜卑勋臣八姓之首的丘穆陵氏，在北魏初年不大可能有多少文化。穆观所具有的"文艺"才能大概包括其对传统的掌握较多，即所知"旧事"多而表现得与众不同。或许正因如此，明元帝便让其"绾门下中书，出纳诏命"。其所任左卫将军并不承担禁卫之责，但其身份却具有禁卫长官之性质，即侍从左右，出入卧内，为皇帝心腹之臣。

作为实职禁卫长官的左、右卫将军在北魏前期亦于史有征。《魏书·豆代田传》："太宗时，以善骑射为内细射。……以功迁内三郎。"世祖时，"改爵井陉侯，加散骑常侍，右卫将军、领内都幢将。从讨和龙，战功居多，迁殿中尚书，赐奴婢六十口"⑤。很显然，领内都幢将的右卫

---

① 《魏书》卷三六《李顺传附冏传》，第841页。
② （南朝梁）沈约撰：《宋书》卷三九《百官志上》，中华书局1974年版，第1236页。
③ 《魏书》卷五《高宗纪》，第119页。
④ 《魏书》卷二七《穆观传》，第664页。
⑤ 《魏书》卷三〇《豆代田传》，第727页。

将军豆代田为实职禁卫长官。这表明北魏左、右卫将军皆可领内都幢将，从而更进一步证实了上面关于二部内都幢将的判断。左、右卫将军在北魏初年即已出现。陈建"祖浑，太祖末为右卫将军"[1]。太武帝末年，阉官孙小曾为左卫将军[2]。《南巡碑》所见右卫将军一例，即"右卫将军、驾部给事、囗［惕］乙弌小"。虽然北魏初年就已出现了具有禁卫职能的左、右卫将军，但目前所见还极为零星，很难认为北魏前期就已确立了类似晋制的左、右卫将军制度。可能是在汉制特色表现较浓时才出现，或者即为其他禁卫长官之加官，如为内都幢将的加官，上文乙旃惠也拔与豆代田之例可证。亦可为殿中尚书之加官，如穆安国以殿中尚书"加右卫将军"[3]。从《南巡碑》来看，北魏前期亦存在着四军、骁游等将军号，从其兼任三郎幢将、内三郎等职推断，肯定为禁卫武官，但其与同样兼任幢将、内三郎等职的诸多杂号将军似乎并无太大差别。因此，也就不能认为当时北魏已经出现了类似晋代禁卫武官制度的四军或六军等宿卫将军体制。《南巡碑》中未见到领军、护军将军（中领、护军），有两种可能，即：当时并无其职；或者有，未随驾南巡而留守京师。北魏前期存在领军、护军将军之职，但极零星，其情形与左、右卫将军并无差别。[4]

总之，通过对文成帝《南巡碑》的考察，更进一步证实了上一章有关幢将郎卫制度的推断，即北魏前期存在着发达的幢将郎卫制度，内都幢将为其长官；幢将郎卫制度是北魏前期禁卫武官制度的主体，幢将郎卫负责以殿中为核心的禁卫事务，保卫皇帝，是北魏皇权的重要支柱；北魏前期幢将郎卫制度大体上相当于汉制之郎中令→光禄勋或晋制之左、右卫将军禁卫系统。

第五节　幢将与诸郎身份考察

对文成帝《南巡碑》所见幢将、诸郎担任者身份的考察，无疑可以加深对北魏前期以幢将郎卫制度为核心的禁卫武官制度的进一步认识。文

---

[1] 《魏书》卷三四《陈建传》，第802页。
[2] 参见《魏书》卷九四《阉官·孙小传》，第2018页。
[3] 《魏书》卷二七《穆崇传》附传，第673页。
[4] 参见拙作《领军将军与北魏政治》，《中国史研究》1995年第1期；《北朝中央护军制度考索》，《史学月刊》1999年第4期。

成帝《南巡碑》的发现和残存文字的辨识,使人们第一次目睹了大量幢将、诸郎的存在,虽然碑文残缺而致所见资料极不完整,但在目前情况下仍然是最全面的记录。在此首先对《南巡碑》碑阴所见幢将、诸郎(以内三郎、三郎幢将为主,包括内小、雅乐真、斛洛真等)担任者的身份加以推测,然后结合上一章所引史籍中历朝零散资料作一综合考察。

内都幢将乙旃惠也拔,其人史籍无考,按北魏宗族十姓中有乙旃氏,史载"(献帝邻)又命叔父之胤曰乙旃氏,后改为叔孙氏"[①]。叔孙建"父骨,为昭成母王太后所养,与皇子同列"[②]。叔孙氏之由来实即此。按王太后本广宁王氏,为乌桓部族之女[③]。据考,乙旃氏多出于高车部族[④]。文成帝时诸乙旃当即王太后养子骨之后,当为叔孙建、俊之同族。叔孙建是协助北魏道武帝拓跋珪建国的主要功臣之一,也是魏初名将;其子叔孙俊则是明元帝最为倚重的亲信大臣,封安成王。从乙旃惠也拔在文成帝时担任禁卫长官内都幢将来看,此族仍属拓跋氏统治集团的重要成员。《南巡碑》中还可见到掌握东宫禁卫军权的乙旃阿奴,在《孝文皇帝吊殷比干墓文》碑阴中有"直阁武卫中臣乙旃阿各仁""直阁武卫中臣乙旃应仁"及"武骑侍郎乙旃侯莫干"[⑤],可见孝文帝时乙旃氏仍然颇有势力。乙旃氏在从北魏建国到孝文帝时期的百年间,无疑是极为活跃的拓跋鲜卑家族,是禁卫军权的主要担当者之一。[⑥]

《南巡碑》所见十位内阿干分别是:代伏云右子尼、乙旃阿奴、盖娄太拔、社利幡乃娄、是娄勒万斯、尉迟沓亦干、张天度、贾爱仁、若干若周、□□库兰;又,吐难子如剀、一弗阿伏真、韩天爱、贺若盘大罗诸人

---

① 《魏书》卷一一三《官氏志》,第3006页。按以下有关孝文帝改姓的记载出自此篇者不再注出。
② 《魏书》卷二九《叔孙建传》,第702页。
③ 参见姚薇元《北朝胡姓考》,第254—256页。
④ 参见陈连庆《中国古代少数民族姓氏研究——秦汉魏晋南北朝少数民族姓氏研究》,吉林文史出版社1993年版,第181—182页。
⑤ (清)王昶撰:《金石萃编》卷二七《北魏一·孝文吊比干墓文》,中国书店1985年版。
⑥ 唐长孺认为:"拓跋族及附从部落人组成禁卫军、远征军以及边防军或内地驻防军,统率军队的主将照例是拓跋宗室贵族,下属各级政权也都是本族或附从部落人组成。"(《魏晋南北朝隋唐史三论》,武汉大学出版社1993年版,第190页)唐氏对北魏军队构成的判断无疑是正确的,但对军队主将成分的判断却不够准确。其实,北魏时期(前期)统率军队的主将也是拓跋族及附从部落人,此类事例甚多。仅就禁卫军而论,其主将也并非完全是拓跋宗室贵族。本章及上一章所举相关例证即可证明。

第十七章　文成帝《南巡碑》所见禁卫武官制度　／　623

亦当为内阿干。史书可考知其姓名者只有若干若周、张天度、贾爱仁。

若干若周为苟（若干）颓之弟。《魏书·苟颓传》："颓弟若周，散骑常侍、尚书。太和中，安南将军、豫州刺史、颍川侯。"① 而碑文记其为"［散］□□□、［内］阿干嘉宁男若干若周"，所缺三字即"骑常侍"，据此是否可以推断内阿干即是尚书之鲜卑语称呼？史书所见北魏前期未署曹名之尚书比比皆是，而从碑文有"库部内阿［干］□□库兰"推断，内阿干也有分曹者。库部有尚书，如伊馛子兰，"散骑常侍、库部尚书"②。严耕望推断伊兰之为尚书，"最早当在文成帝之初，迟则孝文初也"③。按伊氏本伊娄氏，为宗族十姓之一。④ 碑文之"库部内阿干□□库兰"或即《魏书》之库部尚书伊兰，这一判断是基于时代相当、名近、官名亦近诸因素。果如此，则苟若周、伊兰二人之任职似可证明内阿干即尚书之鲜卑语称谓⑤。此类内阿干属内侍之官，应与汉代侍从禁中之尚书相近，而与魏晋以后之六部（曹）尚书有较大差别。张天度、贾爱仁之名虽见于史，但具体情况不详，为阉官的可能性较大。

代伏云右子尼当出于喋云氏，孝文帝改为云氏，北魏末有喋云具仁，北齐有喋云乐或喋舍乐。喋云氏可能出于河西鲜卑⑥。盖娄太拔，《魏书·官氏志》有"盖楼氏，后改为盖氏"的记载。姚薇元谓盖楼氏为卢水胡（羯胡）姓氏。按和平二年距北魏平定卢水胡盖吴仅过了十余年，似不大可能有卢水胡人在北魏朝廷担任"太子庶子、内阿干"这样重要的内侍之官。此盖娄似非彼盖楼。陈连庆则谓盖楼氏为高句丽姓氏。碑文

---

① 《魏书》卷四四《苟颓传》，第995页。
② 《魏书》卷四四《伊馛传》，第990页。
③ 《北魏尚书制度考》，《中央研究院历史语言研究所集刊》第18本（1948年），第297—298页。关于北魏库部尚书之详情，参见严文之"尚书分部·库部尚书"条。
④ 参见姚薇元《北朝胡姓考》，第18页；陈连庆《中国古代少数民族姓氏研究——秦汉魏晋南北朝少数民族姓氏研究》，第97页。
⑤ 日本学者松下宪一对文成帝《南巡碑》中的内阿干、内行内小、羽真、内都幢将诸职作了考证，其结论是：内阿干是《魏书》中的尚书，内行内小是《魏书》中的中散，羽真是鲜卑的爵位（主要赐予内附者及宗室）、内都幢将是北魏前期的禁军长官。（《北魏内朝制度考略》，北朝史国际学术研讨会暨中国魏晋南北朝史学会第七届年会论文，山西大同，2001年）按其说大体得实，尽管论证及表述还有欠周密。又，松下氏发表过《北魏石刻史料に见える内朝官——「北魏文成帝南巡碑」の分析を中心に》，《北大史学》第40号。上揭论文即其汉译。
⑥ 参见姚薇元《北朝胡姓考》，第100—102页；陈连庆《中国古代少数民族姓氏研究——秦汉魏晋南北朝少数民族姓氏研究》，第111页。

又见"宁朔将军、都长史、给事中、河中□□子盖娄内亦干"。而时隔两年余之后，和平四年十月，"诏员外散骑常侍游明根、骁骑将军昌邑子娄内近、宁朔将军襄平子李五鳞使于刘骏"①。昌邑子娄内近是否与□□子盖娄内亦干有可能为同一人？无论如何，盖娄氏为胡姓是可以确定的。社利氏不见于《官氏志》，而有叱利（叱列）氏改为利氏，北魏末有叱列延庆，社利氏或即叱利氏。是娄当即是楼氏，后改为高氏。尉迟氏为勋臣八姓之一，孝文帝改为尉氏，北魏分裂后又复姓尉迟氏，是北朝及隋唐时期有重要影响的家族。北魏前期尉迟（尉）氏有数支见于《魏书》列传。吐难氏即土难氏，后改为山氏。一弗氏即河西鲜卑乙弗氏，后改为乙氏，一弗阿伏真与见于同碑之一弗步□□当为同族，步□□即文成帝、献文帝之际专权的乙浑。贺若氏在改姓后仍旧为贺若氏。

内行内三郎高平国、段鱼阳已见前考。内行令胡墨田不可考。宿六斤阿□当即《魏书》所见之宿石。碑文记"鹰扬将军、内行令蔡阳男宿六斤阿□"。《魏书·宿石传》："兴光（454）中，迁侍御史，拜中垒将军，进爵蔡阳子，典宜官曹。迁内行令。"② 宿石之爵位当据碑文为男爵。直勤□六孤，直勤为宗室之意，碑文所见十八位直勤均为宗室拓跋氏可证。内行内小有贺若贷别、步六孤龙成、贺赖去本、素和莫各豆、□金□、乙旃伏洛汗、□□他仁、伊楼诺、（挟）库仁真、马橐、高□各拔、叱罗骐、吐伏卢大引、步六孤罗、卫道温、乙旃侯（俟）、同□各拔、吕□、韩□生、莫耐娄□。其中宗族十姓有伊楼（伊）氏，乙旃（叔孙）氏；勋臣八姓有步六孤（陆）氏，贺赖（贺）氏。素和氏后改为和氏，《南巡碑》中素和氏人物不少。此部本为白部鲜卑之裔③。叱罗氏后改为罗氏，其归附拓跋部甚早，魏初有名臣罗结，姚薇元疑其本新罗种人之内入者④。吐伏卢氏后改为卢氏，亦即豆卢氏，本姓慕容氏，太武帝时有卢鲁元有名于史传⑤。莫耐娄氏即莫那娄氏，后改为莫氏，属于东部鲜卑，北魏初年有莫含及其孙莫题名著于史⑥。卫道温当为前代国名臣卫操或其族

---

① 《魏书》卷五《高宗纪》，第121页。
② 《魏书》卷三〇《宿石传》，第724页。
③ 参见姚薇元《北朝胡姓考》，第77—80页。
④ 同上书，第64—66页。
⑤ 同上书，第95—100页。
⑥ 同上书，第122—124页。

第十七章 文成帝《南巡碑》所见禁卫武官制度 / 625

人之后①。高句丽有马氏②。羌人有同氏③，本为同蹄氏，同□各拔或即此族。氐人有吕氏④。匈奴有韩氏、高氏，高句丽亦有高氏⑤。

内三郎可考知者有：斛骨（呈）羯、赵三月、斛律莫烈、高长城、其连受洛拔、独孤□□、拔烈兰黄头、斛律羽都居、万忸于忿提、直懃苟黄、直懃乌地延、（殷）普陵、斛律出六拔、独孤去颓、达奚屈居陵、封平吴、三次（？）、大□长命、达奚库勾、契胡库力延、盖毛万言真、直懃乌地干、直懃解愁、和稽乞鱼提（贺深吐略渥）、独孤他突、素和具文、步六孤斗官、□□匹和以斤、□（比）首□□、王□□、□□尉□、直懃他莫行、拔烈兰步爱、独孤乙以爱、赵道生、独孤□□、□壬去右、段去斤、大（野）□石顶、茹茹命以斤、斛律西女若、直勤斛卢、勒烦阿六敦、叱罗吴提、斛律伏和真、袁纥退贺拔、侯莫陈乌孤、契胡乌己、折枋侠提、素和斛提、怡吴提、奚斗孤男□、直懃阿各拔、直懃来豆眷、叱干幡引、孟菩萨、丘目陵吴提、王右右引、张仆兰、王洛生。其中宗室（直勤）拓跋氏七人。斛骨氏为宗族十姓之一，后改为胡氏，其在十姓中的地位仅次于拓跋（元）氏，据考本为高车部落，归附拓跋部最早⑥。《魏书》对斛骨（胡）氏之情况几乎毫无记载。达奚氏亦为十姓之一，后改为奚氏⑦。勋臣八姓有独孤氏（三人）、丘目陵氏、步六孤氏、万忸于氏等。

斛律氏为高车大姓，北魏孝文帝太和十六年（492）可见"领军将军斛律桓"⑧，而列传之高车人物见于北魏史传者连一个都没有。斛律桓及《南巡碑》所见之斛律氏当即斛律倍俟利之后或其族人。《北齐书·斛律金传》："朔州敕勒部人也。高祖倍俟利，以壮勇有名塞表，道武时率户

---

① 《卫操传》见《魏书》卷二三，为《魏书》之异姓首传。
② 参见陈连庆《中国古代少数民族姓氏研究——秦汉魏晋南北朝少数民族姓氏研究》，第161页。
③ 同上书，第271—272页。
④ 参见姚薇元《北朝胡姓考》，第346—347页。
⑤ 参见陈连庆《中国古代少数民族姓氏研究——秦汉魏晋南北朝少数民族姓氏研究》，第20—21、25—26、159—161页；姚薇元《北朝胡姓考》，第279—282、270—273页。
⑥ 参见姚薇元《北朝胡姓考》，第9—10页。
⑦ 同上书，第14—18页。
⑧ 《魏书》卷四〇《陆叡传》，第911页。按"领军斛律桓"又见《北史》卷九八《蠕蠕传》，第3257页。

内附，赐爵孟都公。"①《南巡碑》可见多达七位斛律氏人物，表明这一家族在当时的北魏政治中有着相当大的影响力，特别是对禁卫军权的影响巨大。在太和前令中有专门的高车羽林、虎贲系统禁卫武官，正是高车（敕勒）人在北魏禁卫军中占有重要地位的反映②。担任内三郎的高车人还有袁纥氏，袁纥氏亦为高车大姓，孝文帝时有高车酋帅袁纥树者反叛之事发生③。

西方其连氏孝文帝改为綦氏，当为河西鲜卑。拔烈兰氏当即乌洛兰氏，孝文帝改为兰氏，据考其应与匈奴（屠各）四姓之兰氏有密切关系④。契胡氏当即居于秀容川之羯族契胡部人。《魏书·尒朱荣传》："其先居于尒朱川，因为氏焉。常领部落，世为酋帅。高祖羽健，登国初，为领民酋长，率契胡武士千七百人从驾平晋阳，定中山，论功拜散骑常

---

① 《北齐书》卷一七《斛律金传》，第219页。
② 康乐认为："可见敕勒人在北魏禁军中的角色相当重要。其实，以异族人充当禁军并非拓跋君主独特的'创举'。罗马自凯撒开始即有任用异族人为侍卫的传统……利用异族人充任部分禁军，除了他们善战外，主要因素之一是他们是外地人，较不可能与本族的权臣或贵族结合，而对君主产生直接威胁。这一点倒是与拓跋君主之喜欢任用'客'担任要职颇有异曲同工之妙。"（《代人集团的形成与发展——拓跋魏的国家基础》，《"中央研究院"历史语言研究所集刊》第61本第3分〔1992年〕，第603页，注28）按：北魏用敕勒等族人担任禁卫军与汉代选用胡越骑等充任禁卫军成员亦有相似之处。北魏之后，以异族人充任侍卫的传统得到继承，但各朝的目的似不能一概而论，也与罗马使用异族人充任侍卫的目的不尽相同。如唐代常以臣服或归顺的突厥、吐谷浑、高丽等部族首领或其子弟充任宿卫，主要目的有三：一是表示唐朝君主对归顺异族首领的亲近，二是具有质子的性质，三是利用其武勇。辽、金、元之禁卫军亦以本部族及异族人共同充任。辽朝"皇后上述律氏居守之际，摘蕃汉精锐为属珊军；太宗益选天下精甲，置诸爪牙，为皮室军"〔（元）脱脱等撰：《辽史》卷三五《兵卫志中》，中华书局1974年版，第401页〕。金朝禁军包括立仗、行仗、卫士、护卫、亲军、弩手、控鹤、伞子、长行等，其中侍卫亲军（"合扎猛安"）"以近亲所领"〔（元）脱脱等撰：《金史》卷四一《仪卫志上》、卷四四《兵志》，中华书局1975年版，第921、1001页〕，其他禁卫军的来源则较多。又可参见王曾瑜《金朝军制》（河北大学出版社1996年版）相关论述。成吉思汗在被推为大汗后便立即组建起自己的禁卫部队，组成了多达一万名的承担轮番护卫的"大中军"（包括宿卫、侍卫、箭筒士），其征召的范围包括当时臣服的蒙古部落联盟的各部族子弟。参见余大钧译注《蒙古秘史》卷九，第224—226节，河北人民出版社2001年版，第371—375页。关于元代宿卫制度的系统论述，参见萧启庆《元代的宿卫制度》，《元代史新探》，新文丰出版公司1983年版。
③ 参见姚薇元《北朝胡姓考》，第304—306页；陈连庆《中国古代少数民族姓氏研究——秦汉魏晋南北朝少数民族姓氏研究》，第175—176、174—175页。
④ 参见姚薇元《北朝胡姓考》，第230—232页。

第十七章　文成帝《南巡碑》所见禁卫武官制度　/　627

侍。"①和稽氏后改为缓氏。素和氏后改为和氏，已见前。大野氏为鲜卑复姓，史书所见主要集中于北朝后期，李渊祖父李虎西魏时赐姓大野氏②。《魏书·官氏志》不见此姓，当是此族在孝文帝时不入南迁诸姓之列。茹茹氏当即柔然国姓，或即郁久闾氏，孝文帝改为闾氏，亦为茹氏。陈连庆谓"茹茹"一名出现较晚，其称呼始于北朝末年③。证之《南巡碑》，其说不确。窃以为太武帝与柔然征战，蔑称其为蠕蠕，实则本即茹茹，文成帝时大量茹茹人入魏仕宦，又恢复茹茹之号。侯莫陈氏后改为陈氏，魏初有陈建列于史传，《孝文弔比干墓文》碑阴有羽林中郎将侯莫陈益④。奚斗孤氏或即奚斗卢氏之误，奚斗卢氏后改为索卢（卢）氏。匈奴、乌桓均有赵、王、张氏，卢水胡有封、孟氏，高句丽亦有孟氏。⑤以上诸姓或出于各该族，亦有个别出于汉族之可能。⑥［殷］普邻更可能为段普邻。叱干氏后改为薛氏，薛野脂、虎子父子有名于魏史。《魏书·薛虎子传》："年十三，入侍高宗。太安中，迁内行长，典奏诸曹事。"⑦内三郎叱干幡引或即虎子之弟。三次、盖毛、勒烦、折枋、怡诸氏均不可考。

　　《南巡碑》中众多幢将姓名几乎全都残缺。内小幢将无一姓名可知，三郎幢将仅有拔拔古斤、独孤□真、尉□□、张圹比、采洛生可知；雅乐真幢将有堂宾俟其［惠］、素和□思拔、直懃木□、步六［孤］可知；又有斛洛真□贺赖内□□可见。拔拔氏后改为长孙氏，为宗族十姓之一。尉

---

①　《魏书》卷七四《尒朱荣传》，第1643页。又可参见姚薇元《北朝胡姓考》，第360—362页。
②　参见陈连庆《中国古代少数民族姓氏研究——秦汉魏晋南北朝少数民族姓氏研究》，第137—138页。
③　同上书，第199—201页。
④　参见姚薇元《北朝胡姓考》，第180—182页；陈连庆《中国古代少数民族姓氏研究——秦汉魏晋南北朝少数民族姓氏研究》，第123页。
⑤　参见姚薇元《北朝胡姓考》、陈连庆《中国古代少数民族姓氏研究——秦汉魏晋南北朝少数民族姓氏研究》相关考述。
⑥　张庆捷、郭春梅认为，内三郎成员"绝大多数为鲜卑人"。这一判断并无问题，但具体而言，却认为"碑文所见67位内三郎，汉族的仅有11人，鲜卑等北方游牧民族的有52人，余4人不详"。(《北魏文成帝〈南巡碑〉所见拓跋职官初探》) 他们并未具体指出何人出身鲜卑，何人出身汉族，但估计是将几位可能为汉化较明显的匈奴、卢水胡人（单姓者）当作汉人。无论如何，汉人在内三郎中所占比重远没有如此之高。
⑦　《魏书》卷四四《薛虎子传》，第996页。

□当即尉迟。堂宾氏不可考。幢将仅见者主要出于宗族十姓、勋臣八姓及素和等姓,显然是极不完整的。

综上所述可知,北魏文成帝和平二年南巡随驾之内侍官(内都幢将、内阿干、内行内三郎、内行令、内行内小)及幢将、诸郎,在残存《皇帝南巡之颂》碑阴题名所保存的名单中,其出身为:

宗族十姓:直勤拓跋氏十人,乙旃(叔孙)氏四人,达奚(奚)氏二人,斛骨(胡)氏、拔拔(长孙)氏、伊楼(伊)氏各一人。

勋臣八姓:独孤(刘)氏七人,步六孤(陆)氏四人,贺赖(贺)氏、尉迟氏各二人,丘目陵(穆)氏、万忸于(于)氏各一人。

其他代姓:高车斛律氏五人,袁纥氏一人;代伏云(云)氏、盖娄(盖楼—娄,匹娄—匹?)氏、社利(叱利—利?)氏、是娄(高)氏、若干(苟)氏、吐难(山)氏、叱罗(罗)氏、契胡(尒朱)氏、拔烈兰(兰)氏、大野氏各二人;一弗(乙)氏、宿六斤(宿)氏、吐伏卢(卢)氏、奚斗孤氏、和稽(缓)氏、侯莫陈(陈)氏、盖毛氏、三次氏、勑烦氏、折枋氏、莫耐娄(莫)氏、其连(綦)氏、叱干(薛)氏、同□氏等复姓各一人;王氏、高氏、张氏各三人,赵氏、段氏各二人,还有单姓诸氏各一人。以上单姓似皆非汉人,尤其王氏当为乌桓,高氏当出辽东或高丽,亦应属于乌桓之列。

单纯就人数来看,宗族十姓共有十九人,勋臣八姓共有十七人,高车姓氏六人,其他复姓共约三十人,其中素和氏有四人,单姓约二十人。则在近一百人中,宗族十姓、勋臣八姓及素和(和)氏、高车斛律氏约占近一半。一方面来看,北魏文成帝时禁卫武官的出身是十分广泛的,可以考知者就达五六十个家族之多,实际上肯定还要多于此数,归附拓跋鲜卑的各部族几乎都有代表人物任职于北魏禁卫武官系统中;而从另一方面来看,分散中又体现着较大程度的集中,仅宗室一姓就占约十分之一,宗族十姓、勋臣八姓及素和氏、斛律氏等共十余个家族担任禁卫武官者占一半左右,最显著的是拓跋氏、乙旃氏、独孤氏、斛律氏、步六孤氏等五个家族。不仅是禁卫武官,而且北魏王朝的政治权力可以说主要也控制于这几

第十七章　文成帝《南巡碑》所见禁卫武官制度 / 629

个家族之手，这在《南巡碑》中也有具体反映，掌握军政大权的王公大臣几乎都出自这些家族。殿中尚书（可以认为是最高禁卫长官）分别由宗族十姓之斛骨乙莫干及勋臣八姓之独孤侯尼须（刘尼）担任，而禁中及东宫禁卫军权则由左卫将军、内都幢将乙旃惠也拔及左卫将军、太子左卫帅乙旃阿奴控制。从《南巡碑》中还看到了《魏书》并未明确体现的一些家族，特别是素和、斛律等家族对文成帝时期军政事务的影响力。这一个案虽然仅是文成帝南巡之时的情况，反映了文成帝晚期的实际情况，但它所体现的禁卫武官构成状况则应具有一定的代表性，可进一步认识北魏前期禁卫武官的出身和来源，感受到北魏前期政权浓厚的民族特色及广泛的代表性。

　　史籍中所见幢将、诸郎虽然比较少，但其分布于自道武帝至孝文帝前期的各个朝代，具有一定的代表性，从一个角度反映了北魏前期幢将、诸郎担任者的实态。据上一章所考，《魏书》（包括墓志）所见"幢将"类禁卫武官有：幢将，莫题、吕温；都幢将，拓跋可悉陵；内幢将，来大千；三郎幢将，楼安文；内都幢将，豆代田、张儵、山某（山徽之祖）；羽林幢将，高腊儿；虎贲幢将，宿沓干；羽林中郎幢将，吕罗汉；羽林中郎将，拓跋库汗、于烈；羽林郎将，宇文福；虎贲中郎将，尉元、韩茂。其中，宗室拓跋氏二人，勋臣八姓于（勿忸于）氏、尉（尉迟）氏各一人，吕（叱吕）氏二人，又莫（莫那娄）氏、豆（豆连）氏、山（土难）氏、宿（宿六斤）氏、来氏、高氏、韩（出六汗）氏、宇文氏各一人，这些家族恐怕皆为胡姓。另有张氏一人，情况不明。

　　诸郎的担任者有：内三郎，拓跋大头、豆代田、豆求周、费于、娄提、元某（元保洛之祖）；三郎，周豆、陈建、伊馛；直郎，卢鲁元；侍辇郎，尉地干、穆凯、韩茂；猎郎，长孙翰、古弼、叔孙俊、周几；羽林郎，长孙亦干、拓跋目辰、李华、穆泥乾、和其奴、寇猛、吕罗汉、尉元、于烈；羽林中郎，刘尼、拓跋郁、长孙石洛、长孙陈；内行羽林中郎，杨播。其中，宗族十姓之宗室拓跋氏四人，长孙氏四人，周（普）氏二人，叔孙氏、伊（伊楼）氏各一人；勋臣八姓之穆（丘穆陵）氏、尉（尉迟）氏各二人，刘（独孤）氏、于（勿忸于）氏各一人；豆（豆连）氏二人，娄（匹娄）氏、费（费连）氏、陈（侯莫陈）氏、韩（出六汗）氏、卢（吐伏卢）氏、古

(吐奚)氏、和(素和)氏、寇(若口引)氏、吕(叱吕)氏及汉人杨氏("自云"弘农杨氏①)、李氏(赵郡)各一人。除杨播、李华外,目前可考北魏诸郎担任者皆为拓跋鲜卑及其附从部族成员。总之,史书及墓志所见北魏前期百年间(386—493)担任幢将、诸郎者,出自拓跋氏等三十一个姓氏,其中宗族十姓有六家十四人,勋臣八姓有四家八人,其他胡姓十七家二十人,明确为汉姓者二家二人,有疑者二家四人。则宗族十姓、勋臣八姓中幢将、诸郎担任者约占总人数的近四成,同样在分散中又体现着较高的集中。表明北魏前期禁卫武官相当一部分来自以拓跋氏为核心的近二十个家族,也就意味着北魏前期的禁卫军权主要由这些核心家族所掌握。担任幢将、诸郎等禁卫武官,乃是其控制北魏政权的最重要途径之一。这种情况与本章对文成帝《南巡碑》的考察中所得到的认识是基本相同的②。

---

① 杨播家族自称"弘农华阴人"。杜葆仁、夏振英结合史传及墓志列出了"秦汉魏晋南北朝华阴杨氏家族谱系",明确了北魏杨播家族与汉代"四世三公"的大族弘农杨氏的世系传承关系。(《华阴潼关出土的北魏杨氏墓志考证》,《考古与文物》1984年第5期,第27页)然据唐长孺研究,北魏杨播家族当为东雍州豪族马渚诸杨,可能并非世家大族。(《〈魏书·杨播传〉"自云弘农华阴人"辨》,《唐长孺社会文化史论丛》,武汉大学出版社2001年版,第121—124页)按杨播家族虽然并非汉代"四世三公"的大族弘农杨氏的真正后代,但其以弘农杨氏自居,在北朝一百多年历史上发挥了重要作用,发展成为真正的世家大族。《魏书》卷五八《杨播传》:高祖杨结,曾任至后燕慕容氏中山相。曾祖杨珍,于北魏道武帝时归附,任至上谷太守。祖杨真,河内、清河二郡太守。父杨懿,孝文帝前期历任广平太守,选部给事中。"除安南将军、洛州刺史,未之任而卒。赠以本官,加弘农公,谥曰简。播本字元休,太和中,高祖赐改焉。"(第1279页)又,杨播母王氏为冯太后之外姑。杨播与其弟杨椿之名皆为孝文帝所赐改。冯太后临朝时,杨播侍孝文帝,杨椿、杨津侍冯太后,三兄弟"并居内职","并侍禁闼","奉养尽礼"(同上卷《杨椿传》,第1290、1285、1279页),颇蒙帝、后宠信,杨氏家族声望地位因之得以骤升,史谓"时播一门,贵满朝廷"(第1281页)。杨播兄弟及其后代在北魏中后期多任显职,"荣赫累朝","门生故吏遍于天下"(第1304页),在政治上发挥了重要作用。庄帝时杨氏"内外百口"(第1288页),俨然一大家族。杨椿于其时"诫子孙"曰:"我家人魏之始,即为上客,给田宅,赐奴婢、马牛羊,遂成富室。自尔至今[百]二十年,二千石、方伯不绝,禄恤甚多。至于亲姻知故,吉凶之际,必厚加赠襚;来往宾僚,必以酒肉饮食。是故亲姻朋友无憾焉。""仕皇魏以来,高祖以下乃有七郡太守、三十二州刺史,内外显职,时流少比。"(第1289、1290—1291页)杨播家族自北魏初入仕一直延续到北魏末,东魏北齐时杨愔任至宰相。毫无疑问,该家族是北朝政治史上极为重要的一支力量。

② 这种认识也可进一步证实唐长孺关于北魏前期禁卫军主要出自拓跋及其附从部落的论断。唐说参见氏著《魏晋南北朝隋唐史三论》,第190、193页。

小　结

通过以上考察，可进一步加深对以幢将郎卫制度为主体的北魏前期禁卫武官制度的认识：

（1）《南巡碑》所见幢将有内都幢将、三郎幢将、雅乐真幢将、内小幢将（又有库部内小幢将），其中内都幢将仅一见，由左卫将军兼任。《南巡碑》所见左卫将军共三人，其中二人由乙旃氏（叔孙氏）担任，分别兼内都幢将、太子左卫帅（率），由此推测北魏有由左、右卫将军分别兼任之内都幢将。在从北魏建国之初到孝文帝时期的政治中，乙旃氏是极为活跃的拓跋鲜卑家族，是禁卫军权的主要担当者之一。内都幢将与左卫将军叠任表明，其职能当与晋代左卫将军相当，当即负责殿内宿卫的禁卫长官。三郎幢将即统率三郎卫士的将领，雅乐真幢将当为统雅乐真入直之幢将，内小幢将则为内小将领，库部内小幢将当为在库部当直之内小的幢将。斛洛真即胡洛真，意即带仗人（宿卫者），斛洛真军将或即宿卫军将。雅乐真、胡洛真可能即北魏前期常见之羽林、虎贲（郎）。三郎、雅乐真及内小等武官（卫士）都有幢，以一百人为一幢加以统帅。从诸幢将所兼任之军号推测，内都幢将约当从二品上，三郎、雅乐真、内小幢将相当于从三品上至从五品下之间，属中级禁卫武官。

（2）《南巡碑》记录了大量诸郎——内行内三郎（二人）、内三郎（六十六人）、三郎（与幢将连称），内行内三郎明确为"内侍之官"。史书所见内三郎担任者皆为鲜卑贵族子弟，几乎全为起家官，且未记兼职，而《南巡碑》中内三郎大多数都与军号叠任，其所兼军号除了个别从第二品上、从第三品上外，主要介于第四品上与第六品下之间，以第五品上、下为多。所兼诸职品级之不同，可能反映了内三郎地位的差别。内三郎一般都兼一军号，如宣威将军、典弩库内三郎拔烈兰黄头，此即以内三郎身份典弩库（武库之一），弩库曹可能隶于殿中尚书或库部尚书。雅乐真幢将可能就是三郎幢将，雅乐真或即三郎之鲜卑语称呼。

（3）《南巡碑》可见大量将军号，其中与禁卫武官制度有关者有左右卫、武卫将军及四军、骁游等职。左卫将军有三，分别兼任内都幢将、内阿干·太子左卫帅、南部折纥真。《南齐书·魏虏传》载，"为主出受辞人为'折溃真'"。《南巡碑》中南部折纥真担任者李敷，《魏书》本传载其为"秘书下大夫""兼录南部",当即南部下大夫。《南巡碑》所见右卫将军仅一例,与驾部给事兼任。《南巡碑》显示,北魏前期亦有四军、骁游等将军号,从其兼任三郎幢将、内三郎等职推断,亦为禁卫武官,但其与同样兼任幢将、内三郎等职的诸多杂号将军似并无太大差别,故难以确定当时已经出现了类似晋代禁卫武官制度的四军或六军等宿卫将军体制。通过对文成帝《南巡碑》的考察,进一步充实了对北魏前期以幢将郎卫为主体的禁卫武官制度的认识。

(4)文成帝南巡时,随驾之内侍官(内都幢将、内阿干、内行内三郎、内行令、内行内小)及幢将、诸郎在残存碑文保存的名单中,其出身单纯就人数来看,宗族十姓为十九人,勋臣八姓为十七人,高车姓氏为六人,其他复姓共约三十人,其中素和氏四人,单姓约二十人。在近一百人中,宗族十姓、勋臣八姓及素和(和)氏、高车斛律氏约占近一半。仅就残碑显示的情况而论,北魏文成帝时禁卫武官出身于多达五六十个家族,归附拓跋鲜卑的各部族几乎都有代表人物任职于北魏禁卫武官系统中。同时又有较大程度的集中,宗族十姓、勋臣八姓及素和氏、斛律氏等共十余个家族担任禁卫武官者达一半,最显著的是拓跋(元)氏、乙旃(叔孙)氏、独孤(刘)氏、斛律氏、步六孤(陆)氏等五个家族。本为高车的乙旃—叔孙氏、斛律氏与禁卫军权的关系颇为密切,太和前令中有专门的高车羽林、虎贲系统武官,正是高车人在北魏禁卫军中占有重要地位的反映。这一个案仅是文成帝南巡之时的情况,但它所体现的禁卫武官构成状况则应具有一定代表性,从一个侧面加深了对北魏前期禁卫武官出身和来源的认识,更深刻地感受北魏前期政权浓厚的民族特色及广泛的代表性。①

---

① 严耀中列出了《(北魏)前期中军指挥系统》,包括三个系列:一是内行长(都统长)→内都幢将→内幢将→内三郎(宿卫士);一是殿中尚书统内将军(军将)及内校尉,这一系列既直辖于皇帝,又隶于中军大将军(内大将军);一是中军大将军(内大将军)→都曹尚书,下统中领将军及都大将,统都将→军将,都将有副将。都将与都曹尚书又具有间接隶属关系。三个系列下又有幢将→队主,队主统内细射等宿卫兵和兵。(《北魏前期政治制度》,吉林教育出版社1990年版,第158页)严氏注意到北魏前期禁卫军系统内都幢将与殿中尚书系统,可谓有识,但根据本书以上的研究,可证严氏所列出的"中军指挥系统"总的来看是没有充分依据的,臆猜的成分居多。如以内三郎为宿卫士,其实内三郎是地位甚高的禁卫武官;以都曹尚书隶于中军大将军(内大将军),以中领将军及都大将隶于都曹尚书,皆毫无根据。

第十八章

北魏后期禁卫武官制度

北魏孝文帝在政治制度上的改革，集中体现在太和十七年（493）与二十三年颁布的前、后两个《职员令》中。前令既是对北魏前期制度的改革，有不少新的内容，同时又在一定程度上保留了前期制度的诸多因素；后令则作了更加彻底的改革，北魏前期制度的影响已基本消除，而成为一套全新的制度。后令于宣武帝初年颁行，但在实际政治生活中，其规定也在逐渐发生变化，北魏末年剧烈的社会动荡更促使这一制度变革进程不断加速。太和十七年官制改革时，确立了领军将军—左卫将军—武卫将军—右卫将军构成的禁卫武官等级序列；太和二十三年改革时又有所调整，形成了领军将军—左、右卫将军—武卫将军的等级序列。仅从名称来看，北魏比曹魏多出左、右卫将军，比西晋多出武卫将军。北魏孝文帝官制改革虽参照了魏晋南朝制度，但又做了一些变通，并非完全照搬。下面结合史传及碑志资料，对北魏后期（493—534）禁卫武官制度进行考察。

第一节 太和十七年《职员令》所载禁卫武官

太和十七年六月，孝文帝即将以南伐为名行迁都之举的前夕，颁布《职员令》二十一卷，它是孝文帝"躬加省览"并与群臣"远依往籍，近采时宜"而制定的。乙巳（廿六，7.25）诏谓："事迫戎期，未善周悉。虽不足纲范万度，永垂不朽，且可释滞目前，釐整时务。须待军回，更论所阙，权可付外施行。其有当局所疑而令文不载者，随事以闻，当更附之。"① 看来孝文帝对这次所定《职员令》并不十分满意。《魏书》卷一

---

① （北齐）魏收撰：《魏书》卷七下《高祖纪下》，中华书局1974年版，第172页。

一三《官氏志》所载前官品令即是太和十七年《职员令》之一部分内容，这一点是确凿无疑的，因为它在《官氏志》中置于太和十六年记事与十八、十九年记事之间。《职员令》的内容应该比较广泛，但目前所见仅有《官品令》，而无其他内容。从后《职员令》个别佚文推测[①]，前令同样还应包括职掌等内容；结合汉唐正史《百（职）官志》推测，很可能还应记述制度沿革。这些内容现已无法窥知，此处仅可从有关官职的名称、品级及史传记载窥知一二。《官氏志》云："太和中，高祖诏群僚议定百官，著于令。今列于左，勋品、流外，位卑而不载矣。"[②] 这表明太和前令是孝文帝与群僚议定的结果。除了九品官制外，还包括勋品、流外之职[③]。

兹将太和前令所见禁卫武官名、品列表如下：

表18—1　　　太和前《职员令》所见禁卫武官名、品一览

品级	官名
第二品上	领军将军，护军将军（二将军与领、护不并置）
第二品中	列曹尚书（殿中尚书），领军、护军（二职若侍臣带者加"中"）
从第二品上	左卫将军
从第二品下	武卫将军，右卫将军
第三品上	司卫监
第三品下	城门校尉，羽林中郎将

---

① 这些佚文散见于《魏书》列传及《唐六典》本注、《太平御览》等书中，程树德《九朝律考》（中华书局1963年版）、朱祖延《北魏佚书考》（中州古籍出版社1985年版）对相关内容进行了辑录。
② 《魏书》卷一一三《官氏志》，第2976—2977页。
③ 学界对这一问题有不同看法。黄惠贤、聂早英认为：太和十七年颁布的前《职员令》，"明确地分职官为流内九品和勋品、流外七等"（《〈魏书·官氏志〉载太和三令初探》，《魏晋南北朝隋唐史资料》第11辑《唐长孺教授八十大寿纪念专辑》，武汉大学出版社1991年版，第106页）。日本学者宫崎市定认为：北魏勋品、流外之职出现于太和十九年《品令》之中，前令中的七、八、九品官在十九年令中转入了流外七品。[《九品官人法の研究——科举前史》第二编第五章《孝文帝の新官制》，（京都）东洋史研究会1965年版，第396页] 阎步克同意宫崎氏太和十九年《品令》始分流内、流外之说，认为太和十七年前《职员令》已区分流内九品和勋品、流外七等的说法"断难成立"。（《品位与职位——秦汉魏晋南北朝官阶制度研究》，中华书局2002年版，第383页）按太和十九年区分流内九品和勋品、流外七等之说看似颇有道理，但却无法解释《魏书·官氏志》有关的记载。在无确凿证据之前，《魏书·官氏志》有关太和十七年《职员令》已区分流内九品和勋品、流外七等的记载似仍难以否定。

第十八章　北魏后期禁卫武官制度 / 635

续表

品级	官名
从第三品上	骁骑将军，前、后、左、右军将军
从第三品中	射声校尉、越骑校尉、屯骑校尉、步兵校尉、长水校尉
从第三品下	直阁将军
第四品上	中垒将军、中坚将军
从第四品上	武骑侍郎，奉车都尉，驸马都尉，骑都尉，羽林中郎，羽林郎将，高车羽林郎将
从第四品中	诸局校尉
从第四品下	戟楯虎贲将军、募员虎贲将军、高车虎贲将军，左右积弩、射将军，强弩将军
第五品中	殿中将军
从第五品上	武士将军，虎贲司马，虎贲郎将，宿卫军将
从第五品中	诸局监，羽林郎
从第五品下	戟楯虎贲司马、募员虎贲司马、高车虎贲司马，戟楯虎贲将、募员虎贲将、高车虎贲将，宫门司马，殿中监，翼驭郎，高车羽林郎，瞻人郎，方者郎
从第六品上	领护二卫主簿，领护功曹掾，领护五官，散臣中校，宿卫统，虎贲郎
从第六品中	诸局中校尉，司马督，千人督，校尉
从第六品下	戟楯虎贲、募员虎贲、高车虎贲
从第七品上	散臣督事，宿卫幢将
从第八品上	宿卫军司马，宿卫军吏
从第八品下	虎贲军书令史
从第九品上	统史，中校尉

从上表可以看出，太和前令中的禁卫武官制度是比较复杂的，既有类似两晋南朝的领、护、二卫系统，又有与晋制相似但又有一定差别的羽林、虎贲系统，还有独具特色的"宿卫"系统。这些系统之间的关系颇难判断，只能根据晋制及各职名称之相似与否并结合北魏史料的零星记载加以大略推测。上列禁卫武官诸职大体可分为以下几个系统：

（1）领、护、二卫系统：领军将军（领军、中领军），护军将军（护军、中护军）；左卫将军，武卫将军，右卫将军；骁骑将军，中垒将军；左右积弩、积射、强弩将军；射声等五校尉；直阁将军，殿

中将军；领、护、二卫主簿，领、护功曹掾，领、护五官

（2）羽林、虎贲系统：羽林中郎将，羽林中郎，羽林郎将，高车羽林郎将，羽林郎，高车羽林郎；戟楯虎贲将军，募员虎贲将军，高车虎贲将军；虎贲司马，虎贲郎将；戟楯虎贲司马，募员虎贲司马，高车虎贲司马；戟楯虎贲将，募员虎贲将，高车虎贲将；戟楯虎贲，募员虎贲，高车虎贲；虎贲军书令史

（3）"宿卫"系统：宿卫军将，宿卫统，宿卫幢将，宿卫军司马，宿卫军吏，统史

（4）其他：殿中尚书，司卫监，城门校尉……①

在以上诸系统中，领、护、二卫系统基本上均见于西晋以后至南朝禁卫武官制度，"宿卫"系统当是北魏初年幢将之制的改制，羽林、虎贲尤其虎贲系统极为发达。后者应是北魏前期极具特色的禁卫武官制度，北魏后期禁军统称羽林、虎贲，已不是武官名称。羽林、虎贲系统大概也是对北魏前期制度的改造，并非照搬，它与西晋时期《中朝大驾卤簿》之制颇有相似之处，不排除参照西晋制度进行改革的因素。羽林、虎贲系统是否如

---

① 太和前《职员令》中有光禄勋、卫尉二卿，为从一品下，在同品级中次于四镇将军及吏部尚书、太常；太常与光禄勋、卫尉合称"三卿"（《魏书》卷一一三《官氏志》，第2977—2978页），在九卿中地位最高。《魏书》卷四上《世祖纪上》：神䴥二年（429）四月"庚寅（廿九，6.16），车驾北伐，以太尉北平王长孙嵩、卫尉广陵公楼伏连留守京师"。（第75页）同书卷三〇《安同传》："世祖即位，进爵高阳公，拜光禄勋。"（第713页）《楼伏连传》："世祖即位，进为广陵公，转卫尉，徙光禄勋。世祖征蠕蠕，伏连留镇京师，进爵为王，加平南大将军。"（第717页）则当时卫尉、光禄勋皆为京师禁卫长官，与汉制相似。楼伏连之前，奚斤曾任卫尉，《魏书》卷二九《奚斤传》："太延初，为卫尉，改为弘农王，加征南大将军。"（第700页）此外，北魏前期还可见到执金吾一职，亦与汉制相似。始光四年（427）三月，"诏执金吾桓贷造桥于君子津"。四月，"治兵讲武，分诸军……南阳王伏真、执金吾桓贷、将军姚黄眉步兵三万，部攻城器械，将军贺多罗精骑三千为前候。五月，车驾西讨赫连昌。辛巳（初九，6.18），济君子津"。六月"辛酉（十九，7.28），班师，留常山王素、执金吾桓贷镇统万"。（《魏书·世祖纪上》，第72、72—73页）按汉代执金吾"掌徼循京师……属官有中垒、寺互、武库、都船四令、丞。都船、武库有三丞"〔（东汉）班固撰，（唐）颜师古注：《汉书》卷一九上《百官公卿表上》，中华书局1962年版，第732页〕。桓贷造桥之事表明，北魏执金吾与汉代执金吾之职能相似。桓贷其人仅见于此，其事迹与莫云相近，当为同一人。《魏书》卷二三《莫含传附孙云传》："好学善射。太祖时，常典选曹，转给事中。以功赐爵安德侯。迁执金吾，常参军国谋议。世祖之克赫连昌，诏云与常山王素留镇统万。"（第604页）而据上引《魏书·世祖纪上》，留镇统万者为常山王素与执金吾桓贷。不过总的来看，光禄勋、卫尉、执金吾诸职可能并非存在于整个北魏前期，而或许仅在太武帝统治的某一时期存在。

晋制一样属于领、护、二卫系统，难以确定。不论如何，领、护、二卫系统应是孝文帝禁卫武官制度改革中带有方向性的变革，是北魏后期制度之雏型。

以前《职员令》为准，北魏王朝建立起一整套完备的政治制度，禁卫武官制度也是如此。太和十八年《孝文吊比干墓文》碑阴所刻随侍诸臣姓名，是太和前令颁布之初现实官制的反映，从中可以看到当时禁卫武官的名称、地位状况。兹将有关禁卫武官的题名依其先后排列如下[①]：

散骑常侍、祭酒、光禄勋卿、高阳伯臣河南郡元徵（徽）
右卫将军臣河南郡元翰
司卫监臣河南郡元虬
司卫监臣河南郡万忸于劲
员外散骑常侍、光禄勋少卿、黄平子臣河南郡丘目陵纯
兼司卫监、少府少卿臣魏郡□□
羽林中郎将臣河南郡侯莫陈益
右军将军臣河南郡元宜
射声校尉臣河南郡元洛平
直閤、武卫中臣高车部人斛律虑
直閤、武卫中臣河南郡乙旃阿各仁
直閤、武卫中臣河南郡侯吕阿倪
直閤、武卫中臣河南郡叱罗吐盖
直閤、武卫中臣上谷郡董明惠
直閤、武卫中臣代郡若干侯莫仁
直閤、武卫中臣河南郡乙旃应仁
直閤、武卫中臣河南郡吐难苌命
直閤、武卫中臣上谷郡张代连
中垒将军、带□闻令臣广平郡游绥
武骑侍郎、□□陵令臣高平郡徐丹
武骑侍郎臣河南郡独孤遥
武骑侍郎臣上谷郡张覃

---

① （清）王昶撰：《金石萃编》卷二七《北魏一·孝文吊比干墓文》，中国书店1985年版。

武骑侍郎臣河南郡乙旃侯莫干
武骑侍郎臣河南郡万忸平澄
武骑侍郎臣赵郡李华

在以上名单中，可以看到：诸卿系统之光禄勋卿及少卿；领、护军系统之右卫将军、右军将军、中垒将军、射声校尉、武骑侍郎及羽林中郎将（以晋制推测）；"直阁、武卫中臣"当为前《职员令》所见之直阁将军之类，以其称谓推测应为武卫将军之下级，而"直阁""中臣"显示其应为君主贴身侍卫武官；司卫监之所属不太明确。这些禁卫武官，有的在后《职员令》及宣武帝以后制度中消失，如司卫监；有的失去了禁卫职能，如光禄勋；有的禁卫职能固定并得到进一步发展，如左、右卫将军等。《吊比干墓文》碑阴题名有多达九位"直阁、武卫中臣"，人数众多表明其员额较多，或并无固定编制，此职名似乎显示直阁将军当辖于武卫将军。前令中武卫将军品级介于左卫将军与右卫将军之间，表明其独立于左、右卫将军系统，而应与之并列。直阁将军是当时南齐现实存在的制度[①]，此乃孝文帝官制改革受到南朝制度影响的一个实例。北魏前期并无直阁职名，在太和十八年初《吊比干墓文》碑阴题名中出现大量"直阁、武卫中臣"之名，乃是前《职员令》借鉴南齐制度的具体例证。

第二节　太和二十三年《职员令》所载禁卫武官

北魏孝文帝太和十七年（齐武帝永明十一年）十月，琅邪王氏出身的南齐秘书丞王肃因政争而投奔北魏，受到孝文帝特别礼遇，太和二十三年制定的后《职员令》当是王肃综合太和前令与南齐制度的产物。《南齐书·魏虏传》："是年，王肃为虏制官品百司，皆如中国。凡九品，品各

[①] 参见拙作《南朝直阁将军制度考》，《中国史研究》2002年第2期。

有二。"① 按此当指太和二十三年制定之后《职员令》，理由是：此条记事载于孝文帝南伐病死之后；官品分九品、品各有二与太和后令完全相符。② 不久孝文帝病逝，宣武帝颁行此令，并成为此后北魏政治制度的基本法规③。《魏书·高祖纪下》：太和十九年"十有二月乙未朔（初一，496.1.1），引见群臣于光极堂，宣示《品令》，为大选之始"④。此次所宣示之《品令》应是在太和十七年《职员令》基础上经过两年半时间补充

---

① （梁）萧子显撰：《南齐书》卷五七《魏虏传》，中华书局1972年版，第998页。又，《通典》卷一九《职官一·历代官制总叙》："至孝文太和中，王肃来奔，为制官品百司，位号皆准南朝。改次《职令》，以为永制。"[（唐）杜佑撰，王文锦等点校，中华书局1988年版，第469页]《建康实录》卷一六《齐·魏虏》："王肃在虏，为制官，官司品秩，一如中国。凡有九品，各有二。"[（唐）许嵩撰，张忱石点校，中华书局1986年版，第648页] 按"为制官，官司品秩"，四库本作"为制官品百司"（《景印文渊阁四库全书》"史部一二八·别史类"，第三七〇册，台湾商务印书馆1986年版，第530页）。《资治通鉴》卷一四二《齐纪八》东昏侯永元元年（499）末载："王肃为魏制官品百司，皆如江南之制，凡九品，品各有二。"[（宋）司马光编著，（元）胡三省音注，"标点资治通鉴小组"校点，中华书局1956年版，第4457页]

② 史载王肃投奔北魏后，孝文帝随即与之就朝仪国典、为国之道展开热烈的讨论。《洛阳伽蓝记》卷三《城南·正觉寺》："时高祖新营洛邑，多所造制，肃博识旧事，大有裨益，高祖甚重之，常呼王生。"[（北魏）杨衒之撰，周祖谟校释：《洛阳伽蓝记校释》，中华书局1987年版，第124页]《魏书》卷六三《王肃传》："高祖幸邺，闻肃至，虚襟待之，引见问故。""遂语及为国之道，肃陈说治乱，音韵雅畅，深会帝旨。高祖嗟纳之，促席移景，不觉坐之疲淹也。""或屏左右相对谈说，至夜分不罢。肃亦尽忠辅诚，无所隐避，自谓君臣之际犹玄德之遇孔明也。"（第1407页）《北史》卷四二本传所载略同，并谓"器重礼遇，日有加焉，亲贵旧臣莫之间也"[（唐）李延寿撰，中华书局1974年版，第1537页]。《资治通鉴》卷一三八《齐纪四》：武帝永明十一年（493）十月"癸卯（廿六，11.20），魏主如邺城。王肃见魏主于邺，陈伐齐之策"。"时魏主方议兴礼乐，变华风，凡威仪文物，多肃所定。"（第4342页）阎步克认为，梁代官制（特别是官品制度）多取法于孝文帝改革后的北魏官制，"梁朝的含有正从上下之别的九品官阶，乃是模仿北魏制度而来的"（《北朝对南朝的制度反馈——以北魏、萧梁官品改革为线索》，《乐师与史官——传统政治文化与政治制度论集》，生活·读书·新知三联书店2001年版，第337页；《品位与职位——秦汉魏晋南北朝官阶制度研究》，中华书局2002年版，第391—392页）。然而有一个怪圈难以理清，如果承认王肃为北魏"制官品百司"之说，则可确定太和二十三年《职员令》的蓝本来自南朝（南齐），即南齐现实官制是北魏后令的主要渊源。此说还抛开了前令也有可能受到南朝制度影响的因素。果如此，则梁朝官制与北魏官制的某些契合之处更有可能来自对南齐制度的继承。阎说若要完全成立，就必须有足够证据否定上引史料特别是《南齐书·魏虏传》记载的可靠性，这一点在目前看来还是不大可能的。因此，就南北朝制度的关系而言，先贤陈寅恪所提出的观点（《隋唐制度渊源略论稿》，中华书局1963年版，第1—2页）看来仍然是值得采信的。

③ 《魏书》卷一一三《官氏志》："（太和）二十三年，高祖复次《职令》。及帝崩，世宗初班行之，以为永制。"（第2993页）

④ 《魏书》卷七下《高祖纪下》，第178页。

修订而成的《官品令》，应为太和二十三年《职员令》之草案之一。换言之，二十三年《职员令》之《官品令》当为十九年所宣示《品令》之定本①。在此，将太和后《官品令》有关禁卫武官的记载列表如下：

表18—2 　　　　太和后《职员令》有关禁卫武官名、品一览

品级	官名
从第二品	领军将军、护军将军
第三品	中领军、中护军，左、右卫将军
从第三品	四方（中）郎将（即左、右、前、后四中郎将），武卫将军
第四品上	城门校尉、骁骑将军、游击将军
第五品下	射声校尉、越骑校尉、屯骑校尉、步军（兵）校尉、长水校尉
从第四品上	中坚将军、中垒将军
从第五品下	领、护长史、司马
第六品下	虎贲中郎将、羽林监
从第六品上	骑都尉
第七品上	积弩将军、积射将军
第七品下	二卫司马
第八品上	殿中将军
第九品	殿中司马督
从第九品下	员外司马督

与前《职员令》相比，后《职员令》的内容发生了很大变化，最明显的变化表现在幢将与郎卫禁卫系统的消失。前令中系统庞大的羽林、虎贲郎官系统及"宿卫"系统难觅踪影，羽林、虎贲系统仅剩下羽林监、虎贲中郎将二职，与魏晋以来至南朝官职名称相同，而与汉制及北魏前期制度截然不同。羽林监、虎贲中郎将二职地位较低，仅为第六品下阶。这与前令中羽林、虎贲系统官职众多、品级较高形成了鲜明对比。这一变化无疑反映了郎官制度在孝文帝前、后《职员令》改革中的巨变。经过孝文帝后一次官制改革，在北魏前期独具特色、地位重要的幢将郎卫制度实

---

① 北魏孝文帝太和年间有三次官制改革，但它却体现于《魏书·官氏志》所载两个《职员令》（仅存《官品令》）中，并无处于两令之间的另外一个《职员令》或《品令》存在，太和十九年所宣示之《品令》，其内容当体现于宣武帝初年颁布的后《职员令》中。如果真有一个与前、后《职员令》有明显差别的《品令》，魏收不可能不收载于《魏书·官氏志》之中。

际上被取消，在政治制度中消失了。与幢将郎卫系统相似，北魏前期具有侍卫职能的内侍、内行诸职亦不见于后《官品令》，更不见于现实政治生活，这是因为内侍、内行诸职的侍卫职能衰微，而其"文"职发展并汉化为门下与散骑诸职。殿中尚书虽然在北魏后期尚存，但其禁卫职能基本上已经丧失①。司卫监亦于太和后令中消失，从此不见于史。可以认为，经过孝文帝太和二十三年后《职员令》之改革，北魏前期颇具特色的最基本的禁卫武官制度已被完全废除。这一变革是北魏禁卫武官制度也是北朝禁卫武官制度演变的里程碑。

郎官地位的变化在数年前即孝文帝完成迁都之年即已发生。太和十九年（495）八月"乙巳（初九，9.13），诏选天下武勇之士十五万人为羽林、虎贲，以充宿卫"②。这一法令是在官贵子弟特别是鲜卑贵族子弟垄断羽林、虎贲之职，以及漠南高车逐渐汉化以后已经无法满足宿卫之需或不愿再为武人的情况下采取的举措，是北魏羽林、虎贲由特殊宿卫之士（即近侍武官）向普通宿卫之士转变的标志。太和二十年"冬十月戊戌（初八，10.30），以代迁之士皆为羽林、虎贲"③。从此以后，不论是原鲜卑族出身的代迁之士还是征选的天下十五万武勇之士，不但名称一样，地位亦当平等，皆为普通的宿卫士兵——羽林、虎贲。羽林、虎贲不再有郎官的身份，这是羽林、虎贲由官到兵的转变。此后，北魏禁卫士兵皆被称为羽林、虎贲，不再是特殊卫士——近侍武官的专称。④

《魏书·献文六王上·高阳王雍传》："世宗行考陟之法，雍表曰：……武人本挽上格者为羽林，次格者为虎贲，下格者为直从。或累纪征戍，靡所不涉；或带甲连年，负重千里；或经战损伤；或年老衰竭。今

---

① 参见严耕望《北魏尚书制度考》，《中央研究院历史语言研究所集刊》第18本（1948年）。
② 《魏书》卷七下《高祖纪下》，第178页。
③ 同上书，第180页。
④ 北魏后期虎贲中郎将可考者有：杜纂曾任积弩将军、骑都尉、南秦州武都太守等职，"正始（504—508）中，迁汉阳太守"。"又随都督杨椿等诣南秦军前，招慰逆氐。还，除虎贲中郎将，领太仓令。"（《魏书》卷八八《杜纂传》，第1905页）"肃宗正光元年（520）正月，虎贲中郎将兰兜家鸡雄、雌二，各头上生两角，其毛杂色，上耸过冠。时灵太后临朝专政。"（卷一一二《灵征志上》，第2920页）潘永基曾任冀州镇东府法曹行参军、扬州曲阳戍主、西硖石戍主、扬州车骑府主簿等职，"累迁虎贲中郎将、直寝、前将军"（卷七二《潘永基传》，第1624页）。时当孝明帝后期。

试以本格，责其如初，有爽于先，退阶夺级。"① 此时之羽林、虎贲与北魏前期侍卫君主、从驾征伐的羽林、虎贲郎官自有天壤之别。同书《于烈传》：

> 世宗即位，宠任如前。咸阳王禧为宰辅，权重当时，曾遣家僮传言于烈曰："须旧羽林、虎贲执仗出入，领军可为差遣。"烈曰："天子谅暗，事归宰辅，领军但知典掌宿卫，有诏不敢违，理无私给。"奴惆然而返，传烈言报禧。禧复遣谓烈曰："我是天子儿、天子叔，元辅之命，与诏何异？"烈厉色而答曰："向者亦不道王非是天子儿、叔。若是诏，应遣官人，所由遣私奴索官家羽林，烈头可得，羽林不可得！"禧恶烈刚直，遂议出之……②

按：于烈在孝文帝迁都以后曾任领军将军。如上所说，其职掌即为"典掌宿卫"，其所统为羽林、虎贲。此时的羽林、虎贲已为普通宿卫兵，而与昔日之郎官不可同日而语。同书《张彝传》：

> 第二子仲瑀上封事，求铨别选格，排抑武人，不使预在清品。由是众口喧喧，谤讟盈路，立榜大巷，剋期会集，屠害其家。……神龟二年二月，羽林、虎贲几将千人，相率至尚书省诟骂……以瓦石击打公门。上下畏惧，莫敢讨抑。遂便持火，虏掠道中薪蒿，以杖石为兵器，直造其第，曳彝堂下，捶辱极意，唱呼嗷嗷，焚其屋宇。……③

北魏羽林、虎贲的暴动是因为张仲瑀上疏排抑武人，对武人主要是羽林、虎贲的进升构成了威胁，这正是其政治地位低落的反映。北魏前期羽林、虎贲为郎官，自然便不会发生进升受阻的情况。正因如此，任城王澄在上疏中说："羽林、虎贲，边方有事，暂可赴战，常戍宜遣蕃兵代之。"④ 这表明当时羽林、虎贲常戍边地的现象已较为普遍，与上引《高阳王雍传》之记载可互相印证。

---

① 《魏书》卷二一上《献文六王上·高阳王雍传》，第552—554页。
② 《魏书》卷三一《于烈传》，第739页。
③ 《魏书》卷六四《张彝传》，第1432页。
④ 《魏书》卷一九中《景穆十二王中·任城王澄传》，第475页。

领、护、二卫系统的进一步发展，也是后《职员令》的一个显著变化。与两晋南朝制度比较，除个别官职外，后令所载禁卫武官基本上全都是领、护、二卫系统职官。其中武卫将军始设于汉魏之际，为曹魏所继承，西晋不设，南朝恢复。① 直阁将军出现于宋齐之际，地位独特。可以认为，后令禁卫武官制度主要是参考南齐制度而制定的。由于南齐官制史书记载简略，难窥全豹，故两者具体承袭关系不明。兹将太和后令所载禁卫武官名、品与太和前令及晋、宋制度作一比较②：

表18—1　太和后《职员令》禁卫武官名、品与前《职员令》及晋、宋制度一览

官　名	太和后令	太和前令	晋官品	宋官品
领军将军	从第二品	第二品上	第五品（北军中候）	第三品
护军将军	从第二品	第二品上		第三品
中领军	第三品	第二品中	第三品	
中护军	第三品	第二品中	第三品	
左卫将军	第三品	从第二品上	第四品	第四品
右卫将军	第三品	从第二品下	第四品	第四品
四中郎将	从第三品		第四品	
武卫将军	从第三品	从第二品下	第四品	
四军将军		从第三品上	第四品	
城门校尉	第四品上	第三品下	第四品	
骁骑将军	第四品上	从第三品上	第四品	第四品
游击将军	第四品上		第四品	第四品

---

① 北魏后期的武卫将军地位颇高，类似曹魏执掌禁卫的武卫将军，而与南朝武卫将军完全不同。据《宋书》卷四〇《百官志下》："武卫将军，无员。""晋氏不常置。宋世祖大明（457—464）中复置，代殿中将军之任，比员外散骑侍郎。"[（南朝梁）沈约撰，中华书局1974年版，第1250页] 宋孝武帝复置武卫将军的本意大概是以之取代殿中将军，但南朝四代殿中将军一直存在，并未因武卫将军之设而废罢。《南齐书》卷一六《百官志》亦可见武卫将军，武骑常侍与之并列（第326页），表明其制与刘宋相同。梁、陈又有一定变化，据《隋书》卷二六《百官志上》记载，武卫将军为三班，与二卫司马、光禄丞同班，介于二职之间[（唐）魏徵等撰：《隋书》，中华书局1973年版，第732页]。由此可见，南朝武卫将军属散职禁卫武官，地位甚低。很显然，北魏武卫将军的渊源并非南朝制度，而是曹魏制度，表明北魏孝文帝在官制改革时还参考了曹魏制度。

② 参见《魏书》卷一一三《官氏志》，第2994—3004页；《宋书》卷四〇《百官志下》，第1261—1263页；《通典》卷三七《职官十九·秩品二》，第1003—1008页。

续表

官　名	太和后令	太和前令	晋官品	宋官品
五校尉	第五品下	从第三品中	第四品	第四品
中坚将军	从第四品上	第四品上	第四品	
中垒将军	从第四品上	第四品上	第四品	
领护长史、司马	从第五品下		第六品	
虎贲中郎将	第六品下		第五品	
羽林监	第六品下		第五品	
骑都尉	从第六品上	从第四品上	第六品	
积弩将军	第七品上	（从第四品下）	第四品	（第五品）
积射将军	第七品上	（从第四品下）	第四品	第五品
二卫司马	第七品下			
殿中将军	第八品上	第五品中	第六品	第六品
殿中司马督	第九品下	（从第六品中）	第六品	第六品
员外司马督	从第九品下			

从上表可以看出，就领、护、二卫系统而言，前《职员令》中各职官之品级均高于后《职员令》，一般相差在一二品左右，而从后令七品以下则相差多达三品以上。与晋、宋制比较，北魏前、后令官品均高于晋、宋，表明北魏禁卫武官制度在政治制度中的地位比晋、宋时期更加重要。这种情况也是北魏王朝由鲜卑军事贵族依靠武力治国在政治制度上的反映。太和后令禁卫诸职官品之下降，与后令中职官品级的整体下降有关，同时也反映出文治在北魏政治中的影响在增强。这与孝文帝实行汉化，改变武力政治，仿效汉族王朝实施文治的时代精神相吻合，是其重要体现之一。四中郎将是孝文帝迁都以后设于新都洛阳周围的四中府的长官，由护军将军统领（详后），其职责是为了拱卫京师，保卫新都安全。前《职员令》中有直阁将军一职，后《职员令》中不见，但在实际政治生活中宣武帝以降各朝却有大量记载。直阁将军不见于后令，当别有因。直阁将军很显然是仿效自南朝，前此历朝只有南朝有之而不见于其他朝代，北魏前期亦不见其职。但从职能看，直阁将军可能与北魏前期之郎卫具有某种关联。郎卫的衰微与领、护、二卫系统禁卫之职的发达完善，正是北魏后期禁卫武官制度最重要的特征。

第三节　领军将军、中领军

　　北魏前期已设领军将军之职，或称中领军将军、中领军，可考者有长孙肥等四人。① 这一制度当承袭自十六国政权，北魏前期禁卫武官制度的主体为幢将郎卫制度，领军将军是否具有禁卫职掌并不明确，但不大可能像魏晋南朝那样为禁卫长官。孝文帝官制改革时将领军系禁卫武官制度完全引入北魏王朝，领军将军被赋予了执掌禁卫大权的职能。《魏书·于烈传》谓其统领羽林、虎贲，"典掌宿卫"②。太和十九年（495），确定代人姓族，孝文帝诏有云："令司空公穆亮、领军将军元俨、中护军广阳王嘉、尚书陆琇等详定北人姓，务令平均。随所了者，三月一列簿账，送门下以闻。"③ 陆琇是以祠部尚书、司州大中正之职参预定姓族的④。同书《裴骏传附子修传》："转中大夫，兼祠部曹事，职主礼乐，每有疑议，修斟酌故实，咸有条贯。"⑤ 可见北魏祠部尚书"职主礼乐"，了解"故实"，此当为祠部尚书陆琇参预定姓族的原因之一。穆亮亦曾任司州大中正⑥。司州大中正参预定代人姓族，则是因为南迁之代人皆注籍司州之故⑦。同理，领军将军、中护军参预定代人姓族，则是因为南迁代人几乎全为武人。代迁之士不仅为武人，而且全为禁卫军武士⑧。这一点便反映出当时领军将军、中护军二职不仅职典禁卫，而且也负责其所辖禁卫武职之人事。

　　元俨为北魏孝文帝迁都之初的第一任领军将军，出身元氏宗室，具体情况不详。《魏书·孝文五王·废太子恂传》："恂不好书学，体貌肥大，

---

　① 参见拙作《领军将军与北魏政治》，《中国史研究》1995 年第 1 期。
　② 《魏书》卷三一《于烈传》，第 739 页。
　③ 《魏书》卷一一三《官氏志》，第 3015 页。
　④ 参见《魏书》卷四〇《陆琇传》，第 905 页。
　⑤ 《魏书》卷四五《裴骏传附子修传》，第 1021 页。
　⑥ 参见《魏书》卷二七《穆亮传》，第 668 页。
　⑦ 《魏书》卷七下《高祖纪下》：太和十九年六月"丙辰（十九，7.26），诏迁洛之民，死葬河南，不得还北。于是代人南迁者，悉为河南洛阳人"（第 178 页）。有关事例，参见赵万里《汉魏南北朝墓志集释》收录墓志图版，科学出版社 1956 年版。
　⑧ 《魏书》卷七下《高祖纪下》：太和二十年（496）"冬十月戊戌（初八，10.30），以代迁之士皆为羽林、虎贲"（第 180 页）。

深忌河洛暑热，意每追乐北方。中庶子高道悦数苦言致谏，恂甚衔之。高祖幸嵩岳，恂留守金墉，于西掖门内与左右谋，欲召牧马轻骑奔代，手刃道悦于禁中。领军元俨勒门防遏，夜得宁静。"① 时当迁都之初，宫室未就，"高祖住在金墉城"②，金墉城即为当时的禁中。在孝文帝外出而太子恂谋叛的危急关头，领军将军元俨"勒门防遏"稳定了局势，其最高禁卫长官的职能于此有充分反映。于烈继任元俨为领军将军，随即"以本官从征荆沔"③。时在太和二十一年八月至二十三年正月孝文帝第二次南伐北巡之际④。于烈之随驾从征，正是领军将军作为禁卫长官职能的具体表现。与此同时，孝文帝又安排了其他宗室大臣临时担任中领军留守京师。《魏书·献文六王上·北海王详传》："车驾南伐，详行中领军，留守，给鼓吹一部，甲仗三百人，兼督营构之务。高祖赐详玺书曰：'……善正风猷，肃是禁旅。'"⑤《道武七王·江阳王继传》："入为左卫将军，兼侍中。又兼中领军，留守洛京。"⑥ 太和二十三年三月，北魏孝文帝回到京师洛阳才过了两个月，便因南齐将领陈显达"入寇马圈"而"舆疾赴之"。临行前，孝文帝拉着领军将军于烈的手说："都邑空虚，维捍宜重。可镇卫二宫，以辑远近之望。"于烈果然不负所望，在孝文帝病逝于外的非常时刻，采取措施，稳定了大局。当时随侍左右的"彭城王勰总一六军，秘讳而返，称诏召世宗会驾鲁阳。以烈留守之重，密报凶问，烈处分行留，神色无变"。⑦ 从于烈身上可以看出领军将军权力之重，其为北魏王朝最高禁卫长官无疑。

宣武帝初年，"六辅专政"⑧，实际为首辅咸阳王禧专政。咸阳王禧遣私奴索要羽林虎贲而为于烈拒绝，这是其欲控制禁卫长官于烈的一次试探性举动，知于烈不愿服从其统治，遂令其出任外职。当时宣武帝急欲夺回执政大权，于是与于烈反抗元禧的想法不谋而合，两人经过密谋，于烈率

---

① 《魏书》卷二二《孝文五王·废太子恂传》，第588页。
② 《洛阳伽蓝记序》，《洛阳伽蓝记校释》，第13页。
③ 《魏书》卷三一《于烈传》，第739页。
④ 参见《魏书》卷七下《高祖纪下》，第180页。
⑤ 《魏书》卷二一上《献文六王上·北海王详传》，第559页。
⑥ 《魏书》卷一六《道武七王·江阳王继传》，第401页。
⑦ 《魏书》卷三一《于烈传》，第739页。参见同书卷二一下《献文六王下·彭城王勰传》，第576—577页。
⑧ 《魏书》卷八三下《外戚下·高肇传》，第1830页。

第十八章　北魏后期禁卫武官制度　/　647

禁卫武官直阁六十余人发动政变，废黜宰辅，拥戴宣武帝临朝听政。不久于烈"暴死"，其弟于劲（皇后之父）继任领军将军。于劲与宰相北海王详及恩倖赵脩、王仲兴等"共参机要"①。其后元珍担任领军将军，"荷腹心之任，受六师之重"②。于烈之子于忠继元珍而任领军将军，宣武帝在任命于忠为领军将军时说，"欲使卿勤劳于下，我当无忧于上"③。宣武帝病故之际，领军将军于忠与侍中崔光等人一起迎立年幼的太子元诩即位，并保护其母胡氏不受伤害，废高太后、杀外戚高肇，将大权集中于己手。于忠专权，生杀予夺，引起朝臣不满，激化了统治集团内部矛盾，在宗室支持下，孝明帝生母胡氏临朝听政，夺于忠领军之权，消除了于忠专权的影响。

胡太后为了有效地控制朝政，设法紧握军权，遂将至关重要的领军将军一职授予其妹夫之父元继。元继曾兼任中领军，任领军将军是他第二次担任禁卫长官，无疑可以更有效地控制禁卫军。与此同时，胡太后又不断给其妹夫元叉以殊宠和特权，数年之后便令元叉接任领军将军之职。孰料掌握了禁卫军权的元叉欲壑难填，不仅不感恩，反而利用其所担任的领军将军的权力诛杀宰辅清河王怿、幽废太后于后宫，控制了北魏朝政，掌握了最高统治权。其后四五年间，北魏政权由元叉一手操纵。胡太后在困局中想方设法，一步步实施她复辟夺权的计划，最终由免元叉领军之职而重新夺取政权，元叉终被处死。胡氏重新执政后，接受教训，不再轻易长期将领军将军授予一人，数年间先后有恩倖侯刚及太后姻戚皇甫度、宗室元渊等人担任领军将军。此时领军将军的实际权力开始缩小。

元叉专政后期，六镇事起，南部边境亦每每告急，内忧外患困扰着风雨飘摇的北魏王朝。为了维持统治，大量京师禁卫军及地方武装投入了平叛战争，于是京师守备越来越空虚。北魏前期就已有京师禁卫军出征的事例，《魏书·和其奴传》："皇兴元年（467），长安镇将东平王道符反，诏其奴领征西大将军，率殿中精甲万骑以讨之。未至而道符败，军还。"④北魏孝文帝迁都洛阳以后，出现了禁卫军出征并镇守地方的现象。《周书·王罴传》："魏太和中，除殿中将军。先是南岐、东益氐羌反叛，王

---

① 《魏书》卷九三《恩倖·王仲兴传》，第1997页。
② 《汉魏南北朝墓志集释》图版四四《元珍墓志》。
③ 《魏书》卷三一《于忠传》，第742页。
④ 《魏书》卷四四《和其奴传》，第993页。

师战不利,乃令羆领羽林五千镇梁州,讨平诸贼。"① 宣武帝以后,这种现象更是日趋普遍。《魏书·傅竖眼传》:"(宣武帝时)转昭武将军、益州刺史。以州初置,境逼巴獠,给羽林、虎贲三百人,进号冠军将军。"②《奚康生传》:"及寿春来降也,遣康生领羽林一千人,给龙厩马两匹,驰赴寿春。"后南朝梁军围困北魏硖塚戍,"诏授康生武卫将军、持节、假平南将军,为别将,领羽林三千人,骑步甲士随便割配"。"扬州别驾裴绚谋反,除康生平东将军,为别将,领羽林四千讨之,会事平不行"。③宣武帝永平四年(511)夏,徐州刺史卢昶上表请兵,诏曰:"……今既请兵,理宜速遂。可遣冀、定、瀛、相四州中品羽林、虎贲四千人赴之。"④ 这表明当时羽林、虎贲已屯驻地方,或者由地方民户中检充。正是在这种情况下,孝明帝时任城王澄才向临朝听政的胡太后提出建议:"羽林、虎贲,边方有事,暂可赴战,常戍宜遣蕃兵代之。"⑤

关于北魏末年羽林、虎贲之出征及屯戍边地,《洛阳伽蓝记》的一则故事有形象生动的反映:

> 孝昌(525—527)初,妖贼四侵,州郡失据,朝廷设募征格于堂(明堂)之北,从戎者拜旷掖(野)将军、偏将军、裨将军。当时甲胄之士,号明堂队。时有虎贲骆子渊者,自云洛阳人。昔孝昌年戍在彭城,其同营人樊元宝得假还京师,子渊附书一封,令达其家。云:"宅在灵台南,近洛河,卿但至彼,家人自出相看。"元宝如其言,至灵台南,了无人家可问。徙倚欲去,忽见一老翁来,问从何而来,彷徨于此。元宝具向道之。老翁云:"是吾儿也。"取书引元宝入,遂见馆阁崇宽,屋宇佳丽。既坐,命婢取酒。须臾见婢抱一死小儿而过,元宝初甚怪之,俄而酒至,色甚红,香美异常。兼设珍羞,海陆备具。饮讫,辞还。老翁送元宝出,云:"后会难期,以为悽恨!"别甚殷勤。老翁还入,元宝不复见其门巷,但见高岸对水,渌波东倾,唯见一童子可年十五,新溺死,鼻中出血,方知所饮酒是其

---

① (唐)令狐德棻等撰:《周书》卷一八《王羆传》,中华书局1971年版,第291页。
② 《魏书》卷七〇《傅竖眼传》,第1557页。
③ 《魏书》卷七三《奚康生传》,第1630—1631页。
④ 《魏书》卷四七《卢昶传》,第1059页。
⑤ 《魏书》卷一九中《景穆十二王中·任城王澄传》,第475页。

血也。乃还彭城，子渊已失矣。元宝与子渊同戍三年，不知是洛水之神也。①

这则看似荒诞不经的故事其实蕴涵着多种信息，此处不宜作具体分析，仅就羽林、虎贲之出征而言，从中可以看到：（1）大规模战争使北魏损兵折将，兵员锐减，朝廷不得不"设募征格"以优厚待遇刺激人们从戎。（2）虎贲樊元宝与骆子渊戍守彭城达三年之久，显为长期驻守，表明北魏末年羽林虎贲出戍边地已成常态，并非临时现象。（3）由于战争之需，甚至洛水之神骆子渊也成为虎贲出戍边地，参与征战，足见当时兵员之缺。

禁卫军大量出征，虽然有利于维持平叛等战争之需，但京师守备空虚却为地方军阀问鼎朝政打开了方便之门。公元 528 年，契胡族军阀尔朱荣发动河阴之变，以武力推翻胡太后的统治，扶持元子攸称帝。最初尔朱荣亲自兼任领军将军②，不久即渡河北上，返回其根据地。尔朱荣为了控制孝庄帝及北魏朝廷，便以其死党元天穆控制朝政，而元天穆亦兼任领军之职。《元天穆墓志》："仍除侍中、兼领军将军、使持节、骠骑大将军、京畿大都督……王（上党王）内奉丝纶，中总周卫，谟明之道以宣，捍城之寄踰重。"③ 其后，尔朱世隆、尔朱兆等尔朱氏成员及其死党元鸷等相继担任领军将军④，控制孝庄帝及北魏朝廷。后来尔朱氏放松了对孝庄帝的控制，杨津以中军大都督兼领军将军，孝庄帝遂冒险手刃尔朱荣于殿廷⑤。

由上所述可见，北魏后期领军将军、中领军主要由元氏宗室、外戚于氏（本勋臣八姓）及权臣尔朱氏或其党羽等来担任，是北魏后期最具实权的官职，皇帝和临朝听政的皇太后要想真正掌握君权，就必须以其亲信担任领军之职从而有力地控制禁卫军权，而担任领军将军的权臣则凭之发

---

① 《洛阳伽蓝记校释》卷三《城南·秦太上公寺》，第 120—121 页。
② 《魏书》卷七四《尔朱荣传》，第 1647 页。
③ 《汉魏南北朝墓志集释》图版四六之二《元天穆墓志》。
④ 参见《魏书》卷七五《尔朱世隆传》《尔朱兆传》，第 1668、1663 页；《汉魏南北朝墓志集释》图版四二《元鸷墓志》。
⑤ 参见《魏书》卷五八《杨津传》，第 1299 页；卷一〇《敬宗纪》，第 265 页；卷七四《尔朱荣传》，第 1654—1655 页。

动政变亲自执政，或者以亲信死党担任领军将军作为其在朝中的代理人。在北魏后期的"宫廷斗争中，禁军的掌握与否，实为决胜的关键"①，因此最高禁卫长官领军将军成为北魏后期政治中最具影响力的职务。

第四节 护军将军、中护军

一 护军将军、中护军

北魏前期可见到中护军将军之职。《魏书·伊馛传》："世祖贤之，遂拜为中护将军、秘书监。"②《阉官·段霸传》："稍迁至中常侍、中护军将军、殿中尚书，领寿安少府。"③ 时亦在世祖太武帝时。据《魏书·官氏志》所载前、后《职员令》，护军将军、中护军与领军将军、中领军并列而位次于领军，其地位当与魏晋以后领、护关系相似。前引孝文帝定姓族诏中也是中护军广阳王嘉与领军将军元俨并列，二职职能相近亦于此可见。护军将军、中护军同样是在孝文帝太和前《职员令》中明确设置的官职。孝文帝末年，其弟北海王详"除护军将军，兼尚书左仆射"④。此前孝文帝另一弟高阳王雍已担任中护军。《魏书·献文六王上·高阳王雍传》："拜中护军，领镇北大将军……奉迁七庙神主于洛阳……车驾南伐，雍行镇军大将军，总摄留事。"⑤ 中护军之禁卫职能于此可见一斑。

宣武帝时期，宗室担任护军将军的现象也比较普遍。《魏书·孝文五王·京兆王愉传》："世宗初，为护军将军。世宗留爱诸弟，愉等常出入宫掖，晨昏寝处，若家人焉。世宗每日华林戏射，衣衫骑从，往来无

---

① 康乐：《代人集团的形成与发展——拓跋魏的国家基础》，《"中央研究院"历史语言研究所集刊》1991年第61本3分，第586页。此文又认为："北魏负责宫廷禁卫军的职位前后似乎并不一致，早期殿中尚书似乎握有较大权力，不过到宣武帝以后，逐渐转移到领军将军手中。"（第587页，注14）根据本书以上的研究，可知这一认识似是而非。北魏前期殿中尚书在执掌宫廷禁卫军上确具有较大权力，但也只是太武帝设立殿中尚书以后的情况，其后殿中尚书与幢将郎卫系统共同控制禁卫军；领军将军作为禁卫军首长始于孝文帝迁都前后，而不是从宣武帝以后禁卫军权才逐渐转移到领军将军手中的。
② 《魏书》卷四四《伊馛传》，第990页。
③ 《魏书》卷九四《阉官·段霸传》，第2014页。
④ 《魏书》卷二一上《献文六王上·北海王详传》，第560页。
⑤ 《魏书》卷二一上《献文六王上·高阳王雍传》，第552页。

第十八章　北魏后期禁卫武官制度　/　651

间。"① 按元愉之所以能"出入宫掖，晨昏寝处"，"衣衫骑从"，除了宣武帝"留爱诸弟"这一因素外，更主要的是因护军将军所具备的禁卫职能。《元顺墓志》："至孝昌元年，复还征为黄门郎。寻以本官除护军将军，加散骑常侍。续迁侍中，护军如故。既任属喉唇，亟居近侍，国容朝典，知无不为。"② 护军将军兼任散骑常侍或侍中，为近侍之职，正是其禁卫职能的体现。《元融妃卢贵兰墓志》：长子景哲，"护军将军、领尝食典御"③。尝食典御供奉禁中，护军将军自亦不例外。北魏后期护军将军可考者还有元融、元遥、元悌、李崇、高聪、高显、祖莹等人④，以宗室和外戚为主⑤。护军府属官主要有从第五品下之长史、司马。《郑长猷题字》："前（？）□□太守、护军长史云阳伯□长猷，为亡父敬造弥勒像一[区]。"⑥《崔鹔墓志》："除护军司马……春秋卅三，武泰元年四月十四日终于京师。"⑦ 又有护军府吏。《护军府吏鲁众题记》："护军府吏鲁众敬，为所生父母合门大小造石像一区，供养从心。正始四年四月。"⑧ 此护军府吏当为低于长史、司马的护军府属吏。

　　与领军将军相比，北魏后期护军将军的权力及重要程度仍然要低得多。领军将军总领京师禁卫力量，为最高禁卫长官，护军将军虽然未必属于领军管辖，但其职能则远不及领军亲近和机要。护军将军的主要职掌是"掌四中、关津"⑨，"四中"即四中郎将，"关津"即诸关尉、津尉。也

---

①《魏书》卷二二《孝文五王·京兆王愉传》，第589页。
②《汉魏南北朝墓志集释》图版一二七《元顺墓志》。
③《汉魏南北朝墓志集释》图版一五〇《元融妃卢贵兰墓志》。
④ 参见《汉魏南北朝墓志集释》图版五九五《元融墓志》、一〇六《元遥墓志》（参《魏书》卷一九上《景穆十二王上·元遥传》，第445页）、一九一《元悌墓志》；《魏书》卷六六《李崇传》，第1467页；卷六八《高聪传》，第1522页；（唐）李百药撰《北齐书》卷三九《祖珽传》，中华书局1972年版，第513页。《魏书·高聪传》："侍中高显出授护军，聪转兼其处，于时显兄弟疑聪间构而求之。"（第1522页）可知此二人均曾担任护军之职。
⑤ 其中李崇、高显为外戚：李崇为"文成元皇后第二兄诞之子"（《魏书》卷六六《李崇传》，第1465页），高显为孝文昭皇后之弟、宣武皇后高氏之父（《魏书》卷八三下《外戚下·高肇传》，第1829页；卷一三《皇后传》，第335—336页）。
⑥（清）陆增祥撰：《八琼室金石补正》卷一二《北魏一》，文物出版社1985年版，第70页。
⑦《崔鹔墓志拓本》，见山东省文物考古研究所《临淄北朝崔氏墓》，《考古学报》1984年第2期，第232页图一三。
⑧《八琼室金石补正》卷一三《北魏二》，第72页。
⑨《隋书》卷二七《百官志中》，第759页。

就是说，负责京城外围及四周的保卫工作为护军将军的基本职能。据《洛阳伽蓝记》卷一《城内·永宁寺》记载，北魏后期护军府在京城南部，隔铜驼大街与司州府相对，其北依次有太庙、宗正寺、国子学、司徒府、左卫府，左卫府在宫城之南。① 由此也可以看出，护军将军与宫城禁卫并无关联。护军将军与河南尹可兼领。《元融墓志》："寻迁长兼中护军，加抚军将军。领河南尹，护军如故。迁征东将军，护军、尹如故。"② 防守洛阳四面的四中郎将治所正好就在河南尹辖区。

《魏书·官氏志》：东魏武定七年（549）"五月，又诏：以四中郎将世宗永平中权隶领军，今还属护军"③。这条记载表明：（1）四中郎将原本属护军将军统辖，时间当在太和十九年（495）至永平年间（508—512），约十余年。这期间统辖四中郎将为护军将军之主要职责。（2）自公元510年前后至公元549年约四十年间，四中郎将"权隶领军"，虽属权宜之计，但能持续四十年之久，表明其时护军将军的基本职能确已转归领军将军。毫无疑问，当时领军职能大幅扩展而护军职能进一步萎缩。不过其时护军之职似仍存在，如元融直到元叉专政之初仍在担任护军将军④。元顺因得罪专权之领军元叉而出任地方长官。"叉解领军，征为给事黄门侍郎。""俄兼殿中尚书，转侍中。"又因面诤而得罪胡太后。"初，城阳王徽慕顺才名，偏相结纳。而广阳王渊奸徽妻于氏，大为嫌隙。及渊自定州被征，入为吏部尚书，兼中领军。顺为诏书，辞颇优美。徽疑顺为渊左右，由是与徐纥间顺于灵太后，出顺为护军将军、太常卿。"⑤ 很显然，元顺为护军时已不兼侍中，而是以护军将军与太常卿叠任，与侍中在宫内侍从相比，护军将军则为外官，故以"出"记之。⑥《崔鹔墓志》载

---

① 《洛阳伽蓝记校释》卷一《城内·永宁寺》，第18页。参考同书所载《北魏洛阳伽蓝图》。
② 《汉魏南北朝墓志集释》图版五七五《元融墓志》。
③ 《魏书》卷一一三《官氏志》，第3005页。
④ 参见《汉魏南北朝墓志集释》图版五七五《元融墓志》。
⑤ 《魏书》卷一九中《景穆十二王中·元顺传》，第482—483页。
⑥ 《汉魏南北朝墓志集释》图版一二七《元顺墓志》："至孝昌元年（525），复还征为黄门郎。寻以本官除护军将军，加散骑常侍。续迁侍中，护军如故。既任属喉唇，亟居近侍，国容朝典，知无不为，斟酌礼度，鸯补漏阙。公乃忘潜润之二言，暂捐七尺以奉上，有犯无隐，谠言屡陈，或致触鳞之失，其志在磨而不磷也。出为中军将军、吏部尚书、兼右仆射。"《元顺墓志》所记其任职与《魏书》本传有较大差异，如墓志不记其任太常卿之职，其"出"任之职亦有异，目前还难以确定孰是孰非。不过墓志对元顺的褒扬则属谀墓之笔，未能反映真实情况。

其于武泰元年（528）卒于护军司马之任，表明孝明帝末年仍有护军将军或中护军。

二　四中郎将

关于四中郎将，日本学者濱口重國曾有专文加以论述。据其研究，四中郎将之设当在孝文帝迁都之际的太和十八年，设于洛阳四面以拱卫京师。他认为："中郎将府设置的目的是为了京师外围的防御"；"四中府协力承担京城四面的防御。""东中郎将府设置于连接东南诸州与洛阳交通要地虎牢城——当时荥阳郡治"；"连接洛阳方面与河北一带的著名的河桥北端有二城相对，于此可见设置有北中郎将府"；"西中郎将府当置于恒农郡治陕城，扼守从西方直达洛阳的交通要地函谷关"；"南中府不明"，估计先在鲁阳郡，后移至南安郡。①

在四中郎将中，以镇守河桥（河梁）的北中郎将地位最重。《资治通鉴》梁武帝大通二年（528）四月条，"李神轨至河桥，闻北中不守"下胡三省注："晋杜预建河桥于富平津。河北侧岸有二城相对，魏高祖置北中郎府，徙诸从隶府户并羽林、虎贲领队防之。北中不守，可以平行至洛阳矣。宋白曰：北中城，即今河阳城。"②北中郎将所守河桥又叫小平津，是河北通往河南暨京师洛阳的咽喉要冲，北中府可以称得上是"洛阳北面门户"③。《魏书·敬宗纪》：孝庄帝永安三年（530）九月"戊戌（廿五，11.1），帝杀（尒朱）荣、（元）天穆于明光殿，及荣子仪同三司菩提"，"遣武卫将军奚毅、前燕州刺史崔渊率兵镇北中"。"是夜，仆射尒朱世隆、荣妻乡郡长公主，率荣部曲焚西阳门，出屯河阴。己亥（廿六，11.2），攻河桥，擒毅等于途，害之，据北中城，南逼京邑。"十月"乙卯（十三，11.18），通直散骑常侍、假平西将军、都督李苗以火船焚河桥，尒朱世隆退走"。④《北齐书·杨愔传》："元颢入洛，时愔从父兄侃

---

① ［日］濱口重國：《正光四五年の交に於ける後魏の兵制に就いて》，《秦漢隋唐史の研究》，東京大學出版會1971年版，第97—103页。我国已故著名史学家周一良、唐长孺对此亦有所论列，参见周一良《〈魏书〉札记·六部尉与四中郎将》，《魏晋南北朝史札记》，中华书局1985年版，第387—390页；唐长孺《魏周府兵制度辨疑》，《魏晋南北朝史论丛》，生活·读书·新知三联书店1955年版，第257—258页。
② 《资治通鉴》卷一五二《梁纪八》，第4741页。
③ 周一良：《魏晋南北朝史札记》，第389页。
④ 《魏书》卷一〇《敬宗纪》，第265—267页。

为北中郎将，镇河梁。愔适至侃处，便属乘舆失守，夜至河。侃虽奉迎车驾北渡，而潜欲南奔，愔固谏乃止。"① 很显然，北中郎将所守河桥是洛阳通往河北的门户，北中府的职能是把守河桥以防备来自河北对洛阳的威胁。此处所记车驾（孝庄帝）北渡以逃避元颢的进攻则是特殊情况。同理，其他东、西、南三中府即是从东、西、南三面加强对京师洛阳的保卫。

《周书·赵昶传》："孝昌（525—527）中，起家拜都督，镇小平津。魏北中郎将高千甚敬重之。"② 这条记载表明，在北中郎将（其他三中郎将亦同）下有都督负责镇守，此职当与上引《资治通鉴》所记"领队防之"的武官有关联，可能即为队的长官。《水经注·河水》："河水又东，迳平县故城北……俗谓之小平也。有高祖讲武场。河北侧岸有二城相对，置北中郎府，徙诸徒隶、府户并羽林、虎贲，领队防之。"③ 此即上引《资治通鉴》胡注之史料来源，两相比较，可知胡注之"从隶"实即"徒隶"，因形近（從、徒）而致讹。郦道元记载的当代史事应该是准确无疑的。四中府当有列曹参军，如裴良曾任北中郎府功曹参军④。

四中郎将设于京师洛阳东、西、南、北四面，"襟带京师"亦即拱卫京师为其基本职责。孙绍于延昌（512—515）中上表，谓"今二號京门，下无严防；南、北二中，复阙固守"云云⑤。"二號京门"当指东、西二中郎将，而"南、北二中"则指南、北二中郎将。看来宣武帝延昌年间四中郎将的防守已出现了削弱倾向，这种局面可能和当时社会比较安定有关。孙绍上表从一个侧面也表明，北魏后期四中郎将地位原本十分重要，本应承担"严防""固守"京师门户之责。《元遥墓志》："转北中郎将、兼侍中，所以襟带京门，缉整枢近。"《元恭墓志》："复以北中机要，维捍所依，永安二年（529），转授北中郎将。"⑥《魏书·景穆十二王中·任城王澄传》：

---

① 《北齐书》卷三四《杨愔传》，第454页。
② 《周书》卷三三《赵昶传》，第576页。
③ （后魏）郦道元撰，杨守敬、熊会贞疏，段熙仲点校，陈桥驿复校：《水经注疏》卷五《河水》，江苏古籍出版社1989年版，第385—386页。
④ 《裴良墓志》："太和十五年，解褐奉朝请，历北中郎府功曹参军。"（李学文：《山西襄汾出土东魏天平二年裴良墓志》，《文物》1990年第12期）
⑤ 《魏书》卷七八《孙绍传》，第1723页。
⑥ 《汉魏南北朝墓志集释》图版一〇六《元遥墓志》、一四七《元恭墓志》。

时四中郎将兵数寡弱，不足以襟带京师，澄奏：宜以东中带荥阳郡，南中带鲁阳郡，西中带恒农郡，北中带河内郡。选二品、三品亲贤兼称者居之，省非急之作，配以强兵。如此，则深根固本、强干弱枝之义也。灵太后初将从之，后议者不同，乃止。澄又重奏曰："固本宜强，防微在豫……如臣愚见，郎将领兵，兼总民职，省官实禄，于是乎在……"卒不纳。①

元澄的上奏是在北魏末期京师守备开始衰弱的情况下提出的，表明当时四中郎将的禁卫职能出现了下降趋势。元澄上奏是想通过四中郎将带其所镇之地的郡太守以达到维持当地社会治安，从而进一步加强京师禁卫力量的目的。不过若按其建议实行，则实际上就使四中郎将由禁卫武官向地方军政长官转化。

周一良认为，元澄的建议实际上被采纳，从四中郎将带荥阳等四郡的事例可以考见。其说似不确。首先，《魏书》明确记载当时元澄建议未被接受。其次，有关四中带郡的记载极少，且并非全在元澄上奏之后，当属权宜之计。最有力的一条证据是杨津为北中郎将带河内太守事。《魏书·杨津传》："延昌（512—515）末，起为右将军、华州刺史……还除北中郎将，带河内太守。太后疑津贰己，不欲使其处河山之要，转平北将军、肆州刺史。"② 可知杨津之为北中郎将带河内太守在孝明帝初年，是否在元澄上奏之后不得而知，但从灵太后很快将其调离来看，以北中带河内郡决非当时制度，亦非灵太后所可接受的改革方案。《杨昱传》："转北中郎将，加安东将军。及萧宝夤等败于关中……"③ 按"萧宝夤等败于关中"是在孝昌三年（527）正月④，无疑是在元澄上奏之后，但却未见带郡的记载，可证灵太后并未接受四中带郡以加强京师禁卫的建议。元苌曾任"北中郎将、带河内太守"，但却是在"世宗时"，⑤ 即在任城王澄上奏之前。孝明帝、孝庄帝二朝四中郎将任职的事例还有：元欣，"肃宗

---

① 《魏书》卷一九中《景穆十二王中·任城王澄传》，第475—476页。
② 《魏书》卷五八《杨津传》，第1297页。
③ 《魏书》卷五八《杨昱传》，第1293页。
④ 参见《魏书》卷九《肃宗纪》，第246页。
⑤ 《魏书》卷一四《神元平文诸帝子孙·元苌传》，第351—352页。

初，除通直散骑常侍、北中郎将"①；元显恭，"孝庄初，除北中郎将"②。元超，"肃宗初……拜城门校尉，通直散骑常侍、东中郎将"③；孝庄帝时贾智"行东中郎将，加散骑常侍"④；元颢入洛，孝庄帝出逃，杨侃"行北中郎将"⑤。这些记载显示，元澄以四中郎将带郡的建议并未被灵太后所采纳，有关事例只是个别现象，没有形成制度⑥。

由于四中郎将担负拱卫京师的重任，地位颇为重要，所以北魏后期多以宗室成员担任，除上述元氏诸人外，史料所见者还有：元纂在孝文帝末为平西将军、领西中郎将⑦，元和在宣武帝晚期为通直散骑常侍、兼东中郎将⑧，元延明兼西中郎将⑨，元恭为北中郎将⑩，元偃（元诞之父）亦为北中郎将⑪。众多元氏宗室人物担任四中郎将之职，充分反映出四中郎将在北魏后期政治中所具有的重要性。

三 诸关津尉

北魏太和二十三年官品令中有"监淮海津都尉"，从第九品上。⑫ 未见到关尉，当在流外。《八琼室金石补正》载《司马解伯达题记》，"都绾阙口游激（徼）校尉司马解伯达，造弥勒像一躯"。引《授堂金石续跋》云："正书，在龙门阙口，即伊阙。魏尝于此设官，故有都绾阙口游激司马。"陆增祥云："阙口，即伊阙。《括地志》云：'在洛州南十九里。'激，徼之通借。《说文》：'徼，循也。'《后汉书·臧宫传》：'少为亭长

---

① 《魏书》卷二一上《献文六王上·广陵王羽传附子欣传》，第551页。
② 《魏书》卷一九下《景穆十二王下·城阳王徽传》附，第512页。
③ 《魏书》卷一九下《景穆十二王下·安定王休传》附，第518页。
④ 《魏书》卷八〇《贾智传》，1776页。
⑤ 《魏书》卷五八《杨侃传》，第1283页；《北齐书》卷三四《杨愔传》，第454页。
⑥ 钱大昕论及任城王澄的上奏，认为："此奏在肃宗朝既未见纳，然元丕于世宗时已为北中郎将带河内太守矣。"本注："陆清都以南中郎将带鲁阳太守，未详何时；杨津肃宗时除北中郎将带河内太守。"（《廿二史考异》卷二八《魏书一》"景穆十二王传中"条，《丛书集成初编》本，商务印书馆1937年版，第548页）看来钱氏既认为肃宗时任城王澄关于以四中郎将带郡太守的建议未被采纳，但又感到当时确曾实行过类似制度。
⑦ 参见《魏书》卷一六《道武七王·元纂传》，第400页。
⑧ 参见《魏书》卷一六《道武七王·元和传》，第398页。
⑨ 参见《汉魏南北朝墓志集释》图版一六九《元延明墓志》。
⑩ 参见《汉魏南北朝墓志集释》图版一四七《元恭墓志》。
⑪ 参见《汉魏南北朝墓志集释》图版五〇《元诞墓志》。
⑫ 《魏书》卷一一三《官氏志》，第3003页。

游徼。'注曰：'每乡有游徼，掌循禁奸盗也。'五代时有游徼军将，卫尉之属也。《韵会》曰：'逻卒曰游徼。'"① 解伯达所任都缮阙口游徼校尉司马，当即四中郎将下辖负责关津守卫的武官，其长官为都缮阙口游徼校尉，此职或即为护军所辖之关津尉之类。宣武帝正始四年（507）十一月，"自碣石至于剑阁，东西七千里，置二十二都尉"②。这二十二都尉当为关都尉，是在北魏全境（主要在边地、要塞）系统设置诸关尉之始。按此前北魏早已有"关"的存在，亦当有"关尉"负责关隘守卫。文成帝太安五年（459）十月戊申（十四，11.24）诏有云："而六镇、云中、高平、二雍、秦州，遍遇灾旱，年谷不收。其遣开仓廪以赈之。有流徙者，谕还桑梓。欲市籴他界，为关傍郡，通其交易之路。"③ 据此可以推知，当时在六镇、云中、高平、二雍、秦州等边镇州郡普遍存在着关，关当设置于缘边交界之地。津为水路之关口。

关于"关"，《唐律疏议·卫禁律》有明确规定。"私度及越度关"条《疏议》曰："水陆等关，两处各有门禁，行人来往皆有公文，谓驿使验符券，传送据递牒，军防、丁夫有总历，自余各请过所而度。若无公文，私从关门过，合徒一年。""越度者，谓关不由门、津不由济而度者，徒一年半。""诸关津度人，无故留难"条《疏议》曰："关，谓判过所之处。津，直度人，不判过所者。依令：'各依先后而度。'无故留难不度者，一日主司答四十。'主司'，谓关、津之司。"④ 据此可知，陆关即谓之"关"，水关即谓之"津"。⑤

北魏后期（包括东魏时期），见于《魏书·地形志》记载之"关"有：

邺：魏太和中置关，今（东魏北齐）罢。

---

① 《八琼室金石补正》卷一二《北魏一》，第70页。按《授堂金石续跋》为清人武亿所撰。
② 《魏书》卷八《世宗纪》，第205页。
③ 《魏书》卷五《高宗纪》，第118页。
④ （唐）长孙无忌等撰，刘俊文点校：《唐律疏议》卷八《卫禁律》，中华书局1983年版，第172、175页。
⑤ 关于古代的"关"，参见杜正胜《说古代的关》，《食货月刊》1983年第十三卷第一、二期。关于汉唐关塞、关津及其通行制度，参见李均明《汉简所反映的关津制度》，《历史研究》2002年第3期；黎虎：《汉唐外交制度史》，兰州大学出版社1998年版，第96—101、254—256、494—496页。

上党：魏治壶关城。有上党关、石井关、天井关。

石艾：有井陉关、韦泽关。

栾城：魏治关城。

军都：有军都关。

轵：有轵关。

阳阿：有武靳关。

乐宁：有戍阳关。

东随：有黄岘关。

南郢州：治赤石关。

沙州：有白沙关城。

湘州：治大冶关城。

司州魏尹贵乡：有关城。①

《隋书·地理志》关于"关"的记载颇多②，其中沿自前代者当为数不少。

这一时期关于"津"的具体记载较少，仅见"小平津""七女津""瀍波津"等记载③。津除了设有津尉之外，似还有津令之设，如《魏书·尔朱兆传》载："先是，河边人梦神谓己曰：'尔朱家欲渡河，用尔作瀍波津令，为之缩水脉。'"④ 此虽以托梦形式出现，但无疑应是现实中存在津令之职的反映。瀍波津可能与河桥所在的小平津相距不远。北魏现实中存在的津无疑要比史书中可见到的多得多，推测应该与西晋及隋代相当地区之关津变化不大。

第五节　左、右卫将军

北魏前期曾出现过左、右卫将军，如豆代田为"右卫将军，领内都

---

① 参见《魏书》卷一〇六上、中《地形志上、中》。
② 参见《隋书》卷二九、三〇、三一《地理志上、中、下》。
③ 分见：《魏书》卷七下《高祖纪下》，第180页；《资治通鉴》卷一二一《宋纪三》，第3822页；《魏书》卷七五《尔朱兆传》，第1662页。
④ 《魏书》卷七五《尔朱兆传》，第1662页。

幢将"①，此右卫将军当为禁卫武官。右卫将军最早见于道武帝末年。《魏书·陈建传》："祖浑，太祖末为右卫将军。"②据同书《穆崇传》附传载，穆安国于太武帝、文成帝之际为"殿中尚书，加右卫将军"③，此右卫将军亦当为禁卫武官。这两例右卫将军既说明其为禁卫武官，但同时又表明其并不专领，而是实职禁卫武官内都幢将或殿中尚书的加官，可证其为临时措置，而非常规禁卫武官制度。又《穆观传》载，"太宗即位，为左卫将军，绾门下中书，出纳诏命"④。此左卫将军当与内侍长职能相仿，侧重于"文"，为侍从之职，禁卫事务非其基本职掌。《阉官·孙小传》："世祖幸瓜步，虑有北寇之虞，乃加小左卫将军，赐爵泥阳子，除留台将军。"⑤表明左卫将军的确具有禁卫职能。据《南巡碑》可知，文成帝时亦有左、右卫将军，且至少同时存在二员左卫将军（右卫将军亦当如此），分别兼领内都幢将和太子左卫帅（率）。总的来看，北魏前期百年间，左、右卫将军虽于史可见，但事例还嫌太少；虽有禁卫职能，但并非专职，而是临时措置，故当时大概并未形成以左、右卫将军作为一级禁卫长官的制度。

北魏孝文帝官制改革，在领军将军之下设左、右卫将军。⑥左、右卫将军于禁中当直，是仅次于领军将军和护军将军的禁卫长官。《洛阳伽蓝记·城内》：永宁寺"在宫前阊阖门南一里御道西"；"阊阖门前御道东有左卫府……御道西有右卫府"。⑦这表明北魏后期左、右卫府紧邻宫城，

---

① 《魏书》卷三〇《豆代田传》，第727页。
② 《魏书》卷三四《陈建传》，第802页。
③ 《魏书》卷二七《穆崇传附安国传》，第673页。
④ 《魏书》卷二七《穆崇传附观传》，第664页。
⑤ 《魏书》卷九四《阉官·孙小传》，第2018页。
⑥ 《魏书》卷三一《于烈传》："迁司卫监，总督禁旅。从幸中山，车驾还次肆州，司空苟颓表沙门法秀訞惑百姓，潜谋不轨。诏烈与吏部尚书□丞祖驰驿讨之。会秀已平，转左卫将军，赐爵昌国子。迁殿中尚书，赐帛三千匹。"（第737页）按沙门法秀反叛发生于太和五年（481）二月（《魏书》卷七上《高祖纪上》，第150页）。据此可知，孝文帝太和五年时已有左、右卫将军。这一记载显示，当时左卫将军地位介于司卫监与殿中尚书之间，其职能亦当与二职相近，为禁卫长官之一。
⑦ 《洛阳伽蓝记校释》卷一，第17、18页。又可参见劳榦《北魏洛阳城图》，见《北魏洛阳城图的复原》，《中央研究院历史语言研究所集刊》第20本（1948年）；周祖谟《北魏洛阳伽蓝图》。

保卫宫城自为其基本职责。宋弁曾任"右卫将军，领黄门（侍郎）"[①]，表明其居于禁中。侯刚在元叉专政时以左卫将军领尚食典御[②]，表明其为近侍之职。《魏书·崔光传》：

> （延昌）四年（515）正月，世宗夜崩，光与侍中、领军将军于忠迎肃宗于东官，安抚内外，光有力焉。帝崩后二日，广平王怀扶疾入临，以母弟之亲，径至太极西庑，哀恸禁内，呼侍中、黄门、领军、二卫……[③]

侍中、黄门乃门下长、贰官，供奉禁内；领军、二卫为禁卫长官，亦供奉禁内。两者关系颇为相似，侍中为门下省长官，领军为禁卫长官，黄门侍郎与二卫俱为次一级长官。孝明帝即位后，身为侍中、领军将军的于忠控制并专断朝政，经过一番激烈斗争，孝明帝生母胡太后临朝听政。胡氏临朝后为了加强自身权力，进一步控制朝政，安排姻亲掌握禁卫军权。与此同时，胡太后又在禁卫武官制度方面进行变革，主要是加强领军所统左、右二卫的力量。《魏书·官氏志》："正光元年（520）七月，置左、右卫将军各二人。"[④] 这样就由原来领军将军下辖左、右二卫而变为左、右四卫。左、右卫的扩充是禁卫力量加强的具体表现，此举也是其后禁卫武官制度变化的一个重要事件，即左、右卫逐渐发展并进而取代领军将军而成为禁卫武官制度主体的开始。当然，这一点是改革者胡太后本人并未预见到的。

左、右卫将军自孝文帝时起便被赋予了重要的禁卫职能，与西晋至南朝的左、右卫将军职掌相似，即统率禁卫军侍卫君主，保卫宫城。孝文帝曾说，"领军者，二卫之假摄"[⑤]，足见其地位之重要。《元晖墓志》："俄转侍中，领右卫将军。执兹喉键，总彼禁戎，文武兼姿，具瞻唯允。"[⑥]《魏书·昭成子孙·元晖传》："（世宗时）再迁侍中，领右卫将军。虽无

[①] 《魏书》卷六三《宋弁传》，第1415页。
[②] 参见《魏书》卷九三《恩倖·侯刚传》，第2005—2006页。
[③] 《魏书》卷六七《崔光传》，第1491页。
[④] 《魏书》卷一一三《官氏志》，第3004页。
[⑤] 《魏书》卷六三《宋弁传》，第1415页。
[⑥] 《汉魏南北朝墓志集释》图版五五《元晖墓志》。

补益，深被亲宠。凡在禁中要密之事，晖别奉旨藏之于柜，唯晖入乃开，其余侍中、黄门莫有知者。侍中卢昶亦蒙恩昵，故时人号曰'饿虎将军，饥鹰侍中'。"① 在这里，"饿虎将军"是指元晖，"饥鹰侍中"是指卢昶。元晖以侍中领右卫将军而受到宣武帝的特别宠信，这是他有别于其他侍中的主要原因。很显然，右卫将军对其权力的获得起到了至关重要的作用。《元珍墓志》："正始（504—508）中，转卫尉卿，领左卫将军。禁闼云仪，严震左右；维城之寄，实显文武。"②《和遫墓志》："正光四年（523），迁宁朔将军、左卫司马。宿卫虎闱，抚绥介振，贞亮之成，简著两圣。"③ 京兆王愉在永平元年（508）叛乱时所设主要官职有冀州牧（愉先为冀州刺史）、右卫将军、尚书仆射、吏部尚书等职④，也表明左、右卫将军在当时政治中具有十分重要的地位。

《元遥墓志》：

> 太和中，高祖治兵樊邓，复摄左卫将军。暨龙旌返旆，飨士论功，除左卫将军、饶阳男。太和之季，伪贼侵边，王师亲讨，军次马圈，圣躬不豫，特命公与太师彭城王侍疾，委以戎马。晏驾之始，在公怀抱……权机假旨。旬有二日，奉迎世宗于京师，会鲁阳而举讳。功成事立，百司始伏其深谋也。⑤

孝文帝后期，元遥曾以左卫将军两次随驾亲征，充分表明左、右卫将军的禁卫职能及其在政治中的重要作用。"晏驾之始，在公怀抱"，正是左卫将军禁卫职能的反映。北魏后期左、右卫将军的职掌，与西晋至南朝左、右卫将军的职掌可以说完全相同。在元遥第一次随驾南伐时，右卫将军杨播亦随帝南讨。《魏书·杨播传》："后从驾讨崔慧景、萧衍于邓城，破之，进号平东将军。时车驾耀威沔水，上巳设宴，高祖与中军彭城王勰赌射，左卫元遥在勰朋内，而播居帝曹。遥射侯正中，筹限

---

① 《魏书》卷一五《昭成子孙·元晖传》，第379页。
② 《汉魏南北朝墓志集释》图版四四《元珍墓志》。
③ 《汉魏南北朝墓志集释》图版二六三《和遫墓志》。
④ 《魏书》卷八《世宗纪》：永平元年九月"癸卯（廿三，11.1），李平克信都，元愉北走，斩其所署冀州牧韦超、右卫将军睦雅、尚书仆射刘子直、吏部尚书崔朏等"（第206页）。
⑤ 《汉魏南北朝墓志集释》图版一〇六《元遥墓志》。

已满。高祖曰：'左卫筹足，右卫不得不解。'……从到悬瓠。……转左卫将军。"① 左、右卫将军侍从君主左右，属于北魏王朝最为亲近的禁卫武官之列。

孝明帝时期胡太后临朝听政，后元叉发动政变实行专政，左、右卫将军的政治职能于此有突出表现。《魏书·奚康生传》：

> 征拜光禄卿，领右卫将军。与元叉同谋废灵太后。迁抚军大将军、河南尹，仍右卫、领左右。与子难娶左卫将军侯刚女。（刚长子）即元叉妹夫也②。叉以其通姻，深相委托，三人率多俱宿禁内，时或迭出。叉以康生子难为千牛备身。③

当时元叉以侍中、卫将军、领军将军身份总揽朝政，侯刚以侍中、左卫将军、领尚食典御④，奚康生以抚军大将军、河南尹、右卫将军的身份协助元叉控制禁卫军，总统朝政。领军将军与左、右卫将军在当时禁卫武官系统中的独特地位于此可见一斑。《魏书·恩倖·侯刚传》，谓其与元叉"长直禁中，一出一入，迭为奸防"⑤。实际上当是元叉、侯刚、奚康生三人有时俱直禁中，有时迭出轮直。领军将军和左、右卫将军完全控制了当时的禁卫大权，自然便可以操纵朝政。这种情况表明，左、右卫将军之职掌当与汉代卫尉、光禄勋二卿的职掌相近。杨椿由卫尉卿"转左卫将军"⑥，王偃"迁右卫将军、光禄勋"⑦，元丽"位兼宗正卿、右卫将军。迁光禄勋，宗正、右卫如故"⑧，表明北魏后期左、右卫将军与光禄勋、卫尉卿之间有比较密切的关系。叱列平"随尒朱荣破葛荣，平元颢，迁中军都督、右卫将军"。"长广王晔立（530），授右卫将军，加京畿大都

---

① 《魏书》卷五八《杨播传》，第1280页。
② 《魏书》卷九三《恩倖·侯刚传》："刚宠任既隆，江阳王继、尚书长孙稚皆以女妻其子。""刚长子，叉之妹夫。"（第2005页）
③ 《魏书》卷七三《奚康生传》，第1632页。
④ 侯刚在胡太后临朝听政时即任此数职，不久加车骑大将军、领左右。
⑤ 《魏书》卷九三《恩倖·侯刚传》，第2006页。
⑥ 《魏书》卷五八《杨椿传》，第1287页。
⑦ 《汉魏南北朝墓志集释》图版二九九之二《王偃墓志》。
⑧ 《魏书》卷一九上《景穆十二王上·元丽传》，第449页。

督。"① 右卫将军与中军都督及京畿大都督叠任，表明两者具有相同的职能，可以互证此诸职皆为禁卫长官，统领中军卫士以保卫京师为其基本职责。左、右卫将军所统宿卫兵亦当为羽林，如侯刚任左卫将军时"坐掠杀试射羽林，为御史中尉元匡所弹"②，即是因此之故。

北魏后期，左、右卫将军可考者有：杨播、杨津、李崇、元渊、尔朱天光等人先后任左、右卫将军③，此外高岳在北魏末年曾领左右卫④；元略、元珍、于烈、元遥、元继、元鉴、杨椿、宇文福、尔朱世隆、尔朱弼、尔朱世承、暴诞等人曾任左卫将军⑤；元丽、元渊、元晖、长孙道、宋弁、侯刚、奚康生、崔延伯、贺拔胜、叱列平、王偃、元固等人曾任右卫将军⑥。可以看出，担任左、右卫将军者可分为四类，即宗室元氏、权臣尔朱氏、其他胡族将领及个别汉族人物。其中以宗室元氏最多；尔朱氏次之，主要是在北魏末尔朱荣专权时期；杨氏则是一情况特殊的汉人家族⑦。

第六节　武卫将军

与领军将军和左、右卫将军相类似，北魏前期亦偶见武卫将军一职。

---

① 《北齐书》卷二〇《叱列平传》，第278页。
② 《魏书》卷九三《恩倖·侯刚传》，第2005页。
③ 参见《魏书》卷五八《杨播传》《杨津传》，第1280、1297页；卷六六《李崇传》，第1467页；卷一八《太武五王·广阳王元渊传》，第431页；卷七五《尔朱天光传》，第1673页。
④ 《北齐书》卷一三《清河王岳传》："太昌（532）初，除车骑将军、左光禄大夫、领左右卫。"（第174页）
⑤ 参见《汉魏南北朝墓志集释》图版一三九《元略墓志》、四四《元珍墓志》；《魏书》卷三一《于烈传》，第737页；卷一九上《景穆十二王上·元遥传》，第445页；卷一六《道武七王·江阳王继传》《元鉴传》，第401、397页；卷五八《杨椿传》，第1287页；卷四四《宇文福传》，第1001页；卷七五《尔朱世隆传》《尔朱弼传》《尔朱世承传》，第1668、1671页；《北齐书》卷四一《暴显传》，第535页。
⑥ 参见《魏书》卷一九上《景穆十二王上·元丽传》，第449页；卷一八《太武五王·广阳王渊传》，第431页；卷一五《昭成子孙·元晖传》，第379页；卷二五《长孙嵩传附道传》，第645页；卷六三《宋弁传》，第1415页；卷九三《恩倖·侯刚传》，第2004页；卷七三《奚康生传》《崔延伯传》，第1632、1638页；《北齐书》卷二〇《叱列平传》，第278页；《汉魏南北朝墓志集释》图版二九九之二《王偃墓志》；《元固墓志》（张灵威：《北魏元固墓志考释》，洛阳市文物局编：《耕耘论丛（二）》，科学出版社2003年版）。
⑦ 参见唐长孺《〈魏书·杨播传〉"自云弘农华阴人"辨》，《唐长孺社会文化史论丛》，武汉大学出版社2001年版，第121—124页。

宗室"武卫将军谓","常从太祖征讨有功,除武卫将军"。① 太武帝神䴥三年(430)十一月丁酉(十五,12.15),"诏武卫将军丘眷击"赫连定。② 阉官仇洛齐亦曾"拜武卫将军",时在太武帝时。③ 此三例武卫将军是否为禁卫武官,记载并不明确。大约在孝文帝迁都之际又出现了武卫将军。太和前令中有武卫将军,其品级介于左卫将军(从第二品上)与右卫将军(从第二品下)之间,为从第二品下阶。④ 高于右卫将军表明,武卫将军不可能是左、右卫将军之下一级禁卫武官。其后武卫将军又经历了两次改制。在太和后令中,武卫将军地位发生了变化。前令中武卫将军介于左、右卫将军之间,而在后令中左、右卫将军并列为第三品,武卫将军则为从第三品,不仅低于右卫将军,而且也低于四中郎将。⑤ 此时武卫将军可能已经划归左、右卫将军统辖,从而成为左、右卫将军之下的次一级禁卫武官。这表明北魏前期幢将郎卫之制对禁卫武官制度的影响已彻底消除,类似魏晋南朝的禁卫武官制度已完全确立。

　　北魏末年尔朱氏当政时,对武卫将军又进行了一次改革。《魏书·官氏志》:"普泰(531)初,以尔朱世隆为仪同三师,位次上公。又侍中、黄门、武卫将军,并增置六人。"⑥ 此处是侍中、黄门、武卫将军在原有基础上再增加六人,还是共增至六人,不太明确。窃以为当为前者,即在原有基础上增加六人,以侍中原有四人计,增置后即为十人。这是尔朱氏为了收买人心而滥置内侍官员的一个表现。这次改革的影响远不可与孝文帝前、后两个《职员令》相比。滨口重国据《魏书·官氏志》的记载认为,"从前各卫(左卫与右卫)分置武卫将军二员,前废帝普泰初至三员,总共增加到六员"⑦。即左、右二卫分别辖武卫将军三员。按此说似不确。因为当时左、右卫将军不是二员而是四员,如以各卫辖武卫将军三员计,则应为十二员而不是六员;若以六员计,则每卫辖一员半,亦不可能。此前左、右卫每卫所辖武卫将军至少应为二员,以二员计,应为八

---

① 《魏书》卷一四《神元平文诸帝子孙传》,第357页。
② 《魏书》卷四上《世祖纪上》,第77页。
③ 《魏书》卷九四《阉官·仇洛齐传》,第2013页。
④ 参见《魏书》卷一一三《官氏志》,第2979页。
⑤ 同上书,第2995页。
⑥ 《魏书》卷一一三《官氏志》,第3004页。
⑦ 参见[日]滨口重国《東魏の兵制》,《秦漢隋唐史の研究》,東京大學出版會1971年版,第147页。

员，增加六员，共十四员，则每卫辖武卫将军三员半，似亦不大可能。但因武卫将军兼职之例甚多，并非全都领营，上述普泰初所增六员恐怕并不领营，而是尒朱氏笼络人心的措施之一。正如侍中增置六人，而门下省长官只有一人，其他并非专职。《北齐书·神武纪上》："斛斯椿由是内不自安，乃与南阳王宝炬及武卫将军元毗、魏光、王思政构神武于魏帝。"①时在公元532年。这一记载表明，北魏末年确实同时并存多位武卫将军。

孝文帝迁都之前，杨播在太和十六年（492）为武卫将军北征柔然②。迁都之际，穆亮为武卫大将军，这是前《职员令》颁行后所见第一任武卫将军。《魏书·穆亮传》："及车驾南迁，迁武卫大将军，以本官董摄中军事。高祖南伐，以亮录尚书事，留镇洛阳。"③按穆亮所任武卫大将军地位颇高，其随驾南伐且"董摄中军事"，表明其为禁卫长官，孝文帝《吊比干文》碑阴所见诸"直阁、武卫中臣"当即武卫大将军穆亮之部属。"董摄"二字同时也反映这一职能（中军统帅）为临时性的，并非制度所规定的正式职掌。北魏后期所见武卫大将军仅穆亮一人，很显然武卫将军加"大"并非常制，而只是权宜之计。《魏书·景穆十二王中·元嵩传》："高祖时，自中大夫迁员外常侍，转步兵校尉"。"后从平沔北，累有战功，除左中郎将、兼武卫将军。高祖南伐，萧宝卷将陈显达率众拒战。嵩身备三仗，免胄直前，将士从之，显达奔溃，斩获万计。"④元嵩从驾南征，正是武卫将军禁卫职能的体现。此与北魏前期幢将与三郎卫士之从驾出征颇为相似。

《魏书·宇文福传》：

> 从驾征南阳，兼武卫将军。（太和）二十二年，车驾南讨，遣福与右卫将军杨播为前军。至邓城，福选兵简将，为攻围之势。高祖望福军法齐整，将士闲习，大被褒叹。萧鸾遣其尚书崔慧景、黄门郎萧衍率众十万来救。高祖指麾将士，敕福领高车羽林五百骑出贼南面，夺其桥道，遏绝归路。贼众大恐，六道来战。福据鞍誓众，身先士

---

① 《北齐书》卷一《神武纪上》，第9页。
② 《杨播墓志拓本》，见杜葆仁、夏振英《华阴潼关出土的北魏杨氏墓志考证》（图一），《考古与文物》1984年第5期。
③ 《魏书》卷二七《穆亮传》，第670页。
④ 《魏书》卷一九中《景穆十二王中·元嵩传》，第486页。

卒，贼不得前，遂大奔溃。赐爵昌黎伯，正武卫，加征虏将军。①

这一记载表明：武卫将军随从君主出征，为侍卫之职，自是禁卫武官；武卫将军领有营兵，直接指挥征战；宇文福所统为高车羽林军，当与其曾为高车羽林郎将有关。此时虽然羽林、虎贲系统禁卫武官在制度上仍然存在，但正在走向消亡，到太和二十三年《职员令》中羽林、虎贲系禁卫武官已被取消，其中武卫将军是取而代之的重要制度之一。宇文福以武卫将军从驾出征并统率高车羽林征战，正是这种变革的表现。

武卫将军往往与门下省官职互兼。宣武帝初年，元嵩"以武卫将军兼侍中"②。孝庄帝杀尔朱荣之后，元贵平"加武卫将军、兼侍中"③。侍中为门下省长官，供职禁内，武卫将军兼侍中，自当为侍卫之职。《魏书·李崇传附子神轨传》："孝昌（525—527）中，为灵太后宠遇，势倾朝野，时云'见幸帷幄，与郑俨为双'，时人莫能明也。频迁征东将军、武卫将军、给事黄门侍郎，常领中书舍人。"④给事黄门侍郎与中书舍人在当时均供职禁内，侍奉灵太后左右，武卫将军之职能亦于此可见。同书《恩倖·寇猛传》："世宗践位，复叙用，爱其膂力，置之左右，为千牛备身。历转遂至武卫将军。出入禁中，无所拘忌。"⑤元珏为武卫将军，"负剑星闱，承神月户，出入青蒲，往来紫阁"⑥。元顼"迁武卫将军，昭毅五营，振举六郡"⑦。叔孙固为武卫将军，"入侍九重，居钩陈之任"⑧。司马遵业于北魏末年被"征为武卫将军，领中书舍人，总营麾旅"⑨。这些记载都充分反映了武卫将军的禁卫职能。

武卫将军侍卫君主左右，自是君主亲信。《元遥墓志》："年十三，为高祖所器，特被优引，朝会令与诸王同，宪章初革，出身为下大夫。及七

---

① 《魏书》卷四四《宇文福传》，第1001页。
② 《魏书》卷一九中《景穆十二王中·元嵩传》，第486页。
③ 《魏书》卷一九下《景穆十二王下·东莱王贵平传》，第520页。
④ 《魏书》卷六六《李崇传附子神轨传》，第1475页。
⑤ 《魏书》卷九三《恩倖·寇猛传》，第1997—1998页。
⑥ 《汉魏南北朝墓志集释》图版七五之二《元珏墓志》。
⑦ 《汉魏南北朝墓志集释》图版一八四《元顼墓志》。
⑧ 《汉魏南北朝墓志集释》图版三〇三《叔孙固墓志》。
⑨ 《汉魏南北朝墓志集释》图版三一八《司马遵业墓志》。

祖神迁，苻鼎徙洛，百礼创源，官方改授。除员外散骑常侍，兼武卫将军，亲宠岁加，腹心唯密。"① 元叉专政之初，武卫将军于景曾密谋反叛元叉。《于景墓志》：

> 神龟二年（519），母后当朝，幼主莅正，介身之寄，实拟忠节。复征君为武卫将军。至乃职司钩阵，匪躬之操唯章，总戟丹墀，折冲之气日远。及正光之初，忽属权臣窃命，幽隔两宫，君自以世典禁旅，每济艰难，安魏社稷者多在于氏，即乃雄心内发，猛气外张，遂与故东平王匡谋除奸丑。但以谗人罔极，语泄豺狼，事之不果，遂见排黜。②

于氏家族自孝文帝末年起职典禁旅，于烈、于劲、于忠等人都曾担任禁卫长官领军将军，且为外戚，在当时政治中发挥过巨大作用，于忠还曾一度专权。由于元叉作为禁卫长官掌握着禁军大权，于景的密谋未能取得成功。

担任武卫将军者以宗室元氏居多③，弘农杨氏有不少人曾任此职④，恩倖如寇猛、侯刚、王仲兴等人亦曾任武卫将军⑤。《北齐书·清河王岳传》：

> 中兴（531）初，除散骑常侍、镇东将军，金紫光禄大夫，领武卫将军。高祖（高欢）与四胡战于韩陵，高祖将中军，高昂将左军，岳将右军。中军败绩，贼乘之，岳举麾大呼，横冲贼阵，高祖方得回师，表里奋击。因大破贼。以功除卫将军、右光禄大夫，仍领武卫。太昌初，除车骑将军、左光禄大夫，领左右卫，封清河郡公，食邑二

---

① 《汉魏南北朝墓志集释》图版一〇六《元遥墓志》。
② 《汉魏南北朝墓志集释》图版二五二之二《于景墓志》。
③ 参见《魏书》宗室各传及《汉魏南北朝墓志集释》元氏诸墓志。
④ 参见《魏书》卷五〇《杨播传》及杨氏诸传；《汉魏南北朝墓志集释》图版二二一《杨胤墓志》；杜葆仁、夏振英《华阴潼关出土的北魏杨氏墓志考证》；崔汉林、夏振英《陕西华阴北魏杨舒墓发掘简报》，《文博》1985年第2期。
⑤ 参见《魏书》卷九三《恩倖·寇猛传》《侯刚传》《王仲兴传》，第1997、2004、1996页。又，《北齐书》卷二《神武纪下》载天平元年（534）高欢表中提及"前武卫将军彭乐"（第14页），应即北魏末年之职。

千户。①

北魏末年，高乾被赐死。"时武卫将军元整监刑，谓乾曰：'颇有书及家人乎？'"② 以武卫将军迁任左、右卫将军之例甚多，兹不具列。同书《叱列平传》："魏孝庄初，除武卫将军。随尔朱荣破葛荣，平元颢，迁中军都督、右卫将军……荣死，平与荣妻及尔朱世隆等北走。长广王晔立，授右卫将军，加京畿大都督。"③ 凡此均说明，武卫将军是北魏后期左、右卫将军之下最重要的一级禁卫武官。

第七节　直阁将军与直卫诸职

太和十八年《孝文吊比干墓文》碑阴所载从驾诸臣名单，可见到直阁·武卫中臣高车人斛律虑、河南郡乙旃阿各仁、俟吕阿倪、叱罗吐盖、上谷郡董明惠、代郡若干侯莫仁、河南郡乙旃应仁、吐难长命、上谷郡张代连等九人。其排序位次于右卫将军、司卫监（第三品上）、羽林中郎将（第三品下）、右军将军（从第三品上）、射声校尉（从第三品中），而高于中垒将军（第四品上）、武骑侍郎（从第四品上）。在太和前《职员令》中，位于射声校尉与中垒将军之间的禁卫武官只有直阁将军（从第三品下），《吊比干墓文》碑阴之诸"直阁、武卫中臣"应即前令中之直阁将军，这一名称似表明直阁将军为武卫将军所统辖，直阁将军是比左、右卫将军更为亲近的禁卫武官。④ 太和十七年所定《职员令》明确设置了直阁将军之职，应是模仿南朝直阁将军之制而设。模仿汉魏晋之制改革政制自北魏初年以来便一直存在，随着南北交往（战、和）之增加，北魏方面对南朝政制有了越来越多的了解，孝文帝执政后更是着力于对南朝政制的考察，并有意用南朝制度改革北魏政制。正是在这种情况下，禁卫武

---

① 《北齐书》卷一三《清河王岳传》，第174页。
② 《北齐书》卷二一《高乾传》，第292页。
③ 《北齐书》卷二〇《叱列平传》，第278页。
④ 《魏书》卷七下《高祖纪下》：太和十四年九月，"太皇太后冯氏崩"。十月，诏曰："自丁荼苦，奄逾晦朔。仰遵遗旨，祖奠有期。朕将亲侍龙舆，奉诀陵隧。诸常从之具，悉可停之。其武卫之官，防侍如法。"（第166页）此处之"武卫之官"看来不是武卫将军，而是其部属，与《吊比干墓文》碑阴题名之"直阁武卫中臣"相近，或即其前身。

官制度中便出现了直阁将军①。就北魏禁卫武官制度自身的逻辑发展而言，直阁将军所继承的应是北魏前期的幢将郎卫之制。

太和二十三年颁布的后《职员令》中不见直阁将军，但从史、志记载来看，直阁将军一职大量存在于北魏后期，并不曾被取消。《刘懿墓志》："庄帝之初……除直阁将军、左中郎将。"② 代人厍狄伏连，"少以武干事尒朱荣，至直阁将军"③。不仅如此，北魏后期还大量存在着直寝、直后、直斋等直卫武官。与直阁将军一样，直卫诸职亦未被后《职员令》所记载。《魏书·刑罚志》：

> 旧制：直阁、直后、直斋、武官队主、队副等，以比视官，至于犯谴，不得除罪。尚书令任城王澄奏："案：诸州中正，亦非品令所载，又无禄恤，先朝已来，皆得当刑。直阁等禁直上下，有宿卫之勤，理不应异。"灵太后令准中正。④

据此可知，直阁、直后、直斋等直卫武官与队主、队副等皆为禁卫武官，"禁直上下"，承担"宿卫"之任。此处似应包括直寝在内。直卫武官皆为"比视官"，并非正式官职，故未载于后《职员令》。所谓比视官，北魏史料未见正式规定，《隋书·百官志中》载北齐九品官职以外有"流内比视官十三等"⑤，上起视从第三品，下至视从第九品。东魏北齐制度"多循后魏"，北魏之比视官亦当类此。北齐比视官十三等中，诸州大中正为视第五品。北魏时比视官"非品令所载，又无禄恤"，而且也不像正式官职那样有司法特权。直阁将军及直卫武官之所以未载入后《官品令》而为流内比视官，可能又与其往往由他官兼任有关，即具有临时性、代理性。唐长孺认为："比视官即是品令所不载的非正式官吏，或差遣。"北魏"直寝等相当于清代的所谓'内廷当差'，不是正式的官"。⑥ 荥阳郑

---

① 《魏书》卷七下《高祖纪下》：太和十七年四月，"萧赜征虏将军、直阁将军蛮酋田益宗率部落四千余户内属"（第171页）。这是北魏史料中首见南朝直阁将军，实际上北魏知悉南朝直阁将军还应早于这一时间。仅隔数月，孝文帝前《职员令》中便出现了直阁将军。

② 《汉魏南北朝墓志集释》图版二九四《刘懿墓志》。

③ 《北齐书》卷二〇《慕容俨传》附，第283页。

④ 《魏书》卷一一一《刑罚志》，第2885—2886页。

⑤ 《隋书》卷二七《百官志中》，第770页。

⑥ 唐长孺：《北魏末期的山胡勒勒起义》，《山居存稿》，中华书局1989年版，第74页。

"思明及弟思和,并以武功自效。思明至骁骑将军、直阁将军,坐弟思和同元禧逆徙边"①。北魏的直阁将军可能也与南朝一样,多兼任军校骁游一类禁卫武官。

直阁将军的设置在太和十七年,即在前《职员令》颁行时始设,直斋、直后、直寝等职的设置则在迁都之初的太和十九年。《魏书·官氏志》:太和"十九年八月,初置直斋、御仗左右武官"②。按所谓"直斋、御仗左右武官",应即直寝、直后、直斋、武官队主、队副等职及御仗属官。东魏北齐左、右卫府有"御仗属官""直阁属官"③,直阁属官有朱衣直阁、直阁将军、直斋、直寝、直后等职,其地位依次而降。而北魏后期直卫诸职与此相同,东魏北齐继承北魏之制自无疑义。《侯子钦墓志》:"魏永熙(532—534),征授左箱直阁将军。齐业始基,敕授前军将军。"④按"左箱"由左卫将军所掌,亦可指代左卫将军。这一记载表明,北魏末年直阁将军由左、右卫将军所统。

北魏后期直阁将军与直卫诸职未载于后《官品令》,其等级高下不见制度明文规定,但其地位之高低大体仍可考见。《魏书》及《汉魏南北朝墓志集释》所载有关人物之仕履,有助于对这一问题的认识。

宇文延:"永平中,释褐奉朝请,直后、员外散骑常侍……除员外散骑常侍,转直寝。"⑤

尔朱世隆:"肃宗末,为直斋,转直寝。后兼直阁,加前将军。"⑥

郑俨:"初为司徒胡国珍行参军,因缘为灵太后所幸,时人未之知也。迁员外散骑侍郎、直后。"⑦

贾智:"孝昌中,告毛谧等逆,灵太后嘉之,除伏波将军、冗从

---

① 《魏书》卷五六《郑羲传》附,第1247页。
② 《魏书》卷一一三《官氏志》,第2993页。
③ 《隋书》卷二七《百官志中》,第758页。北齐朱衣直阁、直阁将军为从第四品,直寝、直斋为从第五品,直后为从第六品。北魏诸职地位亦当相近。
④ 《侯子钦墓志文拓本》,见贠安志《中国北周珍贵文物——北周墓葬发掘报告》,陕西人民美术出版社1993年版,第155页图三〇三。
⑤ 《魏书》卷四四《宇文福传附延传》,第1002页。
⑥ 《魏书》卷七五《尔朱世隆传》,第1668页。
⑦ 《魏书》卷九三《恩倖·郑俨传》,第2007页。

仆射，领直斋。"①

樊子鹄："除直斋，封南和县开国子，邑三百户，令还赴荣。"②

元鸷："太和廿年，释褐为给事中……正始中，转直寝。永平中，拜直阁将军（如故）。延昌中，拜左军将军，直阁如故。奉敕使诣六州一镇，慰劳酋长而还。延昌中，诏除龙骧将军、武卫将军。……神龟中，诏除银青光禄大夫，武卫如故。"③

元引："年十八，除虎贲中郎将。高祖迁京，转直后。俄迁直阁将军、龙骧将军。"④

元朗："弱冠除步兵校尉、直后。及至宿卫紫宫，忠勤之迹每彰；列侍丹墀，匪解（懈）之音凫远。俄迁左中郎将、直寝，转直阁将军。"⑤

元弼："年廿有五，解褐司空府行参军、直后……转羽林监、直寝。"⑥

元肃："特除给事中。寻补直寝，迁直阁。"⑦

元举："暨大驾纂戎，禁卫须人，伯王（伯父章武王）申举，简充直后……时年九岁……"⑧

于景："解褐积射将军、直后，宿卫一年……主上以君昔侍禁闱，有匪懈之勤；世承风节，著威肃之操，复起君为步兵校尉，领治书侍御史……永平中，除宁朔将军、直寝、恒州大中正，从班例也。……复征君为武卫将军。"⑨

公孙猗："弱冠武骑常侍、积射将军、给事中。君既文且武，著称于时……入除直后，超进直阁。"⑩

叔孙固："太和中，解褐奉朝请。稍迁直寝，左中郎将、直阁将

---

① 《魏书》卷八〇《贾智传》，第1775页。
② 《魏书》卷八〇《樊子鹄传》，第1777页。
③ 赵万里集释：《汉魏南北朝墓志集释》图版四二《元鸷墓志》。
④ 赵万里集释：《汉魏南北朝墓志集释》图版六〇《元引墓志》。
⑤ 赵万里集释：《汉魏南北朝墓志集释》图版九二《元朗墓志》。
⑥ 赵万里集释：《汉魏南北朝墓志集释》图版九〇《元弼墓志》。
⑦ 赵万里集释：《汉魏南北朝墓志集释》图版一四二《元肃墓志》。
⑧ 赵万里集释：《汉魏南北朝墓志集释》图版一五四《元举墓志》。
⑨ 赵万里集释：《汉魏南北朝墓志集释》图版二五二之二《于景墓志》。
⑩ 赵万里集释：《汉魏南北朝墓志集释》图版二五三之二《公孙猗墓志》。

军，敦煌镇将，武卫将军，入侍九重，居钩阵之任。"①

赫连悦："年十八，起家奉朝请……迁宁朔将军、员外散骑常侍，领直寝……迁领直阁将军，转刀剑主。"②

公孙略："释巾奉朝请。敕补直斋、散骑侍郎，在员外。俄转给事中，领直后。仍迁羽林监，加威远将军、直寝。而紫殿神严，彤庭弘敞，翼卫之重，在己兼焉。复为直阁将军，领乘黄令。正光之始……诏充八使，宣劳四方。还除武卫将军、监骅骝令……兼右卫将军，应机致讨……迁光禄勋卿，兼左卫将军……"③

又，《北齐书·高乾传》："起家拜员外散骑侍郎，领直后。转太尉士曹，司徒中兵，迁员外（？）。"④《封隆之传》："起家奉朝请，领直后。"⑤ 按此二人之起家亦当在北魏末年。《魏书·道武七王·元叉传》："叉命宗士及直斋等三十人执（元）怿衣袂，将入含章东省，使数十人防守之。"⑥ 可见北魏末年直斋以守卫宫殿为其职能，直斋等职人数不少。北魏后期亦有朱衣直阁。《元顼墓志》："初以王子来朝，留爱主上，即拜散骑侍郎，在通直。……加朱衣直阁。明帝春秋方富，敦悦坟典，命为侍学。王执经禁内，起予金华，转正员郎。"⑦《元融妃卢贵兰墓志》："长子章武王，字景哲。出身司徒祭酒，俄迁尚书祠部郎中，通直散骑常侍、朱衣直阁、钾仗都将……"⑧ 朱衣直阁与通直散骑常侍及通直散骑侍郎兼任表明，北魏末年朱衣直阁之地位低于南朝梁代。

---

① 赵万里集释：《汉魏南北朝墓志集释》图版三〇三《叔孙固墓志》。
② 赵万里集释：《汉魏南北朝墓志集释》图版五八八《赫连悦墓志》。
③ 赵万里集释：《汉魏南北朝墓志集释》图版五九〇《公孙略墓志》。按乘黄令与骅骝令可能具有相似职能，皆当为掌御马之职。乘黄令、骅骝令本太仆属官。《晋书》卷二四《职官志》：西晋太仆统"乘黄厩、骅骝厩、龙马厩等令"。东晋"太仆省，故骅骝为门下之职"。（第736—737页）《宋书》卷三九《百官志上》"太常"条："乘黄令，一人，掌乘舆车及安车诸马。"（第1229页）可知东晋以后骅骝令转归门下省，乘黄令转归太常。《隋书》卷二七《百官志中》：骅骝令、乘黄令皆统于太仆寺，骅骝署"掌御马及诸鞍乘"，乘黄署"掌诸辇辂"。（第756页）据此推断，北魏末年乘黄令、骅骝令亦当属于太仆（从后《职员令》有太仆之职可以推知）。
④《北齐书》卷二一《高乾传》，第290页。
⑤《北齐书》卷二一《封隆之传》，第301页。
⑥《魏书》卷一六《道武七王·元叉传》，第404页。
⑦《汉魏南北朝墓志集释》图版一八四《元顼墓志》。
⑧《汉魏南北朝墓志集释》图版一五〇《元融妃卢贵兰墓志》。

以上记载有助于比较全面地认识北魏后期直阁将军与直卫诸职的地位、职能。就直阁将军与直卫诸职之等级关系而言,以上记载显示:

宇文延:直后→直寝

尒朱世隆:直斋→直寝→直阁

元鸷:直寝→直阁将军

元引:直后→直阁将军

元弼:直后→直寝

元朗:直后→直寝→直阁将军

元肃:直寝→直阁

于景:直后→直寝

公孙猗:直后→直阁

叔孙固:直寝→直阁将军

赫连悦:直寝→直阁将军

公孙略:直斋→直后→直寝→直阁将军

综合以上诸例,可知直寝、直后、直斋与直阁将军四职之等级关系为:直阁将军地位最高,直寝、直后、直斋依次递降。这与《隋书·百官志中》所载北齐制度是一致的,据此推断,北魏后期直卫武官之比视品级亦应与北齐之品级相当。直阁、直寝、直后、直斋依次递降的等级序列,亦与上引《魏书·刑罚志》所载"旧制:直阁、直后、直斋……"相一致。此旧制中不见直寝,当是记载有遗漏。如元鸷在"正始(504—508)中,转直寝",可知在后《职员令》颁行不久的正始年间即有直寝的存在,其设置时间不大可能晚于直后、直斋。上述于景、叔孙固、公孙略诸例还显示,武卫将军高于直阁将军,二者同属一个系统。武卫将军—直阁将军—直寝、直后、直斋之禁卫武官序列于此可以确定。直阁将军应该可以统率直寝等职,但直寝、直后、直斋之间似并无统属关系,而是根据其职能不同而名称有异,其地位也略有差别而已。

直阁将军所入直"阁"之含义,北魏史料并无明确记载,唐律有关规定有助于对这一问题的认识。《唐律疏议·卫禁律》:

"诸阑入宫门,徒二年。(阑入宫城门,亦同。)"《疏议》曰:

"嘉德等门为宫门，顺天等门为宫城门……""殿门，徒二年半。"《疏议》曰："太极等门为殿门……"

"入上阁内者，绞。"《疏议》曰："上阁之内，谓太极殿东为左上阁，殿西为右上阁，其门无籍，应入者准敕引入，阑入者绞。若有仗卫者，上阁之中，不立仗卫，内坐唤仗，始有仗入。……"（第59条）

"诸向宫殿内射，宫垣，徒二年；殿垣，加一等。箭入者，各加一等；即箭入上阁内者，绞；御在所者，斩。"《疏议》曰："'御在所者斩'，谓御在所宫殿。"（第73条）①

北魏都城与唐代都城自然不尽相同，但其结构基本一致，宫城为都城之中心，也是王朝政治中心所在地，是君主经常活动之所。宫城内有宫殿，殿内又有阁，唐代太极殿之东、西分别为左上阁、右上阁，通谓之上阁，为宫殿重心之所。② 北魏与唐代一样，太极殿为正殿，君主上朝议政之处即在此。北魏孝文帝改革时出现的直阁将军所直之"阁"，当即太极殿之上阁。③

通过继承北魏的北齐宫殿制度，可进一步证实这一判断。《隋书·礼仪志三》：

河清中定令，每岁十二月半后讲武，至晦逐除。二军兵马，右入千秋门，左入万岁门，并至永巷南下，至昭阳殿北，二军交。一军从西上阁，一军从东上阁，并从端门南，出阊阖门前桥南，戏射并讫，送至城南郭外罢。

---

① 《唐律疏议》卷七《卫禁律》，第150—151、162—163页。
② 《雍录》卷三《西内两阁》："案《六典》载东内大明宫甚详，故宣政之左有东上阁，宣政之右有西上阁。二阁在殿左、右，而入阁者由之以入也。……其曰阁者，即入殿也，非真有阁也。则凡唐世命为入阁者，仗与朝臣虽自两阁门分入，入竟乃是内殿。前世多有于此地求阁以应古语，而竟无之，此误也。"［（宋）程大昌撰，黄永年点校，中华书局2002年版，第61—62页］程氏以为唐代殿内并不真实存在阁之建置，其说恐无据。
③ 十六国后期北燕的情况也可作为参证，崔鸿《十六国春秋·北燕录》曰：冯跋"疾甚"。"宋夫人矫绝内外，遣阉寺传问而已（已），（太子）翼及大臣皆不得见。跋弟弘于是举壮士数十人，裹甲入禁中，宿卫皆不战而散。宋夫人命闭东阁。弘家僮库斗头径捷有勇力，逾阁而入，至于皇堂，射杀女御一人，跋惊惧而薨。"［（宋）李昉等撰：《太平御览》卷一二七《偏霸部十一·北燕冯跋》，中华书局1960年版，第614页］可知北燕宫殿"皇堂"旁有"东阁"（亦当有西阁）。

齐制,季冬晦,选乐人子弟十岁以上、十二以下为伥子,合二百四十人。……方相氏黄金四目,熊皮蒙首,玄衣朱裳,执戈扬楯。又作穷奇、祖明之类,凡十二兽,皆有毛角。鼓吹令率之,中黄门行之,冗从仆射将之,以逐恶鬼于禁中。其日戊夜三唱,开诸里门,傩者各集,被服器仗以待事。戊夜四唱,开诸城门,二卫皆严。上水一刻,皇帝常服,即御座。王公执事官第一品已下,从六品已上,陪列预观。傩者鼓噪,入殿西门,遍于禁内。分出二上阁,作方相与十二兽舞戏,喧呼周遍,前后鼓噪。出殿南门,分为六道,出于郭外。①

这两条记载表明,北齐之二上阁(当即左、右上阁)在禁内,在皇帝所御之殿,当即正殿——太极殿。直阁将军当直之处即应在太极殿之左、右上阁,当然也不排除其在御驾出外时进行陪侍护卫。直寝、直后、直斋诸职则当分别直寝宫、后宫、斋阁等处②。直阁等直卫武官直宫殿阁内,为君主身边近侍禁卫武官,其在北魏后期禁卫武官制度中占有重要地位。

直阁将军在孝文帝时期为具有实际职事的官职,载之于前《官品令》,可随驾出征,亦可率兵征战。直阁将军从驾出征应是其禁卫职能的体现。《魏书·奚康生传》:为宗子队主。"从驾征钟离。驾旋济淮,五将未渡,萧鸾遣将率众据渚,邀断津路。高祖敕曰:'能破中渚贼者,以为直阁将军。'康生时为军主,谓友人曰:……遂便应募,缚筏积柴,因风放火,烧其船舰,依烟直进,飞刀乱斫,投河溺死者甚众。乃假康生直阁将军。"③ 奚康生因战功而授假直阁将军,此职仍属禁卫武官,因此前他已任宗子队主。同书《官氏志》:宣武帝永平"四年(511)七月,诏改宗子羽林为宗士,其本秩付尚书计其资集,叙从七已下,从八已上官"。孝明帝"孝昌二年(526)十月,诏宗士、庶子二官各增二百人。置望士队四百人,取肺腑之族有武艺者"。④《献文六王下·彭城王勰传》:"及

---

① 《隋书》卷八《礼仪志三》,第165、168—169页。
② 《资治通鉴》卷一四九《梁纪五》武帝普通元年(520)七月,"(元乂)命宗士及直斋执(元)怿衣袂,将入含章东省"。胡三省注:"直斋,直殿内斋阁者也,属直阁。"(第4657页)
③ 《魏书》卷七三《奚康生传》,第1629页。
④ 《魏书》卷一一三《官氏志》,第3004页。

车驾南伐,以勰行抚军将军,领宗子军,宿卫左右。"① 宗子军即宗子羽林组成的禁卫军,是北魏后期最重要的一支禁卫部队。② 其来源为宗室子弟,其前身当与三郎卫士有关。奚康生为宗子队主亦即南伐时的军主,其主要职责便是率领宗子羽林侍卫孝文帝,保卫其安全。孝文帝在济淮受敌的危急时刻提出悬赏,自是对随侍身边的禁卫武官及卫士而言,奚康生虽为应募,但也是义不容辞。以直阁将军作为悬赏,既表明其职为近侍禁卫武官,同时也说明其地位不低,对低级禁卫武官奚康生来说是颇具吸引力的。

薛聪的经历对认识北魏直阁将军的职能极为重要。《北史·薛聪传》:

> 太和十五年(491),释褐著作佐郎……后迁书(治书)侍御史……累迁直阁将军,兼给事黄门侍郎;散骑常侍,直阁如故。聪深为孝文所知,外以德器遇之,内以心膂为寄。亲卫禁兵,委聪管领,故终太和之世,恒带直阁将军。群臣罢朝之后,聪恒陪侍帷幄,言兼昼夜,时政得失,预以谋谟,动辄匡谏,事多听允,而重厚沈密,外莫窥其际。③

---

① 《魏书》卷二一下《献文六王下·彭城王勰传》,第571页。
② 参见[日]滨口重国《正光四五年の交に於ける後魏の兵制に就いて》,《秦漢隋唐史の研究》,東京大學出版會1971年版,第92—94页。康乐认为,"宗子队想来即〈官氏志〉中的宗子羽林"(《代人与镇人》注7,《"中央研究院"历史语言研究所集刊》第61本第4分〔1991年〕,第898页)。按奚康生所任宗子队主即宗子羽林组成的禁卫军的最初级将领。严耀中认为:"与内行武官有着各种名号一样,这支禁卫劲旅(指北魏前期的禁卫军)也有各种名称,如殿中虎贲、羽林、宗子军、庶子军等。其实虎贲及羽林是其正式名称。宗子军、庶子军则是根据他们部落编制情况所给予的一种别称。"(《北魏前期政治制度》,吉林教育出版社1990年版,第154页)按其说不足信,因为:(1)宗子军、庶子军皆见于北魏后期,而不见于北魏前期;(2)宗子军出现的时代,北魏已无部落编制,宗子军、庶子军与部落编制无关;(3)宗子军亦属羽林的一种,即宗子羽林(宗士),其来源为宗室子弟,故名;(4)庶子与宗士(宗子羽林)相对应,当指非宗室出身的羽林,亦与部落编制无关。《魏书》卷一一三《官氏志》:"孝昌二年十月,诏宗士、庶子二官各增二百人。"(第3004页)
③ 《北史》卷三六《薛聪传》,第1332—1333页。按《资治通鉴》卷一四〇《齐纪六》明帝建武二年(495)八月条所载略同。不过,《通鉴》记薛聪"累迁直阁将军,兼给事黄门侍郎、散骑常侍"(第4390页),而不记"直阁如故",明显有误。给事黄门侍郎、散骑常侍二职不能互兼,"直阁如故"是指其由给事黄门侍郎升任散骑常侍后仍然兼任直阁将军。中华书局点校本《北史·薛聪传》,此句标点为:"累迁直阁将军,兼给事黄门侍郎、散骑常侍,直阁如故。"也是不准确的。又,"委聪管领"之"聪",南监本以下版本及中华书局点校本俱作"总",盖形涉而讹。今所见两宋本(中华再造善本、日本静嘉堂文库本)及《资治通鉴》、《通志》卷一四九并作"聪",兹予订正。

从时间推断，薛聪任直阁将军当在孝文帝迁都之后。这一记载表明，直阁将军可与门下、散骑诸职兼领，自当供职禁内，其职"管领""亲卫禁兵"，"陪侍帷幄"，为皇帝"心膂"之任。毫无疑问，直阁将军是当时孝文帝身边最亲近的禁卫长官。直阁等职之名称当体现其各自职责之所在。正如上引有关墓志所载，直阁等直卫武官之职掌为："侍禁闱"，"著威肃"；"宿卫紫宫"，"列侍丹墀"；"入侍九重""翼卫""紫殿""彤庭"。无疑，此诸职在宫殿之内承担禁卫之责。

北魏后期之直阁将军及直寝、直后、直斋等职，颇似汉代郎中令→光禄勋所统诸郎官，以及北魏前期之幢将与郎卫，北齐左、右卫府之御仗及直阁诸属官，北周之宫伯及所统诸侍。北魏后期直阁等直卫武官的渊源，当即北魏前期之幢将郎卫制度。换言之，幢将、郎卫是直阁等直卫武官的前身。在考察武卫将军时已见到武卫将军与羽林中郎将具有继承关系，武卫所领直卫诸职自然也不例外，如元引为虎贲中郎将，"高祖迁京，转直后"[1]。李华"初为羽林中郎、武骑侍郎、步兵校尉，转直阁将军、武卫将军。华膂力过人，颇有将略，每从征伐，频著军功"[2]。按北魏后期君主出征者仅孝文帝一人，李华"每从征伐"自然是跟随孝文帝征伐，其所任诸职名称均见于太和前令，当是太和二十年至二十三年即前、后《职员令》颁行之间的事。类似的事例还有元珍，《元珍墓志》："太和中，选入武骑侍郎，转直阁将军。高祖南巡……除冠军将军。景明元年（500），今上即位，转武卫将军。"[3] 元引由虎贲中郎将转任直后与李华由羽林中郎转任直阁将军均表明，北魏后期的直卫诸职与北魏前期的郎卫应属于同一禁卫武官系统，当郎卫消失之后，大量的直卫诸职自然便取代郎卫而成为君主最亲近的禁卫武官。

《南齐书·魏虏传》载北魏咸阳王禧叛乱，朝廷"遣直卫三郎兵讨禧（禧），执杀之"[4]。《魏书·于烈传》：宣武帝利用领军将军于烈发动政变，废黜辅政大臣，于烈"乃将直阁已下六十余人，宣旨召咸阳王禧、彭城王勰、北海王详，卫送至于帝前"。后咸阳王禧发动叛乱，"及驾还

---

[1] 《汉魏南北朝墓志集释》图版六〇《元引墓志》。
[2] 《魏书》卷四九《李灵传附华传》，第1098—1099页。
[3] 《汉魏南北朝墓志集释》图版四四《元珍墓志》。
[4] 《南齐书》卷五七《魏虏传》，第999页。

宫，禧已遁逃。诏烈遣直阁叔孙侯将虎贲三百人追执之"。①《于忠传》："寻除左右（中？）郎将，领直寝。元禧之谋乱也，车驾在外，变起仓卒，未知所之。忠进曰：……世宗即遣忠驰骑观之，而烈分兵严备，果如所量。"② 宣武帝平定咸阳王禧之乱，是由领军将军于烈"遣直阁叔孙侯将虎贲三百人追执之"，而《南齐书》之记载则是"遣直卫三郎兵讨憘（禧），执杀之"，两相对照，可知直阁所将"虎贲"即为"直卫三郎兵"。如前所述，北魏后期之虎贲已丧失了侍卫官的地位而成为普通卫士——兵，南朝称虎贲为直卫三郎兵，则其将领直阁将军及直寝、直后、直斋等职应即直卫三郎，不过北魏当时已经改名，但也可能仍沿旧制而称直卫三郎，或南朝人不太了解北朝变革而仍以旧名记之。

第八节　领左右与千牛备身

北魏后期还出现了对后世有较大影响的领左右与千牛备身之职。

北魏末年有"领左右"一职，史书中最早出现约在孝明帝朝。元叉废黜临朝听政的灵太后胡氏而实行专政，其时专权者领军将军元叉及右卫将军奚康生均曾兼任领左右之职。元叉专政之初，"转侍中、领军将军、领左右"。数年后胡太后复辟，"乃诏解领军，更授骠骑大将军、仪同三司、尚书令，侍中、领左右如故……俄而有诏解公侍中、领左右，寻又除名为民"。③ 领左右之职可能是元叉为了更方便控制孝明帝以专断朝政而专门设立，他虽然担任侍中、领军将军，可以出入禁内，但毕竟有制度约束，为掩人耳目，便设置领左右之职以利其长期在孝明帝身边控制朝政。④ 元叉在解除侍中、领左右之后，彻底丧失了参决朝政和统领禁卫军的权力，不得不束手就擒。《元乂墓志》："孝昌二年（526）三月廿日，诏遣宿卫禁兵二千人夜围公第……与第五弟给事中山宾同时遇害。"⑤ 元叉专政之时，不仅元叉兼任领左右之职，协助其发动政变和专权的右卫将

---

① 《魏书》卷三一《于烈传》，第740页。
② 《魏书》卷三一《于忠传》，第741页。
③ 《汉魏南北朝墓志集释》图版七八之二《元乂墓志》。又可参见《魏书》卷一六《道武七王·元叉传》，第404—406页。
④ 关于元叉专政，参见拙作《北魏政治史研究》相关论述。
⑤ 《汉魏南北朝墓志集释》图版七八之二《元乂墓志》。

军奚康生亦兼任领左右。《魏书·奚康生传》:"征拜光禄卿,领右卫将军。与元叉同谋废灵太后,迁抚军大将军、河南尹,仍右卫,领左右。与子难娶左卫将军侯刚女,(刚)即元叉妹夫也。叉以其通姻,深相委托,三人率多俱宿禁内,时或迭出。"①

胡太后复辟,元叉被杀,但领左右制度还是得以延续了下来。《元邵墓志》:

年十八,为侍书,拜通直散骑侍郎。……俄领符玺郎中。……及妖起孽宗,雾结阖隶,桐官从逼,宝胙将迁,虐盛道消,毒流顾复。泣血四载,尝胆六春,余喘若存,尪骸如朽。……逮两曜还明,二凶克屏,蝉侍俟德,密卫须才。乃除通直散骑常侍,领领左右。②

按:此志记事有误。据志文,元邵于武泰元年(528)死于河阴之乱,"时年二十有三",则其生于公元 506 年。元邵"年十八"当孝明帝正光四年(523),时正值元叉专政之时。元邵为清河文献王之第二子,元叉绝无可能任用被其杀害的清河王怿之子掌符玺之理。最大的可能是,在此前其父协助胡太后执政时,元邵任孝明帝侍书并以通直散骑侍郎领符玺郎中。志文"年十八"显然有误,元邵初入仕只能在元叉发动政变的正光元年(520)之前。《元邵墓志》所谓"妖起孽宗"云云即指叉政变,而"两曜还明"即指孝昌元年(525)秋胡太后复辟事件。则元邵以通直散骑常侍领领左右是在胡太后第二次临朝听政之时。其后又可见到宗室元爽任领左右之职。《元爽墓志》:"以普泰(531)中,除散骑常侍、征东将军、金紫光禄大夫,领左右直长。又迁卫将军,领领左右,余如故。"③按其所任"卫将军"疑为左卫将军或右卫将军之讹。

其后,领左右之职也为其他专权者或反叛者所继承。河阴之变后尔朱荣控制了北魏政权,其所任职为"使持节、侍中、都督中外诸军事、大将军、开府、兼尚书令、领军将军、领左右"。后迁任"使持节、侍中、都督河北诸军事、天柱大将军、大丞相、太师、领左右、兼录尚书、北道

---

① 《魏书》卷七三《奚康生传》,第 1632 页。
② 《元邵墓志拓本》,见洛阳博物馆《洛阳北魏元邵墓》(图一〇),《考古》1973 年第 4 期。
③ 《汉魏南北朝墓志集释》图版七九《元爽墓志》。

大行台、太原王"。① 此时尔朱荣已不在朝中，但政权仍由其控制，领左右之职仍表示其为天子身边人，是其专政的重要象征。尔朱兆后来也担任领军将军、领左右之职②。斛斯椿为尔朱荣亲信，随荣发动河阴之变，任至东徐州刺史。"及尔朱荣死，椿甚忧惧。时萧衍以汝南王悦为魏主，资其士马，次于境上。椿闻大喜，遂率所部弃州归悦，悦授椿使持节、侍中、大将军、领军将军、领左右、尚书左仆射、司空公，封灵丘郡开国公，邑万户。又为大行台前驱都督。会尔朱兆入洛，椿复率所部背悦归兆。"③《北齐书·张保洛传》："魏孝昌中，北镇扰乱，保洛亦随众南下。葛荣僭逆，以保洛为领左右。"④ 这表明领左右之职亦为葛荣政权所承袭。

北魏末年出现的领左右之职，其渊源可能就是孝文帝、宣武帝时期的领刀剑左右一类官职。《魏书·恩倖·侯刚传》："拜中散，累迁冗从仆射、尝食典御……稍迁奉车都尉、右中郎将、领刀剑左右，加游击将军、城门校尉。"⑤ 赫连悦由"领直寝""迁领直阁将军，转刀剑主"⑥。按"领刀剑左右"与"刀剑主"或为同职异名。北魏宣武帝时，赵邕"转长兼散骑侍郎、领左右、直长，出入禁中"⑦。此为中华书局点校本之断句，依北齐制度推测，领左右、直长二职为同一机构之长、佐官，由一人同时兼任似不合常规；以赵邕当时的身份和长兼散骑侍郎的职位，似亦不大可能兼任后来元叉、尔朱荣等权臣所兼任的领左右之职，故《赵邕传》此处标点以"领左右直长"当更为确切。又，崔庠亦曾任左右直长⑧。左右直长或为领左右之属官。

孝文帝后期及宣武帝时又可见到白衣左右、宣传左右职名，其与领左右亦有可能存在渊源关系。恩倖茹皓由南徐州刺史沈陵"举充高祖白衣

---

① 《魏书》卷七四《尔朱荣传》，第1647、1655页。
② 参见《魏书》卷七五《尔朱兆传》，第1663页。
③ 《魏书》卷八○《斛斯椿传》，第1773页。
④ 《北齐书》卷一九《张保洛传》，第257页。
⑤ 《魏书》卷九三《恩倖·侯刚传》，第2004页。
⑥ 《汉魏南北朝墓志集释》图版五八八《赫连悦墓志》。
⑦ 《魏书》卷九三《恩倖·赵邕传》，第2003页。
⑧ 《魏书》卷六七《崔光传附庠传》，第1506页。

左右"①，宣武帝时有"宣传左右"郭神安见于史载②。按《隋书·百官志中》可见"宣传已下，白衣斋子已上"③，"宣传左右"与"白衣左右"即为此类职务。进一步追溯，北魏后期的领左右之职很可能即为代国及北魏前期的内侍（左右近侍、内侍左右）之制的继承和延续。内侍左右的主要职责就是"传宣诏命"④。东魏北齐门下省有领左右局，类似北魏前期内侍长及其所辖内侍左右。正是基于这种情况，故《魏书·官氏志》才记载内侍长"若今之侍中、散骑常侍也"⑤。而东魏北齐领军府所辖领左右府，则类似北魏前期的幢将与郎卫，纯属禁卫武官。

千牛备身最迟出现于宣武帝初年。《杨泰墓志》："以景明三年（502），召补伏波将军、千牛备身"⑥。《魏书·恩倖·寇猛传》："猛少以姿干充虎贲，稍迁羽林中郎。从高祖征南阳，以击贼不进免官。世宗践位，复叙用，爱其膂力，置之左右，为千牛备身，历转遂至武卫将军，出入禁中，无所拘忌。"⑦可知千牛备身与武卫将军均为皇帝亲信。从宣武帝"置之左右"以及"出入禁中，无所拘忌"的情况推断，千牛备身必在皇帝左右侍卫，为皇帝贴身侍卫之职。同书《于忠传》："忠性多猜忌，不交胜己，唯与直阁将军章初瓌、千牛备身杨保元为断金之交。李世哲求宠于忠，私以金帛宝货事初瓌、保元，初瓌、保元谈之，遂被赏爱，引为腹心。忠擅权昧进，为崇训之由，皆世哲计也。"⑧按杨保元即杨泰。此指宣武帝后期孝明帝初年于忠任领军将军而专权时之事，则千牛备身与直阁

---

① 《魏书》卷九三《恩倖·茹皓传》，第2000页。按"白衣左右"又见于同卷《赵脩传》，第1998页。
② 《魏书》卷六六《崔亮传》："亮外虽方正，内亦承候时情，宣传左右郭神安颇被世宗识遇，以弟托亮，亮引为御史。"（第1477页）
③ 《隋书》卷二七《百官志中》，第753页。
④ 《魏书》卷一一三《官氏志》："建国二年（339），初置左右近侍之职，无常员，或至百数，侍直禁中，传宣诏命。"天赐"二（三）年（406）正月，置内官员二十人，比侍中、常侍，迭直左右。""四年五月，增置侍官，侍直左右，出内诏命。""永兴元年（409）十一月，置骐驎官四十人，宿直殿省，比常侍、侍郎。"太和十五年（491）十二月，"又置侍官一百二十人"。（第2971、2974、2976页）
⑤ 《魏书》卷一一三《官氏志》，第2971页。
⑥ 杜葆仁、夏振英：《华阴潼关出土的北魏杨氏墓志考证》（图四）。
⑦ 《魏书》卷九三《恩倖·寇猛传》，第1997—1998页。又可参见《寇猛墓志》，见《洛阳西车站发现北魏墓一座》，《文物参考资料》1957年第2期。
⑧ 《魏书》卷三一《于忠传》，第746页。

将军均当隶于领军将军。于忠历任直寝、武卫将军、左卫将军、领军将军等职，其与直阁将军章初瓌、千牛备身杨保元均为在殿内侍卫的禁卫武官，故能够成为"断金之交"。北魏晚期，千牛备身见于史传碑志者还有：奚康生之子奚难，元叉专政时为千牛备身[1]。侯莫陈顺，"普泰元年（531），除持节、征西将军……寻加散骑常侍、千牛备身、卫将军、阁内大都督。从魏孝武入关"[2]。刘懿"世子散骑常侍、千牛备身洪徽"[3]。按刘懿死于东魏兴和元年（539），其子任千牛备身当在北魏末或东魏初。

《资治通鉴》梁武帝大通二年（528）四月尔朱荣任领左右等职条，胡三省注："领左右，领左右千牛备身也。"[4] 按此说不确。千牛备身早在宣武帝初年即已出现，而领左右到孝明帝中期才出现，故领左右并非领左右千牛备身。从东魏北齐制度推断，在领左右出现以后，领左右与千牛备身当为上下级关系，即千牛备身隶于领左右。所谓千牛备身，当即执千牛刀之备身。千牛刀为君主防身之刀，孝庄帝杀尔朱荣即是以其身边侍卫千牛备身之千牛刀而手刃之[5]。《通典·职官十·武官上》"左右千牛卫"条："千牛，刀名，后魏有千牛备身，掌执御刀，因以名职。"本注："谢绰《宋拾遗录》有千牛刀，即人君防身刀也。齐尚书杨玉夫取千牛刀杀苍梧王是也。其义盖取《庄子》云：'庖丁为文惠君解牛十九年，所割者数千牛，而刀刃若新发于硎。'因以为备身刀名。"[6]《资治通鉴》宋顺帝昇明元年（477）七月，"玉夫伺帝熟寝，与杨万年取帝防身刀刎之"。胡三省注："御左右防身刀，即所谓千牛刀也。"[7]

北魏初年有都统长之职，"领殿内之兵直王宫"[8]，千牛备身亦可能与之有一定的渊源关系。《魏书·外戚下·胡国珍传附虔传》："元叉之废灵太后，虔时为千牛备身，与备身张车渠等谋杀叉。事发，叉杀车渠等，虔坐远徙。"[9] 同书《皇后·宣武灵皇后胡氏传》："其后太后从子都统僧敬

---

[1]《魏书》卷七三《奚康生传》："叉以康生子难为千牛备身。"（第1632页）
[2]《周书》卷一九《侯莫陈顺传》，第307—308页。
[3]《汉魏南北朝墓志集释》图版二九四《刘懿墓志》。
[4]《资治通鉴》卷一五二《梁纪八》，第4741页。
[5] 参见《魏书》卷一〇《敬宗纪》，第265页；卷七四《尔朱荣传》，第1655页。
[6]《通典》卷二八《职官十·武官上·左右千牛卫》，第790页。
[7]《资治通鉴》卷一三四《宋纪一六》，第4197页。
[8]《魏书》卷一一三《官氏志》，第2972页。
[9]《魏书》卷八三下《外戚下·胡国珍传附虔传》，第1836页。

与备身左右张车渠等数十人，谋杀乂，复奉太后临朝。事不克，僧敬坐徙边，车渠等死，胡氏多免黜。"① 按胡虔字僧敬，可知"都统"与"千牛备身"本为同一官职之异名。《洛阳伽蓝记·城北》"禅虚寺"条可见"虎贲张车渠"的记载②，表明备身左右属虎贲系统，与北魏前期之虎贲郎卫系统当有承袭关系。东魏北齐时期领左右府之属官皆称备身，当为继承北魏末年之制并加以发展而来。

北魏末期之领左右及千牛备身可能还未完全制度化，在有关的职官法令中尚未作明确的规定。③ 尽管如此，北魏末年的领左右与千牛备身制度仍然对后代产生了重要影响，东魏北齐及隋朝皆继承了这一制度，并根据新的形势而加以调整。

第九节　五校、左·右中郎将及其他"冗职"

宣武帝延昌（512—515）年间，门下录事孙绍上表，提及当时"特宜修置，以固堂堂之基"的八个方面，其中两个方面即与禁卫武官制度有关，即"四军、五校之轨，领、护分事之式"④。此两个方面居于孙绍所提八个方面的最前列，足见禁卫军权在北魏国家政治中的重要性。孙绍的上表还表明，四军、五校在当时仍是拥有实际职任的禁卫武官。《魏书·杨津传》："高祖南征，以津为都督征南府长史，至悬瓠，征加直阁将军。后从驾济淮……迁长水校尉，仍直阁。"⑤ 按杨津为长水校尉、直阁将军之时已是孝文帝末年宣武帝初年，直卫制度正在发生变化，是直阁将军由正式品官向比视官转化之际。后杨津拜左中郎将，迁骁骑将军，"仍直阁"。表明直阁将军是皇帝身边的禁卫武官，但这一职务却并不表示担任者的实际官位，其品位、俸秩是由长水校尉、左中郎将、骁骑将军等职来表示的。长水校尉等职亦为禁卫武官，但其亲近程度远不如直阁将军，如不兼任直阁将军便不能入阁侍卫。另一方面，这些职务在当时正在

---

① 《魏书》卷一三《皇后·宣武灵皇后胡氏传》，第339页。
② 《洛阳伽蓝记校释》卷五《城北·禅虚寺》，第166页。
③ 濱口重國认为：北魏末之千牛备身"为天子亲近左右侍从武官"，"持兵仗直御坐左右"（《正光四五年の交に於ける後魏の兵制に就いて》，《秦漢隋唐史の研究》，第95页）。
④ 《魏书》卷七八《孙绍传》，第1724页。
⑤ 《魏书》卷五八《杨津传》，第1296页。

变为闲散之职。

　　杨津的事例并非特例。直阁将军、直卫诸职的兼领关系从上节所引史料也可窥知一二，从一个侧面反映了五校尉与左、右中郎将等职在北魏后期职能的变化。直阁将军兼领的官职有前将军、左卫将军、龙骧将军、左中郎将、乘骥令等职。直寝则与左中郎将、羽林监、冗从仆射、宁朔将军等职兼领，也有同时与二职叠任的，如赫连悦为宁朔将军、员外散骑常侍、领直寝，公孙略为羽林监、加威远将军、直寝。直后的兼领之职有员外散骑常侍、员外散骑侍郎、步兵校尉、司空府行参军、积射将军、给事中、奉朝请，其中宇文延为奉朝请、直后、员外散骑常侍；直斋的兼领之职有员外散骑侍郎、冗从仆射，其中贾智为伏波将军、冗从仆射、领直斋。由此推测，北魏直卫诸职常与左（右）中郎将、羽林监、冗从仆射、积射将军等散员武官以及员外散骑常侍、员外散骑侍郎、给事中、奉朝请等散员文官兼领。这些官职本为文武侍从之职，后来逐渐成为无固定职事的散员，直卫诸职与之兼领显示了两层含义：（1）太和后令颁行之后，包括朱衣直阁、直阁将军在内，直卫诸职成为九品官制之外的流内比视官，其地位（官阶）须通过与左（右）中郎将、羽林监等品官兼领方能得到具体体现。按阎步克之说，左（右）中郎将、羽林监等职为品位，而其兼领之直卫诸职则为职位。（2）步兵校尉、左（右）中郎将、羽林监、冗从仆射、积射将军等职本为禁卫武官，而员外散骑常侍、员外散骑侍郎、给事中、奉朝请等职亦本属侍从之职（如元顼以朱衣直阁与通直散骑侍郎叠任），直卫诸职与之兼领也是为了显示其在殿廷侍卫的性质，原则上这些官职在当时已不能在殿内侍从，但却通过与直卫诸职的兼领间接地实现了其原有职能。

　　前废帝普泰元年（531）四月丙寅（廿七，5.28），"诏员外谏议大夫、步兵校尉、奉车都尉、羽林监、给事中、积射将军、奉朝请、殿中将军、宫门仆射、殿中司马督、治礼郎十一官，得俸而不给力，老合外选者，依常格，其未老欲外选者，听解。其七品以上，朔望入朝，若正员有阙，随才进补。前员外简退优阶者追之，称事简下者，仍优一级"[1]。很显然，员外谏议大夫等十一官皆为冗散之职。根据这一记载，可知在北魏末年谏议大夫、步兵校尉、奉车都尉等职有正员、员外之分，其规定当是

---

[1] 《魏书》卷一一《前废帝纪》，第276—277页。

正始四年（507）九月诏颁行的结果。殿中将军、殿中司马督二职始设于西晋而为东晋南朝所承袭，属于殿内机要禁卫武官。宫门仆射当为光禄寺属官，掌宫门管钥①。北魏后期亦有城门校尉，当负责京师城门守卫，与宫门仆射有一定区别。《通典·职官三·门下省》"城门郎"条："后魏置城门校尉。"② 太和前令有城门校尉，为第三品下阶，介于通直散骑常侍与羽林中郎将之间；太和后令中，城门校尉为第四品上阶。③《元周安墓志》："五门禁重，心膂所归；九室崇严，典谟攸在。神龟元年（518），除城门校尉、营构明堂都将。"④ 可知北魏城门校尉仍具有守卫京师城门的职能⑤。

宣武帝正始四年（507）九月，诏曰："五校昔统营，位次于列卿；奉车都尉禁侍美官，显加通贵。世移时变，遂为冗职。既典名犹昔，宜有定员，并殿中二司马亦须有常数。今五校可各二十人，奉车都尉二十人，

---

① 据《隋书》卷二七《百官志中》载，北齐光禄寺所统有宫门署，"主诸门钥事"（第755页）。按此处之"门"为宫殿门户，光禄寺职掌之一即掌"宫殿门户"。
② 《通典》卷二一《职官三·门下省》"城门郎"条，第558页。
③ 《魏书》卷一一三《官氏志》，第2980、2996页。
④ 《汉魏南北朝墓志集释》图版一二一《元周安墓志》。
⑤ 北魏初年即有城门校尉之设，《魏书》卷二八《庚业延传》：兄子路，"皇始（396—398）初，从征慕容宝，为城门校尉。迁司隶校尉"（第685页）。不过，整个北魏前期约百年间所见城门校尉担任者亦仅此一人。孝文帝官制改革后担任城门校尉者有近十人见于记载。孝庄帝元子攸为彭城王勰第三子，"肃宗初以勰有鲁阳翼卫之勋，封武城县开国公，幼侍肃宗书于禁内"。"拜中书侍郎、城门校尉、兼给事黄门侍郎，雅为肃宗所亲待，长直禁中"。（卷一〇《敬宗纪》，第255页）元怡，"起家步兵校尉，转城门校尉，迁鄯善镇将"（卷一九下《景穆十二王下·中山王英传附弟怡传》，第508页）。元超，"肃宗初"袭爵并"改封北平王。拜城门校尉、通直散骑常侍、东中郎将"（卷一九下《景穆十二王下·安定王休传附孙超传》，第518页）。楼禀，"拜太子宫门大夫，稍迁赵郡太守。更满还京，除冠军将军、城门校尉"（卷三〇《楼伏连传附孙禀传》，第718页）。孟威曾任东宫斋帅、羽林监，"永平（508—512）中，自镇远将军、前将军、左右直长，加龙骧将军，出使高昌。还，迁城门校尉、直阁将军，沃野镇将"（卷四四《孟威传》，第1005—1006页）。侯刚为"冗从仆射、尝食典御"，"稍迁奉车都尉、右中郎将、领刀剑左右，加游击将军、城门校尉"。（卷九三《恩倖·侯刚传》，第2004页）崔秉约在宣武帝时为城门校尉（卷四九《崔秉传》，第1140页）。谷楷"稍迁奉车都尉"，"沙门法庆反于冀州"，"诏楷诣冀州追捕"。"寻为城门校尉"。（卷八九《酷吏·谷楷传》，第1926页）若加上元周安，则北魏后期可见到九位城门校尉担任者，其中四位宗室成员，三位代人（迁都后为河南洛阳人）子孙，两位汉人门阀子弟，几乎都有比较显赫的出身。只有侯刚"本出寒微"，然其"少以善于鼎俎，进技出入"，历任禁卫武官且长期兼任尝食典御，深受宠幸。（《侯刚传》，第2004页）从相关记载来看，北魏后期的城门校尉无疑是掌管城门启闭出入的重要官职。

骑都尉六十人，殿中司马二百人，员外司马三百人。"① 按：宣武帝诏中所谓"五校昔统营，位次于列卿"，是指东汉及魏晋之制。北魏孝文帝设置五校伊始，便如东晋南朝一样为"冗职"，并无实际职任。其地位也大为降低，据太和后令，射声、越骑、屯骑、步军、长水五校尉为第五品下阶②。宣武帝增设五校等职员额，看似为了提高其地位，事实上却使五校地位进一步下降，将"冗职"固定化。正因如此，长水校尉杨津如不兼直阁将军，便难以侍卫君主，从而失去了禁卫职能。《窦泰墓志》："及永安（528—529）御历，豫定策之功，除射声校尉、谏议大夫。"③《元贤墓志》："出身司徒府行参军，寻除中坚将军、步兵校尉。普泰（531）中，除安北将军、银青光禄大夫。"④《郑道忠墓志》："会五营有缺，俄意在焉，事等嗣宗，聊以寄息。徙步兵校尉、本邑中正。迁镇远将军、后军将军。"⑤《王僧墓志》："父愿，以真君年中黄舆南讨，策功天府，除平远将军、步兵校尉。"⑥ 文献所见五校尉以步兵校尉居多，亦载于上引普泰元年四月丙寅诏，表明其在五校尉中地位最为突出。

北魏后期的左·右中郎将、羽林监亦与五校尉情形相似，并无专门职掌，须兼任他官才有实际职事。除上引史料所见外，史传碑志中还有一些左（右）中郎将、羽林监与直卫武官之间兼领的事例，如：刘懿，"直阁将军、左中郎将"⑦；叔孙固，"左中郎将、直阁将军"⑧；茹皓，"左中郎将，领直阁"⑨；王温，"翼（羽）林监、直阁将军"⑩；于忠，"左右

---

① 《魏书》卷一一三《官氏志》，第 3003 页。
② 同上书，第 2997 页。
③ 《汉魏南北朝墓志集释》图版三二一《窦泰墓志》；新乡市博物馆：《北齐窦、娄、石、刘四墓志中几个问题的探讨》（图一），《文物》1973 年第 6 期。
④ 《汉魏南北朝墓志集释》图版四七《元贤墓志》。
⑤ 《汉魏南北朝墓志集释》图版二三四《郑道忠墓志》。又可参见《八琼室金石补正》卷一五《北魏四》，第 87 页；赵超《汉魏南北朝墓志汇编》，天津古籍出版社 1992 年版，第 130 页。
⑥ 《汉魏南北朝墓志集释》图版二九〇《王僧墓志》。又可参见《八琼室金石补正》卷一七《东魏一·赠沧州刺史王僧墓志》，第 102 页。
⑦ 《汉魏南北朝墓志集释》图版二九四《刘懿墓志》。
⑧ 《汉魏南北朝墓志集释》图版三〇三《叔孙固墓志》。
⑨ 《魏书》卷九三《恩倖·茹皓传》，第 2001 页。
⑩ 《王温墓志》，见洛阳市文物工作队《洛阳孟津北陈村北魏壁画墓》，《文物》1995 年第 8 期。

（中?）郎将，领直寝"①；山晖，"郎将、直后"②；薛凤规，"直后、羽林监"③。此足见左（右）中郎将、羽林监等职与直卫武官之间的兼领为当时制度常规，左中郎将兼任直阁将军、直寝、直后等职之后便成了具有实际职事的禁卫武官。又可见到左中郎将兼武卫将军的事例，如前引杨津、元嵩之例。侯刚为"右中郎将、领刀剑左右"④，王仲兴为左中郎将、斋帅⑤，孟季为"镇远将军、左中郎将、廷尉监"⑥，崔敬邕为"左中郎将、大都督中山王长史"⑦。元飑为左中郎将、加显武将军，"虽首冠缨冕，不以机要为荣；腰佩龟组，未以宠渥为贵"⑧，反证此职在当时实非"机要""宠渥之职"。元彝为羽林监，"非其好也。性乐闲静，不趣荣利"⑨。由此可见，羽林监在当时确非要职，以"性乐闲静，不趣荣利"为元彝谀墓，其实恰恰反映了羽林监正是"闲"职。《樊道德题记》："永熙二年（533）七月十日，囗信士佛弟子阳（扬）烈将军、羽林鉴（监）、大官丞樊道德，为亡妻张造释加像一区"⑩。上引前废帝普泰元年四月丙寅诏，冗散之职亦包括了羽林监。不过，在宣武帝时期羽林监可能还未成为冗位，如元周安于"永平二年（509），除羽林监。……延昌三年（514），迁都水使者"⑪。

曹魏两晋骁骑将军领有营兵，地位甚重，北魏后期虽有骁骑将军，但不见有骁骑营之记载，一般情况下骁骑将军仅为单独的宿卫武官，恩倖任此职则可以加强其亲宠地位。南朝常见骁骑将军与直阁将军兼任的事例，而北魏后期的骁骑将军亦多与直阁将军兼任，两者颇有相似之处，如上述杨津以骁骑将军兼直阁将军，郑思明、伊盆生均曾以骁骑将军、直阁将军

---

① 《魏书》卷三一《于忠传》，第741页。
② 《汉魏南北朝墓志集释》图版二一五《山晖墓志》。
③ 周铮：《北魏薛凤规造像碑考》，《文物》1990年第8期。
④ 《魏书》卷九三《恩倖·侯刚传》，第2004页。
⑤ 《魏书》卷九三《恩倖·王仲兴传》，第1996页。
⑥ 《魏书》卷四四《孟威传附季传》，第1006页。
⑦ 《汉魏南北朝墓志集释》图版二二三《崔敬邕墓志》。
⑧ 《汉魏南北朝墓志集释》图版九九《元飑墓志》。
⑨ 《汉魏南北朝墓志集释》图版一二八《元彝墓志》。
⑩ 《八琼室金石补正》卷一三《北魏二》，第77页。
⑪ 《汉魏南北朝墓志集释》图版一二一《元周安墓志》。

兼领①。《元灵曜墓志》："迁射声校尉、镇远将军、右军将军、骁骑将军，仍领郎任（尚书殿中郎中）。"② 由于记载含糊，元灵曜之迁官及兼任虽很难完全看清，不过从其历任射声校尉、右军将军、骁骑将军推测，骁骑将军仍当为禁卫武官。北魏末年窦泰任骁骑将军③，其情形与此类似。此外，北魏后期亦有前、后、左、右四军将军及积弩（强弩）、积射将军等职。《郑道忠墓志》："迁镇远将军、后军将军。……以正光三年（522）十月十七日，卒于洛阳之安丰里宅。"④《崔懃造像记》："魏员外散骑常侍、中坚将军、三公郎中、中散大夫、高阳王雍司徒府右长史崔鸿"⑤。《暴诞墓志》载其"释褐强弩将军"⑥。又有《强弩将军赵震题字》见于记载⑦。前废帝永安二年诏中可见积射将军，上引史料中亦有数例积射将军。这表明北魏后期亦设强弩、积射将军。与南朝相似，专职禁卫武官前、后、左、右四军将军及积弩（强弩）、积射将军等职，在北魏后期与骁骑、游击将军等类似，亦开始向散官转化。

北魏后期又有殿中将军、殿中司马等职。宣武帝正始四年（507）九月诏中可见"殿中二司马"，并规定"殿中司马二百人，员外司马三百人"⑧。孝庄帝永安二年（529）诏中有殿中将军、宫门仆射、殿中司马督诸职。北魏后期殿中将军往往与斋帅、荡寇将军、钩楯令、太官令等职兼领。可考者如：《世宗嫔李氏墓志》载，其父李续宝为"殿中将军、领斋帅、主马左右"⑨。《龙门山造像九十八段》："正始二年（505）四月十五日，像主、斋帅、荡寇将军、殿中将军、领钩楯令王史平、吴共合曹人，兴愿为今王上造弥勒像一区。"又载"横野将军、钩楯署洪池丞权六烦"。《领太官令曹连题记》："永平四年（511）……信士佛弟子殿中将军、领

---

① 参见《魏书》卷五六《郑羲传》附传，第1247页；卷四四《伊𩌳传》附传，第990页。
② 《汉魏南北朝墓志集释》图版一〇九《元灵曜墓志》。
③ 《汉魏南北朝墓志集释》图版三二一《窦泰墓志》："以功拜辅国将军、骁骑将军……"
④ 《汉魏南北朝墓志集释》图版二三四《郑道忠墓志》。
⑤ 《八琼室金石补正》卷一五《北魏四》，第86页。
⑥ 《汉魏南北朝墓志集释》图版三三六之二《暴诞墓志》。
⑦ 《八琼室金石补正》卷一七《东魏一》，第98页。
⑧ 《魏书》卷一一三《官氏志》，第3003页。
⑨ 《汉魏南北朝墓志集释》图版三九《世宗嫔李氏墓志》。

太官令曹连,敬造释迦牟尼像。"① 《王僧墓志》:"君……以正始年中,除荡寇将军、殿中将军。"② 按太官、钩盾皆属内廷供奉之职。据《汉书·百官公卿表上》载,太官令为少府所属十六官之一,师古注谓"太官主膳食"。钩盾令、丞亦为少府属官,师古注谓"钩盾主近苑囿"。③ 东魏元象二年(539)《凝禅寺三级浮图碑》下截题名中可见"殿中将军吴庆和",其前有"中水令赵景林、元氏督护褚景馥",其后有"信都令侯拒",④ 则东魏殿中将军约与县令地位相当。北魏后期殿中将军、殿中司马、殿中司马督等职的渊源,应是孝文帝官制改革时采用的南朝制度,当为左、右卫将军之属官,亦不排除其在某种程度上继承了北魏前期殿中尚书或其属官的一些职能。永安二年诏所见宫门仆射可能即与殿中将军职能较近,应在殿内当直,主要负责宫门把守。

与上述诸职相比,直阁将军及直卫诸职虽为比视官,太和后令未规定其品级及职掌,但却具有实际职能,向职事官转化。正因如此,东魏北齐禁卫武官组织系统中已经明确写进了直卫诸职,为左、右卫府之直阁属官,其品级亦载入《官品令》。隋朝继承北齐制度,直阁将军亦为重要禁卫武官,亦载于《官品令》,到隋炀帝大业改制时才将其废除。⑤

小 结

通过以上考察,对于北魏后期禁卫武官制度可以得到如下认识:

(1) 类似于魏晋南朝的领军将军、中领军制度,确立于北魏孝文帝

---

① 《八琼室金石补正》卷一三《北魏二》,第71、72—73页。
② 《汉魏南北朝墓志集释》图版二九〇《王僧墓志》。
③ 《汉书》卷一九上《百官公卿表上》,第732页。
④ (清)陆耀遹撰:《金石续编》卷二,同治十三年双白燕堂刻本(国家图书馆善本金石组编:《历代石刻史料汇编》第一编第二册,北京图书馆出版社2000年版)。
⑤ 参见《隋书》卷二七《百官志中》,第766页;卷二八《百官志下》,第800页。按北魏直卫诸职,学界仅见周一良、李荣村曾有论及。周一良《〈魏书〉札记·白直、虞候、防阁、仗身、事力、幕士》提及直阁等职,谓"直阁是守卫之武官名,犹直斋、直寝、直后之类"(《魏晋南北朝史札记》,第325页);《〈隋书〉札记·从〈礼仪志〉考察官制》提及直斋,谓"北魏之直斋似地位颇高"(第439页)。其前说似嫌笼统,后说则欠准确。李荣村对直阁将军一职有所考察,是学界第一次对直阁将军所作的专门研究[《北魏杨大眼将军造像题记之书成年代》,《"中央研究院"历史语言研究所集刊》第61本第3分(1991年)],然其说亦多未审之处,此不具论。

改革时，其职掌禁卫大权，居禁卫长官之首。北魏领军将军、中领军担任者身份特殊，最初主要由外戚于氏家族成员担任，于烈是少数支持孝文帝迁都的代姓贵族，受到特别赏识和重用。于氏对稳定孝文帝末年、宣武帝一朝的皇权发挥了重要作用。孝明帝幼年即位，于忠曾以领军将军短期专权。胡太后临朝听政，重用姻亲以控制朝政，相继以其妹夫之父元继及妹夫元叉任领军将军，元叉凭借所掌握的禁卫军权发动政变，专断朝政达五年之久。胡太后复辟后，仍然重用其姻亲及元氏宗室来担任领军之职。随着北魏王朝的没落，领军之职也形同虚设。总的来看，北魏后期三十余年，领军将军（中领军）是名副其实的最高禁卫长官，其职一般由外戚及帝室姻亲担任，这不仅是维护和保证政权稳定的重要手段，同时也成了政治野心家用来专权的关键职务。

（2）北魏孝文帝所颁《职员令》中，护军将军、中护军与领军将军、中领军并列。孝文帝迁都时中护军高阳王雍"奉迁七庙神主于洛阳"；孝文帝南伐，"雍行镇军大将军，总摄留事"。宣武帝时，皇弟京兆王愉为护军将军，"常出入宫掖，晨昏寝处"，虽属特殊情况，但也反映了护军将军的禁卫职能。护军将军"任属喉唇，亟居近侍"，其担任者以宗室为主，也有外戚为之。护军将军"掌四中"府，承担京城外围的保卫为其主要职掌。宣武帝永平年间四中郎将"权隶领军"，直到东魏初年"还属护军"，这期间护军将军的职能更加萎缩。东、西、南、北四中郎将始置于孝文帝迁都之际，设于京师洛阳四面以拱卫京师，其中以镇守河桥的北中郎将地位最为重要。北中郎将所守河桥即小平津，是河北通往河南暨京师洛阳的咽喉要冲，北中府的职能是把守河桥以防来自河北对洛阳的威胁。四中郎将承担拱卫京师的重任，地位重要，北魏后期多以宗室成员担任。

（3）孝文帝改革时在领军将军之下设左、右卫将军，是当时地位仅次于领、护军将军的禁卫长官。胡太后临朝时加强领军所统左、右二卫的力量，于正光元年七月置左、右卫将军各二人，由原来领军将军下辖左、右二卫而变为左、右四卫。北魏左、右卫将军"总彼禁戎"，"宿卫虎闱"，统率禁卫军侍卫皇帝左右，属北魏王朝最亲近的禁卫武官之列。左、右卫将军常随驾出巡、出征，如太和末孝文帝抱病南伐，左卫将军元遥"与太师彭城王侍疾，委以戎马"。北魏一朝，左、右卫将军担任者主要包括宗室、权臣、胡族将领及个别汉族官吏。领军将军元叉专政时，其姻亲左卫将军侯刚、右卫将军奚康生协助其控制禁卫军。太和前、后《职员令》中均有武卫将军。后令中武卫将军为从第三品，低于第三品的左、右卫将军，当时武卫将军可能为左、右卫将军属下的禁卫武官，武卫将军常迁任左、右卫将军。武卫将军"典禁旅"，"总戎丹墀"，其担任者可"出入禁中"。武卫将军侍卫皇帝左右，为皇帝亲信，随驾出征，并直接指挥营兵征战。武卫将军是取代北魏前期羽林、虎贲系统禁卫武官的重要制度。

（4）直阁将军见于太和前《职员令》，为从第三品下。直阁将军的前身可能是北魏前期的幢将郎卫，其名称则仿自南朝。北魏后期还有朱衣直阁以及直寝、直后、直斋等职。直阁、直寝、直后、直斋等直卫武官皆"禁直上下"，承担宿卫重任。直卫武官中，直阁将军地位最高，直寝、直后、直斋依次递降；直阁将军可统率直寝等职，但直寝、直后、直斋之间似无统属关系。武卫将军高于直阁将军，二职应同属一个系统。北魏直阁将军入直之处应在太极殿（皇宫正殿）之左、右上阁，在御驾出外时要陪侍护卫。直阁等职直卫宫殿阁内，为皇帝身边近侍禁卫武官。直阁将军担任者的品位、俸秩由其所兼五校、左·右中郎将、骁骑将军等职来体现。

（5）领左右之职最早出现于孝明帝朝元叉专政时，领军将军元叉及右卫将军奚康生均曾兼任领左右，设置领左右以利专权者长期控制朝政，领左右之职表示其为天子身边人，是其专政的重要象征。领左右后又为专权之尔朱氏成员所承袭，尔朱荣、尔朱兆等皆曾兼任此职。领左右当由孝文帝、宣武帝时期的领刀剑左右一类职务演变而来。千牛备身为君主贴身侍卫，千牛刀为君主防身之刀，千牛备身"掌执御刀，因以名职"，其担任者可"出入禁中，无所拘忌"。北魏末期之领左右及千牛备身可能还未制度化，但其对后世却有较大的影响。

（6）与南朝相似，北魏后期四军、五校、骁游、左·右中郎将以及强弩、积射将军等职为"冗职"，并不领营，一般需兼任他职才有实际职事，如骁骑将军多与直阁将军兼任。与曹魏两晋相比，四军、五校等职的地位也大为降低。宣武帝正始四年九月诏中认为五校已为"冗职"，并规定其员额为"各二十人"，进一步明确了其散员地位。同时还规定"奉车都尉二十人，骑都尉六十人，殿中司马二百人，员外司马三百人"。孝明帝时又可见到殿中将军、宫门仆射、殿中司马督诸职，均为冗散之职。

第十九章

东魏北齐禁卫武官制度

公元534年，北魏分裂为东、西魏。高欢以晋阳为根据地，控制迁都于邺城的东魏（534—550）政权；宇文泰则以关中为根据地，控制着定都长安的西魏（535—556）政权。东、西魏在河—汾—洛水一线对峙，战事不断而互有进退。高氏当权者和宇文氏当权者除了保证自身的安全外，还要对元氏皇帝进行控制，两朝禁卫武官制度适应这种形势也在进行着变革。东魏、北齐（550—577）直接继承北魏末年禁卫武官制度而有所发展、变革，即在继承的基础上对北魏末年以来现实政治中的制度变革加以总结，并确立了一套系统的新的禁卫武官制度。由于东魏与北齐制度并无明显的区别，故在此一并予以考察。

第一节 对北魏后期禁卫武官制度的继承和变革

《隋书·礼仪志七》：

> 齐文宣受禅之后，警卫多循后魏之仪。及河清中定令，宫卫之制：左、右各有羽林郎十二队。又有持钑队、鋋槊队、长刀队、细仗队、楯铩队、雄戟队、格兽队、赤氅队、角抵队、羽林队、步游荡队、马游荡队。又左、右各武（虎）贲十队：左、右翊各四队；又步游荡、马游荡，左、右各三队，是为武贲。又有直从武贲，左、右各六队，在左者为前驱队，在右者为后拒队。又有募员武贲队、强弩队，左、右各一队。在左者皆左卫将军总之，在右者皆右卫将军总之，以备警卫。其领军、中领将军，侍从出入，则著两裆甲，手执柽杖。左·右卫将军、将军，则两裆甲，手执檀杖。侍从左右，则有千牛备

第十九章　东魏北齐禁卫武官制度　/　693

身、左右备身、刀剑备身之属，兼有武（虎）威、熊渠、鹰扬等备身三队，皆领左右将军主之，宿卫左右，而戎服执仗。兵有斧钺弓箭刀矟，旌旗皆囊首，五色节文，旆悉赭黄。天子御正殿，唯大臣夹侍，兵仗悉在殿下。郊祭卤簿，则督将平巾帻，绯衫甲，大口袴。①

按：本段令文显系节引，大概有所脱漏，可以比较明确判断的是"左·右卫将军、将军则两裆甲，手执檀杖"句，似应为："左·右卫将军、武卫将军，则著两裆甲，手执檀杖。"北齐禁卫武官制度中，左、右卫将军之下有武卫将军（见下），本段令文中独无武卫将军，极不合理，而在"左·右卫将军"之后又出现一"将军"无从归属，故极有可能为武卫将军。另外，本段记载中的"左右"中华书局点校本全都没有用顿号断开，也不利于文意的显豁明了。对于这一段文字，窃以为点校本之句读亦有可商之处，以上引文中已据己意加以改正。

（1）"宫卫之制：左、右各有羽林郎十二队。"点校本标为"宫卫之制，左右各有羽林郎十二队。"从上下文记事看，"宫卫之制"是指下文大量的有关事项，即从"左、右各有羽林郎十二队"开始到"大口袴"结束。点校本之标点显然容易造成北齐"宫卫之制"仅指"左、右各有羽林郎十二队"的误会。

（2）点校本"又左、右各武贲十队"后标逗号，而其下的"左、右翊各四队；又步游荡、马游荡，左、右各三队，是为武贲"显然是指"左、右各武贲十队"，否则左、右翊便无所指，"是为武贲"又与前面"又左、右各武贲十队"重复。点校本之标点使得此条中多出二十队卫队（左、右各十队）。

（3）"在左者皆左卫将军总之，在右者皆右卫将军总之"句前，点校本标以逗号，意即左、右卫将军所总仅指"募员武贲队、强弩队，左、右各一队"，此亦大误，其实此句是在说明"左、右各有羽林郎十二队"至"募员武贲队、强弩队，左、右各一队"的所有宫廷卫队皆由左、右卫将军统领，显然左、右卫将军不可能只"总"领左、右各一队募员武贲队、强弩队。正因此故，左、右卫将军后各用一"皆"字加以修饰。

（4）"……刀剑备身之属，兼有武威……"，点校本标为"……刀剑备身之属。兼有武威……"，这一标点就使得后面的"皆领左右将军主

①　（唐）魏徵等撰：《隋书》卷一二《礼仪志七》，中华书局1973年版，第280—281页。

之，宿卫左右，而戎服执仗"仅指"武威、熊渠、鹰扬等备身三队"，而不包括前面的"千牛备身、左右备身、刀剑备身之属"，使得领左右将军的主要部属与其脱离关系。

总体来看，本段令文主要提及北齐禁卫武官领军将军、左·右卫将军、领左右将军特别是后两个系统的组织结构及其基本职能、礼仪，显示北齐存在着以领军系统为主体的禁卫武官制度。根据以上记载可知，北齐皇宫卫队包括：左、右卫将军下辖羽林郎二十四队（2×12），虎贲二十队（2×10），直从虎贲十二队（2×6），募员虎贲队二队，强弩队二队，持铍队、鋋槊队等十队的具体数量不清；领左右将军下辖虎威、熊渠、鹰扬等备身三队，千牛备身、左右备身、刀剑备身可能也有"队"的编制。据此推测，则北齐左、右卫将军及领左右将军所领皇宫卫队至少应有八十队，亦可能高达一百队。

比较《魏书》卷一一三《官氏志》所载北魏孝文帝后《职员令》官品表与《隋书》卷二七《百官志中》所载北齐官品表，发现两朝禁卫武官名称、品级几乎相同，其继承关系非常明显。可以这样认为，北齐禁卫武官制度是在继承北魏太和后《职员令》所规定的制度的基础上，对北魏后期以来新出现的禁卫武官制度加以总结，并进一步制度化，是新旧两套制度相结合的产物。兹将北魏后令与北齐令有关记载列表对照如下：

表19—1　　北魏后《职员令》与北齐令禁卫武官名、品一览

官名	北魏后令[①]	北齐令[②]
领军、护军将军	从第二品（中领、护军，第三品）	从〔第〕二品
左、右卫将军	第三品	第三品
武卫将军	从第三品	从第三品
东、西、南、北四中郎将	从第三品	从第三品
骁骑、游击将军	第四品上	第四品上
前、后、左、右军将军	从第四品上	从第四品上
左、右中郎将	从第四品下	从第四品下
五校	第五品下	从第四品下

[①] 参见《魏书》卷一一三《官氏志》，第2994—3003页。
[②] 参见《隋书》卷二七《百官志中》，第765—770页。

续表

官名	北魏后令	北齐令
奉车都尉	从第五品上	从第五品下
虎贲中郎将	第六品下	第六品下
羽林监	第六品下	第六品下
冗从仆射	第六品下	第六品下
骑都尉	从第六品上	从第六品上
积弩、积射将军	第七品上	第七品上
强弩将军	从第七品上	从第七品上
武骑、云骑将军		第四品上
殿中将军	第八品上	第八品上
员外将军	从第八品下	从第八品下
殿中司马督	第九品下	第九品下
员外司马督	从第九品下	从第九品下
卫尉卿	第三品	第三品
卫尉少卿	第四品上	第四品上
城门校尉	第四品上	第四品上
（武库、卫士令，关津尉）		
领、护长史	从第五品下	第五品下
领、护司马	从第五品下	第五品下
二卫司马	第七品下	第七品下

　　北齐禁卫武官制度基本上是对北魏制度的延续，禁卫军主要由领军府统领，而护军府所掌主要为京师外围的防御。护军府所统不仅有京师四周外围地区的四中郎将府，而且还包括诸关尉、津尉，这也应是对原护军府职能在魏末以后的扩张，与京师四周有不少关、津的情况有关。北魏与北齐禁卫武官名称、品级尽管非常相近，但两朝制度已有很大差别。北齐禁卫武官制度与北魏后期相比已有了实质性的变化，这种变化肇始于北魏宣武帝初年，以后随着政治社会形势的剧烈动荡而时有变革。最重要的变化发生在领军府特别是其所辖左、右卫府和领左右府中。左、右卫府和领左右府明确规定属领军府管辖，这在北朝时期还是首见，也是唯一的记载。北魏末期的制度应该已经如此。左、右卫府是北齐禁卫武官制度的主体，比之北魏后期制度有了很大的突破，其下不仅有诸"直"属官，而且骁

游、四军、五校等均属于左、右卫府所领的规定也是正式见诸史载。领左右府有关制度在此也有了明确规定，当是北魏后期制度发展的结果。①

北齐禁卫武官制度直接承袭北魏后期制度，是对北魏后期制度演变的继续和固定化。与北魏太和后《职员令》相比，其相同之处甚多，但差别亦较大。北齐令中，有领军将军、护军将军、左・右卫将军、武卫将军、卫尉卿、卫尉少卿、城门校尉、武库令、卫士令；四中郎将，诸关津尉；骁骑、游击将军至员外司马督各职②。直阁将军仅见于北魏太和前令而不见于后令。武骑、云骑将军当采用梁武帝天监改制后的梁代制度③。领左右府诸职及左、右卫下属御仗、直荡、直卫、直突、直阁诸属官，门下省领左右、左右直长，均不见于太和后令。其中直阁诸职、领左右及部分属官是北魏后期实际存在的制度。其他各职则是在北魏末年社会大动荡、政局急剧变化而引起官僚制度巨大变革的结果，北齐初年定制，将这种变革固定于官制条文之中。

---

① 唐长孺认为："东魏北齐兵制，主力是以鲜卑和鲜卑化的其他族人组成，邺都的禁卫军和守卫晋阳的军队都是。"（《魏晋南北朝隋唐史三论》，武汉大学出版社1993年版，第200页）[日] 濱口重國认为："东魏近卫军几乎完全沿袭北魏制度，卫士也以从旧都洛阳移住到新都邺城的鲜卑部民为主体。"（《西魏时期的二十四军与仪同府》，夏日新译，载刘俊文主编《日本学者研究中国史论著选译》第四卷《六朝隋唐》，中华书局1992年版，第173页）"北魏时期的近卫军几乎完全出于移住到洛阳地区的鲜卑部民之子孙，在新朝东魏担任近卫军者其中十分之八九无疑也是鲜卑。"（《東魏の兵制》，《秦漢隋唐史の研究》，東京大學出版會1971年版，第149页）按：唐氏与濱口氏对东魏北齐兵士成分的认识是准确的，但濱口之说实际上混淆了北魏末的禁卫军（近卫军）与东魏禁卫军的成分。北魏后期的羽林虎贲虽然以代迁之士为主，但他们在孝文帝改革后基本上已汉化，很少再有鲜卑部民的特征。而东魏的禁卫军则是以北魏末年以来进入中原的六镇部民为主体的鲜卑或鲜卑化部民，他们与北魏后期禁卫军的成分已完全不同。杨耀坤认为："北魏的宿卫军历来以鲜卑人为之，孝文帝推行汉化政策后，情况也没有变化。""这些鲜卑宿卫兵，在北魏后期，分住于洛阳附近的六军坊，故又称之为六坊之众。至东魏孝静帝迁邺时，他们中的绝大多数都跟随到了邺城。"（《东魏北齐兵制概论》，《魏晋南北朝史论文集》，齐鲁书社1991年版，第120页）这显然是将北魏后期以迁洛羽林虎贲为主体的禁卫军与以南下六镇民为主体的魏末及其迁邺东魏禁卫军混为一谈。岑仲勉认为"六坊之人就是六镇南迁之人"，他说："这些六镇人既离开镇地，分散各处，已无属籍，势不能不设法安置，于是仿东晋南迁……特设'侨州'来安置的事例，在他们流落的地面，按照他们原日的镇别，分设六坊来管理他们。"（《府兵制度研究》，上海人民出版社1957年版，第19页）按其说最为贴近。

② 北齐不仅设殿中将军、殿中司马督，还有殿中郎中。《隋书》卷八《礼仪志三》载"后齐春蒐礼"，其中有："王公已下以次射禽，皆送旗下。事毕，大司马鸣鼓解围，复屯。殿中郎中率其属收禽，以实获军。"（第164、165页）

③ 参见《隋书》卷二六《百官志上》，第736、730页。

诸卿之中，卫尉寺、光禄寺与南朝相近，在东魏北齐仍保留着某些禁卫职能。《隋书·百官志中》："卫尉寺，掌禁卫甲兵。统城门寺，置校尉二人，以司其职。（掌宫殿城门，并诸仓库管钥等事。）又领公车（掌尚书所不理，有枉屈，经判奏闻。）、武库（掌甲兵及吉凶仪仗。）、卫士（掌京城及诸门士兵。）等署令。"[1] 据此可知，除公车署与禁卫职能无关外，卫尉寺所统城门寺及武库署、卫士署皆为禁卫之职。《通典·职官三·门下省》"城门郎"条："北齐卫尉寺统城门寺，置城门校尉二人，掌宫殿城门并诸仓库管钥之事。"[2] 这是城门校尉第一次归属卫尉寺统辖，实际上是将宫门与城门之守卫加以合并，统一由卫尉掌管。东魏北齐宫殿门不仅仅掌于卫尉城门寺，光禄寺职掌也包括掌宫殿门户事，其所辖宫门署"主诸门钥事"，"宫门署，置仆射六人，以司其事"[3]。

第二节　领军府

一　领军府

《隋书·百官志中》有关北齐（可代表东魏、北齐二代）禁卫武官制度的记载是："领军府，将军一人，掌禁卫宫掖。朱华阁（閤）外，凡禁卫官，皆主之。舆驾出入，督摄仗卫。中领军亦同。有长史、司马、功曹、五官、主簿、录事，鳌其府事。又领左·右卫、领左右等府。"[4] 这表明北齐有领军府，设领军将军一人，其职"掌禁卫宫掖"，为禁卫长官。具体而言，朱华阁外的禁卫武官皆由领军将军所统，在皇帝出巡时领军将军要统率仪仗警卫。其属官有长史、司马、功曹、五官、主簿、录事诸职，具体负责领军府有关事务的处理。此外，左、右卫府及领左右府亦归领军将军所领。中领军与领军将军职能相同。不过，这段令文并未说明领军将军与中领军是否同时设置，抑或不并置。事实上，北齐还出现了领军大将军，而且有时同时存在多位领军，这是一个重大的变化。下文将对此进行讨论。

---

[1]　《隋书》卷二七《百官志中》，第756页。

[2]　（唐）杜佑撰，王文锦等点校：《通典》卷二一《职官三·门下省》"城门郎"条，中华书局1988年版，第558页。

[3]　《隋书》卷二七《百官志中》，第755页。

[4]　同上书，第758页。品级为：领军将军为从第二品，加"大"者为第二品，中领军为第三品，领军长史为第五品下，领军功曹、五官为从九品下；领军主簿、录事之品级不清。

首先需要说明的是，领军府所主仅为"朱华阁外"（具体由左、右卫府来负责），则"朱华阁内"由何职所主？按《隋书·百官志中》：门下省，"掌献纳谏正及司进御之职"。"统局六：领左右局，领左右各二人，掌知朱华阁内诸事。宣传已下、白衣斋子已上，皆主之。左右直长四人。"①据此，则北齐朱华阁内诸事包括禁卫之事皆由门下省领左右局所主。领左右、左右直长之职亦非北齐新创，二职虽均不见于北魏两《职员令》，但在北魏末年现实政治中是存在领左右、左右直长之职的，如北魏宣武帝时，赵邕"转长兼散骑侍郎，领左右直长，出入禁中"②。其制当源于孝文帝后期之"白衣左右"、宣武帝时的"宣传左右"之职。③进一步追溯，"领左右"之职可能就是代国及北魏前期的内侍（左右近侍、内侍左右）之制的继承和延续，内侍左右的主要职责即为"传宣诏命"④。东魏北齐门下省领左右局类似于北魏前期内侍长及其所辖内侍左右，正是基于这种情况，故《魏书·官氏志》才记载内侍长"若今之侍中、散骑常侍也"⑤。而东魏北齐领军府所辖领左右府则类似于北魏前期的幢将与郎卫，纯属禁卫武官。

在南北朝七部正史中，"领军府"的记载共出现了二十四次，而其中字数很少的《北齐书》却有七次记载，是记载"领军府"最多的一部，这表明领军府在北齐有着特殊的地位和影响。《北齐书·崔昂传》："又诏删定律令，损益礼乐，令尚书右仆射薛琡等四十三人在领军府议定。"⑥《孝昭纪》："乾明元年（560），从废帝赴邺，居于领军府。""三月甲戌（廿三，5.3），帝初上省，且发领军府，大风暴起，坏所御车幔，帝甚恶之。"⑦《赵郡王叡传》："十岁丧母，高祖亲送叡至领军府，为叡发丧……"⑧按高叡十岁是在东魏孝静帝兴和元年（539）⑨，时高欢当政。

---

① 《隋书》卷二七《百官志中》，第753页。
② （北齐）魏收撰：《魏书》卷九三《恩倖·赵邕传》，中华书局1974年版，第2003页。
③ 参见《魏书》卷九三《恩倖·赵脩传》《茹皓传》，第1998、2000页；卷六六《崔亮传》，第1477页。
④ 《魏书》卷一一三《官氏志》，第2971页。
⑤ 同上。
⑥ （唐）李百药撰：《北齐书》卷三〇《崔昂传》，中华书局1972年版，第411页。
⑦ 《北齐书》卷六《孝昭纪》，第80—81页。
⑧ 《北齐书》卷一三《赵郡王叡传》，第170页。
⑨ 据本传，高叡在世祖（武成帝）死葬后数日即因反对和士开而被刘桃之杀害，时年三十六岁。按武成帝死于公元565年，则高叡生年即在530年。

东魏至北齐领军府的所在位置应该没有变化。根据以上史料，可知东魏北齐领军府规模不小，是京师一个很独特的机构。后来京畿府废罢而其职能并入领军府，领军府的职能进一步扩大。《北齐书·后主纪》：武平二年（571）"冬十月，罢京畿府入领军府"①。《祖珽传》："始奏罢京畿府，并于领军，事连百姓，皆归郡县。宿卫都督等号位从旧官名，文武章服并依故事。"② 北齐领军府设有长史、司马及诸参军等僚属。梁子彦东魏时曾任直阁将军，北齐时历任中坚将军、直荡正都督及夏州军政长官等职，"又除卫将军、领军长史"③。徐远，"显祖以远勋旧，特用为领军府长史"④。魏齐禅让之际，阳休之"以本官（骁骑将军）兼领军司马"⑤。崔拱"自临水令为琅邪王俨大司马西阁祭酒，迁领军功曹参军"⑥。冯子琮，"肃宗（孝昭帝）除领军府法曹，典机密，摄库部。肃宗曾阅簿领，试令口陈，子琮闇对，无有遗失。子琮妻，胡皇后妹也"⑦。

二 领军将军与领军大将军

东魏北齐领军府长官为领军将军（中领军），后来又出现了领军大将军。领军大将军的出现在魏晋南北朝历史上还是第一次，这是一个值得关注的新情况。⑧ 北齐领军将军可考者有娄昭、高洋（文宣帝）、高岳、莫多娄敬显、娄叡、厍狄士文、高隆之、薛孤延、乞伏令和、万俟洛、尉破胡、皮景和、鲜于世荣、独孤永业等人，中领军可考者有张亮、厍狄士

---

① 《北齐书》卷八《后主纪》，第105页。
② 《北齐书》卷三九《祖珽传》，第520页。
③ 赵万里集释：《汉魏南北朝墓志集释》图版三四〇之二《梁子彦墓志》，科学出版社1956年版。
④ 《北齐书》卷二五《徐远传》，第363页。
⑤ 《北齐书》卷四二《阳休之传》，第562页。
⑥ 《北齐书》卷四二《崔劼传附子拱传》，第559页。
⑦ 《北齐书》卷四〇《冯子琮传》，第528页。
⑧ 《资治通鉴》卷一五三《梁纪九》：武帝中大通元年（529）闰六月，"中军大都督、兼领军大将军杨津入宿殿中，扫洒宫庭，封闭府库，出迎魏主于北邙，流涕谢罪，帝慰劳之"[（宋）司马光编著，（元）胡三省音注，"标点资治通鉴小组"校点：《资治通鉴》，中华书局1956年版，第4765—4766页]。据此，则北魏末年已出现"领军大将军"之职。然《魏书》《北史》载此事，杨津官衔为"中军大都督、兼领军将军"[《魏书》卷五八《杨津传》，第1299页；（唐）李延寿撰：《北史》卷四一《杨津传》，中华书局1974年版，第1497页]，则《通鉴》所记"领军大将军"有误，不足凭信。

文、皮景和、和士开、胡君瑜、高绍信、贺拔伏恩等人,领军大将军可考者有高归彦、可朱浑天和、高俨、厍狄伏连、尉相愿、韩建业、皮景和、鲜于世荣、綦连猛、元景安、鲜于(刘)桃枝等人。此外,还可见到不少有关"领军"的记载,则是中领军、领军将军或领军大将军的省称。

　　北齐中领军、领军将军、领军大将军诸职的地位高低,可从以下几条记载得到认识。《北齐书·皮景和传》:"后除特进、中领军,封广汉郡开国公。……又除领军将军。……除领军大将军,封文城郡王。"①《綦连猛传》:"(天统)三年(567),除中领军。四年,转领军将军……五年,除并省尚书左仆射,余如故。除并省尚书令、领军大将军,封山阳王。"②《鲜于世荣传》:"武平(570—576)中,以平信州贼,除领军将军……后主围平阳,除世荣领军将军。周师将入邺,除领军大将军、太子太傅,于城西拒战,败被擒,为周武所杀。"③此与《隋书·百官志中》所载诸职品级(领军大将军第二品,领军将军从第二品,中领军第三品)完全一致。

　　东魏北齐领军担任者绝大多数是当时政治上极有影响的家族成员。宗室有文宣帝高洋、清河王岳、平秦王归彦、琅邪王俨、渔阳王绍信、赵郡王叡。高洋为高欢第二子、高澄母弟,继高欢、高澄之后控制东魏政权并篡魏建齐,为北齐第一任皇帝。《北齐书·文宣纪》:"(武定)二年(544),转尚书左仆射、领军将军。五年,授尚书令、中书监、京畿大都督。"④武定七年八月,高洋继高澄执掌东魏朝政,次年五月篡位。高归彦为高欢族弟,其父"徽于神武旧恩甚笃",高徽与长安市妇人王氏私通而生归彦。"天保元年(550),封平秦王。""征为兼侍郎,稍被亲宠。以讨侯景功,别封长乐郡公,除领军大将军。领军加大,自归彦始也。"⑤高俨为武成帝第三子、后主母弟。"初封东平王,拜开府、侍中、中书监、京畿大都督、领军大将军,领御史中丞。"⑥渔阳王

---

① 《北齐书》卷四一《皮景和传》,第537—538页。
② 《北齐书》卷四一《綦连猛传》,第541页。
③ 《北齐书》卷四一《鲜于世荣传》,第539页。
④ 《北齐书》卷四《文宣纪》,第44页。
⑤ 《北齐书》卷一四《平秦王归彦传》,第186页。
⑥ 《北齐书》卷一二《武成十二王·琅邪王俨传》,第160页。

第十九章　东魏北齐禁卫武官制度　/　701

绍信为高澄第六子，"历特进、开府、中领军、护军（？）、青州刺史"①。高隆之亦可看作是宗室成员。《北齐书·高隆之传》："本姓徐氏，云出自高平金乡。父干，魏白水郡守，为姑壻高氏所养，因从其姓。……隆之后有参议之功，高祖命为从弟，仍云渤海蓨人。""武定（543—550）中，为河北括户大使。追还，授领军将军、录尚书事，寻兼侍中。"②《高妙仪墓志》："父骠骑大将军、开府仪同、领军大将军、赵郡王。"③ 按高妙仪之父即赵郡王高叡④。

担任领军的外戚有娄昭、娄叡、厍狄士文、胡君瑜等人。娄昭为高欢亲信，"武明皇后之母弟也"。娄昭"次子定远，少历显职，外戚中偏为武成爱狎"。娄昭兄子叡，"齐受禅，得除领军将军，别封安定侯。叡无他器干，以外戚贵幸，纵情财色。"⑤ 厍狄士文祖父厍狄干为高欢亲信，"干尚神武妹乐陵长公主，以亲地见待。自预勤王，常总大众，威望之重，为诸将所伏"⑥。《北齐书·祖珽传》："犹恐后主溺于近习，欲因后党为援，请以皇后兄胡君瑜为侍中、中领军，又征君瑜兄梁州刺史君璧，欲以为御史中丞。陆媪闻而怀怒，百方排毁，即出君瑜为金紫光禄大夫，解中领军，君璧还镇梁州。"⑦

北齐领军担任者还有不少本为高欢或高澄、高洋之亲信，在高氏创业和专权过程中发挥过重要作用，如綦连猛、皮景和、元景安、鲜于世荣、

---

①　《北齐书》卷一一《文襄六王·渔阳王绍信传》，第151页。
②　《北齐书》卷一八《高隆之传》，第235、237页。据本传，在高欢最初的政治活动中，高隆之即给予了有力的支持，为高欢最重要的亲信之一。"与高祖深自结托。高祖之临晋州，引为治中，行平阳郡事。从高祖起义山东，以为大行台右丞。""齐受禅，进爵为王。"（第235—236、237页）
③　《汉魏南北朝墓志集释》图版三一六之二《高妙仪墓志》。
④　据《北齐书》卷一三《赵郡王叡传》，高叡曾任开府仪同三司、骠骑大将军，不记其为领军大将军事。本传又载："拜司空，摄录尚书事。突厥尝侵轶至并州，帝亲御戎，六军进止，皆令取叡节度。"（第172页）此节度六军之职能似即领军大将军之任。
⑤　《北齐书》卷一五《娄昭传》《娄定远传》《娄叡传》，第196、197页。《娄叡墓志》："武明皇太后兄子也。""除骠骑大将军，封得县开国侯，领军将军。""复除太尉公，判领军大将军府事。寻以本官兼并省尚书令。"（山西省考古研究所、太原市文物管理委员会：《太原市北齐娄叡墓发掘简报》，《文物》1983年第10期；高敏：《跋〈北齐娄睿墓志〉》，《史学月刊》1991年第1期）
⑥　《北齐书》卷一五《厍狄士文传》，第198页。
⑦　《北齐书》卷三九《祖珽传》，第520页。

薛孤延、乞伏令和、张亮、独孤永业等人①。綦连猛于天保七年（556）为武卫将军，九年转武卫大将军，皇建二年（561）除领左右大将军。"天统元年（565），迁右卫大将军，乃奉世祖敕，恒令在嗣主左右，兼知内外机要之事。三年，除中领军。四年，转领军将军……五年，除并省尚书左仆射，余如故。除并省尚书令、领军大将军，封山阳王。"史谓"猛自和士开死后，渐预朝政，疑议与夺，咸亦咨禀"。②《北齐书·慕容俨传附厍狄伏连传》："武平中，封宜都郡王，除领军大将军。寻与琅琊王俨杀和士开，伏诛。"③ 同书《后主纪》：武平二年（571）"秋七月庚午（廿五，8.30），太保琅邪王俨矫诏杀录尚书事和士开于南台。即日诛领军大将军厍狄伏连、书（治书）侍御史王子宣等，尚书右仆射冯子琮赐死殿中。"④ 皮景和先后为中领军、领军将军。"琅邪王之杀和士开也，兵指西阙，内外惶惑，莫知所为。景和请后主出千秋门自号令。"武平四年，皮景和为领军大将军，率军抵抗陈将吴明彻对淮南的进攻，平定士人陈暄之乱及阳平人郑子饶反叛，有效地抵抗了陈将吴明彻的进攻。⑤ 元景安在东魏时曾任高欢亲信都督，北齐文宣帝天保三年"从破库莫奚于代川，转领左右大都督"。后屡次从驾出征，历任武卫大将军，领左右大将军、兼七兵尚书，大宁二年（562）为右卫将军，转右卫大将军，武平六年征拜领军大将军。⑥ 武平四年三月鲜于世荣任领军将军，"从平高思好"。"七年，后主幸晋阳，令世荣以本官判尚书右仆射事，贰北平王北宫留后。寻有敕令与吏部尚书袁聿修在尚书省检试举人。为乘马至云龙门外入省北门，为宪司举奏免官。后主围平阳，除世荣领军将军。周师将入邺，除领军大将军、太子太傅，于城西拒战，败被擒，为周武所杀。"⑦

---

① 参见《北齐书》卷一九《薛孤延传》《张保洛传附乞伏令和传》，第256、258页；卷二五《张亮传》，第361页；卷四一《皮景和传》《鲜于世荣传》《綦连猛传》《元景安传》《独孤永业传》，第537、539、541、543、545页。

② 《北齐书》卷四一《綦连猛传》，第541页。

③ 《北齐书》卷二〇《慕容俨传附厍狄伏连传》，第283页。

④ 《北齐书》卷八《后主纪》，第104—105页。

⑤ 《北齐书》卷四一《皮景和传》，第537—538页。

⑥ 《北齐书》卷四一《元景安传》，第542—543页。

⑦ 《北齐书》卷四一《鲜于世荣传》，第539页。按本传载："武平中，以平信州贼，除领军将军。"（第539页）同书卷八《后主纪》：武平四年（573）"三月辛未（初五，4.22），盗入信州，杀刺史和士休，南兖州刺史鲜于世荣讨平之"（第106页）。

鲜于世荣抵抗北周军队入侵、保卫邺城的事例，充分显示了北齐领军大将军的禁卫职能。① 尉相愿于武平末任领军大将军，"自平阳至并州，及到邺，每立计将杀高阿那肱，废后主，立广宁王，事竟不果"②。《资治通鉴》陈宣帝太建九年正月，北齐"司徒莫多娄敬显、领军大将军尉相愿谋伏兵千秋门，斩高阿那肱，立广宁王孝珩，会阿那肱自他路入朝，不果"③。此正表明领军大将军统领禁卫军守卫宫城门，不过仅一位领军大将军还无法完全控制宫城门。又，史载北齐末年"并州未败前"，领军将军乞伏令和"与领军大将军韩建业、武卫大将军封辅相相继投周军"。④ 禁卫军将领的叛变应该也是北齐被灭的因素之一。

此外，又有恩倖担任领军之职的事例，如和士开、祖珽、韩凤、鲜于（刘）桃枝等人⑤。《太平御览》"中领军"条引《三国典略》曰：

> 齐左仆射祖珽附陆令萱，求为领军，齐主许之。侍中斛律孝卿谓上洛王元海、侯吕芬等云：'珽是汉儿，两眼盲，岂合作领军也。'元海遂入启之。珽言于齐主云：'元海与臣素有隙，必是元海谮臣。'齐主曰：'然。'珽列元海共太府少卿李叔元、平准令张叔略等结朋树党，陆令萱又唱和之。遂除元海为郑州刺史，叔元为襄城郡守，叔略为南营州录事参军。珽遂独处机衡，总知兵事。齐王（主）亦令中要人扶侍出入，每同御榻，论决朝政。⑥

这一记载表明，领军（大将军）在北齐政治中具有极为重要的地位，原则上不让汉人担任其职，祖珽在打倒政敌之后才得以担任领军而

---

① 《资治通鉴》卷一七三《陈纪七》：宣帝太建九年（577）正月，"领军大将军渔阳鲜于世荣，齐高祖旧将也……周师入邺，世荣在三台前鸣鼓不辍，周人执之，世荣不屈，乃杀之"（第5370页）。
② 《北齐书》卷一九《张保洛传》附，第258页。
③ 《资治通鉴》卷一七三《陈纪七》，第5368页。
④ 《北齐书》卷一九《张保洛传》附，第258页。
⑤ 参见《北齐书》卷八《后主纪》（和士开），第104页；卷一七《斛律羡传》（鲜于桃枝），第228页；卷三九《祖珽传》，第519页；卷五〇《恩倖·韩凤传》及附传，第692页。按韩凤在后主时为领军，其子宝仁、侄宝信均尚公主。故韩凤既是恩倖，又是外戚。
⑥ （宋）李昉等撰：《太平御览》卷二四〇《职官部三八·杂号将军下》，中华书局1960年版，第1137—1138页。

"独处机衡,总知兵事"。类似的情形还有韩凤。《北齐书·恩倖·韩凤传》:

> 后主即位,累迁侍中、领军,总知内省机密。祖珽曾与凤于后主前论事。珽语凤云:"强弓长矛,无容相谢,军国谋算,何由得争。"凤答曰:"各出意见,岂在文武优劣。"封昌黎郡王。男宝仁尚公主,在晋阳赐第一区,其公主生男昌满月,驾幸凤宅,宴会尽日。军国要密,无不经手,与高阿那肱、穆提婆共处衡轴,号曰三贵,损国害政,日月滋甚。……其弟万岁,及二子宝行、宝信并开府仪同。宝信尚公主,驾复幸其宅,亲戚咸蒙官赏。①

按韩凤所任"领军"实为领军大将军。《资治通鉴》陈宣帝太建五年(573)正月"戊寅(十一,2.28),齐以并省尚书令高阿那肱录尚书事,总知外兵及内省机密,与侍中城阳王穆提婆、领军大将军昌黎王韩长鸾共处衡轴,号曰'三贵',蠹国害民,日月滋甚"。下文还记载了韩长鸾专权的具体情形,谓其"军国要密,无不经手"。② 这虽然不是正常朝政下的现象,但也从一个侧面反映了领军大将军在北齐政治中的地位。刘(鲜于)桃枝本为高欢苍头,"驱驰便僻,颇蒙恩遇"③,后主时开府、封王,且曾为领军,参与诛杀琅邪王俨等。

北齐以宗室、外戚、恩倖及创业亲信担任领军之职,表明领军在北齐政治中具有重要的地位。领军职能从以下事例中还可得到进一步的说明。《北齐书·平秦王归彦传》:"天保元年(550),封平秦王。""以讨侯景功,别封长乐郡公,除领军大将军。领军加大,自归彦始也。文宣诛高德正,金宝财货悉以赐之。乾明初,拜司徒,仍总知禁卫。"④ 高归彦为北齐第一任领军大将军,其任领军大将军当在天保三年三月之后⑤。同书

---

① 《北齐书》卷五〇《恩倖·韩凤传》,第692页。
② 《资治通鉴》卷一七一《陈纪五》,第5315页。
③ 《北齐书》卷五〇《恩倖传》,第694页。
④ 《北齐书》卷一四《平秦王归彦传》,第186页。
⑤ 《北齐书》卷四《文宣纪》:天保三年(552)"三月戊子(二十,4.29),以司州牧清河王岳为使持节、南道大都督,司徒潘相乐为使持节、东南道大都督,及行台辛术率众南伐。癸巳(廿五,5.4),诏进梁王萧绎为梁主"(第56页)。《平秦王归彦传》所指讨侯景当即此次军事行动。

《武成纪》：河清元年（562）二月丁未（初七，3.27），"以领军大将军、宗师、平秦王归彦为太宰、冀州刺史"①。据此可知，高归彦官拜司徒后应该仍然担任领军大将军，一直到河清元年二月迁任太宰、冀州刺史，其担任领军大将军长达十余年之久，几乎占了北齐的一半时间。据《废帝纪》，乾明元年（560）二月时可见领军大将军可朱浑天和，表明北齐至少有两位领军大将军同时并置。《清河王岳传》："及（高）归彦为领军，大被宠遇，岳谓其德已，更倚赖之。"② 其后担任领军大将军者为琅邪王俨及库狄伏连。《武成十二王·琅邪王俨传》："初封东平王，拜开府、侍中、中书监、京畿大都督、领军大将军，领御史中丞。迁司徒、尚书令、大将军、录尚书事、大司马。……初从北宫出，将上中丞，凡京畿［之］步骑，领军之官属，中丞之威仪，司徒之卤簿，莫不毕备。"③

三　多位领军并存与其职能的分化

北齐时期至少同时设有两位以上的领军，如：公元560年，高演、高湛二王矫诏诛杀杨愔等人之时，可见到领军大将军可朱浑天和（被杀）、平秦王高归彦，另有领军刘洪徽（将军、大将军?）；时刘桃枝已任领军（将军、大将军?），燕子献似亦为领军大将军④。571年，高俨杀和士开及其后高俨被杀事件中，可见到领军大将军库狄伏连、刘桃枝，领军将军皮景和。572年，派兵捕杀幽州行台尚书令斛律羡，"敕使中领军贺拔伏恩等十余人驿捕之"，又遣领军大将军鲜于桃枝与洛州行台仆射独孤永业率军续进⑤。同年还可见到领军封辅相。573年，皮景和为领军大将军，

---

① 《北齐书》卷七《武成纪》，第90页。
② 《北齐书》卷一三《清河王岳传》，第176页。
③ 《北齐书》卷一二《武成十二王·琅邪王俨传》，第160页。又，同书卷八《后主纪》：天统三年（567）"五月甲午（廿四，6.16），太上皇帝诏以领军大将军东平王俨为尚书令"（第99页）。则高俨在此前已任领军大将军。
④ 参见《北齐书》卷五《废帝纪》，第75页；卷六《孝昭纪》，第81页；卷三四《杨愔传》及附传，第460页。
⑤ 参见《北齐书》卷一七《斛律羡传》，第228页。按此前独孤永业于武平三年曾一度任领军将军，见同书卷四一《独孤永业传》，第545页。

鲜于世荣、尉破胡为领军将军，穆提婆、封辅相为领军（将军、大将军?）。① 公元574年，平定高思好叛乱时，可见到中领军厍狄士文、领军将军鲜于世荣、领军大将军刘桃枝等将领②。武成帝死后"同知朝政"的"八贵"中，至少有两人同为领军大将军③。武平末（576），鲜于世荣、元景安、韩建业、尉相愿为领军大将军，莫多娄敬显、乞伏令和为领军将军，又有"领军梅胜郎"见于记载。④

总之，北齐一代领军大将军、领军将军、中领军并置，诸职得同时存在，而且可见两位以上领军大将军一起任职。特别是后主时期滥置官员，领军人数剧增，史谓"领军一时二十，连判文书，各作依字，不具姓名，莫知谁也"⑤。武平七年十二月，周武帝率军进攻晋阳城，北齐后主忧惧欲北奔突厥。"群臣皆曰不可，帝不从其言。开府仪同三司贺拔伏恩、封辅相、慕容钟葵等宿卫近臣三十余人西奔周师。"⑥ 贺拔伏恩、封辅相、慕容钟葵等宿卫近臣可能大部分都有领军或其他禁卫职衔。众多领军除了具有共同的禁卫职责外，恐怕还有不同的分工，如韩凤为侍中、领军，"总知内省机密"⑦，显然并非所有领军都具有这种职能。

莫多娄敬显的事例对于认识北齐领军职能的分化更具典型性。《北齐书·莫多娄贷文传附子敬显传》："位至领军将军，恒检校虞候事。武平中，车驾幸晋阳，每令敬显督留台兵马，纠察盗贼，京师肃然。七年，从后主平阳，败归并州，与唐邕等推立安德王称尊号。安德败，文武群官皆投周

---

① 参见《北齐书》卷四一《皮景和传》《鲜于世荣传》，第538、539页。同书卷八《后主纪》：武平三年（572）八月，"使领军封辅相聘于周"。四年五月"癸巳（廿八，7.13），以领军穆提婆为尚书左仆射"。"是月，开府仪同三司尉破胡、长孙洪略等与陈将吴明彻战于吕梁南，大败，破胡走以免，洪略战没，遂陷秦、泾二州。"（第106、107页）卷三二《王琳传》："会陈将吴明彻来寇，帝敕领军将军尉破胡等出援秦州，令琳共为经略。"（第435页）
② 参见《北齐书》卷一四《高思好传》，第185页；卷四一《鲜于世荣传》，第539页。
③ 《北齐书》卷四八《外戚·胡长仁传》载"八贵"名单，其中二人为"领军"（第669页）。据同书卷四一《綦连猛传》，时为领军大将军（第541页）。而据卷一五《娄定远传》，时为临淮郡王，"与赵郡王等同受顾命，位司空"（第196页），其所任武职亦必为领军大将军无疑。
④ 参见《北齐书》卷四一《鲜于世荣传》《元景安传》，第539、543页；卷一九《莫多娄贷文传附子敬显传》《张保洛传》附，第253、258页；卷八《后主纪》，第110页。
⑤ 《北齐书》卷八《幼主纪》，第112页。
⑥ 《北齐书》卷八《后主纪》，第110页。
⑦ 《北齐书》卷五〇《恩倖·韩凤传》，第692页。

军，唯敬显走还邺，授司徒。周武帝平邺城之明日，执敬显斩于阊阖门外，责其不留晋阳也。"① 毫无疑问，并不是所有领军将军皆具有类似职能。

"虞候"最早见于北魏六镇。《魏书·太武五王·广阳王深（渊）传》：

> 及沃野镇人破六韩拔陵反叛，临淮王彧讨之，失利。诏深为北道大都督，受尚书令李崇节度。时东道都督崔暹败于白道，深上书曰："……及太和在历，仆射李冲当官任事。凉州土人，悉免厮役；丰沛旧门，仍防边戍。自非得罪当世，莫肯与之为伍。征镇驱使，但为虞候、白直，一生推迁，不过军主。……"②

看来"虞候"与"白直"相当，属于受出征将领或镇将驱使的吏职。由之有可能升迁为低级将领军主。北魏末年，军阀幕府亦有虞候之职，其职能为侍卫府主左右，负责统率候骑。《周书·韩果传》的记载对认识"虞候"之义颇有帮助，其文云："果性强记，兼有权略。所行之处，山川形势，备能记忆。兼善伺敌虚实，揣知情状，有潜匿溪谷欲为间侦者，果登高望之，所疑处，往必有获。太祖（宇文泰）由是以果为虞候都督。每从征行，常领候骑，昼夜巡察，略不眠寝。"③ 可见虞候之职除了保卫府主，还要负责府主出巡或出征时的侦查，以防对府主的安全构成威胁的因素出现。《北齐书·莫多娄贷文传》："从高祖举义。中兴（531）初，除伏波将军、武（虎）贲中郎将、虞候大都督。从击尔朱兆于广阿……"④ 虞候大都督与虎贲中郎将兼任以及"从（高欢）击尔朱兆"显示，虞候大都督为高欢霸府禁卫之职，莫多娄贷文随从高欢进攻尔朱兆时应该统率候骑，承担侦察职责。据此可知，北魏末年在宇文泰和高欢的霸府分别出现了虞候都督。由此推测，其始置时间应早于此，北魏晚期的京师禁卫军或出征军府中可能就已设有类似武职。隋朝太子官属有"左、右虞候，各置开府一人，掌斥候伺非"，与左·右卫、左·右宗卫、左·右内、左·右

---

① 《北齐书》卷一九《莫多娄贷文传附子敬显传》，第253页。
② 《魏书》卷一八《太武五王·广阳王深（渊）传》，第429—430页。
③ （唐）令狐德棻等撰：《周书》卷二七《韩果传》，中华书局1971年版，第441—442页。
④ 《北齐书》卷一九《莫多娄贷文传》，第252页。

监门率·副率构成了太子禁卫武官系统。① "掌斥候伺非"即为虞候之职掌。隋朝皇宫禁卫武官系统有左·右卫、左·右武卫、左·右武候、左·右领左右、左·右监门、左·右领军等府，与东宫左、右虞候对应的无疑应为左、右武候。隋朝左、右武候的前身即北魏末年以来的虞候大都督。

北齐时期领军的职能之一为"检校虞候事"，而到隋朝时则独立为左、右武候府。《隋书·百官志下》："左、右武候，掌车驾出先驱后殿，昼夜巡察，执捕奸非，烽候道路，水草所置。巡狩师田，则掌其营禁。"② 北齐莫多娄敬显所任领军将军之职能当与此相似。唐朝褚亮《隋右骁卫将军上官政碑铭》："（开皇）五年（585），授左武候车骑将军。八年，以本官兼长春宫总监。式道之官，实须御侮；离宫所幸，必资供辩（办?）。"③ 按"式道"是指其为左武候车骑将军，"离宫"则指长春宫。此虽为隋朝制度，但似亦可侧证武候之前身——北齐虞候与汉代式道候职能相当。进一步追溯，则虞候、武候之职与《周礼》候人、汉代中尉-执金吾亦有渊源关系。候人之职，"各掌其方之道治，与其禁令，以设候人"④。汉代中尉（执金吾）"掌徼循京师"，"禁备盗贼"，"天子出行，职主先导，以御非常"。属官中有候，又有式道左、右、中候及候丞，"式道凡三候，车驾出还，式道候持麾至宫门，门乃开"。⑤

综上所述可知，北齐领军大将军"总知禁卫"，为最高禁卫长官，一般由宗室诸王与异姓大臣同时担任。这种安排可能是因为考虑到领军大将军权力太重，由诸王与异姓参掌便于控制，不至于造成权臣利用军权干政的局面。领军兼侍中可"总知内省机密"。领军将军还有"检校虞候事"及"督留台兵马，纠察盗贼"的职能。数位或多位领军（大将军、将军及中领军、领军）的出现，无疑是领军机构规模膨胀的表现，同时也表明当时领军系统禁卫武官制度正处于剧烈的变动之中。一方面，只有一个领军将军已很难实现总掌禁卫大任的职能，而必须众多领军分工协作才行。另一方

---

① 《隋书》卷二八《百官志下》，第780页。
② 同上书，第778页。
③ （唐）许敬宗编，罗国威整理：《日藏弘仁本文馆词林校证》，中华书局2001年版，第170页。
④ （汉）郑玄注，（唐）贾公彦疏：《周礼注疏》卷三〇《夏官·司马》"候人"条，（清）阮元校刻《十三经注疏》，中华书局1980年版，第844页。
⑤ （汉）班固撰，（唐）颜师古注：《汉书》卷一九上《百官公卿表上》"中尉（执金吾）"条及注，中华书局1962年版，第732—733页。

面，仅有领军将军或中领军职衔还难以具有崇高的威望从而有效统领禁卫军，于是便通过将军加"大"来体现其权威。因此，领军大将军的出现实际上又是领军将军制度衰微的表现，它也是促使大量领军一同出现的重要因素。领军将军的唯一性被打破，其作为禁卫军最高长官的独尊地位自然也就难以维持了。不仅如此，领军府所辖左·右卫府、武卫府、领左右府也出现了大将军，这是左·右卫、武卫、领左右府开始走向独立的重要标志。这种变化起因于北魏末年以来的军阀争战及官爵滥赏。而就北齐来说，更重要的原因还在于它所实施的独特的两都体制及特殊的政治环境。

　　东魏北齐时期近半个世纪，始终有两个政治中心，即以邺城为京师，同时在晋阳设立霸府——并省。日本著名史学家谷川道雄把这种状况称之为"两都制"，并对其形成的政治背景以及在北齐政治中的作用进行了讨论。他认为：东魏时期，在邺城建都，置元氏皇帝（孝静帝）于邺，由亲信加以监控，高欢、高澄则常驻晋阳，负责与宇文泰西魏政权进行战争，同时他们又不断往来于邺与晋阳之间，以便更好地控制局势。高洋代魏以后，北齐历代皇帝也仍然在邺和晋阳两地间频繁来往，利用高氏权臣监控邺城或晋阳。[①] 除了在邺城设置政治机构外，亦在晋阳设置了相应的机构，如北齐一代便一直设有尚书并省，尚书并省当是北魏末年以来发展起来的尚书大行台之制的变格。[②] 北齐并省尚书台可能始设于天保初年，史书所见最早的并省尚书官员始见于天保五年（554），直到北齐末年仍有并省尚书台。并省尚书台设录尚书事、尚书令、左·右仆射、诸部尚书以及尚书丞、郎。《北齐书·孝昭纪》：文宣帝天保"五年，除并省尚书令"[③]。这是所见最早一例并省尚书机构长官。天保八年四月，"以并省尚书右仆射崔暹为尚书右仆射，上党王涣录尚书事"[④]。废帝乾明元年

[①] 参见［日］谷川道雄《两魏齐周时代的霸府与王都》，张金龙译，《北朝研究》1996年第4期。原文载日本唐代史研究會報告第6集《中國都市の歷史的研究》，刀水書房1988年版，第85—91页。毛汉光认为："东魏北齐迁都于邺，邺是政治中心，云代并地区仍然是其国家之军事中心。""东魏北齐沟通此二中心的办法是执政者（东魏时为大丞相高氏，北齐时为皇帝高氏）带着禁旅穿梭于晋阳与邺都之间。"（《北魏东魏北齐之核心集团与核心区》，《中国中古政治史论》，上海世纪出版集团·上海书店出版社2002年版，第97页）

[②] 关于并省在北齐政治中的作用，参见严耀中《北齐政治与尚书并省》，《上海师范大学学报》1990年第4期。

[③] 《北齐书》卷六《孝昭纪》，第79页。

[④] 《北齐书》卷四《文宣纪》，第64页。

（560）二月己亥（十九，3.29），"以太尉、长广王湛为大司马、并省录尚书事"。① 后主天统三年（567）闰六月壬午（十三，8.3），以"并省尚书左仆射娄定远为尚书左仆射"；五年三月丁酉（初八，4.9），以"并省尚书令娄定远为司空"；武平二年（571）二月壬寅（廿四，4.4），以"并省录尚书事赵彦深为司空"；三年二月"辛巳（初九，3.8），以并省吏部尚书高元海为尚书右仆射"；"四年春正月戊寅（十一，2.28），以并省尚书令高阿那肱为录尚书事。"② 《高祖十一王·任城王湝传》："自孝昭、武成时，车驾还邺，常令湝镇晋阳，总并省事，历司徒、太尉、并省录尚书事。"③ 高阿那肱在后主时先后任并省尚书左仆射、并省尚书令，元景安曾为并省尚书右仆射，皮景和曾为并省五兵尚书，崔劼曾为并省度支尚书，李稚廉曾为并省都官尚书，又可见到并省尚书陇西辛悫、王康德。④ 有"并省丞郎"⑤，崔瞻"天保初，兼并省吏部郎中"⑥，羊烈于天保年间曾为并省比部郎中⑦，封孝琰于"天统三年，除并省吏部郎中、南阳王友，赴晋阳典机密"⑧。还可见到并省主客郎中卢思道，并省三公郎中刘珉，并省右民郎高行恭。⑨ 并省与邺下、京省对举。《北齐书·魏收传》："及诏行魏史，收以为直置祕阁，外人无由得见。于是命送一本付并省，一本付邺下，任人写之。"⑩ 此"并省"是指晋阳，"邺下"是指京师邺城⑪。《崔劼传》："迁并省度支尚书，俄授京省。"⑫ 此"并省"是指晋阳之尚书省，"京省"是指京师邺城之尚书省。

---

① 《北齐书》卷五《废帝纪》，第75页。
② 《北齐书》卷八《后主纪》，第100、102、104、105、106页。
③ 《北齐书》卷一〇《高祖十一王·任城王湝传》，第137页。
④ 参见《北齐书》卷五〇《恩幸·高阿那肱传》，第690页；卷四一《元景安传》《皮景和传》，第543、537页；卷四二《崔劼传》，第558页；卷四三《李稚廉传》《源彪传》，第572、579页；卷一九《张保洛传》附，第259页。
⑤ 《北齐书》卷一六《段韶传》，第214页。
⑥ 《北齐书》卷二三《崔瞻传》，第336页。
⑦ 《北齐书》卷四三《羊烈传》，第576页。
⑧ 《北齐书》卷二一《封孝琰传》，第308页。
⑨ 参见《北齐书》卷四五《文苑传·序》，第603—604页。
⑩ 《北齐书》卷三七《魏收传》，第491页。
⑪ （北齐）颜之推撰《颜氏家训》卷一《治家》："邺下有一领军，贪积已甚……"（王利器集解：《颜氏家训集解》，上海古籍出版社1980年版，第57页）又，是书中多次出现"邺下"，均指当时的北齐首都邺城。
⑫ 《北齐书》卷四二《崔劼传》，第558页。

《北齐书·綦连猛传》："（天统）五年，除并省尚书左仆射，余如故。除并省尚书令、领军大将军，封山阳王。"① 綦连猛以并省尚书令与领军大将军叠任，其并省尚书令在晋阳任职，则其领军大将军也应是在晋阳的禁卫军统帅。看来北齐在京师邺城有一套禁卫系统，而在别都晋阳似乎同样也有一套禁卫系统，即北齐至少应该同时设置两位领军将军、大将军；邺城的宫殿、京城需要保卫，而晋阳的宫殿及晋阳城亦须保卫。比较而言，晋阳保卫工作的重要性甚至超过了邺城，因为晋阳处于对北周战争的前线，且距北方强大的游牧民族政权突厥的国界亦很近，那里既方便对敌作战的指挥调动，但也很容易受到敌人的攻击，在战略上具有比邺城更为重要的意义。

第三节　领军将军与北齐政治

一　领军将军与二王一杨愔之争

北齐时期发生的几次政治斗争，有助于进一步认识领军特别是领军大将军的禁卫职能，首先来看常山、长广二王与杨愔之间的斗争。

《北齐书·废帝纪》：乾明元年（560）二月"乙巳（廿三，4.4），太师常山王演矫诏诛尚书令杨愔、尚书右仆射燕子献、领军大将军可朱浑天和、侍中宋钦道、散骑常侍郑子默"②。同书《孝昭纪》对此有更具体的记载：

> 乾明元年，从废帝赴邺，居于领军府。时杨愔、燕子献、可朱浑天和、宋钦道、郑子默等以帝威望既重，内惧权逼，请以帝为太师、司州牧、录尚书事，长广王湛为大司马、录并省尚书事，解京畿大都督。帝时以尊亲而见猜斥，乃与长广王期猎，谋之于野。三月甲戌（廿三，5.3），帝初上省，旦发领军府……及至省，朝士咸集。坐定，酒数行，执尚书令杨愔、右仆射燕子献、领军可朱浑天和、侍中宋钦道等于坐。帝戎服，与平原王段韶、平秦王高归彦、领军刘洪徽入自云龙门，于中书省前遇散骑常侍郑子默，又执之，同斩于御府之

---

① 《北齐书》卷四一《綦连猛传》，第541页。
② 《北齐书》卷五《废帝纪》，第75页。

内。……诏以帝为大丞相、都督中外诸军、录尚书事,相府佐史进位一等。帝寻如晋阳,有诏军国大政咸谘决焉。帝既当大位,知无不为,择其令典,考综名实,废帝恭己以听政。太皇太后寻下令废少主,命帝统大业。①

常山王演(孝昭帝)为高欢第六子、文宣帝高洋之母弟。"天保初,进爵为王。五年,除并省尚书令。帝善断割,长于文理,省内畏服。七年,从文宣还邺。文宣以尚书奏事,多有异同,令帝与朝臣先论定得失,然后敷奏。帝长于政术,剖断咸尽其理,文宣叹重之。八年,转司空、录尚书事。九年,除大司马,仍录尚书。"文宣帝死后,高演"居禁中护丧事"。废帝即位,"除太傅、录尚书,朝政皆决于帝。月余,乃居藩邸,自是诏敕多不关帝"。② 杨愔被杀后,高演任大丞相、都督中外诸军、录尚书事。长广王湛(武成帝)为高欢第九子、常山王演之母弟。"天保初,进爵为王,拜尚书令,寻兼司徒,迁太尉。"杨愔被杀后,高湛任太傅、录尚书事,领京畿大都督。③ 段韶为高欢妻姊之子,曾任高欢亲信都督、武卫将军,随高欢征战,颇受器重,时任冀州刺史、六州大都督,是掌握京畿军政大权的将领之一。④ 史称"韶出总军旅,入参帷幄,功既居高,重以婚媾,望倾朝野"⑤。平秦王归彦为高欢族弟,其父"徽于神武旧恩甚笃"⑥。刘洪徽史书无传,从史书仅见之四次记载来看,知其为刘贵之子,曾任河州刺史,废帝乾明元年五月开府仪同三司刘洪徽被任命为尚书右仆射。⑦ 刘贵为高欢最重要的亲信之一,东魏时曾任陕州刺史、御史中尉,本传谓其"虽非佐命元功,然与高祖布衣之旧,特见亲重"⑧。刘贵即刘

---

① 《北齐书》卷六《孝昭纪》,第80—81页。
② 同上书,第79—80页。
③ 《北齐书》卷七《武成纪》,第89页。
④ 参见《北齐书》卷一六《段韶传》,第208—210页。按本传不记其参与高演等与杨愔斗争事。段韶与高氏有非常密切的姻亲关系:韶母为高欢妻(武明皇后)姊,其长子懿尚颍川长公主,懿子宝鼎尚中山长公主,韶第二子深先后尚永昌公主(未婚而卒)、东安公主。参见《北齐书》卷一六《段荣传》《段韶传》及附传,第207、214页。
⑤ 《北齐书》卷一六《段韶传》,第213页。
⑥ 《北齐书》卷一四《平秦王归彦传》,第186页。
⑦ 参见《北齐书》卷二《神武纪下》,第22页;卷五《废帝纪》,第75页;卷一九《刘贵传》,第251页。
⑧ 《北齐书》卷一九《刘贵传》,第250页。

懿，据《刘懿墓志》记载，其世子洪徽"妻大丞相勃海高王之第三女"①。

《北齐书·杨愔传》对此次事件亦有记载。关于事件的起因，传文云：

> 文宣大渐，以常山、长广二王位地亲逼，深以后事为念。愔与尚书左仆射平秦王归彦、侍中燕子献、黄门侍郎郑子默受遗诏辅政，并以二王威望先重，咸有猜忌之心。初在晋阳，以大行在殡，天子谅闇，议令常山王在东馆，欲奏之事，皆先谘决。二旬而止。仍欲以常山王随梓官之邺，留长广王镇晋阳。执政复生疑贰，两王又俱从至于邺。子献立计，欲处太皇太后于北宫，政归皇太后。②

很显然，按照文宣帝高洋临终遗愿，必定是要在其死后推行嫡长子继承制，以便他的嫡系子孙能够传承皇位。当时其母弟高演、高湛二王位高权重，而其太子高正道年仅十六岁，与年纪较大且有深厚阅历的两叔相比，政治经验和统治能力显然不足。文宣帝对这种局面极为担忧，从其临终安排来看，他是想以与帝室有姻亲关系且有很强管理才干的汉人大臣杨愔、燕子献、郑子默与宗室平秦王归彦共同辅政，维持北齐新的统治局面。高归彦为宗室疏属，自不会对皇位构成威胁。后来发生的事变证明文宣帝的担忧是有理由的，他的临终安排也是一个积极有为的方案，但却是一个注定要失败的计划。因为文宣帝在其统治的十年间并没有采取有效措施削弱其母弟二王的军政权力，相反他们的权力却不断得到提升，并且达到了位极人臣的地步。

二王一派还有贺拔仁、斛律金、斛律光等人。贺拔仁今本《北齐书》无传，《北史·张保洛传》附载其简历：

---

① 《汉魏南北朝墓志集释》图版二九四《刘懿墓志》。按墓志所载刘懿生平事迹与《北齐书》所载刘贵生平事迹完全一致。参见瞿中溶《古泉山馆金石文编残稿》卷一（墓志集释引）；又见周一良《领民酋长与六州都督》，《魏晋南北朝史论集》，北京大学出版社1997年版，第199—200页。据《刘懿墓志》载，卒于东魏兴和元年（539）十一月，时世子洪徽为"散骑常侍、千牛备身"，则二十余年后刘洪徽任领军大将军的可能性更大。

② 《北齐书》卷三四《杨愔传》，第457页。

714 / 第五编 北朝禁卫武官制度

> 从神武出山东，又有贺拔仁、麹珍、段琛、尉摽、（摽）子相贵、康德、韩建业、封辅相、范舍乐、牒舍乐，并以军功至大官，史失其事。仁字天惠，善无人。以帐内都督从神武破尒朱氏于韩陵，力战有功。天保初，封安定郡王，历数州刺史、太保、太师、右丞相、录尚书事。武平元年（570）薨，赠假黄钺、相国、太尉、录尚书、十二州诸军事、朔州刺史，谥曰武。①

从贺拔仁所任官职及死后赠谥来看，他在北齐官僚集团中处于最高层级，应该是对北齐政治军事发生过很大影响的人物②，其为高氏姻亲的可能性很大。斛律金是参与高欢创业的主要成员，是东魏北齐时期最杰出的军事统帅之一，率军南征北战，为高氏政权的生存和发展立下了汗马功劳。斛律金家族与高欢家族有着极为密切的姻亲关系：显祖（文宣帝高洋）时，"金孙武都尚义宁公主"；"肃宗（孝昭帝高演）践阼，纳其孙女为皇太子妃"；"世祖（武成帝高湛）登极，礼遇弥重，又纳其孙女为太子妃。"其家族在武成帝时的盛况是："金长子光大将军，次子羡及孙武都并开府仪同三司，出镇方岳，其余子孙皆封侯贵达。一门一皇后，二太子妃，三公主，尊宠之盛，当时莫比。"③ 斛律光亦一代名将，为高演阵营重要成员，时任并州刺史。这一派以宗室诸王为主，包括著名的胡族将领，尤其还有外戚斛律氏。

杨愔出身于北魏后期的大族弘农杨氏，精通儒家经典，魏末投靠高

---

① 《北史》卷五三《张保洛传》附，第1909页。
② 关于其仕履，本纪的记载可略作补充。《北齐书》卷四《文宣纪》：武定七年十二月己酉（廿八，550.1.31），以"太保贺拔仁为并州刺史"。次年六月禅代之初分封异姓功臣厍狄干、斛律金等七人，"贺拔仁为安定王"。天保五年（554）"三月，茹茹庵罗辰叛，帝亲讨，大破之，辰父子北遁，太保贺拔仁坐违节度除名"。八年四月庚午（初二，5.15），以"开府仪同三司贺拔仁为太保"。（第44、52、63—64页）天保八年的任命发生于高演诛杀杨愔之前不久，同时任命诸人是："以太师咸阳王斛律金为右丞相，前大将军扶风王可朱浑道元为太傅，开府仪同三司贺拔仁为太保，尚书令常山王演为司空、录尚书事，长广王湛为尚书令，尚书右仆射杨愔为尚书左仆射，以并省尚书右仆射崔暹为尚书右仆射，上党王涣录尚书事。"这便是文宣帝、废帝（济南王）之际的北齐最高统治集团成员。《后主纪》：天统元年（565）四月"丁丑（廿五，6.9），以太保贺拔仁为太师"。三年八月辛未（初三，9.21），太上皇帝诏以"太师贺拔仁为右丞相"。武平元年（570）二月己巳（十五，3.7），以"并州刺史、右丞相、安定王贺拔仁为录尚书事"。"闰月戊戌（十五，4.5），录尚书事、安定王贺拔仁薨"。（第97、100、103页）
③ 《北齐书》卷一七《斛律金传》，第221—222页。

欢，成为其最重要的亲信僚佐之一，主要负责高欢幕府的文秘工作。杨愔初任高欢行台郎中，转大行台右丞。"于时霸图草创，军国务广，文檄教令，皆自愔及崔㥄出。"后历任太原公开府司马、长史，大行台右丞，给事黄门侍郎，兼散骑常侍，兼尚书吏部郎中。高欢"妻以庶女"。《北齐书·杨愔传》：

> 武定末，以望实之美，超拜吏部尚书，加侍中、卫将军，侍学、典选如故。天保初，以本官领太子少傅……又诏监太史，迁尚书右仆射。尚太原长公主，即魏孝静后也。……又拜开府仪同三司、尚书左仆射，改封华山郡公。九年（558），徙尚书令，又拜特进、骠骑大将军。十年，封开封王。……济南嗣业，任遇益隆，朝章国命，一人而已，推诚体道，时无异议。乾明元年（560）二月，为孝昭帝所诛，时年五十。①

杨愔是东魏北齐最杰出的一位汉人政治家，对高氏政权的巩固作出了巨大贡献②。"典选二十余年，奖擢人伦，以为己任。""及居端揆，权综机衡，千端万绪，神无滞用。自天保五年已后，一人丧德，维持匡救，实有赖焉。每天子临轩，公卿拜授，施号发令，宣扬诏册。"③ 作为高欢女婿，杨愔在汉人大臣中地位独特。杨愔一派还有两位高欢女婿。燕子献由关中宇文泰治下投奔东魏，受到高欢赏识。"高祖见之大悦，尚淮阳公主，甚被待遇。显祖时，官至侍中、开府。济南（废帝高殷）即位之后，委任弥重，除右仆射。"④ 可朱浑天和"尚东平公主。累迁领军大将军，开府。济南王即位，加特进，改博陵公"⑤。天和兄元（道元）"少与高祖相知"，后任西魏渭州刺史，投奔东魏，为并州刺史，封扶风王。⑥ 宋钦道"初为大将军主簿，典书记。后为黄门侍郎，又令在东宫教太子习事。郑

---

① 参见《北齐书》卷三四《杨愔传》，第456页。
② 杨愔对北齐政治发挥的巨大作用，还可参见其当朝人颜之推的记载。《颜氏家训》卷二《慕贤》："齐文宣帝即位数年，便沈湎纵恣，略无纲纪，尚能委政尚书令杨遵彦，内外清谧，朝野晏如，各得其所，物无异议，终天保之朝。"（《颜氏家训集解》，第137页）
③ 《北齐书》卷三四《杨愔传》，第456—457页。
④ 《北齐书》卷三四《杨愔传》附《燕子献传》，第460页。
⑤ 《北齐书》卷三四《杨愔传》附《可朱浑天和传》，第460页。
⑥ 《北齐书》卷二七《可朱浑元传》，第376—377页。

子默以文学见知，亦被亲宠。钦道本文法吏，不甚谙识古今，凡有疑事，必询于子默。二人幸于两宫，虽诸王贵臣莫不敬惮。钦道又迁秘书监"①。郑颐（子默）"初为太原公东閤祭酒。与宋钦道特相友爱，钦道每师事之。杨愔始轻宋（钦道）、郑（颐），不为之礼。俄而自结人主，与参顾命。钦道复旧与济南欵狎，共相引致，无所不言。乾明初，拜散骑常侍。二人权势之重，与愔相埒"②。杨愔一派的主要成员多为汉人，以文吏见长而得到皇帝宠信，其中杨愔、燕子献、可朱浑天和均尚公主，属于外戚成员，与帝室关系颇为密切。③

　　杨愔与二王之争是北齐中叶发生的一次争夺最高政治权力的斗争，斗争的成败与禁卫武官及其所统禁卫军有密切关系。斗争的双方均有禁卫长官参与其中：二王阵营成员有常山王演、长广王湛、平原王段韶、平秦王高归彦、刘洪徽等人，其中高归彦、刘洪徽二人为禁卫长官；杨愔阵营成员有杨愔、燕子献、可朱浑天和、宋钦道、郑子默等人，其中可朱浑天和为禁卫长官。高归彦自天保初年担任领军大将军，长期掌握禁卫大权，文宣帝本欲借重其力以辅佐幼帝执政，而他却投靠到了势力更大的二王阵营④，利用其手中所掌握的禁卫军权来对付杨愔等执政大臣⑤。属于杨愔一派的领军大将军可朱浑天和在事变之初

---

① 《北齐书》卷三四《杨愔传》附《宋钦道传》，第460页。
② 《北齐书》卷三四《杨愔传》附《郑颐传》，第461页。
③ 缪钺认为这次斗争是属于汉人与鲜卑人之间的政治斗争（《东魏北齐政治上汉人与鲜卑之冲突》，《读史存稿》，生活·读书·新知三联书店1963年版，第82—93页），黄永年则认为这次斗争属于"文人参预帝位之争"，或者说是"武人与文人之争"，与鲜、汉民族矛盾无关（《论北齐的政治斗争》，《文史探微：黄永年自选集》，中华书局2000年版，第32—68页）。其说虽然各有理据，但亦难令人完全信从。
④ 《北齐书》卷三四《杨愔传》："高归彦初虽同德，后寻反动，以疏忌之迹尽告两王。"（第458页）
⑤ 黄永年认为："《北齐书》卷一四《平秦王归彦传》未记其卸领军大将军职。但此时不致有可朱浑天和与高归彦二人同任领军大将军一职之事，'领军［大将军］一时二十，连判文书，各作依字'，是后来高纬在位时的情况，见《北齐书》卷八《后主纪》。《归彦传》不见卸领军大将军职自属史官失记。"（《论北齐的政治斗争》，《文史探微：黄永年自选集》，第47页注①）按：这种判断纯属臆猜，乃是不明北齐领军制度而致。北齐时期至少同时并存两位以上的领军大将军，至于领军将军则更多，事实是高归彦在当时仍然担任领军大将军，不存在卸任的问题，不能想当然地以错误的判断来否定史书记载的正确性。另外，《后主纪》所记"领军一时二十"，当指领军将军，而非领军大将军，北齐时期无论如何也不可能出现领军大将军"一时二十"的局面。

即与杨愔等一起被执,他与另一领军大将军高归彦的分工情况不得而知,当时他似乎并未真正统领禁卫军。杨愔等被执遭殴辱但尚未被杀害之前,局势还有可能发生逆转,但齐废帝高殷的慵懦无能使机会很快就丧失了。

《北齐书·杨愔传》:

> 二叔率高归彦、贺拔仁、斛律金拥愔等唐突入云龙门。见都督叱利骚,招之不进,使骑杀之。开府成休宁拒门,归彦喻之,乃得入。送愔等于御前。长广王及归彦在朱华门外,太皇太后临昭阳殿,太后及帝侧立。常山王以砖叩头,进而言曰:"臣与陛下骨肉相连。杨遵彦等欲擅朝权,威福自己,王公以还,皆重足屏气。共相唇齿,以成乱阶,若不早图,必为宗社之害。臣与湛等为国事重,贺拔仁、斛律金等惜献皇帝基业,共执遵彦等领入宫,未敢刑戮,专辄之失,罪合万死。"帝时默然,领军刘桃枝之徒陛卫,叩刀仰视,帝不睨之。太皇太后令却仗,不肯,又厉声曰:"奴辈即今头落。"乃却。①

同书《孝昭纪》:

> 帝至东阁门,都督成休宁抽刃呵帝。帝令高归彦喻之,休宁厉声大呼不从。归彦既为领军,素为兵士所服,悉皆弛仗,休宁叹息而罢。帝入至昭阳殿,幼主、太皇太后、皇太后并出临御坐。帝奏愔等罪,求伏专擅之辜。时庭中及两廊下卫士二千余人皆被甲待诏,武卫娥永乐武力绝伦,又被文宣重遇,抚刃思效。废帝性吃讷,兼仓卒不知所言。太皇太后又为皇太后誓,言帝无异志,唯去逼而已。高归彦敕劳卫士解严,永乐乃内刀而泣。帝乃令归彦引侍卫之士向华林园,以京畿军入守门閤,斩娥永乐于园。②

如果在高演等入宫前齐废帝下诏宫中禁卫军进行抵抗,宫门恐怕很难被打开;或者他们入宫之后废帝仍能下诏,指出常山、长广二王的行为违背了先帝旨意,是谋反行为,号召左右侍卫予以严惩,则当时的局面很有可能

---

① 《北齐书》卷三四《杨愔传》,第458—459页。
② 《北齐书》卷六《孝昭纪》,第81页。

会发生改观。特别是当时庭中及两廊下有多达二千余人的禁卫部队，全副武装，等待皇帝发布命令，其将领武卫将军娥永乐又武力绝伦，准备为保卫皇帝效力，而此时的废帝却是"不知所言"，终于丧失了挽回局面的大好时机。如果领军大将军高归彦不投靠二王并出卖杨愔等人，不等二王反攻其权力就会丧失。① 如果没有高归彦，与禁卫军并无密切关系的二王要想捉拿并殴辱杨愔等辅政大臣，得以顺利进入宫中，使庭中及廊下的二千多卫士解除武装而不作反抗，每一步都是很难办到的。②

二 领军将军与琅邪王俨叛乱

北齐后主武平二年（571），琅邪王俨与恩倖和士开发生矛盾，二人相继被杀，在斗争中亦可看到领军将军及禁卫军的活动。《北齐书·后主纪》：武平二年"秋七月庚午（廿五，8.30），太保琅邪王俨矫诏杀录尚书事和士开于南台。即日诛领军大将军库狄伏连、书（治书）侍御史王子宣等，尚书右仆射冯子琮赐死殿中"。九月"庚午（廿五，10.29），杀太保琅邪王俨"。③ 同书《恩倖·和士开传》：

> 武平元年，封淮阳王，除尚书令，录尚书事……及世祖崩后，弥自放恣。琅邪王俨恶之，与领军库狄伏连、侍中冯子琮、御史王子宜（宣？）、武卫高舍洛等谋诛之。伏连发京畿军士，帖神武、千秋门外，并私约束，不听士开入殿。其年七月二十五日旦，士开依式早参，伏连前把士开手曰："今有一大好事。"王子宜便授一函，云："有敕令王向台。"遣兵士防送，禁于治书侍御厅事，俨遣都督冯永

---

① 其实，当时二王力量远不及杨愔及废帝一派。《北齐书》卷一二《武成十二王·琅邪王俨传》："安德王顾众而言曰：'孝昭帝杀杨遵彦，止八十人，今乃数千，何言人少？'"（第162页）

② 黄永年在《论北齐的政治斗争》一文中虽然认为"历来宫廷政变的成败在于禁军之向背"（《文史探微：黄永年自选集》，第46页），但却并未具体分析杨愔与二王之争中"禁军之向背"，而只是轻描淡写地一笔带过，如他在引《北齐书》卷六《孝昭纪》有关此次事变的记载后写道："这里所说前一段的情节与《杨（愔）传》无大出入，《杨传》未出现之领军刘洪徽当和刘桃枝之领军同为领军府下属的将领，而不可能与朱浑天同任领军大将军，娥永乐之武卫即领军府所领左右卫将军的副贰武将军，凡此均尚无关弘旨。"（同上书，第48页）显然，他对禁卫军权在这次政治斗争中的重要性未予足够的重视。

③ 《北齐书》卷八《后主纪》，第104—105页。

洛就台斩之，时年四十八，簿录其家口。后诛俨等。①

琅邪王俨发动叛乱杀和士开，是因其地位由于和士开专权而受到了威胁。高俨为武成帝第三子，"初封东平王，拜开府、侍中、中书监、京畿大都督、领军大将军、领御史中丞，迁司徒、尚书令、大将军，录尚书事、大司马"。在诸子中，武成帝似乎最喜欢高俨："俨恒在宫中，坐含光殿以视事，诸父皆拜焉。帝幸并州，俨常居守，每送驾，或半路，或至晋阳，乃还。""俨器服玩饰，皆与后主同，所须悉官给。"武成帝甚至曾考虑过废后主而立高俨。② 河清四年（天统元年，565）四月，武成帝禅位于后主高纬，自为太上皇。天统四年十二月，太上皇死。武平元年（570）七月，以"中领军和士开为尚书令"。③ 高俨与和士开的矛盾可能从此时即开始加剧。

《北齐书·外戚·胡长仁传附从祖兄长粲传》："以外戚起家给事中，迁黄门侍郎。后主践阼，长粲被敕与黄门冯子琮出入禁中，专典敷奏。世祖崩，与领军娄定远、录尚书赵彦深、和士开、高文遥、领军綦连猛、高阿那肱、仆射唐邕同知朝政，时人号为八贵。于后，定远、文遥并出，唐邕专典外兵，綦连猛、高阿那肱别总武任，长粲常在左右，兼宣诏令，从幸晋阳。后主即位，富于春秋，庶事皆归委长粲，长粲尽心毗奉，甚得名誉。又为侍中。"④ 娄定远为娄昭次子，"外戚中偏为武成爱狎。别封临淮郡王。武成大渐，与赵郡王等同受顾命，位司空"⑤。赵彦深出身贫贱，以其恭谨及才干而被高欢以来历代高氏君主所重用，史称"彦深历事累朝，常参机近"⑥。高文遥即元文遥。"孝昭摄政，除大丞相府功曹参军，典机密。及践阼，除中书侍郎，封永乐县伯，参军国大事。及帝大渐，与平秦王归彦、赵郡王叡等同受顾托，迎立武成即位，任遇转隆，历给事黄门侍郎、散骑常侍、侍中、中书监。天统二年，诏特赐姓高氏，籍属宗正，子弟依例岁时入朝。再迁尚书左仆射，进封宁都郡公，侍中。""文

---

① 《北齐书》卷五〇《恩倖·和士开传》，第688—689页。
② 《北齐书》卷一二《武成十二王·琅邪王俨传》，第160—161页。
③ 参见《北齐书》卷七《武成纪》，第94页；卷八《后主纪》，第104页。
④ 《北齐书》卷四八《外戚·胡长仁传附从祖兄长粲传》，第669页。
⑤ 《北齐书》卷一五《娄昭传附子定远传》，第196页。
⑥ 《北齐书》卷三八《赵彦深传》，第507页。

遥历事三主，明达世务，每临轩，多命宣敕……既与赵彦深、和士开同被任遇，虽不如彦深清贞守道，又不为士开贪淫乱政，在于季、孟之间。"①綦连猛，"天统元年，迁右卫大将军。乃奉世祖敕，恒令在嗣主左右，兼知内外机要之事。三年，除中领军。四年，转领军将军，别封义宁县开国君。五年，除并省尚书左仆射，余如故。除并省尚书令、领军大将军，封山阳王"②。高阿那肱之父高市贵，"从高祖起义"，为高欢元从亲信。"那肱为库典，从征讨，以功勤擢为武卫将军。肱妙于骑射，便僻善事人，每宴射之次，大为世祖所爱重。又谄悦和士开，尤相亵狎，士开每为之言，弥见亲待。后主即位，累迁并省尚书左仆射，封淮阴王。又除并省尚书令。""既为世祖所幸，多令在东宫侍后主，所以大被宠遇。士开死后，后主谓其识度足继士开，遂致位宰辅。武平四年，令其录尚书事，又总知外兵及内省机密。""又为右丞相，余如故。"③ 唐邕"善书计，强记默识，以干济见知"。"从霸朝以来常典枢要，历事六帝，恩遇甚重。"高氏历代君主特别是文宣、孝昭、武成诸帝对其颇为赏识。文宣帝曾说："唐邕强干，一人当千。"文宣以后历任给事黄门侍郎、领中书舍人，黄门侍郎，侍中、并州大中正、护军，尚书，尚书右仆射，尚书令，录尚书事，封晋昌王。史称"邕性识明敏，通解时事，齐氏一代，典执兵机。凡是九州军士、四方勇募，强弱多少，番代往还，及器械精粗、粮储虚实，精心勤事，莫不谙知"。④ 由此可知，"八贵"中除和士开"贪淫乱政"外，绝大多数人还是颇有才干的，是当时统治集团中的精干成员。⑤

琅邪王俨与和士开的斗争，禁卫武官参与其中，双方都动用了禁卫武装。如上引史料所见："琅邪王俨恶之，与领军厍狄伏连、侍中冯子琮、御史王子宜、武卫高舍洛等谋诛之。伏连发京畿军士，帖神武、千秋门

---

① 《北齐书》卷三八《元文遥传》，第504页。
② 《北齐书》卷四一《綦连猛传》，第541页。
③ 《北齐书》卷五〇《恩倖·高阿那肱传》，第690页。
④ 《北齐书》卷四〇《唐邕传》，第530—532页。
⑤ 《北齐书》卷八《幼主纪》："任陆令萱、和士开、高阿那肱、穆提婆、韩长鸾等宰制天下，陈德信、邓长颙、何洪珍参预机权。各引亲党，超居非次，官由财进，狱以贿成，其所以乱政害人，难以备载。诸宫奴婢、阉人、商人、胡户、杂户、歌舞人、见鬼人，滥得富贵者将万数。庶姓封王者百数，不复可纪。开府千余，仪同无数。领军一时二十，连判文书，各作依字，不具姓名，莫知谁也。诸贵宠祖祢追赠官，岁一进，位极乃止。"（第112页）

外,并私约束,不听士开入殿。"而在和士开被杀当日,领军大将军厍狄伏连亦被诛。《北齐书·慕容俨传附厍狄伏连传》:"少以武干事尔朱荣,至直阁将军。后从高祖建义,赐爵蛇丘男。"历任武卫将军、仪同三司、郑州刺史等职,"武平中,封宜都郡王,除领军大将军。寻与琅琊王俨杀和士开,伏诛"。① 据有关记载可知,厍狄伏连在东魏后期曾任左卫将军,孝昭帝皇建(560—561)时就已经担任领军(大将军)。② 厍狄伏连初任领军的具体时间不清,但他自北魏末年以来长期担任禁卫武官——直阁将军、武卫将军、左卫将军、领军大将军,无疑与禁卫军有着极为密切的关系。《北齐书·高元海传》:

> 皇建末,孝昭幸晋阳,武成居守,元海以散骑常侍留典机密。初,孝昭之诛杨愔等,谓武成云:"事成,以尔为皇太弟。"及践阼,乃使武成在邺主兵,立子百年为皇太子,武成甚不平。先是,恒留济南于邺,除领军厍狄伏连为幽州刺史,以斛律丰乐为领军,以分武成之权。武成留伏连而不听丰乐视事。③

在晋阳的孝昭帝为了控制邺城政局,以便使其子百年得以顺利继承皇位,作出了削弱其弟高湛权力的决定,即以斛律丰乐为领军以取代厍狄伏连④。无奈鞭长莫及,高湛拒绝执行这一决定,其目的无非是要通过掌握禁卫军权来控制邺城政局。很显然,领军之职在孝昭帝兄弟的政争中起了关键作用。

孝昭帝死后,高湛很快便从幼帝手中夺取了帝位,与他控制着邺城的禁卫军权有极大关系。在琅邪王俨欲除掉专权的恩倖和士开时,俨诳领军厍狄伏连,谓其"奉敕令领军收士开"。而在具体实施过程中,厍狄伏连发京畿军士把守在神武(虎)门和千秋门外,不让和士开进入殿内,然后在七月二十五日晨和士开入殿早参时将其带至治书侍御史办公室,高俨

---

① 《北齐书》卷二〇《慕容俨传附厍狄伏连传》,第283页。
② 参见《北齐书》卷一七《斛律平传》,第229页;卷一四《高元海传》,第183页。
③ 《北齐书》卷一四《高元海传》,第183页。
④ 斛律丰乐为斛律光之弟,参见《北齐书》卷八《后主纪》武平三年七月条,第105页。

遂令都督冯永洛斩士开①。如果没有领军大将军库狄伏连、武卫将军高舍洛、都督冯永洛的参与，当时已经基本丧失兵权而行动受到某种程度限制的高俨，仅凭几个亲信（侍中、尚书右仆射冯子琮②，治书侍御史王子宜，中常侍刘辟疆等）无论如何是不可能将和士开谋杀的。后主及其统治集团决不能容忍高俨及其同党的政变行为，因此和士开虽除，他们也难免一死。

琅邪王俨谋杀和士开后，与后主高纬便发生了直接的冲突："俨遂率京畿军士三千余人屯千秋门。帝使刘桃枝将禁兵八十人召俨。桃枝遥拜，俨命反缚，将斩之，禁兵散走。"③后主与高俨都打算召名将斛律光（时为右丞相、并州刺史，率军与北周交战）④，利用其兵力与对方决一胜负。斛律光选择了后主阵营，"入见后主于永巷"，时"帝率宿卫者步骑四百，授甲将出战"。斛律光认为，"至尊宜自至千秋门，琅邪必不敢动"，后主从之，"俨徒骇散"。光执其手，强引以前，请帝不杀俨。"帝拔俨带刀环乱筑，辫头，良久乃释之。收伏连及高舍洛、王子宜、刘辟疆、都督翟显贵于后园，帝亲射之而后斩，皆支解，暴之都街下。"⑤斛律光的支持无疑是后主获胜的关键因素，而禁卫军权在这期间所发挥的作用也不可忽视。后高俨至晋阳，后主"使右卫大将军赵元侃诱执俨"。元侃不从，帝出元侃为豫州刺史。九月下旬，后主令刘桃枝捕杀高俨。⑥刘桃枝即鲜于桃枝，在高演、高湛二王杀害杨愔等的政变发生时已任领军侍卫于帝左右，捕杀高俨时应为领军大将军。⑦

---

① 《北齐书》卷一二《武成十二王·琅邪王俨传》："伏连信之，伏五十人于神兽（虎）门外，诘旦，执士开送御史。俨使冯永洛就台斩之。"（第162页）

② 《北齐书》卷四〇《冯子琮传》："子琮妻，胡皇后妹也。"历任殿中郎、东宫管记，太子庶子，给事黄门侍郎、领主衣都统，"元文遥以子琮太后妹夫，恐其奖成太后干政，说赵郡王及士开出之，拜郑州刺史，即令之任。""子琮因请假赴邺，遂授吏部尚书。""俄迁尚书右仆射，仍摄选。""是时内官除授多由士开奏拟，子琮既恃内威，兼带选曹，自擅权宠，颇生间隙。琅邪王俨杀士开，子琮与其事，就内省绞杀之。"（第529页）

③ 《北齐书》卷一二《武成十二王·琅邪王俨传》，第162页。

④ 斛律光是北齐最杰出的军事家，其当朝人颜之推说："斛律明月，齐朝折冲之臣"。"此人用兵，岂止万夫之望而已哉！国之存亡，系其生死。"（《颜氏家训集解》卷二《慕贤》，第137页）

⑤ 《北齐书》卷一二《武成十二王·琅邪王俨传》，第162—163页。

⑥ 同上。

⑦ 据《北齐书》卷一七《斛律羡传》载，斛律光被杀后，"遣领军大将军鲜于桃枝"等捕杀其弟幽州行台尚书令斛律羡（第228页）。

第十九章　东魏北齐禁卫武官制度　/　723

除了此次捕杀琅邪王俨外，刘桃枝还奉命参与了北齐皇帝对王公大臣的多次诛戮行动：1）文宣帝囚永安王浚与上党王涣于北城地牢，以铁笼盛之，"又使壮士刘桃枝就笼乱刺"①。2）文宣帝末年对高德政下毒手，使斩其趾。"刘桃枝捉刀不敢下。帝起临阶砌，切责桃枝曰：'尔头即堕地！'因索大刀自带，欲下阶。桃枝乃斩足之三指。"② 3）武成帝杀平秦王归彦，"上令都督刘桃枝牵入"，"乃载以露车，衔枚面缚，刘桃枝临之以刃，击鼓随之，并子孙十五人皆弃市"。③ 4）后主杀赵郡王叡，"令刘桃枝拉而杀之"于华林园雀离佛院④。5）武平三年七月，后主杀斛律光，"引入凉风堂，刘桃枝自后拉而杀之"⑤。6）"光诛，敕使中领军贺拔伏恩等十余人驿捕之（斛律羡）。遣领军大将军鲜于桃枝、洛州行台仆射独孤永业便发定州骑卒续进，仍以永业代羡。"⑥ 7）武平五年（574）高思好谋反，进攻晋阳。"帝闻变，使唐邕、莫多娄敬显、刘桃枝、中领军厍狄士文驰之晋阳，帝勒兵续进。"军败，高思好投水而死，"其麾下二千人，桃枝围之，且杀且招，终不降以至尽"。⑦ 刘桃枝出身微贱，无政治头脑，唯主命是从，故为北齐历代皇帝所用，一直在禁卫军中担任将领。《北齐书·恩倖传》："高祖时有苍头陈山提、盖丰乐、刘桃枝等数十人，俱驱驰便僻，颇蒙恩遇。天保、大宁之朝，渐以贵盛，至武平时皆以开府、封王。"⑧ 同书《方伎·皇甫玉传》借一盲吴士之口道出了刘桃枝一生的作为："世宗时有吴士，双盲而妙于声相，世宗历试之。闻刘桃枝之声，曰：'有所系属，然当大富贵，王侯将相多死其手，譬如鹰犬为人所使。'"⑨ 刘桃枝身上集中体现了禁卫武官在北齐政治中的重要作用，只不

---

① 《北齐书》卷一〇《永安王浚传》，第133页。
② 《北齐书》卷三〇《高德政传》，第409页。
③ 《北齐书》卷一四《平秦王归彦传》，第188页。
④ 《北齐书》卷一三《赵郡王叡传》，第173页。同书卷四〇《冯子琮传》：武成帝（太上皇）死，"时太尉、录尚书事赵郡王叡先恒居内，预帷幄之谋，子琮素知士开忌叡及领军临淮王娄定远，恐其矫遗诏出叡外任，夺定远禁卫之权"（第528页）。
⑤ 《北齐书》卷一七《斛律光传》，第226页。
⑥ 《北齐书》卷一七《斛律羡传》，第228页。
⑦ 《北齐书》卷一四《高思好传》，第185页。同书卷四一《鲜于世荣传》："武平中，以平信州贼，除领军将军，转食上党郡干。从平高思好，封义阳王。"（第539页）这是领军将军参与平定叛乱的又一事例。
⑧ 《北齐书》卷五〇《恩倖传》，第694页。
⑨ 《北齐书》卷四九《方伎·皇甫玉传》，第678页。

过他是以残害王公大臣的皇帝鹰犬角色出现的。

第四节 左、右卫府

一 左、右卫将军与左、右卫大将军

左、右卫府是东魏北齐禁卫武官制度的主体，既是对北魏后期制度的继承，同时又有很大的突破。《隋书·百官志中》载领军府所辖左、右卫府，"将军各一人，掌左、右厢。所主朱华阁以外，各武卫将军二人贰之。皆有司马、功曹、主簿、录事，鏊其府事"①。左、右卫将军为第三品，武卫将军为从第三品，二卫司马为第七品下。北齐《官品令》又可见到二卫队主（从第五品下）、队副（从第七品下），知队主地位远高于司马。队主、队副当是左、右卫府具体领兵承担殿内宿卫职责的将领。左、右厢之义可从《隋书·礼仪志三》的记载得到认识："后齐制，日蚀，则太极殿西厢东向，东堂东厢西向，各设御座。群官公服。昼漏上水一刻，内外皆严。三门者闭中门，单门者掩之。蚀前三刻，皇帝服通天冠，即御座，直卫如常，不省事。有变，闻鼓音，则避正殿，就东堂，服白袷单衣。侍臣皆赤帻，带剑，升殿侍。"②

古代帝王宫殿有左、右箱（厢）或东、西箱（厢），自汉已然。《汉书·礼乐志》："皇帝就酒东箱，坐定，奏《永安》之乐，美礼已成也。"③《周昌传》："高帝欲废太子，而立戚姬子如意为太子"，周昌庭争，"上欣然而笑，即罢。吕后侧耳于东箱听，见昌，为跪谢曰：'微君，太子几废。'"师古曰："正寝之东、西室皆曰箱，言似箱箧之形。"④《贾谊传》"盗者剟寝户之帘"下，师古曰："剟，谓割取之也。室有东、西箱曰庙，无东、西箱曰寝，盖谓陵上之寝。"⑤《后汉书·班彪传上》："又旧制：太子食汤沐十县，设周卫交戟，五日一朝，因坐东箱，省视膳食。"注引《汉官仪》曰："皇太子五日一至台，因坐东箱，省视

---

① 《隋书》卷二七《百官志中》，第 758 页。
② 《隋书》卷八《礼仪志三》，第 169—170 页。
③ 《汉书》卷二二《礼乐志》，第 1043 页。
④ 《汉书》卷四二《周昌传》，第 2095 页。
⑤ 《汉书》卷四八《贾谊传》，第 2246 页。

膳食。"① 《汉书·晁错传》："后十余日，吴楚七国俱反，以诛错为名。上与错议出军事，错欲令上自将兵，而身居守。会窦婴言爰盎，诏召入见，上方与错调兵食。……上问曰：'计安出？'盎对曰：'愿屏左右。'上屏人，独错在。盎曰：'臣所言，人臣不得知。'乃屏错。错趋避东箱，甚恨。"② 《后汉书·虞诩传》：虞诩与中常侍张防相争，"防流涕诉帝，诩坐论输左校"。"宦者孙程、张贤等知诩以忠获罪，乃相率奏乞见。程曰：'……宜急收防送狱，以塞天变。下诏出诩，还假印绶。'时防立在帝后，程乃叱防曰：'奸臣张防，何不下殿！'防不得已，趋就东箱。"③ 《汉书·金日䃅传》：汉武帝末年莽何罗谋反，时金日䃅"立入坐内户下。须臾，何罗褏白刃从东箱上，见日䃅，色变，走趋卧内，欲入"④，云云。《佞幸·董贤传》："哀帝崩。太皇太后召大司马贤，引见东箱，问以丧事调度。贤内忧，不能对，免冠谢。"⑤ 《王莽传上》："太后诏谒者引莽待殿东箱，莽称疾不肯入。"⑥ 《史记·司马相如传上》"青虯蚴蟉于东箱，象舆婉蝉于西清"下，注引郭璞曰："西清，西箱清净地也。"⑦ 《汉书·扬雄传上》"览樛流于高光兮，溶方皇于西清"下，颜师古注："西清，西箱清闲之处也。"⑧ 从相关记载推断，西汉时宫殿东箱比较重要，与皇帝较近，而西箱则属清闲之处，与政治关系不大。⑨ 东汉时宫殿之两厢则称为左、右厢。《续汉书·礼仪志下》："大敛于两楹之间。五官、左、右、虎贲、羽林五将，各将所部，执虎贲戟，屯殿端门陛左、右厢，中黄门持兵陛殿上。"⑩ 西晋宫殿之两厢又称为东、西厢。《晋书·愍怀太子传》："（元

---

① （南朝宋）范晔撰，（唐）李贤等注：《后汉书》卷四〇上《班彪传上》，中华书局1965年版，第1328—1329页。
② 《汉书》卷四九《晁错传》，第2300—2301页。
③ 《后汉书》卷五八《虞诩传》，第1871页。
④ 《汉书》卷六八《金日䃅传》，第2961页。
⑤ 《汉书》卷九三《佞幸·董贤传》，第3739页。
⑥ 《汉书》卷九九上《王莽传上》，第4047页。
⑦ （汉）司马迁撰，（南朝宋）裴骃集解，（唐）司马贞索隐，（唐）张守节正义：《史记》卷一一七《司马相如传上》，中华书局1959年版，第3026—3027页。
⑧ 《汉书》卷八七《扬雄传上》，第3528页。
⑨ 南宋程大昌依据《汉书·周昌传》《晁错传》的记载，认为："寝者，露寝正殿也。正殿两旁有室，即厢也。"（《雍录》卷一〇《东西厢》，黄永年点校，中华书局2002年版，第211页）
⑩ 《后汉书》，第3142页。

康）九年六月，有桑生于宫西厢，日长尺余，数日而枯。"①

东魏北齐左卫将军可考者有刘丰、斛律光、斛律平、厍狄伏连、薛孤延等人②，右卫将军有娄叡、襄乐王显国、元景安、郭琼等人③。北齐时期亦出现了左、右卫大将军，如：刘悦，"拜临戎县开国公，除汾州刺史。入除左卫大将军，食博陵郡干"④。高思好，"少以骑射事文襄。及文宣受命（550），为左卫大将军"⑤。元景安，"（大宁）二年（562），转右卫将军，寻转右卫大将军"⑥。綦连猛，"天统元年（565），迁右卫大将军，乃奉世祖敕，恒令在嗣主左右，兼知内外机要之事。三年，除中领军"⑦。琅邪王俨至晋阳，"使右卫大将军赵元侃诱执俨"，时在武平二年（571）⑧。可朱浑孝裕，"武平四年五月中，除右卫大将军。爰处禁戎，兼督骁武，英杰之气，足冠时雄"⑨。武平七年底安德王延宗"即皇帝位"，改年为德昌元年，"以晋昌王唐邕为宰辅，齐昌王莫多娄敬显、沐阳王和阿于子、右卫大将军段畅、武卫将军相里僧伽、开府韩骨胡、侯莫陈洛州

---

① （唐）房玄龄等撰：《晋书》卷五三《愍怀太子传》，中华书局 1974 年版，第 1459 页。
② 《北齐书》卷一三《清河王岳传》："（侯）景乃拥众于涡阳，与左卫将军刘丰等相持。"（第 175 页）卷一六《段韶传》："武定四年（546），从征玉壁。时高祖不豫，攻城未下，召集诸将，共论进止之宜。谓大司马斛律金、司徒韩轨、左卫将军刘丰等曰：……"（第 209 页）卷一七《斛律光传》："寻兼左卫将军，进爵为伯。"（第 222 页）《斛律平传》："入兼左卫将军，领众一万讨北徐贼，破之，除济州刺史。侯景度江，诏平为大都督，率青州刺史敬显儁、左卫将军厍狄伏连等略定寿阳、宿预三十余城。"（第 229 页）卷一九《薛孤延传》："入为左卫将军，改封平泰郡公。为左厢大都督，与诸军将讨颍州。"（第 256 页）卷二〇《宋显传》：为西兖州刺史。"显勒当州士马邀破之，斩（西魏博陵王元）约等，仍与左卫将军斛律平共会大梁。"（第 270 页）卷二七《刘丰传》："又从高祖破周文于河阴，丰功居多，高祖执手嗟赏，入为左卫将军。"（第 377 页）
③ 娄叡为武明皇太后兄子，曾任右卫将军，见前引《娄叡墓志》。《北齐书》卷一四《襄乐王显国传》："天保元年（550），封襄乐王，位右卫将军。"（第 182 页）卷二四《陈元康传》："魏尚书仆射范阳卢道虔女为右卫将军郭琼子妇，琼以死罪没官，高祖启以赐元康为妻，元康乃弃故妇李氏，识者非之。"（第 343 页）。
④ 《汉魏南北朝墓志集释》图版五九七之二《刘悦墓志》；新乡市博物馆：《北齐窦、娄、石、刘四墓志中几个问题的探讨》（图四），《文物》1973 年第 6 期。
⑤ 《北齐书》卷一四《高思好传》，第 185 页。
⑥ 《北齐书》卷四一《元景安传》，第 543 页。
⑦ 《北齐书》卷四一《綦连猛传》，第 541 页。
⑧ 《北齐书》卷一二《武成十二王·琅邪王俨传》，第 163 页。
⑨ 《可朱浑孝裕墓志》，见罗新《跋北齐〈可朱浑孝裕墓志〉》，《北大史学》第 8 辑，北京大学出版社 2001 年版，第 136 页。

为爪牙"。① 这些记载表明，左、右卫大将军始设于北齐初年，且存在于北齐一代。元景安的事例显示，左、右卫大将军地位高于左、右卫将军；綦连猛的事例则显示，左、右卫大将军位次于中领军。看来无论中领军还是领军将军、领军大将军，地位都要高于左、右卫将军及大将军，这表明北齐的左、右卫府确实归领军府统辖，左、右卫府是领军府的下级禁卫机构。刘悦的事例显示，中护军亦高于左卫大将军。左、右卫将军出征的事例表明其为统兵之实职禁卫武官，而左、右卫大将军的有关事例则表明其确为禁卫长官之一，且晋阳亦设左、右卫大将军。

二 武卫将军与武卫大将军

有关东魏北齐武卫将军的记载远比左、右卫将军为多，因此对于北齐武卫将军制度的认识也就会更为充分。武卫将军可考者有高岳、段韶、库狄伏连、高建、元整、暴显、鲜于世荣、高阿那肱、綦连猛、皮景和、吕芬、皮信、侯莫陈晋贵、相里僧伽等人；又有武卫娥永乐、赫连辅玄、兰芙蓉、綦连延长、赵海、奚永洛、高舍洛、张常山见于记载。

段韶随高欢"袭取夏州，擒斛律弥娥突，加龙骧将军、谏议大夫，累迁武卫将军"②，时在东魏天平三年（536）正月③。元象元年（538），暴显"除云州大中正，兼武卫将军"④。库狄伏连，"世宗辅政，迁武卫将军"⑤。高欢再从弟高建，"中兴（531）初，除马场大都督，寻转武卫将军、散骑常侍"⑥。天保七年（556），綦连猛"除武卫将军、仪同三司"⑦。皮景和，"乾明元年（560），除武卫将军，兼给事黄门侍郎"⑧。

---

① 《北齐书》卷一一《安德王延宗传》，第149页。
② 《北齐书》卷一六《段韶传》，第209页。
③ 《北齐书》卷二《神武纪下》："（天平）三年正月甲子（廿二，2.29），神武帅库狄干等万骑袭西魏夏州，身不火食，四日而至。缚矟为梯，夜入其城，禽其刺史费也头斛拔俄弥突，因而用之。"（第19页）
④ 《北齐书》卷四一《暴显传》，第535页。
⑤ 《北齐书》卷二〇《慕容俨传》附传，第283页。
⑥ 《汉魏南北朝墓志集释》图版三一〇之二《高建妻王氏墓志》。又，图版三〇九之二《高建墓志》：为高湖（高欢曾祖）曾孙。"起家为马场大都督。""又转武卫将军，加卫将军、右光禄大夫……除骠骑大将军、散骑常侍。"所载与《高建妻王氏墓志》稍异，但其曾任武卫将军并无歧异。
⑦ 《北齐书》卷四一《綦连猛传》，第541页。
⑧ 《北齐书》卷四一《皮景和传》，第537页。

鲜于世荣,"皇建中(560),除仪同三司、武卫将军"①。武卫将军在宫廷侍卫,为皇帝左右亲信。高阿那肱"从征讨,以功勤擢为武卫将军。肱妙于骑射,便僻善事人,每宴射之次,大为世祖所爱重。又谄悦和士开,尤相亵狎,士开每为之言,弥见亲待"②。和士开"遭母刘氏忧,帝闻而悲惋,遣武卫将军吕芬诣宅,昼夜扶侍,成服后方还"③。高澄第三子河间王孝琬,天统(565—569)中为尚书令。"孝琬以文襄世嫡,骄矜自负","又怨执政,为草人而射之"。"帝怒,使武卫赫连辅玄倒鞭挝之。"④ 按"执政"当即后主宠臣和士开与祖珽。废帝初高演、高湛二王发动政变欲杀杨愔等宰辅大臣,"时庭中及两廊下卫士二千余人皆被甲待诏,武卫娥永乐武力绝伦,又被文宣重遇,抚刃思效"⑤。可知武卫娥永乐是在禁中侍卫。武平五年,陈人寇淮南,开府仪同三司王纮反对出征。高阿那肱谓众人:"从王武卫者南席。"⑥ 这表明当时王纮实为武卫将军或武卫大将军。朔州道行台、朔州刺史高思好反叛,"思好至阳曲,自号大丞相,置百官,以行台左丞王尚之为长史。武卫赵海在晋阳掌兵,时仓卒不暇奏,矫诏发兵拒之"⑦。此条记载显示,武卫与领军、左·右卫相同,不仅京师邺城有其机构,在晋阳亦设其职以"掌兵"。后主时,高劢授武卫将军、领军、祠部尚书、开府仪同三司⑧。琅邪王俨杀和士开,参与其谋者有武卫高舍洛⑨。武平末,皮信为开府仪同三司、武卫将军,元仁为仪同三司、武卫。⑩ 侯莫陈晋贵为"武卫将军、梁州刺史。隆化时,并州失守,晋贵遣使降周"⑪。周武帝率军包围晋阳,武平七年十二月丁巳(廿七,577.2.12),北齐后主在周军围困中改年号为隆化;戊午(廿八,2.13),齐后主弃城奔邺,安德王延宗即位,又改年为德昌。如上所述,

---

① 《北齐书》卷四一《鲜于世荣传》,第539页。
② 《北齐书》卷五〇《恩倖·高阿那肱传》,第690页。
③ 《北齐书》卷五〇《恩倖·和士开传》,第687页。
④ 《北齐书》卷一一《河间王孝琬传》,第146页。
⑤ 《北齐书》卷六《孝昭纪》,第81页。
⑥ 《北齐书》卷二五《王纮传》,第367页。
⑦ 《北齐书》卷一四《高思好传》,第185页。
⑧ 参见《北齐书》卷一三《清河王岳传附子劢传》,第177页。
⑨ 参见《北齐书》卷五〇《恩倖·和士开传》,第688页。
⑩ 参见《北齐书》卷四一《皮景和传》《元景安传》,第538、543页。
⑪ 《北齐书》卷一九《侯莫陈相传》,第259页。

安德王延宗称帝后所任命的爪牙中有"武卫将军相里僧伽"。在抗击周军过程中,"武卫兰芙蓉、綦连延长皆死于阵"。① 此役中还可见到"武卫张常山"②。凡此,都是晋阳设有武卫机构、武卫将军为皇帝亲信爪牙并承担晋阳城保卫的具体例证。

北齐时还出现了"武卫大将军"之职,有关的事例见于以下记载。《刘悦墓志》:"除武卫将军、仪同三司,食鲁阳郡干。王出卫三层,入宿九户,负扆嘉节,珥鹖怀威……除云州刺史……又除武卫大将军。……除骠骑大将军……除汾州刺史。入除左卫大将军,食博陵郡干。……迁中护军。"③《可朱浑孝裕墓志》:"天统四年(568)二月中,除仪同三司。其年五月,进位开府。……除武卫大将军,食晋州南绛郡干。武平四年(573)五月中,除右卫大将军。"④《北齐书·斛律金传》:天保四年(553),斛律金"以太师还晋阳。车驾复幸其第,六宫及诸王尽从,置酒作乐,极夜方罢。帝忻甚,诏金第二子丰乐为武卫大将军,因谓金曰:'公元勋佐命,父子忠诚,朕当结以婚姻,永为蕃卫。'"⑤《皮景和传》:"大宁元年(561),除仪同三司、散骑常侍、武卫大将军,寻加开府。"⑥《元景安传》:天保四年以后,"迁武卫大将军,又转领左右大将军,兼七兵尚书"⑦。《綦连猛传》:"(天保)九年,转武卫大将军。乾明初,加车骑大将军。……(皇建)二年(561),除领左右大将军。"⑧《张保洛传》附载:"并州未败前(576),(领军将军乞伏令和)与领军大将军韩建业、武卫大将军封辅相相继投周军。"⑨《隋书·慕容三藏传》:"迁备身都督。武平初,袭爵燕郡公,邑八百户。其年,败周师于孝水,又破陈师于寿阳,转武卫将军。又败周师于河阳,授武卫大将军。又转右卫将军,别封范阳县公,食邑千户。周师入邺也,齐后主失守东遁,委三藏等留守邺

---

① 《北齐书》卷一一《安德王延宗传》,第150页。
② 《北齐书》卷五〇《恩倖·高阿那肱传》,第691页。
③ 《汉魏南北朝墓志集释》图版五九七之二《刘悦墓志》。
④ 《可朱浑孝裕墓志》。
⑤ 《北齐书》卷一七《斛律金传》,第221页。
⑥ 《北齐书》卷四一《皮景和传》,第537页。
⑦ 《北齐书》卷四一《元景安传》,第543页。
⑧ 《北齐书》卷四一《綦连猛传》,第541页。
⑨ 《北齐书》卷一九《张保洛传》附,第258页。

官。齐之王公以下皆降，三藏犹率麾下抗拒周师。"①

从以上记载可以看到：刘悦、皮景和、元景安、慕容三藏均先任武卫将军而后任武卫大将军，表明武卫大将军地位高于武卫将军；元景安、綦连猛均由武卫大将军转任领左右大将军，表明武卫大将军地位又低于领左右大将军；慕容三藏由武卫大将军转任右卫将军，表明左、右卫将军高于武卫大将军；可朱浑孝裕由武卫大将军转任右卫大将军，刘悦先任武卫大将军而后经汾州刺史再任左卫大将军，表明左、右卫大将军高于武卫大将军；刘悦由左卫大将军迁任中护军，表明左、右卫大将军亦低于中护军。由此可见，虽然左·右卫、武卫在北齐均出现了大将军，但领军、护军、左·右卫、武卫诸职之间的品级并未因此发生易位，诸大将军地位可能仅在诸将军原有品级上略有尊崇和提升而已，但并未超出高一级的将军。《隋书·百官志中》所载北齐官品令，领左右将军与武卫将军均为从第三品，但武卫将军次于领左右将军，看来武卫大将军与领左右大将军的关系亦与此相同。武卫将军、大将军侍卫君主左右，如上引高阿那肱、娥永乐、吕芬、赫连辅玄、高舍洛、相里僧伽等人。武卫将军、大将军要保卫京师或别都晋阳，如高思好反叛时"武卫赵海在晋阳掌兵"；周军攻围晋阳，后主出逃，安德王延宗被逼即位而承担起晋阳保卫之责，其"爪牙"中即有武卫将军相里僧伽；晋阳城破之际，武卫大将军封辅相投降周军，武卫兰芙蓉、綦连延长皆战死，显然他们都是参与晋阳城保卫的将领。

三 左、右卫府属官

东魏北齐禁卫武官制度中还出现了一些新的官职，其中左、右卫府之御仗属官、直荡属官、直卫属官、直突属官、直阁（閤）属官等是颇具特色的一代制度。据《隋书·百官志中》记载，东魏北齐左、右卫府诸官之名、品及员额可列表如下②：

---

① 《隋书》卷六五《慕容三藏传》，第1532页。
② 参见《隋书》卷二七《百官志中》，第765—770页。

表19—2　　　东魏北齐左、右卫府诸官名、品及员额一览

名称	品级	员额
左、右卫将军	第三品	各一人
左、右卫司马	第七品下	
左、右卫功曹、主簿、录事		
二卫队主	从第五品下	
二卫队副	从第七品下	
武卫将军	从第三品	各二人
御仗正都督	从第四品上	
御仗副都督	从第五品上	
御仗五职	从第八品下	
御仗	第九品下	
直荡正都督	从第四品上	
直荡副都督	从第五品上	
直入正都督	第五品上	
直入副都督	第六品下	
勋武前锋正都督	第七品上	
勋武前锋副都督	从第七品上	
勋武前锋五职	从第八品下	
直卫正都督	第五品上	
直卫副都督	从第六品下	
翊卫正都督	从第五品下	
翊卫副都督	第七品下	
前锋正都督	从第七品下	
前锋副都督	第八品下	
直突都督	从第六品上	
勋武前锋散都督	从第七品上	
朱衣直阁（閤）	从第四品下	
直阁（閤）将军	从第四品下	
直寝	从第五品下	
直斋	从第五品下	
直后	从第六品下	
武骑、云骑将军	第四品上	
骁骑、游击将军	第四品上	
前、后、左、右军将军	从第四品上	
左、右中郎将	从第四品下	各五人
步兵、越骑、射声、屯骑、长水校尉	从第四品下	各十人
奉车都尉	从第五品下	十人
武（虎）贲中郎将	第六品下	十五人
羽林监	第六品下	十五人

续表

名称	品级	员额
冗从仆射	第六品下	三十人
骑都尉	从第六品上	六十人
积弩、积射将军	第七品上	各二十五人
强弩将军	从第七品上	二十五人
武骑常侍	从第七品下	二十五人
殿中将军	第八品上	五十人
员外殿中将军	从第八品下	一百人
殿中司马督	第九品下	五十人
员外司马督	从第九品下	一百人

上表显示，东魏北齐左、右卫府有极为庞大复杂的组织系统。左、右卫将军与武卫将军及左、右卫司马及功曹、主簿、录事构成军府机关。仅有司马而无长史表明，左、右卫府在东魏北齐仅为一军事机构，与行政事务无涉。二卫队主与直寝、直斋及奉车都尉等职品级相当，远高于二卫司马；二卫队副品级略低于二卫司马。这表明二卫队主、队副为隶于左、右卫将军的领营禁卫将领，而且地位颇为重要。《魏书·出帝纪》："羽林队主唐猛突入称庆，帝以猛犯禁卫，杖之。"① 东魏北齐所见二卫队主与此羽林队主相当，当即左、右卫将军下属之领营将领。武骑、云骑将军至殿中司马督、员外司马督等员共有五百九十八人之多，为隶于左、右卫将军之散员禁卫将领。据上一章研究，其中大多数官职从北魏后期就已逐渐趋于冗散。

《隋书·李德林传》："父敬族，历太学博士、镇远将军。魏孝静帝时，命当世通人正定文籍，以为内校书，别在直阁省。"② 有专门的直阁省，表明东魏直阁将军在宫城禁卫中地位颇为重要。尽管如此，关于东魏北齐直阁将军的记载可考者却仅有数例，且都见于墓志。元子邃，"从文宣王讨徐州，擒矜贼帅王思远，赐爵开封男。寻除直阁将军"③。梁子彦，"起家员外散骑侍郎……寻转直阁将军，又授襄威将军。及侯景反噬，称

---

① 《魏书》卷一一《出帝纪》，第283页。
② 《隋书》卷四二《李德林传》，第1193页。
③ 《汉魏南北朝墓志集释》图版五七七《元子邃墓志》。

兵内侮……乃转为都督"①。可朱浑孝裕，"河清元年（562）十二月中，袭扶风郡王。……又除直阁将军"②。对于直卫属官、直突属官、直阁（阁）属官，因史料所限目前还难以对之进行必要的考察。

东魏北齐左、右卫府之御仗属官当继承自北魏。北魏孝文帝太和"十九年（495）八月，初置直斋、御仗左右武官"③。这一建制是对北魏前期左右近侍及郎卫制度的改革。孝文帝迁都之际，"恒州刺史穆泰在州谋反，推朔州刺史阳平王颐为主，颐表其状"。孝文帝召兼吏部尚书任城王澄入见凝闲堂，令其平叛，"遂授节、铜虎竹使符、御仗左右，仍行恒州事"。④ 按穆泰等谋反是在太和二十年十二月⑤，时北魏设置御仗左右武官已一年有余。将禁卫军中御仗左右属官调拨给元澄，令其北上平叛，充分显示了孝文帝对这次事件的高度重视以及对元澄的特别信任。胡三省解释御仗左右为"带御仗在天子左右者"⑥，得其本义。杨昱为太尉掾、兼中书舍人，向灵太后上奏扬州刺史李崇及恒州刺史杨钧贿赂领军将军元叉事，"叉深恨之"。后元叉借故诬陷杨昱藏隐谋反之瀛州民刘宣明，"乃遣左右御仗五百人，夜围昱宅而收之"。⑦ 此"左右御仗五百人"即属于领军将军元叉所统之禁卫军。《梁书·陈庆之传》："魏左仆射杨昱、西阿王元庆、抚军将军元显恭率御仗、羽林、宗子、庶子众凡七万，据荥阳拒（元）颢。"⑧ 按此"御仗、羽林、宗子、庶子"均属北魏后期禁卫军之列。北魏孝文帝所设御仗左右武官当是对南朝有关制度的借鉴。《宋书·殷孝祖传》："御仗先有诸葛亮筒袖铠帽，二十五石弩射之不能入，上悉以赐孝祖。"⑨ 此"御仗"显然是指朝廷武库，可能以盛放皇帝所用御仗为主，故以御仗称之。《南齐书·武十七王·晋安王子懋传》：

---

① 《汉魏南北朝墓志集释》图版三四〇之二《梁子彦墓志》。
② 《可朱浑孝裕墓志》。
③ 《魏书》卷一一三《官氏志》，第2993页。
④ 《魏书》卷一九中《景穆十二王中·任城王澄传》，第468页。
⑤ 《魏书》卷七下《高祖纪下》：太和二十年十二月，"恒州刺史穆泰等在州谋反，遣行吏部尚书任城王澄案治之"（第180页）。
⑥ 《资治通鉴》卷一四〇《齐纪六》明帝建武三年（496）十月条注，第4403页。
⑦ 《魏书》卷五八《杨昱传》，第1292页。
⑧ （唐）姚思廉撰：《梁书》卷三二《陈庆之传》，中华书局1973年版，第461页。
⑨ （南朝梁）沈约撰：《宋书》卷八六《殷孝祖传》，中华书局1974年版，第2190页。

初，子懋镇雍，世祖敕以边略曰："……粮食最为根本，更不忧人仗，常行视驿亭马，不可有废阙。……"又曰："吾敕荆、郢二镇，各作五千人阵，本拟应接彼耳。贼若送死者，更即呼取之。已敕子真，鱼继宗、殷公愍至镇，可以公愍为城主，三千人配之便足。汝可好以阶级在意，勿得人求，或超五三阶。及文章诗笔，乃是佳事，然世务弥为根本，可常忆之。汝所启仗，此悉是吾左右御仗也，云何得用之。品格不可乖，吾自当优量觅送。"①

按："吾左右御仗"即齐武帝之禁卫御仗，与他在此前所说"人仗"义近，均指持仗军人。同书《萧谌传》："世祖即位，出谌为大末令，未之县，除步兵校尉，领射阳令。转带南濮阳太守，领御仗主。"② 此"御仗主"当即统领皇帝左右御仗之禁卫将领。《隋书·礼仪志三》："后齐三月三日，皇帝常服乘舆，诣射所……帝射讫，还御坐，射悬侯，又毕，群官乃射五埒。一品三十二发，二品三十发……侍官御仗已上十发。"③ 按"御仗左右""侍官御仗"之名均显示其为皇帝身边的近侍武官。

《云荣墓志》："（神武皇帝）遂以公为帐内都督。迁征虏将军、中散大夫。又除抚军将军……典禁帷幄，实为心膂。仍除直荡正都督，食高唐县干。"④ 这一记载表明，直荡都督即是由高欢幕府之帐内都督演变而来，其职能为"典禁帷幄"，属心膂之职。⑤ 石信亦先任高欢幕府子都督，迁帐内都督，其后又"除马邑总绾、领民都督，寻征右卫将军、右箱都督"⑥。《狄湛墓志》："武定六年（548），除侍官正都督。八年，除平西将军、临邑子。天保□年，除安西将军、朱阳县开国子。至六年（555），除原仇领民副都督。七年，除直荡正都督，食阳城县干。十年，除白马领

---

① （南朝梁）萧子显撰：《南齐书》卷四〇《武十七王·晋安王子懋传》，中华书局1972年版，第709—710页。
② 《南齐书》卷四二《萧谌传》，第745页。
③ 《隋书》卷八《礼仪志三》，第165—166页。
④ 赵超：《汉魏南北朝墓志汇编》，天津古籍出版社1992年版，第464—465页。
⑤ 按后赵时有"直荡"之职，属于禁卫武职，石虎改名为"龙腾"，是后赵一支特殊的禁卫武装。参见本书第十一章相关论述。
⑥ 《汉魏南北朝墓志集释》图版三二七《石信墓志》；新乡市博物馆：《北齐窦、娄、石、刘四墓志中几个问题的探讨》（图三）。

民都督。"① 据此可知，东魏时已有侍官正、副都督，其职似略低于平西将军，亦低于直荡正、副都督。侍官正·副都督与领民正·副都督、直荡正·副都督之性质、职能相近。《吴迁墓志》：

> 天保元年（550）中，除领民正都督。乾明元年（560）中，除直荡都督。皇建（560—561）年中（当为元年），除直入正都督，封沙渠子。皇建二年（561）中，除车骑大将军、京畿直入正都督，食颍（颍）阳郡干。河清二年（563）中，除骠骑大将军、瀛州六州右箱正都督。天统三年（567）中，除直荡正右箱都督。②

据此推断，东魏北齐有领民正·副都督、直荡都督、直入正·副都督、京畿直入正·副都督、瀛州六州左·右箱正·副都督、直荡正·副左·右箱都督等禁卫都督。又有前锋都督、直荡备身都督、直荡大都督。乞伏保达"天保元年，转前锋都督……又除骠骑大将军……寻迁直荡备身都督"③。梁子彦于北齐初年"除中坚将军……又除直荡正都督"④。□子辉亦于北齐初年"除直荡大都督"，天保七年死于晋阳⑤。可朱浑孝裕"以勋门之胤，释褐员外散骑侍郎。……寻除若曷（？）直荡第二副都督、直斋，食南营州新昌县干"⑥。这些都督名称既印证了《隋书·百官志中》的有关记载，同时又表明在现实政治生活中实际存在的禁卫都督比史书所载制度更为复杂。京畿府亦有直入正、副都督，瀛州六州府且有左、右箱（厢）正·副都督，直荡正、副都督还有左、右箱之分，亦有直荡大都督。直荡备身都督之职名则显示，左、右卫府之直荡都督与领左右府之备身都督有时可能合为一职。

《周书·杨绍传》："魏永安（528—530）中，授广武将军、屯骑校

---

① 太原市文物考古研究所：《太原北齐狄湛墓》，《文物》2003年第3期。
② 《汉魏南北朝墓志汇编》，第447页。
③ 《汉魏南北朝墓志集释》图版三三九之二《乞伏保达墓志》。
④ 《汉魏南北朝墓志集释》图版三四〇之二《梁子彦墓志》。
⑤ 《□子辉墓志》，《汉魏南北朝墓志汇编》，第403页。
⑥ 《可朱浑孝裕墓志》。又，（清）王昶撰《金石萃编》卷五四《唐十四·许洛仁碑》："祖彪，齐仪同三司……□荡都督、□州刺史、江夏县开国公"（北京市中国书店1985年版）。按此处当为直荡都督，其担任者应即许洛仁之父。

尉、直荡别将。"① 与屯骑校尉叠任表明,直荡别将为禁卫武官。有直荡别将则必有直荡都督,据此推测,北魏末年应该已设置了直荡都督。西魏初年宇文泰霸府设帐内直荡都督。同书《侯莫陈琼传》:"从魏孝武入关,为太祖直荡都督。大统二年(536),迁尚药典御。"②《王勇传》:"及太祖为丞相,引为帐内直荡都督。"③ 此与北齐左、右卫府之直荡属官制度有明显的传承关系。宇文泰霸府直荡都督制度决非西魏初年始创,而应是北魏末年制度变迁的结果。北魏末年及东魏初年当已出现直荡都督,特别是在军阀霸府设立类似职务的可能性很大。东、西魏及北齐之直荡都督当承自北魏末年,而北魏末年之"直荡"有可能是借鉴了南朝制度。

直荡在南朝宋就已经出现。《宋书·孔觊传附璪传》:"刘亮果劲便刀楯,朝士先不相悉,上亦弗闻,唯尚书左丞徐爰知之,白太宗称其骁敢,至是每战以刀楯直荡,往辄陷决,张永嫌其过锐,不令居前。"④ 此处之"直荡"似为动词,直即勇往直前,荡即扫荡,以直荡赞誉其在作战时冲锋陷阵,非常勇敢。后来出现的荡主即成为一类低级禁卫武官的名称,其职能当与此直荡之义有相通之处。彭文之,宋"顺帝初,为辅国将军、左军将军、南濮阳太守、直阁,领右细仗荡主"⑤。南齐东昏侯永元二年(500),平西将军崔慧景在广陵附近发动兵变。"帝闻变,以征虏将军、右卫将军左兴盛假节,督京邑水陆众军。""台遣骁骑将军张佛护、直阁将军徐元称、屯骑校尉姚景珍、西中郎参军徐景智、游荡军主董伯珍、骑官桓灵福等据竹里为数城。"⑥《南史·废帝东昏侯纪》:"强许之,密令游荡主崔叔智夜开云龙门,(张)稷及珍国勒兵入殿,分军又从西上阁入后宫,御刀丰勇之为内应。"⑦ 梁简文帝大宝三年(552)三月,"荡主戴冕、曹宣等攻拔果林一城,众军又克其四城"。梁敬帝绍泰二年(556)"三月戊戌(廿三,4.18),齐遣水军仪同萧轨、厍狄伏连……等,率众十万出栅口,向梁山,帐内荡主黄丛逆击,败之,烧其前军船舰,齐顿军

---

① 《周书》卷二九《杨绍传》,第500页。
② 《周书》卷一六《侯莫陈琼传》,第270页。
③ 《周书》卷二九《王勇传》,第491页。
④ 《宋书》卷八四《孔觊传附璪传》,第2160页。
⑤ 《宋书》卷八三《彭文之传》,第2125页。
⑥ 《南齐书》卷五一《崔慧景传》,第875页。
⑦ (唐)李延寿撰:《南史》卷五《废帝东昏侯纪》,中华书局1975年版,第157页。

保芜湖"。① 陈废帝末慈训太后令有云:"荡主侯法喜等,太傅麾下,恒游府朝,啖以深利,谋兴肘腋。适又荡主孙泰等潜相连结,大有交通,兵力殊彊,指期挺乱。"② 陈武帝即位之时,可见到"荡主王僧志"③。

以上所见荡主、游荡主、右细仗荡主、帐内荡主等职,当即领队游荡、直荡于车驾或行军大队人马之前的将领。东魏北齐左、右卫府之直荡属官可能与南朝之禁卫军荡主相似。"直荡"之义还可从唐代制度加以推测。《旧唐书·职官志二》:"东宫左、右卫率府曰超乘,左、右司御率府曰旅贲,左、右清道率府曰直荡。"④《新唐书·仪卫志下》:"次左、右清道率府,率各一人,骑,佩横刀、弓箭,领清道直荡及检校清游队各二人,执穳矟骑从。""次外清道直荡二十四人,骑,佩弓箭、横刀,夹道。"⑤ 很显然,唐代东宫直荡的基本职能是"清道",即在皇太子出行时在大队人马之前负责道路清理的卫队。《隋书·礼仪志七》载河清宫卫之制,有步游荡队、马游荡队⑥,直荡正、副都督当为步游荡队、马游荡队之类禁卫队伍的将领。

左、右卫府除了御仗、直荡、直卫、直突、直阁属官外,还有武骑、云骑将军至殿中司马督、员外司马督等多达五百九十八员的散员属官。《北齐书·文苑·樊逊传》:

> (天保)八年(557),诏尚书开东、西二省官选,所司策问,逊为当时第一。左仆射杨愔辟逊为其府佐。逊辞曰:"门族寒陋,访第必不成,乞补员外司马督。"愔曰:"才高不依常例。"特奏用之。九年,有诏超除员外将军。⑦

《北史·文苑·樊逊传》所载更为具体:

---

① (唐)姚思廉撰:《陈书》卷一《高祖纪上》,中华书局1972年版,第6、10页。
② 《陈书》卷四《废帝纪》,第70页。
③ 《陈书》卷一二《沈恪传》,第194页。
④ (后晋)刘昫等撰:《旧唐书》卷四三《职官志二》,中华书局1975年版,第1834页。
⑤ (宋)欧阳修、宋祁撰:《新唐书》卷二三下《仪卫志下》,中华书局1975年版,第500页。
⑥ 《隋书》卷一二《礼仪志七》,第280页。
⑦ 《北齐书》卷四五《文苑·樊逊传》,第614—615页。

八年，减东、西二省官，更定选，员不过三百，参者二三千人。杨愔言于众曰："后生清俊，莫过卢思道；文章成就，莫过樊孝谦；几案断割，莫过崔成之。"遂以思道长兼员外郎，三人并员外将军。孝谦辞曰："门族寒陋，访第必不成，乞补员外司马督。"愔曰："才高不依常例。"特奏用之。①

由此可见，北齐时员外郎及员外将军、员外司马督均属于东、西二省官之列。员外郎属于散骑（集书）省无疑。《隋书·百官志中》载北齐左、右卫府属官，其中有"殿中将军五十人，员外将军一百人；殿中司马督五十人，员外司马督一百人"②。员外将军在晋南朝亦称作殿中员外将军或员外殿中将军。《宋书·百官志下》："殿中将军，殿中司马督。晋武帝时，殿内宿卫号曰三部司马，置此二官，分隶左、右二卫。江右（左）初，员十人。""宋高祖永初初，增为二十人。其后过员者，谓之殿中员外将军、员外司马督。"③ 具体事例如：沈庆之，"永初二年（421），庆之除殿中员外将军"④。还可见到"殿中员外将军徐卓"⑤，"殿中员外将军裴景仁"⑥，"员外殿中将军褚思庄"⑦。《南齐书·百官志》载"殿中将军、员外殿中将军、殿中司马督"诸职⑧，具体事例可见萧"叡明初仕员外殿中将军"⑨。

《隋书·李德林传》："时遵彦（杨愔，时任尚书令）铨衡，深慎选举，秀才擢第，罕有甲科。德林射策五条，考皆为上，授殿中将军。既是西省散员，非其所好，又以天保季世，乃谢病还乡，阖门守道。"⑩ 可知殿中将军为西省散员。据此，上例所见员外将军、员外司马督亦为西省散员，而员外郎则为东省散员。这表明北齐的东、西省建制和南齐完全一

---

① 《北史》卷八三《文苑·樊逊传》，第2790页。
② 《隋书》卷二七《百官志中》，第758页。
③ 《宋书》卷四〇《百官志下》，第1249—1250页。
④ 《宋书》卷七七《沈庆之传》，第1996页。
⑤ 《宋书》卷五二《褚淡之传》，第1504页。
⑥ 《宋书》卷五四《沈昙庆传》，第1539页。
⑦ 《隋书》卷三四《经籍志三》"《棋势》四卷"下本注："建元、永明《棋品》二卷，宋员外殿中将军褚思庄撰。"（第1016页）按褚思庄事迹载于《南齐书》卷四六《萧惠基传》，第811页。
⑧ 《南齐书》卷一六《百官志》，第326页。
⑨ 《南齐书》卷五五《孝义·萧叡明传》，第963页。
⑩ 《隋书》卷四二《李德林传》，第1194页。

致，其渊源应是北魏末年制度。北魏晚期亦可见到东、西省。郭祚上奏论"考格"，谓："今未审从旧来之旨，为从景明之断，为从正始为限？景明考法，东、西省文武闲官悉为三等，考同任事，而前尚书卢昶奏上第之人三年转半阶。今之考格，复分为九等，前后不同，参差无准。"①《魏书·羊深传》："普泰（531）初，迁散骑常侍、卫将军、右光禄大夫，监《起居注》。自天下多事，东、西二省官员委积，前废帝敕深与常侍卢道虔、元晏、元法寿选人补定，自奉朝请以上，各有沙汰。寻兼侍中，废帝甚亲待之。"②《于景墓志》："解褐积射将军、直后，宿卫一年。父太尉薨，君孝慕过礼，殆致穷灭。于后主上以君昔侍禁闱，有匪解之勤，世承风节，著威肃之操，复起君为步兵校尉，领治书侍御史。""及至莅事献台，则聪马之风允树；朝直西省，夙夜之声克显。至永平（508—512）中，除宁朔将军、直寝、恒州大中正，从班例也。"③ 此所谓"直西省"，是指其为步兵校尉在西省当直，表明北魏晚期步兵校尉为西省之职。进一步推测，北魏晚期的东、西省建制应该与北齐无异，亦即与南齐制度相同。

建于东魏兴和二年（540）八月八日的《蔡儁断碑》④，其残存碑阴题名对认识东魏北齐左、右卫府属官制度提供了典型事例。兹将其文引录于下：

　　司徒府佐人名如右
　　安东将军、济州长史郭尧
　　镇远将军、司 马 辛如囗
　　平南将军、长水校尉、从事中郎许隆宾
　　前将军、射声校尉、外兵参军辛（？）道珍
　　前将军、虎贲中郎将、中兵参军茹哲
　　安东将军、银青光禄大夫、骑兵参军谭和
　　征虏将军、羽林监、记室参军徐文贤
　　冠军将军、奉车都尉、铠曹参军阚庆宗

---

① 《魏书》卷六四《郭祚传》，第1424页。
② 《魏书》卷七七《羊深传》，第1704页。
③ 《汉魏南北朝墓志集释》图版二五二之二《于景墓志》。
④ （清）端方撰：《匋斋臧石记》，宣统元年石印本（国家图书馆善本金石组编：《历代石刻史料汇编》，第一编第二册，北京图书馆出版社2000年版）。

冠军将军、骑都尉、铠曹参军赵盛
冠军将军、强弩将军、仓曹参军桓文渊
镇远将军、积射将军、行参军卢遗念
镇远将军、骑都尉、行参军仓常洛
镇远将军、积弩将军、行参军李思（恩？）
镇远将军、殿中将军、行参军苏育
平远将军、羽林监、左户参军邓桃根
平远将军、羽林监、右户参军陆叡
征虏将军、中散大夫、城局参军扈起
平远将军、积弩将军、长兼行参军雷憘
平远将军、积弩将军、长兼行参军元业
宁（？）朔将军、奉车都尉、长兼行参军李淑
宁远将军、强弩将军、长兼行参军尹淑仁
中坚将军、骑都尉、长兼行参军王宪祖
伏波将军、殿中司马督、长兼行参军史伯炯
伏波将军、殿中司马督、长兼行参军董和
伏波将军、殿中司马督、长兼行参军董雅
伏波将军、殿中司马督、长兼行参军董方显
伏波将军、殿中司马督、长兼行参军母之迥
伏波将军、殿中司马督、参军督护母之显
伏波将军、殿中司马督、参军督护□□高
伏波将军、殿中司马督、参军督护李库堆

上述题名显示，《隋书·百官志中》所载北齐《官品令》中之左、右卫府属官在东魏前期就已存在，仅兼任司徒府佐者就有长水校尉（从第四品）、射声校尉（从第四品）、虎贲中郎将（第六品）、殿中将军（第八品）、积射将军（第七品）各一人，奉车都尉（从第五品）、强弩将军（从第七品）各二人，骑都尉（第六品）、积弩将军（第七品）各三人，殿中司马督（第九品）八人，共有二十三人之多。因该碑为断碑，故实际人数当远多于此。这一情况表明，北齐《职员令》所载制度大概应是东魏北齐制度，并非仅为北齐制度，更不能认为是北齐后期的《河清令》文。蔡儁为高欢重要"腹心"，

长期随高欢征战，战功卓著，天平三年（536）秋卒于扬州刺史任上。①

《蔡儁断碑》因碑文有"蔡儁"之名而得名，但从碑阴题名有"司徒府佐"字眼推测，此碑当另有其名。按立碑之时任司徒者为孙腾。《魏书·孝静纪》："兴和元年（元象二年，539）春正月辛酉（初七，2.10），以尚书令孙腾为司徒。"② 此碑碑主当为孙腾无疑。孙腾属于高欢最重要的腹心之一，初任高欢都督府长史，又为晋州长史，在高欢创业和势力壮大的过程中，孙腾贡献甚巨。"除侍中，寻加使持节、六州流民大都督、北道大行台"，"及平邺，授相州刺史"，其后历任侍中、行并州事、行相州事。在高欢出征时孙腾长期留守，为邺城及晋阳局势的稳定出力尤多。"天平（534—537）初，入为尚书左仆射，内外之事，腾咸知之，兼司空、尚书令。……又除司徒。""腾早依附高祖，契阔艰危，勤力恭谨，深见信待。及高祖置之魏朝，寄以心腹，遂志气骄盈，与夺由己……在邺，与高岳、高隆之、司马子如号为'四贵'，非法专恣，腾为甚焉。"③ 因当时孙腾留守邺城，代表高欢实际主持东魏朝政，故司徒府可以看作是高欢集团在邺城的主要统治机构，司徒府佐也就成为这一统治机构的主要成员。上引题名显示，东魏兴和二年时司徒府佐绝大多数兼任朝廷禁卫武官，特别是左、右卫府属官，表明他们既可入殿宿卫，承担对东魏孝静帝的禁卫，又可出殿在孙腾公府任职。这种状况无疑有利于高欢集团控制东魏孝静帝及东魏朝政，将邺城的军政权力掌握于己手。④

第五节　领左右府

东魏北齐继承北魏后期制度亦设领左右之职，且进一步制度化，明确设立了辖于领军府的领左右府，领左右将军为其长官。《隋书·百官志中》："领左右府，有领左右将军，领千牛备身。又有左右备身正·副都督、左右备身五职、左右备身员。又有刀剑备身正·副都督、刀剑备身五

---

① 参见《北齐书》卷一九《蔡儁传》，第246—247页。
② 《魏书》卷一二《孝静纪》，第303页。
③ 《北齐书》卷一八《孙腾传》，第234—235页。
④ 类似情况在北魏末年就已出现，如《窦泰墓志》载："天柱大将军尔朱荣鞠旅汾川，问罪君侧，为宁远将军、虎贲中郎将、前锋都督。"（《汉魏南北朝墓志集释》图版三二一）以尔朱荣部前锋都督与虎贲中郎将兼任，显示了尔朱荣欲控制北魏朝廷禁卫的意图。

职、刀剑备身员。又有备身正·副督、备身五职员。"① 《北齐书·文襄纪》："（天平）三年（536），入辅朝政，加领左右、京畿大都督。"② 高澄入辅朝政无疑是在殿中任职，则领左右亦应在殿中任职，京畿大都督负责京畿保卫（见下）。由此可知，领左右一职即为在殿中负责保卫的禁卫长官。从领左右与京畿大都督叠任以及为加官来看，当时领左右与北魏后期制度相似，似乎还未确立领左右将军制度。

《北齐书·元景安传》："天保初，加征西将军，别封兴势县开国伯，带定襄县令，赐姓高氏。三年（552），从破库莫奚于代川，转领左右大都督，余官并如故。四年，从讨契丹于黄龙，领北平太守。后频从驾再破茹茹，迁武卫大将军，又转领左右大将军、兼七兵尚书。时初筑长城，镇戍未立，突厥强盛，虑或侵边，仍诏景安与诸军缘塞以备守。"③ 按北齐筑长城主要是在文宣帝高洋时进行，有三次：天保三年"冬十月乙未（初一，11.2），至黄栌岭，仍起长城，北至社干戍，四百余里，立三十六戍"；六年，"发夫一百八十万人筑长城，自幽州北夏口至恒州九百余里"；七年十二月，"先是，自西河总秦戍筑长城东至于海，前后所筑，东西凡三千余里；率十里一戍，其要害置州镇，凡二十五所"。④ 据此推断，元景安任领左右大将军的时间应在第一次筑长城之后而在第二次之前，即天保四年至六年之间（553—555）。不过，从他于天保三年已任领左右大都督推测，当时应该已设领左右大将军之职。元景安所任领左右大都督低于领左右大将军，当为其下辖武官，据《隋书·百官志中》记载，领左右将军之下有左右备身正、副都督，领左右大都督应即此类官职。元景安在任领左右大都督之前带定襄县令，其后又领北平太守，则领左右大都督约与郡太守级别相当。东魏北齐郡太守分为三等：上郡太守从第三

---

① 《隋书》卷二七《百官志中》，第759页。品级依次为：领左右将军，从第三品；（领）千牛备身，第六品下；左右备身正、副都督，从第四品上、从第五品上；左右备身五职，第七品下；左右备身，从第七品下；刀剑备身五职，第七品下；刀剑备身，第八品下；备身五职，从第八品下。（第765—769页）

② 《北齐书》卷三《文襄纪》，第31页。

③ 《北齐书》卷四一《元景安传》，第542—543页。又，《刘悦墓志》："以王（泉城王）为左右大都督，寻除泾州刺史。"（《汉魏南北朝墓志集释》图版五九七之二）按此"左右大都督"或即领左右大都督。

④ 《北齐书》卷四《文宣纪》，第56、61、63页。

品，中郡太守从第四品上，下郡太守从第五品下。① 北平地处边郡，不大可能为上郡，而最有可能为中郡。左右备身正、副都督为从第四品上。故从品级推断，元景安所任领左右大都督应即左右备身都督之加"大"者。这或许是与领左右大将军相对应的制度。如果这一推断不误，便可证明天保三年时已经出现了领左右大将军之职。

　　北齐领左右大将军的担任者还可见到綦连猛、皮景和二人。《北齐书·綦连猛传》："（皇建）二年（561），除领左右大将军。"②《皮景和传》："大宁元年（561），除仪同三司、散骑常侍、武卫大将军，寻加开府。二年，出为梁州刺史。三年，突厥围逼晋阳，令景和驰驿赴京，督领后军赴并州，未到间，贼已退。仍除领左右大将军，食齐郡干，又除并省五兵尚书。天统元年（565），迁殿中尚书。二年，除侍中。"③ 按此段所记"三年"应为河清三年（564）而非大宁三年，大宁年号只有二年。《北齐书·武成纪》：河清元年四月"乙巳（初六，5.24），青州刺史上言，今月庚寅河、济清。以河、济清，改大宁二年为河清，降罪人各有差。"④ 可知《皮景和传》记事必有脱漏。

　　据上引《隋书·百官志中》所载可知，北齐领左右府有备身诸职⑤。如上一章所考，北魏后期已有千牛备身、备身左右等职。西魏北周亦设千牛备身（见下）。北齐备身亦于史有征。《赵道德墓志》："属太祖悬饵掩罔，潜招英异……蒙除直荡都督，加征虏将军、中散大夫，转副都督，寻除正都督、右将军、太中大夫。外当御侮，内侍帷幄，常典禁兵，有迈余勇。世宗嗣业……补帐内亲信正都督、兼左右直长、安西将军……入为备身正都督，食高密郡干。朝夕云陛，左右鸾（銮）舆，忠亮之诚，誉宣朝野。"⑥《隋书·慕容三藏传》："仕齐，释褐太尉府参军事，寻迁备身都督。武平（570—576）初，袭爵燕郡公，邑八百户。其年，败周师于孝水，又破陈师于寿阳，转武卫将军。"⑦ 又前引墓志可见乞伏保达为直荡备身都督。

---

① 参见《隋书》卷二七《百官志中》，第766、767页。
② 《北齐书》卷四一《綦连猛传》，第541页。
③ 《北齐书》卷四一《皮景和传》，第537页。
④ 《北齐书》卷七《武成纪》，第90页。
⑤ 《通典》卷二八《职官十·武官上》"左右千牛卫"条："北齐千牛备身属左右将军。"（第790页）按"左右将军"非，应为领左右将军。
⑥ 《汉魏南北朝墓志汇编》，第428—429页。
⑦ 《隋书》卷六五《慕容三藏传》，第1532页。

由上所述可以看出，北齐时不仅有领军将军（中领军）及左·右卫将军、领左右将军，而且还出现了领军大将军、左·右卫大将军、武卫大将军、领左右大将军等禁卫大将军，这在魏晋南北朝历史上是首次出现，实际上是领军将军制度衰微的反映，表明领军将军等职若不加"大"便不具有足够的权威来承担禁卫重任。同时这一变化还反映了左·右卫、武卫、领左右诸职地位的提升，他们可以和领军将军一样加"大"而成为大将军。① 北齐时期左·右卫、领左右与领军一样均设军府，为其后来从领军府独立出来提供了组织上的准备。到了隋朝便设立了左·右卫、左·右武卫、左·右武候、左·右领左右、左·右监门、左·右领军诸府，左·右卫、武卫、武候、领左右诸府各设大将军一人，左、右监门府各设

---

① 阎步克认为，《隋书》卷二七《百官志中》所载官品令应为河清令（《北齐官品的年代问题》，《历史研究》2001年第3期；《品位与职位——秦汉魏晋南北朝官阶制度研究》，中华书局2002年版，第564—568页）。按此说若要成立，必须解决两个疑问：（1）《隋书·百官志中》卷首记载："后齐制官，多循后魏……乾明中，又置丞相。河清中，分为左、右，亦各置府僚云。"（第571页）若本志所载官品令为河清令，则必有丞相或左、右丞相之职，而在后文所载官品令中却见不到丞相，表明它必制定于乾明年间设置丞相之前。阎文根据《北齐书》有关记载对此作了考辨，认为"至少天保八年北齐就有'右丞相'之职"，《隋志》记载有误。又据《北史》卷一三《后妃传上》所引《河清新令》片断，指出《河清令》中确实有左、右丞相。则《隋志》有关丞相设置的记载仍有可取之处。然而今本《隋书·百官志中》所载北齐官品令无丞相或左、右丞相，遗漏的可能性不大。而阎文认为"很可能是因'非寻常人臣之职'，品级太崇，才未列于河清官品的"，则属于臆断，且与其前面论断自相矛盾。（2）《隋志》所载后齐《官品令》第三品"领军（将军）"下本注："加'大'者，在尚书令下"，按尚书令第二品（第765页），则领军大将军亦为第二品。可知据此令规定，北齐（或东魏北齐）制度中有领军大将军，且领军大将军的出现应在此《官品令》制定的前后。据本书上文研究，北齐确有领军大将军。此外，北齐现实政治中还存在着左·右卫大将军、领左右大将军、武卫大将军，而《官品令》对此却并无任何交代。左卫大将军最早见于"文宣受命（550）"之时（高思好），领左右大将军最早见于天保四至六年（553—555），武卫大将军最早明确见于天保四年。有两种可能性：1）左·右卫大将军、领左右大将军、武卫大将军诸职是陆续出现的，左、右卫大将军的设置早于领左右大将军、武卫大将军；2）左、右卫大将军与领左右大将军、武卫大将军是同时出现的，或在天保元年，亦有可能在天保四年，前提是高思好任左卫大将军之时间有误。《北齐书·高思好传》亡佚，今本乃后人据《北史》所补，记事比较简略，省略而误书任职时间或有可能。本传载："少以骑射事文襄。及文宣受命（550），为左卫大将军。本名思孝，天保五年讨蠕蠕……"（第185页）则其任左卫大将军最迟也不得晚于天保五年。无论如何，制定于河清年间的《官品令》决不应该对左·右卫、领左右、武卫诸大将军不置一词。因此，《隋志》所载后齐官品令应制定于左·右卫、领左右、武卫诸大将军出现之前，即在东魏、北齐之际或北齐初年，而不大可能晚至河清年间。又，阎文所考至迟天保八年已设左、右丞相的事实，也可证明该《官品令》制定于天保八年之前。

将军一人，而左、右领军府则不置将军。① 这种变化显然与北齐时期领军系统禁卫武官制度的变化有极为密切的关系。

隋朝的左·右卫、左·右武卫、左·右领左右诸大将军均见于北齐，隋制无疑是对北齐制度的继承和变通。隋朝的左、右武候大将军应是对北齐领军之制的继承和变通，如上所考，莫多娄敬显在北齐时为领军将军"恒检校虞候事"，其职与隋朝武候职能相近，隋朝武候大将军应是在继承北齐领军将军这一职能的基础上设置的。隋朝左、右监门将军"掌宫殿门禁及守卫事"，置郎将、校尉、直长等职。② 这一机构在北齐还找不到对应的机构，但其职能从禁卫武官制度形成之初就已产生，历代禁卫武官中都有专门机构负责掌宫殿门禁及守卫事。这从本书前面的有关研究中可以得到全面的认识。东魏、北齐之际有一例直长见于记载③，但并不能确证北齐一朝都设有直长且其职能为守卫宫殿门。看来只有监门将军是隋朝的创设，宫殿门的守卫在北齐由卫尉所统城门寺、光禄勋所统宫门署及领军府所辖的一些禁卫武官来负责，而隋朝监门将军及其属官继承了北齐领军府城门寺等机构的这种禁卫职能，即采纳了前代地位甚低的监门官称，并将宫殿门守卫的职能从其他禁卫机构中划分出来。

第六节　护军将军的衰微

《魏书·官氏志》：武定七年（549）"五月，又诏以四中郎将世宗永平（508—512）中权隶领军，今还属护军"④。可知自北魏宣武帝永平年间至东魏孝静帝武定七年的四十年间，四中郎将由领军府所统，护军府在此一时期是否存在值得怀疑⑤。

---

① 参见《隋书》卷二八《百官志下》，第777—779页。
② 《隋书》卷二八《百官志下》，第779页。
③ 《北齐书》卷三〇《高德政传》："魏静帝登车出万春门，直长赵道德在车中陪侍，百官在门外拜辞，遂入北城下司马子如南宅。"（第409页）时在文宣帝高洋即将篡位建立北齐的前夕。
④ 《魏书》卷一一三《官氏志》，第3005页。
⑤ 《北史》卷一〇〇《序传》："（李玙）又摄护军，陪神武神主人太庙。玙意不愿策名两朝，虽以宿德耆旧被征，过事即绝朝请。"（第3319页）按《北齐书》卷二《神武纪下》：高欢（齐神武）死于武定五年（547），"天保（550—559）初，追崇为献武帝，庙号太祖"（第24页）。李玙之"摄护军"当在其时。据此记载，可知护军之职在东魏亦曾出现，然仅临时因事而设，事毕即罢。

北齐时期有护军府，其职能应与北魏相同。《隋书·百官志中》："护军府，将军一人，掌四中、关津，舆驾出则护驾。中护军亦同。有长史、司马、功曹、五官、主簿、录事，鳌其府事。其属官东、西、南、北四中府，皆统之。……又领诸关尉、津尉。"① 据此可知，北齐护军府包括三个方面：护军府本部，由护军将军（中护军）及其府属官负责；所统东、西、南、北四中府，由四中郎将及其各府属官负责；所统诸关尉、津尉，当分布于全国。上述制度究竟是东魏所定还是北齐所定，不得而知。从北魏后期护军府曾统四中府来推测，这种制度应是孝文帝太和后《职员令》所规定，北齐可能略有变化。

制度虽然如此，而实际上北齐一代护军府在政权结构中地位微不足道，职能衰微，所见担任护军将军者仅寥寥数人而已。渔阳王绍信，"历特进、开府、中领军，护军，青州刺史"②。斛律须达（斛律光次子），"中护军、开府仪同三司，先光卒"③。按斛律光于武平三年（572）七月被杀④，则斛律须达只能是在此之前任中护军，应该仍在北齐后主时期。薛修义，"天保初，除护军"⑤。张纂，"授仪同三司、监筑长城大使，领步骑数千镇防北境。还，迁护军将军，寻卒"⑥。如上所述，北齐文宣帝时曾三次修筑长城，在天保三年冬至七年十二月之间，则张纂任护军的时间应在天保四年至八年之间（553—557）。《北齐书·唐邕传》：

天统（565—569）初，除侍中、并州大中正。又拜护军，余如故。邕以军民教习田猎，依令十二月，月别三围，以为人马疲弊，奏请每月两围。世祖从之。后出为赵州刺史，余官如故。世祖谓邕曰："朝臣未有带侍中、护军、中正作州者，以卿故有此举，放卿百余日

---

① 《隋书》卷二七《百官志中》，第759页。品级依次为：护军将军，从第二品；中护军，第三品；护军长史、司马，第五品下；护军功曹、五官，从第九品下。四中郎将（东、西、南、北），从第三品；四中郎长史，第六品上；司马，第六品下；录事参军，第七品上；统府录事、统府直兵、功曹、仓曹、中兵，第七品下；外兵、骑兵、长流、城局参军，从第七品上；法、田、铠曹行参军，第八品上；诸关尉、津尉（诸关津尉），从第九品上。
② 《北齐书》卷一一《渔阳王绍信传》，第151页。
③ 《北齐书》卷一七《斛律光传》，第226页。
④ 参见《北齐书》卷八《后主纪》，第105页。
⑤ 《北齐书》卷二〇《薛修义传》，第277页。
⑥ 《北齐书》卷二五《张纂传》，第360页。

休息，至秋间当即追卿。"①

此显系特例，但却也表明了北齐护军禁卫职能的衰退。《刘悦墓志》："迁中护军。寻加特进，除广州刺史。曾未述职，沉固弥留，武平元年（570）七月中寝疾十五日薨于家，春秋五十三。"② 目前所见关于东魏北齐时代护军的资料仅此数条，其时间从东魏建立之初的公元534年至北齐末年的570年前后，约三十余年。③ 就北齐而言，自天保初的公元550年起便有关于护军之职的记载，可以认为，北齐一代是存在护军府的，这与《隋书·百官志中》的有关记载相吻合，只是护军在政治上的重要性降低，故在史书中反映较少。从礼制角度来看，护军将军与领军将军地位相当。《隋书·礼仪志三》："后齐春蒐礼，有司规大防，建获旗，以表获车。蒐前一日，命布围。领军将军一人督左甄，护军将军一人督右甄；大司马一人居中，节制诸军。""大司马屯北旌门，二甄帅屯左、右旌门。天子乘马，从南旌门入，亲射禽。"④

东魏北齐护军制度的衰微可从其职能方面加以认识。北魏后期以来护军将军（中护军）的主要职能是"掌四中、关津，舆驾出则护驾"，"四中"即东、西、南、北四中郎将府。北魏在京师洛阳四周设有东、西、南、北四个中郎将府，拱卫京师，其所在地位于京师外围，在京城之外，这与魏晋护军将军"掌外军"即掌管宫城外京城禁卫军相比，其重要性似有所下降。诸关津分布全国，与京城禁卫比，其重要性更低。高欢迁邺后，仿北魏制度在邺城四周亦设四中府。《魏书·孝静纪》：天平元年（534）十二月，"初置四中郎将：于碻磝桥置东中，蒲泉置西中，济北置南中，洛水置北中"⑤。东魏四中府距邺城的距离比之北魏四中府距洛阳的距离更远，其地位和重要性亦当有所降低。不仅如此，东魏一朝十余年承北魏末之余绪，不设护军，四中府"权隶领军"，因此当北齐时虽一度

---

① 《北齐书》卷四〇《唐邕传》，第531页。
② 《汉魏南北朝墓志集释》图版五九七之二《刘悦墓志》。
③ 《北齐书》卷二《神武纪下》：天平元年九月，"魏于是始分为二。神武以孝武既西，恐逼崤、陕，洛阳复在河外，接近梁境，如向晋阳，形势不能相接，乃议迁邺，护军祖莹赞焉"（第18页）。时在公元534年北魏即将分裂之际，东魏建国后是否仍保留护军一职，不得而知。
④ 《隋书》卷八《礼仪志三》，第164—165页。
⑤ 《魏书》卷一二《孝静纪》，第298页。

出现护军之职，四中府"还属护军"，但估计仍为临时措置，而非定制。四中府与护军府之间的隶属关系看来并不固定。薛修义、张纂任护军是否在邺城不大清楚。唐邕为高氏亲信，多年在并省任职，掌兵权，其任护军时还兼侍中、并州大中正，其任职邺城的可能性不大。

北魏后期之诸关津尉隶属护军，这是北魏继承魏晋南朝护军"掌外军"职掌而加以变革的结果。北魏前期有诸部护军，后改隶于大将军府①，当掌管地方部族事务。诸关津尉之隶于护军府可能也与这种制度的影响有关。护军统诸关津尉是北魏政府控制地方水陆要冲的制度之一，此制象征其对地方军权的掌握。北齐至唐代关津法律与宿卫法律同属《卫禁律》②，显示关津与京师宫殿等禁卫之地的宿卫具有相似性，表明两者在国家制度中具有相同性质。北魏之护军掌四中、关津，自然亦具有这种性质。北魏后期至东魏时期绝大部分时间四中府"权隶领军"，关津可能亦转隶领军。

北魏关津之制当是对前朝制度的继承。《汉书·百官公卿表上》："关都尉，秦官。"③《续汉书·百官志五》："中兴建武六年（30）……省关都尉，唯边郡往往置都尉及属国都尉"④。《史记·酷吏·宁成列传》："诈刻传，出关归家。"⑤ 此处之"传"即为出关证明。东汉时则称为"过所"。《太平御览·文部一四》"过所"条引《释名》曰："过所，至

---

① 参见《魏书》卷一一三《官氏志》，第2973页。
② 参见《唐律疏议》卷七、八《卫禁律》。《卫禁律》卷首《疏议》曰："《卫禁律》者，秦汉及魏未有此篇。晋太宰贾充等酌汉魏之律，随事增损，创制此篇，名为《卫宫律》。自宋洎于后周，此名并无所改。至于北齐，将关禁附之，更名《禁卫律》。隋开皇改为《卫禁律》。卫者，言警卫之法；禁者，以关禁为名。但敬上防非，于事尤重，故次名例之下，居诸篇之首。"[（唐）长孙无忌等撰，刘俊文点校，中华书局1983年版，第149页] 据此，则关禁与卫宫性质相近，同属禁卫之列。按唐律以隋开皇律为底本，开皇律则以北齐律为底本，其承袭关系明确。程树德《九朝律考·后魏律考序》："今之言旧律者，率溯源于唐律，顾唐本于隋，隋本于北齐，此征之律目之相同而可知也。"（中华书局1963年版，第339页）《隋律考序》："开皇定律，源出北齐，而齐律之美备，又载在史册，人无异词，执笔者不敢率为更改。"（第426页）陈寅恪认为，"司马氏以东汉末年之儒学大族创建晋室，统制中国，其所制定之刑律尤以儒家化，既为南朝历代所因袭，北魏改律，复采用之，辗转嬗蜕，经由（北）齐隋，以至于唐，实为华夏刑律不祧之正统"；"北魏、北齐、隋、唐律为一系相承之嫡统"。（《隋唐制度渊源略论稿》，中华书局1963年版，第100、115页）
③ 《汉书》卷一九上《百官公卿表上》，第742页。
④ 《后汉书》，第3621页。
⑤ 《史记》卷一二二《酷吏·宁成传》，第3135页。

关津以示之。或曰传，传也，移转所在，识以为信也。"① 《汉书·文帝纪》：十二年，"除关无用传"。张晏云："传，信也，若今过所也。"颜师古云："或用棨，或用缯帛。棨者，刻木为合符也。"② 《魏志·文帝纪》延康元年二月，裴注引《魏书》载庚戌令曰："关津所以通商旅，池苑所以御灾荒，设禁重税，非所以便民，其除池御之禁，轻关津之税，皆复什一。"③ 同书《仓慈传》："太和中，迁敦煌太守……又常日西域杂胡欲来贡献，而诸豪族多逆断绝；既与贸迁，欺诈侮易，多不得分明。胡常怨望，慈皆劳之。欲诣洛者，为封过所；欲从郡还者，官为平取。"④ 可见曹魏时关津通行亦须持过所。《太平御览》"过所"条引《魏略》曰："仓慈为敦煌太守，胡欲诣国家，为封过所。"引《廷尉决事》曰："廷尉上：广平赵礼诣洛治病，博士弟子张策门人李臧赍过所诣洛，还责礼冒名渡津。（廷尉）平裴谅议礼一岁半刑，策半岁刑。"引《晋令》曰："诸渡关及乘船筏上下经津者皆有，所写一通付关吏。"⑤ 《唐六典·都水监》"诸津"条本注："《晋令》：'诸津渡二十四所，各置监津吏一人。'北齐三局尉皆分司诸津、桥之事。"⑥ 据考证，晋诸关有东城皋、南伊阙、西函谷、北孟津、鄂坂、延寿、碻、铜、天井、军都、溢口、武、潼、大散、阳平、轵、鲁阳、高桐、伊吾二关、项关；诸津有：延津、灵昌、杜氏、蒲坂、富平、黎阳、陕、小平、太阳、棘、文石、卢关、长寿、碛磝、白土、石门、白马、石城、清石。⑦

北齐诸关津尉为从第九品上，与北魏临淮海津都尉品阶相同。⑧ 北齐时诸关津尉仍隶于护军府，但情况似有变化。《隋书·百官志中》："又领诸关尉、津尉。"同卷又载：尚书省都官水部，"掌舟船、津梁、公私水

---

① （宋）李昉等撰：《太平御览》卷五九八《文部一四·过所》，中华书局1960年版，第2695页。按"传也"四库全书本作"转也"，当是。
② 《汉书》卷四《文帝纪》，第123—124页。
③ （晋）陈寿撰，（南朝宋）裴松之注：《三国志》卷二《魏书·文帝纪》，中华书局1959年版，第58页。
④ 《三国志》卷一六《魏书·仓慈传》，第512页。
⑤ 《太平御览》卷五九八《文部十四·过所》，第2695页。
⑥ （唐）李林甫等撰，陈仲夫点校：《唐六典》卷二三《都水监》"诸津"条，中华书局1992年版，第600页。
⑦ 参见张鹏一辑《晋令辑存》，三秦出版社1989年版，第152、151页。
⑧ 参见《隋书》卷二七《百官志中》，第770页；《魏书》卷一一三《官氏志》，第3003页。

事"。都水台，"掌诸津、桥。使者二人，参事十人。又领都尉、合昌、坊城等三局。尉皆分司诸津、桥"。①看来关、津尉负责把守关、津，盘查过往行人，但关、津事务却已开始向尚书都官及都水台等转移。到了隋代，关、津事务已完全转至都水台及地方镇戍。《隋书·百官志下》：隋都水台，"又领诸津。上津每尉一人，丞二人，中津每尉、丞各一人，下津每[尉一人；每津]典作一人，津长四人"。镇、戍下有关，"关，置令、丞"。② 至此，由于不再设置四中府，关、津改属他官，护军府之存在已无必要，存在了三百余年的护军府及护军将军之制最终从历史上消亡③。

第七节　京畿大都督的兴废

东魏北齐时期，除了《隋书·百官志中》所载领、护、二卫系统禁卫武官制度外，实际上还存在着一个重要机构，即北魏末期出现并为东魏北齐所承袭的京畿大都督府，其长官为京畿大都督。《北齐书·后主纪》：武平二年（571）"冬十月，罢京畿府入领军府"④。时距北齐灭亡仅六年时间。这一记载表明：公元571年之前东魏北齐一直存在京畿府这一机构；京畿府职能与领军府职能相近，应属禁卫武官系统。《周书·王士良传》："徙邺之后，置京畿府，专典兵马。时齐文襄为大都督，以士良为司马，领外兵参军。寻迁长史，加安西将军……武定初，除行台左中兵郎中，又转大将军府属、从事中郎，仍摄外兵事。"⑤据《北齐书·文襄纪》

---

① 《隋书》卷二七《百官志中》，第753、755、759页。又，《唐六典》卷二三《都水监》"诸津"条本注："北齐三局尉皆分司诸津桥之事。"（第600页）

② 《隋书》卷二八《百官志下》，第775、784页。

③ 《汉魏南北朝墓志集释》图版三八三《尔朱敞墓志》："大成元年，除护军大将军、申州诸军事、申州刺史。"按大成元年当公元579年，时北周灭齐（577）已有二年，尒朱敞所任护军大将军当采自齐制，但此职已与从前作为禁卫长官的护军将军完全不同，而是成为地方军政长官所兼之将军号。隋唐时代的护军为勋官，既非职（执）事官，更非禁卫长官。《通典》卷三四《职官十六·勋官》："隋炀帝十二卫每卫置护军四人，以副将军，将军无则一人摄。寻改护军为虎贲郎将。大唐采前代旧名，置上护军、护军。"（第945页）此与魏晋南北朝护军之制有本质区别。

④ 《北齐书》卷八《后主纪》，第105页。

⑤ 《周书》卷三六《王士良传》，第638页。《王士良墓志》："魏武西迁，齐君东从。邺城新建，方欲重威。世子澄为京畿大都督，专开一府，以统戎政。乃以公为司马，领外兵事。"（负安志：《中国北周珍贵文物——北周墓葬发掘报告》，陕西人民美术出版社1993年版，第129页，图一二九。按此书墓志录文，其标点错误甚多，可谓不胜枚举）

记载,齐文襄高澄之为京畿大都督是在东魏天平三年(536)。则王士良之为京畿府司马领外兵参军亦在是时。京畿府"专典兵马",以军事事务为其主要职能。

京畿大都督出现于北魏末期,东魏北齐是对北魏制度的继承。《北齐书·慕容俨传》:"孝昌(525—527)中,尔朱荣入洛,授俨京畿南面都督。"①《元天穆墓志》:尔朱荣入洛,"除太尉公,爵上党王"。"仍除侍中、兼领军将军、使持节、骠骑大将军、京畿大都督。魏虽旧邦,革命唯新,王业艰难,事同草创。王内奉丝纶,中总周卫,谟明之道以宣,捍城之寄踰重。"② 由此可见,京畿大都督是尔朱荣于河阴之变(528)后为了控制京城洛阳而设置的官职。当时似乎还没有出现京畿大都督府这一机构。尔朱荣入洛时,其亲信有慕容绍宗③,与慕容俨(恃德)虽非一人,但同出慕容氏表明,二人当有亲属关系。《魏书·官氏志》:"永安(528—529)已后,远近多事,置京畿大都督,复立州(六州)都督,俱总军人。天平四年(537)夏,罢六州都督,悉隶京畿,其京畿大都督仍不改焉。立府置佐。"④ 这是关于京畿大都督府制度的两条最原始的记载。《魏书》修成奏上于天保五年(554)十一月(纪、传在三月,十志在十一月)⑤,距史事发生之时仅一二十年时间,其准确性当无疑义。京畿大都督设置的原因是"永安已后远近多事",实际则是河阴之变后尔朱荣为了控制以孝庄帝元子攸为首的洛阳朝廷而在制度上进行的变革。最初京畿大都督一职名称并不固定,有京畿都督、京畿大都督、京畿南面都督、京畿北面都督、四面大都督、畿部都督等名称。

京畿大都督一类官职的担任者,除上述慕容俨、元天穆外,还可见到以下事例:元鸷,"建义元年(528),大将军尔朱荣入洛,除征北将军、护军将军,领左卫将军"。"其年七月,以本官除领军将军、京畿都督。"⑥ 斛斯椿,"尔朱世隆之立前废帝也(530),椿参其谋,以定策功,拜侍中、

---

① 《北齐书》卷二〇《慕容俨传》,第280页。
② 《汉魏南北朝墓志集释》图版四六之二《元天穆墓志》。
③ 参见《资治通鉴》卷一五二《梁纪八》武帝大通二年(528)三月条,第4742页。
④ 《魏书》卷一一三《官氏志》,第3004页。
⑤ 参见《北齐书》卷三七《魏收传》,第488页。
⑥ 《汉魏南北朝墓志集释》图版四二《元鸷墓志》。按《魏书》卷一四《神元平文诸帝子孙·高凉王孤传附鸷传》:"累迁领军、畿部都督。武泰元年,尔朱荣至河阴,杀戮朝士,鸷与荣共登高冢,俯而观之。"(第350页)所载官名与任职时间均与墓志有所差异。

骠骑大将军、仪同三司、京畿北面大都督"①。尒朱度律，"又除卫将军、左光禄大夫，兼京畿大都督。荣死，与世隆赴晋阳。元晔之立（530），以度律为太尉公、四面大都督"②。元景安，"高祖平洛阳（531），领军娄昭荐补京畿都督"③。叱列平，"长广王晔立，授右卫将军，加京畿大都督"④。由以上记载可以看出：京畿大都督的名称最初并不固定，其名称和职能与担任者地位高低有关；京畿大都督的设置时间应为公元528年尒朱荣入洛之初；京畿大都督的职能是守卫以京师洛阳为中心的京畿地区，从而达到控制北魏朝廷的目的；最初担任京畿大都督者均为尒朱氏亲信死党，从而更证其设置原因即是尒朱氏控制北魏朝廷之需要。京畿大都督最初多与禁卫长官领军将军或左、右卫将军等职兼领，表明其设置之初便具有禁卫武官的性质，其目的是为了分北魏禁卫长官之权，从而控制孝庄帝及北魏朝廷。同时也表明当时并无京畿大都督府这一机构。

东魏建立之际，窦泰出任京畿大都督。《北齐书·窦泰传》："神武之为晋州，请泰为镇城都督，参谋军事。累迁侍中、京畿大都督，寻领御史中尉。"⑤《窦泰墓志》："复除侍中、领御史中尉、京畿大都督，将军（车骑）、开府仪同悉如故。"⑥ 所载与传文微有差异。寻绎史传及墓志上下文义，窦泰为京畿大都督当在魏室迁邺之初，即天平元年（534）。高欢为了控制新迁的魏室君臣及洛阳士女，命其连襟（妻妹夫）窦泰为京畿大都督，以军事手段代其控制邺城及其周边地区，其兼任侍中可随时接近魏帝，干预朝政；领御史中尉，监督百僚，实际上就是用监察手段控制邺城的王公大臣。据前引《魏书·官氏志》，永安以后同时设置京畿大都督与六州都督，"俱总军人"，实则是尒朱氏及其后继者高氏控制朝廷和地方，并进行平叛争雄战争而在制度上的重要措置。到了东魏天平四年，六州都督之职"悉隶京畿"，京畿大都督的职能进一步扩大，"立府置佐"，正式建立了机构。

六州都督是在北魏末年特殊形势下高欢集团壮大过程中出现的制度，

---

① 《魏书》卷八〇《斛斯椿传》，第1773页。
② 《魏书》卷七五《尒朱度律传》，第1672页。
③ 《北齐书》卷四一《元景安传》，第542页。
④ 《北齐书》卷二〇《叱列平传》，第278页。
⑤ 《北齐书》卷一五《窦泰传》，第193页。
⑥ 《汉魏南北朝墓志集释》图版三二一《窦泰墓志》。

其职责之一便是"宿卫晋阳",即保卫高氏政治中心晋阳。《北齐书·独孤永业传》:"被简擢补定州六州都督,宿卫晋阳。"① 六镇之乱爆发以来,在并肆地区有大量北镇流民活动,高欢在壮大力量过程中,逐渐控制了北镇流民,于是出现了六州流民都督(按六镇起义后北魏改镇为州,六州即原六镇),后省称六州都督。天平四年京畿大都督府成立之后,六州事"悉隶京畿",京畿大都督府职权进一步扩大,其所辖不仅包括河北地区,而且还承担着原六州都督"宿卫晋阳"的职能。不过六州都督之名其后仍然存在,且领有兵众。②

北魏京畿即孝文帝迁都后之司州地区,京师洛阳及河南尹所辖地区为其中心。《魏书·尔朱荣传》:"诏曰:'……可大丞相,都督河北畿外诸军事。'"③ 同书《敬宗纪》:武泰元年(528)九月"辛巳(廿七,10.25),以柱国大将军、太原王尔朱荣为大丞相,都督河北畿外诸军事"④。则河北地区即为畿外,非京畿地区⑤。东魏北齐的京畿以京尹清都郡为主并包括司州其他各郡。《魏书·孝静纪》:天平元年十一月,徙居邺城。"改相州刺史为司州牧,魏郡太守为魏尹,徙邺旧人西径百里,以居新迁之人,分邺置临漳县,以魏郡、林虑、广平、阳丘、汲郡、黎阳、东濮阳、清河、广宗等郡为皇畿。"⑥《隋书·百官志中》:"司州……又领西、东市署令丞,及统清都郡、诸畿郡。"⑦ 清都下辖邺、临漳、成安三县,为东魏北齐京师所在地,京畿之核心即在此地。东魏司州下辖十二郡,地域广及河北以邺为中心的广大地区。京畿大都督的主要职能是控制京师,诸畿郡亦当在其管辖之列。

京畿大都督与一般都督府一样,其僚佐为长史以下各职。高澄(文

---

① 《北齐书》卷四一《独孤永业传》,第544页。
② 参见周一良《领民酋长与六州都督》,《魏晋南北朝史论集》,第203—209页。
③ 《魏书》卷七四《尔朱荣传》,第1650页。
④ 《魏书》卷一〇《敬宗纪》,第260页。
⑤ 《魏书》卷八《世宗纪》:正始二年(505)六月"甲子(廿五,8.10),诏尚书李崇、太府卿于忠……俱为大使,纠断外州畿内"(第199页)。按"畿内"与"外州"相对,自当指司州地区。
⑥ 《魏书》卷一二《孝静纪》,第298页。
⑦ 《隋书》卷二七《百官志中》,第761页。

襄帝）为京畿大都督时，崔昂曾任京畿长史①。《北齐书·崔昂传》："世宗入辅朝政，召为开府长史。时勋将亲族宾客在都下，放纵多行不轨，孙腾、司马子如之门尤剧。昂受世宗密旨，以法绳之……"②《循吏·崔伯谦传》："迁瀛州别驾。世宗以为京畿司马，劳之曰：'卿骋足瀛部，已著康歌，督府务殷，是用相授。'"③ 据上文所引记载，王士良亦曾任高澄京畿大都督府司马。

东魏北齐时，京畿大都督一职非常重要，担任者几乎全是高氏人物或其亲信。《北齐书·文襄纪》："天平元年（534），加使持节、尚书令、大行台、并州刺史。三年，入辅朝政，加领左右、京畿大都督。"④ 高澄本在晋阳遥控东魏政权，到了天平三年则以京畿大都督的身份来到邺城，作为高氏代表人物继续控制东魏朝政，京畿大都督一职之重要性于此可见。同书《封述传》："梁散骑常侍陆晏子、沈警来聘，以述兼通直郎使梁。还，迁世宗大将军府从事中郎，监京畿事。"⑤ 按高澄于天平三年入辅朝政，加领左右、京畿大都督，元象元年（538）摄吏部尚书，兴和二年（540）加大将军、领中书监、摄吏部，武定五年（547）即渤海王位。⑥ 当其加大将军、中书监之后，公务繁忙，为了控制京畿府，便以其大将军府从事中郎封述代其监控京畿府，以确保军权之不假于人。则封述为从事中郎监京畿事应在兴和二年至武定四、五年。封述以高澄大将军府从事中郎身份监京畿事，实际上反映了高澄控制京畿大都督府的现状。

《北齐书·清河王岳传》："天平二年，除侍中、六州军事都督，寻加开府。岳辟引时贤，以为僚属，论者以为美。寻都监典书，复为侍学，除使侍节、六州大都督、冀州大中正。俄拜京畿大都督，其六州事悉诣京畿。时高祖统务晋阳，岳与侍中孙腾等在京师辅政。元象二年，遭母忧去职。"⑦ 武定五年，高洋担任尚书令、中书监、京畿大都督。此前高洋为尚书仆射、领军将军，京畿大都督一职地位之高可见一斑。到武定七年八

---

① 《崔昂墓志》，见河北省博物馆等《河北平山北齐崔昂墓调查报告》，《文物》1973年第11期。
② 《北齐书》卷三〇《崔昂传》，第410页。
③ 《北齐书》卷四六《循吏·崔伯谦传》，第642页。
④ 《北齐书》卷三《文襄纪》，第31页。
⑤ 《北齐书》卷四三《封述传》，第573页。
⑥ 参见《北齐书》卷三《文襄纪》，第31—32页。
⑦ 《北齐书》卷一三《清河王岳传》，第174页。

月,高澄遇害,高洋实际控制东魏朝政,返回晋阳继续掌握大权,次年五月在邺城篡位称帝。① 废帝乾明元年(560)二月"乙巳(廿三,4.4),太师常山王演矫诏诛尚书令杨愔、尚书右仆射燕子献、领军大将军可朱浑天和、侍中宋钦道、散骑常侍郑子默。戊申(廿六,4.7),以常山王演为大丞相、都督中外诸军、录尚书事,以大司马长广王湛为太傅、京畿大都督,以司徒段韶为大将军,以前司空平阳王淹为太尉,以司空平秦王归彦为司徒,彭城王浟为尚书令。"② 据此可知,京畿大都督是仅次于大丞相、都督中外诸军事的朝廷要职。大丞相、都督中外诸军事是篡位前的职务,非人臣可担任,而京畿大都督是迈向这一步的最后一站。文宣帝高洋在任京畿大都督之后便担任了丞相、都督中外诸军事、录尚书事等职,随即篡位称帝。③ 常山王演也是担任都督中外诸军事之后不久篡位称帝,其发动政变杀害杨愔等人便是利用手中所握的京畿兵,以之与杨愔一派所掌握的领军府卫士相抗衡的。④ 长广王湛与常山王演一起密谋诛杀执政杨愔等大臣,迁太傅、录尚书事,领京畿大都督,不久进位右丞相。孝昭帝高演死,高湛继位,即武成帝。⑤ 武成帝第五子北平王贞,"位司州牧、京畿大都督、兼尚书令、录尚书事,帝行幸,总留台事"。这是因为后主高纬对高贞宠爱异常,常曰:"此儿得我凤毛"。但当高贞长大以后,"渐忌之",高阿那肱"承旨,令冯士干劾系贞于狱,夺其留后权"。⑥

京畿大都督府的正式废罢,与琅邪王俨叛乱事件有关。《北齐书·武成十二王·琅邪王俨传》:

> 武成第三子也。初封东平王,拜开府、侍中、中书监、京畿大都督、领军大将军,领御史中丞。迁司徒、尚书令、大将军、录尚书事、大司马。魏氏旧制:中丞出,清道,与皇太子分路行。王公皆遥住车,去牛,顿轭于地,以待中丞过,其或迟违,则赤棒棒之。自都邺后,

---

① 参见《北齐书》卷四《文宣纪》,第44—50页。
② 《北齐书》卷五《废帝纪》,第75页。
③ 参见《北齐书》卷四《文宣纪》,第44—50页。
④ 参见《北齐书》卷六《孝昭纪》,第80—81页。
⑤ 参见《北齐书》卷七《武成纪》,第89页。按同书卷六《孝昭纪》:天保"八年,转司空,录尚书事"。其后一直担任录尚书事,政变后"为大丞相、都督中外诸军、录尚书事"。(第80—81页)则其时录尚书事为高演而非高湛所任。当是高演称帝后,由高湛继任其职。
⑥ 《北齐书》卷一二《武成十二王·北平王贞传》,第164页。

此仪浸绝，武成欲雄宠俨，乃使一依旧制。初从北宫出，将上中丞，凡京畿〔之〕步骑，领军之官属，中丞之威仪，司徒之卤簿，莫不毕备。①

《资治通鉴》系此事于陈临海王光大元年（567）。陈宣帝太建三年（571）六月，"俨之除太保也，余官悉解，犹带中丞及京畿"②。据此，则琅邪王俨在迁为司徒等职后，似仍保留京畿大都督之任。因《北齐书》之《琅邪王俨传》早佚，后人据《北史》补之，故其仕履颇有遗漏。本传又载："帝幸并州，俨常居守，每送驾，或半路，或至晋阳，乃还。"③ 可见高俨一直在邺城任职，亦与其为京畿大都督有关。"武成崩，改封琅邪"，俨与当政倖臣和士开、骆（穆）提婆之间发生了严重的矛盾，二人"由是忌之"。"武平二年，出俨居北宫，五日一朝，不复得每日见太后。四月，诏除太保，余官悉解，犹带中丞，督京畿。以北城有武库，欲移俨于外，然后夺其兵权。"④ 因省略而使高俨所任职务不明，寻绎上下文义，可知此时高俨的实际官爵应是太保、京畿大都督、领御史中丞、琅邪王。正因如此，他才可以掌握兵权，故需要"夺其兵权"才能剥夺他的政治权力。

在其下属治书侍御史王子宜、左右开府高舍洛以及中常侍刘辟疆的劝导和侍中冯子琮的赞同下，"俨乃令子宜表弹士开罪，请付禁推。子琮杂以他文书奏之，后主不审省而可之。俨诳领军库狄伏连曰：'奉敕令领军收士开。'……伏连信之，伏五十人于神兽（虎）门外，诘旦，执士开送御史。俨使冯永洛就台斩之。"⑤ 本传又载：

俨徒本意唯杀士开，及是，因逼俨曰："事既然，不可中止。"俨遂率京畿军士三千余人屯千秋门。帝使刘桃枝将禁兵八十人召俨。桃枝遥拜，俨命反缚，将斩之，禁兵散走。帝又使冯子琮召俨……帝率宿卫者步骑四百，授甲将出战……帝拔俨带刀环乱筑，辫头，良久乃释之。收伏连及高舍洛、王子宜、刘辟疆、都督翟显贵于后园，帝

---

① 《北齐书》卷一二《武成十二王·琅邪王俨传》，第160页。
② 《资治通鉴》卷一七〇《陈纪四》，第5293页。
③ 《北齐书》卷一二《武成十二王·琅邪王俨传》，第161页。
④ 同上书，第161页。
⑤ 同上书，第161—162页。

亲射之而后斩,皆支解,暴之都街下……(后刘桃枝杀俨。)①

由此可见,高俨与后主之间的斗争主要是利用其各自掌握的军队——京畿兵和宿卫禁兵之间的较量来加以解决的。高俨所统京畿军士有三千多人,实际上还应多于此数,从其率京畿军士屯千秋门来看,京畿府及京畿兵驻扎之地当距宫城不远,应在京城之内。后主在平定琅邪王俨之乱时,所用兵力有领军刘桃枝所率禁兵八十人及其亲率宿卫者步骑四百,人数虽然不多,但看来其军事素质及装备远比京畿兵精良,加之又守卫宫殿等要害之处,还有政治上的优势,故可迅速平定高俨之乱。这一事件还反映出,北齐京畿兵的主要职责是保卫京师,为"外军",与魏晋南朝护军职能相仿,而领军所领宿卫兵为"内军",主要职责是保卫宫殿和宫城。东魏北齐护军衰微与京畿大都督的存在有密切关系。

武平二年九月琅邪王俨被杀,"十月,罢京畿府入领军府"②,两者之间的因果关系十分明显。《资治通鉴》陈宣帝太建三年(571)"冬十月,(北齐)罢京畿府,入领军"。胡三省注:"以俨以京畿兵弄兵,故罢之。"③ 琅邪王俨之所以能够造反,是因其担任京畿大都督,掌握着京畿兵。他虽然担任过领军大将军,但为时很短,且当时年幼,反叛时早已罢任,可以说与领军所领禁卫武官及禁兵之间并无密切关系。后主在与之抗衡并平定其反叛的过程中,主要利用了领军将军刘桃枝及其所统禁兵和宿卫武官,当然名将斛律光的支持也起了很大作用。琅邪王俨以京畿大都督身份统帅京畿兵谋反,而后主则利用领军将军刘桃枝率禁兵及宿卫武官平叛。这一事件之后,后主废罢京畿府而将其职能归入领军府,进一步加强和巩固为其效力的禁卫机构——领军府的权力。

京畿大都督被废,京畿大都督府被取消,但由于旧制的影响,京畿兵仍然存在,并且一直延续了五六年时间直到北齐灭亡,只不过京畿兵已转归领军府统辖。《北齐书·文襄六王·广宁王孝珩传》:"后主自晋州败奔邺,诏王公议于含光殿。孝珩以大敌既深,事藉机变。宜使任城王领幽州道兵入土门,扬声趣并州;独孤永业领洛州兵趣潼关,扬声趣长安;臣请

---

① 《北齐书》卷一二《武成十二王·琅邪王俨传》,第162—163页。
② 《北齐书》卷八《后主纪》,第105页。
③ 《资治通鉴》卷一七〇《陈纪四》,第5297页。

领京畿兵出滏口,鼓行逆战。"① 由此可以看出,北齐武装力量主要由宫廷禁兵、京畿兵、并州兵、幽州兵、洛州兵等五大力量构成,前三者则是其核心和支柱所在。

京畿大都督虽然可以归于禁卫武官系列,但与领军将军及其下属左·右卫将军、领左右将军等职之间还是有明显的区别的。领军府是严格的禁卫机构,领军将军的职掌是"禁卫宫掖",即保卫宫殿和掖庭,朱华阁(阁)外诸事由其全盘负责,有关的禁卫武官全都归其管辖。"舆驾出入,督摄仗卫",即在皇帝出入之时,督摄仪仗警卫以保卫车驾。左、右卫将军分掌左、右厢的禁卫,而领左右将军则负责君主贴身侍卫,其职能应与门下省领左右之职能有所交叉。护军府是严格的卫戍武官,其所辖只是京城四周设置的四中郎将府。四中府是四个点,作为京师第一道屏障,对京师起着护卫作用。此外,护军府所领诸关津尉遍布全国各地,显示东魏北齐政权从军事上控制全国的情形。通过对诸关津之控制以盘查过往行人,守卫交通要道,从而掌握全国特别是边地的防务。京畿大都督设于京师周围,其主要任务自然也是控制京师地区,同时诸畿郡广大地区也当在其有效军事控制之下。京畿大都督设立之初,便是尔朱荣遥控洛阳朝政,加强对京师洛阳及畿内地区军事监控的重要手段。京畿大都督的设立,可以使尔朱荣不在洛阳的时候对北魏朝廷实施有效控制,削弱北魏君主禁卫力量;同时在禁卫军大量调出而京师空虚的情况下,也可以维持京畿地区的有效治安保卫。与北魏末年相比,东魏迁邺后形势发生了变化,但以晋阳为根据地的权臣高氏集团遥制邺城元氏朝廷的政治需求并未改变。通过京畿大都督府,高欢、高澄等高氏秉政者便可牢牢地将邺城及其外围河北地区的控制权掌握在自己手中。后来东魏被高氏所篡,不论晋阳或是邺城都已名正言顺为高氏拥有,但由于和北周之间的战争局势以及高氏统治集团内部矛盾的影响,晋阳—邺城两个政治中心同时存在的现状依然如故,与之相适应的京畿大都督府也就得以继续存在。

领军府虽然开府统领禁兵,但是其主要职能是保卫宫廷,从驾侍卫,其下统辖诸多禁卫武官,出外征战非其本职。而京畿府作为大都督府,自然是具有军事征战职能的军府,其组织结构相对简单,指挥调度比较容易,使其在戍守保卫河北地区时具有了比禁军容易调动、灵活便捷的优

---

① 《北齐书》卷一一《文襄六王·广宁王孝珩传》,第145页。

势，这也是其得以长期存在的原因之一。另外，京畿府的存在，可以有效地监控朝局，分割领军府的军事权力，防止领军府及其下属禁卫武官的干政。京畿府与领军府两者的制衡，乃是东魏北齐禁卫武官制度的一个重要特点。东魏朝廷需要监控，北齐朝廷也需要监控，从北齐诸君主即位前都曾任京畿大都督一职便可证明。正是由于这种原因，在东魏和北齐统治者全力与突厥、北周及梁—陈四围敌方抗衡对峙战争之中，河北根基之地始终牢牢地掌握在高氏手中，而没有发生任何变故。就朝廷局势来说，基本上未出现军事权臣专政的现象，这在军事权力分散的形势下也是难能可贵的。北齐的灭亡原因不在内部，而是因外敌入侵所致。如果京畿大都督不废罢，长途跋涉的北周军队要攻占河北地区恐怕并非易事。从这个意义上说，后主时期因琅邪王俨叛乱事件而废罢京畿大都督府并非明智之举。

第八节　禁卫都督的形成

在东魏北齐禁卫武官制度中，最具特色的是左、右卫府职能的扩大和领左右府的出现及制度化。而左、右卫府之诸"直"属官别具特色，除直阁属官以外，均有"都督"名号，在领左右府属官中也有"都督"名号。以下从北朝都督制的演变角度对禁卫武官"都督"的形成问题加以考察。

一　北魏都督制（征讨都督）的演变

都督制渊源于汉魏之际，确立于曹魏初年。"魏文帝黄初二年（221），始置都督诸州军事"，"三年，上军大将军曹真都督中外诸军事"。[1] 魏晋以后，都督制度成为地方军政制度的主要内容，有都督诸军、监诸军、督诸军，都督诸军则有都督一州或诸州、都督州郡之别，都督往往兼任地方刺史（南朝时也有兼任郡守者），掌握着一地的军政大权，成为方镇重臣。都督的职能主要表现在军事方面，即以武力手段镇抚地方，讨伐叛逆亦为其职责的重要表现。正因如此，在国家有军事征战任务时，地方都督往往被委派率兵参与，到后来又出现了因战争之需而临时委任的都督征讨诸军事一类官职，而在战争结束后或任原职，或调任他职。魏晋

---

[1]　《宋书》卷三九《百官志上》，第1225页。

以后尤其东晋南北朝时期,这种因战争所需而临时任命都督为征战将帅出征的事例屡见不鲜。①

具有征讨性质的都督在北魏大约出现于明元帝时期并一直延续下来。《魏书·长孙嵩传》:"晋将刘裕之伐姚泓,太宗假嵩节,督山东诸军事,传诣平原,缘河北岸,列军次于畔城。"②《穆顗传》:"高宗时,为征西大将军、督诸军事,西征吐谷浑,出南道。"③《古弼传》:在北魏同刘宋争夺仇池之战中,"假弼节,督陇右诸军","时(皮)豹子督关中诸军"。④ 自明元帝以后至宣武帝时期,有关都督出征的事例亦见于《魏书·本纪》的记载,如:

> 明元帝泰常七年(422)"秋九月,诏假司空奚斤节,都督前锋诸军事……伐刘义符"⑤。
> 太武帝神䴥三年(430)七月,"诏大鸿胪卿杜超假节、都督冀定相三州诸军事、行征南大将军、太宰,进爵为王,镇邺,为诸军节度"。太延五年(439)"六月甲辰(十一,7.8),车驾西讨沮渠牧犍",秋七月"壬午(二十,8.15),留辎重,分部诸军:抚军大将军永昌王健、尚书令钜鹿公刘洁督诸军,与常山王素二道并进,为前锋;骠骑大将军乐平王丕、太宰阳平王杜超督平凉、鄘城诸军为后继"⑥。
> 文成帝和平元年(460)"二月,卫将军乐安王良督东雍、吐京、六壁诸军西趣河西,征西将军皮豹子等督河西诸军南趋石楼,以讨河西叛胡"。"六月甲午(初四,7.7),诏征西大将军阳平王新成等督

---

① 关于都督制的研究,参见严耕望《中国地方行政制度史》上编卷中《魏晋南北朝地方行政制度》,"中央研究院"历史语言研究所专刊之四十五,1963年版;祝总斌《都督中外诸军事及其性质、作用》,《纪念陈寅恪先生诞辰百年学术论文集》,北京大学出版社1989年版,第221—241页;[日]小尾孟夫《六朝都督制研究》,溪水社2001年版;[日]窪添慶文《北魏的都督——从军事面看中央与地方》,《"中华民国史"专题第五届讨论会·国史上中央与地方的关系》,台北,2000年。
② 《魏书》卷二五《长孙嵩传》,第643页。
③ 《魏书》卷二七《穆顗传》,第675页。
④ 《魏书》卷二八《古弼传》,第690—691页。
⑤ 《魏书》卷三《太宗纪》,第62页。
⑥ 《魏书》卷四上《世祖纪上》,第76、89页。

统万、高平诸军出南道，南郡公李惠等督凉州诸军出北道，讨吐谷浑什寅"。①

献文帝天安元年（466）九月，"刘彧徐州刺史薛安都以彭城内属，彧将张永、沈攸之击安都。诏北部尚书尉元为镇南大将军、都督诸军事，镇东将军城阳公孔伯恭为副，出东道救彭城；殿中尚书、镇西大将军西河公元石都督荆豫南雍州诸军事，给事中京兆侯张穷奇为副，出西道救悬瓠。"皇兴元年（467）"二月，诏使持节、都督诸军事、征南大将军慕容白曜督骑五万次于碻磝，为东道后援"。②

孝文帝太和四年（480）"冬十月丁未（十五，12.2），诏昌黎王冯熙为西道都督，与征南将军桓诞出义阳；镇南将军贺罗自下蔡东出钟离"③。太和二十二年（498）八月，"敕勒树者相率反叛。诏平北将军江阳王继都督北讨诸军事以讨之"④。

宣武帝正始三年（506）四月"庚戌（十六，5.23），以中山王英为征南将军、都督扬徐二道诸军事，指授边将。"⑤

如上所引之督诸军、都督诸军事一类临时派出的征讨将帅，在北魏时期不绝于史。

通过以上事例可以看到，自明元帝时期出现督诸军、都督诸军一类临时派出的征战将帅，到宣武帝时期近一百年间，这种制度持续未变。不过，大约从宣武帝后期开始，逐渐发生了变化，以单称"都督"或某都督的征伐将帅开始出现。永平二年（509）正月，"诏辅国将军长孙稚假平南将军为都督，率统军邴虬等五军以讨之"。延昌三年（514）十一月"辛亥（初六，12.8），诏司徒高肇为大将军、平蜀大都督，步骑十万西伐。益州刺史傅竖眼出巴北，平南将军羊祉出涪城，安西将军奚康生出绵竹，抚军将军甄琛出剑阁。乙卯（初十，2.12），以中护军元遥为征南将军、东道都督，镇遏梁楚"⑥。一般单称都督者如长孙稚便是以较低军号

---

① 《魏书》卷五《高宗纪》，第118页。
② 《魏书》卷六《显祖纪》，第126—127页。
③ 《魏书》卷七上《高祖纪上》，第149页。
④ 《魏书》卷七下《高祖纪下》，第184页。
⑤ 《魏书》卷八《世宗纪》，第202页。
⑥ 同上书，第207、214—215页。

统率几支规模较小的军队进行中小型征战，而大都督如高肇则是节度规模较大的几支军队进行大型的征战。

孝文帝迁都后大规模南伐，宣武帝时期继承孝文帝对南朝战争的政策，需大量派出军队进行征战，临时派出的出征都督往往需要长期在某一地区统率军队进行征战，促使其名号进一步固定，于是出现了以其军事任务或征战地区为名称的都督，如高肇为平蜀大都督、元志为荆洒都督等①。孝明帝以后社会矛盾和南北冲突进一步激化，尤其是公元524年六镇、关陇及河北地区的反抗活动大规模展开，北魏王朝在东西南北四面受敌，不得不大量派出将领长期征战，更促使都督制已经发生的变革进一步深化、固定下来。于是各种名号的都督如雨后春笋般涌现出来，与此同时各路反叛者也都拥有了各种名号的都督作为其将领官称。这种情况在《魏书》相关帝纪中有充分记载，兹不具述。这是都督制的第一次大变化，即各种征讨都督的大规模出现。都督的大量出现和名称的专门化、固定化，实际上也就意味着都督地位的下降，已经丧失了原来都督或督方面诸军（事）的职能，仅仅是以某种特定的任务而统率一支军队进行征战。这一点正是都督制第二次转变的开始。

经过北魏末年长期大规模征战，都督大量涌现，其名称专门化，丧失了都督方面诸军（事）的职能，都督地位开始发生变化，即在大多数都督地位下降的同时，又出现了一些统帅方面诸军坐镇一方进行节度指挥的大都督，最初有平蜀大都督高肇，后来有尚书令李崇为大都督统率广阳王渊等诸军北讨，齐王萧宝夤为西道行台、大都督率众西讨，太尉京兆王继为西道都督西讨，征东将军章武王融为大都督北讨汾州叛胡。大都督的大量出现正是都督地位下降的重要表现。由于都督地位的下降，王公大臣担任的都督方面诸军的都督只有加"大"才能提高其地位，显示其权力。大都督下辖众多的方面都督，这在都督制未发生变革之前几乎未曾见到（只有个别特例，如晋灭吴时）。《魏书·外戚下·高肇传》："其年（延昌三年，514），大举征蜀，以肇为大将军，都督诸军为之节度。与都督甄琛等二十余人俱面辞世宗于东堂，亲奉规略。"② 则与高肇一起伐蜀而被任命为都督的将领多达二十余人。据同书《世宗纪》及《天象志四》记载，高肇

---

① 元志为荆洒都督见《魏书》卷九《肃宗纪》，第223页。
② 《魏书》卷八三下《外戚下·高肇传》，第1830页。

为"大将军、平蜀大都督",其下有傅竖眼、羊祉、奚康生、甄琛等四路军。① 可知当时的出征都督至少有三级:大都督高肇为第一级,方面都督傅竖眼等为第二级,其下各自还应有若干地位较低的都督或将领。

在都督制中分化出各种等级,以不同名号加以表示,其地位高下一般则用其所兼将军号来显示。《魏书·肃宗纪》:正光五年(524)"九月壬申(廿五,11.6),诏尚书左仆射齐王萧宝夤为西道行台、大都督,率征西将军、都督崔延伯,又诏复抚军将军北海王颢官爵,为都督,并率诸将西讨"②。《萧宝夤传》:"除宝夤开府、西道行台,率所部东行将、统,为大都督西征。……宝夤与大都督崔延伯击(莫折)天生……"③ 据此可知,西道行台、大都督萧宝夤之下统领大都督崔延伯及元颢等将领,其下又有"所部东行将、统"。此处之"将、统"当指别将、统军一类中低级将领④。到孝昌三年(527)四月,萧宝夤为西讨大都督,"自关以西,皆受节度"⑤。则关西各路讨叛都督均归萧宝夤节度指挥。可以看出,北魏末年大都督也逐渐分化,出现了不同等级。在频繁激烈的魏末战争中,都督等级分化越来越大,上自方镇统帅、元帅,下至低级统兵武职,均可用都督命名。⑥

二 魏末滥赏与都督地位的进一步卑微化

孝明帝以后反抗活动加剧,战争局势日趋严重,朝廷和当政的军事强人为了补充军粮和吸引将士效命而赏勋叙阶(滥赏),是使得各类武官尤其是征战武官都督的地位急剧下降的重要原因。正光五年(524)"三月,沃野镇人破落汗拔陵聚众反"⑦,揭开了魏末变乱的序幕。次年"六月癸未(初十,7.15),大赦,改年(孝昌)。诏文武之官,从军二百日,文

---

① 参见《魏书》卷八《世宗纪》,第214—215页;卷一〇五之四《天象志四》,第2435—2436页;《资治通鉴》卷一四七《梁纪三》武帝天监十三年(514)十月条,第4608页。
② 《魏书》卷九《肃宗纪》,第237页。
③ 《魏书》卷五九《萧宝夤传》,第1322页。
④ 关于别将、统军,参见拙作《"五职"源流考》,《北魏政治与制度论稿》,甘肃教育出版社2003年版,第368—386页。
⑤ 《魏书》卷五九《萧宝夤传》,第1323页。
⑥ 《汉魏南北朝墓志集释》图版二九〇《王僧墓志》:"以正始年中,除荡寇将军、殿中将军。""神龟年中,冀土不宾,民怀叛扈,命将出师,扫除逋秽,以君才优器秀,召为都督,辞不获免,遂乃拥麾东指。"可参见《八琼室金石补正》卷一七《东魏一·赠沧州刺史王僧墓志》,第102页。按王僧所任都督由殿中将军出任,其地位显然较低。
⑦ 《魏书》卷九《肃宗纪》,第235页。

官优一级，武官优二级"①。这是北魏末年赏勋叙阶的开始，从此以后便一发而不可收。孝昌三年（527）"二月丁酉（初四，3.21），诏曰：'……凡有能输粟入瀛、定、岐、雍四州者，官斗二百斛赏一阶；入二华州者，五百石赏一阶。不限多少，粟毕授官。'"② 这是在战争频繁、军粮不继的情况下，企图用赏阶的办法来补充军粮。武泰元年（528）二月"癸丑（廿五，3.31），帝崩于显阳殿"。"甲寅（廿六，4.1），皇子即位，大赦天下。皇太后诏曰：'……今丧君有君，宗祐惟固，宜崇赏卿士，爰及百辟，凡厥在位，并加陟叙。内外百官文武、督将征人，遭艰解府，普加军功二阶；其禁卫武官，直阁以下直从以上及主帅，可军功三阶；其亡官复爵，听复封位。……'"③

尔朱荣发动河阴之变后，扶持孝庄帝即位，为其傀儡。尔朱荣为了笼络人心和吸引将士为其效忠卖力，更加不顾一切地滥开赏赐之门。《魏书·敬宗纪》对此有充分记载：

武泰（建义、永安）元年四月"辛丑（十四，5.18），车驾入宫，御太极殿，诏曰：'……可大赦天下，改武泰为建义元年。从太原王（尔朱荣）督将军士，普加五阶；在京文官两阶，武官三级。……'"

五月"壬午（廿六，6.28），诏求德行、文艺、政事强直者，县令、太守、刺史皆叙其志业，具以表闻。得三人以上，县令、太守、刺史赏一阶；举非其人，亦黜一阶。又以旧叙军勋不过征虏（将军），自今以后宜依前式以上，余阶积而为品。其从舆驾北来之徒，不在此例。悉不听破品受阶，破阶请帛"。

六月，"又班募格，收集忠勇"。"诏直寝纪业持节募新免牧户，有投名效力者授九品官。己酉（廿三，7.25），诏诸有私马仗从戎者，职人优两大阶，亦授实官；白民出身，外优两阶，亦授实官。若武艺超伦者，虽无私马，亦依前条；虽不超伦，但射槊翘关一艺而胆略有施者，依第出身外，特优一大阶，授实官。若无姓第者，从八品出身，阶依前加，特授实官。"

---

① 《魏书》卷九《肃宗纪》，第241页。
② 同上书，第246页。
③ 同上书，第241、246、248—249页。

"秋七月丁巳（初二，8.2），诏从四品以上从征者不得优阶，正四品者优一阶。军级从三品以上、从征四品者优一大阶。正五品以下，还依前格，若有征阶十余，计入四品、三品。限授五阶。"

永安二年（529）"二月癸未朔（初一，2.24），诏诸禁卫之官从戎有功及伤夷者赴选先叙"。

夏四月，"内外百僚普汎加一级"。

五月"辛酉（初十，6.2），诏私马仗从戎优阶授官。壬戌（十一，6.3），又诏募士一依征葛荣。甲子（十三，6.5），又诏职人及民出马，优阶各有差。""又诏上党百年以下、九十以上板三品郡，八十以上四品郡，七十以上五品郡。"

七月，"诏以前朝勋书多窃冒，宜一切焚弃之，若立效灼然为时所知者，别加科赏。蕃客及边酋翻城降，有勋未叙者，不在焚断之限。北来军士及随驾文武、马渚立义，加汎五级；河北执事之官，二级；河南立义及迎驾之官，并中途扈从，亦二级"。"又诸州郡遣使奉表行官者，并加一大阶"。

永安三年（530）十月"丁未（初五，11.10），班募攻河桥格，赏帛授官各有差。戊申（初六，11.11），皇子生，大赦天下，文武百僚汎二级"。"丁卯（廿五，11.30），诏以（尔朱）世隆北叛，河内固守，其在城督将文武普加二级，兵士给复三年"。①

公元530年九月，北魏孝庄帝刺杀尔朱荣。十月，尔朱荣从弟尔朱世隆与尔朱兆、尔朱度律等"共推太原太守、行并州刺史长广王晔为主，大赦所部，号年建明，普汎四级"②，"晔以世隆为开府仪同三司、尚书令、乐平郡王，加太傅，行司州牧，增邑五千户"③。十二月，尔朱世隆及尔朱兆、尔朱度律等率军攻入京城，不久在晋阳杀害孝庄帝。次年，尔朱世隆等废元晔而立元恭（前废帝），北魏朝政遂由尔朱氏成员继续专断。《魏书·尔朱世隆传》："既总朝政，生杀自由，公行淫佚，无复畏避，信任群小，随其与夺。又欲收军人之意，加泛除授，皆以将军而兼散

---

① 《魏书》卷一〇《敬宗纪》，第256、258—259、261—263、267页。
② 同上书，第267页。
③ 《魏书》卷七五《尔朱世隆传》，第1668—1669页。

职，督将兵吏无虚号者。自此五等大夫，遂致猥滥，又无员限，天下贱之。武定（543—550）中，齐文襄奏皆罢，于是始革其弊。"① 很显然，尔朱氏残余势力控制下的北魏政权，滥赏不仅仍在继续，而且还比尔朱荣专政时更加严重。这在《魏书》诸帝纪中有明确记载：

普泰元年（531）二月即位，诏曰："……内外文武，普汎四阶；合叙未定第者，亦沾级。除名免官者，特复本资，品封依旧。颍川王尔朱兆、彭城王尔朱仲远、陇西王尔朱天光、乐平王尔朱世隆、常山王尔朱度律、车骑大将军仪同三司齐献武王、都督斛斯椿下军士，普汎六级。"

三月"己卯（初九，4.11），诏右卫将军贺拔胜并尚书一人募伎作及杂户从征者，正入出身，皆授实官，私马者优一大阶"。"诏曰：'顷官方失序，仍令沙汰……诸在简下，可特优一级，皆授将军，预参选限，随能补用。'"

"八月庚子（初三，8.30），诏陇西王尔朱天光下文武讨宿勤明达者，汎三级。"②

同年冬十月后废帝即位于信都城西，"称中兴元年。文武百官普汎四级"。"诏将士汎五级，留守者二级。"

二年春正月，"诏诸将士汎四级"。③

太昌元年（532）六月"戊寅（十六，8.2），诏内外百司普汎六级。在京百僚加中兴四级，义师将士并加军汎六级，在邺百官三级，河北同义之州两级，河桥建义者加五级，关西二级。诸受建明、普泰封爵、汎级、优特之阶，悉追"。④

高欢在消灭尔朱氏控制元魏朝政后，开始改变尔朱氏的滥赏政策。永熙二年（533）五月乙巳（十八，6.25），诏曰："大夫之职，位秩贵显；员外之官，亦为匪贱。而下及胥吏，带领非一，高卑浑杂，有损彝章。自今已后，京官乐为称事小职者，直加散号将军，愿罢卑官者听为大夫及员外之职，不宜仍前散实参领。其中旨特加者，

---

① 《魏书》卷七五《尔朱世隆传》，第1669页。
② 《魏书》卷一一《前废帝纪》，第274—277页。
③ 《魏书》卷一一《后废帝纪》，第279页。
④ 《魏书》卷一一《出帝纪》，第284页。

不在此例。"① 由于不断地滥赏阶级，使得原本清显、地位较高的各类大夫及员外散骑常侍、侍郎等职变成了下级胥吏的带领之职，其地位大为降低。文职的散骑诸职、各类大夫及开府仪同三司、仪同三司作为赏勋叙阶的加、带、领官从而使其实际地位剧降，由原实职官变为散官，不再具有什么实际职能，原来制度规定的实际地位（品级）也不复存在。与此相似，武职的变化也很大。各类将军的实际地位大大下降，原来属于一二品之列的车骑将军、骠骑将军及其他散号将军作为各类将领的加、带、领官，不再具有任何实际职能，而只是表示其荣誉尊宠，作为勋赏，变为武散官或勋官。② 与此同时，都督制发生变化，出现了等级有异的各级各类都督，上自位极人臣的大都督，下至一从军入伍便被任命的最初级的武职都督。各类大都督、都督、帅都督、子都督、亲信都督等的活动史不绝书，随处可见。

史称"魏自孝昌已后，天下多难，刺史、太守皆为当部都督"③。可见"天下多难"正是都督制发生巨变的最重要原因。考诸史载，其说得实。《魏书·裴庆孙传》："肃宗末，遂立邵郡，因以庆孙为太守、假节、辅国将军、当郡都督。民经贼乱之后，率多逃窜，庆孙务安缉之，咸来归业。"④《北齐书·司马子如传》："（尔朱）荣之向洛也，以子如为司马、持节、假平南将军，监前军。次高都，荣以建兴险阻，往来冲要，有后顾之忧，以子如行建兴太守、当郡都督。"⑤《封隆之传》："永安（528—530）中，除抚军府长史。尔朱兆等屯据晋阳，魏朝以河内要冲，除隆之龙骧将军、河内太守，寻加持节、后将军、假平北将军、当郡都督。未及到郡，属尔朱兆入洛，庄帝幽崩。"⑥《魏书·郑先护传》："寻除前将军、广州刺史、假平南将军、当州都督。时妖贼刘举于濮阳起逆，诏先护以本

---

① 《魏书》卷一一《出帝纪》，第287—288页。
② 《魏书》卷一一《前废帝纪》：普泰元年四月"己未，帝于显阳殿简试通直散骑常侍、散骑侍郎、通直郎，剩员非才他转之"（第276页）。显示散骑诸职有正员、员外之分，正员之外又有大量"剩员"，且多由"非才"者充任。关于北魏末年的滥授，参见阎步克《西魏北周军号散官双授制度述论》，《乐师与史官——传统政治文化与政治制度论集》，生活·读书·新知三联书店2001年版，第429—439页。
③ 《北齐书》卷一八《高隆之传》，第236页。
④ 《魏书》卷六九《裴庆孙传》，第1532页。
⑤ 《北齐书》卷一八《司马子如传》，第238页。
⑥ 《北齐书》卷二一《封隆之传》，第301页。

官为东道都督讨举，平之。还镇。后元颢入洛，庄帝北巡，先护据州起义兵，不受颢命。""寻转征西将军、东雍州刺史、假车骑将军、当州都督，常侍如故。未之任……"①《杨津传》："永安初，诏除津本将军、荆州刺史，加散骑常侍、当州都督。津以前在中山陷寇，诣阙固辞，竟不之任。"②《江文遥传》："长史许思祖等以文遥遗爱在民，复推其子果行州事。既摄州任，乃遣使奉表。庄帝嘉之，除果通直散骑侍郎、假节、龙骧将军、行安州事、当州都督。"③《尒朱世隆传》："庄帝仓卒北巡，世隆之罪也。驾在河内，假骠骑大将军、行台右仆射、都督相州诸军事、相州刺史、当州都督。"④《周书·泉企传》："及齐神武专政，魏帝有西顾之心，欲委企以山南之事，乃除洛州刺史、当州都督。"⑤

东、西魏继承了北魏的当州、当郡都督之制。《周书·权贤传》："寻加伏波将军，从王思政镇弘农。授使持节、行义州事、当州都督。"⑥《郑孝穆传》："大统五年（539），行武功郡事，迁使持节、本将军，行岐州刺史、当州都督。"⑦《韦彪墓志》："起家为本州主簿……仍除蓝田郡守、当郡都督，持节带防。"⑧《封延之墓志》："（永安二年）乃敕假节、假征虏将军、防境都督、行勃海郡事。"《封子绘墓志》："天平（534—537）中……出为平阳太守，加散骑常侍、当郡都督。"⑨ 不仅如此，当时甚至还出现了"防乡都督"一类名称，如"前冠军主、防乡都督李方贵"⑩。在东魏《敬史君碑》碑阴题名中，诸曹参军之下有大量都督名单，计达数十个之多⑪，均当属勋赏之列，并非实职，与之夹杂的还有州佐吏以及邑子、民望、参军、队主等，其地位之卑微于此可见。这正是都督制蜕变的结果。只要参与征战，立有功勋，便有可能成为都督，原来作为地方军

---

① 《魏书》卷五六《郑先护传》，第1247页。
② 《魏书》卷五八《杨津传》，第1299页。
③ 《魏书》卷七一《江文遥传》，第1590页。
④ 《魏书》卷七五《尒朱世隆传》，第1668页。
⑤ 《周书》卷四四《泉企传》，第786页。
⑥ 《周书》卷二八《权贤传》，第481页。
⑦ 《周书》卷三五《郑孝穆传》，第610页。
⑧ 周伟洲等：《新出土的四方北朝韦氏墓志考释》，《文博》2000年第2期。
⑨ 张季：《河北景县封氏墓群调查记》，《考古通讯》1957年第3期。
⑩ 《金石萃编》卷三一《东魏二·武德于府君义桥石像之碑》。
⑪ 《金石萃编》卷三〇《东魏一·禅静寺刹前铭敬史君碑·碑阴》。

政长官而与使持节相对应的那种都督制实际上已在北朝消亡了。

三 战争局势与禁卫都督的形成

都督制的巨变，为使都督成为出征军府将帅的武职僚佐及侍从创造了条件。大量的中下级都督隶于大都督府进行征战，实际上就意味着这些中下级都督变成了大府的僚佐、属吏乃至侍从，尤其当这些大都督转变为割据一方的军阀时，这些府属都督实际上也就成了其臣僚和侍卫之臣。

《魏书·尔朱兆传》："后以军功除平远将军、步兵校尉。荣之入洛，兆兼前锋都督。"①《尔朱世隆传附弟弼传》："弼帐下都督冯绍隆为弼信待。"②《斛斯椿传》："及尔朱荣死，椿甚忧惧。时萧衍以汝南王悦为魏主，资其士马，次于境上。椿闻大喜，遂率所部弃州（徐州）归悦，悦授椿使持节、侍中、大将军、领军将军、领左右、尚书左仆射、司空公……又为大行台、前驱都督。"③《周书·宇文深传》："（永安）三年（530），授子都督，领宿卫兵卒。"④ 在都督制变革、大都督府帐下都督一类武职僚佐出现以后，随着形势的需要，尤其是高欢成为北方第一大军事强人，由其所拥立的孝武帝元脩（出帝）为了执掌权力，与高欢相抗衡，在斛斯椿建议下，采取措施加强防卫，将都督制正式引入到禁卫武官制度中。⑤《魏书·斛斯椿传》：

---

① 《魏书》卷七五《尔朱兆传》，第1661页。
② 《魏书》卷七五《尔朱世隆传附弟弼传》，第1671页。
③ 《魏书》卷八〇《斛斯椿传》，第1773页。
④ 《周书》卷二七《宇文深传》，第455页。
⑤ 按幕府帐下都督等职魏晋时即已出现，北魏官制中亦当有其职。《晋书》卷二四《职官志》："诸公及开府位从公加兵者"，"骠骑已下及诸大将军不开府非持节都督者"，"三品将军秩中二千石者"，均有营军、刺奸、帐下都督各一人。（第727、728、729页）制度规定如此，在现实政治中亦可见到实例。同书卷四〇《贾充传》："初，充伐吴时，尝屯项城，军中忽失充所在。充帐下都督周勤时昼寝，梦见百余人录充，引入一逵。"（第1174—1175页）卷七九《谢琰传》：为卫将军、假节、会稽内史、都督五郡军事，讨孙恩。"琰至午秋亭，败绩。琰帐下督张猛于后斫琰马，琰堕地，与二子肇、峻俱被害。"（第2078—2079页）卷一〇五《石勒载记附张宾传》：赵郡中丘人，"为中丘王帐下都督"（第2756页），时在永嘉之乱前。幕府帐下都督自曹魏时即已有之。罗福颐主编《秦汉南北朝官印征存》卷七《三国官印一·曹魏官印》收有"帐下行事"印一枚，文物出版社1987年版，第237页，图版1351。这表明曹魏时已有"帐下"之职。《晋书》卷九〇《良吏·胡威传》：父质，"仕魏至征东将军、荆州刺史"，其府亦有"帐下都督"。（第2330页）因故"质杖其都督一百，除吏名"（《三国志》卷二七《胡质传》注引《晋阳秋》，第743页），表明帐下都督地位甚低。关于魏晋南北朝的帐下之职，日本学者川合安有专文研究，参见氏著《六朝の帳下について》，《東洋史研究》1989年第48卷第2号。又可参见[日]菊池英夫《六朝軍帥の親軍についての一考察》，《東洋史研究》1959年第18卷第1号。

初，（齐）献武王之入洛，顿于邙山，尒朱仲远帐下都督桥宁、张子期自滑台而至。献武王责宁等曰："……犬马尚识恩养，汝今犬马之不如！"遂斩之。椿自以数为反覆，见宁等之死，意常不安。遂密构间，劝出帝置閤内都督、部曲，又增武直人数，自直閤已下员别数百，皆选天下轻剽者以充之。又说帝数出游幸，号令部曲，别为行陈，椿自约勒，指麾其间。从此以后，军谋朝政，一决于椿。①

北魏孝武帝为了加强自身防卫而采取的这一临时性举措，对此后东魏北齐近半个世纪的禁卫武官制度产生了深刻影响。其影响甚至超出了北齐而下及隋朝。

关于这一变革，《魏书·出帝纪》的记载是：永熙三年（534）"五月丙戌（初五，6.1），增置勋府庶子，厢别六百人；又增骑官，厢别二百人，依第出身，骑官秩比直斋"。"丁酉（十六，6.12），帝幸华林都亭，集京畿都督及军士三千余人，慰勉之。"七月"己丑（初九，8.3），帝亲总六军十余万众次于河桥。以斛斯椿为前军大都督，寻诏椿镇虎牢"。"丁未（廿七，8.21），帝为椿等追胁，遂出于长安。"② 孝武帝元脩虽然在与高欢较量中失败而逃亡长安，投奔到宇文泰阵营，但他加强禁卫的临时举措却为高欢所继承并加以变革，而成了东魏北齐禁卫武官制度中最具特色的制度之一。都督制之进入禁卫武官制度特别是领军府下辖的左、右卫府和领左右府，又是当时战争形势发展的必然结果。都督制在战争年代的变革为其进入禁卫武官系统奠定了基础。同时由于战争影响，作为高级禁卫武官的左、右卫将军以及新出现的领左右将军经常兼任都督或大都督南征北战，在其军府中出现了大量的中下级都督。左、右卫将军分统左、右两厢，因此他们有时也就统辖左、右厢都督或径以左、右厢（大）都督的名称出现。

禁卫武官出征之例在北魏一朝屡见不鲜，前期情况兹不具述，后期情况在此略作引述。《魏书·奚康生传》：梁假徐州刺史宋显"径围高塚戍。诏授康生武卫将军、持节、假平南将军，为别将，领羽林三千人，骑、步

---

① 《魏书》卷八〇《斛斯椿传》，第1774页。
② 《魏书》卷一一《出帝纪》，第289—291页。

甲士随便割配。"①《杨大眼传》：梁宛州刺史雷豹狼等偷据河南城。"世宗以大眼为武卫将军、假平南将军、持节，都督统军曹敬……等诸军讨（江州刺史王）茂先等。"②尔朱荣讨伐北方各地起义，一直带有禁卫武官名号，如直寝、游击将军→直阁将军→武卫将军→右卫将军→领军将军、领左右。尔朱兆与尔朱荣一样，也是一直带有禁卫武官名号，如游击将军→武卫将军→领军将军、领左右。尔朱世隆亦曾兼任领军将军、左卫将军、领左右等职，其统兵自不待言。③ 这种以禁卫武官身份兼领出征武官而从事征战的情况，在北魏末年可谓屡见不鲜，这些将领一般都具有特殊身份，或为权臣，或为权臣亲信。他们的军府（都督府或将军府）一般下辖各类中下级都督。久而久之，这种具有征战性质的领兵都督便与禁卫军府建立了较稳定的联系，中下级都督开始向禁卫武官演变。换言之，禁卫武官的出征为都督制进入禁卫武官系统创造了条件。

左、右卫将军之统领左、右厢，实际上也是战争时代的产物。左、右卫将军有时就是左、右厢大都督，作为都督府统帅而出现。《魏书·尔朱天光传》："建义元年（528）夏，万俟丑奴僭大号，朝廷忧之。乃除天光使持节、都督雍岐二州诸军事、骠骑大将军、雍州刺史，率大都督武卫将军贺拔岳、大都督侯莫陈悦等以讨丑奴。"④ 按当时贺拔岳"隶尔朱天光为左厢大都督"，侯莫陈悦为尔朱"天光右厢大都督"。⑤ 可见贺拔岳是以武卫将军、左厢大都督出征的。左、右卫将军在东魏北齐之统左、右厢，当与战争年代的这种制度有关。《库狄回洛墓志》："中兴（531）中，以军勋补都督，除后将军、太中大夫……迁右厢都督……转左厢都督。"⑥《石信墓志》："寻征右卫将军、右厢都督。"⑦《吴迁墓志》："河清二年（563）中，除骠骑大将军、瀛州六州右厢正都督。"⑧《北齐书·神武纪下》：天平元年（534）六月，"魏帝征兵关右，召贺拔胜赴行在所，遣大

---

① 《魏书》卷七三《奚康生传》，第1631页。
② 《魏书》卷七三《杨大眼传》，第1634页。
③ 参见《魏书》卷七四《尔朱荣传》，第1644、1645、1647页；卷七五《尔朱兆传》《尔朱世隆传》，第1661、1663、1668页。
④ 《魏书》卷七五《尔朱天光传》，第1673页。
⑤ 《魏书》卷八〇《贺拔岳传》《侯莫陈悦传》，第1782、1784页。
⑥ 王克林：《北齐库狄迴洛墓》，《考古学报》1979年第3期。
⑦ 《汉魏南北朝墓志集释》图版三二七《石信墓志》。
⑧ 《汉魏南北朝墓志汇编》，第447页。

行台长孙承业、大都督颍川王斌之、斛斯椿共镇武（虎）牢……贾显智率豫州刺史斛斯元寿伐蔡儁。神武使窦泰与左厢大都督莫多娄贷文逆显智"①。《莫多娄贷文传》："迁左厢大都督。斛斯椿等衅起，魏武帝（元脩）遣贾显智据守石济。高祖（高欢）令贷文率精锐三万，与窦泰等于定州相会，同趣石济，击走显智。"②《薛孤延传》："又频从高祖讨破山胡，西攻玉壁。入为左卫将军……为左厢大都督，与诸军将讨颍州。……后兼领军将军。"③《张保洛传》："世宗即位，以保洛为左厢大都督。"④《范舍乐传》："从高祖破（尔朱）兆于广阿、韩陵……每从征役，多有克捷。除相府左厢大都督。"⑤《厍狄回洛传》："迁右厢都督，从征山胡，先锋斩级。"⑥ 以上诸例显示，北魏末东魏初，在军阀幕府有左、右厢都督（大都督），如贺拔岳、侯莫陈悦分别为尔朱天光幕府之左、右厢大都督，莫多娄贷文为高欢幕府之左厢大都督。其职相当于朝廷左、右卫将军，有些便直接兼任左、右卫将军，如石信、薛孤延之例。

左、右厢本为高欢军府（大都督府、丞相府）之左、右厢，为其亲信所居之处，后来演变为朝廷之左、右厢（宫殿左、右厢）。《北齐书·杜弼传》："显祖引为兼长史，加卫将军。转中书令，仍长史。""弼志在匡赞，知无不为。显祖将受魏禅，自晋阳至平城都，命弼与司空司马子如驰驿先入，观察物情。践祚之后，敕命左、右厢入柏阁。以预定策之功，迁骠骑将军、卫尉卿，别封长安县伯。"⑦ 由此可见，左、右厢本为晋阳高氏相府机构，高洋篡位立齐后，自晋阳将左、右厢之制带入邺城宫城之柏阁，成为其贴身侍卫机构。⑧ 此前，高氏主要通过担任京畿大都督来控制东魏朝廷军政大权。都督制正式进入禁卫武官系统大概也应在高洋

---

① 《北齐书》卷二《神武纪下》，第 16—17 页。
② 《北齐书》卷一九《莫多娄贷文传》，第 252—253 页。
③ 《北齐书》卷一九《薛孤延传》，第 256 页。
④ 《北齐书》卷一九《张保洛传》，第 257 页。
⑤ 《北齐书》卷二〇《慕容俨传附范舍乐传》，第 282 页。
⑥ 《北齐书》卷一九《厍狄回洛传》，第 255 页。
⑦ 《北齐书》卷二四《杜弼传》，第 350—351 页。
⑧ 唐长孺云："厢直当指在官衙内两厢当直的将士，他们属于帐内。北朝后期帐内是主将亲兵的专称"，"帐内军主或帐内都督所领的亲兵就叫做帐内"。（《吐鲁番文书中所见高昌郡军事制度》，《山居存稿》，中华书局 1989 年版，第 374 页）这一解释有助于理解魏齐之际高氏霸府左、右厢之转变为新朝禁卫军府左、右厢的问题。

篡位之初，而不可能早在东魏时期。可以认为，高洋篡位后，正式确立了上引《隋书·百官志中》所记载的北齐禁卫武官制度。

北魏初年就已出现了有关"厢"直或"两厢"禁卫的制度。《魏书·崔浩传》："（太宗）于是使浩奉策告宗庙，命世祖为国副主，居正殿临朝。司徒长孙嵩、山阳公奚斤、北新公安同为左辅，坐东厢西面；浩与太尉穆观、散骑常侍丘堆为右弼，坐西厢东面。百僚总己以听焉。"① 此制应是对道武帝时期相关制度的继承与变革。天赐二年（405）所改"方阵卤簿"中，便有"五品朝臣使列乘舆前两厢"之规定。② 由此可知，所谓"两厢"（左、右）原为北魏皇帝出行时大驾卤簿方阵中乘舆前两个侍卫方阵，当宫室制度健全后便演变为在君主所御正殿中分列左、右（东、西阶下）之两个禁卫方阵。北魏一朝禁卫制度中应该一直存在着"厢"直。北魏末年战争中各路军阀又将朝廷"厢"直禁卫之制搬到了各自的霸府，形成了帐内亲信侍卫制度。

东、西魏时期高氏、宇文氏霸府之左、右厢，当与上列北魏初年卤簿中乘舆前两厢相似，后逐渐固定为禁内侍卫制度，北齐之左、右卫及北周之左、右宫伯及武伯所掌当与此相类（见下章）。北魏末年至东魏时期，宫殿中亦有左、右厢之制。《魏书·尔朱世隆传》："庄帝仓卒北巡……及车驾还宫，除骠骑大将军、尚书左仆射，摄选，左、右厢出入。"③ 此左、右厢在宫殿内。《侯子钦墓志》："魏永熙（532—534），征授左箱直阁将军。齐业始基，敕授前军将军。"④ 按"齐业始基"当指东魏建立之时（534）。《石信墓志》："中兴之际，乃从齐太祖献武皇帝建义信都，授公伏波将军、虎贲中郎将。除子都督。迁前将军、灌津县令……补帐内正都督。……俄除马邑总绾、领民都督。寻征右卫将军、右箱都督。"⑤《尧峻墓志》："其年与兄共举定州，来相攀附，神武皇帝嘉其忠烈，除镇远将军、右箱直寝。……君既侍官，常陪辇毂。"⑥《贺拔昌墓志》："除骠骑大

---

① 《魏书》卷三五《崔浩传》，第813页。
② 《魏书》卷一〇八之四《礼志四》，第2813—2814页。
③ 《魏书》卷七五《尔朱世隆传》，第1668页。
④ 《侯子钦墓志文拓本》，《中国北周珍贵文物——北周墓葬发掘报告》，第155页图三〇三。
⑤ 《汉魏南北朝墓志集释》图版三二七《石信墓志》。
⑥ 磁县文化馆：《河北磁县东陈村北齐尧峻墓》，《文物》1984年第4期。

将军、仪同三司、右箱都督、太子右卫率……天保元年（550），授君右卫将军、开府仪同三司。"①《隋书·礼志三》："后齐制，日蚀，则太极殿西厢东向，东堂东厢西向，各设御座。群官公服。昼漏上水一刻，内外皆严。三门者闭中门，单门者掩之。蚀前三刻，皇帝服通天冠，即御座，直卫如常，不省事。有变，闻鼓音，则避正殿，就东堂，服白袷单衣。侍臣皆赤帻，带剑，升殿侍。"② 按此处所载太极殿之东、西厢，即左、右卫将军所禁卫之左、右厢。左、右厢不仅有直阁将军、都督，还有直寝之类武官。直阁将军、直寝属左、右厢的事例表明，直阁将军、直寝确属左、右卫将军统辖。

大量征战都督之迁任禁卫武官也可进一步证明，都督制之进入禁卫武官系统，与战争形势和东魏北齐时期特殊的政体特别是两京体制有着密切的关系。《北齐书·皮景和传》：

> 景和少通敏，善骑射。初以亲信事高祖，后补亲信副都督。武定二年（544），征步落稽。……除库直正都督③。……后从袭库莫奚，加左右大都督。又从度黄龙，征契丹，定稽胡。寻从讨茹茹主菴罗辰于陉北，又从平茹茹余烬。……每有战功……乾明元年（560），除武卫将军，兼给事黄门侍郎。肃宗作相，以本官摄大丞相府从事中郎。大宁元年（561），除仪同三司、散骑常侍、武卫大将军……（三年）仍除领左右大将军……又除并省五兵尚书。……后除特进、中领军……又除领军将军……④

皮景和的经历非常典型地反映了东魏北齐时期武人进阶的一种道路，即由高欢等高氏亲信武职都督演变为朝廷禁卫武官的历程。《资治通鉴》梁武帝中大通三年（531）十月，"高欢将与（尔朱）兆战，而畏其众强，以问亲信都督段韶"。胡三省注："亲信都督，魏末诸将擅兵，始置是官，

---

① 太原市文物考古研究所：《太原北齐贺拔昌墓》，《文物》2003 年第 3 期。
② 《隋书》卷八《礼志三》，第 169—170 页。
③ 按"库直"之义不明，据《南齐书》卷五七《魏虏传》："国中呼内左右为'直真'"云云（第 985 页）。"库直"或与"直真"义近，果如此则库直即为帐内、亲信，"库直都督"即为亲信都督。
④ 《北齐书》卷四一《皮景和传》，第 537 页。

以领亲兵。"① 类似事例还有张保洛、暴显、鲜于世荣、綦连猛、元景安、石信、赵道德、乞伏保达等人②。

小　结

通过以上考察，对于东魏北齐禁卫武官制度可以得到如下认识：

（1）东魏北齐禁卫武官制度是在继承北魏太和后《职员令》基础上，对北魏后期以来新出现的禁卫武官制度加以总结，并进一步制度化，是新旧两套制度结合的产物。北齐与北魏禁卫武官名称、品级尽管非常相近，但两朝制度亦有不小差别，以领军府所辖左、右卫府和领左右府的变化最为突出。左、右卫府是北齐禁卫武官制度的主体，比之北魏后期制度有了很大突破，其下不仅有诸"直"属官，而且骁游、四军、五校等均属左、右卫府所领的规定也是正式见之于史。北齐武骑、云骑将军可能借鉴了梁武帝天监改制后的制度。领左右府制度是北魏后期有关制度发展的结果。领左右府诸职及左、右卫府下属御仗、直荡、直卫、直突、直阁诸属官，太子左、右卫率坊所辖各职，以及门下省领左右、左右直长，均不见于北魏孝文帝太和后《职员令》。其中直阁诸职、领左右及部分属官是北魏后期实际存在的制度，其他各职则是北魏末年社会大动荡、政局急剧变化而引起官僚制度巨大变革的结果，北齐初年定制，将这种变革固定于官制条文之中。

（2）东魏北齐有领军府，设领军将军（中领军）一人"掌禁卫官掖"，"总知禁卫"，皇帝出巡时统率仪仗警卫。左、右卫府及领左右府归领军府统辖。东魏北齐门下省有领左右局，类似北魏前期内侍长及其所辖内侍左右。领军府对北齐政治有重要影响，后来罢京畿府而并其职入领军府，领军府职能进一步扩大。北齐领军制度重要变化之一是出现了领军大将军，而且同时存在多位领军。领军担任者绝大多数是当时政治上极有影响的家族成员，包括宗室、外戚以及高欢或高澄、高洋之亲信、恩倖等。北齐时期多次政争中都可看到领军特别是领军大将军的参与，如常山王演

---

① 《资治通鉴》卷一五五《梁纪一一》，第 4815 页。
② 参见《北齐书》卷一九《张保洛传》，第 257 页；卷四一《暴显传》《鲜于世荣传》《綦连猛传》《元景安传》，第 535、539、540、542 页；《汉魏南北朝墓志集释》图版三二七《石信墓志》、三三二《赵道德墓志》、三三九之二《乞伏保达墓志》）。

等诛杀尚书令杨愔等，琅邪王俨与恩倖和士开发生矛盾并相继被杀，后主时专权的"八贵"中有三人担任领军之职，领军将军（大将军）刘桃枝（鲜于桃枝）多次奉命参与对王公大臣的捕杀。数位或多位领军（大将军、将军及中领军、领军）的出现，表明当时领军系统禁卫武官制度处于剧烈的变动之中，一个领军将军已很难总掌禁卫大任，必须众多领军分工协作才行。仅有领军将军或中领军职衔还难以有效统领禁卫军，便通过将军加"大"来加强其权威。这实际上是领军制度衰微的表现，数位领军同时任职亦与此有关。

（3）左、右卫府设左、右卫将军各一人，"掌左、右厢"，各有武卫将军二人为其副。其下有御仗、直荡、直卫、直突、直阁诸属官，有武骑、云骑、骁游、四军将军，左·右中郎将、五校、奉车都尉、虎贲中郎将、羽林监、冗从仆射、骑都尉及积弩、积射、强弩将军，武骑常侍、殿中将军、员外将军、殿中司马督、员外司马督。领左右府设有领左右将军、领千牛备身及左右备身、刀剑备身、备身三个系列的禁卫武官。左、右卫府是北齐禁卫武官制度的主体，诸"直"属官作为左、右卫府及领左右府的属官被正式列入制度之中，骁游、四军、五校等职均属于左、右卫府所领的规定也是首次正式见之于史。北齐一代还存在左、右卫大将军及领左右大将军，亦有武卫大将军。左·右卫、领左右、武卫在北齐均出现了大将军，但领军、护军、左·右卫、领左右、武卫诸职之间的品级并未发生易位，诸大将军地位可能仅在其原有品级上有所提高。武卫将军（大将军）侍卫君主左右，又要保卫邺城及别都晋阳。

（4）北齐有护军府，设护军将军（中护军）一人，"掌四中、关津，舆驾出则护驾"，"其属官，东、西、南、北四中府皆统之"，"又领诸关尉、津尉"。礼仪上护军将军与领军将军相当，但北齐护军禁卫职能实际上大为衰退。东魏仿北魏制度，在邺城四周设四中（东、西、南、北）府，拱卫京师。北魏后期至东魏时期四十年间，四中郎将统辖于领军，而与护军无关。护军统诸关津尉是北魏政府控制地方水陆要冲的制度之一，此制象征其对地方军权的掌握。北齐护军将军（中护军）的记载在史传中很少见到，其职处于衰微之中，作为禁卫长官之一的护军将军（中护军）到隋朝便正式废罢。

（5）东魏北齐设京畿大都督府，"专典兵马"，其长官为京畿大都督。东魏建立之际，高欢为了控制新迁的魏室君臣及洛阳士女，命其连襟窦泰为京畿大都督控制邺城及其周边地区。东魏天平四年六州都督事"悉隶京畿",京畿大都督"立府置佐",六州都督"宿卫晋阳"的职能亦当转归京畿大都督。东魏北齐的京畿以京尹清都郡为主并包括司州其他各郡,清都下辖邺、临漳、成安三县,为京畿之核心。京畿大都督的主要职能是控制京师和诸畿郡。京畿大都督是仅次于大丞相、都督中外诸军事的朝廷要职,其担任者几乎全是高氏人物或其亲信。京畿大都督府的正式废罢与琅邪王俨叛乱事件有关。琅邪王俨以太保、京畿大都督、领御史中丞掌握军权,后率京畿军士三千余人屯千秋门发动叛乱,结果遭到镇压。为了避免再度出现京畿大都督弄权的情况,遂罢京畿府入领军府。领军府是严格的禁卫机构,无论皇帝在朝或出行,都要负责其禁卫事宜;护军府所辖四中郎将府设于京师四周以拱卫京师;京畿大都督设于京师地区,其主要职责是控制京师及诸畿郡。京畿府作为大都督府,是具有军事征战职能的军府,指挥调度比较方便,还可有效监控朝局,并与领军府相制衡。

（6）北齐左、右卫府所辖诸"直"属官别具特色,除直阁属官外均带"都督"称号,领左右府所辖千牛备身等职也有"都督"称号。北魏末年大规模战争促使都督地位分化,出现了各级各类都督,上自方镇统帅、元帅,下至低级统兵武职,均可以都督命名。此外,朝廷和当政军事强人为了补充军粮和吸引将士效命而赏勋叙阶(滥赏),使得各类武官尤其是征战都督地位剧降。只要参与征战,立有功勋,便有可能成为都督,原来作为地方军政长官而与使持节相对应的那种都督制实际上已经消亡。大量中下级都督隶属大都督府进行征战,意味着他们变成了大府的僚佐、属吏乃至侍卫之臣。这种变革为都督进入禁卫武官系统奠定了基础。左、右卫将军及新出现的领左右将军经常兼任都督或大都督南征北战,在其军府中出现了大量中下级都督。左、右卫将军分统左、右两厢,因此他们有时也就以左、右厢(大)都督的名称出现或统辖左、右厢都督,中下级都督开始向禁卫武官转变。左、右厢本为高欢军府(大都督府、丞相府)之左、右厢,为其亲信所居之处,后来演变为朝廷之左、右厢(宫殿左、右厢)。都督制正式进入禁卫武官系统当在北齐文宣帝高洋篡位之初。

第二十章

西魏北周禁卫武官制度

高欢（496—547）在韩陵之战打败尔朱氏之后，图谋称霸北方，傀儡皇帝元脩（北魏孝武帝）为了摆脱高欢控制，在斛斯椿等人安排下于公元534年七月逃出洛阳到达关西重镇长安。高欢入洛，拥元善见为帝（东魏孝静帝），并胁迫其迁都邺城。高欢以晋阳和邺城为中心控制着东魏政权，而宇文泰（507—556）于当年年底杀害孝武帝并于次年立元宝炬为帝（西魏文帝）。在西魏（535—556）存在的二十余年间，政权一直控制在宇文泰手中，为了与正统所在的东魏相抗衡，宇文泰于大统年间接受汉族士人苏绰、卢辩等建议，进行了一系列重要改革。其改革既有对儒家传统制度的模仿，也有适应统治需要和客观形势而进行的变革，目的当然是为了在新形势下制定适宜的制度以巩固政权。大统改革包括官制、兵制及赋役、公文制度等多方面，其中以府兵制和六官制最具特色。[①] 大统十六年（550）确立府兵制后，西魏禁卫武官制度与府兵

[①] （唐）令狐德棻等撰《周书》卷二《文帝纪下》：魏废帝"三年（554）春正月，始作九命之典，以叙内外官爵。以第一品为九命，第九品为一命。改流外品为九秩，亦以九为上。又改置州郡及县……凡改州四十六，置州一，改郡一百六，改县二百三十"。魏恭帝"三年（556）春正月丁丑（初一，1.28），初行《周礼》，建六官"。"初，太祖以汉魏官繁，思革前弊。大统中，乃命苏绰、卢辩依周制改创其事，寻亦置六卿官，然为撰次未成，众务犹归台阁。至是始毕，乃命行之。"（中华书局1971年版，第34、36页）由此可见，宇文泰所主张而由苏绰、卢辩所主持进行的官制改革分两步进行和实施：（1）魏废帝三年实施官品九命之制以及州郡县地方官制改革；（2）魏恭帝三年实施六官制。据此可知，西魏官制承袭北魏末年制度而变化不大，北周则实行六官制。

制发生了密切联系①，主要表现在府兵番上宿卫之制方面。北周（557—581）建立之际，模仿《周礼》而设立了以左、右宫伯和左、右武伯为核心的禁卫武官制度，北周一代禁卫武官制度即以左、右宫伯和左、右武伯为核心，并随着局势的变化而加以调整。

第一节　西魏禁卫武官制度

一　领军将军、中领军

《周书·文帝纪上》：永熙三年（534）"秋七月，太祖（宇文泰）帅众发自高平，前军至于弘农。而齐神武（高欢）稍逼京邑，魏帝（元脩）亲总六军，屯于河桥，令左卫元斌之、领军斛斯椿镇武（虎）牢，遣使告太祖"②。这表明当时左卫将军元斌之与领军将军斛斯椿是最受北魏孝武帝元脩信赖的亲信大臣，为禁卫军首长。时在孝武帝从洛阳逃出而北魏即将分裂之际。本月孝武帝逃亡至宇文泰控制的关中地区，高欢进占洛阳，拥元善见为帝，十月迁都于邺，东、西魏对峙局面随即出现。随着孝武帝西迁及斛斯椿等人随侍西入，原北魏没落王朝的官僚制度（包括禁卫武官制度）也正式成为长安西魏政权的制度。

---

① 《资治通鉴》卷一六三《梁纪一九》简文帝大宝元年（西魏大统十六年）末载西魏"八柱国""十二大将军"之制，"每大将军各统开府二人，开府各领一军"。"泰始籍民之才力者为府兵，身租庸调，一切蠲之，以农隙讲阅战陈，马畜粮备，六家供之；合为百府，每府一郎将主之，分属二十四军。"胡三省云，"唐府兵之法本诸此"。[（宋）司马光编著，（元）胡三省音注，"标点资治通鉴小组"校点，中华书局1956年版，第5058—5059页] 很显然，司马光主张府兵制确立于大统十六年，胡三省对此亦无异议。关于府兵制的确立时间，学界大多也认同大统十六年说。日本学者濱口重國经过缜密考证，认为二十四军即府兵制的确立是在大统十六年（《西魏时期的二十四军与仪同府》，夏日新译，载刘俊文主编《日本学者研究中国史论著选译》第四卷《六朝隋唐》，中华书局1992年版，第189—196页）。唐长孺说："就府兵之具有禁军性质而言，可能与（大统）八年作六军有关，而就整个组织系统之建立而言，却只有在十六年。"（《魏周府兵制度辨疑》，《魏晋南北朝史论丛》，生活·读书·新知三联书店1955年版，第266页）谷霁光认为："以六柱国大将军分统六军的制度，大统八年后逐步在形成"，"到大统十六年是确立了而且划一了"。（《府兵制度考释》，上海人民出版社1962年版，第51页）关于西魏府兵制，还可参见毛汉光《西魏府兵史论》，《中国中古政治史论》，上海世纪出版集团·上海书店出版社2002年版，第188—305页。本文仅讨论与禁卫武官制度有关诸问题，而不涉及府兵制其他问题。

② 《周书》卷一《文帝纪上》，第12页。

斛斯椿之后，寇洛任领军将军①。至大统三年（537）寇洛卸任，又有宇文导和独孤信同时为领军将军。《周书·宇文导传》："（大统）三年，太祖东征，导入宿卫，拜领军将军、大都督。齐神武渡河侵冯翊，太祖自弘农引军入关，导督左右禁旅会于沙苑，与齐神武战，大破之。"② 可知大统三年沙苑之战时，宇文导以领军将军、大都督之职入宇文泰宿卫，并督"左右禁旅"，其为禁卫长官自无疑义。宇文导在当时除了承担宇文泰宿卫之责外，还要协助宇文泰与东魏作战，这是与战争形势相关联的特殊职能，故其同时兼任大都督之职。宇文导所任领军将军严格来说更似宇文泰霸府（相府）之职，有类汉魏之际曹操霸府中的领军、中领军之职。与此同时，西魏朝廷也有掌禁卫之任的领军将军。正因如此，史书中便可见到数位领军将军、中领军同时任职的事例。《周书·独孤信传》："大统三年秋，至长安……寻拜领军。乃从太祖复弘农，破沙苑。"③ 可知独孤信在大统三年沙苑之战时亦为领军将军。史书所见其后任领军将军或中领军者有尉迟迥、若干惠、王懋、尉迟纲、蔡祐等人。《尉迟迥传》："稍迁大丞相帐内都督。""从太祖复弘农，破沙苑，皆有功。累迁尚书左仆射，兼领军将军。迥通敏有干能，虽任兼文武，颇允时望。太祖以此深委仗焉。"④ 若干惠于大统"七年，迁中领军"，并在邙山之战中率右军随宇文泰迎击东魏大军。⑤ 王懋迁任领军将军是在大统后期⑥。《尉迟纲传》："魏废帝二年（553），拜大将军，兼领军将军。及帝有异谋，言颇漏泄。太祖以纲职典禁旅，使密为之备。俄而帝废，立齐王，仍以纲为中领军，总宿卫。"⑦ 蔡祐于魏恭帝二年（555）至三年任中领军⑧，这是目前所见西魏最后一位领军担任者。当时正值西魏末年，宇文泰即将建立六官体制前夕。很显然，自北魏末年延续下来的领军制度一直存在到西魏被北周禅代之际。

通过上引史料及相关分析，可以得出三点认识：（1）西魏一朝二十

---

① 参见《周书》卷一五《寇洛传》，第238页。
② 《周书》卷一〇《宇文导传》，第155页。
③ 《周书》卷一六《独孤信传》，第265页；又可参见同书卷三八《柳虬传》，第680页。
④ 《周书》卷二一《尉迟迥传》，第349页。
⑤ 《周书》卷一七《若干惠传》，第281页。
⑥ 参见《周书》卷二〇《王懋传》，第335页。
⑦ 《周书》卷二〇《尉迟纲传》，第340页。
⑧ 参见《周书》卷二七《蔡祐传》，第444页。

余年间，领军将军（中领军）之职一直存在，未曾废罢。自文帝大统元年至恭帝二年（535—555），可考之领军将军或中领军依次为斛斯椿、寇洛、宇文导、独孤信、尉迟迥、若干惠、王懋、尉迟纲、蔡祐。(2) 与北魏后期制度一样，西魏时期的领军将军（中领军）亦为禁卫长官，"职典禁旅""督左右禁旅"云云，是对领军职能的准确概括。领军之职督率禁旅宿卫，主要是保卫当权者宇文泰而非名义上的君主西魏皇帝。(3) 当时东、西方政权对峙，两魏之间战伐不断，宇文泰统率大军经常出征，领军将军亦率禁卫军随其征战，随侍护卫宇文泰自是领军将军（中领军）基本职责，同时他们还要亲自指挥战斗。

西魏一朝二十余年间可考之领军将军、中领军，除斛斯椿外全都是宇文泰的亲信将领。

寇洛与宇文泰同出武川，于北魏末年战乱之际投身疆场开始其政治生涯，当贺拔岳为关西大行台时，宇文泰为大行台左丞，"领岳府司马"①，而寇洛则为岳府右都督。② 寇洛与宇文泰同为贺拔岳之幕僚，泰位居洛之上，双方应该有密切关系。事实上，二人的确有着非同寻常的关系。贺拔岳被害后，侯莫陈悦"欲并其众"。"时初丧元帅，军中惶扰，洛于诸将之中，最为旧齿，素为众所信，乃收集将士，志在复仇，共相纠合，遂全众而反。既至原州，众咸推洛为盟主，统岳之众。洛复自以非才，乃固辞，与赵贵等议迎太祖。""太祖至平凉，以洛为右大都督。"③ 这一记载表明，寇洛不仅与宇文泰有同乡、同僚之谊，而且在贺拔岳被害、关陇局势陡变的特殊时刻未与宇文泰争权，而是支持其继统贺拔岳余部。宇文泰得以统领贺拔岳余部，正是后来他能够称霸关陇的关键环节。

宇文导为宇文泰长兄颢之次子，其人"少雄豪，有仁惠，太祖爱之"④。《周书·宇文导传》："及太祖随贺拔岳入关，导从而西，常从征伐。太祖讨侯莫陈悦，以导为都督，镇原州。及悦败，北走出故塞，导率骑追之，至牵屯山及悦，斩之，传首京师。"⑤ 宇文导既是宇文泰之侄，

---

① 《周书》卷一《文帝纪上》，第 3 页。
② 参见《周书》卷一五《寇洛传》，第 237 页；（唐）李延寿撰《北史》卷五九《寇洛传》，中华书局 1974 年版，第 2103 页。
③ 《周书》卷一五《寇洛传》，第 237—238 页。
④ 《周书》卷一〇《邵惠公颢传》《宇文导传》，第 153、154 页。
⑤ 《周书》卷一〇《宇文导传》，第 154 页。

又是随从其创业的亲信部下,而且还曾临阵击斩泰之仇敌侯莫陈悦,为其消除心腹大患。侯莫陈悦被消灭,宇文泰才得以独霸关陇。独孤信亦出于武川,在北魏末年的经历与宇文泰、寇洛颇为相似。独孤信先为贺拔胜荆州府大都督,后迁武卫将军。"及胜弟岳为侯莫陈悦所害,胜乃令信入关,抚岳余众。属太祖已统岳兵,信与太祖乡里,少相友善,相见甚欢。因令信入洛请事……寻征信入朝,魏孝武雅相委任。及孝武西迁,事起仓卒,信单骑及之于瀍涧。"① 由此可见,独孤信亦为宇文泰乡里旧友,与宇文泰分别入贺拔胜、贺拔岳兄弟军府为幕僚,在宇文泰继统贺拔岳部众之时,独孤信未与宇文泰争权,而是支持宇文泰统领贺拔岳余部,在孝武帝西迁之际又表示了拥护,无疑可以将其归入宇文泰亲信集团之列。

尉迟迥与尉迟纲兄弟为宇文泰外甥。《北史·尉迟迥传》:"父俟兜,性弘裕有鉴识,尚周文帝姊昌乐大长公主,生迥及纲。"尉迟迥之妻为西魏文帝之女金明公主。史载迥七岁、纲六岁时,其父病卒,兄弟俩遂"依托舅氏"。②《尉迟纲传》:"周文帝西讨关陇,迥、纲与母昌乐大长公主留于晋阳。后方入关。从周文征伐,常陪侍帷幄,出入卧内。""纲骁果有膂力,善骑射,周文甚宠之,委以心膂。河桥之战,周文马中流矢,因而惊奔。纲与李穆等左右力战,众皆披靡,文帝方得乘马。"③ 身为宇文泰外甥,尉迟迥兄弟自是重要亲信无疑,并且尉迟纲对宇文泰还有救命之恩。尉迟迥兄弟在宇文泰统治后期颇受倚重,成为决策集团重要成员。

若干惠为武川人,后入贺拔岳幕府,协助其平定陇右,"每力战有功"。"及岳为侯莫陈悦所害,惠与寇洛、赵贵等同谋翊戴太祖。"后随宇文泰平定侯莫陈悦。④ 王懋亦为武川人,其父王盟,曾为贺拔岳部下。《周书·王盟传》:"及尔朱天光入关,盟出从之。随贺拔岳为前锋,擒万俟丑奴,平秦陇,常先登力战。拜征西将军、平秦郡守。太祖将讨侯莫陈悦,征盟赴原州,以为留后大都督,镇高平。悦平,除原州刺史。"⑤ 王盟在大统十一年去世之前,多年在朝中担任文帝师傅,协助宇文泰控制西魏皇帝。王懋之兄王励,"年十七,从太祖入关。及太祖平秦陇,定关

---

① 《周书》卷一六《独孤信传》,第264页。
② 《北史》卷六二《尉迟迥传》《尉迟纲传》,第2209、2214页。
③ 《北史》卷六二《尉迟纲传》,第2214页。
④ 《周书》卷一七《若干惠传》,第281页。
⑤ 《周书》卷二〇《王盟传》,第333页。

中，励常侍从"①。王励在西魏初任禁卫武官，领禁兵侍卫宇文泰，极受宠信。蔡祐亦为宇文泰亲信出身。其人"有膂力，便骑射。太祖在原州，召为帐下亲信。太祖迁夏州，以祐为都督。及侯莫陈悦害贺拔岳，诸将遣使迎太祖。将赴，夏州首望弥姐元进等阴有异计。太祖微知之，先与祐议执元进。""祐乃叱元进而斩之，并其党并伏诛。""于是与诸将结盟，同心诛悦。太祖以此知重之。乃谓祐曰：'吾今以尔为子，尔其父事我。'后从讨悦，破之。"②

综上所述，可知：（1）西魏一朝担任领军将军、中领军的宇文泰亲信，除蔡祐外全都出于武川镇③，史谓其先世因故徙镇并家于武川，与宇文泰为同乡，既有其同族亲人，又有其姻亲成员。（2）在他们的权位升进过程中，本人或其父兄曾与宇文泰同僚供职，并在宇文泰兼并贺拔岳部众的关键事件中予以支持或合作，从而与宇文泰建立了更加密切的政治关系。（3）就诸人之民族成分而论，亦与宇文泰相似：或为未汉化之北镇鲜卑，或为出身鲜卑化之他族，如王懋先世为乐浪王氏，当属乌丸，居武川多年，自当鲜卑化④。由此足见，宇文泰以其同乡宗族姻亲及同僚亲信出身者担任禁卫长官领军将军、中领军，有力地控制着禁卫军权，不仅保证了对西魏皇帝的监控，同时也保卫着宇文泰的安全。宇文泰得以频繁出征，长安根基稳固，他本人亦能够安全指挥征战，与此关系极大。

二　左、右卫将军与武卫将军

考察史载可以看到，西魏时期存在左、右卫将军之职。如上所述，在孝武西迁之时有左卫将军元斌之，又可见到元伟父顺亦"以左卫将军从魏孝武西迁"⑤。无法确定元顺与元斌之是否为同一人，不过同时存在两左卫将军也是符合北魏末年制度的。《魏书·官氏志》："正光元年（520）七月，置左、右卫将军各二人。"⑥ 西魏大统年间可考之左卫将军仅有二

---

① 《周书》卷二〇《王励传》，第334页。
② 《周书》卷二七《蔡祐传》，第443页。
③ 《周书》卷二七《蔡祐传》："其先陈留圉人也。曾祖绍为夏州镇将，徙居高平，因家焉。"（第442页）可知蔡祐亦属北镇系统成员。
④ 又，蔡祐家徙居高平多年，恐亦胡化，如其父"名著西州"（第442页），祐本人则尚武无文。
⑤ 《周书》卷三八《元伟传》，第688页。
⑥ 《魏书》卷一一三《官氏志》，第3004页。

例，而右卫将军则有七例，有关的记载显然是极不全面的。《周书·王懋传》："录前后功，进爵为公，增邑千户，迁右卫将军。于时疆场交兵，未申丧纪，服齐斩者，并墨缞从事。及盟觐，懋上表辞位，乞终丧制。魏文帝不许。累迁……骠骑大将军、开府仪同三司，侍中、左卫将军，领军将军。"① 王盟死于大统十一年（545），则王懋在大统十年前就已任右卫将军，后迁至左卫将军。豆卢宁于大统九年"从太祖迎高仲密，与东魏战于邙山，迁左卫将军……十六年，拜大将军"②。邙山之战发生于大统九年三月③，其后豆卢宁迁为左卫将军，任职至大统十六年。据此，则王懋与豆卢宁当有一段时间同为左卫将军，此与北魏末年制度相同。孝武帝入关之际宇文泰任命赵贵为车骑大将军、仪同三司、兼右卫将军④，宇文贵于大统三年之后任右卫将军⑤，贺兰祥亦于大统三年"迁右卫将军"⑥，梁御于大统元年"转右卫将军"⑦。右卫将军亦同时有二人担任，同于北魏末年制度。《贺若谊碑》："父统，右卫将军、散骑常侍。"⑧ 据《周书·文帝纪下》载，大统三年十月，"东魏颍川（州）长史贺若统与密县人张俭执刺史田迅举城降"⑨。贺若统之任右卫将军当在其自东魏投降到西魏之后。

北魏末年孝武西迁之际，可以看到不少武卫将军的活动。宇文泰历任诸职中即有武卫将军。《周书·文帝纪上》："齐神武既破尔朱，遂专朝政。太祖（时任贺拔岳府司马）请往观之……岳大悦，复遣太祖诣阙请事，密陈其状。魏帝深纳之。加太祖武卫将军，还令报岳。岳遂引军西次平凉……于是表太祖为使持节、武卫将军、夏州刺史。"⑩ 按宇文泰所任武卫将军并非实职禁卫武官，而是为表示朝廷于其有特殊恩宠的荣誉之

---

① 《周书》卷二〇《王懋传》，第335页。
② 《周书》卷一九《豆卢宁传》，第309页。
③ 参见《周书》卷二《文帝纪下》，第28页；《资治通鉴》卷一五八《梁纪一四》武帝大同九年（543）三月条，第4914—4918页。
④ 参见《周书》卷一六《赵贵传》，第262页。
⑤ 参见《周书》卷一九《宇文贵传》，第312页。
⑥ 《周书》卷二〇《贺兰祥传》，第336页。
⑦ 《周书》卷一七《梁御传》，第280页。
⑧ （清）王昶撰：《金石萃编》卷三九《隋二》，北京市中国书店1985年版。
⑨ 《周书》卷二《文帝纪下》，第24页。
⑩ 《周书》卷一《文帝纪上》，第3—4页。

职，同时又显示其返回贺拔岳府以"报岳"乃是代表朝廷的行为，从而证明北魏朝廷对贺拔岳的支持。"于时，魏孝武帝将图齐神武，闻（贺拔）岳被害，遣武卫将军元毗宣旨慰劳，追岳军还洛阳"，时在永熙三年（534）。宇文泰所下《传檄方镇书》中谓，"故武卫将军伊琳，清贞刚毅，禁旅攸属"云云。① 可知元毗、伊琳二人均为领禁兵之禁卫武官，与宇文泰所任之武卫将军有所不同。梁御"从征侯莫陈悦，迁武卫将军"②，此武卫将军所统当为宇文泰幕府亲信兵，与朝廷禁卫武官无关，类似上述宇文泰所任之武卫将军。魏孝武入关之际，随侍之武卫将军有宇文贵、杨宽、常善等人③，武卫将军高金龙则守千秋门而与孝武帝的禁卫力量相抗衡④。

西魏时期，直接继承了北魏末年的武卫将军之制。《周书·王雄传》：永安（528—530）末，"从贺拔岳入关……魏孝武西迁，授都督"。"大统初……拜武卫将军，加骠骑将军。"⑤《阳雄传》："及孝武西迁，猛（阳雄之父）率所领移镇潼关。""俄而潼关不守，猛于善渚谷立栅，收集义徒。授征东将军、扬州刺史、大都督、武卫将军，仍镇善渚。大统三年（537），为窦泰所袭，猛脱身得免。"⑥ 这两条记载表明，当时不仅有守卫宫城及保卫君主（包括当权者宇文泰）之禁卫武官武卫将军，而且还有另一类武卫将军，其制皆当源于北魏末年。不过西魏时期所见武卫将军主要还是统领禁兵的禁卫武官，这从以下诸例中可以看出。豆卢宁"从太祖擒窦泰，复弘农，破沙苑，除武卫大将军，兼大都督"⑦。李穆在河桥之战后"擢授武卫将军，加大都督、车骑大将军、仪同三司"⑧。王懋"历尚食典御、领左右、武卫将军"⑨。陆腾，"大统九年……即拜帐内大

---

① 《周书》卷一《文帝纪上》，第3—4、5、11页。
② 《周书》卷一七《梁御传》，第279页。
③ 参见《周书》卷一九《宇文贵传》，第311页；卷二二《杨宽传》，第367页；卷二七《常善传》，第446页。
④ 参见《周书》卷三〇《窦炽传》，第518页。
⑤ 《周书》卷一九《王雄传》，第320页。
⑥ 《周书》卷四四《阳雄传》，第796页。
⑦ 《周书》卷一九《豆卢宁传》，第309页。
⑧ 《周书》卷三〇《李穆传》，第527页。
⑨ 《周书》卷二〇《王懋传》，第335页。

都督。未几，除太子庶子，迁武卫将军"①。于翼，"大统十六年，进爵郡公，加大都督，领太祖帐下左右，禁中宿卫。迁镇南将军、金紫光禄大夫、散骑常侍、武卫将军"②。

西魏武卫将军宿卫禁中，地位颇为机要，可从西魏末年宇文泰与魏废帝的政争中得到充分认识。《周书·李基传》："太祖扶危定倾，威权震主，及魏废帝即位之后，猜隙弥深。时太祖诸子，年皆幼冲，章武公导、中山公护复东西作镇，唯托意诸壻，以为心膂。基与义城公李晖（按即李辉）、常山公于翼等俱为武卫将军，分掌禁旅。帝深惮之，故密谋遂泄。"③魏废帝不满宇文泰专权，欲与之抗衡，但宇文泰一贯采取以亲信为禁卫武官统领禁兵以控制魏帝的措施，废帝密谋自然难成气候。④胡三省云："宇文相魏，亦置武卫将军以掌宿卫，而卢辩所定九命无其官，此盖犹在卢辩定官之前，以武卫授诸壻。"⑤胡氏对西魏武卫将军职能及置废时间的判断无疑是正确的。

在左、右卫将军与武卫将军担任者中，王懋曾经历任武卫、右卫、左卫、领军将军，是唯一一位历任禁卫长官诸职的人。"懋性温和，小心敬慎。宿卫宫禁，十有余年，勤恪当官，未尝过失。魏文帝甚嘉之。"⑥王懋执掌禁卫军，受到魏文帝的嘉许只是表象，更主要的还是令宇文泰放心。此外，豆卢宁、梁御、宇文贵诸人曾任武卫及左卫或右卫将军。担任左、右卫将军和武卫将军者，亦莫非宇文泰之亲信将领。宇文贵虽非宇文泰至亲，但亦属于宗室之列。"大统初，迁右卫将军。贵善骑射，有将率才。太祖又以宗室，甚亲委之。"⑦赵贵出于武川，在魏末征战中几经辗转而至贺拔岳部，其与宇文泰既为同乡又为同僚。贺拔岳被害后，他又设

---

① 《周书》卷二八《陆腾传》，第470页。
② 《周书》卷三〇《于翼传》，第523页。
③ 《周书》卷二五《李基传》，第423页。又可参见同书卷一五《李辉传》，第241页；卷三〇《于翼传》，第523页；《资治通鉴》卷一六五《梁纪二一》元帝承圣三年（554）正月条，第5110—5111页。
④ 胡三省云："禁兵既泰诸壻所掌，魏主谁与谋哉！由是事泄。"［《资治通鉴》卷一六五《梁纪二一》元帝承圣三年（554）正月"由是魏主谋泄"下注，第5111页］
⑤ 《资治通鉴》卷一六五《梁纪二一》元帝承圣三年正月"唯以诸壻为心膂……"下注，第5110页。
⑥ 《周书》卷二〇《王懋传》，第335页。
⑦ 《周书》卷一九《宇文贵传》，第312页。

法加以安葬,并"首议迎太祖"①。豆卢宁为慕容鲜卑后裔,"(尔朱)天光败后,侯莫陈悦反,太祖讨悦,宁与李弼率众归太祖"②。常善亦于魏末"从太祖平侯莫陈悦"③。王雄于魏末"从贺拔岳入关"④,与宇文泰亦当有旧。李穆"少明敏,有度量。太祖入关,便给事左右,深被亲遇。穆亦小心谨肃,未尝懈怠。太祖嘉之,遂处以腹心之任,出入卧内,当时莫与为比"⑤。

于翼、贺兰祥、李基、李辉诸人,则为宇文泰之姻亲。于翼之父乃西魏名将于谨,与宇文泰关系密切。《周书·于谨传》:"太祖临夏州,以谨为防城大都督,兼夏州长史。及岳被害,太祖赴平凉。"于谨进言宇文泰在关右建立霸业,"太祖大悦"。⑥ 于翼"年十一,尚太祖女平原公主"。"大统十六年,进爵郡公,加大都督,领太祖帐下左右。"⑦ 贺兰祥与宇文泰同出武川,其父贺兰初真"尚太祖姊建安长公主",则其为宇文泰外甥。"祥年十一而孤……长于舅氏,特为太祖所爱。"⑧ 李基为李贤之侄,贤与宇文泰有旧,关系颇为特殊。《周书·李贤传》:"高祖及齐王宪之在襁褓也,以避忌,不利居宫中。太祖令于贤家处之,六载乃还宫。因赐贤妻吴姓宇文氏,养为侄女,赐与甚厚。"⑨ 李基"幼有声誉,美容仪,善谈论,涉猎群书,尤工骑射。太祖召见,奇之,乃令尚义归公主"⑩。李辉"尚太祖女义安长公主",其父李弼原为侯莫陈悦部将,在宇文泰与侯莫陈悦之争中,弼"拥众以归太祖,悦由此遂败"。⑪

综上所述,宇文泰所任命的左、右卫将军与武卫将军几乎全都是其亲人及亲信或其子弟。亲人中既有宗室,也有外甥,还有女婿。其中尤以女婿于翼、李基、李辉诸人为武卫将军"总宿卫事""分掌禁旅"最值得注

---

① 《周书》卷一六《赵贵传》,第262页。
② 《周书》卷一九《豆卢宁传》,第309页。
③ 《周书》卷二七《常善传》,第446页。
④ 《周书》卷一九《王雄传》,第320页。
⑤ 《周书》卷三〇《李穆传》,第527页。
⑥ 《周书》卷一五《于谨传》,第245—246页。
⑦ 《周书》卷三〇《于翼传》,第523页。
⑧ 《周书》卷二〇《贺兰祥传》,第336页。
⑨ 《周书》卷二五《李贤传》,第417页。
⑩ 《周书》卷二五《李基传》,第423页。
⑪ 《周书》卷一五《李弼传》,第241、239页。

意，也反证武卫将军在西魏地位之机要。

三　阁内都督与直阁等职

北魏末年，面对权臣高欢力量的不断壮大，孝武帝元脩为了自身的权益，在亲信斛斯椿建议下，对禁卫武官制度进行了改革。《魏书·斛斯椿传》："劝出帝（即孝武帝元脩）置阁内都督、部曲，又增武直人数，自直阁已下员别数百，皆选天下轻剽者以充之。"① 这一变革是糅和北魏后期直阁之制和六镇变乱之后军阀帐内侍卫之制的产物。孝文帝改革时引入了南朝的直阁将军与直卫之制，取代了北魏前期极具民族特色的内侍郎卫之制。六镇之乱后，北魏征讨将领之幕府以及其后各路军阀的幕府，在北魏将军幕府体制基础上结合胡族酋长侍从制度，建立起以保卫府主为职事的帐内亲信、都督制度。斛斯椿的建议便是对这两种现实制度的变通和综合，从而建立起一套更加适应战时形势的禁卫体制。这一制度对东魏北齐禁卫武官制度也产生了重大影响。东魏北齐制度在继承北魏后期制度的同时，实际上也将孝武帝元脩为了对抗高欢而在禁卫武官制度上的这一变革成果继承下来。虽然高欢与孝武帝为敌，但其加强权力的动机和目的却无二致，故而政治上的对立并不影响制度的承袭。这种情况在历史上屡见不鲜，如汉承秦制、唐承隋制等，毋庸赘述。孝武帝西迁以后，自然也将其所创立的这种禁卫武官制度带到关西西魏政权。

孝武帝西迁之际，宇文贵、杨宽、窦炽、于谨诸人为阁内大都督统率其禁旅。宇文贵"入为武卫将军、阁内大都督，从魏孝武西迁"②。杨宽"又除黄门侍郎，兼武卫将军。孝武与齐神武有隙，遂召募骑勇，广增宿卫，以宽为阁内大都督，专总禁旅。从孝武入关"③。"时帝与齐神武构隙，以（窦）炽有威重，堪处爪牙之任，拜阁内大都督。"④ "会有敕追（于）谨为阁内大都督，谨因进都关中之策，魏帝纳之。"⑤ 从宇文贵、杨宽以武卫将军与阁内大都督叠任来看，二者职能接近，负责孝武帝贴身侍卫为其基本职能。西迁前夕，还可见到阁内都督，地位在阁内大都督之

---

① 《魏书》卷八〇《斛斯椿传》，第1774页。
② 《周书》卷一九《宇文贵传》，第311—312页。
③ 《周书》卷二二《杨宽传》，第367页。
④ 《周书》卷三〇《窦炽传》，第518页。
⑤ 《周书》卷一五《于谨传》，第246页。

下，如宇文虬为员外直阁将军、阁内都督。

阁内大都督与阁内都督之关系类似北魏后期武卫将军与直阁将军之关系。阁内都督是在战时环境即孝武帝即将实施西迁举措前夕，为了加强自身禁卫而采取的临时制度，当完成西迁定都长安以后，这种制度便发生了变化，由其衍生出宇文泰霸府之帐内都督制度。孝武帝之"阁内"与宇文泰之"帐内"性质相似。《李和墓志》："值天子西移，关河路断。公乃崎岖险阻，归卫乘舆，封新阳县开国伯，五百户。复为持节、安北将军、帐内大都督。"① 《周书·李和传》的记载有所不同："和少敢勇，有识度，状貌魁伟，为州里所推。贺拔岳作镇关中，乃引和为帐内都督。以破诸贼功，稍迁征北将军、金紫光禄大夫。"② 当宇文泰出征在外时，帐内都督或大都督统率其亲信保护宇文泰安全。宇文显和"迁朱衣直阁、阁内大都督"，"从（孝武）帝入关"，随即被宇文泰"引为帐内大都督"。③

与此同时，西魏承袭了北魏后期的直阁将军等直卫诸职，成为西魏禁卫武官制度的重要一环。"魏孝武西迁，（高琳）从入关。""大统初……转龙骧将军。顷之，授直阁将军。"④ 王庆远，"弱冠以功臣子拜直阁将军"⑤，时在大统七年前。叱罗协，大统"九年，除直阁将军"⑥。若干

---

① 贺华：《〈李和墓志铭〉考补》，《文博》1998年第4期。按此文并未公布《李和墓志》之拓本，而是节引了部分志文，其中个别文字当有误引或误读（如"天子"原为"天下子"，"关河"原为"开河"，"崎岖险阻"原为"崎岞崄岨"），已据己意改之。

② 《周书》卷二九《李和传》，第498页。按早在西晋末年，军阀幕府就已出现了"帐下督"一类亲信之职。《晋书》卷六〇《张方传》："初，方从山东来，甚微贱，长安富人郅辅厚相供给。及贵，以辅为帐下督，甚昵之。"后河间王颙参军毕垣说颙以计杀张方，"使辅送书于方，因令杀之。辅既昵于方，持刀而入，守阁者不疑，因火下发函，便斩方头"。（第1645、1646页）《资治通鉴》卷八七《晋纪九》：怀帝永嘉五年（311）五月，南阳王模"表遣世子保为平西中郎将，镇上邽，秦州刺史裴苞拒之。模使帐下督尉陈安攻苞……"（第2762页）卷八九《晋纪一一》：愍帝建兴三年（315）八月，"初，交州刺史顾祕卒，州人以祕子寿领州事，帐下督梁硕起兵攻寿，杀之，硕遂专制交州"（第2824页）。此与西晋制度所规定的幕府帐下都督相当。不仅军阀幕府有帐下督，西晋公府亦有此职。《晋书》卷三六《卫瓘传》："初，瓘为司空，时帐下督荣晦有罪，瓘斥遣之。"（第1060页）北魏末及东、西魏时期的"帐内都督"当与西晋帐下都督、帐下督等职相近。

③ 《周书》卷四〇《宇文神举传》，第714页。按宇文显和为宇文神举之父。

④ 《周书》卷二九《高琳传》，第496页。

⑤ 《周书》卷一八《王罴传》，第293页。

⑥ 《周书》卷一一《晋荡公护传附叱罗协传》，第178页。

云,"解褐为周太祖文皇帝亲信、直阁将军"①。伊娄谦,"仕魏为直阁将军",时在"周受禅"之前②。于义,"大统末……起家直阁将军"③。又有作为加官的朱衣直阁,但很少见。《周书·宇文深传》:"太祖以深有谋略,欲引致左右,图议政事。大统元年,乃启为丞相府主簿,加朱衣直阁。"④ 直阁将军亦直接继承自北魏末年制度。如孝武帝西迁前夕及西迁之际,若干惠、冯灵豫为直阁将军⑤。

直寝、直后等职也见于西迁之际及大统年间。于谨、侯莫陈崇、若干惠、常善等人于北魏末年均曾任直寝之职,若干惠、常善二人又迁为直阁或武卫将军。达奚武,"魏孝武入关,授直寝,转大丞相府中兵参军"⑥。豆卢永恩,"大统八年,除直寝、右亲信都督。寻转都督,加通直散骑常侍"⑦。阳雄,"累迁至都督、直后、明威将军、积射将军。从于谨攻盘豆栅,复从李远经沙苑阵,并力战有功"⑧。按于谨攻盘豆栅是在大统三年(537)八月⑨。

西魏有领左右、千牛备身、直长等职,如王励于"大统初,为千牛备身、直长、领左右,出入卧内,小心谨肃"⑩。大统年间还可见到殿中将军、积射将军、步兵校尉、羽林监等职⑪。这些官职均见于北魏太和后

---

① 《若干云墓志文拓本》,见负安志《中国北周珍贵文物——北周墓葬发掘报告》,陕西人民美术出版社1993年版,第75页图一五八。
② 《隋书》卷五四《伊娄谦传》,第1363页。
③ 《隋书》卷三九《于义传》,第1145页。
④ 《周书》卷二七《宇文深传》,第455页。
⑤ 参见《周书》卷一七《若干惠传》,第281页;卷一一《冯迁传》,第180页。
⑥ 《周书》卷一九《达奚武传》,第303页。
⑦ 《周书》卷一九《豆卢宁传附弟永恩》,第310页。
⑧ 《周书》卷四四《阳雄传》,第796—797页。参见同书卷一五《于谨传》,第246页。
⑨ 参见《资治通鉴》卷一五七《梁纪一三》武帝大同三年八月条,第4879页。按梁武帝大同三年即西魏文帝大统三年。
⑩ 《周书》卷二〇《王励传》,第334页。"领左右"又见《周书》卷二〇《王懋传》,第335页;卷二五《李远传》,第419页。"千牛备身"又见《周书》卷三〇《窦炽传》(炽兄善子荣定任之),第521页;《隋书》卷三九《于宣敏传》,第1147页;卷五四《李衍传》,第1362页。
⑪ "殿中将军"见《周书》卷三三《王庆传》,第575页。"积射将军"见《周书》卷四四《阳雄传》,第796页。"步兵校尉"见《周书》卷二〇《尉迟纲传》,第339页;卷二九《宇文盛传》,第493页。"羽林监"见《周书》卷四三《陈忻传》,第778页;卷一一《冯迁传》,第180页;卷二七《蔡祐传》,第442页;卷二九《王杰传》,第489页;卷一六《侯莫陈凯传》,第270页;卷三二《陆逞传》,第559页。

《职员令》，且实际存在于北魏后期历史中。西魏事例虽少，但它们在禁卫武官制度中的实际存在则是确定无疑的。

钩稽有关史料，并未看到护军将军或中护军活动的记载，看来西魏不设护军之职。北魏后期护军将军所管主要为四中郎将，这与洛阳处于四面之中的特殊地理环境有关。东魏迁邺后，邺城位于华北平原，亦属四战之地，故设四中郎将，但由领军将军统领。相比之下，西魏立都长安，关中天险，地理位置与洛阳、邺城迥异，其威胁主要来自东方，而不在都城周围，故设置四中郎将并无必要。护军之废弃不置，或与此不无关系。

第二节　禁卫长官与西魏前期政治

在以上的论述中，已经简单提及了西魏时期禁卫长官担任者的身份，特别是与西魏实际执政者宇文泰的密切关系。而对禁卫武官特别是领军将军（中领军）、左·右卫将军、武卫将军等各级禁卫军将领身份特征的具体考察，有助于深化对西魏政治特别是宇文氏统治集团特质的进一步认识。

西魏时期，领军、左·右卫、武卫将军的担任者主要出自宇文、尉迟、贺兰、独孤、斛斯、若干、豆卢、叱罗及寇、于、陆、王、赵、梁、李、蔡等姓氏。宇文导为宇文泰长兄颢之次子，宇文贵、宇文深则与宇文泰关系颇为疏远，但亦预宗室之列。北魏建立前之前代国时期，宇文部力量比较强大，曾与拓跋部有过较密切的联系，但为时很短。《魏书·序纪》载，拓跋纥那曾与宇文部并势击贺兰部（部帅蔼头），后又"出居于宇文部"①。同书《匈奴宇文莫槐传》："出于辽东塞外，其先南单于远属也，世为东部大人。其语与鲜卑颇异。人皆剪发而留其顶上，以为首饰，长过数寸则截短之。妇女披长襦及足，而无裳焉。"② 看来宇文氏还是以出自匈奴为确③。作为民族特征的语言及习俗均与鲜卑有异，自不能认为是拓跋同族。只是后来宇文部迁至北镇地区，受鲜卑影响较大，到宇文泰时当与北镇鲜卑无异。尉迟氏在孝文帝姓氏改革时改为尉氏，属于勋臣八

---

① 《魏书》卷一《序纪》，第 11 页。
② 《魏书》卷一〇三《匈奴宇文莫槐传》，第 2304 页。
③ 参见周一良《论宇文周之种族》，《魏晋南北朝史论集》，北京大学出版社 1997 年版，第 239—255 页。

姓之一，是北魏前期政坛上颇有影响的胡人家族。经西魏北周而延至隋唐，尉迟氏代有重要人物活动于史。独孤氏本出匈奴，亦谓之屠各，为建立十六国汉赵国之刘氏后代。独孤氏在北魏建立前后及北魏前期政治中极为活跃。独孤部曾在苻坚灭代后统治拓跋鲜卑，刘尼（独孤侯尼须）曾参与拥立文成帝的政变。贺兰氏亦为代北著名部落，早在北魏建立前就与拓跋部有多年姻亲关系，为道武帝拓跋珪之舅氏部落，孝文帝改为贺氏，属勋臣八姓之一。斛斯氏望出朔州（原怀朔镇），本为高车斛斯部。若干氏出于漠北，魏末居于武川；孝文帝时改为苟氏，北魏中叶之苟颓有名于世。豆卢氏本出辽东慕容鲜卑，孝文帝改吐伏卢氏为卢氏，即豆卢氏。叱罗氏本出高车，孝文帝时叱奴氏改为祝氏。以上是复姓，而所见单姓诸氏主要仍为胡人后裔。如于氏本勿（万）忸于氏，孝文帝时改为于氏，为勋臣八姓之一，在北魏后期政治中于氏人物曾扮演过重要角色。陆氏亦为勋臣八姓之一，本为步六孤氏，是北魏前中期颇具影响力的一大家族。寇氏本为若口引氏，望出上谷。孝文帝时改拔列兰氏为梁氏，梁御家居高平，本凉州西胡，为匈奴休屠种之降人。王氏本出高丽，为乐浪王氏之裔，后居广宁，北魏建国前曾与拓跋部有姻亲关系，属乌桓部族。赵氏为匈奴酋王之后。李氏情况比较复杂，但据《周书·李贤传》记载，似乎仍与漠北难脱干系。[①]

不论这些姓氏出自何族，到北魏末年六镇之乱前夕，他们都已在武川（个别怀朔）一带居住多年，为北镇以鲜卑为主的民族习俗所同化。六镇起义后，辗转南下，并在反魏阵营的复杂变化中逐渐归到了宇文泰部下，成为其心腹。而少部分本居泾陇者则在宇文泰占领原州及称雄关陇时投入其阵营，为其效力。总的来看，在宇文泰执政的西魏政权任职的诸禁卫军将领，虽然其原本所出各不相同，有匈奴宇文、屠各、休屠、拓跋鲜卑、慕容鲜卑、高车、乌桓等民族或部族，但几乎可以说是以武川镇为核心的北镇鲜卑为主体的成员构成的。

在君主专制时代，君主（皇帝）具有至高无上的绝对权力，君主的安危也就关系着王朝的命运。因此，以保卫君主为核心的禁卫军权在国家政治结构中处于权力中枢的地位，对禁卫军权的控制无疑也就成为专制君

[①] 关于以上姓氏之详情，参见姚薇元《北朝胡姓考》（科学出版社1958年版）及陈连庆《中国古代少数民族姓氏研究——秦汉魏晋南北朝少数民族姓氏研究》（吉林文史出版社1993年版）相关考述。

权的关键环节。就西魏而言，实际的最高统治者为宇文泰，西魏皇帝只是其为了笼络人心以及与东魏高氏抗衡而打出的一块政治招牌。在这种二元政体之下，实际的最高统治者是宇文泰，但他却不具备君主名分；西魏皇帝是名义上的君主，但他却不拥有实际的最高统治权。[1] 禁卫军权严格来说是君主权力的体现，最终掌握在最高统治者宇文泰手中，宇文泰则需通过任命其亲信担任禁卫武官以执行这种权力，一方面保证其自身的绝对安全，同时既要保护又要监控西魏皇帝。在东、西魏对峙的战争状态下，宇文泰作为最高统帅经常出征指挥战斗，其身边自然也就少不了禁卫武官统率的禁卫军的保卫。而在战争压倒一切的形势下，禁卫军作为一支精锐部队，当然也少不了亲自参加战斗，西魏禁卫武官出征之例每见于史，原因即在于此。北魏时期，禁卫武官统率禁卫军出征之例已见于史，但其核心任务仍是宿卫以皇宫为中心的京师地区，而西魏时宿卫宇文泰霸府之帐内则是禁卫武官及禁卫军一项经常的任务。实际上，北周六官体制下的禁卫武官制度此时已在孕育之中。

就禁卫武官制度与禁卫军权的关系而言，制度是载体，是实现权力的方式。制度是表征，而权力是核心。一套完备的制度固然必不可少，但由谁来执行这些制度则更为重要。从表面上看，西魏前期禁卫武官制度继承了北魏后期制度，并无太大变化，但实际上却发生了本质性的变化，这就是：禁卫军权的控制和行使，不是维护了君主专制权力，而是体现了权臣的反君权，或者说是对君权的制衡，并且最大限度地保证了这种权力，成为权臣维护其权力的强有力手段。

禁卫武官制度在西魏前期政治制度中有着独特地位。宇文泰通过任命其亲信成员担任各级禁卫武官来统领禁卫军，控制西魏皇帝，从而将西魏政权掌握于己手，同时其自身之安危也由他们来负责。通过领军、左·右卫、武卫诸将军担任者身份的分析，可以看到这些官职几乎无一不是由宇文泰的亲信集团成员担任。这些人基本上可归为：宇文泰同乡（武川镇出身），同僚（原贺拔岳府幕僚），同族（兄弟子侄等），姻亲（女婿、外甥等）。从而在宇文泰周围结成了一个以禁卫武官为枢纽的亲信集团，

---

[1] 关于二元政体的论述，参见［日］谷川道雄《两魏齐周时代的霸府与王都》，张金龙译，《北朝研究》1997年第2期。原文载《中國都市の歴史的研究》，刀水書房1988年版，第85—91页。

他们也属于宇文氏关陇集团的核心成员。对西魏禁卫武官制度的考察，无疑有助于更进一步加深对宇文氏统治集团的认识①。

第三节 《隋书·礼仪志七》所载北周禁卫武官制度

一 《隋书·礼仪志七》中的"后周警卫之制"

《隋书·礼仪志七》载"后周警卫之制"，比较全面地记述了北周禁卫武官制度，是迄今为止认识北周禁卫武官制度最系统最权威的资料。兹先将有关记载引述如下，然后再作分析。其文略云：

> 后周警卫之制：置左、右宫伯，掌侍卫之禁，各更直于内。小宫伯贰之。临朝则分在前侍之首，并金甲，各执龙环金饰长刀；行则夹路车。左、右中侍，掌御寝之禁，皆金甲，左执龙环、右执兽环长刀，并饰以金。次左、右侍，陪中侍之后，并银甲，左执凤环、右执麟环长刀。次左、右前侍，掌御寝南门之左、右，并银甲，左执师子环、右执象环长刀。次左、右后侍，掌御寝北门之左、右，并银甲，左执犀环、右执兕环长刀。左、右骑侍，立于寝之东、西阶，并银甲，左执羆环、右执熊环长刀；十二人兼执师子彤楯，列左、右侍之外。自左、右侍以下，刀并以银饰。左、右宗侍，陪左、右前侍之后，夜则卫于寝庭之中，皆服金涂甲，左执豹环、右执貔环长刀，并金涂饰；十二人兼执师子彤楯，列于左、右骑侍之外。自左、右中侍已下，皆行则兼带黄弓矢，巡田则常服，带短刀，如其长刀之饰。左、右庶侍，掌非皇帝所御门阁之禁，并服金涂甲，左执解豸环、右执獬环长剑，并金饰；十二人兼执师子彤楯，列于左、右宗侍之外。行则兼带皓弓矢。左、右勋侍，掌陪左、右庶侍而守出入，则服金涂甲，左执吉良环、右执狰环长剑；十二人兼执师子彤楯，列于左、右庶侍之外。行则兼带卢弓矢，巡田则与左、右庶侍俱常服，佩短剑，如其长剑之

---

① 学界对宇文泰集团的分析，参见毛汉光《西魏府兵史论》，《中国中古政治史论》，上海世纪出版集团·上海书店出版社2002年版，第190—215页；周双林《北周赵贵、独孤信事件考论》，《文史》第40辑，中华书局1994年版。

饰。诸侍官,大驾则俱侍,中驾及露寝半之,小驾三分之一。

左、右武伯,掌内外卫之禁令,兼六率之士。皇帝临轩,则备三仗于庭,服金甲,执金钑杖,立于殿上东、西阶之侧;行则列兵于帝之左、右,从则服金甲,被绣袍。左、右小武伯各二人贰之,服执同于武伯,分立于大武伯下及露门之左、右塾;行幸则加锦袍。左、右武(虎)贲率,掌武贲之士,其队器服皆玄,以四色饰之,各总左、右持钑之队;皇帝临露寝,则立于左、右三仗第一行之南、北,出则分在队之先、后。其副率贰之。左、右旅贲率,掌旅贲〔之〕士,其队器服皆青,以朱为饰,立于三仗第二行之南、北。其副率贰之。左、右射声率,掌射声之士,其〔队〕器服皆朱,以黄为饰,立于三仗第三行之南、北。其副率贰之。左、右骁骑率,掌骁骑之士,〔其队〕器服皆黄,以皓为饰,立于三仗第四行之南、北。其副率贰之。左、右羽林率,掌羽林之士,其队器服皆皓,以玄为饰,立于三仗第五行之南、北。其副率贰之。左、右游击率,掌游击之士,其〔队〕器服皆玄,以青为饰。其副率贰之。武贲已下六率,通服金甲、师子文袍,执银钑檀仗;副率通服金甲、兽文袍。各有倅长、帅长,相次陪列;行则引前。倅长通服银甲、豹文袍,帅长通服银甲、鹖文袍。自副率已下,通执兽环银饰长刀。凡大驾则尽行,中驾及露寝则半之,小驾半中驾。常行军旅,则衣色尚乌。①

按中华书局点校本对本段记载的标点有不少可商之处,最重要的有三点:

(1)左、右宫伯系列之"行则夹路车。左、右中侍……",点校本标为"行则夹路车左右。中侍……"②。按中侍前之"左右",是指中侍分为左、右,而非路车之左右,这从其下文载"左执龙环、右执兽环长刀"可以得到证实。又其长官宫伯分左、右,其后诸"侍"(左、右侍,左、右前侍,左、右后侍,左、右骑侍,左、右宗侍,左、右庶侍,左、右勋侍)皆分左、右,则中侍必定亦分左、右③。

---

① (唐)魏徵等撰:《隋书》卷一二《礼仪志七》,中华书局1973年版,第281—283页。
② 中华书局点校本《资治通鉴》卷一七一《陈纪五》宣帝太建四年(572)三月条胡三省注引《五代志》(第5303页),标点亦同此。可知这种理解不止一家。
③ 谷霁光引述《隋书·礼仪志》的记载,谓左右宫伯"下分左右中侍、左右侍……"云云(《府兵制度考释》,第74页),其说可从。

（2）左、右宫伯系列之左、右骑侍·宗侍·庶侍·勋侍诸职，皆有"十二人兼执师子彤楯，列左、右侍（骑侍、宗侍、庶侍）之外"的职能，点校本标为"十二人，兼执师子彤楯"，这样体现的意思是："十二人"主要是修饰前面的文字，即左、右骑侍·宗侍·庶侍·勋侍的员额为十二人，且他们皆"兼执师子彤楯"。这种理解似乎也有问题：首先，左、右骑侍·宗侍·庶侍·勋侍诸职之前的左、右侍·中侍·前侍·后侍诸职皆未明确记载其员额，而其后诸"侍"却记载员额，体例不合；其次，如"十二人"确为此诸"侍"的编制，则其"执师子彤楯"可不用"兼"字，具体以左、右骑侍为例，即应该这样记载："左、右骑侍，十二人，立于寝之东、西阶，并银甲，左执罴环，右执熊环长刀，〔并〕执师子彤楯，列左、右侍之外。"

（3）左、右武伯系列之"左、右武贲（旅贲、射声、骁骑、羽林、游击），率掌武贲（旅贲、射声、骁骑、羽林、游击）之士"，应为"左、右武贲率，掌武贲（旅贲、射声、骁骑、羽林、游击）之士"。其他理解有歧义者皆据己意予以改正，窃以为以上标点更能传达制度本意。

凡论北周制度者多征引《隋书·礼仪志七》的以上记载，如谷霁光《府兵制度考释》①，王仲荦《北周六典》②，濱口重國《西魏时期的二十四军与仪同府》③。其中以节引者居多，故往往难以完整显示"后周警卫之制"的全貌。濱口氏谓，"胡三省引《五代志》逸文，与上引有繁简之别，但内容大致相同"④。这一理解不确。《资治通鉴》胡三省注所引《五代志》即上引《隋书·礼仪志七》所载"后周警卫之制"，胡氏略其大意而引之，并非别有《五代志》逸文。《资治通鉴》陈宣帝太建三年（571）十月"乙未，周遣右武伯谷会琨等聘于齐"下，胡注："《五代志》：周置左、右武伯，掌内外卫之禁令，兼六率之士。左、右小武伯各二人贰之。"⑤太建四年三月"帝乃密与（宇文）直及右宫伯中大夫宇文神举……右侍上士宇文孝伯谋之"下，胡注："《周官》：宫伯掌王宫宿卫

---

① 谷霁光：《府兵制度考释》，第74—75页。
② 王仲荦：《北周六典》卷二《天官府第七》、卷五《夏官府第十》，中华书局1979年版，第49—53、372页。
③ 刘俊文主编：《日本学者研究中国史论著选译》第四卷《六朝隋唐》，第175—177页。
④ 同上书，第177页。
⑤ 《资治通鉴》卷一七〇《陈纪四》，第5298页。

次舍之职事。……左、右侍亦仿《周官》侍御以置官而创其名。《五代志》：周置左、右宫伯，掌侍卫之禁，各更直于内，小宫伯贰之，临朝则在前侍之首，行则夹路车左右。中侍，掌御寝之禁；左、右侍陪中侍之后。左、右前侍，掌御寝南门之左、右；左、右后侍，掌寝北门之左、右。"① 胡氏为使注文简略而节引《五代志》原文，以致文义不明，未能如实全面地将北周禁卫武官制度反映出来。

据以上所引史料并结合王仲荦《北周六典》有关考订，北周禁卫武官组织结构可简单表述为：

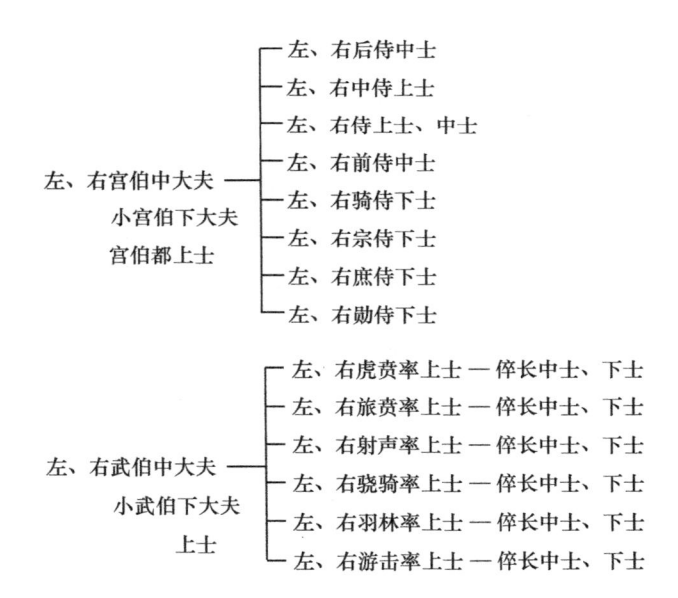

左、右宫伯中大夫 ——— 左、右后侍中士
小宫伯下大夫　　　　　左、右中侍上士
宫伯都上士　　　　　　左、右侍上士、中士
　　　　　　　　　　　左、右前侍中士
　　　　　　　　　　　左、右骑侍下士
　　　　　　　　　　　左、右宗侍下士
　　　　　　　　　　　左、右庶侍下士
　　　　　　　　　　　左、右勋侍下士

左、右武伯中大夫 ——— 左、右虎贲率上士—倅长中士、下士
小武伯下大夫　　　　　左、右旅贲率上士—倅长中士、下士
上士　　　　　　　　　左、右射声率上士—倅长中士、下士
　　　　　　　　　　　左、右骁骑率上士—倅长中士、下士
　　　　　　　　　　　左、右羽林率上士—倅长中士、下士
　　　　　　　　　　　左、右游击率上士—倅长中士、下士

北周禁卫武官分属宫伯与武伯两个系统。宫伯又可称为大宫伯②，此乃与小宫伯相对而言。同理，武伯似亦可称为大武伯。史载隋文帝杨坚，周"明帝即位，授右小宫伯"；周"武帝即位，迁左小宫伯"。③ 可见左小宫伯高于右小宫伯，则左宫伯高于右宫伯无疑。同样，左武伯、左小武伯亦当高于右武伯、右小武伯。左、右宫伯"掌侍卫之禁，各更直于

---

① 《资治通鉴》卷一七一《陈纪五》，第 5303 页。
② （唐）李百药撰《洛州都督窦轨碑铭》："父某，周大宫伯、襄州亳州总管、上柱国、鄫国公。"[（唐）许敬宗编，罗国威整理：《日藏弘仁本文馆词林校证》，中华书局 2001 年版，第 197 页]
③ 《隋书》卷一《高祖纪上》，第 2 页。

内",所领为皇帝的侍卫亲兵,地位亲近。其职类似于汉代之郎中令→光禄勋,曹魏时的武卫将军,西晋时的左、右卫将军,北魏前期的幢将与郎卫,北魏后期的左、右卫将军与直阁将军等职。左、右武伯比左、右宫伯则要疏远一点,其职大体相当于汉代之卫尉和中尉→执金吾,魏晋以后之护军将军(中护军)。① 不过总的来看,宫伯与武伯所统皆属皇宫禁卫军,而不是京师守卫军,与魏晋以后领军将军(中领军)所掌内军相当。北周京城之守卫当是因长安及其附近屯驻有二十四军府兵,故最初在禁卫武官制度中未设置相关机构。当然宫伯、武伯所统的禁卫军,也可能由二十四军府兵番上宿卫来充当②。周武帝天和五年(570)三月"甲辰(二十,4.11),初令宿卫官住关外者,将家累入京,不乐者,解宿卫"③。表明此前至少有部分宿卫官及其家属是在关外居住,此令下达后则必须带着家属一同入京,否则将解除其宿卫之职。而当年四月甲寅(初一,4.21),"省帅都督官"④。这一决定很可能与三月甲辰令有关联,颇疑"帅都督官"即是"宿卫官"之统领者。值得注意的是,天和元年"秋七月戊寅(初三,8.4),筑武功、郿、斜谷、武都、留谷、津坑诸城,以置军人"⑤。五年三月甲辰令提及的宿卫官所住之"关外",很可能即是武功等诸城。对于理解府兵之番上宿卫及府兵与禁卫军之间的关系,可以说提供了具体而又明确的例证。

北周左、右武伯还有一个职能,即在京师举行大规模礼仪活动时,负责对京城的戒严。《隋书·礼仪志三》:"(后周)孟秋迎太白,候太白夕见于西方。先见三日,大司马戒期,遂建旗于阳武门外。……其日中后十刻,六军士马,俱介胄集旗下。左、右武伯督十二帅严街,侍臣文武,俱

---

① 参见(清)纪昀等撰《历代职官表》卷四三《领侍卫内大臣》,上海古籍出版社1989年版,第825页;卷四五《前锋护军统领》,第866页。
② 《北史》卷六〇附载十二大将军名单后云:"每大将军督二开府,凡为二十四员,分团统领,是〔为〕二十四军。每一团,仪同二人。自相督率,不编户贯。都十二大将军。十五日上,则门栏陛戟,警昼巡夜;十五日下,则教旗习战。无他赋役。每兵唯办弓刀一具,月简阅之。甲槊戈弩,并资官给。"(第2155页)濱口重國据此认为:府兵"到中央上番,每次上番约一个月,一个月中十五日为当番日,负责仪仗警卫"(《西魏时期的二十四军与仪同府》,刘俊文主编《日本学者研究中国史论著选译》第四卷《六朝隋唐》,第214页)。谷霁光认为府兵虽然也有番上宿卫的职能,但与禁卫军不属于同一系统(《府兵制度考释》,第18—20页)。
③ 《周书》卷五《武帝纪》,第77页。
④ 同上书,第77页。
⑤ 同上书,第73页。

介胄奉迎。"① 左、右武伯是仅在孟秋迎太白礼仪中承担"严街"之责，还是在其他礼仪中亦承担"严街"之责，因史无明载难以确断，想来更有可能在所有礼仪中都承担"严街"之责。

北周左、右宫伯的担任者，有宗室宇文述及外戚于顗。宇文述为北周上柱国、大宗伯宇文盛之子，"少骁锐，便弓马"。"周武帝时，以父军功，起家拜开府。""周大冢宰宇文护甚爱之，以本官领护亲信。及帝亲总万机，召为左宫伯。累迁英果中大夫，赐爵博陵郡公，寻改封濮阳郡公。"② 于顗为北周大左辅、燕国公于寔之子，"身长八尺，美须眉。周大冢宰宇文护见而器之，妻以季女。寻以父勋，赐爵新野郡公，邑三千户。授大都督，迁车骑大将军、仪同三司。其后累以军功，授上开府。历左、右宫伯，郢州刺史。大象（579—581）中，以水军总管从韦孝宽经略淮南"③。

左、右宫伯所辖诸侍之职，多由宗室、外戚等官贵子弟担任，通常作为贵族亲信子弟的起家官。可考者有：宇文恺，"起家右侍上士"④；李威，"起家右侍上士"⑤；李浑，"起家周左侍上士"⑥；宇文神举，"世宗初，起家中侍上士"⑦；于宣道，"仕周，释褐左侍上士"⑧；宣道弟宣敏，"起家右侍上士"⑨；杜彦，"仕周，释褐左侍上士"⑩；姚宝，"周保定四年（564），起家宗侍下士"⑪；陆让，"以保定五年，释褐左侍上士"⑫；上官政，"天和元年（566），召为右侍上士"⑬。按宇文恺为宇文贵之子，宇文贵于北魏末年任至"武卫将军、阁内大都督，从魏孝武西迁"。"大统初，迁右卫将军。贵善骑射，有将率才。太祖又以宗室，甚亲委之。"⑭

---

① 《隋书》卷八《礼仪志三》，第 167 页。
② 《隋书》卷六一《宇文述传》，第 1463 页。
③ 《隋书》卷六〇《于仲文传附兄顗传》，第 1455—1456 页。
④ 《周书》卷一九《宇文贵传》附传，第 314 页。
⑤ 《周书》卷二五《李基传》附传，第 423 页。
⑥ 《隋书》卷三七《李浑传》，第 1120 页。
⑦ 《周书》卷四〇《宇文神举传》，第 714 页。
⑧ 《隋书》卷三九《于义传》附传，第 1146 页。
⑨ 同上书，第 1147 页。
⑩ 《隋书》卷五五《杜彦传》，第 1371 页。
⑪ 《金石萃编》卷四〇《隋三·姚辩墓志铭》。
⑫ 《金石萃编》卷四六《唐六·陆让碑》。
⑬ （唐）褚亮：《隋右骁卫将军上官政碑铭》，《日藏弘仁本文馆词林校证》，第 170 页。
⑭ 《周书》卷一九《宇文贵传》，第 311—312 页。

后为十二大将军之一①。宇文神举为宇文泰之族子。其父宇文显和于北魏末年任至朱衣直阁、阁内大都督，从魏孝武帝入关，宇文泰"引为帐内大都督"。②李威为李基之子，李基娶宇文泰女义归公主为妻③。基父李远、伯父李贤、叔父李穆皆为协助宇文泰创业的重要亲信，李远居十二大将军之列。宇文泰曾将襁褓中的两个儿子宇文邕（周武帝）、宇文宪（齐炀王）寄养于李贤家长达六年，"因赐贤妻吴姓宇文氏，养为侄女，赐与甚厚"④。李浑为李穆之子。于宣道、宣敏兄弟为于谨之孙，于谨为宇文泰亲信集团最重要成员之一，位居八柱国之列。⑤

北周诸侍之职除了在宫殿当直侍卫君主左右外，还可代表君主执行某种特殊使命。《周书·李贤传》："及高祖西巡，幸贤第，诏曰：……于是令中侍上士尉迟恺往瓜州，降玺书劳贤，赐衣一袭及被褥，并御所服十三环金带一要、中厩马一匹、金装鞍勒、杂彩五百段、银钱一万。"⑥《隋书·李浑传》："尉迥反于邺，时穆在并州，高祖虑其为迥所诱，遣浑（时为左侍上士）乘驿往布腹心。穆遽令浑入京，奉熨斗于高祖，曰：'愿执威柄以熨安天下也。'高祖大悦。"⑦

除了以上宫伯、武伯两个系统外，北周还有其他与禁卫相关的官职，如宫门中士和千牛备身。《通典·职官三·门下省》："后周地官府置宫门中士一人、下士一人，掌皇城十二门之禁令。"⑧此外，北周亦可见到千牛备身之职。李衍，"周太祖时，释褐千牛备身"⑨。于宣敏，"起家（周）右侍上士，迁千牛备身。高祖践阼，拜奉车都尉，奉使抚慰巴、蜀"⑩。时当北周末年。于宣敏由右侍上士迁千牛备身，表明二职当属同一系统。

---

① 按十二大将军是仅次于八柱国的宇文泰关陇集团的核心成员，其名单附见于《周书》卷一六《赵贵独孤信侯莫陈崇传》后，第272—273页。
② 《周书》卷四〇《宇文神举传》，第714页。
③ 《周书》卷二五《李基传》，第423页。
④ 《周书》卷二五《李贤传》，第417页。
⑤ 参见《隋书》卷三九《于义传》，第1145—1146页；《周书》卷一五《于谨传》，第247页；卷一六《赵贵独孤信侯莫陈崇传》后，第272页。
⑥ 《周书》卷二五《李贤传》，第417页。
⑦ 《隋书》卷三七《李浑传》，第1120页。
⑧ （唐）杜佑撰，王文锦等点校：《通典》卷二一《职官三·门下省》"城门郎"条，中华书局1988年版，第558页。
⑨ 《隋书》卷五四《李衍传》，第1362页。
⑩ 《隋书》卷三九《于宣敏传》，第1147页。

韦寿,"迁千牛备身。赵王为雍州牧,引为主簿"①。按赵王为雍州牧在周武帝建德三年(574)②。

二 北周宫伯、武伯警卫之制示意图

据上引史料,结合《周礼》所载宫城结构,北周宫伯、武伯系统禁卫武官警卫之制可图示如下:

(1) 北周宫伯警卫之制示意图

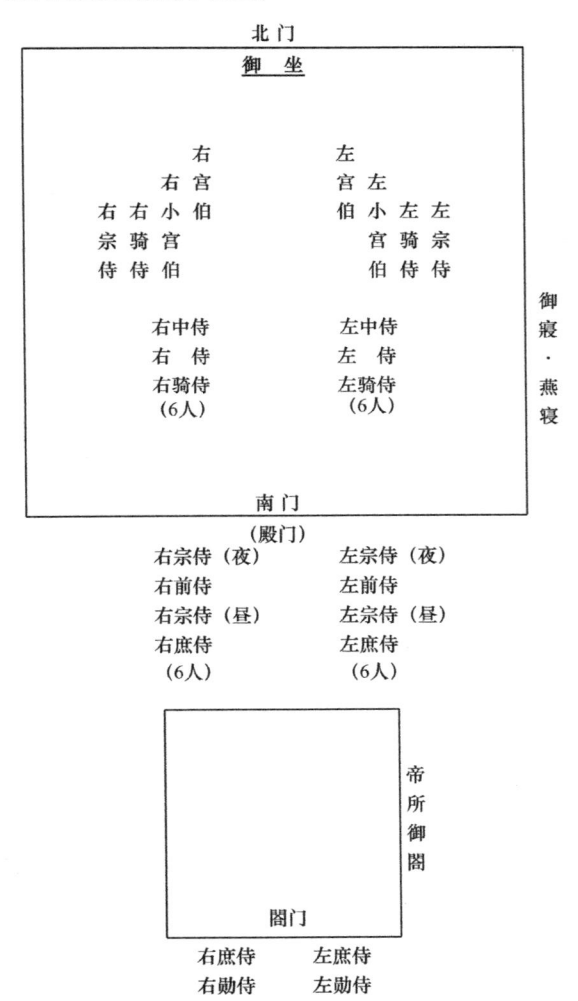

```
                       北 门
         ┌─────────────────────────────┐
         │           御 坐              │
         │                              │
         │                              │
         │     右          左           │
         │     右宫        宫左          │
         │   右右小伯      伯小左左       │
         │   宗骑宫        宫骑宗        │
         │   侍侍伯        伯侍侍        │ 御
         │                              │ 寝
         │                              │ ·
         │     右中侍      左中侍        │ 燕
         │     右 侍       左 侍         │ 寝
         │     右骑侍      左骑侍        │
         │     (6人)      (6人)        │
         │                              │
         └─────────────────────────────┘
                       南 门
                      (殿门)
              右宗侍(夜)   左宗侍(夜)
              右前侍       左前侍
              右宗侍(昼)   左宗侍(昼)
              右庶侍       左庶侍
              (6人)       (6人)

         ┌─────────────────────────────┐
         │                              │ 帝
         │                              │ 所
         │                              │ 御
         │                              │ 阁
         └─────────────────────────────┘
                       阁门
              右庶侍      左庶侍
              右勋侍      左勋侍
```

---

① 《隋书》卷四七《韦世康传附寿传》,第1271页。
② 《周书》卷一三《文帝十三子·赵僭王招传》,第203页。

（2）北周武伯警卫之制示意图

```
┌─────────────────────────────────────────────────┐
│   ┌─────────────────────────────────────┐       │
│   │         后  六  宫                   │       │
│   ├─────────────────────────────────────┤       │
│   │         五  燕  寝                   │       │
│   ├─────────────────────────────────────┤       │
│   │                                     │       │
│   │         路（露）寝                   │       │
│   │                                     │       │
│   │         右      西 东      左        │       │
│   │         右武              武左       │       │
│   │   右右右右右右 小伯      伯小 左左左左左左  │
│   │   游羽骁射旅武           武旅射骁羽游 │       │
│   │   击林骑声贲伯           伯贲声骑林击 │       │
│   │   率率率率率率           率率率率率率 │       │
│   │   副副副副副副 阶    阶  副副副副副副 │       │
│   │   率率率率率率           率率率率率率 │       │
│   │   士士士士士士           士士士士士士 │       │
│   │     持钑之队               持钑之队  │       │
│   │                                     │       │
│   │              右      左              │       │
│   │              小  右  左  小          │       │
│   │              武  塾  塾  武          │       │
│   │              伯          伯          │       │
│   ├─────────────────────────────────────┤       │
│   │         路（露）门                   │       │
│   │         正        朝                 │       │
│   ├─────────────────────────────────────┤       │
│   │                                     │       │
│   │            应  门                    │       │
│   │                                     │       │
│   └─────────────────────────────────────┘       │
│                  库  门                          │
│                                                 │
│              外        朝                        │
│                                                 │
│   ┌──┐┌──┐                            ┌──┐    │
│   │稷││社│                            │宗庙│   │
│   └──┘└──┘                            └──┘    │
├─────────────────────────────────────────────────┤
│                 雉  门                           │
└─────────────────────────────────────────────────┘
                   皋  门
```

第四节　北周禁卫武官制度溯源

滨口重國和王仲荦均认为，北周左、右宫伯是仿照《周礼·天官·冢宰》"宫正"之职而建立的①。北周宫伯的基本职掌是侍卫禁中，保卫皇帝及后宫之安全，大概与《周礼》中的宫伯职掌更为接近。《周礼·天官·冢宰》："宫正，掌王宫之戒令纠禁，以时比宫中之官府、次舍之众寡，为之版以待，夕击柝而比之。……辨外、内而时禁，稽其功绪，纠其德行，几其出入……凡邦之大事，令于王宫之官府次舍，无去守而听政令。春秋以木铎修火禁，凡邦之事跸，宫中庙中则执烛。""宫伯，掌王宫之士庶子，凡在版者，掌其政令，行其秩叙，作其徒役之事，授八次八舍之职事。若邦有大事，作宫众则令之。"②《玉海·兵制二》"户卫"条："古者宿卫有二：宫伯掌士庶子，宫正掌官府之人民。汉有卫郎（光禄勋）、卫兵（卫尉），亦此制。《汉旧仪》曰：'殿外门舍属卫尉，殿内门舍属光禄勋。'内外相关，即宫正、宫伯之职也。"③王应麟的判断看来更有理据，即：北周宫伯与汉代光禄勋及其所统郎卫职能相当，其渊源应即《周礼》中的宫伯之职；而《周礼》中的宫正之职与汉代卫尉及其所统兵卫（南军）职能相当，则其应为北周武伯之渊源。

大司马、晋国公宇文护执杀反对派赵贵、独孤信等后，"拜大冢宰"，"威权日盛，谋臣宿将，争往附之，大小政事，皆决于护"。"在太祖之朝，久居权要"的"司会李植、军司马孙恒等"，"见护执政，恐不见容。乃密要宫伯乙弗凤、张光洛、贺拔提、元进等为腹心"，并"说帝"密谋图护。④《周书·孝闵帝纪》载元年（557）九月帝与晋公宇文护的权力之争，其文云：

---

① 北周另有"宫正"之职，为太子东宫府官属，参见王仲荦《北周六典》卷八《东宫官属第十八》，第532页。
② （汉）郑玄注，（唐）贾公彦疏：《周礼注疏》卷三，（清）阮元校刻《十三经注疏》，中华书局1980年版，第657—658页。
③ （宋）王应麟撰：《玉海》卷一三七《兵制二·户卫》，《景印文渊阁四库全书》"子部二五二·类书类"，台湾商务印书馆1986年版，第九四六册，第612页。
④ 《周书》卷一一《晋荡公护传》，第166—167页。

帝性刚果，见晋公护执政，深忌之。司会李植、军司马孙恒以先朝佐命，入侍左右，亦疾护之专，乃与宫伯乙弗凤、贺拔提等潜谋，请帝诛护。帝然之。又引宫伯张光洛同谋。光洛密白护，护乃出植为梁州刺史，恒为潼州刺史。凤等遂不自安，更奏帝，将召群公入，因此诛护。光洛又白之。时小司马尉迟纲总统宿卫兵，护乃召纲共谋废立。令纲入殿中，诈呼凤等论事。既至，以次执送护第，并诛之。纲仍罢散禁兵，帝方悟，无左右，独在内殿，令宫人持兵自守。护又遣大司马贺兰祥逼帝逊位。遂幽于旧邸，月余日，以弑崩，时年十六。植、恒等亦遇害。①

这是发生在宇文护拥立孝闵帝宇文觉禅代而建立北周政权之后不久的事。孝闵帝对宇文护之专政深表不满，为了夺回权力，亲掌朝政，遂与其侍臣司会李植、军司马孙恒等人联合掌侍卫亲军的宫伯乙弗凤、贺拔提及张光洛同谋，欲借禁卫军力量消灭宇文护，而宫伯张光洛的告密使这次密谋失败，孝闵帝也因此被废杀。这次政变宇文护之所以能够大获全胜，除了宫伯张光洛之倒戈外，还由于总统宿卫兵的小司马尉迟纲的支持。史载"时纲总领禁兵，护乃遣纲入宫，召凤等议事，以次执送护第。因罢散宿卫兵，遣祥逼帝，幽于旧邸"②。北周大司马掌军政，相当于汉代之太尉及大司马，其所负职责当为全国之军政事务，宇文护得以专政便由于他在孝闵帝初年担任大司马，及其迁为大冢宰，遂先后令亲信贺兰祥、尉迟迥、齐王宪等继任大司马。"祥、迥皆宇文泰姊子，与宇文护为中表密戚，宪则泰爱子也。"③

司会为北周最高财政长官，其职见于《周礼·天官府》，谓"司会掌邦之六典八法八则之贰，以逆邦国都鄙官府之治"云云④。郑玄注云："会，大计也。司会，主天下之大计，计官之长。"⑤ 司会（司会中大夫

---

① 《周书》卷三《孝闵帝纪》，第49—50页。
② 《周书》卷一一《晋荡公护传》，第167页。
③ 王仲荦：《北周六典》卷五《夏官府第十》"大司马"条，第322页。《周书》卷二〇《贺兰祥传》："六官建，授小司马。孝闵帝践祚，进位柱国，迁大司马。时晋公护执政，祥与护中表，少相亲爱，军国之事，护皆与祥参谋。及诛赵贵，废孝闵帝，祥有力焉。"（第337页）按宇文护废孝闵帝，便是遣大司马贺兰祥"逼帝逊位"（《周书》卷三《孝闵帝纪》，第50页）。
④ 《周礼注疏》卷六，（清）阮元校刻《十三经注疏》，第679页。
⑤ 《周礼注疏》卷一，（清）阮元校刻《十三经注疏》，第642页。

不仅是北周王朝财政大臣，而且他还有一个基本职能，即"副总六府事"①，亦即《周礼》之"掌邦之六典八法八则之贰"，也就是说他还有权协助天官大冢宰负责天、地、春、夏、秋、冬六府之事务，属于天官府之宫伯、夏官府之司马及武伯等军政长官亦可归其掌管。《叱罗协墓志》的记载有助于对北周司会"总六府"职能的进一步认识。志文云："大周元年（557），除军司马，治御正司会，总六府。文武交凑，簿领密物，公应接随方，曾无疑滞。""（天和）六年，除柱国大将军，治中外府长史，治司会，总六府。"② 正因为司会具有"总六府"的职能，故周闵帝才能够利用司会李植作为与大冢宰宇文护相抗衡的重要力量。

军司马为大司马属官，其职亦主军政。《周书·叱罗协传》："护遂征协入朝。既至，护引与同宿，深寄托之。协欣然承奉，誓以躯命自效。护大悦，以为得协之晚。即授军司马，委以兵事。"③《尉迟运传》："天和五年（570），入为小右武伯。六年，迁左武伯中大夫。寻加军司马，武伯如故。运既职兼文武，甚见委任。"④ 此处之"文武"可有两解：一指军司马总六府，而六府中既有文职又有武事，自可目其为"职兼文武"；另一可能是指军司马、武伯，军司马掌军政，以"文"目之，武伯主禁卫，则为"武"职。军司马与武伯叠任表明，二职职能当有相通之处。小司马为大司马之副，其主要职能如上引史料所言为"总统宿卫兵"即掌禁军。《周书·尉迟纲传》："孝闵帝践阼，纲以亲戚掌禁兵，除小司马。"⑤ 此处之"掌禁兵"与《孝闵帝纪》之"小司马尉迟纲总统宿卫兵"涵义相同。按尉迟纲在改任小司马前为宇文氏控制的西魏王朝之兼领军将军、中领军。《尉迟纲传》载："魏废帝二年（553），拜大将军、兼领军将军。及帝有异谋，言颇漏泄。太祖以纲职典禁旅，使密为之备。

---

① 《周书》卷三五《薛善传》："时晋公护执政，仪同齐轨语善云：'兵马万机，须归天子，何因犹在权门。'善白之。护乃杀轨，以善忠于己，引为中外府司马。迁司会中大夫，副总六府事。"（第624页）按同书卷五《武帝纪上》：保定元年（561）正月，"以大冢宰晋国公护为都督中外诸军事，令五府总于天官"（第64页）。此又见卷一一《晋荡公护传》，第168页。似司会"副总六府事"应在此之后，而不应在此之前。

② 《叱罗协墓志文拓本》，见负安志《中国北周珍贵文物——北周墓葬发掘报告》，第34页图六五。

③ 《周书》卷一一《叱罗协传》，第179页。

④ 《周书》卷四〇《尉迟运传》，第709页。

⑤ 《周书》卷二〇《尉迟纲传》，第340页。

俄而帝废，立齐王，仍以纲为中领军，总宿卫。"① 又于翼为大将军，"总中外宿卫兵事"②。据此有理由认为，北周六官体制下之小司马，其职本是由西魏之领军将军（中领军）改名而来，两者职司颇为一致。

　　武伯（左、右武伯中大夫，左、右小武伯下大夫）及其所辖左、右虎贲率、旅贲率、射声率、骁骑率、羽林率、游击率上士与武环率、武候率下大夫等职，与小司马同出夏官府，小司马上大夫应为其长官。③ 则小司马及其所属武伯等职即相当于西魏时之领军将军及其属官左·右卫将军、武卫将军诸职。《宋书·百官志下》："领军将军一人，掌内（中）军。""（左、右）二卫将军掌宿卫营兵"。④《隋书·百官志中》："（北齐）领军府，将军一人，掌禁卫宫掖。朱华阁（閤）外，凡禁卫官，皆主之。舆驾出入，督摄仗卫。""左、右卫府，将军各一人，掌左、右厢，所主朱华阁以外。各武卫将军二人贰之。"⑤ 王懋历尚食典御，领左右、武卫将军，右卫将军……左卫将军，领军将军等职。"宿卫宫禁，十有余年，勤恪当官，未尝有过。魏文帝甚嘉之。"⑥ 北周小司马之职掌禁兵已见前引述。"左、右武伯掌内外卫之禁令，兼六率之士。皇帝临轩，则备三仗于庭。"⑦ 此与前代之领军将军及左·右卫将军、武卫将军之职能非常相似，应是以其改名和改制。具体而言，小司马相当于领军将军，左、右武伯相当于左、右卫将军，左、右小武伯相当于武卫将军。军司马一职则相当于原领军府之司马。

　　北周左、右宫伯和左、右武伯属于不同的系统。左、右宫伯在禁卫武官系统地位更加亲近，可以认为是侍卫亲军之长。滨口重國认为，北周左、右宫伯"相当从前之领左右"⑧。从职掌来看，二职确有相通之处。《周书·王励传》："年十七，从太祖入关。及太祖平秦陇，定关中，励常侍从。""大统初，为千牛备身、直长、领左右，出入卧内，小心谨肃。

---

① 《周书》卷二〇《尉迟纲传》，第340页。
② 《周书》卷三〇《于翼传》，第524页。
③ 参见王仲荦《北周六典》卷五《夏官府第十》，第321、370—377页。
④ 《宋书》卷四〇《百官志下》，第1248页。
⑤ 《隋书》卷二七《百官志中》，第758页。
⑥ 《周书》卷二〇《王懋传》，第335页。
⑦ 《隋书》卷一二《礼仪志七》，第282页。
⑧ ［日］滨口重國：《西魏时期的二十四军与仪同府》，刘俊文主编《日本学者研究中国史论著选译》第四卷，第177页。

魏文帝尝曰：'王励可谓不二心之臣也。'沙苑之役，励以都督领禁兵从太祖，励居左翼，与帐下数十人用短兵接战。""遂卒于行间，时年二十六。"其弟王懋，"魏文帝东征（按时在大统八年十二月），以抚军将军兼太子左率留守，俄转右率。历尚食典御、领左右、武卫将军……迁右卫将军"。① 由此可知，西魏大统年间有领左右之职，与武卫将军地位相当而低于左、右卫将军。

北周之左、右武伯中大夫相当于原左、右卫将军，左、右小武伯下大夫相当于武卫将军，领左右又发展为左、右宫伯中大夫。滨口重國、王仲荦皆主张左、右宫伯属下之左、右宗侍·庶侍·勋侍之渊源为北魏末年以来之勋府庶子、宗子羽林——宗士和望士等，其说不无道理。只是西魏时期元氏宗室衰微，并无宗士及庶子、望士等侍官之职。滨口氏认为左、右中侍·侍·前侍·后侍·骑侍等职"相当于以前的千牛备身等侍从官"②。从千牛备身及备身、备身左右等职执千牛刀侍从皇帝左右，而北周左、右五侍等职皆执各类刀具侍卫君主，看来两者的职掌自当一脉相承，其说可以采信。

北周的宫伯之制还有一个渊源不可忽略，即宇文氏霸府侍卫制度。宫伯之制更有可能是从宇文泰的帐内亲军发展而来，并不一定是直接由西魏君主的领左右及其下属千牛备身等职改名而来。西魏千牛备身仅见于上引《周书·王励传》，时在大统初年。北魏分裂前夕，宇文泰担任使持节、武卫将军、夏州刺史。公元534年二月，关西大行台贺拔岳为侯莫陈悦所杀，曾为贺拔岳府司马的宇文泰乘机兼并了贺拔岳的势力而成为关西霸主。③ 宇文泰被魏孝武帝任命为大都督、陇西行台，后进为关西大行台。不久，魏帝自洛阳高欢控制区逃亡到关中宇文泰控制区。东、西魏分裂，宇文泰控制元氏皇帝建立西魏，与高欢控制之东魏政权相抗衡。宇文泰作为西魏最高军事统帅，既要控制政局又要忙于在前线指挥大军与东魏交战，一支高素质的军队是保证其军政大事成功的必要条件。在与东魏斗争的过程中，宇文泰根据自身特点并在汉族士人苏绰、卢辩等积极协助下建立了府兵制度。与此同时，他又通过安排亲信担任禁卫武官以控制西魏皇

---

① 《周书》卷二〇《王励传》《王懋传》，第334—335页。
② [日]滨口重國：《西魏时期的二十四军与仪同府》，刘俊文主编《日本学者研究中国史论著选译》第四卷，第177页。
③ 参见《周书》卷一《文帝纪上》，第5页。

帝及其朝廷。另外，宇文泰本人的安全保卫显得至关重要，这一职能即是由其帐下亲军来承担的。如在宇文泰赴平凉接收贺拔岳余部时便率"帐下轻骑"前往，这是其最早的侍卫亲军。又如沙苑之役时，千牛备身、直长、领左右王励以都督领禁兵随从宇文泰东征，在战斗中"与帐下数十人用短兵接战"①，此"帐下"即宇文泰之帐下亲兵。关于北魏末年以来军阀幕府帐下（帐内）侍卫武官的记载，屡见于史，兹将有关史料胪列并略作分析，以见此一制度之梗概。

北魏末年，在征战将帅的军府中出现了各类亲信、左右及帐内（帐下）等初、低级将领，他们既是军府僚佐、主帅亲信，同时也是率领一定数量军队的指挥员。这些官职的一个重要职能便是侍卫主帅左右，以保护其人身安全。《周书·贺拔岳传》："广阳王元深（渊）以岳为帐内军主，又表为强弩将军。后与兄胜俱镇恒州。州陷，投尔朱荣，荣待之甚厚，以为别将，寻为都督。每居帐下，与计事，多与荣意合，益重之……复为荣前军都督，破葛荣于滏口。""从平元颢，转左光禄大夫、武卫将军。"② 据此可知，贺拔岳由元渊之帐内军主而升为朝廷之禁卫武官强弩将军（实际并未到任，只是为了显示荣宠），后又转投尔（尒）朱荣，成为荣军府帐内别将、都督，并进而转任朝廷禁卫武官武卫将军。表明由当权主帅幕府之亲信僚属转为朝廷禁卫武官，是当时官吏升迁之一途，也反映出帐内之职在本质上具有禁卫武官的性质。类似的事例还有：

《窦泰墓志》："起家为襄威将军帐内都将。连年动众，功实居多。属灵后临朝，政移权蘖……天柱大将军尒朱荣鞠旅汾川，问罪君侧，为宁远将军、虎贲中郎将、前锋都督。及永安御历，豫定策之功，除射声校尉、谏议大夫。""以功拜辅国将军、骁骑将军……"③
《徐显秀（颖）墓志》："（尒朱荣）授前锋都督、马邑县开国伯、太中大夫。高祖定业，除抚军将军、银青光禄大夫、直阁将军、

---

① 《周书》卷二〇《王励传》，第334页。
② 《周书》卷一四《贺拔岳传》，第221—222页。
③ 赵万里集释：《汉魏南北朝墓志集释》图版三二一，科学出版社1956年版；新乡市博物馆：《北齐窦、娄、石、刘四墓志中几个问题的探讨》（图一），《文物》1973年第6期。

帐内正都督、凉州刺史、新城大都督。"①

《周书·王思政传》："俄而齐神武潜有异图，帝以思政可任大事，拜中军大将军、大都督，总宿卫兵。"劝孝武西迁，"帝深然之。及齐神武兵至河北，帝乃西迁"。②

《周书·宇文深传》："至永安初，起家秘书郎。时群盗蜂起，深屡言时事，尔朱荣雅知重之。""三年，授子都督，领宿卫兵卒。及齐神武举兵入洛，孝武西迁。既事起仓卒，人多逃散，深抚循所部，并得入关。"③

《周书·梁台传》："孝昌中，从尔朱天光讨平关陇，一岁之中，大小二十余战，以功授子都督。""普泰初，进授都督。后隶侯莫陈悦讨南秦州群盗，平之。""寻行天水郡事，转行赵平郡事。""未几，天光追台还，引入帐内。及天光败于寒（韩）陵，贺拔岳又引为心膂。"④

《周书·陆腾传》："尔朱荣入洛，以腾为通直散骑侍郎、帐内都督。从平葛荣……普泰初，迁朱衣直阁。"⑤

《周书·耿豪传》："贺拔岳西征，引为帐内。"⑥

《周书·李和传》："贺拔岳作镇关中，乃引和为帐内都督。"⑦

《周书·宇文神举传》："魏孝武之在藩也，（神举父）显和早蒙眷遇。""及即位，擢授冠军将军、阁内都督。""及齐神武专政，帝每不自安。""迁朱衣直閤、阁内大都督……从帝入关。"⑧

北魏末年，孝武帝为了与权臣高欢抗衡，加强自身防卫，在斛斯椿建议下置阁内都督，于是第一次在朝廷禁卫机构中出现了都督之职。此阁内都督实际上是在战时环境下采用了主帅幕府帐内都督的制度。《周书·杨

---

① 山西省考古研究所、太原市文物考古研究所：《太原北齐徐显秀墓发掘简报》，《文物》2003年第10期，第37页图九四。
② 《周书》卷一八《王思政传》，第294页。
③ 《周书》卷二七《宇文深传》，第455页。
④ 《周书》卷二七《梁台传》，第452页。
⑤ 《周书》卷二八《陆腾传》，第469页。
⑥ 《周书》卷二九《耿豪传》，第494页。
⑦ 《周书》卷二九《李和传》，第498页。
⑧ 《周书》卷四〇《宇文神举传》，第713—714页。

宽传》:"孝武与齐神武有隙,遂召募骑勇,广增宿卫。以宽(黄门侍郎、兼武卫将军)为阁内大都督,专总禁旅,从孝武入关。"① 《窦炽传》:"时帝与齐神武构隙,以炽有威重,堪处爪牙之任,拜阁内大都督。迁抚军将军、朱衣直阁,遂从帝西迁。"② 《侯莫陈顺传》:"寻加散骑常侍、千牛备身、卫将军、阁内大都督,从魏孝武入关。"③《宇文虬传》:"以功加安西将军、银青光禄大夫、员外直阁将军、阁内都督。""及孝武西迁,以独孤信为行台,信引虬为帐内都督。"④ 前述宇文泰在贺拔岳被害后即率亲信轻骑驰赴平凉,其亲信诸人中即有蔡祐。《周书·蔡祐传》:"太祖在原州,召为帐下亲信。太祖迁夏州,以祐为都督。及侯莫陈悦害贺拔岳,诸将遣使迎太祖。将赴,夏州首望弥姐元进等阴有异计。太祖微知之,先与祐议执元进……后从讨悦,破之。"⑤ 《杨荐传》:"魏永安中,随尔朱天光入关讨群贼……文帝临夏州,补帐内都督。及平侯莫陈悦,使荐入洛阳请事。魏孝武帝授文帝关西大行台,仍除荐直阁将军。"⑥《王勇传》:"又数从侯莫陈悦、贺拔岳征讨,功每居多,拜别将。及太祖为丞相,引为帐内直荡都督,加后将军、太中大夫。""从擒窦泰,复弘农,战沙苑,气盖众军,所当必破。太祖叹其勇敢,赏赐特隆……拜镇南将军,授帅都督。从讨赵青雀,平之。"⑦ 按东魏北齐左、右卫府属官有直荡都督之职,宇文泰之帐内直荡都督与之有着承袭关系,职能应该相近。贺兰祥为宇文泰外甥,"长于舅氏,特为太祖所爱"。"年十七,解褐奉朝请,加威烈将军。""寻擢补都督,恒在帐下。从平侯莫陈悦,又迎魏孝武。""仍从击潼关,获东魏将薛长孺。"⑧ 辛威"初从贺拔岳征讨有功,假辅国将军、都督。及太祖统岳之众,见威奇之,引为帐内"。"从迎魏孝武,因攻回洛城,功居最。"⑨ 魏孝武入关后,其阁内都督有些便直接转为宇文泰幕府之帐内都督,如侯莫陈琼"从魏孝武入关,为太祖直荡

---

① 《周书》卷二二《杨宽传》,第367页。
② 《周书》卷三〇《窦炽传》,第518页。
③ 《周书》卷一九《侯莫陈顺传》,第307—308页。
④ 《周书》卷二九《宇文虬传》,第492页。
⑤ 《周书》卷二七《蔡祐传》,第443页。
⑥ 《周书》卷三三《杨荐传》,第570页。
⑦ 《周书》卷二九《王勇传》,第490—491页。
⑧ 《周书》卷二〇《贺兰祥传》,第336页。
⑨ 《周书》卷二七《辛威传》,第447页。

都督"①，宇文显和入关亦被宇文泰"引为帐内大都督"②。

帐内都督的基本职能便是"恒在帐下"，即侍卫于府主宇文泰身边，并在宇文泰指挥战斗时冲锋陷阵打击敌人，并保卫府主宇文泰的安全。《周书·李标传》："大统元年（535），授抚军将军……寻为太祖帐内都督。从复弘农，破沙苑。标跨马运矛，冲锋陷阵，隐身鞍甲之中，敌人见之，皆曰'避此小儿'。"③《尉迟纲传》："少孤，与兄迥依托舅氏……从太祖征伐，常陪侍帷幄，出入卧内。后以迎魏孝武功，拜殿中将军。大统元年，授帐内都督，从仪同李虎讨曹泥，破之。又从破窦泰……仍从复弘农，克河北郡，战沙苑，皆有功……太祖甚宠之，委以心膂。河桥之战，太祖马中流矢，因而惊奔。纲与李穆等左右力战，众皆披靡，太祖方得乘马。"④《裴果传》："大统九年，又从战邙山，于太祖前挺身陷阵，生擒东魏都督贺娄乌兰。勇冠当时，人莫不叹服。以此太祖愈亲待之，补帐内都督，迁平东将军。"⑤ 尉迟迥"稍迁大丞相帐内都督……从太祖复弘农，破沙苑，皆有功"⑥。王显"初为太祖帐内都督"⑦。赵刚"除大丞相府帐内都督"⑧。以上所见宇文泰的亲信将领以帐内都督居多，但亦有帐内大都督、都督、直荡都督。

帐内大都督、帐内都督、都督、直荡都督的地位和职责应该是有差别的。宇文盛"初为太祖帐内，从破侯莫陈悦"。"大统三年，兼都督。从擒窦泰，复弘农，破沙苑。授都督、平远将军、步兵校尉。"⑨ 则其经历了帐内→兼都督→都督的升迁过程。《周书·伊娄穆传》："穆弱冠为太祖内亲信，以机辩见知，授奉朝请，常侍左右。邙山之役，力战有功，拜子都督、丞相府参军事，转外兵参军。累迁帅都督、平东将军、中散大夫，历中书舍人、尚书驾部郎中、抚军将军、大都督、通直散骑常侍。"⑩ 从

---

① 《周书》卷一六《侯莫陈琼传》，第270页。
② 《周书》卷四〇《宇文神举传》，第714页。
③ 《周书》卷一五《李标传》，第242页。
④ 《周书》卷二〇《尉迟纲传》，第339页。
⑤ 《周书》卷三六《裴果传》，第647页。
⑥ 《周书》卷二一《尉迟迥传》，第349页。
⑦ 《周书》卷二〇《王盟传附兄子显传》，第335页。
⑧ 《周书》卷三三《赵刚传》，第573页。
⑨ 《周书》卷二九《宇文盛传》，第493页。
⑩ 《周书》卷二九《伊娄穆传》，第499页。

伊娄穆的经历来看，宇文泰丞相府之帐内诸职的等级有：亲信→子都督→帅都督→大都督。《赵文表传》："起家为太祖亲信。魏恭帝元年（554），从开府田弘征山南，以功授都督。复从平南巴州及信州，迁帅都督。又从许国公宇文贵镇蜀，行昌城郡事。加中军将军、左金紫光禄大夫。保定元年（561），除许国公府司马，转大都督。"① 赵文表的经历则显示了亲信→都督→帅都督→大都督的等级序列。刘雄于"大统中，起家为太祖亲信"②。于翼（宇文泰女婿）于"大统十六年，进爵郡公，加大都督，领太祖帐下左右，禁中宿卫"③。陆逞"起家羽林监、文帝内亲信"④。时在大统十四年前，"内亲信"应即帐内亲信。达奚长儒"魏大统中，起家奉车都尉。周太祖引为亲信，以质直恭勤，授子都督"⑤。从以上所引史料来看，在宇文泰的幕府中，有帐内大都督、帐内都督、都督、直荡都督、兼都督、子都督、帅都督，还有帐内、亲信、帐下、帐下左右、帐内亲信等职。帐内、亲信等职地位应该相当，均当由都督统领，平时在"禁中宿卫"，战时亦当侍卫府主左右，其身份应与汉代的郎官及北魏前期的禁卫诸郎相当，而非普通兵士，只要有军功就会很快升任都督。就都督的等级而言，大体上应为子都督→帅都督→大都督的关系。

西魏北周有大丞相府帐内亲信大都督、都督及虞候大都督、都督诸职，"帐内大都督、都督领亲信兵"⑥。《隋书·庞晃传》："周太祖既有关中，署晃大都督，领亲信兵，常置左右。"⑦《周书·李基传》："领大丞相亲信，俄转大都督。"⑧ 按亲信大都督于北魏末年就已出现，《贺拔昌墓志》："太昌（532）之初，释褐除安东将军、亲信（大）都督"⑨。此外，宇文泰丞相府有虞候大都督、都督⑩。上引史料所见宇文泰幕府有亲信、帐内、帐下左右、帐内都督等职。亲信、帐内、帐下左右为宇文泰之卫

---

① 《周书》卷三三《赵文表传》，第581页。
② 《周书》卷二九《刘雄传》，第503页。
③ 《周书》卷三〇《于翼传》，第523页。
④ 《周书》卷三二《陆逞传》，第559页。
⑤ 《隋书》卷五三《达奚长儒传》，第1349页。
⑥ 王仲荦：《北周六典》卷一《大丞相第六》，第27—28页。
⑦ 《隋书》卷五〇《庞晃传》，第1321页。
⑧ 《周书》卷二五《李基传》，第423页。
⑨ 太原市文物考古研究所：《太原北齐贺拔昌墓》，《文物》2003年第3期。
⑩ 参见《周书》卷一二《齐王宪传》，第192页；卷二七《韩果传》，第441页。

第二十章　西魏北周禁卫武官制度 / 813

士，即亲兵，由都督统领①。而都督又有子都督、帅都督、都督、大都督等不同等级，类似于原来的军主、统军及别将、都督等职。

宇文泰丞相府之帐内都督可兼任朝廷禁卫武官，两者之间亦可互相迁转。王励"大统初，为千牛备身、直长、领左右，出入卧内，小心谨肃"。"沙苑之役，励以都督领禁兵从太祖。"② 这是由西魏朝廷之禁卫武官转为宇文泰幕府之都督，二职同领禁兵自无疑义。贺兰祥先为宇文泰幕府都督，"恒在帐下"，后"拜左右直长"，"迁右卫将军"，"沙苑之役，诏祥留卫京师"。③ 陆腾先由尔朱荣帐内都督"迁朱衣直阁"，大统九年被西魏俘虏，宇文泰"即拜帐内大都督。未几，除太子庶子，迁武卫将军"。④ 这些均是由宇文泰（或尔朱荣）之幕府帐内都督迁任朝廷禁卫武官之例。辛威于北魏末由宇文泰之帐内"授羽林监"⑤。宇文深于永安三年（530）为尔朱荣府"子都督，领宿卫兵卒"。后随孝武西迁，"太祖以深有谋略，欲引致左右，图议政事。大统元年（535），乃启为丞相府主簿，加朱衣直阁"。⑥ 此乃宇文泰府佐兼朝廷禁卫武官之例。于翼于大统十六年"加大都督，领太祖帐下左右，禁中宿卫"。迁散骑常侍、武卫将军。"六官建，除左宫伯。"⑦ 这是宇文泰帐内都督迁为朝廷之禁卫武官，并进而改任六官制下之禁卫武官左宫伯。

通过尉迟纲的经历，可以更加充分地认识宇文泰帐内亲信武官与朝廷禁卫武官之间的密切联系。《周书·尉迟纲传》：

> 从太祖征伐，常陪侍帷幄，出入卧内。后以迎魏孝武功，拜殿中将军。大统元年，授帐内都督……以前后功……仍拜平远将军、步兵校尉。八年，加通直散骑常侍、太子武卫率、前将军，转帅都督……迁大都督……魏废帝二年（553），拜大将军，兼领军将军……俄而

---

① 《资治通鉴》卷一五五《梁纪一一》武帝中大通三年（531）十月，"高欢将与兆战，而畏其众强，以问亲信都督段韶"云云。胡三省注："亲信都督，魏末诸将擅兵，始置是官，以领亲兵。"（第4815页）
② 《周书》卷二〇《王励传》，第334页。
③ 《周书》卷二〇《贺兰祥传》，第336页。
④ 《周书》卷二八《陆腾传》，第469—470页。
⑤ 《周书》卷二七《辛威传》，第447页。
⑥ 《周书》卷二七《宇文深传》，第455页。
⑦ 《周书》卷三〇《于翼传》，第523页。

帝废，立齐王，仍以纲为中领军，总宿卫。……孝闵帝践阼，纲以亲戚掌禁兵，除小司马。①

尉迟纲虽然一度出任过地方军政长官，但总体来看主要是在宇文泰之幕府帐内与朝廷禁卫武官之间迁转，二者职能相近于此可知。最后当建六官而原领军系禁卫武官制度被废时，尉迟纲遂由中领军转任小司马，故可认为小司马即原领军之任，而六官制下之禁卫武官制度乃是对原有禁卫武官制度及宇文泰帐内宿卫制度加以变革和综合的结果，是旧制在新制中的继续。《若干云墓志》："解褐为周太祖文皇帝亲信、直阁将军。及周朝膺历，任中侍上士、襄威将军、给事中、都督。"②《贺若谊碑》："……延纳奇士，乃命公以大都督领亲信"。"周元年，除司射大夫，封霸城县开国子。转左宫宫（伯？）。三年，加开府"。③ 很显然，北周禁卫武官制度与西魏时期宇文泰帐内亲信制度有继承关系，而宇文泰帐内亲信制度与朝廷禁卫武官如直阁将军制度则有密切的联系④。

北周左、右宫伯与左、右武伯之职从名称来看是参考了《周礼》六官建制，但也并非一味地照搬，如前所述，宫伯、武伯既与《周礼》中宫伯、武伯之职有相似之处，但又有一定差别。宫伯有类《周礼》之宫伯，亦与《周礼》宫正之职能相近。北周在太子东宫有宫正，而在朝廷并无此职，且不主禁卫，相当于原太子詹事。北周之宫伯与西晋以来之左、右卫将军及北魏末年之领左右职能颇为近似，是将宇文泰霸府帐内宿卫及朝廷禁卫制度加以结合的结果，而左、右武伯则是对原有左、右卫及武卫将军宿卫制度加以改造的结果，这与北魏后期以来武卫将军的迅速发展有密切关系。而小司马领宿卫则是对原领军将军（中领军）制度的改造。

---

① 《周书》卷二〇《尉迟纲传》，第339—340页。
② 《若干云墓志文拓本》，见负安志《中国北周珍贵文物——北周墓葬发掘报告》，第75页图一五八。
③ 《金石萃编》卷三九《隋二》。
④ 滨口重國及王仲荦均注意到六官制下禁卫武官制度与旧制特别是北魏末年制度的联系及某些方面的继承，但却未注意到西魏时期宇文泰霸府侍卫亲军制度的影响。

第五节　北周末年禁卫武官制度改革

北周末年对禁卫武官制度又进行了一次改造。《唐六典·太子左右卫率府》本注："后周东宫官员有司戎、司武、司卫之类。"① 《通典·职官十二·东宫官》"左右卫率府"条："后周东宫有司戎、司武、司卫等员。"② 按"司戎"之职不见于史载，具体情形无从考知。《北史·卢辩传》："（建德）四年（575），又改置宿卫官员。其司武、司卫之类，皆后所增改；太子正、宫尹之属，亦后所创置。而典章散灭，弗可复知。"③ 看来唐初人对北周之司武、司卫之类禁卫武官制度已不甚了了。唐长孺钩稽史籍中几条有关司武、司卫之记载进行考察，指出："司卫、司武都是建德元年改置的。""司卫、司武不但东宫有此机构官称，宿卫皇宫之禁军将领也有同样的名称，所以隋初改制左右卫与左右武卫并非东宫官……建德元年的改置宿卫官司武、司卫乃是宇文护被杀之后增强皇权的措置。"④ 王仲荦亦认为："按唐六典谓司武是东宫官属，实无证据。予疑北周武帝改夏官武伯为司武，其官名改易，当在建德之初，以周书武帝纪载：'建德元年六月庚子，改置宿卫官员。四年二月辛卯，改置宿卫官员。'此际或改武伯大夫为司武大夫也。故纪传建德以前，无称司武大夫者，建德以后，亦无称武伯大夫者。然以史无明文，故未敢遽以并入夏官府武伯大夫职下，仍别为条目，著于六官余录。"⑤

认为建德元年改置宿卫官司卫、司武的主要证据是《周书·尉迟运传》的记载，其文略云：

> 天和五年（570），入为小右武伯。六年，迁左武伯中大夫。寻加军司马，武伯如故。运既职兼文武，甚见委任。齐将斛律明月寇汾北，运从齐公宪御之，攻拔其伏龙城。进爵广业郡公，增邑八百户。

---

① （唐）李林甫等撰，陈仲夫点校：《唐六典》卷二八《太子左右卫率府》，中华书局1992年版，第715页。
② 《通典》卷三〇《职官十二·东宫官》"左右卫率府"条，第940页。
③ 《北史》卷三〇《卢辩传》，第1101页。
④ 唐长孺：《魏周府兵制度辨疑》，《魏晋南北朝史论丛》，第283页。
⑤ 王仲荦：《北周六典》卷七《六官余录第十三》，第505页。

建德元年（572），授右侍伯，转右司卫。时宣帝在东宫，亲狎谄佞，数有罪失。高祖于朝臣内选忠谅鲠正者以匡弼之。于是以运为右宫正。三年，帝幸云阳宫，又令运以本官兼司武，与长孙览辅皇太子居守。俄而卫刺（剌）王直作乱，率其党袭肃章门。览惧，走行在所。运时偶在门中，直兵奄至，不暇命左右，乃手自阖门。直党与运争门，斫伤运手指，仅而得闭。直既不得入，乃纵火烧门。运惧火尽，直党得进，乃取官中材木及床等以益火，更以膏油灌之，火势转炽。久之，直不得进，乃退。运率留守兵，因其退以击之，直大败而走。是日微运，官中已不守矣。高祖嘉之，授大将军，赐以直田宅、妓乐、金帛、车马及什物等，不可胜数。①

同书《武帝纪上》：建德三年（574）"秋七月庚申（初二，8.2），行幸云阳宫。乙酉（廿七，8.29），卫王直在京师举兵反，欲突入肃章门。司武尉迟运等拒守。直败，率百余骑遁走"②。考之史载，司卫之职的确出现于建德元年，但当时司卫与司武是否皆为上大夫，或如西魏末所设宫伯、武伯一样仅为中大夫，不得而知。到了周宣帝宣政元年（578），司卫、司武之地位已明确为上大夫，比周初之宫伯、武伯提高了一个等级。

《周书·宇文神举传》：

世宗初，起家中侍上士。……帝每有游幸，神举恒得侍从。保定元年，袭爵长广县公，邑二千三百户。寻授帅都督，迁大都督、使持节、车骑大将军、仪同三司，拜右大夫。四年，进骠骑大将军、开府仪同三司，治小宫伯。天和元年，迁右宫伯中大夫，进爵清河郡公，增邑一千户。高祖将诛晋公护也，神举得预其谋。建德元年，迁京兆尹。三年，出为熊州刺史。……并州平，即授并州刺史，加上开府仪同大将军。……俄进柱国大将军，改封东平郡公，增邑通前六千九百

---

① 《周书》卷四〇《尉迟运传》，第709—710页。
② 《周书》卷五《武帝纪上》，第85页。又可参见同书卷一三《文闵明武宣诸子·卫剌王直传》，第202页。按下文所引《尉迟运墓志》谓"卫剌公作难"云云（《尉迟运墓志文拓本》，见负安志《中国北周珍贵文物——北周墓葬发掘报告》，第104页图二〇三。参考同书第102页同墓志录文），则《周书》中的卫剌王应为卫剌公。此乃传抄致误，中华书局点校本作"卫剌王"，应予校正。

户。……宣政元年，转司武上大夫。高祖亲戎北伐，令神举与原国公姬愿等率兵五道俱入。高祖至云阳，疾甚，乃班师。①

《宇文孝伯传》：

> 建德之后，皇太子稍长，既无令德，唯昵近小人。孝伯白高祖曰："皇太子四海所属，而德声未闻。臣忝宫官，寔当其责。且春秋尚少，志业未成，请妙选正人，为其师友，调护圣质，犹望日就月将。如或不然，悔无及矣。"……于是以尉迟运为右宫正，孝伯仍为左宫正。②

据此，则周武帝此次选宫官以辅太子仍是维持由原东宫官员辅导之原则，尉迟运由负责保卫的右司卫转任辅导之右宫正，司卫为东宫官的可能性也是存在的。《周书·尉迟运传》："三年，帝幸云阳宫，又令运以本官兼司武，与长孙览辅皇太子居守。"③《齐炀王宪传》："寻而高祖崩，宣帝嗣位……司卫长孙览总兵辅政，而诸王有异志"。④ 据此，则长孙览在当时很可能就已任司卫之职⑤。长孙览以司卫、尉迟运以右宫正兼司武辅皇太子居守，二人所任之禁卫武官不排除为太子东宫官的可能。

作为时距北周较近、掌握资料较多的唐人来说，《唐六典》及《通典》撰者皆认为北周东宫有司卫、司武等官，要轻易否定这种见解还需其他旁证。以建德元年出现之司卫及其后之司武为朝廷禁卫武官而非东宫官，以建德元年改武伯为司武大夫并以之为朝廷禁卫武职，其认识似嫌证据不足。《隋书·百官志中》：周太祖命尚书令卢辩"远师周之建职"，制定六官制，"制度既毕，太祖以魏恭帝三年，始命行之。所设官名，讫于周末，多有改更，并具《卢（辩）传》，不复重序云"。⑥ 而《周书·卢辩传》早已亡佚，今所存者甚为简略。唐长孺所举司卫、司武最初设立

---

① 《周书》卷四〇《宇文神举传》，第714—715页。
② 《周书》卷四〇《宇文孝伯传》，第717页。
③ 《周书》卷四〇《尉迟运传》，第710页。
④ 《周书》卷一二《齐炀王宪传》，第195页。
⑤ 按《隋书》卷五一《长孙览传》不载其曾为北周司卫之职。
⑥ 《隋书》卷二七《百官志中》，第771页。

及其为皇宫禁卫武官的证据，如上引《周书·尉迟运传》的两条史料，似乎也很难判断其为东宫官还是宿卫皇宫之禁卫武官。

《尉迟运墓志》的记载与《周书·尉迟运传》的记载有一定出入。有关的志文是：

> 保定二年（562），授使持节、骠骑大将军、开府仪同三司、大都督。四年，除陇州诸军事、陇州刺史。克己为治，洁身奉法，三欺既息，六条备举。秩满言归，华戎恋德，扶老携幼，诣阙稽颡，朝廷抑其固请，方申重寄。五年，授右小武伯，俄转右大武伯。六年，授军司马，余官依旧。总八能而警卫，赞七德而治戎。……建德元年（572），改授侍伯，转右司卫，又除司武。三年，高祖幸于云阳，卫刺公作难，夭（殃？）及轩庭，非因集隼，火流门阙，事异详乌。时储皇监国，公掌禁旅，躬自闭关，凶党奔窜。有诏褒赏，授使持节、大将军、大都督，余官依旧。……五年，除同州蒲津潼关杨氏壁龙门溲头六防诸军事、同州刺史。……宣政元年（578），授司武上大夫。突厥越龙堆而逾虎泽，掠边民而杀汉使，高祖自将北讨，崩于云阳，公与薛国公览同受顾命，不坠话言，遂光殊宠。授上柱国，余官依旧。①

按《尉迟运墓志》与《周书·尉迟运传》的记载互有短长，如墓志不记其为右宫正、漏记天和年号等，不过总的来看墓志所透露的有关北周禁卫武官制度的信息较多，可补史书之缺。墓志载尉迟运于建德元年授侍伯，而《周书》本传载其为右侍伯，当以传文为是。墓志载其除司武是在建德三年之前，而本传则记建德三年高祖幸云阳宫前夕"令运以本官兼司武"留守，未知孰是。本传记尉迟运由小右武伯迁左武伯中大夫，而墓志记其由右小武伯转右大武伯，当以墓志为右大武伯或右武伯中大夫为是。据墓志记载，似尉迟运于保定五年已任右小武伯，实则不然。据志文，保定四年尉迟运除陇州诸军事、陇州刺史，且任至"秩满"，一秩三年，而保定只有五年，即保定五年时尉迟运还在陇州任上，其后在本州

---

① 《尉迟运墓志文拓本》，《中国北周珍贵文物——北周墓葬发掘报告》，第104页图二〇三。参考同书第102页同墓志录文。

"华戎"请求下又"方申重寄",即再任一届。而其届满之时正当天和五年(570)。《尉迟运墓志》未标明"天和"年号,显属遗漏。

依墓志所载,尉迟运的任官经历为:

  使持节、骠骑大将军、开府仪同三司、大都督(562)→陇州诸军事、陇州刺史(564)→右小武伯(570)→右大武伯(570)→军司马,余官依旧(571)→侍伯(572)→右司卫(572)→司武(572?)→使持节、大将军、大都督,余官依旧(574)→同州蒲津潼关杨氏壁龙门渼头六防诸军事、同州刺史(576)→司武上大夫(578)。

可见尉迟运一生任职于两个系统:一个是地方军政长官系统,一个是禁卫武官系统。就禁卫武官系统而言,大武伯即《隋书·礼仪志七》所载左、右武伯。《尉迟运墓志》显示,北周最迟在建德元年已经设立了侍伯、司卫、司武诸职,司卫分左、右,司武亦当分左、右,司武有上大夫之职。据《周书·尉迟运传》记载,侍伯亦分为左、右。尉迟运所历禁卫武官诸职,介于右武伯中大夫与司武上大夫之间的侍伯(右侍伯)、右司卫、司武皆当为中大夫。

除了上引史料所见司卫、司武之职外,《隋书》的有关记载亦值得关注。《隋书·李询传》:"建德三年,武帝幸云阳宫,拜司卫上士,委以留府事。周卫王直作乱,焚肃章门,询于内益火,故贼不得入。帝闻而善之,拜仪同三司,迁长安令。"[1] 很显然,司卫上士负责长安宫城的守卫。同书《观德王雄传》:"周武帝时,为太子司旅下大夫。帝幸云阳宫,卫王直作乱,以其徒袭肃章门,雄逆拒破之。进位上仪同,封武阳县公,邑千户。累迁右司卫上大夫。大象(579—581)中,进爵邘国公,邑五千户。"[2] 这一记载显示,北周末年有左、右司卫上大夫之职。《文四子·房陵王勇传》:"及高祖辅政,立为世子,拜大将军、左司卫,封长宁郡公。出为洛州总管、东京小冢宰,总统旧齐之地。后征还京师,进位上柱国、大司马,领内史御正,诸禁卫皆属焉。高祖受禅,立为皇太子,军国政事

---

[1] 《隋书》卷三七《李询传》,第1122页。
[2] 《隋书》卷四三《观德王雄传》,第1215—1216页。

及尚书奏死罪已下,皆令勇参决之。"① 此证北周末年确有左司卫,"诸禁卫"之职统领于大司马。目前所见比较明确的记载是,北周司卫之职初设于武帝建德元年,然早于此前设立的可能性也是存在的。《长孙晟传》:"年十八,为司卫上士,初未知名,人弗之识也。唯高祖一见,深嗟异焉,乃携其手而谓人曰:'长孙郎武艺逸群,适与其言,又多奇略。后之名将,非此子邪?'"② 按长孙晟卒于隋炀帝大业五年(609),"时年五十八",则其年十八应在北周武帝天和四年(569)。若此记载真实可信,则北周司卫的出现时间不晚于天和四年,即在宇文护当政时期就已设置了司卫之职。

《隋书·柳彧传》:"周大冢宰宇文护引为中外府记室,久而出为宁州总管掾。武帝亲总万机,彧诣阙求试。帝异之,以为司武中士。"③ 按周武帝亲政是在建德元年(572)三月④,这表明最迟在其时北周就已设置了"司武"之职。同书《高祖纪上》载其"大象初,迁大后丞、右司武"⑤。此"右司武"应即右司武上大夫,同书《卢贲传》谓"时高祖为大司武"⑥。此"大司武"即右司武,亦即右司武上大夫。《李崇传》:"高祖为丞相,迁左司武上大夫,加授上开府仪同大将军。"⑦ 可知司武上大夫亦有左、右之分,大司武当即左、右司武上大夫。《吐万绪传》:"在周,起家抚军将军……累迁大将军、少司武。高祖受禅,拜襄州总管。"⑧ 少(小)司武或即司武中大夫。看来北周之司武亦有大、小之分。《侯莫陈颖传》:"迁司武,加振威中大夫。高祖为丞相,拜昌州刺史。会受禅,竟不行。"⑨ 此"司武"当为少司武。隋文帝杨坚在北周末年作为权臣不仅亲自担任过右司武上大夫以负责禁卫之政,而且其后又令其姻亲和亲信担任司武之职掌握部分禁卫军权。《隋书·李礼成传》:"礼成妻窦氏早没,知高祖有非常之表,遂聘高祖妹为继室,情契甚欢。及高祖为丞相,

---

① 《隋书》卷四五《文四子·房陵王勇传》,第1229页。
② 《隋书》卷五一《长孙晟传》,第1329页。
③ 《隋书》卷六二《柳彧传》,第1481页。
④ 参见《周书》卷五《武帝纪上》,第80页。
⑤ 《隋书》卷一《高祖纪上》,第2页。
⑥ 《隋书》卷三八《卢贲传》,第1141页。
⑦ 《隋书》卷三七《李崇传》,第1123页。
⑧ 《隋书》卷六五《吐万绪传》,第1537页。
⑨ 《隋书》卷五五《侯莫陈颖传》,第1381页。

进位上大将军,迁司武上大夫,委以心膂。及受禅,拜陕州刺史。"①

《隋书·卢贲传》的记载对于认识司武之职在北周末年政治中的作用颇有帮助,其辞曰:

> 平齐有功,增邑四百户,转司武上士。时高祖为大司武,贲知高祖为非常人,深自推结。宣帝嗣位,加开府。及高祖初被顾托,群情未一,乃引贲置于左右。高祖将之东第,百官皆不知所去。高祖潜令贲部伍仗卫,因召公卿而谓曰:"欲求富贵者,当相随来。"往往偶语,欲有去就。贲严兵而至,众莫敢动。出崇阳门,至东宫,门者拒不内。贲谕之,不去,瞋目叱之,门者遂却。既而高祖得入。贲恒典宿卫,后承问进说曰:"周历已尽,天人之望,实归明公,愿早应天顺民也。天与不取,反受其咎。"高祖甚然之。及受禅,命贲清宫,因典宿卫。②

又,《金石萃编》所载隋《安喜公李君碑》:"天和四年(569),除□持节、车骑大将军、仪同三司、□□□□司武□□大夫。大象二年(580),□□司武大夫,进位上仪同大将军。"③ 这一记载与史籍所见司武之职的存在时间基本上是一致的,表明在天和四年之后不久就出现了司武之职,司武大夫存在到北周灭亡前夕。

比较而言,司卫、司武为皇宫禁卫武官的可能性更大。史书记载太子属官或东宫官职,一般都会有所交代,或者在上下文中能够看出。《隋书·长孙平传》:"宣帝即位,置东宫官属,以平为小司寇,与小宗伯赵芬分掌六府。"④《卢贲传》:"周武帝时,袭爵燕郡公,邑一千九百户。后历鲁阳太守、太子小宫尹、仪同三司。"⑤《李崇传》:"寻除小司金大夫,治军器监。建德初,迁少侍伯大夫。转少承御大夫,摄太子宫正。"⑥ 而史籍所见司卫、司武之职,却丝毫看不到类似的记载。苏绰在宇文泰授

---

① 《隋书》卷五〇《李礼成传》,第1316页。
② 《隋书》卷三八《卢贲传》,第1141—1142页。
③ 《金石萃编》卷三九《隋二》。
④ 《隋书》卷四六《长孙平传》,第1254页。
⑤ 《隋书》卷三八《卢贲传》,第1141页。
⑥ 《隋书》卷三七《李崇传》,第1122页。

意之下于大统十一年六月所撰并由魏帝在太庙颁布的《大诰》中有云："皇帝若曰：'群公、太宰、太尉、司徒、司空。惟公作朕鼎足，以弼乎朕躬。宰惟天官，克谐六职。尉惟司武，武在止戈。徒惟司众，敬敷五教。空惟司土，利用厚生。惟时三事，若三阶之在天；惟兹四辅，若四时之成岁。天工人其代诸。'"① 可知司武之职就其辞源而论，可能与太尉有关，这也可以作为司武为皇宫禁卫武官的一个旁证。

综合来看，似可这样认为：周武帝于建德元年第一次改置宿卫官员时设立了司卫、司武之职，东宫与皇宫宿卫系统可能均有司卫、司武；于建德四年第二次改置宿卫官员时设置了左、右、前、后侍伯之职，是其最亲近的禁卫武官。侍伯之职是独立还是归属于宫伯之下不太清楚，从其重要亲信宇文孝伯任左、右宫伯及苏慈身份来看，侍伯之职可能属于宫伯，宫伯在当时升格为上大夫的可能性很大。侍伯之职也可能属于新设之司卫。

认为司武大夫可能由武伯所改，或认为周武帝末年已废宫伯、武伯之职，其说并不确切，因为当时左、右宫伯之职仍然存在，其掌宿卫之任自无疑义。《周书·宇文孝伯传》："（宇文）护诛，授开府仪同三司，历司会中大夫，左、右小宫伯，东宫左宫正……寻拜宗师中大夫。及吐谷浑入寇，诏皇太子征之。军中之事，多决于孝伯。俄授京兆尹，入为左宫伯，转右宫伯……（建德）五年，大军东讨，拜内史下大夫，令掌留台事。"② 据同书《武帝纪下》：建德五年（576）"二月辛酉（十二，3.27），遣皇太子赟巡抚西土，仍讨吐谷浑，戎事节度，并宜随机专决"。"八月戊申（初二，9.10），皇太子伐吐谷浑，至伏俟城而还。"十月"己酉（初四，11.10），帝总戎东伐"。③ 则宇文孝伯之为左、右宫伯是在建德五年十月前，表明直到此时仍有宫伯之职。由此可见，周武帝于建德元年、四年两度改置宿卫官员时，并未废宫伯之职。

北周末年仍可见到左、右宫伯之职。《隋书·窦荣定传》："及高祖作相，领左右宫伯，使镇守天台，总统露门内两箱仗卫，常宿禁中。"④ 北周末年仍有左、右宫伯，且其职能已比设立之初有较大扩张，侵蚀了原左、右武伯之职能。这是杨坚专政控制北周政局后的特殊情况，并非正常

---

① 《周书》卷二三《苏绰传》，第392页。
② 《周书》卷四〇《宇文孝伯传》，第717页。
③ 《周书》卷六《武帝纪下》，第94—95页。参见同书卷七《宣帝纪》，第115页。
④ 《隋书》卷三九《窦荣定传》，第1150页。

制度。《隋书·李衍传》："及平齐，以军功进授大将军，改封真乡郡公，拜左宫伯。"①《刑法志》："帝既酗饮过度，尝中饮，有下士杨文祐白宫伯长孙览……"②《北史·库狄峙传附子嵚传》："从武帝东伐……以功授上仪同大将军，迁开府，历右宫伯。"③《周书·李弼传》：子椿，"大象末，开府仪同三司、大将军、右宫伯"④。由此可知，直到北周末年仍然存在左、右宫伯之职，且仍为禁卫长官，十分重要。杨坚控制北周朝政时"领左右宫伯"的窦荣定，"其妻则高祖姊安成长公主也，高祖少小与之情契甚厚，荣定亦知高祖有人君之表，尤相推结"⑤。

武伯之职最迟见于天和六年（571）⑥。《周书·武帝纪上》：天和六年冬十月"乙未（廿一，11.23），遣右武伯谷会琨、御正蔡斌使于齐"⑦。《尉迟运传》："（天和）六年，迁左武伯中大夫。"⑧ 此后再未见到武伯之职。而其后不久周武帝诛杀宇文护，又两次"改置宿卫官员"，并出现了司武、司卫之职。王仲荦认为司武非东宫官，是由武伯改名而来，司卫仍为东宫官，其根据可能即在此。按武伯的前身是左、右卫将军与武卫将军，司武、司卫均当由武伯改革而来，此一改制可能与其历史渊源有关。周武帝改革后的北周禁卫军实际上应属于宫伯、司卫、司武三个系统。《周书·宇文神举传》："宣政元年（578），转司武上大夫。高祖亲戎北伐，令神举与原国公姬愿等率兵五道俱入。"⑨《尉迟运传》："宣政元年，转司武上大夫，总宿卫军事。高祖崩于云阳宫，秘未发丧，运总侍卫兵还京师。"⑩《宇文孝伯传》："其后高祖北讨，至云阳宫，遂寝疾。驿召孝伯赴行在所。帝执其手曰：'吾自量必无济理，以后事付君。'是夜，授司卫上大夫，总宿卫兵马事。又令驰驿入京镇守，以备非常。"⑪ 此时的

---

① 《隋书》卷五四《李衍传》，第1362页。
② 《隋书》卷二五《刑法志》，第710页。
③ 《北史》卷六九《库狄峙传附子嵚传》，第2395页。
④ 《周书》卷一五《李弼传》附传，第243页。
⑤ 《隋书》卷三九《窦荣定传》，第1150页。
⑥ 参见王仲荦《北周六典》卷五《夏官府第十·左右武伯中大夫》，第370—371页。
⑦ 《周书》卷五《武帝纪上》，第79页。
⑧ 《周书》卷四〇《尉迟运传》，第709页。
⑨ 《周书》卷四〇《宇文神举传》，第715页。
⑩ 《周书》卷四〇《尉迟运传》，第710页。
⑪ 《周书》卷四〇《宇文孝伯传》，第718页。

司武上大夫"总宿卫军事",司卫上大夫"总宿卫兵马事",自为朝廷禁卫长官无疑。因此,司武、司卫均为皇宫宿卫官的判断是正确的。

周武帝建德三年(574)"十二月戊子(初二,12.30),大会卫官及军人以上……丙申(初十,575.1.7),改诸军军士并为侍官"①。可知"卫官"和"侍官"是不同的,卫官当为宿卫官,应是固定之职,而侍官则为诸军军士,应属番上侍卫皇宫者。"侍官"由宫伯所统,已见前引《隋书·礼仪志七》所载"后周警卫之制"。唐长孺云:"《周书》卷一一《宇文护传》:'护第屯兵宿卫,盛于宫阙',此时府兵都由中外府指挥,宿卫亦受指挥,可以想见,所以武帝在杀掉宇文护之后,立刻改置宿卫,特别设立掌宿卫的司武、司卫,而以尉迟运等任职,使皇帝得以将宫廷武装掌握在自己手中。以卫统府的制度可能此时即已建立。另外,还有统领府兵的左右武候……其执掌为'昼夜巡察,执捕奸非'。"② 按此说还有一条有力旁证。《周书·宣帝纪》:大象元年(579)二月辛巳(十九,4.1),传位于皇太子衍。"帝于是自称天元皇帝,所居称天台……内史、御正皆置上大夫。皇帝衍(静帝)称正阳宫,置纳言、御正、诸卫等官,皆准天台。"③ 此处明载正阳宫置"诸卫"等官,且"准天台",则天台此前已置诸卫官。这是卫府制度确立的根据,也是北周末年司卫上大夫为皇宫宿卫官的重要证据。但此"诸卫"官是否如隋唐十二卫制度一样,因史料所限无法得知。当时可能尚未确立十二卫府禁卫武官制度,否则史书中必然会或多或少有所反映。

周武帝建德元年(572)三月"丙辰(十四,4.12),诛大冢宰晋国公护……等。大赦,改元。罢中外府"。"六月庚子(廿九,7.25),改置宿卫官员。"④ 按"中外府"即原宇文护之军府(都督中外诸军事府),是其专权的主要机构。正如唐长孺所言,周武帝"改置宿卫官司武、司卫乃是宇文护被杀之后增强皇权的措置……使皇帝得以将宫廷武装掌握在自己手中"⑤。在周武帝杀宇文护前,宇文护一直是北周王朝的主宰者,虽非皇帝却凌驾于皇帝之上,周武帝就曾多年受其摆布而徒有其名。《周

---

① 《周书》卷五《武帝纪上》,第86页。
② 唐长孺:《魏周府兵制度辨疑》,《魏晋南北朝史论丛》,第283—284页。
③ 《周书》卷七《宣帝纪》,第119页。
④ 《周书》卷五《武帝纪上》,第80—81页。
⑤ 唐长孺:《魏周府兵制度辨疑》,《魏晋南北朝史论丛》,第283页。

书·晋荡公护传》：

> 自太祖为丞相，立左、右十二军，总属相府。太祖崩后，皆受护处分，凡所征发，非护书不行。护第屯兵禁卫，盛于宫阙。事无巨细，皆先断后闻。保定元年（561），以护为都督中外诸军事，令五府总于天官。①

按天官即大冢宰，为宇文护所任之职，宇文护以之总统六府，决策国政。他又通过所总二十四军府兵卫士番上宿卫以掌握朝廷禁卫军权，进而控制北周皇帝。这与以前宇文泰控制魏帝如出一辙。周武帝诛杀宇文护后首先罢中外府，即是将原宇文护所掌握的军权收回朝廷，由他自己亲自控制。改置宿卫官员则是从制度上加强皇宫及东宫禁卫军权，从而彻底消除宇文护专权所造成的影响。

周武帝之所以能够取得对宇文护斗争的胜利，得到禁卫长官的拥护支持是一个重要原因。《资治通鉴》陈宣帝太建四年（572）三月，"帝（周武帝）乃密与直（帝弟卫公宇文直）及右宫伯中大夫宇文神举、内史下大夫太原王轨、右侍上士宇文孝伯谋之"②。《周书·晋荡公护传》："初，帝欲图护，王轨、宇文神举、宇文孝伯颇豫其谋。是日，轨等并在外，更无知者。杀护讫，乃召宫伯长孙览等告之，即令收护子……等，于殿中杀之。"③ 王轨为周武帝重要亲信。周武帝即位后，王轨任禁卫武职前侍下士、左侍上士，"颇被识顾"。"累迁内史上士，内史下大夫，加授仪同三司。自此亲遇弥重，遂处腹心之任。时晋公护专政，高祖密欲图之。以轨沉毅有识度，堪属以大事，遂问以可否，轨赞成之。"④ 宇文神举，"世宗初，起家中侍上士"。保定"四年，进骠骑大将军、开府仪同三司，治小宫伯。天和元年，迁右宫伯中大夫……高祖将诛晋公护也，神举得预其谋"⑤。宇文孝伯更是周武帝重要亲信，"其生与高祖同日，太祖甚爱之，养于第内。及长，又与高祖同学"。"高祖即位，欲引置左右。时政在冢臣，不得专制，乃托言少与孝伯同业受经，思相启发。由是晋公

---

① 《周书》卷一一《晋荡公护传》，第168页。
② 《资治通鉴》卷一七一《陈纪五》，第5303页。
③ 《周书》卷一一《晋荡公护传》，第176页。
④ 《周书》卷四〇《王轨传》，第711页。
⑤ 《周书》卷四〇《宇文神举传》，第714—715页。

护弗之猜也,得入为右侍上士,恒侍读书。天和元年,迁小宗师、领右侍仪同……自是恒侍左右,出入卧内,朝之机务,皆得预焉。""高祖深委信之,当时莫与为比。及高祖将诛晋公护,密与卫王直图之。唯孝伯及王轨、宇文神举等颇得参预。"①

　　据前引史料可知,尉迟运于建德元年任右侍伯,若干云在建德五年(576)前任右侍伯大夫②。至迟在建德元年,北周还设立了侍伯之职,此当为周武帝第一次"改置宿卫官员"时所设。若干云由中侍上士迁为仪同三司,而后又任右侍伯大夫。按中侍上士属于宫伯系统,这一情况似乎显示北周后期的侍伯与北周前期的宫伯系统具有继承关系。有右侍伯,自然应有左侍伯。《苏慈墓志》:"(建德)四年,授持节、车骑大将军、仪同三司、大都督,领骨附禁兵。台司之仪,功高东汉;车骑之将,名驰朔漠。其年,改领左侍伯禁兵。"③按"骨附"即骨肉附从亦即亲信之义,当为周武帝元从亲信,是其对抗并消灭宇文护之主要力量。④据此,似左侍伯之职设于建德四年,即周武帝第二次改置宿卫官员之时。但从建德元年已设右侍伯推断,左侍伯亦当设于建德元年。左、右侍伯当为中大夫,尉迟运在任右侍伯之前为军司马、左武伯中大夫,而其后所转之右司卫则为上大夫。

　　《苏慈墓志》:"宣政元年(578),授前侍伯中大夫。其年,授右侍伯中大夫。其年,周宣帝授右少司卫中大夫。大象元年,授司卫上大夫。"⑤这一记载表明,北周末年不仅有左、右侍伯,而且还有前、后侍伯。左、右、前、后侍伯诸职是一同设置,还是先有左、右侍伯,而后再设前、后侍伯,不太明确。不论如何,可以确定诸侍伯均由周武帝所设置,并且为中大夫。侍伯诸职的地位与宫伯、武伯一样,其组织结构亦当相似,因此可以推断北周末年还应有左、右、前、后小侍伯(下大夫)。有关侍伯的记载还有:李崇"建德初,迁少侍伯大夫"⑥。韩僧寿,"周武帝时,为侍

---

① 《周书》卷四〇《宇文孝伯传》,第716—717页。
② 《若干云墓志》:"天和五年(570),迁仪同三司。国家与突厥方敦姻亚(娅),前后四回,奉使出境……公任右侍伯大夫,频衔国命……建德五年……"(《中国北周珍贵文物——北周墓葬发掘报告》,第75页图一五八)
③ 《汉魏南北朝墓志集释》图版四〇九《苏慈墓志》。
④ (唐)苗神客撰《乙速孤神庆碑》:"曾祖贵,齐右卫大将军、仪同三司……周上开府仪同三司、骨附大夫……"(《金石萃编》卷六一《唐二一》)
⑤ 《汉魏南北朝墓志集释》图版四〇九《苏慈墓志》。
⑥ 《隋书》卷三七《李崇传》,第1122页。

伯中旅下大夫"①。史万岁,"武帝时,释褐侍伯上士"②。崔彭,"周武帝时,为侍伯上士"③。侍伯之职从名称上推测应与宫伯相当,而当时并未废宫伯之职。在皇宫既设宫伯又设前、后、左、右侍伯,详情难明。侍伯诸职可能是仿宫伯诸侍而设的宿卫官,用以加强禁卫力量。又有御伯之职,如韦寿在周历任右侍上士、千牛备身、赵王雍州牧主簿、少御伯,"武帝亲征高氏,拜京兆尹,委以后事"④。有少御伯,自然也有御伯,从其名称推测应在皇帝身边侍卫。

周武帝平齐时（577）,可见到熊渠中大夫、欻飞中大夫、前驱中大夫诸职。《隋书·窦荣定传》:"从武帝平齐,加上开府,拜前将军、欻飞中大夫。"⑤《伊娄谦传》:"累迁前驱中大夫。大象中……"⑥《乞伏慧传》:"齐文襄帝时,为行台左丞,加荡寇将军,累迁右卫将军、太仆卿,自永宁县公封宜民郡王。其兄贵和,又以军功为王,一门二王,称为贵显。周武平齐,授使持节、开府仪同大将军,拜欻飞右旅下大夫,转熊渠中大夫。"⑦据此推测,以上诸职似乎仅是周武帝平定北齐之役时的警卫制度,此制当是在原六官武伯警卫制度的基础上,参照晋代大驾卤簿警卫之制而设置的。不过,平齐之后似仍存在类似官职,如郭衍,"宣政元年（578）,为右中军熊渠中大夫"⑧。此类禁卫之职的结构应是:

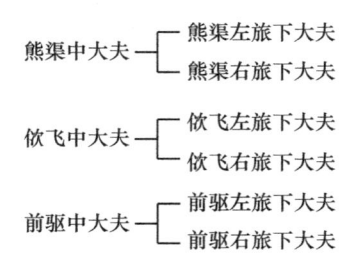

熊渠中大夫 ─┬─ 熊渠左旅下大夫
　　　　　　└─ 熊渠右旅下大夫

欻飞中大夫 ─┬─ 欻飞左旅下大夫
　　　　　　└─ 欻飞右旅下大夫

前驱中大夫 ─┬─ 前驱左旅下大夫
　　　　　　└─ 前驱右旅下大夫

---

① 《隋书》卷五二《韩擒虎传附僧寿传》,第1342页。
② 《隋书》卷五三《史万岁传》,第1353页。
③ 《隋书》卷五四《崔彭传》,第1369页。
④ 《隋书》卷四七《韦世康传附从父弟寿传》,第1271页。
⑤ 《隋书》卷三九《窦荣定传》,第1150页。又,《周书》卷三〇《窦炽传附荣定传》:"历欻飞中大夫、右司卫上大夫。大象（579—580）中,位至大将军。"（第521页）
⑥ 《隋书》卷五四《伊娄谦传》,第1364页。
⑦ 《隋书》卷五五《乞伏慧传》,第1378页。
⑧ 《隋书》卷六一《郭衍传》,第1469页。

按照晋代卤簿仪仗警卫之"熊渠督左，佽飞督右"制度①，周武帝平齐时之卤簿仪仗亦当类此。上引史料有"右中军熊渠中大夫"，亦应有左中军。则左、右中军分别统辖前驱（前）、熊渠（左）、佽飞（右）诸中大夫并以之为朝廷禁卫武职，率领卫士侍卫周武帝大驾。

周末又可见到武侯之职。隋《姚辩墓志铭》："周保定四年（564），起家宗侍下士。天和二年（567）……保定五年，从周武平定晋州……六年，从定相州。以前后功，授大都督……检校武侯兵事。"② 按此处所记"保定五年"有误，应为建德五年（576）。据此记载，可知灭齐之后北周又有"武侯"之职。《续高僧传·释法藏传》："建德二年二月，刷心荡志，挟钵擎函，投于紫盖山。山即终南之一峰也。""其年（建德三年）四月二十三日，毁像焚经，僧令还俗。""至宣帝大象元年九月，下山谒帝，意崇三宝，到城南门，以不许入，进退论理。武侯府上大夫拓王猛、次大夫乙娄谦问：'从何而来，朋侣何在，施主是谁？'……"③ 则宣帝大象元年（579）九月时北周京城有"武侯府"，"乙娄谦"当即伊娄谦。《隋书·伊娄谦传》："高祖受禅，以彦恭（谦字）为左武候将军，俄拜大将军，进爵为公。"④ 唐《乙速孤神庆碑》："祖安，齐前锋都督，周右武候、右六府骠骑将军……"⑤《续高僧传·释卫元嵩传》："隋开皇八年（588），京兆杜祈死。三日而稣，云见阎罗王。问曰：'卿父曾作何官？'曰：'臣父在周为司命上士。'王曰：'若然，错追。可速放去！然卿识周武帝不？'答曰：'曾任左武侯司法，恒在阶陛，甚识。'"⑥《通典·职官十·武官上》"左右金吾卫"条："直至后周，置武环率、武候率下大夫各二人。"⑦ 武候率、武环率之职与汉代之执金吾相类，以负责京城治安

---

① 参见《晋书》卷二五《舆服志》，第759页。
② 《金石萃编》卷四〇《隋三》。
③ （唐）释道宣撰：《续高僧传》卷一九《习禅四》，[日]大正一切经刊行会：《大正新修大藏经·史传部二》，1934年版，第五〇册，第580—581页。
④ 《隋书》卷五四《伊娄谦传》，第1364页。
⑤ 《金石萃编》卷六一《唐二一》。
⑥ 《续高僧传》卷三五《感通中·释卫元嵩传》，《大正新修大藏经·史传部二》，第五〇册，第657页。又，（宋）志磐撰《佛祖统纪》卷三九《法运通塞志六·隋》："京兆杜祈暴亡至冥府，王审其名，曰：'误矣。'问祈识周武帝否。答：'曾任左武候司法，常在殿陛。'"（《大正新修大藏经·史传部一》，第四九册，第360页）
⑦ 《通典》卷二八《职官十·武官上》"左右金吾卫"条，第789页。

为主要职责①。武候率、武环率当仿《周礼》候人、环人之职而设②，与汉代中尉→执金吾职能有相通之处③。如前所述，在京师举行大规模礼仪活动时左、右武伯负责对京城的戒严，因此，武候率、武环率在组织系统上可能隶于武伯或司武。

小　结

通过以上考察，对于西魏北周禁卫武官制度可以得到如下认识：

（1）西魏禁卫武官制度仍然是对北魏末年制度的继承，是其延续，西魏存在着以领军府为核心的禁卫武官制度。西魏领军将军（中领军）"督左右禁旅"，"职典禁旅"，"总宿卫"。领军将军（中领军）为西魏禁卫长官，不过其职主要是保卫当权者宇文泰而非名义上的君主西魏皇帝。时东、西魏之间战争不断，宇文泰统率大军经常出征，领军将军（中领军）亦率禁卫军随其征战，既要随侍护卫宇文泰，还要亲自指挥战斗。与北魏末年制度相同，西魏有左、右卫将军并且同时分别由二人担任。西魏武卫将军"分掌禁旅"，其担任者为宇文泰之"心膂"，处"腹心之任"并可"出入卧内"，极为机要。宇文泰以其同乡宗族姻亲及同僚亲信等出身者担任领军将军（中领军）、左·右卫将军、武卫将军，有力地控制着西魏禁卫军权，保证了对魏帝的监控，也保卫着宇文泰的安全。北魏末孝武帝置阁内都督、大都督，"专总禁旅"，负责孝武帝贴身侍卫。宇文泰霸府有帐内都督、大都督，统率亲信保卫宇文泰，类似于孝武帝的阁内都督、大都督。西魏有朱衣直阁、直阁将军、直寝、直后等直卫之职；有领左右、领千牛备身，其担任者可"出入卧内"；还有殿中将军、积射将军、羽林监、步兵校尉（亦当有五校）等职。

---

① 又可参见《唐六典》卷二五《诸卫》"左右金吾大将军"条本注，第638页；（清）纪昀等撰《历代职官表》卷四六《步军统领》，第889—890页；王仲荦《北周六典》卷五《夏官府第十》，第377—378页。

② 《周礼·夏官·司马》："候人，各掌其方之道治与其禁令，以设候人。若有方治，则帅而致于朝；及归，送之于竟。环人，掌致师，察军慝，环四方之故，巡邦国，搏谍贼，讼敌国，扬军旅，降围邑。"（《周礼注疏》卷三〇，《十三经注疏》，第844页）

③ 《通典》卷二八《职官十·武官上》"左右金吾卫"条："秦有中尉，掌徼循京师。汉武帝太初元年（前104），更名执金吾……直至后周，置武环率、武候率下大夫各二人。"（第788—789页）

（2）西魏一朝领军将军（中领军）、左·右卫将军、武卫将军几乎全都由宇文泰的亲信集团成员担任，他们或为宇文泰的同乡、同僚，或为其同族、姻亲等。宇文泰得以频繁出征，长安根基稳固，他本人亦安全指挥征战，与此关系极大。其中尤以女婿于翼、李基、李辉诸人为武卫将军"总宿卫事""分掌禁旅"最值得注意。西魏领军、左·右卫与武卫将军的担任者主要出自宇文、尉迟、贺兰、独孤、斛斯、若干、豆卢、叱罗及寇、于、陆、王、赵、梁、李、蔡等姓氏，他们是以武川镇为核心的北镇鲜卑成员为主体而构成的，不论其出自何族，到六镇起义前夕都已在武川一带居住多年，基本同化于北镇鲜卑，其后辗转南下，在反魏阵营的复杂变化中逐渐归到了宇文泰部下，成为其心腹。少部分本居泾陇者则在宇文泰占领原州及称雄关陇时投入其阵营，为其效力。于是，在宇文泰周围结成了一个以禁卫武官为枢纽的亲信集团，也是宇文氏关陇集团的核心所在。宇文泰通过任命其亲信成员担任各级禁卫武官来统领禁卫军，控制西魏皇帝，将西魏政权握于己手，自身之安全也得到了保障。

（3）《隋书·礼仪志七》所载"后周警卫之制"比较全面地记述了北周禁卫武官制度，是认识北周禁卫武官制度最重要的资料。记载显示，北周禁卫武官分属宫伯与武伯两个系统：左、右宫伯"掌侍卫之禁，各更直于内"，左、右武伯则比宫伯相对疏远。宫伯与武伯所统皆属皇宫禁卫军。左、右武伯在京师举行大规模礼仪活动时还负责对京城的戒严。以之为据列出的北周禁卫武官警卫示意图，对于北周禁卫武官制度可有一个直观的认识。

（4）北周之宫伯当仿《周礼》"宫伯"及"宫正"之职而设，北周宫伯基本职掌是侍卫禁中，保卫皇帝及后宫之安全，而《周礼》宫正主要负责对王宫的管理，两者差别显而易见。北周小司马为大司马之副，其主要职能为"总统宿卫兵"即"掌禁兵"。左、右武伯及其所辖诸率与小司马同出夏官府，小司马上大夫应为其长官。比附来看，北周小司马相当于西魏领军将军（中领军），左、右武伯相当于左、右卫将军，小武伯相当于武卫将军，军司马则相当于领军府之司马。左、右宫伯为侍卫亲军之长，更加亲近，相当于领左右；宫伯所辖左、右五侍（中侍、侍、前侍、后侍、骑侍）相当于千牛备身等侍从官。北周宫伯之制的一个更为重要的渊源应即宇文泰霸府侍卫制度。西魏时宇文泰本人的安全保卫主要由其帐下（帐内）亲军承担，如其女婿于翼"领太祖帐下左右，禁中宿卫"。

史料所见宇文泰幕府有亲信、帐内、帐下左右、帐内都督等职。亲信、帐内、帐下左右为宇文泰之卫士，由都督统领。

（5）北周末年对禁卫武官制度又进行了一次改造，出现了司武、司卫等禁卫武官。司卫之职出现于建德元年，宣政元年时司卫、司武已明确为上大夫，比周初宫伯、武伯提高了一个等级。建德元年已经设立了侍伯、司卫、司武诸职，司卫分左、右，司武有上大夫之职。司卫、司武之职最初可能仅为东宫宿卫官，后来皇宫宿卫也有此职，司武上大夫"总宿卫军事"，司卫上大夫"总宿卫兵马事"，均当为皇宫宿卫官。建德元年还设置了左、右、前、后侍伯中大夫及小侍伯下大夫，是其最亲近的禁卫武官。侍伯诸职可能属于宫伯，也可能属于新设之司卫。周武帝末年并未废宫伯，当时左、右宫伯仍然存在。司武、司卫均当由武伯改革而来，武伯之前身为左·右卫、武卫将军，司武、司卫之名可能与此渊源有关。北周末年改革后之禁卫军实际上属于宫伯、司卫、司武三个系统。另外，还有统领府兵的左、右武候，掌"昼夜巡察，执捕奸非"。周武帝平齐时又可见到熊渠中大夫、猋飞中大夫、前驱中大夫诸职，此制当是在原武伯警卫制度的基础上参照晋代大驾卤簿警卫之制而设置的。

结　　论

　　在中国古代君主专制政体下，存在着一套发达完备的禁卫武官制度，仅就魏晋南北朝武官制度而论，本书的研究表明：

　　（一）汉魏之际确立的领军将军（中领军）与护军将军（中护军）是延续整个魏晋南北朝一代的禁卫长官。领军将军（中领军）掌内军，负责宫殿及宫城禁卫；护军将军（中护军）掌外军，负责京城保卫。领、护军相表里，协力维护专制君主及王朝政治中心京师的安全，从而有力地保障了魏晋南北朝时期君主专制政体的正常运作。领、护军将军分掌内、外军，为禁卫军长官，内、外军含义在魏晋南北朝有所变化。魏晋南北朝领军所掌内军是指守卫宫城之禁卫军。护军所掌外军是指宫城外京城内之禁卫军，南朝以石头城防务为主，而北魏后期及东魏北齐时期之外军则是京城外畿内之禁卫军，具体来说主要是指设于京师外围的东、西、南、北四中郎将府。北魏末期及东魏四中郎将府转隶领军。除曹魏护军隶领军外，领、护军基本上是各自为政，直接听命于皇帝。北朝后期京畿大都督府的兴起及领军机构的膨胀严重侵蚀了护军权力，护军将军制度走向衰亡。北朝后期领军机构的膨胀，尤其左、右卫将军的进一步发展及领左右将军制度的形成和发展，使领军府本身的职能不断削弱，权力逐渐下降，领军大将军的出现及诸领军将军并存便反映了这一点。

　　（二）领军系禁卫武官制度是魏晋南北朝禁卫武官制度的主体，其组织结构在不同朝代有所变化，在一个朝代之前后期也有一定差别。大体上，曹魏时领军有独立营署并统武卫、五校（屯骑、步兵、越骑、长水、射声）及中垒三营；西晋时领军仍有独立营署并统左、右卫及四军（前、后、左、右军将军）、五校等营；东晋领军不再领营，主要统左、右卫及骁骑、左军等营；南朝领军与护军将军分掌内、外军，领军还负责监局之职，"掌天下兵要"；北魏后期领军统左、右卫及武卫、直阁将军和直卫诸职，北齐时领军府统左、右卫府及领左右府，此外又有骁骑、游击、积射、积弩、强弩等将军。领军将军掌内军，其所辖左、右卫将军及直卫诸职的确立及权力不断上升，表面看是领军制度发展的体现，而实际上却使领军将军的权力受到侵蚀，其机要性逐渐削弱。不过这一变化速度很慢，且表现不太明显。北魏后期出现了领左右和千牛备身等职，东魏北齐时发展为领军府所辖与左、右卫将军府并列的禁卫军府领左右府。左、右卫府与领左右府以及武卫、直阁诸将军对隋代十二卫府禁卫武官制度的形成有着重大影响，隋代禁卫武官制度便直接渊源于这些制度。

（三）魏晋南北朝一代，汉代诸卿及校尉系禁卫武官制度不是一开始便被领、护军及左、右卫系禁卫武官制度所取代，而是逐渐丧失其禁卫职能的。执金吾在曹魏时被废罢，而光禄勋、卫尉二卿在西晋时职能发生了变化，东晋不设其职。南朝重置光禄勋、卫尉二职，且具有一定的禁卫职能，特别是卫尉掌宫门守卫，仍然是重要禁卫长官之一。城门校尉多数时间存在，仍具有守京师城门之职能。五校尉则与领军制度相融合，成为领军将军之下级，在魏晋时期领有营兵，是一支重要的禁卫力量，南北朝时期成为不领营兵的散员禁卫武官。五校尉作为禁卫武官与魏晋南北朝历史相始终。

（四）左、右卫将军始置于魏末晋初，其下辖殿中诸职（将军、校尉、司马、都尉及中郎）及三部司马。西晋以后一直到南北朝末年，左、右卫将军负责宫殿禁卫，为内军主体制度，在禁卫武官制度中最为重要。左、右卫将军之组织结构在两晋南北朝亦有较大变化，以西晋辖三部司马及五部督、北齐辖诸直属官等最有代表性。曹魏武卫将军负责殿内禁卫，两晋南朝不常设，北魏后期至东魏北齐时期固定为左、右卫将军之副职。南朝宋末出现了直阁将军、朱衣直阁，北魏后期加以继承并有所发展，不仅有直阁将军，还有地位较低的直寝、直后、直斋诸职。直阁将军负责宫殿阁内（主要是上阁）侍卫，直卫诸职侍卫君主左右，属于君主最亲近的禁卫武官之列。北齐时直阁将军明确为左、右卫府之属官。南朝制局监等监局之职在殿内侍卫，"领器仗、兵役"，颇为机要，一般归领军将军统辖，特殊政局下则可分领军之权。

（五）南朝继承东晋禁卫武官制度而有所变革，有一些变化看起来细微却又比较关键，除了领军、护军及左、右卫将军外，还恢复了卫尉掌宫门及光禄勋掌宫殿门户的职能，刘宋后期出现了直阁将军与直卫诸职并延至南朝末年，领军将军有了"掌天下兵要"的职能，内、外监及制局监隶于领军而有时又分割其权力。负责石头城防务的将领在南朝有了领石头戍（军）事的固定名称。北魏后期禁卫武官制度与南朝相近而又融入了魏晋制度。东魏北齐禁卫武官制度继承北魏后期制度而又加以系统化，确立了一套以领军府统左、右卫府和领左右府为主体的禁卫武官制度，左、右卫府及领左右府之属官则是对北魏末年以来霸府帐内亲信都督制度变革的产物。北齐领军、左・右卫、领左右、武卫诸将军均出现了大将军。隋朝领军虽开府，但无将军，其职能也变为以负责禁卫军行政事务为主。北齐领军、左・右卫、领左右、武卫府制度为隋朝卫府系禁卫武官制度奠定了基础。

（六）北魏前期和北周禁卫武官制度比较特殊，北魏前期以类似于汉代郎官制度的幢将郎卫制度为主，并杂以内侍禁卫等制度，殿中尚书在太武帝以后曾较长时期成为禁卫长官。拓跋鲜卑部落联盟时代的侍子（质子）与汉代郎官父兄任制度的某些相似性使得拓跋鲜卑君主更多地实行类似汉代郎官制度的禁卫武官制度——幢将郎卫制度。北周则以六官制下的左、右宫伯及其所领诸侍和左、右武伯及其所领诸率为主。北周依照《周礼》六官制建立起一套特殊的政治制度，官制与前朝名称多有不同，禁卫武官制度也是如此，但就其实质来看仍与前代有继承性，宫伯、武伯无疑是在北魏末年领军府所辖左・右卫、领左右及武卫、直阁将军制度基础上确立的。

（七）禁卫武官制度与魏晋南北朝政治有着极为密切的关系。就禁卫武官制度与禁卫军权的关系而言，制度是载体，而权力是核心。制度是表征，是实现权力的方式。一套完备的制度固然必不可少，但由谁来执行这些制度则更为重要。魏晋南北朝君主专制政治的稳固离不开对禁卫军权的有力控制，几乎每一次重大的政局变化都与禁卫军权有关，都有各级禁卫武官参与其中。担任禁卫长官掌握了禁卫军权的大臣往往能够专制朝权、控制政局，乃至发动政变或实施篡位、改朝换代。不能有效掌握禁卫军权的君主也不能算是真正的最高统治者。魏晋南北朝禁卫长官担任者主要有宗室、外戚、亲信、权臣等，充分体现了禁卫军权对君主专制政治的重要性。通过对禁卫军权与政治关系、禁卫长官及其担任者身份的考察，使我们对魏晋南北朝禁卫武官制度及其重要性有了更为深入的了解。对《礼仪志》的考察，使我们了解到基层禁卫武官以及禁卫武官在朝或随大驾出巡时职责分工等更为隐秘的职能，大大丰富了对魏晋南北朝禁卫武官制度复杂性的全面认识。

（八）禁卫军权是中央集权体制下专制君权的核心环节，是专制君权的主要实现形式之一。禁卫武官制度所体现的是禁卫军权，对禁卫武官制度的研究不仅在于对制度本身的了解，而且还在于它有助于从更深层次上认识中国君主专制制度及其运作机制。在古代中国的帝制时代，皇帝通过任命各级禁卫军将领（禁卫武官）以行使禁卫军权；禁卫武官统率禁卫军，或宿卫皇帝左右，或守卫宫殿，或维护京师安全，从而达到巩固专制统治的目的。由于禁卫军权的机要性，使它在君主专制政治中占有突出地位，能否有效控制禁卫军权及以何种方式进行控制，是衡量专制君权强弱兴衰的一个重要标准，对于认识某一时期的政治特质有着不可替代的作用。在正常情况下，皇帝有效控制禁卫君权，实施君主专制统治，禁卫武官为皇帝效力，受制于专制君主；而在非常朝政下，以最高禁卫长官及机要禁卫武官为代表的禁卫军将领往往游离于君权之外，并有可能成为反君权的重要力量。因此，对魏晋南北朝禁卫武官制度的研究，不仅对认识魏晋南北朝政治军事史至关重要，具有重大价值，而且也对全面准确理解整个中国古代政治军事史具有很大的启发意义。

参考文献

（一）史籍文献

（周）尉缭撰：《尉缭子》，《景印文渊阁四库全书》"子部三二·兵家类"，台湾商务印书馆1986年版。

（春秋）管仲撰，（清）戴望注：《管子》，《诸子集成》本，上海书店出版社1986年版。

（战国）韩非著，陈奇猷校注：《韩非子新校注》，上海古籍出版社2000年版。

（战国）吕不韦著，陈奇猷校释：《吕氏春秋新校释》，上海古籍出版社2002年版。

（汉）郑玄笺，（唐）孔颖达疏：《毛诗注疏》，（清）阮元校刻《十三经注疏》，中华书局1980年版。

（汉）郑玄注，（唐）贾公彦疏：《周礼注疏》，（清）阮元校刻《十三经注疏》，中华书局1980年版。

（汉）郑玄注，（唐）孔颖达疏：《礼记注疏》，（清）阮元校刻《十三经注疏》，中华书局1980年版。

（汉）司马迁撰，（南朝宋）裴骃集解，（唐）司马贞索隐，（唐）张守节正义：《史记》，中华书局1959年版。

（汉）班固撰，（唐）颜师古注：《汉书》，中华书局1962年版。

（汉）荀悦撰：《汉纪》，《四部丛刊·史部》，上海涵芬楼影印本（1934年）。

（汉）贾谊撰，阎振益、钟夏校注：《新书校注》，中华书局2000年版。

（汉）许慎撰，（清）段玉裁注：《说文解字注》，上海古籍出版社1981年版。

（汉）王充撰，黄晖校释：《论衡校释》，中华书局1990年版。

（汉）王符撰，（清）汪继培笺，彭铎校正：《潜夫论笺》，中华书局1979年版。

（汉）蔡邕撰：《独断》，《景印文渊阁四库全书》"子部一五六·杂家类"，台湾商务印书馆1986年版。

（晋）杜预注，（唐）孔颖达疏：《春秋左传注疏》，（清）阮元校刻《十三经注疏》，中华书局1980年版。

（晋）陈寿撰，（南朝宋）裴松之注：《三国志》，中华书局1959年版。

（晋）常璩撰，刘琳校注：《华阳国志校注》，巴蜀书社1984年版。

（南朝宋）范晔撰，（唐）李贤等注：《后汉书》/附（晋）司马彪撰，（南朝梁）刘昭注补：《续汉书·志》，中华书局1965年版。

（南朝宋）刘义庆著，（南朝梁）刘孝标注，余嘉锡笺疏，周祖谟等整理：《世说新语笺疏》，中华书局1983年版。

（南朝梁）沈约撰：《宋书》，中华书局1974年版。

（南朝梁）萧子显撰：《南齐书》，中华书局1972年版。

（南朝梁）萧统编，（唐）李善注：《文选》，上海古籍出版社1986年版。

（南朝梁）萧绎撰：《金楼子》，清光绪湖北崇文书局本。

（后魏）郦道元撰，杨守敬、熊会贞疏，段熙仲点校，陈桥驿复校：《水经注疏》，江苏古籍出版社1989年版。

（北魏）杨衒之撰，周祖谟校释：《洛阳伽蓝记校释》，中华书局1987年版。

（北齐）魏收撰：《魏书》，中华书局1974年版。

（北齐）颜之推撰，王利器集解：《颜氏家训集解》，上海古籍出版社1980年版。

（隋）虞世南撰：《北堂书钞》，孙忠愍侯祠堂校影宋原本，南海孔氏三十有三万卷堂校注重刊，（清）光绪十四年（1888）。

（唐）虞世南撰，（明）陈禹谟补注：《北堂书钞》，《景印文渊阁四库全书》"子部一九五·类书类"，台湾商务印书馆1986年版。

（唐）房玄龄等撰：《晋书》，中华书局1974年版。

（唐）姚思廉撰：《梁书》，中华书局1973年版。

（唐）姚思廉撰：《陈书》，中华书局1972年版。

（唐）李百药撰：《北齐书》，中华书局1972年版。

（唐）令狐德棻等撰：《周书》，中华书局1971年版。

（唐）魏徵等撰：《隋书》，中华书局 1973 年版。

（唐）李延寿撰：《南史》，中华书局 1975 年版。

（唐）李延寿撰：《北史》，中华书局 1974 年版。

（唐）长孙无忌等撰，刘俊文点校：《唐律疏议》，中华书局 1983 年版。

（唐）李林甫等撰，陈仲夫点校：《唐六典》，中华书局 1992 年版。

（唐）杜佑撰，王文锦等点校：《通典》，中华书局 1988 年版。

（唐）许嵩撰，张忱石点校：《建康实录》，中华书局 1986 年版。

（唐）许嵩撰：《建康实录》，《景印文渊阁四库全书》"史部一二八·别史类"，台湾商务印书馆 1986 年版。

（唐）李吉甫撰，贺次君点校：《元和郡县图志》，中华书局 1983 年版。

（唐）欧阳询撰，汪绍楹校：《艺文类聚》，上海古籍出版社 1982 年版。

（唐）徐坚等撰：《初学记》，中华书局 1962 年版。

（唐）许敬宗编，罗国威整理：《日藏弘仁本文馆词林校证》，中华书局 2001 年版。

（唐）释道宣撰：《弘明集·广弘明集》，上海古籍出版社 1991 年版。

（唐）释道宣撰：《续高僧传》，［日］大正一切经刊行会《大正新修大藏经·史传部二》，1934 年版。

（唐）释法琳撰：《辩正论》，［日］大正一切经刊行会《大正新修大藏经·史传部四》，1934 年版。

（后晋）刘昫等撰：《旧唐书》，中华书局 1975 年版。

（宋）欧阳修、宋祁撰：《新唐书》，中华书局 1975 年版。

（宋）司马光编著，（元）胡三省音注，"标点资治通鉴小组"校点：《资治通鉴》，中华书局 1956 年版。

（宋）乐史撰，王文楚等点校：《太平寰宇记》，中华书局 2007 年版。

（宋）李昉等撰：《太平御览》，中华书局 1960 年版。

（宋）王钦若等撰：《册府元龟》，中华书局 1960 年版。

（宋）宋敏求撰：《长安志》，思贤讲舍校刊本。

（宋）程大昌撰，黄永年点校：《雍录》，中华书局 2002 年版。

（宋）王应麟撰：《玉海》，《景印文渊阁四库全书》"子部二五二·类书类"，台湾商务印书馆 1986 年版。

（宋）孙逢吉撰：《职官分纪》，《景印文渊阁四库全书》"子部二二九·类书类"，台湾商务印书馆 1986 年版。

参考文献 / 839

（宋）钱文子撰，陈元粹注：《补汉兵志》，《二十五史补编》，第一册，中华书局1998年版。

（宋）陈傅良：《历代兵制》，《景印文渊阁四库全书》"史部四二一·政书类"，台湾商务印书馆1986年版。

（宋）徐天麟撰：《西汉会要》，上海古籍出版社1977年版。

（宋）张敦颐撰，张忱石点校：《六朝事迹编类》，上海古籍出版社1995年版。

（宋）周应合撰：《景定建康志》，（清）嘉庆七年仿宋本重刊，《中国方志丛书》第416号，台湾成文出版社1983年版。

（宋）志磐撰：《佛祖统纪》，[日]大正一切经刊行会《大正新修大藏经·史传部一》，1934年版。

（元）马端临撰：《文献通考》，中华书局1986年版。

（元）脱脱等撰：《辽史》，中华书局1974年版。

（元）脱脱等撰：《金史》，中华书局1975年版。

（元）陶宗仪撰：《说郛》，《景印文渊阁四库全书》"子部一八五·杂家类"，台湾商务印书馆1986年版。

（明）屠乔孙、项琳之辑撰：《十六国春秋》，《景印文渊阁四库全书》"史部二二一·载记类"，台湾商务印书馆1986年版。

（明）方以智撰：《通雅》，《景印文渊阁四库全书》"子部一六三·杂家类"，台湾商务印书馆1986年版。

（清）顾炎武撰：《历代宅京记》，中华书局1984年版。

（清）顾祖禹撰：《读史方舆纪要》，上海书店出版社1998年版。

（清）纪昀等撰：《历代职官表》，上海古籍出版社1989年版。

（清）万斯同撰：《东晋将相大臣年表》，《二十五史补编》第三册，中华书局1955年版。

（清）永瑢等撰：《四库全书总目》，中华书局1965年版。

（清）钱大昕撰：《廿二史考异》，《丛书集成初编》本，商务印书馆1937年版。

（清）赵翼撰，王树民校证：《廿二史札记校证》，中华书局1984年版。

（清）王鸣盛撰：《十七史商榷》，中国书店1987年版。

（清）王念孙撰：《读书杂志》，江苏古籍出版社1985年版。

（清）王先谦撰：《汉书补注》，中华书局1983年版。

（清）王先谦撰：《后汉书集解》，中华书局1984年版。

（清）徐松辑，高敏点校：《河南志》，中华书局1994年版。

（清）孙星衍等辑：《汉官六种》，中华书局1990年版。

（清）洪饴孙撰：《三国职官表》，刘祜仁点校《后汉书三国志补表三十种》，中华书局1984年版。

（清）汤球辑，杨朝明校补：《九家旧晋书辑本》，中州古籍出版社1991年版。

（清）俞正燮撰，涂小马等校点：《癸巳类稿》，辽宁教育出版社2001年版。

（清）陈士珂撰：《孔子家语疏证》，《丛书集成初编》本，商务印书馆1937年版。

蒋礼鸿撰：《商君书锥指》，中华书局1986年版。

《中国军事史》编写组：《武经七书注译》，解放军出版社1986年版。

张烈点校：《两汉纪》，中华书局2002年版。

《诸葛亮集》，中华书局1960年版。

张鹏一：《晋令辑存》，三秦出版社1989年版。

冯惠民：《通鉴严补辑要》，齐鲁书社1983年版。

程树德：《九朝律考》，中华书局1963年版。

朱祖延：《北魏佚书考》，中州古籍出版社1985年版。

余大钧译注：《蒙古秘史》，河北人民出版社2001年版。

［日］魏書研究会（代表西嶋定生）编：《魏書语彙索引》，汲古书院1999年版。

（二）碑志文献

（宋）洪适撰：《隶释·隶续》，中华书局1985年版。

（宋）赵明诚撰，金文明校证：《金石录校证》，广西师范大学出版社2005年版。

（清）王昶撰：《金石萃编》，中国书店1985年版。

（清）陆增祥撰：《八琼室金石补正》，文物出版社1985年版。

（清）陆耀遹撰：《金石续编》，同治十三年双白燕堂刻本，收入国家图书馆善本金石组编：《历代石刻史料汇编》，第一编第二册，北京图书馆出版社2000年版。

（清）端方撰：《匋斋臧石记》，宣统元年石印本，收入国家图书馆善本金石组编：《历代石刻史料汇编》，第一编第二册，北京图书馆出版社2000年版。

（清）汪士铎等撰：同治《续撰江宁府志》，光绪六年刻本，收入国家图书馆善本金石组编：《历代石刻史料汇编》第一编第一册，北京图书馆出版社2000年版。

刘承干撰：《希古楼金石粹编》，吴兴刘氏希古楼刻本，收入国家图书馆善本金石组编：《历代石刻史料汇编》第一编第一册，北京图书馆出版社2000年版。

赵万里集释：《汉魏南北朝墓志集释》，科学出版社1956年版。

国家文物局文献研究室等编：《吐鲁番出土文书》，文物出版社1981年版。

罗福颐主编：《秦汉南北朝官印征存》，文物出版社1987年版。

赵超：《汉魏南北朝墓志汇编》，天津古籍出版社1992年版。

侯鸿钧：《洛阳西车站发现北魏墓一座》，《文物参考资料》1957年第2期。

张季：《河北景县封氏墓群调查记》，《考古通讯》1957年第3期。

洛阳博物馆：《洛阳北魏元邵墓》，《考古》1973年第4期。

新乡市博物馆：《北齐窦、娄、石、刘四墓志中几个问题的探讨》，《文物》1973年第6期。

河北省博物馆等：《河北平山北齐崔昂墓调查报告》，《文物》1973年第11期。

王克林：《北齐库狄迴洛墓》，《考古学报》1979年第3期。

新疆吐鲁番地区文管所：《吐鲁番出土十六国时期的文书——吐鲁番阿斯塔那382号墓清理简报》，《文物》1983年第1期。

山西省考古研究所、太原市文物管理委员会：《太原市北齐娄叡墓发掘简报》，《文物》1983年第10期。

山东省文物考古研究所：《临淄北朝崔氏墓》，《考古学报》1984年第2期。

磁县文化馆：《河北磁县东陈村北齐尧峻墓》，《文物》1984年第4期。

杜葆仁、夏振英：《华阴潼关出土的北魏杨氏墓志考证》，《考古与文物》1984年第5期。

崔汉林、夏振英：《陕西华阴北魏杨舒墓发掘简报》，《文博》1985年第

2 期。

马长寿：《碑铭所见前秦至隋初的关中部族》，中华书局1985年版。

灵丘县文管所：《山西灵丘县发现北魏"南巡御射碑"》，《考古》1987年第3期。

杨森：《敦煌研究院藏卷〈北魏禁军军官籍簿〉考述》，《敦煌研究》1987年第2期。

周铮：《北魏薛凤规造像碑考》，《文物》1990年第8期。

李学文：《山西襄汾出土东魏天平二年裴良墓志》，《文物》1990年第12期。

高敏：《跋〈北齐娄睿墓志〉》，《史学月刊》1991年第1期。

李荣村：《北魏杨大眼将军造像题记之书成年代》，《"中央研究院"历史语言研究所集刊》第61本第3分（1993年）。

负安志：《中国北周珍贵文物——北周墓葬发掘报告》，陕西人民美术出版社1993年版。

靳生禾、谢鸿喜：《北魏〈皇帝南巡之颂〉碑考察报告》，《山西大学学报》1994年第2期。

《北魏〈皇帝南巡之颂〉碑考察清理报告》，《文物季刊》1995年第3期。

洛阳市文物工作队：《洛阳孟津北陈村北魏壁画墓》，《文物》1995年第8期。

山西省考古研究所、灵丘县文物局：《山西灵丘北魏文成帝〈南巡碑〉》，《文物》1997年第12期。

贺华：《〈李和墓志铭〉考补》，《文博》1998年第4期。

周伟洲等：《新出土的四方北朝韦氏墓志考释》，《文博》2000年第2期。

罗新：《跋北齐〈可朱浑孝裕墓志〉》，《北大史学》第8辑，北京大学出版社2001年版。

太原市文物考古研究所：《太原北齐狄湛墓》，《文物》2003年第3期。

太原市文物考古研究所：《太原北齐贺拔昌墓》，《文物》2003年第3期。

山西省考古研究所、太原市文物考古研究所：《太原北齐徐显秀墓发掘简报》，《文物》2003年第10期。

张灵威：《北魏元固墓志考释》，洛阳市文物局编《耕耘论丛（二）》，科学出版社2003年版。

(三) 研究论著

1. 著作论集

安作璋、熊铁基：《秦汉官制史稿》，齐鲁书社1984年版。
岑仲勉：《府兵制度研究》，上海人民出版社1957年版。
陈连庆：《中国古代少数民族姓氏研究——秦汉魏晋南北朝少数民族姓氏研究》，吉林文史出版社1993年版。
陈寅恪：《隋唐制度渊源略论稿》，中华书局1963年版。
陈直：《汉书新证》，天津人民出版社1979年版。
陈直校证：《三辅黄图校证》，陕西人民出版社1980年版。
杜正胜：《编户齐民——传统政治社会结构之形成》，联经出版事业公司1990年版。
高敏：《魏晋南北朝兵制研究》，大象出版社1998年版。
谷霁光：《府兵制度考释》，上海人民出版社1962年版。
郭锡良：《汉字古音手册》，北京大学出版社1986年版。
黄烈：《中国古代民族史研究》，人民出版社1987年版。
雷海宗：《中国的兵》，《伯伦史学集》，中华书局2002年版。
黎虎：《汉唐外交制度史》，兰州大学出版社1998年版。
刘淑芬：《六朝的城市与社会》，台湾学生书局1992年版。
刘昭祥主编：《中国军事制度史·军事组织体制编制卷》（陈高华、钱海皓总主编），大象出版社1997年版。
吕思勉：《两晋南北朝史》，上海古籍出版社1983年版。
钱穆：《两汉经学今古文平议》，商务印书馆2001年版。
沈家本撰，邓经元、骈宇骞点校：《历代刑法考》，中华书局1985年版。
谭其骧主编：《中国历史地图集》，地图出版社1982年版。
唐长孺：《唐书兵志笺正》，中华书局1962年版。
唐长孺：《魏晋南北朝隋唐史三论》，武汉大学出版社1993年版。
汤用彤：《汉魏两晋南北朝佛教史》，中华书局1983年版。
田余庆：《东晋门阀政治》，北京大学出版社2000年版。
万绳楠整理：《陈寅恪魏晋南北朝史讲演录》，黄山书社1987年版。
王曾瑜：《金朝军制》，河北大学出版社1996年版。
王仲荦：《北周六典》，中华书局1979年版。

王仲荦：《魏晋南北朝史》，上海人民出版社1979－1980年版。

王仲殊：《汉代考古学概说》，中华书局1984年版。

吴金华：《三国志校诂》，江苏古籍出版社1990年版。

许倬云：《西周史》（增补本），生活·读书·新知三联书店2001年版。

阎步克：《察举制度变迁史稿》，辽宁大学出版社1997年版。

阎步克：《士大夫政治演生史稿》，北京大学出版社1996年版。

阎步克：《品位与职位——秦汉魏晋南北朝官阶制度研究》，中华书局2002年版。

严耕望：《中国地方行政制度史》，"中央研究院"历史语言研究所专刊之四十五，1963年版。

严耀中：《北魏前期政治制度》，吉林教育出版社1990年版。

杨泓：《中国古兵器论丛》，文物出版社1980年版。

杨鸿年：《汉魏制度丛考》，武汉大学出版社1985年版。

杨宽：《中国古代都城制度史研究》，上海古籍出版社1993年版。

姚薇元：《北朝胡姓考》，科学出版社1958年版。

郑钦仁：《北魏官僚机构研究·中散篇》，台湾牧童出版社1976年版。

周伟洲：《汉赵国史》，山西人民出版社1986年版。

周伟洲：《南凉与西秦》，陕西人民出版社1987年版。

周一良：《魏晋南北朝史札记》，中华书局1985年版。

祝总斌：《两汉魏晋南北朝宰相制度研究》，中国社会科学出版社1998年版。

张金龙：《北魏政治史研究》，甘肃教育出版社1996年版。

2. 论文

陈连庆：《汉代兵制述略》，《史学集刊》1983年第2期。

陈苏镇：《西省考》，《周一良先生八十生日纪念论文集》，中国社会科学出版社1993年版。

陈寅恪：《书世说新语文学类钟会撰四本论始毕条后》《魏书司马叡传江东民族条释证及推论》，《金明馆丛稿初编》，上海古籍出版社1980年版。

陈勇：《刘宋时期的皇权与禁卫军》，《北京大学学报》1988年第3期。

杜正胜：《说古代的关》，《食货月刊》第十三卷第一、二期（1983年）。

方诗铭：《从士兵来源看曹操军事力量的发展及其衰落》，《中国史研究》

1993 年第 1 期。

高敏：《三国兵制杂考》，《魏晋南北朝兵制研究》，大象出版社 1998 年版。

高敏、张旭华：《南朝典签制度考略》，《文史》2000 年第 4 期、2001 年第 1 期。

韩树峰：《河东柳氏在南朝的独特发展历程》，《中国史研究》2000 年第 1 期。

贺昌群：《汉初之南北军》，《贺昌群史学论著选》，中国社会科学出版社 1985 年版。

何兹全：《魏晋的中军》《府兵制前的北朝兵制》，《读史集》，上海人民出版社 1982 年版。

何兹全：《十六国时期的兵制》《孙吴的兵制》，《历史学的突破、创新和普及》，北京师范大学出版社 1993 年版。

胡谦盈：《汉昆明池及其有关遗存踏察记》，《考古与文物》1980 年创刊号。

胡守为：《暨艳案试析》，《学术研究》1986 年第 6 期。

黄惠贤：《魏晋兵制札记四则》，《中国古代史论丛》第三辑，福建人民出版社 1982 年版。

黄惠贤：《曹魏中军溯源》，《魏晋南北朝隋唐史资料》第 14 辑，武汉大学出版社 1996 年版。

黄惠贤、聂早英：《〈魏书·官氏志〉载太和三令初探》，《魏晋南北朝隋唐史资料》第 11 辑《唐长孺教授八十大寿纪念专辑》，武汉大学出版社 1991 年版。

黄今言：《汉代期门羽林考释》，《历史研究》1996 年第 2 期。

黄永年：《论北齐的政治斗争》，《文史探微：黄永年自选集》，中华书局 2000 年版。

康乐：《代人集团的形成与发展——拓跋魏的国家基础》，《"中央研究院"历史语言研究所集刊》第 61 本第 3 分（1992 年）。

康乐：《代人与镇人》，《"中央研究院"历史语言研究所集刊》第 61 本第 4 分（1992 年）。

劳榦：《北魏洛阳城图的复原》，《中央研究院历史语言研究所集刊》第 20 本上（1948 年）。

劳榦：《汉代的西域都护与戊己校尉》，《"中央研究院"历史语言研究所集刊》第 28 本上（1957 年）。

劳榦：《论汉代的卫尉与中尉兼论南北军制度》，《"中央研究院"历史语言研究所集刊》第 29 本下（1958 年）。

雷家骥：《汉赵国策及其一国两制下的单于体制》，《"国立"中正大学学报·人文分册》第 3 卷第 1 期（1992 年）。

雷家骥：《汉赵时期氐羌的东迁与返还建国》，《"国立"中正大学学报·人文分册》第 7 卷第 1 期（1996 年）。

雷家骥：《前后秦的文化、国体、政策与其兴亡的关系》，《"国立"中正大学学报·人文分册》。

黎虎：《北魏前期的狩猎经济》，《魏晋南北朝史论》，学苑出版社 1999 年版。

李均明：《汉简所反映的关津制度》，《历史研究》2002 年第 3 期。

廖伯源：《试论汉初功臣列侯及昭宣以后诸将军之政治地位——兼论西汉丞相权力之基础及其衰落》，《徐复观先生纪念论文集》，学生书局 1986 年版。

廖伯源：《西汉皇宫宿卫警备杂考》，《东吴大学文史学报》第 5 期（1986 年）。

廖伯源：《东汉将军制度之演变》，《"中央研究院"历史语言研究所集刊》第 60 本第 1 分（1989 年）。

廖伯源：《从汉代郎将职掌之发展论官制演变的一些特征》，《"中央研究院"历史语言研究所集刊》第 65 本第 4 分（1994 年）。

刘安志：《唐五代押牙（衙）考略》，《魏晋南北朝隋唐史资料》第 16 辑，武汉大学出版社 1998 年版。

刘驰：《八王之乱中的寒门人士》，《六朝士族探析》，中国广播电视大学出版社 2000 年版。

刘增贵：《汉隋之间的车驾制度》，《"中央研究院"历史语言研究所集刊》第 63 本第 2 分（1993 年）。

马雍：《略谈有关高昌史的几件新出土文书》，《西域史地文物丛考》，文物出版社 1990 年版。

毛汉光：《五朝军权转移及其对政局之影响》《北魏东魏北齐之核心集团与核心区》《西魏府兵史论》，《中国中古政治史论》，上海世纪出版集团·上海书店出版社 2002 年版。

缪钺：《东魏北齐政治上汉人与鲜卑之冲突》，《读史存稿》，生活·读书·新知三联书店 1963 年版。

聂鸿音：《鲜卑语言解读述论》，《民族研究》2001 年第 1 期。

庞骏：《东晋士族与兵权——侧重于侨四姓士族掌兵权之研究》，《中国史研究》2001 年第 2 期。

史卫民：《元代侍卫亲军组织的职能》，《中国史研究》1987 年第 3 期。

苏诚鉴：《西汉南北军的由来及其演变》，《安徽师大学报》1980 年第 3 期。

孙毓棠：《西汉的兵制》《东汉兵制的演变》，《孙毓棠学术论文集》，中华书局 1995 年版。

唐长孺：《晋代北境各族"变乱"的性质及五胡政权在中国的统治》《魏周府兵制度辨疑》，《魏晋南北朝史论丛》，生活·读书·新知三联书店 1955 年版。

唐长孺：《南朝寒人的兴起》，《魏晋南北朝史论丛续编》，生活·读书·新知三联书店 1959 年版。

唐长孺：《〈魏书·杨播传〉"自云弘农华阴人"辨》，《魏晋南北朝隋唐史资料》第五辑，武汉大学出版社 1983 年版。

唐长孺：《北魏末期的山胡敕勒起义》《吐鲁番文书中所见高昌郡军事制度》《吐鲁番文书中所见高昌郡县行政制度》，《山居存稿》，中华书局 1989 年版。

田余庆：《汉魏之际的青徐豪霸》《李严兴废与诸葛用人》《暨艳案及相关问题——兼论孙吴政权的江东化》，《秦汉魏晋史探微》，中华书局 1993 年版。

王克奇：《论秦汉郎官制度》，《秦汉官制史稿》上册附录，齐鲁社 1984 年版。

王素：《麹氏高昌中央行政体制考论》，《文物》1989 年第 11 期。

王素：《麹氏王国军事制度新探》，《文物》2000 年第 2 期。

吴慧莲：《六朝时期吏部人事权的消长》，《台湾大学历史学系学报》第 17 期（1992 年）。

吴树平：《关于范晔谋反问题的探讨》，《秦汉文献研究》，齐鲁书社 1988 年版。

吴震：《吐鲁番文书中的若干年号及相关问题》，《文物》1983年第1期。

作铭（夏鼐）：《〈永乐大典〉卷9561引〈元河南志〉的古代洛阳图十四幅·魏都城图》，《考古学报》1959年第2期。

萧启庆：《元代的宿卫制度》，《元代史新探》，新文丰出版公司1983年版。

徐卫民：《西汉上林苑宫殿台观考》，《文博》1991年第4期。

徐中舒：《弋射与弩之溯原及关于此类名物之考释》，《徐中舒历史论文选辑》，中华书局1998年版。

薛军力：《州的地方化与曹魏时期中央地方关系》，《中国史研究》1992年第3期。

阎步克：《仕途视角中的南朝西省》，《中国学术》第1辑，商务印书馆2000年版。

阎步克：《品位与职位——传统官僚等级制研究的一个新视角》，《史学月刊》2001年第1期。

阎步克：《品位—职位视角中的传统官阶制五期演化》，《历史研究》2001年第2期。

阎步克：《北朝对南朝的制度反馈——以北魏、萧梁官品改革为线索》《西魏北周军号散官双授制度述论》，《乐师与史官——传统政治文化与政治制度论集》，生活·读书·新知三联书店2001年版。

阎步克：《北齐官品的年代问题》，《历史研究》2001年第3期。

严耕望：《北魏尚书制度考》，《中央研究院历史语言研究所集刊》第18本（1948年）。

严耕望：《秦汉郎吏制度考》，《严耕望史学论文选集》，联经出版事业公司1991年版。

严耀中：《北魏"三都大官"考》，《中华文史论丛》1983年第1辑。

严耀中：《北齐政治与尚书并省》，《上海师范大学学报》1990年第4期。

杨光辉：《西晋分封与八王之乱》，《中国史研究》1989年第4期。

杨鸿年：《汉魏郎官》，《中国古代史论丛》第七辑《秦汉三国史专号》，福建人民出版社1983年版。

杨耀坤：《东魏北齐兵制概论》，《魏晋南北朝史论文集》，齐鲁书社1991年版。

姚薇元：《宋书索虏传南齐书魏虏传北人姓名考订》，《清华学报》第8卷

2 期（1933 年）。

叶其峰：《魏晋十六国时期的护军、中护军及护军印》，《文物》1990 年第 1 期。

余太山：《两汉西域都护考》，《两汉魏晋南北朝与西域关系史研究》，中国社会科学出版社 1995 年版。

袁刚：《南朝制局监考论》，《江海学刊》1989 年第 6 期。

张金龙：《关于"八王之乱"爆发原因若干问题考辨》，《兰州大学学报》1987 年第 4 期。

张金龙：《北魏"中散"诸职考》，《中国史研究》1993 年第 2 期。

张金龙：《领军将军与北魏政治》，《中国史研究》1995 年第 1 期。

张金龙：《北魏御史台政治职能考论》，《中国史研究》1997 年第 4 期。

张金龙：《北朝中央护军制度考索》，《史学月刊》1999 年第 4 期。

张金龙：《晋代禁卫武官制度考论》，《中国史研究》1999 年第 4 期。

张金龙：《南朝直阁将军制度考》，《中国史研究》2002 年第 2 期。

张金龙：《"五职"源流考》，《北魏政治与制度论稿》，甘肃教育出版社 2003 年版。

张烈：《关于〈尉缭子〉的著录和成书》，《文史》第 8 辑，中华书局 1980 年版。

张庆捷：《北魏文成帝〈南巡碑〉碑文考证》，《考古》1998 年第 4 期。

张庆捷、郭春梅：《北魏文成帝〈南巡碑〉所见拓跋职官初探》，《中国史研究》1999 年第 2 期。

张庆捷、郭春梅：《北魏文成帝〈南巡碑〉所录部分汉族职官研究》，北朝史国际学术研讨会暨中国魏晋南北朝史学会第七届年会论文，2001 年（山西大同）。

张维华：《西域都护通考》，《汉史论集》，齐鲁书社 1980 年版。

张文强：《南朝军制述略》，《许昌师专学报》1998 年第 1 期。

郑良树：《近代学者〈尉缭子〉争论述评》，《诸子著作年代考》，北京图书馆出版社 2001 年版。

邹本涛：《西汉南北军考辨》，《中国史研究》1988 年第 1 期。

周双林：《北周赵贵、独孤信事件考论》，《文史》第 40 辑，中华书局 1995 年版。

周一良：《领民酋长与六州都督》《论宇文周之种族》，《魏晋南北朝史论集》，北京大学出版社 1997 年版。

周一良：《论梁武帝及其时代》，《魏晋南北朝史论集续编》，北京大学出版社 1997 年版。

祝总斌：《"八王之乱"爆发原因试探》，《北京大学学报》1980 年第 6 期。

祝总斌：《魏晋南北朝官制述略》，《自修大学》1984 年第 8 期。

祝总斌：《晋恭帝之死和刘裕的顾命大臣》，《北京大学学报》1986 年第 2 期。

祝总斌：《都督中外诸军事及其性质、作用》，《纪念陈寅恪先生诞辰百年学术论文集》，北京大学出版社 1989 年版。

祝总斌：《门阀制度》，白寿彝总主编《中国通史》第五卷上，上海人民出版社 1995 年版。

庄春波：《秦汉武库制度》，《史学月刊》1991 年第 6 期。

3. 外文（含译著）

［日］大庭脩：《秦汉法制史研究》，林剑鸣等译，上海人民出版社 1991 年版。

［日］濱口重國：《西魏时期的二十四军与仪同府》，夏日新译，刘俊文主编《日本学者研究中国史论著选译》第四卷《六朝隋唐》，中华书局 1992 年版。

［日］窪添慶文：《北魏前期の尚書省について》，宋金文译，刘俊文主编《日本中青年学者论中国史·六朝隋唐卷》，上海古籍出版社 1995 年版。

［日］谷川道雄：《两魏齐周时代的霸府与王都》，张金龙译，《北朝研究》1996 年第 4 期。

［日］盐泽裕仁：《六朝建康的城市防卫体系试探》，《东南文化》2001 年第 1 期。

［日］松下宪一：《北魏内朝制度考略》（北朝史国际学术研讨会暨中国魏晋南北朝史学会第七届年会论文，山西大同，2001 年）

［韩］金裕哲：《梁武帝天监年间官制改革思想及官僚体制上之新趋向》，《魏晋南北朝史研究》，湖北人民出版社 1996 年版。

［日］山本達郎：《敦煌發見計帳樣文書殘簡》，《東洋學報》第 37 卷第 2、3 號（1954 年）。

［日］越智重明：《典籤考》，《東洋史研究》第 13 卷第 6 号（1955 年）。

［日］菊池英夫：《六朝軍帥の親軍についての一考察》，《東洋史研究》第 18 卷第 1 号（1959 年）。

［日］越智重明：《領軍將軍と護軍將軍》，《東洋學報》第 44 卷第 1 号（1961 年）。

［日］宮崎市定：《九品官人法の研究——科舉前史》，（京都）東洋史研究會 1965 年版。

［日］濱口重國：《前漢の南北軍に就いて》《光武帝の軍备縮小と其の影响》《兩漢の中央諸軍に就いて》《正光四五年の交に於ける後魏の兵制に就いて》《東魏の兵制》，《秦漢隋唐史の研究》，東京大學出版會 1971 年版。

［日］中村圭爾：《南朝の九品官制における官位と官歷——梁十八班制成立をめぐって》，《史學雜誌》第 84 卷第 4 号（1975 年）。

［日］宮川尚志：《六朝史研究　政治・社会篇》，（京都）平楽寺書店 1977 年版。

［日］池田温：《中國古代籍帳研究　概觀・錄文》，東京大学出版会 1979 年版。

［日］福原啓郎：《八王の亂の本質》，《東洋史研究》第 41 卷第 3 号（1982 年）。

［日］葭森健介：《"山公啓事"の研究》，川勝義雄、礪波護編《中國貴族制社會の研究》，（京都）同朋舎 1987 年版。

［日］川合安：《六朝の帳下について》，《東洋史研究》第 48 卷第 2 号（1989 年）。

［日］米田健志：《漢代の光禄勳——特に大夫を中心として》，《東洋史研究》第 57 卷第 2 号（1998 年）。

［日］窪添慶文：《北魏における贈官をめぐって》，西嶋定生博士追悼論文集《東アジア史の展開と日本》，（東京）山川出版社 2000 年版。

［日］窪添慶文：《北魏的都督——从军事面看中央与地方》，《"中华民国史"专题第五届讨论会・国史上中央与地方的关系》，台北，2000 年。

［日］川本芳昭：《魏晋南北朝時代の民族問題》，（東京）汲古書院 1998 年版。

[日] 松下憲一:《北魏石刻史料に見える内朝官——「北魏文成帝南巡碑」の分析を中心に》,《北大史学》第40号（2000年）。

[日] 小尾孟夫:《六朝都督制研究》,（廣島）溪水社2001年版。

后 记

本书是在我的博士学位论文的基础上修改扩充而成的。1998年5月23日我以"魏晋南北朝禁卫武官制度研究"为题提交的博士学位论文通过答辩，以北京大学祝总斌教授为主席的答辩委员会给予拙论充分的肯定，并提出了若干修改意见。在此，谨向参加答辩的诸位教授表示衷心的感谢！在导师黎虎教授的悉心指导之下，论文得以顺利完成并通过答辩；在三年学习期间，黎虎师在生活方面亦给予了许多关怀和帮助。导师的指导和培养之恩，是三言两语所难以表达的，我只有用自己在学术上的加倍努力来作为对师恩的回报。近五年来我一直对本书做进一步修改补充，这一工作几乎占据了我全部的研究时间。现在全书最后完成，实际内容和字数也比博士论文初稿增加了两三倍，为始料所不及。

在1995年博士研究生入学之际，黎虎师便让我考虑论文选题，我提出了三个候选题目，他认为"魏晋南北朝武官制度研究"较为合适，随即进行准备，很快便草拟出了涉及九个方面问题的研究提纲，后来并以此为题做了博士论文的"开题报告"。但在具体写作时感到魏晋南北朝武官制度研究牵涉面太广，在短时间内很难完成，遂决定选取其中最为重要的一题，以"魏晋南北朝禁卫武官制度研究"为题进行写作。其他题目虽已做了较为充分的文献准备，并有了基本的研究思路，但因时间所限只得暂时放弃，留待日后进行具体的研究。该论题的提出，是考虑到学术界对魏晋南北朝时期的文官制度有着广泛深入的研究，而关于武官制度的研究则要薄弱得多，总体来看还缺乏系统性研究，这种状况与魏晋南北朝武官制度在政治制度中的重要性是颇不相称的。禁卫武官制度因其特殊性而与政治的关系就更为密切，不充分了解禁卫武官制度就不能算作对魏晋南北朝政治制度有全面的认识，也很难做到对魏晋南北朝政治史有一个完全准确的把握。本书以魏晋南北朝禁卫武官制度为研究对象，除了试图揭示相关制度的本来面貌，还希望通过这一研究能够加深对魏晋南北朝政治军事史的认识；推而广之，唤起学界关注古代君主专制体制下军权特别是禁卫军权与政治的关系。一方面想尝试拓宽政治制度史的研究领域，另一方面也想为集权体制下政治史的研究寻找一个适宜的切入点。本书涉及的范围虽然主要局限于魏晋南北朝时期，但以本人的学力而言已是过于宽广，深感难以胜任。即使竭尽全力以臻完善，然恐疏漏谬误颇多，诚请学界同仁有以教之。

业师黎虎教授在百忙之中审阅书稿并拨冗赐序，对我的研究工作勖勉有加；多年来，我在北京大学本科学习时期的老师祝总斌教授一直关注我的成长并给予我多方面的关怀和帮助；此外，我的教学研究工作还得到了不少亲朋师友的理解和关心。无论处境如何，我的家人总是给予我无限的关爱。所有这些，都是我能够在艰难之中坚守历史学研究阵地的原动力，仍将激励我继续在历史学园地进行不断的探索。在此，谨向所有给我以理解、帮助和关爱的人们一并表达我的感激和谢意！

2003 年 5 月 23 日　张金龙　谨记

[修订补记] 本书初版距今已有十五年之久。借这次再版之机，补充了若干内容并订正了初版中的错讹疏失，又核对了全部引用文献，并根据当下通行的规范标注了页码，行文也做了相应地修改和润色，正文和注释的体例按照出版规定一并加以调整。感谢谢翀、朱富春和杨浩烨学棣的协助，感谢校领导缪劲翔书记和出版社宋燕鹏主任对本书出版所给予的大力支持！　2019 年 7 月 4 日校毕补记